殷代史

（第二版）

殷作斌 殷昌盛 著

HISTORY OF YIN DYNASTY

线装书局

图书在版编目（CIP）数据

殷代史 / 殷作斌，殷昌盛著 . -- 2 版 . -- 北京：
线装书局，2024．12. -- ISBN 978-7-5120-6332-7

I．K223．07

中国国家版本馆 CIP 数据核字 第 202479XR27 号

殷 代 史（第二版）
YIN DAI SHI

作　　者：殷作斌　殷昌盛

书名题字：殷　夫

责任编辑：白　晨

出版发行：**线装書局**

地　　址：北京市东城区建国门内大街 18 号恒基中心办公楼二座 12 层

电　　话：010-65186553（发行部）　010-65186552（总编室）

网　　址：www.zgxzsj.com

经　　销：新华书店

印　　制：廊坊市旭日源印务有限公司

开　　本：889mm×1194mm　1/16

印　　张：41.75

字　　数：700 千字

版　　次：2025 年 5 月第 2 次印刷

印　　数：0001——3000 册

线装书局官方微信

定　　价：100.00 元

名家名典名言集锦

【1】毛泽东： "占人类总数四分之一的中国人从此站立起来了。"

——1949 年 9 月 21 日下午 7 时，中国人民的伟大领袖**毛泽东主席**"来到中南海怀仁堂，出席中国人民政治协商会议第一届全体会议（简称'政协第一届全体会'），大会在欢快的《中国人民解放军进行曲》中和场外鸣放的 54 响礼炮声中隆重开幕，全体代表起立，热烈鼓掌达 5 分钟之久。这是一个具有历史意义的庄严时刻！**毛泽东**在会上致开幕词。他激情豪迈地说：'诸位代表先生们，我们有一个共同的感觉，这就是我们的工作将写在人类的历史上，它将表明：**占人类总数四分之一的中国人从此站立起来了。**'"（引自《红墙图志：毛泽东》，世界图书出版有限公司北京分公司，2016 年 1 月第 1 版）**毛泽东主席**的这句话，不仅是雄伟壮丽的开国宣言、凝结中华民族一百多年革命斗争的历史成果，而且**使每一个站立起来的中国人有了继续奋斗的使命感**——站立起来以后，该干什么？该怎么干？

【2】习近平在《求是》杂志 2019 年第 2 期发表的重要文章《努力造就一支忠诚干净担当的高素质干部队伍》中指出："历史是最好的教科书，历史是人类最好的老师。历史记述了前人的成功和失败，重视、研究、借鉴历史，了解历史上治乱兴衰规律，可以给我们带来很多了解昨天、把握今天、开创明天的启示。重视吸取历史经验是我们党的一个好传统。……今天，我们进行伟大斗争、建设伟大工程、推进伟大事业、实现伟大梦想，更需要重视、研究、借鉴历史。这对丰富我们头脑、开阔眼界、提高修养、增强本领具有重要意义。"

【3】习近平于 2023 年 6 月 2 日在北京出席文化传承发展座谈会发表重要讲话时强调："在新的起点上继续推动文化繁荣、建设文化强国、建设中华民族现代文明，是我们在新时代新的文化使命。要坚定文化自信、担当使命、奋发有为，共同努力创造属于我们这个时代的新文化，建设中华民族现代文明。"

——2023 年 6 月 1 日至 2 日，敬爱的中共中央总书记、国家主席、中央军委主席**习近平**同志在百忙中用了两个半天的时间专程到中国国家版本馆和中国历史研究院考察调研，在考察调研的基础上，于 6 月 2 日在北京出席文化传承发展座谈会并发表重要讲话。这是新华社发布的习近平主席于 2023 年 6 月 2 日在北京出席文化传承发展座谈会发表重要讲话时强调的重点内容。

【4】习近平："从五千多年中华文明的传承中一路走来，'中国'二字镌刻在'何尊'底部，更铭刻在每个华夏儿女心中。"

——国家主席**习近平**非常看重国家一级文物西周早期青铜器"何尊"底部铸有的"中国"二字铭文。这是**习近平主席**于 2024 年 12 月 31 日晚 7 时通过中央广播电视总台和互联网发表的《**2025 年新年贺词**》中的**金句之一**。

【5】董作宾："这号称十万片的卜辞，我们现在能见能用的又不到五分之一，就这样'从宽'估计，那么甲骨文所代表的殷代文化，也不过百分之一。用这百分之一的材料，却希望能写出百分之一百的殷代文化史，那岂不是做梦？"

——摘自著名甲骨学大师、"甲骨四堂"之一的**董作宾**先生名篇：《**中国古代文化的认识**》，《大陆杂志》第三卷第十二期。这是**董作宾**先生看到学界一些人主张仅凭已发现的十几万片甲骨就能写出整个殷代文化史而出现轻视甚至废弃传世文献的不良倾向时，向学界发出的最严厉警告。

【6】董作宾："历史学者要客观公正，周人出于以周代殷的政治需要贬殷固然不对，殷氏后人在秘密传承的《殷氏家传》中过于贬周也不对，周人和殷人对中华民族的形成与发展壮大都是有很大贡献的。现在有了甲骨文，对我们重新认识殷人的历史贡献虽有很大帮助，但只凭殷人祭祀的产物甲骨文也写不出真正的殷代文化史。"

——1959 年当笔者发现魏晋谱书《殷氏家传》中记有殷氏先祖为报复周人翦殷过于贬周的内容时，通过香港友人向曾师从国学大师**王国维**的台湾**董作宾大师**请教时的回复。

【7】港台史学权威李定一："（成汤）代桀而称天子后，当天子前的封号商已不用，商成为供奉祖先的宗庙所在地，称'大邑商'，是地名；而国号为殷。盘庚以前《史记》对之均称殷，有'殷复兴''殷复衰''殷复兴''殷衰'等凡四见，《史记·殷本纪》更是国号是殷不是商的铁证。盘庚即位前，已是'诸侯莫朝'……一般所谓盘庚迁殷，始国号殷，实误。事实上商是始封的小地方的名称，商汤成为天子后，'大邑商'只用之为宗庙所在地而已……习称的夏商周三代，应该改为夏殷周才符合史实。"

——摘自港台史学权威**李定一**教授名著《**中华史纲**》，中国长安出版社 2012 年 4 月版，第 20 页，或台北，传记文学出版社，1986 年版，第 19 页。

【8】港台史学权威李定一："写历史书贵在'求真、客观、公正'六个字，千万不能出于政治需要而意气行事，有意无意地添加进纯是主观臆测的内容，更不能'偏狗而私生好恶'，搞'我否定你、你否定我'那一套。周人出于巩固以周代殷新生政权的政治需要，全盘否定殷人的历史功绩、整合甚至删改西周以前的中华上古史固然不对，但殷人反过来否定周人的历史功绩也不对，周人对中华民族也是有历史贡献的，起码，历史上以周代殷不是历史的倒退。我们应该多向董作宾前辈学习。董作宾前辈在论述如何应用'甲骨文史料'重建'殷代文化史'时，总是强调贵在'求真、客观、公正'这六个字的。"

——当笔者在清华读大三、大四时，再想联系董作宾大师，发现他老人家已经于 1963 年 11 月 23 日离世了。后来，就《殷氏家传》中记载有殷氏先人过于贬周的内容，笔者又托香港友人向港台史学权威**李定一**教授汇报过。李定一教授也托香港友人带口信给笔者说了上述与董作宾先生类似的话。自此，"求真、客观、公正"六个字就成为笔者著史时毕生追求的目标。

【9】当代考古界泰斗、北京大学李伯谦："文献材料可以提供线索，考古材料才能作为根据，……"

——摘自李伯谦教授为殷作斌专著《殷代史六辨》撰写的《序》。

【10】国学大师王国维在《古史新证》说："吾辈生于今日，幸于纸上之材料外，更得地下之新材料……此二重证据法惟在今日始得为之。"

【11】国学大师王国维在总结前人成果的《今本竹书纪年疏证》中说："殷商成汤名履……奉天命放桀……遂有天下。商人后改天下之号为殷。"

【12】当代考古界泰斗、北京大学李伯谦："（殷作斌）关于冥因治水而死，被夏帝杼赐地于殷并追封殷侯是称商、称殷的一个界限，以前称商、之后称殷的说法，确是一个能够自圆其说、颇具新意的解释。在目前有关为什么会有殷、商之别的诸种说法中，这恐怕是最有说服力的说法之一。"

——摘自李伯谦教授为殷作斌专著《殷代史六辨》撰写的《序》。

【13】中国社会科学院学部委员、当代著名殷商史学家兼甲骨学家宋镇豪："历史是真东西，它不是靠虚构出来的。"

——摘自**宋镇豪先生**在中国社会科学院监制的百集电视纪录片《中国通史》中说的话（据录音整理，未经宋先生本人审阅）。

【14】夏商周断代工程专家组组长、清华大学著名历史学家李学勤："历史虽不能吃，也不能穿，似乎与国计民生渺不相关，实际却是社会大众一种不可缺少的精神需求。我们每一个人，不管从事什么职业，处于何种身份，都会自然而然地对历史产生一定的兴趣，这或许可以说是人的天性使然吧。一个人活在世界上，不但要认识现在，也必须回顾过去，这就涉及了历史。我从哪里来，又往哪里去，是每个人都会意识到的问题，这也离不开历史。人们不能只想到自己，还总会考虑到我们的国家和民族，这就更应该了解历史。社会大众需要历史，历史学者自当'面向大众'。……特别在今天，当我们的国家、民族正在走向伟大复兴之际，尤其有必要推动历史学'面向大众'。中国有五千多年的文明历史，我们的先人创造了辉煌而且源远流长的文化，对人类的发展进步做出过丰富卓越的贡献。我们有义务把这样的史实告诉社会大众，提升大家建设祖国、走向世界的凝聚力和自信心，从而为今后人类的发展进步做出更多更新的贡献，这应当成为历史学者的襟怀和抱负。再谈'通俗化'，'面向大众'和'通俗化'是结合在一起的，要想真正做到'面向大众'，历史著作必须在语言和结构上力求'通俗化'。"

——摘自李学勤先生为《细讲中国历史丛书》的每一本历史书撰写的《序》。

【15】当代考古界泰斗、北京大学李伯谦："河南固始侯古堆一号春秋墓出土的铜器铭文'有殷天乙唐（汤）孙宋公欒乍（作）其妹勾敔夫人季子媵匜（簠）'和湖北随州文峰塔 M1 号春秋墓出土的 A 组 M1：1 编钟铭文'達殷之命，撫定天下，王遣命南公……'证明司马迁《史记》称《殷本纪》而不称《商本纪》是有依据的，因为至少在周代，特别是周代商族子姓宋公室的殷商后裔，是称殷不称商的。"

——摘自李伯谦教授为殷作斌专著《殷代史六辨》撰写的《序》。

【16】夏商周断代工程专家组组长、清华大学著名历史学家李学勤教授在接受笔者的赠书《殷代史六辨》时，笔者问他："既然您是支持我的成汤国号为殷不为商之说的，您为什么欣然同意出任国家'九五'夏商周断代工程专家组组长呢？"他不置可否地笑笑，没有正面回答笔者的问题，而是出示他早年出版的《殷代地理简论》对笔者说："从我写这本书的书名未叫《商代地理简论》，你就知道我是主张成汤的国号本是什么的。"

【17】中国社会科学院学部委员、中国殷商文化学会会长王震中在其专著《商代史·卷三（商族起源与先商社会变迁）》第 16 页中公开宣称："帝喾的出现，大概是周人把商代的上帝转换成周人的昊天，并加以人格化的结果……由于这一转换工作是周人做的，所以在人为地给帝喾配的四妃中，只有周人的姜嫄为元妃。这种转换工作也是对古史或古史传说、神话传说的一种新的整合、综合工作……"在同书的 24 页中，他对传说中的帝喾来源和身份又作了如下推测："帝喾……是由商代的上帝转化而来的，是商代的上帝人格化、人性化的结果……而周人……把周人的姜嫄安排为帝喾的元妃，把商人的简狄安排为帝喾的次妃。帝喾既非商人的始祖，也非周人的始祖，……"

【18】著名历史学家南开大学王玉哲教授："其他如商代史，由于从殷墟发现大批商代晚期的甲骨文资料，不但证实了《史记·殷本纪》对商代史的简陋记述基本可信外，更重要的是大大丰富了商代史在社会、经济、政治各方面的面貌，使商代史的研究起了一个根本性的变化，足见甲骨文资料对研究商代史的重要意义。但是，我们设想假如没有《史记·殷本纪》对商代史的简陋记载，只凭地下发现的甲骨文资料，任你是伟大的古文字学或古史学大家，是否能顺利地把甲骨文资料整理成系统而丰富的商代史还是个疑问：因为《殷本纪》虽然简陋，但它是讲'历史'，而甲骨文资料，丰富则丰富矣，但却属于'史料'；历史和史料不同：'历史'是讲'发展过程'的，是个有系统的整体；而'史料'则是一盘散沙，是零散的。……由此可知，我们研究商代史，对地下发现的甲骨文资料当然必须重视，但对简陋的传世文献《殷本纪》的价值也绝对不能低估，或弃之不用……"

  ——摘自王玉哲：《中华远古史·自序》。（《中华远古史》，上海人民出版社，2004 年 9 月第 1 版）。

【19】《尚书·周书·多士》中记载的周公姬旦以周成王名义说的原话："惟尔知，惟殷先人有册有典，殷革夏命。"

【20】 源于先秦竹简的魏晋谱书《殷氏家传》记载："帝辛于'丙申年甲子日失国'，时为帝辛五十二年十二月初四。"（《殷氏家传》讳言因甲子日发生牧野之战殷亡，只记帝辛于"丙申年甲子日失国"，据历法推算，其时为公元前 1044 年 1 月 9 日。）

【21】源于先秦竹简的魏晋谱书《殷氏家传》记载，成汤要求后世商王(殷帝)谦虚谨慎，恪守"殷商并用"的族规："殷商并用，族号称商，国号称殷。在族内行王权称商称王，在全国行天子权称殷称帝。"

【22】源于先秦竹简的魏晋谱书《殷氏家传》记载："殷称帝，周称王。"

【23】源于先秦竹简的魏晋谱书《殷氏家传》记载："商王是'商族之王'之省言，即商族之'大宗长'也。与后世'国王'的概念渺不相关。"

【24】源于先秦竹简的魏晋谱书《殷氏家传》记载(已据原文的大意译为白话，原文记不全了)："成汤于壬戌年(成汤十七年)放夏桀于南巢，归亳，在自己的殷侯都亳召开'海选天子''共商国是'的三千诸侯大会(《逸周书·殷祝解》也有类似记载)，成汤在诸侯大会上曾三让天子于众诸侯，不似后世周武王，牧野之战得手后，未下战车，便匆匆代殷即天子位。会场中的三千诸侯，没有一个敢争天子大位。众诸侯齐声言曰：'汤王仁义布于四海，恩德著于天下，今与民除其大害，宜立为帝，登天子位。'汤曰：'不可。天下非一家之有也，惟有德者，可以居之。某德薄才疏，难承帝位。'诸侯皆曰：'明公仁德昭著，功绩盖世，今辞不帝，谁敢帝之？'汤三让不受，众诸侯皆顿首大哭。汤见众诸侯诚心，才答应即天子位。成汤十八年癸亥元日(正月初一，据历法推算，其时为公元前1618年2月20日)，成汤在'复命以亳'的'河洛地区之天下之中'新都正式登基，即天子位，国号殷，没有改元，仍沿用其诸侯年号。中国历史上长达574年之久的殷商王朝，从此始。于是，当时中华大地上的3000多个诸侯国都向成汤称臣纳贡，承认他们都是成汤宗主国'殷'的属国。也就是说，成汤在灭夏以后未费一枪一弹，只靠开一次'三千诸侯大会'，就拥有了黄河、长江两大流域的直接或间接掌控权，此即中华拥有芒芒国土之始。因此，殷代开国大帝成汤才是地跨黄河、长江两大流域的中华大一统国家的实际缔造者、首创者，而非传统认为的秦皇汉武或周武王。"(笔者注：《殷氏家传》记载的被成汤"复命以亳"的"河洛地区之天下之中"新亳都与现代考古发现的"郑州商城遗址"较为吻合。)

【25】源于先秦竹简的魏晋谱书《殷氏家传》记载(已据原文的大意译为白话，原文记不全了)："殷代前期从成汤到小甲期间实际执行的是'父子相传制'，不是兄终弟及。因为太子太丁未立先逝，成汤弥留之际是立太孙太甲上位，而不是立次子外丙上位，为怕有人不服，成汤还特别任命伊尹

为辅佐太甲上位施政的顾命大臣。后来因太甲治国不善被伊尹放入桐宫思过，才发生伊尹请外丙代侄理政的插曲。到了殷代中期，王朝陷入四面受敌的复杂困境。因北方气候转型变为干冷，迫使北狄各民族南进威胁中原；曾经与成汤结盟灭夏的东夷各民族因势力增强，对中原殷商也虎视眈眈；南方长江流域南蛮各民族也不再对中原殷商臣服，迫使天下共主的宗主国中原殷商不得不放弃对长江流域丰富铜矿资源的掌控，这导致殷商王室经济总量大大缩水；西边各游牧民族又强势崛起。面对如此复杂的局面，殷商王朝不得不实施基于国情的'韬光养晦战略收缩经略'。在殷代中期陷入四面受敌、王室经济总量下滑的复杂困境下，为了使王室共有的有限财产不被分割且得到最大限度的保护，殷商王室成员经集体议决后认为，成汤据夏室王位继承制度制定的父子相传制已不适合当时的国情，决定有限地仿照尧舜禹时期传说的禅让制度，改行'王室推举制'的王位继承制度。其程序为：'前王终了时，由王室成员集体共议表决，在王室众多兄弟子侄间产生新的优秀人选来当王位接班人，以便更有效地管理殷商王室的有限共有财产。'也就是说，殷代中期在前王仙逝后，不再以'贤庸无法预测或年岁太小的先王嫡长子'为唯一王位继承人，而是有限地仿照尧舜禹时期传说的禅让制度改行'王室推举制'的王位继承制度，因为只有实行'王室推举制'的王位继承制度才能推选出王室成员都'放心'的王位继承人。其间，在自实际即位的第五世第六位商王（殷帝）太戊起到第十一世第二十位商王（殷帝）武丁止的共历十五位商王（殷帝）期间，改行'王室推举制'的王位继承制度，并实施基于国情的'韬光养晦战略收缩经略'。即太戊是第一位被王室成员集体共议推举上位的贤君，武丁是最后一位被王室成员集体共议推举上位的盛君。武丁盛世时，王室成员人均经济体量已经跃升为世界第一。为了加强王权，武丁、祖甲父子又恢复执行成汤制定的父子相传制。"

【26】源于先秦竹简的魏晋谱书《**殷氏家传**》记载（已据原文的大意译为白话，原文记不全了）："殷代中期的'都城屡迁'是后世史家未从现象中看到本质的历史错觉。事实上，自成汤起，殷代就有视'国之大事，在祀与戎'的传统，就有将统治中心分为专管'祀'的祭祀中心王都和专管'戎'的实际军事中心王都的双都制传统。成汤建国之初，在'河洛地区的天下之中'建有祭祀中心新都，'复命以亳'，并将其侯都亳的祖庙迁至新都亳，谓之'大邑商'，即视位于'河洛地区天下之中'的新亳都为祭祀中心王都，殷人谓之'祖都'；之后，成汤又在偃师建有

震慑夏之贵族遗民的军事中心王都，时称'西亳'，殷人谓之'子都'。到了中丁时期，偃师西亳都震慑夏之贵族遗民的任务已经完成，中丁便把位于偃师的军事中心撤回到荥阳附近的嚣（隞），后来为了便于抵御北狄、东夷各部族方国的相继来犯，河亶甲又将军事中心从荥阳附近的嚣（隞）迁到北边的相，祖乙又将军事中心从相迁向更北的邢（耿），后来又迁到东南的庇，到了南庚时又迁到位于山东曲阜附近的奄。实际上，从中丁到南庚，只是军事中心辅都（子都）因国防需要的屡迁，作为祭祀中心的主都（祖都）在盘庚迁殷之前一直仍然在'河洛地区的天下之中'，从来没有迁过。直到盘庚在位的第十四年，盘庚才把专管'祀'的祭祀中心王都和专管'戎'的实际军事中心王都，两都合一地迁至位于太行山脚下的'殷'。征诸史实，实际军事中心辅都的屡迁——中丁将位于偃师的军事中心撤回到荥阳附近的嚣（隞），河亶甲又将其从嚣（隞）迁到相，祖乙又将其从相迁到邢（耿）继迁庇，南庚又将其从庇迁到奄——便被后世史家误以为是因王位争夺导致的都城屡迁。这种现象反映到司马迁头脑中就形成了因发生'比九世乱'导致'都城屡迁'的错觉。实际上，殷代中期，从中丁到南庚，实际军事中心的这几次移动，与殷代中期的王位更替一点关系也没有。殷代中期的王位更替是由执行'王室推举制'完成的，而实际军事中心的屡迁现象是因国防需要出现的，殷代中期的王位更替与实际军事中心的屡迁之间没有任何的直接联系，司马迁说的'比九世乱'现象根本不存在。即是说，殷代中期出现兄终弟及、叔终侄继等王位继承现象与王位争夺毫无关系，在司马迁谓之的'比九世乱'期间，虽然屡屡出现王位不在父子之间相传的现象，但传世文献中没有出现一次因王位传承争斗或出现战争的记载，这足以证明殷代中期的王位传承是和平进行的，根本不存在王位争夺的'比九世乱'现象。"（笔者注：在后世发现的甲骨文、金文等大量考古材料中，也没有出现一次因王位传承争斗或出现战争的记载，这更加证明殷代中期的王位传承都是和平进行的，根本不存在王位争夺的'比九世乱'现象。）

First author　Yin Zuobin

第一作者　殷作斌

Second author　Yin Changsheng

第二作者　殷昌盛

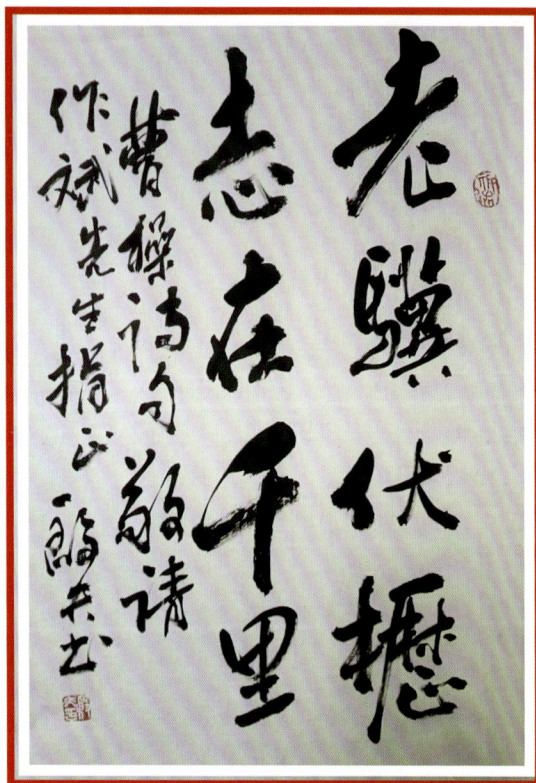

　　殷作斌，男，汉族，字朐阳，号丹宇，1941年1月22日（庚辰年十二月二十五日）生，江苏淮安涟水人，系《世本》记载的"殷商九大氏族"之首子姓殷氏族殷商王室的直系传人，《世本》记载的"殷商子姓九大氏族"是"殷、时、来、宋、空同、黎、北髦（比髦）、目夷、萧"。

　　1961年考入清华大学无线电电子学系（六年制），毕业后分配到国防科研部门工作，后受组织照顾调回家乡淮安在高校任教。执教的《模拟电子技术基础》课程被江苏省教委评为"江苏省普通高等学校一类优秀课程"；发表于《江苏高教》1990年第2期的创新教改论文——《按整体优化要求搞好技术基础课的教改》，入选《中国教育管理精览》，荣获警官教育出版社颁发的著作证书；基于殷作斌、殷开成父子合著的符合"本质安全"要求的《一种安全廉价的信息传感器》论文（《电子技术》杂志，1997年04期）发明的"物理量达限通用监控装置"，在国家易燃易爆品仓库等特殊环境的报警和自动控制领域传感器的研制方面获得广泛的应用。因对国家高等教育改革的特殊贡献，先后被评为江苏省优秀共产党员、淮安市劳动模范（终生享受省劳模待遇）、淮安市优秀教育工作者，是淮安市公认的电子学专家、淮阴工学院著名的双师型人才。历任国营三河半导体厂厂长、台办炎黄大学兼职教授、淮安市清河区人大代表、淇县朝歌殷商传承文化研究会名誉会长、中华殷氏网站站长、殷商传承文化研究网站站长、朐阳殷氏第五次续修宗谱编纂委员会副主任兼主编等职。

　　除了经常发表电子学论文以外，还业余从事中华文明探源研究60多年，著有《殷代史六辨》《殷代史》，主编的《朐阳殷氏宗谱》在2020年郑州全国家谱展评大会上荣获**最佳创新特等奖**（共有2196部家谱参与评比）。

　　殷昌盛，2005年5月3日出生，第一作者殷作斌之孙，湖北警官学院学生。他承担了《殷代史》第二版书稿的全部编辑和排版工作。

【附】　当代殷氏著名书法家殷夫先生简介

　　殷夫，家谱名福，字衣口田，号桥山墨人，1948年生于河北涿鹿县，现为享受国务院津贴的国家一级书法师，是集"中华人民共和国国礼艺术家""人民功勋艺术家""红墙艺术家"等多种荣誉称号于一身的当代书画艺术名家，曾获得世界级金奖、银奖、铜奖等，历任国家书画院副院长、民进河北省委文学艺术委员会委员等职。**殷夫**先生在看到《殷代史》第二版书稿时，竟然在共创中华民族伟大复兴、共建中华民族现代文明、为共同的殷商老祖宗正名等方面与八十五岁高龄的殷作斌教授产生共鸣，欣然命笔题写了赠殷作斌教授的题字："老骥伏枥，志在千里"（录曹操句），并为再版的《殷代史》题写书名。

Author Introduction

Yin Zuobin, male, Han nationality, also known as Quyang and Danyu, was born on January 22, 1941 (December 25, Gengchen year) in Lianshui, Huai'an, Jiangsu Province. He is the direct descendant of the **Yin royal family**, the first one of the **"Nine Clans of the Yin-Shang"** recorded in the **Shiben**. The "Nine Clans of the Yin-Shang Originating from the Zi surname" recorded in the **Shiben** are **"Yin, Shi, Lai, Song, Kongtong, Li, Beimao (Bimao), Muyi,** and **Xiao"**.

In 1961, he was admitted to the Department of Radio Electronics at Tsinghua University (six years program). After graduation, he was assigned to work in the national defense research department and was later taken care of by the administration and transferred back to his hometown of Huai'an to teach at an university. The course *Fundamentals of Analog Electronic Technology* taught by him has been recognized by the Jiangsu Provincial Education Commission as the most excellent high-quality course in ordinary higher education institutions in Jiangsu Province; His innovative paper on *Improve the teaching reform of technical basic courses according to the overall optimization requirements* was selected for the *Collection of Excellent Papers on Chinese Education Management* and obtained a copyright certificate issued by the Police Officer Education Press; The invention of "Universal monitoring device with physical quantity reaching limit" based on the *A Safe and Cheap Information Sensor* paper (*Electronic Technology* Magazine, Issue 04, 1997) coauthored by Yin Zuobin and Yin Kaicheng, which meets the requirements of "intrinsic safety", it has been widely used in the development of sensors for alarm and automatic control in special environments such as national flammable and explosive goods warehouses. Because of his outstanding contribution to the national higher education reform, he has been successively rated as the outstanding Communist Party member of Jiangsu Province, the model worker of Huai'an City (who enjoys the provincial model worker treatment for life), and the outstanding educator of Huai'an City. He is a recognized electronics expert in Huai'an City and a renowned dual teacher talent at Huaiyin Institute of Technology. He has served as the factory director of the state-owned Sanhe Semiconductor Factory, part-time professor at Yanhuang University run by Taiwanese entrepreneurs, representatives of the People's Congress of Qinghe District under the jurisdiction of Huai'an City, honorary president of the Qi County Chaoge Yin Shang Inheritance Culture Research Association, leaders of the Chinese Yin Family Network, leaders of the Yin Shang Inheritance Culture Research Network, and Deputy Director and Chief Editor of the Quyang Yin Family Fifth Renewal Genealogy Compilation Committee,etc.

In addition to frequently publishing electronic papers, he has also been engaged in amateur research on the origin of Chinese civilization for over 60 years. He has authored *Six Differentiations in the History of Yin Dynasty* and *History of Yin Dynasty*, and the chief editor's *Genealogy of the Yin Clan in Quyang* won the Best Innovation Special Prize at the 2020 Zhengzhou National Genealogy Exhibition and Evaluation Conference.

Yin Changsheng, born on May 3rd, 2005, is the grandson of the first author Yin Zuobin, a student of Hubei University of Police. He undertook all the editing and typesetting of the manuscript of the second edition of the **History of Yin Dynasty**.

内容简介

本书是笔者专著《殷代史六辨》的扩展版，是据1700多年前祖传谱书《殷氏家传》和许多传世文献、甲骨文、金文等考古材料，据实记载殷代574年历史的断代史，其特点是通俗易懂和面向大众。本书为成汤所建王朝的国号正名，还原了司马迁对成汤所建殷商王朝国号的称谓"**殷**"。

本书纠正了《史记·殷本记》中记载的世系错误。本书以充分的史据证明殷代中期的"**都城屡迁**"与"**王位传承**"一点关系也没有，殷代中期的王位更替是由"**王室推举制**"完成的，而都城屡迁是因国防需要而进行的。实际上，在盘庚迁殷之前的殷代前期和中期，殷人称为"**祖都**"的祭祀中心——主都，一直在被成汤复命以"**亳**"的郑州商城遗址，并没有迁，屡迁的仅是殷人称为"**子都**"的军事中心——辅都。殷代中期的王位更替与都城屡迁之间，没有任何的直接联系，司马迁说的殷代中期的"**比九世乱**"现象根本不存在。

本书否定了现代考古界某些学者关于"**商文化白家庄期崩溃**"的说法，并且认为，就分布地域而言，商文化在白家庄期虽然有所收缩，但并没有崩溃。本书批驳了现代史学界某些学者关于"**殷代早期、中期还处于没有青铜器的新石器时代晚期**""**殷商青铜文明西来说**""**殷商甲骨文字外来说**"等说法，否定了现代史学界某些权威学者关于"**微子、箕子与周人勾结，里应外合倒纣发动牧野之战**"的说法。本书还向现代史学界某些权威学者提出，以后应**将殷商王朝断代史史书名称定名为《殷代史》而不要定名为"商代史"**的建议，向教育界提出，以后应**将中小学历史课本中的"夏商周三代"改称为"夏殷周三代"**的建议。

本书将《考古学揭示的殷代文明》放在开篇之卷——《卷一》中，意在向读者优先介绍已经丢失3000多年但已被现代考古资料确证的殷代最重要的文明，以便迅速拉近读者与久远殷商文明的心理距离，激发读者阅读后续各卷的兴趣。

作品登记证书

No. 02124824

登记号：国作登字-2024-L-00047443

作品名称：殷代史　　　　　　　作品类别：其他作品

作　者：殷作斌　　　　　　　著作权人：殷作斌

创作完成日期：2023年07月01日　　首次发表日期：2023年11月01日

以上事项，由殷作斌申请，经中国版权保护中心审核，根据《作品自愿登记试行办法》规定，予以登记。

登记日期：2024年02月06日　　　登记机构签章

中华人民共和国国家版权局
作品自愿登记
专用章

中华人民共和国国家版权局统一监制

Content Introduction

This book is an expanded version of the author's monograph ***Six Differentiations in the History of Yin Dynasty.*** It is based on the ancestral genealogy book ***Biography of the Yin Family*** over 1700 years ago, and many handed down documents, oracle bone inscriptions, gold inscriptions and other archaeological materials, and truthfully records the history of the 574 years of the Yin Dynasty. Its characteristics are easy to understand and face to the public. The author corrects in this book the name of the dynasty founded by Cheng Tang, and restores Sima Qian's title **"Yin"** for the Yin-Shang dynasty founded by Cheng Tang.

This book has corrected lineage errors recorded in the *Records of the Historian-Yin Benji*. This book proves with sufficient historical evidence that there was no relationship between the "repeated capital relocation" and the "inheritance of the throne" in the middle of the Yin Dynasty, and the replacement of the throne in the middle of the Yin Dynasty was completed by implementing the **"Royal Recommendation System"**, while the frequent relocation of capital cities was due to national defense needs. In fact, during the early and middle periods of the Yin dynasty before PanGeng moved to Yin, the sacrificial center known as the **"Ancestral Capital"** by the Yin people, the main capital, remained at the Zhengzhou Shang City site renamed **"Bo"** by Cheng Tang and had never been relocated. Frequent capital relocation was only auxiliary capital known as the **"Zidu"** by the Yin people, and it was the military center of the Yin Dynasty. There is no direct connection between the change of the throne and the frequent relocation of the capital in the middle of the Yin Dynasty. The phenomenon of **"Consecutive Chaos during Nine generations"** in the mid Yin Dynasty mentioned by Sima Qian did not exist at all.

This book denies the statement of some scholars in the modern archaeological community regarding the **"Shang culture Collapsed during the Baijiazhuang Period"**, and argues that, in terms of geographical distribution, although Shang culture contracted during the Baijiazhuang period, it did not collapse at all. This book refutes the statement of some scholars in the modern history circle that the **"early and middle Yin Dynasty was still in the late Neolithic period without bronze wares"**, and refutes the statement of some scholars in the modern history circle's about the **"bronze civilization of Yin-Shang Dynasty from the West"**. It also refutes some scholars in the modern history circle's statement that the **"oracle bone inscriptions of Yin-Shang Dynasty came from outsiders"**. It denies the statement of some authoritative scholars in the modern history circle that claim **"Weizi and Jizi colluded with the Zhou people, launched the Battle of Muye to bring down Emperor Xin of Yin"**. This book also suggests to some authoritative scholars in the modern historical field that in the future, the **standardized name of the history books of the Yin-Shang dynasty should be *History of Yin Dynasty* instead of** "History of Shang Dynasty". It also suggests to the education community that the **current "Xia Shang Zhou Three Dynasties"** in primary and secondary school history textbooks should be renamed **"Xia Yin Zhou Three Dynasties"**.

This book places ***The Civilization of the Yin Dynasty Revealed by Archaeology*** in the **first volume**, aiming to introduce to the readers first the most important civilizations of the Yin Dynasty, which has been lost for over 3000 years and has been confirmed by modern archaeological data (such as the mature writing system, bronze civilization, agriculture, and calendar, etc.), in order to quickly bridge the psychological distance between readers and the ancient Yin Shang civilization and stimulate their interest in reading subsequent volumes.

公元纪年、中国黄帝纪年和干支纪年转换速查表

【使用说明】本表依孙中山、宋教仁等认定的中国黄帝纪元始年为公元前 2698 年编制。读者使用本表时，要注意下列两点。① 熟记下列公元纪年的标称干支纪年和标称黄帝纪年：公元前 2698 年癸亥为黄帝纪年元年、公元前 1 年庚申为黄帝纪年 2698 年、公元元年辛酉为黄帝纪年 2699 年、公元 1911 年辛亥革命年为黄帝纪年 4609 年、公元 1912 年中华民国元年壬子为黄帝纪年 4610 年、公元 1949 年中华人民共和国开国之年己丑为黄帝纪年 4647 年。② 读者若想使用本《公元纪年、中国黄帝纪年和干支纪年转换速查表》，必须先熟悉下面的《六十甲子年干支顺序表》。

年干支	甲子	乙丑	丙寅	丁卯	戊辰	己巳	庚午	辛未	壬申	癸酉	甲戌	乙亥	丙子	丁丑	戊寅	己卯	庚辰	辛巳	壬午	癸未	甲申	乙酉	丙戌	丁亥	戊子	己丑	庚寅	辛卯	壬辰	癸巳
顺序	01	02	03	04	05	06	07	08	09	10	11	12	13	14	15	16	17	18	19	20	21	22	23	24	25	26	27	28	29	30
年干支	甲午	乙未	丙申	丁酉	戊戌	己亥	庚子	辛丑	壬寅	癸卯	甲辰	乙巳	丙午	丁未	戊申	己酉	庚戌	辛亥	壬子	癸丑	甲寅	乙卯	丙辰	丁巳	戊午	己未	庚申	辛酉	壬戌	癸亥
顺序	31	32	33	34	35	36	37	38	39	40	41	42	43	44	45	46	47	48	49	50	51	52	53	54	55	56	57	58	59	60

公元纪年	干支纪年	黄帝纪年	公元纪年	干支纪年	黄帝纪年	公元纪年	干支纪年	黄帝纪年	公元纪年	干支纪年	黄帝纪年	公元纪年	干支纪年	黄帝纪年
前2757	甲子01	前59	前1737	甲子01	962	前658	癸亥60	2041	243	癸亥60	2941	1264	甲子01	3962
前2699	壬戌59	前1	前1678	癸亥60	1021	前657	甲子01	2042	244	甲子01	2942	1323	癸亥60	4021
前2698	癸亥60	元年	前1677	甲子01	1022	前598	癸亥60	2101	303	癸亥60	3001	1324	甲子01	4022
前2697	甲子01	2	前1618	癸亥60	1081	前597	甲子01	2102	304	甲子01	3002	1383	癸亥60	4081
前2638	癸亥60	61	前1617	甲子01	1082	前538	癸亥60	2161	363	癸亥60	3061	1384	甲子01	4082
前2637	甲子01	62	前1558	癸亥60	1141	前537	甲子01	2162	364	甲子01	3062	1443	癸亥60	4141
前2578	癸亥60	121	前1557	甲子01	1142	前478	癸亥60	2221	423	癸亥60	3121	1444	甲子01	4142
前2577	甲子01	122	前1498	癸亥60	1201	前477	甲子01	2222	424	甲子01	3122	1503	癸亥60	4201
前2518	癸亥60	181	前1497	甲子01	1202	前418	癸亥60	2281	483	癸亥60	3181	1504	甲子01	4202
前2517	甲子01	182	前1438	癸亥60	1261	前417	甲子01	2282	484	甲子01	3182	1563	癸亥60	4261
前2458	癸亥60	241	前1437	甲子01	1262	前358	癸亥60	2341	543	癸亥60	3241	1564	甲子01	4262
前2457	甲子01	242	前1378	癸亥60	1321	前357	甲子01	2342	544	甲子01	3242	1623	癸亥60	4321
前2398	癸亥60	301	前1377	甲子01	1322	前298	癸亥60	2401	603	癸亥60	3301	1624	甲子01	4322
前2397	甲子01	302	前1318	癸亥60	1381	前297	甲子01	2402	604	甲子01	3302	1683	癸亥60	4381
前2338	癸亥60	361	前1317	甲子01	1382	前238	癸亥60	2461	663	癸亥60	3361	1684	甲子01	4382
前2337	甲子01	362	前1258	癸亥60	1441	前237	甲子01	2462	664	甲子01	3362	1743	癸亥60	4441
前2278	癸亥60	421	前1257	甲子01	1442	前178	癸亥60	2521	723	癸亥60	3421	1744	甲子01	4442
前2277	甲子01	422	前1198	癸亥60	1501	前177	甲子01	2522	724	甲子01	3422	1803	癸亥60	4501
前2218	癸亥60	481	前1197	甲子01	1502	前118	癸亥60	2581	783	癸亥60	3481	1804	甲子01	4502
前2217	甲子01	482	前1138	癸亥60	1561	前117	甲子01	2582	784	甲子01	3482	1863	癸亥60	4561
前2158	癸亥60	541	前1137	甲子01	1562	前58	癸亥60	2641	843	癸亥60	3541	1864	甲子01	4562
前2157	甲子01	542	前1078	癸亥60	1621	前57	甲子01	2642	844	甲子01	3542	1911	辛亥48	4609
前2098	癸亥60	601	前1077	甲子01	1622	前3	戊午55	2696	903	癸亥60	3601	1912	壬子49	4610
前2097	甲子01	602	前1018	癸亥60	1681	前2	己未56	2697	904	甲子01	3602	1923	癸亥60	4621
前2038	癸亥60	661	前1017	甲子01	1682	前1年	庚申57	2698	963	癸亥60	3661	1924	甲子01	4622
前2037	甲子01	662	前958	癸亥60	1741	元年	辛酉58	2699	964	甲子01	3662	1949	己丑26	4647
前1978	癸亥60	721	前957	甲子01	1742	2	壬戌59	2700	1023	癸亥60	3721	1983	癸亥60	4681
前1977	甲子01	722	前898	癸亥60	1801	3	癸亥60	2701	1024	甲子01	3722	1984	甲子01	4682
前1918	癸亥60	781	前897	甲子01	1802	4	甲子01	2702	1083	癸亥60	3781	2021	辛丑38	4719
前1917	甲子01	782	前838	癸亥60	1861	63	癸亥60	2761	1084	甲子01	3782	2022	壬寅39	4720
前1858	癸亥60	841	前837	甲子01	1862	64	甲子01	2762	1143	癸亥60	3841	2023	癸卯40	4721
前1857	甲子01	842	前778	癸亥60	1921	123	癸亥60	2821	1144	甲子01	3842	2024	甲辰41	4722
前1798	癸亥60	901	前777	甲子01	1922	124	甲子01	2822	1203	癸亥60	3901	2025	乙巳42	4723
前1797	甲子01	902	前718	癸亥60	1981	183	癸亥60	2881	1204	甲子01	3902	2043	癸亥60	4741
前1738	癸亥60	961	前717	甲子01	1982	184	甲子01	2882	1263	癸亥60	3961	2044	甲子01	4742

殷代
文明风采

总 目 录

殷代
文明风采

殷代
文明风采

殷代
文明风采

项　目	项　目　内　容	分页码	总页码

殷代
文明风采

项　目	项　目　内　容	分页码	总页码
078-084	兑、彤、甫爽、幹献、公朱、郝、合	附 1-18	508
085-089	桓、皇甫、虺、获、饥	附 1-19	509
090-095	箕、几、既、季老、甲、贾	附 1-20	510
096-100	经、京相／空相、空同／空桐、孔父、来	附 1-21	511
101-107	老、老成、鳞、灵、禄、髦、墨	附 1-22	512
108-113	墨台、墨眙、墨夷、目夷、目、木门	附 1-23	513
114-120	南宫、泥、耦、繁、锜、权、戎	附 1-24	514
121-125	三伉、事父、司城、司马、司徒	附 1-25	515
126-131	巳氏、所、索、台、堂阳、条	附 1-26	516
132-141	桐门、王夫、罔、微、围龟、尾、尾勺、沃、西乡、西鉬	附 1-27	517
142-148	鲜于、鲜、蛸、宣、衍、乙、鄌／庸	附 1-28	518
149-152	雍、右归、右师、鱼	附 1-29	519
153-169	鱼孙、徵、正、稚、终蔡、中野、祝其	附 1-30	520
160-164	专、子荡、子革、祖、左师	附 1-31	521
【附录一·附件】	魏晋谱书《殷氏家传》收录的记载殷商九大氏族的《世本》原文	附 1-32	522
附录二	**黄帝纪元的考证**	附 2-1	525
	黄帝纪元的考证正文	附 2-2	526
【一】	将黄帝纪元始年定为公元前 2698 年为妥	附 2-2	526
【二】	黄帝纪元兴隆的由来、黄帝纪年和公元纪年的换算	附 2-3	527
【三】	辛亥革命时期黄帝纪元的不同版本	附 2-5	529
【四】	黄帝纪元的兴隆和衰落	附 2-6	530
【五】	将公元纪年数转换成其"标称干支纪年"的又一法	附 2-7	531
附录三	**本书初版出版经费赞助名录**	附 3-1	533
	本书初版出版经费赞助名录正文	附 3-2	534
后记	**后记**	后记 -1	537
【后记·附件1】	《殷代史》第二版出版经费赞助名录	后记 -4	540
【后记·附件2】	关于中华殷商各姓氏各支派族谱选用笔者编撰的通用谱序的倡议	后记 -7	543
	【后记·附件2（关于中华殷商各姓氏各支派族谱选用笔者编撰的通用谱序的倡议）·附】：中华殷商各姓氏各支派族谱通用谱序	后记 -8	544

殷商传承文化研究会成立暨殷商后裔纪念先祖活动图片

淇县朝歌中华殷商传承文化研究会成立大会现场（2014，殷书寿提供）

韩国殷氏宗亲步入 3060 纪念大会现场（2014，殷作斌拍摄）

淇县朝歌殷商传承文化研究会 2014 年成立大会暨殷商王朝完成历史使命第二次纪念活动现场图片

——本图片转引自殷作斌著《殷代史六辨》，（中国文史出版社，2015 年 3 月版）

中英文对照图解之殷代文物

——三千多年前的殷代文明为真实存在之实物证明

诗曰：天命玄鸟，降而生商，宅殷土芒芒

诗曰：邦畿千里，维民所止，肇域彼四海

The first page of the ancient version
of The *Yin Benji* in the *Records of the Historian*

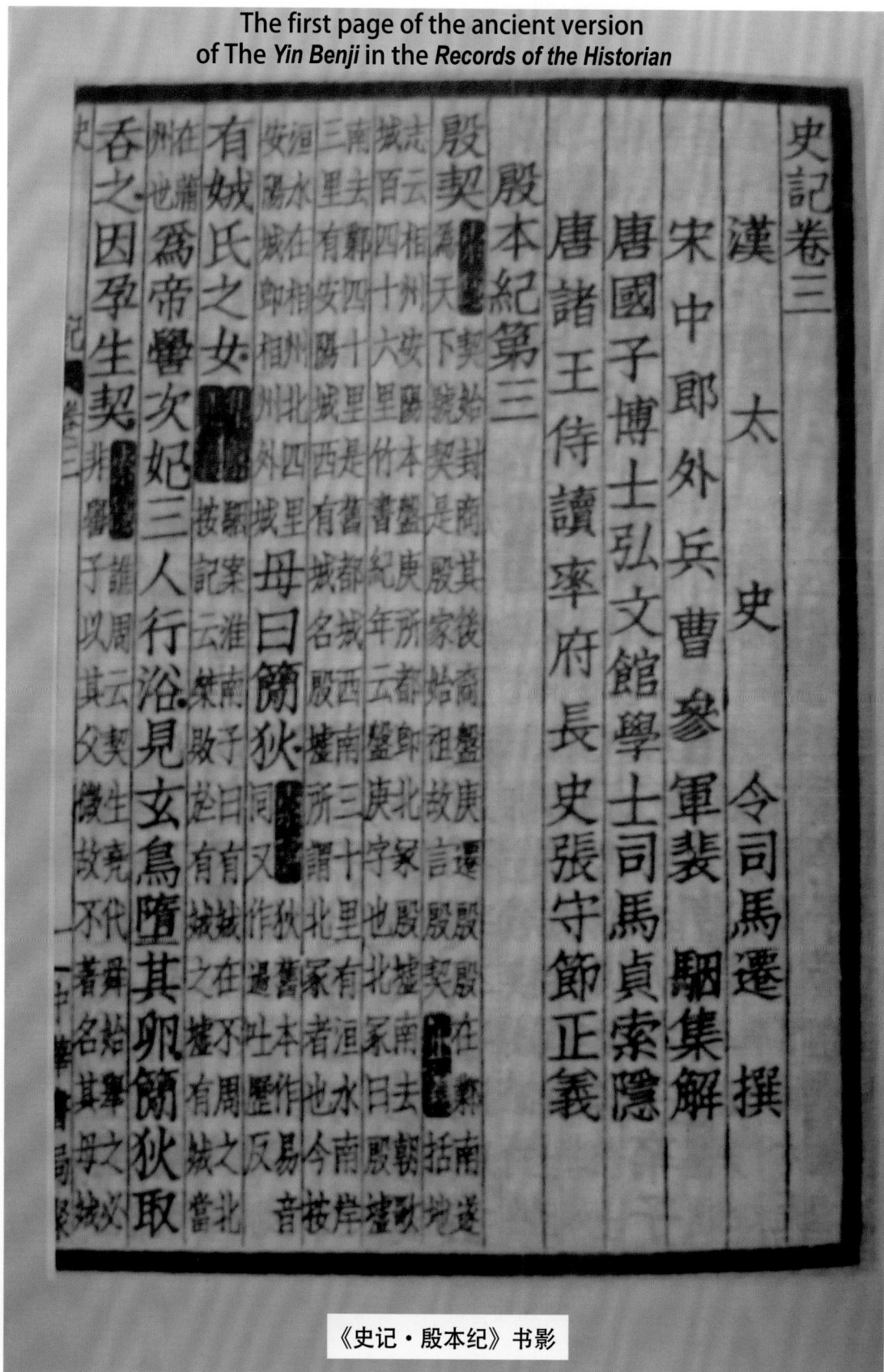

《史记·殷本纪》书影

《殷代史六辨》书影与殷代"金覆面"
The Book Shadow of *Six Differentiations in the History of Yin Dynasty*
and the "Golden Mask" of the Yin Dynasty

《殷代史六辨》书影
与殷代"金覆面"

《殷代史》是《殷代史六辨》
（2015 年 3 月版）的扩展版
左图是《殷代史六辨》的封面图片

The *History of Yin Dynasty* is an expanded version of the *Six Differentiations in the History of Yin Dynasty* (March 2015 edition).

The left photo is the cover image of *Six Differentiations in the History of Yin Dynasty*.

河南郑州商城首次发现也是最新发现的商文化金覆面（右下图）

　　2022 年 9 月 16 日，国家文物局在北京召开的例行新闻发布会上首次曝光了一件殷代金覆面。2021 年 5 月至 2022 年 8 月，郑州市文物考古研究院在郑州商城遗址内城东南部发现一处殷代中期（商文化白家庄期）的高等级贵族墓葬区，学界称之为"郑州商都书院街商代墓地"。该墓葬区位于郑州市东大街南、紫荆山路东、书院街北，距郑州商城南城墙约 200 米、距东城墙约 450 米处。据郑州市文物考古研究院院长顾万发和研究员黄富成介绍，在该贵族墓葬区 M2 号墓中发现一件被掩埋 3000 多年依然金光闪耀的可覆盖在墓主人脸上的金覆面，且是全国范围内所有商文化遗址中首次发现的金覆面，也是唯一一个金覆面，它比三星堆发现的黄金面具的年代还早，同时出土的还有 4 个金泡、金箔等。据测量，该金覆面长 18.3 厘米、宽 14.5 厘米，重约 40 克，含金量高达 88%。这一发现刷新了对中原地区殷商黄金文化的认知。这说明在殷代中期，不仅早就跨入了高度发达的青铜时代，而且其黄金文化也已经发展到相当高的水平。这更加有力地说明了自司马迁以来的古今史家对殷代中期的社会生产力水平及其社会面貌的认知是不正确的，他们总是将殷代中期描写得过于落后。同时，也说明了现代考古界某些学者提出的"商文化白家庄期崩溃说"是不正确的，实际情况是商文化在白家庄期就地域分布而言虽然有所收缩，但是并没有崩溃（历史上的殷代中期与考古界谓之的商文化白家庄期大体相当）。

中英文对照图解之殷代文物——三千多年前的殷代文明为真实存在之实物证明

殷代中期"金覆面"简介

The First and Latest Discovery of the Golden Mask of Yin Dynasty Culture in the Zhengzhou Shang City , Henan Province

(Refer to the bottom right picture on the previous page)

On September 16, 2022, a "Gold Mask" of the Yin Dynasty was first exposed at a regular press conference held by the National Cutural Heritage Administration in Beijing. From May 2021 to August 2022, the Zhengzhou Municipal Institute of Cultural Relics and Archaeology discovered a high-level aristocratic burial area in the southeastern part of the inner city of the Zhengzhou Shang City Site during the mid Yin Dynasty (Baijiazhuang period of the Shang culture), which is known by the academic community as the "**Zhengzhou Shangdu Shuyuan Street Shang Dynasty Cemetery**". The tomb area is located in the south of Dongdajie, east of Zijingshan Road, and north of Shuyuan Street in Zhengzhou City, about 200 meters away from the south wall of Zhengzhou Mall and about 450 meters away from the east wall. According to Gu Wanfa, the dean of the Zhengzhou Institute of Cultural Relics and Archaeology, and Huang Fucheng, a researcher, a gold mask that can still cover the face of the tomb owner and has been buried for three thousand and several hundred years has been discovered in Tomb M2 of the noble tomb area. It is the first gold mask discovered in all Shang Cultural Sites nationwide and the only gold mask. It dates back even earlier than the gold mask discovered in Sanxingdui, meanwhile four gold bubbles, gold foils, and others have also been unearthed. According to measurements, the gold mask is 18.3 centimeters long, 14.5 centimeters wide, weighs about 40 grams, and has a gold content of up to 88%. This discovery has refreshed our understanding of the Yin Shang gold culture in the Central Plains region. This indicates that in the mid Yin Dynasty, not only did it enter the highly developed Bronze Age, but its golden culture had also developed to a quite high level. This more strongly demonstrates that historians from ancient times to the present, including Sima Qian, have been incorrect in their understanding of the level of social productivity and social outlook in the mid-Yin period, and have always depicted the mid-Yin period as being too backward. At the same time, it also indicates that **"the theory of the collapse of the Baijiazhuang period of the Shang culture"** proposed by some scholars in the modern archaeological community is incorrect. The actual situation is that although commercial culture contracted in terms of regional distribution during the Baijiazhuang period, it did not collapse (the middle period of the Yin Dynasty in history is roughly equivalent to the Baijiazhuang period of Shang culture in the archaeological community).

《甲骨文合集》14405：左正、右反

"Collection of Oracle Bone Inscriptions" 14405: left upright, right reversed

Yin Ruins

殷作斌在安阳考古队前队长孟宪武先生（左）、殷墟骨文化专家殷杰先生（中）陪同下，在甲骨文发现地安阳小屯调研

Accompanied by Mr. Meng Xianwu (left), former leader of the Anyang Archaeological Team, and Mr. Yin Jie (middle), an expert on bone culture of the Yin Ruins, Yin Zuobin conducted research in Xiaotun, Anyang, where the oracle bone inscriptions were discovered.

甲骨文图片和甲骨文发现地图片

中英文对照图解之殷代文物——三千多年前的殷代文明为真实存在之实物证明

郑州商城遗址和武汉盘龙城遗址图片

占地十六平方公里的郑州商城遗址：郑州商城是成汤建国至盘庚迁殷之前的主都城，曾被成汤复命以亳，殷商人称之为祖都

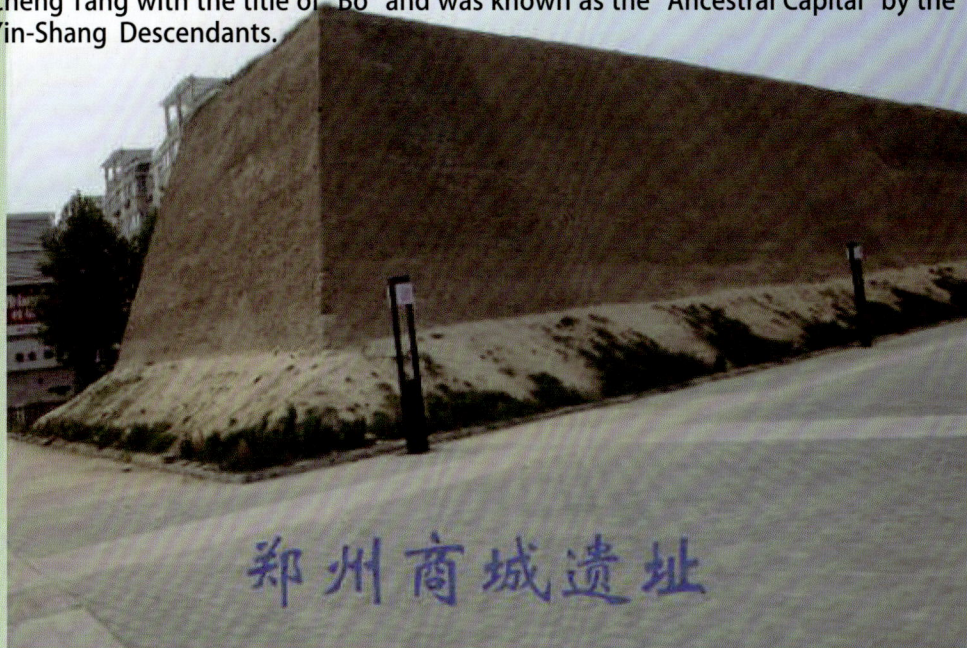

The Zhengzhou Shang City Site covers an area of 16 square kilometers. Zhengzhou Shang City was the main capital city of Cheng Tang from the founding of the state to the time of PanGeng's migration to Yin. It was once renamed by Cheng Tang with the title of "Bo" and was known as the "Ancestral Capital" by the Yin-Shang Descendants.

郑州商城遗址

殷昌盛拍摄

The earliest bronze casting center in the Yangtze River Basin during the early Yin Dynasty, now known as the Wuhan Panlong City Site, which has been transformed into a site park.

殷代早期在长江流域的最早青铜铸造中心，今被改造成遗址公园的武汉盘龙城遗址
（蔡小川拍摄）

说明：本图片转引自薛芃、艾江涛等著《追寻三星堆——探访长江流域的青铜文明》
（生活·读书·新知三联书店　2021年9月出版）一书的第171页，谨致谢忱。

中英文对照图解之殷代文物——三千多年前的殷代文明为真实存在之实物证明

司母戊大方鼎等殷代著名青铜器图片
Photos of famous bronze artifacts from the Yin Dynasty,
such as Simu Wu supersized Fang Ding and others

司母戊大方鼎等殷代著名青铜器图片

Zhengzhou Shang City Site Cellar
Collection "Duling No.1 Bronze Ding"

Two nearly identical Yachou (Ugly) tablets
collected by the Palace Museum in Beijing and
the Palace Museum in Taiwan, China

郑州商城遗址窖藏"杜岭一号青铜鼎"

北京故宫博物院和中国台湾台北故宫博物院
收藏的两件几乎一模一样的亚醜（丑）方尊

中国国家博物馆藏司母戊（现考释为后母戊）大方鼎
（殷昌盛拍摄）
The National Museum of China collects the "Simu Wu"
(now interpreted as "Houmu Wu") supersized Fang Ding

中英文对照图解之殷代文物——三千多年前的殷代文明为真实存在之实物证明

Gui

MaMianShi

马面饰　非出土，是由采集而来的盘龙城七期（即最后时期）遗物。此件略有残损，面饰宽19.2厘米，呈弧状，中部凸起。

簋　出土于盘龙城李家嘴2号墓，通高23.8厘米，口径23.6厘米，重5.15千克。

The Ding with tapered legs

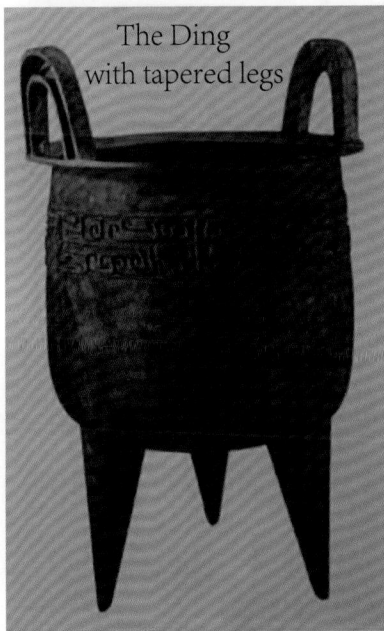

TiLiangYou

锥足鼎　出土于盘龙城杨家湾11号墓，通高85厘米，口径55厘米，颈部的兽面细线云纹带宽约9厘米，是盘龙城遗址出土的最大青铜器，现藏于湖北省博物馆。

提梁卣　出土于盘龙城李家嘴1号墓，是目前出土最早的青铜卣，通高31厘米，圈足12.5厘米，口径7.2厘米，颈部修长，口上有盖，折肩，肩部有绳索状提梁，圆鼓腹，圈足。盖上饰有夔纹和圆涡纹，颈部三周饰弦纹，肩部饰有一周夔纹，腹部饰一周饕餮纹，青铜技艺高超精湛。

QuNeiGe

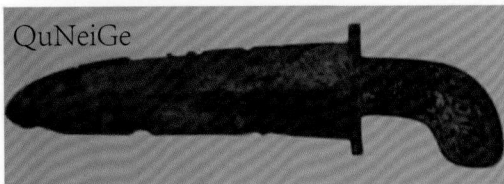

Yue

曲内戈　盘龙城址西约250米处的楼子湾遗址出土，是一种柄呈弯曲状的戈，通长29.2厘米，其中援长20.5厘米，曲内满饰由细线云纹构成的夔纹。

钺　李家嘴出土的盘龙城四期遗物，通高41.4厘米，刃宽26.7厘米，孔径11厘米，重3.85千克。这是一种礼兵器，通常为仪卫所用，象征至上的权力。

武汉盘龙城遗址发现的殷代前期青铜器图片

Early Yin Dynasty Bronze Ware Discovered at the Panlong City Site in Wuhan

陕西临潼出土的西周利簋青铜礼器

　　西周利簋，又名**武王征商簋**，1976 年 3 月出土于陕西省临潼县零口镇（今西安市临潼区零口街道），据说是迄今所知比较早的西周青铜器，现收藏于中国国家博物馆。利簋高 28 厘米，口径 22 厘米，重 7.95 千克。器内底部铸铭文 4 行 33 字 (若将右上"武王"二字合文当一字计，则为 4 行，每行 8 字，共 32 字)，记载了甲子日清晨武王伐帝辛（纣）这一重大历史事件，铭文内容与中国古代文献的记载内容完全一致，具有非常重要的史料价值。现已经被《国家人文历史》评为九大镇国之宝，2002 年被列为首批禁止出国（境）展览的文物。

　　簋是一种古代食器，用来盛装煮熟的稻、粱等食物，犹如饭盆。在祭祀或宴享时，它又是一种重要的礼器，和鼎配套使用，供奉在神坛上祭祀祖先。根据周代礼制中的用鼎制度，只有天子才能享用"九鼎八簋"组合的最高礼仪。周武王征伐殷都"商"(这里的"商"指殷商别都——殷帝辛居住的城邑朝歌)，一天一夜之间西土"小邦周"就占领了殷商王朝的首都"大邑商"，并公开宣布殷商王朝被其灭亡。根据利簋的铭文，目前多数学者认为利簋的主人铸造利簋的因缘是：周武王在甲子日打败殷帝辛后，于从甲子日起算的第八日（辛未日）根据战功在"阑师"举行论功行赏仪式，赏赐给"右史"(古代官名)"利"(古代人名)许多铜、锡等金属。在我国殷周时期，青铜被称为金，是只有王族才能使用的贵重金属。右史"利"用这些贵重金属铸造了这件祭器，以纪念先祖檀公。由于这件青铜簋是"利"所铸，因此人们就称它为"利簋"。(笔者特别注：阑是古代地名，学界认为是今郑州，但若此阑地与保利艺术博物馆藏"版方鼎"铭文中的阑地为同一地的话，则阑地可能不是今郑州.殷代末帝帝辛不可能在他统治的第二十二年五月，从安阳的殷都到不再是宗庙所在地的郑州去祭拜他的父亲。参见本书《殷帝帝乙传记》。)

The Western Zhou Bronze Ritual Vessel
Li Gui Unearthed in Lintong, Shaanxi

The **Li Gui of the Western Zhou Dynasty**, also known as the **WuWang ZhengShang Gui**, was unearthed in March 1976 in Lingkou Town, Lintong County, Shaanxi Province (now Lingkou community, Lintong District, Xi'an City). It is said to be the earliest bronze ware known to date in the Western Zhou Dynasty. It is currently collected in the National Museum of China. The Li Gui is 28 centimeters high, with a caliber of 22 centimeters and a weight of 7.95 kilograms. The inscription on the bottom of the vessel is 4 lines including 33 words (if the two words "WuWang" on the upper right are combined as one word, it is 4 lines, 8 words per line, 32 words totally), which records the significant historical event of WuWang's conquest of Emperor Xin of Yin on the morning of Jiazi Day. The content of the inscription is completely consistent with the content recorded in ancient Chinese literature, and has very important historical value. It has been rated as one of the nine national treasures by National Humanities History, and was listed as one of the first batch of cultural relics banned from exhibitions abroad in 2002.

Gui is an ancient food vessel used to hold cooked rice, millet, and other foods, similar to a rice bowl. During sacrifices or feasts, it is also an important ritual vessel, used in conjunction with the Ding, and enshrined on the altar to worship ancestors. According to the system of using Ding in the Zhou Dynasty ritual system, only the King of Zhou (Emperor) can enjoy the highest etiquette of the combination of "nine tripods and eight Gui". WuWang of Zhou attacked the capital of the Yin Dynasty, "Shang" (Here, "Shang" refers to the Yin Shang BieDu, the city of ChaoGe where Emperor Xin of Yin resided.), and in one day and one night, the "small state of Zhou"("Xiaobang Zhou") occupied the capital of the Yin-Shang Dynasty, "the great city of Shang"("Dayi Shang"), and publicly announced the destruction of the Yin-Shang Dynasty. According to the inscription on Li Gui, currently, most scholars believe that the reason why the owner of Li Gui cast Li Gui is: WuWang of Zhou defeated Emperor Xin of Yin on the day of Jiazi（甲子日）, and on the eighth day counting from the day of Jiazi ——Xinwei（辛未日）, he held a reward ceremony in the "Lanshi" according to the achievements of his subordinates, awarding "Youshi" (ancient official name) "Li" (ancient person name) many metals such as copper and tin. During the Yin and Zhou dynasties in China, bronze was known as gold and was a precious metal that could only be used by the royal family. Youshi "Li" used these precious metals to cast this sacrificial vessel in memory of his ancestor Tan Gong. Since this bronze Gui was cast by "Li", people call it "Li Gui". (**The author special remark:** Lan is an ancient place name, the academic community believes that it is today's Zhengzhou, but if this Lan is the same place as the Lan in the inscriptions of the Poly Art Museum "Ban Fang Ding", then the Lan may not be today's Zhengzhou. It is impossible for last Emperor Xin of Yin Dynasty, to go from the Capital of Yin Dynasty of Anyang to Zhengzhou, which is no longer the site of the ancestral temple, to worship his father in May of the 22nd year of his reign. Refer to this book *Biography of Emperor Yi of Yin Dynasty*.)

利簋的主要部位——腹上，由饕餮纹作装饰，并由云雷纹来烘托，呈现出一种神秘的威严感，显示出贵族的气势。云雷纹是青铜器上最常见的一种纹饰：圆形的连续构图称为云纹，方形的连续构图称为雷纹。云雷纹常装饰在青铜器的空白处作为底纹，用以烘托主题纹饰。利簋上的纹饰就是这种结构。

西周利簋最为重要也最有价值的是它腹内底部所铸铭文。铭文虽很简略，却明确记载了"武王征商"之役发生在某年"甲子"日的早晨，中国称为"岁"星的木星正当中天。众所周知，"武王克商"之年是殷、周分界之年，是研究先秦古史的重要参考时间坐标。有了它，就可以依照中国古代文献的记载推算出盘庚迁殷、成汤殷革夏命、夏启改"公天下"为"家天下"等重大历史事件发生的具体年代。利簋记载的"甲子朝"武王征商是夏商周断代工程将周武王发动"牧野之战"的具体日期定为公元前 1046 年 1 月 20 日的主要依据之一，也是本书推断的"牧野之战"发生于公元前 1044 年 1 月 9 日的主要依据之一。

The main part of the Li Gui, the abdomen, is decorated with Taotie patterns and set off by cloud and thunder patterns, which present a mysterious sense of majesty and show the aristocratic style. Cloud and thunder patterns are the most common decorative patterns on bronze vessels: the circular continuous composition is called cloud pattern, and the square continuous composition is called thunder pattern. Cloud and thunder patterns are often used as ground patterns on the blank space of bronze vessels to set off the theme pattern. The pattern on the Li Gui is of this structure.

The most important and valuable thing about the Li Gui of the Western Zhou Dynasty is the inscription on the bottom of its belly. Although the inscription is very brief, it clearly records that the battle of "WuWang's conquest of Shang" took place on the morning of the "Jiazi" day of a certain year, when Jupiter, known as the "Sui" star in Chinese, was in the middle of the sky. As we all know, the year of "WuWang's conquest of Shang" is the year of the division between the Yin and Zhou Dynasties, and it is an important reference time coordinate for studying ancient history in the pre-Qin period. With it, we can calculate the specific years before the common era in which major historical events such as PanGeng's migration to Yin, Cheng Tang "Yin Ge Xia Ming", and Xia Qi's change from "Gong Tian Xia" to "Jia Tian Xia" occurred according to the records of ancient Chinese literature. The inscription of the Li Gui records that the battle of "WuWang's conquest of Shang" on the "Jiazi Morning" was one of the main bases for the "Xia Shang Zhou Chronology Project" to determine the specific date of the "Battle of Muye" launched by WuWang of Zhou as January 20, 1046 BCE. It is also one of the main bases for this book to infer that the "Battle of Muye" took place on January 9th, 1044 BCE.

中英文对照图解之殷代文物——三千多年前的殷代文明为真实存在之实物证明

因为碳 -14 测年专家只测得，牧野之战发生在公元前 1050 年—公元前 1020 年，并未给出具体的年月【注131】，因此，后来的一些学者又用各自的推算方法，在利簋记载和碳 -14 测年的基础上，推算出一些不同于夏商周断代工程敲定的年代，值得注意的有下列两种：

①一些天文学家根据铭文和天象推算出牧野之战发生在公元前 1044 年。笔者认为上海交通大学江晓原教授的"公元前 1044 年 1 月 9 日说"与基于魏晋谱书《殷氏家传》的记载推算甚合，是可信的【详见本书《卷六》（殷代纪年）】。

②云南考古专家黄懿陆先生在其《骆越史》和《武王克商石刻文》两部专著中，据广西壮族自治区百色市平果县发现的类似甲骨文的"骆越石刻文字"的记载，最新推断得：牧野之战发生于公元前 1050 年 2 月 10 日，即殷历正月初二甲子日木星合下弦月的黎明时分（相当于周历二月初二甲子日）。黄懿陆先生还据"骆越石刻文"考证出牧野之战后，帝辛并没有死，而是突围成功，逃到今广西左右江流域一带建立了"骆越国"。黄懿陆推算出的牧野之战发生日似与基于魏晋谱书《殷氏家传》的记载推算不合（详见本书《卷六 • 关于周殷牧野之战的定年问题》列出的推算数据）。

Because carbon-14 dating experts only determined that the Battle of Muye took place between 1050 BCE and 1020 BCE, without giving a specific date [Note131], therefore, some later scholars used their own methods of calculation, on the basis of Li Gui records and carbon-14 dating, also calculated some different from the "Xia Shang Zhou Chronology Project" to finalize the age, it is worth noting the following two kinds.

① Some astronomers have calculated from inscriptions and astronomical phenomena that the Battle of Muye took place in 1044 BCE. The author believes that Jiang Xiaoyuan's "January 9th , 1044 BCE" theory from Shanghai Jiaotong University is consistent with records based on the Wei and Jin Dynasty genealogy book "Biography of the Yin Family" and is therefore credible (See Volume 6, *Yin Dynasty Chronology* in this book for details).

② In his two monographs "History of Luoyue" and "Stone Inscriptions of WuWang Conquering Shang", Mr. Huang Yilu, an expert in Yunnan archaeology, based on the records of "Luoyue stone inscriptions" similar to oracle bone inscriptions found in Pingguo County, Baise City, Guangxi Zhuang Autonomous Region, the latest inference is: The Battle of Makino took place on February 10th, 1050 BCE, at dawn on the second day (Jiazi Day) of the first lunar month of the Yin calendar when Jupiter coincides with the last quarter of the moon (木星合下弦月) (equivalent to the second day of the second month of the Zhou calendar). According to the "Luoyue Stone inscription", Mr. Huang Yilu also researched that after the Muye Battle, Emperor Xin did not die, but successfully broke through the battle and fled to the area of the Zuoyoujiang River in today's Guangxi and established the "Luoyue Country". The estimated date of the Battle of Muye by Huang Yilu does not match the calculation based on the records in the Wei and Jin genealogy book **Biography of the Yin Family** (See the calculated data listed in Volume 6 of this book, Section 4, *The problem of determining the years of the Battle of Muye between Zhou and Yin*).

　　虽然许多学者认定利簋铭文中的"辛未"两字，为自牧野之战发生日甲子日起算，之后第八天的武王"论功行赏日"——辛未日，但也有不少学者不认同这种说法，因为他们认为，周武王虽然于甲子日攻陷殷都大邑商，但一时天下未定，反对武王从"一方诸侯"只在"甲子日"一天之间就成为"天下共主"的部族方国太多，周武王不可能于牧野之战结束后的第八天（辛未日）就举办庆祝以周代殷的论功行赏仪式。因此，这些学者认为，利簋铭文中的"辛未"不是指日，而是指年，认为利簋铭文中的"辛未"指的是牧野之战发生日为辛未年的甲子日。总之，自利簋出土后的 40多年来，学界虽然已对利簋铭文进行过反复深入的讨论，但仍存在争议，其中对铭文的**"岁鼎克闻夙有商辛未"**九个字的断读和释义就有颇多分歧。有兴趣的读者，可参看下列两篇有代表性的论文：

　　第一篇是**吕昭进**发表在《**五华风**》2018 年第 4 期上的论文《**利簋铭文新读及夏商周断代新解**》。吕文认为利簋铭文中的"辛未"系年非日，是铭记武王伐商那一年是辛未年，并断定为公元前 1070 年。这与《殷氏家传》的记载明显不合。

　　第二篇是**张念征**发表在《**管子学刊**》2017 年第 1 期上的论文——《**利簋铭文新探**》。张念征对利簋铭文的断读和释义有新的见解。

Although many scholars believe that the two characters "Xin Wei" in the inscriptions on Li Gui refers to the eighth day after Jiazi Day (the day of the Battle of Muye) , Xinwei Day, on this very day, WuWang of Zhou held a reward ceremony in the "Lanshi" according to the achievements of his subordinates, but there are also many scholars who do not agree with this statement. Because they believe that although WuWang of Zhou captured the Yin capital Dayi Shang on Jiazi Day, the whole country was not settled for a while, and there were too many tribal fangguo that opposed WuWang's transformation from a "vassal of one side" to the "co-lord of the world" in one day and one night, WuWang of Zhou could not have held a ceremony to celebrate the extermination of the Yin-Shang Dynasty on the eighth day after the Battle of Muye (Xinwei Day). Therefore, these scholars believe that the "Xinwei" in the Li Gui inscription does not refer to the day, but to the year. They believe that the "Xinwei" in the Li Gui inscription refers to the Jiazi day in the year of Xinwei, when the Battle of Muye occurred. In short, since the discovery of Ligui for more than 40 years, although the academic circles have repeatedly and deeply discussed the inscription of Ligui, there are still some disputes, among which there are quite a lot of differences on the interpretation of the nine characters " 岁鼎克闻夙有商辛未 " in the inscription. Curious readers may refer to the following two representative papers.

The first article is *A New Reading of the Inscriptions on the Li Gui and a New Interpretation of the Chronology of the Xia, Shang, and Zhou Dynasties* by **Lv Zhaojin**, published in the 4th issue of *Wuhua Feng* in 2018. Lv Wen believes that the "Xinwei" in the inscriptions on the Li Gui is not a day, but the year when WuWang attacked the Yin Shang BieDu ChaoGe, which he determined to be 1070 BCE.This is clearly inconsistent with the records of the *Yin Family Biography*.

The second article is **Zhang Nianzheng**'s paper *A New Exploration of the Inscriptions on the Li Gui* published in the first issue of the *Guanzi Journal* in 2017. Zhang Nianzheng has new insights into the interpretation and interpretation of the inscriptions on the Li Gui.

为本书的前身《殷代史六辨》作序的李伯谦先生
确认殷商王朝在长江流域存在势力扩张，改写殷代早期历史纪实

经过 20 世纪五六十年代断断续续的考古发掘，1976 年，湖北武汉盘龙城的殷商文化考古达到第一个高峰，盘龙城出土的殷代早期青铜器比郑州商城出土的还多，有关殷商王朝早期以盘龙城为重要据点和殷商王朝在长江流域丰富铜矿带存在势力扩张在学界逐渐达成共识，这改写了此前传统正史对殷商王朝早期政治地理版图的既有认知，令举世震惊。传统史学界对殷代早期政治地理版图从中原扩张到长江流域，是从写《史记》的司马迁起到近代的王国维止，几乎所有的史学家都没有认识到的。其间李伯谦先生还提出了考古学的"文化因素分析方法"，直到现在这一科学方法仍为考古界所注重。这个过程中，考古学家李伯谦功不可没。

李伯谦先生，1937 年 2 月 10 日生，郑州荥阳人，当代著名考古学家。1956 年入北京大学历史系考古专业学习，1961 年毕业后留校任教，历任助教、讲师、副教授、教授，博士生导师。先后担任北京大学考古系副主任、主任，考古文博院院长兼赛克勒考古与艺术博物馆馆长，教育部人文社会科学重点研究基地北京大学中国考古学研究中心主任，北京大学古代文明研究中心主任，兼任中国考古学会常务理事、中国殷商文化学会副会长。李伯谦先生是"九五"国家科技攻关重大项目"夏商周断代工程"首席科学家、专家组副组长，"十五"国家科技攻关重大项目"中华文明探源工程预研究"主持人之一。

从 20 世纪 60 年代起，李伯谦先生先后参加过二里头、殷墟、吴城、盘龙城等多地的考古发掘工作，积累了很多田野考古经验。1976 年 9 月，李伯谦先生带队接手并主持盘龙城的考古发掘工作，得出了武汉盘龙城是殷商王朝早期在长江流域丰富铜矿带势力扩张的重要据点和盘龙城是长江流域最早青铜铸造中心的结论。

（殷作斌， 2021 年 11 月 30 日撰稿）

中英文对照图解之殷代文物——三千多年前的殷代文明为真实存在之实物证明

Mr. Li Boqian Confirmed the Expansion of the Yin-Shang Dynasty's Influence in the Yangtze River Basin and rewrote the *Early History of the Yin Dynasty* of record of actual event

After intermittent archaeological excavations in the 1950s and 1960s, the archaeological study of the Yin and Shang culture in Panlong City, Wuhan, Hubei Province reached its first peak in 1976. The excavation of early bronze wares in the Yin Dynasty at Panlong City was even more than that at Zhengzhou Shang City. A consensus has gradually been reached in the academic community regarding Panlong City as an important stronghold in the early period of the Yin-Shang Dynasty and exist expansion in the rich copper mine belt in the Yangtze River Basin. This rewrites the existing understanding of the early political territory of the Yin-Shang Dynasty in traditional official history and shocked the world. The expansion of the political territory of the early Yin Dynasty from the Central Plains to the Yangtze River Basin, from Sima Qian who wrote the "Records of the Historian" to Wang Guowei in modern times, was not recognized by almost all historians in the traditional historical field. During this process, archaeologist Li Boqian made significant contributions.

Mr. Li Boqian, born on February 10th, 1937 in Xingyang, Zhengzhou, and a renowned contemporary archaeologist. In 1956, he joined the Department of History at Peking University to study Archaeology. After graduating in 1961, he stayed on as a teacher and served as an assistant, lecturer, associate professor, professor, and doctoral supervisor. He has successively served as the Deputy Director and Director of the Department of Archaeology at Peking University, Dean of the Archaeological and Cultural Museum and the Director of the Sackler Museum of Archaeology and Art, the Director of the Chinese Archaeology Research Center at Peking University, the Key Research Base of Humanities and Social Sciences of the Ministry of Education, and the Director of the Center for Ancient Civilization Research at Peking University. He also serves as the Executive Director of the Chinese Archaeological Society and the Vice President of the Chinese Yin Shang Cultural Society. Mr. Li Boqian is the Chief Scientist and Deputy Leader of the Expert Group of the "Xia Shang Zhou Chronology Project", a major national science and technology research project during the Ninth-Five-Year-Plan period. He is also one of the hosts of the "Pre research of the Chinese Civilization Exploration Project", a major national science and technology research project during the Tenth-Five-Year-Plan period.

Since the 1960s, Mr. Li Boqian has participated in archaeological excavations at Erlitou, Yin Ruins, Wucheng, Panlong City and other places, accumulating a lot of field archaeological experience.In September 1976, Mr. Li Boqian led a team to take over and preside over the archaeological excavation of Panlong City, and concluded that Wuhan Panlong City was an important stronghold for the expansion of the early Shang Dynasty's power in the rich copper belt of the Yangtze River Basin, and that Panlong City was the earliest bronze casting center in the Yangtze River Basin.

(Written by Yin Zuobin on November 30, 2021)

中英文对照图解之殷代文物——三千多年前的殷代文明为真实存在之实物证明

殷代开图之日图解（示意图）

殷代始于公元纪元：前 1618 年 2 月 20 日

即中国黄帝纪元：1081 年元日（正月初一）

或中国干支纪元：癸亥年甲寅月壬辰日

成汤十八年癸亥元日即位殷始日：公元前1618年2月20日 癸亥年 甲寅月 壬辰日

殷代肇始日【公元前 1618 年 2 月 20 日】图解说明

魏晋谱书《殷氏家传》记载成汤于十八年癸亥在亳即天子位，结合《夏商周断代工程报告》一书关于『商代始年：公元前 1600 年左右』的结论（《夏商周断代工程报告》第 322 页，科学出版社，2022 年 6 月第一版），可定殷代的始建国日为公元前 1618 年 2 月 20 日，相当于中国黄帝纪元 1081 年元日（正月初一），或干支纪元癸亥年甲寅月壬辰日。

殷代覆亡之日图解（示意图）
（帝辛五十二年丙申十二月初四）

殷代亡于公元纪元：前 1044 年 1 月 9 日

即中国黄帝纪元：1654 年十二月初四

或中国干支纪元：丙申年庚子月甲子日

周殷牧野之战殷亡日：公元前1044年1月9日 丙申年 庚子月 甲子日

殷代覆亡日【公元前 1044 年 1 月 9 日】图解说明

魏晋谱书《殷氏家传》讳言殷亡，记载帝辛于『丙申年甲子日失国』，时为帝辛五十二年十二月初四。根据现代碳-14 测年给出的殷亡之年当在公元前 1050 年至公元前 1020 年的年代范围，可定殷亡之年当在公元前 1044 年（牧野之战发生日）为公元前 1044 年 1 月 9 日，相当于中国黄帝纪元 1654 年十二月初四，或干支纪元丙申年甲子月甲子日。由此可得出殷代积年为 574 年。

中英文对照图解之殷代文物——三千多年前的殷代文明为真实存在之实物证明

The Yin Dynasty began in "the first day of the first month of the eighteenth year of Cheng Tang" diagra

The Yin Dynasty began on February 20th, 1618 BCE; Or Chinese Yellow Emperor Era: the first day of the first month of 1081; Or the Chinese Ganzhi era: On the day of Renchen in the Jiayin month of the Guihai year.

公元前1618年 2月 确定 年↑ 年↓ 月↑ 月↓ 今

成汤十八年癸亥元日即位殷始日: 公元前1618年2月20日 癸亥年 甲寅月 壬辰日

日	一	二	三	四	五	六
		1 十一	2 ◆大寒	3 十三	4 十四	5 十五
6 ●十六	7 十七	8 『五九』	9 十九	10 二十	11 廿一	12 ∩廿二
13 小年	14 廿四	15 廿五	16 廿六	17 ◆立春	18 廿八	19 除夕
20 殷始日	21 大年初二	22 初三	23 初四	24 初五	25 初六	26 『七九』
27 初八	28 初九					

Diagram of the Fall of Yin Dynasty in Jiazi Day (December 4th, Bingshen, the 52nd year of Emperor Xin)

The Yin Dynasty perished on January 9th, 1044 BCE; Or Chinese Yellow Emperor Era: December 4th, 1654; Or the Chinese Ganzhi Era: On the day of Jiazi in the Gengzi month of the Bingshen year.

公元前1044年 1月 确定 年↑ 年↓ 月↑ 月↓ 今 十二月初四

周殷牧野之战殷亡日: 公元前1044年1月9日 丙申年 庚子月 甲子日

日	一	二	三	四	五	六
			1 廿六	2 廿七	3 廿八	4 廿九
5 三十	6 ●十二月小	7 初二	8 『二九』	**9 殷亡 初四**	10 初五	11 初六
12 初七	13 腊八节	14 ∪◆小寒	15 初十	16 十一	17 『三九』	18 十三
19 十四	20 ●十五	21 十六	22 十七	23 十八	24 十九	25 二十
26 世界麻风	27 ∩廿二	28 小年	29 ◆大寒	30 廿五	31 廿六	

中英文对照图解之殷代文物——三千多年前的殷代文明为真实存在之实物证明

殷代开国之日示意图的进一步说明
（殷代开国之日：公元前 1618 年 2 月 20 日）

魏晋谱书《殷氏家传》记载，成汤于壬戌年（成汤十七年）放夏桀于南巢，回到他自己的侯都亳，召开"海选天子"和"共商国是"的三千诸侯大会（《逸周书·殷祝解》也有类似记载），成汤在诸侯大会上曾三让天子于众诸侯。会场中的三千诸侯，没有一个敢争天子大位。众诸侯齐声言曰："汤王仁义布于四海，恩德著于天下，今与民除其大害，宜立为帝，登天子位。"成汤曰："不可。天下非一家之有也，惟有德者，可以居之。某德薄才疏，难承帝位。"诸侯皆曰："明公仁德昭著，功绩盖世，今辞不帝，谁敢帝之？"成汤三让不受，众诸侯皆顿首大哭。成汤见众诸侯诚心，才答应即天子位。成汤十八年癸亥元日，成汤在"复命以亳"的天下之中郑州商城正式登基，即天子位，国号殷。中国历史上长达 574 年之久的殷商王朝，从此始。前面给出的殷代开国之日示意图是据许剑伟老师的《寿星天文历（V5.05 版）》编辑的。图示：殷代肇始日为公元前 1618 年 2 月 20 日，相当于中国黄帝纪元 1081 年元日（正月初一），或中国干支纪元癸亥年甲寅月壬辰日。

Further explanation of the schematic diagram of the founding day of the Yin Dynasty
(The founding day of the Yin Dynasty: February 20, 1618 BCE)

According to the **Biography of the Yin Family** in the Wei and Jin dynasties, in the 17th year of the reign of the Yin Marquis, Cheng Tang, Cheng Tang released Xia Jie to Nanchao and returned to his own capital, Bo, to host a meeting of 3000 tribal leaders to "elect the common lord of the world" and "discuss national affairs" (similar records are also found in the **Yizhou Book-Yin Zhu Jie**). Cheng Tang had three times given up the position of the common lord of the world to leaders of various tribes at the meeting of lords. None of the three thousand tribal leaders in the venue dared to compete for the throne. All the princes said in unison: "King Tang's benevolence and justice are everywhere, and King Tang's kindness and noble character are known to the whole world, and now King Tang has removed the great evil of Jie Xia for the people, and should be made emperor and ascend the throne of 'Son of Heaven'(天子) ." Cheng Tang said, "No. The world is not owned by one family, and only those with virtue can occupy it. I am not qualified in virtue or in talent, and it is difficult to inherit the throne." The feudal lords all said, "Ming Gong is known for his benevolence and virtue, and your achievements are unparalleled in the world. Who dares to be emperor now that you are not emperor?" Cheng Tang refused to accept the throne three times, and all the princes bowed down and cried. Cheng Tang saw the sincerity of many feudal princes before agreeing to the throne. On the first day of the first month of the year of Guihai in the 18th year of Cheng Tang, Cheng Tang officially ascended the throne in Zhengzhou Shang City, which was renamed "Bo", that is, the position of the emperor, and the dynasty name was Yin. The Yin-Shang Dynasty, which lasted for 574 years in Chinese history, began from then on. The diagram of the founding day of the Yin Dynasty given on the previous page is edited according to the "Shouxing Astronomical Calendar" (V5.05 edition) by Xu Jianwei. Figure shows: The founding date of the Yin Dynasty can be determined as February 20, 1618 BCE. Equivalent to the Chinese Yellow Emperor 1081 year New Year's Day in the old calendar (the first day of the first month), or the Guihai year Jiayin month Renchen day of the Chinese Ganzhi era.

中英文对照图解之殷代文物——三千多年前的殷代文明为真实存在之实物证明

殷代覆亡之日示意图的进一步说明
(殷代覆亡之日：公元前 1044 年 1 月 9 日)

魏晋谱书《殷氏家传》讳言殷亡，记载帝辛于"丙申年甲子日失国"，时为帝辛五十二年十二月初四。根据现代碳 -14 测年给出的殷亡之年当在公元前 1050 年至公元前 1020 年的年代范围，可定殷亡日（牧野之战发生日）为公元前 1044 年 1 月 9 日，相当于中国黄帝纪元 1654 年十二月初四，或中国干支纪元丙申年庚子月甲子日。中国历史上长达 574 年之久的殷商王朝覆亡。前面给出的殷代覆亡之日示意图是据许剑伟老师的《寿星天文历（V5.05 版）》编辑的。

这里，有必要向读者说明一下本书推算殷代积年的依据。上限年（癸亥年）主要依据《殷氏家传》和今古两种版本《竹书纪年》的记载推算，下限年（丙申年）是由《殷氏家传》的记载和上海交通大学江晓原教授据诸多天象的研究成果互相印证以后才确认的。也就是说，本书将帝辛失国的具体日期定为公元前 1044 年 1 月 9 日，主要是基于江晓原教授的最新研究成果，在此表示感谢。

Further explanation of the schematic diagram of the Day of the Fall of the Yin Dynasty
(The Day of the Fall of the Yin Dynasty: January 9, 1044 BCE)

The Wei-Jin Dynasty genealogy book **Biography of Yin Family**, concealed the fact that the Yin Dynasty had ended, recording that Emperor Xin lost his Kingdom on the the fourth day of December in the fifty-second year of Emperor Xin's reign. According to modern carbon-14 dating, the year of the fall of Yin is between 1050 BCE and 1020 BCE, the date of the fall of the Yin Dynasty (Day of the Battle of Muye) can be confirmed to be January 9, 1044 BCE. Equivalent to the fourth day of December 1654 in the Yellow Emperor era of China, or the Bingshen year Gengzi month Jiazi day of the Chinese Ganzhi era. The Yin Shang Dynasty, which lasted for 574 years in Chinese history, fell. The schematic diagram of the day of the fall of the Yin Dynasty given on the previous page was edited based on Professor Xu Jianwei's "Shouxing Astronomical Calendar (V5.05 Edition)".

Here, it is necessary to explain to the reader the basis for calculating the Yin Dynasty years in this book. The upper limit year (Guihai year) is mainly calculated based on the records in the **Biography of Yin Family** and the current and ancient versions of the **Bamboo Annals**. The lower limit year (Bingshen year) was confirmed by the mutual verification of the records in the **Biography of Yin Family** and the research results of Professor Jiang Xiaoyuan from Shanghai Jiao Tong University on various celestial phenomena. In other words, the specific date of the fall of the Yin Dynasty, which is set in this book as January 9, 1044 B.C., is mainly based on the latest research results of Professor Jiang Xiaoyuan, for which I would like to express my gratitude.

中英文对照图解之殷代文物——三千多年前的殷代文明为真实存在之实物证明

殷代玉人 （殷代后期）
（安阳妇好墓出土）

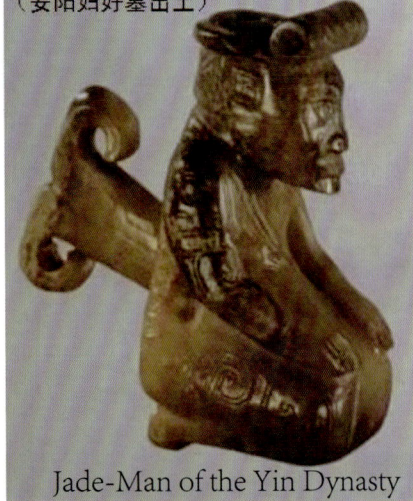

Jade-Man of the Yin Dynasty

妇好钺 （安阳妇好墓出土）
（殷代后期）

FuHao Yue

小臣艅犀尊
（殷代晚期）

清代时于山东寿张县梁山出土，现藏于美国旧金山亚洲艺术博物馆。其内底有4行27字珍贵铭文，铭文图片及其意思详见本书《殷代末帝帝辛传记·附1》。

Xiaochenyu Xizun
(Late Yin Dynasty)

Unearthed in Liangshan, Shouzhang County, Shandong during the Qing Dynasty, it is now housed in the Asian Art Museum in San Francisco, USA. There are 4 rows of 27 characters precious inscriptions on its inner bottom, and the inscriptions and their meanings can be found in the *Biography of Emperor Xin of the Late Yin Dynasty, Appendix 1* of this book.

饕餮纹束腰袋斝 （殷代中期）
（上海博物馆藏）

Taotiewen Tie Waist Bag Jia

兽面纹爵 （殷代早期）
（上海博物馆藏）

Beast Face Patterned Jue

父乙觥 （殷代晚期）
（上海博物馆藏）
Father Yi Gong

Xiaochenyu Xizun

小臣艅犀尊
殷代晚期青铜器，美国旧金山亚洲艺术博物馆

代表殷代文明的其他重要图片

中英文对照图解之殷代文物——三千多年前的殷代文明为真实存在之实物证明

殷商史专家郭胜强教授为《殷代史》初版书稿出版时撰写的审稿意见

关于对《殷代史》书稿的意见

Opinions on the Manuscript of the *History of Yin Dynasty*

【说明】本文是当代著名的甲骨学家、殷商史专家郭胜强教授在 2022 年 11 月 18 日为《殷代史》书稿撰写的评审意见（原文为中文，双语对照的译文是笔者据中文原文翻译的），现收录于《殷代史》正文之前，一并出版。

殷作斌　2023 年 2 月 5 日

【Explanation】 This article is a review comments written by Professor Guo Shengqiang, a renowned contemporary oracle bone scientist and expert in the history of Yin Dynasty, on November 18, 2022, for the manuscript of *History of Yin Dynasty*. It is now included in the main text of *History of Yin Dynasty* and published together.

Yin Zuobin, February 5, 2023

殷作斌先生编著的《**殷代史**》，是其在 2015 年由中国文史出版社出版的专著《**殷代史六辨**》的基础上，进一步完善论点、充实资料，拓展而成。当代著名历史学家、考古学家、"九五"国家科技攻关重大项目"夏商周断代工程"首席科学家（专家组副组长）、北京大学李伯谦教授对殷作斌先生据其家祖传魏晋谱书《**殷氏家传**》提出的诸多新颖观点有较高的评价，如"冥前称商，冥后称殷""成汤国号为殷不为商""成汤所立'殷商并用'族规的实质就是要求后世商王'在族内行王权时称商称王，在全国行天子权时称殷称帝'"等。李伯谦教授在其撰写的《**殷代史六辨·序**》中将殷作斌先生提出的商族六世先公"冥前称商，冥后称殷"的论断评价为"在目前有关为什么会有殷、商之别的诸种说法中，恐怕是最有说服力的说法之一"。

Mr. Yin Zuobin's **History of Yin Dynasty** is an expanded version of his monograph **Six Differentiations in the History of Yin Dynasty** published by China Literature and History Publishing House in 2015. It is a version based on the Six Differentiations in the History of Yin Dynasty, which further improves arguments, enriches materials, and expands the version. Professor Li Boqian of Peking University is a renowned contemporary historian, archaeologist, and chief scientist (deputy leader of the expert group) of the "Xia Shang Zhou Chronology Project", a major national science and technology research project during the Ninth-Five-Year-Plan period. He has a high evaluation of the many innovative viewpoints proposed by Mr. Yin Zuobin based on his family's ancestral genealogy of the Wei and Jin dynasties, the **Biography of the Yin Family**. For example, "before the Ming, Shang was called, and after the Ming, Yin was called", "the name of the Cheng Tang kingdom was Yin, but not Shang", and "Cheng Tang established the Clan Rules of Combining Yin and Shang for later Shang kings", etc. Among them, the Clan Rule of Yin Shang Combined Use is the most important one. Its essence is to require later Shang kings (Yin Emperors) to comply with the rules established by Cheng Tang—to call the clan name Shang and oneself Wang when exercising royal power within the clan, and to call the country name Yin and oneself Emperor when exercising the power of the emperor throughout the country. Professor Li Boqian, in his **Preface** to the **Six Differentiations in the History of Yin Dynasty**, evaluated Mr. Yin Zuobin's statement that the sixth generation of the Shang family's ancestors "were called Shang before the Ming and Yin after the Ming" as "perhaps one of the most persuasive statements among the various theories currently on why there is a difference between Yin and Shang".

我受中国社会科学院荣誉学部委员、中国殷商文化学会原会长工宇信先生委托，已将殷作斌先生的简介及其专著《殷代史六辨》的主要内容收录在王宇信为总主编/我为卷主编的《殷墟文化大典·商史卷（下册）》的第 462 页和第 568 页中。安徽人民出版社出版的**殷墟文化大典**》（三卷六册）于 2021 年荣获**第五届中国出版政府奖图书奖**。

我曾仔细阅读过殷作斌先生的《殷代史六辨》，在他撰写《殷代史》过程中，从最初的酝酿策划，到大纲、目录的敲定，几次初稿和定稿，我都反复看过，并与殷先生有过交流。这次又认真地看了定稿，提出以下感想，供学界专家和读者参考。

I have included Mr. Yin Zuobin's introduction and the main content of his monograph *Six Differentiations in the History of Yin Dynasty* on pages 462 and 568 of the **Shang History Volume (Volume 2)** in the **Yin Ruins Cultural Classic**. This was commissioned by Mr. Wang Yuxin, an honorary member of the Chinese Academy of Social Sciences and former president of the Chinese Yin Shang Cultural Society. Mr. Wang Yuxin is the overall editor in chief of the **Yin Ruins Cultural Classic**, and I am the editor in chief of the **Shang History Volume** in the **Yin Ruins Cultural Classic**. The **Yin Ruins Cultural Classic** published by Anhui People's Publishing House won the Book Award of the 5th China Publishing Government Award in 2021.

I have carefully read Mr. Yin Zuobin's **Six Differentiations in the History of Yin Dynasty**. During his writing of the **History of Yin Dynasty**, I have repeatedly reviewed and communicated with Mr. Yin from the initial planning to the finalization of the outline and table of contents, as well as several initial and final drafts. This time, I carefully reviewed the final draft and put forward the following thoughts for academic experts and readers to refer to.

【一】 殷商时代的史料，除考古发现的"甲骨文""金文"以外，文献中的记载很少且有争议，因此，作为殷商王朝王室的直系后人，殷作斌先生少年时期便研读熟记的祖传魏晋谱书《殷氏家传》中的史料显得弥足珍贵。《殷氏家传》已被毁于"文革"，不可复得，世上是否存有"复本"，也未可知，为增加其可信度，殷作斌先生在《殷代史》书稿中只取魏晋谱书《殷氏家传》中的观点（例如殷代中期王位更替时奉行的"王室推举制"），而论证其可信性的史料均以众所周知的考古发现和传世文献中的史料为准，这种求真务实的治史精神，令人肃然起敬。殷作斌先生从读高中时的青年时期就开始收集、整理殷商时期的史料，后来，虽然他在清华大学理工科就学，但仍坚持不懈，矢志于此，退休后更潜心笃志地研究殷商王朝的历史。从郑州商城到安阳殷墟，从湖北盘龙城到鹤壁朝歌，他的足迹几乎踏遍了殷商时期的历史区域。在寻找、考察殷商历史文化遗迹，查阅大量传世历史文献和考古材料的过程中，他掌握了大量的第一手资料。同时，他虚心地向清华大学的李学勤、北京大学的李伯谦、中国社会科学院荣誉学部委员王宇信、郑州大学李民等专家学者求教，花费了 60 多年的心血，终于据他调研所得的大量零散史料成就《殷代史》这本殷商断代史书，这是十分难能可贵的。

I. Except for the archaeological discoveries of "oracle bone inscriptions" and "inscriptions on gold", there are few and controversial historical records in the literature of the Yin-Shang Dynasty. Therefore, as a direct descendant of the Yin-Shang Dynasty royal family, Mr. Yin Zuobin studied and memorized the historical materials in the ancestral Wei and Jin genealogy *Biography of the Yin Family* during his youth, which is extremely precious. The *Biography of the Yin Family* has been destroyed during the Cultural Revolution and cannot be recovered. It is also unknown whether there is a "replica" in the world. In order to increase its credibility, Mr. Yin Zuobin only took the views from the Wei and Jin genealogy

book "Biography of the Yin Family" in his manuscript of ***History of Yin Dynasty*** (such as the "**Royal Recommendation System**" implemented during the mid Yin Dynasty throne replacement), and the historical materials used to demonstrate its credibility are based on well-known archaeological discoveries and historical materials passed down. This spirit of seeking truth and pragmatism in the study of history is admirable. Mr. Yin Zuobin began collecting and organizing historical materials from the Yin-Shang Dynasty during his youth in high school. Later, although he studied science and engineering at Tsinghua University, he persisted and devoted himself to this. After retirement, he devoted himself wholeheartedly to studying the history of the Yin-Shang Dynasty. From Zhengzhou Shang City to Yin Ruins in Anyang, from Panlong City in Hubei to Hebi Chaoge, his footprints almost covered the historical area of the Yin-Shang period. In the process of searching for and inspecting the historical and cultural relics of the Yin-Shang Dynastiy, as well as consulting a large number of historical documents and archaeological materials passed down, he mastered a large amount of first-hand information. At the same time, he humbly sought advice from experts and scholars such as Li Xueqin from Tsinghua University, Li Boqian from Peking University, Wang Yuxin, Honorary Member of the Chinese Academy of Social Sciences, and Li Min from Zhengzhou University. After more than sixty years of hard work, he finally compiled this historical book of the Yin-Shang Dynasty, the ***History of Yin Dynasty***, based on a large amount of scattered historical materials he obtained through research. This is highly commendable.

【二】《殷代史》书稿具有诸多特点，特别是遵照当代公认的甲骨学家董作宾和港台史学权威李定一的权威论述，大胆地提出了"成汤的国号为殷不为商，只有将习称的夏商周三代改称为夏殷周三代才符合史实"的论断，更令人敬佩。此外，《殷代史》书稿中还解决了困扰学界2000多年的殷代纪年问题。比如，殷代成汤于公元前1618年2月20日（癸亥年正月初一）登基于郑州商城、帝辛于公元前1044年1月9日（丙申年甲子日）失国于殷墟遗址等。殷商肇始与覆亡的这些具体日期虽然一时还无法得到证实，但无论是现代碳-14测年给出的年代范围，还是《西周利簋铭文》等考古发现和古代天象记载的研究等都与《殷代史》书稿中的这些推断不矛盾，甚至比较接近。

II. The manuscript of the ***History of the Yin Dynasty*** has many characteristics, especially based on the authoritative discourse of the contemporary recognized chief oracle bone expert Dong Zuobin and the Hong Kong and Taiwan historical authority Li Dingyi, boldly proposing the following statement: "The country name of Cheng Tang was Yin, not Shang; Only by renaming the commonly known 'Three dynasties of Xia, Shang and Zhou' to 'Three dynasties of Xia, Yin and Zhou' is consistent with historical facts." This is even more admirable. In addition, the manuscript of the ***History of Yin Dynasty*** also solved the problem of the Yin Dynasty's chronology that had troubled the academic community for over two thousand years. For example, on February 20, 1618 BC (the first day of the first lunar month in the Guihai year), the founding emperor of the Yin-Shang Dynasty, Cheng Tang, proclaimed himself emperor at the Zhengzhou Shang City. On January 9, 1044 BC (the Jiazi Day of Bingshen Year), Emperor Xin's failure in the Battle of Muye led to the downfall of the Yin-Shang Dynasty, etc. Although the specific dates of the beginning and fall of the Yin-Shang Dynasty cannot be confirmed at the moment, whether it is the age range given by modern carbon-14 dating, archaeological discoveries such as the ***Western Zhou Li Gui Inscription***, and research on ancient celestial phenomena records, etc., are not contradictory to these inferences in the manuscript of the ***History of Yin Dynasty***, and even relatively close.

【三】 《殷代史》书稿以武汉盘龙城等殷代早期大量青铜器出土的事实改写了传统正史对殷代早期政治地理版图的既有认知，将史载殷代早期政治地理版图还原到殷人实际控制的长江流域丰富铜矿带。此外，还有殷代中期因为殷商王朝陷入四面受敌的困局，转而被迫实施基于国情的韬光养晦战略收缩经略，在自实际即位的第 5 世第 6 王太戊起到第 11 世第 20 王武丁止的共历 15 王期间不得不改行"王室推举制"的王位继承制度的认知等。这一系列的历史考证，几乎填补了历史的空白。

殷作斌先生的《殷代史》一书学术观点新颖、所据史料翔实可信。该书在论证这些新颖学术观点时，采用的历史文献和考古资料相结合的方法符合国学大师王国维提出的"**二重证据法**"。其写作手法也通俗易懂、简洁明了，符合历史学大师李学勤教授关于"**历史著作必须在语言和结构上力求'通俗化'**"的要求。总之，该书自成一家之言，且版面设计别具一格，美观大方，图文并茂，引人入胜。它的出版将对我国学术界研究殷商时代的历史，对向广大读者普及传播殷商文化，都具有积极的参考和借鉴作用。

III. The manuscript of the *History of Yin Dynasty* rewrites the traditional official history's existing understanding of the early political geography of the Yin Dynasty based on the fact that a large number of bronze artifacts from the early Yin Dynasty were unearthed in places such as Panlong City in Wuhan. It restores the historical record of the early political geography of the Yin Dynasty to the territory actually controlled by the Yin people, which is not recorded in the traditional official history, and reaches the historical reality of the rich copper mine belt in the Yangtze River Basin. In addition, there are a series of historical textual research. For example, in the middle of the Yin-Shang Dynasty, the Yin-Shang Dynasty was forced to implement a strategic contraction strategy based on national conditions due to being trapped in a dilemma of being attacked on all sides; During the 15 Emperors of the the middle of the Yin-Shang Dynasty (from the 6th Emperor TaiWu to the 20th Emperor Wu Ding), the throne succession system of "**Royal Recommendation System**" had to be implemented,etc. This series of historical research has almost filled the gap in history.

Mr. Yin Zuobin's book ***History of Yin Dynasty*** has novel academic viewpoints and is based on rich and reliable historical materials. The book adopts a combination of historical documents and archaeological materials to demonstrate these novel academic viewpoints, which is in line with the "**dual evidence method**" proposed by the master of Chinese culture, Wang Guowei. Its writing techniques are also easy to understand, concise and clear, in line with the requirement of the historian Professor Li Xueqin that "**historical works must strive for 'popularization' in terms of language and structure**". In short, the book has its own unique style and layout design, which is beautiful and elegant, with rich illustrations and fascinating contents. Its publication will have a positive reference and reference value for the academic community in China to study the history of the Yin Shang era and popularize the Yin Shang culture to the general readers.

审稿人：安阳师范学院
Reviewed by: Guo Shengqiang from Anyang Normal University
In November 2022, in Anyang, Yin Ruins

郭胜强
2022年11月于殷墟安阳

附：审稿人安阳师范学院郭胜强教授简介（见下页）
Appendix: Introduction of Reviewer Professor Guo Shengqiang （see next page）

附：审稿人安阳师范学院郭胜强教授简介

　　郭胜强，男，汉族，1945 年出生，河南省安阳市人。原安阳师范学院历史文博学院教授，甲骨学与殷商文化研究中心办公室主任，系中国古都学会理事、中国殷商文化学会理事、中国先秦史学会鬼谷子研究分会理事、河南省文字学会理事等。郭胜强教授是当代著名的甲骨学与殷商文化研究学者，是对当代殷墟研究有巨大影响的学术巨著《殷墟文化大典·商史卷》上、下册的主编（中国社会科学院荣誉学部委员、中国殷商文化学会原会长王宇信先生为《殷墟文化大典》全套三卷六册的总主编，该书于2021 年荣获第五届中国出版政府奖图书奖）。郭胜强教授曾多次应邀出席研究殷商文化的国际学术会议。曾开设过"中国古代史""中国历史要籍介绍及选读""中国青铜器"等课程。研究方向为甲骨学殷商史、姓氏文化和安阳地方史。出版著作十余部，发表论文一百余篇。代表著作如下：在甲骨学殷商史方面有《河南大学与甲骨学》《甲骨学 110 年：回顾与展望》《董作宾传》《中国地域文化通览·河南卷·殷墟》《殷墟文化大典（商史卷）》等；在姓氏文化研究方面有《韩琦传略》《宋庆龄祖籍在安阳》《韩氏源流和相州韩氏》等；在安阳地方史研究方面有《中外学者论安阳》《中国八大古都》《古都安阳》等。

（殷作斌供稿）

Introduction of Reviewer Professor Guo Shengqiang

Guo Shengqiang, male, Han nationality, was born in 1945 in Anyang City, Henan Province. Formerly a professor at the School of History and Literature at Anyang Normal University, director of the Office of the Center for Oracle Bone and Yin Shang Culture Research, director of the Chinese Ancient Capital Society, director of the Chinese Yin Shang Culture Society, director of the Guiguzi Research Branch of the Chinese Pre Qin History Society, and director of the Henan Provincial Written Language Society,etc. Professor Guo Shengqiang is a renowned contemporary scholar in the study of oracle bones and Yin Shang culture. He is the editor in chief of the *Shang History Volume* in the *Yin Ruins Cultural Classic*, which has had a significant impact on contemporary Yin Ruins research. (Mr. Wang Yuxin, Honorary Member of the Academic Department of the Chinese Academy of Social Sciences and Former President of the Chinese Yin Shang Cultural Society, is the chief editor of the complete set of three volumes of the "*Yin Ruins Cultural Classic*". The book won the Book Award of the 5th China Publishing Government Award in 2021.) Professor Guo Shengqiang has been invited multiple times to attend international academic conferences on the study of Yin Shang culture. He has offered courses such as *Ancient Chinese History, Introduction and Selected Readings of Important Books in Chinese History*, and *Chinese Bronze Ware*. His research focuses on oracle bone studies, Yin Shang history, surname culture, and the local history of Anyang. He has published over ten books and over a hundred papers. Representative works are as follows: in terms of oracle bone studies, there are *Henan University and Oracle Bone Studies, Oracle Bone Studies 110 Years: Review and Prospects, Dong Zuobin Biography, Henan Volume ,Yin Ruins* in the *Overview of Chinese Regional Culture, Shang History Volume* in the *Yin Ruins Cultural Classic*, and so on; In terms of surname culture research, there are *Biography of Han Qi, Ancestors of Song Qingling in Anyang,* The *Origins of the Han Clan and the Han Clan in Xiangzhou*, etc; In terms of local history research in Anyang, there are *Chinese and Foreign Scholars on Anyang, Eight Ancient Capitals of China, Ancient Capital Anyang*, and so on.

(Contributed by Yin Zuobin)

将现行中小学历史课本中的上古"夏商周三代"改称为
"夏殷周三代"才符合史实的倡议
The Initiative of Renaming the Ancient "Three Dynasties of Xia, Shang and Zhou" in the Current
History Textbooks for Primary and Secondary Schools to "Three Dynasties of Xia, Yin and Zhou"

将现行中小学历史课本中的上古"夏商周三代"
改称为"夏殷周三代"才符合史实的倡议

The Initiative of Renaming the Ancient "Three Dynasties of Xia, Shang and Zhou" in the Current History Textbooks for Primary and Secondary Schools to "Three Dynasties of Xia, Yin and Zhou"

【说明】本文是《殷代史》书稿完成后，笔者为回答读者询问"写《殷代史》一书的目的是什么？"的总结性论文，也是笔者虚84岁时（2023年1月29日，旧历癸卯年正月初八）撰写的史学研究的收官之作。原打算在相关报刊上发表，现收录于《殷代史》正文之前，一并出版。

殷作斌 2023年2月5日

【Description】 This article is a concluding paper written by the author at the age of 84 (January 29, 2023, on the eighth day of the first lunar month of the Guimao year) to answer readers' questions about the purpose of writing the book *History of Yin Dynasty* after the completion of the manuscript *History of Yin Dynasty*. Originally intended to be published in relevant newspapers, it is now included in the front of the main text of the *History of Yin Dynasty* and published together.

Yin Zuobin, February 5, 2023

一、问题的提出
I. Presentation of problem

商族成汤所建王朝的朝代号（国号）史有三说。

一曰"商"，源于传说中的子姓商族始祖契（《史记·殷本纪》开篇就记载的殷契）的封地"商"，也源于商族始祖契至其六世传人夏代水官冥的诸侯国号"商"，或源于以契为始祖的商族的族号"商"。后来因"商"字频频出现于殷墟甲骨卜辞中，因而一些学者便误以为频频出现于殷墟甲骨卜辞中的"商"字为成汤所建王朝的国号。其实甲骨卜辞中频频出现的"商"字，仅是商族始祖契的封地名称兼商族的族号而已，并非成汤所建王朝的国号。据"文革"期间因故被毁的魏晋谱书《殷氏家传》记载，中国历史上第二个"家天下"王朝为开国大帝成汤发动了至少为期九年的商夏战争，"殷革夏命"放桀代夏所建。据《殷氏家传》正文行间插入的唐人颜师古（581—645年）注释说，成汤"殷革夏命"的业绩及其所建王朝世系在后世南朝宋目录学家殷淳（403—434年）编纂的十卷本《殷氏家传》中也有详尽记载。近来，江西殷汤氏小浆后裔联谊会的殷国锋在古籍网（bookinlife.net）上也偶然找到记载有殷淳敬编的十卷本《殷氏家传》书目，如下页右上图所示。可见，"文革"期间因故被毁的《殷氏家传》虽然不可复得，但唐人颜师古说录有其相关内容的殷淳编纂的十卷本《殷氏家传》可能还被某地某藏书单位或某民间收藏家收藏于世。也就是说，如果能找到殷淳编纂的十卷本《殷氏家传》的下落，那就相当于复制了魏晋谱书《殷氏家传》了，因为根据唐代颜师古的注释，南朝宋目录学家殷淳编纂的十卷本《殷氏家传》，也收录了魏晋谱书《殷氏家传》的相关内容。笔者得此令人惊喜的消息后也曾请古籍网主查找这套殷淳编纂的十卷《殷氏家传》的下落，但终未果。

中英文对照图解之殷代文物——三千多年前的殷代文明为真实存在之实物证明

将现行中小学历史课本中的上古"夏商周三代"改称为
"夏殷周三代"才符合史实的倡议

The Initiative of Renaming the Ancient "Three Dynasties of Xia, Shang and Zhou" in the Current History Textbooks for Primary and Secondary Schools to "Three Dynasties of Xia, Yin and Zhou"

殷代
文明风采

The name of the dynasty established by Cheng Tang of Shang clan has the following three different statements in history.

One way of saying is "**Shang**". Firstly, it originated from the legendary **fiefdom** "**Shang**" of "**Xie**"(In the legend, **Xie** was the ancestor of the Yin Shang family surnamed Zi, which was recorded as "**Yin Xie**" at the beginning of the *Yin Benji* in the *Records of the Historian*). Secondly, it originates from the **name** "**Shang**" of the **vassal state**. Shang was the name of vassal state passed from Xie to Ming (Ming was the sixth generation of Shang clan). Ming was a water official in the Xia Dynasty, who died in his duty to govern the Yellow River,who was a control water's hero on par with Dayu. Thirdly, it originates from the name "Shang" of the Shang tribe. Later on, due to the frequent occurrence of the word "Shang" in the oracle bone inscriptions of the Yin Ruins, some scholars mistakenly believed that the word "Shang", which frequently appeared in the oracle bone inscriptions of the Yin Ruins, was the national name of the dynasty built by Cheng Tang. In fact, the frequent occurrence of the word "Shang" in oracle bone inscriptions is only the fiefdom of the ancestor Xie of the Shang tribe and the clan name of the Shang tribe, not the country name of the dynasty built by Cheng Tang. According to the *Biography of the Yin Family* in the Wei and Jin dynasties, which was destroyed for some reason during the "Cultural Revolution", the second "family world" dynasty in Chinese history was built by the founding emperor Cheng Tang. In order to overthrow the unpopular rule of Xia Jie, the last emperor of the Xia dynasty, Cheng Tang launched a war between Shang and Xia for at least nine years, Finally, the "**Yin Ge Xia Ming**", "**Fang Jie Dai Xia**", established the Yin-Shang Dynasty. (**Author's note:** In Chinese, the meaning of "Yin Ge Xia Ming "and "Fang Jie Dai Xia" is that Cheng Tang overthrew the Xia Dynasty, did not kill the last emperor of the Xia Dynasty, but exiled him and established the Yin-Shang Dynasty.) According to the annotations inserted by Tang Dynasty scholar Yan Shigu (581-645) in the main text of the **Biography of the Yin Family**, the achievements of Cheng Tang's "Yin Ge Xia Ming" and the lineage of the dynasty it built are also detailed in the ten volume "**Biography of the Yin Family**" compiled by Yin Chun (403-434), who was a cataloging scholar of the Southern Song Dynasty during the-Southern-And-Northern-Dynasties-Period. Recently, Yin Guofeng, a member of the Jiangxi Yin Tang Xiao Jiang Descendants Association, also stumbled upon a ten volume bibliography of the *Biography of the Yin Family* edited by Yin Chun on the Ancient Book Website (booknlife. net), as shown in the picture on this page. It can be seen that although the Wei and Jin genealogy *Biography of the Yin Family* cannot be found again, the ten volume version compiled by Yin Chun, *Biography of the Yin Family*, may still be collected by a certain collection unit or folk collector in somewhere. That is to say, if the whereabouts of the ten volume book *Biography of the Yin Family* compiled by Yin Chun can be found, it would be equivalent to a reproduction of the Wei and Jin genealogy *Biography of the Yin Family*, because according to the annotation of Yan Shigu from the Tang Dynasty, the ten volume book *Biography of the Yin Family* compiled by Yin Chun, a cataloging scholar of the Southern Song Dynasty during the-Southern-And-Northern-Dynasties-Period, also includes relevant content of the Wei and Jin genealogy *Biography of the Yin Family*. After receiving this surprising news, the author also asked the owner of the ancient book website to search for the whereabouts of the ten volume *Biography of the Yin Family* compiled by Yin Chun, but it was ultimately unsuccessful.

殷代史
YINDAISHI

将现行中小学历史课本中的上古"夏商周三代"改称为
"夏殷周三代"才符合史实的倡议
The Initiative of Renaming the Ancient "Three Dynasties of Xia, Shang and Zhou" in the Current
History Textbooks for Primary and Secondary Schools to "Three Dynasties of Xia, Yin and Zhou"

《殷氏家传》记载的成汤"**殷革夏命**"（而不是"**商革夏命**"）的这一说法，除了在殷商谱牒中有明确记载以外，在传世文献《尚书·周书·多士》中也有明确记载。原文为"**惟尔知，惟殷先人有册有典，殷革夏命**"。据《尚书》记载，"殷革夏命"是殷末时殷帝辛（纣王）的敌人周公姬旦说的原话，可见传世殷商谱牒中的"殷革夏命"这一说法可信度很高。据《殷氏家传》记载，子姓商族始祖契的十四世传人成汤姓子，族谱名履，其诸侯国"殷"的封地非常小，国土只有七十里的范围，这与《孟子·梁惠王下》中孟子说的原话——"臣闻七十里为政於天下者，汤是也"，也非常吻合。《殷氏家传》还记载，成汤"殷革夏命"成功放桀代夏成为天子后，就沿用其诸侯国号"殷"为其所建王朝的天下之号，未曾改元。（**笔者注**：成汤代夏前的诸侯国号为什么是"殷"而非始祖契的封地"商"呢？因为商族六世先公冥为夏之水官，治理黄河死于黄河，有大功于夏，成为与大禹齐名的夏代治水英雄，被夏帝追封于今安阳的殷地，其长子殷王子**亥**西渡古黄河袭亡父新爵位，"**改商曰殷**"。商族六世先公冥在《殷氏家传》中，被尊为先祖"**河**"公，即甲骨文中的"**高祖河**"。详见本书后文。）并将商族祖庙迁至位于天下之中的郑州，将郑州定为作为祭祀中心的主都，并**复命以亳**，殷人称之为祖都；同时还在今偃师营建作为军事中心以震慑夏贵族遗民的辅都，时称**西亳**，殷人称之为子都。此外，为了团结族人一致对外，使后世商王（殷帝）永不忘本，成汤还定下后世商王（殷帝）必须恪守的"**殷商并用，族号称商，国号称殷**"的族规。依此族规，成汤要求后世商王必须谦虚谨慎，立下后世商王（殷帝）"**在族内祭祀行王权时必须称商称王，在全国一统天下行天子权时必须称殷称帝**"的规矩。这便是后世商王（殷帝）祭祀的产物（甲骨文）中"商"字、"王"字频频出现，国号"殷"和帝号"殷帝"不见的原因；也是在作为国史记载的传世文献《史记·殷本纪》中，"商"字、"王"字十分罕见，"殷"字、"帝"字反而频频出现的原因。　（**笔者注**：甲骨文中虽有3处"殷"字和20多处"帝"字，但其义与国号、帝号无涉。读者如果将《史记·殷本纪》和殷商祭祀的产物——甲骨文——中对殷帝（商王）的称谓对照起来阅读，就知道《史记·殷本纪》和甲骨文中对殷帝（商王）的称谓是恰恰相反的。）

The term "Yin Ge Xia Ming" of Cheng Tang (rather than "Shang Ge Xia Ming") recorded in the *Biography of the Yin Family* is not only clearly recorded in the Yin-Shang genealogy, but also clearly recorded in the passed down literature the *Book of Documents-ZhouShu-Duoshi*. The original text is, "Only I know, only the ancestors of Yin have books and scriptures, and Yin Ge Xia Ming." According to the *Book of Documents-ZhouShu-Duoshi* record, "Yin Ge Xia Ming" was spoken by Zhou Duke JiDan, the enemy of Emperor Xin (King Zhou) at the end of the Yin Dynasty. It can be seen that the credibility of the term Yin Ge Xia Ming in the hereditary genealogy of the Yin-Shang Dynasty is very high. According to the *Biography of the Yin Family*, the 14th generation descendant of Xie, Cheng Tang, surnamed Zi and named **Lv**. His vassal state, the Yin State, was very small, with a territory of only 70 Li. This is also very consistent with the original words of Mencius in the "**Mencius-LiangHuiWang Xia**". (**Author's note:** The original words of Mencius in the "**Mencius-LiangHuiWang Xia**" are, "臣闻七十里为政於天下者，汤是也。") The *Biography of the Yin Family* also records that after Cheng Tang's "Yin Ge Xia Ming" successfully became the emperor, he continued to use the country name "Yin" of his vassal states as the name of the kingdom he built, and still used his original year number. (**Author's note:** Why was the national title of Cheng Tang when he was a vassal "Yin" instead of "Shang"? Because the sixth generation Ming of the Shang family, was the water official of the Xia dynasty and died in governing the Yellow River. He made great contributions to the Xia dynasty and became a flood control

中英文对照图解之殷代文物——三千多年前的殷代文明为真实存在之实物证明

将现行中小学历史课本中的上古"夏商周三代"改称为
"夏殷周三代"才符合史实的倡议
The Initiative of Renaming the Ancient "Three Dynasties of Xia, Shang and Zhou" in the Current
History Textbooks for Primary and Secondary Schools to "Three Dynasties of Xia, Yin and Zhou"

殷代
文明风采

hero on par with Dayu. He was posthumously granted the title of Yin by the Xia emperor. His eldest son Hai crossed the ancient Yellow River in the west and inherited his deceased father's new title. He renamed The name of the original vassal states "Shang" to "Yin", as detailed in the following text.) And moved the ancestral temple of the Shang ethnic group to Zhengzhou, designated Zhengzhou as the main capital of the sacrificial center, and renamed the main capital of Zhengzhou as "Bo", which was called the Zudu by the Yin people. At the same time, it also built a subsidiary capital in present-day Yanshi as a military center to intimidate the Xia nobles, which was then known as the "Western Bo" and was called the Zidu by the Yin people. In addition, in order to unite the people of the clan to unite with the outside world and ensure that the later Shang kings (Yin Emperors) never forget their roots, Cheng Tang also established the clan rules that the later Shang kings (Yin Emperors) must abide by, which are "Yin Shang Combined Use, Clan Name Shang, Country Name Yin". According to this clan rule, Cheng Tang demanded that future Shang kings must be humble and cautious, and established the rule that future Shang kings (Yin Emperors) **to call the clan name Shang and oneself Wang when exercising royal power within the clan, and to call the country name Yin and oneself Emperor when exercising the power of the emperor throughout the country."** This is the reason why the characters "Shang" and "Wang" appeared frequently in oracle bone inscriptions , and the state title "Yin" and the emperor title "Yin Emperor" were not seen; It is also the reason why the characters "Shang" and "king" are rare in the *Records of the Historian-Yin Benji*, while the characters "Yin" and "emperor" appear frequently. That is to say, the reason is that the *Records of the Historian-Yin Benji* is a national history, while oracle bone inscriptions are only products of sacrificial activities within the Shang ethnic group.

【**Author's note:** Although there are three "yin" characters and more than twenty "emperor" characters in oracle bone inscriptions, their meaning has nothing to do with the country name or emperor. Although there are two characters for "Shang" in the *Records of the Historian-Yin Benji*, their meaning is not related to the name of the country. If readers compare the *Records of the Historian-Yin Benji* with oracle bone inscriptions, they will know that Sima Qian's *Yin Benji* and oracle bone inscriptions have completely opposite titles for Emperor Yan (King of Shang).】

二曰"殷",源于为夏代水官的子姓商族六世先公冥(甲骨文中的高祖"河",或殷商后裔谱牒中记载的先祖"河")治理黄河因公殉职,成为与大禹齐名的夏代治水英雄,被夏帝追封于"殷",其子殷王子"亥、恒、吴"(甲骨文中的"王亥、王恒、王吴",但王吴是否为王亥、王恒之弟,甲骨学界有争论)三兄弟由原居地"商"西渡古黄河迁至位于今安阳之"殷"地,长兄亥袭亡父新爵位,改商曰殷,尊亡父商族六世冥公为首任殷公,后世子姓商族十四世兼子姓殷氏九世殷公的成汤,代夏而有天下后,沿用其诸侯国号"殷"为天下之号。就像后世的周武王克殷建立新王朝后使用其诸侯国号"周"作为他的国名一样。

Another way of saying is"Yin". Originating from the sixth generation of the Shang family's Ming Duke (also known as "Gaozu River" in oracle bone inscriptions or "Xianzu River" in genealogies of descendants of Yin Shang), who was a water official of the Xia Dynasty, he died on duty in governing the Yellow River and became a water control hero on par with Dayu. He was posthumously awarded the title of "Yin" by the Xia Emperor. His three sons, "Hai, Heng, and Wu" (also known as "Wanghai, Wang Heng, and Wang Wu" in oracle bone inscriptions, but whether Wang Wu is the younger brother of Wanghai and Wang Heng is controversial in oracle bone studies), crossed the ancient Yellow River in the west, migrated from their original residence in the "Shang" region to the "Yin" region located in present-day Anyang. Their eldest brother, Hai, inherited his deceased father's new title. His descendants, the 9th Yin Hou Cheng Tang (the 14th generation of the Shang family), continued to use his vassal state name "Yin" as the name of the new dynasty he built after defeating Xia, just like the later WuWang of Zhou used his vassal state name "Zhou" as the name of the new dynasty he built after defeating Yin.

将现行中小学历史课本中的上古"夏商周三代"改称为
"夏殷周三代"才符合史实的倡议
The Initiative of Renaming the Ancient "Three Dynasties of Xia, Shang and Zhou" in the Current
History Textbooks for Primary and Secondary Schools to "Three Dynasties of Xia, Yin and Zhou"

这第二种说法在《诗经·商颂·玄鸟》的诗句中有绝妙表达:"天命玄鸟,降而生商,宅殷土芒芒。古帝命武汤,正域彼四方。方命厥后,奄有九有。商之先后,受命不殆,在武丁孙子……邦畿千里,维民所止,肇域彼四海。四海来假,来假祁祁。景员维河。殷受命咸宜,百禄是何。"显然,在这些诗句中,"商"是商族始祖契的初封地——一个小地方的地名,后来便成为子姓商族的族号,而诗句中具有"芒芒"国土的"殷"才是成汤的天下之号。这第二种说法被司马迁固化在《史记·殷本纪》中,使"殷"成为历代史家对成汤国号或朝代号的正统称谓。

This second statement is exquisitely expressed in the lines of the *Book of Songs-Shang Song-Xuanbird*:

> *The Heavenly Mysterious Bird,*
> *Flying into our great Shang Clan.*
> *Looking far into our Yin Empire,*
> *The vast expanse of land is boundless.*

(**Author's note:** The Chinese original text of the "*Book of Songs-Shang Song-Xuanbird*" is,"天命玄鸟,降而生商,宅殷土芒芒。古帝命武汤,正域彼四方。方命厥后,奄有九有。商之先后,受命不殆,在武丁孙子……邦畿千里,维民所止,肇域彼四海。四海来假,来假祁祁。景员维河。殷受命咸宜,百禄是何。")

Obviously, in this poem, "Shang" is the initial fiefdom of the Shang family's ancestor Xie, a place name in a small place that later became the clan name of the Shang family surnamed Zi. However, in the poem, "Yin"（with the "Mang Mang" land）is the name of country of Cheng Tang. This second statement was solidified by Sima Qian in the **Yin Benji** in the **Records of the Historian**, making "Yin" the legitimate title for the Cheng Tang country or dynasty name by historians throughout history.

三曰"**殷商**",源于先秦古文献的《诗经》等,如《诗经·大雅·荡》有诗句"文王曰咨,咨女殷商",《诗经·大雅·大明》中也有"挚仲氏任,自彼殷商,来嫁于周,曰嫔于京""殷商之旅,其会（旝）如林"等含有"殷商"称谓的诗句。不过先秦文献中的"殷商"两字连用通常是泛指子姓商族六世先公兼子姓商族殷氏首任先公冥的后裔所居的城邑,也可理解为子姓商族六世先公兼子姓商族殷氏首任先公冥的后裔的族号(**这便是今天殷商后裔将商族又称为殷商族的原因**),而非成汤所建殷商王朝的国号,后来在魏晋之交医家兼史家的皇甫谧所撰《帝王世纪》一书提出的殷、商分界的新说中,"殷商"连用的两字就成为成汤所建王朝的国号了。皇甫谧在《帝王世纪·第四》中说:"殷出帝喾,子姓也。主癸之妃,曰扶都……以乙日生汤,故名履,字天乙,是谓成汤……伐（夏）桀……战于鸣条之野,（夏）桀奔于南巢之山,汤乃即天子之位……帝盘庚徙都殷,改商曰殷。"自此,皇甫谧的"成汤所建王朝国号两段说"——"**盘庚迁殷前称商,迁殷后称殷,二者合称殷商**",便自成一个学派,流传于后世。

中英文对照图解之殷代文物——三千多年前的殷代文明为真实存在之实物证明

将现行中小学历史课本中的上古"夏商周三代"改称为
"夏殷周三代"才符合史实的倡议

The Initiative of Renaming the Ancient "Three Dynasties of Xia, Shang and Zhou" in the Current
History Textbooks for Primary and Secondary Schools to "Three Dynasties of Xia, Yin and Zhou"

殷代
文明风采

总之，商族成汤所建王朝的朝代号（国号）虽然历史上有以上或曰"**商**"或曰"**殷**"或曰"**殷商**"三说，但在甲骨文问世后的近代和现代，情况有了变化。主流史家分成两大派，不是属于坚称"商"的学派，就是属于坚称"殷"的学派，皇甫谧的"盘庚迁殷前称商，迁殷后称殷，二者合称殷商"的说法逐渐淡出学界专家的视野。如首席甲骨学家**董作宾**、港台史学权威**李定一**只坚称殷，决不称商或殷商；而国内史学界宋镇豪等科学家，与董作宾、李定一等人正好相反，只坚称商，决不称殷，也不称殷商。

There is also a saying called "**Yin Shang**" . Originating from ancient documents such as the "Book of Songs" in the pre Qin period. For example, in the "Book of Songs-Daya-Dang", there are lines such as "King Wen 曰咨，咨女 **Yin Shang**", and in the "Book of Songs-Daya-Daming", there are also lines such as "Zhi Zhong's Ren, from that **Yin Shang**", "Soldiers of the **Yin-Shang** Dynasty, more like trees in a forest", which contain the title of "Yin Shang". However, the combination of the words "Yin Shang" in pre Qin literature usually refers to the region where the Shang family lived after the Shang Marquis State was renamed as the Yin Marquis State. It can also be understood as the clan name of the Shang family after the Shang Marquis State was renamed as the Yin Marquis State (which is why descendants of Yin Shang today also refer to the Shang family as the Yin Shang family), rather than the country name of the Yin-Shang Dynasty established by Cheng Tang. Later, in the new theory of the boundary between Yin and Shang proposed in the book *Emperor's Century* written by Huangfu Mi at the turn of the Wei and Jin dynasties, the two character word "Yin Shang" became the national name of the dynasty built by Cheng Tang. Huangfu Mi said in *The Fourth* in the *Emperor's Century*, "Yin emerged from Emperor Ku（帝喾）, with the surname Zi（姓子）. The consort of Zhu Gui（主癸）was called FuDu（扶都）... Cheng Tang was born on Yi day（乙日）, hence the name **Lǚ**（履），also known as Tian Yi（天乙）. It was called Cheng Tang... Conquer (Xia) Jie（夏桀）... Fighting in the wilderness of Mingtiao（鸣条），(Xia) Jie ran to the mountain of Nanchao（南巢），and Cheng Tang was the position of Tian Zi（天子）... **Emperor PanGeng relocated to the capital of Yin and changed the name Shang to Yin.**" Since then, Huangfu Mi's "two-stage theory of the name of the dynasty founded by Cheng Tang"—"**before PanGeng moved to Yin, it was called Shang, and after moving to Yin, it was called Yin, and the two were collectively called Yin Shang**"—formed a school of thought and passed down to later generations

In short, although there were three theories in history, namely "Shang", "Yin", or "Yin Shang", regarding the dynasty name (country name) established by Cheng Tang, the situation changed in modern and contemporary times after the advent of oracle bone inscriptions. Mainstream historians are divided into two major schools of thought, either belonging to the school of thought that insists on calling the dynasty built by Cheng Tang "Shang" or belonging to the school of thought that insists on calling the dynasty built by Cheng Tang "Yin". Huangfu Mi's statement that "before PanGeng moved to Yin, he was called Shang, after moving to Yin, he was called Yin, and the two were collectively called Yin Shang" gradually faded out of the view of academic experts. Chief oracle bone expert Dong Zuobin and Hong Kong and Taiwan historical authority Li Dingyi insisted on Yin alone and never referred to Shang or Yin Shang; In contrast to Dong Zuobin, Li Dingyi and others, scientists such as Song Zhenhao, a historian in Chinese Mainland, insist only on Shang, never Yin, nor Yin Shang.

将现行中小学历史课本中的上古"夏商周三代"改称为
"夏殷周三代"才符合史实的倡议
The Initiative of Renaming the Ancient "Three Dynasties of Xia, Shang and Zhou" in the Current
History Textbooks for Primary and Secondary Schools to "Three Dynasties of Xia, Yin and Zhou"

由于将成汤建立的王朝名称称为"商"的学派无法解释推翻殷商王朝的周人称前朝为"殷"的历史事实（因为周人称前朝为"殷"已有考古材料和传世文献双重证明），一些支持这一理论的学者重新解释了周人称前朝为"殷"的历史事实。他们认为成汤建立的王朝名称实际上是"商"，而推翻殷商王朝的周人之所以称前朝为"殷"，是周人对前朝的一种蔑视。也就是说，有些学者，为了调和上述两个学派的矛盾，提出这样一种主张：**认为"商"是殷商王朝时的人们对自己国号的本称、自称，"殷"是推翻殷商王朝的周朝人对前朝的贬称、他称【注19】**。显然，这些学者关于"殷亡后周人称前朝为殷而不称商，是周人对前朝的贬称"的说法是毫无根据的，因为他们的这种说法不但会被本倡议后文将要引用的河南固始侯古堆一号春秋墓的考古材料否定，而且如果称"殷"带有贬意，则传世文献中的诸多"殷"字用法和以"殷"字命名的诸多上古大礼，如殷见、殷同、殷覜、殷视、殷奠、殷祭等，就说不通。因此，从实质上看，认为"商"是成汤所建王朝人的本称（自称）、认为"殷"是周朝人对前朝的贬称（他称）的一些学者，仍然属于坚称"商"而决不称"殷"的学派。

对于当前殷商史学界而言，随着"夏商周断代工程"的设题和宋镇豪主编 11 卷 688.4 万字《商代史》的出版，称"商"学派有成为主流学派的趋势，且称"商"学派的主张已经得到教育部的认可，"上古夏商周三代"的说法已经被写进中小学的历史课本而一代代地传承下去。由于笔者从史实出发，确认成汤的国号本为"殷"而非"商"，故斗胆提出本倡议。本倡议认为目前国内主流学派将成汤的国号错定为"商"不是"习焉不察的小问题"，而是事关重建中华上古信史、实现中华民族复兴、事关为成汤的国号或朝代号正名的头等大事，甚至是刻不容缓的急事。为什么这么说呢？因为目前国内的中小学课本，教给学生的上古三代的朝代名称都是值得商榷的"夏商周"，而根本不提"夏殷周"，如此一代代传承下去，再过一两百年，人民大众就只知道成汤建立的王朝朝代名叫"商"，而不知道其实际的名称（本名）叫"殷"了。

前面已提到，目前，在殷商史学界，坚称成汤国号为"商"的主流史家以伟大科学家宋镇豪为代表，笔者有幸于 2009 年在纪念王懿荣发现甲骨文 110 周年的国际学术研讨会（烟台会议）上见过他一面。中国社会科学出版社于 2010 年 10 月至 2011 年 7 月陆续出版的由宋镇豪主编且共有 13 位专家参编的全套 11 卷（本）《商代史》就是坚称成汤国号为"商"不为"殷"也不为"殷商"的国内主流史学派的代表作。目前，该书已经被国内主流学派认为是"上承史前与夏代，下启中华演进先河"的重建成汤所建王朝断代史的鸿篇巨制。

Since the school of thought that called the name of the dynasty established by Cheng Tang "Shang" cannot explain the historical fact that the Zhou people who overthrew the Yin-Shang Dynasty called the former dynasty "Yin" (because the Zhou people called the former dynasty "Yin" has been proved by archaeological materials and handed down documents), some scholars who support its theory have reinterpreted the historical fact that the Zhou people called the former dynasty "Yin". They believe that the name of the dynasty established by Cheng Tang was actually "Shang", and the reason why the Zhou people who

中英文对照图解之殷代文物——三千多年前的殷代文明为真实存在之实物证明

将现行中小学历史课本中的上古 "夏商周三代" 改称为
"夏殷周三代" 才符合史实的倡议
The Initiative of Renaming the Ancient "Three Dynasties of Xia, Shang and Zhou" in the Current
History Textbooks for Primary and Secondary Schools to "Three Dynasties of Xia, Yin and Zhou"

殷代
文明风采

overthrew the Yin-Shang Dynasty called the former dynasty "Yin" was a kind of appellation that the Zhou people despised and belittled the former dynasty [Note 19]. Obviously, these scholars' statement that "After the fall of the Yin Dynasty, the Zhou people called the former dynasty Yin instead of Shang, which is a derogatory term for the former dynasty by the Zhou people" is baseless, because their statement will not only be denied by the archaeological materials of the Tomb No.1 of Spring and Autumn Period of the Hou Gudui in Gushi, Henan Province (this will be cited later in this proposal), but also if the word "Yin" has a derogatory meaning, Many of the use of the word "Yin" in handed down in the literature and many of the ancient rites named after the word "Yin"—such as YinJian(殷见), YinTong(殷同), YinFu(殷覜), YinShi(殷视), YinDian(殷奠), YinJi (殷祭), etc.—do not make sense. Therefore, fundamentally speaking, some scholars believe that "Shang" was the original name of the dynasty established by Cheng Tang (claimed by the Yin people), and "Yin" is a derogatory term used by the Zhou people to refer to the previous dynasty (he said), still belonging to the school of thought that adheres to "Shang" and never refers to "Yin".

For the current academic community, with the establishment of the title of the **"Xia Shang Zhou Chronology Project"** and the publication of the 11 volume *History of Shang Dynasty* (6.884 million words) edited by Mr. Song Zhenhao, the academic school of thought that called the name of the dynasty built by Cheng Tang "Shang" has become the mainstream school of thought, and its claim has been recognized by the Ministry of Education. The saying of "Three Dynasties of Xia, Shang and Zhou" has been written into the history textbooks of primary and secondary schools and passed down from generation to generation. As the author confirms from historical facts that the country name of Cheng Tang was originally "Yin" rather than "Shang", he boldly proposes this proposal. This proposal believes that the current mainstream school of thought in academic community mistook the country name of Cheng Tang as "Shang", which is not a **little problem**", but a top priority, even an urgent matter, concerning the reconstruction of the ancient Chinese history, the rejuvenation of the Chinese nation, and the rectification of the name of Cheng Tang's name or the name of the dynasty. Why do we say that? At present, in the textbooks of primary and secondary schools, the names of the three ancient dynasties taught to students are all questionable "Xia, Shang and Zhou", and the "Xia, Yin and Zhou" is not mentioned at all. If this is inherited from generation to generation, after 100 or 200 years, the people will only know that the royal dynasty established by Cheng Tang is called "Shang", but not its actual name (original name) is called "Yin".

As mentioned earlier, Among mainstream scientists who believe that the name of the dynasty built by Cheng Tang is "Shang", the representative is the great scientist Song Zhenhao. I had the opportunity to meet him in 2009 at the International Academic Conference (Yantai Conference) commemorating the 110th anniversary of Wang Yirong's discovery of oracle bone inscriptions. The full set of 11 volumes (editions) of *History of Shang Dynasty*, edited by Song Zhenhao and co edited by 13 experts, which was successively published by China Social Sciences Press from October 2010 to July 2011, is a representative work of mainstream historians who insist that the title of Cheng Tang State is "Shang", not "Yin" or "Yin Shang". At present, the book has been regarded by the academic circles as a grand work that "inherits prehistoric and Xia dynasties upwards, and opens the door to the evolution of Chinese history downwards" and reconstructs the dynastic history of the Cheng Tang dynasty.

将现行中小学历史课本中的上古"夏商周三代"改称为
"夏殷周三代"才符合史实的倡议
The Initiative of Renaming the Ancient "Three Dynasties of Xia, Shang and Zhou" in the Current
History Textbooks for Primary and Secondary Schools to "Three Dynasties of Xia, Yin and Zhou"

众所周知,"成汤的国号为殷不为商"在司马迁的《史记·殷本纪》中是有明确记载的,然而,令人遗憾的是,通观全套11卷(本)共688.4万字的宋镇豪主编的《商代史》,除了列出频频出现的商族祭祀主持者身份的商族族号"商"字和商族最高族长"商族之王"的"王"字以外,竟然无一处说明他们为什么将成汤的国号或朝代号逆《史记·殷本纪》的称谓改称为"商"的道理。请读者注意,甲骨卜辞中的"王"字是"商族之王"即商族最高族长的意思,并不具有后世"国王"的含义。众所周知,主流历史学家之所以称"商"而不称"殷",主要与甲骨文中"商"字频繁出现和"殷"字的罕见有关。本书将提供充分的历史证据证明,作为殷商王室祭祀活动的产物甲骨文中"商"字的频繁出现,只是后来的商王(殷帝)遵守成汤所立"**殷商并用**"族规的必然现象,与成汤建立的王朝的国号关系不大。为了澄清这一问题,建议读者注意以下与成汤所立"殷商并用"族规有关的史料:

① 魏晋谱书《殷氏家传》反复强调的"**殷称帝周称王**"六字记载;

② 司马迁《史记·殷本纪》中"**只称帝不称王**"的记载;

③ 甲骨文中频频出现"**商**""**王**"两个字,而"**殷**"字罕见,"殷帝"的称谓更是从未出现过。

以上三条史料是成汤为后世商王(殷帝)制定有"**殷商并用**"族规的铁证。成汤所定"殷商并用"族规的全称为:"**殷商并用,族号称商,国号称殷。在族内行王权时必须称商称王,在全国一统天下行天子权时必须称殷称帝。**"

魏晋谱书《殷氏家传》中明确地说明了"商王"就相当于在族内享有生杀大权的族长,是族内最高领导人,而"天下"之号是殷,"帝"才是天下的主宰,其中反复出现的"殷称帝周称王"六个字便说明司马迁写《史记·殷本纪》和《史记·周本纪》的道理。只是到了周代,"王"才具有后世"国王"的含义,在夏、殷两代只有"帝"才具有后世"国王"的含义。"殷称帝周称王"是史实不能否认,一些人认为司马迁错了,认为只有帝喾、帝尧、帝舜称过帝,大禹之子启改公天下为家天下后,夏殷周三代就从来没有人称过帝,还企图以甲骨文证明之,这是明显地篡改历史。蔡美彪在其《中华史纲》(社会科学文献出版社,2012年6月第1版)一书的第8页倒数第3行至倒数第2行就是这么认为的,这是明目张胆地否定《史记》这中华二十四史之首的权威性。蔡美彪在其《中华史纲》一书的第8页中写道:

商汤没有重建部落联盟,而是在氏族部落制的废墟上建立了商国。商汤也不再沿用联盟长"帝"的称号,而自称为"王"。

As we all know, "**the state title of Cheng Tang is Yin not Shang**" is clearly recorded in Sima Qian's *Records of the Historian-Yin Benji*, however, unfortunately, in the 11 volumes a total of 6.884 million words in the *History of the Shang Dynasty*, there is nothing to explain the reason why they changed the state title of Cheng Tang from "Yin" recorded in the *Records of the Historian* to "Shang". Please note that the word "Wang" in the oracle bone inscriptions of the Yin Dynasty only means the "King of the Shang Clan", which means the highest leader of the Shang Clan, and does not have the meaning of "King". As we all know, the reason why mainstream historians call "Shang" rather than "Yin" is mainly related to the frequent occurrence of the word "Shang" in oracle bone inscriptions and the rare occurrence of the word "Yin". This book will provide sufficient historical evidence to prove

将现行中小学历史课本中的上古"夏商周三代"改称为
"夏殷周三代"才符合史实的倡议

The Initiative of Renaming the Ancient "Three Dynasties of Xia, Shang and Zhou" in the Current
History Textbooks for Primary and Secondary Schools to "Three Dynasties of Xia, Yin and Zhou"

殷代
文明风采

that the frequent occurrence of the word "Shang" in the oracle bone inscriptions, a product of the sacrificial activities of the Yin Shang royal family, is only an inevitable phenomenon for later Shang kings (Yin Emperors) to adhere to the Clan Rule of "Yin Shang Combined Use" established by Cheng Tang, and has little to do with the country name of the dynasty established by Cheng Tang. In order to clarify this issue, readers are advised to pay attention to the following historical materials related to the "Yin Shang combined use" clan rules established by Cheng Tang:

① The six character record of "Yin Calling the Emperor and Zhou Calling the King" repeatedly emphasized in the *Biography of the Yin Family* in the Wei and Jin dynasties;

② The record in Sima Qian's *Records of the Historian-Yin Benji* that "only claiming the emperor but not the king";

③ The characters "Shang" and "Wang" frequently appear in oracle bone inscriptions, while the character "Yin" is rare, and the title "Yin Emperor" has never appeared.

The above historical materials are the ironclad evidence that Cheng Tang established the Clan Rule of "**Yin Shang Combined Use**" for later Shang kings (Yin Emperors). The full name of the clan rules of "**Yin Shang Combined Use**" established by Cheng Tang is: "**Yin Shang Combined Use, Clan Name Shang, Country Name Yin. to call the clan name Shang and oneself Wang when exercising royal power within the clan, and to call the country name Yin and oneself Emperor when exercising the power of the emperor throughout the country**." (The original Chinese text is: "殷商并用"族规的全称是:"殷商并用,族号称商,国号称殷。在族内行王权时称商称王,在全国行天子权时称殷称帝。")

The *Biography of the Yin Family* in the Wei and Jin dynasties clearly states that the "Shang king" is equivalent to the patriarch of the clan who has the power of life and kill, and is the highest leader of the clan. And the name of "**The World**" is "**Yin**", and "**Emperor**" is the ruler of "**The World**". The repeated appearance of the six characters "Yin Calling the Emperor and Zhou Calling the King" in the *Biography of the Yin Family* explains the reason why Sima Qian referred to all "**Yin Tianzi**" as "**Emperor**" in the *Yin Benji* in the *Records of the Historian* and all "**Zhou Tianzi**" as "**King**" in the *Zhou Benji* in the *Records of the Historian*. Only in the Zhou Dynasty did "**King**" have the meaning of "Head of State", and in the Xia and Yin dynasties, only "**Emperor**" had the meaning of "Head of State". The fact that "Yin proclaimed himself emperor and Zhou proclaimed himself king" cannot be denied in history. Some people believe that Sima Qian was wrong, and that only Emperor Ku, Emperor Yao, and Emperor Shun had ever claimed the title of emperor. After the son of Great Yu Qi changed the Public World into the Family World, the Xia, Yin, and Zhou dynasties never claimed the title of emperor, and even attempted to prove it through oracle bone inscriptions, which is a clear falsification of history. That's what Mr. Cai Meibiao thinks. He wrote on page 8 of the book *Outline of Chinese History* (Social Science Literature Press, June 2012, 1st edition):

Shang Tang did not rebuild the tribal alliance, but established the Shang state on the ruins of the clan tribal system. Shang Tang no longer used the title of "Emperor" as the leader of the alliance, but calls himself "King".

中英文对照图解之殷代文物——三千多年前的殷代文明为真实存在之实物证明

将现行中小学历史课本中的上古"夏商周三代"改称为
"夏殷周三代"才符合史实的倡议
The Initiative of Renaming the Ancient "Three Dynasties of Xia, Shang and Zhou" in the Current
History Textbooks for Primary and Secondary Schools to "Three Dynasties of Xia, Yin and Zhou"

正因为如此,他们才不能接受成汤立有"殷商并用,族号称商,国号称殷"族规的实质是"在族内祭祀行王权时称商称王,在全国行天子权时不得称商称王只准称殷称帝"的说法。也不承认"冥前称商,冥后称殷"的史实,更不承认"七世王亥迁殷改商曰殷"的说法。他们提出的关于"成汤所建王朝的本号是商,周人称前朝为殷是贬称"的调和矛盾的说法,更难自圆其说。为什么学术界的一些"专家"和"权威"的意见能成为当今上古史学界的主导意见呢?说到底这是一种学术不公现象。比如说,一些"专家"和"权威"的书尚未写出,国家的公立出版部门便找上门约他、允他,公费为他出书,小老百姓写出书稿,且是自费出书,连申请书号都比较难。依据《中华人民共和国宪法》,专家、名人、小老百姓都是平等的,可是实际情况与宪法规定的平等还不能画等号。这种情况,就如 19 世纪末 20 世纪初物理学处于新旧交替时期的爱因斯坦相对论和普朗克量子论刚露头时,就被当时的阻挡物理学发展的所谓"物理学权威"视为飘在物理学大厦上空的"两朵乌云",而大打出手的过程如出一辙。我之所以写这篇文章,是为了向读者阐明以下两点:

① 目前学术界对这一倡议实施的阻力一定很大,实施起来肯定非常困难,可能比 20 世纪改革开放之初冲破"两个凡是"的束缚还要困难。因此,我希望对此感兴趣的读者一定要有足够的心理准备。

② 为了早日实现党和国家倡导的中华民族伟大复兴,实施这一倡议是多么迫切和必要,因为只有祖国的下一代不被误导,我们中华民族才有希望啊!

宋镇豪等伟大科学家只据商族祭祀卜辞中"商"字频频出现而"殷"字罕见的表面现象,便认为是司马迁《史记·殷本纪》错定了成汤的国号,将成汤所建王朝的国号或朝代号改称为"商"而非"殷",这显然是错了。宋镇豪先生为了证明他们将成汤的国号改称为"商"而非"殷"的正确性,还特地在其撰写的《商代史·总序》中引用古代孔子的话和近代清华国学大师王国维的话来证明之。

宋镇豪先生在《商代史·总序》中说:"孔子早有商史'文献不足徵'之叹。"这显然不能令人信服,因为孔子是坚称殷不称商的。宋镇豪先生说,"孔子早有商史'文献不足徵'之叹",**显然有将成汤国号称为"商"强加在孔子头上之嫌。**查孔子《论语·八佾篇》的原文如下:

子曰:"夏礼,吾能言之,杞不足徵也;殷礼,吾能言之,宋不足徵也;文献不足故也。足,吾能徵之矣。"

显然,孔子这样说的意思是:"夏代的礼,我能说出来,但是它的后代杞国保留下来的史料太少,不足以证明我的话;殷代的礼,我能说出来,但是它的后代宋国保留下来的史料太少,不足以证明我的话。这都是由于文字资料和熟悉夏礼、殷礼的人不足。如果足够的话,我就可以得到证明了。"可见孔子说的原话中,并没有宋镇豪先生说的"商史"的字样。

Because of this, they cannot accept the statement that Cheng Tang established a clan rule that "Yin Shang Combined Use, Clan Name Shang, Country Name Yin". They also do not acknowledge the historical fact that "before the Ming, Shang was called, and after the Ming, Yin was called", nor do they acknowledge the statement that "the seventh Wanghai moved to Yin and changed the Shang

将现行中小学历史课本中的上古"夏商周三代"改称为
"夏殷周三代"才符合史实的倡议
The Initiative of Renaming the Ancient "Three Dynasties of Xia, Shang and Zhou" in the Current
History Textbooks for Primary and Secondary Schools to "Three Dynasties of Xia, Yin and Zhou"

殷代
文明风采

to Yin". The statement they put forward about the reconciliation of contradictions that "the original name of the dynasty established by Chengtang was Shang, and the Zhou dynasty called the previous dynasty Yin, which is a derogatory name" is even more difficult to justify. Why can the opinions of some "experts" and "authorities" in the academic community become the dominant opinions of the ancient history circles today? Ultimately, this is a phenomenon of academic injustice.For example, when some "expert" or "authoritative" books are not yet written, the publishing house proactively invites them to submit and agrees to publish them at public expense. However, ordinary people have already completed the manuscript, but it is relatively difficult to apply for a book number. According to the **Constitution of the People's Republic of China**, experts, celebrities, and ordinary people are all equal, but the actual situation cannot be equated with the equality stipulated in the Constitution.This situation is similar to the process in which Einstein's theory of relativity and Planck's quantum theory, which were in the transitional period between the old and the new in the late 19th and early 20th centuries, were seen by the so-called "physics authorities" who blocked the development of physics at that time as "two dark clouds" floating above the physics building. The reason why I am writing this initiative is to make the following two points clear to readers.

① The academic resistance to the implementation of this initiative is great, and its implementation will certainly be difficult, which is more difficult than breaking through the "two '凡是'" shackles at the beginning of the reform and opening up in the last century.Therefore, I hope that readers who are interested in this must have enough psychological preparation.

② How urgent and necessary the implementation of this initiative is for the great cause of rejuvenation of the Chinese nation advocated by the Party and the State, because only the next generation of the motherland is not misled, there is hope!

Great scientists such as Song Zhenhao, based solely on the frequent appearance of the word "Shang" in oracle bone inscriptions and the rare appearance of the word "Yin", designated the country name of Cheng Tang as "Shang", thus denying Sima Qian's record in the *Records of the Historian* that Cheng Tang's country name was "Yin", which is clearly not in line with historical facts. Mr. Song Zhenhao specifically cited the words of ancient Confucius and the words of modern Chinese scholar Wang Guowei from Tsinghua University in his *General Preface* in the *History of the Shang Dynasty* to prove the correctness of their renaming the country name of Cheng Tang to "Shang" instead of "Yin".

Mr. Song Zhenhao said in his *History of the Shang Dynasty-General Preface* Confucius had long lamented that there were insufficient documents in the history of the Shang Dynasty. This is obviously not convincing, because Confucius said "Yin" rather than "Shang". As is well known, Confucius only referred to "Yin" and never referred to "Shang". Therefore, Mr. Song Zhenhao's words seem to have the suspicion of imposing his own viewpoint (that is, Mr. Song Zhenhao's view of calling the Cheng Tang's country name as "Shang") on Confucius. The original text of Confucius' *Bayi Chapter* in *The Analects of Confucius* is as follows:

Confucius said, "Xia Li, I can speak, but Qi is not enough to prove it; Yin Li, I can speak, but Song is not enough to prove it; literature is insufficient, so it is enough. Enough, I can prove it."

Obviously, Confucius meant by saying this: "I can speak out about the etiquette of the Xia Dynasty, but the historical materials preserved by its descendant Qi State are too few to prove my words; I can speak out about the etiquette of the Yin Dynasty, but the historical materials preserved by its descendant Song State are too few to prove my words. This is all due to the lack of written materials. If it's enough, I can obtain proof." It can be seen from Confucius' original words, He only talked about "Yin" and never mentioned "Shang".

将现行中小学历史课本中的上古"夏商周三代"改称为
"夏殷周三代"才符合史实的倡议
The Initiative of Renaming the Ancient "Three Dynasties of Xia, Shang and Zhou" in the Current
History Textbooks for Primary and Secondary Schools to "Three Dynasties of Xia, Yin and Zhou"

　　宋镇豪先生在《商代史·总序》中还引用了 1926 年《学衡》第 45 期发表的王国维《最近二三十年中中国新发现之学问》一文中的名言。宋镇豪先生由此得出："《商代史》的撰述工作"属于王国维提及的"'新学问''新建设'范畴"。而王国维的原话却是:"古来新学问起,大都由于新发现……故今日之时代,可谓之发现时代自来未有能比者也。今将二三十年发见之材料,并学者研究之结果分五项说之。一、殷墟甲骨文字。此**殷代**卜辞命龟之辞,刊于龟甲及牛骨上……"笔者通读了王国维《最近二三十年中中国新发现之学问》,只见到王国维将成汤所建王朝称为"**殷代**",并未见到王国维将成汤所建王朝称为"**商代**"的字样。可见宋镇豪先生谓王国维称成汤所建王朝的朝代号为"商"的说法也不符合近代清华国学大师王国维的本意。

　　当然,现代主张回归《史记·殷本纪》中的称谓,坚称成汤国号为"殷"的国内外主流史家也不少。前文也提到,该学派最著名的代表人物当数国际公认的已故首席甲骨学家、甲骨四堂之一的董作宾先生和港台史学权威李定一教授。董作宾先生不仅坚称成汤所建王朝为"**殷代**",而且坚决反对一些学者提出的仅凭甲骨文史料就能重建殷代信史的片面学术主张,他在发表于《大陆杂志》第三卷第十二期的《中国古代文化的认识》一文中向学界发出最严厉的警告:"这号称十万片的卜辞,我们现在能见能用的又不到五分之一,就这样'从宽'估计,那么甲骨文所能代表的殷代文化,也不过百分之一。用这百分之一的材料,却希望能写出百分之一百的殷代文化史,那岂不是做梦?"港台史学权威李定一教授在其名著《中华史纲》(中国长安出版社 2012 年 4 月版) 第 20 页中更是尖锐地指出:"(成汤)代桀而称天子后,当天子前的封号商已不用,商成为供奉祖先的宗庙所在地,称'大邑商',是地名;而国号为殷。盘庚以前《史记》对之均称殷,有'殷复兴''殷复衰''殷复兴''殷衰'等凡四见,《史记·殷本纪》更是国号是殷不是商的铁证。盘庚即位前,已是'诸侯莫朝'……一般所谓盘庚迁殷,始国号殷,实误。事实上商是始封的小地方的名称,商汤成为天子后,'大邑商'只用之为宗庙所在地而已……习称的夏商周三代,应该改为夏殷周才符合史实。"除了董作宾先生和李定一教授以外,海内外史学家中坚称成汤所建王朝的国号或朝代号为"殷"的学者也大有人在。别的且不说,就以宋镇豪先生在其撰写的《商代史·总序》中列出的书单冠名中含有"**殷**""**殷代**""**殷墟**""**殷王朝**""**殷商**""**殷帝国**""**殷本纪**"的书名或论文名就至少有下列 25 种。

Mr. Song Zhenhao also cited a famous quote from Wang Guowei's article *New Discoveries in China in the Last Twenty or Thirty Years* published in the 45th journal of *Xueheng* in 1926 in his *History of the Shang Dynasty-General Preface*. Mr. Song Zhenhao thus concluded that "the writing work of the History of the Shang Dynasty" belongs to the category of "new knowledge" and "new construction" mentioned by Wang Guowei. However, Wang Guowei's original words were:

The rise of new knowledge in ancient times was mostly due to new discoveries... Therefore, today's era can be called an era of discovery that has never been matched by any other. Today, we will present five items based on materials discovered in the past 20 to 30 years and the results of scholars' research. First, the oracle bone script of Yin Ruins. This is the oracle bone inscription of the Yin Dynasty engraved on turtle shells and cow bones....

中英文对照图解之殷代文物——三千多年前的殷代文明为真实存在之实物证明

将现行中小学历史课本中的上古"夏商周三代"改称为
"夏殷周三代"才符合史实的倡议
The Initiative of Renaming the Ancient "Three Dynasties of Xia, Shang and Zhou" in the Current
History Textbooks for Primary and Secondary Schools to "Three Dynasties of Xia, Yin and Zhou"

殷代
文明风采

I have read through Wang Guowei's *New Discoveries in China in the Last Twenty or Thirty Years* and only saw that Wang Guowei referred to the dynasty built by Cheng Tang as the "**Yin Dynasty**", but did not see the words Wang Guowei referred to the dynasty built by Cheng Tang as the "**Shang Dynasty**". It can be seen that Mr. Song Zhenhao's statement that Wang Guowei referred to the dynasty built by Cheng Tang as "Shang" does not conform to the original intention of Wang Guowei, a master of Chinese culture at Tsinghua University in modern times.

Of course, there are also many mainstream historians who advocate a return to the title of Cheng Tang State in the *Records of the Historian*. They all support Sima Qian's viewpoint and insist that the title of Cheng Tang State is "Yin". As mentioned earlier, the most famous representatives who support the views of Sima Qian's *Records of the Historian* are the internationally recognized late chief oracle bone scientist, Mr. **Dong Zuobin**, one of the "four Tangs" of the oracle bone studies, and Professor **Li Dingyi**, an authoritative historian in Hong Kong and Taiwan. Mr. Dong Zuobin not only insists that the dynasty built by Cheng Tang is the "Yin Dynasty", but also firmly opposes some scholars' one-sided academic proposition that relying solely on oracle bone inscriptions can reconstruct the history of the Yin Dynasty. He issued the strictest warning to the academic community in his article *Understanding of Ancient Chinese Culture* published in Volume 3, Issue 12 of the *Mainland Magazine*:

The oracle bone inscriptions, claimed to be 100000 pieces, are now less than one-fifth usable. Based on this "lenient" estimation, the culture of the Yin Dynasty represented by oracle bone inscriptions is only one percent. Isn't it a dream to write a 100% cultural history of the Yin Dynasty with this 1% material?

Professor Li Dingyi, an authoritative historian in Hong Kong and Taiwan, pointed out sharply on page 20 of his masterpiece *Outline of Chinese History* (April 2012 edition by China Chang'an Publishing House):

After the Cheng Tang was renamed as the "Tian Zi" on behalf of Jie, the title of Shang in front of the "Tian Zi" was no longer used, and Shang became the location of ancestral temples dedicated to ancestors, known as "Dayi Shang", a place name; and the national name was Yin. Prior to PanGeng's reign, *Records of the Historian* referred to them all as Yin: there are "Yin revival", "Yin recovery decline", "Yin revival" and "Yin decline" and so on. Before PanGeng ascended to the throne, it was already "the lords no longer worship"... In addition, the *Yin Benji* in the *Records of the Historian* is an ironclad proof that the country name of Cheng Tang is Yin, not Shang. ... It is generally said that after PanGeng moved to Yin, the country name of Cheng Tang was changed to Yin, which is actually wrong. In fact, Shang was the name of a small place that was originally enfeoffed. After Shang Tang became the "Tian Zi", the "Dayi Shang" only used it as the location of the ancestral temple. ... Habitually, the Three Dynasties of Xia, Shang and Zhou should be changed to the Three Dynasties of Xia, Yin and Zhou in order to be in line with historical facts.

In addition to Mr. Dong Zuobin and Professor Li Dingyi, there are also many scholars at home and abroad who insist that the name of the dynasty built by Cheng Tang is "Yin". Not to mention anything else, in terms of the dozens of famous works by scholars at home and abroad listed by Mr. Song Zhenhao in his *History of the Shang Dynasty-General Preface* (the authors of these dozens of famous works listed by Mr. Song are all famous historians at home and abroad who have studied the history of the Shang Dynasty using materials such as unearthed oracle bones), At least 25 authors of following 25 famous works advocate calling the Dynasty established by Cheng Tang the "Yin".

将现行中小学历史课本中的上古"夏商周三代"改称为
"夏殷周三代"才符合史实的倡议
The Initiative of Renaming the Ancient "Three Dynasties of Xia, Shang and Zhou" in the Current
History Textbooks for Primary and Secondary Schools to "Three Dynasties of Xia, Yin and Zhou"

(01) 1957 年贝塚茂树主编的《古代殷帝国》（东京みすず书房版）

(02) 2000 年日本白川静《甲骨文と殷史》（日本平凡社）

(03) 1961 年日本天野元之助《殷代の遗址矿产と交通》

(04) 1963 年松丸道雄《殷墟卜辞中の田猎地について——殷代国家构造研究のために》

(05) 1974 年松丸道雄《甲骨文の实例を通して见た殷代的社会》

(06) 伊藤道治《古代殷王朝のなぞ》（东京角川书店 1967 年版）

(07) 赤塚忠《中国古代の宗教と文化——殷王朝の祭祀》（东京角川书店 1977 年版）

(08) 日本白川静《殷的世系——いはゆる六世について》（《说林》第 5 辑，1949 年）

(09) 台湾严一萍 1987 年遗著《殷商史记》

(10) 刘盼遂《甲骨文中殷商庙制证》（《女师大学术季刊》第 1 卷第 1 期，1930 年）

(11) 束世澂《殷商制度考》（《中央大学半月刊》第 2 卷第 4 期，1930 年）

(12) 陈邦怀《续殷礼征文》（《无锡国学专科学校校友会集刊》第 1 集，1931 年）

(13) 徐中舒《殷商史料考订大纲》（北京大学讲义本，1933 年）

(14) 吴泽《中国历史大系——殷代奴隶社会史》（上海棠棣出版社 1949 年版）

(15) 李亚农《殷代社会生活》（上海人民出版社 1955 年版）

(16) 陈梦家《殷墟卜辞综述》（科学出版社 1956 年版）

(17) 饶宗颐《殷代贞卜人物通考》（香港大学出版社 1959 年版）

(18) 1915 年王国维《殷墟卜辞中所见地名考》（雪堂丛刻）

(19) 1959 年李学勤《殷代地理简论》（科学出版社）

(20) 1989 年钟柏生《殷商卜辞地理论丛》（台北艺文印书馆）

(21) 1940 年丁山《新殷本纪》（《史董》第 1 册，四川）

(22) 20 世纪初，王国维《殷卜辞所见先公先王考》

(23) 20 世纪初，王国维《殷卜辞所见先公先王续考》

(24) 朱芳圃《殷卜辞中所见先公先王考再续考》（《新中华》复刊第 5 卷 4 期，1947 年）

(25) 王仲孚《殷先公先王与成汤传说试释》（《台湾师范大学历史学报》第 9 期，1981 年）

二、本倡议的考古学依据
II. Archaeological evidence for this initiative

　　上面从作为国史的文献中频频出现**"称殷称帝"**的记载和殷商祭祀产物甲骨文中频频出现**"称商称王"**而不见国号**"殷"**和**"殷帝"**的记载两个方面说明了成汤所建王朝的国号**"是殷而非商"**的道理。然而，众所周知，如今传世的大多数关于殷代和殷代之前的上古文献都是经周人整理或加工修改过的，其可信度备受质疑；考古发现的殷商人祭祀产物——甲骨文资料，依当代首席甲骨学家董作宾的说法，又是至多能代表**"百分之一殷代文化"**的片面性史料。那么据此二者得出成汤所建王朝的国号**"是殷而非商"**的结论势必还会受到学界的质疑。这时必然有人会问，能否用出土的考古材料铁定地证明成汤所建王

将现行中小学历史课本中的上古"夏商周三代"改称为
"夏殷周三代"才符合史实的倡议
The Initiative of Renaming the Ancient "Three Dynasties of Xia, Shang and Zhou" in the Current
History Textbooks for Primary and Secondary Schools to "Three Dynasties of Xia, Yin and Zhou"

殷代
文明风采

朝的国号**"是殷而非商"**呢？诚然，我们迄今还没有发现成汤所建王朝的当时人称自己国号**"为殷而非商"**的考古材料，但下面向读者展示的周代时人和作为周代时殷商后裔的宋国人两件器物上的铭文足以证明成汤所建王朝的国号**"是殷而非商"**的正确性和符合史实的准确性。

The above explanation from two aspects demonstrates the reason why the state name of the dynasty established by Cheng Tang is "Yin" rather than "Shang": First, as the records of the national history, there are frequent appearances of "calling Yin as emperor" in the handed down literature. Second, as the products of Yin-Shang sacrifice, there are frequent appearances of "calling Shang as king" in the oracle bone inscriptions, but no records of the state name "Yin" and "Yin emperor". The emergence of the above two historical facts, although both were inevitable results of the later Shang kings (Yin Emperors) following the "Yin Shang combined use" clan rules established by Cheng Tang. However, it is well known that most of the ancient documents about the Yin Dynasty and the pre-Yin Dynasty that have been handed down today have been collated or modified by the Zhou people, and their credibility is highly questioned. According to Dong Zuobin, the chief oracle bone scholar of the time, the archaeological discoveries of oracle bone inscriptions, which are the sacrificial products of the Yin people, can only represent one-hundredth of the Yin culture. So the conclusion that the title of the dynasty built by Cheng Tang is "Yin rather than Shang" based on this will inevitably be questioned by the academic community. At this point, some people will inevitably ask whether archaeological materials unearthed can conclusively prove that the title of the dynasty established by Cheng Tang is"Yin rather than Shang"? Indeed, we have not yet found any archaeological materials from the dynasty built by Cheng Tang that refer to their own country as Yin (rather than "Shang" or "Yin Shang"). However, the inscriptions on two artifacts from the Zhou Dynasty presented below are sufficient to prove the correctness and accuracy of the historical facts that the title of the dynasty founded by Cheng Tang is"Yin rather than Shang".

【1】湖北随州文峰塔 M1 号春秋墓出土 A 组 M1:1 编钟铭文
【1】Group A M1:1 Chime Inscription Unearthed from the M1 Spring and Autumn Tomb of Wenfeng Pagoda In Suizhou, Hubei

该铭文能证明周代时人们对成汤建立的前朝是称"殷"不称"商"的。该编钟于公元前 560—公元前 433 年铸造。

This inscription can prove that during the Zhou Dynasty, people referred to the former dynasty established by Cheng Tang as "Yin" rather than "Shang". The chime was minted around 560-433 BCE.

![殷代史 YINDAISHI]

将现行中小学历史课本中的上古"夏商周三代"改称为
"夏殷周三代"才符合史实的倡议
The Initiative of Renaming the Ancient "Three Dynasties of Xia, Shang and Zhou" in the Current
History Textbooks for Primary and Secondary Schools to "Three Dynasties of Xia, Yin and Zhou"

该编钟十2009年6月出土，钟体铸有铭文34行共169字。其中正面左右鼓有铭文30字。其图版、释文见"编钟铭文—图1"，拓片、摹本，见"编钟铭文—图2"。铭文意指：南宫适（适）辅周灭殷后，因功被封为曾侯，到南方筑城建立曾国，即史书中的随国。见于，湖北省文物考古研究所、随州市博物馆：《随州文峰塔M1（曾侯與墓）、M2发掘简报》，《江汉考古》2014.4/总第133期。该编钟铭文"達殷之命，撫定天下，王遣命南公……"证明司马迁《史记》中称《殷本纪》而不称《商本纪》是有依据的，也能证明《尚书·周书·多士》中称"殷革夏命"而不称"商革夏命"是有依据的，因为至少在周代，是称殷不称商的。

编钟铭文—图1
Bianzhong Inscription-Figure 1

图版　　　　　释文

達（撻）殹（殷）之命[五]，彑（撫）
孜（定）天下[六]。王譴（遣）
命南公[七]，蠶（營）宅
汥（汭）土[八]，君此淮
尸（夷）[九]，𨖀（臨）有江瀕（㳄）[一〇]
周室之既庳（卑）[一一]，（M1:1 正

编钟铭文—图2
Bianzhong Inscription- Figure 2

拓片　　　　　摹本

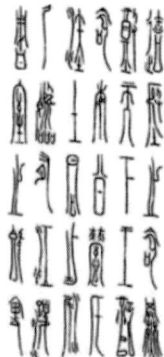

The chime was unearthed in June 2009, with 34 lines of inscriptions on the bell body, totaling 169 characters. There are a total of 30 characters of inscriptions on the left and right drums on the front. For the plate and explanatory text, please refer to "**Bianzhong Inscription-Figure 1**", and for the rubbings and copies, please refer to "**Bianzhong Inscription- Figure 2**". The meaning of the inscription is that after Nangong Kuo assisted the Zhou people in defeating Yin, he was granted the title of Marquis Zeng for his achievements and went to the south to build a city to establish the Zeng Kingdom, which is also known as the Suiguo in historical records. See, Hubei Provincial Institute of Cultural Relics and Archaeology, Suizhou Museum: *Excavation Briefing on M1 (Marquis Zeng and Tomb) and M2 of Wenfeng Pagoda in Suizhou*, *Jianghan Archaeology*, April 2014/total issue 133. The inscription on the chime clock "has completed the mission of annihilating **Yin**, pacifying the world, and the King of Zhou granted the Southern Palace...(達殷之命，撫定天下，王遣命南公……)" proves that Sima Qian's reference to **Yin Benji** instead of **Shang Benji** in the **Records of the Historian** is valid, and also proves that the reference to "Yin Ge Xia Ming" instead of "Shang Ge Xia Ming" in the **Zhou-Book, Multiple-Shi** in **Shang-Book** is valid, because at least in the Zhou Dynasty, the previous dynasty was referred to as Yin instead of Shang.

将现行中小学历史课本中的上古"夏商周三代"改称为
"夏殷周三代"才符合史实的倡议
The Initiative of Renaming the Ancient "Three Dynasties of Xia, Shang and Zhou" in the Current
History Textbooks for Primary and Secondary Schools to "Three Dynasties of Xia, Yin and Zhou"

殷代
文明风采

【2】 河南固始侯古堆一号春秋墓出土的铜器铭文
【2】 The Bronze Inscription Unearthed from the No.1 Spring and Autumn Tomb of Hou Gudui in Gushi, Henan Province

河南固始侯古堆一号春秋墓出土的铜器铭文的释文为**"有殷天乙唐（湯）孙宋公欒乍（作）其妹勾敔夫人季子縢匜（簠）"**，其意为大殷朝成汤裔孙宋公欒（宋景公，前516—前451年在位）头曼的妹妹（勾敔夫人）出嫁时所作的铜簠一对，死后做葬品。详见《文物》1981年01期：固始侯古堆一号墓发掘组《河南固始侯古堆一号墓发掘简报》。该铭文应能间接证明司马迁将《史记》中的殷商史篇章命名为《殷本纪》而不称《商本纪》是有所"本"的；应至少能证明周代时殷商王室的直系传人宋公室人是称"殷"不称"商"的，也应至少能证明周人对前朝是称"殷"不称"商"的；更能证明有些学者认为殷亡后周朝人称前朝为殷而不称商，是周人对前朝的贬称，是毫无根据的。因为河南固始侯古堆一号春秋墓的主人正是子姓宋国第28位君主宋景公头曼的亲妹妹，如果称"殷"带有贬义，那么周代子姓宋公室人是绝对不会称"殷"的，子姓宋公室人绝对不会自打嘴巴，自己蔑视自己的祖宗的。该铜器于1978年出土，被命名为**"宋公栾簠"**，现收藏于河南省安阳市的中国文字博物馆。它属于春秋时代，是一种古代炊器，相当于现代的锅。

The interpretation of the bronze inscription uncarthed from the Spring and Autumn Tomb No. 1 of the Gudui Marquis of Gushi in Henan Province is, "有殷天乙唐（湯）孙宋公欒乍（作）其妹勾敔夫人季子縢匜（簠）。" The meaning of this inscription is that Song Gongluan, the descendant of Cheng Tang in the Great Yin Dynasty, "Touman" (Duke Jing of Song, reigned 516-451 BCE) made a pair of copper Fu (簠) as a dowry item for his younger sister (勾敔夫人) when she got married, and used them as a burial item after her death. For details, please refer to the *Cultural Relics* issue 01, 1981: Excavation Group of Gushi Hou Gudui No.1 Tomb *Henan Gushi Hou Gudui No.1 Tomb Excavation Briefing*. This inscription should indirectly prove that Sima Qian's naming of the history of the Yin-Shang Dynasty in the *Records of the Historian* as *Yin Benji* rather than *Shang Benji* was well-founded; It should be able to prove that the direct descendant of the Yin Shang royal family during the Zhou Dynasty, the Song Gongshi people, referred to the previous dynasty built by their ancestors as "Yin" rather than "Shang"; It should also be able to prove that the Zhou people referred to the previous dynasty as "Yin" rather than "Shang"; It can further prove that some scholars believe that after the fall of Yin, the Zhou Dynasty referred to the previous dynasty as Yin instead of Shang, which is a derogatory term for the previous dynasty by the Zhou people and is baseless. Because the owner of the No. 1 Spring and Autumn Tomb of the Gushi Marquis in Henan Province is the biological sister of the 28th monarch of the Song Gongshi, Duke Jing of Song, "Touman", if "Yin" carries a derogatory meaning, then people of the Zhou Dynasty's the Song Gongshi people should never refer to the previous dynasty established by their ancestors as "Yin", and the Song Gongshi people should never despise their ancestors themselves. This bronze vessel was unearthed in 1978 and named **"Song Gong Luan Fu"**. It is currently housed in the Chinese Character Museum in Anyang City, Henan Province. It belongs to the Spring and Autumn period and is an ancient cooking utensil, equivalent to a modern pot.

将现行中小学历史课本中的上古"夏商周三代"改称为
"夏殷周三代"才符合史实的倡议
The Initiative of Renaming the Ancient "Three Dynasties of Xia, Shang and Zhou" in the Current
History Textbooks for Primary and Secondary Schools to "Three Dynasties of Xia, Yin and Zhou"

《文物》1981年01期发表的《河南固始侯古堆一号墓发掘简报》中有关的原文，如"宋公栾簠—图1"所示，该铜器上铭文如"宋公栾簠—图2"所示，其照片如"宋公栾簠—图3"所示。

宋公栾簠上的铭文清楚明白地表达了下列三点史实。

①该"宋公栾簠"是宋景公的亲妹妹勾敔夫人嫁于吴国时的陪嫁品；

②宋景公兄妹二人是殷商王朝开国大帝成汤的直系传人；

③宋景公称成汤的国号为"殷"不为"商"。

The relevant original text in the *Henan Gushi Hou Gudui No.1 Tomb Excavation Briefing* published in the January 1981 issue of *Cultural Relics*, is shown in "**Song Gongluanfu - Figure 1**", and the inscription on the bronze vessel is shown in "**Song Gongluanfu - Figure 2**". The photo is shown in "**Song Gong Luan Fu - Figure 3**".

The inscription on **Song Gongluanfu** clearly expresses the following three historical facts.

① The "Song Gongluanfu" is a dowry item for the biological sister of Song Jinggong (勾敔夫人);

② The brothers and sisters of Duke Jing of Song were the direct descendants of the founding emperor of the Yin-Shang Dynasty, Cheng Tang;

③ Duke Jing of Song referred to the dynasty built by his ancestor Cheng Tang as "Yin" rather than "Shang".

宋公栾簠—图1
Song Gongluan Fu - Figure 1
发掘简报上有关的原文摘抄

宋公栾簠—图2
铭文拓片
Song Gongluan Fu - Figure 2

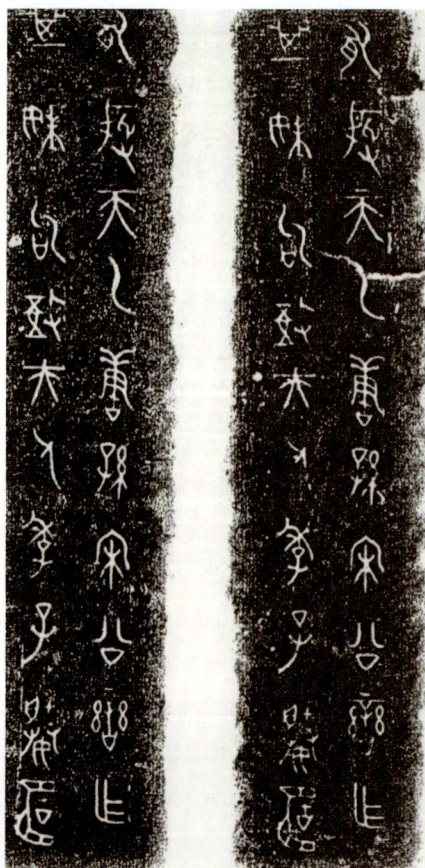

簠　四件（两合）。长方形，器表均饰云雷纹，两耳呈仰首卷尾兽形，器、盖可以分置。器内有铭文："有殷天乙唐（汤）孙宋公縊乍（作）其妹勾敔夫人季子媵簠（簠）"。通高25、口纵33.5、横26.5厘米。

宋公栾簠—图3
Song Gongluan Fu - Figure3

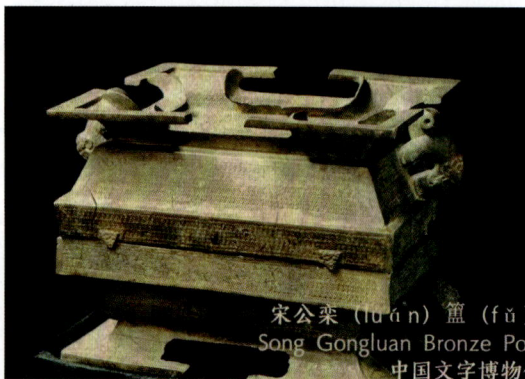

宋公栾（luán）簠（fǔ）
Song Gongluan Bronze Po
中国文字博物

中英文对照图解之殷代文物——三千多年前的殷代文明为真实存在之实物证明

将现行中小学历史课本中的上古"夏商周三代"改称为
"夏殷周三代"才符合史实的倡议
The Initiative of Renaming the Ancient "Three Dynasties of Xia, Shang and Zhou" in the Current
History Textbooks for Primary and Secondary Schools to "Three Dynasties of Xia, Yin and Zhou"

殷代
文明风采

三、本倡议的实施建议

III. Implementation suggestions for this initiative

考虑到殷商史学界主流学派对成汤所建王朝的国号或朝代号,既不称**"殷"**,也不称**"殷商"**,只坚称**"商"**的实际情况,以及其对中小学历史课本的影响之深,要将中小学历史课本中的"古代夏商周三代"改称为"古代夏殷周三代",实施起来阻力一定很大,也一定很难。建议采用分步走的办法,争取用一百年的时间,分四步走,逐步将它改过来。

Considering the fact that mainstream scholars of thought in the field of Yin and Shang history only call the name of the dynasty built by Cheng Tang "Shang" (they do neither "Yin" nor "Yin Shang") and their deep influence on the history textbooks of primary and secondary schools. To change the "ancient Xia, Shang, and Zhou dynasties" in the history textbooks of primary and secondary schools to "ancient Xia, Yin, and Zhou dynasties" will definitely face great resistance and be very difficult to implement. It is suggested to adopt a step-by-step approach and strive to gradually change it in four steps within 100 years.

第一步,可借鉴 20 世纪改革开放之初,冲破"两个凡是"束缚的经验,由少数坚称成汤国号为"殷"的学者牵头,发动更多的学者参与,逐步地改善并营造国内史学界的舆论环境,不必性急,因为这一改变比 20 世纪冲破"两个凡是"束缚的阻力更大。

Step 1. When taking this first step, don't be impatient. Because this is a historic change, the resistance encountered during implementation must be greater than the resistance to breaking through the constraints of the "two '凡是'" in the 20th century. Therefore, we must learn from the historical experience of breaking through the "two '凡是'" at the beginning of the reform and opening up in the 20th century, led by a few scholars who called the name of the dynasty built by Cheng Tang "Yin", mobilize more scholars to participate, and gradually improve the public opinion environment in the history circle of Chinese Mainland.

第二步,在不改中小学历史课本框架的基础上,发动中小学教师就课本中的说法引导学生进行深入的讨论,让学生知道中国上古史学界中不仅有"夏商周"的说法,也有"夏殷周"的说法。

Step 2. On the basis of not changing the framework of primary and secondary school history textbooks, mobilize primary and secondary school teachers to guide students to have in-depth discussions on the statements in the textbooks. Let students know that in the field of ancient Chinese historiography, there were not only the sayings of "Xia, Shang, and Zhou", but also the sayings of "Xia, Yin, and Zhou".

将现行中小学历史课本中的上古"夏商周三代"改称为
"夏殷周三代"才符合史实的倡议
The Initiative of Renaming the Ancient "Three Dynasties of Xia, Shang and Zhou" in the Current
History Textbooks for Primary and Secondary Schools to "Three Dynasties of Xia, Yin and Zhou"

第三步，逐步向学生宣传首席甲骨学家董作宾和港台史学权威李定 等学者坚称成汤国号或朝代号本为"殷"的见解，使中小学生理解**"必须将习称的夏商周三代改称为夏殷周三代才符合史实"**的道理，理解甲骨卜辞只是殷商祭祀的产物，只凭甲骨卜辞并不能了解殷商社会方方面面的实际情况，理解重建中国上古信史有巨大的难度。也就是培养学生不迷信课本，逐步确立独立思考的求学思想。

Step 3. Gradually publicize to students the insights of leading oracle bone scholars Dong Zuobin and Hong Kong and Taiwan authority on history Li Dingyi and other scholars who insist that the name of the Cheng Tang State or dynasty was originally "Yin", so that primary and secondary school students understand the truth that "**it is necessary to change the commonly known Xia Shang Zhou Three Dynasties to Xia Yin Zhou Three Dynasties to conform to historical facts**"; understand that the oracle bone inscriptions are only the product of the Shang Dynasty's sacrifices, and that only by oracle bone inscriptions can we not understand the actual situation of all aspects of the Shang society, and understand that it is extremely difficult to reconstruct China's ancient reliable history. That is, to cultivate students' non- superstition of textbooks and gradually establish independent thinking in their studies.

第四步，到学界多数学者认可成汤国号"为殷不为商"的史实时，再考虑将中小学历史课本中的"上古夏商周三代"改称为"上古夏殷周三代"，使国人对成汤国号的认识回归到《史记·殷本纪》的称谓。

Step 4. When the majority of scholars in the academic community recognize the historical fact that Cheng Tang's country name is "Yin" rather than "Shang", consider changing the "ancient Xia, Shang, and Zhou dynasties" in primary and secondary school history textbooks to "ancient Xia, Yin, and Zhou dynasties", so that people's understanding of Cheng Tang's country name returns to the title of ***Yin Benji*** in the ***Records of the Historian***.

以上四步的整个过程，即使花一个世纪的时间，也不为晚。

The entire process of the above four steps, even if it takes one century, is not too late.

笔者涉史专著简介
Introduction to the Author's Monograph on History

笔者虽然一生从事理工科的科研和教学工作，但对中国上古史和中华文明探源研究自1959年上高中二年级时就有浓厚的兴趣。笔者钟情于殷商王朝历史研究的机缘是家中祖传一本魏晋谱书《殷氏家传》，后来由于主持编修《殷氏志》和《朐阳殷氏宗谱》的工作更对殷商史产生了浓厚兴趣。退休后更是潜心笃志地专门研究殷商王朝的历史。先是从调查研究入手，从郑州商城到安阳殷墟，从湖北盘龙城到鹤壁朝歌，笔者的足迹几乎踏遍了殷商时期的历史区域。**在寻找、考察殷商历史文化遗迹，查阅大量传世历史文献和考古材料的过程中，掌握了大量的第一手资料。**后来又拜清华大学的著名历史学家李学勤、北京大学的当代考古学泰斗李伯谦、中国社会科学院荣誉学部委员王宇信、郑州大学殷商史专家李民、安阳甲骨学和殷商史专家郭胜强、安阳考古专家孟宪武等大师级专家学者为师。

Although I have been engaged in scientific research and teaching in the fields of science and engineering throughout my life, I have developed a strong interest in exploring the origins of ancient Chinese history and civilization since my second year of high school in 1959. The reason why I enjoy studying the history of the Yin-Shang Dynasty is because I have an ancestral genealogy of the ***Biography of the Yin Family*** in the Wei and Jin dynasties in my own family. Later, due to being responsible for editing the ***Records of the Yin Shang Clan*** and the ***Genealogy of the Yin Clan in Quyang***, I developed a strong interest in the history of the Yin-Shang Dynasty. After retirement, I devoted myself wholeheartedly to study the history of the Yin-Shang Dynasty. First, I started from investigation and research. From Zhengzhou Shang City to Yin Ruins in Anyang, from Panlong City in Hubei to Hebi Chaoge, my footprints almost covered the historical area of the Yin Shang period. In the process of searching for and inspecting the historical and cultural relics of the Yin-Shang Dynasty, I have acquired a large amount of first-hand information through consulting a large number of historical documents and archaeological materials passed down from generation to generation. Later, I also studied under renowned historians such as Li Xueqin from Tsinghua University, Li Boqian from Peking University, Wang Yuxin, onorary memberof from the Honorary Department of the Chinese Academy of Social Sciences, Li Min from Zhengzhou University, Guo Shengqiang from Anyang oracle bone studies and Yin Shang history, and Meng Xianwu from Anyang Archaeology.

在中国社会科学出版社于 2010 年 10 月至 2011 年 7 月陆续出版的被学界誉为**上承史前与夏代、下启中华演进先河的重建成汤所建王朝的断代史的共 688.4 万字的鸿篇巨制**——代表当今最高研究水平的由宋镇豪主编且共有 13 位专家参编的全套 11 本《商代史》——问世以后，更是如饥似渴地对其逐字逐句进行研读，同时查阅了《甲骨文合集》、于省吾《甲骨文字释林》、胡厚宣与胡振宇著《殷商史》等有关著作，归纳出六个方面的问题，于 2015 年 3 月由中国文史出版社出版了专著《殷代史六辨》。在此基础上，又用了几年时间，进一步完善论点、充实资料，终于将专著《殷代史六辨》拓展成观点新颖、通俗易懂、面向大众的本书——《殷代史》。

After China Social Science Press successively published the complete set of 11 volumes (volumes) of **History of Shang Dynasty** edited by Song Zhenhao from October 2010 to July 2011, I read it word by word and sentence by sentence. (The **History of Shang Dynasty**, edited by Song Zhenhao and co edited by 13 experts, is a magnificent work that represents the highest level of research today, with a total of 6.884 million words. It is hailed by the academic community as a dynastic history book that reconstructs the history of the dynasty built by Cheng Tang. It inherits prehistoric and Xia dynasties upwards, and opens the door to the evolution of Chinese History downwards.) At the same time, I consulted relevant works such as *Collection of Oracle Bone Inscriptions*, *Explanation of Oracle Bone Inscriptions* by Yu Xingwu, and *History of Yin-Shang Dynasty* by Hu Houxuan and Hu Zhenyu, and summarized six aspects of issues. In March 2015, the China Literature and History Publishing House published a monograph **Six Differentiations in the History of Yin Dynasty**. On this basis, it took several years to further improve the arguments and enrich the materials, and finally expanded the monograph **Six Differentiations in the History of Yin Dynasty** into a unique historical perspective, easy to understand, and public oriented book on the history of the Yin-Shang Dynasty—the **history of the Yin Dynasty**.

当代著名历史学家、考古学家、"九五"国家科技攻关重大项目"夏商周断代工程"首席科学家（专家组副组长）、北京大学李伯谦教授对笔者据祖传魏晋谱书《殷氏家传》提出的诸多新颖观点有较高的评价，**如"冥前称商，冥后称殷""成汤国号为殷不为商""成汤所立'殷商并用'族规的实质就是要求后世商王'在族内行王权时称商称王，在全国行天子权时称殷称帝'"**等。李伯谦教授在其撰写的《殷代史六辨·序》中将笔者提出的以商族六世先公冥（甲骨文中的高祖"河"，亦即魏晋谱书《殷氏家传》中的先祖"河"）为殷、商之别分界的论断——**"冥前称商，冥后称殷"**，评价为**"在目前有关为什么会有殷、商之别的诸种说法中，恐怕是最有说服力的说法之一"**。安阳著名甲骨学家和殷商史专家郭胜强教授受中国社会科学院荣誉学部委员、中国殷商文化学会的原会长王宇信先生委托，已将笔者的简介及专著《殷代史六辨》的主要内容收录在王宇信为总主编/郭胜强为卷主编的《殷墟文化大典·商史卷（下册）》的第 462 页及 568 页中。安徽人民出版社出版的《殷墟文化大典》（三卷六册）曾于 2021 年荣获第五届中国出版政府奖（图书奖）。

中英文对照图解之殷代文物——三千多年前的殷代文明为真实存在之实物证明

Professor Li Boqian from Peking University gave high praise to many innovative viewpoints that I proposed based on the Wei and Jin genealogy *Biography of the Yin Family*, which are in line with historical facts. 【Professor Li Boqian of Peking University is a renowned contemporary historian, archaeologist, and chief scientist (deputy leader of the expert group) of the "Xia Shang Zhou Chronology Project", a major national science and technology research project during the Ninth-Five-Year-Plan period.】 For example, **"before the Ming, Shang was called, and after the Ming, Yin was called" "the name of the Cheng Tang kingdom was Yin, but not Shang"**, and **"Cheng Tang established the clan rules of 'Yin Shang Combined Use' for later Shang kings"**, etc. Among them, the Clan Rule of **"Yin Shang Combined Use, Clan Name Shang, Country Name Yin"** is the most important one. Its essence is to require later Shang kings (Yin Emperors) to comply with the rules established by Cheng Tang—**" to call the clan name Shang and oneself Wang when exercising royal power within the clan, and to call the country name Yin and oneself Emperor when exercising the power of the emperor throughout the country."** Professor Li Boqian, in his ***Six Differentiations in the History of Yin Dynasty-Preface*** evaluated my statement that the sixth generation of the Shang family's ancestors "were called Shang before the Ming and Yin after the Ming" as "perhaps one of the most persuasive statements among the various theories currently on why there is a difference between Yin and Shang". Professor Guo Shengqiang (a renowned oracle bone expert and expert in Yin Shang history in Anyang) was commissioned by Mr. Wang Yuxin (an honorary member of the Chinese Academy of Social Sciences and former president of the Chinese Yin Shang Cultural Society) has included the my brief introduction and the main content of the monograph ***Six Differentiations in the History of Yin Dynasty*** in pages 462 and 568 of the ***Yin Ruins Cultural Classic-Shang History Volume (Volume 2)*** edited by Guo Shengqiang (Wang Yuxin as chief editor in chief). The ***Yin Ruins Cultural Classic*** (three volumes and six volumes) published by Anhui People's Publishing House won the Book Award of the 5th China Publishing Government Award in 2021.

中英文对照图解之殷代文物——三千多年前的殷代文明为真实存在之实物证明

除了史学专著《殷代史六辨》和本书以外，笔者受江苏省朐阳殷氏第五次续修宗谱编纂委员会的委托，还主编并由黄河水利出版社于 2020 年 7 月公开出版了 93.2 万字的《**朐阳殷氏宗谱**》。该谱是一部符合新时代要求的新式家谱，其编辑思想、编辑体系和具体编辑方法与传统家谱有本质的不同。因此，该谱既可作为朐阳殷氏族人缅怀先祖、传承殷商文化、培养优良家风、查阅和续修家谱的工具书使用，又可作为兄弟姓氏、兄弟支派纂修新式家谱的参考书使用。因为该谱编辑体例的全面创新和能在几分钟内检索到谱中海量在谱人名中任何一人的世系信息，故在 2020 年郑州全国家谱展评大会上荣获最佳创新特等奖（共有 2196 部家谱参与评比）。其获奖证书照片和涉史专著《朐阳殷氏宗谱》《殷代史六辨》照片如上页的图片所示。

笔者撰写的《殷代史六辨》、主编的《朐阳殷氏宗谱》和在中国北京、美国加州出版的两种版本的《殷代史》初版，现在已经被收藏于国家图书馆，北京、上海等各省市图书馆，各著名大学图书馆，各历史研究单位图书馆，江苏省档案馆，江苏各地级市档案馆，部分博物馆及部分海外地区图书收藏单位，笔者处均持有收藏证书。需要者可就近查阅或借阅，也可通过微信号"hy_yzb"（五个字母中间加下画线）加笔者微信，免费获取《殷代史六辨》《朐阳殷氏宗谱》和本书的 PDF 格式电子文档。

In addition to the historical monograph *Six Differentiations in the History of Yin Dynasty* and this book, I was commissioned by the Quyang Yin Clan Fifth Renewal Genealogy Compilation Committee, Jiangsu Province. I also edited and publicly published the 932000 word *Genealogy of the Yin Clan in Quyang* (by the Yellow River Water Conservancy Publishing House in July 2020). This genealogy is a new style genealogy that meets the requirements of the new era. Its editing ideology, system, and specific editing methods are fundamentally different from traditional genealogies. Therefore, this genealogy can be used as a reference book for Quyang Yin Clan members to remember their ancestors, inherit Yin Shang culture, cultivate good family traditions, and consult and renew genealogies. It can also be used as a reference book for brother surnames and brother branches to compile new style genealogies. Due to the comprehensive innovation of the editing style of this genealogy and the ability to retrieve a large amount of lineage information of any person in the genealogy within a few minutes, it was awarded the Best Innovation Special Prize at the 2020 Zhengzhou National Genealogy Exhibition and Evaluation Conference (with a total of 2196 genealogies participating in the evaluation). The photo of the award certificate of *Genealogy of the Yin Clan in Quyang* and the photo of the author's historical monograph *Six Differentiations in the History of Yin Dynasty* see the picture on the previous page.

My *Six Differentiations in the History of Yin Dynasty* and my editor in chief's *Genealogy of the Yin Clan in Quyang* have now been collected in the National Library, libraries of various provinces and cities such as Beijing and Shanghai, famous university libraries, libraries of historical research units, Jiangsu Provincial Archives, provincial and municipal archives in Jiangsu, some museums, and some overseas book collection units. Those who need it can check or borrow it nearby, or they can add my WeChat account "hy_yzb" (underlined in the middle of the five letters), and obtain free electronic documents in PDF format such as *Six Differentiations in the History of Yin Dynasty*, *Genealogy of the Yin Clan in Quyang*, and **this book**.

中英文对照图解之殷代文物——三千多年前的殷代文明为真实存在之实物证明

殷代文明风采

殷代史

本书初版产生的
巨大社会反响实录

本书初版产生的巨大社会反响实录

诗曰：天命玄鸟，降而生商，宅殷土芒芒

诗曰：邦畿千里，维民所止，肇域彼四海

殷代史

本书初版产生的巨大社会反响实录

本书初版产生的巨大社会反响实录正文

【一】有代表性的初版回复意见和部分受赠单位颁发的证书图片集锦

本书是以 1700 多年前祖传魏晋谱书《殷氏家传》中的基本观点为纲，以许多传世文献记载的史料和甲骨文、金文等考古材料为据，据实记载的殷代 574 年历史的断代史书。虽然笔者认为本书是自己研究 3000 多年前殷商王朝历史 60 多年的结晶，但对本书能否迅速被世界史学界和中国社会大众所认可，心中并没有底，所以于 2023 年 7 月、2023 年 11 月在美国加州（ART AND DESIGN PRESS INC.）和中国北京（线装书局）分别出版了两种中文初版，试图借此两种初版向世界史学界和中国社会大众征求意见。笔者之所以这样做，是因为 3000 多年前的这段历史是一段有争议的历史（甚至连这段历史要记载的朝代名称是"**殷**"还是"**商**"都充满争议），加之，笔者家中祖传的魏晋谱书《殷氏家传》又毁于"文革"。为了更好地向世界史学界和中国社会大众征求意见，在美国加州中文版和中国北京中文版出版以后，笔者又向美国、日本、欧洲等国家和地区的国际史学界友人和中国各著名高等学校图书馆、中国各省市地市级以上的藏书单位（图书馆、博物馆、档案馆）捐赠了 9000 册（其中含美国中文初版 3000 册、中国中文初版 6000 册）。虽然笔者并未要求各地区各受赠单位收到赠书后一定要对本书的初版提出具体意见或颁发收藏证书、捐赠证书，但国内还是有许多学者和藏书单位发来对拙著《殷代史》初版的中肯评价意见或再版时的改进意见或给笔者颁发收藏证书、捐赠证书。如陕西省榆林学院**赵迪奉**教授评价说："**我认为这是我目前所看到的资料最全面、考据最严密、观点最新颖的著作。**"四川大学**彭华**教授除了对拙著《殷代史》作较高评价外，还将他的名著《燕国八百年》回赠给笔者。九十多岁的郑州大学著名历史学家**李民**教授除了对拙著《殷代史》作较高评价和提出中肯的意见外，还将他和门生王健合著的名著《尚书译注》及其众多门生为他祝寿的《恩师李民教授九十寿诞纪念册》回赠给笔者。当代考古学界泰斗、因年高在郑州老家休养的北京大学**李伯谦**教授不仅接受了笔者的赠书，还高兴地与笔者合影留念。特别令人感动的是，**南京浦口区图书馆的领导**在收到笔者的三本《殷代史》初版赠书后，还专门发来了《感谢信》。他们的这封《感谢信》对笔者汲取广大读者的修改建议后，终于下定决心在《殷代史》"**初版**"的基础上搞一个"**再版**"也是"**定版**"，起了决定性的作用。南京浦口区图书馆的

感谢信

尊敬的殷作斌先生：

您好！

我仅代表浦口区图书馆向您致以最诚挚的感谢！近日，本馆荣幸地收到了您慷慨捐赠的自著书籍《殷代史》三册。您的此举不仅极大地丰富了我馆的馆藏资源，更为广大读者提供了珍贵的研究和学习资料。您对公共文化事业的大力支持和深情厚爱，对此我们表示由衷的敬意和感谢。

《殷代史》作为您倾注心血之作，其深厚的学术价值和重大的历史意义不言而喻。将其纳入我馆馆藏，无疑将为我馆增添一份厚重的文化底蕴，并将成为吸引读者、促进学术交流的重要资源。我们坚信，此书将为我区的文化事业和学术研究注入新的活力、带来深刻的启示。

您的善举充分体现了您对文化传承和公共阅读的重视，也为我们树立了崇高的榜样。我们郑重承诺，将妥善珍藏并利用好此书，让其发挥最大的社会效益，为更多的读者和研究人员提供优质的服务。

再次感谢您的慷慨捐赠和坚定支持！祝愿您身体健康，生活美满！

此致

敬礼

南京浦口区图书馆

2024 年 7 月 4 日

【笔者注：南京浦口区图书馆发来的《感谢信》和《捐赠证书》的原件如下面的图片所示。】

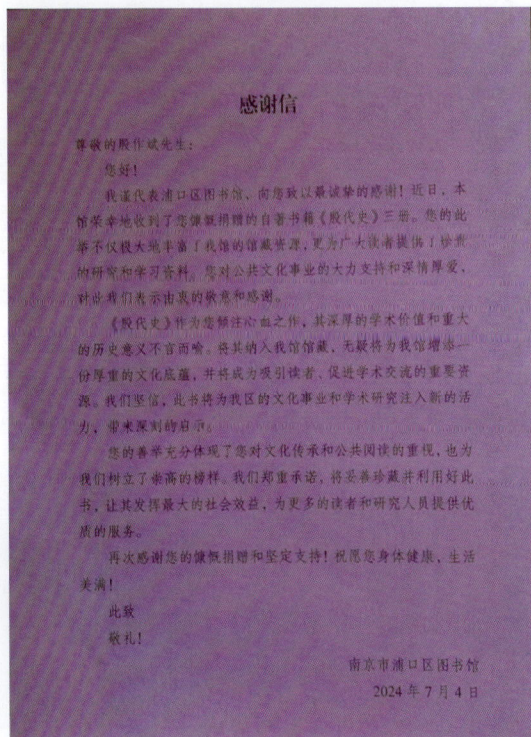

現将向社会各界捐赠《殷代史》初版 9000 册征求意见时有回复的部分受赠单位或学者个人回复的情况和部分受赠单位颁发收藏证书、捐赠证书的情况介绍如下，以飨读者。

【1】当代考古学界泰斗、因年高在郑州老家休养的北京大学李伯谦教授在 2024 年 3 月 14 日接受拙著《殷代史》初版的赠书时，很高兴地与笔者合影留念的照片。

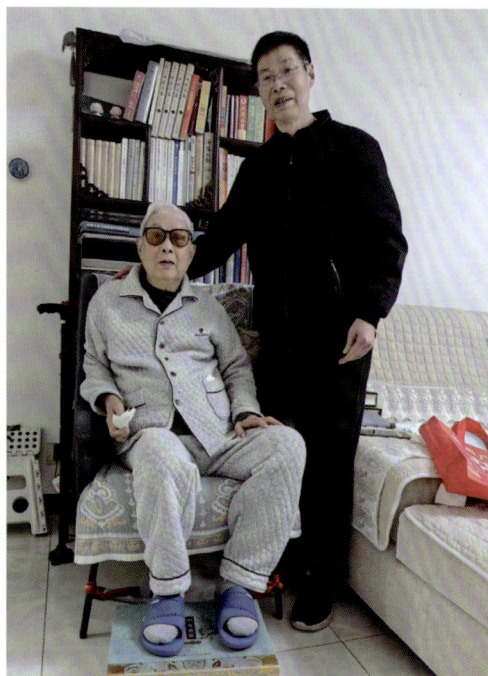

【2】河南省淇县人民政府在殷代末年实际统治中心故地朝歌举办了接受笔者《殷代史》初版 150 本赠书的捐赠仪式，其现场照片如下。

【3】郑州大学著名殷商史学家李民教授很高兴地接受拙著《殷代史》初版赠书时回赠的其名著《尚书译注》和其众多门生为他祝寿的《恩师李民教授九十寿诞纪念册》的图片。

【4】有代表性的部分受赠单位颁发的《殷代史》收藏证书和捐赠证书图片

（1）国家图书馆颁发的 6 册捐赠证书

（2）清华大学图书馆颁发的 6 册捐赠证书

尊敬的殷作斌先生：

承蒙惠赠

《殷代史》1 种 6 册

以供研阅。

我馆深荷厚意，特奉此证，敬致谢忱，以资纪念。

此致

清华大学图书馆

2024 年 4 月 29 日

-1912-

清华大学图书馆

（3）中国社会科学院大学图书馆颁发的 21 册捐赠证书

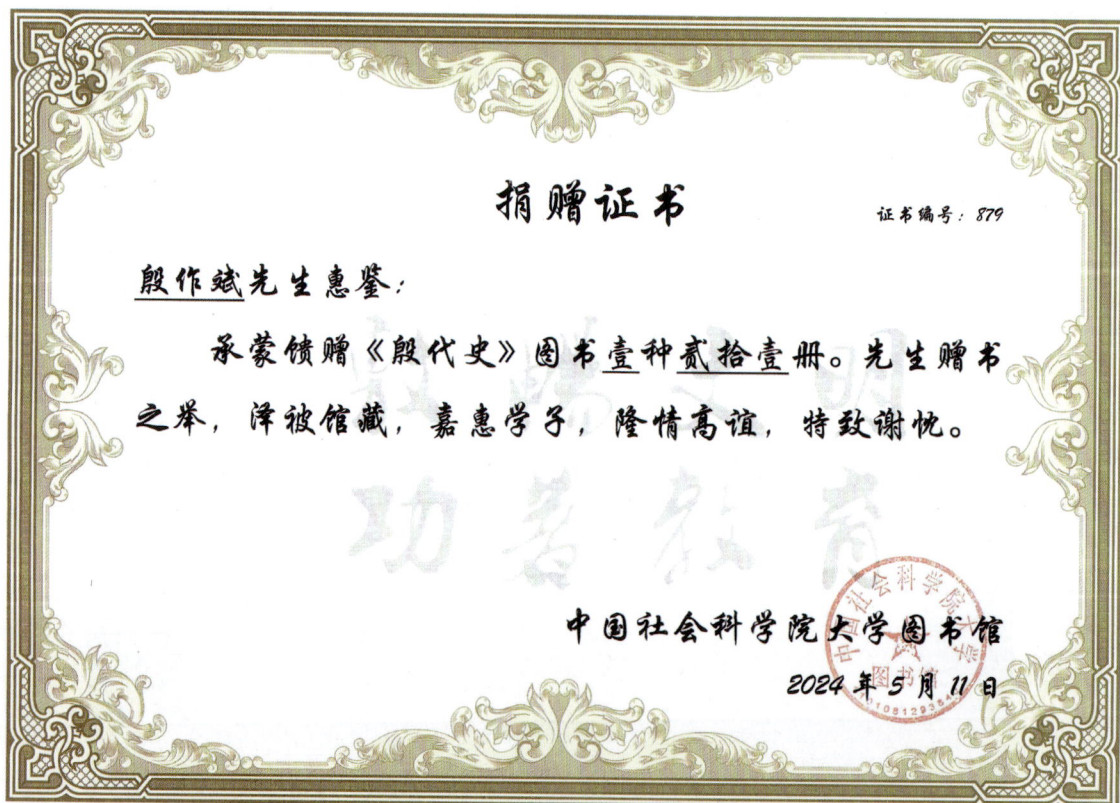

捐赠证书

证书编号：879

殷作斌先生惠鉴：

承蒙馈赠《殷代史》图书壹种贰拾壹册。先生赠书之举，泽被馆藏，嘉惠学子，隆情高谊，特致谢忱。

中国社会科学院大学图书馆

2024 年 5 月 11 日

（4）云南省图书馆颁发的 60 册收藏证书

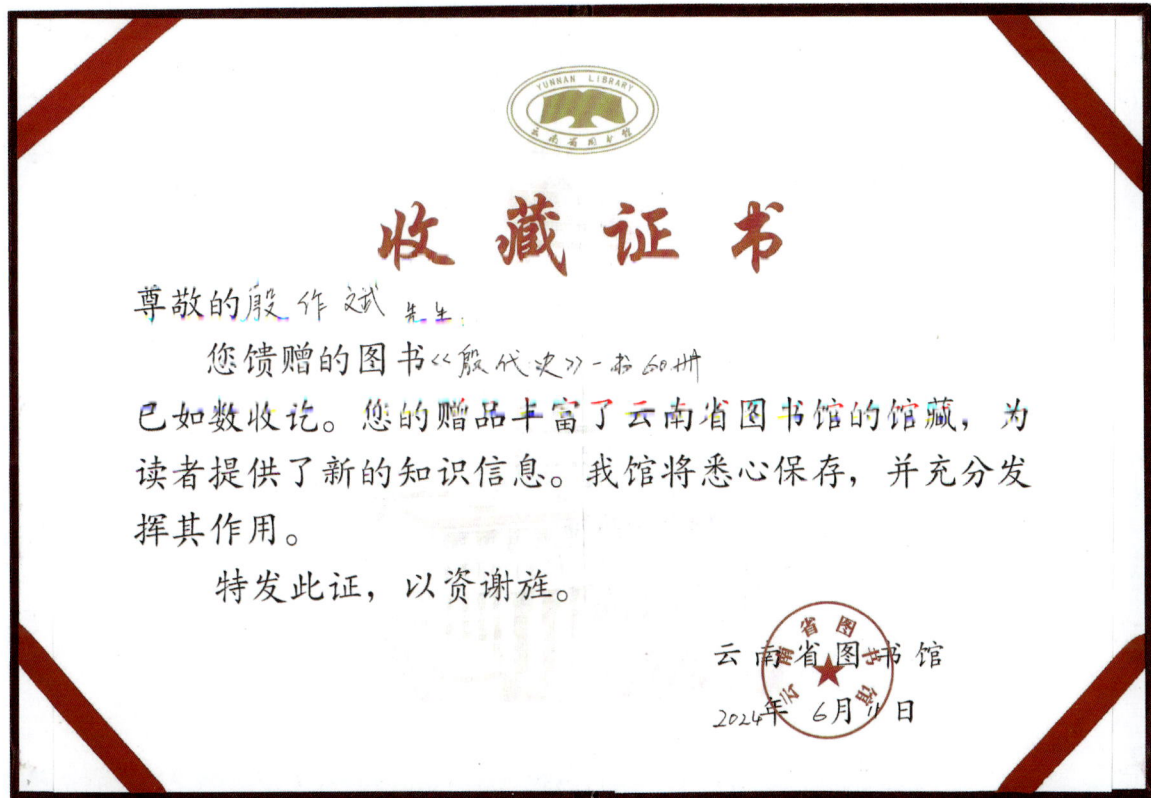

（5）河南省图书馆颁发的 3 册收藏证书

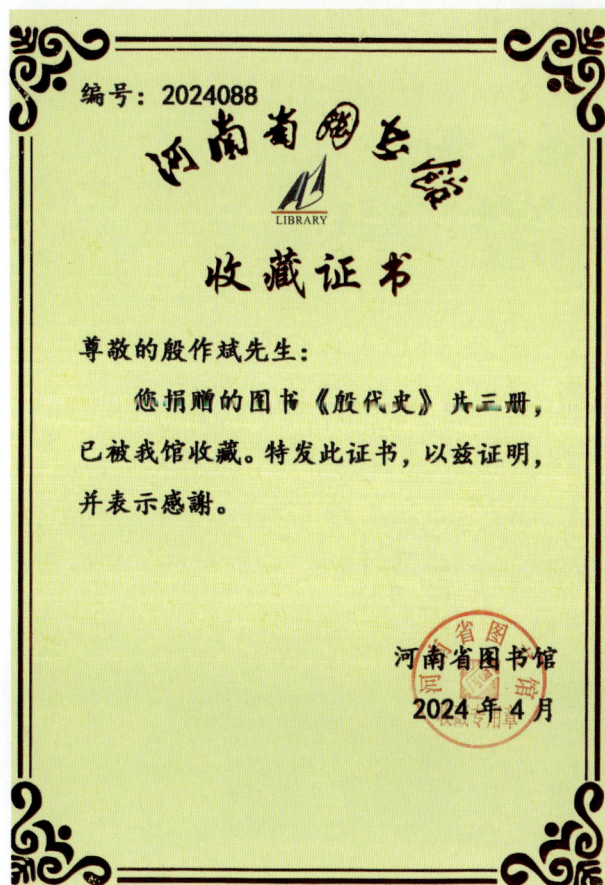

（6）上海师范大学图书馆颁发的 6 册收藏证书

（7）上海大学图书馆颁发的
6 册收藏证书

（8）华南师范大学图书馆颁发的
6 册收藏证书

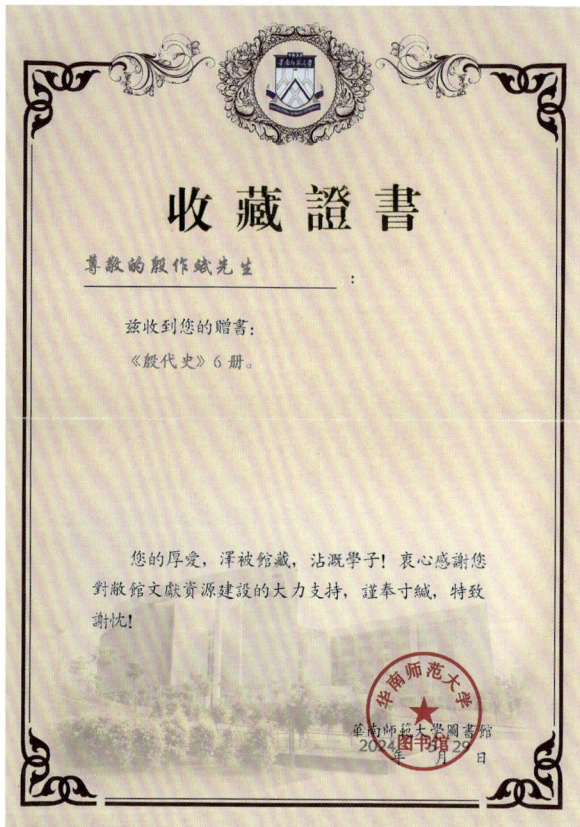

上海大学图书馆
Shanghai University Library

收藏证书

尊敬的殷作斌 先生：

承蒙惠赐，所赠《殷代史》
图书，总计一种 6册 已收藏，
本馆馆藏得以丰富，我馆将及时付诸展阅
奉飨于读者。上海大学全体师生将因您的
善举而受益良多，倍感嘉惠。

上海大学图书馆
馆长
2024年5月28日

收藏證書

尊敬的殷作斌先生：

兹收到您的赠书：
《殷代史》6 册。

您的厚爱，泽被馆藏，沾溉学子！衷心感谢您
對敝館文獻資源建設的大力支持，謹奉寸緘，特致
謝忱！

華南師範大學
圖書館
2024年 月29日

（9）河南大学图书馆颁发的 6 册收藏证书

河南大學圖書館

收藏證書

No：2024020

尊敬的殷作斌 先生：
承蒙惠贈典籍 壹種陸冊 （件），沾溉學林，同深
感激。已奉雅意，悉心珍藏，以供眾覽，專此布達，
敬申謝忱！

河南大學圖書館館長 李恒
2024年5月9日

《殷代史》
1种 6册

（10）山西省档案馆颁发的 2 册收藏证

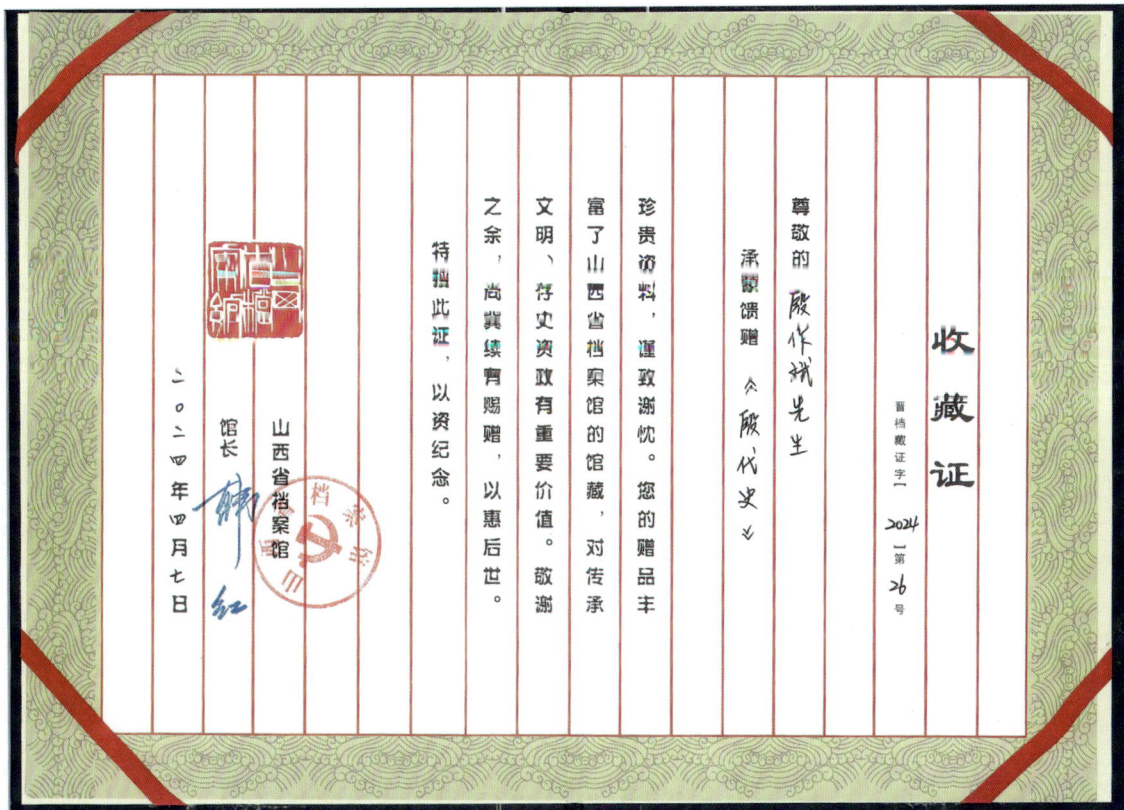

收藏证

晋档藏证字一 2024 第 76 号

尊敬的 殷作斌 先生

承蒙馈赠《殷代史》珍贵资料，谨致谢忱。您的赠品丰富了山西省档案馆的馆藏，对传承文明、存史资政有重要价值。敬谢之余，尚冀续有赐赠，以惠后世。

特赠此证，以资纪念。

山西省档案馆
馆长 郭红

二〇二四年四月七日

（11）山西省图书馆颁发的 2 册收藏证书

山西省图书馆
SHANXI LIBRARY

收藏证书

尊敬的 殷作斌 先生/女士：

承蒙惠赠《 殷代史 》

壹 种 贰 册，必遵雅嘱，妥为珍藏。您心系我馆藏书建设，功在传播科学文化，特颁此证，深表敬意，谨致谢忱。

山西省图书馆
馆长 郭欣萍

2024 年 4 月 1 日

（12）山东省青岛市图书馆颁发的 3 册收藏证书

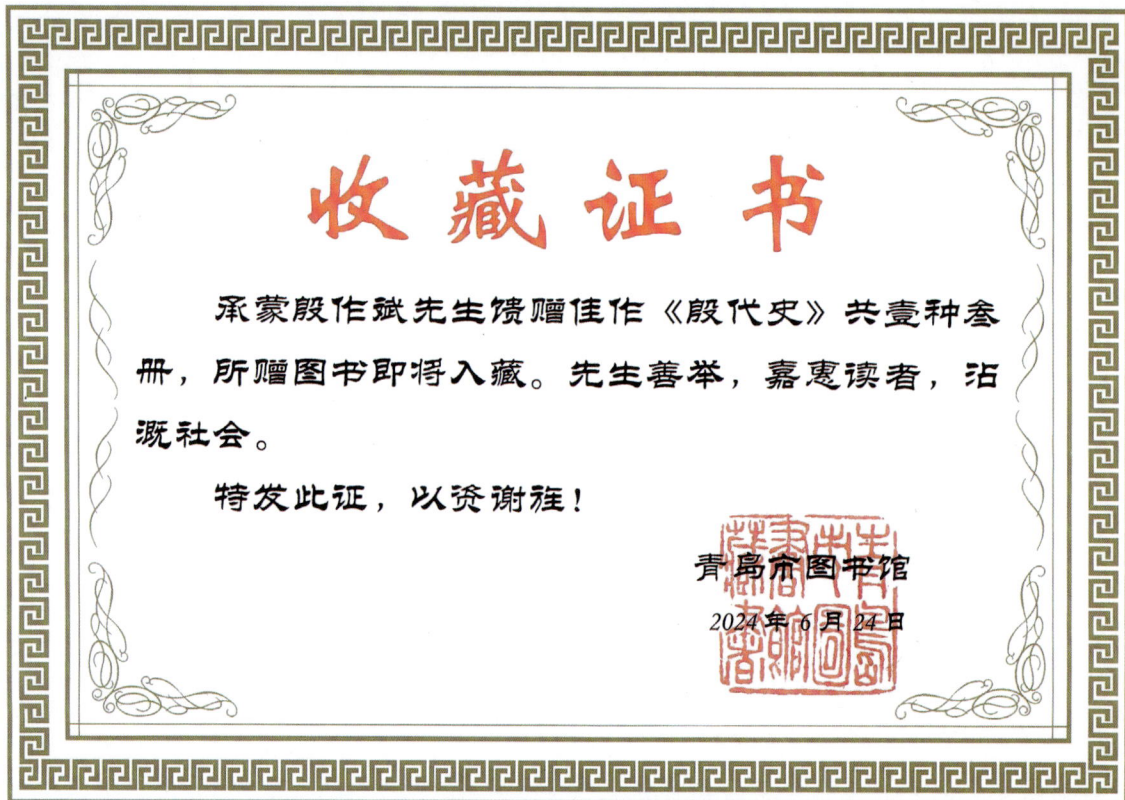

（13）河南省安阳市图书馆颁发的 3 册收藏证书

殷代文明风采

（14）河北省石家庄市图书馆颁发的 3 册入藏证书

入藏证书

承蒙 殷作斌 先生

向本馆惠赠《殷代史》图书三册　　　　谨对

为发展石家庄市文化和图书馆事业所做的贡献

深表

谢忱

（15）贵州省图书馆颁发的 3 册收藏证书

收藏证书
Collection Certificate

殷作斌 先生：

惠赠《殷代史》

壹 种 叁 册，已妥

为珍藏。谨对您为图书馆事业发展所做的贡献，专申谢忱。

特颁

此证

贵州省图书馆

2024 年 07 月 11 日

（16）河北省图书馆颁发的 6 册入藏证书

入藏 证书

殷作斌先生／女士：

承蒙您惠赠

《殷代史》一种六册

入藏我馆，

谨对您为

河北省图书馆事业发展

做出的贡献

深表谢忱！

河北省图书馆

2024年 5月 9日

殷代史　本书初版产生的巨大社会反响实录

（17）河北省张家口市图书馆颁 发的 3 册收藏证书

（18）河北省张家口市档案馆颁发的 3 册收藏证书

（19）山东省德州市图书馆颁发的 3 册收藏证

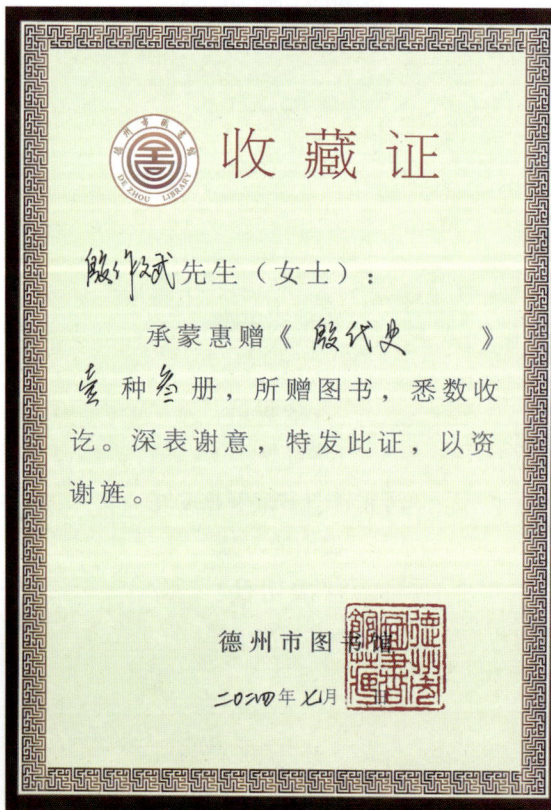

（20）云南省文山学院图书馆颁发的 6 册收藏证

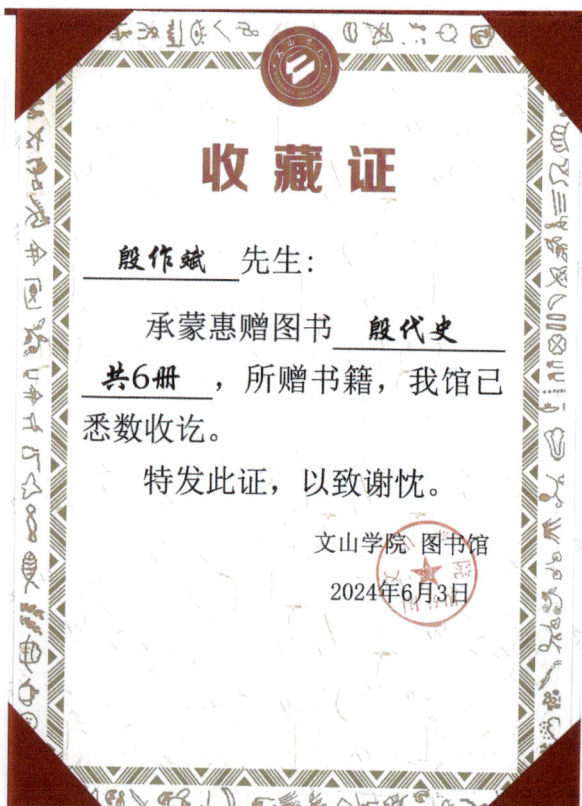

殷代文明风采

（21）湖北省荆门市图书馆颁发的 3 册收藏证书

荆门市图书馆

收 藏 证 书

尊敬的 殷作斌 先生：

承蒙馈赠佳籍，深感厚意。业经拜收登录，即可编目珍藏，嘉惠读者，流传永续。

赠书清单：《殷代史》三册

二〇一四年 六月 十八日

（22）江西省九江市图书馆颁发的 3 册收藏证书

一级图书馆
FIRST GRADE LIBRARY
中华人民共和国文化部颁
MINISTRY OF CULTURE
PEOPLE'S REPUBLIC OF CHINA
2010·1

收藏证书

典藏（九图赠）字第2198号

殷作斌先生：

您捐赠九江市图书馆的

《殷代史》

图书 三 册已为我馆收藏。

特颁此证 并致谢忱

江西省九江市图书馆

二〇一四年七月十四日

（23）浙江省宁波图书馆颁发的 3 册收藏证书

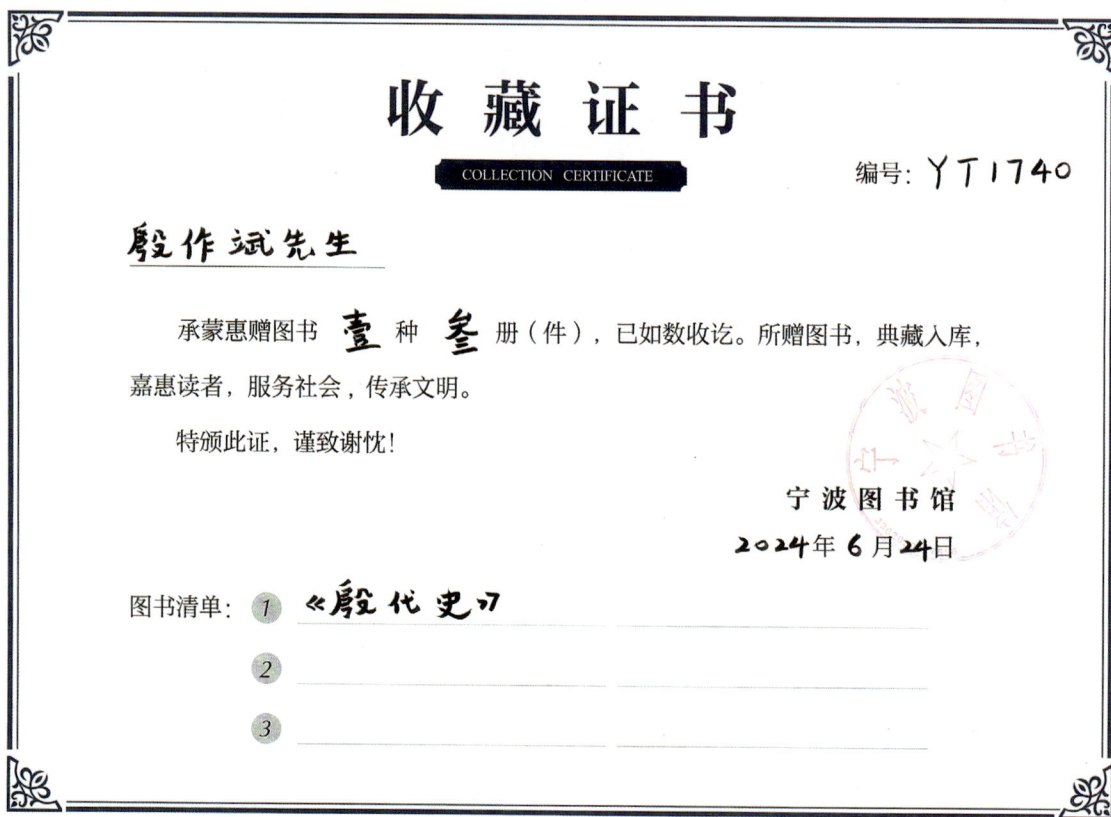

收藏证书
COLLECTION CERTIFICATE

编号：YT1740

殷作斌先生

　　承蒙惠赠图书 壹 种 叁 册（件），已如数收讫。所赠图书，典藏入库，嘉惠读者，服务社会，传承文明。

　　特颁此证，谨致谢忱！

宁波图书馆

2024年6月24日

图书清单：　① 《殷代史》
　　　　　　②
　　　　　　③

（24）江西省宜春市图书馆颁发的 3 册收藏证书

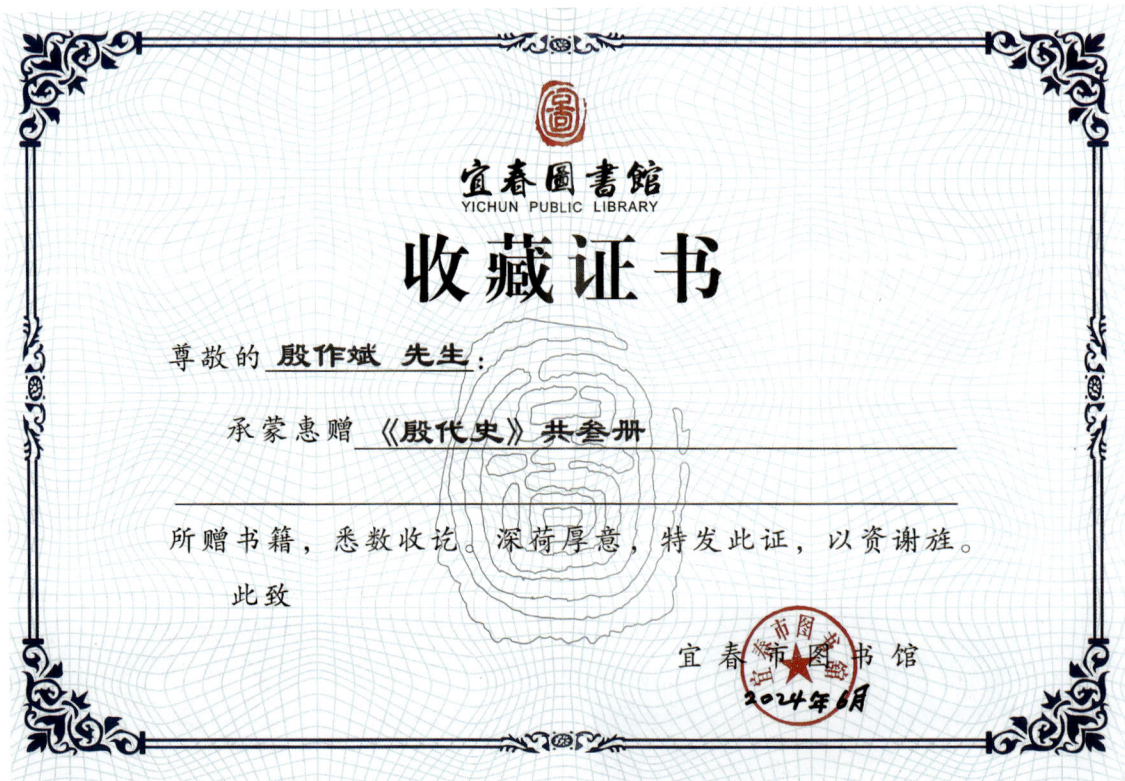

宜春图书馆
YICHUN PUBLIC LIBRARY

收藏证书

尊敬的 殷作斌 先生：

　　承蒙惠赠 《殷代史》 共叁册

　　所赠书籍，悉数收讫。深荷厚意，特发此证，以资谢忱。

　　此致

宜春市图书馆

2024年6月

（25）浙江省湖州市图书馆颁发的 3 册收藏证

功在当代　泽惠千秋

收藏证

殷作斌 先生　　　：

　　感谢您对公共图书事业的支持，您所捐赠的《殷代史》3　　　　　　册（件）收悉，现特发此证，以鸣谢意，并永志留念！

湖州图书馆
二〇二四年6月

（26）河北省邢台市图书馆颁发的 3 册收藏证书

收藏证书

编号：2024040

殷作斌先生：

　　您赠送的《殷代史》等1种3册图书，悉数收讫。所赠典籍，我们必定妥为收藏，并充分发挥其作用。深荷厚意，特发此证，以资谢悃。

　　此致

邢台市图书馆
二〇二四年六月二十五日

（27）山东省潍坊市图书馆颁发的 3 册收藏证书

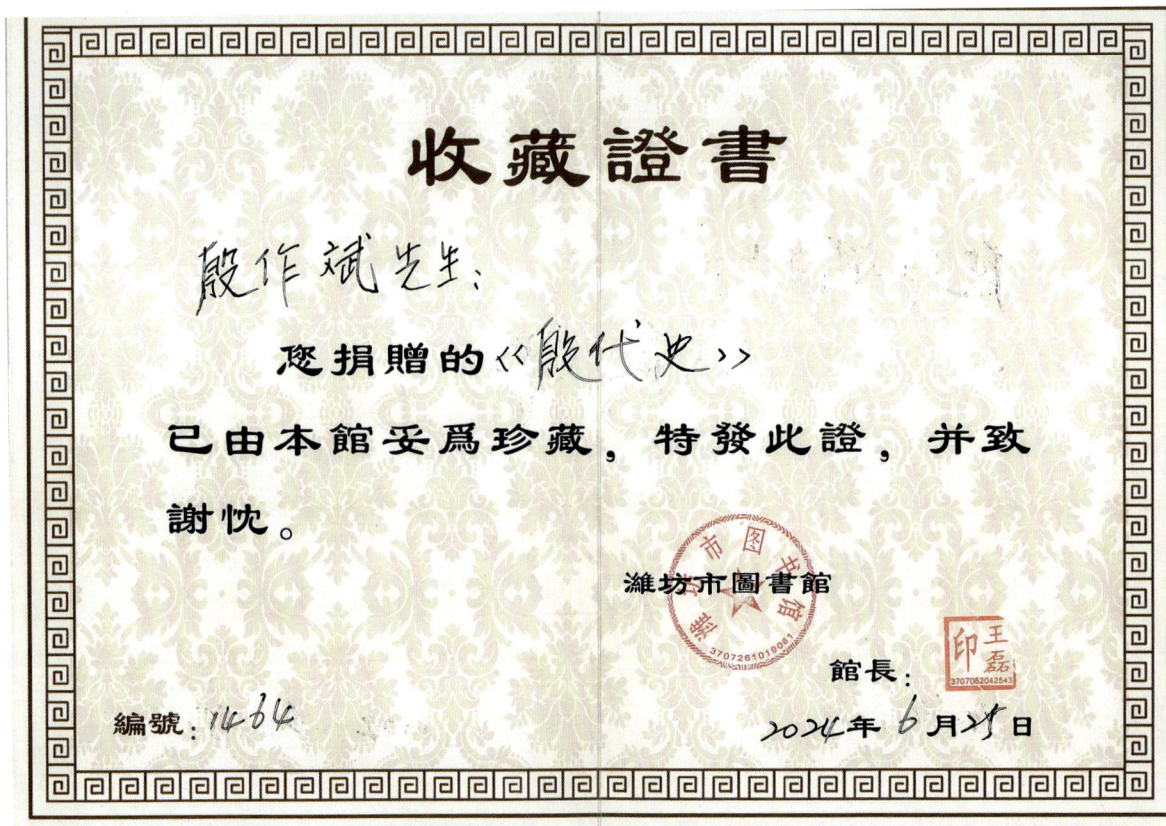

收藏證書

殷作斌先生：

您捐贈的《殷代史》已由本館妥爲珍藏，特發此證，并致謝忱。

潍坊市圖書館

館長：

編號：1464

2024年 6月24日

（28）浙江省舟山市图书馆颁发的 3 册收藏证书

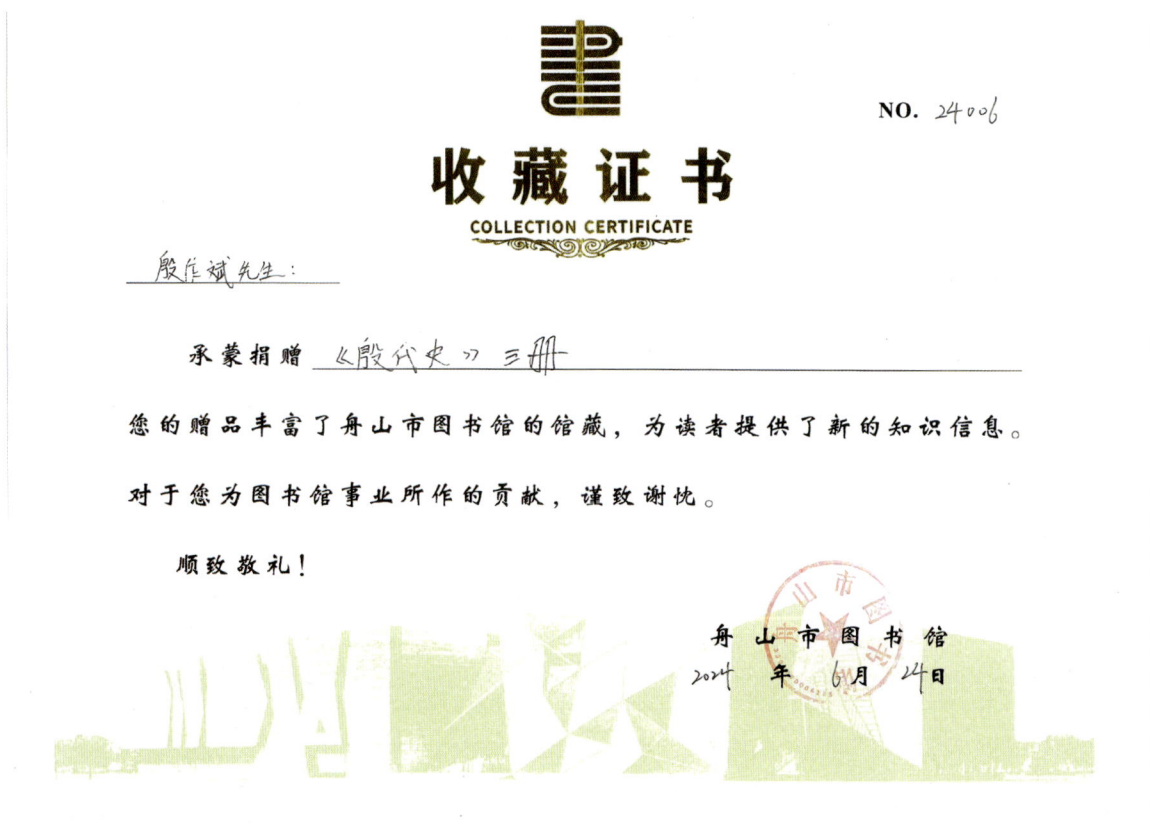

NO. 24006

收藏证书

COLLECTION CERTIFICATE

殷作斌先生：

承蒙捐赠《殷代史》三册

您的赠品丰富了舟山市图书馆的馆藏，为读者提供了新的知识信息。

对于您为图书馆事业所作的贡献，谨致谢忱。

顺致敬礼！

舟山市图书馆

2024年 6月 24日

殷代
文明风采

（29）山东省威海市图书馆颁发的 3 册收藏证书

收藏證書
Collection Certificate

证书编号　第 2400555 号

尊敬的　殷作斌　先生　：

承惠赠　　《殷代史》

共计　三　　册（件），由我馆收藏，感谢对我馆文献资源建设的支持。

特授此证，以资纪念。

馆长：

威海市图书馆
2024 年 7 月 日

（30）山东省枣庄市图书馆颁发的 3 册收藏证书

枣庄市图书馆

收藏证书

殷作斌先生：

　　承蒙惠赠《殷代史》3册，悉数收讫，列为馆藏。深荷厚意，特颁此证，以资谢忱。

枣庄市图书馆
2024 年 7 月 4 日

殷代史

本书初版产生的巨大社会反响实录

（31）陕西省延安市图书馆颁发的 3 册收藏证书

延安市图书馆

收藏证书

延市图藏字第2024037号

殷作斌先生：

　　承蒙惠赠：《殷代史》3 册，所赠书籍悉数收藏。深荷厚意，特颁此证，以致谢忱。

馆长：

延安市图书馆
延安中山图书馆
2024年06月19日

（32）贵州省遵义市图书馆颁发的 3 册收藏证书

收藏证书

殷作斌　先生，女士：

　　非常感谢您对遵义市图书馆藏书建设工作的支持！

您赠送的 《殷代史》三册 被我馆收藏，深表谢意！

　　特颁此证

遵义市图书馆
2024年7月11日

殷代
文明风采

殷代史

（33）辽宁省朝阳市图书馆颁发的 3 册收藏证书

编号：2024020

收藏證書

哥歌的 殷作斌 先生

我們榮幸地收到您的捐贈，您的＿＿＿＿＿＿＿＿

《殷代史》3 册＿＿＿＿＿＿＿＿＿，已由我館珍藏，感謝您對

公益文化事業的支持，特發此證，以表謝意。

朝陽市 圖書館

2024 年 7 月 18 日

（34）北京市东城区图书馆颁发的 3 册捐赠证书

北京市东城区图书馆
Beijing Dongcheng District Library

捐赠证书

殷作斌：

承蒙惠赠文献 《殷代史》 ，

共计 3 册，已悉数收讫。感谢您对图书馆事业的贡献。

赠人玫瑰，手有余香！特颁此证，以表谢忱。

此致

敬礼！

2024年 6 月 28 日

本书初版产生的巨大社会反响实录

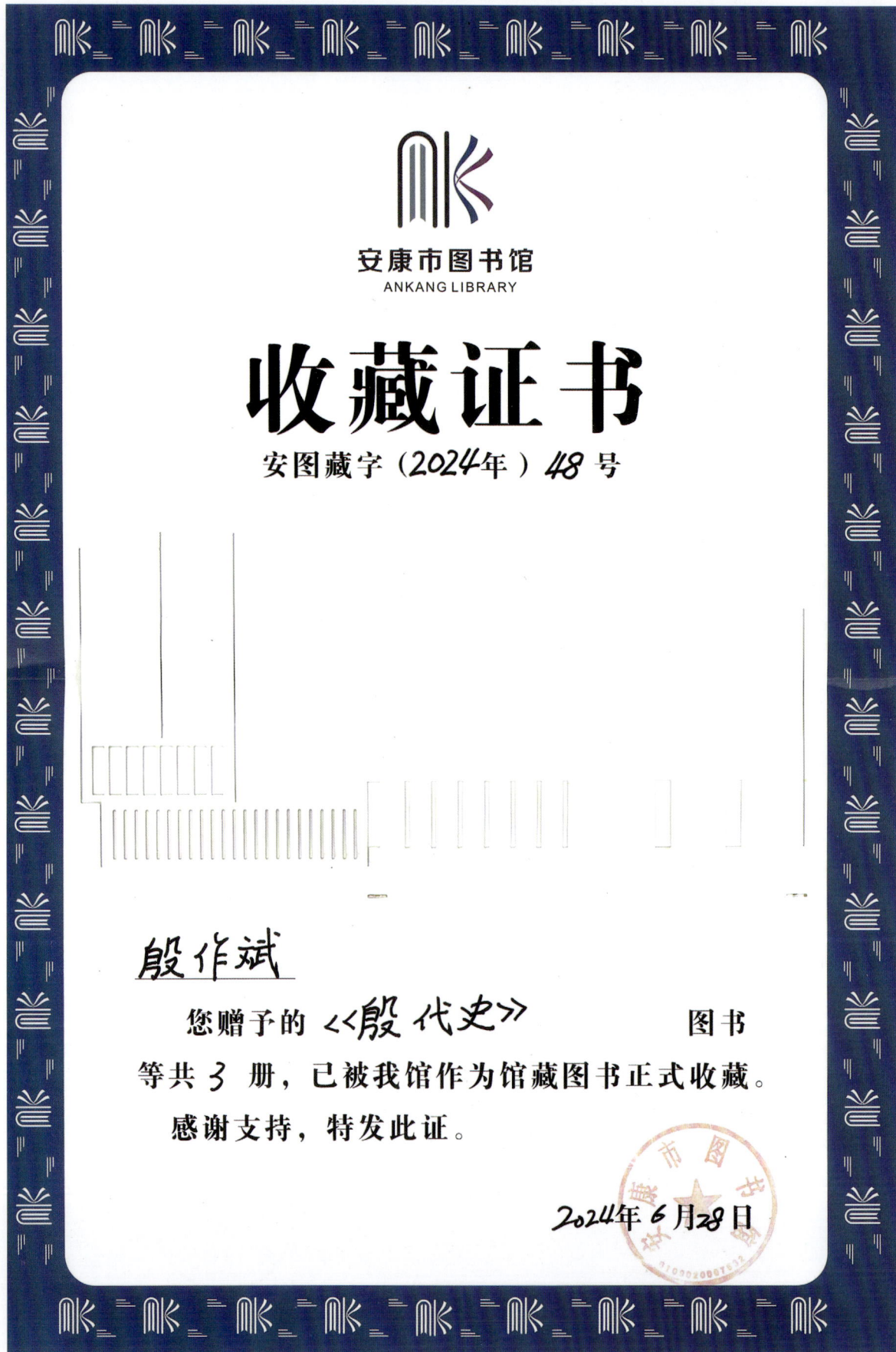

（35）四川省安康市图书馆颁发的 3 册收藏证书

安康市图书馆
ANKANG LIBRARY

收藏证书

安图藏字（2024年）48 号

殷作斌

您赠予的 《《殷代史》》 图书

等共 3 册，已被我馆作为馆藏图书正式收藏。

感谢支持，特发此证。

2024年 6 月 28 日

殷代文明风采

本书初版产生的巨大社会反响实录

（36）西安市档案馆颁发的 3 册收藏证

收 藏 证

市档收藏字第（839）号

殷作斌先生：

　　您捐赠的书籍《殷代史》共 3 册，已被我馆永久收藏，深荷厚爱，特发此证，以表谢忱。

西 安 市 档 案 馆

二〇二四年八月六日

（37）南京师范大学图书馆颁发的 2 册收藏证书

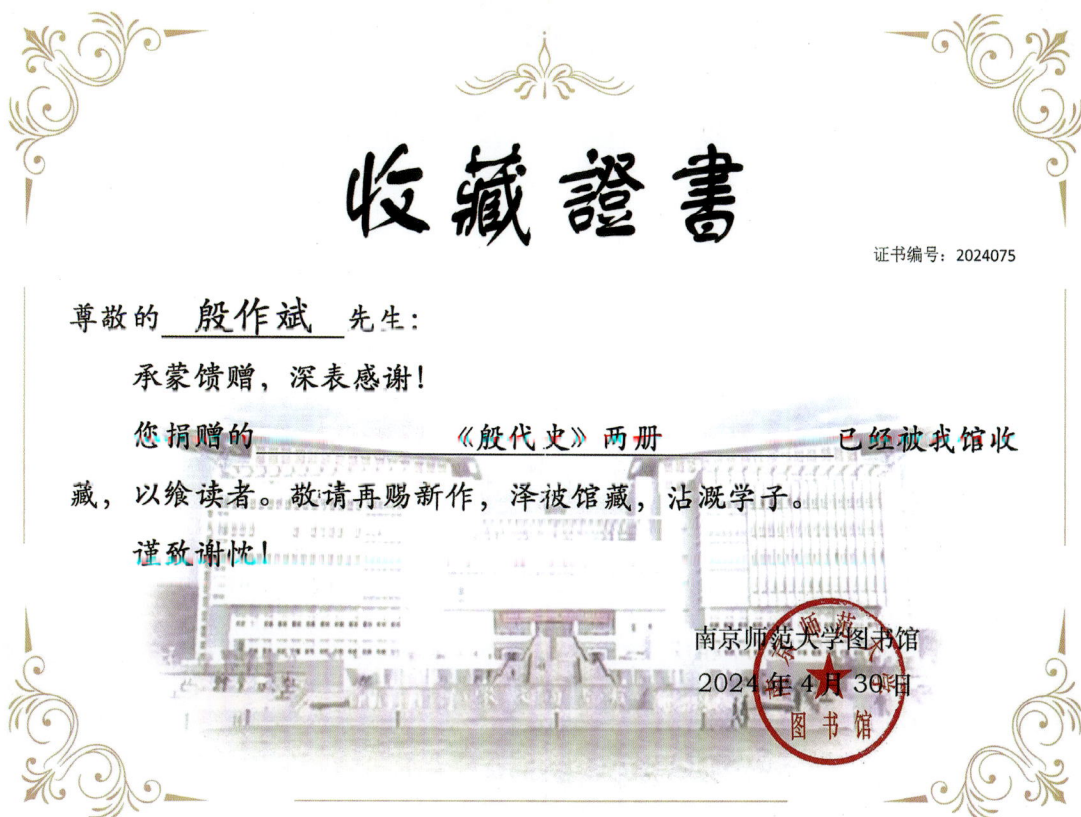

收藏證書

证书编号：2024075

尊敬的　殷作斌　先生：

　　承蒙馈赠，深表感谢！

　　您捐赠的　　　　《殷代史》两册　　　　已经被我馆收藏，以飨读者。敬请再赐新作，泽被馆藏，沾溉学子。

　　谨致谢忱！

南京师范大学图书馆

2024 年 4 月 30 日

图书馆

殷代史

本书初版产生的巨大社会反响实录

（38）内蒙古自治区图书馆颁发的 2 册收藏证书

（39）内蒙古自治区档案馆颁发的 2 册捐赠证书

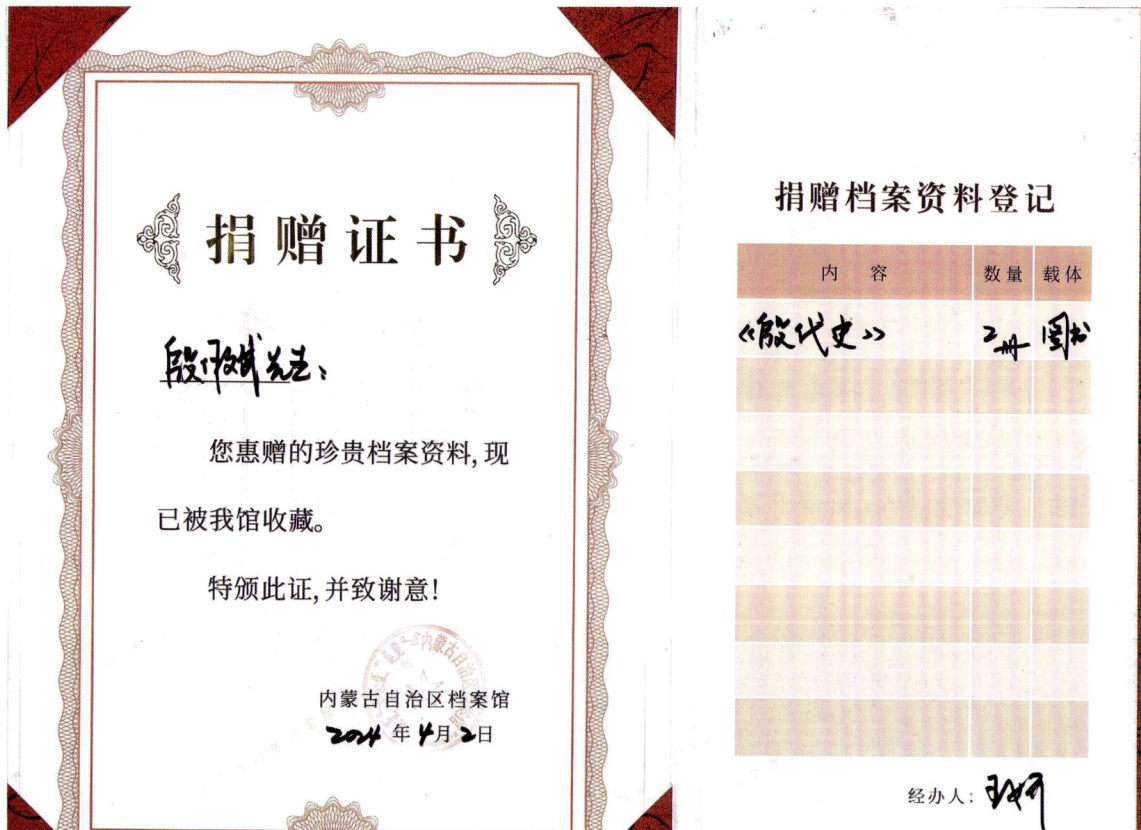

殷代文明风采

殷代史

本书初版产生的巨大社会反响实录

（40）广西壮族自治区图书馆颁发的 3 册收藏证书

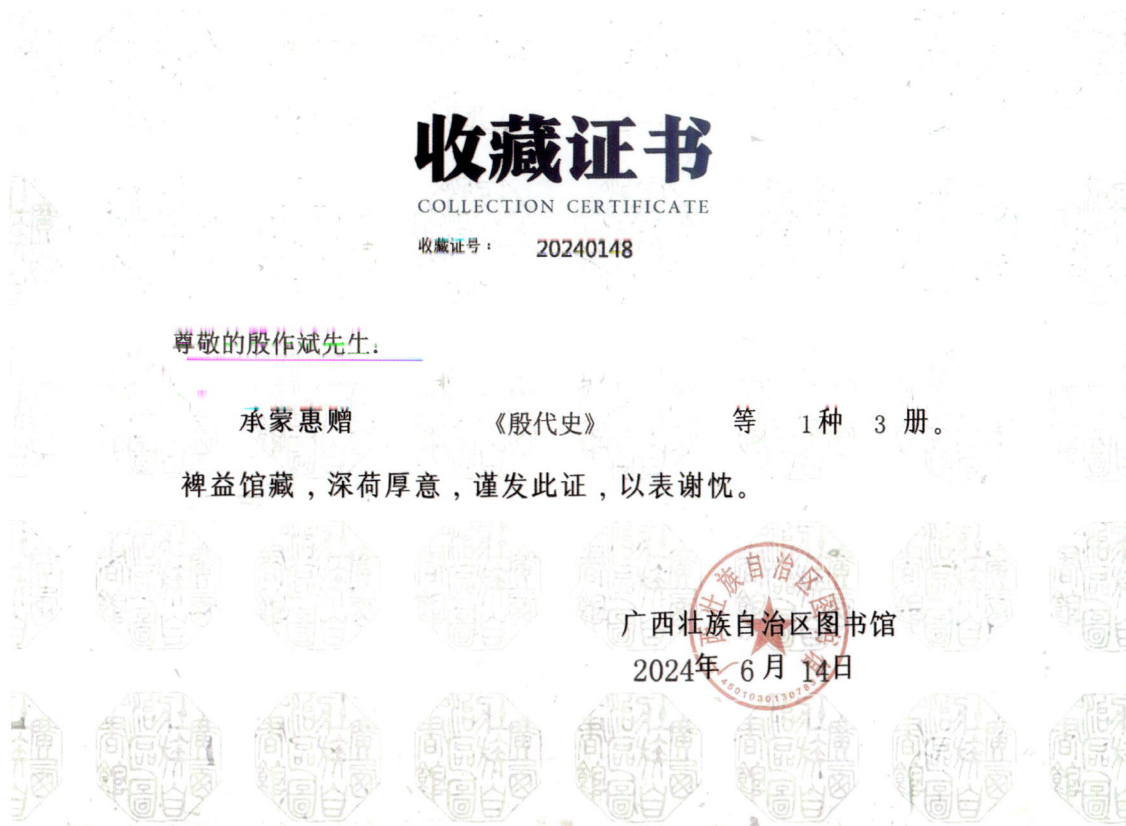

收藏证书

COLLECTION CERTIFICATE

收藏证号： 20240148

尊敬的殷作斌先生：

承蒙惠赠 《殷代史》 等 1 种 3 册。

裨益馆藏，深荷厚意，谨发此证，以表谢忱。

广西壮族自治区图书馆

2024年 6 月 14日

（41）沈阳市图书馆颁发的 3 册入藏证书

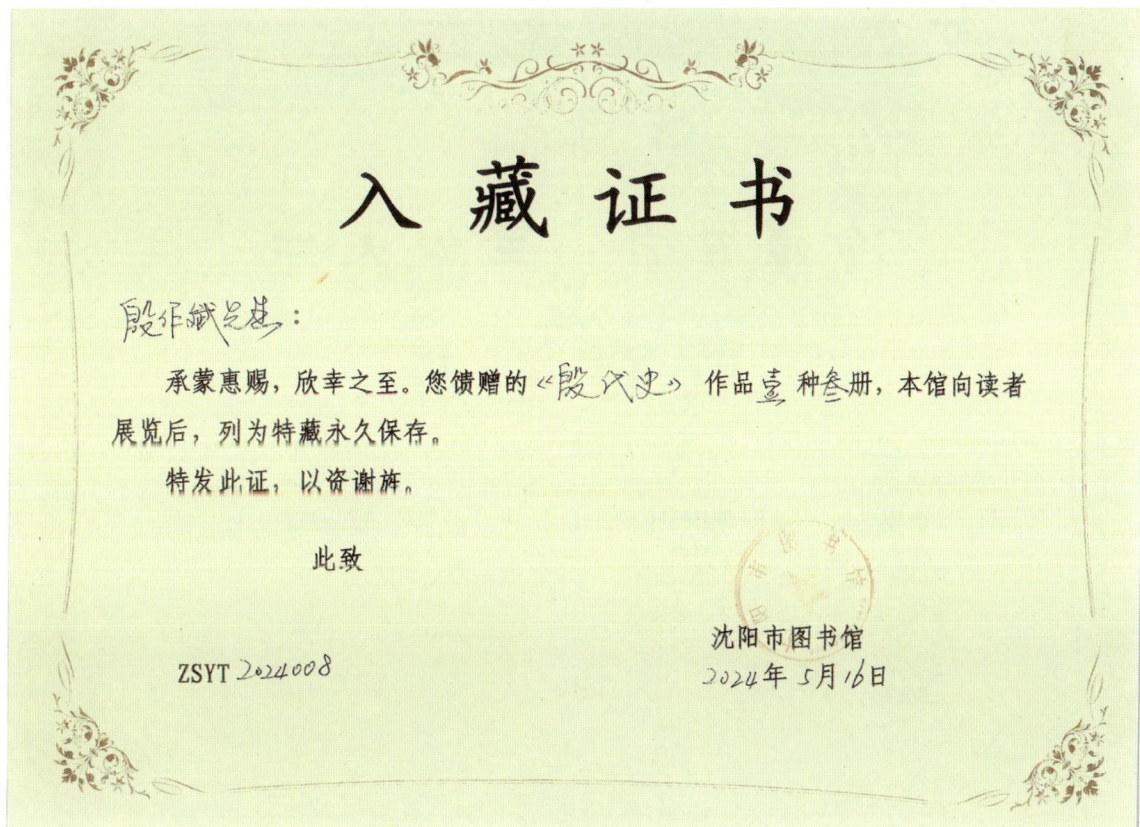

入 藏 证 书

殷作斌先生：

承蒙惠赐，欣幸之至。您馈赠的《殷代史》作品壹种叁册，本馆向读者展览后，列为特藏永久保存。

特发此证，以资谢忱。

此致

ZSYT 2024008

沈阳市图书馆

2024年 5月16日

（42）湖北省图书馆颁发的 6 册收藏证书

湖北省图书馆 始建于1904年，是中国近代史上最早成立、最先对外开放的省级公共图书馆，历经百余年文化积累与传承，现已跻入全国先进行列，获"全国文化工作先进集体"、"国家一级图书馆"、"省级最佳文明单位"等荣誉称号。截至2012年底，馆藏总量达565万余册（件），其中古籍善本46万余册，本地数字资源总量达45.6TB，近50个学科（领域）文献达到或接近研究级水平，被称为"楚天智海"。

湖北省图书馆新馆位于武汉市武昌区沙湖南侧，占地100.5亩，馆舍主体建筑地上8层，地下2层，总建筑面积10万余平方米，是新中国成立以来湖北省最大的文化基础设施建设工程之一。新馆主体造型以"楚天鹤舞、智海翔云"为立意，极具鲜明时代风格和荆楚文化蕴涵。在设计上凸显以人为本、服务为先的理念，主体服务空间层高、统一柱网、统一荷载，通过拼装组合，灵活隔断，自然形成加工、典藏、借阅等八大功能区，开间宽阔，敞亮通透。读者走进图书馆，犹如走进图书馆，借阅手续简便，基本服务免费，公共信息获取自由：自助办证、自助借还、RFID等系统为读者提供更为快捷的"一站式"服务。新馆阅览座位5293个，信息结点3680个，内设全国文化信息资源共享工程湖北分中心、湖北省古籍保护中心、少年儿童图书馆、数字图书馆体验区、盲文图书馆、专家研究室以及报告厅、展览厅等，是一个融学习阅读、信息交流、文化休闲等功能于一体的信息化、智能化图书馆。通过配置24小时自助图书馆，基本满足读者全天候的借阅需求。

湖北省图书馆新馆作为我省"十二五"期间文化建设的重点工程，是湖北省重要的知识信息枢纽和精神文明建设的重要阵地。省图书馆将实施"服务立馆、人才兴馆、科技强馆、特色亮馆"四大战略，以古籍大馆、少儿图书馆大馆、地方文献大馆、特色图书馆大馆、数字图书馆大馆等"五个大馆"为支柱，实现跨越式发展，力争到"十二五"末，达到"力求一流创新、新建一流馆舍、整合一流资源、培养一流队伍、强化一流管理、争创一流服务"的总体目标，真正使湖北省图书馆成为国际知名、全国一流、中部领先的学习型、研究型、创意型、示范型的现代化图书馆。

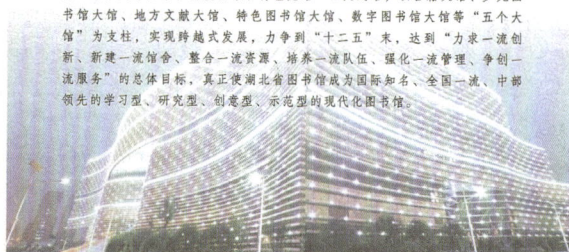

（43）云南大学图书馆颁发的 6 册收藏证书

（44）苏州大学图书馆颁发的 3 册收藏证书

（45）成都图书馆颁发的 3 册收藏证书

（46）山东科技大学图书馆颁发的6册收藏证书

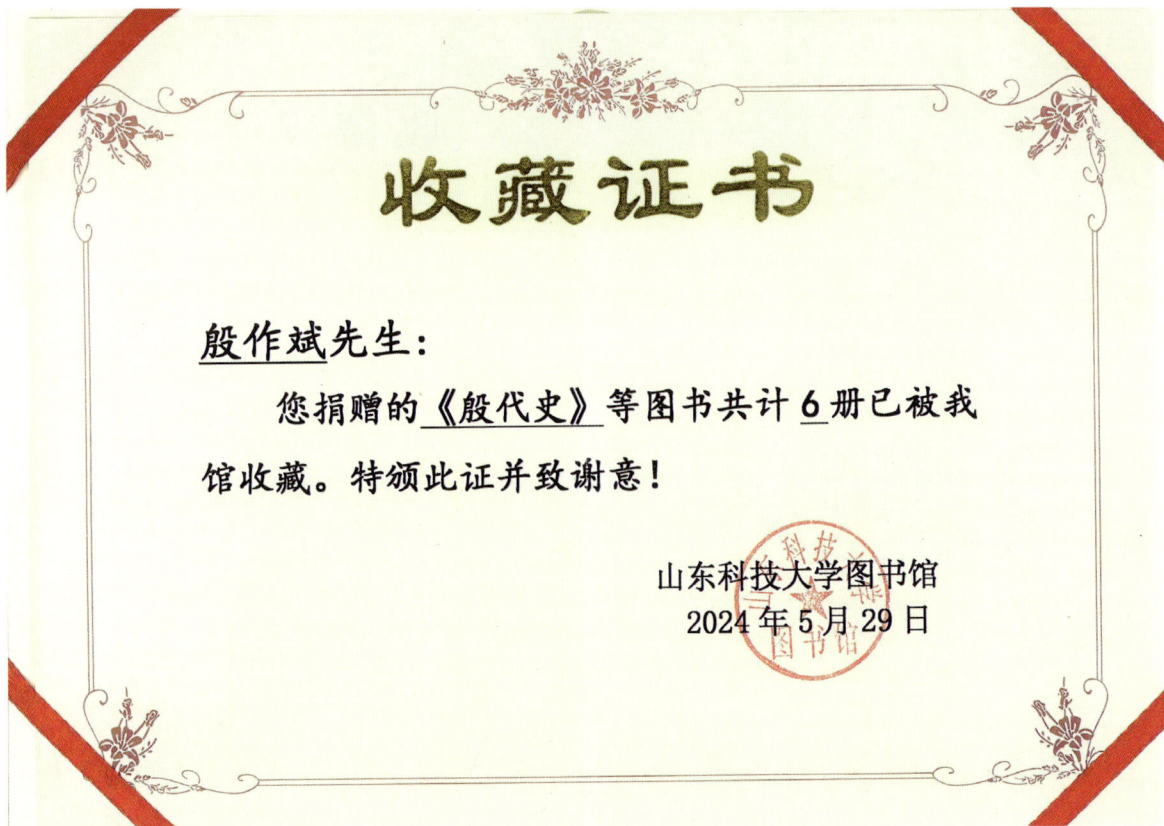

收藏证书

殷作斌先生：

　　您捐赠的《殷代史》等图书共计6册已被我馆收藏。特颁此证并致谢意！

山东科技大学图书馆
2024年5月29日

（47）陕西省榆林学院图书馆颁发的3册收藏证书

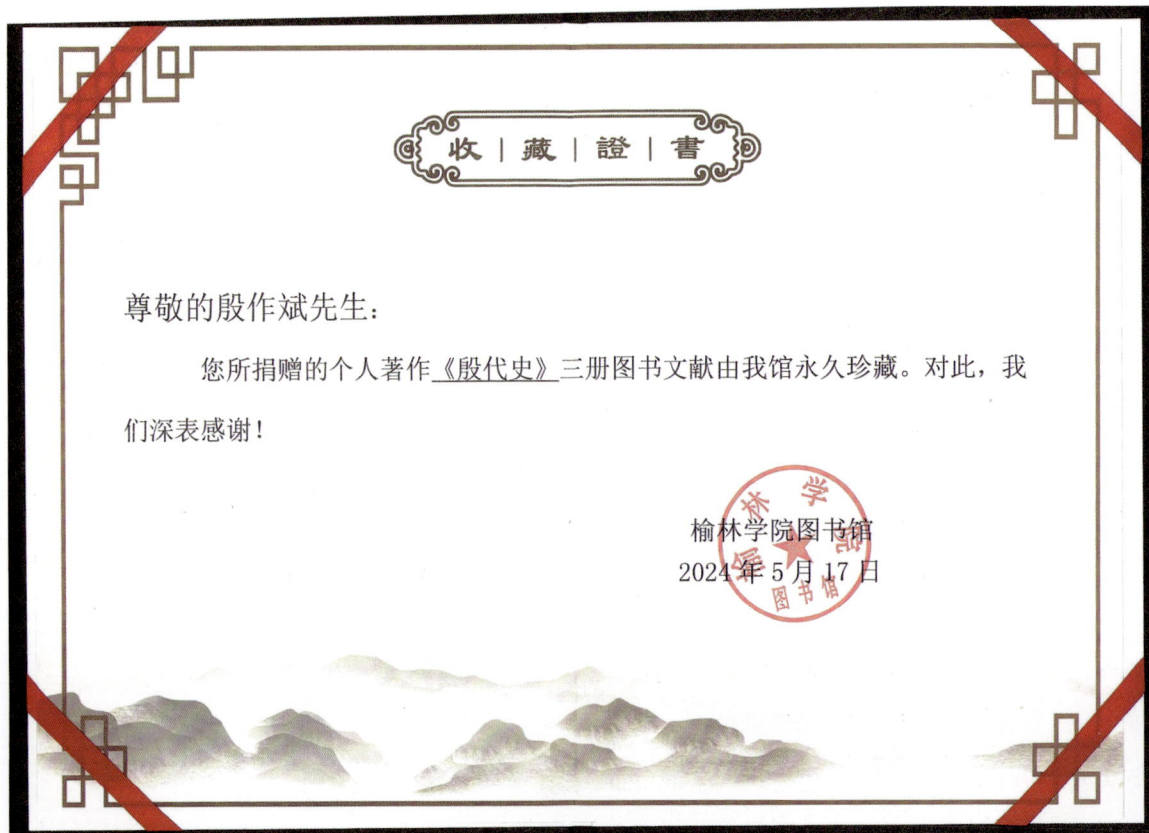

收 | 藏 | 證 | 書

尊敬的殷作斌先生：

　　您所捐赠的个人著作《殷代史》三册图书文献由我馆永久珍藏。对此，我们深表感谢！

榆林学院图书馆
2024年5月17日

（48）陕西省榆林市图书馆颁发的 3 册收藏证书

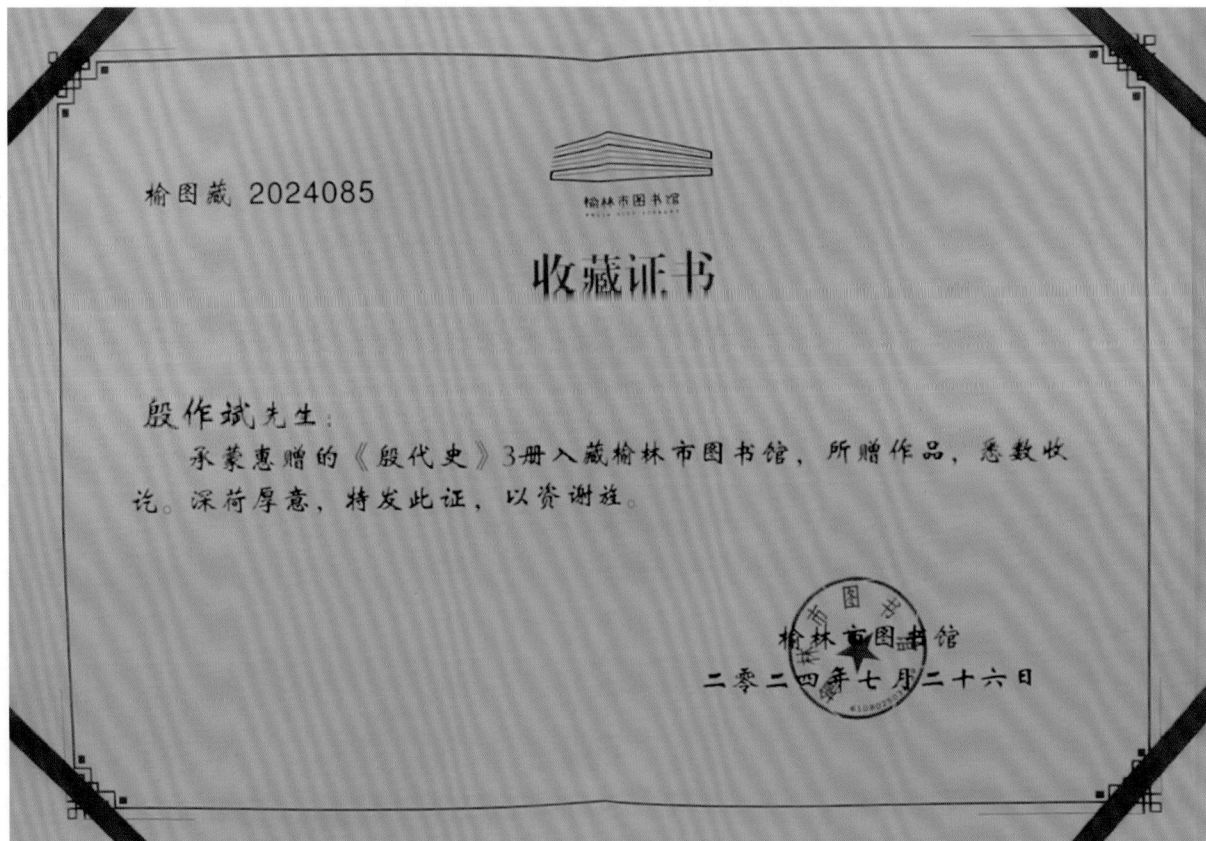

榆图藏 2024085

榆林市图书馆
YULIN CITY LIBRARY

收藏证书

殷作斌先生：

承蒙惠赠的《殷代史》3册入藏榆林市图书馆，所赠作品，悉数收讫。深荷厚意，特发此证，以资谢忱。

榆林市图书馆

二零二四年七月二十六日

（49）中南大学图书馆颁发的 6 册收藏证书

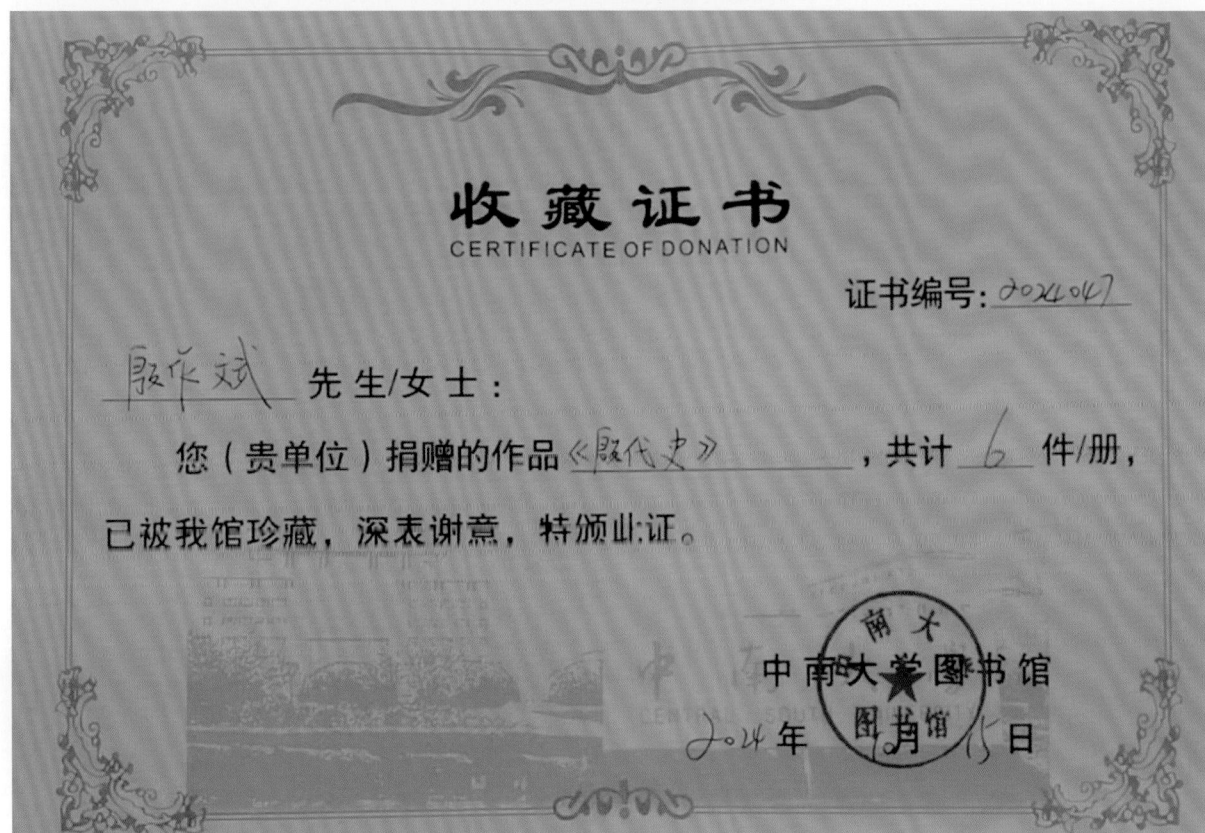

收藏证书
CERTIFICATE OF DONATION

证书编号：2024047

殷作斌 先生/女士：

您（贵单位）捐赠的作品《殷代史》，共计 6 件/册，已被我馆珍藏，深表谢意，特颁此证。

中南大学图书馆

2024年 月 日

（50） 江苏省徐州市档案馆颁发的 2 册收藏证书

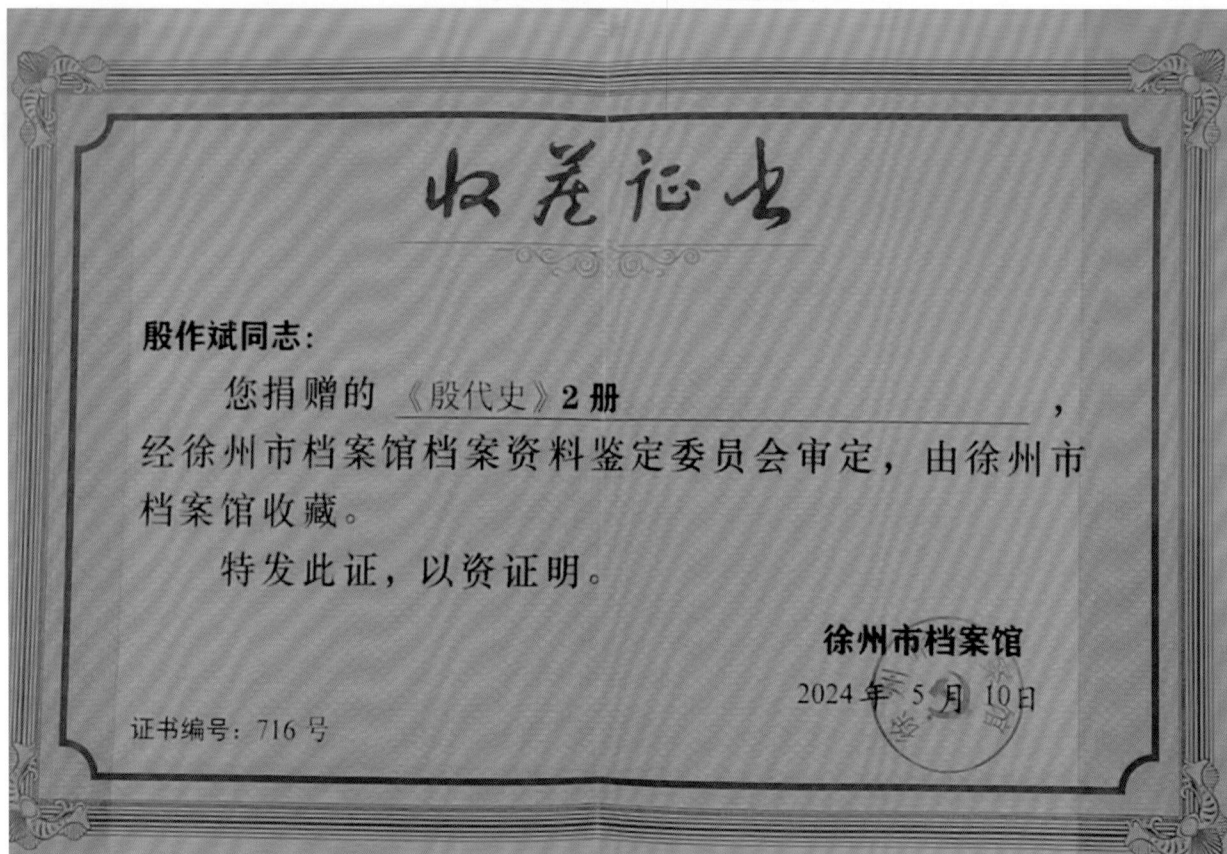

收藏证书

殷作斌同志：

您捐赠的 《殷代史》2 册 ，
经徐州市档案馆档案资料鉴定委员会审定，由徐州市
档案馆收藏。

特发此证，以资证明。

徐州市档案馆

2024 年 5 月 10 日

证书编号：716 号

（51） 河南省平顶山市图书馆颁发的 3 册收藏证书

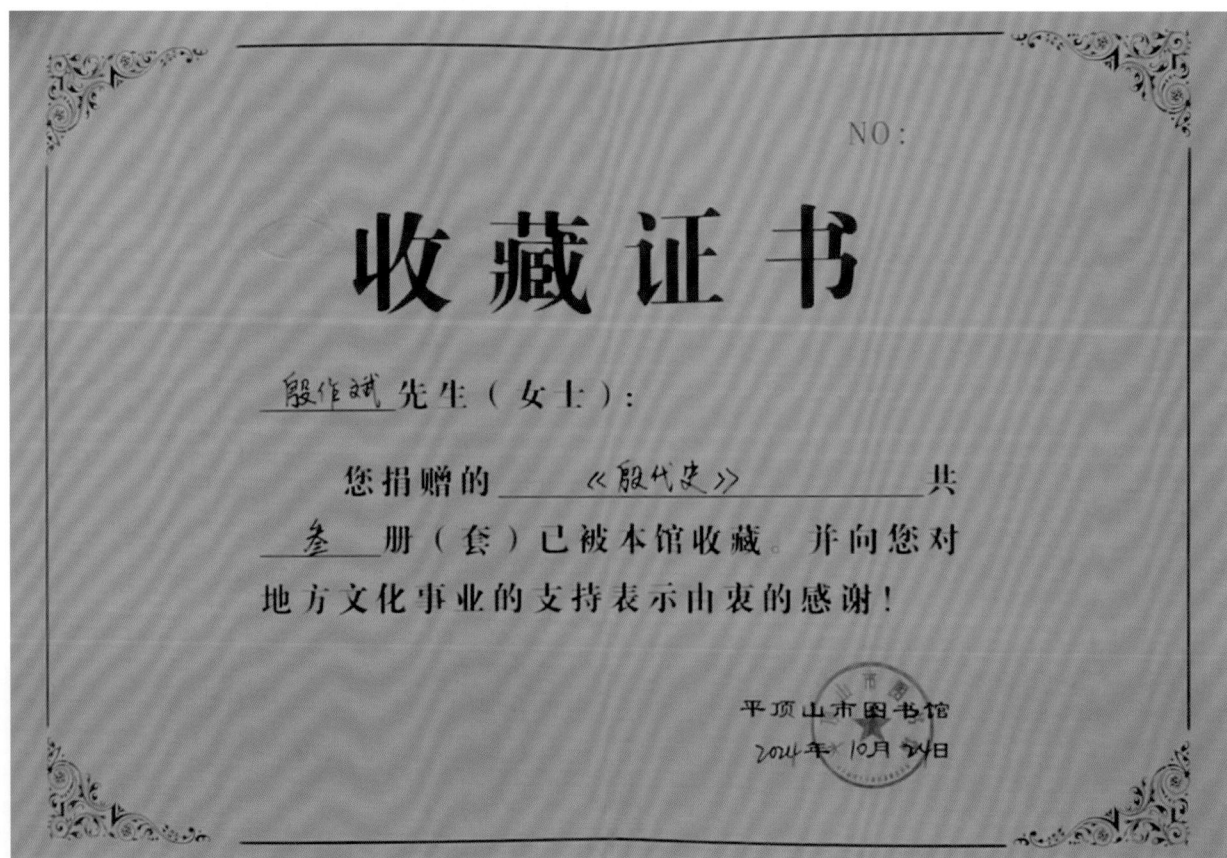

NO:

收藏证书

殷作斌 先生（女士）：

您捐赠的 《殷代史》 共

叁 册（套）已被本馆收藏。并向您对
地方文化事业的支持表示由衷的感谢！

平顶山市图书馆

2024年 10月 24日

（52）辽宁省铁岭市图书馆颁发的 3 册收藏证书

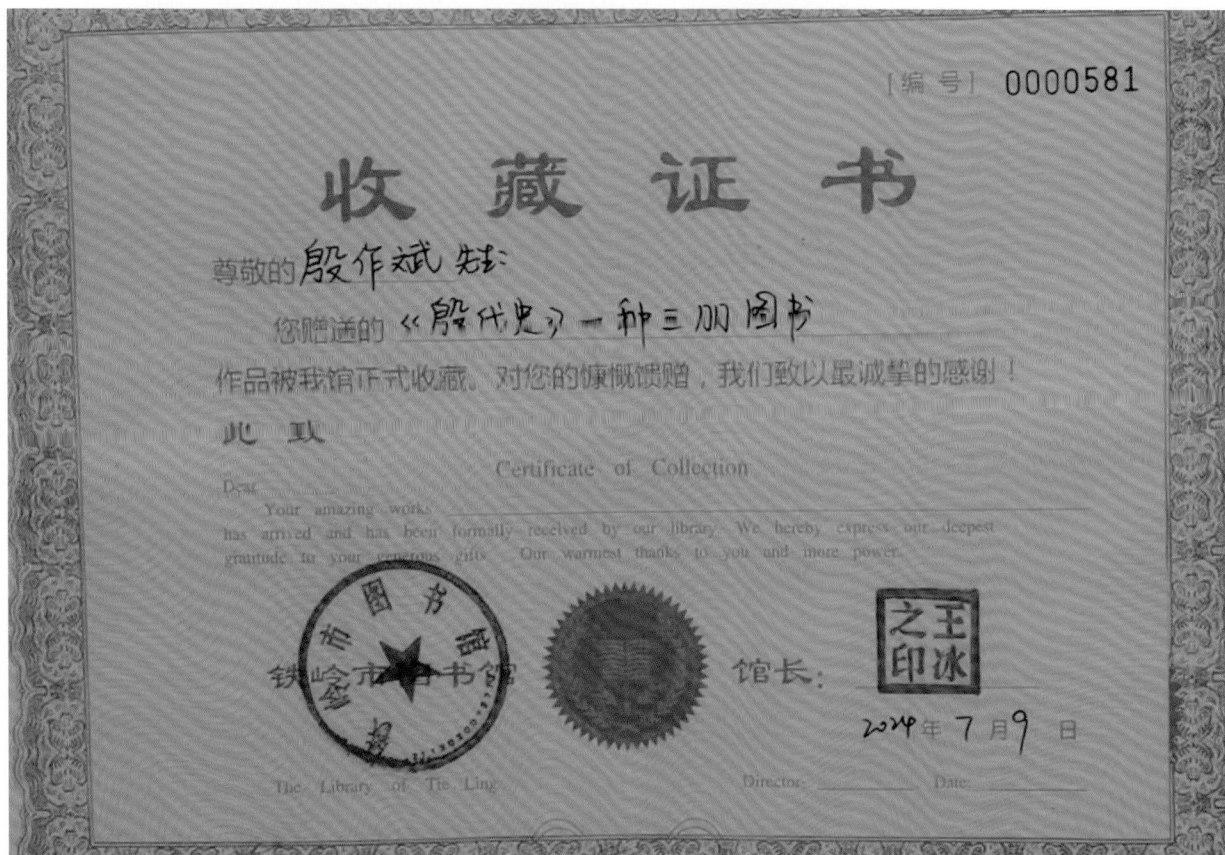

（53）福建省泉州市图书馆颁发的 3 册收藏证书

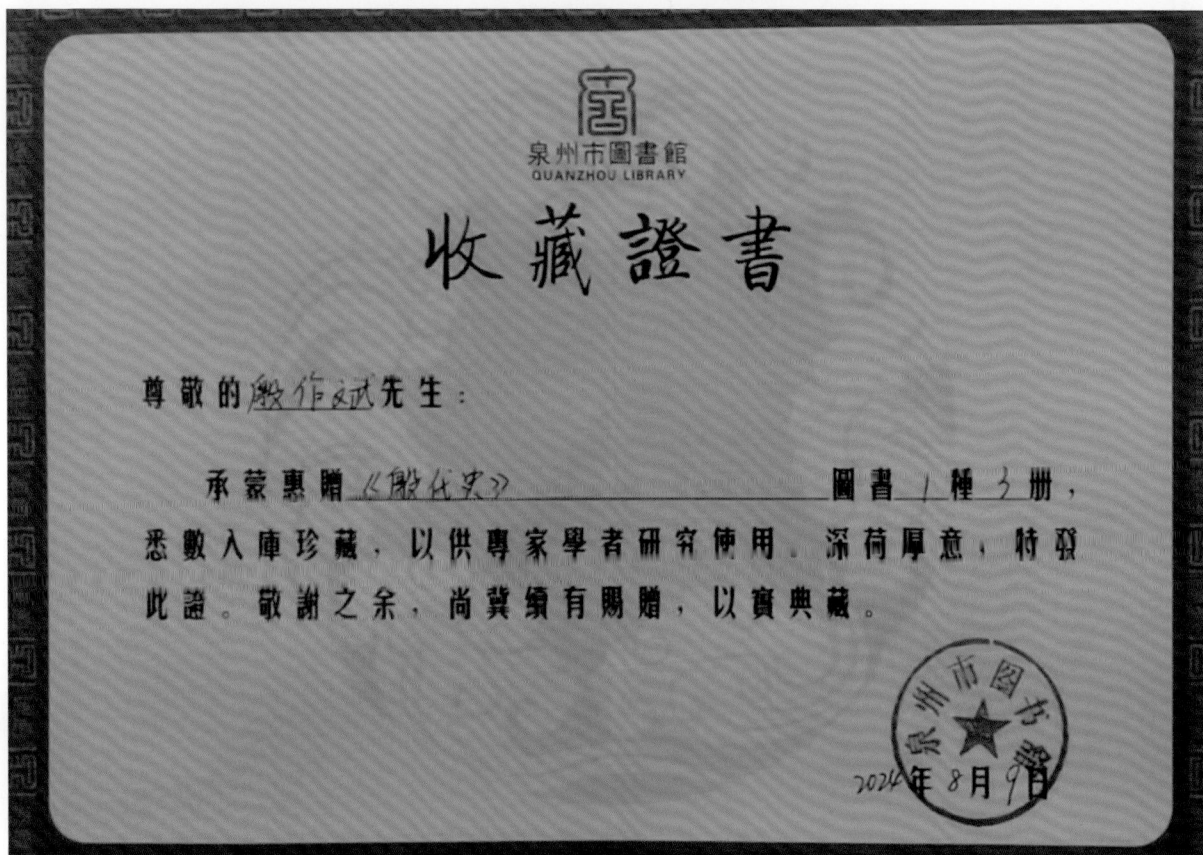

（54）湖北省黄冈市图书馆颁发的 3 册收藏证书

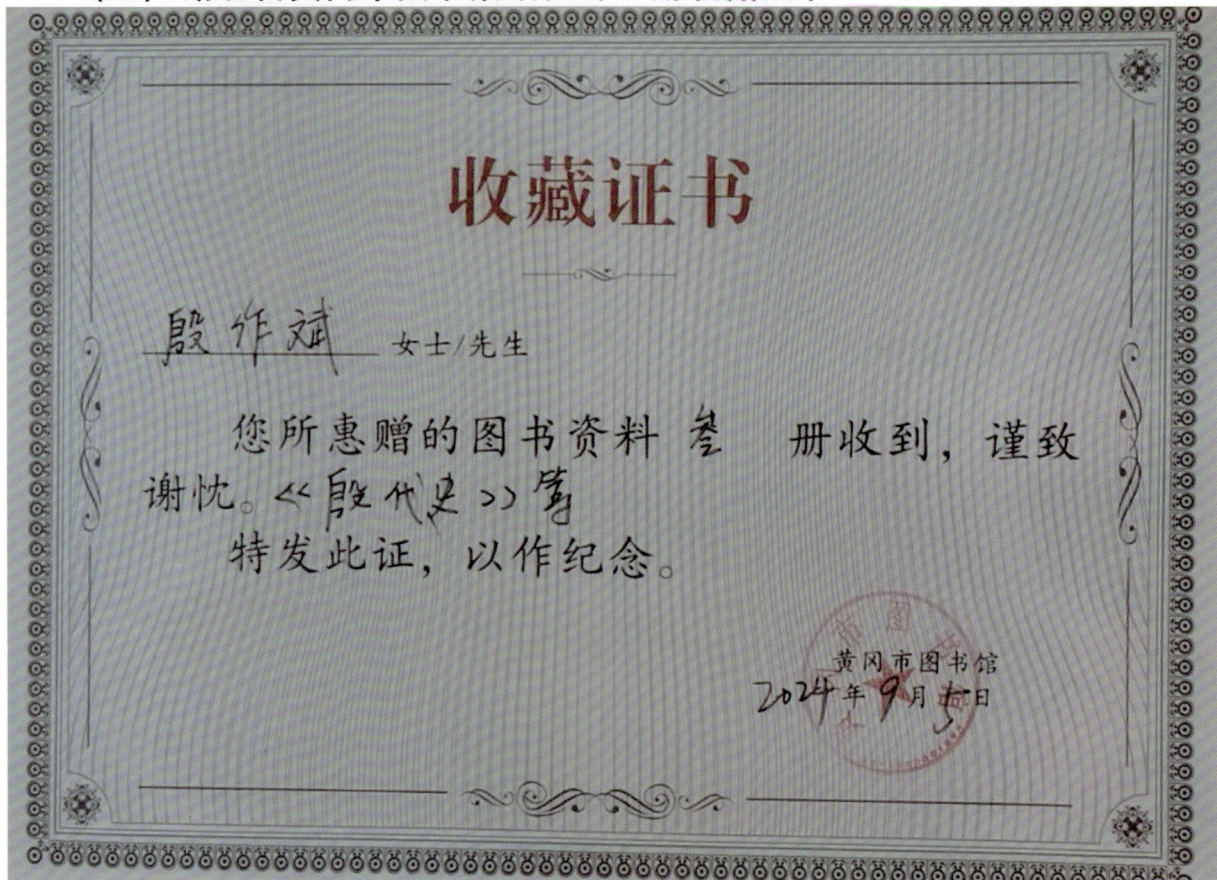

收藏证书

殷作斌 女士/先生

您所惠赠的图书资料叁 册收到，谨致谢忱。《殷代史》等

特发此证，以作纪念。

黄冈市图书馆
2024年9月 日

（55）广西来宾市图书馆颁发的收藏证书

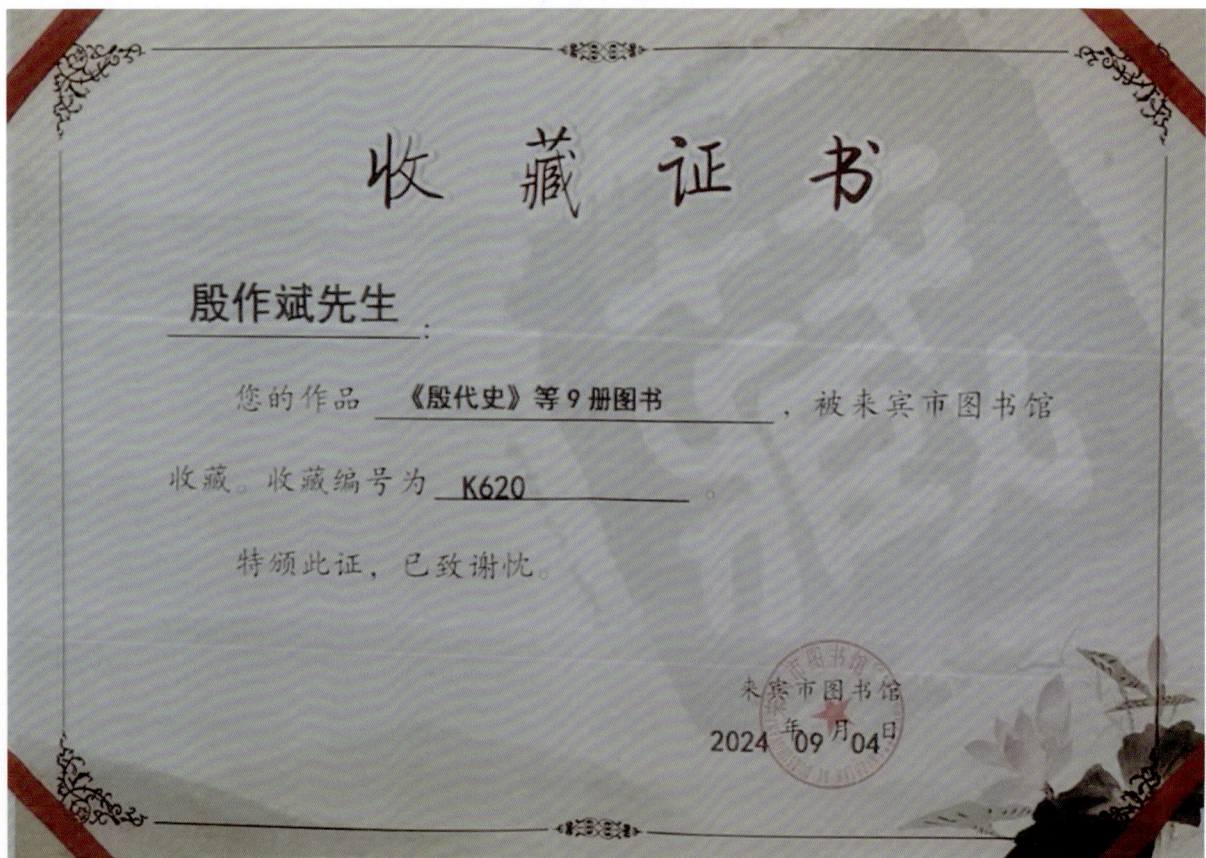

收 藏 证 书

殷作斌先生

您的作品 《殷代史》等9册图书 ，被来宾市图书馆

收藏。收藏编号为 K620 。

特颁此证，已致谢忱。

来宾市图书馆
2024年09月04日

（56）西北大学文化遗产学院颁发的 5 册捐赠（收藏）证书

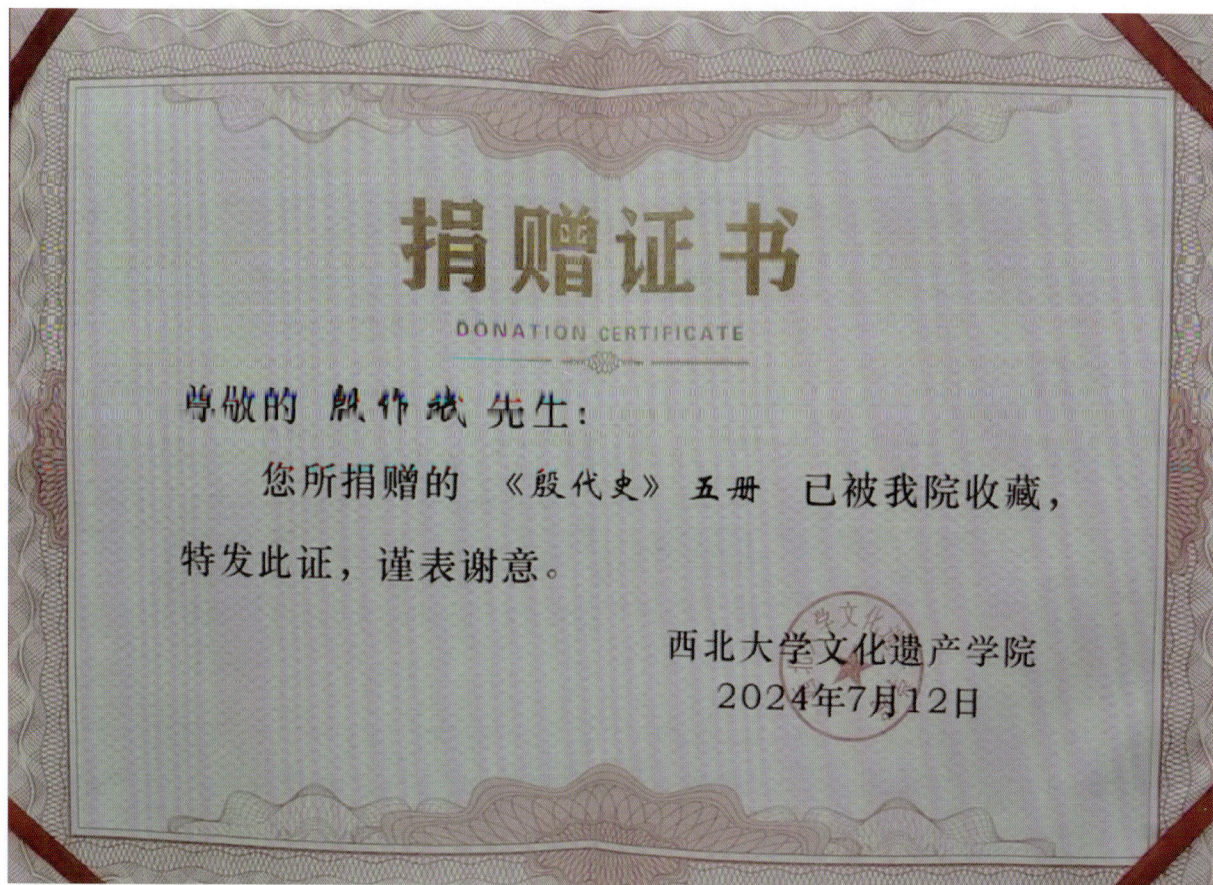

捐赠证书

DONATION CERTIFICATE

尊敬的 殷作斌 先生：

您所捐赠的 《殷代史》五册 已被我院收藏，特发此证，谨表谢意。

西北大学文化遗产学院

2024年7月12日

（57）陕西省宝鸡市考古研究所颁发的 3 册捐赠（收藏）证书

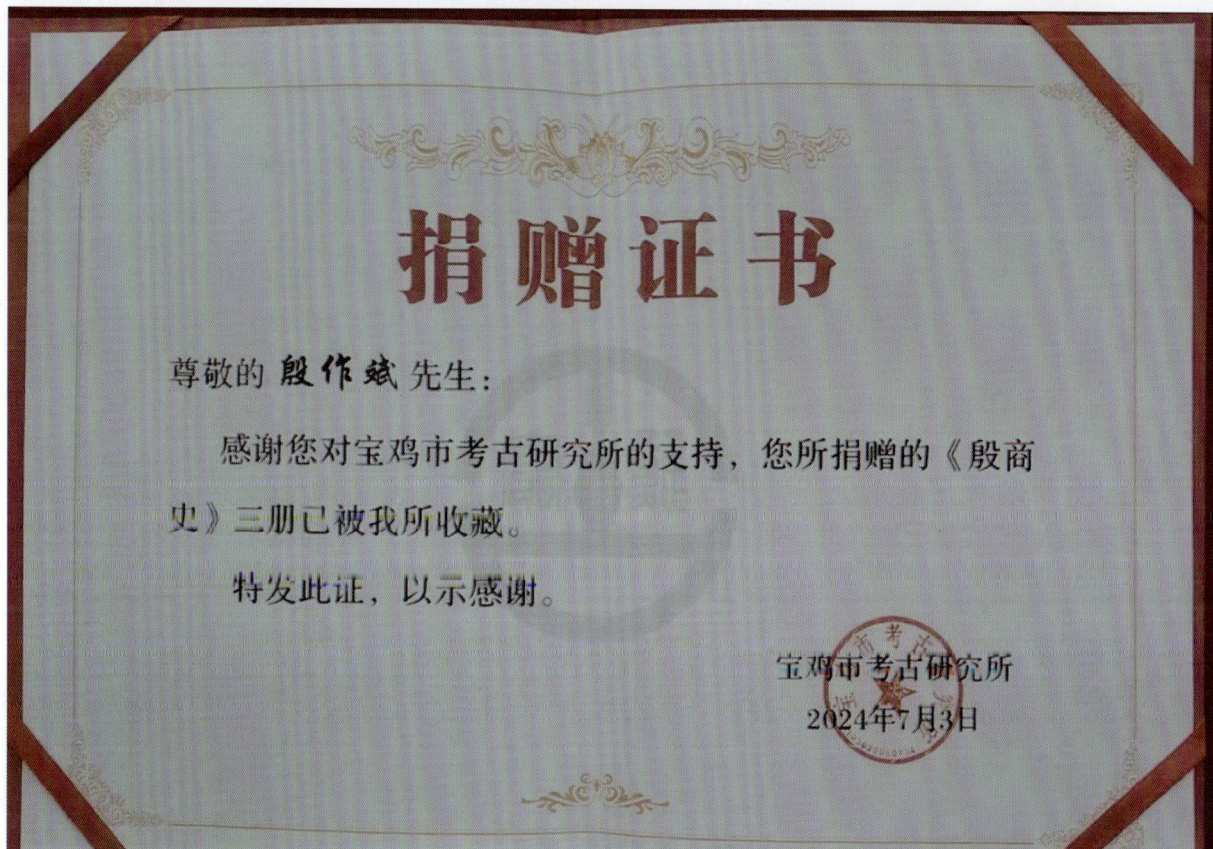

捐赠证书

尊敬的 殷作斌 先生：

感谢您对宝鸡市考古研究所的支持，您所捐赠的《殷商史》三册已被我所收藏。

特发此证，以示感谢。

宝鸡市考古研究所

2024年7月3日

（58）陕西师范大学历史文化学院颁发的 5 册捐赠（收藏）证书

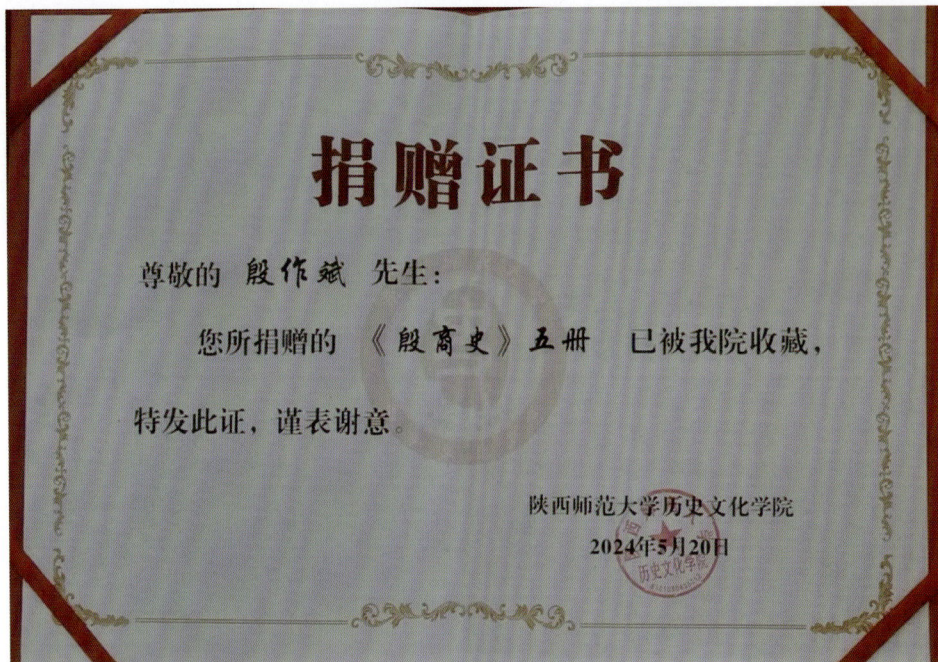

（59）陕西师范大学图书馆颁发的 2 册收藏证书

【二】为《殷代史》初版颁发捐赠证书或收藏证书的国内受赠单位名录

（本名录未列 2024 年 12 月 30 日以后收到捐书证书的受赠单位，也未列接受赠书但未颁发证书的受赠单位）

捐号与册数	受 赠 单 位	证书名称	发证日期	捐号与册数	受 赠 单 位	证书名称	发证日期
416 号 7 册	郑州图书馆	证书	2024-05-29	423 号 3 册	河南省图书馆	收藏证书	2024-04
506 号 6 册	清华大学图书馆	捐赠证书	2024-04-29	507 号 6 册	北京师范大学图书馆	捐赠证书	2024-05-14
511 号 6 册	国家 图书馆	捐赠证书	2024-05-10	514 号 6 册	南京大学图书馆	感谢状	2024-04-28
1673 号 3 册	西安国家版本馆	感谢函	2024-10-22	700 号 6 册	北京北航空航天大学图书馆	证书	2024-01-14
1656 号 3 册	广西钦州市图书馆	捐赠证书	2024-12	1258 号 3 册	广州市越秀区图书馆	赠书感谢状	2024-12-09

捐号与册数	受赠单位	证书名称	发证日期	捐号与册数	受赠单位	证书名称	发证日期
516 号 6 册	复旦大学图书馆	捐赠证书	2024-05	517 号 6 册	南开大学图书馆	赠书纪念	2024-04-25
520 号 3 册	天津大学图书馆	证书	2024-07-27	523 号 6 册	中山大学图书馆	赠书纪念	2024-05-10
524 号 6 册	上海大学图书馆	收藏证书	2024-05-28	524-1 号 2 册	内蒙古自治区档案馆	捐赠证书	2024-04-02
524-1 号 2 册	内蒙古自治区图书馆	收藏证书	2024-04-02	524-4 号 2 册	山西省档案馆	收藏证	2024-04-07
524-3 号 2 册	山西省图书馆	收藏证书	2024-04-01	529 号 6 册	济南市图书馆	收藏证书	2024-04-26
528 号 6 册	重庆图书馆	捐赠证书	2024-04-25	532 号 6 册	江西省图书馆	捐赠证书	2024-06-26
531 号 3 册	广西壮族自治区图书馆	收藏证书	2024-06-14	544 号 6 册	四川大学图书馆	捐赠证书	2024-06-05
533 号 6 册	陕西省图书馆	赠书证	2024-05-07	548 号 2 册	南京师范大学图书馆	收藏证书	2024-04-30
544-1 号 2 册	宁夏回族自治区图书馆	荣誉证书	2024-04-16	558 号 3 册	沈阳市图书馆	入藏证书	2024-05-16
550 号 6 册	华南师范大学图书馆	收藏证书	2024-05-29	566 号 5 册	湖南图书馆	捐赠证书	2024-05-17
561 号 3 册	浙江温州市图书馆	捐赠证书	2024-05-10	569 号 3 册	厦门市图书馆	捐赠证书	2024-05
567 号 3 册	成都图书馆	收藏证书	2024-05-06	575 号 6 册	云南大学图书馆	收藏证书	2024-05-14
572 号 3 册	云南师范大学图书馆	赠书证	2024-05-07	583 号 3 册	扬州大学图书馆	赠书纪念证	2024-04-30
581 号 3 册	苏州大学图书馆	收藏证书	2024-05-14	593 号 3 册	广西师范大学图书馆	捐赠证书	2024-05-23
585 号 3 册	华东师范大学图书馆	荣誉证	2024-05-20	603 号 6 册	海南省图书馆	捐赠证书	2024-06-24
602 号 6 册	广州图书馆	感谢状	2024-04-30	606 号 3 册	江苏省无锡市图书馆	捐赠证书	2024-04-30
605 号 3 册	江苏省常州市图书馆	收藏证书	2024-05-07	611 号 3 册	江苏省盐城市图书馆	收藏证书	2024-06
610 号 3 册	江苏省扬州市图书馆	捐赠证书	2024-04-30	636 号 6 册	上海师范大学图书馆	收藏证书	2024-05-09
612 号 3 册	江苏省淮安市图书馆	证书	2024-05	639 号 6 册	厦门大学图书馆	赠书纪念	2024-05-16
638 号 6 册	湖北省图书馆	收藏证书	2024-05-10	644 号 6 册	武汉图书馆	荣誉证书	2024-05-10
640 号 6 册	南京图书馆	荣誉证	2024-06-06	647 号 6 册	安徽省图书馆	捐赠证书	2024-05-07
646 号 8 册	河北省图书馆	入藏证书	2024-05-09	652 号 6 册	兰州大学图书馆	收藏证书	2024-05-16
648 号 6 册	河南大学图书馆	收藏证书	2024-05-09	665 号 3 册	天水师范学院图书馆	捐赠证书	2024-04-10
656 号 6 册	西北师范大学图书馆	收藏证	2024-05-03	673 号 2 册	江苏省盐城市档案馆	捐赠证书	2024-05-10
666 号 3 册	文轩职业学院图书馆	荣誉证书	2024-05-15	693 号 2 册	广东省东莞图书馆	捐赠证书	2024-05-17
682 号 2 册	江苏省宿迁市档案馆	捐赠证书	2024-06-10	706 号 6 册	中国农业大学图书馆	捐赠证书	2024-05
694 号 21 册	中国社会科学院大学图书馆	捐赠证书	2024-05-11	738 号 6 册	中国石油大学（北京）图书馆	荣誉证书	2024-05-23
723 号 3 册	陕西榆林学院图书馆	收藏证书	2024-05-17	757 号 6 册	江西省抚州市图书馆	荣誉证书	2024-05
750 号 6 册	空军军医大学教研中心	荣誉证书	2024-05-22	763 号 6 册	中国药科大学图书馆	捐赠证书	2024-06-11
758 号 6 册	抚州市东乡区图书馆	捐赠证书	2024-05-21	778 号 6 册	上海科技大学图书馆	感谢函	2024-05-22
771 号 6 册	上海中医药大学图书馆	捐赠证书	2024-05-17	787 号 60 册	云南省图书馆	收藏证书	2024-06-11
787-2 号 6 册	云南省文山市文山学院图书馆	收藏证书	2024-06-03	797-2 号 11 册	厦门城市职业学院图书馆	赠书证书	2024-05
787 号 3 册	四川省巴中市图书馆	收藏证书	2024-05-29	797 号 8 册	淮阴工学院图书馆	捐赠证书	2024-04-10
806 号 6 册	东莞理工学院图书馆	捐赠证书	2024-06-11	821 号 6 册	广西大学图书馆	荣誉证书	2024-06-05
823 号 6 册	上海理工大学图书馆	捐赠证书	2024-05-24	835 号 6 册	山东科技大学图书馆	收藏证书	2024-05-29
800 号 6 册	北京物资学院图书与信息中心（档案馆）	荣誉证书	2024-06-11	946 号 6 册	上海应用技术大学人文学院图书馆	荣誉证书	2024-07-01
843 号 6 册	河南农业大学图书馆	捐赠证书	2024-05	879 号 2 册	镇江市黄墟殷氏宗祠	收藏证书	2024-05-24
933 号 2 册	河北科技大学图书馆	荣誉证书	2024-06-18	950 号 6 册	湖南工业大学图书馆	收藏证书	2024-06-11
952 号 6 册	贵州师范学院图书馆	捐赠证书	2024-06	955 号 6 册	吉林师范大学图书馆	收藏证书	2024-06-30
1083 号 3 册	韩山师范学院图书馆（广东省潮州市）	荣誉证书	2024-06-20	968 号 6 册	黑龙江八一农垦大学图书馆	捐赠证书	2024-06-05
1019 号 6 册	广东五邑大学图书馆	捐赠证书	2024-06-12	1027 号 6 册	西南林业大学图书馆	收书回执	2024-06-14
1047 号 3 册	湖南文理学院图书馆	收藏证书	2024-06-05	1075 号 3 册	福建龙岩学院图书馆	捐赠证书	2024-06-13
1118 号 3 册	山东管理学院图书馆	捐赠证书	2024-06	1123 号 3 册	渭南师范学院图书馆	赠书纪念	2024-07-08
1136 号 3 册	山东女子学院图书馆	捐赠证书	2024-06-12	1137 号 3 册	广东嘉应学院图书馆	捐赠证书	2024-06-13
1151 号 3 册	江西萍乡学院图书馆	捐赠证书	2024-06-18	1156 号 3 册	苏州城市学院图书馆	捐赠证书	2024-06-14
1179 号 3 册	贵州安顺市图书馆	收藏证书	2024-07-24	1192 号 3 册	广西梧州学院图书馆	荣誉证书	2024-06-25
1180 号 3 册	河北建筑工程学院图书馆（兰文种代赠）	荣誉证书	2024-06-12	1233-1 号 1 册	张家口学院图书馆（兰文种代赠）	收藏证书	2024-06-14

捐号与册数	受赠单位	证书名称	发证日期	捐号与册数	受赠单位	证书名称	发证日期
1267 号 3 册	贵州省图书馆	收藏证书	2024-07-11	1307 号 3 册	安徽宿州市图书馆	捐赠证书	2024-07-06
1311 号 3 册	安徽宣城市图书馆	荣誉证书	2024-06-25	1308 号 3 册	安徽亳州市图书馆	荣誉证书	2024-06
1316 号 3 册	河北张家口市图书馆	收藏证书	2024-04-26	1313 号 3 册	安徽淮北市图书馆	捐赠证书	2024-07-25
1318 号 2 册	宁夏回族自治区档案馆	荣誉证书	2024-04-22	1317 号 3 册	河北张家口市档案馆	收藏证书	2024-06-07
1321 号 3 册	山东枣庄市图书馆	收藏证书	2024-07-04	1319 号 3 册	山东青岛市图书馆	收藏证书	2024-06-14
1324 号 3 册	山东潍坊市图书馆	收藏证书	2024-06-25	1323 号 3 册	山东烟台市图书馆	收藏证书	2024-06-28
1330 号 3 册	山东德州市图书馆	收藏证书	2024-07	1327 号 3 册	山东威海市图书馆	收藏证书	2024-07
1339 号 3 册	浙江湖州市图书馆	收藏证	2024-06	1335 号 3 册	浙江宁波图书馆	收藏证书	2024-06-24
1342 号 3 册	浙江丽水市图书馆	捐赠证书	2024-06-25	1341 号 3 册	浙江舟山市图书馆	收藏证书	2024-06-28
1344 号 3 册	河北石家庄市图书馆	入藏证书	2024-06-22	1343 号 3 册	浙江台州市图书馆	荣誉证书	2024-06-21
1345 号 3 册	河北唐山市图书馆	荣誉证书	2024-06-26	1348 号 3 册	河北邢台市图书馆	收藏证书	2024-06-25
1356 号 3 册	河南安阳市图书馆	收藏证书	2024-06-	1385 号 3 册	江西宜春市图书馆	收藏证书	2024-06
1388 号 3 册	江西九江市图书馆	收藏证书	2024-07-12	1391 号 3 册	江西新余市图书馆	捐赠证书	2024-06-27
1393 号 3 册	湖北黄石市图书馆	捐赠证书	2024-06-25	1398 号 3 册	湖北孝感市图书馆	捐赠证书	2024-06
1399 号 3 册	湖北荆门市图书馆	收藏证书	2024-06-29	1401 号 3 册	湖北随州市图书馆	捐赠证书	2024-06-25
1405 号 3 册	湖南长沙市图书馆	荣誉证书	2024-06-28	1415 号 3 册	湖南娄底市图书馆	捐赠证书	2024-06-26
1418 号 3 册	湖南湘西州图书馆	捐赠证书	2024-07-25	1422 号 3 册	广东肇庆市图书馆	感谢状	2024-06-28
1426 号 3 册	梅州市剑英图书馆	捐赠证书	2024-07-16	1429 号 3 册	广东汕头市图书馆	捐赠证书	2024-07-03
1436 号 3 册	广东揭阳市图书馆	捐赠证书	2024-07-02	1443 号 3 册	山西晋城市图书馆	收藏证书	2024-06-26
1444 号 3 册	山西吕梁市图书馆	收藏证书	2024-06-26	1447 号 3 册	山西晋中市图书馆	感谢状	2024-07-01
1455 号 3 册	四川南充市图书馆	荣誉证书	2024-07-01	1456 号 3 册	四川广元市图书馆	收藏证书	2024-07-02
1457 号 3 册	四川宜宾市图书馆	捐赠证书	2024-06-27	1463 号 3 册	四川内江市图书馆	捐赠证书	2024-07-08
1469 号 3 册	四川凉山彝族自治州彝文·公共图书馆	荣誉证书	2024-07-04	1618 号 3 册	深圳市光明区公共文化艺术和体育中心	捐赠证书	2024-07-16
1477 号 3 册	陕西商洛市图书馆	证书	2024-07-11	1478 号 3 册	陕西延安市图书馆	收藏证书	2024-06-19
1481 号 3 册	陕西安康市图书馆	收藏证书	2024-06-28	1482 号 3 册	北京市东城区图书馆	捐赠证书	2024-06-28
1518 号 3 册	南京浦口区图书馆	捐赠证书	2024-07-04	1519 号 3 册	南京雨花台区图书馆	证书	2024-07-09
1615 号 3 册	深圳市龙岗区图书馆	捐赠证书	2024-07-25	1620 号 3 册	海南省海口图书馆	荣誉证书	2024-07-10
1624 号 3 册	云南省昆明市图书馆	荣誉证书	2014-07-09	1628 号 3 册	辽宁省大连图书馆	收藏证	2024-07-16
1639 号 3 册	辽宁省朝阳市图书馆	收藏证书	2024-07-18	1667 号 3 册	贵州省遵义市图书馆	收藏证书	2024-07-11
822 号 3 册	广东工业大学图书馆	捐赠证书	2024-06-03	1742 号 3 册	西安市档案馆	收藏证	2024-08-06
1745 号 3 册	河北北方学院图书馆	赠书留念	2024-06-19	1688 号 3 册	安徽省档案馆	荣誉证书	2024-07-29
1626 号 3 册	青海省图书馆	捐赠证书	2024-07-19	1638 号 3 册	辽宁省铁岭市图书馆	收藏证书	2024-07-09
1441 号 3 册	山西省太原市图书馆	收藏证书	2024-08-10	1371 号 3 册	福建省泉州市图书馆	收藏证书	2024-08-09
1416 号 3 册	湖南省怀化市图书馆	收藏证书	2024-08-20	1460 号 3 册	四川省遂宁市图书馆	捐赠证书	2024-08-21
1480 号 3 册	陕西省榆林市图书馆	收藏证书	2024-07-26	1536 号 3 册	广州市黄埔区图书馆	捐赠证书	2024-08
1529 号 3 册	广东省立中山图书馆	赠书感谢状	2024-07-20	659 号 6 册	东北师范大学图书馆	受赠证书	2024-05-15
1419 号 3 册	广东省佛山市图书馆	捐赠证书	2024-07-15	542 号 6 册	福州大学图书馆	收藏证书	2024-06-14
1659 号 3 册	广西百色市图书馆	捐赠证书	2024-09-03	1623 号 3 册	贵州省贵阳市图书馆	收藏证书	2024-07-08
1662 号 9 册	广西来宾市图书馆	收藏证书	2024-09-04	1383 号 3 册	江西省南昌市图书馆	荣誉证书	2024-09
1402 号 3 册	湖北省黄冈市图书馆	收藏证书	2024-09-05	1464 号 3 册	四川省资阳市图书馆	收藏证书	2024-09-18
1410 号 3 册	湖北省岳阳市图书馆	捐赠证书	2024-07-05	716 号 6 册	中国海洋大学图书馆	捐赠证书	2024-09-30
549 号 3 册	河南师范大学图书馆	捐赠证书	2024-10-10	990 号 6 册	常熟理工学院图书馆	证书	2024-09-26
683 号 2 册	江苏省徐州市档案馆	收藏证书	2024-05-10	655 号 6 册	中南大学图书馆	收藏证书	2024-10-15
1355 号 3 册	河南平顶山市图书馆	收藏证书	2024-10-24	637 号 6 册	山西大学图书馆	捐赠证书	2024-09-20
660 号 6 册	上海交通大学图书馆	捐赠证书	2024-10-21	1906 号 2 册	河南省漯河市档案馆	荣誉证书	2024-11-04
1908 号 5 册	西北文化遗产学院	捐赠收藏	2024-07-12	1909 号 5 册	宝鸡市考古研究所	捐赠收藏	2024-07-03
1910 号 5 册	陕西师大历史文化学院	捐赠收藏	2024-05-20	1911 号 2 册	陕西师范大学图书馆	收藏证书	2024-05-20
1337 号 3 册	浙江省嘉兴市图书馆	捐赠证书	2024-11-08	1080 号 3 册	江西九江学院图书馆	捐赠证书	2024-11-08
1453 号 3 册	四川省绵阳市图书馆	捐赠证书	2024-11-25	744 号 6 册	中国矿业大学图书馆	捐赠证书	2024-11-25
1670 号 3 册	贵州六盘水市图书馆	荣誉证书	2024-12-02	1632 号 3 册	辽宁省丹东市图书馆	捐赠证书	2024-07-23
1362 号 3 册	河南省漯河市图书馆	荣誉证书	2024-11-28	1354 号 3 册	河南省开封市图书馆	荣誉证书	2024-12

代　序

李伯谦：《殷代史六辨·序》

【说明】本《代序》是当代著名考古学家、"九五"国家科技攻关重大项目"夏商周断代工程"首席科学家（专家组副组长）、"十五"国家科技攻关重大项目"中华文明探源工程预研究"主持人之一、北京大学李伯谦教授于 2014 年为笔者专著《殷代史六辨》（中国文史出版社，2015 年 3 月第 1 版）撰写的《序》。李伯谦先生在该《序》中热切期待笔者完成《殷氏志》的编修，他在该《序》中语重心长地嘱咐笔者："作斌先生和他的团队为修好《殷氏志》做了很多很好的研究工作，我相信他们也会拿出一部令人耳目一新、令人信服的具有教育意义的志书来。"经过多年的努力，遵照李伯谦先生的嘱托，笔者终于在 2022 年完成了将《殷代史六辨》展开扩写成《子姓殷氏志》即《殷商族志》的编修工作。考虑到原定书名《子姓殷氏志》或《殷商族志》毕竟是殷商族的内部名称，故遵照部分专家的建议，将原先撰写的殷商族内志书《子姓殷氏志》（别称《殷商族志》）书稿进行增减改编、重新整合成通俗易懂、面向大众的殷商王朝断代史书——《殷代史》初版，并于 2023 年 7 月和 11 月分别在美国加州（ART AND DESIGN PRESS INC.）和中国北京（线装书局）公开出版。笔者认为，这样做更能体现德高望重的李伯谦先生对笔者的嘱托，也算是给他老人家一个惊喜吧，故在 2023 年笔者曾以李伯谦先生的《殷代史六辨·序》作为《殷代史》初版的《代序》。考虑到该《序》的权威性，现仍以该《序》作为《殷代史》再版的《代序》。

殷作斌　　2024 年 8 月 5 日

我于 2013 年 9 月断断续续用了半个月时间读完了殷作斌先生撰写的《殷代史六辨》一书的初稿。当时根据其初稿写了几点意见，近一年多来，作者又根据我和其他学者的意见，对初稿进行了修改。前些日子，殷作斌先生将修订好的书稿寄给了我，并希望我为之作序。这几天，我对作斌先生寄来的修改稿，又仔细地看了看，觉得作者在修改时是下了大功夫的，有不少地方改得较好，与一年前的初稿相比，对一些敏感问题的论述更加严密且能自圆其说了。我也将一年前写的几点意见，略加修改，权以为序，且作为对他多年努力并取得成功的祝贺吧！

首先令我感动的是该书作者的执着和他们的团队在成书过程中付出的艰辛。殷先生是清华大学毕业的理工科高才生，毕业后在国防科研部门某研究所工作，后受组织照顾调回家乡淮安在高校任教，直到 2001 年退休。由于参与编修《殷氏志》的机缘对殷商史产生了浓厚兴趣而一发不可收拾，他和他的几位朋友为了搞清楚殷商史上的一些疑难问题，对新出版的代表当今最高研究水平的由、社会科学院学部委员宋镇豪主编的 11 卷《商代史》逐字逐句进行研读，查阅了《甲骨文合集》、于省吾著《甲骨文字释林》、胡厚宣与胡振宇著《殷商史》等有关著作，归纳出六个方面的问题，反复琢磨讨论，提出了自己的看法。为了证实这些观点的正确性，还到许多地方去参观考察。当下，在学术界浮躁之风日盛一日的情况下，殷作斌先生和他的团队竟然还能如此认真、如此执着地去考证几千年前历史上的问题，真是难能可贵。而且，他们并非专业研究人员，而是一批业余爱好者，这一点更值得尊敬，更值得学习。

因为我自己重点研究商周考古，所以特别关注他们将出版的《殷代史六辨》。他们提出来的这六辨分别是"高祖'河'之原型人辨""殷人屡迁'前八后五'辨""成汤国号辨""帝辛（纣）之功过辨""微子评价辨""帝辛政治中心朝歌辨"。每一辨虽只突出一个主题，但实际上每一辨又分为若干节，其中涉及的学术问题也不少。我的实际感受是：阅读书稿的过程，也是学习的过程，重温殷商史研究和殷商考古的过程，我在阅读中曾不时向作斌先生请教，因此也是互相切磋、互相讨论有关问题的过程。

第一辨"高祖'河'之原型人辨"中，作者在对各种解说梳理之后，认为甲骨文中的"河"是商王祭祀的自然神或上甲借河伯之师以伐有易的"河伯"等说法，都不能成立，而只有郭沫若等主张的"河"为商王先祖之一、常玉芝根据商王祭祀规律考证的"河"为王亥之父，即《史记·殷本纪》第六位先公冥的说法是正确的。为什么在商王祀典中称冥为"高祖河"，作斌先生做了大量论证，认为与今本《竹书纪年》载夏帝少康"十一年，使商侯冥治河"、夏帝杼"十三年，商侯冥死于河"有关。这种分析，有理有据，我认为是有说服力的。至于认可"高祖河"即冥的论断，是否殷商史中诸如"殷""商"之别、殷地何在、何人始称"殷侯"、成汤国号是否为"殷"等"千古难题"即可"迎刃而解"？由于牵涉问题太多，又复杂纷繁，似不可一概而论，有的可能尚须继续深入研究。但无论如何，**他关于冥因治水而死，被夏帝杼赐地于殷并追封殷侯是称商、称殷的一个界限，以前称商、之后称殷的说法，确是一个能够自圆其说、颇具新意的解释。在目前有关为什么会有殷、商之别的诸种说法中，这恐怕是最有说服力的说法之一。**河南固始侯古堆一号春秋墓出土的铜器铭文"有殷天乙唐（湯）孙宋公欒乍（作）其妹勾敔夫人季子媵 匠（簠）"和湖北随州文峰塔 M1 号春秋墓出土的 A 组 M1：1 编钟铭文"達殷之命，撫定天下，王遣命南公……"证明司马迁《史记》称《殷本纪》而不称《商本纪》是有依据的，因为至少在周代，特别是周代商族子姓宋公室的殷商后裔，是称殷不称商的。然而，许多研究者都注意到，甲骨文中称商而不称殷，如"商""天邑商"等。甲骨文虽有"殷"字但其义则与族称或国名无涉；文献中有的地方称殷而有的地方称商，如《诗经·商颂·玄鸟》"天命玄鸟，降而生商，宅殷土芒芒"等。为进一步弥合称商、称殷的矛盾，作斌先生进而提出"族内行王权称商称王，全国行天子权称殷称帝"的观点，并在第三辨中专用第六节一整节的篇幅，论证此乃"成汤立族规：'殷商并用，族号称商，国号称殷'"。他说，"从冥封于殷以后，商族的国号早就叫殷"，而（据《世本》）子姓商族有"殷、时、来、宋、空同、黎、北髦（比髦）、目夷、萧"九大氏族，每个氏族内又有分族，面对族内氏族林立、族外方国各霸一方的局面，成汤如何实现对国家和族众的有效管理，丁是便形成了上述决策性的"族规"。这一分析，应该说有一定道理。

第二辨"殷人屡迁'前八后五'辨"，是专辨商之起源、先公八迁和汤都亳地望的。在第二辨中，作者有一个明确的观点，即商之起源地和先公八迁之地均在黄河左近。虽然学界对商之起源地和先公八迁的具体地点看法不全相同，但无论是文献的梳理还是考古学上的发现，都指向了这一大的区域，表明这一判断是正确的。但也许是研究商周考古的原因，我在一年前阅读作者的初稿时，提出下述意见："作者对这些问题的论证全是从文献到文献，而忽视了考古学上的新发现。以汤亳地望为例，郑州商城、偃师商城的发现是商代历史和考古学上的划时代事件，不论对其性质的认识有多么不同，都不能回避它。就我个人而言邹衡先生关于郑州商城乃汤都亳的论证，有理有据，是完全可以成立的。根据我们做研究的经验，**文献材料可以提供线索，考古材料才能作为根据**，这正是王国维、郭沫若、傅斯年、饶宗颐等史学大家之所以重视地下出土材料的原因。通过研究，弄清楚郑州商城的性质，以郑州商城为定点，再结合其他考古发现和文献考证，就可能得出全新的与单纯文献研究不同的结论。作斌先生及其团队对文献史料和基于文献史料的研究论著已多有涉猎且有独到见解，如果进一步扩大视野，多注意考古学上的发现和研究成果，将文献材料和考古材料结合起来开展研究，定会有新的进展和新的成果。"这次作者寄来的修订稿中，针对我的上述意见，增加了对殷墟、郑州商城、偃师商城等考古材料的引用和讨论，我认为作者在这方面是用了心的，他的某些见解是有一定的启迪作用的。

第三辨"成汤国号辨"，是第一辨的逻辑发展，其中心仍然是讨论"殷""商"的含义和什么时间、什么场合称"殷"，什么时间、什么场合称"商"。第一辨可以看作是"殷""商"之别问题的提出，第三辨则是对这一核心问题进行全面而系统的讨论和论证，只有看了第三辨，人们才会发现作斌先生及其团队在这一问题上论证之深刻、逻辑之严密。你如果不认同他们的论断，你就必须针对第一辨和第三辨各节所涉问题一一做出论辨，看能否将之一一驳倒，并拿出自己的令人信服的立论。

第四辨"帝辛（纣）之功过辨"和第五辨"微子评价辨"，讨论的是如何以历史唯物主义的态度评价历史人物的问题。我认为，帝辛也好、微子也好，他们都是历史人物，都必须放在当时的社会环境下，从其当时的地位、行事及其对历史、人民的功过的角度进行分析，抱着实事求是的态度、运用一分为二的方法进行分析。我同意该书所持的观点，帝辛作为一代帝王，正如郭沫若等史学家所言，他对开拓东南、促进民族文化融合确有功劳，但文献所记的他骄奢淫逸、杀戮无辜也应该是事实，帝辛不是英雄，但亦不是一无是处的"暴君"。微子被孔子尊为"殷末三仁"之一，从其反对帝辛暴虐、担心灭国之后生灵涂炭来看确有爱民之心，有一定合理之处，但其丧失民族气节投降周军的行为，至多是可以理解，但并不值得提倡。

　　第六辨"帝辛政治中心朝歌辨"，讨论的是古朝歌是否曾为帝辛都城的问题。诚如作斌先生所言，文献确有朝歌为帝辛都城之记载，作斌先生更从七个方面论证其为真。至于作斌先生也曾提到的古本《竹书纪年》的记载："自盘庚徙殷，至纣之灭，七（二）百七十三年，更不徙都。纣时稍大其邑，南距朝歌，北据邯郸及沙丘，皆为离宫别馆。"不管这些记载是竹书原文还是后人的注文，是否真的那么不可信，在没有考古证据的情况下，似乎很难得出一个决断性的结论。"九五"国家重大科技攻关项目"夏商周断代工程"进行期间，我们专门有一个子课题去做古朝歌的调查，但仍没有发现有价值的线索。

　　对于古朝歌是否为帝辛都城的问题，我认为必须联系安阳小屯的发现一并考虑。自 1928 年至今，安阳小屯已断断续续被发掘、研究了 80 多年，宫殿基址、商王陵墓和大批甲骨刻辞、青铜重器、玉器及铸铜、制玉手工业作坊址的发现，已完全可以证明此即古本《竹书纪年》"自盘庚迁殷，至纣之灭，二百七十三年更不徙都"之殷墟。这一事实的确定，也就否定了古朝歌是又一殷墟的可能，随着今后考古工作的开展，如果在作斌先生推定的"淇、浚、滑"三县交界一带确有晚商重要遗存发现，我想它是帝辛的"离宫别馆"的可能性很大，而不大可能是又一殷墟的遗迹。当然，这是尚须继续研究的问题，我说出我的看法，只是想借此机会与作斌先生交换意见而已。

　　真理愈辩愈明，《殷代史六辨》已经取得了丰硕成果，在今后的研究中，建议进一步敞开胸怀，向别人请教，与不同意见的人切磋，通过讨论，取人之长补己之短，丰富、完善自己的论点，不断向真理前进、前进再前进。

　　作斌先生的《殷代史六辨》是由修《殷氏志》引发而来的，"六辨"取得的成果理应体现在《殷氏志》的编修中。中国作为史学大国历来有修志的传统，当前似又有形成高潮之势，但如何修志，修成什么样的志，是需要讨论和研究的。**我认为实事求是是第一重要原则**，无根据的杜撰、附会、美化不能要，好人好事要歌颂，不好的人和事也不应刻意去回避。作斌先生和他的团队为修好《殷氏志》做了很多很好的研究工作，我相信他们也会拿出一部令人耳目一新、令人信服的具有教育意义的志书来。

2013 年 9 月初稿，2014 年 12 月修改定稿

于北京回龙观寓所

再版自序

自从本书初版于 2023 年 7 月、2023 年 11 月在美国加州（ART AND DESIGN PRESS INC.）和中国北京（线装书局）分别出版以后，为了更好地向世界史学界和中国社会大众征求意见，笔者又向美国、日本、欧洲等国家和地区的国际史学界友人和中国各著名高等学校图书馆、中国各省市地市级以上的藏书单位（图书馆、博物馆、档案馆）捐赠了 9000 册（其中含美国中文初版 3000 册、中国中文初版 6000 册）。虽然笔者并未要求各地区各受赠单位收到赠书后一定要对本书的初版提出具体意见或颁发收藏证书、捐赠证书，但国内还是有许多学者和藏书单位发来对拙著《殷代史》初版的中肯评价意见或再版时的改进意见或给笔者颁发收藏证书、捐赠证书。如陕西省榆林学院赵迪奉教授评价说：**"我认为这是我目前所看到的资料最全面、考据最严密、观点最新颖的著作。"**四川大学彭华教授除了对拙著《殷代史》作较高评价外，还将他的名著《燕国八百年》回赠给笔者。九十多岁的郑州大学著名历史学家李民教授除了对拙著《殷代史》作较高评价和提出中肯的再版修订意见外，还将他和门生王健合著的名著《尚书译注》及其众多门生为他祝寿的《恩师李民教授九十寿诞纪念册》回赠给笔者。当代考古学界泰斗、因年高在郑州老家休养的北京大学李伯谦教授不仅接受了笔者的《殷代史》初版赠书，还高兴地与笔者合影留念【读者若想查阅李伯谦教授与笔者合影的照片，请参见本书"前74"页（"实录-4"页）的图片】。特别令笔者感动的是，南京浦口区图书馆的领导在收到笔者的三本《殷代史》初版赠书后，还专门发来了《感谢信》。他们在《感谢信》中写道：

"您的此举不仅极大地丰富了我馆的馆藏资源，更为广大读者提供了珍贵的研究和学习资料……《殷代史》作为您倾注心血之作，其深厚的学术价值和重大的历史意义不言而喻。将其纳入我馆馆藏，无疑将为我馆增添一份厚重的文化底蕴，并将成为吸引读者、促进学术交流的重要资源。我们坚信，此书将为我区的文化事业和学术研究注入新的活力，带来深刻的启示……我们郑重承诺，将妥善珍藏并利用好此书，让其发挥最大的社会效益，为更多的读者和研究人员提供优质的服务。"

南京浦口区图书馆领导的这封《感谢信》和 9000 本《殷代史》初版书捐赠到社会各界后产生的巨大反响，促使笔者下定了在《殷代史》初版的基础上搞一个再版（也是定版）的决心。

《殷代史》再版怎么搞？它与初版有何不同？为此，我苦思了两个多月。因为从 9000 本初版书发到社会后产生的巨大反响来看，大家几乎一致认为，**这个再版应是既用无可辩驳的史料真实地记载周人为巩固以周代殷新生政权的政治需要过于贬殷的史实，又剔除殷氏先人在《殷氏家传》中为报复周人翦殷而加在周人头上的诸多不实之词的版本，应是既符合甲骨文记载又克服甲骨文仅是殷商王**

室祭祀产物的局限性的版本。也就是说，这个再版应是符合港台史学权威李定一教授关于著史必须"求真、客观、公正"六字要求的版本。李定一教授在世的时候，就《殷氏家传》中记载有殷氏先人过于贬周的内容，我曾托香港友人向其汇报过。李定一教授说道：

　　写历史书贵在"求真、客观、公正"六个字，千万不能出于政治需要而意气行事，有意无意地添加进纯是主观臆测的内容，更不能"偏狗而私生好恶"，搞"我否定你、你否定我"那一套。周人出于巩固以周代殷新生政权的政治需要全盘否定殷人的历史功绩、整合甚至删改西周以前的中华上古史固然不对，但殷人反过来否定周人的历史功绩也不对，周人对中华民族也是有历史贡献的，起码，历史上以周代殷不是历史的倒退。我们大家应多向董作宾前辈学习。董作宾前辈在论述如何应用"甲骨文史料"重建"殷代文化史"时，总是强调贵在"求真、客观、公正"这六个字的。

　　回顾 9000 本《殷代史》初版（含美国版 3000 册、中国版 6000 册）赠捐到社会后产生的巨大反响，我觉得为了子孙后代，为了共创中华民族伟大复兴、共建中华民族现代文明，也必须克服《殷代史》初版的一些缺陷，搞一个符合甲骨文大师董作宾和港台史学权威李定一教授提出的著史"贵在'**求真、客观、公正**'六字要求"的"定本"，因此，《殷代史》再版提上议事日程。特别是在接到南京浦口区图书馆领导今年 7 月 4 日的来信后，我更是下定了搞一个《殷代史》再版也是定版的决心。

　　编纂《殷代史》再版书稿时必须注意下列八点：

【1】维持初版的基本观点不变。

【2】谨慎处理初版中不能自圆其说之处。

【3】肯定以周代殷是符合历史大势的。

【4】以无可辩驳的史料，对周人因政治需要搞的黄帝谱系的不实之处作更加深入的讨论。

【5】更正初版中的所有错字、错符。

【6】将初版以实物为据证明 3000 多年前殷商文明为真实存在的汉语彩页图解修改为中英文对照的双语彩页图解，以满足母语为英语地区的读者了解中华文明之源、最初之流的需要，也借此弥补因年高多病、视力不济等原因导致原计划搞《殷代史》双语对照版不得不停止的不足。

【7】在初版《卷一》之前增加"导读"的《卷首》，起《殷代史》新颖学术观点简介的作用，以满足日理万机的党政军高级干部等读者无时间统读全书的特殊群体的需要，使他们不读全书，只读《卷一》之前增加的"导读"内容，就能起到统读全书、了解《殷代史》新颖学术观点的作用。

【8】在语言文字上做到进一步通俗化、大众化，以满足初中以下文化水平和少数民族地区汉语水平较低的特殊群体的需要。

也就是说，《殷代史》再版的书稿将由以下五个部分组成：

【1】正文前后的导读部分。"导读部分"是《殷代史》第二版不同于初版的主要标志，也是《殷代史》第二版的主要特色之一。它能确保日理万机的党政军高级干部等特殊群体的读者，不统读全书只读正文前后的"导读部分"，就能大体上了解本书的诸多新颖学术观点。第二版书稿的**导读部分**由初版本来就有的"**作者简介**""**内容简介**""**书序**""**总目录**"和第二版新增加的四个部分组成。第二版新增加的四个部分为：①"**中英文对照的彩页双语图解**"；②"**本书初版产生的巨大社会反响实录**"（含国内部分藏书单位颁发的收藏证书或捐赠证书中有代表性的 59 幅彩色照片）；③简要介绍本书新颖学术观点且独立成卷的《**卷首**》；④书末的《**再版后记**》。

【2】正文部分。再版书稿的正文部分维持初版《卷一》至《卷六》的卷名不变。

【3】集中编排的注文部分。

【4】附录部分。再版书稿共设三个"附录"：《附录一：殷商后裔姓氏录》《附录二：黄帝纪元的考证》和《附录三：本书初版出版经费赞助名录》。

【5】《再版后记》及其两个"附件"。《再版后记》的两个"附件"为：

① 《〈殷代史〉第二版出版经费赞助名录》；

② 《关于中华殷商各姓氏各支派族谱选用笔者编撰的通用谱序的倡议》（以下简作《**倡议**》）。

特别值得说明的是：本书《**再版后记·倡议**》所附的《**中华殷商各姓氏各支派族谱通用谱序**》是老朽特别邀请的殷、宋、孔、林、汤、商、（王姓中的）比干王姓宗支、（李姓中的）箕子李姓宗支等殷商后裔热心读者共 30 人集体智慧的结晶。为了使《殷代史》第二版在传承过程中经得住后世历史的考验，在中华殷商各姓氏代表于今年三月云集祖地河南省朝歌和安阳殷墟举行第四次大型祭祖活动以后，老朽特邀殷商后裔中各姓氏各支派的热心读者 30 人组成审议组对《殷代史》第二版书稿进行集体审议。正巧，这时因为《殷代史》初版 9000 本在海内外的成功发行，海内外的中华殷商各姓氏各支派的兴修或续修族谱热潮四起，殷商后裔各姓氏各支派的族谱主修人纷纷来电来信，或要求老朽为之撰写《**谱序**》，或要求老朽在《殷代史》成功出版的基础上，一鼓作气、再接再厉搞出一部能指导中华殷商各姓氏各支派编修族谱的《**中华殷商总谱**》。因为老朽已经八十有五，行将入土，不可能应全球中华殷商各姓氏各支派的修谱要求，逐一为之撰写《**谱序**》，也不可能编纂出《**中华殷商总谱**》。于是，老朽便将族人的这一要求提交上述由 30 位热心读者兼殷商后裔宗亲组成的审议组讨论，便据大家的意见起草形成了《**再版后记·倡议**》所附的《**中华殷商各姓氏各支派族谱通用谱序**》，供源于子姓的殷商后裔二百多个姓氏编修族谱时自主选用。

经过两三个月的努力，再版书稿终于完成，甚为高兴地写了上述文字，是以为序。

　　　　　　　　殷作斌　2024 年 12 月 10 日 于江苏淮安寓所

【附】初版的《自序》全文（自下页起）

初版的《自序》全文

自　序

（殷作斌　2022 年 1 月 25 日初稿，2023 年 7 月 30 日定稿）

　　《殷代史》的前身为殷商后裔族内内部志书《子姓殷氏志》（别称《殷商族志》），现在遵照部分老专家的建议，将原先撰写的殷商族内部书稿（《子姓殷氏志》）增减改编后重新整合成通俗易懂、面向大众的殷商王朝断代史——《殷代史》，并公开出版。该书既是 2015 年由中国文史出版社出版的《殷代史六辨》的扩展版，又是笔者编纂的既面向大众又学术严谨的历史书，意在应用现代考古学成果和先秦古文献对《史记·殷本纪》进行订补，重建社会大众都能读懂也越读越有兴趣的殷代断代史书。殷革夏命，"顺乎天而应于人"，成汤以武力夺取政权，完成了中国历史上第一次王朝更替。殷人本有记载自己历史的典册，可惜我们现在看不到了。殷墟发掘的成功和甲骨文字的出土，印证了传世文献记载的或传说中的 3000 多年前的殷代是真实存在的，也印证了司马迁《史记·殷本纪》基本上为信史。本书为成汤所建王朝的国号正名，还原司马迁对成汤所建殷商王朝的国号的称谓"殷"。笔者认为司马迁撰写《史记·殷本纪》时之所以称《殷本纪》而不称《商本纪》，一定是有所"本"的。本书以通俗易懂的文字据实记载殷代的历史，它既是面向大众的历史书，又是严谨的学术著作。

　　本书据 1700 多年前祖传魏晋谱书《殷氏家传》和许多传世文献、甲骨文和金文等考古材料据实记载了殷代 574 年的历史。本书公开为成汤国号为殷不为商正名，纠正《史记·殷本纪》中的世系错误，认为司马迁在《史记·殷本纪》中说的殷代中期"比九世乱"根本不存在，认为殷代中期的"都城屡迁"与"王位传承"一点关系也没有，否定现代考古界某些学者关于"商文化白家庄期崩溃"的说法（本书确认就分布地域而言，商文化在白家庄期虽然有所收缩，但并没有崩溃），批驳现代史学界某些学者关于"殷代早期、中期还处于没有青铜器的新石器时代晚期"的说法，批驳现代史学界某些学者关于"殷商青铜文明西来说"的说法，批驳现代史学界某些学者关于"殷商甲骨文字外来说"的说法，否定现代史学界某些权威学者关于"微子、箕子与周人勾结，里应外合倒纣发动牧野之战"的说法。在充分论证的基础上，笔者在本书中向国家有关部门和专家学者提出两项建议性请求：一是向中国社会科学院主管历史研究的部门和现代史学界某些权威学者提出将殷代断代史史书名称命名为"殷代史"而不要命名为"商代史"的请求；二是向国家教育部门主管编撰中小学课本的专家学者提出将现行中小学历史课本中的"夏商周

三代"改称为"夏殷周三代"的请求。如果各位读者认同本书提出的这些新观点的话，请据此在自己的亲朋好友中广泛宣传之！**人来世上走一趟，既在于你在世时为国家民族干了些什么，更在于你死后为国家民族留下些什么值得后世怀念的东西！**

　　现在要写殷商时代的实事、真事，与司马迁时代已经有很大的不同。司马迁所处的时代，是汉武帝"罢黜百家，独尊儒术""崇周贬殷"的时代，他撰写《史记》时所据的史料，多是西周统治者出于其政治需要重新整合过的东西，能反映殷商社会真实面貌的史料比较少。就编年体史书而言，他也只能看到鲁国国史《春秋》的孔子修订版和左丘明编撰的《左传》，连《竹书纪年》都看不到，更不要说甲骨文和诸多青铜器铭文了。现在就不同了，我们既能看到编年体史书《竹书纪年》，又能看到 15 万片之多的甲骨文史料和其他大量的考古资料。更为重要的是，还有许多专家编写的史书可做参考，例如宋镇豪主编、许多专家参编的大部头 11 卷（11 册）《商代史》，王宇信主编、多位专家参编的大部头 3 卷（6 册）《殷墟文化大典》，李伯谦著《文明探源与三代考古论集》，吴泽著《殷代奴隶制社会史》，李亚农著《殷代社会生活》，［美］周鸿祥著《商殷帝王本纪》，李学勤著《殷代地理简论》，韦心滢著《殷代商王国政治地理结构研究》，谢玉堂著《甲骨文的由来与发展》，游修龄著《殷代的农作物栽培》，严一萍著《殷商史记》，郭宝钧著《中国青铜器时代》，胡厚宣和胡振宇父子合著的《殷商史》，工具书《甲骨文合集》等。然而，上面列出的这些书，专业性都很强，一般读者难以读懂。因此，"九五"国家科技攻关重大项目"夏商周断代工程"首席科学家（专家组组长）、清华大学已故著名历史学家李学勤教授才向学界疾呼："社会大众需要历史，历史学者自当'面向大众'……'面向大众'和'通俗化'是结合在一起的，要想真正做到'面向大众'，历史著作必须在语言和结构上力求'通俗化'。"笔者认为，笔者编纂的这部雅俗共赏、通俗易懂的《殷代史》是符合历史学大师李学勤教授关于"历史学者自当'面向大众'""历史著作必须在语言和结构上力求'通俗化'"的要求的。

　　为了让本书雅俗共赏和面向大众，激起读者读完全书的阅读兴趣，本书采用了特殊的编排方法，将《考古学揭示的殷代文明》放在开篇之卷《卷一》中，意在突破传统的"按君王更替次序编史"或"按年编史"的著史常规，将已被考古资料确证的殷代最重要的文明，如成熟的文字系统、青铜文明、农耕与历法等内容优先介绍给读者，以便迅速拉近读者与久远殷商文明的心理距离，激发读者阅读后续各卷的兴趣。

　　除了《卷一》（考古学揭示的殷代文明）以外，本书的"雅俗共赏性"和"面向大众性"主要体现在《卷二》（殷商史事要览）和《卷四》（殷末风云）中。也就是说，本书的《卷一》《卷二》和《卷四》是笔者锁定的写作目标——使本书成为携带轻便的"雅俗共赏""面向大众"的历史书——的重点内容。《卷一》

《卷二》和《卷四》，不仅能使读者大体了解殷代在东亚这块大陆上长达五六个世纪的社会发展的总体状况，而且能激发读者阅读全书的兴趣。这里要特别说明的是，本书之所以要将殷末时发生的重要历史事件（"武乙非正常死亡拉开商周两族紧张关系的序幕""文丁困死周公季历""帝乙归妹""帝辛征伐东夷""殷亡前夕发生的诸多历史事件"）单独立卷放到《卷四》（殷末风云）中，而不归并到《卷二》（殷商史事要览）中，是因为殷末时发生的这诸多历史事件较《卷二》中的十件"要览史事"更有特色，并且是读者只有读了《卷三》（殷商时代人物传记）以后才能深刻理解的内容，它不宜归并到《卷二》中，而必须放到《卷三》（殷商时代人物传记）以后单独立卷的《卷四》中。

本书编撰时还注意到先编学术界争议最大、读者也最感兴趣的殷商时期的历史内容，而后再编写殷商时期的一般历史内容。本书前两卷所涉及的内容大都是学术界争议最大、读者也最感兴趣的部分。《卷三》《卷四》《卷五》《卷六》中的内容，是殷商时期的一般历史内容，其在学术界引起的争议虽然也有，但不像前两卷的那么大。

本书在雅俗共赏和面向大众方面，具体是怎么做到的呢？除了在全书内容安排方面做到繁简得当和有利于激发读者的阅读兴趣以外，在全书内容的深浅度方面，还将全书分成"正文"和"注文"两大部分进行编辑，每卷每章每节都插入许多"注解"，凡是必须引用甲骨卜辞、考古发现和其他难懂史料才能阐明学术问题的文字，多数放在《注文》中。

为了达到雅俗共赏和面向大众的目的，本书在撰写各卷各章时都遵循下述两条同样的原则。

①**面向大众和通俗化**。本书正文部分严格遵循清华大学已故著名历史学家李学勤教授的教导，通俗易懂的历史书必须遵循下述原则：就书的性质和对象来说，是面向大众；就书的体裁和风格而言，是通俗化。也就是说，本书的正文部分都是大众能看得懂的通俗易懂的文字，在正文中，尽量不出现晦涩难懂的甲骨卜辞和一般读者难以理解的考古材料或古代传世文献。即使有引用，也译成白话，或文白对照，以适应不同文化层次的读者阅读需要。笔者之所以这样做，是因为**李学勤**先生在《细讲中国历史丛书》的每一本历史书的《序》中反复多次强调过："历史虽不能吃，也不能穿，似乎与国计民生渺不相关，实际却是社会大众的一种不可缺少的精神需求。我们每一个人，不管从事什么职业，处于何种身份，都会自然而然地对历史产生一定的兴趣，这或许可以说是人的天性使然吧。一个人活在世界上，不但要认识现在，也必须回顾过去，这就涉及了历史。我从哪里来，又往哪里去，是每个人都会意识到的问题，这也离不开历史。人们不能只想到自己，还总会考虑到我们的国家和民族，这就更应该了解历史。社会大众需要历史，历史学者自当'面向大众'。……特别在今天，当我们的国家、民族正在走向伟

大复兴之际，尤其有必要推动历史学'面向大众'。中国有五千多年的文明历史，我们的先人创造了辉煌而且源远流长的文化，对人类的发展进步做出过丰富卓越的贡献。我们有义务把这样的史实告诉社会大众，提升大众建设祖国、走向世界的凝聚力和自信心，从而为今后人类的发展进步做出更多更新的贡献，这应当成为历史学者的襟怀和抱负。再谈'通俗化'，'面向大众'和'通俗化'是结合在一起的，要想真正做到'面向大众'，历史著作必须在语言和结构上力求'通俗化'。"李先生说的"通俗化"要在历史书的"语言文字"上实现，这相对容易做到，然而要在历史书的"结构"上做到就不容易了。别的且不谈，就控制篇幅来说，就不容易做到。比如，如果将五帝、夏、殷、周、秦、两汉、三国、两晋、南北朝、隋、唐、五代十国、两宋、元、明、清等每个朝代的断代史都写成几百万字的多达十几本的"大部头"，那谁还有工夫去读？结果即使做到通俗化，但面向大众这一条也一定会落空。

②**正文部分和注文部分分开编排**。本书正文部分虽然力争做到通俗化且篇幅不大，但写《殷代史》离不开甲骨卜辞和其他地下考古发现及一般读者难懂也难理解的古代传世文献，否则就不能做到雅俗共赏。为了使本书既成为社会大众都有时间读且乐意读的通俗化历史书，又成为专家学者也爱读的严谨的学术著作，本书每卷每章都插入许多注解，凡是必须引用甲骨卜辞、地下考古发现和其他难懂史料才能准确阐明学术问题的文字，绝大多数放在注文中，有些章节的注文比正文还多，这也是本书的特色之一。建议读者这样理解：本书集中编排的**注文部分**是专为研究殷商史的读者服务的；对于一般读者来说，可以只读本书的**正文部分**，注文部分仅供做进一步研究的参考。笔者提出此建议的目的，是让不同阅读兴趣和不同学术水平的读者各取所需。

笔者本是研究自然科学的人，钟情于殷代史和甲骨学研究是从研究家曾祖殷高良（字显祖，私塾先生）手抄的魏晋谱书《殷氏家传》开始的。那还是1959年笔者上高中二年级时候的事。那时，笔者有超强的记忆力和理解力，一般的文章，只要读几遍，便能背诵。欧几里得的《几何原本》那么难懂，我在高中二年级时，便读完并理解了全书。当时家兄殷作超见笔者记忆力超强，能背诵《三国演义》，并绘声绘色地讲给小伙伴听，于是便命笔者熟读"传子不传女，传长不传次"的魏晋谱书《殷氏家传》。家兄当时对我说，这种关于家族史的重要史书，记在脑子里最安全，于是从1959年上高二起，直到1962年上大二止，笔者花了几年时间，终于将祖传的魏晋谱书《殷氏家传》一字不落地背熟了。背熟以后，就将这本按家规"传子不传女，传长不传次"的魏晋谱书《殷氏家传》还给长兄收藏。因长兄任校长，"文革"遭批斗恐吓，就将这本弥足珍贵的魏晋谱书《殷氏家传》连同曾祖高良公留下的许多手抄家史研究文稿和书法作品付之一炬了。呜呼，这本置于特制密封铁箱内并藏于夹层墙中躲过抗日战争一劫的传世文献，却不幸毁于

"文革"。现在回想起来，在殷商史研究领域，魏晋谱书《殷氏家传》似乎比今本、古本两种版本的《竹书纪年》还重要。借此机会，笔者将魏晋谱书《殷氏家传》记载的与正史不同的或正史中根本没有记载的至少17个新观点记载在本序中，以便与读者分享。笔者需要在此事先声明的是，笔者新编《殷代史》中一系列新观点的形成，虽然几乎都与祖传的这本魏晋谱书《殷氏家传》有关，但由于这本魏晋谱书《殷氏家传》已被毁于"文革"，是否还有"复本"存世，也未可知，加之笔者还是几十年前上高中和大学时仔细研读过，现在只记得一些情节和主要论点，原文基本上记不得了。**故本书在论证**笔者据祖传魏晋谱书《殷氏家传》提出的**每一个新观点时，所引用的论据和辅助史料，均以学界公认的文献或考古发现为准，基本上没有仅以魏晋谱书《殷氏家传》为据的。**然而这些新观点的形成，毕竟均源于祖传的魏晋谱书《殷氏家传》，故记于此，以示这些新观点皆有所本。同时也有利于后世学者将之与将来的新发现进行比对，因为笔者相信，家曾祖高良公据原本手抄魏晋谱书《殷氏家传》之所"本"，将来是有可能会再现的。现将魏晋谱书《殷氏家传》记载的与正史不同的或正史中根本没有记载的至少17个新观点综述如下。

第一，甲骨卜辞中反复出现的"河""高祖河"是谁，学界时有争议。魏晋谱书《殷氏家传》中清楚明白地称子姓商族第六世先公兼子姓商族殷氏首任先公"冥"为夏之水官，因治理黄河死于河，族人将其称为先祖"河"。魏晋谱书《殷氏家传》还记载，夏帝为悼念冥公，"赠官司空""追封于殷""追封为可以世袭的首任殷君"，且破格享受天子亲临祭祀现场的"郊祭"待遇。魏晋谱书《殷氏家传》还记载，殷氏民间每年必祭的先祖有契、河、上甲、汤四位。将魏晋谱书《殷氏家传》的记载与甲骨卜辞的记载相比较，稍有不同的地方，只是魏晋谱书《殷氏家传》尊冥公为先祖"河"，而甲骨卜辞中尊冥公为高祖"河"。

第二，魏晋谱书《殷氏家传》将整个殷商族执政时期分为"冥前称商，冥后称殷"两个阶段，二者合称殷商（广义的殷商时期，含契为首任商君的诸侯国商国时期、冥为首任殷君的诸侯国殷国时期、成汤为首任天子的殷代时期、武庚禄父的短暂诸侯国殷国时期和微子为首任宋君的诸侯国宋国时期）。

第三，魏晋谱书《殷氏家传》明确记载，成汤放桀代夏的国号为殷不为商，并引用《世本》和《史记》的说法来证明成汤的国号为殷不为商。《世本》记曰："**殷氏，以国为氏，汤国号也……为周所灭，子孙以国为氏。**"司马迁在《史记》中将记载成汤所建王朝的历史篇章命名为《殷本纪》而没有命名成《商本纪》。魏晋谱书《殷氏家传》认为，成汤代夏后的国号为殷的原因很简单：一是因为他代夏前的诸侯国号本来就是"殷"，成汤成为天下共主后，沿用了老国号"殷"为新建王朝的国号，就如同后世周武王代殷前诸侯国号是周，代殷成为天下共主后，仍沿用老国号周为国号一样；二是因为，成汤是商族子姓九大氏族中第一大氏族——殷氏族——的肇氏始祖冥公的直系传人，更是殷商族复兴之主上甲的直系传人，而殷地既是冥公的追封之地，又是上甲的复兴之地，也就是说，殷地是使早已衰弱的殷商族得以复兴的吉祥之地，为了感先祖之德，为了今后的国运亨通，成汤当然会选"殷"为其放桀代夏后的国号。

第四，据魏晋谱书《殷氏家传》记载，成汤放桀而有天下后，为了团结商族内部林立的大小氏族，使其形成拳头一致对外，使成百上千个外族"方国"臣服自己刚刚建立的新王朝"殷"，成汤决定，"商"这族号仍要保留。并对何时称"商"，何时称"殷"，作出界定，立下后世商王必须恪守的"**殷商并用，族号称商，国号称殷**"的族规。并据此"族规"规定商族内部的一切族事活动，如祭祀、向祖宗贞问吉凶、贞问战争胜负与祈求福祉的占卜贞问活动等，一律称"商"，而不得称"殷"。还规定"**商王**"是"**商族之王**"的简称（俗称商族之"大宗长"，即是说"商王"或"王"的称谓类似后世的"族长"。由成汤此规定可推知，学界将甲骨卜辞中的"商王"或"王"理解成"商代的国王"，显然是错了，只有"殷帝"或"帝"才是殷商王朝国王的正确称谓），商王在管理族内事务行使"族权"时，要自称"商王"或简称"王"，而不得自称"殷王"或"殷帝"。商王只有在以天下共主身份处理"国事"行使"天子权"时，才可以称"殷"、称"帝"，如在外交、向天下发布诏告、与诸侯盟会、征讨反叛者等场合才可用国号"殷"，才可称天子"帝"。魏晋谱书《殷氏家传》说，成汤所立"**殷商并用**"族规的实质就是要求后世"**集商王与殷帝于一身**"的"**天下共主**"必须恪守成汤所立的"**在族内行王权称商称王，在全国行天子权称殷称帝**"的规矩，而不能乱称。笔者将魏晋谱书《殷氏家传》记载的成汤制定的这条"殷商并用"族规与甲骨卜辞、《史记·殷本纪》《史记·周本纪》相比较，才知道甲骨卜辞中全称"商"称"王"、《史记·殷本纪》中对成汤的国号全称"殷"对商王全称"帝"，而《史记·周本纪》中有时称"殷"有时称"商"的道理【甲骨卜辞中虽有20多处"**帝**"字，但其义与集商王与殷帝于一身的天下共主的"帝"字无涉】。原来甲骨卜辞记载的都是与祭祀有关的商族族事活动，当然只能称"商"称"王"而禁止将商王称为"殷帝"，《史记·殷本纪》记载的是殷商王朝的"国史"而不是"商族家族档案"，当然应该称"殷"称"帝"，《史记·周本纪》记载的是周武王征伐殷帝辛或商纣王居住的殷代末年的实际政治中心朝歌，当把征伐对象作为国家"殷帝国"看时就得称"殷"，当把征伐之地作为帝辛（纣王）的住地、殷代末年的实际统治中心朝歌看时就得称"商"，这就是司马迁在《史记·殷本纪》中全称"殷"而在《史记·周本纪》中有时称"殷"有时称"商"的原因。司马迁在《史记·殷本纪》中称成汤的国号全用"殷"字，一共用了20多处"殷"字，而在《史记·周本纪》中一共用了25处"殷"字和14处"商"字，其用法完全符合成汤制定的"殷商并用，族号称商，国号称殷"的"殷商并用"族规，一个字也没有乱用。足见司马迁对成汤"殷商并用"族规的理解已经到了炉火纯青的境界。特别值得我们注意的是，在《史记·周本纪》中，司马迁对集商王（卜辞中的"商王""王"仅是商族领导人或族长的简称）和殷天子于一身的帝辛（纣）也有时称"殷"有时称"商"。当把帝辛当作"殷天子"看时，均称"殷"，有"殷纣""殷王纣""殷王受""殷之末孙季纣"四处；当把帝辛当作"商王"看时，均称"商"，有"商纣""商王帝辛"两处。

第五，据魏晋谱书《殷氏家传》记载，冥之封地"殷"在殷商族的兴衰史上至少起过四次关键作用。第一次是先商时期奉夏帝之命，第七世商君王亥迁于其亡父冥的封地"殷"，改诸侯国号"商"为"殷"，即殷君位，尊其亡父冥为首任殷君，称自己为第二世殷君。从此以后，本来互不相干的"殷""商"二字有了密切联系。第二次是王亥子，第八世商君，也是第三世殷君，上甲在殷地的复兴（今本《竹书纪年》："中叶衰而上甲微复兴，故商人报焉。"）。第三次是第十四世商君，也是第九世殷君成汤放桀代夏而有天下后，定国号为殷。第四次是众所周知的"盘庚迁殷"后在殷地的中兴。

第六，根据魏晋谱书《殷氏家传》的记载可知，冥的封地殷、冥孙上甲在殷地的复兴、后世商王盘庚迁殷，这三个"殷"地，实际是指同一个区域。上古时作为地域名的"殷"地，疆域基本稳定，其地域在太行山以东，夏殷时古黄河以西，南至豫北洹水流域，北至冀南漳水流域一带。其地理位置可用"山东河西，洹、漳二水流域间"十一个字来概括。

第七，就成汤建国以后的殷代早期能够实际控制的疆域而言，据魏晋谱书《殷氏家传》记载，成汤朝以中原腹地郑洛地区为中心，北至豫北冀南，南至丰富铜矿带的长江流域（魏晋谱书《殷氏家传》的这个说法已经为考古界发现的武汉盘龙城是殷代早期在长江流域的重要据点的考古材料所证实），东至泰山以西和淮河流域（魏晋谱书《殷氏家传》的这个说法还有待考古材料的证实），西至晋中、晋南（魏晋谱书《殷氏家传》说成汤已经控制了太行山以西的晋中晋南地区，这一说法也还有待考古材料的进一步证实）。

第八，就殷商王朝中期能够实际控制的疆域而言，据魏晋谱书《殷氏家传》记载，因为殷商王朝中期陷入四面受敌的困局，转而被迫实施基于国情的韬光养晦战略收缩经略，实际控制的疆域有所收缩，主动放弃了对长江流域铜矿资源的控制，转而向东发展，控制了渤海、黄海沿岸的盐业资源。魏晋谱书《殷氏家传》的这个说法，似乎已经得到考古材料的证实，但部分考古学者提出的"商文化白家庄期崩溃说"似乎与魏晋谱书《殷氏家传》的记载存在矛盾之处。

第九，就武丁时期能够实际控制的疆域而言，据魏晋谱书《殷氏家传》记载，在南方武丁已经收复了殷代中期主动放弃的长江流域的铜矿资源并有所扩展，在东边已经牢牢控制了渤海、黄海沿岸的盐业资源。在西边，连年的反侵扰战争的胜利已经能够不断地捕获羌人以补充祭祀人牲的不足。魏晋谱书《殷氏家传》的这种说法大体与文献记载及甲骨文的发现一致。

第十，就整个殷代的王位继承制度而言，魏晋谱书《殷氏家传》否定了《史记·殷本纪》的说法。魏晋谱书《殷氏家传》认为殷代前期从成汤到小甲期间实际执行的是"父子相传制"，不是兄终弟及。因为太子太丁未立先逝，成汤弥留之际是立太孙太甲上位，而不是立次子外丙上位，为怕有人不服，成汤还特别任命伊尹为辅佐太甲上位施政的顾命大臣。后来因太甲治国不善被伊尹放入桐宫思过，才发生伊尹请外丙代侄理政的插曲。到了小甲即位以后，殷商王朝陷入四面受敌的困局，转而被迫实施基于国情的韬光养晦战略收缩经略，实际控制的疆域有所收缩，主动放弃了对长江流域铜矿资源的控制。此时，王室经济体量下滑，不得不放弃父子相传制转而执行"王室推举制"的王位继承制度，以利推选出王室成员信任的最能代表殷商王室管理殷商王室有限共有财产的王位继承人。其间，太戊是第一位被王室成员集体共议推举上位的贤君，武丁是最后一位被王室成员集体共议推举上位的盛君。武丁盛世时，王室经济体量已经跃升为世界第一。为了加强王权，武丁、祖甲父子又恢复执行成汤制定的父子相传制。魏晋谱书《殷氏家传》关于殷代中期实行"王室推举制"的王位继承制度的说法与《史记·殷本纪》中"比九世乱"的说法存在矛盾之处。

　　第十一，魏晋谱书《殷氏家传》否定了司马迁关于殷代中期因发生"比九世乱"导致"都城屡迁"的说法。魏晋谱书《殷氏家传》以殷代中期没有爆发过一次因争夺王位而争斗或战争的史书记录为证，认为司马迁"比九世乱"的说法是以后世小人之心度殷商先祖君子之腹，认为因发生"比九世乱"导致"都城屡迁"的说法是伪命题。魏晋谱书《殷氏家传》认为，殷代中期的"都城屡迁"是后世史家未从现象中看到本质的历史错觉。事实上，自成汤起，殷代就有视"国之大事，在祀与戎"的传统，就有将统治中心一分为二为专管"祀"的祭祀中心王都和专管"戎"的实际军事中心王都的双都制传统。成汤建国，在郑州建有"大邑商"祖庙，即视郑州为祭祀中心的王都，时称复命以亳的"亳都"，魏晋谱书《殷氏家传》中称为"祖都"，成汤又在偃师建有震慑夏之贵族遗民的军事中心王都，时称"西亳"，魏晋谱书《殷氏家传》中称为"子都"。到了中丁时期，偃师西亳都震慑夏之贵族遗民的任务已经完成，中丁便把位于偃师的军事中心撤回到荥阳附近的嚣（隞），后来为了便于抵御北狄、东夷各部族方国的相继来犯，河亶甲便将军事中心从荥阳附近的嚣（隞）迁到北边的相，祖乙又将军事中心从相迁向更北的邢（耿），后来又迁到东南的庇，到了南庚时又迁到位于山东曲阜附近的奄。实际上，从中丁到南庚，只是军事中心辅都的屡迁（因国防需要），作为祭祀中心位于郑州的主都在盘庚迁殷之前一直仍然在郑州从来没有迁过。实际军事中心辅都的屡迁——中丁将位于偃师的军事中心撤回到荥阳附近的嚣（隞），河亶甲又将其从嚣（隞）迁到相，祖乙又将其从相迁到邢（耿）继迁庇，南庚又将其从庇迁到奄——便被后世史家误以为是因王位争夺导致的都城屡迁。这种现象反映到司马迁头脑中就形成了因发生"比九世乱"导致"都城屡迁"的错觉。实际上，殷代中期，从中丁到南庚，实际军事中心的这几次移动，与殷代中期的王位更替一点关系也没有。殷代中期的王位更替是由执行"王室推举制"完成的，而实际军事中心的屡迁现象是因国防需要出现的，殷代中期的王位更替与实际军事中心的屡迁之间没有任何的关联，司马迁说的"比九世乱"现象根本不存在。

第十二，关于盘庚迁殷为什么遭到殷商贵族坚决反对的问题，魏晋谱书《殷氏家传》中的解释是，前几次由嚣（隞）到相到邢（耿）到庇再到奄只是与殷商贵族切身利益没有关系的实际军事中心的搬迁，所以殷商贵族并不反对，而盘庚迁殷是他看中祖地"殷"那个好地方，要将建有祖庙大邑商的祭祀中心郑州亳都和位于曲阜的军事中心奄都，连同居于郑州和奄地的殷商贵族一劳永逸地都迁到殷地，所以遭到恋家殷商贵族的坚决反对，甚至抵制。盘庚迁殷时，殷商贵族集体抵制迁居的恋家举动正说明殷商族人早就脱离了半农耕半采集的迁徙时代，说明盘庚时代已经解决了大规模定居时代的诸多问题，比如从抛荒到轮耕概念的过时，对人畜粪便的管理意识的成熟，对耕地的深翻、管理能力的提升，对搭建房屋所用建筑材料和加工能力的提升，使耕地和住房有了固定资产的价值，等等。这显然不是新石器时代晚期或青铜器时代初期所能带来的，更不是君王的英明造就的，而是社会生产力的巨大发展才能带来的。这更加证明了某省级电视台，在细讲殷商史的名为《隐秘的细节》视频节目中，由六位专家轮流对白，为兜售他们的"殷商青铜文明西来说"和"殷商甲骨文字外来说"作铺垫，大讲特讲殷商时代早期、中期还处于落后的"新石器时代晚期的文明阶段"的理论判断是多么的荒谬（读者若想查阅他们近来在某省级电视台上面对广大观众公开宣传的原话可参阅本书卷二第七章第三节中的相关引文内容）。

第十三，学界争论不休的甲骨卜辞中的"王吴"是谁，魏晋谱书《殷氏家传》中清楚明白地说，商族六世冥公有三个儿子"殷王子亥、殷王子恒、殷王子吴"。

第十四，上甲六示的庙号以日干为名，其中上甲、报乙、报丙、报丁为十干之首的顺序，示壬、示癸为十干之尾的顺序，中间独缺戊己庚辛。学界常为殷人用十天干或叫名或定庙号为什么其间独缺"戊己庚辛"犯愁。魏晋谱书《殷氏家传》中对此也有清楚明白的记录：上甲六示中的报丁还有四个未即位的弟弟，他们的日名就是报丁和主壬间缺少的报戊、报己、报庚、报辛（其乳名依次为戊儿、己儿、庚儿、辛儿）。这项记录还为古文献记载的殷商奉行日名制的"生日说"添加了筹码。

第十五，今本《竹书纪年》中给出了各代殷商先王的私名，如成汤姓子名履、太甲姓子名至、盘庚姓子名旬，唯独两位未即位先亡的成汤太子太丁和武丁太子孝己有姓无私名，魏晋谱书《殷氏家传》则记载成汤太子太丁姓子名睿、武丁太子孝己姓子名旵。（笔者注：成汤太子太丁的乳名叫"丁儿"，姓子名睿；武丁太子孝己的乳名叫"己儿"，姓子名旵，亦有文献谓武丁太子孝己姓子名弓，被魏晋谱书《殷氏家传》斥为妄说。）此外，魏晋谱书《殷氏家传》还记载了帝辛（纣）之子武庚的谱名（私名）为圣。太丁名睿、孝己名旵，虽还未得到历史文献和考古材料的证实，但武庚名圣已为出土青铜器的铭文和清华简的简文所证实。青铜器铭文有"王子耴"和"彔子耴"等铭文，清华简《系年》也有如下记载："商邑兴反，杀三监而立彔子耿。"清华大学李学勤教授认为清华简《系年》简文中的"杀三监"并不是指杀管叔、蔡叔、霍叔三个人，而是指杀他们下面监管殷商人的三个下属，原殷商王畿的殷商贵族，后到管叔、蔡叔与周公内讧，打算抓住这个机会摆脱周人的监管，于是就杀死了监管他们的三个人，并要求武庚起兵反周复国。因此由清华简《系年》的简文"杀三监而立录子耿"和耿、耴二字相通可知，简文中的"耿"就是铭文中的"耴"，也就是繁体的"聖"，再由简文中的"立录子"和铭文中"录子耴"联系起来考虑，得知"录"即"禄"，当指"禄父"，由此可知，"录子"指武庚的字"禄父"，武庚的私名为"耴"或"耿"，也就是"聖"。

第十六，魏晋谱书《殷氏家传》认为成汤元年即诸侯位时始居之"亳"与成汤十八年即天子位之"亳"是两个不同的地方。成汤元年即诸侯位时始居之"亳"在离夏都很远且有利于与东夷各方国结盟的地方，而成汤十八年即天子位之"亳"就在郑州，并被成汤"复命以亳"。笔者认为，魏晋谱书《殷氏家传》认为成汤十八年即天子位之"亳"在郑州的说法已经得到考古资料的证实，那就是1955年发现的郑州商城，至于成汤始居之"亳"究竟在哪里，显然是在郑州以东或在郑州东北离郑州和夏之畿地都很远且与东夷各部族方国较近的地方，其具体地望似乎还有待考古材料的证实（魏晋谱书《殷氏家传》只记载成汤始居之亳离商丘不远，但未说商丘的地理位置在什么地方）。

第十七，魏晋谱书《殷氏家传》认为，成汤灭夏的战争过程与周武王灭殷的战争过程完全不同，汤灭夏是个长期的渐进过程。从开始筹划到灭夏历时十五年之久，若从伐夏战争正式启动到放桀于南巢（夏亡）也长达九年之久，其间从汤师占领中原战略要地郑州起到进入商夏军事对垒的战略相持阶段就长达五年之久。魏晋谱书《殷氏家传》记载：在商夏长达五年的战略相持阶段中，成汤有过在郑州营建战略根据地和为打通与东夷各方国结盟的通道发动"扫平群己之战"的行为。最终，通过"景亳会盟"，成汤实现了建立反夏统一战线的战略设想，但魏晋谱书《殷氏家传》未说"景亳"的地理位置在什么地方。

最后，向读者提个阅读本书的建议：阅读本书前，请先阅读书前的"自序"，因为书前的"自序"是本书的纲，读了"自序"以后，再读全书才能收到纲举目张之效。

有些读者试读书稿时对我说，自古以来，作为一本书的序言，不管是自序，还是他序，一般都比较短，没有像你这样将自序写得如此长的，但我看到上海人民出版社2004年9月出版的干玉哲著《中华远古史》的"自序"写得也特别长（有16页之多），故也不惧读者笑话，本序也写得比较长，因为要向读者介绍本书据实记载殷代近600年历史的特色并且与读者分享魏晋谱书《殷氏家传》中与止史不合，或正史中根本没有提到的上述十七方面的新史观，不得不将本序言也写得较长。

今本书有机会正式出版，甚为高兴，杂七杂八地写了这么多，是以为序。

【书序附件】香港、澳门、台湾殷商后裔同胞 2014 年云集殷末实际统治中心朝歌参与中华殷商第二次大型祭祖活动现场图片

——本图片转引自殷作斌著《殷代史六辨》，（中国文史出版社，2015 年 3 月版）

香港代表步入 3060 纪念大会现场（2014，殷世鸿拍摄）

台湾代表步入 3060 纪念大会现场（2014，殷世鸿拍摄）

卷首

殷商史事新说与本书导读

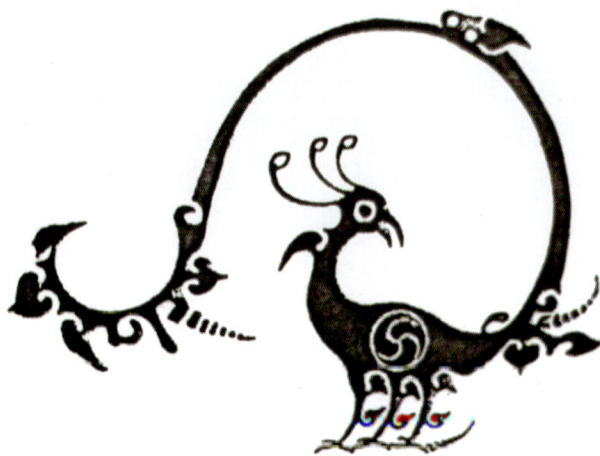

诗曰：天命玄鸟，降而生商，宅殷土芒芒

诗曰：邦畿千里，维民所止，肇域彼四海

卷首左侧竖排：殷代史 【卷首】殷商史事新说与本书导读

卷首·绪论

　　在本书正文《卷一》至《卷六》之前设本卷《卷首》的目的是，起本书新颖学术观点**简介**或**导读**的作用，以满足日理万机的党政军高级干部等读者无时间**统读**全书的特殊群体的需要，使他们不读全书或略读全书，只精读《卷一》之前增加的本卷（《卷首》）内容，就能起到统读全书，了解《殷代史》新颖学术观点的作用。

　　本书是以 1700 多年前祖传魏晋谱书《殷氏家传》中的基本观点为纲、以许多传世文献记载的史料和甲骨文、金文等考古材料为据，据实记载殷代 574 年史事的断代史书。虽然笔者认为本书是自己研究 3000 多年前殷商王朝历史 60 多年的结晶，但对本书能否迅速被世界史学界和中国社会大众所认可，心中并没有底。因此，在本书正式出版前，笔者曾将初稿发表在网上并制成影印件纸质书稿发向知名专家学者，借以起到引起社会各界关注和向社会各界征求意见的作用。在这期间，资深媒体人、《企业家日报》主任记者兰文种同志发表在《企业家日报》2022 年 4 月 20 日第 5、6 版的上的《特别报道》——《一部**中国上古史研究领域的鸿篇巨制——读殷作斌教授的〈殷代史〉书稿有感**》，给笔者以极大的鼓舞、对笔者终于下定决心战胜年高多病的劫磨，正式出版本书初稿起了关键的作用。后来，本书的初稿之所以能于 2023 年 7 月、2023 年 11 月在美国加州（ART AND DESIGN PRESS INC.）和中国北京（线装书局）分别出版是与兰文种同志发表在《企业家日报》上的长篇书评分不开的，因此，本卷以兰文种同志的这篇长篇书评为开卷之篇。

　　众所周知，3600 多年前，殷商族**成汤**所建殷商王朝的这段历史是一段有争议的历史（甚至连这段历史所记载的朝代名称是"**殷**"是"**商**"都充满争议），加之，笔者家中祖传的魏晋谱书《殷氏家传》又毁于"文革"。为了更好地向世界史学界和中国社会大众征求意见，在美国加州中文版和中国北京中文版出版以后，笔者又向美国、日本、欧洲等地区的国际史学界友人和中国各著名高等学校图书馆、中国各省市地市级以上的藏书单位（图书馆、博物馆、档案馆）捐赠了 9000 册（其中含美国中文初版 3000 册、中国中文初版 6000 册）。虽然笔者并未要求各地区各受赠单位收到赠书后一定要对本书的初版提出具体意见或颁发收藏证书、捐赠证书，但国内还是有许多学者和藏书单位发来对拙著《殷代史》初版的中肯评价意见或再版时的改进意见或给笔者颁发收藏证书、捐赠证书。如陕西省榆林学院**赵迪奉**教授评价说："**我认为这是我目前所看到的资料最全面、考据最严密、观点最新颖的著作。**"四川大学**彭华**教授除了对拙著《殷代史》初版作较高评价外，还将他的名著《燕国八百年》回赠给笔者。九十多岁的郑州大学著名历史学家**李民**教授除了对拙著《殷代史》初版作较高评价和提出中肯的意见外，还将他和门生王健合著的名著《尚书译注》及其众多门生为他祝寿的《恩师李民教授九十寿诞纪念册》回赠给笔者。当代考古学界泰斗、因年高在郑州老家休养的北京大学**李伯谦**教授不仅接受了笔者的赠书，还高兴地邀请笔者与他合影留念。【笔者注·图片须查阅2021年3月14日下午笔者到郑州李伯谦教授老家向他赠书时与他老人家合影的照片，请参阅本书"前74"页（"实录-4"页）的图片。】特别令人感动的是，**南京浦口区图书馆的领导**在收到笔者的三本《殷代史》初版赠书后，还专门发来了《感谢信》。读者欲知本书初版9000册发向社会后产生的上述巨大反响的具体情况，请参阅本书正文前面的**"本书初版产生的巨大社会反响实录"**。

　　本书初版9000册发向社会后产生的巨大反响，对笔者终于下定决心在本书**"初版"**的基础上搞一个**"再版"**，起了决定性的作用。

　　本书初版在美国加州（ART AND DESIGN PRESS INC.）和中国北京（线装书局）出版后，特别是在向美国、日本、欧洲等国家和地区的国际史学界友人和中国各著名高等学校图书馆、中国各省市地市级以上的藏书单位（图书馆、博物馆、档案馆）捐赠了9000册以后，为了使广大读者能迅速地了解本书的诸多新颖学术观点，笔者于2024年又在《河南经济报·科普周刊》上陆续发表了总标题为《殷商王朝历史新说系列》的多篇短小精湛论文。现将《河南经济报·科普周刊》已经发表的这些短小精湛的论文也收录在本卷中，起"导读"本书的作用，希望广大读者喜欢。

　　本卷不设**"章"**，只以在报刊上已经发表过或尚未发表过的起**"导读"**本书作用的论文**篇号**为序，如**"第一篇""第二篇""第三篇"**等。

第一篇　　**一部中国上古史研究领域的鸿篇巨制**
　　　　　　——读殷作斌教授的《殷代史》书稿有感

兰文种

（此文为当代资深媒体人**兰文种先生**发表在 2022 年 4 月 20 日《企业家日报》总第 10404 期第 5、6 两个整版上的长篇书评）

《殷代史》书稿作者殷作斌简介

殷作斌，字朐阳，号丹宇，1941 年 1 月 22 日生，江苏省淮安市涟水县南禄乡人，1961年考入清华大学无线电电子学系就读。江苏省高等学校一类优秀课程奖获得者、电子学专家、淮阴工学院著名的双师型人才，发表过许多篇电子学论文。因祖传一本源于先秦竹简的魏晋谱书《殷氏家传》，他从青年时代起就爱上古史，业余研究夏殷周三代史六十多年。退休后，潜心中华殷商传承文化的研究，为筹建淇县朝歌中华殷商传承文化研究会呕心沥血，先后编著《殷代史六辨》《朐阳殷氏宗谱》等著作。

《殷代史六辨》的作者简介和内容简介已被载入殷商史和甲骨学科学家王宇信主编的《殷墟文化大典》第三卷的第 462 页和第 568 页中。安徽人民出版社出版、王宇信主编的三卷六册《殷墟文化大典》曾于 2021 年荣获第五届中国出版政府奖（图书奖）。目前，殷作斌先生的史学和现代化的谱牒著作均已被国家及北京、上海等各省市、各著名大学、历史研究等单位图书馆，部分博物馆和部分海外地区图书馆收藏。

殷

殷代史

【卷首】殷商史事新说与本书导读

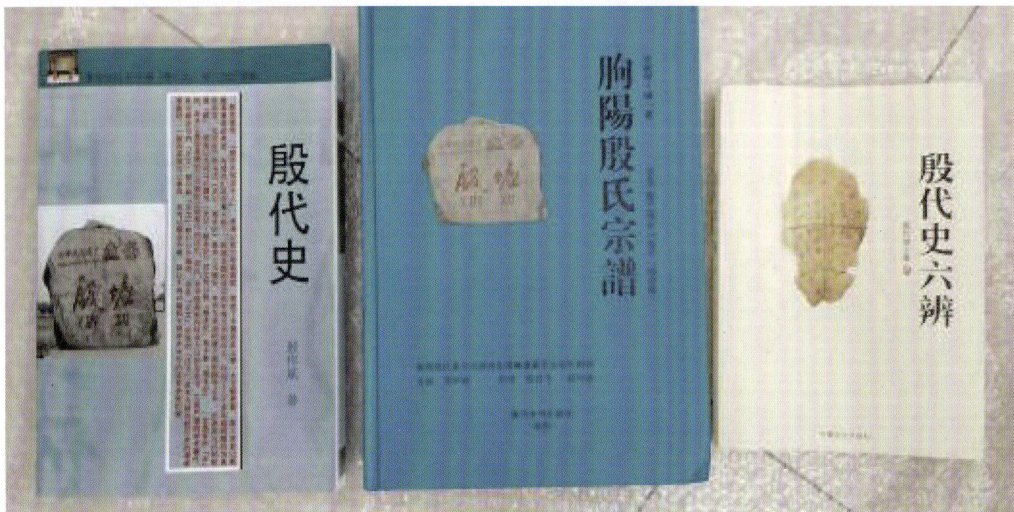

丙

读书，读电子书与纸质书，是两种截然不同的感悟。

4月15日下午，80多岁的殷作斌老教授从淮安市快递来他2015年由中国文史出版社出版的《殷代史六辨》专著以及即将由出版社出版发行的《殷代史》书稿影印件等书，记者小心翼翼地翻阅这两本厚重书籍的章节，对殷老先生肃然起敬，内心久久不能平静……

这本连书前彩页、序及目录近70万字的《殷代史》影印书稿，是殷老先生《殷代史六辨》一书的延伸和扩展，更是老先生研究殷商王朝历史六十余年的心血……

而今除《史记·殷本纪》以外的现有殷商史书，大多学术气氛太浓，篇幅庞大，只在学术圈子里流阅，普通读者很难读懂。然而，殷作斌先生的《殷代史》却是一部还原曾被丢失的三千多年前殷商王朝五百七十四年真实历史的史书，其诸多崭新观点，都令人耳目一新，其许多记载可望能使目前殷商史研究领域中的诸多千古难题迎刃而解。综观殷作斌先生《殷代史》一书，有八个感悟。

一、在内容编排上突破传统史书的四大创新

殷作斌先生的《殷代史》书稿在内容先后方面采用了特殊的编排方法，它突破传统史书"按君王更替次序著史"或"按年著史"的常规，把《考古学揭示的殷代文明》放在开篇之卷——《卷一》中，把已被考古资料确证的殷商时代最重要的文明，如成熟的甲骨文字系统、青铜文明、农耕与历法、高度发达的商业文明等优先介绍给读者，迅速地拉近读者与久远殷商文明的心理距离，激发了读者浓厚的阅读兴趣。此为一大创新。

除此之外，该书在文字风格和编辑技巧上遵照清华大学已故著名历史学家李学勤关于"历史学者自当'面向大众'……历史著作必须在语言和结构上力求'通俗化'"的教导，还有三个显著的创新。

一是写作目标是在文字风格上通俗易懂，具有初中文化水平的读者便能读懂。

二是将正文和注文部分分开编排，以求雅俗共赏，让不同阅读兴趣和不同学术水平的读者各取所需。在该书中，凡是必须引用甲骨卜辞、考古发现和其他难懂史料才能准确阐明学术问题的文字，绝大多数放在正文后面集中编排的注文中。也就是说，该书的注文部分是专为搞殷商史研究的读者服务的，对于一般读者来说，可以只读该书的正文部分，注文部分仅供作进一步研究的参考。

三是采用了有效控制篇幅的特殊编排技巧。这种编排技巧特别体现在《卷二》（殷商史事要览）和《卷四》（殷末风云）的编辑中。以《卷二》为例，全卷共十章。每一章都对应殷商时期的一件宏大的历史事件。如果按常规编写，这每一件宏大的历史事件都可以展开写成一本厚厚的书，但在《卷二》中，这每一件宏大的历史事件的内容都被高度概括成用通俗文字表达的一件"要览史事"，作为一章编在《卷二》中，这样就能大大地压缩《殷代史》全书的篇幅。

二、殷作斌先生涉足中国上古史研究的机缘

殷作斌先生是清华大学毕业的理工科高才生，毕业后在国防科研部门工作，后来受国家照顾调回家乡江苏淮安，在淮阴工学院任教，直到 2001 年退休。由于参与编修《殷商族志》的机缘对殷商史产生浓厚的兴趣而一发不可收拾。为了搞清楚殷商史上的一些疑难问题，殷作斌教授拜北京大学著名考古学家李伯谦教授和中国社会科学院荣誉学部委员、中国殷商文化学会原会长王宇信教授为师。

2015 年，在李伯谦教授的指导下编辑并出版了殷商史学界的著名辨书《殷代史六辨》。2020 年，在对当代殷墟研究有巨大影响的学术巨著《殷墟文化大典·商史卷》（上、下册）主编、安阳师范学院郭胜强教授的指导下，编辑出版了近百万字的《朐阳殷氏宗谱》。该谱因其编辑体例的全面创新在共有 2196 部家谱参与评比的 2020 年郑州全国家谱展评大会上荣获"最佳创新特等奖"。2022 年，遵照北京大学李伯谦教授的嘱托，终于完成了将《殷代史六辨》扩写成《殷商族志》的宏愿，并依据其国史内容多于族史内容的特点，将其易名为《殷代史》。

《殷代史》书稿是殷作斌教授业余研究殷商王朝历史六十余年的结晶。老先生研究殷商王朝历史的机缘源于其家祖传一本首页记有"出于晋谱"的《殷氏家传》。据其回忆说，那还是 1959 年他上高中二年级时的事。那时，他有超强的记忆力和理解力：一般的文章，只要读几遍，便能背诵，欧几里德的《几何原本》那么难懂，他读完便理解了全书。当时他长兄殷作超见他记忆力好，能背诵《三国演义》，并绘声绘色地讲给小伙伴听，于是便命他熟读"传子不传女、传长不传次"的《殷氏家传》。他长兄当时对他说，这种关于家族史的重要史书，记在脑子里最安全。于是从 1959 年读高二起，到 1962 年上大二止，他花了几年时间终于将完整的祖传《殷氏家传》一字不落地背熟。背熟记住心里之后，就将那本按家规"传于不传女、传长不传次"的《殷氏家传》还给他长兄收藏。他长兄时任校长，在"文革"中遭批斗恐吓，吓得他连同做私塾先生的曾祖父殷高良留下的许多手抄殷商族史研究文稿和书法作品都付之一炬了。特别是那本置于特制密封铁箱内藏于夹层墙中，虽躲过抗日战争一劫

的传世文献《殷氏家传》，却不幸毁于"文革"的"造反派"威胁之中。

　　据殷作斌先生讲，他新编这部《殷代史》书稿中一系列新观点的形成，几乎都与他家祖传的《殷氏家传》有关，但由于《殷氏家传》已被毁而不可复得，因此，他在《殷代史》书稿中，据《殷氏家传》的记载每提出一个新观点时，所引用的论据和辅助史料的出处，均以学界公认的文献或考古发现为准，除了《卷六(殷代纪年)》中有部分纪年资料采用《殷氏家传》资料以外，基本上没有仅以《殷氏家传》的史料为据的。

三、《殷代史》解决了困扰学界两千多年的殷代纪年问题

　　甲骨文字和大量考古材料的横空出世，虽然证实了传说中的殷商王朝为真实存在，但关于它的纪年问题却难于理出头绪，以至于"夏商周断代工程"花了五年时间也只给出一个取整断代的框架而已。

　　（一）殷商王朝开国大帝成汤建国始于哪一年，历时五年的"夏商周断代工程"只给出始于公元前1600年的大致判断。《殷代史》书稿据《殷氏家传》成汤于其在殷侯位的第十八年癸亥即天子位的记载推断殷代起始年为公元前1618年癸亥。因为按照《殷氏家传》的癸亥年记载，可选的殷商王朝起始年代只有公元前1498年、公元前1558年、公元前1618年、公元前1678年等几种可能，考虑到"夏商周断代工程"碳-14测年给出的年代范围(公元前1610年—公元前1580年)和《夏商周断代工程报告》一书关于"**商代始年：公元前1600年左右**"的结论(注：这句引文是收入本书时作者后加的，引自《夏商周断代工程报告》第322页，科学出版社，2022年6月第一版)，笔者认为《殷代史》书稿将成汤即天子位年"癸亥年"定为"公元前1618年癸亥"是符合史实的。

　　（二）上述推断虽可确认成汤即天子位之年为公元前1618年癸亥，但成汤究竟是哪一天即天子位的呢，即是说殷商王朝的建国日究竟是哪一天呢？对此，史无记载，甲骨文中似乎也未发现这方面的记录，但《殷代史》书稿据《殷氏家传》关于成汤于"十八年癸亥元日即天子位"的记载，再运用许剑伟《寿星天文历》给出的推算方法，推算得成汤建国日为公元前1618年2月20日，相当于中国黄帝纪元1081年正月初一日或干支纪元癸亥年甲寅月壬辰日，这应该是一项了不起的成果，它对夏代历史的研究必然会起一定的推动作用。

　　（三）众所周知，导致殷商王朝覆亡的牧野之战发生于三千多年前某年某月的甲子日，但具体是哪一年的甲子日呢？截至公元1997年5月1日，历代前贤专家共推算出44种可能的年份。后来，"夏商周断代工程"用了五年的时间，使用传世文献、甲骨文、考古材料、碳-14测年、日月食测年等多种手段对夏殷周的年代进行断代，最后一锤定音推得牧野之战发生日为公元前1046年1月20日，而且还不一定是对的。《殷代史》书稿据《殷氏家传》关于殷商王朝末帝帝辛(纣)于"丙申年甲子日"失国的六字记载，很容易就推算出殷商王朝覆亡的准确日期为公元前1044年1月9日。这与上海交通大学江晓原教授据"天象"推算的牧野之战发生于公元前1044年1月9日的科技成果完全一致。然而，《殷代史》书稿所用的下述推算方法远比江晓原教授所用的纯"天象"推算方法简单而明了。

　　众所周知，现代碳-14测年给出的殷商王朝"约在公元前1050年至公元前1020年之间"覆亡，结合《殷氏家传》关于殷商王朝覆亡于"丙申年甲子日"的六字记载，可立即推知，殷商王朝的覆亡日必定在公元前1045年的标称干支年丙申年内，也就是必定在公元前1045年立春时刻(公元前1045年2月13日23时59分17秒)至公元前1044年立春时刻(公元前1044年2月13日5时44分52秒)之间的丙申年内。由许剑伟《寿星天文历》很容易查得，在帝辛(纣)末年的这个丙申年中，只有六个可选的甲子日，这样就可将帝辛(纣)失国的甲子日筛选范围从丙申年的一年时间缩小到六天的范围内，再由文献记载或"西周利簋铭文"记载的牧野之战发生日呈现木星当头的特殊天象，可立即从帝辛(纣)失国的六个可选甲子日中进一步确定只有公元前1044年1月9日的甲子日(相当于中国黄帝纪元1654年十二月初四或干支纪元丙申年庚子月甲子日)才是牧野之战发生的准确日期。

　　（四）殷商王朝积年的推断。《殷代史》书稿据上述殷商王朝肇始于公元前1618年的标称干支年癸亥，覆亡于公元前1045年的标称干支年丙申，很容易算得殷商王朝的准确积年为574年(1618-1045+1=574)。

（五）盘庚迁殷年的推断。《殷代史》书稿据《殷氏家传》记载的盘庚元年庚辰、崩年丁未和盘庚于其在位的第十四年迁殷的记载，很容易推算得盘庚于公元前 1301 年庚辰至公元前 1274 年丁未在位，共在位 28 年，于公元前 1288 年癸巳迁殷。

四、成汤的国号为殷不为商，只有将夏商周二代改为夏殷周三代才符合史实

《殷代史》书稿举出举人里的证据，证明成汤的国号为殷不为商，也不是四晋堂所强调的盘庚迁殷前称商、盘庚迁殷后称殷。《殷代史》书稿经充分论证后，向殷商史学界和国家教育界提出两项建议，以免误导研究方向和影响下一代对成汤国号的准确认知。

一是建议专治殷商史的科学家宋镇豪在其主编的 11 卷本《商代史》再版时更名为《殷代史》；二是建议国家教育部将现行中小学课本中关于夏商周三代的说法据史实更正为夏殷周三代的说法。

目前，有些学者认为，成汤国号是商是殷只是"习焉不察的小问题"，殷作斌教授却另有看法。他举例说，而今世界上有人故意将中国共产党人创立的"中华人民共和国"写成孙中山先生创立的"中华民国"，我们能认为是"习焉不察的小问题"吗？他在《殷代史》书稿中提出：成汤国号是商是殷的争辩不是小事，而是事关为成汤"国号"或"朝代号"正名的大事，甚至是"刻不容缓"的急事。因为目前国内的中小学课本，教给学生的上古三代朝代名称都是值得商榷的"夏商周"，而根本不提"夏殷周"了，如此一代代传承下去，再过一两百年，人民大众就只知道成汤建立的新王朝朝代名叫"商"，而不知道成汤建立的新王朝的本名叫"殷"了。

何以为证？概括说来，《殷代史》书稿论证成汤国号为殷不为商的证据和解释如下：

（一）考古材料证明，周朝时殷商王室的直系传人——宋公室人对成汤建立的前朝是称殷不称商的，其证据是河南固始侯古堆一号春秋墓出土的铜器铭文，详见固始侯古堆一号墓发掘组：《河南固始侯古堆一号墓发掘简报》，《文物》1981 年 01 期。此项证据能证明有学者说"殷"是周人对前朝的贬称是没有根据的。因为河南固始侯古堆一号春秋墓的墓主人正是子姓宋公室第 28 位君主宋景公头曼的亲妹妹，如果称"殷"带有贬义，那么周代子姓宋公室人是绝对不会称"殷"的，子姓宋公室人是绝对不会自己蔑视自己的祖宗的。

（二）考古材料证明，包括周代官方人士在内的周朝人对成汤建立的前朝是称殷不称商的，其证据是湖北随州文峰塔 M1 号春秋墓出土的 A 组 M1:1 编钟铭文，详见湖北省文物考古研究所、随州市博物馆：《随州文峰塔 M1(曾侯與墓)、M2 发掘简报》，《江汉考古》2014.4/ 总第 133 期。

（三）孔子、孟子对成汤的国号是称殷不称商的。

（四）司马迁的《史记》将记载殷商王朝历史的篇章命名为《殷本纪》而没有命名为《商本纪》，司马迁不可能看到的《竹书纪年》将记载殷商王朝历史的篇章命名为《殷纪》而没有命名为《商纪》。

（五）甲骨学"四堂"之一、学界公认的甲骨学大师董作宾在批判学界一些人梦想仅依赖甲骨文(而轻视传世文献)就想写出百分之一百的殷商王朝历史时的用词总是"殷代文化""殷代文化史"，而从不使用"商代文化""商代文化史"的词语。

（六）港台史学权威学者、台湾大学、香港中文大学、台湾政治大学李定一教授在其权威著作《中华史纲》中说："(成汤)代桀而称天子后，当天子前的封号商已不用，商成为供奉祖先的宗庙所在地，称'大邑商'，是地名；而国号为殷……《史记·殷本纪》更是国号是殷不是商的铁证……**一般所谓盘庚迁殷，始国号殷，实误**。事实上商是始封的小地方的名称，商汤成为天子后，'大邑商'只用之为宗庙所在地而已……**习称的夏商周三代，应该改为夏殷周才符合史实。**"

（七）据说目前学术界之所以认定成汤国号为商不为殷，主要是看到甲骨文中"商""商王"等词语频频出现，而"殷"字非常罕见、"殷土""殷帝"等词语根本不见的缘故。对此，《殷代史》一书另有解释。

①《殷代史》书稿据《殷氏家传》的记载认为，为了团结商族内部林立的大小氏族，使

其形成拳头一致对外，迫使成百上千个外族"方国"臣服自己刚刚建立的新王朝"殷"，成汤决定，"商"这族号仍要保留，并对何时称"商"，何时称"殷"，作出界定，立下后世商王必须恪守的**"殷商并用，族号称商，国号称殷"**的族规。并据此"殷商并用族规"规定商族内部的一切族事活动，如祭祀、向祖宗贞问吉凶、贞问战争胜负与祈求福祉的占卜贞问活动等，一律称"商"，而不得称"殷"。**成汤制定这一"殷商并用族规"的实质是要求后世"集商王与殷帝于一身"的"天下共主"必须恪守成汤所立的"在族内行王权称商称王，在全国行天子权称殷称帝"的规矩，而不可乱称。**因为甲骨卜辞是商族内部族事活动的产物，它当然会频频出现"商""商王"的称谓，而不允许出现"殷王""殷帝"的称谓。因为司马迁的《史记》记载的是"国史"而不是"商族家族档案"，所以在《史记·殷本纪》中司马迁对成汤的国号全称"殷"，对殷天子全称"帝"，而《史记·周本纪》记载的是周武王征伐殷帝辛即商纣王[笔者注]居住的殷代末年实际统治中心朝歌，当把征伐对象作为国家"殷帝国"看时就得称"殷"，当把征伐之地作为殷代末年帝辛的实际住地兼办公场所"商族王室的实际统治中心朝歌"看时就得称"商"，所以，在《史记·周本纪》中，司马迁视不同场合有时用"殷"字有时用"商"字，据统计在《史记·周本纪》中，共用了25处"殷"字和14处"商"字。就以对集"殷天子"与"商族之王"于一身的殷代末帝帝辛（纣）的称谓而言，凡是指代帝辛（纣）为"殷天子"的地方，均称"殷"，有"殷纣""殷王纣""殷之末孙季纣""殷王受"四称；凡是指代帝辛为"商族之王"的地方，均称"商"，有"商纣""商王帝辛"两称。由此可见，当年司马迁撰写《史记》中的《殷本纪》和《周本纪》时，对成汤所立"殷商并用族规"的理解已经到了炉火纯青的境界，什么场合用"殷"字，什么场合用"商"字，一个字也没有乱用，完全符合成汤所立"殷商并用族规"的思想。

② 国内的一些学者之所以将卜辞中"商"这族号理解为成汤的国号，一个重要原因是他们将卜辞中频频出现的"王"或"商王"作了错误理解。他们将"商王"一词理解成"商国的国王"之义了。其实，按照成汤所立"殷商并用族规"的思想，"商王"就是"商族之王"的意思，也就是"商族内部最高领导人"的意思。显然，"商王"与"国王"是两个完全不同的概念，只有"殷帝"或《史记·殷本纪》中"帝"才具有"国王"的含义。目前，国内的甲骨学家，不能依成汤所立"殷商并用族规"区分集"商王"与"殷帝"于一身的"殷天子"（天下共主）有族内"商王"和全国"殷帝"两个身份，误将卜辞中"商王"理解成"商国之王"，应是他们将成汤国号定为商而否定司马迁在《史记·殷本纪》中称成汤国号为殷的主要原因。

【收入本书时笔者后加注：《殷代史》据魏晋谱书《殷氏家传》认为，"商王"的本初含义就是"商族之王"的意思，并不具有时称"天下共主——天子"或后世名称"国王"的含义。在魏晋谱书《殷氏家传》中，将成汤之前未成为"天下共主——天子"的十三代殷商先公（自契至主癸）和成为"天下共主——天子"的自成汤至帝辛的十七代殷商先王都称为商王，就是"商王"并不具有时称"天下共主——天子"或后世名称"国王"含义的铁证。其实，甲骨卜辞中"商王"或"王"的本义就是指在商族内部享有生杀大权的至高无上的族长，即是商族人对其最高领导人的族内尊称而已，与时称"天下共主——天子"或后世名称"国王"的概念是渺不相关的。现在，学界将卜辞中经常出现的"商王"或"王"理解"一国之王"的"国王"显然是理解错了。实际上，在夏、殷两朝，只有"帝"才与"天下共主——天子"有对等的含义，"王"并不具有与"天下共主——天子"对等的含义。只是到了后来的周朝，"王"或"周王"才与"天下共主——天子"有了对等的含义。这就是魏晋谱书《殷氏家传》中反复强调的**"殷称'帝'周称'王'"**六个字的原因。笔者希望读者首先要弄明白，在时称"天下共主——天子"这个层面上，只有**"殷称'帝'周称'王'"**这六字的表达才是符合史实的。实际上，就"天下共主——天子"这层意义而言，在直属和间接管辖的全部国土范围内（含册封为属国诸侯的部族方国）作为天下共主的殷帝自己面对全国人民是只称"帝"不称"王"的。魏晋谱书《殷氏家传》认为，称殷帝为"王"只有两种情况：一是在商族内部称"王"；二是当不服从殷帝管辖的外族人不承认殷帝为天下共主时，故意不尊其为"帝"，而改称其为"王"，寓贬低之意。**】**

五、本不相干的"殷""商"二字结缘成"殷商"称谓的缘由

"商"本地名，自从殷商始祖"契"被封于商以后，"商"又成为世袭诸侯国商国的国号和以"契"为始祖的子姓一族的族号。**"殷"**也是一个地名。古代时，作为地域名的"殷"地，疆域基本稳定。其地域在太行山以东，夏殷时古黄河以西，南至豫北洹水流域，北至冀南漳水流域一带。其地理位置可用"山东河西，洹、漳二水流域间"十一字来概括，现在的豫北安阳"殷墟"和冀南"邺城"（二者相距30多华里）都在"殷"地的疆域内。本来"殷"和"商"一点关系也没有，后来因发生六世商先公子**冥**（甲骨文中的高祖"河"）为夏之水官治理黄河以身殉职的悲壮事件，六世商先公冥被夏帝追封于"殷"，被夏帝追认为诸侯国殷国的首任殷

君，命商族人将原先的诸侯国"商国"改称为以六世商先公冥为首任国君的诸侯国"殷国"。因此，原本互不相关的"殷、商"二字才有了最初的联系，结缘成"殷商"的称谓。从此，后世史家和殷商后裔又将子契为始祖的商族称为殷商族，将商族八世商先公子冥为始祖的子姓分支称为子姓商族八大氏族中的殷氏族，尊六世商先公子冥为子姓商族中殷氏族的肇氏始祖。后因推翻夏朝统治建立新王朝的开国大帝成汤为子姓商族中殷氏族肇氏始祖子冥的八世孙，是子姓商族殷氏门中人，于是，子姓商族殷代便成为成汤新王朝王室的象征，这更加强化了殷、商二字的联系。最终，"殷商"的称谓不仅成为商族传承至今（共3800多年）并为众多殷商后裔各姓氏、各支派广泛使用的族号，而且成为后世史家一致认同的前后总计共传国一千七八百年（含周代微子的宋公国）由子姓商族执政的"国号"的总象征：从传说中帝舜时子契兴起，直到战国中期微子的宋国灭亡止，含帝舜时诸侯国商国、夏代时诸侯国商国及夏帝特封改商曰殷以后的诸侯国殷国、实际传承 17 世 27 帝的成汤代夏的殷商王朝、周武王所封帝辛之子武庚禄父的短暂周属诸侯国殷国以及周代时的微子宋国，微子宋国是周初册封的"三恪"之一且可传承"殷礼"的公爵诸侯国。

魏晋间学者皇甫谧认为，"殷商"称谓出现的原因是成汤建立的新王朝，在盘庚迁殷以前称"商"，盘庚迁殷以后称"殷"，两者合称"殷商"。这种观点是不对的。在商族的历史上，六世商先公冥的追封地"殷"、八世商先公上甲在"殷"地的"复兴"（上甲由殷原统治中心北迁 30 里的邺也在殷地的疆域内）、后世商王（殷帝）盘庚迁殷后在殷地的中兴，这三处"殷"地，实际是指"太行山以东，夏殷时古黄河以西，南至豫北洹水流域，北至冀南漳水流域一带"的同一个"殷"地。所以，盘庚迁殷不是迁到新的"殷"地，而是迁回到祖地"殷"。如果一定要将自契起到帝辛亡国止这段殷商时期划分一个殷、商称谓的分界的话，只有六世商公"冥前称商、冥后称殷"的分法才是正确的，"盘庚迁殷前称商、盘庚迁殷后称殷"的划分是不正确的。

六、《殷代史》书稿以殷代早期大量青铜器出土的事实，使"殷商青铜文明西来说"不攻自破

《殷代史》书稿以考古界发现的郑州商城出土的殷代早期青铜器和在长江流域的殷代早期重要据点兼青铜冶铸中心武汉盘龙城出土的大量殷代早期青铜器的事实为据，使学界有些学者提出的**殷代后期青铜文明西来说**不攻自破。就人类社会发展的文明阶段而论，殷代早期已经处于比较发达的青铜时代，湖北武汉盘龙城和郑州商城出土的大批殷代早期青铜器就是殷代早期已经处于比较发达的青铜时代的有力证明。

现在，有些学者在某省级电视台上提出一种理论，认为夏代和殷代早期、中期还处于落后的无青铜器的新石器时代晚期，但他们又无法否认殷代后期以司（后）母戊大方鼎为代表的青铜冶铸技术为标志的殷商青铜盛世。于是就提出一种理论，认为殷代后期之所以能从新石器时代一步跨入发达的青铜时代，完全是因为武丁发动为期三年青铜之战的结果，他们认为殷商后期掌握的高度发达的青铜冶铸技术是武丁用战争手段从掌握西方青铜冶铸技术的南方部族掠夺来的。《殷代史》书稿以殷代早期郑州商城出土的杜岭一号、杜岭二号青铜鼎和武汉盘龙城出土的以锥足鼎为代表的大量青铜器向世人证明，殷代后期殷人掌握的青铜冶铸技术不是武丁用战争手段掠夺来的，殷代的青铜文明不是西来的，而是殷代后期的殷商人从自己的郑州商城老祖宗和武汉盘龙城老祖宗那儿继承来的。

值得一提的是，学界有些人为了给他们的殷代后期青铜文明西来说作铺垫，在某省级电视台上讲：殷代早期、中期尚处于没有青铜器的新石器时代晚期，实际控制疆域"住大丁想也就是方圆十五公里……说不上有什么王气"位于"山东曹县附近"的"大邑小国"。从《殷代史》书稿不难看出，这些学者贬低殷代早期国家发展形态、对殷商王朝早期政治地理版图和社会文明程度的认识是错误的。因此，《殷代史》书稿反驳了一些学者在某省级电视台宣扬殷代早期、中期仍处于没有青铜器的新石器时代晚期的野蛮落后的说辞。

七、对殷代中期国家形态和实施"王室推举制"王位继承制度的正确认知

《殷代史》书稿认为，成汤代夏建立的国家是以殷帝为天下共主的王权国家，是一种取代夏王朝统治的众星拱月式的复合制国家结构，它既有直接控制的王邦，也有间接支配着的若干臣服的属国或族邦。就政治地理版图结构来看，就成汤建国以后的殷代早期能够实际控制的疆域而言，《殷代史》书稿指出，成汤朝以中原腹地郑洛地区为中心，北至豫北冀南，南至丰富铜矿带的长江流域，东至泰山以西和淮河流域，西至晋中、晋南。殷代中期较殷代早期相比，实际控制的疆域虽然因四面受敌的形势被迫实施战略收缩经略有所收缩，但其统治的核心地带——中原腹地的郑洛地区并没有丢失。

长期以来，传统史学界和现代史学界将殷代中期的社会描写得过于黑暗。如"比九世乱"，"都城数迁"，"诸侯莫朝"，都城沦陷、居于中原腹地的商王（殷帝）被外族赶得到处跑、以致于逃跑前不得不把精美的青铜器埋藏起来的"商文化白家期崩溃说"云云。《殷代史》书稿，在承认殷代中期因四面受敌，被迫实施战略收缩经略，承认商文化在白家期有所收缩但绝对没有崩溃的同时，对以上一些将殷代中期描述得过于黑暗之说，一一据实予以反驳，还原殷代中期的真实社会面貌。笔者认为《殷代史》书稿在还原殷代中期真实社会面貌的历史方面，至少有以下四点令人信服的科学解释。

（一）对殷代中期之所以被迫实施战略收缩经略作出因国防需要的科学解释：殷代中期，王朝陷入四面受敌的复杂困境。因北方气候转型变为干冷，迫使北狄各民族南进威胁中原；曾经与成汤结盟灭夏的东夷各民族因势力增强，对中原殷商也虎视眈眈；南方长江流域南蛮各民族也不再对中原殷商臣服，迫使天下共主的宗主国中原殷商不得不放弃对长江流域丰富铜矿资源的掌控，这导致殷商王室经济总量大大缩水；西边各游牧民族又强势崛起。面对如此复杂的局面，殷商王朝不得不实施基于国情的战略收缩经略。

（二）不得不实施"王室推举制"的王位继承制度，殷代中期在陷入四面受敌、王室经济总量下滑的复杂困境下，为了使王室共有的有限财产不被分割且得到最大限度的保护，殷商王室成员经集体议决后认为，成汤据夏室王位继承制度制定的父子相传制已不适合当时的国情，决定有限地仿照尧舜禹时期传说的禅让制度，改行"王室推举制"的王位继承制度。其程序为："前王终了时，由王室成员集体共议表决，在王室众多兄弟子侄间产生新的优秀人选来当王位接班人，以便更有效地管理殷商王室的有限共有财产。"也就是说，《殷代史》书稿认为，殷代中期在前王仙逝后，不再以"贤庸无法预测或年岁太小的先王嫡长子"为唯一王位继承人，而是有限地仿照尧舜禹时期传说的禅让制度改行"王室推举制"的王位继承制度，因为只有实行"王室推举制"的王位继承制度才能推选出王室成员都"放心"的王位继承人。其间，太戊是第一位被王室成员集体共议推举上位的贤君，武丁是最后一位被王室成员集体共议推举上位的盛君。武丁盛世时，王室成员人均经济体量已经跃升为世界第一。为了加强王权，武丁、祖甲父子又恢复执行成汤制定的父子相传制。

（三）《殷代史》书稿还依《殷氏家传》之说，据史实大胆否定了司马迁的殷代中期因发生"比九世乱"导致"都城屡迁"和"诸侯莫朝"的说法。传统史学以文献所载"比九世乱"和殷都屡迁的时期相契合为切入点，立意虽新，但迁都就能解决内乱的逻辑推理显然难以使人信服，同时从殷都屡迁的史书记录来看，史书上记载的殷代都城屡迁都是和平进行的。《殷代史》书稿以殷代中期没有发生一次王位争夺或战争的史书记录为证，认为"比九世乱"的说法纯粹是史家以后世小人之心度殷商先祖君子之腹的主观臆测，无任何王位争夺的客观史据为证。因此，《殷代史》书稿认为因发生"比九世乱"导致"都城屡迁"和"诸侯莫朝"的说法是史家凭主观臆想解释历史现象的伪命题。

《殷代史》书稿认为，殷代中期的"都城屡迁"是后世史家未从现象中看到本质的历史错觉。事实上，自成汤起，殷代就有视"国之大事在祀与戎"的传统，就有将统治中心一分为二为专管"祀"的祭祀中心王都和专管"戎"的军事中心王都的双都制传统。成汤建国，在郑州建有"大邑商"祖庙，即视郑州为祭祀中心王都，又在偃师建有震慑夏之贵族遗民的

军事中心王都，时称"西亳"。到中丁在位时，偃师西亳都震慑夏之贵族遗民的任务已经完成，中丁便把位于偃师的军事中心撤回到荥阳附近的嚣（隞），后来为了便于抵御北狄、东夷各部族方国相继来犯，河亶甲便将军事中心从荥阳附近的嚣（隞）迁到北边的相，祖乙又将军事中心从相迁向更北的邢（耿），后来又迁到庇，到了南庚时又迁到位于山东曲阜附近的奄。实际上，从中丁到南庚，迁的只是为了国防的需要作为军事中心的辅都，作为祭祀中心的郑州主都并没有迁。这种由中丁的嚣（隞）到河亶甲的相，再到祖乙的邢（耿）、庇，最后到南庚的奄，便被后世史家误以为是因王位争夺导致的王都屡迁，这种现象反映到司马迁头脑中就形成了因发生"比九世乱"导致"都城屡迁"的错觉。实际上，殷代中期，从中丁到南庚在位期间，实际军事中心的这几次移动，与殷代中期的王位更替一点关系也没有。殷代中期的王位更替是由执行"王室推举制"完成的，而实际军事中心的屡迁是因国防需要而进行的，殷代中期的王位更替与实际军事中心的屡迁之间没有任何的直接联系，司马迁说的"比九世乱"现象根本不存在。就实际而言，自成汤将天下之中郑州定为殷商王朝的主都并复命以"亳"以后，殷代早期和中期一直实施将统治中心一分为二为专管"祀"的祭祀中心主都和专管"戎"的军事中心辅都的双都制度。这种情况，直到后来的盘庚迁殷以后才结束。因此，只有盘庚迁殷才是殷代唯一的一次实质性迁都。正因为高瞻远瞩的盘庚决心要把祭祀中心郑州主都和军事中心奄邑辅都连同住在主都、辅都的殷商贵族一劳永逸地一起迁到他看中的祖地"殷"去，所以才遭到恋家族人的坚决反对甚至抵制，以至于盘庚不得不发表《盘庚三篇》边劝说边强制那些殷商贵族必须随他迁到新都殷邑去。

（四）《殷代史》书稿同时也否定了现代考古界一些学者囿于殷代中期"比九世乱"的固有认知提出的所谓"商文化白家庄期崩溃说"。考古界认为的"商文化白家庄期"大体与殷代中期相当。《殷代史》书稿以无可辩驳的史实证明在"白家庄期"商文化就其传播的地域而言虽然有所收缩，但并没有崩溃。也就是说，殷代中期迫于周边强敌四起的形势，不得不实施基于国情的韬光养晦战略收缩经略，虽然主动放弃曾经控制的以武汉盘龙城为据点的长江流域丰富铜矿带，但中原殷商经营多年的祖地郑洛地区并没有丢失，被成汤复命以亳的郑州主都，仍然是殷代中期的真正王都，历史事实证明考古界一些人提出的"商文化白家庄期崩溃说"是不符合史实的，应予以纠正。

八、《殷代史》书稿建议学界迅速用"王懿荣、刘鹗、孟定生、王襄是于1899年发现甲骨文的四个并列第一人"的新理论代替海内外学者和社会大众不愿意认同的"王懿荣是于1899年发现甲骨文的第一人"的旧理论，团结并引领大家奔向甲骨学更加美好的明天

学界公认，已知由4500多个字符组成的甲骨文字符集是殷代通用的较为成熟的文字系统。殷代因有甲骨文而闻名于世，殷人创造的灿烂文明，因他们留下的甲骨文才为后世的我们真正洞察。《史记·殷本纪》对殷商王朝的简略记载也因此被世界史学界确认为"基本上为信史"。然而，自20世纪七八十年代起一直延续到现在，围绕"谁是发现甲骨文第一人""甲骨文到底是1898年还是1899年发现"的问题，学界内部却争论不休……

《殷代史》书稿建议：在老一辈科学家郭沫若、胡厚宣、李学勤先后谢世的今天，德高望重的健在科学家王宇信、宋镇豪等先生应该果断地站出来迅速地平息学界这场耗能式的争论。研究一下《殷代史》书稿提出的"王懿荣、刘鹗、孟定生、王襄是于1899年发现甲骨文的四个并列第一人"新理论，迅速用多元化的新理论代替海内外学者和社会大众不愿意认同的"王懿荣是于1899年发现甲骨文的第一人"的一元化旧理论，团结并引领大家奔向甲骨学更加美好的明天。

为了早日结束这场关于"发现甲骨文第一人"的争论，南开大学朱彦民教授建议："（学界）应该订立一个'发现'的标准，即什么叫做'发现'，是看到就是发现，还是经过研究知道他的年代和性质算是发现。"

从目前甲骨学界的热议形势来看，若不订立发现甲骨文第一人的标准，争议之风定会持久。《殷代史》书稿根据南开大学朱彦民教授的提议，提出一个定义"发现甲骨文的第一人"的标准如下：

最早确认安阳小屯出土的"带有人工契刻符号甲骨"上的符号为殷商时代文字并在一定范围之内传播这一信息的人,可被定义为"发现甲骨文的第一人"。

根据《殷代史》书稿提出的上述标准,如果纯以当事人现场留下的且为众人所知的文字材料为准,只有刘鹗一人可定义为"发现甲骨文的第一人",因为1902年11月5日(旧历十月初六)刘鹗《壬寅日记》是迄今所见我国甲骨文史上明确记录甲骨文(刘鹗时的等价名称为"龟文")的第一次文字记录。刘鹗1902年11月5日日记的原文如下:

十月初六日(1902年11月5日)晴

午后,涂伯厚来,看宋拓帖。申刻,偕宝廷往晤詹美生商谈一切事。晚间,刷龟文,释得数字,甚喜。

不过,这样一来,将会把发现甲骨文的时间,从1899年推迟到1902年,这是学界甚至公众都不能接受的,因为学界甚至公众都知道下述铁的事实:如果没有王懿荣为刘鹗奠定的学术基础,刘鹗绝对不会在1902年11月5日写出有如此价值的日记来。如果不以当事人现场留下的且为众人所知的文字材料为准,将"众人所知"的范围扩展到当事人或别人的回忆或社会大众的集体回忆(即所谓传说,包括北京、淮安、天津等地的坊间传说),则可将"发现甲骨文的第一人"的候选人范围扩大至只有下述两组四人。

①王懿荣与刘鹗于1899年同时发现甲骨文。

《殷代史》书稿中记载,北京和刘鹗常居地淮安都传说,认识刘鹗并请刘鹗看过病的《殷代史》书稿作者的曾祖父殷高良也说,王懿荣和名震江淮的集中医师、文学家、清朝官员等多职于一身的刘鹗是师生相称的好朋友,王懿荣发现甲骨文的那张含有"龙骨"的中药方正是刘鹗为其看病时开的,是刘鹗和王懿荣同时发现自鹤年堂药店购来的中药中含有"带字龙骨"并共同将其定为殷商时占卜文字的。1931年7月5日北平《华北日报·华北画刊》第89期署名汐翁的文章《龟甲文》中也提到刘鹗客游京师,住王懿荣家,正遇上王懿荣得病,刘鹗和王懿荣同时发现服药用龟板上有契刻篆文的事。《殷代史》书稿作者殷作斌的曾祖父殷高良请刘鹗看病时记载刘鹗说起此事的遗留日记中也是这么认为的。殷高良遗留日记的大意如下:

"……予问及藏龟刷龟文事,铁云先生侃侃而谈。言他己亥年惊闻恩师文敏公回乡料理完其弟丧事回京身子不适,急往探望把脉开方,他发现其家人自鹤年堂抓来的中药中,龙骨上有契文,甚觉奇怪,即呈恩师,文敏公亦惊奇。翌日,文敏公备轿亲往药店一探究竟,遂作出向京师药肆广为高价收购'带字龙骨'的决定。后有范姓估觅得十二版送王府,恩师推断是篆籀之前的殷商占卜文字。庚子岁范姓估、赵姓估又陆续挟千余片,文敏公均厚价留之,详加研究。时义和拳乱起,文敏公怕有失,密运部分宝贝藏淮安,嘱铁云先生代为保管。文敏公殉难后,壬寅年,其哲嗣翰甫(汉辅)售所藏,清公夙债,龟板千余片,铁云先生悉得之,遂据此成《铁云藏龟》,成书过程中,得亲家罗振玉大助。"

②孟定生和王襄于1899年同时发现甲骨文。

《殷代史》书稿中记载,王襄1955年的遗稿《簠室殷契》、王襄1957年的遗稿《〈孟定生殷契〉序》、温洁《甲骨文研究的先驱——记天津市文史研究馆首任馆长王襄》等许多研究论文和天津的大量传说都众口一词地认为,1899年(清光绪二十五年己亥)秋天,山东潍县古董商范寿轩,携大批有字甲骨来到天津,落脚在天津城西的马家店,王襄、孟广慧(字定生)、天津著名篆刻家王钊(字雪民,王襄的二弟)和著名画家马家桐(号景含)一行四人同往观看并准备购买收藏,经仔细观察,孟广慧(定生)和王襄见那些"沙尘满体,字出刀刻的甲骨"，"复审其文，知为三古遗品，惊为千载瑰宝"。于是，他们就将其"定为殷商之时古人在龟骨和兽骨上契刻的文字"，认为其"对研究殷商历史有重要的学术价值"，并当场依自己财力购头一批甲骨收藏。

征诸实际，王懿荣、刘鹗、孟定生、王襄四人发现和收购甲骨都比较早，且都于1899年始见甲骨并收藏。然而，对甲骨文的深入研究远比是谁首先拥有甲骨文字意义更为重大。虽然王懿荣、刘鹗、孟定生、王襄四人都为最早发现、购藏甲骨之人，但由于王懿荣于1900年8月15日过早殉国和其他各种原因，最终对甲骨文进行深入研究且取得显著成效的是刘鹗和王襄两人。刘鹗和王襄购藏的甲骨也在伯仲之间。

刘鹗先后通过种种方式，总共搜集到甲骨5000片以上，成为早期出土甲骨的著名收藏家。王襄虽然较王懿荣贫穷，但也长期节衣缩食先后六次购进甲骨共计4000余片。

数量众多的甲骨为他们深入研究甲骨文提供了真实而宝贵的资料。他们都被誉为甲骨文研究的先驱。刘鹗因为于1903年10月，从所购的5000余片甲骨中，选出1058片墨拓，编纂并出版《铁云藏龟》，已被学界誉为编纂并出版甲骨文著录的第一人兼系统研究甲骨文的第一人。孟广慧（定生）因共购藏最早出土的430片甲骨，确认其为上古三代文字中"古人在龟骨和兽骨上契刻的文字（'三古遗品'）"，成为后来有大成就的王襄的学术引导人，并抚其所得，成书一卷，成为王襄照录所临各家殷契之第一本（详见1957年王襄遗稿《〈孟定生殷契〉序》），因此已被学界誉为甲骨学者中意识到甲骨文是上古三代文字（古简）的第一人。王襄著有1920年出版的《簠室殷契类纂》、1925年出版《簠室殷契徵文》，其中《簠室殷契类纂》实际上是第一部甲骨文字典，因此，王襄已被学界誉为编纂并出版甲骨文字典的第一人兼系统研究甲骨文的早期学者。

顺便说一下，《殷代史》书稿以河南省舞阳县贾湖村发现的比安阳殷墟还早4000多年的类似于甲骨文的契刻符号和专家们确认贾湖契刻符号是最终演变成汉字体系的已知最早前身的事实，使现代一些学者在某省级电视台上宣扬的"殷商甲骨文字外来说"不攻自破。

总之，殷作斌教授的《殷代史》书稿认为，如果要维持1899年发现甲骨文的认识不变，只有将王懿荣、刘鹗、孟定生、王襄定为发现甲骨文的四个并列第一人才合理，否则，只有将1899年发现甲骨文修改为1902年发现甲骨文，并认定刘鹗为发现甲骨文的第一人的一种途径，别无他途。

理应书之于志，传之于世。历史，就是历史；历史，需要史料佐证。记载历史，同样需要与时俱进，发现新的历史文字与古物证据，就应该及时地修改、补充，使得历史更充实、真实与完整。

编修史志是中华民族的优良文化传统，历经多年的世代传承，是一项鉴往知今、资治实用、服务当代、惠及子孙的大业。殷作斌教授俯身于殷代历史领域的研究和发掘，经过六十余年的积累，反复修改、精雕细琢，在年过八旬之后，老骥伏枥，精心编纂出这部具有可读、可用、可存的鸿篇巨制精品史书——《殷代史》，为当代资政，为后世所鉴。

此文，是于读殷作斌老先生所著《殷代史》书稿的感慨，与读者分享，期盼与国内外专家学者以及殷商史爱好者共勉。

【笔者注】史称帝辛为"纣"或"纣王"。传统史学为什么称帝辛为"纣"或"纣王"呢？一般认为，"纣"是史家和后世人对帝辛的贬称，甚至有人说"纣王"是毁誉帝辛的谥号，就像成汤二十年夏代最后一帝"履癸"死于亭山时成汤赐以名号"桀"一样（"桀"寓凶猛之意），但没有哪一个人能说出后世追谥帝辛为"纣王"的具体出土的名号。其实，帝辛生前被称为纣王，并没有"贬称"的意思。因为帝辛既是"商族之王"（在魏晋谱书《殷氏家传》中，亦称"商族之王"为商族的"大宗长"），又是殷代之帝，合在一起，就相当于后世的"国王"，而帝辛的子姓殷氏谱名义为"受"（字为"受德"）。于是后人就称帝辛为"名字为受的国王"，叫习惯了，就成为"殷受王"或"商受王"。"殷受王"或"商受王"是怎么演变成"殷纣王"或"商纣王"的呢？读者只要查阅周武王在牧野之战开始时所唱周词《牧誓》的不同版本和东汉许慎《说文解字》的清人《段玉裁注》便知。在《牧誓》的《尚书》版中，周武王称帝辛为"商王受"，在《牧誓》的《史记·周本纪》版中，周武王称帝辛为"殷王纣"；在东汉许慎《说文解字》的清人《段玉裁注》中，有"《尚书》纣字《古文尚书》作受"的权威注释。由此可知，在古代"受、纣"两个字是相通的。帝辛的谱名"子受"也可以写成"子纣"。这才应是"商族子姓殷氏名受字受德"的商王（殷帝）在传世文献中被称为"殷纣王""商纣王""帝纣""商王受""殷王纣"的缘由。

第二篇　殷作斌著《殷代史》一书由线装书局出版发行

兰文种

（此文为当代资深媒体人**兰文种先生**发表在 2024 年 3 月 19 日《企业家日报》总第 11037 期第 7 版上的《新闻报道》）

　　今年 80 多岁的退休老教授殷作斌先生的又一部历史著作《殷代史》一书，近日由线装书局公开出版发行。本报曾在 2022 年 4 月 20 日第 5、第 6 版，以两个整版的篇幅刊登兰文种撰写的**《一部中国上古史研究领域的鸿篇巨制——读殷作斌教授的〈殷代史〉书稿有感》**的长篇书评，在社会上引起了强烈反响。

　　殷作斌，字朐阳，号丹宇，1941 年 1 月生，江苏省淮安市涟水县南禄乡人，1961 年考入清华大学（六年制）无线电电子学系，毕业后分配到国防科研部门工作，后调回家乡的大学从事教学任务。殷作斌教授是淮阴工学院著名的双师型人才，先后被评为江苏省优秀共产党员、终身享受省劳模待遇的原淮阴市（现淮安市）劳动模范。2001 年退休后，发起成立淇县朝歌中华殷商传承文化研究会，先后到安阳殷墟、郑州商城、偃师商城、武汉盘龙城、周殷牧野之战古战场、四川广汉三星堆等中华上古文化遗址考察，寻找殷商先祖的足迹，进行调研查证。在广泛考察获得充分史料并潜心钻研各种传世文献的基础上，开始涉史著书立说。著有《殷代史六辨》《朐阳殷氏宗谱》和 2023 年 7 月、11 月在美国加州（ART AND DESIGN PRESS INC.）和中国北京（线装书局）先后出版的《殷代史》等著作。

　　《殷代史》全书约 65 万字，由考古学揭示的殷代文明，殷商史事要览，殷商时代人物传记，殷末风云，周灭殷商的战略准备阶段，武王伐纣克殷，周人彻底翦灭殷商，殷代纪年，殷商后裔姓氏录，黄帝纪元的考证等部分以及自序、后记等内容组成。该书是以 1700 多年前祖传谱书《殷氏家传》的基本观点为纲，以许多传世文献、甲骨文、金文等考古材料为据，据实记载三千多年前殷商王朝 574 年史事的断代史书。该书还原司马迁对成汤所建殷商王朝的国号的称谓"殷"；以充分的史据记载了殷代中期的"都城屡迁"，王位传承的"王室推举制"等大型历史事件的真实过程；以充分的史据证明了司马迁说的殷代中期的"比九世乱"根本不存在；并就学界关于"殷代早期、中期还处于没有青铜器的新石器时代晚期"以及"殷商青铜文明西来说""殷商甲骨文字外来说""微子、箕子与周人勾结，里应外合倒纣发动牧野之战"等说法，进行了矫正。该书以当代著名考古学家、"夏商周断代工程"首席科学家、北京大学李伯谦教授为殷作斌教授 2015 年出版的专著《殷代史六辨》撰写的《序》为代序。同时该书还选编了殷作斌的《将现行中小学历史课本中的上古"夏商周三代"改称为"夏殷周三代"才符合史实的倡议》《重建殷商王朝真史难点研究》《发现甲骨文的四个并列第一人新论》的三篇论文。

　　编修史志是中华民族的优良文化传统，是一项鉴往知今、资治实用、服务当代、惠及子孙、历经多年的世代传承大业。殷作斌教授老骥伏枥，俯身于殷代历史领域的研究和发掘，经过六十余年的积累，反复修改、精雕细琢，精心编纂出这部具有可读、可用、可存的《殷代史》。该书的出版为当代资政，为后世所鉴起到了积极的推动作用。

殷代史

【卷首】殷商史事新说与本书导读

第三篇

殷商王朝历史新说系列之一
——中国人站立起来以后，该干什么？该怎么干？

殷作斌

（此文为《河南经济报·科普周刊》2024年陆续发表的
《殷商王朝历史新说系列论文》写的导引编，但未公开发表）

1949年9月21日，毛泽东主席在中南海怀仁堂隆重开幕的中国人民政治协商会议第一届全体会议开幕词中说："**占人类总数四分之一的中国人从此站立起来了。**"当年毛主席讲的"中国人从此站立起来了"这句话，不仅是雄伟壮丽的开国宣言、凝结中华民族一百多年革命斗争的历史成果，而且使每一个站起来的中国人有了继续奋斗的使命感——站起来以后，该干什么？该怎么干？

毛主席当年说的"中国人从此站立起来了"这句话，实质上就是"中华民族从此站立起来了"。

现在党和政府力倡的共创中华民族伟大复兴、共建中华民族现代文明，实质上就是中国共产党正在带领已经站起来的中国人迈上建设中国特色社会主义康庄大道奔向中华民族更加美好的明天。怎么才能共创中华民族伟大复兴、共建中华民族现代文明呢？前提是对中华民族的源流要有正确的认知，其中正确认知"中华民族之源"和"最初之流"最重要。众所周知，三千多年前，周人出于以周代殷、巩固新生政权的政治需要，整合、转换，甚至改写了"中华民族之源、最初之流"的历史，搞出了明显与实际不符的"夏殷周三代以黄帝为共祖的大一统世系谱"。

我们为什么说周人力倡的"夏殷周三代以黄帝为共祖"的说法与实际不符呢？因为这种说法在下列几方面不仅有巩固以周代殷新生政权的政治目的，而且不能自圆其说：

一、周人将其始祖母姜原安排为黄帝曾孙帝喾的元妃，为周人冒姓黄帝的姬姓制造口实，因为只有黄帝的后代，才能姓黄帝的姬姓。周人企图使国人相信，由与黄帝同姓的周人代替与黄帝不同姓的子姓殷商人坐天下是更符合天命的。

二、周人将其始祖母姜原安排为黄帝曾孙帝喾的元妃的同时，又将殷商族始祖母简狄安排为帝喾的次妃，为周人代替殷人坐天下制造更加符合天命的依据，因为就中华传统而言，"元妃"即使不是正妻，其身份也与正妻差不多，而"次妃"只能算作"侧室"。周人企图使国人相信，由身份高贵的"元妃"的嫡传后人周武王代替"侧室"的庶传后人殷纣王坐天下也是更符合天命的。

三、从周武王上溯16代的周始祖**弃**和从与周武王同时代人的殷纣王上溯30代的殷商始祖**契**竟然能成为同父异母的亲兄弟，难怪中国殷商文化学会会长王震中先生断言："**帝喾既非商人的始祖，也非周人的始祖。**"王震中会长的言外之意是，起源于东方的商族和起源于西方的周族都不可能姓黄帝的姬姓，因为周人称自己与黄帝同姓姬的唯一依据就是其始祖弃是黄帝曾孙帝喾的儿子。

四、更有甚者，周始祖弃、殷始祖契、帝尧与夏始祖大禹竟然都能成为黄帝的五世传人；黄帝的九世传人帝舜竟然能将帝位禅让给黄帝的五世传人大禹，黄帝的五世传人帝尧竟然将自己的两个亲生女儿（黄帝的六世传人）下嫁给黄帝的九世传人帝舜为妻……。

这一切，造成后人对殷商王朝的误解较深，周人企图使国人相信，中华民族的一切美好似乎都是从西周的武王开始的。这严重地影响了后人对中华民族之源、最初之流的正确认知。正是因为周人对"有册有典"【笔者注1】的殷人文献的这种重新整合式的"转换"，才使我们对殷商先人的史事及其创造的灿烂文化几乎不知，要不是甲骨文的横空出世，殷人的业绩将永远埋藏在地下。然而正如著名的甲骨学家董作宾和港台史学权威李定一教授早就指出的那样，甲骨文仅是殷人祭祀的产物，它并不能反映"殷代文化史"的全部，目前学术界只以甲骨文为据否定孔子、孟子、司马迁将殷代开国大帝成汤的国号定为"殷"之说，将成汤的国号改称为"商"、将重建的殷商王朝的断代史由司马迁的《史记·殷本纪》改称为《商代史》是失之偏颇的。他们的原话则如下述。

港台史学权威李定一在其名著《中华史纲》中针对中小学课本中的"夏商周三代"之说，尖锐地指出："（成汤）代桀而称天子后，当天子前的封号商已不用，商成为供奉祖先的宗庙所在地，称'大邑商'，是地名；而国号为殷。盘庚以前《史记》对之均称殷，有'殷复兴''殷复衰''殷复兴''殷衰'等凡四见，《史记·殷本纪》更是国号是殷不是商的铁证。盘庚即位前，已是'诸侯莫朝'…… 一般所谓盘庚迁殷，始国号殷，实误。事实上商是始封的小地方的名称，商汤成为天子后，'大邑商'只用之为宗庙所在地而已……习称的夏商周三代，应该改为夏殷周才符合史实。"

董作宾先生在发表于《大陆杂志》第三卷第十二期的《中国古代文化的认识》一文中，则针对学术界一些学者仅以甲骨文为据就想重建殷商王朝断代史的片面学术主张发出最严厉的警告："这号称十万片的卜辞，我们现在能见能用的又不到五分之一，就这样'从宽'估计，那么甲骨文所能代表的殷代文化，也不过百分之一。用这百分之一的材料，却希望能写出百分之一百的殷代文化史，那岂不是做梦？"

目前，史学界主流学派，除了犯有董作宾、李定一指出的将成汤代夏的国号错定为"商"的错误以外，还犯有一个更大的错误，那就是将地跨黄河、长江两大流域的中华大一统国家的首创者、缔造者错定为秦皇汉武，甚至有些人将中华大一统国家的首创者、缔造者错定为周武王。笔者家中曾收藏有一本"传子不传女，传长不传次"的魏晋谱书《殷氏家传》，这本未经周人整合过的、源于先秦竹简、秘密传承了1700多年、外姓人只有姻亲名儒颜之推后人的唐人颜师古、颜真卿二人知晓并作注的【笔者注2】《殷氏家传》，虽然因被父亲殷绍林藏于夹层墙内密封铁箱中躲过抗日战争一劫，但却不幸毁于"文革"。其上明确记载：当年成汤灭夏后，不是像后世周武王在牧野之战得手后，木下战车，就匆忙称天子，而是回到他原来的殷侯都城"亳"，召开"海选天子""共商国是"的一千诸侯大会，让众诸侯推选天子，并曾"三让天子于众诸侯"。当众诸侯都一致推选成汤为天子时，他才于次年登基称帝。因此，当时中华大地上的3000多个诸侯国都向成汤称臣纳贡，承认他们都是成汤宗主国"殷"的属国。也就是说，成汤在灭夏以后未费一枪一弹，只靠开一次"三千诸侯大会"，就拥有了黄河、长江两大流域的直接或间接掌控权，其直接和间接掌控的国土面积只比现在少了东北、新疆、西藏而已。《殷氏家传》还记载周武王灭殷以后的周王朝只是名义上的"天下共主"，当时中华大地上不向周王称臣纳贡的诸侯或方国至少还有上千个，其中"铁杆殷奄"和东夷大国徐国就是牧野之战后坚决反周的上千个诸侯国或方国之首。

《殷氏家传》记载的 3600 年前的成汤才是中华大一统国家的首创者、缔造者的史实已为当代考古学界泰斗、北京大学李伯谦教授的重大考古发现所证实。李伯谦教授的重大考古发现是：与郑州商城建筑风格相似的武汉盘龙城不仅是成汤王朝在长江流域的重要军事据点、殷代初期的青铜冶铸中心兼长江流域丰富铜矿料北运中原和中原优质成品青铜器运往南方的中转站，而且可能是殷代开国大帝成汤在长江流域的"行宫"。

李伯谦教授用无可辩驳的考古发现向世人证明：成汤灭夏后，之所以将武汉盘龙城建成类似于郑州商城的"帝宫"，正是瞄准长江流域的丰富铜矿带，因为直到今天，中国的铜矿资源仍有三分之二分布于长江流域。笔者认为，李伯谦教授的这一重大考古发现将永垂史册。然而，却未被史学界重视。现在国内最著名的殷商史学家兼考古学家郭沫若、胡厚宣、李学勤、王宇信已经先后离开了我们，还剩下一位国宝级人物李伯谦，正不声不响地或躺在其老家郑州的医院里或整日坐在或半卧在郑州老家养病。2024 年 3 月 14 日下午，这位为中华民族伟大复兴打下重要学术基础的伟大科学家不仅接受了笔者《殷代史》初版的赠书，还对其中的诸多不同于周人说法的新颖观点给予了较高评价，分别时还非常高兴地与笔者合影留念【笔者注3】。

笔者为了厘清中华民族之源、最初之流，业余研究殷商族成汤所建殷商王朝的历史六十余年，终于在司马迁《史记·殷本纪》和现代考古发现的基础上，在清华李学勤、北大李伯谦和社科院荣誉学部委员王宇信等老科学家大力支持下，于 2023 年重建成功一部反映殷商王朝真实历史的新版断代史书——**《殷代史》**，其初版已经于 2023 年在美国加州（ART AND DESIGN PRESS INC.）和中国北京（线装书局）先后出版，目前已经向美国、日本、欧洲等国家和地区的国际史学界友人和中国各著名高等学校图书馆、中国各省市地市级以上的藏书单位（图书馆、博物馆、档案馆）捐赠了 9000 册（其中含美国中文初版 3000 册、中国中文初版 6000 册）。在《殷代史》初版中，笔者还向国家有关部门提出了将现行中小学历史课本中的**"夏商周三代"**更正为**"夏殷周三代"**的建议。除了《殷代史》初版以外，更加完善、更加符合甲骨文大师董作宾和港台史学权威李定一"求真、客观、公正"六字要求的《殷代史》第二版也即将公开出版。

【笔者注1】《殷氏家传》记载的殷人"有册有典"的这一说法，除了在殷商谱牒中有明确记载以外，在传世文献《尚书·周书·多士》中也有明确记载。原文为"惟尔知，惟殷先人有册有典，殷革夏命"。据《尚书》记载，"惟殷先人有册有典"是殷末时殷帝辛（纣王）的敌人周公姬旦说的原话，可见传世殷商谱牒中的"殷先人有册有典"这一说法的可信度很高。

【笔者注2】陈郡长平殷氏与琅琊临沂颜氏自南北朝时的殷不害（505—589）和大文豪颜之推（531—597）起就是连续六世联殷的姻亲。因此，笔者先祖初唐大书法家殷仲容（633—703）及其父殷令名（初唐大臣，殷不害之曾孙）、其祖殷闻礼（初唐书画家，殷不害之孙）才愿意将秘不示人的魏晋隋书《殷氏家传》出示给海内大儒颜师古（581—645）和大书法家颜真卿（709—784）二人看。颜师古是名儒颜之推的孙子，也是颜思鲁的儿子，而大书法家颜真卿的曾祖父颜勤礼与海内大儒颜师古是亲兄弟。殷仲容夫人颜顺是海内大儒颜师古之女，也是大书法家颜真卿的堂姑祖母。殷仲容又是颜真卿的父亲颜惟贞的舅父。颜真卿的父亲、伯父都少孤，养育于当时颇有名气的舅父殷仲容家，崇教笔法。颜真卿从小也由母亲殷夫人亲加训导，摄取了殷家书法的营养。所以颜真卿书法实际上是继承了殷仲容的书法。据《殷氏家传》正文行间插入的唐人颜师古注释说，成汤"殷革夏命"的业绩及其所建工朝世系在后世南朝齐目录学家殷淳（403—434）编纂的十卷本《殷氏家传》中也有记载。不过，笔者认为，收入《旧唐书》的唐人殷敬顺撰的《殷氏永代……》见足家谱，其中无殷商工朝世系传承的明确记载。

【笔者注 3】谨将若烟宣阅 2024 年 3 月 14 日下午笔者到郑州李伯谦教授老家向他老人家赠书时的合影照片，请参阅本书"前 14"页（"实录 1"页）的图片。

（殷作斌，微信号：hy_yzb，2024 年 4 月 30 日定稿于江苏淮安寓所，8 月 1 日又略加润色）

第四篇　　**殷商王朝历史新说系列之二**
——成汤所建王朝的国号是"殷"不是"商"的证据　　殷作斌

（此文为《河南经济报·科普周刊》2024 年 5 月 25 日总第 4261 期第 11 版上发表的《殷商王朝历史新说系列论文之二》）

魏晋谱书《殷氏家传》记载，成汤于壬戌年（成汤十七年）放夏桀于南巢，回到他自己的侯都亳，召开"海选天子"和"共商国是"的三千诸侯大会(《逸周书·殷祝解》也有类似记载)，成汤在诸侯大会上曾三让天子于众诸侯，不似后世周武王，牧野之战得手后，未下战车，便匆匆代殷即天子位。会场中的三千诸侯，没有一个敢争天子大位。众诸侯齐声言曰："汤王仁义布于四海，恩德著于天下，今与民除其大害，宜立为帝，登天子位。"汤曰："不可。天下非一家之有也，惟有德者，可以居之。某德薄才疏，难承帝位。"诸侯皆曰："明公仁德昭著，功绩盖世，今辞不帝，谁敢帝之？"汤三让不受，众诸侯皆顿首大哭。汤见众诸侯诚心，才答应即天子位。成汤十八年癸亥元日（正月初一，据历法推算，其时为公元前 1618 年 2 月 20 日），成汤在"复命以亳"的天下之中郑州新都正式登基，即天子位，国号殷，没有改元，仍沿用其诸侯年号。（**笔者后加注**：魏晋谱书《殷氏家传》原文说，成汤是在"**河洛地区的天下之中即天子位**"，结合现代的考古发现，笔者认为，《殷氏家传》原文说的"河洛地区的天下之中"与现代考古发现的"郑州商城遗址"较为吻合。）中国历史上长达 574 年之久的殷商王朝，从此始。

成汤为什么定国号为殷呢？原因很简单。因为成汤是子姓商族中的殷氏族人，是夏代治理黄河以身殉国的治水英雄并荣获夏帝追封于殷的六世商先公子冥的九世嫡传，其诸侯国号本就是殷，就如后世周武王灭殷以后沿用其老的诸侯国号"周"为其新王朝的国号一样。

成汤国号为殷的史据至少有如下十条。

【1】孔子、孟子均称殷而不称商。

【2】司马迁在编纂《史记》时，将记载殷商王朝的历史篇章命名为《殷本纪》，而没有命名为《商本纪》。

【3】在晋代出土的由春秋时期晋国史官和战国时期魏国史官编著的编年体史书《竹书纪年》（又称《汲冢纪年》）中，将记载殷商王朝的历史篇章命名为《殷纪》，而没有命名为《商纪》。

【4】迄今，考古界虽然还没有发现殷商王朝当时人称自己的国号为殷的证据，但已经发现周朝时人称前朝为殷的证据，特别是已经发现周朝时的殷商后裔宋公室人称自己的祖先成汤所建殷商王朝的国号为殷的证据。这可从当代考古学界泰斗、北京大学李伯谦教授为笔者专著《殷代史六辨》所作书《序》中的一段话获得证明："河南固始侯古堆一号春秋墓出土的铜器铭文'有殷天乙唐（湯）孙宋公欒乍（作）其妹勾敔夫人季子媵 臣（簠）'和湖北随州文峰塔 M1 号春秋墓出土的 A 组 M1：1 编钟铭文'達殷之命，撫定天下，王遣命南宫……'证明司马迁《史记》称《殷本纪》而不称《商本纪》是有依据的，因为至少在周代，特别是周代商族子姓宋公室的殷商后裔，是称殷不称商的。"【笔者注1】

【5】2023 年 11 月 7 日离世的中国社会科学院荣誉学部委员、中国殷商文化学会前会长王宇信为了支持笔者的"成汤国号为殷不为商"之说，力排众议，将笔者的专著《殷代史六辨》的作者简介和内容简介收录在他为总主编、殷商史专家郭胜强为卷主编的《殷墟文化大典》第三卷的第 462 页和第 568 页中。安徽人民出版社出版、王宇信主编的三卷六册《殷墟文化大典》曾于 2021 年荣获第五届中国出版政府奖（图书奖）。

【6】2019 年 2 月 24 日离世的当代历史学家、考古学家、古文献学家、教育家、国家"九五"夏商周断代工程专家组组长、清华大学资深教授李学勤先生在接受我的赠书《殷代史六辨》时，我问他："既然您是支持我的成汤国号为殷不为商之说的，您为什么欣然同意出任国家'九五'夏商周断代工程专家组组长呢？"他不置可否地笑笑，没有正面回答我的问题，而是拿出他早年出版的《殷代地理简论》对我说："**从我写这本书的书名未叫《商代地理简论》，你就知道我是主张成汤的国号本是什么的。**"

【7】2002 年离世的港台史学权威李定一教授生前私下对我说，其在专著《中华史纲》中说的如下一句话就是虽未明指，但实际上是针对学术界和国内中小学历史课本的"夏商周三代"之说的。李定一教授在《中华史纲》中说："《史记·殷本纪》更是（成汤所建王朝的）国号是殷不是商的铁证……一般所谓盘庚迁殷，始国号殷，实误。事实上商是始封的小地方的名称，商汤成为天子后，'大邑商'只用之为宗庙所在地而已……习称的夏商周三代，应该改为夏殷周才符合史实。"【笔者注2】

【8】国际公认的甲骨学大师董作宾早就明确指出："这号称十万片的卜辞，我们现在能见能用的又不到五分之一，就这样'从宽'估计，那么甲骨文所能代表的殷代文化，也不过百分之一。用这百分之一的材料，却希望能写出百分之一百的殷代文化史，那岂不是做梦？"【笔者注3】在董作宾先生的这段批评"学界出现仅以甲骨文为据重建殷商史的不良倾向"时的话中，他老人家用的总是

（左侧竖排）殷代史

【卷首】殷商史事新说与本书导读

"殷代文化史"的词语，而从来没有用过"商代文化史"的词语。

【笔者后加注】笔者非治史人，但因家传一本魏晋谱书《殷氏家传》而爱上中国上古史研究（家父遵从"传子不传女、传长不传次"的祖训将该书传于当校长的长兄殷作超收藏，不幸毁于"文革"）。笔者因发现《家传》中殷氏先祖记载的内容与传世的周人贬殷的史书内容大相径庭，有些则与现代考古发现较为吻合。《殷氏家传》中甚至还记有殷氏先祖为报复周人翦殷过于贬周的内容。对此，笔者曾先后或托香港友人或面见请教过董作宾、李定一、郭沫若、钱学森、清华李学勤、中国殷商学会会长王宇信、北京大学李伯谦、郑州大学李民等大师，其中，除郭沫若对其所持"周殷牧野之战殷都空虚周人偷袭说"和成汤国号是"商"是"殷"等问题未作正面回答外，都支持我对殷商王朝的真实历史进行深入研究，其中以港台董作宾、李定一和北京大学李伯谦三人对我的支持最大。1959年，我上高中二年级时，曾通过香港友人向曾师从王国维的台湾董作宾大师请教。董大师说，历史学者要客观公正，周人出于以周代殷的政治需要贬殷固然不对，殷氏后人在秘密传承的《殷氏家传》中过于贬周也不对，周人和殷人对中华民族的形成与发展壮大都是有很大贡献的。现在有了甲骨文，对我们重新认识殷人的历史贡献虽有很大帮助，但只凭殷人祭祀的产物甲骨文也写不出真正的殷代文化史。当时，他还想借《殷氏家传》一阅，但限于当时大陆与台湾的敌对关系被我长兄拒绝了。后来，当我在清华读大三、大四时，再想联系董大师，发现他老人家已经于1963年11月23日离世了。后来，就《殷氏家传》中记载有殷氏先人过于贬周的内容，我又托香港友人向港台史学权威李定一教授汇报过。李定一教授也托香港友人带口信给我说了与董作宾先生类似的话："写历史书贵在'求真、客观、公正'六个字，千万不能出于政治需要而意气行事，有意无意地添加进纯是主观臆测的内容，更不能'偏狗而私生好恶'，搞'我否定你、你否定我'那一套。周人出于巩固以周代殷新生政权的政治需要，全盘否定殷人的历史功绩、整合甚至删改西周以前的中华上古史固然不对，但殷人反过来否定周人的历史功绩也不对，周人对中华民族也是有历史贡献的，起码，历史上以周代殷不是历史的倒退。我们应该多向董作宾前辈学习。董作宾前辈在论述如何应用'甲骨文史料'重建'殷代文化史'时，总是强调贵在'求真、客观、公正'这六个字的。"】

【9】总结前人成果的王国维《今本竹书纪年疏证》记有："殷商成汤名履……奉天命放桀……遂有天下。**商人后改天下之号为殷。**"

【10】迄今为止，海内外，特别是日本，研究殷商史大家的专著多用"殷代"冠名，而很少有用"商代"冠名的。举例如下：

① 1957年贝塚茂树主编的《古代**殷**帝国》（东京みすず书房版）；
② 2000年日本白川静《甲骨文と**殷**史》（日本平凡社）；
③ 1961年日本天野元之助《**殷代**の遗址矿产と交通》；
④ 1974年松丸道雄《甲骨文の实例を通して見た**殷代**的社会》；
⑤ 伊藤道治《古代**殷**王朝のなぞ》（东京角川书店1967年版）；
⑥ 赤塚忠《中国古代の宗教と文化——**殷**王朝の祭祀》（1977年版）；
⑦ 日本白川静《**殷**的世系——いはゆる六世について》（1949年）；
⑧ 李亚农《**殷代**社会生活》（上海人民出版社1955年版）；
⑨ 饶宗颐《**殷代**贞卜人物通考》（香港大学出版社1959年版）；
⑩ 李学勤《**殷代**地理简论》（科学出版社1959年版）。

【笔者注1】此段引文见于李伯谦：《殷代史六辨·序》。殷作斌 著《殷代史六辨》，中国文史出版社，2015年3月北京第1版。

【笔者注2】此段引文见于李定一 著：《中华史纲》，台北，传记文学出版社，1986年版，第19页。或同书，大陆横排新版，中国长安出版社，2012年4月第1版，第20页。

【笔者注3】此段引文见于董作宾：《中国古代文化的认识》，《大陆杂志》第3卷第12期。

（殷作斌，微信号：hy_yzb，2024年4月4日初稿，5月1日最后定稿于江苏淮安寓所）

殷商王朝历史新说系列之三

第五篇　——甲骨文中为什么"商"字、"王"字频频出现，而"殷"字罕见，"殷帝"的称谓根本不见？　殷作斌

（此文为《河南经济报·科普周刊》2024年5月25日总第4261期第12版上发表的《殷商王朝历史新说系列论义之三》）

这个问题，与成汤初建国时制定的"**殷商并用**"的族规有关。

为了巩固新建立的王朝，为了应对族内氏族林立、族外方国各霸一方的局面，为了团结族内氏族如林的族人一致对外，成汤不得不为后世商王（殷帝）立下必须恪守的"殷商并用"族规："**殷商并用，族号称商，国号称殷。**"这族规的实质是要求后世集商王与殷帝于一身的"天下共主"——殷天子，一定要恪守"**在族内行王权时必须称商称王，不得称殷称帝，在全国行天子权时才可称殷称帝**"的规矩。。因为甲骨文仅是殷商王室祭祀的产物，而祭祀是外人不得参加的商族内部的族事活动，按照成汤制定的"殷商并用"族规，后世商王在祭祀时，只准称商称王，不得称殷称帝，这就是甲骨文中"商"字、"王"字频频出现，而"殷"字罕见，"殷帝"的称谓根本不见的原因。

成汤制定的"殷商并用"族规虽首见于魏晋谱书《殷氏家传》，但当年司马迁撰写《史记·殷本纪》和《史记·周本纪》时严格遵照成汤这一族规来决定什么场合下称殷、什么场合下称商，便是对成汤曾立有"殷商并用"族规的有力证明。司马迁在《史记·殷本纪》中称成汤的国号时全用"殷"，对殷天子全称"帝"，而在《史记·周本纪》中，则视不同场合，有时称"商"，有时称"殷"，一个字也没有乱用，完全符合成汤所立"殷商并用，族号称商，国号称殷"的族规。

因为司马迁对成汤所立"殷商并用"族规的理解已经到了炉火纯青的境界，所以他在《史记》的《殷本纪》和《周本纪》中对成汤国号和商王（殷帝）的称谓一个字也没有乱用，完全符合成汤所立"殷商并用"族规的规定：后世商王必须恪守"**在族内行王权称商称王，在全国行天子权称殷称帝**"的规矩。笔

殷代史

【卷首】殷商史事新说与本书导读

者认为司马迁写《史记》时对成汤这一族规能理解得如此准确一定是有所"本"的，他一定是据所掌握的史料断定成汤的国号是殷不是商，故才将记载成汤所建新王朝的《史记》篇章命名为《殷本纪》，而没有命名为《商本纪》。例如，司马迁在《史记·殷本纪》中，凡是指代成汤所建新王朝国号的地方全用"殷"字而不用"商"字；而在《史记·周本纪》中，却有时用"殷"字，有时用"商"字。在《史记·周本纪》中，司马迁共用了25处"殷"字和14处"商"字，一个字也没有乱用。最有意思的是，在《史记·周本纪》中，对集商王和殷天子于一身的帝辛的称呼，也有时称"商"有时称"殷"。凡是指代帝辛为殷天子的地方，均称"殷"，有"殷纣""殷王纣""殷之末孙季纣""殷王受"四处；凡是指代帝辛为商王的地方，均称"商"，有"商纣""商王帝辛"两处。(注：魏晋谱书《殷氏家传》中说，"商王"就是"商族之王"的简称，也就是相当于商族的族长，显然，学界有些学者将"商王"理解为"商国的国王"是绝对错误的。因为只是到了后世的周代，"王"字才具有后世"国王"的含义。《殷氏家传》中的**"殷称帝、周称王"**的六字记载，所指的就是这个意思。) 读者可结合《殷代史·卷一·绪论》中的相关文字，加深对司马迁在《史记》的《殷本纪》和《周本纪》中熟练运用成汤所立"殷商并用"族规的理解。

有学者直接问我：你说魏晋谱书《殷氏家传》记有成汤所立后世商王(殷帝)必须恪守的"殷商并用"族规——"殷商并用，族号称商，国号称殷"。你家收藏的魏晋谱书《殷氏家传》既然已于"文革"时被毁，记有成汤所立"殷商并用"族规的书，一定不止被毁的魏晋谱书《殷氏家传》一种，这样的书将来能否再现，谁也难以预料。你能否举出一些成汤所立"殷商并用"族规在历史上起过作用的证据呢？

记有成汤所立"殷商并用"族规的书，一定不止"文革"时被毁的魏晋谱书《殷氏家传》一种，对此，我也相信。这样的书，将来能否再现，除了耐心等待以外，也没有其他办法。但要举出成汤所立"殷商并用"族规在历史上起过作用的证据，还是很多的。试列举如下：

①甲骨卜辞中，"商"字频频出现，而"殷"字却非常罕见，便是成汤所立族规中族号称"商"而不称"殷"的极其有力的证据。因为甲骨卜辞都是商族族事活动的记录，根据成汤立下的族规，当然在甲骨卜辞中会大量出现族号"商"字，而国号"殷"字却十分罕见。因为根据此族规，只有当"商王"以天下共主"殷帝"身份处理国事，行使天子权时，才称"殷"称"帝"，如在外交、向天下发布诏告、与诸侯盟会、率领诸侯征讨反叛者等场合才用国号"殷"，才准将"商王"称为"殷帝"；而这些国事活动一般都有殷商族的族外人参与其中，故称"殷"称"帝"的情况一般不会在记录族事活动的甲骨卜辞中出现。

②甲骨卜辞中，"王""王卜""王占""贞王"等词条经常出现，而"帝卜""帝占""帝贞"等词条，起码笔者从未见到过，这显然与《史记·殷本纪》中对商王全称"帝"正好相反。有学者声称，是司马迁错了，应该将《史记·

殷商王朝历史新说系列之三
——甲骨文中为什么"商"字、"王"字频频出现，　　　　殷作斌
而"殷"字罕见，"殷帝"的称谓根本不见？

卷首 | 0-27

殷本纪》中的"帝某某"全改成"王某某"才符合史实。其实不然。依成汤制定的"殷商并用"族规就应该**"在族内行王权称商称王，在全国行天子权称殷称帝"**。《史记·殷本纪》记载的是国史，不是族谱，当然应称殷"帝某某"，不能称商"王某某"。而卜辞中军是商族上层族中活动的记录，当然必须按成汤制定的族规，在商族内部，只准称"王"或"商王"，而不得称"帝"或"殷帝"。因此，甲骨卜辞中，"王""王卜""王占""贞王"等词条经常出现，而"帝卜""帝占""帝贞"等词条却不见，也不允许见。

③　甲骨文中虽有几处罕见的"殷"字（如《甲骨文合集》15733、17979 等），但其义与成汤的国号无涉；甲骨文中虽频频出现"帝"字（据不完全统计，《甲骨文合集》中收录的"帝"字有 20 多个，如《甲骨文合集》2107、2108、14159、34147 等），但其义与殷帝的"帝"字无涉。字义为成汤国号的"殷"字和字义为殷帝的"帝"字在反映族事活动的甲骨卜辞中虽然不见，但在反映国事活动的传世文献中，却经常见到。据不完全统计，在《史记·殷本纪》中，有 20 多个记载成汤国号为"殷"的"殷"字、有 73 个记载成汤所建殷商王朝历任殷天子名号的"帝"字。这充分证明司马迁写《史记·殷本纪》时是非常恪守成汤"殷商并用，族号称商，国号称殷"的族规的，司马迁一定是从当时能见到的古文献中亲眼看到过成汤所定的这一族规的。司马迁要记在《史记·殷本纪》中的都是殷代的国事而不限于商族一族的族事，依成汤制定的该族规，他当然只能称殷而不能称商；同理，他要记在《史记·殷本纪》中的都是殷代天下共主殷天子处理国事时的所作所为而不限于商王处理商族一族事务时的所作所为，依成汤制定的该族规，他对殷天子当然只能称帝而不能称王。司马迁编纂的《史记·殷本纪》如此，史料价值极高的古本《竹书纪年》也如此。在古本《竹书纪年·殷纪》中，称成汤所建新王朝的国号为殷、称天下共主殷天子为帝的例子也很多。如将记载成汤所建新王朝史事的篇章命名为《殷纪》，而没有命名为《商纪》；称成汤第三子中壬为"殷仲壬"，而不称为"商仲壬"；称殷帝沃甲为"帝开甲"，而不称为"王开甲"；称殷帝祖甲为"帝甲载"，而不称为"王甲载"等。至于孔子、孟子称成汤的国号全用"殷"而不用"商"的例子则更多，不再一一枚举了。

【注：开甲即《史记·殷本纪》中记载的殷帝沃甲，亦即魏晋谱书《殷氏家传》和甲骨卜辞周祭祀谱中都有记载的殷代实际即位为帝的第 13 位商王（殷帝）沃甲（羌甲）；载为《史记·殷本纪》中记载的殷帝祖甲的私名，在魏晋谱书《殷氏家传》和甲骨卜辞周祭祀谱中祖甲是殷代实际即位为帝的第 22 位天子。祖甲的私名为载，虽然不见于《史记·殷本纪》，但在魏晋谱书《殷氏家传》和今古两种版本的《竹书纪年》中都有记载。】

（殷作斌，微信号：hy_yzb，2024 年 4 月 4 日初稿，5 月 1 日最后定稿于江苏淮安寓所）

殷代史

【卷首】殷商史事新说与本书导读

殷代史

【卷首】殷商史事新说与本书导读

殷商王朝历史新说系列之四

第六篇 ——殷代开国大帝成汤是地跨黄河、长江两大流域 殷作斌
的中华大一统国家的缔造者

（此文为《河南经济报·科普周刊》2024 年 5 月 25 日总第 4261 期第 13 版上
发表的《殷商王朝历史新说系列论文之四》）

一位来自北欧的"中国通"（中国历史爱好者）对我说："在面积和你们中国差不多大的欧洲，我一天能跑几个国家，在你们中国旅游了 10 天，只跑了东部几个省。你们如此辽阔的国土是怎么来的呢？"我告诉她，如果按照传统的说法，我们中华大一统国家的缔造者是秦皇汉武，也有学者认为是周武王，但据现代的考古发现，我的老祖宗、殷代开国大帝成汤才是地跨黄河、长江两大流域的中华大一统国家的实际缔造者、首创者，而非传统认为的秦皇汉武或周武王。她取笑我说："我在你们的某省级电视台一个

叫《隐秘的细节》的细讲中国历史的视频节目中看到，三千多年前的、你的老祖宗殷商王朝'第一代君王成汤，并没有占据夏朝的都城，而是在灭夏之后建都于亳邑，这个见于记载的殷商第一个都邑，现在一般认为是在今天的河南商丘北部、山东曹县附近'。该电视台还说，那时，您的老祖宗'并不像神话中描述的那么宏大，部落频繁地迁徙，证明了直到殷商时代早期，东亚大陆上生活的人类祖先，依然是处于新石器时代晚期的文明阶段'。这个省级电视台的该节目主持人黄先生还以总结的口吻总结说：'当时殷商都邑的势力范围往大了想也就是方圆十五公里，这种大邑小国在当时东亚大陆成百上千，谁也说不上有什么王气。'而你却说，你的'老祖宗、殷代开国大帝成汤才是地跨黄河、长江两大流域的中华大一统国家的实际缔造者、首创者，而非传统认为的秦皇汉武'。真是笑死人了。"面对这位北欧"中国通"朋友的取笑，我实在无法说服她，只好领着她到殷商青铜文化向南推进的关键据点兼殷代早期在长江流

域的青铜冶铸中心湖北武汉盘龙城和湖北大冶铜绿山、江西瑞昌铜岭两处始采于殷代的铜矿遗址去实地考察一番，她才信服我的话。

实际情况是，当年成汤灭夏后，不是像后世周武王在牧野之战得手后，未下战车，就匆忙称天子，而是回到他原来的殷侯都城"亳"，召开"海选天子""共商国是"的三千诸侯大会，让众诸侯推选天子。当众诸侯都一致推选成汤为天子时，他才于次年登基称帝。因此，当时中华大地上的 3000 多个诸侯国都向成汤称臣纳贡，承认他们都是成汤宗主国"殷"的属国。也就是说，成汤在灭夏以后未费一枪一弹，只靠开一次"三千诸侯大会"，就拥有了黄河、长江两大流域的直接或间接掌控权，其国土面积只比现在少了东北、新疆、西藏等地区而已。可是，这毕竟只是《殷氏家传》中的说法，说了大家也不会信，所以我在《殷代史》中论证上述观点时，是以当代考古学泰斗李伯谦先生考古发现的武汉盘龙城是殷商王朝初期的重要军事据点和青铜冶铸中心甚至是商王（殷帝）的"行宫"来证明的。

考古学家李伯谦先生发现成汤王朝初期的国土除了以黄河流域的郑洛地区为中心以外，也曾到达长江流域的丰富铜矿带。其考古发现的过程如下：

经过 20 世纪五六十年代断断续续的考古发掘，1976 年，湖北武汉盘龙城的殷商文化考古达到第一个高峰，盘龙城出土的殷代早期青铜器比郑州商城出土的还多，有关殷商王朝早期以盘龙城为重要据点和殷商王朝在长江流域丰富铜矿带存在势力扩张，在学界逐渐达成共识，这改写了此前传统正史对殷商王朝早期政治地理版图的既有认知，令举世震惊。传统史学界对殷代早期政治版图从中原扩张到长江流域，是从写《史记》的司马迁起到近代的王国维止，几乎所有的史学家都没有认识到的。这个过程中，考古学家李伯谦功不可没。从 20 世纪 60 年代起，李伯谦先生先后参加过二里头、殷墟、吴城、盘龙城等多地的考古发掘工作，积累了很多田野考古经验。1976 年 9 月，李伯谦先生带队接手并主持盘龙城的考古发掘工作，得出了武汉盘龙城是殷商王朝早期在长江流域丰富铜矿带势力扩张的重要据点和盘龙城是长江流域最早青铜冶铸中心的结论。

盘龙城位于武汉北边的黄陂区，在 20 世纪 50 年代的武汉市地图上标称的名称是"盘土城"。1954 年，盘龙城遗址被发现不久，二里岗文化刚刚被正式命名。次年（1955 年）郑州商城遗址被学界确认为殷代最初的王都。从此，盘龙城的发掘与断代，就与二里岗紧紧地捆绑在一起，盘龙城与郑州商城之间的关系开始引起考古界的重视。在盘龙城遗址被发现之前，关于殷商人南进的史实在传世文献中虽屡有记载，但那时包括王国维在内的许多史学家都认为，殷商王朝的势力范围仅限于黄河中下游地区，盘龙城遗址的发现，坐实了殷商王朝早期政权在长江流域存在势力扩张，改写了人们对殷商王朝政治版图的已有认知。

早在二里头文化晚期，盘龙城已经开始生产青铜器，形成面积达 20 万平方米的青铜铸造中心。后来，成汤四处征伐，在南下时攻占了盘龙城。考古发现，盘龙城城址的基本结构与郑州商城和偃师商城类似。其中宫殿建筑十分雄伟，在当时的长江流域，盘龙城的宫殿建筑，就规格而言，无出其右者。这就引出一个问题，如果说盘龙城仅为殷代在南方的一处铜矿资源中转站，其宫殿怎么会有如此大的规模？历史学家李学勤在 20 世纪 50 年代曾提出，根据甲骨文记录，商王曾在湖北住过，其观点发表后一度遭到广泛质疑，但在盘龙城被发现后，质疑的声音再也不闻。

1973 年 10 月，中国规模最大、保存最完整的古代矿冶遗址的发现——湖北大冶铜绿山古铜矿矿冶遗址群的发现，为了解上面的问题打下了基础。1988 年，江西瑞昌铜岭铜矿开采、冶炼遗址的发现，将殷代青铜矿料的开采、冶炼推进到殷代中期。之后，随着鄂东南、赣北、皖南和宁镇一带诸多铜矿开采、冶炼遗址的考古发现，一批上古铜矿冶炼遗址点逐渐浮现在长江中下游铜矿分布带上。现已经查明，德兴、铜绿山、铜官山等现代特大型铜矿都分布在这一带，现在已经探明长江中下游铜矿带的铜矿储量占全国储量的三分之二以上。这说明殷商先人之所以将湖北武汉盘龙城这个重要军事据点打造得如都城一样易守难攻，显然就是瞄准了长江中下游的铜矿分布带。

（殷作斌，微信号：hy_yzb，2024 年 4 月 4 日初稿，5 月 1 日最后定稿于江苏淮安寓所）

第七篇   殷商王朝历史新说系列之五
——发现甲骨文的四个并列第一人新论   殷作斌

（此文为《河南经济报·科普周刊》2024 年 7 月 6 日总第 4278 期第 10 版上发表的《殷商王朝历史新说系列论文之五》）

学界公认，由已知的 4500 多个字符组成的甲骨文字符集是殷代通用的较为成熟的文字系统。殷代因有甲骨文而闻名于世，殷人创造的灿烂文明，正因他们留下的甲骨文才为后世的我们所洞察，《史记·殷本纪》对殷商王朝的简略记载也因此被世界史学界确认为"基本上是信史"。120 多年前的甲骨文发现，是中国文化史上的重大事件，但对于甲骨文发现者是谁、于何时发现、通过什么途径发现等基本问题，至今仍有多种说法。例如，自 20 世纪 80 年代起一直延续到现在，围绕"发现甲骨文的第一人究竟是谁""发现甲骨文的准确时间到底是 1898 年还是 1899 年还是 1902 年"等问题，学界内部争论不休，这严重影响学界的团结。

笔者认为 1899 年发现并认定甲骨文为殷商文字的第一人绝对不是王懿荣一个人，而是人所共知的两组四人，可将他们称为"发现甲骨文的四个并列第一人"，即北京的王懿荣和他的门生江苏淮安的刘鹗为一组，天津的王襄、孟广慧（字定生）为另一组。同时笔者还认为，如果以当事人留下的文字材料为准，发现甲骨文的第一人当为刘鹗，发现时间当为 1902 年。因为 1902 年 11 月 5 日的刘鹗日记里记有**"晚间，刷龟文，释得数字，甚喜"**十一个字 (详见刘鹗《壬寅日记》，刘鹗《壬寅日记》全称为《抱残守缺斋壬寅日记》，下同)，这是迄今我国甲骨文史上关于甲骨文的第一次明确文字记录，因为从刘鹗《壬寅日记》的前后内容来看，刘鹗确认他所刷的"龟文"就是殷商王朝的文字，也就是学界后来的规范名称"甲骨文"。因此，笔者在本文中向学界建议，德高望重的健在科学家们应该果断地站出来迅速地平息学界这场耗能内斗式的争论，建议学界重视本文提出的"王懿荣、刘鹗、孟广慧（字定生）、王襄是于 1899 年发现甲骨文的四个并列第一人"的新理论，迅速用这新理论代替海内外学者和社会大众不怎么愿意认同的"王懿荣是于 1899 年发现甲骨文的第一人"的旧理论，团结大家奔向甲骨学更加美好的明天。

　　为了早日结束这场关于"发现甲骨文第一人"的争论，南开大学的朱彦民教授提议："学界应该订立一个'发现'的标准，即什么叫做'发现'，是看到就是发现，还是经过研究知道他的年代和性质算是发现。"（朱彦民：《近代学术史上的一大公案——关于甲骨文发现研究诸说的概括与评议》，《邯郸学院学报》第18卷第2期，2008年6月版。）笔者非常赞同朱彦民教授的此项提议，因为对"发现"一词的理解不同，社会上对此历来有不同的说法。

　　1917年，旅华加拿大传教士明义士在其专著《殷墟卜辞》中，公开提出王懿荣"实发现（甲骨文）之第一人也"，明义士又在他于1933年出版的《甲骨研究·第二章（甲骨发现小史）》中公示了他在1914年对山东潍县范姓古董商的《实地调查记录》，该《实地调查记录》记载了他与范姓古董商于1914年就确认王懿荣于1899年发现并研究甲骨文的事实。1931年北平《华北日报·华北画刊》第89期上汐翁在其发表的《龟甲文》中指出，是客游京师探望王懿荣病况寓王懿荣家的刘鹗最先发现王懿荣家人抓来的中药中含有"带字龙骨"，是王懿荣与其门生刘鹗共同最先发现并研究甲骨文的。汐翁这篇被学界斥责为谬误百出、不足为据的市井传说类的约400字短文开篇就说："光绪戊戌（戌）年，丹徒刘铁云，鹗，客游京师，寓福山王文敏懿荣私弟（第）。文敏病痁，服药用龟板，购自菜市口达仁堂。铁云见龟板有契刻篆文，以示文敏，相与惊讶。文敏故治金文，知为古物。到药肆询其来历……"笔者认为在汐翁于1931年发表的此文中，除了将"己亥年"误为"戊戌年"、"鹤年堂"误为"达仁堂"、"病痁"这病名说得不一定准确之外，其文记载的事项基本属实，因为笔者的曾祖父殷高良曾亲耳听到刘鹗说过与《龟甲文》的上述记载基本一致的话。李学勤教授引刘鹗之孙刘蕙荪在《铁云先生年谱长编》中也证实，在光绪二十四年、二十五年（光绪戊戌年、己亥年），刘鹗确实客游过京师。不过刘鹗之孙刘蕙荪的说法与汐翁发表的《龟甲文》中的说法稍有差异，汐翁在《龟甲文》中说，刘鹗客游京师时住在王懿荣私弟（第），而刘鹗之孙刘蕙荪却认为，刘鹗客游京师时住在"宣南之椿树下三条赵文洛故宅"，不会住到王懿荣家。对比上述稍有差异的说法后，笔者认为，笔者的曾祖父殷高良亲耳听到刘鹗说的原话肯定比刘鹗之孙刘蕙荪说的更真。退一步说，即使刘鹗客游京师时住在"宣南之椿树下三条赵文洛故宅"，也不能排除他去王府探望其师病况的可能。

　　笔者的曾祖父殷高良（1851—1914）是私塾先生，其教学馆距名震江淮的兼职中医师刘鹗在淮安的常住地（今"刘鹗故居"）不远，他认识刘鹗和罗振玉亲家俩，还应邀吃过刘鹗之子刘大绅（坤）和罗振玉之女罗孝则（责）的订婚或婚宴喜酒，知道刘鹗于1903年出版的《铁云藏龟》为刘鹗和罗振玉亲家俩的共同劳动成果，殷高良还常求刘鹗看病。殷高良在留下的一则日记中写道（因殷高良遗留日记的原件由当校长的家兄殷作超保管，毁于"文革"，原文和具体日期记不清了，下述内容仅是殷高良这则日记的大意）)：

"……予问及藏龟刷龟文事，铁云先生侃侃而谈。言他己亥年惊闻恩师文敏公回乡料理其弟丧事回京身干不适，鲁佐探望把脉开方，他发现王懿荣的家人自鹤年堂抓来的中药中，龙骨上有契文，甚觉奇怪，即呈其恩师，其恩师文敏公亦惊奇。翌日，又邀公奔轿赴药店一探究竟，遂做出向京师药肆广为高价收购'带字龙骨'的决定。后有范姓估觅得十二板送王府，其恩师推断是籀篆之前的殷商占卜文字。庚子岁范姓估、赵姓估又陆续挨千余片，其恩师文敏公均厚价留之，详加研究。时义和拳乱起，其恩师文敏公怕有失，密运部分宝贝藏淮安，嘱铁云先生代为保管。文敏公殉难后，壬寅年，其哲嗣翰甫（汉辅）售所藏（藏），清公凤责（债），龟板千余片，铁云先生悉得之，遂据此成《铁云藏龟》。成书过程中，得亲家罗振玉大助。"

　　后来笔者发现殷高良遗存所记与淮安民间传说甚合。可见，1931 年北平《华北日报·华北画刊》第 89 期上汐翁的《龟甲文》所记为真。淮安有刘鹗故居，是刘鹗常居地，离笔者住地不远，笔者常去参观。淮安传说那含龙骨的中药方确实是刘鹗开的，1899 年王懿荣回老家料理其弟丧事，因为过于劳累，回京就病倒了，刘鹗听说后，立马就赶到王家，为王懿荣把脉诊治，开了含有龙骨的药方，从鹤年堂中药店抓来中药，是刘鹗和王懿荣一起发现龙骨上有刀刻文字。这就应该是 1931 年 7 月 5 日北平《华北日报·华北画刊》第 89 期署名汐翁的文章《龟甲文》中提到的刘鹗客游京师，住王懿荣家，正遇上王懿荣得病，将从菜市口鹤年堂中药店购药听传说误写成菜市口达仁堂中药店的原委。

　　撇开王懿荣后人王汉章曾著文述及王懿荣于 1900 年庚子之夏始发现甲骨文不谈，1942 年赵汝珍在其专著《古玩指南》中也说王懿荣最先断定"龙骨"上的文字是殷代的文字，但对王懿荣是如何得出这个结论的，赵汝珍也语焉不详。

　　1979 年，甲骨学家胡厚宣、李学勤也先后认为甲骨文是王懿荣于 1899 年下半年首先发现的，加上胡厚宣的门生、甲骨学家王宇信的下述权威认知（大意，非原话）："天津王襄、孟广慧（字定生）是购藏、研究甲骨文的早期学者，但不是发现甲骨文的第一人，只有王懿荣才是发现甲骨文的第一人。"

　　因此，"王懿荣是发现甲骨文的第一人"（对此，学界常简称为发现甲骨文的"王懿荣说"）遂成为学界的定论。

　　然而，自王襄 1955 年的遗稿《簠室殷契》在《历史教学》1982 年第 9 期发表以后和王襄 1957 年的遗稿《〈孟定生殷契〉序》在《历史教学》1993 年第 9 期发表以后，海内外众多的学者，特别是天津学者及社会大众，对学界定的"王懿荣说"并不认同，纷纷口诛笔伐，争辩不休。著名的有：李先登在 1983 年 11 月 15 日出版的《光明日报》上发表了题为《也谈甲骨文的发现》的文章，对王懿荣说提出质疑；1997 年著名学者周绍良向《中国文物报》发信与李先登争辩；

王襄之子王翁如于《历史教学》1982年第9期发表《〈簠室殷契〉跋》，还于1981年底发表《王襄复叶荭渔书》；2007年西南大学硕士研究生卢燕秋选《王襄甲骨文论著研究》作为其学位论文的题目；南开大学朱彦民教授于2008年在《邯郸学院学报》第18卷第2期上发表《近代学术史上的一大公案——关于甲骨文发现研究诸说的概括与评议》；任光宇于2018年11月在《广西师范大学学报（哲学社会科学版）》第54卷第6期上发表《"王刘联合发现说"和甲骨文发现研究新论》；2009年温洁在《翰林风采》2009年第2期上发表《甲骨文研究的先驱——记天津市文史研究馆首任馆长王襄》；姚小鸥于2020年7月16日在《中国社会科学报》上发表《谁是甲骨文的最早发现者》；撰《王懿荣传》一书的著名学者吕伟达于2021年4月16日以《例证凿凿，岂容改说——与姚小鸥先生〈谁是甲骨文的最早发现者〉一文商榷》为题在《中国文物报》上发文与姚小鸥激烈争辩；天津召开纪念甲骨文发现百年暨纪念文化名人王襄座谈会；刘立士于2018年发表《王襄与甲骨文的发现、收藏与研究》的论文；赵祥立、倪金荣、崔志远等也先后发表纪念王襄、孟广慧（字定生）发现并研究甲骨文的论文。

综观目前甲骨学界的热议形势，若不订立发现甲骨文第一人的标准，争议之风难以平息。现根据南开大学朱彦民教授的提议，笔者提出一个标准如下：

最早确认安阳小屯出土的"带有人工契刻符号甲骨"上的符号为殷商时代文字并在一定范围内传播这一信息的人，可被认定为"发现甲骨文的第一人"。

根据笔者斗胆提出的这一标准，如果纯以当事人现场留下的且为众人所知的文字材料为准，只有刘鹗一人可被认定为"发现甲骨文的第一人"，因为1902年11月5日（农历十月初六）刘鹗日记中的文字是迄今所见我国甲骨文史上关于甲骨文（刘鹗写此日记时学界将甲骨文称为"龟文"）的第一次明确文字记录。原文如下：

十月初六日（1902年11月5日）晴

午后，涂伯厚来，看宋拓帖。申刻，偕宝廷往晤詹美生商谈一切事。晚间，刷龟文，释得数字，甚喜。

不过，这样做，必定会把发现甲骨文的时间，从1899年推迟到1902年，这是学界甚至公众都不能接受的，因为学界甚至公众都知道下述铁的事实：如果没有王懿荣为刘鹗奠定的学术基础，刘鹗绝对不会在1902年11月5日写出有如此价值的日记来。如果不以当事人现场留下的且为众人所知的文字材料为准，将"众人所知"的范围扩展到当事人或别人的回忆或社会大众的集体回忆（即所谓传说，包括北京、淮安、天津等地的坊间传说），则可将"发现甲骨文的第一人"的候选人范围扩大至下述两组四人。

①**王懿荣与刘鹗于 1899 年共同发现甲骨文**

根据北京和刘鹗常居地淮安的传说，且认识刘鹗并请刘鹗看过病的笔者的曾祖父殷高员在其遗留的日记中也说，王懿荣和刘鹗是以师生相称的好朋友，王懿荣发现甲骨文的那张含有龙骨的中药方正是刘鹗为其看病时开的，是刘鹗和王懿荣同时发现白鹤中堂药店购来的中药中含有带字龙骨，并共同将其定为殷商时期的占卜文字的。

②**孟广慧（字定生）和王襄于 1899 年共同发现甲骨文**

王襄 1955 年的遗稿《簠室殷契》、王襄 1957 年的遗稿《〈孟定生殷契〉序》、温洁的论文《甲骨文研究的先驱——记天津市文史研究馆首任馆长王襄》等许多研究论文和天津的大量传说都众口一词地认为，1899 年（清光绪二十五年己亥）秋天，山东潍县古董商范寿轩，携大批有字甲骨来到天津，落脚在天津城西的马家店，王襄、孟广慧（字定生）、天津著名篆刻家王钊 (字雪民，王襄的二弟) 和著名画家马家桐 (号景含) 一行四人同往观看并准备购买收藏，经仔细观察，孟广慧（字定生）和王襄发现那些"沙尘满体，字出刀刻的甲骨"上刻有文字，**"复审其文，知为三古遗品，惊为千载瑰宝"**，于是，他们将其**"定为殷商之时古人在龟骨和兽骨上契刻的文字"**，认为其**"对研究殷商历史有重要的学术价值"**，并当场依自己的财力购买了一批甲骨，用于收藏和研究。由此可见，孟广慧、王襄二人和王懿荣、刘鹗二人一样，都是于 1899 年共同发现甲骨文的。

总之，笔者认为，如果要维持 1899 年发现甲骨文的这一认识不变，只有将王懿荣、刘鹗、孟广慧（字定生）、王襄定为发现甲骨文的四个并列第一人才合理，否则，只有将 1899 年发现甲骨文修改为 1902 年发现甲骨文，并认定刘鹗为发现甲骨文的第一人这唯一途径，别无他途。笔者非甲骨学界人，斗胆提出上述建议，仅供学界参考。

征诸实际，王懿荣、刘鹗、孟广慧（字定生）、王襄四人发现和收购甲骨都比较早，且都于 1899 年始见甲骨并收藏。然而，对甲骨文的深入研究远比是谁首先拥有甲骨文意义更为重大。虽然王懿荣、刘鹗、孟广慧（字定生）、王襄四人都为最早发现、购藏甲骨之人，但由于王懿荣于 1900 年 8 月 15 日殉国和其他各种原因，最终对甲骨文进行深入研究且取得显著成效的是刘鹗和王襄两人。刘鹗和王襄购藏的甲骨数量也在伯仲之间。刘鹗先后通过种种方式，总共搜集到甲骨 5000 片以上，成为早期出土甲骨的著名收藏家。王襄虽然清贫，但也长期节衣缩食先后六次购进甲骨共计 4000 余片。数量众多的甲骨为他们深入研究甲骨文提供了真实而宝贵的资料。他们都被誉为甲骨文研究的先驱。刘鹗因为于 1903 年 10 月从所购 5000 余片甲骨中，选出 1058 片进行墨拓，编纂并出版了《铁云藏龟》，已被学界誉为编纂并出版甲骨文著录的第一人兼系统研究甲骨文的第一人。孟广慧（字定生）因其购藏了最早出土的 430 片甲骨，且确认这些甲骨为"三古遗品"（三代上古文字中古人在龟骨和兽骨刻的文字遗存），成为后来有大成就的王襄的学术引导人，并抚其所得，成书一卷，成为王襄照录所临各名家殷契之第一本（详见 1957 年王襄遗稿《〈孟定生殷契〉序》），因此，孟广慧（字定生）已被学界誉为甲骨学者中意识到甲骨文是三代文字（古简）的第一人。王襄著有 1920 年出版的《簠室殷契类纂》和 1925 年出版的《簠室殷契徵文》，其中《簠室殷契类纂》实际是第一部甲骨文字典，因此，王襄已被学界誉为编纂并出版甲骨文字典的第一人兼系统研究甲骨文的早期学者。

中国考古学之父兼中国考古学掌门人李济对刘鹗有极高的评价，他说："**如果王懿荣是中国古文字学新学派的查理·达尔文，刘铁云就像托马斯·赫胥黎一样与他并列，这已是被一致公认的事实。**"【李济：《安阳——殷商古都发现、发掘、复原记》（译自 1977 英文版），中国社会科学出版社，1990 年版。】按李济的这个说法，如果王懿荣和刘鹗可以比作中国甲骨学界的达尔文和赫胥黎的话，那么孟广慧和王襄也可以啊！总之他们两组四人都是品质高尚、治学严谨的人，区别只是孟广慧、王襄比王懿荣、刘鹗贫穷些，他们两组四人收藏的甲骨片也在伯仲之间，取得的成就也不相上下，让他们两组四人作为"发现甲骨文的四个并列第一人"，正好和后面将他们学说发扬光大的甲骨四堂相配得天衣无缝，不仅海峡两岸的国人会一致赞同，也会被全世界现代科学界迅速认可。如果能这样做，甲骨学界将会从思想上、组织上实现空前的团结。

（殷作斌，微信号: hy_yzb，2009 年初稿，2023 年 2 月 5 日略加润色后曾收入拙著《殷代史》初版随书出版，2024 年 4 月 4 日又稍作修改，2024 年 5 月 1 日最后定稿于江苏淮安寓所）

殷代史

【卷首】殷商史事新说与本书导读

殷商王朝历史新说系列之六

第八篇 ——从周人整合的黄帝家谱的不实之处看殷始祖"契"和周始祖"弃"　都是黄帝曾孙帝喾的儿子，成为同父异母、嫡庶分明的亲兄弟的真实性

殷作斌

（此文为《河南经济报·科普周刊》2024 年 7 月 6 日总第 4278 期第 11 版上发表的《殷商王朝历史新说系列论义之六》）

中国社会科学院学部委员、中国殷商文化学会会长王震中在其专著《商代史·卷三（商族起源与先商社会变迁）》第16页中公开宣称："帝喾的出现，大概是周人把商代的上帝转换成周人的昊天，并加以人格化的结果……由于这一转换工作是周人做的，所以在人为地给帝喾配的四妃中，只有周人的姜原为元妃。这种转换工作也是对古史或古史传说、神话传说的一种新的整合、综合工作……"在同书的 24 页中，他对传说中的帝喾来源和身份又作了如下推测："帝喾……是由商代的上帝转化而来的，是商代的上帝人格化、人性化的结果……而周人……把周人的姜原安排为帝喾的元妃，把商人的简狄安排为帝喾的次妃。**帝喾既非商人的始祖，也非周人的始祖**，玄鸟生商是这一神话的较为原生的形态，简狄为帝喾次妃的说法是后加上去的。"

王震中会长的上述说法，可简称为"周人对中国上古史的整合说"。他在其专著中宣称**"帝喾既非商人的始祖，也非周人的始祖"**，其实就是向经周人整合过的周代文献诘问（就是向《世本》《尚书》《逸周书》《诗经》等经周人整合或编辑过的传世文献的周代原典原册诘问），因为不管是经孔子整理过的先秦史书，还是汉代司马迁的《史记》，其记史依据几乎都是源于周人对中国上古神话传说或整合或转化或重新编辑的周代文献。从 1959 年上高中二年级开始钻研魏晋谱书《殷氏家传》以来，我就曾反复思考过一个问题：既然黄帝是夏殷周三代的共祖，为何魏晋谱书《殷氏家传》中的殷商先祖只祭**"契、河（冥）、上甲、成汤"**四位高祖，不祭**帝喾**，更不祭**黄帝**呢？为何在十几万片的甲骨中不见黄帝的踪影呢？后来读了王震中会长的书，我才知道，原来，周朝之前古史传说中的黄帝、经周人整合或转化后的黄帝、辛亥革命前后反对满清统治的革命党人眼中的黄帝，其含义是各不相同的。

种种迹象表明，上古神话传说中的黄帝是真实存在的，黄帝的存在可由1993年3月出土于湖北省江陵荆州镇邱北村王家台15号墓的"秦简"的简文证明。王家台15号墓的"秦简"的简文使殷代亡佚已久的《归藏易》重见天日，专家在"王家台秦简"记载的殷代《归藏》的简文中赫然发现与传世文献关于黄帝与炎帝曾发生大战的记载完全一致的如下几个字：

"同人曰：**昔者黄啻与炎啻战。**"（注：简文中的"同人"就是会同众人的意思。）

《王家台秦简·归藏》的简文中的这几个字证实，早在殷代就有关于黄帝与炎帝曾于"逐鹿之野"发生大战的传说，这足以证明学界一些学者认为"黄帝仅是在春秋战国时代才形成的传说中的人物"是不对的。不过，笔者认为上古时代真实存在的黄帝家族与周人因政治需要整合而形成的"黄帝家族大一统世系观"的黄帝家族是完全不同的。显然，周人将其始祖"**弃**"安排为黄帝曾孙帝喾的元妃（相当于后世仅低于正后的皇妃）姜原之子，把殷商始祖"**契**"安排为帝喾的次妃（相当于后世的侧室或姬妾）简狄之子，其政治目的至少有二。

一、使本是西戎的周人攀上中原黄帝家族的姬姓。因为黄帝姓姬，将其始祖弃安排成黄帝曾孙帝喾的儿子，当然周人也就成为中原黄帝家族的成员，且姓了黄帝的姬姓了。若王震中会长的说法——"**帝喾既非商人的始祖，也非周人的始祖**"——成立，那就说明周人姓了黄帝的姬姓是攀龙附凤的冒姓行为，其目的是用以证明并让时人确信以黄帝之姬的后人周人代替非黄帝之姬的后人殷商子姓人执政的合法性和合理性。

二、根据周人这种安排，周人比殷商的血统更高贵。因为周人不仅与黄帝同姓姬，而且周祖弃是帝喾的**嫡子**，因为周祖弃的母亲姜原为帝喾的元妃（在有些版本的《世本》中称之为"上妃"），殷祖契的母亲简狄仅是帝喾的次妃。这样一来，殷商始祖契只是帝喾的**庶子**而已。让帝喾的**嫡子**"**姬弃**"之后人代替帝喾的**庶子**"**子契**"之后人坐天下不是更符合天命吗？

笔者据王震中会长的说法——"**帝喾既非商人的始祖，也非周人的始祖**"——推出的以上观点，读者听了也许还不信服。其实，即使不从王震中会长的说法，只从周人据上古传说整合的黄帝谱系的不实之处也可见一斑。

周人在牧野之战中一举击败殷纣攻占殷都后，面临天下诸侯不服从其统治的复杂局面，为了证明自己取代殷人坐天下符合天命的合法性，周人不仅把殷代的上帝转换成加以人格化的周人信仰的昊天，而且在占有殷人的典籍之后，对其中记载的中国上古史进行了系统的重新整合式的"改造"或"加工"。在这种"改造"或"加工"过程中，殷人的国家档案和商族子姓各个氏族档案中记载的典籍或被销毁，或被改造成适合周人需要的东西。正是因为周人对殷人文献的这种重新整合式的"改造"或"加工"，使我们对殷商的史事及其创造

的灿烂文化几乎不知，要不是殷墟大量甲骨卜辞的出土，殷人的业绩将永远被
埋藏在地下，这正是孔子无奈地发出殷礼"不足征"的原因，也是太史公司马
迁的千年殷商史《殷本纪》（自殷商始祖契至帝辛），只有区区2800多字的根本原因，
更是我们今天重建殷代信史的难点所在。据《尚书·周书·多士》记载，周公
以成王名义曾说过："惟尔知，惟殷先人，有册有典，殷革夏命。"这说明在成
汤灭夏后的殷商先王时期及其之前的殷商先公时期，殷人就有了记载历史的传
统，在其国家档案和商族子姓的各个氏族档案中，保存有相应的典籍和宗族档
案。显然，殷人这些有册有典的国家档案或宗族档案，我们今天是看不到了，
在现有的传世文献中，我们看到的西周以前的中国历史或古史传说或神话传说，
几乎都是经过周人"改造"或"加工"过的东西。周人所做的这一"改造"或"加
工"，虽然他们自己觉得很完美，但终究露出了一些马脚，有不少不实之处。
被周人刻意安排的帝喾的出现可能就与周人的这种"改造"或"加工"有关，
以黄帝为始祖的大一统世系观的形成也可能与周人的这种"改造"或"加工"
相关。下面列出一些证据，供读者参考。

一、帝喾的元妃周始祖母姜原（姜嫄）似有被周人刻意安排之嫌。周人为
什么这样安排呢？因为按中华传统，元妃就是其身份仅低于正后的皇妃，既然
周始祖母姜原是帝喾的元妃，那么次妃殷始祖母简狄只能算帝喾的侧室或姬妾。
既然侧室简狄的后人——殷人，能坐天下，那么由元妃姜原的后人——周人，
代替殷人坐天下，不是更符合天命吗？

二、《史记·周本纪》中记载的周始祖弃出生时有一段与殷始祖契出生时
相似的离奇故事，似有周人仿"天命玄鸟，降而生商"的神话故事人为刻意编
造之嫌。弃不是一般的孩子，而是因为其母姜原出野践巨人的脚印感而身孕，
而且是在出生后遭其母抛弃多次而不夭折以后，才获得"弃"这个美名。周人
仿照殷人"天命玄鸟，降而生商"的故事编造的这则神话，似有为武王灭纣、
以周代殷制造遵从天命的合法化之嫌。

三、以黄帝为始祖的大一统世系中似有被周人刻意安插非黄帝后人之嫌。
周人将疑似西戎人的周始祖弃、疑是东方人的殷始祖契和中原之主帝尧安排成
亲兄弟，且都成为帝喾的儿子，又将传说中的治水功臣夏始祖大禹安排为殷始
祖契、周始祖弃、帝尧的族兄弟，即是说周始祖弃、殷始祖契、帝尧、夏始祖
大禹都是黄帝的玄孙，是平辈。言下之意是：让姬发这样一个与商族同一血统
的明君代替恶纣坐天下不是更合乎天命吗？

四、以黄帝为始祖的大一统世系观被人为安排或加工得似乎很完美，但却
露出诸多马脚，有许多无法自圆其说的不实之处，被我的一些美国朋友取笑为
"中华黄帝家族的一笔糊涂账"。周祖弃、殷祖契、帝尧、夏祖禹都是黄帝的
玄孙，即他们都是黄帝家族的5世，而帝舜（重华）是9世，5世尧能将帝位

殷代史

禅让给9世舜；9世舜竟然又能将帝位禅让给他的叔伯高祖父5世禹；特别令人不解的是，**5世尧竟然冒乱伦风险将自己的两位亲生女儿（黄帝家族6世）下嫁给也是黄帝家族的9世舜**。这是以黄帝为始祖的大一统世系观留下来的一个千古世系难题。

周人搞出来的这个千古世系难题的最大一个矛盾或不实之处，**是殷商始祖"契"比周始祖"弃"早出生至少280年** (假定古代每代人以相差20年计) **却成为同父异母亲兄弟的问题**。众所周知，按《史记》和《世本》的记载，殷商始祖契和周族始祖弃是同父异母的亲兄弟，二人都是帝喾的儿子，都是黄帝及其妻西陵氏女嫘祖的玄孙 (五世嫡传) 。然而，也是众所周知，周武王和殷帝辛是同时代人。殷商自始祖契至帝辛，传了30代，而周族自始祖弃至周武王只传了16代。由此可断定《史记》谓殷商族始祖契与周族始祖弃皆为帝喾之子，不可信。周族始祖弃要比殷商始祖契晚出生14代，如果每代以20年至30年计，则周族始祖弃要比殷商始祖契晚出生280年至420年。也就是说，周人为向世人证明其以周代殷符合天命的政权合理性，一定是虚构了周族的世系传承，将殷商族始祖契与周族始祖弃安排成同为帝喾儿子的同父异母亲兄弟，后来被崇周的后世史家编纂到《世本》和《史记》中而被传承至今。因此，我才坚定地支持现代史学家王震中会长的下述权威论述：

周人"把周人的姜原安排为帝喾的元妃，把商人的简狄安排为帝喾的次妃。帝喾既非商人的始祖，也非周人的始祖"。

另外，周人搞出来的这个千古世系难题如果可解，也只有尧、禹都是老寿星，舜支祖上都是少年得子才可解。舜支世系为：始祖黄帝→2世昌意→3世帝颛顼→4世穷蝉→5世敬康→6世句望→7世桥牛→8世瞽叟→9世帝舜。《史记》记曰：尧登帝位70年得到舜 (时舜30岁，尧妻之二女，假定尧20岁登帝位，则尧90岁才得到舜) ；后20年尧告老，让舜代行天子职 (时尧110岁，登帝位已90年，舜50岁代行天子职) ；又8年尧去世 (时尧享年118岁，登帝位已98年，舜58岁) ；尧去世满3年丧期后，舜让位于尧子丹朱 (时舜61岁，尧如果还活着当为121岁) ，群臣不朝丹朱而朝舜，于是舜始登帝位，即是说舜是50岁代行天子职，至61岁才真正登帝位。之后又39年舜去世 (舜寿整100岁) 。舜61岁登帝位那年，来到文祖庙，大会群臣，广开言路。同年，舜命近支叔伯高祖父5世禹 (夏始祖) 任司空，负责治水。又命远支高祖辈5世弃 (周始祖) 、契 (殷商始祖) 等各司其职：弃 (周始祖) 在尧时即为农师，继续任职；契 (殷商始祖) 任司徒，负责教育，同时佐禹治水。即是说，在舜61岁登基时，尧时重臣，弃、契、禹、皋陶等才成为舜的大臣。此时，弃、契、禹各多大年纪了呢？《史记》未说，但我们可以推算。

舜61岁登基时，尧如果活着，当为121岁 (假定尧20岁登基) ，而弃、契均为尧兄，当均在121岁以上，已经121岁以上的弃、契还能任农师、司徒重职？

殷商王朝历史新说系列之六
——从周人整合的黄帝家谱的不实之处看殷始祖"契"和周始祖"弃"　　　殷作斌
都是黄帝曾孙帝喾的儿子，成为同父异母、嫡庶分明的亲兄弟的真实性

卷首 ┃ 0-41

殷代史

【卷首】殷商史事新说与本书导读

这是年岁的矛盾或不实之处之一。

下面再来推算此时禹该是多大年纪，禹父鲧是在舜摄尧政时因治水无章被诛的，因此再当较介。契生忙，但当舜61岁登基时，再至少也得60岁，不然怎么能是黄帝家族的5世呢？即是说禹、舜应年岁相当或禹稍长。到舜100岁去世时，禹也该100岁出头了，已经100岁以上的禹怎么还能接市舜的班行天子职呢？这是年岁的矛盾或不实之处之二。

假定大禹支繁衍速度特别慢，每30年传1代，帝舜支繁衍速度特别快，每20年传1代；再假定5世大禹与9世帝舜同岁。我们先按繁衍速度特别慢（每30年传1代）的大禹支来计算一下，当帝舜61岁登基时，大禹支和帝舜支共祖老太爷3世帝颛顼如果在世，应该为多大岁数。当9世帝舜61岁登基时，大禹也61岁（假定帝舜与大禹同岁），此时大禹之父4世鲧如果在世当为91岁，3世帝颛顼如果在世当为121岁。帝舜支若按繁衍特别快的每20年传1代计算，则当3世帝颛顼121岁时，4世穷蝉应为101岁，5世敬康应为81岁，6世句望应为61岁，7世桥牛应为41岁，8世瞽叟应为21岁，9世帝舜应为1岁。依此计算，9世帝舜应是在1岁那一年（也就是说刚出生那一年）就登基称帝了，可实际上帝舜是到61岁时才正式登基称帝的，这不是天大的笑话吗？这是年岁的矛盾或不实之处之三。

五、《礼记·祭法》记有"殷人禘喾而郊冥，祖契而宗汤"。而《国语·鲁语上》又记有"商人禘舜而祖契，郊冥而宗汤"。按《国语》的说法，"禘、郊、宗、祖、报"是古代五种不同的典祀。即是说，若依《礼记·祭法》享受商族禘祭的是帝喾，若依《国语·鲁语上》享受商族禘祭的是帝舜。这只能说帝喾和帝舜实际上是同一人，而在周人眼中，帝喾是黄帝的四世传人，而帝舜是黄帝的九世传人，这只能说，周人刻意安排的以黄帝为始祖的大一统世系观有无法自圆其说的不实之处。

六、《山海经》中有帝俊，宋镇豪主编/韩江苏、江林昌著《商代史·卷二》第43—56页，列出多个证据论述先秦文献与反映周人以黄帝为始祖的大一统世系观的《史记》不同，断定帝喾、帝舜和《山海经》里的帝俊是同一人，"实为神话传说中一神三名之分化"。若宋镇豪、韩江苏、江林昌的说法为真，则周人谓帝喾为黄帝的四世传人、帝舜为黄帝的九世传人必为假。

（殷作斌,微信号: hy_yzb, 2024年4月4日初稿,5月1日最后定稿于江苏淮安寓所）

第九篇　　**殷商王朝历史新说系列之七**
　　　　——驳"殷商青铜文明西来说"　　殷作斌

（此文为《河南经济报·科普周刊》2024年7月27日总第4287期第11版上发表的《殷商王朝历史新说系列论文之七》）

一些人为了证明殷代早期、中期，中原殷商还处于无青铜器的新石器时代晚期的文明阶段，竟然在某省级电视台的名为《隐秘的细节》的视频节目中公开对白，他们对白的七段原话如下。

① **专家甲提起话题说：**"（中原殷商早期、中期）并不像神话中描述的那么宏大，部落频繁的迁徙，证明了直到殷商时代早期，东亚大陆上生活的人类祖先，依然是处于新石器时代晚期的文明阶段。"

② **专家乙附和着说：**"距今3000多年前的殷商早期，主要的农具还是石头的镐、木头的锹，耕地的开发改造程度非常低，种两年就抛荒了，所以连耕地都不是什么财产。"

③ **主持人赞同地说：**"（殷商中期）迁徙的过程并没有伴随战争的记录，这说明直到殷商中期，中原仍然是非常空旷的，到处都是无主之地，还不是城邦密布、阡陌相连的景象。……当时殷商都邑的势力范围往大了想也就是方圆十五公里，这种大邑小国在当时东亚大陆成百上千，谁也说不上有什么王气。"

④ **专家甲接着说：**"这实在说不上统辖中原的王者气象。上边的这些历史记录，很好地说明了殷商早期部落城邦之间的关系。中原大地上半采集半农耕正在向永久定居过渡的数千个部落都是独立的，尽管临近部落之间，经常会发生一些强者对弱者的兼并，但是较大的城邑部落之间依然是隔着大片的原始森林。各自经营着自家的王朝，与殷商王朝并不存在实质上的隶属关系。这就是3300年前中国人祖先生存的场景。"

⑤ **专家丙提出"殷商青铜文明西来说"话题对主持人说：**"做中西历史对

比的学者，很早以前就注意到这样一个现象……在古希腊文明之前，他们也有一个文明叫克里特文明，大家公认那是欧洲文明的源头、起源，你在地图上看克里特，你发现它离非洲也就是 300 海里的距离，离亚洲也差不多是同样的距离，当然它离北边的欧洲也是同样一个距离，正是因为它这样一个进乎等距离的在地中海上的一个大岛，使得各洲的物质、财富，包括信息都在这里汇聚。所以克里特文明，首先它是一个非常发达的商业文明，其次就是各种文明的一个交汇，四通八达的一个路网，让殷商部落商人们的脚步遍及中原，到达了今天的山西、陕西、长江流域甚至更远的地方。"

　　⑥ **主持人设问说：**"为什么殷商无论是甲骨文还是青铜器都是在武丁时代突然上了一个巨大的台阶呢？"

　　⑦ **专家甲总结说：**"如果青铜制造代表着殷商时代最先进的科技和生产力、最核心的竞争力，那么在此之前，无论是原料资源还是核心技术，都没有真正掌握在殷商王朝手上，这不仅极大地影响到了殷商的商业利润，而且几乎是直接拿捏着殷商王朝的经济发展的命门，这就是商王武丁一定要拿下上庸古国的原因，他要的是一个上下游全产业链的闭环。这跟今天大型企业发展的路径是一样的。……武丁占据了这里的铜铅矿产资源和冶金工坊，捕获了大量掌握先进技术的能工巧匠，并且把他们中的一部分带回了中原，这也解释了为什么殷商在武丁时代青铜铸造技术、器物体量和精美程度，忽然发生了突飞猛进提升的原因。"

　　换句话说，他们认为，殷商后期（从武丁时代起）之所以能从石器时代一步跨进高度发达的青铜时代，完全是因为武丁对已经掌握西方青铜冶炼和制造技术的南方祝融部落发动了长达三年"青铜之战"而实现的（他们认为南方祝融部落就是"史书"上说的鬼方）。为了给他们的"殷商青铜文明西来说"做铺垫，他们还向观众宣传说，"夏代是没有青铜器的""大禹分九州铸传国重器九鼎是虚构的"。他们说的原话如下：

　　"《禹贡》是成书于春秋战国时期的儒家经典《尚书》中的一篇，托名大禹所作，分当时的天下为九个州，覆盖了今天中国的绝大部分疆域……我们现在叫九州，九州其实不是严格的记录，九州是当时眼看天下要统一了，所以中国一些先天下之忧而忧的知识分子，他们就要规划未来统一的蓝图，他们就设想统一以后，应该有九州。那么他们为什么不直截了当说，这是他们的理想、他们编的呢？因为要知道中国这个社会，普通人的这种建议是不会受到重视的，一定要假托古代一个什么圣人，这个就重视了。实际上，中国历史上从来没有实际存在过九州，那么在另一方面，大禹时代，也不可能具有这么强的行政能力去管理。对吧，而且也没必要。……大禹的时代是没有青铜的，那时候中原还处于新石器时代。如果我们用科学的理性来感受历史，我们就会看到，殷商

殷

殷代史

【卷首】殷商史事新说与本书导读

之前的东亚大陆上，分布着众多半采集半农耕的部落，星星点点地散布在原始森林和无边的荒野中，过着不断迁徙的日子。"

这个认为夏代和殷商早期、中期没有青铜器，殷商后期纯靠武丁发动为期三年的"青铜之战"才间接经地中海一带非常发达的克里特商业文明中转引进西方青铜冶炼和铸造技术的说法，无须批驳。读者只要参观一下1955年发现的殷商早期都城"郑州商城"中出土的大量青铜器，以及《殷代史》开篇彩页所列殷商王朝在长江流域武汉盘龙城青铜冶铸基地出土的大量青铜器 (武汉盘龙城出土的青铜器比郑州商城出土的青铜器还多)，这个说法便不攻自破。

1955年发现的宏伟郑州商城被学界确认是殷代早期王都，在魏晋谱书《殷氏家传》中也有成汤放桀代夏登基于天下之中的河洛地区并复命以亳的记载。宏伟郑州商城遗址被学界确认是成汤的亳都 (尽管当时学界还没有认识到郑州商城并非成汤始居之亳)，是从1974年杜岭方鼎青铜器被发现开始的。1974年9月施工队在河南省郑州市杜岭街和张寨南街地下施工时，杜岭方鼎被发现。杜岭方鼎共一大一小两件。大者被命名为"杜岭一号"，高100厘米，重86.4千克，现藏中国国家博物馆；小者被命名为"杜岭二号"，高87厘米，重64.25千克，现藏河南博物院。杜岭方鼎不仅是殷代前期的青铜器，而且是世界上在青铜时代建造的第一座青铜文明纪念碑，它和在郑州及武汉盘龙城发现的殷代早期、中期的大量青铜器庄严地向全世界宣告了"殷代早期、中期还处于没有青铜器的新石器时代晚期"的理论的破产，并宣判了"殷商青铜文明西来说"的死刑，因为杜岭方鼎就体量最大、铸造技术最为完美、保存最为完整三方面而言，是人类已经发现的地球上同时期铸造年代最早的青铜重器。据专家考证，自地球上出现人类起，截至公元前1400年，在世界上已经发现的青铜器中，就体量、铸造水平和防腐能力三方面综合起来而言，杜岭方鼎堪称世界之最，即使是丹麦发现的"古树青铜斧"也很难与之媲美。这说明殷商时代不仅是晚期其青铜铸造技术领先于世界 【以高133厘米、口长110厘米、口宽79厘米，重达832.84千克的司(后)母戊大方鼎和藏于美国旧金山亚洲艺术博物馆的小臣艅犀尊为代表物】，就是在殷商时代早期、中期，其青铜铸造技术也是领先于世界的。

郑州杜岭方鼎和郑州及武汉盘龙城出土的其他大量殷代早期、中期的青铜器向世人证明，殷代晚期在安阳殷墟出土的司(后)母戊大方鼎和清代在山东寿张梁山出土的现藏于美国旧金山亚洲艺术博物馆的小臣艅犀尊的青铜铸造技术，不是中原殷商武丁用长达三年战争手段从鬼方掠夺来的，也不是从掌握青铜制造技术的南方祝融部落学来的，更不是经地中海一带克里特商业文明的中转从西方学来的，而是居于安阳殷墟的殷代晚期商族人从他们的郑州和武汉盘龙城祖先那儿继承下来的。大家都知道，正是杜岭方鼎的现身，才证明郑州是中国八大古都之一 (其他七大古都是西安、洛阳、北京、南京、开封、安阳、杭州)。去过郑州的人都知道，杜岭方鼎已经成为郑州是王者之都的标志性符号，郑州人民路三角公园的杜岭方鼎青铜雕塑模型和郑州博物馆的杜岭方鼎建筑造型已经成为今日郑州的城市标志。

大家知道，中国考古界首屈一指的泰斗人物就是北京大学的李伯谦教授，我们来看看李伯谦教授是怎么看待这个问题的。

李伯谦于 1999 年写了一篇名为《关于中国古代文明的几点设想》的著名论文，初发表于北京大学，后收集在李伯谦著《文明探源与三代考古论集》（文物出版社 2011 年 7 月第 1 版）中，在这篇文章中李伯谦教授说："青铜冶铸技术的产生和发展：已有的考古资料表明，至迟在龙山时代，铜器的冶铸技术已经出现，并已超出了最初的起源阶段。进入夏代以后，青铜器已经成为代表中国上古时代物质文化最高成就的主要标志物和精神文化的重要载体。"

大家想想看，根据当今考古界李伯谦教授的权威论述和在郑州发现的以杜岭方鼎为代表、在武汉盘龙城发现的以锥足圆鼎为代表的殷代早期、中期大量青铜器的事实，一些人说殷代中期以前的夏、殷两朝尚未进入青铜时代和中国青铜文明来源于西方的论点正确吗？望学界专家和读者明察。

（殷作斌，微信号：hy_yzb，2024 年 4 月 4 日初稿，5 月 1 日最后定稿于江苏淮安寓所）

第十篇 殷商王朝历史新说系列之八 殷作斌
——驳"殷商甲骨文字外来说"

（此文为《河南经济报·科普周刊》2024 年 7 月 27 日总第 4287 期第 11 版上发表的《殷商王朝历史新说系列论文之八》）

120 多年来（从学界公认的 1899 年计起），安阳殷墟先后出土带字甲骨 15 万多片，分别收藏于全球 13 个国家的博物馆和大学，这一直接出自 3000 多年前殷人之手的中华早期文字资料，几代学者为它的发现、发掘和研究做出了杰出的贡献。甲骨文的发现和研究，使我们明白了传承至今的汉字之源流，使我们中华民族的信史向前推进了至少 1000 年，为夏、殷、周三代历史的研究提供了真实的史料，拉近了我们与久远殷商文明的距离，同时，也为我国古代传世文献的印证、订补和纠讹提供了翔实的依据。甲骨文的发现和对甲骨文出土地安阳殷墟的科学发掘，催生了中外学者广泛参与的甲骨学和中华田野考古学这两个年轻的专门学科，也焕发了中华古老历史学科的青春，培养和造就了中华几代考古工作者、甲骨学研究者、殷商史研究者。正是这些学者的共同努力，才使世人公认中华古史中记载的 3000 多年前的殷商王朝为真实存在，也才使世人确认只有区区 2800 多个字的《史记·殷本纪》基本上为信史。这一切，大大地增强了十四亿中华儿女的民族自尊心、自豪感和凝聚力，对中华民族的复兴和再次崛起有着深远的历史意义和巨大的现实意义。

然而，围绕殷商甲骨文字的来源问题，学界却争论不休。魏晋谱书《殷氏家传》清楚明白地记载：**殷代开国大帝成汤初建国时殷人就用写在竹片、骨片、木板或树叶上的文字记载自己的历史，这说明殷墟发现的殷代后期的甲骨文字是殷商人从其老祖宗那里继承下来的。**可是，学界一些专家在某省级电视台上却公开对白说，殷商甲骨文字是外来的，甚至认为殷商后期的甲骨文字是武丁用战争手段从南方的祝融部落掠夺来的。下面是他们在某省级电视台的名为《隐秘的细节》的视频节目中公开对白的五段原话。

① **专家甲对主持人说：** "在武丁之前总共仅有的 8 片甲骨上，一共只有不到 20 个字符，而武丁之后的 15 万片甲骨上，字符总量超过了 4500 个，专家们能够释读出的单字超过了 2800 个（引者注：专家们能够释读出的单字实际没有这么多，这里说的超过 2800 个包含知道其大概意思但未被考释的字），文字最多的单片甲骨上就超过了 100 字，已经相当于一篇短文了。"

② **主持人回应说：** "这对中华文明真的是太重要的一份贡献了，尽管甲骨文奠定了汉字的基础，但我们也不要忘了，至今依然被使用的活化石《水书》。"

③ **专家甲又对主持人说：** "专家统计，《水书》的文字总量多达 1600 个，文字体系的健全程度远远高于武丁之前殷商甲骨文字所能达到的水平。"

④ **专家丙对主持人说：** "武丁时代文字总数的增量，显然与他征服祝融部落的三场战争有关。不然我们就很难解释，为什么武丁之前的甲骨上，只有那么几个难以辨认的零星字符，而武丁之后，不但字符数量激增，其表意能力暴涨？而且书法和契刻刀法水平也远非昔日可比。"

⑤ **主持人总结说：** "殷商王室在武丁前后祭祀活动的差别有多大，考古学家刘一曼进行了仔细的对比，在迄今为止发现的 154600 片殷商甲骨中，属于武丁之前的只有 8 片。……可惜的是，这个成长过程过于迅猛的暴发户，还不大知道可以用手中的文字，为自己书写历史。这一缺憾带来的后果是，殷商的历史被后来的胜利者描绘成冰冷阴暗的时代。似乎礼仪之邦所有的美好都是从西周开始的。"（引者按：实际不是殷商人"不大知道可以用手中的文字，为自己书写历史"，而是书写后，被以周代殷的人篡改或破坏了。）

不论殷商甲骨文字的产生是否与南方祝融部落在贵州赤水或荔波传承的巫书《水书》文字相关，我们都坚信殷商甲骨文字为整个殷商时期通用且成熟的文字系统，它就是我们今天的汉字之源流。当然，考古学家刘一曼在《光明日报》上发表的文章——《关于武丁以前甲骨文的探索》——中说的话可能符合事实（大意，非原文）："在迄今为止发现的 154600 片殷商甲骨中，属于武丁之前的只有 8 片，且一共只有不到 20 个字符，而武丁之后 15 万片甲骨上，字符总量超过了 4500 个。"然而，我们可以断定：虽然在已发现的 15 万多片甲骨中，属于武丁之前的只有 8 片，且一共只有不到 20 个字符，但已发现不代表全部。在武丁之前，只发现 8 片有字甲骨且其上一共只有不到 20 个字符，不代表在武丁之前只有 8 片有字甲骨且一共只有不到 20 个字符，因为，可能还有不少甲骨片在殷墟科学发掘之前，有的可能被当作中药龙骨用掉，有的可能还埋藏于盘庚迁殷之前作为殷商王朝主、辅王都的其他地方，尚未被发现。

著名甲骨学家、历史学家兼考古学家李学勤先生曾有一个定论："很多人认为殷墟的甲骨文是最早的汉字，这是不正确的。甲骨文只不过是商代（引者按：现行国内学界的商代，即为本文的殷代）后期的文字，字的个数已经超过四千，而且从字的结构看，传统的所谓'六书'已经具备了。所以甲骨文是一种已经发展的文字系统，汉字的演变在它之前肯定有一个很长的过程。"（注：李学勤：《走出疑古时代》，辽宁大学出版社，1994年版。）

李学勤先生认为汉字的演变在殷商王朝后期之前有个"很长的过程"，是非常正确的，因为考古界已经从河南省舞阳县贾湖村这个距今7500—9000年的新石器前期遗址中发现17例类似文字的契刻符号，其中龟甲刻符9例、骨器刻符5例、陶器刻符3例，这比安阳殷墟的甲骨卜辞要早4000多年，比西安半坡仰韶文化陶器上的刻画符号和山东大汶口文化陶器上的文字符号还早2000年。贾湖遗址的这一重大发现，领先于素称世界最早文字的古埃及纸草文书，堪称世界之最。贾湖文化是河南省新郑市的裴李岗文化遗址的重要源头。众所周知，河南省新郑市的裴李岗文化遗址是20世纪世界百项考古大发现之一，也是河南省十处考古大发现之一。学界研究表明，贾湖契刻符号的刻写笔顺和基本结构与汉字的基本结构相一致，其中，一些契刻符号的形状与在其4000年后的殷墟甲骨文有许多相似之处。专家们认为，贾湖契刻符号是最终演变成汉字体系的已知最早前身，它为殷代甲骨文的历史源头提供了证据。例如香港中文大学饶宗颐大师说："贾湖刻符对汉字来源的关键性问题提供了崭新的资料。"北京大学历史系古文字学家葛英会也认为贾湖契刻符号"应该是一种文字"。

我曾花整整一年时间，对殷墟甲骨文的写法和字形结构进行研究，发现其字形还不稳定，尚待规范。这说明甲骨文还是变化发展中的文字，从大量甲骨文字形的对比研究中，可以得出以下三点结论。

第一，在整个殷商王朝，其文化及代表文化发展水平的文字也是随着殷商王朝经济基础和上层建筑的发展而不断向前推进的，特别是文字的服务对象主要是上层统治阶级。由于殷商王朝历代统治者都十分崇拜鬼神，在那个科学不发达的时代，统治阶级上层的占卜贞问活动几乎成为当时一种普遍通用的处事方式，甚至成为统治阶级的行事规矩。如战争的胜负、猎物的获得、行程的顺逆、病情的轻重、农作物的收成、天气与气候的变化、聚会的吉凶、生男还是生女等，做任何事之前，都要占卜一下，向祖宗或者神灵贞问是吉是凶。占卜活动结束后，占卜的时间、占卜者的姓名、占卜的内容都要用书写或刻画的方式在甲骨上记录下来，有时连后来应验的结果（验辞）也要补记上，这就是我们所称的卜辞，也是我们看到的甲骨文中的绝大部分。（注：除卜辞以外，甲骨文中也有极少量的"记事文字"，可称为"非卜辞"。）也正因为殷商王朝上层统治阶级崇拜鬼神，我们才能看到他们留下的甲骨文，从而了解殷商王朝的社会情况。如果他们崇尚科学，不事事占卜，那么因为他们的记史典册，都被后来的胜利者周人或篡改或销毁，我们就什么也不知道了。

第二，甲骨文贯穿殷商王朝始终。也就是说，在整个殷商王朝，甲骨文便是为统治阶级服务的统治工具之一，它个似随着这种统治文明程度的加剧而快速发展着，而且在整个殷商王朝期间都存在着，绝对不会出现武丁之前"一共只有不到 20 个字符，而武丁之后字符总量突然超过 4500 个"的突变情况。

第三，从甲骨文来看，它不可能只是殷商王朝后期的产物。唐兰先生认为："文字的产生，在夏以前，至少在四千年前，我们的文字就很发展了。"他还说："文字本于图画。……文字是由图画逐渐变成的，愈早的象形和象意字，愈和图画相近。"（**注：** 唐兰：《中国文字学》，上海古籍出版社，1979 年版。）

就以上三点结论来看，殷商甲骨文肯定是贯穿殷商王朝始终的文字，至于其最初来源，大概率属于殷商先祖的创造，小概率是夏代官方文字的继续，但绝对不可能是殷商王朝后期武丁用战争手段从南方的祝融部落掠夺来的。

（殷作斌，微信号：hy_yzb，2024 年 4 月 4 日初稿，5 月 1 日最后定稿于江苏淮安寓所）

殷代史

【卷首】殷商史事新说与本书导读

殷商王朝历史新说系列之九

第十一篇

——殷代中期的都城屡迁与王位继承一点关系也没有，
司马迁说的"比九世乱"现象根本不存在！

殷作斌

（此文为《河南经济报·科普周刊》2024 年 7 月 27 日总第 4287 期第 11 版上发表的《殷商王朝历史新说系列论文之九》）

一、司马迁说的"比九世乱"现象根本不存在

在司马迁笔下和现代主张"白家庄期商文化崩溃"的学者的眼中，殷代中期是一段因王位争夺导致"比九世乱"的黑暗岁月，司马迁认为殷代中期之所以出现诸侯莫朝、都城屡迁等国势衰弱现象都与所谓的"比九世乱"有关。魏晋谱书《殷氏家传》不这么看。《殷氏家传》认为殷代中期之所以主动放弃对长江流域丰富铜矿带的控制，将国策调整为实施战略收缩经略，完全是由客观环境所造成，都城屡迁也是出于国防的需要。《殷氏家传》中说，殷代历来就有将首都分为祭祀中心主都和军事中心辅都实行双都制的传统，并认为殷代中期的都城屡迁，迁的只是出于国防需要的军事中心辅都，且这些辅都的屡迁与王位传承一点关系也没有。《殷氏家传》认为殷代真正的两都合一的迁都只有一次，那就是盘庚迁殷。前几次的中丁迁嚣（隞），河亶甲迁相，祖乙迁邢（耿、庇）、南庚迁奄，迁的只是作为军事中心的辅都，位于郑州且被成汤复命以亳的祭祀中心主都一直仍在郑州没有迁，只是到盘庚迁殷时才两心合一地迁到殷墟(今安阳)。

《殷氏家传》中说：殷代中期，因北方气候转型变为干冷，迫使北狄各民族南进威胁中原；曾经与成汤结盟灭夏的东夷各民族，因势力增强对中原殷商也虎视眈眈；南方长江流域南蛮各民族也不再臣服，迫使天下共主的宗主国中原殷商不得不放弃对长江流域丰富铜矿资源的掌控；西边各游牧民族又强势崛起。面对如此复杂的局面，殷代中期不得不实施基于国情的战略收缩经略。此时，殷商王朝在陷入四面受敌、王室经济总量下滑的复杂困境下，为了使王室有限的共有财产不被分割且得到最大限度的保护，殷商王室成员经集体议决后认为，成汤制定的王位继承父子相传制已经不适合当时的国情，决定有限地仿照尧舜禹时代传说的"禅让制度"，改行"**王室推举制**"的王位继承制度。《殷氏家传》中还说，殷代中期自太戊上位至武丁登基的 15 帝期间实行的王位继承制度是"王室推举制"，并认为《史记·殷本纪》记载的"比九世乱"现象根本不存在，所谓"比九世乱"只是司马迁的主观臆测，是后世人以小人之心度殷商先祖君子之腹，因为无任何史据能证明"比九世乱"的现象存在。

也就是说，撰写魏晋谱书《殷氏家传》的先祖认为殷代中期出现兄终弟及、叔终侄继等王位继承现象与王位争夺毫无关系，认为导致殷代中期国势衰落的"王位争夺说"纯粹是从司马迁起的古今学者以小人之心度殷人之腹的主观臆想。在魏晋谱书《殷氏家传》的上述说法基础上，笔者作如下推理：在司马迁说的"比九世乱"期间，虽然屡屡出现王位不在父子之间相传的现象，但传世文献和甲骨文中没有出现一次因王位传承争斗或发生战争的记载，这足以证明殷代中期的王位传承是和平进行的，根本不存在因王位争夺导致"比九世乱"的现象。

二、殷代中期的都城屡迁与王位继承一点关系也没有

传统史学，总是将殷代中期出现"都城屡迁""诸侯莫朝"等国势力衰落现象归结到莫须有的"比九世乱"上，认为殷代中期的都城屡迁与王位继承密切相关，其实这只是无任何史据支持的历史错觉或史学家的主观臆测。

实际情况是，殷代中期的都城屡迁完全是因为国防的需要，与王位继承一点关系也没有。在成汤建国的七八十年后，殷商王朝在陷入四面受敌的复杂困境的情况下，为了使王室共有的有限财产不被分割而且能得到最大限度的保护，殷商王室成员经集体议决后认为，成汤据夏室王位继承制度制定的嫡长子继承制已不适合当时的国情，决定有限地仿照尧舜禹时期传说的"禅让制度"，改行王室推举制的王位继承制度。也就是说，在前王仙逝后，不再以贤庸无法预测的其嫡长子为唯一王位继承人，改行经王室成员集体议决，从众多王室子弟中推举出能有效管理王室已经下滑的有限共有财产和有效掌控王室大权的最优秀者来当王位继承人。决定从小甲仙逝后开始试行这一制度。

第一位被王室众成员集体推举上位的是小甲的弟弟太戊。太戊被推举上位成为第一位兄终弟及的天子后，也不负众望。他立伊尹之子伊陟为相，注重修行天子之德，倾听不同意见。他在位的 75 年间，终于使自己成为在殷代历史上仅次于成汤和武丁的很有名气的重振殷商的帝王。在《竹书纪年》和《史记》中记载有这样一个故事。说太戊在位时，远方的部族、方国的领袖听到太戊的好名声，纷纷慕名而来。来了多少呢？包括西戎和东夷在内的来宾，重译而至者竟达七十六国，一举扭转了先王时"殷道衰诸侯不至"的局面。在没有通

用文字、没有便捷的通道、方言阻隔严重，说一句话都要经过几道翻译的时代，在其他国家也在各自谋生的时代，世界上能有七十六国前来殷都做客，这个人类文明交流的宏大景观，就是在今天来看，也是不容易做到的，当时的那种外交情景，一定是非常震撼的。殷商王室成员，看到第一位被试行推举上位的太戊，竟然如此有出息，他们尝到了王室推举制的甜头，于是这个"试行"75年的由王室成员集体推举产生王位继承人的制度就成为殷商王朝中期的常态制度。这种制度执行了200余年，终于使四面受敌的殷商王朝走出困境，直到殷商王朝成为邦畿千里的超级帝国——武丁盛世时，才退出历史舞台，重新实行成汤制定的父终子继的王位继承制度，并结束战略收缩经略，恢复当年成汤富国强兵的扩张战略。

三、 对殷商王朝中期出现频繁迁都现象的科学观察

值得指出的是现在仍有学者坚信司马迁的"比九世乱"之说，他们认为，殷代中期之所以出现"都城屡迁""诸侯莫朝""商文化白家庄期收缩甚至崩溃"等国势衰落现象，是因为成汤制定的嫡长子继承的王位继承制度遭到破坏，出现王位争夺导致九王之乱的政治原因。目前，这种认识似有成为学界主流认识的倾向。例如，宋镇豪主编/韩江苏、江林昌著《商代史·卷二（〈殷本纪〉订补与商史人物徵）》第135页就认为："（殷商王朝）中期商王自中丁始，至阳甲止，由于太戊之子中丁从其叔父雍己手中夺取了商王位（引者按：这里说的'夺取了商王位'纯粹是作者的主观推测，无任何客观证据），破坏了成汤建国初确立的（嫡）长子继承制，出现了'兄终弟及'和'父死子继'的王位继承现象，这种王位继承制，造成了商王朝国势的大削弱，以至（致）频繁迁都的结果。"这种观点以文献所载"比九世乱"和殷都屡迁的时期相契合为切入点，立意虽新，但迁都就能解决内乱的逻辑推理显然难以使人信服，同时从实际情况来看，殷代中期的每一次王位更替，史书上没有出现一次相互残杀的记录，这就直接否定了这些学者关于王位争夺导致频繁迁都的猜测。实际情况正如邹衡在《论汤都亳及其前后的迁徙》一文中说的那样，祖乙以后将王都设置在太行山东麓，是为了对付存在于山西与河北境内的敌对势力。从殷都屡迁的实际情况来看，屡迁的仅是作为军事中心的辅都，在盘庚迁殷之前，位于郑州的祭祀中心主都，仍在郑州一直没有迁。从作为军事中心的辅都屡迁的方向来看，之所以迁向北方、东方和东南方，是因为这三个方向存在严重的边患。经考古发掘证明，那时北方气候急剧转向干冷，北方民族被迫南下、东迁，连带打破了中原地区原有势力的平衡，迫使河亶甲、祖乙不得不将都城北迁以迎战来自北方草原的强大威胁。这就是河亶甲、祖乙向北迁移辅都的缘由。后来，殷商王朝的边患除了来

殷商王朝历史新说系列之九
——殷代中期的都城屡迁与王位继承一点关系也没有，　殷作斌
司马迁说的"比九世乱"现象根本不存在！

卷首 | 0-53

殷代史

【卷首】殷商史事新说与本书导读

自北方、西北方的南下北方民族外，还有从东南、东方进行侵扰的东夷势力，如今本《竹书纪年》记载的"仲丁六年征蓝夷""外壬元年邳人、优人叛""河亶甲四年征蓝夷"等。这说明，当北方来侵缓和，殷人便将目标转向不断侵扰的东夷、东南夷，首先就是将辅都迁往山东西南，以利坐镇指挥和叮阻来犯之敌，这就应是祖乙将辅都北迁邢以后又向东南迁庇、南庚再迁奄的缘由。在东夷、东南夷入侵的问题解决之后，盘庚为了一劳永逸地解决北方民族南侵的问题，便毅然地决定将位于郑州的祭祀中心主都和位于山东曲阜的军事中心辅都——奄邑，二心合一地迁到位于今安阳殷墟的祖地殷，这就应是盘庚不顾族人的强烈反对一定要迁都到祖地殷的缘由。

（殷作斌，微信号：hy_yzb，2024 年 4 月 4 日初稿，5 月 2 日最后定稿于江苏淮安寓所）

第十二篇　　**殷商王朝历史新说系列之十**　　　殷作斌
　　　　　　　——魏晋谱书《殷氏家传》中的殷商纪年简介

（此文为《河南经济报·科普周刊》2024 年 7 月 27 日总第 4287 期第 12 版上发表的《殷商王朝历史新说系列论文之十》）

从古至今的史书，记载甚至重点研究夏殷周三代纪年的史书很多，其中涉及殷商的纪年，有的可信，有的不真。比较起来，还是"文革"被毁的魏晋谱书《殷氏家传》对殷商的纪年比较可信。但由于该书还是笔者于 20 世纪 60 年代熟记的，其中涉及"殷商纪年"的资料，忘了不少。好在笔者读书时有随手笔录的习惯，现据 20 世纪 60 年代上大学时的一些破烂的听课笔记的空白处中找到的当年研读《殷氏家传》时随手记录的关于殷商纪年的零星笔录，结合考古材料和传世文献将其整理出来，供学界参考。本文中的干支纪元为《殷氏家传》原文，公元纪元和黄帝纪元为推算得，"公元前"一般简作"前"，"黄帝纪元年"简作"黄帝"。

一、殷、商的分界暨商族传说时期和信史时期的划分

魏晋谱书《殷氏家传》将整个殷商时期划分为传说时期和信史时期两段。编纂《殷氏家传》的先祖认为，**殷**和**商**以被夏帝追封于殷地的、以身殉职的夏代商族治水英雄先祖**河**（讳**冥**）为界，之前称商，之后称殷。并将始祖契、二世先公昭明、三世先公相土、四世先公昌若、五世先公曹圉，这前五代无法给出准确纪年的商侯时期，称为传说时期；将自六世先公**冥**起，特别是自七世先公**亥**奉夏帝之命自古黄河东迁至古黄河西的亡父追封地**殷、改商曰殷**之后的殷侯时期和成汤建国后的殷帝时期，称为信史时期。2015 年，笔者在《殷代史六辨》中首次将《殷氏家传》中的这个观点公布于众时，曾获得当代考古学界泰斗、北京大学李伯谦教授的高度评价。他在其撰写的《殷代史六辨·序》中将笔者首次公布于众的商族六世先公"冥前称商，冥后称殷"的论断评价为**"在目前有关为什么会有殷、商之别的诸种说法中，恐怕是最有说服力的说法之一"**。

二、殷代的帝数

魏晋谱书《殷氏家传》中有"殷称帝、周称王"的八字记载，将殷代的帝王统称为"帝"，将周代的帝王统称为"王"，且特别说明，殷帝在族内必须谦虚谨慎、要自称为"王"或"商王"，在全国才可自称为"帝"或"殷帝"。

魏晋谱书《殷氏家传》认为，殷代实际即位为"殷帝"的商王连同未即位先逝，但享受"殷帝"待遇的两位太子——成汤的太子太丁和武丁的太子孝己，整个殷代共传29帝，并认为，《史记·殷本纪》中记载的中壬、沃丁、廪辛三位实际并未即位为帝，系《史记》误记。《殷氏家传》记载的实际即位为帝的27位殷天子的次序为：1成汤、2太甲、3外丙、2太甲（复位）、4太庚、5小甲、6太戊、7雍己、8中丁、9外壬、10河亶甲、11祖乙、12祖辛、13沃甲（开甲）、14祖丁、15南庚、16阳甲、17盘庚、18小辛、19小乙、20武丁、21祖庚、22祖甲、23庚丁（康丁）、24武乙、25文丁（太丁）、26帝乙、27帝辛。

三、殷革夏命的纪年和殷代的积年

魏晋谱书《殷氏家传》记载，自夏桀帝癸于壬辰（公元前1649）即位到殷末帝辛丙申（前1045）失国，共历605个春秋，所记史事逐年不乱，现转录于下。

夏桀壬辰（前1649，黄帝1050）即位，夏末帝桀，一名帝癸或履癸，居斟鄩。

夏桀十五年丙午（前1635，黄帝1064），成汤元年，在亳即殷侯位。

夏桀十九年庚戌（前1631，黄帝1068），成汤五年，夏桀锡命成汤为方伯，成汤得专征伐。

夏桀二十年辛亥（前1630，黄帝1069），成汤六年，葛伯不祀，汤始征之，殷灭葛。

夏桀二十一年壬子（前1629，黄帝1070），成汤七年，殷征有洛，灭之。征荆，荆伯降。

夏桀二十二年癸丑（前1628，黄帝1071），成汤八年，夏桀囚成汤于夏台，夏桀因禁了因行仁义小有名望的成汤，激起各路诸侯公愤。

夏桀二十三年甲寅（前1627，黄帝1072），成汤九年，夏桀释汤还亳，各路诸侯不朝夏桀，反而到亳邑去慰问成汤。约于夏秋间，成汤公开出师反夏，时达九年的商夏战争正式启动。战争的第一阶段，以占领中原战略要地郑州为日的，成汤只用几个月的时间，即将设兵干预成汤西进的北昆吾、韦、顾三国击溃，韦、顾、北昆吾三君齐国南逃，向盘踞在许地的南昆吾大本营求救，迫使韦、顾在郑南流亡复国。年底，成汤占领并驻师天下之中郑州，开始营建郑州根据地，商夏双方进入长达五年的战略相持阶段。

夏桀二十八年己未（前1622，黄帝1077），成汤十四年，夏桀帝盘踞在许地的南昆吾氏北下讨伐成汤，被成汤击败逃回。同年，成汤大合诸侯于景亳，与东夷各方

殷
代
史

国结成伐夏统一战线。年底，成汤下达与夏桀决战的命令，商夏战争长达三年的战略决战阶段开始，先征在郑南复国的韦，灭之，接着征顾。

夏桀二十九年庚申（前1621，黄帝1078），成汤十五年，成汤取顾。

夏桀三十年辛酉（前1620，黄帝1079），成汤十六年，成汤挥师南下灭昆吾。

夏桀三十一年壬戌（前1619，黄帝1080），成汤十七年，成汤挥师西进伐夏，一举攻入夏都。夏桀退守鸣条，汤师追至鸣条，双方决战于鸣条之野，夏师大败，夏桀出奔三朡，汤师征三朡，夏桀又奔郕，汤师征郕，夏桀逃到焦门，终被擒。成汤没有杀桀，而是放之于南巢，夏亡。成汤回亳，召开推选天子（**笔者后加注**：《殷氏家传》原文作"海选天子"）、共商国是的三千诸侯大会。

成汤十八年癸亥（前1618，黄帝1081），成汤在复命以亳的郑州即天子位，未改元，继续沿用其诸侯年号。国号"**殷**"，国姓"**子**"，国氏"**子姓殷氏**"，并立下"**殷商并用，族号称商，国号称殷**"的族规。定下后世商王（殷帝）必须恪守的规矩："**在族内行王权称商称王，在全国行天子权称殷称帝。**"

经推算，成汤登基建国的殷代肇始的确切日期为成汤十八年癸亥元日，时为公元前1618年2月20日，或黄帝纪元1081年正月初一，或干支纪元癸亥年甲寅月壬辰日。
…………

殷末帝辛乙巳（前1096，黄帝1603）即位，锡命西伯姬昌、九侯、鄂侯为三公。时为西伯姬昌在位的第12年，时姬昌62岁。

帝辛十年甲寅（前1087，黄帝1612），帝辛于在位的第十年大举征伐东夷中的淮夷。

帝辛十五年己未（前1082，黄帝1617），帝辛于在位的第十五年再次大举征伐东夷中的淮夷。

帝辛二十三年丁卯（前1074，黄帝1625），帝辛囚西伯姬昌于羑里，时为西伯姬昌在位的第34年，时姬昌84岁。

帝辛二十九年癸酉（前1068，黄帝1631），帝辛释西伯姬昌，时为西伯姬昌在位的第40年，时姬昌整90岁。

帝辛三十年甲戌（前1067，黄帝1632），西伯姬昌率诸侯朝殷入贡，时为西伯姬昌在位的第41年，时姬昌91岁。

帝辛三十三年丁丑（前1064，黄帝1635），密人降于周，周迁于程。帝辛授予姬昌专征权。时为西伯姬昌在位的第44年，亦为传说中的文王受命之年（文王受命元年），时姬昌94岁。

帝辛五十一年乙未（前1046，黄帝1653），冬十一月戊子，周师模拟伐殷，渡孟津而还。

帝辛五十二年丙申（前1045，黄帝1654），爆发牧野之战，殷亡。

经推算，周殷牧野之战爆发日即殷亡日的确切日期为帝辛五十二年十二月初四，时为公元前1044年1月9日，或黄帝纪元1654年十二月初四，或干支纪元丙申年庚子月甲子日。

由上述殷代成汤开国和帝辛失国的纪年数据，可得殷代的积年为574年。

【卷首】殷商史事新说与本书导读

四、殷代 27 帝的在位纪年

【1】开国人帝成汤：子类之子，谱名履，癸亥（前 1618 年）即天子位，甲戌（前 1607 年）崩。在天子位 12 年。子姓商族 14 世，子姓商族殷氏 9 世，殷代王室 1 世。

【2】太甲（祖终太孙继）：未立先逝的成汤太子——太丁——之子，成汤长孙，谱名至，乙亥（前 1606 年）即位，丁丑（前 1604 年）被伊尹放入桐宫修德思过，辛巳（前 1600 年）复位，庚戌（前 1571 年）崩。先后在位 33 年。子姓商族 16 世，子姓商族殷氏 11 世，殷代王室 3 世。

【3】外丙（代侄太甲理政）：成汤次子，谱名胜，戊寅（前 1603 年）即位，庚辰（前 1601 年）崩或出走，在位 3 年。子姓商族 15 世，子姓商族殷氏 10 世，殷代王室 2 世。（笔者后加注：据《殷氏家传》记载，外丙于其在位的第三年实际是离职出走而非驾崩，并说明了外丙离职出走的原因：伊尹请外丙名义上代侄太甲守帝位三年后出走的原因是，外丙本不愿占有侄太甲帝位，故出走。外丙名义上代侄守帝位三年期间，实际上是伊尹摄政当国三年。详见《殷代史·卷六》中的《基于魏晋谱书〈殷氏家传〉记载的殷代 17 世 27 帝纪年表》。）

【4】太庚（父终子继）：太甲之子，谱名辨，辛亥（前 1570 年）即位，乙亥（前 1546 年）崩，在位 25 年。子姓商族 17 世，子姓商族殷氏 12 世，殷代王室 4 世。

【5】小甲（父终子继）：太庚长子，谱名高，丙子（前 1545 年）即位，辛亥（前 1510 年）崩，在位 36 年。子姓商族 18 世，子姓商族殷氏 13 世，殷代王室 5 世。

【6】太戊（兄终弟及）：太庚次子，小甲之弟，谱名密，壬子（前 1509 年）即位，丙寅（前 1435 年）崩，在位 75 年。子姓商族 18 世，子姓商族殷氏 13 世，殷代王室 5 世。

【7】雍己（兄终弟及）：太庚第三子，小甲、太戊之弟，谱名伷，丁卯（前 1434 年）即位，戊寅（前 1423 年）崩，在位 12 年。子姓商族 18 世，子姓商族殷氏 13 世，殷代王室 5 世。

【8】中丁（仲丁）（叔终侄继）：太戊长子，雍己之侄，谱名庄，己卯（前 1422 年）即位，辛卯（前 1410 年）崩，在位 13 年。子姓商族 19 世，子姓商族殷氏 14 世，殷代王室 6 世。

【9】外壬（兄终弟及）：太戊次子，中丁之弟，谱名发，壬辰（前 1409 年）即位，丙午（前 1395 年）崩，在位 15 年。子姓商族 19 世，子姓商族殷氏 14 世，殷代王室 6 世。

【10】河亶甲（兄终弟及）：太戊第三子，中丁、外壬之弟，谱名整，丁未（前 1394 年）即位，乙卯（前 1386 年）崩，在位 9 年。子姓商族 19 世，子姓商族殷氏 14 世，殷代王室 6 世。

【11】祖乙（叔终侄继）：中丁之子，河亶甲之侄，谱名滕，丙辰（前 1385 年）即位，甲戌（前 1367 年）崩，在位 19 年。子姓商族 20 世，子姓商族殷氏 15 世，殷代王室 7 世。

【12】祖辛（父终子继）：祖乙长子，谱名旦，乙亥（前 1366 年）即位，庚寅（前 1351 年）崩，在位 16 年。子姓商族 21 世，子姓商族殷氏 16 世，殷代王室 8 世。

【13】沃甲（开甲）（兄终弟及）：祖乙次子，祖辛之弟，谱名蹡，辛卯（前 1350 年）即位，乙卯（前 1326 年）崩，在位 25 年。子姓商族 21 世，子姓商族殷氏 16 世，殷代王室 8 世。

【14】祖丁 (叔终侄继)：祖辛之子，沃甲之侄，谱名新，丙辰（前1325年）即位，甲子（前1317年）崩，在位9年。子姓商族22世，子姓商族殷氏17世，殷代王室9世。

【15】南庚 (堂兄终堂弟及)：沃甲之子，祖辛之侄，祖丁堂弟，谱名更，乙丑（前1316年）即位，壬申（前1309年）崩，在位8年。子姓商族22世，子姓商族殷氏17世，殷代王室9世。

【16】阳甲 (堂叔终堂侄继)：祖丁长子，南庚堂侄，谱名和，癸酉（前1308年）即位，己卯（前1302年）崩，在位7年。子姓商族23世，子姓商族殷氏18世，殷代王室10世。

【17】盘庚 (兄终弟及)：祖丁次子，阳甲之弟，谱名旬，庚辰（前1301年）即位，丁未（前1274年）崩，在位28年。于其在位的第十四年癸巳（前1288年）迁殷。子姓商族23世，子姓商族殷氏18世，殷代王室10世。

【18】小辛 (兄终弟及)：祖丁第三子，阳甲、盘庚之弟，谱名颂，戊申（前1273年）即位，庚戌（前1271年）崩，在位3年。子姓商族23世，子姓商族殷氏18世，殷代王室10世。

【19】小乙 (兄终弟及)：祖丁第四子，阳甲、盘庚、小辛之弟，谱名敛，辛亥（前1270年）即位，庚申（前1261年）崩，在位10年。子姓商族23世，子姓商族殷氏18世，殷代王室10世。

【20】武丁 (父终子继)：小乙之子，谱名昭，辛酉（前1260年）即位，己未（前1202年）崩，在位59年。子姓商族24世，子姓商族殷氏19世，殷代王室11世。

【21】祖庚 (父终子继)：武丁次子，未立先逝的武丁太子孝己之弟，谱名曜，庚申（前1201年）即位，丙寅（前1195年）崩，在位7年。子姓商族25世，子姓商族殷氏20世，殷代王室12世。

【22】祖甲 (兄终弟及)：武丁第三子，孝己、祖庚之弟，谱名载，丁卯（前1194年）即位，己亥（前1162年）崩，在位33年。子姓商族25世，子姓商族殷氏20世，殷代王室12世。

【23】庚丁（康丁） (父终子继)：祖甲之子（一说为实际并未即位的祖甲长子廪辛之弟）谱名器，庚子（前1161年）即位，丁未（前1154年）崩，在位8年。子姓商族26世，子姓商族殷氏21世，殷代王室13世。

【24】武乙 (父终子继)：庚丁（康丁）之子，谱名瞿，戊申（前1153年）即位，壬午（前1119年）崩，在位35年。子姓商族27世，子姓商族殷氏22世，殷代王室14世。

【25】文丁（太丁） (父终子继)：武乙之子，谱名托，癸未（前1118年）即位，乙未（前1106年）崩，在位13年。子姓商族28世，子姓商族殷氏23世，殷代王室15世。

【26】帝乙 (父终子继)：文丁（太丁）之子，谱名羡，丙申（前1105年）即位，甲辰（前1097年）崩，在位9年。子姓商族29世，子姓商族殷氏24世，殷代王室16世。

【27】帝辛（纣） (父终幼嫡子继)：帝乙之幼嫡子（帝辛实际是帝乙之第三子，即微子启、微仲衍之同母弟。因其母生启、衍时，尚为妾，帝辛为其母被帝乙立为后时所生，故称帝乙之第三子帝辛为"幼嫡子"），谱名受，字受德。（笔者后加注：因古代受、纣二字相通，故《史记·殷本纪》称帝辛为"纣"或"帝纣"，实际上，司马迁谓之"纣"或"帝纣"，即"受"或"帝受"也，"纣"字无贬义。）帝辛（纣）于乙巳（前1096年）即位，丙申（前1045年）失国，在位52年。子姓商族30世，子姓商族殷氏25世，殷代王室17世。

（殷作斌，微信号：hy_yzb，2015年初稿，2024年5月2日最后定稿于江苏淮安寓所）

第十三篇　　重建殷商王朝真史难点研究　殷作斌

（此文为《殷代史》初版中附印出版的一篇研究性论文）

【说明】被学界誉为当代最高研究水平的上承史前与夏代、下启中华演进先河的重建成汤所建王朝的断代史共 688.4 万字的鸿篇巨制——由中国社会科学院学部委员宋镇豪主编、13 位专家参编的全套 11 卷（本）《商代史》，于 2010 年 10 月至 2011 年 7 月由中国社会科学出版社陆续出齐，笔者作为研究殷商史数十年如一日的业余爱好者花了整整一年的时间对其逐字逐句进行研读，越读越觉得宋镇豪等 13 位专家重建殷商王朝真史的艰辛，觉得以宋镇豪主编为首的此项研究成果虽然处于当代的最高研究水平，但与当代已故首席甲骨学家、甲骨四堂之一的董作宾先生对重建殷代文化史的要求还有相当大的距离。因为，董作宾先生要求的殷代文化史若不能重建，中华文明探源课题的研究就必然难以深入，连自己的文明来源都搞不清，还谈什么中华民族的复兴?! 于是从 2014 年中华殷商各姓氏后裔云集河南淇县朝歌第二次大祭先祖暨淇县朝歌殷商传承文化研究会成立之际，笔者就断断续续地进行本项研究。原先只是想给中国历史研究所呈递一份名为《关于重建殷商王朝真史在中华文明探源课题中重要地位的研究报告》的内部文件（以下简称《研究报告》）。2019 年 1 月 3 日，以中国社会科学院副院长、党组成员高翔同志为院长兼党委书记的中国社会科学院中国历史研究院在北京挂牌成立，原来的中国历史研究所被更名为古代史研究所，成为其下属单位，这更增强了笔者续完本《研究报告》的决心，以便上呈中国社会科学院中国历史研究院和高翔院长。经过断断续续的努力，终于在 2019 年春节前夕撰成本《研究报告》。正当想去北京向高翔院长面呈本《研究报告》时，天有不测风云，笔者于 2019 年 3 月 29 日遭遇特大车祸，经过半年多的住院抢救，仍严重失忆至今，向高翔院长面呈本《研究报告》的事也就被迫搁置下来。现借《殷代史》出版之机，将原打算呈递给中国社会科学院中国历史研究院的本《研究报告》，略加润色，修改成可以公开出版的和不宜公开出版的两部分。可以公开出版的部分就是本文——《重建殷商王朝真史难点研究》，它是原来准备呈递给中国社会科学院中国历史研究院和高翔院长的内部《研究报告》的开头部分；不宜公开出版的部分被改名为本文的《附件》——《重建殷商王朝真史必然面临的 22 个难点详解》，它是原来准备呈递给中国社会科学院中国历史研究院和高翔院长的内部《研究报告》的主体（该附件比较长，约有 4 万字）。现将可以公开出版的本文收录于《殷代史》（第二版）的正文之前，作为《卷首》的收卷之篇，本文的《附件》——约有 4 万字的《重建殷商王朝真史必然面临的 22 个难点详解》，仍作为与学界专家朋友内部交流用，暂不公开发表。

殷作斌　2023 年 7 月 30 日定稿，2024 年 8 月 3 日略加润色

继国家"九五"重点科技攻关项目"夏商周断代工程"之后，又一个由国

殷
代
史

【卷首】殷商史事新说与本书导读

家支持的多学科结合、研究中国历史与古代文化的重大科研项目 "中华文明探源工程"（全称是"中华文明起源与早期发展综合研究"）在经历为期三年(2001—2003 年) 的预研究之后，作为国家"十五"重点科技攻关项目、国家"十一五"科技支撑项目立项以后，又列入国家"十二五"国家支撑计划，先后经历四个阶段的研究工作，于 2016 年顺利结题。2018 年 5 月 28 日，国务院新闻办公室召开该项目的成果发布会，该项目以分布于中华大地上的丰富考古资料证实了中华大地至少 5000 年文明的存在，证实了中华文明的起源和早期发展是一个多元一体的过程：以分布于中华大地东、西、南、北、中各个古文化遗址为代表的多民族文化在长期交流互动中相互促进、取长补短、兼收并蓄，最终融汇凝聚出以夏代中晚期河南洛阳偃师二里头文化为代表的文明核心，开启了夏殷周三代文明。中华文明形成的这种多元一体过程，作为一种历史趋势，奠定了以后夏殷周三代文明的基础，也成为今天中华民族和中华多民族国家形成的远因和源头。

　　然而，由于以下两大困难，阻碍了对形成中华文明多元一体具体过程的继续深入研究。

　　① "十五"至"十二五"期间，中华文明探源研究虽然取得了举世瞩目的成绩，但进展缓慢，其主要障碍在于周武王等西周人以周代殷后，为了使数以千计甚至数千计的殷商王朝属国服从其刚刚升为天下共主的小邦周的统治，不得不因政治的需要，从文化层面整合西周以前的中国古史，甚至毁坏了殷先人 **"有册有典"** 的上古史文献 (据《尚书·周书·多士》记载，周公姬旦以周成王名义曾说过："惟尔知，惟殷先人**有册有典，殷革夏命。**")，这导致我们今天能看到的古文献，除甲骨文等周前的考古资料和源于先秦竹简、未经周人整合而秘密传承的魏晋谱书《殷氏家传》以外，几乎都是周人出于政治需要经周人之手或经后世崇周贬殷的儒家之手整合过的，这使我们难分真假，难以去伪存真。

　　② 现代有些专家从"基因检测探源"的良好愿望出发，认为，要穷尽中华民族的远因和源头，只要从"分子人类学"入手即可。他们认为，只用现代科学的 DNA，即可穷尽中华民族的起源、迁徙和民族融合的过程。当然，人类参考基因组一直是遗传和生物医学研究的基石。人们普遍认为，单个基因组无法代表人类物种的遗传多样性，大规模国际合作项目的开展旨在推动从单个基因组向泛基因组参考的转变，"人类泛基因组参考联盟"（"Human Pangenome Reference Consortium"）最近发布的文章即持这种观点。不过，东亚人群在这类项目中的代表性通常不足。2023 年 6 月 14 日，复旦大学生命科学学院徐书华教授、西安交通大学叶凯教授、中国医学科学院医学生物研究所褚嘉祐教授、复旦大学生命科学学院陆艳副研究员等在西方 *Nature*（《自然》）杂志上发表了题为 *A Pangenome Reference of 36 Chinese populations*（《基于 36 个族群的中国人泛基因组参考图谱》）的研究论文。显然，在国际阶级斗争仍然相当激烈的当今世界阶级社会中，这项研究成果的公开发表即或能为破译中华民族基因密码奠定生物学基础，为"健康中国""精准医学"战略提供支撑，但这种自我暴露中华民族生物学基因序列的研究也会为国外搞生物武器（基因武器）的战争狂人提供资料，给中华民族带来被灭种的风险。因此，笔者个人

认为这项研究还是秘密进行为妥（可以像当年搞"两弹一星"工程那样纳入国防科研体系）。此外，笔者还认为这种研究方法，从生物繁衍的角度看，即使可行，也不适合对中华民族形成的远因和源头的研究，因为"中华民族"这个概念的形成不仅是生物学的，更是人文层面的。自孙中山先生以来，我中华民族抱团为炎黄子孙更是重于人文层面的，而非基于生物学的基因序列检测。在中华民族形成过程中，虽不断有外族基因融入，但由于以华夏族（后来之汉族）为主体的中华民族文化的同化能力特别强，那些融入的外族，早已在文化层面上成为中华民族的一员了。

在以上两大困难中，笔者认为第一个困难是主要的。正因为，西周初的周人和后世统治中国古史学界的儒家出于"以周代殷符合天命"的政治需要，使殷先人"有册有典"的上古史文献未能传承，而造成了目前研究中华民族形成和中华文明多元一体形成过程的困难。甲骨文的发现虽然大大缓解了该项研究的难度，但甲骨文仅是殷商王室祭祀的产物，凡与殷商王室祭祀无关的殷代及殷代以前社会文化史的方方面面都不会出现在甲骨文中。这就决定了仅以甲骨文为研究依据而重建起来的殷商王朝的历史必然不是或不全是殷商王朝的真实历史。

为了扭转一些人主张仅凭已发现的15万多片甲骨就能写出整个殷商王朝的文化史而出现轻视甚至废弃传世文献的不良倾向，著名甲骨学大师、"甲骨四堂"之一的董作宾先生甚至向学界发出最严厉的警告："**这号称十万片的卜辞，我们现在能见能用的又不到五分之一，就这样'从宽'估计，那么甲骨文所能代表的殷代文化，也不过百分之一。用这百分之一的材料，却希望能写出百分之一百的殷代文化史，那岂不是做梦？**"（董作宾：《中国古代文化的认识》，原发表于《大陆杂志》第三卷第十二期。本文转引自李定一著《中华史纲》，第22页，台北，传记文学出版社，1986年版；或同书，第22页，大陆横排新版，中国长安出版社，2012年4月第1版。）

由于殷商王朝的真史不能重建，殷商王朝以前的真史当然也必定不能重建。因此，笔者认为重建殷商王朝真史在中华文明探源问题中占有重要地位。那么，当前重建殷商王朝真史究竟有哪些难点呢？窃以为，当前重建殷商王朝真史至少存在以下22个方面的难点，这诸多难点必须由国家出面组织各方面的专家进行充分的讨论，求得共识，才能解决。只有克服这22个难点以后，3000多年前殷商王朝的真史才能真正获得重建，只有将殷商王朝的真史重建起来，中华文明探源问题的深入研究才能有坚实的基础。就此而言，拙著《殷代史》仅是抛砖引玉而已。笔者还认为，作为党和国家的高级干部，只有像伟大领袖毛泽东同志那样通晓中国和世界文明史，才能得心应手地领导中国人民奔向美好的明天。笔者认为，拙著《殷代史》在就下述22个难点问题的前21个难点的克服过程方面，尽管其论证还有待深化，但就论证所依据史料的真实性和论证的逻辑性两方面而言，至少是既求真又严谨的，因为拙著《殷代史》之所以敢自称为重建成汤所建殷商王朝真史的抛砖引玉之作，就是针对下述22个难点问题的前21个难点展开讨论的。笔者十分欢迎领导或专家能将笔者的这些论断一一评判，拿出令人信服的立论，以达互相切磋、互相讨论、求得共识、重建殷商王朝真史、共探中华文明形成的具体远因和源头之效。本文列出的重建成汤代夏所建殷商王朝真史的22个难点问题如下。

殷代史

【卷首】殷商史事新说与本书导读

【01】面临殷商族成汤所建殷商王朝的国号或朝代号是"商"是"殷"还是"殷商"的难点。

【02】面临夏代算不算国家的难点。

【03】面临夏代成汤即诸侯位时的诸侯国号是商是殷的难点。

【04】面临甲骨文中高祖"河"的原型人究竟是谁的难点。

【05】面临在商族的发展史上称商、称殷分界的难点。

【06】面临殷商王朝早期实际控制的疆域究竟有多大的难点。

【07】面临对殷商王朝王位传承制度正确认知的难点。

【08】面临殷商王朝中期是否存在"比九世乱"导致"都城屡迁"的难点。

【09】面临有些考古学家提出的"商文化白家庄期崩溃"是否成立的难点。

【10】面临殷商王朝是否存在设置"主辅双都制"传统的难点。

【11】面临盘庚迁殷原因和盘庚迁殷为什么遭到殷商贵族坚决反对的难点。

【12】面临殷商王朝世次、实际即位王数与积年的难点。

【13】面临 1955 年发现的郑州商城遗址是不是成汤"始居之亳"的难点。

【14】面临成汤即诸侯位始居之"亳"与成汤十八年即天子位之"亳"是一个地方还是两个不同地方的难点。

【15】面临殷商亡国是不是武丁当年发动大规模侵略战争树敌过多必然结果的难点。

【16】面临分封制设计是不是殷商王朝后期社会治理制度得以回归成汤体制的关键的难点。

【17】面临周殷牧野之战周人为什么会获胜的难点。

【18】面临现代史学界某些权威学者关于"微子与周人勾结，里应外合倒纣发动牧野之战"的说法是否成立的难点。

【19】面临现代史学界某些权威学者关于"殷代早期、中期还处于没有青铜器的新石器时代晚期"的说法和关于"殷商青铜文明西来说"的说法是否成立的难点。

【20】面临现代史学界某些权威学者关于"殷商甲骨文字外来说"的说法是否成立的难点。

【21】面临以周代殷究竟是历史前进还是历史倒退的难点。

【22】当代学术界主流学派面临对其认定成汤所建王朝国号为"商"的不当认识进行自我反思的难点。

　　上面列出的重建殷商王朝真史的 22 个难点就是笔者研究殷商王朝真史 60 余年过程中遇到的，其中的前 21 个难点是笔者在编纂《殷代史》过程中力图克服的。笔者认为，中国社会科学院学部委员、当代著名殷商史学家兼甲骨学家宋镇豪先生在中国社会科学院监制的百集电视纪录片《中国通史》中说得好：**"历史是真东西，它不是靠虚构出来的。"** 也就是说，记史的依据必须是记载所记社会发生的史实，任何著史的人，都不能把捏造、想象或纯凭主观臆测借题发挥的东西，掺和到历史中去，否则就不是真史。此外，历史是后人写的记载以前社会的事实。写作目的是以史为鉴，启示后人，让现实的社会或未来的社会变得更美好，否则写它干吗？因此，史实虽是死的，但著史的人是活的。任何著史的人，都必须也必然会针对史实发表自己的观点。这就涉及著史之人的阶级立场问题、史观的问题。就现代著史而言，能否坚持唯物史观是关键。还有一点也很重要，就是著史为谁服务的问题。历史是人民大众创造的，著史的人必须心系、面向人民大众。在今天，我们的中华民族将要复兴之际，更应如此。即是说，著史者所著的历史书，必须走语言文字通俗化和面向大众的路子。笔者在编纂《殷代史》过程中，之所以坚定地走语言文字通俗化和面向大众的路子，是因为**伟大的已故历史学家李学勤先生**在《细讲中国历史丛书》的每一本历史书的《序》中**反复多次强调过**："**历史虽不能吃，也不能穿，似乎与国计民生渺不相关，实际却是社会大众的一种不可缺少的精神需求。我们每一个人，不管从事什么职业，处于何种身份，都会自然而然地对历史产生一定的兴趣，这或许可以说是人的天性使然吧。一个人活在世界上，不但要认识现在，也必须回顾过去，这就涉及了历史。我从哪里来，又往哪里去，是每个人都会意识到的问题，这也离不开历史。人们不能只想到自己，还总会考虑到我们的国家和民族，这就更应该了解历史。社会大众需要历史，历史学者自当'面向大众'。……特别在今天，当我们的国家、民族正在走向伟大复兴之际，尤其有必要推动历史学'面向大众'。中国有五千多年的文明历史，我们的先人创造了辉煌而且源远流长的文化，对人类的发展进步做出过丰富卓越的贡献。我们有义务把这样的史实告诉社会大众，提升大家建设祖国、走向世界的凝聚力和自信心，从而为今后人类的发展进步做出更多更新的贡献，这应当成为历史学者的襟怀和抱负。再谈'通俗化'，'面向大众'和'通俗化'是结合在一起的，要想真正做到'面向大众'，历史著作必须在语言和结构上力求'通俗化'。**"李学勤先生说的"通俗化"要在历史书的"语言文字"上实现，这相对容易做到，然而要在历史书的"结构"上做到就不容易了。别的且不谈，就控制篇幅来说，就不容易做到。比如，如果将五帝、夏、殷、周、秦、两汉、三国、两晋、南北朝、隋、唐、五代十国、两宋、元、明、清等每个朝代的断代史都写成几百万字的多达十几本的"大部头"，那谁还有工夫去读？结果即使做到通俗化，但面向大众这一条一定会落空。

据新华社记者张晓松、林晖和人民日报记者杜尚泽、张贺报道，2023年6月1日至2日，敬爱的中共中央总书记、国家主席、中央军委主席习近平同志在百忙中用了两个半天的时间专程到中国国家版本馆和中国历史研究院考察调研。建设中国国家版本馆和成立中国历史研究院，是以习近平同志为核心的党中央作出的重大决策。习近平在考察调研时边考察边说："**这两个馆，两年来我一直都想去看看，但都没有找到机会。这次下定决心，用两个半天的时间，走一走、看一看。**"6月1日下午，习近平总书记乘车来到离北京中心城区约10公里的燕山脚下，考察中国国家版本馆中央总馆时说："**国家版本馆是我亲自批准的建设项目，一直非常关注。**"他举目环视，还微笑着说："**坐落在山水之间，中国古典建筑看起来很舒服。**"在考察调研的基础上，习近平于6月2日在北京出席文化传承发展座谈会并发表重要讲话。他在出席文化传承发展座谈会时发表的重要讲话中，从党和国家事业发展全局战略高度，对中华文化传承发展的一系列重大理论和现实问题作出全面系统深入的阐述，向全国人民

殷代史

【卷首】殷商史事新说与本书导读

发出振奋人心的号召：

"要坚定文化自信、担当使命、奋发有为，共同努力创造属于我们这个时代的新文化，建设中华民族现代文明。"

即是说，总书记已经将传承和弘扬中华历史文化看成是"建设中华民族现代文明"的关键环节。这等于是说，我中华民族的历史是国之重器，不可等闲视之。既然总书记将传承和弘扬中华历史文化看得如此之重，我们中国共产党的全体中央委员、全党全民就应该义无反顾地响应他老人家的号召。显然，要响应他老人家的号召，就必须将"十五"开了头的"中华文明探源工程"继续深入地搞下去。窃以为，重建殷商王朝真史在中华文明探源问题中占有重要地位。殷商王朝真史若不能重建，中华民族和中华多民族国家形成的具体远因和具体源头就难以厘清。然而，重建殷商王朝真史并不是一件容易的事，正如本文所言，当前重建殷商王朝真史至少会遇到上述 22 个方面的难点。在这 22 个难点中，前面的 21 个难点只由国家出面组织各方面的专家进行充分的讨论，求得共识，即可解决；只有最后一个难点——**"当代学术界主流学派面临对其认定成汤所建王朝国号为'商'的不当认识进行自我反思的难点"**，必须由相关部门进行自我反思才能获得解决。现在要解决这个问题，说难也难，说不难也不难。说其难，是因为这涉及相关部门对一些重点科技攻关项目设题的自我反思；说其不难，是因为我们的中国共产党历来有自我纠错的优良传统，连井冈山时期中央领导的错误路线都能在遵义会议上得到纠正，20 世纪的"反右""反右倾"直至"文化大革命"期间形成的大量冤假错案都能得到平反，粉碎"四人帮"后"两个凡是"的错误提法都能被及时纠正，现在要求相关部门对一些重点科技攻关项目的设题进行自我反思又有何难哉？

现借拙著《殷代史》出版之机，笔者希望各位领导、各位专家和读者能尽可能地从拙著《殷代史》中找出不足甚至谬误的地方，以便求得共识，编纂出比拙著《殷代史》更真的殷商王朝断代史，为深入研究中华民族和中华多民族国家形成的远因和源头作贡献。如果读者想进一步了解本文所列重建殷商王朝真史必然会面临的 22 个难点的详情，可通过微信号"hy_yzb"（五个字母中间加下画线）加笔者微信，免费向本人索取 2019 年成稿的本文附件（《重建殷商王朝真史必然面临的 22 个难点详解》）的 PDF 格式电子文档，该附件比较长，约有 4 万字，是 2019 年笔者出特大车祸前准备进京面呈中国社会科学院中国历史研究院高翔院长的内部《研究报告》的主体部分。

本文《附件》——《重建殷商王朝真史必然面临的 22 个难点详解》（略）

卷一

考古学揭示的
殷代文明

诗曰：天命玄鸟，降而生商，宅殷土芒芒

诗曰：邦畿千里，维民所止，肇域彼四海

卷一·绪论

　　考虑到祖传魏晋谱书《殷氏家传》既有"**冥前称商，冥后称殷**"的说法，又有"成汤放桀代夏而有天下后，制定有'**殷商并用，族号称商，国号称殷**'之族规"的说法，更有"成汤要求后世'**集商王与殷帝于一身的天下共主**'必须谦虚谨慎依其所立'**殷商并用族规**'恪守'**在族内行王权称商称王，在全国行天子权称殷称帝**''的说法，本书遵从司马迁的《**史记·殷本纪**》、古本《**竹书纪年·殷纪**》和《**世本·氏姓篇**》等传世文献称成汤国号为"**殷**"之说，并听取学界公认的甲骨学大师董作宾和港台史学权威李定一提出的"**习称的夏商周三代，应该改为夏殷周三代才符合史实**"的意见，**将国内史学界惯称的"商代"改称为"殷代"**【注1】，或统称为"**殷商王朝**"。为了确保成汤国号能尽快地回归到《史记》中的正确称谓"**殷**"，笔者借《殷代史》出版之机公开向学界和国家教育部门提出如下两项建议性请求：

　　① 请求国内现代史学界主流科学家将不久前重建的殷商王朝断代史史书名称《**商代史**》，在再版时更名为《**殷代史**》，也就是说，还是回归到与《史记·殷本纪》的称谓一致为好。

　　② 请求中国教育界将现行中小学课本中的"**夏商周三代**"改称为"**夏殷周三代**"。笔者认为这不是"习焉不察的小问题"【注19】，而是事关为成汤的国号或殷商王朝的朝代号正名的大事，甚至是刻不容缓的急事。为什么这么说呢？因为目前国内的中小学课本，教给学生的上古三代朝代名称是"夏商周"，而根本不提"夏殷周"，如此一代代传承下去，再过一两百年，人们就只知道成汤建立的新王朝叫"商"，而不知其本名叫"殷"了。

　　《史记·殷本纪》关于3000多年前立国五六个世纪的殷代的世系记载虽然已被现代考古材料印证为基本可信，但翻开《史记·殷本纪》我们能看到的，只是"君王有德，殷商就兴旺；君王无德，殷商就衰败"的王位更替的世系史，至于殷商时期的社会究竟是什么样子、3000多年前的殷人是靠他们创造的哪些具体文明来生活的、他们创造的文明对中华文明的发展有着怎样的影响等问题的答案，在仅有2800多字的《史记·殷本纪》中是看不到的。这是因为，《史记·殷本纪》是纯以君王更替为时间线展开的，而要考察殷商时期的社会性质、国家形态，进而考察其赖以存在并支持其社会发展的殷代文明，得要以与《史记·殷本纪》不同的新的时间线才能展开。这条新的时间线是与社会物质文明有关的时间线，是体现生产力因素决定经济发展、社会生活、制度演变和社会进步的时间线，是经济基础决定上层建筑而上层建筑又反作用于经济基础的时间线。

　　3000多年前，一个以玄鸟作图腾，以甲骨作占卜，以青铜为礼器，以或商或殷或合称殷商的名字常常出现在史籍当中的朝代，它总是若隐若现，以致古今中外许多学者疑窦丛生。连这个朝代究竟叫什么名字都搞不清，认为史籍中关于它的记载都是荒诞不经的神话传说，甚至认为中国历史上根本没有这个朝代。直至近代、现代，甲骨文的发现及关于这个朝代大量考古成果的问世，才确定无疑地证明，中国历史上不仅有这个积年长达五六个世纪的朝代，而且在那时，就已经形成了丰富灿烂的文明，成为当时世界上屈指可数的几个古老文明之一，其辉煌成就，不仅为世界文明史书写了光辉灿烂的一页，而且对中华文明的发展产生深远的影响。它就是开端于公元前 16 世纪的殷代。

殷代，距我们已经有 3000 多年之久，然而，那个时代创造的文明，并没有因为年代的久远，而与我们产生距离，无论是文字、历法、农耕、音乐，还是青铜器、玉器、陶器，都为中华文明的发展奠定了坚实的基础，其中的许多文明，直到今日我们还在沿用。正如中国社会科学院考古研究所王巍所长在百集电视纪录片《中华通史》中说的那样（据电视录音整理，未经王巍所长审阅）：

要看中华五千多年文明的这种发展的历史，我们可以说，殷商文明是非常重要的一个环节，比如说，青铜礼器种类齐全，制作技艺高超，包括整个祭祀的体系的形成，包括中原王朝影响区域的扩大，工艺的发明，政治制度的成熟，发明和创造，包括其思想、观念，乃至文字的这种成熟，这些都说明后来几千年中华文明的很多重要的（基本的文化的）基因是在殷商时代形成的。

可惜的是，由于本书后面将要分析的原因，据"夏商周断代工程"的推断，公元前 1046 年 1 月 20 日（甲子日）（笔者注："工程"此说不真，实际的周殷牧野之战导致殷代末帝帝辛失国的确切日期应是本书《卷六》推断的公元前 1044 年 1 月 9 日，相当于中国黄帝纪元 1654 年十二月初四，或干支纪元丙申年庚子月甲子日），由周武王姬发率领的西戎诸侯联军成功血洗殷都，殷代的最后一位帝王帝辛（纣）兵败国亡。在殷亡两三年之后（周武王去世之后），周公姬旦东征平叛时，又一次血洗殷都。后来，不愿接受周封、远走朝鲜的殷商贵族箕子回国路过殷故都时，看到殷商昔日首都辉煌的宫殿已经断垣残壁，完全毁坏，禾黍到处丛生，一片荒芜，万分伤感地作了一篇《麦秀之诗》，其诗云：

麦秀渐渐兮，禾黍油油。彼狡童兮，不与我好兮！

殷商遗民听说后，皆为之流涕。只几年的时间，殷代文明最为集中的都城，当时的"东亚明珠"，就已沦为废墟，它就是我们今天看到的位于河南省安阳市的殷墟。然而，不幸之中也有一件幸事：由于殷人对"帝"和"祖先"的强烈宗教信仰和对鬼神的高度迷信，给我们留下了 15 万多片殷代祭祀的产物——甲骨卜辞，使我们对丢失 3000 多年的殷代文化还能有所认知。

由于殷商先人认为："国之大事，在祀与戎。"即是说，殷商贵族认为，祭祀和强军是治国的两件大事，并视宗教祭祀为治国的头等大事。因此，整个殷代社会，特别是在执政的殷商贵族内部，充满浓郁的宗教气息。他们信奉上帝（注：魏晋谱书《殷氏家传》中只说殷人信奉的至上神是"帝"，既不称"上帝"，也不称"天帝"，考虑到甲骨文中有"帝"和"上帝"，故以西方至上神"God"汉译词"上帝"称之），迷信鬼神，在做任何事之前，都要预先问祖宗或向神灵，占卜贞问，并将贞问人、贞问事项和鬼神响应显灵的结果——是吉是凶，有时还包括事后应验的结果，即所谓"验辞"，依一定程序以当时的通用文字刻写在龟甲或兽骨上，这就是殷商甲骨文或甲骨卜辞（当然，甲骨文中也有少许记事文，称为非卜辞）。其中有大批的甲骨文载体甲骨

殷代史

【卷二】考古学揭示的殷代文明

片在占卜后被埋于地下，于 3000 年后的今天被我们发现并能据汉字造字规律准确释读出其内容或大致理解其要表达的意思，这才使得殷代文明在消失 3000 多年后，我们还可以重新去认知它。

据《尚书·周书·多士》记载："惟殷先人，有册有典。"即是说，殷代已经有了写在简册上用以记史的"史书"，可惜，这些殷代典册，由于发生了以周代殷的突发事件，绝大多数没能留传下来，甲骨文的发现，大大弥补了这方面的不足。然而这些甲骨文都有一个共同的特点，那就是它的内容都与殷商贵族的祭祀有关。即是说，凡是与殷商贵族的祭祀无关的殷代社会文化方方面面的内容都不会出现在甲骨文中，这就直接导致一些人主张仅凭已发现的 15 万多片甲骨就能写出整个殷代文化史而轻视甚至废弃传世文献的片面倾向。

这些片面倾向中最大的一个就是关于成汤国号究竟是商还是殷的问题。其实，这个问题，只要熟读《史记》的《殷本纪》和《周本纪》，并从中理解成汤制定"殷商并用，族号称商，国号称殷"的"族规"之后，是很容易理解的。成汤为什么要将自己新建的王朝国号定为"殷"而不定为"商"呢？这是因为成汤灭夏前的诸侯国号本就是"殷"而不是"商"，成汤灭夏成为"天下共主"后，只是沿用老的诸侯国号"殷"作为自己所建新王朝的国号而已，就如同后世周武王灭殷后沿用其当诸侯时的老国号"周"为其代殷后的新王朝国号一样，因为在商族七世先公王亥奉夏帝之命由商地西迁到其亡父六世冥公（甲骨卜辞中的高祖"河"，与大禹齐名的商族治水英雄）的追封地"殷"时，便"改商曰殷"了。

那么，成汤定下国号为"殷"以后，又为什么要求后世商王必须恪守"殷商并用，族号称商，国号称殷"的族规呢？这是因为成汤是子姓商族中九大氏族"殷、时、来、宋、空同、黎、北髦（比髦）、目夷、萧"【注2】中的殷氏族人，是子姓商族中殷氏族肇氏始祖冥公的九世嫡传。成汤放桀代夏而有天下后，为了团结商族内部林立的大小氏族，使其形成拳头一致对外，迫使成百上千个甚至数千个外族"方国"或部族臣服自己刚刚建立起来的新王朝"殷"，成汤决定，在定国号为"殷"、国姓为"子姓"、国氏为"子姓殷氏"以后，对原来的族号"商"还要大树特树，并对何时称"商"，何时称"殷"，作出界定。于是，就为后世商王立下"殷商并用，族号称商，国号称殷"的"族规"，明确要求集"商王"与"殷帝"于一身的后世商王必须恪守"**在族内行王权称商称王，在全国行天子权称殷称帝**"的规矩。

那么，在甲骨文中，为什么"商"字、"王"字频频出现，而"殷"字十分罕见、"殷王"或"殷帝"的称谓根本不见呢？这也是由成汤所立"殷商并用，族号称商，国号称殷"的"族规"决定的。依此族规，成汤规定：凡是商族内部的一切族事活动，如祭祀、向祖宗贞问吉凶、贞问战争胜负与祈求福祉的占卜贞问活动等，一律称"商"，而不得称"殷"。商王在管理族内事务行使"族权"时，要自称"商王"或简称"王"，而不得自称"殷王"或"殷帝"。商王只有在以天下共主身份处理"国事"，行使"天子权"时，才可以称"殷"、称"帝"，如外交、向天下发布诏告、与诸侯盟会、征讨反叛者等场合才用国号"殷"，才称天子"帝"。而殷墟卜辞，正是祭祀、向祖宗贞问吉凶、贞问战争胜负与祈求福祉的占卜贞问活动的记录，所有占卜贞问活动都属于商族内部的族事活动范围，这就是卜辞中大量出现"商"字（如"商""天邑商""大邑商"等）

而"殷"字却罕见，商王自称"王"或"商王"而不自称"殷王"或"殷帝"的原因【笔者特别注】。

那么，在传世文献《史记·殷本纪》中，司马迁为什么对成汤所建新王朝国号个称"殷"而不称"商"呢？而在传世文献《史记·周本纪》中，司马迁却对武王伐纣之处，有时称"殷"有时称"商"呢？分析表明，在《殷本纪》中，凡是指代成汤所建新王朝国号的地方全用"殷"字而不用"商"字（在《史记·殷本纪》中，一共用了20多处指代成汤所建新王朝国号的"殷"字，只用了两处与指代成汤所建新王朝国号无关的"商"字，一处是商族始祖"契"的封地兼商族的族号"商"，一处是人名商容的"商"）。而在《周本纪》中，司马迁共用了25处"殷"字和14处"商"字（除商人名商容的一个"商"字以外）。经进一步分析可知，《周本纪》中司马迁所用的25处"殷"字，都是指代成汤所建的殷帝国，而司马迁所用的14处"商"字，都特指武王伐纣的具体之处——商王所居之处或办公场所的所在城邑，也就是商族主要贵族的居住之处和殷末的实际统治中心——别都朝歌——所在之处（专指《周本纪》中，或称"商"，或称"商国"，或称"商纣宫"的"商王帝辛"所居的那个"商邑"），如"武王朝至商郊牧野""武王至商国""商国百姓咸待于郊""武王征九牧之君，登豳之阜，以望商邑"等。最有意思的是，在《周本纪》中，对集商王和殷天子于一身的帝辛的称呼，也有时称"商"有时称"殷"：凡是指代帝辛为"殷天子"的地方，均称"殷"，如"崇侯虎谮西伯于殷纣曰""今殷王纣维妇人言是用""殷之末孙季纣""贬从殷王受"；凡是指代帝辛为"商王"（商族之王）的地方，均称"商"，如"其明日，除道，修社及商纣宫""封商纣子禄父殷之余民""商王帝辛大恶于民"。请读者注意，在《周本纪》中，**司马迁笔下的"商"字，是商族最高领导人或商族贵族居住的城邑之"商"而非帝辛的国号之"商"**，对这一点，司马迁在遣词造句方面非常讲究。特别是"**武王朝至商郊牧野**""**武王至商国**""**商国百姓咸待于郊**"这三处的用词表达得最为清楚明白：

① "**商郊牧野**"是说"**牧野**"这地方在"**商**"的郊外，如果"**商**"是帝辛的国号，那岂不是说"**牧野**"这地方在帝辛的国家之外了吗 ?!

② 同理，"**武王至商国**""**商国百姓咸待于郊**"，这两处的"**商国**"也非指帝辛的国号，而是指帝辛的统治中心——别都"**朝歌**"。如果这两处的"**商国**"是指帝辛的国家，那岂不是说帝辛的国家的国土范围小到只有朝歌一个城邑那么大了吗 ?! 岂不是说殷商的老百姓都跑到帝辛的国家的国外去列队欢迎来"解放"他们的周武王大军了吗 ?!

由此可见，现在国内史学界一些权威学者，将"**商**"字理解成成汤所建王朝的国号是绝对错误的，只有在商族祭祀产物甲骨卜辞中罕见的"**殷**"字（依成汤所立"殷商并用族规"，"殷"字在甲骨卜辞中也必然会罕见）才是成汤所建王朝的国号。实际上，司马迁对成汤所立"**殷商并用，族号称商，国号称殷**"族规的理解已经到了炉火纯青的境界，他已经完全弄清成汤当年所立"**殷商并用族规**"的实质是要求后世商王（殷帝）必须恪守"**在族内行王权称商称王，在全国行天子权称殷称帝**"的规定。所以他在《史记·殷本纪》中称成汤国号时全用"殷"，对殷天子全称"帝"，而在《史记·周本纪》中，则视不同场合，有时称"商"，有时称"殷"，一个字也没有乱用，完全符合成汤所立"殷商并用，族号称商，国号称殷"的族规。笔者认为司马迁写《史记》时对成汤所立族规能理解得如此准确一定是有所"本"的，他一定是据所掌握的史料预先断定成汤的国号是殷不是商，故

【卷一】考古学揭示的殷代文明

殷代史

才将记载成汤所建新王朝的《史记》篇章命名为《殷本纪》，而没有命名为《商本纪》。

为了扭转一些人主张仅凭已发现的 15 万多片甲骨就能写出整个殷代文化史而轻视甚至废弃传世文献的不良倾向，著名甲骨学大师、"甲骨四堂"之一的董作宾先生甚至向学界发出警告："**这号称十万片的卜辞，我们现在能见能用的又不到五分之一，就这样'从宽'估计，那么甲骨文所能代表的殷代文化，也不过百分之一。用这百分之一的材料，却希望能写出百分之一百的殷代文化史，那岂不是做梦？**"【注3】

本卷为本书的"**正文部分**"开篇之卷（本书由"**导读部分**""**正文部分**""**注文部分**""**附录部分**"等内容组成），笔者命卷名曰"考古学揭示的殷代文明"，意在突破传统的"按君王更替次序编史"或"按年编史"的著史常规，将已被考古资料确证的殷代最重要的文明优先介绍给读者，以便迅速拉近读者与久远殷商文明的心理距离，激发读者阅读后续各卷的兴趣。希望读者喜欢。

【**笔者特别注：**魏晋谱书《殷氏家传》认为，"商王"的本初含义就是"商族之王"的意思，并不具有时称天下共主"天子"或后世名称"国王"的含义。在魏晋谱书《殷氏家传》中，将成汤之前未成为天下共主"天子"的十三代殷商先公（自契至主癸，"**殷商先公**"本是王国维对成汤先世十几代殷商诸侯的称谓）和成为天下共主"天子"的自成汤至帝辛的十七代殷商先王（"**殷商先王**"本是王国维对成汤至帝辛的十七代天下共主"天子"即"殷帝"的称谓）都称为商王，就是"商王"并不具有时称天下共主"天子"或后世名称"国王"含义的铁证。其实，甲骨卜辞中"商王"或"王"的本义就是指在商族内部享有生杀大权的至高无上的族长，即是商族人对其最高领导人的族内尊称而已，与时称天下共主"天子"或后世名称"国王"的概念是渺不相关的。现在，学界将卜辞中经常出现的"商王"或"王"理解成"一国之王"的"国王"显然是理解错了。实际上，只有传世文献中的"殷帝"或"帝"的称谓才与时称天下共主"天子"或后世名称"国王"有对等的含义。也就是说，在夏、殷两朝，只有"帝"才与天下共主"天子"有对等的含义，"王"并不具有与天下共主"天子"对等的含义。只是到了后来的周朝，"王"或"周王"才与天下共主"天子"有了对等的含义。这就是魏晋谱书《殷氏家传》中反复强调的"**殷称'帝'周称'王'**"六个字的原因。笔者希望读者首先要弄明白，在时称天下共主"天子"这个层面上，只有"**殷称'帝'周称'王'**"这六字的表达才是符合史实的。也就是说，就天下共主"天子"这层意义而言，在直属和间接管辖的全部国土范围内（含册封为属国诸侯的部族方国）作为天下共主的殷帝自己面对全国人民是只称"帝"不称"王"的。魏晋谱书《殷氏家传》认为，称殷帝为"王"只有两种情况：一是在商族内部称"王"；二是当不服从殷帝管辖的外族人不承认殷帝为天下共主时，故意不尊其为"帝"，而改称其为"王"，寓贬低之意。】

殷代史

【卷一】考古学揭示的殷代文明

第一章　殷代系统的文字——甲骨文

　　学界公认，由 4500 多个已发现的刻在甲骨载体上的字符组成的甲骨文字符集是殷代通用的较为成熟的文字系统。殷代因有甲骨文而闻名于世；殷人创造的灿烂文明，因他们留下的甲骨文才为后世的我们所真正洞察。

　　语言和文字是人类社会最伟大的系统工程之一，它是人类一切文明的基链，蕴藏着无穷无尽的奥秘。人类文明之所以能够持续不断地进步和发展，其先决条件就在于有了语言和文字。有了语言，人类才有可能交流信息，交流经验，积累智慧；而有了文字，才能够使经验与智慧的交流和积累超越时间与空间的阻隔。如果没有语言和文字，人类将永远停留在原始阶段，无法前行。创造甲骨文字符集的殷商先人的伟大之处，在于他们非常明确地认识到文字是经艺之本，王政之始，前人赖以垂后（後），后（後）人借以识古。他们通过系统的甲骨文字来"究万源"——认识和改造自然，认识和推动人类社会前进，也认识和升华他们自身，从而创造出多姿多彩的殷代文明。殷代甲骨文字的巨大作用与影响，在我国历史上延续了 3000 多年，而且将继续不断地发挥作用与影响。其对我国文字的起源、形成系统、形音义三位一体的规范统一化，促进中华文明的创造，促进博大精深中华文化的传播，促进中华多民族的融合和多民族国家的统一所起的作用将永垂史册。

第一节　甲骨文的发现

　　甲骨文，自 1899 年被发现后，到现在已经有 120 多年了。120 多年来，经几代人、成千上万学者和数十万业余爱好者的共同努力，终于使"以殷商时代遗址出土的带字甲骨为研究对象"的一门学问——甲骨学（其研究对象包括殷墟和非殷墟地域出土的带字龟甲和兽骨），从诞生、哺育、成长，到逐步走向成熟。这门学问是中国古文字学的新分支，它目前虽对中国上古史的研究立下了汗马功劳——把世界史学界公认的中国信史的开端至少向前推进了 1000 年，但其本身似还处于青少年时期，从总体上看，甲骨学的研究任务还很繁重，可谓任重而道远。

【一】定王懿荣、刘鹗、孟广慧、王襄为发现甲骨文的并列第一人倡议

　　目前甲骨学还处于青少年时期的标志有四。

　　一是已发现的 4500 多个单字还有很多字未被考释，已被考释的还时有争议。

　　二是目前发现的 4500 多个单字都是殷商时代后期的文字，它是不是殷商王朝长达五六个世纪的通用文字？是不是殷商时代众多使用不同语言（方言）的部族、方国能互相交流信息的文字？其答案还处于估测猜想甚至不得而知或杳不可知的阶段。它的形成过程如何？学界还不清楚。它的源头在哪里？它是殷商族自己发明的，还是夏代文字的继续或是外来的？学界还说不清楚。有人根据考古学家刘一曼在 2019 年 11 月 4 日《光明日报》发表的文章《关于武丁以前甲骨文的探索》中说的话 (在该文中，刘一曼认为早于武丁的甲骨文只有以下八片：《屯南》2777 卜甲、《乙》9099 卜骨、《乙》90239024 卜甲正反面、《乙》9100 卜骨、洹北商城刻辞骨匕 T11 ③: 7、《乙》484、《合集》21691、《合集》22197)，在某省级电视台《隐秘的细节》的视频节目中作出如下公开的推断："在武丁之前的 8 片甲骨上，一共只有不到 20 个字符，而武丁之后 15 万片甲骨上，字符总量超过了 4500 个。……为什么武丁之前的甲骨上，只有那么几个难以辨认的零星字符？而武丁之后，不但字符数量激增，表意能力暴涨，而且书法和契刻刀法水平也远非昔日可比。……武丁这个成长过程过于迅猛的暴发户，其时文字字符总数的增量，显然与他征服祝融部落的三场战争有关，不然我们就很难解释。……这只能说殷商甲骨文字源于被武丁赶到云南、贵州定居的祝融部落后裔水族的活化石《水书》，因为专家统计，《水书》的文字总量多达 1600 个，文字体系的健全程度远远高于武丁之前殷商甲骨文字所能达到的水平。"

对某省级电视台向十四亿人民公开宣传的如此重大问题，甲骨学界至今没有一位学者站出来公开回复或评说，反而为"到底谁是发现甲骨文第一人"而争论不休，忘了自己的基本职责是什么！对此，笔者感到十分痛心。

三是甲骨学虽然和田野考古学一道基本上解决了殷商王朝历史中的大部分问题，但和考古界认为的"商文化白家庄期"年代大体相当的殷商王朝中期 (司马迁认为的"比九世乱"时期) 的都城屡迁、陷入四面受敌困局和国势衰落问题，尚因存在太多的争议而难以达成共识，导致难以弄清一些学者提出的"商文化白家庄期崩溃"是否为真的问题，也难以解释后来的武丁时期为何能使"殷道鼎盛"的问题。至于夏文化觅踪的课题才刚刚起步，中华文明探源课题还有待深化。

四是自 20 世纪 80 年代起一直延续到 2021 年，甲骨学界围绕"谁是发现甲骨文第一人""甲骨文到底是 1898 年还是 1899 年发现的"两个问题争论不休。这些耗能式的毫无意义的争论不仅在学术圈内进行，而且引发台海两岸召开纪念甲骨文发现同一周年 (比如 100 周年) 大会在不同年份召开的国际笑话 (尽管有学者用按虚年、实年不同计周年法搪塞地进行新闻报道，但社会大众并不买账，未听说有按虚年计算周年的)，让国际友人不理解甲骨文故国（故乡）究竟是怎么回事。诸如由天津、北京两派学者互斗引发的天津、北京二王后人及其门生后人大打出手，支持"王懿荣发现说""王襄、孟广慧（字定生）发现说""刘鹗发现说""王懿荣、刘鹗联合发现说"的学派相互斗得不亦乐乎。南开大学朱彦民教授说得好："实际上，王懿荣、王襄、孟定生虽然睽隔京津，但他们之间的关系非常融洽，王襄、孟定生对于王懿荣非常尊敬……可见早期甲骨学家之间惺惺相惜、敬佩对方道德学问的古人之风。如今，推究甲骨文发现者究竟是谁……恐非两个王家人当初所愿意看到的结果吧……我们完全没有理由怀疑早期学者的道德文章以及对学术事业的真诚，因此他们遗留下来的关于甲骨文发现的有限记载，已经成为不可置疑的珍贵资料。他们之间的记述所以会有相互抵牾或颇不相能的地方，很可能是限于当时他们所掌握的材料不足或者信息的不够灵通。我们如果综合这些材料进行研究，用来复原甲骨文发现过程和早期甲骨学史，相信将会得出一个较为全面和较为真实的结论。"[注4]

笔者呼吁，在老一辈科学家董作宾、郭沫若、胡厚宣、李学勤、王宇信先后谢世的今天，德高望重的健在科学家李伯谦、宋镇豪、王震中、李氏等应该果断地站出来迅速地平息学界的这场耗能内斗式的争论，研究一下本文提出的"王懿荣、刘鹗、孟广慧（字定生）、王襄是于1899年发现甲骨文的四个并列第一人"的新理论，迅速用这新理论代替社会人众不怎么愿意接受的"王懿荣是于1899年发现甲骨文的第一人"的旧理论，团结大家奔向甲骨学更加美好的明天。也建议德高望重的吕韦达先生，不要跟天津王襄后人王翁如（王襄之子）等人争高下，要正确理解《历史教学》1982年第9期发表的王襄1955年遗稿《簠室殷契》开篇的一句话："世人知有殷契，自公元1898年始。"其实王襄说的"世人"，并不是指他和孟广慧（字定生）自己，而是指1898年已经看到过"带字甲骨"（"殷契"）的范姓古董商，因为王襄和孟广慧在1898年是见过那个范姓古董商范寿轩的，所以学界不应该老说王襄说话前后不一致。著名历史学家李学勤在1997年12月为王宇信《建国以来甲骨文研究》一书写的《序》中，不也开篇就说"殷墟甲骨是在一八九八年的下半年发现的"吗，学界怎么未抓住这点不放，而偏偏要抓住王襄1955年《遗稿》中"世人知有殷契，自公元1898年始"这句话不放呢？其实孟广慧（字定生）与王襄的关系和王懿荣与刘鹗的关系一样，他们各自的配合都是"天作之合"。在王懿荣殉国前的几年中，刘鹗（字铁云）与王懿荣肯定是有密切交往的，刘鹗精通中医，是名震江淮的悬壶济世中医师。笔者的曾祖父殷高良（字显祖）是私塾先生，认识刘鹗，还请刘鹗看过病，他亲耳听刘鹗说，刘鹗为王懿荣看过病。淮安传说那龙骨药方就是刘鹗开的。即传说，1899年王懿荣回老家料理其弟丧事，因为过于劳累，回京就病倒了，刘鹗听说后，立马就赶到王家，为王懿荣把脉诊治，开了含有龙骨的药方，从鹤年堂中药店抓来中药，是刘鹗和王懿荣一起发现了龙骨上有刀刻文字。这就是1931年7月5日北平《华北日报·华北画刊》第89期署名汐翁的文章《龟甲文》中提到刘鹗客游京师，住王懿荣家，正遇上王懿荣得病，将菜市口鹤年堂中药店听传说误写成菜市口达仁堂中药店的原委。与此有关的《龟甲文》开篇一段原文如下（断句标点为引者所加，改正错字置括号中）：

光绪戊戌（戌）年，丹徒刘铁云，鹗，客游京师，寓福山王文敏懿荣私弟（第）。文敏病痁，服药用龟板，购自菜市口达仁堂。铁云见龟板有契刻篆文，以示文敏，相与惊讶。文敏故治金文，知为古物。到药肆询其来历……。

尽管汐翁这篇约400字的短文被学界斥责为谬误百出、不足为据的市井传说类的花边新闻，但笔者认为在上述引文中，除了将"己亥年"说为"戊戌年"，"鹤年堂"误为"达仁堂"，"病痁"这病名说得不一定准确之外，上述引文记载的事项基本无错，因为笔者曾祖父殷高良曾亲耳听到刘鹗说的原话与《龟甲文》的上述记载基本一致。李学勤教授据刘鹗之孙刘蕙荪《铁云先生年谱长编》的记载也证实，光绪二十四年、二十五年（光绪戊戌年、己亥年），刘鹗确实客游京师。不过，刘蕙荪《铁云先生年谱长编》与汐翁《龟甲文》的说法稍有不同。刘蕙荪在《铁云先生年谱长编》中说，刘鹗客游京师是住在"宣南之椿树下三条赵文洛故宅"，不会住到王懿荣家，但笔者曾祖父殷高良亲耳听到的刘鹗的原话肯定比刘鹗之孙刘蕙荪说的更真。退一步说，即使刘鹗那两年住在"宣南之椿树下三条赵文洛故宅"，也不能排除他去王府探望其恩师病况的可能。

　　笔者曾祖父殷高良（1851—1914）是私塾先生，其教学馆距名震江淮的兼职中医师刘鹗在淮安的常住地（今"刘鹗故居"）不远，他认识刘鹗和罗振玉亲家俩，还应邀吃过刘大绅（坤）和罗孝则（责）的婚宴喜酒或订婚喜酒，知道刘鹗1903年出版的《铁云藏龟》为刘鹗和罗振玉亲家俩的共同劳动成果，殷高良还常去刘鹗处看病。殷高良在留下的一则日记中写道（因殷高良遗留日记的原件由当校长的家兄殷作超保管，毁于"文革"，原文和具体日期记不清了，下述内容仅是殷高良这则日记的大意）：

　　"……予问及藏龟刷龟文事，铁云先生侃侃而谈。言他己亥年惊闻恩师文敏公回乡料理完其弟丧事回京身子不适，急往探望把脉开方，他发现王懿荣的家人自鹤年堂抓来的中药中，龙骨上有契文，甚觉奇怪，即呈恩师，其恩师文敏公亦惊奇。翌日，文敏公备轿亲往药店一探究竟，遂作出向京师药肆广为高价收购'带字龙骨'的决定。后有范姓估觉得十二版送王府，其恩师推断是篆籀之前的殷商占卜文字。庚子岁范姓估、赵姓估又陆续挟千余片，其恩师文敏公均厚价留之，详加研究。时义和拳乱起，其恩师文敏公怕有失，密运部分宝贝藏淮安，嘱铁云先生代为保管。文敏公殉难后，壬寅年，其哲嗣翰甫（汉辅）售所臧（藏），清公凤责（债），龟板千余片，铁云先生悉得之，遂据此成《铁云藏龟》，成书过程中，得亲家罗振玉大助。"

　　后来笔者发现曾祖父殷高良遗存日记所记与淮安民间传说甚合。可见，1931年北平《华北日报·华北画刊》第89期汐翁《龟甲文》一文所记其事不假。淮安有刘鹗故居，是刘鹗常居地，离笔者住地很近，笔者常去参观。淮安的相关传说表明那龙骨药方确实是刘鹗开的，1899年王懿荣回老家料理其弟丧事，因为过于劳累，回京就病倒了，刘鹗听说后，立马就赶到王家，为王懿荣把脉诊治，开了含有龙骨的药方，从鹤年堂中药店抓来中药。由此可知，确实是刘鹗和王懿荣一起发现龙骨上有刀刻文字。

　　不过，为求真起见，笔者还是希望藏有完整刘鹗日记的读者查证一下，看看淮安的这些传说和笔者曾祖父殷高良日记的记载是否为真。刘鹗爱好古玩，精通医学，与王懿荣志趣相合，所以会成为好朋友，以师生相称。王懿荣秘而不宣地研究甲骨文，瞒得了别人，肯定瞒不了刘鹗，否则在王懿荣殉国，家道中落后，王家为什么会将大部分甲骨卖给刘鹗而不卖给别人？甚至可能除了刘鹗想买，其他人根本不愿买王懿荣收藏的那些甲骨片（因为当时的人们，绝对多数并不看好王懿荣收藏的那些甲骨片）。再说，王懿荣的研究事业，如果没有自称其门生的刘鹗的继承，王懿荣也不可能坐上"发现甲骨文第一人"的交椅至今。从淮安刘鹗故居一带的民间传说和笔者曾祖父殷高良的日记记载来看，刘鹗自称是王懿荣的门生是肯定的，在淮安是家喻户晓的。淮安民间的下述传说也与笔者曾祖父殷高良的日记记载一致，应该也是可信的：

　　王懿荣为了使所藏甲骨和研究资料不被义和团或八国联军掳去，还将部分甲骨和研究资料秘密运来淮安保存，并立下"师规"嘱刘鹗在任何情况下都不可透露于人。因刘鹗多在外，住淮安少，刘鹗就委托常住淮安的其兄刘明远守口如瓶地秘密保管王懿荣的东西。我们淮安老人都知道，刘鹗之所以能编成《铁云藏龟》一书，与王懿荣将自己的一部分甲骨和研究心得保存在淮安有很大关系。据说《铁云藏龟》的《自序》中认出的 40 多个甲骨单字（有34个认对了）和《刘鹗门记》中提到的"顷作《吮龟》散册"的甲骨文字都被认为大多渊源于王懿荣保存在淮安的研究心得，只是囿于王懿荣生前立下的不准透露于人的"师规"，刘鹗在《铁云藏龟》中不便提及而已。据说，王懿荣殉国后，刘鹗在经济上支援了王家，不仅留下了王懿荣托他保存在淮安的东西，还向王懿荣的次子王汉辅（翰甫）买了不少。

如果淮安的上述传说为真，则任光宇在《"王刘联合发现说"和甲骨文发现研究新论》【注5】一文中的判断就是不准确的。任光宇文的两段原文如下：

刘鹗恰留有 1901 辛丑和 1902 壬寅两年的原始日记，加上《铁云藏龟·自序》内容形成的前述互相印证的证据链，表明刘鹗得到王懿荣的甲骨不会早于 1902 下半年。

刘鹗《铁云藏龟》自序把得到王懿荣甲骨的年代、过程写得明明白白："未几义和拳乱起，文敏遂殉难。壬寅年，其哲嗣翰甫观察，售所臧（藏），清公夙责（债），龟板最后出。"

对任光宇文中引用的刘鹗自序，笔者补充如下几点：

① 引文中的"其哲嗣"三字，刘鹗自序中本作"其喆嗣"，不过"哲"古同"喆"。

② 引文中的"清公夙责"就是为父王懿荣还清债务的意思，"债"古同"责"。

③ 引文不全，在"龟板最后出"的后面，还有"计千余片，予悉得之"八个字。

④ 引文的意思是说，在王懿荣殉难后，王家家道中落，欠债很多，父债子还，因长子王崇燕早逝，还债重担便落在次子王崇烈（字翰甫，通汉辅）肩上。还了两年后，还欠许多。在不得已的情况下，王崇烈于壬寅年（1902），和刘鹗商量，准备出售父亲收藏的"宝贝"以便还清债务。于是，刘鹗就得到了王懿荣收藏的千余片甲骨与有价值的古物。刘鹗的壬寅年（1902）下列六则日记，似与此有关（刘鹗《壬寅日记》全称为《抱残守缺斋壬寅日记》，读者可以查阅）。

七月十二日（1902 年 8 月 15 日）　　晴

午前，沙彪内来。午后，高子谷来。**出，赴翰甫议簠鼎价值。**后出城，至清辉阁小坐。至义善源，张蔚亭外出，约明日晤谈，遂归。（笔者注：日记中"翰甫"通"汉辅"，即王懿荣原配黄兰生的次子王崇烈，下同。）

七月十七日（1902 年 8 月 20 日）　　晴

午后访子谷不遇。回拜严吾馨，见之。**至翰甫处，举得残砖碎石一车，好古近谬矣。**下午子谷、仙渊俱来，晚临《圣教》两纸。作叔耘书。

七月二十日（1902 年 8 月 23 日）　　大风

午前，同汉辅至英署签字。归寓，沙彪内值于途，子谷候于路。遣人至汉辅处运砖石。临《圣教序》一叶。此帖珠光玉气，快人心目，愚以为随侯、卞和，不是过也。今年金石、碑版所耗近万金，若不深探力取，冀有所得，何以对我钱乎。

殷代史　【卷二】考古学揭示的殷代文明

八月二十五日（1902 年 9 月 26 日） 晴暖

赴王汉辅家，取拓片并印谱以归。大概同时人所藏，但聚之不易耳。——检阅，手足酸痛。

十月初六日（1902 年 11 月 5 日） 晴

午后，涂伯厚来，看宋拓帖。申刻，偕宝廷往晤詹美生商谈一切事。**晚间，刷龟文，释得数字，甚喜。**

【请读者注意：**1902 年 11 月 5 日**是甲骨学界特别值得纪念的日子，因为这一天的刘鹗日记是迄今我国甲骨文史上关于**甲骨文**（刘鹗时称为"龟文"）的第一次明确文字记录。这一天，刘鹗考释出几个字。】

十月初七日（1902 年 11 月 6 日） 晴

午后延医日本人为大齮诊病。申刻，拜杨朗轩、曾慕陶不遇。遇刘干卿，谈良久。晚，发太平信。**昨日汉辅之四百金取去。夜作《说龟》数则。**

上面介绍了王懿荣和刘鹗的特殊亲密关系，至于孟广慧和王襄的关系，其实与王懿荣和刘鹗的关系非常类似。孟广慧如果没有王襄的继承，也不会在甲骨学界有如此名声。王襄当时还很年轻，如果王襄没有孟广慧引导，他也肯定不会有后来的成就。

中国考古学之父兼中国考古学掌门人李济对刘鹗有极高的评价，他说："如果王懿荣是中国古文字学新学派的查理·达尔文，刘铁云就像托马斯·赫胥黎一样与他并列，这已是被一致公认的事实。"【注6】按李济的这个说法，如果王懿荣和刘鹗可以比作中国甲骨学界的达尔文和赫胥黎的话，那么孟广慧和王襄也可以啊！总之他们两组四人都是品质高尚、治学严谨的人，区别只是孟广慧、王襄比王懿荣、刘鹗贫穷些，他们两组四人收藏的甲骨片也在伯仲之间，取得的成就也不相上下，让他们两组四人作为"发现甲骨文的四个并列第一人"，正好和后面将他们学说发扬光大的甲骨四堂相配得天衣无缝，不仅海峡两岸的国人会一致赞同，也会被全世界现代科学界迅速认可的。如果能这样做，甲骨学界将会从思想上、组织上实现空前的团结。

为了实现甲骨学界空前团结的目标，建议学界对立的多方共同研读一下下述 10 种文献。

① 朱彦民：《近代学术史上的一大公案——关于甲骨文发现研究诸说的概括与评议》，《邯郸学院学报》第 18 卷第 2 期，2008 年 6 月版。

② 任光宇：《"王刘联合发现说"和甲骨文发现研究新论》，《广西师范大学学报：哲学社会科学版》第 54 卷第 6 期，2018 年 11 月版。

③ 姚小鸥：《谁是甲骨文的最早发现者》，《中国社会科学报》2020 年 7 月 16 日第 007 版。

④ 王翁如：《〈簠室殷契〉跋》，《历史教学》1982 年第 9 期。

⑤ 王襄：《簠室殷契》（1955 年遗稿），《历史教学》1982 年第 9 期。

⑥ 卢燕秋：《王襄甲骨文论著研究》，西南大学硕士学位论文，2007 年。

⑦ 温洁：《甲骨文研究的先驱——记天津市文史研究馆首任馆长王襄》，《翰林风采》2009 年 2 月。

⑧ 吕伟达、吕骏：《例证凿凿 岂容改说——与姚小鹏先生〈谁是甲骨文的最早发现者〉一文商榷》，《中国文物报》2021 年 4 月 16 日第 004 版（本文标题中的"姚小鹏"应是"姚小鸥"之误，是原义将"鸥"打成"鹏"）。

⑨ 任光宇：《1904 年中国甲骨文发现公告之再发现》，《文化透视》2020 年第 3 期。

⑩ 祁建：《清末刘鹗流放冤案之谜》，《文史精华》总 248 期，2011 年 1 月。

【二】学界为什么会定王懿荣为发现甲骨文的第一人？

甲骨文的横空出世已被列为 19 世纪末 20 世纪初中国四个重大文化史料发现（殷墟甲骨、敦煌经卷、流沙坠简、明清档案）之首，甲骨学的兴起也已成为中国文化史上的一座里程碑。然而，正如南开大学朱彦民教授所说【注4】："甲骨文发现和'四大发现'中的其他文化史料的发现，并不一样。比如敦煌石室经卷的发现，洞口打开之日，就是经卷的发现之时。而甲骨文的发现就没有这么简单，涉及面宽，问题复杂。其发现可能是在不同层次、不同范围、不同地域、不同程度的递进发现过程。对此，应该订立一个'发现'的标准，即什么叫做'发现'，是看到就是发现，还是经过研究知道它的年代和性质算是发现。现在的研究中所以形成两说并立的局面（**笔者注：**实际是四说并立，"王懿荣发现说""孟广慧、王襄发现说""刘鹗发现说""王懿荣、刘鹗联合发现说"），主要是在'发现'一词上双方的理解不一。"

目前，学界一般认为，在地下沉睡了 3000 多年的殷代甲骨文是王懿荣于 1899 年发现的，并尊王懿荣为"甲骨文之父"。王懿荣（1845—1900），字正孺，号廉生，山东福山（今烟台经济技术开发区古现街道办事处古现东村）人，清代著名金石学家、古文字学家、鉴赏收藏家，时任晚清国子监祭酒、翰林院编修，相当于现代国家管理教育的最高领导。现有史料证实，1899 年夏天，王懿荣因偶染疾病，依药方从北京宣武门外菜市口西鹤年堂药店购来的中药中发现"带有刀刻划痕的龙骨"，疑是中国上古文字，因此作出以高价向京师各大中药店和古董商收购"带字龙骨"的决定，三个月后山东潍县古董商（时称"估客"或"估人"或单称"估"）范维卿（亦有文献称为范维清）即觅得带字龙骨 12 片高价售于王懿荣，因此，王懿荣于 1899 年便断定带字龙骨上的刀刻文字是篆籀之前（王宇信《中国甲骨学》引王汉章 1933 年文为"篆籀之间"，查王汉章《古董录》不同版本，两种说法都有）的中国上古文字，这一点是毫无疑问的。1900 年春，王懿荣又从范姓古董商处购得"带字龙骨"800 片，其中有全龟甲一壳，其上有刻文 52 字（**笔者注：**这个范姓古董商可能是王襄、孟广慧接待过的范寿轩，因要价高，1899 年 10 月天津王、孟买不起，故范又于 1900 年春卖给王懿荣）。据统计，自 1899 年秋到 1900 年夏的不到一年时间里，王懿荣自潍县古董商和京师各中药店陆续购得带字龙骨总计 1500 余片，并秘而不宣地进行研究。1900 年秋八国联军侵占北京，王懿荣被任命为京师团练大臣负责抵御侵略者，兵败不甘受辱，于 1900 年 8 月 15 日（旧历七月二十一日）写下"主忧臣辱，主辱臣死"的绝命词后，率时年 42 岁的继室夫人谢云鹤、时年 31 岁的守寡长媳张允淑（王懿荣早逝的长子王崇燕之妻）毅然投井自杀殉国（王懿荣时年 55 岁，殉难后，清廷赐其二品衔国子监祭酒，追赠侍郎衔，又赐谥号"文敏"）。

就实际情况来看，学界将王懿荣定为发现甲骨文的第一人还是有讨论余地的，一是因为王懿荣因投井自杀殉国而过早离世，他自己未来得及留下关于发现甲骨文的只言片语(前文说过，即使留下，也秘密藏在门生兼好友刘鹗的淮安家里了，别人并不知情)；二是因为王懿荣是秉承中华老学究的治学传统，秘而不宣地自己研究，他有什么研究心得，除门生兼好友刘鹗外，别人甚至他的家人，都并不知情。学界后来认定他是发现甲骨文第一人的依据都是基于别人的回忆。依现代科学关于认定科学发现的一般程序，没有当时过硬的证明材料，只凭事后别人根据传说和回忆的旁证确定的事是不会被世界科学界接受的，这就是当我对旅美、旅欧、旅澳诸多清华校友提及王懿荣是发现甲骨文第一人时，他们都摇头说"情愿相信加拿大明义士是发现甲骨文的第一人，也不会相信王懿荣是发现甲骨文第一人"的原因，他们都认为没有任何证据能证明发现带字龙骨上的刀刻文字是殷商王朝文字的第一人是王懿荣。

那么，学界为什么会认定王懿荣是发现甲骨文的第一人而导致事隔100多年后仍然争论不休呢？这有如下几个原因。

一是因为王懿荣有得天独厚的条件，他德高望重、学识渊博、资金雄厚，对研究有着执着追求，所以虽然大家明知道他公开的资料是只发现了带字龙骨上的刀刻文字是中国上古文字而没有断定其是殷商王朝文字这一事实，但大家相信如果他不是毅然殉国便必定会得出龙骨上的刀刻文字是殷商王朝文字的正确结论。

二是因为王懿荣英勇抵御八国联军，兵败后不贪生怕死，而毅然自杀殉国，他的崇高爱国主义精神，实在感人。

三是公开的资料表明虽然他自己没有留下发现带字龙骨上的刀刻文字是殷商王朝文字的只言片语，但有大量别人的回忆或发表文章的旁证，虽然下列的这些旁证都有漏洞，都不够充分。

【1】西方编辑并出版甲骨学研究专著的第一人加拿大学者明义士的证词

在王懿荣搜寻带字甲骨的11年后(1910年)，一位加拿大籍传教士，中文名字叫明义士的人(James Mellon Menzies,1855—1957)，来到河北、河南一带传教。这位传教士在收集和研究甲骨文方面，也非常有成就。

明义士，加拿大安大略省克林顿镇人，西方传教士，在安阳期间，他自称先后收藏了出土甲骨片近5万片。实际并没有那么多，但至少也有3万片，1932年秋明义士应邀到济南齐鲁大学任教，他的收藏也随之被带到济南，并以此创办了齐鲁大学博物馆，展出其收藏。抗日战争爆发后，明义士收藏的甲骨片有一小部分被其带回加拿大，大部分被其埋藏起来，有140箱之多，对外谎称遗失，这就是有名的"齐鲁之谜"。埋藏好后，绘制藏宝图一式两份，由明义士和原齐鲁大学代校长林仰山各执一份。后来，在齐鲁大学原址创办了山东医科大学。1951年，林仰山交出他的一份藏宝图，明义士当年秘密埋藏的那批甲骨都成了国宝。到了1978年的时候，中加友好，加拿大政府将明义士执藏的一份藏宝图也交回中国政府。中国政府又组织人力依加拿大政府交回的藏宝图的指引挖了一遍，发现是空的，才知与1951年依林仰山所交藏宝图挖掘的是同一处。1957 年明义士病逝后，明义士带回加拿大的那批甲骨由其儿子捐给了加拿大多伦多安大略皇家博物馆收藏。现在加拿大多伦多安大略博物馆收藏的 7802 片甲骨就应该包含有明义士当年带回之物。明义士收藏的甲骨虽多，但他并不是最早收购甲骨的外国人。海外收藏甲骨最多的国家是日本，日本收藏总量有 1 万多片，且有下落不明。据胡厚宣先生 1984 年统计【注 130】，国内外收藏甲骨的已知数总共有 154604 片，其中国内共藏甲骨 127904 片（大陆单位收藏 95880 片，私人收藏 1731 片；台湾地区收藏 30204 片，香港地区收藏 89 片），流失海外 12 个国家的甲骨总数是 26700 片。流失海外 12 个国家的甲骨分布如下：日本 12443 片、加拿大 7802 片、英国 3355 片、美国 1882 片、德国 715 片、俄国 199 片、瑞典 100 片、瑞士 99 片、法国 64 片、新加坡 28 片、比利时 7 片、韩国 6 片。明义士于 1917 年从自己收藏的近 5 万片甲骨中筛选出 2369 片（其中只有 1 片赝品，并且后来还被他自己识别了出来）编辑并出版了《殷墟卜辞》一书（《殷墟卜辞》初出版时书名，有可能是《殷虚卜辞》，笔者未能觅得其初版书核对），因此他获得了"西方编辑并出版甲骨学研究专著第一人"的美誉。明义士在 1917 年出版的该书中叙述了王懿荣最早搜集带字甲骨的事。明义士说，王懿荣极力访求带字甲骨，总想再多买一些，在询问带字甲骨出土地而不得后，"乃裹其秘室，深藏怀中，仅以返家后，秘室研索而已，是则今之所称甲骨卜辞，彼实发现之第一人也"【注 7】。

此外，明义士在他于 1933 年出版的《甲骨研究·第二章（甲骨发现小史）》中详细记载了他 1914 年对山东潍县范姓古董商的实地调查记录，其调查记录的两段原文如下：

约 15 年前（笔者注：从 1914 年往前推 15 年，正好是王懿荣首次见到甲骨的 1899 年），中国一考古学家王姓者，当诣北京一中国药店，购买龙骨，以当药料，碎骨之中，有一小片，上刻细致文字，其中若干例，颇与其家藏最古钟鼎文字绝期类似，遂报事访求，意欲多购，及问此物出土原地，杳不可知，乃裹其秘室，深藏怀中，仅以返家后，秘室研索而已，是则今之所称甲骨卜辞，彼实发现之第一人也。

在 1899 年以前，小屯的人用甲骨当药材，名为龙骨。最初发现的甲骨，都经过潍县范氏的手，范氏知道最详。先是范氏不肯告人正处，如告刘铁云"汤阴牖里"。余既找到正处，又屡向范氏和小屯人打听，又得以下的小史，今按事实略说如下，前清光绪二十五年（1899 年）以前，小屯有剃头匠名李成，常用龙骨面为刀枪药。此地久出龙骨。当时小屯居民不以为奇。乃以兽骨片龟甲板鹿角等物，或有字或无字，都为龙骨。当时小屯人以为字不是刻上去的，乃天然长成的，并说有字不好卖，刮去字迹药店才要。李成收集龙骨，卖于药店，每斤制钱六文。按范氏 1914 年所言，1899 年（己亥，光绪二十五年），有学者王懿荣（字廉生，谥文敏）到北京某药店买龙骨，得了一块有字的龟板（笔者注：龟板，有的版本作龟版），见字加篆文相似，就问来源。并许再得有字的龙骨他要，价每字银一两，回家研究所得。王懿荣是研究甲骨的第一人。当年秋，潍县范氏又卖于王氏甲骨 12 块，每块银一两。盖范氏在听说王氏之事，又到彰德【注 8】得了 12 块，回北京，卖于王氏。1900 年（庚子，光绪二十六年）春，范氏又得 800 块，亦卖于王氏，其中有全龟甲一壳，文 52 字。

明义士在上述证词中说王懿荣秘而不宣地独自研究"带字龙骨"，只能证明王懿荣于 1899 年已经意识到带字龙骨上的刀刻文字是中国上古文字，但王懿荣是不是已经意识到那是殷商王朝文字呢？明义士不得而知，所以他没有说，这便是明义士证词必然会有的漏洞。下述的王懿荣小儿子王汉章的证词试图弥补明义士证词的这个漏洞，但又出现新的漏洞。

【2】王懿荣幼子王汉章（又名王崇焕）的证词

王懿荣幼子（谢生第四子，因第三子夭折，故有些文献称为第三子）王汉章（1900年时，9岁，原名崇焕，字吉乐，汉章为笔名），在王懿荣看到带字甲骨的34年后（1933年）在其所著《古董录》【注9】中说：

夏，古董商范维清（卿），又以"龙骨"携至京师，被引荐到王府。先公断定为殷商故物，令悉数购归。"估取其一稍大者，则文字行列整齐，非篆非籀，携归京师，为先公述之。"先公索阅，细为考订，始知为商代卜骨，至其文字，则确在篆籀之前。乃昇以重金，嘱令悉数购归。仅至一批而庚子难作，先公殉国。

王汉章在其于1931年出版的《殷虚甲骨纪略》【注10】中也说：

光绪己亥，河南安阳县西，五里之小屯，有乡人见地坟起，掘之得龟甲……庚子有范某者，挟百余片走京师。自炫以求售，先文敏公见之狂喜，以厚值留之。

从上两段引文来看，王汉章在安阳殷墟进入科学发掘甲骨文已经真相大白之后的1931年和1933年，突然宣布其父于庚子年（1900年）夏从范姓古董商携来的大片"龙骨"中确认且始知其上的刀刻文字为篆籀之前的"殷商故物"或"商代卜骨"，这不仅给人以弥补明义士1917年证词漏洞的"此地无银三百两"、为其父脸上贴金之感，而且又在明义士证词漏洞的基础上增加了两个新的漏洞。

其一是，众所周知，王汉章是1900年本该随其父母投井后被忠心老仆人救下幸免于难的八九岁孩子，他怎么能对父亲秘而不宣地独自研究"带字龙骨"的事记得如此清楚？

其二出在《古董录》那段引文的"始知"两个字上。因为从上面两段引文来看，从《古董录》中的"夏"天的记载，虽不能确定"始知"龙骨是"殷商故物"的时间究竟是"己亥（1899年）之夏"还是"庚子（1900年）之夏"，但由《殷虚甲骨纪略》的引文可立即得知，至晚到了20世纪30年代，王家后人还是认为王懿荣发现甲骨是在庚子年（1900年）而不是己亥年（1899年）。也就是说，以王汉章为代表的王家后人认定的王懿荣"始知"龙骨是"殷商故物"的时间是"庚子之夏"，也就是1900年夏天。这不仅与学界认定的王懿荣于1899年最先发现甲骨文相矛盾，而且这推后一年的时间，正好给天津人认为是王襄、孟广慧（字定生）最先发现甲骨文以机会。

【3】早期甲骨学家刘鹗和罗振玉的证词

刘鹗（1857年10月18日—1909年8月23日），清末小说家、甲骨学家，亦是有名的中医师。家谱名震远，原名孟鹏，字云抟、公约，后更名鹗，字铁云，号老残。署名"鸿都百炼生"。江苏丹徒人，出生于江苏六合县，曾久住淮安。他不愿走科举道路，提倡新学，主张洋为中用，是老一辈甲骨学家中主张提倡新学的代表人物。中国考古学之父兼中国考古学掌门人李济对刘鹗有极高的评价，他说："如果王懿荣是中国古文字学新学派的查理·达尔文，刘铁云就像托马斯·赫胥黎一样与他并列，这已是被一致公认的事实。"【注6】刘鹗的代表作有晚清四大谴责小说之一的《老残游记》和中国第一部甲骨学著录《铁云藏龟》。清光绪十四年（1888）赴河南参与治理黄河。清光绪十九年（1893）升任知府。后开始筹办洋务。光绪末年为逃避清廷查办，逃亡日本。后八国联军入侵北京，刘鹗向联军处购得太仓储粟，设平粜局以赈北京饥困，因此事在南京被捕，清光绪三十四年（1908年），清廷以"私售仓粟罪"将他充军流放至新疆，实际是冤案。他在新疆监狱中行医。1909年因中风客死于今乌鲁木齐，葬于江苏淮安。

刘鹗《铁云藏龟》的《自序》实际是一篇甲骨文考释著作，他考释的几条卜辞涉及几十个甲骨文单字，今天可以证明他对其中34个单字的考释是正确的。

王懿荣殉国后，王家陷入困境，王懿荣收藏的甲骨大部分被其门生刘鹗以财力支援的名义购去。1903年10月，刘鹗在悉心钻研的基础上编纂并出版了第一部殷墟甲骨文著录书《铁云藏龟》，他因此荣获系统研究甲骨文兼编纂并出版甲骨文著录第一人的美誉。今天，我们可以这样说，如果没有王懿荣打好的基础，刘鹗就不可能编辑并出版《铁云藏龟》，如果没有刘鹗接手王懿荣的研究并继续进行，王懿荣开创的甲骨学研究事业就不可能如此快地被发扬光大，李济将甲骨学中王懿荣和刘鹗的关系比喻成进化论学说中达尔文和赫胥黎的关系是再恰当不过的了。

刘鹗在《铁云藏龟·自序》中也记载了王懿荣自潍县古董商处购进"龙骨（龟板）"的事："……龟板己亥岁出土在河南汤阴县属之古牗里城（引者注：刘鹗因受潍县古董商欺骗，一直以为龟板出土于汤阴县牗里城）……庚子岁有范姓客，挟百余片走京师，福山王文敏公懿荣见之狂喜，以厚价留之。后有潍县赵君执斋得数百片，亦售归文敏。"从这段记载来看，刘鹗也只记载了1900年王懿荣自潍县古董商处购买甲骨的事，为了恪守王懿荣立下的秘密进行研究不得透露给任何人的"师规"，在《铁云藏龟·自序》中并未透露王懿荣和他在1899年就秘而不宣地对"龙骨（龟板）"进行深入研究的事。

《铁云藏龟》首次将甲骨文介绍给世人，使得过去只有少数感兴趣的人将之作为珍奇古董，在书斋里把玩的甲骨文，通过刘鹗这部书的介绍，开始受到学术界的关注，并成为学术研究的对象。刘鹗率先将甲骨文材料拓印出版，在甲骨学史上具有开创之功，被胡适先生评价为研究甲骨文字的"开路者"。

1903年10月《铁云藏龟》出版后，从1904年7月中起到1905年1月底终，刘鹗在现代传媒《时报》上共刊登了121次宣布《铁云藏龟》出版消息的公告，迅速将私藏化为公器，扭转了中国历代文人千百年来密藏自娱的陋习。该书的出版及随后多功能公告的反复刊登，在包括甲骨学在内的人文科学领域乃至中国近代学术转型史上，都具有里程碑式的意义。

早期的《铁云藏龟》原版，不仅有刘鹗撰写的《自序》，还有《罗序》（罗振玉撰写）和《吴序》（吴昌绶撰写）。

罗振玉（1866—1940），江苏淮安人。祖籍浙江上虞（今绍兴上虞市永丰乡）。原名振钰，字式如、叔言、叔蕴，号雪堂。甲骨学著作颇丰。在甲骨学研究中，罗振玉占有重要地位，位列甲骨四堂之首。罗振玉是"甲骨学者中终于搞明白殷墟甲骨文具体出土地点为安阳小屯的第一人"，也是"甲骨学家中到过小屯殷墟故地的第一人"。罗振玉与刘鹗交往较早。刘鹗除了帮助王懿荣代为秘密收藏一批甲骨外，他自己也在1901年就开始向古董商收购甲骨（也有文献说刘鹗于1902年才开始向古董商收购甲骨，显然，刘鹗开始向古董商收购甲骨越晚，则刘鹗在王懿荣家里，为王懿荣看病，与王懿荣共同见到购来的中药中含有"带字龙骨"的传说越真，因为刘鹗于1902年11月5日"刷龟文"和1903年出版《铁云藏龟》的时间是确定不变的）。1903年，罗振玉在刘鹗家里第一次见到甲骨，当时罗振玉35岁，在刘鹗家当私塾先生，教授刘鹗儿子刘大坤（刘鹗第四子，亦有文献称其名为刘大绅），后来罗振玉还将自己的女儿罗孝责（亦有文献称其名为罗孝则）嫁给了刘大坤【刘鹗与罗振玉喜结儿女亲家的事，笔者曾祖父殷高良也知道，还应邀吃过其喜酒；《殷墟文化大典·商史卷（下）》第409页也有记载】。刘鹗出版的《铁云藏龟》实际上是他们儿女亲家两人的共同成果，在出版过程中，罗振玉帮了不少忙。当然，王懿荣秘密藏在刘鹗家的研究心得可能也起了不少作用，否则《铁云藏龟》不可能于1903年10月就能出版。罗振玉在其撰写的《铁云藏龟·罗序》中说"至光绪己亥而古龟古骨乃出焉"。另外，他在自己的著作《集蓼编》《殷商贞卜文字考》《殷虚书契前编》《殷虚书契续编》等书中都提到过王懿荣于1899年（清光绪己亥年）向古董商收购甲骨的事。例如："光绪己亥，予闻河南之汤阴发现龟甲兽骨，福山王文敏公首得之，恨不得遽见也。洹滨甲骨，自己亥始由山东估人，携来都门，福山王文敏公首得之。"

【4】罗振常的证词

罗振常是罗振玉的季弟。为了收集更多的甲骨，不知罗振玉用什么办法，撬开了山东潍县古董商的嘴巴，终于得知"龙骨"的真正出土地是安阳小屯。从1907年起，罗振玉除了几次派遣古董商人去小屯专门为他采购甲骨之外，1909年还派他的内弟范兆昌专门去收集，罗振玉自己也曾于1915年由日本回国，专程去过安阳小屯。特别是在1911年春天，他特派他的季弟罗振常（字子经，又字子敬）及内弟范兆昌两人专程去安阳、洛阳进行了"两个月之游"，单在安阳收购甲骨就住了50多天，那时他们"日有记载"。1936年，罗振常将自己安阳、洛阳之行中的日记，整理成《洹洛访古游记》，由上海蟫隐庐印行。《洹洛访古游记》中也记载了山东范姓古董商到小屯专门为王懿荣辛苦采购甲骨的事。《洹洛访古游记》记曰：

"北方估客，有北京、山东两派，京估概居旅店，候人持物来售，服用颇奢，恒留妓停宿。东估则甚苦，所居为极湫隘之小饭店或人家，日间则四处出巡村落，谓之跑乡。某年有估范姓，跑乡至小屯，索土中发掘物，土人问其种类，则曰有字者皆可，因以骨示之范，虽不知其名，然观其刻画颇类古金文，遂悉购之。土人得善价喜过望，亟觅旧所填井，则已成平田，迷不得处。后村人得骨，均以售范，范亦仅售于王文敏公，他人无知者……。"

以上四例证词都是关于甲骨文发现的早期证词，可信度较高，后出的诸多证词大多源于以上四例证词或纯粹是个人据社会传说的回忆，可信度不高，故不再一一枚举。从以上四例证词来看，它们似乎至多能证明两点：一是王懿荣确实于 1899 年见到带字甲骨并开始收藏带字甲骨，二是王懿荣于 1899 年确认了带字甲骨上的刀刻文字是中国上古文字。总之，以上四例证词还不能确切证明王懿荣已经于 1899 年确认了带字甲骨上的刀刻文字是殷商王朝文字。除非他与刘鹗有关于在 1899 年就意识到带字甲骨上的刀刻文字是殷商王朝文字的秘密。如果淮安传说中的刘鹗于 1899 年为王懿荣看过病，并为王懿荣开过带有龙骨的药方，或者刘鹗位于淮安的家中秘密藏有王懿荣的"宝贝"为真，则证明王懿荣和刘鹗在 1899 年都已意识到带字甲骨上的刀刻文字是殷商王朝的文字，只是缺乏当事人当时留下的文字证据。从文字证据来看，1902 年 11 月 5 日的刘鹗《壬寅日记》记有"**晚间，刷龟文，释得数字，甚喜**" 11 个字，是迄今我国甲骨文史上甲骨文的第一次明确文字记录，因为从刘鹗《壬寅日记》的前后内容来看，刘鹗确认他所刷的"龟文"就是殷商王朝的文字，也就是学界后来的规范名称"甲骨文"。

【三】揭开王懿荣因病购药发现带字甲骨并开始大量收购之谜的谜底

上文说明了王懿荣被学界认为是发现甲骨文第一人的可能原因，也介绍了刘鹗长期居住地淮安传说中关于刘鹗为王懿荣看病并开了带有"龙骨"的药方，因而与王懿荣同时发现"带字龙骨"的事。然而，社会上仍存在两种截然相反的看法。一种看法是王懿荣因病购药发现带字甲骨纯粹是无稽之谈，家住东城的王家绝对不可能舍近求远绕道到南城去抓药。持相反看法者，也言之凿凿、掷地有声、信誓旦旦，甚至在电视广播节目中，广为宣传自己的看法。本节将向读者详细介绍这两种看法的形成过程和形成原因，并揭开王懿荣大量收购"带字龙骨"之谜的谜底。

据网上疯传的 CCTV10《探索·发现·发现甲骨文》的上集《龙骨惊现》中说，晚清光绪二十五年，也就是 1899 年夏季的一天，北京东华门外锡拉胡同的一处深宅大院里，笼罩着一丝焦虑的气息。原来，这家的主人晚清大官王懿荣病了，经医生诊治，得的是疟疾。（**笔者注：**王懿荣偶患的究竟是什么病？CCTV10《探索·发现·发现甲骨文》的上集《龙骨惊现》中说，王懿荣得的是疟疾；湖北卫视《大揭秘·甲骨迷踪（上集）》也说王懿荣偶患疟疾；中国社会科学院监制的百集电视纪录片《中国通史》却说，王懿荣是因偶染痢疾，才派人去药店抓药；吕伟达在其专著《王懿荣传》【注11】中又说，王懿荣因"多年未曾犯的头晕症、伤寒症重新复发……即差家人去药房抓药"。）家人赶紧去药房抓药，药抓回来后，因这家主人颇通医道，便打开药包，翻检审视。突然他发现，一味叫"龙骨"的中药上面，有一些他从未见过的奇异划痕，他没有想到，这不经意的翻检，竟然触动了一个中国上古史和中国古文字学的惊世大发现。

王懿荣从那味名叫龙骨的药材上，找出几片来仔细端详，发现其上的划痕，不像是随手刮削的痕迹，倒极像是一种有序的编排，这么细小的骨头上，怎么会有刻痕呢？这引起他极大的好奇，便派人到北京各大药铺去高价收购有字甲骨，于是便有了惊世大发现。（**笔者注：**按传统的说法，王懿荣在发现带字"龙骨"后，曾先从北京各大药店购买，而后才从范姓古董商那儿购买。而吕伟达在其专著《王懿荣传》【注11】中却说，王懿荣差家人跑遍北京各大药店去抓带字"龙骨"，最终一无所获。那么，究竟是中国社会科学院监制的百集电视纪录片《中国通史》中说王懿荣从北京各大药店高价收购到大量带字"龙骨"为真，还是吕伟达在其专著《王懿荣传》

【卷二】考古学揭示的殷代文明

中说王懿荣派家人跑遍北京各大药店求购带字"龙骨"一无所获为真？读者可以继续研究。）王懿荣是当时京城里有名的大学者和喜欢收藏古物的人。他知道自己一定是遇到宝贝了。据 1931 年北平《华北日报·华北画刊》第 89 期汐翁发表的《龟甲文》记载，王懿荣派人到南城宣武门外菜市口达仁堂中药店买回了带有刻划痕迹的所有龙骨（后来的考据证明，达仁堂这店名，是汐翁搞错了，实际店名叫西鹤年堂，清朝人也将其省称为鹤年堂。）。有文献记载说王懿荣性嗜古，喜欢收集上古尤其夏殷以来的铜器古玩、印章，哪怕那时的残石瓦片，他都珍藏秘玩之。现在，突然在一种古骨片上发现奇异的刻痕，他立马就觉得非比寻常。淮安传说中因探望老师王懿荣住在王家为王懿荣看病开药方的刘鹗也觉得此事十分蹊跷。

什么是龙骨呢？它真是龙的骨头吗？已故的生物学家杨钟健博士和古人类学家裴文中教授，曾对中国境内的龙骨进行过研究，所谓龙骨实际上是远古大型脊椎动物，如象、犀牛、三趾马等的骨骼化石，中国古人统称其为龙骨。东汉及魏晋南北朝时期，医书中就已经有了龙骨入药的记载。龙骨是比较常用的中药材，它药性甘平无毒，有清热解毒、祛湿祛寒、生肌敛血、镇静安神、平肝潜阳的功效。在北京流传的故事中说，1899 年夏天，王懿荣因病发现了带字"龙骨"，应是没有错的。因为不管王先生得的是什么病，如传说中的疟疾、痢疾、头晕症或伤寒症复发等，淮安传说中的刘鹗或别的大夫给他开的药方里，有中药材"龙骨"是符合中医医理的。为什么这么说呢？因为那时，王懿荣在老家料理完弟弟丧事后刚刚返京，因途中劳累，再加上弟弟英年早逝，心中悲痛，回京后便高烧不退，同时伴有心悸不安，他自己也不知患的什么病，淮安传说中因探望老师住在王家的刘鹗或另外请来的中医师为他把脉后，估计也未说出西医的病名，只按中医医理为他开了中药处方，处方中用了有清热解毒、祛湿祛寒、生肌敛血、镇静安神、平肝潜阳功效的"龙骨"。后来，传到民间，就讹传成了上述故事中王懿荣偶患疟疾、痢疾、头晕症或伤寒症复发，甚至感冒等，也是完全顺理成章的事。

然而这种古老的动物骨骼上为什么会有刻痕呢？王懿荣和刘鹗都很惊奇，于是派人再到菜市口那家药铺，将刻痕比较鲜明的龙骨全部买下。至于那药店的名字，实际上是当时很有名气的西鹤年堂，民间传说中，就讹传成了民国时期才兴办的"达仁堂"，这就是上文所说的，在 1931 年北平《华北日报·华北画刊》第 89 期汐翁发表的《龟甲文》中，说王懿荣派人到南城宣武门外菜市口达仁堂中药店买药这一说法有误的原因。后来，王懿荣和刘鹗师生俩继续仔细查看那些龙骨上的刻痕，愈加觉得这不是一般的刻痕，它应该是一种有意义的符号，甚至可能是一种远古的文字。他们将这些龙骨上的刻痕与王懿荣收藏的古钟鼎上的金文相比较，感觉非常类似。他们觉察到，这样的刻痕出现在一种远古的动物骨头上，绝非偶然，可能是一种迄今没有见过的很稀奇很有价值的东西，被他们无意间发现了。王懿荣考中进士以前，在金石和古文字方面的造诣，就已经名满京城了。当时北京的古玩界，在辨别、鉴赏古玩时，就有得"王公一眼，当为定论"的话。当时朝廷里的大收藏家潘祖荫、翁同龢也对王懿荣推崇有加。后人评价王懿荣研究古金石文字，是"钩稽年代，补正经史，搜先达所未闻，通前贤所未解，爬罗剔抉，每多创见"。王懿荣既有这样的造诣和水平，在看到这些不寻常的刻纹符号时，会有敏锐的眼光和认识，就是理所当然的了。如果这些骨片上的刻痕是远古的文字，那它有多古，又是什么样的文字呢？对这些问题，王懿荣和刘鹗还不知道。他们所能做的，就是尽量多地搜集。于是，王懿荣派出家人，全京市川四鹤年堂药店（据说那带城内的一家药店）购求。只要见到带字龙骨，就全部买下。王懿荣自己也带病备轿亲临药店询问和多次向古董商询问，这些带字龙骨的出土地在哪里，但令王懿荣失望的是，每次的回答都是香不可知。

上文四例"证词"中提到的加拿大人明义士，王家后人王汉章，甲骨学早期大家刘鹗、罗振玉、罗振常，虽然都曾著书立说证实了王懿荣 1899 年首见、收购、收藏、开始研究带字甲骨的事，但似都不能作为王懿荣断定带字甲骨上的文字为殷商王朝文字的凭据。1942 年，民国时代的大收藏家赵汝珍，写了一本叫《古玩指南》的书，书中说王懿荣在中药中看见龙骨上的划痕都是篆体，经详细辨认断定为殷代之文字，但对王懿荣是如何得出这个结论的，赵汝珍也语焉不详。

总之，关于王懿荣发现甲骨文的绝大多数说法都指向一个源头，即王懿荣是在看病买来的中药中发现甲骨文的，范姓古董商向王懿荣推荐古董龙骨的事也确是事实，但这是发生在王懿荣从中药中发现甲骨文三个月之后的事。这也是有证人的。

至今北京西鹤年堂药店还挂着王懿荣画像及记有王懿荣抓龙骨发现甲骨文之经过。据北京西鹤年堂药店记载，王懿荣在药中发现龙骨上有文字后，曾命家人到北京所有药店求购，未果。第二天，王懿荣带病备轿亲临鹤年堂药店，说明来意后，再三嘱咐药店掌柜，以后千万不要将龙骨捣碎，再有客户送来药材龙骨时，一定要代为引荐，送到他家，有多少要多少，并留下一锭十两银子，作为订金。来京应试因病误了考期留京，且经常向王懿荣请教的孙桂澄（号秋飙），听说王懿荣带病亲临鹤年堂药店的事，当天，便将一件青铜器送到王家，请王懿荣鉴定。王懿荣十分高兴地带病接待了孙桂澄，并告诉孙桂澄，他发现的龙骨上有类似籀篆字体的刻画，并嘱托孙桂澄除了搜集带字龙骨外，也要帮他搜集青铜器上的铭文拓片，以便于他将龙骨上的刻画符号与青铜器上篆籀铭文的笔画对照比较。第二天，孙桂澄就找来好多青铜器上的铭文拓片。王懿荣将龙骨上的刻画符号、青铜器上铭文拓片、文献中《龟策列传》《盘庚迁殷》的记载等联系起来思考比较，终于认定带有刻痕龙骨就是上古之人用来占卜的龟板，其上的刻痕是中国的古老文字，其内容应是殷商王朝的王室档案。可惜孙桂澄说的话，也仅是由于 1996 年 10 月出版的《文物话春秋》或 2001 年 6 月出版的《琉璃厂史画》的传播引起的社会人士对近一个世纪前历史事件的回忆，不能作为王懿荣认定"龙骨及其上的刻痕是殷商王朝文字，其内容是殷商王朝的王室档案"的原始凭证。

王懿荣自西鹤年堂药店的龙骨上发现带字龙骨后，又过了三个月，山东潍县古董商范维卿（传说中又名范维清）在药店掌柜的带领下，将 12 片带字甲骨送到王懿荣家。王懿荣非常高兴地告诉他们，这些龙骨上的刻痕是中国最古老的文字，是国宝，叮嘱他们一定要多加搜集。范等才恍然大悟，原来在安阳论斤买来的（一斤才六文钱）的龙骨是真正值钱的宝贝。王懿荣以小字一字一两银子、大字一字二金（一金即为一两银子）的天价将这 12 片都买了下来，又给他们 600 两银子，让他们大批收购，并再三查问这些龙骨的来历，为了赚钱，范姓古董商总是支支吾吾、吞吞吐吐，不肯将安阳小屯这个出土地名说出来。范姓古董商临走前，兴奋的王懿荣还泼墨挥毫，为范维清写了一副对联相赠，自此，范姓古董商便成为王懿荣家的常客。王懿荣赠送范维清的对联是。

农事渐兴人满野，霜寒初重雁横空

这副对联，范家世代当作宝贝，只有在过年过节时才拿出来挂在供奉祖宗的房间，直到1966年"文革"时被红卫兵当作"四旧"烧毁【注12】。

另外，除了上文说到的西鹤年堂中药店之外，社会上疯传的关于王懿荣因病购到带字"龙骨"的药店还有上文提到的达仁堂中药店，不过这已被证明是社会上之讹传，事情的经过如下。

事情是由汐翁先生于1931年7月5日在北平《华北日报·华北画刊》第89期上发表的《龟甲文》一文引起的。汐翁在该文中写道，王懿荣派人到南城宣武门外菜市口达仁堂中药店，买回了带有刻画痕迹的龙骨。而支持天津一些报刊关于王襄发现甲骨文之说的李先登，抓住汐翁《龟甲文》一文中误说的达仁堂不放，在《光明日报》上发文对王懿荣家人去宣武区菜市口达仁堂药店抓药的说法提出质疑。

李先登于1983年11月15日在《光明日报》发表了题为《也谈甲骨文的发现》的文章，该文对王懿荣家人从宣武区菜市口达仁堂药店购得带字龙骨的说法提出质疑。李先登在该文中认为，王懿荣因吃药而发现甲骨文之说有两个漏洞：一是中药店一般都是将龙骨捣碎后才出售配药，因此是无法在上面发现文字的；二是在清光绪年间，北京菜市口根本没有达仁堂中药店。这篇文章一出，质疑的声音也随之而起，不仅引起王懿荣家人抓药的药店是菜市口达仁堂还是（西）鹤年堂之争，而且再一次引发发现甲骨文的第一人是北京的王懿荣还是天津的王襄、孟广慧（字定生）之争。由于王懿荣本人没有留下这方面的公开文字（即使有研究心得也已秘密转移，藏在门生刘鹗位于淮安的家里，世人也都无从知晓），一时间大有风雨飘摇之势。

1982年，也就是在学界和社会传说中认定是王懿荣发现了甲骨文的83年后，潜在的竞争者终于浮出水面。《历史教学》1982年第9期上发表了王襄1955年的遗稿《簠室殷契》。该遗稿开篇第一句便说："世人知有殷契，自公元1898年始（清光绪二十四年）。"这就等于是说，在王懿荣看到甲骨文字的前一年（1898年），甲骨文就已经被"世人"发现了。于是，"甲骨文王襄、孟广慧发现说"便大为流传。由于天津"王襄说"或"王襄、孟广慧说"是由西鹤年堂药店与达仁堂药店之争引起的，所以我们还是暂不讨论王襄1955年遗稿提起的话题，还是从达仁堂药店说起，李先登之所以于1983年11月15日在《光明日报》上发表题为《也谈甲骨文的发现》的文章，正是因为前一年（1982年）《历史教学》发表王襄1955年遗稿，提出"世人"先于王懿荣发现甲骨文引起的。

有一位名叫杨光的老人，从1952年起，就在北京市卫生局从事中药药政管理，对北京的老字号中药铺了如指掌。他说，清朝时菜市口只有一个有名的鹤年堂中药店（时人也称为西鹤年堂药店），王懿荣当年就应该是从这个鹤年堂中药店抓的药。当年菜市口一带最好的中药铺只有鹤年堂一家，那就是现在位于菜市口十字路口东北角的鹤年堂药店，清朝的时候，这个药店在现在菜市口南口外东边路北，1958 年以后才迁到现在的位置。家住北京东城的王懿荣，为什么公绕远到南城菜市口来买药呢？因为菜市口是清朝处决犯人的刑场，那儿的鹤年堂药店，药材地道，非常出名，与同仁堂的丸散膏丹中成药一样出名，官宦之家的王懿荣生病，必然会到菜市口鹤年堂去抓药。鹤年堂药店，过去也叫西鹤年堂药店，据说兴办于明朝嘉靖四年，即 1525 年，距今已有 400 多年的历史。早年间，老北京人都流传一个说法，要吃丸散膏丹到同仁堂，要吃汤剂饮片到鹤年堂。1993 年出版的《中华百年老药铺》讲到，正是因为鹤年堂在汤剂饮片的制作上一丝不苟，所以当时清朝的皇族和大官人家有病需要煎熬汤药时，一般都到鹤年堂购药。所以杨光老人推断王懿荣购药的药店应是鹤年堂，不是达仁堂。1997 年，著名学者周绍良写信给《中国文物报》，也认为王懿荣如果到宣武门外菜市口买药也应该是在西鹤年堂购药，说到宣武门外菜市口达仁堂购药当然是不对的。现年六十上下的王国宝是 1949 年以后西鹤年堂最后一位举行过拜师仪式的徒弟，他先后跟过十几位师父，他也听他师父们说过王懿荣亲自到鹤年堂药材库查找并购买带字龙骨的事，看来王懿荣因病叫家人到鹤年堂抓药应是确有其事。王国宝回忆说（大意）："王懿荣买药的事，我在学徒的时候就听师父讲过。王懿荣拿到药，发现有刻痕，就亲自到药店来，点名要瞧瞧龙骨，把大块儿的，有文字的都挑走了，买回去研究。后来真相大白时，我们大家都说是王懿荣最先发现了甲骨文。"从上述杨光、王国宝说的话和李先登写的文章来看，传说王懿荣因病叫家人到达仁堂抓药是不真的。那么晚清时北京是否真有一个叫达仁堂的药店呢？一本出版于 1996 年的《北京卫生史料》，其《附录》中有一个 1948 年以前的"北京中药店名录"，其中，赫然列有位于杨梅竹斜街的达仁堂。而这个杨梅竹斜街也在宣武区，离前门大栅栏不远。只不过位于杨梅竹斜街的达仁堂是民国时期兴办的，晚清时期根本不存在。也就是说，王懿荣要买熬汤服用的中药，一定会到宣武门外西鹤年堂去买。

李先登在《光明日报》上发表的文章中提出的一个质疑解决了，另一个质疑还未解决。著名学者周绍良在写给《中国文物报》的信中，也解决了李先登提出的另一个质疑。周绍良说，龙骨在药店时并不是粉碎成细粒，而是成块状，有大片，有小块，所以王懿荣从龙骨药片上看到刻画的文字是可能的。

下面，我们再回到 1982 年天津科举世家出身的王襄提出"世人"在王懿荣看到甲骨文字的前一年（1898 年）就已经"发现"甲骨文的事。按王襄、孟广慧（字定生）以前的说法，这事与山东潍县古董商范椿青（字寿轩）有关（范椿青，字寿轩，在山东《潍县志稿》中被误写成范春青，字守轩），因为王襄、孟广慧（字定生）说，1899 年卖给他们甲骨的古董商的名字叫范寿轩，那么这个范寿轩与 1899 年卖甲骨给王懿荣的范维卿（范维清）是否为同一人呢？这件事因邓华在《寻根》杂志 2002 年第 5 期上发表《甲骨文发现史上另一桩公案》而画上句号。原来，山东潍县往京师送甲骨的古董商（估人或估客）远不止范维卿（清）字绢熙一个人，还有他的宗亲范椿青（字寿轩）等好几个人。当初跟王懿荣来往的主要是范维卿（范维清），也有别的人。而跟王襄、孟广慧（字定生）在 1898 年最先联系订货未成交而到 1899 年才真正成交的肯定只是范椿青（字寿轩）一个人（后来虽有别的古董商参与，但那已是以后的事）。据吕伟达在其专著《王懿荣传》中说，邓华是其好友，吕伟达于 2007 年曾专程拜访过邓华。事实是，范椿青（字寿轩）见范维卿（范维清）跟王懿荣交往做古董生意发了财，于是也到安阳小屯去采购到宝贝龙骨，也想到京师售于有名有财的王懿荣，但他路过天津，遇到同乡书法名家孟广慧及孟广慧的好友王襄，误以为他们也很有钱，故开口哄抬物价，开出一字三两银子的天价，故才有王襄、孟广慧（字定生）二人觉得买不起之说。要知道，王襄当时才 22 岁，他当然接受不了这比天高的价位，只买了一点点；孟广慧（字定生）比王襄年长 8 岁，比王襄多买了一些。也就是说，1899 年，范椿青（字寿轩）的带字甲骨只卖了一小部分给王襄、孟广慧（字定生）二人，绝大部分，还是进京卖给了王懿荣。至于究竟是王懿荣从中药中发现带字甲骨或从范维卿（范维清）手里买到带字甲骨在先，还是王襄、孟广慧（字定生）二人从范椿青（字寿轩）手里买到带字甲骨在先，似乎也判若鸿沟。既然潍县范椿青（字寿轩）是见到范维卿（范维清）跟王懿荣做宝贝龙骨生意发了财才学着也去做宝贝龙骨的生意，那当然是王懿荣先买到宝贝龙骨在先，这是任何人都很容易推知的。如果王懿荣确实是在 1899 年从中药中发现宝贝龙骨或从范维卿（范维清）手里购得宝贝龙骨，那么王襄谓"世人知有殷契，自公元 1898 年始"这句话中的"世人"一定不是指他们自己，而是指潍县古董商范椿青（字寿轩），因为他们的确是在 1898 年听范椿青（字寿轩）说世间有宝贝带字龙骨的（当时孟广慧还推知范椿青说的宝贝是"古简"），不过他们在 1898 年并未见到带字龙骨实物，而是到 1899 年，才在天津西门外的范住旅舍马家店见到实物。

总之，我们已经可以断定，王懿荣、刘鹗为一组，孟广慧、王襄为另一组，他们都是在 1899 年才略有先后真正见到带字甲骨的（在 1898 年或在 1898 年之前最多只是听说，实际并未见到实物），也是在 1899 年才开始研究带字甲骨的，至于到底是谁先弄清这些带字甲骨的性质，是否在 1899 年就弄清了这些带字甲骨是殷商之物，尚须详加研究。

【四】孟广慧、王襄在甲骨文研究方面的早期贡献

上文已对王懿荣、刘鹗初见、收藏和开始研究甲骨文从社会传说到有效证词作了系统说明，对孟广慧（字定生）、王襄的贡献介绍不多，本小节做专题讨论。关于孟广慧、王襄对甲骨文研究早期的贡献，学界特别是天津学者已经作过较多的探讨，本小节摘其要者向读者作一系统说明。

孟广慧（1868—1941），字定生，也作定僧。祖籍山东寿光，世居天津。书法名家。王襄（1876—1965），字纶阁，初号符斋，后获王懿荣中白作旅簠，因号簠室。祖籍浙江绍兴，世居天津。孟广慧长王襄 8 岁，因二人都酷爱收藏与研究甲骨文，遂为刎颈之交。二者家境虽都不宽裕，但对甲骨文的收藏与研究极为重视。据 1955 年王襄遗稿《簠室殷契》和 1957 年王襄遗稿《〈孟定生殷契〉序》记载及孟广慧之子孟昭联的介绍，1898 年旧历十月王襄的朋友山东潍县古董商范椿青（字寿轩）来天津王襄家做客，时天津著名书法家孟广慧亦在座，范言曾见到农民收落花生时偶于土中捡到刻有文字的骨板（**笔者注**：实是龟甲、兽骨），因不知其为何物未敢收购。根据他描述的特征，孟广慧臆测其为古简，并促其收来一看究竟。王襄在 1955 年遗稿《簠室殷契》中记曰：

卷二　考古学揭示的殷代文明

世人知有殷契，自公元 1898 年始（即清光绪二十四年）。潍方苑,寿轩售古器物来言："河南汤阴（实是安阳）出骨版（实是龟甲、兽骨），中有文字。"微询吾人，以得之否？呐有乡人直定业共活，极处忽其往购，且言做得之。孟以悉！此骨版为青丝間某也。（毛有注：查《簠室殷契》原文，"骨版"写作"日顺"，意同。）

1899 年（清光绪二十五年己亥年）旧历十月，范椿青果然携带大量出土刻有文字的甲骨来到天津。当时他落脚在天津城西的马家店，邀王襄与孟广慧前往观看，同去的有天津著名篆刻家王钊（字雪民，王襄的二弟）和著名画家马家桐（号景含）。他们一行四人终于见到了 1898 年就想看的"大小不一，沙尘满体，字出刀刻"的一批甲骨。复审其文，知为三古遗品，惊为千载瑰宝。遂将其定为殷商之时古人在龟骨和兽骨上契刻的文字，并认为这些甲骨对研究殷商历史有重要的学术价值。其中有一块字数较多的全甲之上半【注13】，完整无缺，当时视为大宝。这样的巨大之骨以字定值，一字一金，一块值数十金，其价之贵可见一斑。面对国宝，王襄与孟广慧这样的寒士却没有足够的财力购买，各就视己财力，买点收藏而已。王襄因年轻财力有限，只取块小的包了一包，买了先回。比王襄年长的孟广慧则流连不忍离去，最后费去数十百金（用他叔叔寄给他的供他赴湖北考察的巨款），购得巨大之边条与凹形之骨数十片而回，用以考古、临摹。后来听说范椿青所余之骨板，尽售京师王懿荣，得价三千金。王襄在 1955 年遗稿《簠室殷契》中亦记曰：

翌年十月，范君来，告以得古骨版，期吾侪到彼寓所观览。彼寓西门外马家店，店甚简陋，土室壁立，窗小于窦，炕敷苇蓆。群坐其间，出所谓"骨版"者，相共摩挲。所见大小不一，沙尘满体，字出刀刻。既定其物，复审其文，知为三古遗品。与之议定价格：骨之钜（巨）者，一字一金；小以块计值。孟氏与襄皆寒士，各就力所能得者，收之而已。所余之骨版，据云：尽售诸王廉生，得价三千金。言之色喜。售王之骨版，使人不能忘情者，即全龟之上半【注13】，完整无缺，当时群以为大宝也。（笔者注：查王襄遗稿《簠室殷契》原文，均将"骨板"写作"骨版"，意同。）

直到转年出土量大，古董商索价降低，孟广慧、王襄才得以大量购藏。王襄对甲骨文字的珍爱与无力购求的无奈在《题所录贞卜文册》中有所记载：

后来范以三千金的价格，将所携甲骨全部出售给北京的国子监祭酒王懿荣（王廉生，谥文敏）了。而那块珍贵无比的全甲之上半让孟广慧爱不释手，一直牵挂在心，当他得知这块甲骨被王懿荣买去之后，请在天津做官的王懿荣次子王崇烈写信介绍，专程赴京到王懿荣府上再次观看了这块甲骨，并释出 52 个字【注13】。

此事，后来被甲骨学者陈梦家先生记录在《殷墟卜辞综述》中。可见同一块甲骨王襄与孟广慧先看到，转而再送到王懿荣处，并为已拥有甲骨的王懿荣收购。由此可知，王懿荣、刘鹗、孟广慧、王襄四人发现和收购甲骨都比较早，且都于 1899 年始见甲骨并收藏。然而，对甲骨文的深入研究远比是谁首先拥有甲骨意义更为重大。虽然王懿荣、刘鹗、孟广慧、王襄四人都为最早发现和购藏甲骨之人，但由于王懿荣殉国和其他各种原因，最终对甲骨文进行深入研究且取得显著成效的是刘鹗和王襄两人。刘鹗和王襄购藏的甲骨也在伯仲之间。

殷代史

【卷一】考古学揭示的殷代文明

刘鹗先后通过种种方式，总共搜集到甲骨 5000 片以上，成为早期出土甲骨的著名收藏家。王襄虽然清贫，但也长期节衣缩食先后六次购进甲骨共计 4000 余片。数量很多的甲骨为他们深入研究甲骨文提供了真实而宝贵的资料。他们都被誉为甲骨文研究的先驱。刘鹗因为于 1903 年 10 月从所购的 5000 余片甲骨中，选出 1058 片进行墨拓，编纂并出版了《铁云藏龟》，被学界誉为编纂并出版甲骨文著录的第一人兼系统研究甲骨文的第一人。孟广慧（字定生）因共购藏最早出土的 430 片甲骨，并确认其为三代上古文字中古人在龟骨和兽骨上契刻的文字（三古遗品），成为后来有大成就的王襄的学术引导人，并抚其所得，成书一卷，成为王襄照录所临各家殷契之第一本（详见 1957 年王襄遗稿《〈孟定生殷契〉序》），因此被学界誉为甲骨学者中意识到甲骨文是三代文字（古简）的第一人。王襄著有 1920 年出版的《簠室殷契类纂》、1925 年出版的《簠室殷契徵文》，其中《簠室殷契类纂》实际是第一部甲骨文字典，因此，王襄被学界誉为编纂并出版甲骨文字典的第一人兼系统研究甲骨文的早期学者。

【五】 "发现甲骨文第一人"的标准和发现甲骨文的四个并列第一人新论

南开大学朱彦民教授提出，为了早日结束关于发现甲骨文第一人的争论，"应该订立一个'发现'的标准，即什么叫做'发现'，是看到就是发现，还是经过研究知道它的年代和性质算是发现"【注4】。朱彦民教授认为，"所谓发现是指经过学者对文物的鉴定、研究从而知道其年代、性质和学术价值，并在一定学术范围之内将这一信息传播，而不只是用肉眼看见文物"【注4】。根据朱教授这一思想，笔者提出一个标准如下：

最早确认安阳小屯出土的"带有人工契刻符号甲骨"上的符号为殷商时代文字并在一定范围内传播这一信息的人，可被认定为"发现甲骨文的第一人"。

根据上述标准，下列五类人员可立即排除在外。

①安阳小屯村中最早看到甲骨的人；

②最早看到甲骨上带有类似人工契刻符号的人；

③最早知道甲骨可以当作龙骨入药治病的人；

④ 最早知道小屯甲骨是值钱古董的人；

⑤ 最早确认安阳小屯出土的带有人工契刻符号甲骨上的符号为中国上古文字，但未确定其为殷商时代文字的人。

排除了上述五类人员之后，根据上述标准，如果纯以当事人现场留下的且为众人所知的文字材料为准，只有刘鹗一人可被认定为"发现甲骨文的第一人"。因为 1902 年 11 月 5 日（农历十月初六）刘鹗《壬寅日记》中的文字是迄今所见我国甲骨文史上关于甲骨文（刘鹗写此日记时学界将甲骨文称为"龟文"）的第一次明确文字记录，这一天刘鹗考释出几个殷商甲骨文字。不过，这样做，必定会把发现甲骨文的时间，从 1899 年推迟到 1902 年，这是学界甚至公众都不能接受的，因为学界甚至公众都知道下述铁的事实：如果没有王懿荣为刘鹗奠定的学术基础，刘鹗绝对不会在 1902 年 11 月 5 日写出有如此价值的日记来。如果不以当事人现场留下的且为众人所知的文字材料为准，将"众人所知"的范围扩展到当事人或别人的回忆或社会大众的集体回忆（即所谓传说，包括北京、淮安、天津等地的坊间传说），则可将"发现甲骨文的第一人"的候选人范围扩大至下述两组四人。

① 王懿荣与刘鹗于 1899 年共同发现甲骨文

北京和刘鹗常居地淮安都传说，认识刘鹗并请刘鹗看过病的笔者曾祖父殷高良在其遗留的日记中也说，王懿荣和刘鹗是师生相称的好朋友，王懿荣发现甲骨文的那张含有龙骨的中药方正是刘鹗为其看病时开的，是刘鹗和王懿荣同时发现白鹤年堂药店购来的中药中含有带字龙骨，并共同将其定为殷商时期的占卜文字的。本文前面引用大量别人的证词或回忆和北京、淮安、天津三地的传说虽然不能作为王懿荣一个人独立发现甲骨文的证据，但却可以作为王懿荣和刘鹗互相密切配合共同发现甲骨文的证据，因为是他们师徒二人在 1899 年相互提醒同时确认自鹤年堂购来中药中带有人工契刻符号的龙骨为殷商故物，同时确认其上刀刻文字为篆籀之前的殷商王朝的文字。

② 孟广慧和王襄于 1899 年共同发现甲骨文

王襄 1955 年的遗稿《簠室殷契》、王襄 1957 年的遗稿《〈孟定生殷契〉序》、温洁的论文《甲骨文研究的先驱——记天津市文史研究馆首任馆长王襄》**【注14】**等许多研究论文和天津的大量传说都众口一词地认为，1899 年（清光绪二十五年己亥）农历十月，山东潍县古董商范寿轩，携大批有字甲骨来到天津，落脚在天津城西的马家店，王襄、孟广慧（字定生）、天津著名篆刻家王钊（字雪民，王襄的二弟）和著名画家马家桐（号景含）一行四人同往观看并准备购买收藏，经仔细观察，孟广慧（字定生）和王襄见那些"沙尘满体，字出刀刻的甲骨"上刻有文字，"复审其文，知为三古遗品，惊为千载瑰宝"，当场将其"定为殷商之时古人在龟骨和兽骨上契刻的文字"，当场认为其"对研究殷商历史有重要的学术价值"，并当场依自己的财力购买了一批甲骨，用于收藏和研究。由此可见，孟广慧、王襄二人和王懿荣、刘鹗二人一样，都是于 1899 年共同发现甲骨文的。

因此，笔者认为，如果学界要维持 1899 年发现甲骨文的认识不变，只有将王懿荣、刘鹗、孟广慧、王襄定为发现甲骨文的四个并列第一人才合理，否则，只有将 1899 年发现甲骨文修改为 1902 年发现甲骨文，并认定刘鹗为发现甲骨文的第一人的这一途径，别无他途。

笔者斗胆提出上述看法，供学界参考。

第二节　甲骨文问世的巨大意义

120 多年来（从学界公认的 1899 年计起），安阳殷墟先后出土带字甲骨 15 万多片，分别收藏于全球 13 个国家的博物馆和大学，这一直接出自 3000 多年前殷人之手的中华早期文字资料，几代学者为它的发现、发掘和研究做出了杰出的贡献。甲骨文的发现和研究，使我们明白了传承至今的汉字之源流，使我们中华民族的信史向前推进了至少 1000 年，为夏、殷、周三代历史的研究提供了真实的史料，拉近了我们与久远殷商文明的距离，同时，也为我国古代传世文献的印证、订补和纠讹提供了翔实的依据。甲骨文的发现和对甲骨文出土地安阳殷墟的科学发掘，催生了中外学者广泛参与的甲骨学和中华田野考古学这两个年轻的专门学科，也焕发了中华古老历史学科的青春，培养和造就了中华几代考古工作者、甲骨学研究者、殷商史研究者。正是这些学者的共同努力，才使世人公认中华古史中记载的 3000 多年前的殷商王朝为真实存在，也才使世人确认只有区区 2800 多个字的《史记·殷本纪》基本上为信史。这一切，大大地增强了十四亿中华儿女的民族自尊心、自豪感和凝聚力，对中华民族的复兴和再次崛起有着深远的历史意义和巨大的现实意义。

【一】甲骨文的问世意味着"中华文明西来说"的破产

甲骨文的问世，如闪电般劈开了当时风行一时的疑古密云，宣告长期以来流传的以英籍法裔人拉克伯里（Terrien de Lacouperie，1844—1894，其代表作品为《古巴比伦文字及中国起源》《中国上古文明的西方起源》）为首的一批否认中国远古史的文人墨客从文化层面散播的"中华文明西来说"的破产，也使在中国考古学史上具有重要地位的瑞典人约翰·古纳·安特生（Johan Gunnar Andersson，1874—1960，著名地质学家，1914 年 5 月，应当时北洋政府的邀请，首次来中国担任农商部矿政司矿政顾问一职）在 20 世纪二三十年代从仰韶文化考古层面再次提起的"中华文明西来说"不攻自破，更把近来一些人利用现代视频手段散播的"殷商文明西来说"，特别是"殷商青铜文明西来说"和"殷商甲骨文字外来说"，驳得哑口无言，打得粉碎。

喧嚣一时的"中华文明西来说"和中华本土刮起的一阵疑古风云，在 19 世纪末 20 世纪初为什么只是昙花一现呢？导致它们失去存在基础的一个重要原因就是殷代甲骨文的横空出世。可见，甲骨文的问世是"中华文明西来说"快速破灭的重要催化剂，它迫使西方的一些学者不得不承认他们用文化手段否定中华古代文明的失败。值得注意的是，在 21 世纪的今天，"中华文明西来说"又摇身一变，变成"殷商文明西来说"，特别是变成"殷商青铜文明西来说"，大摇大摆地在现代化的网络平台或视频平台上继续兜售着。关于"殷商青铜文明西来说"的问题，我们将在下一章中讨论。

【二】甲骨文是汉字之源流，它拉近了我们与久远殷代文明的距离

上面我们简要地说明了"中华文明西来说"，特别是"殷商文明西来说"是不符合史实的，下面我们再来看看"殷商甲骨文字外来说"究竟有没有根据。

比如，一些人在某省级电视台上竟然作如下公开对白。

某甲对主持人说："在武丁之前总共只有的 8 片甲骨上，一共只有不到 20 个字符，而武丁之后的 15 万片甲骨上，字符总量超过了 4500 个，专家们能够释读出的单字超过了 2800 个（引者注：专家们能够释读出的单字实际没有这么多，这里说的超过 2800 个包含知道其大概意思但未被考释的字），文字最多的单片甲骨上就超过了 100 字，已经相当于一篇短文了。"

主持人接着说："这对中华文明真的是太重要的一份贡献了，尽管甲骨文奠定了汉字的基础，但我们也不要忘了，至今依然被使用的活化石《水书》。"

某甲又对主持人说："专家统计，《水书》的文字总量多达 1600 个，文字体系的健全程度远远高于武丁之前殷商甲骨文字所能达到的水平。"

某丙对主持人说："武丁时代文字总数的增量，显然与他征服祝融部落的三场战争有关。不然我们就很难解释，为什么武丁之前的甲骨上，只有那么几个难以辨认的零星字符，而武丁之后，不但字符数量激增，其表意能力暴涨？而且书法和契刻刀法水平也远非昔日可比。"

主持人总结说："殷商王室在武丁前后祭祀活动的差别有多大，考古学家刘一曼进行了仔细的对比，在迄今为止发现的 154600 片殷商甲骨中，属于武丁之前的只有 8 片。……可惜的是，这个成长过程过于迅猛的暴发户，还不大知道可以用手中的文字，为自己书写历史（引者按：实际不是殷商人"不大知道可以用手中的文字，为自己书写历史"，而是书写后，被以周代殷的人篡改或破坏了）。这一缺憾带来的后果是，殷商的历史被后来的胜利者描绘成冰冷阴暗的时代。似乎礼仪之邦所有的美好都是从西周开始的。"

我们且不论殷商甲骨文字的产生或创造是否与南方祝融部落在贵州赤水或荔波传承的巫书《水书》文字相关，我们坚信殷商甲骨文字为整个殷商时期通用且成熟的文字系统，它就是我们今天的汉字之源流。当然，考古学家刘一曼在《光明日报》上发表的文章《关于武丁以前甲骨文的探索》中说的话可能符合事实（大意，非原文）："在迄今为止发现的 154600 片殷商甲骨中，属于武丁之前的只有 8 片，且一共只有不到 20 个字符，而武丁之后 15 万片甲骨上，字符总量超过了 4500 个。"然而，我们可以断定：虽然在已发现的 15 万多片甲骨中，属于武丁之前的只有 8 片，且一共只有不到 20 个字符，但已发现不代表全部。在武丁之前，只发现 8 片有字甲骨且其上一共只有不到 20 个字符，不代表在武丁之前只有 8 片有字甲骨且一共只有不到 20 个字符，因为，可能还有不少甲骨片没有被发现。在殷墟科学发掘之前，有的可能被当作中药龙骨用掉，有的可能还埋藏于盘庚迁殷之前作为殷商王朝主、辅王都的其他地方。

著名甲骨学家、历史学家兼考古学家李学勤先生曾有一个定论："很多人认为殷墟的甲骨文是最早的汉字，这是不正确的。甲骨文只不过是商代（现行国内学界的商代，即为本书的殷代，下同）后期的文字，字的个数已经超过四千，而且从字的结构看，传统的所谓'六书'已经具备了。所以甲骨文是一种已经发展的文字系统，汉字的演变在它之前肯定有一个很长的过程。"【注15】

李学勤先生认为汉字的演变在殷商王朝后期之前有个"很长的过程"，是非常正确的，因为考古界已经从河南省舞阳县贾湖村这个距今7500—9000年的新石器前期遗址中发现17例类似文字的契刻符号，其中龟甲刻符9例、骨器刻符5例、陶器刻符3例，这比安阳殷墟的甲骨卜辞要早4000多年，比西安半坡仰韶文化陶器上的刻画符号和山东大汶口文化陶器上的文字符号还早2000年。贾湖遗址的这一重大发现，领先于素称世界最早文字的古埃及纸草文书，堪称世界之最。贾湖文化是河南省新郑市的裴李岗文化遗址的重要源头。众所周知，河南省新郑市的裴李岗文化遗址是20世纪世界百项考古大发现之一，也是河南省十处考古大发现之一。学界研究表明，贾湖契刻符号的刻写笔顺和基本结构与汉字的基本结构相一致，其中，一些契刻符号的形状与在其4000年后的殷墟甲骨文有许多相似之处。专家们认为，贾湖契刻符号是最终演变成汉字体系的已知最早前身，这为殷代甲骨文的历史源头提供了可靠的证据。例如香港中文大学饶宗颐大师说："贾湖刻符对汉字来源的关键性问题提供了崭新的资料。"北京大学历史系古文字学家葛英会也认为贾湖契刻符号"应该是一种文字"。

当然，甲骨文还是在变化中发展的文字，字形还不稳定，尚待规范，这主要表现在以下几个方面。

① 一字多形，异体字多。例如"羊"字就有40多个不同形状的异体字。

② 繁简不一，繁简共存，笔画的多少和方向很不固定。例如，很多表示"动物"的字就是如此。

③ 异字同形。例如"史""使""事""吏"，这四个字，在甲骨文中的字形好像是相同或差不多的。

④ 存在合文与析书。例如，有时两三个字挤在一起，有时两字共用一个笔画，只占一个字的位置，这就是"合文"；甲骨文中的合文，并不总是固定地拼在一起，有时也分开写，这就是"析书"。

⑤ 象形程度高。例如，殷墟早期的甲骨文比晚期的更象形。

⑥ 行文款式不定。例如：每字左与右之间，每行的从上到下和行与行之间的排列，尚不固定，随意性大。

甲骨文的写法和字形结构虽有上述不足，但从比较大量的甲骨文字形中，可以得出以下三点结论。

第一，在整个殷商王朝，其文化及代表文化发展水平的文字也是随着殷商王朝经济基础和上层建筑的发展而不断向前推进的，特别是文字的服务对象主要是上层统治阶级。由于殷商王朝历代统治者都十分崇拜鬼神，在那个科学不发达的时代，统治阶级上层的占卜贞问活动几乎成为当时一种普遍通用的处事方式，甚至成为统治阶级的行事规矩。如战争的胜负、猎物的获得、行程的顺逆、病情的轻重、农作物的收成、天气与气候的变化、聚会的吉凶、生男还是生女等，做任何事之前，都要占卜一下，向祖宗或者神灵贞问是吉是凶。占卜活动结束后，占卜的时间、占卜者的姓名、占卜的内容都要用书写或刻画的方式在甲骨上记录下来，有时连后来应验的结果（验辞）也要补记上，这就是我们所称的卜辞，也是我们看到的甲骨文中的绝大部分（除卜辞以外，甲骨文中也有极少量的"记事文字"，可称为"非卜辞"）。也正因为殷商王朝上层统治阶级崇拜鬼神，我们才能看到他们留下的甲骨文，从而了解殷商王朝的社会情况。如果他们崇尚科学，不事事占卜，那么因为他们的记史典册，都被后来的胜利者周人或篡改或销毁，我们就什么也不知道了。

第二，甲骨文贯穿于殷商王朝始终。也就是说，在整个殷商王朝，甲骨文便是为统治阶级服务的统治工具之一，它不仅在随着这种统治文明程度的加剧而快速发展着，而且在整个殷商王朝期间都存在着，绝对不会出现武丁之前"一共只有不到 20 个字符，而武丁之后字符总量突然超过 4500 个"的突变情况。

第三，从甲骨文来看，它不可能只是殷商王朝后期的产物。唐兰先生认为："文字的产生，在夏以前，至少在四千年前，我们的文字很发展了。"【注 16】他还说："文字本于图画……文字是由图画逐渐变成的，愈早的象形和象意字，愈和图画相近。"【注 16】

上面我们讨论了甲骨文是贯穿于殷商王朝始终的文字和甲骨文是传承至今的汉字之流源（包括甲骨文本身之源）的问题。下面我们再来讨论一下甲骨文的发现拉近了我们与久远殷商社会和殷商文明的距离的问题。

由于甲骨文的发现，殷代文明，这一消失已久的文明，逐步显露出它的真实面目。这正如中国社会科学院学部委员、当代著名殷商史学家兼甲骨学家宋镇豪先生在中国社会科学院监制的百集电视纪录片《中国通史》中所说（大意，据录音整理）："对殷商王朝这个五六百年的历史来说，我们过去主要靠什么《殷本纪》，《殷本纪》全文总共加起来，才 2800 多个字，所以在史学界，过去我们都把它当作可信可不信的东西。甚至有人把那个《封神榜》当作商代晚年的历史来读，所以这个就很奇怪了，历史是真东西，它不是靠虚构出来的，那么我们现在有什么呢？就是甲骨文发现以后，一下子把我们和殷商时代人们和他们所创造的文明的距离拉近了，使我们直接能够通过甲骨文来观察到殷商王朝到底是怎样一个社会。"

要想直接通过释读甲骨文来观察殷商王朝到底是怎样一个社会，也不是一件容易的事。甲骨文是在被发现以后，经过众多专家学者的科学发掘、文字考释和考古研究以后才基本理解其要表达的意思的，这里说的基本理解，就意味着还没有完全理解，因为有不少甲骨文仍然埋在地下我们不知道的地方，已经挖掘出来的还有不少单字我们不认识，甚至还有不少词汇我们不懂其要表达的意思。由于甲骨文是我们从未见过的篆籀之前的文字，它被发现和大规模科学挖掘出来以后，破译其中的文字变成了首要任务。中国汉字的造字方法，基本可以分为六种，其中有象形、指事、会意、形声、转注和假借，中国古代将这六种造字法称为"六书"，这些造字的方法，成了专家学者们破译甲骨文最有力的依据。到殷代后期，这六种造字法基本上都有了，比如象形、形声、会意、指事、通假或者假借等，其中只有转注可能还不是太明确。当然，甲骨文中还是象形字居多，比如，画几个雨滴造出"雨"字，画个太阳造出"日"字，画个月亮造出"月"字，画个山造出"山"字，等等。自1899年，有字甲骨首次被发现以来，在已发现的15万多片甲骨中，共有4500多个单字，到目前为止，已被学界认识的有1200多个，还有几百个字，专家学者们可以从其字形结构了解到其大致意思。总加起来，今人大概能理解其意思的甲骨文单字在2800个左右。总之，到目前为止，学者们在甲骨文释读方面所取得的成绩，已使通过甲骨卜辞探索殷商时代社会及其文明历史成为可能，但离完全能够的目标，似还有很长的一段路要走，因为即使将4500多个甲骨文单字完全破译了，也还不能说我们据此就可写出殷商社会的全部文化史，这是由与祭祀有关的甲骨文本身的局限性决定的。

殷代史

【卷二】考古学揭示的殷代文明

第二章　殷代——独特的青铜时代

　　从全球来看，各个文明基本上都经历了石器时代、陶器时代、青铜时代、铁器时代这几个阶段，这是普遍性，中国也不例外。但中华文明，特别是殷商文明的形成过程和面貌有其独特性。中国古代有一个很重要的社会特征，就是社会形态比较稳定，战争虽然很多，但打来打去，还是东亚大陆上血缘甚近的一些人。中国自古强调血缘关系，这就容易形成一脉相承的传统。每个时代的各个地域，每个地域的各个时代，相互之间，都会有强烈的连接，因此我们看殷商青铜文明，殷商的中原核心地带、南方的长江中下游流域、古巴蜀大地，各地出土的青铜器物在器形、纹饰、内涵上虽然有差异，但也有相同或相似之处。这不仅说明它们之间是相互有影响、有密切联系的，更说明殷商青铜文明在探矿、开采方式、运输、冶炼、设计、铸造、先进技术的掌握和世代秘密传承等各方面都有不同于世界其他地区青铜文明的独特性。

　　殷代是中国青铜器发展的第一个高峰，对当时华夏大地的影响极为深远。在距殷墟 1000 多公里之外的江西吉安大洋州镇，出土了大量殷代青铜器，甚至更遥远的三星堆遗址中，也出土了与殷代相仿的青铜器，但其体量、精巧度、防腐性都难以与殷商核心地带铸造中心铸造的青铜礼器相比。在当时，青铜器是权力的象征，特别是青铜酒具、青铜礼器、青铜乐器设计之巧妙，做工之精美，直至今日都让人叹为观止。然而，因为年代久远，这种技艺已经失传。青铜，这种铜、铅、锡三元合金的配比，也就是合金配料的百分比，如果有丁点儿变化，出来的效果就不一样。马柏成是河南省伊川县青铜器行业协会的秘书长，也是当地最年轻的一位青铜器工艺师，他一直想仿造出殷商时代的青铜器，但终未成功，现在仍在努力中。在殷代，青铜器铸造，已成为最重要的手工业部门，尤其在殷代后期达到了高峰。出土的殷代青铜器，种类虽然繁多，但几乎都是直接进献给贵族祭祀或者实用的器具。这些青铜器具往往与拥有者的权威和地位相伴。当时制作这些青铜器的匠人们如果稍有不慎，就会面临杀头的危险，因此，他们是用生命来完成作品的，这让他们铸造出来的作品，无论是工艺还是造型，都几乎接近完美。现今世界上发现的最大的青铜器是代表殷商王朝青铜器发展最高水平的司（后）母戊大方鼎【这个大方鼎的名字，初出土时被学界据其上铭文考释为"司母戊"，后来发现初释有误，又改释为"后母戊"。考虑到，"司母戊"大方鼎的名字已经家喻户晓，故本书在正式场合下，将其名字记为"司（后）母戊"】。司（后）母戊大方鼎，1939 年出土于河南安阳武官村，高 133 厘米、口长 110 厘米、口宽 79 厘米，重达 832.84 千克。据研究，制作这件超级青铜器时，必须二三百人同时投入工作。以司（后）母戊大方鼎为代表的殷代青铜器上，充满带有神秘气息的纹饰，表现出对神权的崇拜。殷代青铜器的纹饰构图，将现实中的动物神秘化和程式化，比如青铜纹饰中的饕餮纹、夔龙纹、凤鸟纹等种种奇怪的纹样，无不透露出神秘的气息。除纹饰外，殷代青铜器上有的还铸有文字，殷代中期到殷末的一些青铜器上有十几个字乃至几十个字的铭文。铸于青铜器上的文字称为金文 (旧称钟鼎文)。殷代青铜器上的纹饰和铭文，和上文讨论过的甲骨文一样，引发了世人不断地探索解读。正是这些青铜器的出土，中国历史上辉煌的殷代青铜文明才展现在世人眼前。

然而面对如此辉煌的殷代青铜文明，一批学者在某省级电视台的《隐秘的细节》的视频节目中，却步 19 世纪末至 20 世纪初盛行一时的"中华文明西来说"的后尘，说"殷商青铜文明是西来的"，本章就从这儿讲起。

第一节 "殷商青铜文明西来说"的破产

一些人为了证明殷代早期、中期，中原殷商还处于无青铜器的新石器时代晚期的文明阶段，竟然在某省级电视台的名为《隐秘的细节》的视频节目中公开对白，他们对白的七段原话如下。

①**专家甲提起话题说：**"（中原殷商早期、中期）并不像神话中描述的那么宏大，部落频繁的迁徙，证明了直到殷商时代早期，东亚大陆上生活的人类祖先，依然是处于新石器时代晚期的文明阶段。"

②**专家乙附和着说：**"离今天三千多年前的殷商早期，主要的农具还是石头的镐、木头的锹，耕地的开发改造程度非常低，种两年就抛荒了，所以连耕地都不是什么财产。"

③**主持人赞同地说：**"（殷商中期）迁徙的过程并没有伴随战争的记录，这说明直到殷商中期，中原仍然是非常空旷的，到处都是无主之地，还不是城邦密布、阡陌相连的景象。……当时殷商都邑的势力范围往大了想也就是方圆十五公里，这种大邑小国在当时东亚大陆成百上千，谁也说不上有什么王气。"

④**专家甲接着说：**"这实在说不上统辖中原的王者气象。上边的这些历史记录，很好地说明了殷商早期部落城邦之间的关系。中原大地上半采集半农耕正在向永久定居过渡的数千个部落都是独立的，尽管临近部落之间，经常会发生一些强者对弱者的兼并，但是较大的城邑部落之间依然是隔着大片的原始森林。各自经营着自家的王朝，与殷商王朝并不存在实质上的隶属关系。这就是三千三百年前中国人祖先生存的场景。"

⑤**专家丙提出"殷商青铜文明西来说"话题对主持人说：**"做中西历史对比的学者，很早以前就注意到这样一个现象……在古希腊文明之前，他们也有一个文明叫克里特文明，大家公认那是欧洲文明的源头、起源，你在地图上看克里特，你发现它离非洲也就是 300 海里的距离，离亚洲也差不多是同样的距离，当然它离北边的欧洲也是同样一个距离。正是因为它这样一个近乎等距离的在地中海上的一个大岛，使得各洲的物质、财富，包括信息都在这里汇聚。所以克里特文明，首先它是一个非常发达的商业文明，其次就是各种文明的一个交汇，四通八达的一个路网，让殷商部落商人们的脚步遍及中原，到达了今天的山西、陕西、长江流域甚至更远的地方。"

⑥**主持人设问说：**"为什么殷商无论是甲骨文还是青铜器都是在武丁时代

突然上了一个巨大的台阶呢？"

⑺ **专家甲总结说**："如果青铜制造代表着殷商时代最先进的科技和生产力、最核心的竞争力，那么在此之前，无论是原料资源还是核心技术，都没有能够掌握在殷商王朝手上，这不仅极大地影响到了殷商的商业利润，而且几乎是直接掌捏着殷商王朝的经济发展的命门，这就是商王武丁一定要拿下上庸古国的原因，他要的是一个上下游全产业链的闭环。这跟今天大型企业发展的路径是一样的。……武丁占据了这里的铜铅矿产资源和冶金工坊，捕获了大量掌握先进技术的能工巧匠，并且把他们中的一部分带回了中原，这也解释了为什么殷商在武丁时代青铜铸造技术、器物体量和精美程度，忽然发生了突飞猛进提升的原因。"

换句话说，他们认为，殷商后期（从武丁时代起）之所以能从石器时代一步跨进高度发达的青铜时代，完全是因为武丁对已经掌握西方青铜冶炼和制造技术的南方祝融部落发动了长达三年"青铜之战"而实现的（他们认为南方祝融部落就是"史书"上说的鬼方）。为了给他们的"殷商青铜文明西来说"作铺垫，他们还向观众宣传说，"夏代是没有青铜器的""大禹分九州铸传国重器九鼎是虚构的"。他们说的两段原话如下：

《禹贡》是成书于春秋战国时期的儒家经典《尚书》中的一篇，托名大禹所作，分当时的天下为九个州，覆盖了今天中国的绝大部分疆域……我们现在叫九州，九州其实不是严格的记录，九州是当时眼看天下，一来要统一了，所以中国一些总是先天下之忧而忧的知识分子，他们就要规划未来统一的蓝图，他们就设想统一以后，那么应该有九州。他们为什么不直截了当说，这是他们的理想、他们编的呢？要知道在中国这个社会，普通人的这种建议不会受到重视的，一定要假托古代一个什么圣人，这个就重视了。实际上，中国历史上从来没有实际存在过九州。那么在另一方面，大禹时代，也不可能具有这么强的行政能力去管理。对吧，而且也没必要。

大禹的时代是没有青铜的，那时候中原还处于新石器时代。如果我们用科学的理性来感受历史，我们就会看到，殷商之前的东亚大陆上，分布着众多半采集半农耕的部落，星星点点地散布在原始森林和无边的荒野中，过着不断迁徙的日子。

这个认为夏代和殷商早期、中期没有青铜器，殷商后期纯靠武丁发动为期三年的"青铜之战"才间接经地中海一带非常发达的克里特商业文明中转引进西方青铜冶炼和铸造技术的说法，毋须批驳。读者只要参观一下1955年发现的殷商早期都城"郑州商城"中出土的大量青铜器，以及本书开篇彩页所列殷商王朝在长江流域武汉盘龙城青铜冶铸基地出土的大量青铜器（武汉盘龙城出土的青铜器比郑州商城出土的青铜器还多），这个说法便不攻自破。

1955年发现的宏伟的郑州商城被学界确认是殷代早期王都，在魏晋谱书《殷氏家传》中也有成汤放桀代夏登基于天下之中的河洛地区并复命以亳的记载。郑州商城遗址被学界确认是成汤的亳都（尽管当时学界还没有认识到郑州商城并非成汤始居之亳），是从1974年杜岭方鼎青铜器被发现开始的。1974年9月施工队在河南省郑州市杜岭街和张寨南街地下施工时，杜岭方鼎被发现。杜岭方鼎共一大一小两件。大者被命名为"杜岭一号"，高100厘米，重86.4千克，现藏中国国家博物馆；小者被命名为"杜岭二号"，高87厘米，重64.25千克，现藏河南博物院。杜岭方鼎不仅是殷代前期的青铜器，而且是世界上在青铜时代建造的第一座青铜文明纪念碑，它和在郑州及武汉盘龙城发现的殷代早期、中期的大量青铜器庄严地向全世界宣告了"殷代早期、中期还处于没有青铜器的新石器时代晚期"的理论的破产，并宣判了"殷商青铜文明西来说"的死刑，因为杜岭方鼎就体量最大、铸造技术最为完美、保存最为完整三方面而言，是人类已经发现的地球上同时期铸造年代最早的青铜重器。据专家考证，自地球上出现人类起，截至公元前1400年，在世界上已经发现的青铜器中，就体量、铸造水平和防腐能力三方面综合起来而言，杜岭方鼎堪称为世界之最，即使是丹麦发现的"古树青铜斧"也很难与之媲美。这说明殷商时代不仅是晚期其青铜铸造技术领先于世界【以高133厘米、口长110厘米、口宽79厘米，重达832.84千克的司（后）母戊大方鼎和藏于美国旧金山亚洲艺术博物馆的小臣艅犀尊为代表物】，就是在殷商时代早期、中期，其青铜铸造技术也是领先于世界的。

　　郑州杜岭方鼎和郑州及武汉盘龙城出土的其他大量殷代早期、中期的青铜器向世人证明，殷代晚期在安阳殷墟出土的司（后）母戊大方鼎和清代在山东寿张梁山出土的现藏于美国旧金山亚洲艺术博物馆的小臣艅犀尊的青铜铸造技术，不是中原殷商武丁用长达三年战争手段从鬼方掠夺来的，也不是从掌握青铜制造技术的南方祝融部落学来的，更不是经地中海一带克里特商业文明的中转从西方学来的，而是居于安阳殷墟的殷代晚期商族人从他们的郑州和武汉盘龙城祖先那儿继承下来的。大家都知道，正是杜岭方鼎的现身，才证明郑州是中国八大古都之一（其他七大古都是西安、洛阳、北京、南京、开封、安阳、杭州）。去过郑州的人都知道，杜岭方鼎已经成为郑州是殷商王朝都城的标志性符号，郑州人民路三角公园的杜岭方鼎青铜雕塑模型和郑州博物馆的杜岭方鼎建筑造型已经成为今日郑州的城市标志。

　　大家知道，中国考古界首屈一指的泰斗人物就是北京大学的李伯谦教授，我们来看看李伯谦教授是怎么看待这个问题的。

　　李伯谦于1999年写了一篇名为《关于中国古代文明的几点设想》的著名论文，初发表于北京大学，后收集在李伯谦著《文明探源与三代考古论集》（文物出版社2011年7月第1版）中，在这篇文章中李伯谦教授说："青铜冶铸技术的产生和发展：已有的考古资料表明，至迟在龙山时代，铜器的冶铸技术已经出现，并已超出了最初的起源阶段。进入夏代以后，青铜器已经成为代表中国上古时代物质文化最高成就的主要标志物和精神文化的重要载体。"

　　大家想想看，根据当今考古界李伯谦教授的权威论述和在郑州发现的以杜岭方鼎为代表、在武汉盘龙城发现的以锥足圆鼎为代表的殷代早期、中期大量青铜器的事实，一些人说殷代中期以前的夏、殷两朝尚未进入青铜时代和中国青铜文明来源于西方的论点正确吗？望学界专家和读者明察。

第二节　盘龙城是殷商青铜文化向南推进的关键据点

20世纪70年代，北京大学考古学家李伯谦带队去江西吴城和湖北武汉的盘龙城进行考古发掘，这两次发掘对殷商青铜文明全产业链的形成（如高度发达的殷商中原核心地区青铜铸造中心的原料来自何处等问题）和殷商青铜文化对长江流域青铜文明的影响的认知有很大的推动作用。李伯谦教授在这个时期提出了考古学的"文化因素分析法"，直到现在，该方法仍为考古学界所注重。

1973年，李伯谦一行去江西吴城发掘，根据吴城出土的大量青铜器，与郑州商城出土器物相比，相似之处比相异之处少的特点，纠正了当时不少学者认为吴城文化是典型殷商文化的不当认识，提出"受殷商文化强烈影响的长江中下游青铜文化"的概念。

1976年9月，李伯谦一行又去湖北武汉的重镇盘龙城发掘。盘龙城，这个距今3500多年的早商遗址，是1954年初夏抗洪取土时被发现的。考古界对它的发掘和研究，证明了殷商王朝早期在长江流域存在势力扩张，改写了人们对殷商王朝早期政治地理版图的既有认知。在地理区位上，盘龙城所在地武汉位于郑州正南方，再往南是宁乡、新干，往西是三星堆，往东北是台家寺。盘龙城正好位于这些地方的交通中心，所以它会成为中原殷商文化影响辐射到南方各处的中转站。李伯谦一行在盘龙城发现，此处出土的青铜器等器物与江西吴城出土的迥异，其出土器物的面貌与郑州商城出土的器物的面貌倒是很接近，几乎可以直接称盘龙城为殷商文化区，但盘龙城毕竟在长江边，离典型的中原殷商文化区较远，这使得盘龙城文化与典型的中原殷商文化之间还是存在一定差别的。后来，考古界一般认为，盘龙城是殷商青铜文化向南推进过程中建立的一个重要据点。

郑州商城出土的青铜器虽多，但没有盘龙城出土的多。将盘龙城与郑州商城相比较，郑州商城没有出现大型墓葬，盘龙城却出土了几个高等级贵族墓葬，但郑州商城有三处重要的窖藏坑，其中大圆青铜鼎、大方青铜鼎都是王爷级别的人才能享用的。从殷商王朝初期到殷亡，时间跨度有五六百年。如此长的时间跨度，其青铜文明的发展也有一个不断变化的过程。在长江流域，除了吴城、盘龙城以外，还有湖南宁乡炭河里、安徽台家寺等，学界通常把它们看成一个南方青铜文明的整体。其中，盘龙城是最早的，相当于中原的郑州商城时期，所以才说盘龙城是殷商王朝早期中原殷商文化向南方进一步扩展的据点，向西影响到湖北荆州荆南寺遗址，向南影响到湖南岳阳费家河，向东影响到湖北黄石铜绿山，并一直影响到江西，所以盘龙城堪称是一个殷商青铜文明向南传播和南方铜矿资源向北方中原腹地运输的中转站。现在看来，盘龙城青铜文化属于殷商文化，而吴城青铜文化是受殷商文化影响的当地土著青铜文化，殷商文化可能没有直接影响到江西吴城，而是通过盘龙城这个中转站来传递影响的。湖南宁乡也是，但宁乡史晚，与盘龙城的时间彼此错开的，随着殷商王朝对南方控制力的逐渐收缩，殷商王朝后来对南方的影响也逐渐减弱，因此，越到殷商王朝的中期偏晚阶段，越往南方，其文化面貌与中原腹地的差异越大。

第三节　盘龙城是殷商时代长江流域最早的青铜铸造中心

盘龙城位于武汉北边的黄陂区，在20世纪50年代的武汉市地图上标称的名称是"盘土城"。1954年，盘龙城遗址被发现不久，二里岗文化刚刚被正式命名。次年（1955年）郑州商城被发现。从此，盘龙城的发掘与断代，就与二里岗紧紧地捆绑在一起，盘龙城与郑州商城之间的关系开始引起考古界的重视。在盘龙城遗址被发现之前，关于商人南进的史实在传世文献中虽屡有记载，但那时包括王国维在内的许多史学家都认为，殷商王朝的势力范围仅限于黄河中下游地区，盘龙城遗址的发现，坐实了殷商王朝早期政权在长江流域存在势力扩张，改写了人们对殷商王朝政治地理版图的既有认知。

早在二里头文化晚期，盘龙城已经开始生产青铜器，形成面积达20万平方米的青铜铸造中心。后来，成汤四处征伐，在南下时攻占了盘龙城。考古发现，盘龙城城址的基本结构与郑州商城和偃师商城类似。其中宫殿建筑十分雄伟，在当时的长江流域，盘龙城的宫殿建筑，就规格而言，无出其右者。这就引出一个问题，如果依上一节所言，盘龙城仅为殷代在南方的一处铜矿资源中转站，其宫殿怎么会有如此大的规模？历史学家李学勤在20世纪50年代曾提出，根据甲骨文记录，商王曾在湖北住过，其观点发表后一度遭到广泛质疑，但在盘龙城被发现后，质疑的声音再也不闻。

盘龙城分为内城（宫城）和外城，在城址的东、西、北三面，分布着大量手工业作坊，以李家嘴、杨家湾两处居多。盘龙城遗址迄今已经出土青铜器400余件，这些青铜器造型古朴，工艺精湛，有些青铜器的花纹与规制为郑州商城和长江流域其他遗址所未见，说明这些青铜器是在当地铸造的。这足以证明盘龙城是殷商时代长江流域最早的青铜铸造中心。

除了盘龙城之外，经考古发现，殷商王朝还以盘龙城为中心，在长江中游地区建立了多个据点，如新州阳逻香炉山、黄州下窑洞嘴、随州庙台子等，不过这些据点均为等级低于盘龙城的一般聚落。在郑州二里岗文化上层时期，以盘龙城为中心，殷商王朝在长江中游地区的影响达到顶峰，东至黄梅，东南至九江，西到荆南寺和铜鼓山。从这一时期出土的器物来看，殷商文化迅速侵蚀着盘龙城本地的土著文化，并在盘龙城晚期占据了当地文化的主导地位。

盘龙城废弃于二里岗文化上层二期偏晚的时候，至于为什么被废弃，目前尚无足够的考古材料来说明，从文献角度来看，多与殷代中期因陷入四面受敌的困局不得不实施基于国情的战略收缩经略有关，也就是说，人为放弃的可能性较大。

盘龙城地区出土的重要青铜器物有：簋、锥足鼎、提梁卣、曲内戈、马面饰、钺等。

第四节　殷商王朝青铜原料哪里来？

随着安阳殷墟妇好墓、四川广汉三星堆、江西新干大洋洲大墓等地出土了大量青铜器，特别是安阳殷墟大规模青铜铸造作坊的存在，殷商时代如此规模的青铜文明令举世瞩目。这就出现一个问题，数量如此庞大、铸造如此精美的殷代青铜器，其青铜矿料、原料哪里来？

随着人们对湖北大冶铜绿山、江西瑞昌铜岭两处始采于殷代的铜矿遗址的深入发掘研究，越来越多的证据显示，大部分殷代青铜原料来自至今依然储量丰富的长江中下游流域铜矿带。大批青铜原料正是从这里，通过不同运输渠道，运往中原殷商王朝的统治中心和殷商王朝在各地建立的青铜文化中心。

随着铅同位素比值示踪法这一科技考古手段的深入运用，铜料和成品运输路线方面的问题也逐渐有了答案。目前，学界一般认为，湖北武汉盘龙城遗址是殷商文化在长江流域产生强烈影响的重要军事据点。殷商王朝正是通过盘龙城实现对长江中下游流域铜矿带的控制，将冶炼好的铜原料转运到中原，也将中原制作好的高档次青铜器成品转运到南方。研究发现，湖北盘龙城的高档次青铜器的铅同位素比值和郑州商城青铜器的铅同位素比值一致，这说明湖北盘龙城遗址出土的高档次青铜器确实并不是由当地生产的，而是在郑州商城制造好运送过去的；这也从反面说明了长江中下游流域铜矿带的铜矿资源是经湖北盘龙城转运到中原腹地的。这正好说明了湖北盘龙城这个重要据点对殷商王朝控制长江流域铜矿带的重要性。

1973 年 10 月，中国规模最大、保存最完整的古代矿冶遗址的发现——湖北大冶铜绿山古铜矿矿冶遗址群的发现，为了解上面的问题打下了基础。1988年，江西瑞昌铜岭铜矿开采、冶炼遗址的发现，将殷代青铜矿料的开采、冶炼推进到殷代中期。之后，随着鄂东南、赣北、皖南和宁镇一带诸多铜矿开采、冶炼遗址的考古发现，一批上古铜矿冶炼遗址点逐渐浮现在长江中下游铜矿分布带上。现已经查明，德兴、铜绿山、铜官山等现代特大型铜矿都分布在这一带，现在已经探明长江中下游铜矿带的铜矿储量占全国储量的三分之二以上。这说明殷商先人之所以将湖北武汉盘龙城这个重要军事据点打造得如都城一样易守难攻，显然就是瞄准了长江中下游的铜矿分布带。

第三章　农业、历法、畜牧业、商业等其他殷代文明

殷帝国是3000多年前东亚的先进农业大国，这就必须有一个很完整的历法，如果没有历法，就不知道什么时候播种，什么时候收割，农业生产就没法正常进行，所以殷代的历法是非常发达的。殷代祭祀要用到大量牲畜，这证明它的畜牧业也很发达。殷代的交通也很发达，包括水路、陆路两种。水上交通工具是船，陆路交通使用车。先进的交通工具，使殷商王朝与遥远的外邦建立了贸易联系。殷人善于经商，在郑州、安阳等殷商遗址中，都发现了一些非本地产的海贝、鲸鱼骨和大海龟龟板等。贝壳作为殷代中晚期的货币，仅妇好墓中，就出土近7000枚海贝（也有文献说妇好墓出土6880余枚海贝），它们有的来自南海，有的来自印度洋沿岸。与此同时，殷人也把瓷器的前身——殷商白陶，运送到了世界各地。发达的交通、货币的使用和世界范围内的商品交换，说明殷商时代的商业已经非常发达。中国是个造酒古国，早在夏朝之前的龙山文化时期，就已经出现了自然发酵的果酒，到了殷代，商人独创了酒曲复式发酵法。考古发掘出土了大量的殷代酒器、玉器，这说明殷代处于酒文化、玉文化的高峰期。

第一节　高度发达的农业和历法

1938年，胡厚宣写了一篇14万字的长文《卜辞中所见之殷代农业》，发表在1945年出版的《甲骨学商史论丛》二集中，李济和张秉权认为，这是一篇重要而且很有贡献的文章。胡厚宣的这篇长文对当时殷人还过着"茹毛饮血""未有火化的原始生活""不断迁徙，几无农业"的有关殷代农业极其落后的种种"学说"，做了一次系统的批驳。现在，一些人为了证明殷代早期、中期，中原殷商还处于无青铜器的新石器时代晚期的文明阶段，竟然在某省级电视台的节目名称为《隐秘的细节》的视频节目中公开对白，说什么殷人还过着"搭个窝棚""频繁迁徙""刀耕火种"的生活，认为"离今天三千多年的殷商早期、中期，主要的农具还是石头的镐、木头的锹，耕地的开发改造程度非常低，种两年就抛荒了，所以连耕地都不是什么财产。（殷商时代）并不像神话中描述的那么宏大，部落频繁的迁徙，证明了直到殷商时代早期、中期，东亚大陆上生活的人类祖先，依然是处于新石器时代晚期的文明阶段"。笔者希望，持这种观点的一些现代专家、学者能够重温一下1938年胡厚宣写的这篇长文。

中国自古以来就以农业立国，农业生产早在传说的神农、黄帝时代就开始了，到殷商时代，农业已经非常发达，成为国民经济的主要支柱。农业生产离不开土地、生产活动形式、生产工具和从事农耕的人员，下面就从这几方面分

别进行阐述。

殷代就有了"普天之下，莫非王土"的说法，说明在殷商时代商王（殷帝）对所辖范围的土地拥有实际的控制权，商王（殷帝）可以派人到辖土范围内的任何地方耕土造田。在《甲骨文合集》6057 中，商王称国土为"我田"，这说明了当时土地所有制的情况。

殷代已经使用金属农具，如斧、镬、铲、铚、耑等。湖北盘龙城就出土了可以安装木柄的斧，1971 年 11 月，山西保德也出土了殷商晚期的青铜斧，安阳殷墟出土的青铜斧已经与现代一般家用的手斧十分相似。镬是一种大锄，古文献中称为斪。安阳殷墟出土的青铜器中就有镬，1953 年郑州二里冈（岗）出土了带有十字纹的镬，1958 年山东平阴县也出土过青铜镬，1973 年河北藁城台西遗址也出土了两把青铜镬，可见殷代使用青铜镬的地域已经非常广泛。铲，又叫锹，古文献中称为铺。1953 年安阳大司空村出土了一件青铜铲，1960 年安阳殷墟苗圃出土了一件青铜铲，1976 年安阳殷墟妇好墓中出土了七件青铜铲。铚也叫镰，是一种收割农具，通常呈月牙形，也就是现在农村还在广泛使用的镰刀。殷人用的镰刀有青铜镰和石镰两种。安阳出土过刃部呈凹弧状的青铜镰，1953 年山东济南大辛庄、1975 年安徽含山孙家岗等地也出土过青铜镰刀，1928 年秋天，安阳小屯村北的大连坑出土了上千件石镰；1932 年，第七次殷墟发掘时，在小屯村西区的一个坑内又发现了 440 多件石镰，河北藁城台西遗址也出土过 30 多件石镰。耑是一种开土的工具，湖北盘龙城出土过两件青铜耑，1977 年 3 月湖北随县城南也出土了一件青铜耑。

殷代的农业生产活动形式已经和机械化前的晚清、民国时代的农业生产活动差不多，分为开辟荒土、翻土耕地、播种育苗、田间管理（含引水灌溉）、收获和储藏几个环节。甲骨文中的"裒田"就是开辟荒土。甲骨文中的"蓉田"就是大规模地翻土耕地。播种育苗是农业生产活动的关键环节，在甲骨文中也有反映，如《甲骨文合集》10"王往致众黍于冏"就是商王提供众人到冏地播种黍，《甲骨文合集》9553"呼麦……"就是命令某人去种麦。殷人的田间管理形式大致有：《甲骨文合集》10571、28228 反映的除草，《甲骨文合集》18770 反映的以水灌溉，《甲骨文合集》34148 反映的治虫灭蝗。收割农作物是殷代农业最为重要的一环，如《甲骨文合集》9547 反映商王派人摘取南冏之地黍穗的采摘行为，《甲骨文合集》9564"……刈黍"反映的是一种从农作物根部割断的收割行为。殷代储藏粮食的方式和后世一样，主要有地上储藏和地下窖藏两种，短期内要用就储藏在地上的居室或仓库内，长期备用的就窖藏在地下，殷商各处遗址中发现的大批窖穴里面有碳化的粮食，就证明这些窖穴是用来在地下储藏粮食的。殷代从事农业生产的人员主要是"众"和"众人"，众、众人是每个族内地位较低的人员、奴隶（含俘虏）等。

殷代农作物种类甚多，甲骨文记载最多的是黍，此外还有稷、麦、稻、桑、麻等。现在的主要谷物，殷代已经大致具备了。殷代的农耕文明开始变得成熟，成为整个中华文明得以长久发展的物质基础。

殷代作为一个农业大国，必须有一个很完整的历法，没有历法，什么时候播种，什么时候收割，就没法正常进行，所以殷代的历法是非常发达的。殷人已经意识到天文对农业的重要作用，并根据天文制定了完善的历法。殷代历法以太阴（月亮）记月，以太阳记年，干支记日，大月30天，小月29天，平年12个月，闰年13个月，在殷代早期卜辞中，闰月放在年终，叫作13月，称为"年终置闰法"。这是中国设置闰月的开始，为中国传统历法的确立奠定了基础，并大大促进了农业的发展。

在1942年之前，研究甲骨文的学者如罗振玉、束世澂、董作宾等皆谓殷人称岁曰"祀"。如董作宾谓："卜辞中年字用途有二，一是求年，一是受年。"又说：殷代纪年法是"以一岁为一祀"【注17】。即是说，学界在1942年之前皆以为，根据甲骨文，殷人只称年为"祀"，无称年为"年"的。这恐怕就是学界习惯于将"帝辛十**年**征人方（夷方）"说成社会大众不怎么懂的"帝辛十**祀**征人方（夷方）"的来由。这一片面认识直到胡厚宣1942年发表【注18】《殷代年岁称谓考》一文后才得到纠正。胡厚宣在该文中举出武丁时、祖甲时确有称年的卜辞多例，世人才知殷代年岁的称谓，除了称一年为"一岁"或"一祀"外，也有直接称一年为"一年"的。早期人们对于殷代如何称年的**这一常识性错误认识，给我们研究殷商王朝历史的人敲响了警钟：研究殷代史必须依靠甲骨卜辞，但又不能完全依靠甲骨卜辞而忽视传世文献，否则就会重复犯上述的低级错误。现在学术界逆司马迁《殷本纪》的称谓，将成汤的国号"殷"改称为"商"，将"夏殷周三代"改称为"夏商周三代"，就是犯这种低级错误最为典型的一例。有人说，这是"习焉不察"的小问题，试问现今一个国家的国号能随便叫吗？如果国际上有人将我们的中华人民共和国叫错成其他的名字，我们的感觉会怎样？**（例如国际上不是有人故意将我们的"中华人民共和国"叫成"中华民国"吗，我们能不抗议吗？）我们可以想想，假如胡厚宣1942年找不到那几片卜辞，或那几片卜辞还没有出土，甚至不存在，那么我们不就会以为殷人只知"一祀"根本不懂什么叫"一年"了吗？连大名鼎鼎的董作宾都会犯如此低级的错误，何况我们一般人呢！难怪董作宾先生会发出如下的警告："**这号称十万片的卜辞，我们现在能见能用的又不到五分之一，就这样'从宽'估计，那么甲骨文所能代表的殷代文化，也不过百分之一。用这百分之一的材料，却希望能写出百分之一百的殷代文化史，那岂不是做梦？**"【注3】原来董作宾先生在警告别人的同时也在自我吸取教训或自我总结经验啊！

为了使农业生产不受自然环境特别是天灾的影响，殷人在研究天文和气象方面也是卓有成就的，这些在甲骨文中都有记载，不再一一赘述，有兴趣的读者可参阅相关专著。

第二节　殷代的畜牧业

据《世本》记载，商族子姓三世先祖相土驯服了马，商族子姓七世（子姓殷氏一书）王亥驯服了牛。这不仅是殷商人畜牧业的开端，也是殷商人交通业和商业的开端，更因此改变了殷商人经营农业的面貌，因为马可骑行、拉车，牛可拉犁耕田。"王亥服牛"不仅是殷商人做牛羊生意的开端，而且更重要的是解决了农耕的动力问题。可以毫不夸张地说，以牛力拉犁耕田的发明对于农业的重要性不亚于后来蒸汽机的发明对于工业的重要性和拖拉机的发明对于农业的重要性。

从甲骨文记载来看，殷代的家畜家禽有马、牛、羊、猪、犬、象、鹿、鸡，好像还不能确定殷人饲养的家禽中是否包括鸭和鹅。

马的重要功能就是拉车。安阳殷墟发现了 31 座车马坑，其中有两马拉车，也有四马拉车的，还发现养马者与马合葬的墓。商王有时会骑马或乘马车去打猎，甚至亲自训练马，如《甲骨文合集》10405、13705 等。殷代饲养牛的规模非常大，牛用于农耕，也用于祭祀，《甲骨文合集》1027 正有用千头牛祭祀的记载，《怀特》904 有一次用 300 头牛祭祀大甲（太甲）的记载。殷代饲养羊的规模也非常大，这从祭祀中也大量用羊的数量可以得知，《甲骨文合集》20699 有用 500 只羊来祭祀的记载、《屯南》4404 则记载了用百只小羊来"御祭""父丁"。殷人饲养的羊和现在的羊差不多，主要是山羊和绵羊。殷代的养猪业非常发达。郑州二里岗出土的三万多块骨料中，最主要的就是猪骨。甲骨文中，称成猪为豕，称小猪为豚。猪用于宰杀食用，也用于祭祀。殷代也用犬来祭祀，《甲骨文合集》16241 有用 300 条犬来祭祀的记载，而《甲骨文合集》32698 "侑父丁犬百"，说的是用百条犬对"父丁"进行"侑祭"。殷代黄河流域的气候也适宜大象的生存。古文献《吕氏春秋》的《古乐篇》就有"商人服象"的记载。甲骨文记载殷人建立一定规模的"大象军"用来攻打东夷。《甲骨文合集》32954 贞问商王可否去巡视大象军，《甲骨文合集》4611 正"令亢省象"，意为派"亢"去巡视大象军。殷人的象，有的是猎捕来的，有的是部族方国进贡来的，也有的是自己饲养的。《甲骨文合集》37364 "获象十"，是说打猎俘获了十头象；《甲骨文合集》8983 "以象"，则是说别族以象进贡商王；1935 年在殷墟 1400 号大墓中发现了内埋有一人一象的象坑，1978 年在殷墟武官村北地发现一猪一象的象坑，这些就是人工饲养象的证据。殷人也已经驯养了鹿，安阳出土了鹿骨 100 多具，妇好墓出土了形似幼鹿的玉鹿，这些都说明殷人已经驯养了鹿。殷代的家禽主要是鸡，因为甲骨文里有"鸡"字，有文献说，殷代的家禽也有鸭和鹅，但笔者在手头的甲骨文资料中未找到鸭和鹅两个字，因此不敢妄加揣测。不过，1975 年在小屯北地出土了一件石鸭，1976 年在妇好墓中发现三件玉质浮雕鹅。

第三节　殷代高度发达的商业文明

从前述殷代的青铜业、农业、畜牧业的发展状况可知，殷代已经有了比较成熟的社会分工。人群的专业化分工，必然导致各专业人群之间的产品交换，这就出现专门从事商业贸易的人群。传世文献和大量考古材料都证明，殷代的商业文明已经处于我国商业贸易的第一个高峰期。汉语中把产品流通和交换的业务称为"商业"，可能就与殷帝国是商族人建立的国家有关。如果认为商族子姓七世（子姓殷氏二世）先祖王亥到有易国做牛羊的生意为中华商业的起点，那么殷人先祖王亥就是中华商业的鼻祖。

殷代的商业贸易可分为以下两个类型。

一是官营商业。官营商业主要从事青铜器、玉器、酒器、瓷器的前身"白陶"、祭祀占卜用品如大龟等商品的贸易活动。官营商业利润是殷商王室财富的重要来源之一。殷代有从事管理官营商业贸易活动的专职人员，叫作"多贾"。官营商业活动的范围非常广泛，妇好墓出土了几千枚殷商王朝晚期的货币海贝，经过专家的鉴定，这些海贝主要产于今台湾、海南，有的甚至来自几万公里之外的印度洋沿岸阿曼湾和南非地区。为什么在东亚内陆的安阳会出现远在南非的贝壳呢？这主要是得益于殷代官方的贸易开发，殷人贸易活动的范围很广，向西到新疆，到地中海，向西南到南非，这与后世汉朝的张骞通西域和明朝的郑和下西洋相比，毫不逊色。在殷墟出土的青铜器中，有一个铭文，这个铭文的下面铸有一幅挑担进行贸易的图案：图案中有一条船，船头上立着一个人，人肩上挑着一个担子，担子上有一串贝。这幅图案说明殷商人的货币——"海贝"，主要是源于国际间的贸易，因为殷人的势力范围局限于东亚大陆，即使用战争手段，也不可能从那么远的海外去俘获海贝。从殷人的贸易活动能力能跨海达到数万公里之外来看，有传说认为殷亡后，殷人到国内广西左右江流域去建立骆越国，甚至跨海到遥远太平洋彼岸的美洲去另建家园是完全可能的。

二是民间贸易。民间贸易主要在东亚这块大陆的内部进行，不会像官营商业贸易走得那么远。民间贸易得有市、肆一类的场所来进行贸易活动才行。殷代有"市"可以从考古材料上得到印证。郑州商城和安阳殷墟的城址都非常大，其内均发现有比较密集的居民点和手工业作坊，这说明殷代脱离农业生产的城镇居民一定非常多，他们吃什么喝什么，如果没有进行商品交易活动的场所"市"，居民的生活必然非常不便，所以殷代民间的商业贸易也一定非常发达。

第四节　酒文化、玉文化等其他殷代文明

殷代，发达的农业使粮食有了大量剩余，殷人开始用粮食人量酿酒。在浙江乌镇等许多城乡地区，至今还一直沿用着老祖宗传承下来的最为传统的酿酒工艺。中国是个造酒古国，早在夏朝之前的龙山文化时期，中国已经出现了自然发酵的果酒。酒能够缓解劳动的疲劳，增加生活情趣，种种妙处使人们对酒产生了特别的钟爱，逐渐催生出谷物酿酒的技术。到了殷代，人们发明了独创的酒曲复式发酵法。让我们深深为之赞叹的是，这种酒曲酿造法竟从三千多年前一直沿用至今。在殷代，酒最早主要是用来祭祀的，祭祀的巫师（贞人）会用一定量的酒来完成和神灵的沟通。后来在祭祀、祝捷等重大活动中，都会用到酒，殷人饮酒之风逐渐盛行起来，与酒有关的文化也相应变得繁荣。然而，酒也是双刃剑，它是人世间的佳酿，可是如果过多饮用，也会产生可怕的后果。殷代之所以会亡国，也可能与整个王朝风气奢华、酗酒乱德有关。

然而，从总体来看，因为殷人宗教崇拜非常强烈，酒的功能还是祭神，所以在殷代的现代考古发现里面，青铜器物中，酒器是非常发达的，在各地殷代遗址中，都出土了大量的青铜酒具。

在各地的殷代遗址中，除了青铜礼器、酒具以外，考古学者还发现了大量玉器，其中既有琮、圭、璧、玦、璜等礼器，戈、矛、大刀、戚、钺等仪仗类玉器，也有文化用品、生活用品等各种玉器。其数量之大、种类之多，足以证明玉在当时殷商贵族心目中的地位。早在旧石器时代，中国就出现了对玉器的使用和加工，然而只有到了殷代，制玉工艺才真正成为一个独立的手工业制作行业，真正的玉文化也由此开始形成。玉不仅以美观著称，还以温润、细腻、坚硬、纯正等特点，代表着仁义、智慧、勇敢、坚贞等美德，深受世人喜爱。在当时玉不仅被制成国之重器，象征神授、权威、等级，还被制成家庭的把玩品，与个人的喜好品行联系在一起。殷商美玉文化由此更加普及。玉通常都是在地下、山川、河流里面被发现，殷人认为它是上帝恩赐给人间的，所以谁拥有了好的玉，谁就有了通鬼神的可能性。因此，在殷代玉就开始成为通神者的象征物。殷人信仰鬼神，主要是为了强化王权，当然最好的东西必须跟王权神权结合，所以玉就自然被赋予了不同的或者特殊的价值。在殷代，身份越高、地位越高的人，用的玉料就越好，殷帝（商王）用的玉料就是最好的。于是玉逐渐被赋予了更多的文化含义，一直传承到今天。不过，安阳殷墟并不产玉，殷商王朝制玉作坊的玉料主要来自新疆的和田和遥远的南方，这也促进了殷代交通运输业的发展。

在当时，青铜器除了被铸造成礼器、兵器之外，还被用来铸造乐器，如打击乐器铜铃、铜铙等。殷代生产的发展，促使人们对娱乐有了更大的需求。人们对娱乐的需求，又推动了殷代音乐的发展，殷代的文艺非常发达，出现了专门学习音乐、舞蹈的乐人，据音乐学家研究，殷代的音乐已经有了半音概念，可以奏出曲调，已有了固定的音高等。高度发达的殷代音乐，是中国丰富的礼乐文化的先声。

【卷一·附件】　考古界商文化分期表（仅供参考）

殷代历史时期	商文化考古界分期	碳-14测年得出的公元前年代	与考古分期对应的殷代帝王在位的公元前大致年代 ②
殷代早期商文化	二里头四期晚段 ①	1540(?)—1520/1500	成汤、太甲、外丙、太庚、小甲、太戊、雍己、中丁、外壬（9帝）（1618—1395），在此段时期内，郑州商城、偃师商城、武汉盘龙城相应建成并投入使用
	二里岗下层一期	1509—1465	
	二里岗下层二期	1465—1415	
	二里岗上层一期	1415—1392	
殷代中期商文化	中商文化一期（白家庄期）（二里岗上层二期）	1392(?)—1370(?)	河亶甲、祖乙（2帝）（1394—1367）二里岗上层二期偏晚阶段，武汉盘龙城遗址似有被殷人主动放弃、殷代商文化似有收缩退出长江流域的倾向
	中商文化二期（洹北花园庄早期）	1370(?)—1300	祖辛、沃甲、祖丁、南庚、阳甲（5帝）（1366—1302）
	中商文化三期（洹北花园庄晚期）（殷墟一期早段）	1300—1260	盘庚、小辛、小乙（3帝）（1301—1261）
殷代晚期商文化	殷墟一期晚段	1260—1235/1230	武丁（前期）（1260—1230）
	殷墟二期	1230—1150	武丁（后期）—祖甲（1230—1162）
	殷墟三期	1150—1088	康丁（庚丁）、武乙、文丁、帝乙（前期）（4帝）（1161—1088）
	殷墟四期	1088—1036 ③	帝乙（后期）、帝辛、武庚、殷亡后西周初（1088—1036）

注①：据张雪莲、仇士华、蔡莲珍：《郑州商城和偃师商城的碳十四年代分析》，偃师小城、宫城建成年代上限早于二里岗下层一期（考古分期与殷代商王的大致对应年代仅供参考）。

注②：中壬、沃丁、廪辛三王不在甲骨周祭祀谱中，应是不曾即位为帝，故未列入。

注③：殷墟文化四期晚段的遗存中，有些单位的年代已进入西周纪年。

殷

殷代史

【卷二】考古学揭示的殷代文明

殷代史

卷二
殷商史事要览

【卷二】殷商史事要览

诗曰：大命玄鸟，降而生商，宅殷土芒芒
诗曰：邦畿千里，维民所止，肇域彼四海

殷代史

【卷二】殷商史事要览

前置图文
传说中的殷商始祖司徒公契（玄王）像

契，又称"玄王"，《史记·殷本纪》据上古传说记曰：

"殷契，母曰简狄，有娀氏女，为帝喾次妃。三人行浴，见玄鸟堕其卵，简狄取吞之，因孕生契。长而佐禹治水有功。帝舜乃命之曰：'百姓不亲，五品不训，汝为司徒而敬敷五教，五教在宽。'封于商，赐姓子氏。契兴于唐、虞、大禹之际，功业著于百姓，百姓以平。"

夏代治水英雄、商族子姓殷氏肇氏始祖先公冥（高祖"河"）像

（裔孙殷陆昌敬摹）

殷代史

【卷二】殷商史事要览

冥公肖像
殷生辛卯年青陆昌摹

冥公业绩的文献记录：

一、今本《竹书纪年》：夏帝少康时，『十一年，使商侯冥治河。』

二、《国语·鲁语》：『冥勤其官。』

三、郑氏《祭法》注：『冥，契六世孙也。其官玄冥，水官也。』

四、今本《竹书纪年》：夏帝杼时，『冥勤其官而水死。』『十三年，商侯冥死于河。』

五、《国语·鲁语》及《祭法》：『冥勤其官而水死。』

六、《国语·鲁语上·展禽论祭爰居非政之宜》：『契为司徒而民辑，冥勤其官而水死，汤以宽治民而除其邪……』

七、《国语·鲁语上·韦昭注》：『冥，契后六世孙……为夏水官，勤于其职而死于水也。』

八、《世本》宋衷注：『冥为司空，勤其官事，死于水中，殷人郊之。』

商人禘舜而祖契，郊冥而宗汤。

商族十四世、商族殷氏九世、冥公九世嫡传殷代开国大帝成汤像

　　据魏晋谱书《殷氏家传》记载，成汤建国后要求后世集商王与殷帝于一身的"**天下共主**"必须谦虚谨慎，立下"**殷商并用，族号称商，国号称殷**"的族规，要求后世商王（殷帝）必须恪守"**在族内行王权称商称王，在全国行天子权称殷称帝**"的规矩，不得乱称。魏晋谱书《殷氏家传》记载的赞成汤帝的赞语——"**连珠两起，金玉成双；榖为祥树，桑成邓林**【笔者注】。**三方落网，一面驱禽；德矣圣政，仁乎用心**"，已为古今多部殷氏族谱传承于世。

　　【笔者注："邓林"出自《殷氏家传·唐代颜真卿插注》。原文为："邓林，出于《山海经·海外北经》——'夸父与日逐走，入日；渴，欲得饮，饮于河、渭；河、渭不足，北饮大泽。未至，道渴而死。弃其杖，化为邓林。'——寓成汤甘为人先、视死如归、独具魅力、受人景仰，亦喻成汤始居之亳乃众诸侯荟萃之处、聚汇之所也。"**】**

卷二·绪论

　　本卷向读者简要介绍上起先商时期殷商先公，中历殷商王朝成汤建国、殷代中期因陷入四面受敌的困局不得不实施基于国情的战略收缩经略、盘庚迁殷、武丁中兴，下迄祖甲改制期间的殷商重要史事，关于殷末几帝期间的史事和殷商历史人物等将另立专卷介绍。

　　历史是真东西，不是史学家说了就算数的。古代史中的东西必须是古代的真人真事，才算真史。历史不真或不全真的原因有二：一是史学家记史时没有足够的史料，二是史学家纯凭主观臆测来解释历史现象。我们在《卷一》中记载的殷代早期政权通过武汉盘龙城重要军事据点的存在牢牢控制长江流域丰富铜矿资源的历史没有反映在迄今为止的殷代早期政治地理版图的正史中，便是因史料缺额导致历史不真的一例。因为殷代早期政权能控制长江流域丰富铜矿资源的史料是 1976 年考古学家李伯谦主持武汉盘龙城的发掘工作时新发现的，是包括司马迁、王国维在内的众多历史学大家在世时并不知晓的。然而有些历史不真现象不是因史料缺额造成的，而是因历史学家纯凭主观臆测解释历史现象造成的，或是因历史学家只看到表面的历史现象而没有发现隐藏在这种表面现象背后的本质原因造成的。2000 多年来，殷代正史中记载的中期"比九世乱"导致"殷都屡迁""诸侯莫朝"和现代考古学者中有人囿于对"比九世乱"的固有认知，据个别考古材料推测（如将郑州商城的三个窖藏坑解释成商王弃都逃跑时的仓促窖藏和将个别城邑中发现的死人骨架解释成外族的大规模入境等）而提出的"商文化白家庄期崩溃说"，便是一例。你如果问司马迁"比九世乱"的根据是什么呢？他只会告诉你，由于"自中丁以来，废適而更立诸弟、子，弟、子或争相代立"，导致出现"兄终弟及""叔终侄继""都城屡迁""诸侯莫朝"等国势衰落现象。你如果进一步问他，殷商王室诸子、弟"争相代立"有什么根据呢？他们为争夺王位发生打斗或发生战争了吗？司马迁将会或无言以对，或会说王位不按常规在父子间相传而在兄弟间相传、在叔侄间相传就是争夺王位的证据啊，"都城屡迁""诸侯莫朝"就是王位争夺造成的影响啊！其实，司马迁的这些说法只是对殷代中期出现"兄终弟及""叔终侄继"等王位继承现象的原因的主观臆测而已，根本没有任何真实史据作证明。笔者认为司马迁如果能知道殷代早期的实际控制疆域达到武汉盘龙城并进而控制长江流域丰富铜矿资源的史实；如果能知道殷代中期因陷入四面受敌的困局，不得不实施基于国情的战略收缩经略，主动放弃周边一些曾控地域的史实（如主动放弃武汉盘龙城的战略据点）；如果能知道殷代中期因不得不主动放弃对长江流域丰富铜矿资源的掌控，导致王室经济总量大大缩水时，为选出能最有效地管理王室有限共有财产的王位继承人，不得不执行类似传说中的古代禅让制度的"王室推举制"的史实；如果能知道殷代有实施双都制传统的史实；

如果能知道殷代中期位于郑州的主都一直没有迁，中丁迁嚣(隞)、河亶甲迁相、祖乙先迁邢（耿）继迁庇、南庚迁奄，迁的只是实际军事中心的辅都的史实。他绝对不会得出"比九世乱"和"都城屡迁"的结论，也绝对不会将不得不实施基于国情的战略收缩经略而导致殷代中期出现疆域收缩、国势衰落、诸侯莫朝的原因归结到莫须有的争夺王位的"比九世乱"上。考古界的一些学者也绝对不会因受"比九世乱"这传统认识的影响而提出与"比九世乱"相应的"商文化白家庄期崩溃"的说法。

　　笔者锁定的写作目标是使本书成为携带轻便的雅俗共赏的历史书，怎么做到雅俗共赏呢？笔者的办法之一就是用通俗的文字精心地撰写本卷"殷商史事要览"和后续的《卷四》（殷末风云）及《卷五》（周灭殷商）。

第一章　成汤的国号

目前，学术界关于成汤国号究竟是"殷"是"商"，还是"殷商"，抑或是盘庚迁殷前称"商"、盘庚迁殷后称"殷"、前后合称"殷商"的讨论，虽不像契居蕃的"蕃"、契被封于商的"商"、汤居亳的"亳"等地望问题讨论得那么热烈，但这也不是"习焉不察的小问题"【注19】，而是事关为成汤国号或朝代号正名的大事，甚至是"刻不容缓"的急事。为什么这么说呢？因为目前国内的中小学课本，教给学生的上古三代朝代名称都是值得商榷的"夏商周"，而不是"夏殷周"，如此一代代传承下去，再过一两百年，人民大众就只知道成汤建立的新王朝朝代名叫"商"，而不知道其本名叫"殷"了。因此，本章以《说"殷"》开题进行讨论。

第一节　说"殷"

甲骨文中"殷"字凡三见，原先学界并不认识，自于省吾《甲骨文字释林·释殷》【注20】问世后，人们始知甲骨文中有"殷"字。过去有不少专家或认为甲骨文中无殷字，或从康熙字典释"衣"字之说："齐人言衣声如殷，今姓有衣者，殷之胄欤！"认为古代殷、衣二字声近通用，疑甲骨文中的"衣"字即是"殷"字。殷字本义，许慎《说文》谓"作乐之盛称殷"，古文字学大师于省吾在其《甲骨文字释林·释殷》一文中首次提出异议，开了"释殷"的"持物治病说"先河。后来胡厚宣、董莲池等人从之。于、胡新说，虽也与甲骨文中的"殷"字形状相似，但持物治病之说，却解释不了在历史长河中，"殷"字是怎么转化、引申成"盛、大、众、多、中、当"等转义的，也解释不了古代之大礼，如"殷见""殷同""殷觐""殷视""殷奠""殷祭"等为何是以"殷"字命名的。笔者在《殷代史六辨·附录一（释殷）》(中国文史出版社，2015年3月第1版，155—168页) 中指出：许慎的"作乐之盛称殷"不能轻易否定，如果否定了，传世文献的诸多"殷"字用法和以"殷"字命名的诸多古代大礼，如殷见、殷同、殷觐、殷视、殷奠、殷祭等，就说不通。殷字的本初含义就是描述古代军乐队中众多"军中十"人人身带乐鼓等原始乐器，以棒、槌击之的整齐划一的演奏场面之大、之盛，这种场面之壮观，就如同现代天安门前阅兵时，军乐队方阵走过来时那样威武雄壮，即许慎《说文》之"作乐之盛"。本文抛开殷字的本义不谈，专门讨论一下与"殷"字有关的下列诸多问题："殷"字为什么会与风马牛不相及的"商"字结缘成"殷商"？商族为什么又称为殷商族？成汤为什么将他的王朝国号定为殷而不定为商？司马迁为什么将记载成汤所建新王朝的历史称为《殷本纪》而不称为《商本纪》？成汤国号为"殷"的考古学证据有哪些？在甲骨卜辞中为什么商字频频出现而殷字却罕见？

【一】"殷"字为什么会与"商"字结缘成"殷商"的称谓？

"商"本地名，自从殷商始祖契被封于商以后，商又成为世袭诸侯国商国的国号和以契为始祖的子姓一族的族号。"殷"也是一个地名，古代时，作为地域名的殷地，疆域基本稳定。其地域在太行山以东，夏殷时的古黄河以西，南至豫北洹水流域，北至冀南漳水流域一带。其地理位置可用"山东河西，洹、漳二水流域间"11 个字来概括，现在的豫北安阳殷墟和冀南邺城（二者相距 30 多华里）都在殷的疆域内。本来"殷"和"商"一点关系也没有，后来因发生六世商先公子冥（甲骨文中的高祖"河"，或殷氏民间祭祀的先祖"河"）为夏之水官治理黄河并以身殉职的悲壮事件，六世商先公冥受夏帝追封于殷，被夏帝追认为诸侯国殷国的首任殷君，原本相互独立的殷、商二字才有了最初的联系，结缘成"殷商"的称谓。从此，后世史家和殷商后裔又将子契为始祖的商族称为殷商族（鉴于此，本书以后将"商族""殷商族"两个词都当作子姓商族的族号使用），将商族六世商先公子冥为始祖的子姓分支称为子姓商族九大氏族中的殷氏族，尊六世商先公子冥为子姓商族中殷氏族的肇氏始祖。后因推翻夏朝统治建立新王朝的成汤为子姓商族中殷氏族肇氏始祖子冥的九世嫡传，是子姓商族殷氏门中人，于是，子姓商族殷氏便成为成汤新王朝王室的象征，这更加强化了殷、商二字的联系。最终，"殷商"这称谓不仅成为外族对成汤代夏新王朝的敬称，而且成为商族自身传承至今（共约 3800 年）并为众多殷商后裔各姓氏、各支派广泛使用的族号，甚至成为后世史家一致认同的前后总计传国 1700 多年（含周代时微子的宋国）由子姓商族执政的"国号"的总象征：从传说中帝舜时子契兴起，直到战国中期微子的宋国灭亡止，含帝舜时诸侯国商国、夏代时诸侯国商国及夏帝特封改商曰殷以后的诸侯国殷国、传承了 17 世 30 帝的殷商王朝（笔者注：17 世 30 帝是《史记·殷本纪》的说法，据甲骨卜辞祀谱研究和魏晋谱书《殷氏家传》的记载，实际共传 17 世 27 帝）、周武王所封帝辛之子武庚禄父的短暂周属诸侯国殷国及周代时传承 30 多位君主的微子宋国（公元前 11 世纪—公元前 286 年，微子宋国是周初册封的"三恪"之一且可传承"殷礼"的公爵诸侯国）。

以魏晋间人皇甫谧为代表的少数学者认为，"殷商"这一称谓出现的原因是成汤建立的新王朝，在盘庚迁殷以前称商，盘庚迁殷以后称殷，两者合称殷商。这种观点是不对的。在商族的历史上，六世商先公冥的追封地殷、八世商先公上甲在殷地的复兴（上甲由殷原统治中心北迁 30 里的邺也在殷地的疆域内）、后世商王（殷帝）盘庚迁殷后在殷地的中兴，这三处殷地，实际是指"太行山以东，夏殷时的古黄河以西，南至豫北洹水流域，北至冀南漳水流域一带"的同一个殷地。所以，盘庚迁殷不是迁到新的"殷"地，而是迁回到祖地"殷"。如果一定要将自契起到帝辛亡国止这段殷商时期划分一个殷、商称谓的分界，只有"冥前称商，冥后称殷"的分法才是正确的，"盘庚迁殷前称商，盘庚迁殷后称殷"的划分是不正确的。

【二】成汤为什么将他的王朝国号定为"殷"而不定为"商"？

因为成汤是子姓商族中的殷氏族人（是六世商先公兼首任殷先公冥的儿世嫡传），其诸侯国国号本是殷（在子姓商族七世先公或子姓商族殷氏二世先公上甲时便奉夏帝之命改商曰殷了），故在成汤放桀代夏建立新王朝时便依老的诸侯国号殷将其新王朝的国号定为"殷"（就如后世周武王灭殷以后沿用老的诸侯国号"周"为其新王朝的国号一样）。为了巩固新建立的王朝，团结族内氏族如林的族人一致对外，成汤还为后世商王（殷帝）立下必须恪守的"**殷商并用**"族规【注21】："**殷商并用，族号称商，国号称殷**。"这族规的实质是要求后世商王必须恪守"**在族内行王权称商称王，在全国行天子权称殷称帝**"的规矩。成汤制定的这"殷商并用"族规虽首见于魏晋谱书《殷氏家传》，但当年司马迁撰写《史记·殷本纪》和《史记·周本纪》时严格遵照成汤这一族规来决定什么场合下称殷、什么场合下称商，便是对成汤曾立有"殷商并用"族规的有力证明。司马迁在《史记·殷本纪》中称成汤的国号时全用"殷"，对殷天子全称"帝"，而在《史记·周本纪》中，则视不同场合，有时称"商"，有时称"殷"，一个字也没有乱用，完全符合成汤所立"殷商并用，族号称商，国号称殷"的族规。

【三】司马迁为什么把记载成汤所建新王朝的历史称为《殷本纪》，而不称为《商本纪》？

因为司马迁对成汤所立"殷商并用"族规的理解已经到了炉火纯青的境界，所以他在《史记·殷本纪》中称成汤的国号全用"殷"，对殷天子全称"帝"，而在《史记·周本纪》中，则视不同场合，有时称"商"，有时称"殷"，一个字也没有乱用，完全符合成汤所立"**殷商并用**"族规的规定：后世商王必须恪守"**在族内行王权称商称王，在全国行天子权称殷称帝**"的规矩。笔者认为司马迁写《史记》时对成汤这一族规能理解得如此准确一定是有所"本"的，他一定是据所掌握的史料断定成汤的国号是殷不是商，故才将记载成汤所建新王朝的《史记》篇章命名为《殷本纪》，而没有命名为《商本纪》。

笔者在本书《卷一·绪论》中曾指出：司马迁在《史记·殷本纪》中，凡是指代成汤所建新王朝国号的地方全用"殷"字而不用"商"字；而在《史记·周本纪》中，却有时用"殷"字，有时用"商"字。在《史记·周本纪》中，司马迁共用了 25 处"殷"字和 14 处"商"字，一个字也没有乱用。最有意思的是，在《史记·周本纪》中，对集商王和殷天子于一身的帝辛的称呼，也有时称"商"有时称"殷"。凡是指代帝辛为殷天子的地方，均称"殷"，有"殷纣""殷王纣""殷之末孙季纣""殷王受"四处；凡是指代帝辛为商王（商族之王的简称）的地方，均称"商"，有"商纣""商王帝辛"两处。

读者可结合本书"卷一·绪论"中的相关文字，加深对司马迁在《史记》的《殷本纪》和《周本纪》中熟练运用成汤所立"殷商并用"族规的理解。

第二节　成汤国号为"殷"的考古学证据

目前，我们虽还没有发掘到殷代时商族人自己称"殷"的考古学材料，但河南固始侯古堆一号春秋墓出土的铜器铭文："有殷天乙唐（湯）孙宋公欒乍（作）其妹勾敔夫人季子媵 匿（簠）" <small>（详见《文物》1981 年 01 期：固始侯古堆一号墓发掘组《河南固始侯古堆一号墓发掘简报》）</small>，应能间接证明司马迁在《史记》中将关于殷商王朝的历史篇章命名为《殷本纪》而没有命名为《商本纪》一定是有依据的；应至少能证明在周代时殷商王室的直系传人（宋公室人）是称殷不称商的；也应至少能证明周代人对前朝是称殷不称商的；更能证明有些学者认为，殷亡后"周王室人"称前朝为殷而不称商，是周王室人对前朝的贬称，是毫无根据的，因为河南固始侯古堆一号春秋墓的主人正是子姓宋国第 28 位君主宋景公头曼的亲妹妹，如果称"殷"带有贬义，那么周代子姓宋公室人是绝对不会称殷的，子姓宋公室人绝对不会自打嘴巴，自己蔑视自己的祖宗的。

殷亡后周代人称前朝为殷而不称商的另外一个考古学证据是湖北随州文峰塔 M1 号春秋墓出土的 A 组 M1:1 编钟铭文。该编钟于公元前 560—公元前 433 年铸造。钟体正、背面钲部，正面左右鼓，前面左右鼓均铸有铭文，共 169 字。其正面左右鼓处的 30 字铭文能证明周代人对成汤建立的前朝是称"殷"不称"商"的，因为这 30 字铭文中有"達**殷**之命……"而不是"達**商**之命……"的记载。据专家考证，该 30 字铭文可释读为："達殷之命，撫定天下，王遣命南公……"其意是说，南宫適（适）辅周灭殷后，因功被封为曾侯，到南方筑城建立曾国（即史书中的随国）。【详见湖北省文物考古研究所、随州市博物馆：《随州文峰塔 M1（曾侯與墓）、M2 发掘简报》，《江汉考古》2014.4/ 总第 133 期。】

（**笔者注：**读者若想查阅河南固始侯古堆一号春秋墓出土的铜器铭文的释文及其拓片，可参看本书"前 64"页的图片：宋公栾簠—图 1 和宋公栾簠—图 2；若想查阅湖北随州文峰塔 M1 号春秋墓出土的 A 组 M1:1 编钟正面左右鼓处 30 字铭文的图版、释文及其拓片、摹本，可参看本书"前 62"页的图片：编钟铭文—图 1、编钟铭文—图 2。）

第二节　成汤所立"殷商并用"族规在历史上起过作用的证据

有学者直接问我，你说魏晋谱书《殷氏家传》记有成汤所立后世商王（殷帝）必须恪守的"殷商并用"族规——"殷商并用，族号称商，国号称殷"。你家收藏的魏晋谱书《殷氏家传》既然已于"文革"时被毁，记有成汤所立"殷商并用"族规的书，一定不止被毁的魏晋谱书《殷氏家传》一种，这样的书将来能否再现，谁也难以预料。你能否举出一些成汤所立"殷商并用"族规在历史上起过作用的证据呢？

答：记有成汤所立"殷商并用"族规的书，一定不止"文革"时被毁的魏晋谱书《殷氏家传》一种，对此，我也相信。这样的书，将来能否再现，除了耐心等待以外，别无他法。但要举出成汤所立"殷商并用"族规在历史上起过作用的证据，还是很多的，试列举如下：

①甲骨卜辞中，"商"字频频出现，而"殷"字却非常罕见，便是成汤所立族规中族号称"商"而不称"殷"的极其有力的证据。因为甲骨卜辞都是商族族事活动的记录，根据成汤立下的族规，当然在甲骨卜辞中会大量出现族号"商"字，而国号"殷"字却十分罕见。因为根据此族规，只有当"商王"以天下共主"殷帝"身份处理国事，行使天子权时，才称"殷"称"帝"，如在外交、向天下发布诏告、与诸侯盟会、率领诸侯征讨反叛者等场合才用国号"殷"，才准将"商王"称为"殷帝"；而这些国事活动一般都有殷商族的族外人参与其中，故称"殷"称"帝"的情况一般不会在记录族事活动的甲骨卜辞中出现。

②甲骨卜辞中，"王""王卜""王占""贞王"等词条经常出现，而"帝卜""帝占""帝贞"等词条，起码笔者从未见到过，这显然与《史记·殷本纪》中对商王全称"帝"正好相反。有学者声称，是司马迁错了，应该将《史记·殷本纪》中的"帝某某"全改成"王某某"才符合史实。其实不然。依成汤制定的"殷商并用"族规就应该"在族内行王权称商称王，在全国行天子权称殷称帝"。《史记·殷本纪》记载的是国史，不是族谱，当然应称殷"帝某某"，不能称商"王某某"。而卜辞中全是商族王室族事活动的记录，当然必须按成汤制定的族规，在商族内部，只准称"王"或"商王"，而不得称"帝"或"殷帝"。因此，甲骨卜辞中，"王""王卜""王占""贞王"等词条经常出现，而"帝卜""帝占""帝贞"等词条却不见，也不允许见。

③甲骨文中虽有几处罕见的"殷"字（如《甲骨文合集》15733、17979 等），但其义与成汤的国号无涉；甲骨文中虽频频出现"帝"字（据不完全统计，《甲骨文合集》中收录的"帝"字有 20 多个，如《甲骨文合集》2107、2108、14159、34147 等），但其义与殷帝的"帝"字无涉。字义为成汤国号的"殷"字和字义为殷帝的"帝"字在反映族事活动的甲骨卜辞中虽然不见，但在反映国事活动的传世文献中，却经常见到。

据不完全统计，在《史记·殷本纪》中，有 20 多个记载成汤国号为"殷"的"殷"字、有 73 个记载成汤所建殷商王朝历任殷天子名号的"帝"字。这充分证明司马迁写《史记·殷本纪》时是非常恪守成汤"殷商并用，族号称商，国号称殷"的"殷商并用"族规的，司马迁一定是从当时能见到的古文献中亲眼看到过成汤所定的这一族规的。司马迁要记在《史记·殷本纪》中的都是殷代的国事而不限于商族一族的族事，依成汤制定的该族规，他当然只能称殷而不能称商；同理，他要记在《史记·殷本纪》中的都是殷代天下共主殷天子处理国事的所作所为而不限于商王处理商族一族事务的所作所为，依成汤制定的该族规，他对殷天子当然只能称帝而不能称王。司马迁编纂的《史记·殷本纪》如此，史料价值极高的古本《竹书纪年》也如此。在古本《竹书纪年·殷纪》中，称成汤所建新王朝的国号为殷、称天下共主殷天子为帝的例子也很多。如将记载成汤所建新王朝史事的篇章命名为《殷纪》，而没有命名为《商纪》；称成汤第三子中壬为"殷仲壬"，而不称为"商仲壬"；称殷帝沃甲为"帝开甲"，而不称为"王开甲"；称殷帝祖甲为"帝甲载"，而不称为"王甲载"等。至于孔子、孟子称成汤的国号全用"殷"而不用"商"的例子则更多，不再一一枚举了。【笔者注：**开甲**即《史记·殷本纪》中记载的**殷帝沃甲**，亦即魏晋谱书《殷氏家传》和甲骨卜辞周祭祀谱中都记载的**殷代实际即位为帝的第 13 位商王（殷帝）沃甲（羌甲）**；**载**为《史记·殷本纪》中记载的殷帝**祖甲的私名**，在魏晋谱书《殷氏家传》和甲骨卜辞周祭祀谱中**祖甲是殷代实际即位为帝的第 22 位天子**。祖甲的私名为载，虽然不见于《史记·殷本纪》，但在魏晋谱书《殷氏家传》和今古两种版本的《竹书纪年》中都有记载。】

第二章　商族发祥地望与先公八迁

　　众所周知，中国古代史中的商族（别称殷商族）和周族（别称姬周族）是一对打不断、理还乱的冤家。下面我们就来说一下周、商两族这对打不断、理还乱的冤家的由来，并说说中国上古史上的商族"殷革夏命"以武力统一东亚大陆上曾臣服于夏的部族方国这段历史中，殷商都城的屡迁及都城地望的情况。这里有三个大问题，值得研究。

　　①众所周知，《世本》记载商族始祖"契居蕃"，《史记》记载契"封于商"。那么商族的发祥地是"商"还是"蕃"、这"商"与"蕃"是一地还是两地、"商"与"蕃"在今何地等问题，自然成为古今史家讨论的热门话题。

　　②成汤自即诸侯位直到即天子位的 18 年间，均居"亳"。《史记·殷本纪》记曰："汤始居亳，从先王居。"（《孔安国传》："契父帝喾，都亳"，可解释《史记·殷本纪》中的汤之"先王"即是"契父帝喾"）今本《竹书纪年》记曰："成汤十八年，王即位，居亳。"于是，将"亳"地定为商族"兴旺发达之地"，已成为古今史家的共识。然而，这个商族兴旺发达之"亳"地在今之何处，成汤元年即诸侯位始居之"亳"和成汤十八年即天子位所居之"亳"是同一个地方，还是两个不同的地方，却成为一个众说纷纭、莫衷一是的千古难题。

　　③东汉张衡《西京赋》谓："殷人之屡迁，前八而后五。"说的是成汤代夏前的殷商先公曾有八次迁都，成汤代夏后的各代商王（殷帝）曾有五次迁都。目前，殷都屡迁已是学界的共识，但是不是"前八后五"，每一次迁都的具体地望在哪里，既是殷代史研究领域的热门话题，又是悬而未决的问题。因此，殷商先公八次迁都的具体地望和成汤建国后的都城是否屡迁也成为古今史家讨论的热门话题。其中，殷商先公的八次迁都问题在本章讨论，成汤建国后的都城是否屡迁问题将在本卷第七章讨论。

第一节　帝喾真是殷人和周人的共祖吗?

　　商族，之所以叫商族，是因为《史记·殷本纪》记曰："殷契，母曰简狄，有娀氏之女，为帝喾次妃。三人行浴，见玄鸟堕其卵，简狄取吞之，因孕生契。契长而佐禹治水有功。帝舜乃命契曰：'百姓不亲，五品不训，汝为司徒而敬敷五教，五教在宽。'封于商，赐姓子氏。"于是，后世史家就根据《史记·殷本纪》的这一记载将以传说中帝喾的儿子子契为始祖的子姓族人叫商族。

　　周族，之所以叫周族，是因为《史记·周本纪》记曰："周后稷，名弃。其母有邰氏女，曰姜原。姜原为帝喾元妃……弃为儿时，屹如巨人之志……及为成人，遂好耕农，相地之宜，宜谷者稼穑焉，民皆法则之。帝尧闻之，举弃为农师，天下得其利，有功。帝舜曰：'弃，黎民所饥，尔后稷播时百谷。'

封弃于邰，号曰后稷，别姓姬氏。"于是，后世史家就根据《史记·周本纪》的这一记载将以传说中也是帝喾儿子的姬弃为始祖的一族叫周族。不过，据史书记载，周族之所以得到"周"这个美名，并非源于其始祖弃，而是源于其定居西戎的13世传人古公亶父（周武王灭殷后追封的周太王）始迁岐山脚下的周原。在周始祖弃的13世传人古公亶父始迁周原之前，周始祖弃的10世传人高圉、11世传人亚圉、12世传人公祖叔类（组绀）虽然先后受过殷帝祖乙、盘庚、祖甲的三次册封（也就是说周人的小国虽然早就成为殷商王朝的属国），但那时的周人的族号并不叫周，而是叫"邠"，他们受殷帝祖乙、盘庚、祖甲先后册封的属国的爵位也不叫周公，而是叫"邠侯"。自弃的13世传人始迁岐山脚下的周原以后，弃的13世传人古公亶父才将自己的西戎小国的国号由原来的"邠"改称为"周"，其新国号周才获得殷商时王殷帝武乙赐以岐邑的承认，其首领才被殷商王朝正式册封为"周公"。自此以后，改邠曰周的周国才成为殷商王朝的属国，周人才真正获得周这个美名。也就是说，自弃的定居西戎的13世传人古公亶父改邠为周以后，以传说中的弃为始祖的一族才获得"周族"这个正式族号，其首领才获得"周公"这个殷商王朝的爵位（以前叫邠侯），从弃的13世传人古公亶父起，周、殷（原来的商族）两族才成为一对打不断、理还乱的冤家。

即是说，据《史记》《世本》的记载，殷祖契、周祖弃，皆为尧兄，且同为帝舜的重臣。不过，依史书的说法，入夏以后，夏帝对殷祖契和周祖弃这同父异母兄弟俩的后代的重视程度却大不相同：殷祖契的3世传人相土、6世传人冥、8世传人上甲、14世传人成汤，都先后为夏帝所器重，特别是殷祖契的6世传人冥公，不仅是雄踞一方的诸侯，还被夏帝举为水官，到夏代中央政府去任职。冥也不负众望，"勤其官而水死"，因此受到夏帝重封，不仅赠官司空，还将太行山东麓的一块宝地——殷，追封给冥，让冥的儿子改商为殷，渡过古黄河西迁到旱涝保收的殷地去发展，让冥的后人去当可以世袭的殷侯，这就为后世的成汤"殷革夏命"奠定了基础。与殷祖契的后人逐代先后受到夏帝的重用不同，周祖弃的后代不仅未受到夏帝重用，还因谋生计远离始祖弃的初封地——传说中的中原之地"邰"，流落到西部的重山之中，成为西戎的一员。直到周祖弃的13世传人古公亶父始迁岐山脚下的周原，殷、周两族才有了隶属关系。以上关于周人13世传人古公亶父之前的世系传承情况虽然在《史记》《世本》等传世文献中都有明确记载，但却无法解释本书提出的一个重大问题：**既然周族始祖弃、殷商族始祖契为亲兄弟的同时代人，为什么周族16世传人周武王姬发与殷商族30世传人帝辛（纣）也是同时代人？**为了回答这一重大问题，笔者花了60多年的时间，才终于理出一个头绪，现斗胆将其公布于下，与学界同人磋商。笔者认为，经周人整合的传世文献《世本》记载并为崇周的司马迁在《史记》中传承的周人13世古公亶父之前的世系，包括远在西戎的周人姓了黄帝的姬姓，可能都是周人以周代殷后出于证明其新建政权"符合天命"的政治需要的目的，在重新整合周前历史文献时故意编造的虚假信息。否则，我们就无法解释入夏以后夏帝为何只重用被帝舜举为"司徒"的殷始祖契的后人，而让与殷始祖契同为黄帝血统的且姓了黄帝姬姓并被帝尧举为"农帅"的周始祖弃的后人从中原流落到西戎，成为地地道道的西戎人。即是说，周人13世古公亶父之前的世系传承的实际情况可能与《世本》《史记》的记载大不相同。

对上述问题的研究涉及"重建殷代史"对"重建中华上古史"的巨大意义问题。大家都知道，我们现在之所以能重建殷代史，甲骨文的横空出世当推首功。那么，我们能否像重建殷代史一样，将"以传说为主的中华上古史"也重建成"信史"呢？我相信，现代的许多史学家都曾设想过这个问题。在这个问题上，笔者非常佩服中国社会科学院学部委员、中国殷商文化学会会长王震中先生，他在其专著《商代史·卷三（商族起源与先商社会变迁）》第16页中就公开宣称："帝喾的出现，大概是周人把商代的上帝转换成周人的昊天，并加以人格化的结果……由于这一转换工作是周人做的，所以在人为地给帝喾配的四妃中，只有周人的姜原为元妃。这种转换工作也是对古史或古史传说、神话传说的一种新的整合、综合工作……"在同书的24页中，他对传说中的帝喾来源和身份又作了如下推测："帝喾……是由商代的上帝转化而来的，是商代的上帝人格化、人性化的结果……而周人……把周人的姜原安排为帝喾的元妃，（仅）把商人的简狄安排为帝喾的次妃。帝喾既非商人的始祖，也非周人的始祖。"

王震中会长的上述说法，可简称为"**周人对中国上古史的整合说**"。他在其专著中宣称"帝喾既非商人的始祖，也非周人的始祖"，其实等于是向经周人整合过的周代文献诘问（等于是向《世本》《尚书》《逸周书》《诗经》等经周人整合或编辑过的传世文献的周代原典原册诘问），因为不管是经孔子整理过的先秦史书，还是汉代司马迁的《史记》，其记史依据几乎都是源于周人对中国上古神话传说或整合或转化或重新编辑的周代文献。从1959年上高中二年级开始钻研魏晋谱书《殷氏家传》以来，笔者就曾反复思考过一个问题：既然黄帝是夏殷周三代的共祖，为何魏晋谱书《殷氏家传》中的殷商先祖不祭黄帝呢？为何在十几万片的甲骨中不见黄帝的踪影呢？后来读了王震中会长的书，笔者才知道，原来，周朝之前古史传说中的黄帝、经周人整合或转化后的黄帝、辛亥革命前后反对满清统治的革命党人眼中的黄帝，其含义是各不相同的。

【1】种种迹象表明，上古神话传说中的黄帝是真实存在的

顾颉刚先生根据黄帝不能在甲骨文中对号入座的考古发现，高度怀疑黄帝的真实存在，但他也认为《史记》上提到的住在姬水之畔因水得姓的黄帝的姓氏"姬"在甲骨文中是有的（现在我们已经知道，在甲骨文中，"姬"字至少有7见，如《甲骨文合集》35364、38725、27547、33291等）。在甲骨文中，我们虽然尚未发现黄帝的踪影，但从传世文献和考古材料的结合来看，在上古时代，黄帝作为一个部落的首领的传说，应该是可信的。懂点《易经》的朋友都知道"夏有连山，殷有归藏"这句话；其意思是说夏朝的《易》是《连山易》，殷代的《易》是《归藏易》，到了殷末，周文王姬昌由于被拘于羑里无事可干，于是演绎出《周易》。后来，"连山易"和"归藏易"就失传了，谁也不知道夏代的《连山易》和殷代的《归藏易》到底是什么样的。1993年3月出土于湖北省江陵荆州镇邱北村王家台15号墓的"秦简"的简文使殷代亡佚已久的《归藏易》重见天日。专家们在"王家台秦简"记载的殷代《归藏》的简文中赫然发现与传世文献关于黄帝与炎帝曾发生大战的记载完全一致的下述几个字：

"同人曰：昔者黄啻与炎啻战。"（笔者注：简文中的"同人"就是会同众人的意思。）

《王家台秦简·归藏》的简文中的这几个字证实，早在殷代就有关于黄帝与炎帝曾"逐鹿之野"发生大战的传说，这足以证明学界一些学者认为"黄帝仅是在春秋战国时代才形成的传说中的人物"是不对的。不过，笔者认为上古时代真实存在的黄帝与周人因政治需要整合而形成的"黄帝家族大一统世系观"是完全不同的。

【2】辛亥革命时期反清革命党人的黄帝观

1911 年前后的辛亥革命时期是中华民族对黄帝信仰的第一个高峰，与其说那时的反清革命党人相信黄帝是真实存在的一个具体的人，不如说他们将黄帝视为中华各族人民对上古共祖部落联盟各代领导人或共祖部落联盟名称的敬称。因为我们中国人会把国家统一、民族团结看作是家人的团圆，把国土分裂、中华民族中诸部族各自为政看作是家人的离散，因此，清末的革命党人称"黄帝"为中华民族的**"人文始祖"**之一，或**"人文初祖"**之一，或称我们都是**"炎黄子孙"**。【笔者特别插注：①在中华五千年的文明史中，第一个明确铸有"中国"名号的首批禁止出国（境）的国家一级文物是收藏于陕西宝鸡青铜器博物院的 1963 出土的西周青铜酒器**"何尊"**。何尊通高 38.8 厘米，口径 28.8 厘米，重 14.6 千克，其底部铸有铭文 12 行共 122 字，其中**"宅兹中国"**四个字为**"中国"**一词最早的文字记载（**"宅兹中国"**意为"我要住在天下的中央地区"），记述的是周成王继承周武王遗志，营建东都洛邑成周之事。国家主席习近平非常看重何尊底部铸有的"中国"二字铭文。他老人家在《2025 年新年贺词》中说：**"从五千多年中华文明的传承中一路走来，'中国'二字镌刻在'何尊'底部，更铭刻在每个华夏儿女心中。"**②在中华五千年的文明史中，第一个提出"中华民族"这概念的人，是笔者清华恩师梁思成老师之父梁启超（1873 年 2 月 23 日—1929 年 1 月 19 日）。梁启超在 1902 年发表的《论中国学术思想变迁之大势》一文中正式使用了**"中华民族"**这一概念。从此"中华民族"四个字即铭刻在以孙中山先生为首的清末革命党人和每个华夏儿女心中。】那时的人们之所以将黄帝视为中华民族的民族魂，其目的就是号召中华各族人民团结起来，推翻满清的反动统治和将企图鱼肉中国人民的帝国主义分子（如西方列强和东亚日本等侵略中国的人）统统赶出去。因此，他们认为信仰黄帝是最恰当不过的一种民族信仰，这种不可或缺的民族信仰实际上就是代表中华民族有一股共同文化基因的抱成一团的强大力量。这就如辛亥革命成功后孙中山先生就任中华民国临时大总统发布《改历改元通电》时向全世界宣布的那样。他公开宣称 1912 年 1 月 1 日的中华民国元旦是中国黄帝纪元 4609 年（辛亥年）十一月十三。其实谁也说不清楚，为什么辛亥革命那年（1911 年）会是自黄帝登基起算的 4609 年，为什么 1912 年元旦那天会是中国黄帝纪元的 4609 年（辛亥年）十一月十三。也就是说，中山先生讲这些话仅是代表中华民族对黄帝的强烈信仰，仅是代表中华民族有共同的文化基因，仅是希望中华各族人民抱成一团形成强大的情感力量而已。

【3】周人因政治需要整合而形成的"黄帝家族大一统世系观"是虚构的

实际上，作为一个具体人的黄帝是夏殷周三代共祖之说，大概率只是周代才有的，在夏殷时代可能根本不存在这种说法，这就应该是魏晋谱书《殷氏家传》中的殷商先祖不祭黄帝和传世文献中的黄帝不能在殷商甲骨文中"对号入座"的原因。如果将王震中会长的话推而广之，也可以说"**作为一个具**

体人的黄帝是夏殷周三代共祖之说" 只是周人的人为安排而已，就如同周人"**把周人的始祖之母姜原安排为帝喾的元妃，把殷商人的始祖之母简狄安排为帝喾的次妃**"一样。实际情况可能是这样的：民间传说的炎黄二帝，分别代表着中华大地上南、北两支多元文明的兴起过程。我们今天看到的神话是在殷商亡国之后，周王朝为了强化自己以周代殷成为"天下共主"的执政合法性，特意加工整理的。来自中华大地中部或其北半部的黄帝一直到尧舜禹夏可能都源于传说中的同一个姬姓部落，来自中华大地南半部的炎帝可能都源于传说中的同一个姜姓部落。二者不是一家人，该怎么办呢？于是周人便将神话传说中的三皇五帝与后来的尧舜禹夏殷周整合在一起形成神人合一的黄帝谱系，从而塑造出整个东亚大陆源自同一个祖先黄帝的虚拟世系史，从而借用"**本来就抱成一团的中华文化基因的强大情感力量**"为周人巩固以周代殷新生政权符合天命的合法性和合理性造势。周人为了强调其以周代殷符合天命的合法性和合理性，本是地地道道的西戎人——周人，甚至可能攀龙附凤地姓了黄帝部落的姓氏——**姬**【笔者特别注】，用以证明并让时人确信以**黄帝之姬的嫡传周人执政**代替**非黄帝之姬的殷商子姓人执政**的合法性和合理性。因为传说中的黄帝姓姬，周人也就对世人公开宣称自己也姓姬，公开宣称周人是黄帝的直系传人；而源于东方的殷商人的子姓只不过是黄帝家族直系传人帝舜的一个赐姓而已。然而，这样做毕竟太露骨，必定会遭到殷商后裔的强烈抵制，于是周人又将源于东方的殷商始祖**契**和本是西戎人的周族始祖**弃**安排成黄帝家族嫡、庶分明的同父异母亲兄弟——殷、周两朝的始祖都是黄帝的四世传人帝喾的儿子。不过周人比殷商的血统更高贵，周人不仅与黄帝同姓姬，而且周祖弃是帝喾的嫡子，因为周祖弃的母亲**姜原**为帝喾的**元妃**（在有些版本的《世本》中称之为"上妃"），殷祖契的母亲简狄仅是帝喾的**次妃**。这样一来，殷商始祖契只是帝喾的庶子而已。对周人这种安排，已经失国的殷商后裔（包括大名鼎鼎的孔子在内）即使心里不乐意，但嘴上也只能认了。可是，这样一来，夏祖禹后裔又肯定不乐意了，于是周人就给夏祖禹也安排了一个位置。他们对夏祖禹的后裔说，已经将殷祖契、周祖弃、帝尧、挚安排为帝喾的同父异母亲兄弟了，即他们都已经被安排成黄帝长子玄嚣的曾孙了，再将你们的始祖禹也安排成玄嚣的曾孙，你们一定也不会满意，就让你们屈居第二，让你们的夏祖禹当黄帝次子昌意的曾孙吧。周人对夏祖禹的这种安排，夏祖禹的后裔当然没话讲了。于是周人就将夏祖禹安排成帝颛顼的孙子。这样一来，殷祖契、周祖弃、帝尧、挚、夏祖禹都被周人因政治需要安排成黄帝家族的5世传人。对周人的这种安排，殷商后裔和夏禹后裔虽然认了，但帝舜的后裔又不乐意了，他们就必然会以责问的口气对周人说，你们说的夏祖禹"续鲧之业"的大官水官、殷祖契的大官"司徒"、周祖弃的大官"后稷"都是我们的始祖帝舜封的，他们都是帝舜的大臣，为什么在你们的以黄帝为始祖的大一统世系观里，我们的始祖帝舜却成为帝尧、挚、夏祖禹、殷祖契、周祖弃的玄孙辈？（**笔者注**：依周人对黄帝家族的这种世系安排，被帝舜封官甚至赐姓的大臣们——尧、挚、夏祖禹、殷祖契、周祖弃，竟然都成为黄帝的5世传人，而娶了叔伯高祖父尧两个女儿的帝舜反而成为黄帝的9世传人，即是说，若周人的这种安排为真，则帝尧就是中华民族的乱伦第一人，因为他为了考察黄帝的9世传人舜能否成为自己的接班人，竟然把自己的两个女儿——九世舜的叔伯曾祖姑母，嫁给舜，并令自己的两个女儿以妻子的身份观察舜的德行。）对帝舜支后裔的这种诘问，周人当然无言以对，只好因其族势微弱，置之不理。其实，为政治需要而重新编撰中华上古世系的周人，就如我们今天编撰家谱一样，稍有不慎，便会因考虑不周而露出一些"马脚"，克服的办法只有一条，那就是实事求是。对周人的上述人为安排，自觉天衣无缝，但因为其为了政治需要而故意背离了实事求是的原则，当然会露出古今学者无法解释的一些"马脚"。比如，周族始祖弃、殷商族始祖契既然为同时代人的亲兄弟，为什么周族 16 世传人周武王姬发与殷商族 30 世传人帝辛（纣）也是同时代人？再如，黄帝家族的 9 世传人帝舜为什么能传位给黄帝家族 5 世传人大禹？还有，德高望重的黄帝家族 5 世传人帝尧为什么会冒乱伦的大忌风险将自己的两个女儿（黄帝家族的 6 世传人）下嫁给玄孙辈的黄帝家族的 9 世传人帝舜？等等。由此看来，虽然**"重建殷代史"**已经成为可能，但要想**"重建中华上古史"**还任重而道远，除了寄希望于新的考古发现以外，似乎别无他途！不过，**"重建殷代史"**必然会对**"重建中华上古史"**有巨大推动作用是肯定无疑的。

　　上面我们讨论了周人为了自己以周代殷巩固政权的政治需要，冒违反实事求是原则的大忌，根据古代传说重新整合中华黄帝家族大一统世系而必然会露出诸多"马脚"的问题。读者明白了上述问题，再研究本节提出的**"帝喾真是殷人和周人的共祖吗"**这类问题，就简单得多了。

　　自殷商始祖子契的 27 世传人殷帝武乙（谱名瞿）册封周始祖姬弃后稷的 13 世传人古公亶父为属国周国国君以后，殷商族和姬周族这对冤家就登上时友时敌的历史舞台，直到后世的周武王姬发（传说中的周始祖后稷姬弃的 16 世传人）打败了殷商王朝的最后一帝帝辛纣王受德（传说中的子姓商族始祖子契的 30 世传人），姬周族才正式登上历史舞台，取代了殷商王朝的统治。

　　显然，按《史记·殷本纪》的记载，子契就是帝舜所封的世袭诸侯国"商国"的第一任国君。那么，司马迁写《史记·殷本纪》时，为什么又将子契叫殷契呢？这有两个原因。一个是，当世袭诸侯国商国传到第六世诸侯子冥（子冥即甲骨卜辞中的高祖"河"，也即魏晋谱书《殷氏家传》记载的先祖"河"）时，因其是奉夏帝之命治理黄河以身殉职"死于河"的夏代水官，因此，获得夏帝的高规格封赏：赠官司空、赐殷地，被追封为可以世袭的首任殷君**【注 22】**（爵位待考）。于是，诸侯国商国第六世国君子冥被追封为诸侯国殷国首任国君，于是子冥被尊称为殷冥，并成为与大禹齐名的商族治水英雄。因殷冥生前业绩卓著，功同日月，被后世商王（殷帝）尊为高祖"河"或祖先神"河"，破格享受只有天地日月之神才能享受的天子高规格祭祀"郊祭"的祀种**【注 23】**。这显然是司马迁将子契尊为殷契的原因之一。也是子姓商族被后世史家又记为子姓殷商族的直接原因。自六世商君子冥或称首任殷君殷冥以后，子姓商族中出现了"殷、时、来、宋、空同、黎、北髦（比髦）、目夷、萧"九大氏族**【注 2】**，后世放桀代夏的子姓殷氏族人第 14 世商君（或称第 9 世殷君）成汤（又称商汤、殷汤）正是子姓殷氏肇氏始祖殷冥的九世嫡传，他放桀代夏而有天下后，为团结商族内林立的各大小氏族一致对外，果断地对何时称商、何时称殷，作出界定，立下后世商王（殷帝）必须恪守的"殷商并用"族规："殷商并用，族号称商，国号称殷。"**【注 21】**因成汤建立的国号为殷的王朝，是中国历史上第一个以武力夺取政权的王朝，且存在五六百年之久，对后世影响之大，可想而知。这也必然是司马迁将子契尊为殷契的一个重要原因。

　　这里有一个2000多年来众多史家极为关注的重大问题。按《史记》和《世本》的记载，殷商始祖子契和周始祖姬弃是同父异母的亲兄弟，二人都是帝喾的儿子，都是黄帝及其妻西陵氏女嫘祖的玄孙（五世嫡传）。然而，众所周知，周武王和殷帝辛是同时代人。殷商自始祖子契至帝辛，传了30代，而姬周自始祖姬弃至周武王只传了16代。由此可断定《史记》谓殷商族始祖子契与姬周族始祖姬弃皆为帝喾之子，不可信。周祖姬弃要比商祖子契晚出生14代，如果每代以20—30年计，则周祖姬弃要比商祖子契晚出生280—420年。也就是说，周人为了向世人（当世人和后世人）证明其以周代殷符合天命的政权合理性，一定是虚构了姬周族的世系传承，将殷商族始祖**契**与姬周族始祖**弃**安排成同为帝喾儿子的同父异母亲兄弟，后被崇周的后世史家编撰到《世本》和《史记》中而被传承至今（**笔者注**：关于商族和周族世系的记载，是《史记》照抄《世本》，还是《世本》照抄《史记》，还是二者皆有所"本"，暂无法考定。因为是《世本》先成书，还是《史记》先成书，学界尚未达成共识。若按中华书局2008年8月第1版《世本八种》的说法，似可定《世本》为先于《史记》的先秦史书）。因此，笔者认为，现代史学家王震中会长的下述论述是非常正确的：周人"**把周人的姜原安排为帝喾的元妃，把商人的简狄安排为帝喾的次妃。帝喾既非商人的始祖，也非周人的始祖，玄鸟生商是这一神话的较为原生的形态，简狄为帝喾次妃的说法是后加上去的**"【注24】。

　　【笔者特别注：本书推测周人攀龙附凤姓了黄帝部族姬姓的理由有三：一是《史记·五帝本纪》虽然说黄帝本姓少典氏的"公孙"，但《国语》说得很清楚，黄帝族是改为"姬"姓的。《国语·晋语》记载："昔少典娶于有蟜氏，生黄帝、炎帝。黄帝以姬水成，炎帝以姜水成。成而异德，故黄帝为姬，炎帝为姜。"也就是说，本姓"公孙"的黄帝、炎帝，后来各自因水得姓，黄帝部族姓"姬"、炎帝部族姓"姜"是有史据的。二是《史记·殷本纪》中虽然有帝舜为殷商族始祖**契**"赐姓子氏"和《史记·周本纪》中虽然也有帝舜册封周族始祖**弃**"别姓姬氏"的记载，但一定是前者为真、后者为假。众所周知，周族16世传人周武王和殷商族30世传人帝辛（纣）为同时代人，由此上推，得知周族始祖**弃**要比殷商族始祖**契**晚出生14代，也就是说周族始祖**弃**要比殷商族始祖**契**至少晚出生280—420年，因此，二者不可能同时受到帝舜的"册封赐姓"。二者相比较，一定是在先的殷商族始祖**契**受舜帝"赐姓子氏"为真，比殷商族始祖**契**至少晚出生280—420年的周族始祖**弃**受舜帝册封"别姓姬氏"为假。三是《史记·周本纪》源自周人整合的文献将周族始祖**弃**记为黄帝曾孙帝喾之子，显然就是周人想攀龙附凤姓黄帝部族的姬姓，也就是说，迄今为止，周人得姓"姬"的唯一依据，就是周族始祖**弃**是黄帝曾孙帝喾之子，可是现代学界多从王震中会长之说，基本上已经证明，帝喾即使真实存在，也不可能是周人的先祖，所以周人姓姬的唯一依据不存在。因此本书认为周人攀龙附凤姓了黄帝部族的"姬"姓的推测成立。**】**

第二节　说"商"

在商族起源与发祥地望及先公八迁之地等涉及殷代历史问题的研究方法方面，涉及正确处理和应用文献材料与考古材料的关系问题。对此，当代著名考古学家北京大学李伯谦教授有一个明确的观点【注25】："**文献材料可以作为线索，考古材料才能作为根据。**"著名历史学家南开大学王玉哲教授则说得更具体【注26】："**其他如商代史，由于从殷墟发现大批商代晚期的甲骨文资料，不但证实了《史记·殷本纪》对商代史的简陋记述基本可信外，更重要的是大大丰富了商代史在社会、经济、政治各方面的面貌，使商代史的研究起了一个根本性的变化，足见甲骨文资料对研究商代史的重要意义。但是，我们设想假如没有《史记·殷本纪》对商代史的简陋记载，只凭地下发现的甲骨文资料，任你是伟大的古文字学或古史学大家，是否能顺利地把甲骨文资料整理成系统而丰富的商代史还是个疑问：因为《殷本纪》虽然简陋，但它是讲'历史'，而甲骨文资料，丰富则丰富矣，但却属于'史料'；历史和史料不同：'历史'是讲'发展过程'的，是个有系统的整体；而'史料'则是一盘散沙，是零散的。……由此可知，我们研究商代史，对地下发现的甲骨文资料当然必须重视，但对简陋的传世文献《殷本纪》的价值也绝对不能低估，或弃之不用……**"当社会上出现过于依靠甲骨文资料而轻视传世文献的作用，甚至出现摒弃、批判传世文献的倾向时，著名甲骨学大师董作宾先生甚至向学界发出严厉的警告【注3】："**这号称十万片的卜辞，我们现在能见能用的又不到五分之一，就这样'从宽'估计，那么甲骨文所能代表的殷代文化，也不过百分之一。用这百分之一的材料，却希望能写出百分之一百的殷代文化史，那岂不是做梦？**"

根据以上三位大师的意见，笔者综合了传世文献和考古发现的新材料，在《殷代史六辨·第二辨（殷人屡迁"前八后五"辨）》中，提出一个明确的观点，商族之起源、发祥和先公八迁之地均在殷商时期古黄河左近。虽然学界对此有各种各样的看法【注27】，但无论是文献的梳理还是考古上的发现，都指向了古黄河左近这一大的区域，表明笔者在《殷代史六辨·第二辨（殷人屡迁"前八后五"辨）》中的判断是正确的。

笔者认为不管《世本》记载的契所居"蕃"地，还是《史记》记载的契被封的"商"地，是一地二名，还是两个不同的地方（笔者认为"蕃"地和"商"地应是相距比较近的两个不同的地方），商族的发祥地只能是"商"，而不是"蕃"，商族的族号为"商"不为"蕃"，便是商族的发祥地是"商"不是"蕃"的铁证。因为即使"蕃"与"商"是两个不同的地方，"蕃"也仅是契未封之前的初居地，封于商以后，他就携家带口到商地生活了。这个商地应是卫地的"颛顼之虚"帝丘。这个"商"地，《左传》谓之"帝丘"，古本《竹书纪年》谓之"商丘"，今本《竹书纪年》谓之"商"，位于大河之东临近大河的地方，地望在今濮阳西南。因此，"商"可能不在最初的"蕃"地，而在夏殷时古黄河之东的帝丘，商族曾在这里传承了好多代，因此不管契的初居地"蕃"在哪里，都不能作为商族的发祥地。即是说，商族的发祥地只能是"商"，即今濮阳的古帝丘（"颛顼之虚"）。因为这个"帝丘"，《竹书纪年》将其称为"商丘"，就容易跟今之"商丘"混淆。为区别起见，我们以后将濮阳的"帝丘"叫"卫地商丘"，称今"商丘"叫"宋地商丘"。"卫地商丘"（"帝丘"）在"宋地商丘"（今商丘）的西北，二者在卫星地图上的直线距离约300里。如果王震中会长的"内黄邯皂说"能够成立，商族的发祥地"商"（帝丘）距王震中会长说的汤始居地"邯亳"很近，王震中会长说的"邯亳"大约就在商族发祥地"商"（帝丘）的北边不超过百里的地方。古本《竹书纪年》记有："（夏）帝相即位，处商丘。"今本《竹书纪年》也记有："帝（相）即位，居商。"可见，依《竹书纪年》的记载，"商""商丘""帝丘"是指同一个地方。有学者认为《左传》中的"商丘"与古本《竹书纪年》中的"商丘"是同一个地方，这显然是不对的。古本《竹书纪年》中的"商丘"就是《左传》中的"帝丘"。《左传》中有"商丘"和"帝丘"两个地名，商丘在宋地，帝丘在卫地，二者分得很清楚。下面引用《左传》三段文字来说明这个问题。

《左传》昭公元年记子产曰："昔高辛氏有二子，伯曰阏伯，季曰实沈，居于旷林，不相能也。日寻干戈，以相征讨。后帝不臧，迁阏伯于商丘，主辰。商人是因，故辰为商星。迁实沈于大夏，主参。唐人是因，以服事夏、商。"

《左传》襄公九年又说："陶唐氏之火正阏伯居商丘，祀大火，而火纪时焉。相土因之，故商主大火。"

这两段引文说的是契之孙子相土因袭高辛氏之子阏伯，在商丘主持祭祀辰星（大火星，心宿二）。这里的高辛氏之子阏伯与契是一人两名还是不同的两个人，史家历有争议，我们先不去管它。我们只来考察一下《左传》中说的"相土因袭高辛氏之子阏伯在商丘主持祭祀辰星"的商丘的地望在哪儿。

《左传》昭公十七年又说："宋，大辰之虚也。陈，大皞之虚也。郑，祝融之虚也，皆火房也。星孛天汉，汉，水祥也。卫，颛顼之虚也，故为帝丘。"

《左传》昭公十七年的这段引文清楚明白地告诉我们，相土因袭高辛氏之子阏伯主持祭祀辰星（大火星）的地点商丘是"宋，大辰之虚也"，因此阏伯所居的商丘，即相土因袭阏伯祭祀辰星（大火星）的商丘，是宋地的商丘，也就是今商丘。而卫地的商丘是颛顼之虚帝丘，由上述引文的最后一句可证："卫，颛顼之虚也，故为帝丘。"

分析《左传》中的上述三段引文，还可得到两个重要信息。

一个是，如果认为契封于商的地望不在宋地商丘（今商丘）的话，那么契与阏伯就必然是两个人【注28】，理由很简单，因为契不住在今商丘，而阏伯肯定是住在今商丘的。

另一个是，昭明之子相土是因袭阏伯做火正主祭辰星的接班人，如果他不是居于宋之商丘，必然会有从原居地（帝丘）移居宋之商丘之一迁。

有了这两条重要信息，就很容易排出长期困扰学界的先商时期八次迁都的路线图。关于殷商先公都城的八迁将在本章下一节讨论。

第三节　说"殷商先公八迁"

东汉张衡《西京赋》谓："殷人之屡迁，前八而后五。"说的是成汤代夏前的殷商先公曾有八次迁都，成汤代夏后的各代商王（殷帝）曾有五次迁都。目前，殷都屡迁已是学界的共识，但是不是"前八后五"，每一迁的具体地望在哪里，既是殷代史研究领域的热门话题，又是悬而未决的问题。本节试图界定殷商先公八次迁都的具体地望。

【一迁】**契由蕃迁到商**（河东，濮阳西南帝丘）

《世本》记载："契居蕃。"《史记·殷本纪》记载：契被舜帝"封于商"。

王震中会长认为，《世本》记载的"蕃"即番吾，在漳河流域磁县境，但王国维说"蕃"在山东滕州境。不管"蕃"在哪里，契的封地"商"应是卫地的"颛顼之虚"帝丘。这个"商"地，《左传》谓之"帝丘"，古本《竹书纪年》谓之"商丘"，今本《竹书纪年》谓之"商"，位于大河之东临近大河的地方，地望在今濮阳西南。为了与"宋地商丘"（今之商丘）相区别，我们可以将契的封地"商"（今濮阳西南的"颛顼之虚"帝丘）称为"卫地商丘"。不管契的原居地"蕃"在哪里，自有了封地"商"以后，他就拖家带口迁到封地"商"居住了，所以第一迁为契由蕃迁到商（河东，濮阳西南帝丘）。

【二迁】**昭明由商**（河东，濮阳西南帝丘）**迁到砥石**（河西）

《世本》记载："昭明居砥石。"《荀子·成相》记载："契玄王，生昭明，居于砥石。"

至于砥石的地望，可暂定在殷商时古黄河以西的今冀南元氏的古泜水、石济水流域。

【三迁】**昭明由砥石迁到商**（河东，濮阳西南帝丘）

《世本》记载："昭明居砥石复迁商。"《荀子·成相》记载："契玄王，生昭明，居于砥石迁于商。"

【四迁】**相土由商**（濮阳西南帝丘）**迁到宋地商丘**（今商丘）

《世本》（雷学淇校辑本）记载："相土徙商丘。"

迁都原因：师从阏伯，并接替阏伯祭祀辰星（心宿二，大火）的星官职务。

笔者意见：《世本》秦嘉谟辑本、茆泮林辑本均记载"相土徙商丘，本颛顼之虚"，唯有《世本》雷学淇校辑本的记载，将疑是注文的"本颛顼之虚"这五个字去掉了，只保留《世本》原文"相土徙商丘"。雷学淇校辑本这样做，对我们排出第四迁有重大意义，如果按秦嘉谟辑本、茆泮林辑本的记载，将注错的五个字"本颛顼之虚"全当成《世本》原文来理解，因相土本来就已居颛顼之虚的帝丘，还要迁向颛顼之虚的帝丘，就无法排出第四迁，也无法解释《左传》说的相土因袭阏伯到宋地商丘做火正司祭辰星（大火星）的史实。所以相土必有从"商"（濮阳西南帝丘）迁向今豫东"商丘"的一迁，以便师从阏伯或接班阏伯火正之职。王国维当年在排先公八迁路线图时，也曾碰到过相土怎么迁都的困难。为了解决排八迁谱的困难，王国维就据个别古文献记载提出了相土时有东都、西都的理论，以凑足八迁之数。王国维认为相土时，商族有两个都城：一个叫东都，在泰山脚下，另一个叫西都，就是宋地商丘。王国维谓相土本已居商丘（西都），先迁到泰山脚下的东都，就多了一迁，后来相土又从东都迁回商丘（西都），又多了一迁。于是他就将已排好的五迁，加上相土这一来一往两迁，终于凑足七迁之数。还差一迁，他就说，契本和其父帝喾住在"亳"，后来他迁到《山本》说的"蕃"，这也算一迁。并将由"亳"迁到"蕃"作为第一迁。最终他凑足了八迁之数，并将其发表出来【注29】。

【五迁】王亥（振）由宋地商丘（今商丘）**迁到殷**

今本《竹书纪年》记载：帝芒"三十三年，商侯迁于殷"。

地望：以身殉职的治水英雄冥的封地殷。其地域在太行山以东，夏商时古黄河以西，南至豫北洹水流域，北至冀南漳水流域一带。其地理位置可用"山东河西，洹、漳二水流域间"11个字来概括。王亥迁的亡父冥的封地"殷"是"山东河西，洹、漳二水流域间"的一大块区域，"殷地"之治所"殷"，在"邺"南30里。一般认为"邺"在今河北临漳西南邺镇东，"邺"也在冥的封地"殷"的疆域内。

迁都原因：冥因治水以身殉职，被夏帝追封于"殷"，其子王亥奉夏帝之命率领族人迁到亡父冥的封地"殷"，袭亡父新爵位，即殷君位，同时奉夏帝之命改诸侯国商国为诸侯国殷国，尊亡父六世商君冥为首任殷君。原居于宋地商丘（今商丘）的以王亥为首的商族人也非常乐意西迁到殷地去，因为当时原居地宋地商丘常闹水灾，而太行山东麓的殷地是不易发生水灾的。

【六迁】上甲微，由殷迁到邺

笔者意见：严格来讲，上甲微由"殷"地之治所"殷"北迁到同在"殷"疆域内的"邺"，本属于在"殷"疆域内的内部迁都，但"殷"地之原治所"殷"与同属"殷"地的"邺"毕竟是南北相距30里的两个地点，也可算为一迁。

《路史·国名纪卷三》记载："上甲微居邺。"

地望："邺"也在"殷"疆域内，在"殷地"的原治所"殷"之北30里。至于"邺"的具体地望，一般认为邺在今冀南漳河流域临漳西南邺镇东。

迁都原因：上甲微借河伯之师，伐殷之北方的有易族，以报父仇，灭之，杀死了其君绵臣。因打了胜仗，北方的领土有所扩张。为了更有效地控制北方新增加的领土，将都城由殷地之原治所"殷"稍向北迁，居于同属于殷地的"邺"。

【七迁】殷侯报丁（暂定为报丁）**由邺回迁至商丘**（殷侯回迁的商丘，是宋地商丘还是卫地商丘，待定，以宋地商丘即今商丘的可能性最大）

今本《竹书纪年》记载："夏帝孔甲九年，殷侯复归丁商丘。"

笔者意见：夏帝孔甲九年，殷侯复归于商丘。此处的"殷侯"是谁，今本《竹书纪年》未明示，由其他文献知夏帝孔甲与殷侯报丁的年代相当，故暂定为殷侯报丁由邺回迁商丘。因为文献中记载"夏帝孔甲九年，殷侯复归于商丘"，当然以回迁到王亥当年迁出去的相土都"宋地商丘"更为合理，但因卫地商丘本是商族始祖契的都城，因此，夏帝孔甲九年，殷侯回迁的商丘，也有可能是卫地商丘。至于在夏帝孔甲时殷侯为什么要由"殷"地的"邺"回迁到先人的祖地商丘，在文献中暂未找到根据，估计与在夏帝孔甲时黄河水患已退，商族祖地商丘（此"祖地商丘"是"宋地商丘"还是"卫地商丘"，还有待考古发现认定）又变得适于居住有关。

【八迁】成汤由今之商丘或卫地商丘迁到亳

《世本》（秦嘉谟辑补本）记载："汤始居亳。"《史记·殷本纪》记载："汤始居亳，从先王居。"

地望：成汤始居之"亳"的地望，史家争议最大。司马迁在《史记·货殖列传》中说，"汤始居之亳"在梁宋之地，即距今商丘不远，在《史记·宋微子世家》中似乎也认为"汤始居之亳"在宋地，但在《史记·六国年表》中又说，"禹兴於（于）西羌，汤起於（于）亳"，似乎又说"汤始居之亳"在陕西。因此，宋郑樵认为，汤始居于长安一带的"杜亳"，灭夏后，在梁宋之地筑新都，并"复命以亳"，并认为汤"复命以亳"的新都就在梁宋之地的"谷熟"，提出"汤起杜亳复迁南亳说"。至于"汤始居之亳"究竟在哪里，我们将在本章下一节中讨论。

总之，传说中的商族始祖契被封于商后，传了几代，诸侯国势已经衰弱，到六世商君冥（首任殷君）在位时，因其治理黄河以身殉职，有大功于夏，被封于殷，其长子王亥奉夏帝之命，迁去亡父的封地"殷"，易"商"曰"殷"以后，商族的诸侯国势才又有上升趋势。传到王亥子上甲时，商族才又在同属"殷"地范围的"邺"地复兴起来（"邺"在"殷"北30里，也在"殷"的疆域内），史称"上甲复兴"（《国语·鲁语上》记曰："上甲微，能帅契者也，商人报焉。"今本《竹书纪年》记曰："中叶衰而上甲微复兴，故商人报焉。"）。至十四世商君（九世殷君）成汤时，夏桀无道，"殷革夏命"的时机来到，成汤苦战九年（夏桀二十三年—三十一年，即成汤九年—十七年）终于率诸侯放桀而有天下，建立了新王朝殷。再考虑到后世商王（殷帝）盘庚回迁到祖地殷以后，在殷地的中兴，直到居殷的殷高宗武丁时，文治武功使殷商王朝在政治、经济、疆域各方面达到鼎盛，商族终于实现了在世界上建立屹立于东方的唯一超级帝国的梦想。（《诗经·商颂·玄鸟》记曰："邦畿千里，维民所止，肇域彼四海。"）史载"殷人屡迁，前八后五"，最后居殷长达243年，不再迁徙。

【笔者注：自盘庚迁殷至殷亡的时间，按古本《竹书纪年》的记载是273年，按魏晋谱书《殷氏家传》的记载是243年，据本书推断，盘庚于其在位的十四年癸巳（对应公元前1288年）迁都，帝辛于其在位的五十二年丙申（对应于公元前1045年）失国，也是243年。因此，笔者认为，魏晋谱书《殷氏家传》的记载为真。】

因此，笔者才认为：在殷商族的历史上，六世商先公兼首任殷公冥的追封地殷、八世商先公兼三世殷公上甲在殷地的复兴、后世商王（殷帝）盘庚迁殷后在殷地的中兴，这三处殷地，实际是指"太行山以东，夏殷时的古黄河以西，南至豫北洹水流域，北至冀南漳水流域一带"的同一个殷地。也就是说，考古发现的安阳殷墟遗址，不仅是**盘庚迁殷**后使中期衰落的殷代中兴之地，也是七世商先公兼二世殷先公**王亥**西迁的祖地和八世商先公兼三世殷先公**上甲**的复兴之地。

第四节 说"亳"

成汤即诸侯位时始居"亳",成汤十八年即天子位时也居"亳",这是正史和多种传世文献有明文记载的。因为成汤是殷商王朝的开国大帝,所以他即诸侯位时始居之"亳"和即天子位时所居之"亳"的具体地望问题就格外引人注目,成为历代史家的热门话题,也是学术界众说纷纭的千古难题,而且就目前的学术形势来看,有越来越热之势。笔者不是学术界人,现在在本节中斗胆参与议议学术界炒得越来越热的汤"亳"地望问题,也只是班门弄斧。如存在不妥之处,请专家赐教,也请读者海涵。

【一】对文献和甲骨卜辞中汤亳的总梳理

下面列出一些传世古文献和甲骨卜辞中含"亳"字的语句,由此尝试讨论与汤居亳有关的问题。中国古代史书多如牛毛,史书中述及"亳"字的文献也多如牛毛,不可能也没有必要逐一列出并解读。现从《史记·殷本纪》《史记·宋微子世家》《史记·货殖列传》《史记·六国年表》《尚书·盘庚·序》和今本《竹书纪年》及古本《竹书纪年·殷纪》诸传世古文献和《甲骨文合集》第 36567 号卜辞中,挑选出十二例含亳字的语句。抄列如下。

【例1】《史记·殷本纪》:"汤始居亳,从先王居,作《帝诰》。"

此例成汤"从先王居"的"先王"指的是谁?可由《孔安国传》"契父帝喾,都亳",考得"先王"指传说中的契的父亲帝喾。成汤作的《帝诰》已亡佚。《史记索隐》引孔安国说,《帝诰》的内容是向帝喾报告已经迁回亳地的事。

【例2】《史记·殷本纪》:"伊尹去汤适夏。既丑有夏,复归于亳。入自北门,遇女鸠、女房,作《女鸠女房》。"

【例3】《史记·殷本纪》:"汤归至于泰卷陶,中䍃(㐸)作诰。既黜夏命,还亳,作《汤诰》。"

【例4】《史记·殷本纪》:"帝盘庚之时,殷已都河北,盘庚渡河南,复居成汤之故居。乃五迁无定处。殷民咨胥皆怨,不欲徙。盘庚乃告谕诸侯、大臣曰:'昔高后成汤与尔先祖俱定天下,法则可修。舍而弗勉,何以成德!'乃遂涉河南,治亳,行汤之政,然后百姓由宁,殷道复兴,诸侯来朝,以其遵成汤之德也。"

【例5】《史记·殷本纪》:"帝武乙立。殷复去亳,徙河北。"

笔者认为:此【例5】与同是在《史记·殷本纪》中的【例4】关于成汤始居之"亳"地望的记载似有矛盾,因为如果将【例4】中的"治亳"解读为盘庚迁都后,治所为先王成汤曾经所居过的位于河南之亳的话,则【例4】中似乎说"亳"在河南,而"【例5】又说"亳"在河北。不过,笔者在下文中将说明,将【例4】中的"治亳"理解为治所在亳,是不正确的。另外,结合魏晋谱书《殷氏家传》谓"盘庚迁殷"后直到帝辛亡国的243 年间没有再迁过都,或古本《竹书纪年》谓自盘庚徙殷至纣亡"二百七十三年,更不徙都",可断定【例5】谓帝武乙由"其原都迁往河北之亳"的一迁为司马迁误记。即可将【例5】中的"亳"定为误记之亳。

【例6】《史记·宋微子世家》："诸公子奔萧，公子御说奔亳。万弟南宫牛将兵围亳。"（此句的意思是：《史记·宋微子世家》记载，南宫万误杀宋湣公后，宋国大乱，宋公室诸公子，有的逃到"萧"邑，有的逃到"亳"邑，南宫万的弟弟南宫牛追杀诸公子，派军队去将"亳"邑包围起来。）

【例7】《史记·货殖列传》："夫自鸿沟以东，芒、砀以北，属巨野，此梁、宋也。陶、睢阳亦一都会也。昔尧作（于）成阳，舜渔于雷泽，汤止于亳。其俗犹有先王遗风，重厚多君子，好稼穑，虽无山川之饶，能恶衣食，致其蓄藏。"（此句的意思是：《史记·货殖列传》记载，从鸿沟以东，芒山、砀山以北，直到巨野，这是过去梁、宋的地方。陶邑、睢阳也是都会。以前，唐尧兴起于成阳，虞舜在雷泽打过鱼，成汤曾定都于亳。这里的民俗还存有先王遗风，宽厚庄重，君子很多。）（**笔者注**：《货殖列传》出自《史记》卷一百二十九、列传第六十九。这是专门记叙从事"货殖"活动的杰出人物的类传，也是反映司马迁经济思想和物质观的重要篇章。"货殖"是指谋求"滋生资货财利"以致富，即利用货物的生产与交换，进行商业活动，从而生财求利。司马迁所指的货殖，还包括各种手工业，以及农、牧、渔、采矿、冶炼等行业的经营。《货殖列传》"昔尧作于成阳"有不同版本，有的作"昔尧作游成阳"，有的作"昔尧作成阳"。其中的"汤止于亳"，是说成汤曾定都于梁、宋之地的亳，这是司马迁说"汤都亳"在梁、宋之地的直接证据。也就是说，司马迁认为"汤都亳"离今商丘不远。但他没有说亳在梁、宋之地的什么地方，也没有说，梁、宋之地的亳是不是汤始居之亳。）

【例8】《尚书·盘庚·序》："盘庚五迁，将治亳殷，民咨胥怨，作《盘庚》三篇。"

【例9】今本《竹书纪年》："成汤十八年，王即位，居亳。"

【例10】古本《竹书纪年·殷纪》："外丙胜居亳。"

【例11】《甲骨文合集》36567 号卜辞："□□王卜，在商，贞今〔日〕步于亳，亡灾？甲寅王卜，在亳，贞今日〔步〕于瑪，亡灾？乙卯王卜，在瑪，贞今日步于𩁹，亡灾？"

【例12】《史记·六国年表》："夫作事者必於东南，收功实者常於西北。故禹兴於西羌，汤起於（于）亳，周之王也以丰镐伐殷，秦之帝用雍州兴，汉之兴自蜀汉。"

在以上 12 个含"亳"字的例句中，"亳"字的本义，虽然都是地名，但在句中的含义和作用是有不同的。为便于下面的讨论，先将这 12 个例句的"亳"字按功能分成六类。

① "汤始居之亳"（【例1】【例2】【例3】【例12】）
② "汤即天子位后所居之亳"（【例9】【例10】）
③ "误记之亳"（【例5】）
④ "盘庚之亳"（【例4】【例8】）
⑤ "宋地之亳"（【例6】【例7】）
⑥ "甲骨之亳"（【例11】）

下面，对上列六类"亳"字，结合其所在的语句，分别予以解读。

【第一类】汤始居之亳

即成汤元年（夏桀十五年）即诸侯位时开始，直到成汤十七年（夏桀三十一年）灭夏，放桀于南巢，这 17 年间所居之"亳"。此亳邑为成汤未有天下前的诸侯国都。

【例1】【例2】【例3】【例12】的"亳"字都属于这一类。【例1】的"亳"字是成汤即诸侯位时所居之亳。【例2】的"亳"字是汤相伊尹间夏三年完成任务回归之亳。【例3】的"亳"字是汤推翻了夏朝，回归之亳。【例12】的"亳"字代表司马迁的一种观点，即他认为"大禹"和"成汤"都兴起于西方。由"汤起于（于）亳"知，《史记·六国年表》的这个亳邑，一定属于"汤始居之亳"一类，否则前面怎么会有"汤起于"三个字的修饰语呢？【例12】的亳邑（《史记·六国年表》中的亳邑）是后世学者提出"杜亳说"的主要依据，他们认为"汤始居之亳"在陕西长安。但司马迁在【例7】《史记·货殖列传》又有"汤止于（梁宋之）亳"一说，即司马迁认为成汤曾定都于离今商丘不远的"宋地之亳"。因此，有些学者综合了《史记·六国年表》和《史记·货殖列传》两处的"亳"邑后认为：司马迁的观点是，汤始居之亳在陕西，汤灭夏后定都于宋地，并复命以亳，即认为《史记·货殖列传》的宋地之"亳"是成汤灭夏后复命以"亳"的新都。不过，这一说法，未得到任何考古材料的支持。

【第二类】汤即天子位后所居之亳

即夏亡后，成汤十八年即天子位所居之亳。

【例9】和【例10】的"亳"字属于这一类。【例9】今本《竹书纪年》："成汤十八年，王即位，居亳。"这里说的是成汤十八年建立新王朝时，定"亳"为国都，并在"亳"即天子位。【例10】古本《竹书纪年·殷纪》："外丙胜居亳。"这里说的是成汤驾崩后，太子太丁未立而卒，立太丁之子太甲为王。按成汤制定的嫡长子继承制，外丙胜本无为王的可能，因太甲不尊汤法，荒淫暴虐，伊尹放之于桐。国不可一日无君，伊尹请太甲二叔外丙胜代之时，所居之亳。笔者之所以要将文献记载的成汤元年即诸侯位时所居之亳与成汤十八年即天子位时所居之亳分成两类，是因为笔者不认同邹衡先生的"郑亳说"。笔者十分赞成郑州商城是成汤放桀代夏后新建立的殷商王朝的"帝都"的观点，但并不认同郑州商城也是"汤始居之亳"。笔者通过汤、桀初期的力量对比和长达九年（夏桀二十三年—三十一年，即成汤九年—十七年）的商夏战争的三阶段全过程研究，认为"汤始居之亳"只能在离夏畿地较远且利于成汤与东夷各方国结成伐夏统一战线的地方，只能在夏统治力量的薄弱之处，即在夏的军事力量鞭长莫及之处，绝对不可能在距夏都斟鄩仅80公里的郑州商城（当然更不可能在距夏都斟鄩仅6公里的偃师商城）。否则，成汤能在夏桀的眼皮底下四处扩张，想教训谁就教训谁（例如教训葛伯、荆伯、灭有洛等），而未受到强大之夏的严厉制裁，只是将他囚禁起来思过而且不到一年就放了，这是不合乎逻辑的。笔者通过对偃师商城和郑州商城的对比研究，认为郑州商城应是成汤有天卜后根据殷商风俗"复命以亳"的"帝都"，但不可能是"汤始居之亳"。情况可能正和殷代史专家李民先生说的那样："殷人有一些习俗，不仅他们是两都或数都并存，且多处亳、商丘等地名。同时，凡殷先民、先王居住过的地方，往往冠以'成汤之所居'，这种现象一直流传于后世。由于商汤是商王朝立国的国王，影响很大，后世常把殷人活动过的重要地方或都城，均说成是商汤之所居……"【注30】其实，不仅李民先生这样看，两宋间的史学大家郑樵也认为殷人有建新都后"复命以亳"的风俗，他在《通志·氏族略》释"殷氏"

条中说"契始封于商，后世迁于亳……及有天下，始居宋地，复命以亳，今南京谷熟是也"。虽然郑樵的"汤起杜亳复迁南亳说"未为现代主流史家所认同，但他说的殷人迁新都后有"复命以亳"的风俗却是符合史实的。

　　笔者提出上述观点，也许有些学者会提出疑问：如果郑州商城遗址是成汤登基称天子时"复命以亳"的新"亳"，而原来当诸侯时的"汤始居之亳"不在郑州的话，不是等于多了一次迁都吗？那又该怎样理解张衡说的"殷人之屡迁，前八而后五"呢？其实，这个问题很容易理解。它既不影响"前八"，又不影响"后五"。成汤建立了新王朝，选择新建王朝首都的地址，叫"定都"不叫"迁都"。不管成汤将首都定在哪里，都不会影响后面的迁都次数。为了纪念原来的侯都"亳"，也是为了纪念传说中的先王帝喾建都在"亳"，同时考虑到郑州为"天下之中"，是中原战略要地，所以成汤才将新建的郑州商城复命以"亳"，并将其定为他的新王朝的国都。这样做，并不影响后世的迁都次数。由于年代久远，后世史家不知道这个曲折的过程，就只记载成汤的"侯都"和"帝都"都在"亳"，而不知道其"侯都"的"亳"和"帝都"的"亳"是名称相同而地望不同的两个地方。比如说，今本《竹书纪年》记载，成汤元年 (夏桀十五年)，"迁于亳" (这个侯都的"亳"假定是在未知的 X 地)；今本《竹书纪年》又记载，成汤"十八年癸亥，王即位，居亳" (这个"亳"是新建的"郑州商城")。如果不是在括号中做特别说明，你能知道成汤元年即诸侯位之"亳" (X 地) 和成汤十八年登天子位之"亳" (郑州商城) 是两个不同地点吗？成汤在灭夏建立新王朝后，他之所以把位于郑州商城遗址的新都命名为"亳"，是希望他的后代子孙永远记住他的都城叫"亳"，不必分老"亳"、新"亳"。

【第三类】误记之亳

　　前已说过，【例5】为"误记之亳"。《史记·殷本纪》："帝武乙立。殷复去亳，徙河北。"《史记·殷本纪》的这段文字与古本《竹书纪年》的记载相矛盾。古本《竹书纪年》曰："自盘庚徙殷，至纣之灭，七（'二'之误）百七十三年，更不徙都。"而古本《竹书纪年》关于自盘庚徙殷至纣亡"二百七十三年，更不徙都"的记载已为古今学者普遍认同。另外，前面已经说过，此例与同是《史记·殷本纪》的【例4】关于亳地望的记载似有矛盾，【例4】似乎说亳在河南，【例5】则说亳在河北。因此《史记·殷本纪》的这段文字可以理解为司马迁的误记。

【第四类】盘庚之亳

　　【例4】和【例8】均是记载"盘庚迁殷"的"亳"字。这是最难理解的"亳"字，古今中外的治殷商史学者们，众说纷纭，莫衷一是。笔者将其归为一类，叫"盘庚之亳"。下面对【例8】和【例4】分别进行讨论。

　　（一）我们先来看【例8】《尚书·盘庚·序》："盘庚五迁，将治亳殷，民咨胥怨，作《盘庚》三篇。"这里有四个分句。第一个分句"盘庚五迁"说的是，盘庚由古黄河东的"奄"迁都到古黄河西的"殷"地，是成汤立国以来的第五次迁都，这是大家都知道的【实际上中丁迁隞（嚣）、河亶甲迁相、祖乙迁邢（耿、庇）、南庚迁奄，以前四次迁都时的只是因阶段需要的辅都，而位于郑州的王都并没有迁，只有第五次的盘庚迁殷才是成汤立国以来的真正迁都】。第三、第四分句，"民咨胥怨，作《盘庚》三篇"，也很好理解，说的是民（殷商贵族）皆恋其故居，不欲移徙，尤其不同意将位于王都郑州商城遗址的祖庙大邑商也迁到殷地。于是，盘庚才作《盘庚》三篇予以动员和劝说，甚至批评。其中，学界分歧最大的就是对第二个分句"将治亳殷"的理解。下面作专门讨论。

（1）《尚书正义》引西晋文献学家束皙疑及，《尚书·盘庚·序》的"盘庚五迁，将治亳殷"为传抄之误，按汉时发现的孔子壁《古文尚书》的原文应为"盘庚五迁，将始宅殷"，但束皙的说法被人以"孔子壁内之书，安国先得其本"，斥责为"妄为说耳"。

（2）《尚书正义》引下传云"殷，亳之别名"，则"亳殷"即是一都。即有人认为，"殷"是"亳"的别名。认为"亳"就是"殷"，"殷"就是"亳"。"亳殷"就是指盘庚要迁去的那个地方。但现在，考古已经确定，盘庚要迁去的"殷"就在安阳殷墟，具体说来，可能就在殷墟的洹北商城（1999 年发现）。从未发现殷墟与亳有什么联系，因此，《尚书正义》引下传云"殷，亳之别名"一说，似无根据。

（3）王震中在宋镇豪主编 / 王震中著的《商代史·卷五（商代都邑）》中说："所谓'亳殷'，就是其殷靠近亳，所以叫'亳殷'"，"殷、亳既然相邻，大概盘庚在迁殷以后，有时也来往于殷与亳之间，结果造成了先迁殷后又迁亳的误解"。王震中会长为什么说殷靠近亳呢，因为他提出"内黄鄣亳说"。他认为"汤始居之亳"在安阳东的内黄，而殷在安阳，二者相距只有军旅一天的步行路程。

（4）郑州大学殷代史专家李民说【注 30】："'盘庚五迁，将治亳殷'这句话，细分之，亳、殷并非一地。亳是盘庚之始迁地，称亳、称商丘、称北蒙、称蒙泽，而称殷者则应是另指盘庚以后所移动的洹水以南的殷都之地。后世并不了解这一真相……虽看到了亳、殷为一地这一合体，却并不了解析言时亳、殷的区别。"李民先生之所以这样说，是因为他主张盘庚之始迁地在漳南、洹北的洹北商城，曰亳、曰商丘、曰北蒙、曰蒙泽。而后来从洹北移迁洹南小屯一带曰殷，故合称为"亳殷"。即是说，李民先生主张，司马迁之"河"不是黄河，而是洹河，"亳"在洹河之北的"洹北商城"，而"殷"在洹河之南的"小屯"，二者合称"亳殷"。但李民先生此说，解释不了司马迁在《史记·殷本纪》中认为盘庚的原都（奄）在河北，"盘庚渡河南，复居成汤之故居"，因为一般认为盘庚的原都在今曲阜的"奄"，而成汤之故居在"亳"。不过李民先生的"亳在洹河之北说"倒是与司马迁说武乙迁去河北的亳相合。笔者认为，李民先生将殷人心目中的母亲河——"大河"，也即司马迁在《史记》中经常提到的"河"，理解为"洹河"是不妥的。

（5）有些学者主张盘庚有两次迁都，提出"二次迁都说"。因盘庚迁殷已经得到考古材料的确认，但因为《尚书·盘庚·序》有"盘庚五迁，将治亳殷"的记载，也使一些学者对盘庚迁殷的具体过程有了许多遐想。有些学者主张，盘庚曾有两次迁都，先迁殷，后又迁于亳，不然《尚书·盘庚·序》

怎么会有"盘庚五迁，将治亳殷"的记载呢？《史记·殷本纪》怎么会有盘庚"复居成汤之故居……治亳，行汤之政"呢？看来，尽管盘庚的"殷"都地望在安阳已是学界共识，但怎么理解《尚书·盘庚·序》的"亳殷"，学界的不同认识还是比较多的。李民先生将"亳"放在洹河之北，将"殷"放在洹河之南，两者都在殷墟遗址范围内，这与（自 1928 年开始殷墟科学发掘）90 多年来的殷墟考古成果不矛盾，还算说得过去。而提出"盘庚二次迁都说"的一些学者将盘庚先迁殷、后迁亳之"亳"放到离安阳殷墟很远的地方（如偃师等），则不仅是未考虑到 90 多年来的考古成果，而且有"差之毫厘，失之千里"之嫌。例如，20 世纪 80 年代末至 90 年代初，彭金章、晓田、郑光说偃师商城即为盘庚所迁之"亳殷"【注31】；而曲英杰先生在《先秦都城复原研究》一书中甚至提出盘庚先迁的殷在河南沁阳市一带，后又迁亳，其地在今河南偃师，即偃师商城二里岗期上层建筑遗址【注32】。

（6）以上诸说，笔者都不赞同。笔者认为，盘庚所迁之殷，就一处殷，不存在两处，不存在先迁殷、后迁亳之说，也不存在先迁亳、后迁殷之说。就地域而言，盘庚所迁之殷、上甲复兴之殷、冥的追封地殷，都是指"山东河西，洹、漳二水流域间"的一块地方。所不同者，就是盘庚所迁之"殷"之治所、上甲复兴之"殷"之治所、冥的追封地"殷"之治所，因时间跨度较大，这三个治所之"殷"的地理坐标可能不吻合，盘庚所迁之"殷"地之治所，就目前的考古发现而言，以殷墟之洹北商城为首选。如果洹北商城确为盘庚所迁之"殷"地之治所的话，则《尚书·盘庚·序》所说的"亳殷"也就是洹北商城。因为笔者认为"亳殷"就是"殷"，"亳殷"是"亳"和"殷"两个名词的合成词，是用前面的"亳"来修饰后面的"殷"，是偏正结构的合成名词，"亳殷"的本义就是"用成汤治亳的理念来治殷"。这种由两个名词组成的前偏后正的合成名词在古今汉语词汇中多得很，如"戎殷""汤亳"等，"戎殷"就是"大殷"，在古代"戎"是一个国家拥有强大武装力量的象征，"戎殷"就是"威武强大的殷商王朝"的意思，"汤亳"是现代学者的一些论文中常用的偏正结构名词，表示所属关系，意即"成汤始居之亳"或"成汤所居之亳"。

（二）下面我们再来看【例 4】《史记·殷本纪》："帝盘庚之时，殷已都河北，盘庚渡河南，复居成汤之故居。乃五迁无定处。殷民咨胥皆怨，不欲徙。盘庚乃告谕诸侯、大臣曰：'昔高后成汤与尔先祖俱定天下，法则可修。舍而弗勉，何以成德！'乃遂涉河南，治亳，行汤之政，然后百姓由宁，殷道复兴，诸侯来朝，以其遵成汤之德也。"

《史记·殷本纪》的这段文字虽然没有明写"盘庚渡河南"所迁之地为"殷"，但由尚书《盘庚》三篇和《竹书纪年》等古籍知，该段文字是记载盘庚迁殷使本已衰落的殷商王朝中兴的过程。

要理解这段文字，首先要解决"帝盘庚之时，殷已都河北，盘庚渡河南"的问题。因为《史记》认为，"盘庚迁殷"就是指"从河北的奄迁到河南的殷"，这显然与史实不符。要特别指出的是，《史记·殷本纪》关于夏殷时代"河"（大河、黄河）在郑州以北至豫北冀南一段走向的记载有误。据研究古代地理的专家谭其骧、刘起釪的研究 [注33]，在夏殷时代，古黄河仅郑州以北至豫北、冀南一段，基本呈南北走向，在今安阳与内黄之间自南向北由豫入冀，然后在冀南、冀中折向东北，经今天津附近入渤海。在夏殷时代大河豫冀段只有河东河西之称，不存在司马迁的河南河北之谓。司马迁写《史记·殷本纪》时，显然是误将汉代黄河的走向（《汉志》所载河道）当成了夏殷时代的黄河走向。读者也许不相信司马迁会弄错夏殷时黄河的走向，但司马迁在《史记》中弄错山河走向的确实非此一处。例如司马迁在《史记·吴起列传》中就将《战国策·魏策》吴起说的"殷纣之国，左孟门，而右漳滏，前带河，后被山"的方位误写成"殷纣之国，左孟门，右太行，常山在其北，大河经其南"。去过安阳殷墟和朝歌的人都知道，现在的黄河确实在"殷纣之国"的南边，司马迁时也是这样，可是在夏殷时，古黄河在安阳"殷纣之国"的东边，那时安阳之东的黄河基本呈南北走向，在今安阳与内黄之间自南向北由豫入冀，然后在冀南、冀中折向东北，经今天津附近入渤海。司马迁说黄河在"殷纣之国"的南面，显然是将汉代黄河的走向当成殷代黄河的走向了。将《战国策·魏策》中吴起说的原话与司马迁在《史记·吴起列传》中说的话相比较，《战国策·魏策》中吴起说的原话显然是对的。我们在读《史记·吴起列传》中司马迁引用的吴起说的话时，当然应该以《战国策·魏策》中吴起说的原话为准。其实，《战国策·魏策》中吴起说的原话的意思是：如果我自己站在纣王畿东边，面向西边的纣王畿看，我的右手边是北，我的北面有漳、滏二水；我的左手边是南，我的南面有孟门；纣王畿的前面（东面）临南北走向的黄河；纣王畿的后面（西面）背靠太行山。弄清了夏殷时代大河豫冀段黄河的走向，就可以对《史记·殷本纪》盘庚迁都的记载作出如下的正确解读。

① "帝盘庚之时，殷已都河北，盘庚渡河南。" 可作如下解读。

要解读这一句，首先要根据夏商时古黄河在豫北、冀南的南北走向，将句子修改为："帝盘庚之时，殷已都河东，盘庚渡河西。"然后，可解读为：帝盘庚登基之时，殷的都城是在古黄河之东的"奄"（今曲阜），盘庚率领殷商贵族渡过黄河，西迁至先公冥的封地"殷"地域内，此"殷"地即前述的"山东河西，洹、漳二水流域间"的一块地方，是先公冥殉职后的追封地。盘庚迁殷地的王都地理位置与先公王亥、上甲迁殷地的治所的地理位置可能不吻合，但二者都在先公冥的封地"殷"之地域内，这是可以肯定的。盘庚迁殷地的王都的地理坐标，即今安阳殷墟遗址的地理坐标：东经114度18分50秒，北纬36度07分36秒。该殷墟遗址位于安阳小屯村一带，横跨洹河两岸，由殷商王陵遗址、殷商宫殿宗庙遗址与洹北商城遗址等共同组成。笔者认为，殷墟遗址的洹北商城可作为盘庚迁殷地后王都的首选考古学位置。

② "复居成汤之故居……治亳，行汤之政。" 可作如下解读。

据郑州大学殷代史专家李民之研究，殷人有将凡殷先民、先王居住过的地方，往往冠以"成汤之所居"的风俗，由于成汤是殷商王朝立国之君，影响很大，故后世常把殷人活动过的重要地方或都城，均说成是成汤之所居。因此这里的"复居成汤之故居"可解读为，盘庚将王都由位于黄河之东的"奄"西迁到先公王亥、上甲等曾经居住过的"殷"地。"治亳，行汤之政"可解读为，按照成汤都"亳"时制定的一套国家管理制度来治理盘庚的国家。这里的"治"不作"治所"解，而作"治理或管理"解。其实，在《史记》中，作"治理或管理"讲的"治"字用法非此一处。另一例是《周本纪》记有："乃使其弟管叔鲜、蔡叔度相禄父治殷。"有学者将"治亳"解读为，盘庚迁都后，治所为先王成汤曾经所居过的位于河南之亳。后发现这种解读与《尚书·盘庚上》开篇就记载的"盘庚迁于殷，民不适有居"相矛盾，于是不得不提出三种补充或修改"盘庚迁殷"的意见，从而形成曲解"盘庚迁殷"难以自圆其说的三个学术流派。一是修改河名派，二是依司马迁指引到今黄河之南去找"殷"派，三是提出盘庚二次迁都说。第一派是先认定殷在安阳小屯，然后修改河名，将司马迁之"河"修改成洹河或漳河，于是小屯之"殷"就在"河"南了。可是这时未迁之前的河北之都"奄"又在哪里呢？显然这与地理学家考定的古代金天氏少昊族后裔一支世居的奄地在今曲阜之说不符。再说"河"是商族的母亲河，只能是黄河，用洹河或漳河来取代殷商人心目中的大河（黄河），显然不合适。第二派提出殷在偃师说，殷在郑州小双桥说，甚至还有人提出殷在郑州南很远的古陈州境内的古潕水流域。第二派的共同点，就是否定安阳殷墟的晚殷王都地位，这显然与90多年来的考古成果不相符。第三派提出的盘庚二次迁都说，虽能确保安阳殷墟的晚殷王都地位，但其致命的一个弱点是与传世文献相冲突。其实我们只要将司马迁的"河北河南"改成"河东河西"，这个问题就迎刃而解了。

【第五类】宋地之亳

即位于微子的宋国境内，距离宋国国都（今商丘）不远之"亳"。上列的【例6】说明宋地确有个名叫"亳"的城邑，【例7】则进一步指出【例6】的"宋地之亳"是"汤定都之亳"，因为这里"汤止于亳"的一般解释是，成汤曾定都于梁宋之地的亳邑。由于汉高祖刘邦于公元前202年将今河南商丘一带的宋地封给梁孝王刘武，刘武在其封地建立了梁国，都城为睢阳（今河南省商丘市睢阳区西南）。因此，史家又称"宋地"为"梁宋之地"或直接称为"梁国"。因此，"宋地之亳"也可称为"梁国之亳"或"梁宋之亳"。由《史记·宋微子世家》和《史记·货殖列传》的记载，可证明司马迁是主张"宋地之亳"为成汤国都的。但司马迁只说，"宋地有亳"，即"汤止于（宋地之）亳"。结合【例12】《史记·六国年表》有"禹兴於（于）西羌，汤起於（于）亳"一说，一般学者认为，司马迁的观点是，汤始居之亳在陕西，汤灭夏后定都于宋地，并复命以亳，即认为《史记·货殖列传》的宋地之"亳"是成汤灭夏后复命以"亳"的新都。

我们为什么说"宋地有亳"呢？因为在《史记》中出现的所有"亳"邑，能具体确认地望的，是《史记·宋微子世家》的"亳"邑。据《史记·宋微子世家》记载，宋湣公十一年秋，南宫万因口角用棋盘误杀湣公后，诛太宰华督，立新君游，宋国内乱，"诸公子奔萧，公子御说奔亳。万弟南宫牛将兵围亳"。由此可以确认，《史记·宋微子世家》中的这个"亳"邑，一定位于宋地，一定在宋国的势力范围之内，且距今豫东商丘不远，否则南宫牛怎么敢派军队去把"亳"邑包围起来呢？但《史记·宋微子世家》只能说明宋地有个叫"亳"的城邑，我们又怎么能知道司马迁认为的"宋地之亳"就是成汤定都之"亳"呢？这个不难，因为司马迁在《史记·货殖列传》里直接说明了自己的观点，他认为成汤所定之亳都就在"梁宋之地"。大家都知道，司马迁的《史记》也有一篇记述各地经济状况和从事生产、销售等经营活动的杰出人物的列传，叫《货殖列传》。其中有一段记述"梁宋之地""货殖"活动情况的文字："夫自鸿沟以东，芒、砀以北，属巨野，此梁、宋也。陶、睢阳亦一都会也。昔尧作（于）成阳，舜渔于雷泽，汤止于亳。其俗犹有先王遗风，重厚多君子，好稼穑，虽无山川之饶，能恶衣食，致其蓄藏。"这段文字有这样的一句："昔尧作（于）成阳，舜渔于雷泽，汤止于亳。"其意思是说：梁宋之地是人杰地灵的地方，唐尧兴起于梁宋之地的成阳，虞舜在梁宋之地的雷泽打过鱼，成汤曾定都于梁宋之地的"亳"邑。司马迁的观点后来经西晋皇甫谧改造后，一度成为很有影响直到现在还有不少专家坚信的"南亳说"。皇甫谧在其所著《帝王世纪》中说："梁国谷熟为南亳，即汤都也。"其后，北魏郦道元《水经注》承袭其说。唐初魏王李泰主编的《括地志》说得更具体："宋州谷熟县西南三十五里南亳故城，即南亳，汤都也。"两宋间史学大家郑樵因袭之。其实司马迁的观点并不等于皇甫谧的"南亳说"。司马迁虽认为"汤定都之亳"在宋地，且距离宋都（今商丘）不远，但司马迁并未说"汤定都之亳"在宋地的什么地方。"南亳说"虽不见于先秦文献，但因为司马迁的《史记》说过汤曾定都于宋地之亳，所以在清末之前这一说法有较大影响，甚至成为某些时段学术界的主流认识。民国期间，这一观点受到王国维等人非议之后，这一说法在学界一度受到很大削弱。后经董作宾、陈梦家等人结合征人方五期甲骨卜辞改造一番，"南亳说"又有抬头趋势，但董作宾将汤亳定在谷熟以南的亳州，陈梦家则将汤亳定在谷熟。

目前，"南亳说"虽然已经不是学术界的主流认识，但仍有不少学者支持。例如，前面提到的宋镇豪主编的十一卷本《商代史》第三卷（《商代史·卷三》）的作者王震中会长虽力倡"内黄鄩亳说"，但同是宋镇豪主编的十一卷本《商代史》第二卷（《商代史·卷二》）的作者韩江苏、江林昌仍坚称其支持"南亳谷熟说"，认为"南亳（谷熟）应为商汤时最早的都城"【注34】。皇甫谧的"南亳说"，为什么总有人坚持呢？这是因为它是"万事俱备，只欠东风"。也就是说，"汤始居之亳"在宋地的判断，从各个方面来看，都是比较合理的，唯一的缺憾是未能得到考古学的支持。为什么说"汤始居之亳"在宋地的判断，从各个方面来说，都是比较合理的呢？因为它具有下述的六大优势：

第一，《史记·宋微子世家》明确记载，宋地的确有个叫"亳"的城邑，且离其都城商丘不远。

第二，"汤在宋地之亳定过都"，这是司马迁在《史记·货殖列传》中明确说明的，尽管司马迁并没有说它是"汤始居之亳"。

第三，梁宋之地距夏畿地比较远，是夏统治力量薄弱的地方，也是夏的军事力量鞭长莫及之处。成汤的侯都在这个地方，将会大大有利于成汤积蓄力量，扩军备战，做好伐夏的准备。这个得天独厚的地理条件，是成汤能够最终打败夏桀的最重要的必要条件。如果"汤始居之亳"距夏畿地比较近，比如说，在离夏都斟鄩仅 80 公里的郑州，或者离夏都斟鄩仅 6 公里的偃师，成汤能在夏桀的眼皮底下四处扩张，想教训谁就教训谁，例如教训葛伯、荆伯、灭有洛等，却未受到强大之夏的严厉制裁，而是将他囚禁起来且不到一年就放了，这是不合乎逻辑的。夏桀一定不会让成汤坐大，威胁自己安全的。

第四，"汤始居之亳"在宋地，离东夷各方国比较近。这将大大有利于成汤与东夷各方国结盟，结成伐夏统一战线。

第五，从《史记·宋微子世家》来看，"汤始居之亳"是宋国境内的一个小的城邑。因此，成汤的国土一定很小。这与孟子说的成汤的国土只有 70 里的范围吻合。(**笔者注:**《孟子·梁惠王下》里有"孟子对曰：'臣闻七十里为政于天下者，汤是也。'"）

第六，确定"汤始居之亳"的地望，"与葛为邻"是不能回避的，因为《孟子·滕文公下》有明确的记载，"孟子曰：'汤居亳，与葛为邻。'""汤始居之亳"如果在梁宋之地，那就与"葛国"很近，因为一般认为，"葛"在今商丘市宁陵县境内的葛国旧址葛伯屯。

"汤始居之亳"在宋地的判断，虽然具有上述六大优势，但总的说来，在 1949 年以后，其影响逐渐削弱。目前，学界的主流史家多数已经转而支持"郑亳说""西亳说""内黄邺亳说"，等等。其原因有二：一是考古界尽了很大努力也没有在宋地商丘附近找到汤"亳"的蛛丝马迹，这使坚持"宋亳说"或"南亳说"的学者失去了信心；二是郑州商城（1955 年发现）和偃师商城（1983 年发现）的横空出世，吸引了绝大多数专家的眼球。目前，最有影响的是 20 世纪 70 年代末邹衡先生首先提出的[注35]"郑亳说"，陈旭[注36]、郑杰祥[注37]、王立新[注38]等学者也相继发表论文大力支持这一说法。现在"郑亳说"已经成为学界的主流认识，并为《夏商周断代工程 1996—2000 年阶段成果报告（简本）》所部分肯定。"郑亳说"认为 1955 年发现的郑州商城既是成汤的侯都（"汤始居之亳"），又是成汤放桀代夏后新建立的殷商王朝的帝都。另一个有影响的是古老的"西亳说"，特别是在 1983 年发现了偃师商城以后，"西亳说"的阵容得到加强，有不少专家认为 1983 年发现的偃师商城是成汤放桀代夏后新建的殷商王朝的帝都，其中也有人认为偃师商城不仅是成汤有天下后的帝都，也是他当诸侯时的侯都（"汤始居之亳"）。

【第六类】甲骨之亳

本书将【例 11】中出现的"亳"邑归入"甲骨之亳"这一类。【例 11】是说，专家们在甲骨卜辞中也发现一个"亳"字，试解读如下。

在《甲骨文合集》第 36567 号卜辞片中，有一个被学界确认为地名的字，被多数专家释为"亳"，也有个别专家将其释为"郊"。如果释为"郊"为真，则甲骨文就没有作为地名的"亳"字。现在我们还据主流学者的意见，假定还是释为"亳"为真。有意思的是，《甲骨文合集》36567 号卜辞片的释文，既有地名"亳"字，又有地名"商"字，而且能反映出，"商"与"亳"两地相距的军旅路程步行只需一天。这意味着，只要能先定下"商"地的地望，则"亳"地的地望，自然也就能大体确定了。但困难在于这个"商"地在哪儿，也是众说纷纭。主张"郑亳说"者，认为该卜辞中的"商"地在今河南武陟县东南的商村或在淇县的朝歌；主张"北亳说"或"南亳说"者，认为该卜辞中的"商"地在今河南商丘；等等。王震中会长力倡的"内黄郼亳说"就是据此提出来的，他认为《甲骨文合集》36567号卜辞的"商"地在今河南安阳殷都。

【二】确认"汤始居之亳"地望的四个必要条件

笔者认为，《诗经·商颂·长发》记载的汤伐夏战果的诗句"韦顾既伐，昆吾夏桀"不能作为研究成汤伐夏进军路线的依据，也不能列入确认"汤始居之亳"的必要条件。

理由：有的学者认为"汤始居之亳"地望的确定，要符合《诗经·商颂·长发》记载的汤伐夏的进军路线："韦顾既伐，昆吾夏桀。"但这样的观点，对汤伐夏的进军路线的理解比较狭隘。这一观点认为，商师伐夏是成汤率领大军从其侯都"亳"出发，先灭了韦，又灭了顾，再灭了昆吾，最后就直逼夏畿地进行鸣条决战了。因此认为，只要找到韦、顾、昆吾这三个诸侯国的故址，就能大体确定"汤始居之亳"的方位。其实汤桀战争并没有那么简单。成汤伐夏的战争与武王伐殷的战争完全不同。武王伐殷的战争，主要靠牧野之战，而成汤伐夏的战争却是一个至少九年的长期战争 (夏桀二十三年—三十一年，即成汤九年—十七年)。笔者认为，确认汤始居之亳的地望，至少要满足下述四个必要条件：

（一）"汤始居之亳"一定要在夏统治力量的薄弱之处，一定要在夏的军事力量鞭长莫及之处，一定要在有利于成汤与主要支持者东夷各方国结盟之处。即是说，"汤始居之亳"一定要位于离夏畿地较远且距成汤的主要支持者东夷各方国较近的地方。

理由：如果当年成汤活动于离桀都斟鄩和夏畿地不远的郑州和偃师，能在夏桀的眼皮底下四处扩张，想教训谁就教训谁，例如教训葛伯、荆伯、灭有洛等，那么夏桀能睡得着觉吗？显然，如果成汤的侯都"亳"离夏畿地较近，成汤能如此张扬，却未受到强大之夏的严厉制裁，而只是将他囚禁起来思过且不到一年就放了，这是不合乎逻辑的。

（二）"汤始居之亳"是个方圆不足百里的小诸侯国的国都。

理由：《孟子·梁惠王下》里有"孟子对曰：'臣闻七十里为政於天下者，汤是也。'"

（三）"汤始居之亳"要与葛国为邻。

理由：《孟子·滕文公下》里有"孟子曰：'汤居亳，与葛为邻。'"为什么古今有许多学者认定"汤始居之亳"在梁宋之地呢，可能主要就考虑到那里有"葛"，因为一般认为，"葛"在今商丘市宁陵县境内的葛国旧址葛伯屯。但也有学者指出，在其他地方也发现有葛国遗址。

（四）"汤始居之亳"要得到考古材料的证实。

理由：安阳殷墟的考古发掘，使殷代史研究取得了突破性的进展，这是中华古史研究的成功范例。它为我们提供了一条宝贵的经验：古史研究必须坚持王国维当年提出的"二重证据法"，光靠传世文献不行，光靠考古材料也不行，传世文献的记载必须经考古材料的证实，才是可信的。"汤始居之亳"地望的研究也应走这条道路。

【三】关于"郑亳说"的几点思考

自从 1955 年发现郑州商城以后，许多学者都在研究它的历史定位。1978 年邹衡先生首先提出"郑亳说"，认为郑州商城就是"汤始居之亳"。陈旭、郑杰祥、王立新等学者也发表论文，予以支持，并为《夏商周断代工程 1996—2000 年阶段成果报告（简本）》【注39】所部分肯定。他们认为郑州商城和偃师商城基本同时或略有先后兴建，是商代最早的两处具有都邑规模的遗址，并推断郑州商城为"汤所居之亳"，笔者认为他们的这种认识尚可商榷。现提出一些不成熟的意见，供读者参考。

①前已说明，"汤始居之亳"所在之处，一定要在夏统治力量的薄弱之处，一定要在夏的军事力量鞭长莫及之处，一定要在有利于成汤与主要支持者东夷各方国结盟之处。即是说，"汤始居之亳"一定要位于离夏畿地较远且距成汤的主要支持者东夷各方国较近的地方。郑州距夏都斟鄩仅 80 公里，显然不能满足这个条件。

②《孟子·梁惠王下》里有"孟子对曰：'臣闻七十里为政於天下者，汤是也。'"即是说，成汤启动伐夏战争前统治的是方圆不足百里的诸侯小国。郑州商城规模之大，城内布局之合理，便是属于和平时期大一统国家所建城邑之佐证。显然，成汤的小小诸侯国是没有能力营建郑州商城那么大的"亳"都的。

③确定"汤始居之亳"的地望，"与葛为邻"是不能回避的，因为《孟子·滕文公下》里有明确的记载，"孟子曰：'汤居亳，与葛为邻。'"目前在郑州附近，似还没有找到可信的古"葛"国遗址。

④《甲骨文合集》36567 号卜辞曰："□□王卜，在商，贞今〔日〕步于亳，亡灾？"即是说，如果这片甲骨上的亳邑确是"汤始居之亳"，那么就如该卜辞所说的那样，在离"汤始居之亳"只有一天步行路程的地方，一定会有一个叫"商"的地方。如果"汤始居之亳"在郑州，那么在离郑州只有一天步行路程的地方，得有一个叫"商"的地方。虽然现在也有支持"郑亳说"的学者认为，"商"在朝歌，但这说法缺乏证据。

⑤有些支持郑亳说的学者，对邹衡的郑亳说提出修正意见，认为郑州商城的主体规范建筑虽是成汤代夏建国后所建，但考古界确定的郑州商城内三项先商遗存便是"汤始居之亳"在郑州的铁证。对此说，笔者不认同。由商夏战争的全过程分析得知，成汤以闪电战略占领郑州后有一个商师驻守郑州长达五年的战略相持阶段，其间成汤不惜一切代价营建郑州战略根据地。笔者认为成汤占领郑州后与夏一东一西军事对垒的战略相持阶段长达五年之久，加上最后三年的战略决战阶段，成汤营建郑州战略根据地的时间共有八年之久。考古界在郑州发现的先商遗存，即李伯谦先生在郑州商城内确定的成汤灭夏前的三项遗存——位于郑州商城宫殿区黄委会青年公寓的编号为 W22 夯

土墙，以 C8T62 夯土和北大街夯土 7、9、12 等为代表的一批大型夯土建筑基址，以编号为 97C8 Ⅱ T166M6 铜器墓为代表的先商墓【注40】，很可能就是在灭夏前成汤占领郑州后长达五年之久的战略相持阶段和最后三年的战略决战阶段营建根据地、扩军备战的遗留物。

⑥ "郑州商城出土的陶文证明东周时期郑州商城名亳" 是 "郑亳说" 的立论之一。但这只能证明，郑州商城是成汤代夏建国的新亳都，即郑州商城是成汤灭夏后新建并复命以亳的国都。因为前已说明，成汤在灭夏前，驻守郑州至少八年，郑州是他的战略根据地。成汤认为郑州是战略要地，又是天下之中，灭夏当天子后，当然会定都于郑州，并复命以亳。前已说明殷人有将新都 "复命以亳" 的习惯，所以笔者认为，"郑州商城出土的陶文证明东周时期郑州商城名亳" 正是成汤建立新王朝后 "定都郑州并复命以亳" 的铁证。

【四】郑州商城和偃师商城的性质

李伯谦先生说，偃师商城 "为汤灭夏之后所建"【注40】。李伯谦先生又说："偃师商城与郑州商城的始建年代基本同时，既然偃师商城是汤灭夏之后所建，那么与其基本同时的郑州商城（内城与外廓城）的兴建也应该是开始于汤灭夏之后，而不能早到灭夏之前。"【注40】在此基础上李伯谦先生得出结论说："郑州二里岗下层一期属于早商文化，不是先商文化，郑州商城的内城、外廓城始建于灭夏之后，是早商商城，不是先商城址。"【注40】对李伯谦先生的这些精辟见解，我都十分赞同。我要跟李伯谦先生商榷的是，被李伯谦先生称为洛达庙期的城墙（以编号为 W22 的夯土墙为代表）、大型夯土建筑基址（以 C8T62 夯土和北大街夯土 7、9、12 等为代表的一批大型夯土建筑基址）、贵族铜器墓（以编号为 97C8 Ⅱ T166M6 铜器墓为代表）三项先商遗存的性质问题。李先生说这些东西是先商遗存，我没有异议。但李伯谦先生又据此作出下述推断：这三项遗存 "连同在郑州地区有广泛分布的洛达庙类型其他遗存，应该就是‘汤始居亳’时留下的遗迹。如果说以郑州商城内城、外廓城为代表（的）是汤灭夏后又复亳时兴建的亳都，那么，以这三项为代表的则是汤灭夏之前始居亳时兴建的亳邑"【注40】。

仔细分析李伯谦先生《对郑州商城的再认识》一文后，笔者发现，在对被李伯谦先生称为洛达庙类型的以上述三项考古发现为代表的先商遗存的认识上，笔者与李伯谦先生没有大的分歧。稍有差别的仅是，李伯谦先生认为，郑州的这些先商遗存是 "汤灭夏之前始居亳时兴建"【注40】，而笔者认为郑州的这些先商遗存是汤灭夏之前于夏桀二十三年离亓始居之亳伐夏时一举占领中原战略要地郑州后，在商夏战争五年战略相持阶段和最后三年战略决战阶段汤师驻守郑州营建郑州战略根据地至少八年期间（夏桀二十三年—夏桀三十一年）扩军备战时兴建。对比上述文字，笔者发现，笔者与李伯谦先生对郑州的这些先商遗存在兴建时间的认识上是高度一致的，即我们二人都认为郑州的这些先商遗存是成汤在亳即位当诸侯至灭夏前期间在郑州兴建的，而不是成汤即位当诸侯前 "老亳" 城邑的先商遗存。我们二人只是在兴建这些先商遗存的时间段上的认识稍有差别，李伯谦先生将兴建郑州的这些先商遗存的时段锁定在从夏桀十五年成汤即诸侯位时起至夏桀三十一年成汤灭夏时止，时长共17年；笔者则将兴建郑州的这些先商遗存的时段锁定在从夏桀二十三年成汤获释正式起兵反夏一举占领他早就看中的中原战略要地郑州时起至夏桀三十一年成汤灭夏时止，时长共9年。也就是说，笔者和李伯谦先生在对郑州的这些先商遗存的兴建时段的认识上是基本相同的。区别只是：李伯谦先生主张"汤始居之亳"在郑州，成汤就是于伐夏期间在郑州原亳都的基础上，又新建了考古发现的这些先商遗存；而笔者则认为"汤始居之亳"不在郑州，成汤是在正式反夏初期一举占领郑州后，驻守郑州至少八年期间因营建战略根据地的需要，在郑州新建了考古发现的这些先商遗存。笔者与李伯谦先生的观点为什么会有这个区别呢？主要是笔者认为，成汤于夏桀二十三年正式起兵反夏的起兵地点"汤始居之亳"不在郑州，而是起兵后一举占领郑州；而李伯谦先生则认为，成汤于夏桀二十三年正式起兵反夏的起兵地点就在郑州。笔者认为从当年商、夏政治军事形势来看"汤始居之亳"在郑州是不合理的，如果李伯谦先生能考虑笔者这个观点，笔者与李伯谦先生的观点就高度一致了。笔者从李伯谦先生《对郑州商城的再认识》一文中，发现李伯谦先生与笔者的观点还有一个共同的基础。就是笔者和李伯谦先生都认识到，成汤在灭夏之前，有在郑州建立根据地之举。不同的只是笔者认为，成汤在郑州建立战略根据地是成汤之所以能最终战胜夏桀的关键决策，而李伯谦先生对此只是认为成汤此举是"迫不得已"。他在《对郑州商城的再认识》一文中说："至于为什么汤在伐桀的行军途中要在距偃师二里头夏都约80公里的郑州地区建立这一根据地，分析一下当时夏、商两族角力的政治军事形势便会知道，成汤在此驻军实在是迫不得已，因为由郑州往西北大约22公里有一座夏人的城邑——大师姑二里头文化城址……很显然，这是成汤灭夏进军路线上最大的障碍。大约正是因为夏、商两军在此地曾有过较长时间的对峙，成汤才不得不筑城屯守，积聚力量，准备作最后灭夏的准备。"【注40】李伯谦先生在未见到成汤营建郑州根据地长达至少八年之久和未见到商夏战争全过程研究的任何历史文献的情况下，仅从不会说话的几处考古材料，便能对成汤为什么要长期驻军郑州并不惜一切代价营建郑州战略根据地作出如此精辟的分析，实在是令人叹服。如果李伯谦先生能够读到一些关于商夏战争全过程记载的史料，笔者与李伯谦先生的观点便会完全一致了。

下面来讲一下笔者对郑州商城和偃师商城历史定位的基本认识。

史书记载，夏亡后次年，即成汤十八年，成汤在"亳"正式即天子位，都亳，国号殷。这里有一个很大的问题，成汤十八年在"亳"正式即天子位之"亳"邑是否就是其灭夏前即诸侯位时始居之"亳"？对此问题，正史未明示，有些史书虽认定成汤正式即天子位之"亳"是"西亳"，在今河南偃师，但也未明示它是不是成汤为诸侯时始居之"亳"。依笔者愚见，成汤启动伐夏战争前统治的是方圆不足百里的国都为"亳"的诸侯小国，如此小的诸侯国的国都若位于西去夏都斟鄩（二里头夏遗址）仅80公里的郑州商城，或西南去夏都斟鄩仅6公里多的偃师商城，成汤能在夏桀的眼皮底下四处扩张，想教训谁就教训谁，例如，教训葛伯、荆伯、灭有洛等，而未受到强大之夏的严厉制裁，只是囚禁不到一年就放了，是不合乎逻辑的。因此笔者认为，成汤灭夏前所居之"亳"一定是位于距夏畿地较远且利于成汤与东夷各方国建立似夏畿、战战的地方。在代夏过程中，成汤看重的第一个战略要地就是郑州，成汤占领郑州以后，经过长达五年的战略相持阶段，才迎来战略决战的机遇。为了准备战略决战，成汤不得不花大量的财力、物力、人力在郑州营建战略根据地。到灭夏以后，战略根据地郑州的建设一定已经初具规模，已具备了作为新王朝国都的条件；另外，郑州位于天下之中，距原来的夏畿地较近，将新王朝的国都定在郑州，对原夏畿地的夏贵族有强大的震慑作用，有利于防止他们的反叛。如果将新王朝的国都定在距原夏畿地较远的"汤始居之亳"就起不到这样的震慑作用。因此在灭夏以后，成汤将新王朝的国都定在已经营建多年的战略根据地郑州并复命以"亳"的可能性是非常大的。如果郑州的先商遗址能被确认是成汤伐夏过程中所建的话，则郑州商城的内城、宫殿区和外廓城，便是成汤新王朝定都郑州并复命以"亳"以后经过周密规划营建的新王都。郑州商城规模之大，城内布局之合理，便是属于战后和平时期大一统国家所建城邑之佐证。显然，成汤灭夏前的小小诸侯国是无力建造如此规模巨大的郑州商城的，成汤灭夏过程中匆忙修建的战时设施也是无法做到城内布局如此合理的。

郑州商城的性质解决以后，我们再来讨论偃师商城的性质。首先距夏桀王都二里头遗址仅6公里多的偃师商城不可能建于成汤灭夏之前，因此它不可能是成汤灭夏前的"始居之亳"。魏晋谱书《殷氏家传》、任何版本的"殷商后裔各姓族谱"、古今的任何史书，也没有哪一本提到过成汤在伐夏过程中在偃师营建过根据地，因而偃师商城也不可能是成汤在灭夏过程中所营建。答案只能是：偃师商城是成汤灭夏后，与郑州商城同时或稍后建筑的。建筑目的是作为郑州新"亳"都的陪都（辅都），以便更加有效地威慑亡国的夏之贵族遗民。也就是说，在成汤建国后的殷初，成汤既定河洛地区的天下之中郑州为作为祭祀中心的主都（时称"**祖都**"），又定偃师为有效地威慑夏之贵族遗民的实际军事中心辅都（时称"**子都**"）。

说到这里，顺便先简略交代一下（后面还要细说），据魏晋谱书《殷氏家传》记载，从成汤立国起直到后世的盘庚迁殷前，商族殷氏人就有设置双都制的传统，当时商族殷氏人称成汤复命以"亳"的郑州为祖都（因成汤在郑州建有专供祭祀用的祖庙**大邑商**，故曰祖都），而将建在偃师的陪都或辅都称为子都（时称西亳）。魏晋谱书《殷氏家传》还记载，后世中丁迁隞（嚣）、河亶甲迁相、祖乙迁邢（耿、庇）、南庚迁奄的四次迁都迁的只是子都，而位于郑州的建有祖庙大邑商的祖都并没有迁，所以族人没有意见；而到盘庚迁殷时（即传统史学认为的殷代第五次迁都时），盘庚是要将他的子都奄都和位于郑州的祖都及祖庙大邑商连同住在郑州商城和奄地的殷商贵族一起迁到位于今安阳的祖地殷，所以才遭到恋家族人的极力反对。魏晋谱书《殷氏家传》的"祖都、子都双都说"正好与韦心滢女士在其公开出版的博士论文《殷代商王国政治地理结构研究》中提出的"圣都、行都双都说"[注21]不谋而合。为规范起见，遵照郑州大学殷商史专家李民、张国硕的意见[注21]，以后我们通称为殷代实行"主都辅都双都制"，或简称为殷代实行"主辅都制"。

总之，笔者认为，1955年发现的郑州商城是成汤灭夏后的真正王都，但不是成汤"始居之亳"，依殷人对新都有复命以"亳"的风俗，可能当时的殷人，也称郑州为"亳"，为了不与"汤始居之亳"相混，也为了纪念首先提出郑州是成汤王都的邹衡先生，笔者建议学界正式将郑州商城遗址命名为"郑亳"。至于1983年发现的偃师商城遗址，因为它位于偃师，史书中本就有个好听的名字"西亳"，笔者认为将它正式命名为"西亳"是最合适的。至于其历史定位，在没有新的发现之前，可将其暂称为成汤的陪都（辅都）。

【五】汤始居之"亳"的地望

说到这里，有些读者必然会问，你论证说成汤即诸侯位时始居之"亳"不在郑州，又说郑州是成汤即天子位时复命以亳的殷代最初王都，那么成汤即诸侯位时始居之"亳"的地望究竟在哪里呢？笔者只能遗憾地告诉读者，上面笔者只是给出了确定成汤即诸侯位时始居之"亳"地望的四个必要条件，并说明郑州不可能同时满足这四个必要条件。至于成汤即诸侯位时始居之"亳"的地望究竟在哪儿？笔者也说不准，充其量只能给出一个满足四个必要条件的大概率地理方位，就是笔者仍然坚信成汤即诸侯位时始居之"亳"的地望在豫东梁宋之地至豫东北、鲁西及鲁西南交界一带地方的可能性最大，期待考古界继续努力，能在这一带发现成汤即诸侯位时始居之"亳"的不可或缺的考古学证据。

第二章　成汤之远祖

　　依《史记》和《世本》的记载，殷代开国大帝成汤的远祖，可溯源至黄帝，出自黄帝与正妃嫘祖之长子玄嚣系，玄嚣生蟜极，蟜极生高辛氏帝喾。帝喾即是《史记》认为的商族始祖子契之父。依魏晋谱书《殷氏家传》的记载，殷商后裔民间祭祀的高祖神只有契、河（冥）、上甲、汤四位，不祭帝喾，更不祭黄帝。这充分说明，殷商后裔中撰写魏晋谱书《殷氏家传》的祖先早已意识到，殷人遗留下来的国家历史文化档案和各氏族典册在经过周人（为巩固以周代殷新建政权的政治需要）整合或删改的过程中，帝喾成为殷人和周人的共同祖先，周始祖母姜原和殷始祖母简狄分别成为帝喾的元妃和次妃，有被周人刻意人为安排之嫌；帝尧、周始祖弃、殷始祖契成为亲兄弟且与夏始祖禹成为族兄弟（四者都为黄帝的五世传人）有被周人刻意人为安排之嫌；以黄帝的九世传人帝舜将帝位禅让给黄帝的五世传人大禹（为开端的中国上古时代由公天下向家天下转化的历史）有被周人人为整合之嫌；中国上古史中的"**黄帝家族大一统世系**"更有（为巩固以周代殷新建政权的政治需要）被周人人为刻意安排之嫌。考虑到这种情况，本章将突破司马迁编纂《史记》时受汉武帝时时代局限的框架约束（比如，受汉武帝时"罢黜百家独尊儒术""崇周贬殷"等框架的约束），重新审视殷代开国大帝成汤远祖的问题。即是说，在帝喾是契之父的身份没有得到考古材料证实之前，我们只能将"帝喾是商族始祖子契之父"当作神话或传说。本章根据司马迁写《史记》时可能看到也可能没有看到的传世古文献结合现代学者对甲骨卜辞等考古材料的研究，对传说中成汤的远祖作系统的梳理。

第一节　西周以前的历史有被周人"改造"或"加工"之嫌

　　周人在牧野之战中一举击败殷纣攻占殷都后，面临天下诸侯不服从其统治的复杂局面，为了证明自己取代殷人坐天下符合天命的合法性，周人不仅把殷代的上帝转换成加以人格化的周人信仰的昊天，而且在占有殷人的典籍之后，对其中记载的中国上古史进行了系统的重新整合式的"改造"或"加工"。在这种"改造"或"加工"的过程中，殷人的国家档案和商族子姓各个氏族档案中记载的典籍或被销毁，或被改造成适合周人需要的东西（本书提到的先祖世世代代传承下来的与正史不同的魏晋谱书《殷氏家传》中的各项记载，或可能是周人"改造"或"加工"的漏网之鱼）。正是因为周人对殷人文献的这种重新整合式的"改造"或"加工"，才使我们对殷商的史事及其创造的灿烂文化几乎不知，要不是殷墟大量甲骨卜辞的出土，殷人的业绩将永远被埋藏在地下。这正是孔子无奈地发出殷礼"不足征"的原因，也是太史公的千年殷商史《殷本纪》只有区区 2800 多字（且所记内容大都聚焦在成汤和帝辛两帝身上，涉及其他殷商史事的文字多寡可想而知）的根本原因，更是我们今天重建殷代信史的难点所在。据《尚书·周书·多士》记载，周公以成王名义曾说过："惟尔知，惟殷先人有册有典，殷革夏命。"这说明在成汤灭夏后的先王时期及其之前的先公时期，殷人就有了记载历史的传统，在其国家档案和商族子姓的各个氏族档案中，保存有相应的典籍和宗族档案。显然，殷人这些有册有典的国家档案或宗族档案，我们今天是看不到了，在现有的传世文献中，我们看到的西周以前的中国历史或古史传说或神话传说，几乎都是经过周人"改造"或"加工"过的东西。周人所做的这一"改造"或"加工"，虽然他们自己觉得很完美，但终究露出了一些马脚。被周人刻意安排的帝喾的出现可能就与周人的这种"改造"或"加工"有关，以黄帝为始祖的大一统世系观的形成也可能与周人的这种"改造"或"加工"相关。下面列出一些证据，供读者参考：

①帝喾的元妃周始祖母**姜原（姜嫄）**似有被周人刻意安排之嫌。王震中在宋镇豪主编/王震中著《商代史·卷三（商族起源与先商社会变迁）》第16页尖锐地指出："在人为地给帝喾配的四妃中，只有周人的姜原为元妃。"周人为什么这样安排呢？因为按中华传统，元妃就是其身份仅低于**正后**的妃子，甚至相当于**"原配"**（最先迎娶之妻），既然周始祖母姜原是帝喾的**元妃**，那么次妃殷始祖母简狄只能算帝喾的**侧室**或**姬妾**。既然**侧室**简狄的后人——殷人，能坐天下，那么由**原妃**姜原的后人——周人，代替殷人坐天下，不是更符合天命吗？

②《史记·周本纪》中记载的周始祖**弃**出生时有一段与殷始祖**契**出生时相似的离奇故事，似有周人仿"天命玄鸟，降而生商"的神话故事人为刻意编造之嫌：弃不是一般的孩子，而是因为其母姜原（《世本》作姜嫄，《史记》作姜原）出野践巨人的脚印感而身孕，而且是在出生后遭其母抛弃多次而不夭折以后，才获得"弃"这个美名。周人仿照殷人"天命玄鸟，降而生商"的故事编造的这则神话，似有为武王灭纣、以周代殷制造遵从天命的合法化之嫌。

③以黄帝为始祖的大一统世系中似有被周人刻意安插非黄帝后人之嫌：周人将疑似西戎人的周始祖弃、疑是东方人的殷始祖契和中原之主帝尧安排成亲兄弟，且都成为帝喾的儿子，又将传说中的治水功臣夏始祖大禹安排为殷始祖契、周始祖弃、帝尧的族兄弟，即是说周始祖弃、殷始祖契、帝尧、夏始祖大禹都是黄帝的玄孙，是平辈。言下之意是：让姬发这样一个与商族同一血统的明君代替恶纣坐天下不是更合乎天命吗？

④以黄帝为始祖的大一统世系观被人为安排或加工得似乎很完美，却露出诸多马脚，有许多无法自圆其说的不实之处，被笔者的一些美国朋友取笑为**"中华黄帝家族的一笔糊涂账"**。周祖弃、殷祖契、帝尧、夏祖禹都是黄帝的玄孙，即他们都是黄帝家族的5世，而帝舜（重华）是9世，5世尧能将帝位禅让给9世舜；9世舜竟然又能将帝位禅让给他的叔伯高祖父5世禹；特别令人不解的是，**5世尧竟然冒乱伦风险将自己的两位亲生女儿（黄帝家族6世）下嫁给也是黄帝家族的9世舜。**这是以黄帝为始祖的大一统世系观留下来的一个千古世系难题。

　　周人搞出来的这个千古世系难题，只有尧、禹都是老寿星，舜支祖上都是少年得子才可解。舜支世系为：始祖黄帝、2世昌意、3世帝颛顼、4世穷蝉、5世敬康、6世句望、7世桥牛、8世瞽叟、9世帝舜。《史记》记曰：尧登帝位70年得到舜（时舜30岁，尧妻之二女，假定尧20岁登帝位，则尧90岁才得到舜）；后20年尧告老，让舜代行天子职（时尧110岁，登帝位已90年，舜50岁代行天子职）；又8年尧去世（时尧亨年118岁，登帝位已98年，舜58岁）；尧去世满3年丧期后，舜让位于尧子丹朱（时舜61岁，尧如果还活着当为121岁），群臣不朝丹朱而朝舜，于是舜始登帝位，即是说舜是50岁代行天子职，至61岁才真正登帝位。之后又39年舜去世（舜寿整100岁）。舜61岁登帝位那年，来到文祖庙，大会群臣，广开言路。同年，舜命近支叔伯高祖父5世禹（夏始祖）任司空，负责治水。又命远支高祖辈5世弃（周始祖）、契（殷商始祖）等各司其职：弃（周始祖）在尧时即为农师，继续任职；契（殷商始祖）任司徒，负责教育，同时佐禹治水。即是说，在舜61岁登基时，尧时重臣、弃、契、禹、皋陶等才成为舜的大臣。此时，弃、契、禹各多大年纪了呢？《史记》未说，但我们可以推算。

　　舜61岁登基时，尧如果活着，当为121岁（假定尧20岁登基），而弃、契均为尧兄，当均在121岁以上，已经121岁以上的弃、契还能任农师、司徒重职？这是年岁的矛盾或马脚之一。

　　下面再来推算此时禹该是多大年纪，禹父鲧是在舜摄尧政时因治水无章被诛的，因此禹当较弃、契年轻，但当舜61岁登基时，禹至少也在60岁，不然怎么能是黄帝家族的5世呢？即是说禹、舜应年岁相当或禹稍长。到舜100岁去世时，禹也该100岁出头了，已经100岁以上的禹怎么还能接帝舜的班行天子职呢？这是年岁的矛盾或马脚之二。

　　假定大禹支繁衍速度特别慢，每30年传1代；帝舜支繁衍速度特别快，每20年传1代；再假定5世大禹与9世帝舜同岁。我们先按繁衍速度特别慢（每30年传1代）的大禹支来计算一下，当帝舜61岁登基时，大禹支和帝舜支共祖老太爷3世帝颛顼如果在世，应该为多大岁数。当9世帝舜61岁登基时，大禹也61岁（假定帝舜与大禹同岁），此时大禹之父4世鲧如果在世当为91岁，3世帝颛顼如果在世当为121岁。帝舜支若按繁衍特别快的每20年传1代计算。则当3世帝颛顼121岁时，4世穷蝉应为101岁，5世敬康应为81岁，6世句望应为61岁，7世桥牛应为41岁，8世瞽叟应为21岁，9世帝舜应为1岁。依此计算，9世帝舜应是在1岁那一年（也就是说刚出生那一年）就登基称帝了，可实际上帝舜是到61岁时才正式登基称帝的，这不是天大的笑话吗？这是年岁的矛盾或马脚之三。

　　⑤《礼记·祭法》记有"殷人禘喾而郊冥，祖契而宗汤"。而《国语·鲁语上》又记有"商人禘舜而祖契，郊冥而宗汤"。按《国语》的说法，"禘、郊、宗、祖、报"是古代五种不同的典祀。即是说，若依《礼记·祭法》享受商族禘祭的是帝喾，若依《国语·鲁语上》享受商族禘祭的是帝舜。这只能说帝喾和帝舜实际上是同一人，而在周人眼中，帝喾是黄帝的四世传人，而帝舜是黄帝的九世传人，这只能说，周人刻意安排的以黄帝为始祖的大一统世系观有漏洞。

　　⑥《山海经》中有帝俊，宋镇豪主编/韩江苏、江林昌著《商代史·卷二（〈殷本纪〉订补与商史人物徵）》第43—56页，列出多个证据论述先秦文献与反

映周人以黄帝为始祖的大一统世系观的《史记》不同，断定帝喾、帝舜和《山海经》里的帝俊是同一人，"实为神话传说中一神三名之分化"。宋镇豪主编 / 王震中著《商代史·卷三（商族起源与先商社会变迁）》第 12—25 页，也认为帝喾"既非商人的始祖，也非周人的始祖"。

　　⑦这里有一个问题需要特别说明一下，就是帝喾和契这传说中的父子二人在甲骨文中的对应名字问题。国学大师王国维发现，甲骨文中的一位常被称为"高祖"的祖先神，其字形由上边的侧目人首和下边的侧身举手蹲足组成（▉），他将这个字释为"夋"，读作夔。后人约定将这个字释作殷商的高祖"夔"。王国维认为"高祖夔"就是"帝喾"【注44】，但饶宗颐认为"高祖夔"不是"帝喾"而是"契"【注45】，常玉芝从之【注46】。甲骨文中还有一个下部侧身跪着、上部似特异人头的字（▉），罗振玉、董作宾、李旦丘、日本岛邦男等人将其释为"兕"，并认为甲骨文中这个"兕"就是"契"。但常玉芝不同意此说，她认为甲骨文中的这个"兕"是契的曾孙"昌若"【注47】。总之，学界关于帝喾和契这传说中的父子二人在甲骨文中的对应名字问题还没有形成一致的意见。笔者倾向于常玉芝之说，即高祖"夔"是契，"兕"是契的曾孙昌若（相土之子），而帝喾在甲骨文中的对应字尚未发现。

第二节　有娀氏、高辛氏与商族之缘起

　　既然帝喾及其元妃周始祖母姜原、其次妃殷商始祖母简狄有被周人刻意安排之嫌，周祖弃、殷祖契、帝尧成为亲兄弟也有被周人刻意安排之嫌，那么该怎么审视殷商始祖母有娀氏女简狄吞玄鸟蛋因孕生契的神话呢？查下列古文献都有类似《史记·殷本纪》的神话记载。《诗·商颂·长发》："有娀方将，帝立子生商。"《楚辞·离骚》："望瑶台之偃蹇兮，见有娀之佚女……凤凰既受诒兮，恐高辛之先我。"《楚辞·天问》："简狄在台，喾何宜？玄鸟致贻，女何喜？"《吕氏春秋·音初》："有娀氏有二佚女，为之九成之台，饮食必以鼓。帝令燕往视之，鸣若谥隘，二女爱而争搏之，覆以玉筐，少选，发而视之，燕遗二卵北飞，遂不返。"根据这些古文献，殷商始祖契之母为有娀氏之女，在先秦时期的神话传说中是明确的，据此，若追溯契以前的商族渊源，其母方支系可以追溯到有娀氏，而男方支系当是崇鸟的高辛氏。窃以为王震中在宋镇豪主编/王震中著《商代史·卷三（商族起源与社会变迁）》第24页的推断是有道理的："帝喾与帝俊都是由商代的上帝转化而来的，是商代的上帝人格化、人性化的结果，只是如《山海经》所反映的东部的民族在把上帝转化为帝俊时，尚保留有较多的自然神的性格，而周人在把上帝或帝俊转化为帝喾时，其被伦理化的程度更高，而且还把周人的姜原安排为帝喾的元妃，把商人的简狄安排为帝喾的次妃。帝喾既非商人的始祖，也非周人的始祖，玄鸟生商是这一神话的较为原生的形态，简狄为帝喾次妃的说法是后加上去的。同时，帝喾与高辛氏的关系，正如徐旭生先生所指出，除颛顼之为高阳、帝尧之为陶唐、帝舜之为有虞，无大问题外，太皞之为伏羲、少皞之为金天、帝喾之为高辛等，在古书中全未考出证据，均属可疑，二者之间的连名，'全是综合工作的人工作的结果'。大概率高辛氏是原有的，帝喾乃后人追加的尊号。所以帝喾的因素可以从这一神话中剔除出去。至于，玄鸟究竟是燕子还是凤凰，可暂且存而不论。《楚辞》中提到的商与高辛氏关系的问题，很值得探讨。"因此，关于商族起源可大体上作如下判断：北方的有娀氏族来到冀南豫北，与来自崇鸟的东夷集团一支高辛氏族的人们因通婚而融合，形成了契及之后的商族。在古代，任何民族在进入父系社会之后，追溯男性始祖的产生往往与男方氏族的崇拜物进入女方氏族的母体"感生致孕"相关，因此才产生了"玄鸟生商"的神话传说。契因其母有娀氏女吞高辛氏崇拜物玄鸟生的蛋受孕而生的故事，既在于对父系氏族高辛氏血缘的认同，又在于神化男性始祖的不同寻常，以增强民族自豪感。上述判断与目前学术界比较有倾向性的看法是一致的。目前学术界（特别是考古界）比较有倾向性的看法是，商族起源于太行山以东的河北邢台、邯郸、磁县直至河南北部的安阳、鹤壁、新乡、濮阳一带。如果将商族起源的范围再放大点，作出商族起源于太行山以东的夏殷时古黄河左近的（冀南、豫北、鲁西一带）的判断，大概率是没有错的。

第四章　殷商先公

　　避开神话色彩太浓、可信度不高的帝喾是殷商始祖契之父及帝喾以前的商族世系，一般认为，《史记·殷本纪》中的"殷契"（考虑到商族姓子，本书称《殷本纪》中的"殷契"为"子契"，或简称为"契"）为商族传说中的始祖。学界一般将夏代及夏代之前即诸侯位的"商族之王"（魏晋谱书《殷氏家传》中说，"商族之王"是商族内部对最高族长的称呼，也可简称为"商王"或"王"，这与后世"国王"一词中的"王"字是不同的概念。笔者认为甲骨卜辞中的"商王"或"王"就是魏晋谱书《殷氏家传》中"商族之王"的意思，与"国王"的概念是不一样的，只有"殷天子"或"殷帝"才与"国王"的概念相当，这应当是学界将甲骨卜辞中"商王"的"商"字理解为成汤的国号的原因，也应当是学界将甲骨卜辞中"商王"的"王"字理解为成汤所建王朝的"国王"的原因。其实，甲骨卜辞中的"商"字只是商族族号的专称，根本不是成汤的国号，成汤的国号只能是"殷"）称作商族的"先公"（自契起至未即天子位的成汤止，历十四世），将即天子位的"商族之王"称作商族的"先王"（自殷代开国大帝成汤起至帝辛止，历十七世）。本书又将自契起至帝辛止（历三十世）的商族先公先王时期的历史分成两段：称前五世诸侯国"商国"时期为有待考古材料印证的"传说时期"，称奉夏帝之命改"商"曰"殷"的诸侯国"殷国"时期和成汤"殷革夏命"建立新王朝的"殷代"时期为"信史时期"。本书并将《史记·殷本纪》记载的殷商先公先王世次（公次、王次）与甲骨卜辞周祭祀谱等甲骨文资料揭示的殷商先公先王世次（公次、王次）进行比对，对《史记·殷本纪》记载的先公先王世次（公次、王次）的错误进行订补。考虑到甲骨卜辞周祭祀谱是比《史记·殷本纪》更为可靠的珍贵资料，本书有时也将甲骨卜辞周祭祀谱简称为周祭祀谱，使引用时更简便。

　　本章将自契起的成汤先世按商族六世冥前称商、冥及冥后称殷的顺序划分为传说时期（商先公）和信史时期（殷先公）两段。

　　① 传说时期的商国诸侯（商先公）依次为：

1 世契 → 2 世**昭明** → 3 世**相土** → 4 世**昌若** → 5 世**曹圉**　　（说明：1—5 世未进入周祭祀谱。）

　　② 信史时期的殷国诸侯（殷先公）依次为：

→商族 6 世兼殷先公 1 世**冥**（屈原《天问》中的季、《殷氏家传》中的先祖河、甲骨文的高祖河）

→商族 7 世兼殷先公 2 世**振**（甲骨文中和非《史记》文献中的亥、王亥或高祖亥）和**王恒**

（说明：6 世、7 世虽未进入周祭祀谱，但在文献和甲骨卜辞中，记载其业绩较多，可信，故将其列入信史时期）

→商族 8 世兼殷先公 3 世**微**（上甲、高祖上甲或上甲微）----------- 周祭祀谱排序为 1

→商族 9 世兼殷先公 4 世**报乙**（《史记·殷本纪》误记为报丁）--- 周祭祀谱排序为 2

→商族 10 世兼殷先公 5 世**报丙**（《史记·殷本纪》误记为报乙）--- 周祭祀谱排序为 3

→商族 11 世兼殷先公 6 世**报丁**（《史记·殷本纪》误记为报丙）--- 周祭祀谱排序为 4

→商族 12 世兼殷先公 7 世**主壬**（周祭祀谱中的示壬）----------- 周祭祀谱排序为 5

→商族 13 世兼殷先公 8 世**主癸**（周祭祀谱中的示癸）----------- 周祭祀谱排序为 6

→商族 14 世兼殷先公 9 世，即天子位之前的**成汤**（大乙）--- 周祭祀谱排序为 7

　　本章将讨论传说时期诸侯国商国的五位先公（契、昭明、相土、昌若、曹圉）

的业绩和信史时期诸侯国殷国的九位先公（冥、工亥、上恒、上甲、报乙、报丙、报丁、示壬、示癸）的业绩。

特别说明：

①信史时期的殷国诸侯9世报乙、10世报丙、11世报丁、12世示壬、13世示癸，学界通常称这连续的五世为"三报两示"，若加上8世上甲，学界则通常称这连续的六世为"上甲六示"。

②周祭制度是殷代商王及王室贵族用翌、祭、壹、肜、彡五种祀典对自上甲及上甲以后的先公、先王和自示壬之配妣庚及妣庚以后的先妣轮番并周而复始地进行的一种祭祀制度。在这种祭祀制度的一轮祀谱中，上甲总是排在每一轮周祭的第一旬第一位，然后是一个商王接着一个商王，连绵不断地、周而复始地进行下去。殷人周祭制度是董作宾于1945年发现并开题研究的，最后由常玉芝于1987年发表《商代周祭制度》基本结题。殷人周祭祀谱是比《史记·殷本纪》更为珍贵的记载殷商先公世次公次和先王世次王次的资料，利用它可对《殷本纪》中的世系记载错误进行订补。

第一节 传说中的商族始祖"契"

前文已经论证过，传说中的帝喾既非周人的始祖，也非殷商人的始祖，但经周人"改造"或"加工"过的传世文献却力图使世人相信这些有鼻有眼的传说是真的。在本节里，笔者再把与契有关的传说集中阐述一下，供读者参考。

传说，殷商族始祖契是帝喾的儿子，母亲是帝喾次妃有娀氏女简狄。还说帝尧、周始祖弃、殷商始祖契是同父异母的兄弟，每人的出世都伴有其母因感生而孕的神话。帝喾次妃陈锋氏女庆都因梦与赤龙交配而孕生帝尧，帝喾次妃有娀氏女简狄因吞玄鸟蛋而孕生殷商始祖司徒公契，帝喾元妃（上妃）有邰氏女姜原因踏巨人足迹而孕生周始祖后稷公弃。《世本》记曰："帝喾卜其四妃之子皆有天下，上妃有邰氏之女，曰姜嫄（《史记》作姜原），而生后稷。次妃有娀氏之女，曰简狄，而生契。次妃陈酆氏之女（《史记》作陈锋氏），曰庆都，而生帝尧。次妃娵訾氏之女，曰常仪。生挚。"《史记》记曰，契因佐禹治水有功，帝舜任命其为分管教化人民的官"司徒"（相当于现在分管教育的副国级干部——副总理），并封于商，赐姓子。并认为这就是商族子姓的来源。由这些传说知，契的父亲是帝喾。今本《竹书纪年》记曰："帝喾高辛氏，生而骈齿，有圣德，初封辛侯，代高阳氏王天下。"今本《竹书纪年》还说，帝喾即帝位后，居"亳"。这就是《尚书序》和《史记》中说，后世成汤"始居亳，从先王居。作《帝诰》"的缘由。这里的"先王"，就是指帝喾。成汤在就职时作《帝诰》向先王帝喾宣誓，决心要像帝喾那样以仁德治国，并像帝喾那样一统天下。

然而，传说毕竟不是信史。著名考古学家李伯谦说："文献材料可以提供线索，考古材料才能作为根据。"那么，上述有关契与帝喾关系的这些传说，能否在甲骨文资料中找到依据呢？王国维发现，甲骨文中的一位常被称为高祖的祖先神，其字形由上边的侧目人首和下边的侧身举手蹲足组成（夋），他将这个字释为"夋"，读作夔。后人约定将这个字释作殷商的高祖"夔"。

国学大师王国维认为高祖夒就是帝喾【注44】，郭沫若从之，但饶宗颐则认为夒应该是契【注45】，常玉芝也倾向于认为高祖夒是契【注46】。此外，甲骨文中还有一个下部侧身跪着上部似特异人头的字（𡥀），罗振玉、董作宾、李旦丘、日本岛邦男等人将其释为"兕"，并认为甲骨文中这个"兕"就是契。但常玉芝不同意此说，她认为甲骨文这个释为"兕"的字（𡥀）是契的曾孙昌若【注47】。总之，学界关于帝喾和契这传说中的父子二人在甲骨文中的对应名字还没有形成一致的意见。笔者倾向于饶宗颐、常玉芝之说，即高祖"夒"是契，"兕"是契的曾孙昌若，笔者查阅了《甲骨文合集》中的每一版卜辞，尚没有发现可与传说中帝喾相对应的字。

　　还有就是契的别名问题，一说契有一别名叫"玄王"，这大概是对的。另一说认为契还有一个名字叫"阏伯"（有的古书上将"阏伯"写成"阙伯"），是帝尧任命的主持祭祀"辰星"并管理"火种"的官——"火正"（"辰星"即大火星，红色，中名"心宿二"，西名"天蝎座 α 星"，自古以来就是用来参悟季节的重要天体）。因为契的孙子相土后来袭了阏伯（阙伯）专祀大火星的官职，因而有人认为契与阏伯是同一人。阏伯是中国四千五百多年前最早的天文学家，他通过祭祀和观察大火星（心宿二）的运行规律，制定历法，用以指导农业生产。后人为了纪念他，尊他为"火神"，将他当年观察星空的天文台称为"阏伯台"，又称为"火神台""火星台"（台者，丘也，这也许就是商丘这地名的来历）。阏伯（阙伯）去世后，人们就按他的遗愿，将他葬于台下。阏伯台遗址位于今河南省商丘市睢阳区商丘古城西南 3 里处，是我国现存最早的观星台。阏伯台形如墓，高 35 米，周长 270 米，台上建有阏伯庙、大殿、拜厅、钟鼓楼等，台下有大戏楼、大禅门等建筑。2000 年 9 月 25 日，阏伯台被河南省人民政府公布为第三批河南省重点文物保护单位。史书中关于阏伯的业绩，最早见于《左传》。《左传》昭公元年，记子产曰："昔高辛氏有二子，伯曰阏伯，季曰实沈，居于旷林，不相能也。日寻干戈，以相征讨。后帝不臧，迁阏伯于商丘，主辰。商人是因，辰为商星。迁实沈于大夏（一说是山西太原，一说是晋南的翼城），主参，唐人是因，以服事夏、商。"《左传》襄公九年又说："陶唐氏之火正阏伯居商丘，祀大火，而火纪时焉。相土因之，故商主大火。"阏伯去世后被称为商星，实沈去世后被称为参星。在星宿中参、商二星总是一个落下的时候，另一个才升起，永不相见。因此，唐朝大诗人杜甫在《赠卫八处士》一诗中写道，"人生不相见，动如参和商"，其典故就源于此。笔者前已论述过契和阏伯是两个不同的人。关于契与阏伯是两个人的观点，2011 年 7 月出版的《商丘师范学院学报》第 27 卷第 7 期发表的王小块论文《契与阏伯关系考》【注28】中有令人信服的考证。

第二节 传说中的商族二世至五世先公

传说中，契的儿子是昭明。昭明的儿子是相土，相土不仅是师从阏伯的天文学家，而且驯服了马。马和牛是人类从野蛮时代进入文明时代时被人类驯服并为人类服务的最主要的两种动物，马用于交通，牛用于耕田。这两种动物都是被殷商先祖驯服的。据《世本・作篇》记载，牛是商族七世先祖王亥（《世本》作胲）驯服的，马是商族三世先祖相土驯服的。相土的儿子是昌若，昌若的儿子是曹圉。总之，诸侯国商国自契发祥于古黄河之东的“商”地，三世相土继兴之后，国势便逐渐衰弱下去，直到六世冥公（甲骨卜辞中的高祖“河”、魏晋谱书《殷氏家传》中的先祖“河”）为夏之水官治理黄河以身殉职而获夏帝赐“殷”地并被追封为可以世袭的“殷君”，其子王亥遵夏帝之命率族众渡过古黄河西迁至亡父追封地——殷——“改商曰殷”（改诸侯国商国为诸侯国殷国）袭亡父新爵位、尊亡父为首任殷君以后，商族才又逐渐兴旺起来，至八世上甲时，“改商曰殷”的诸侯国终于成为豫北冀南的诸侯霸主（犹如后世的春秋五霸）。

【一】传说中的商族二世先公昭明

契的儿子是昭明。《荀子・成相》说：“契玄王，生昭明。居于砥石迁于商。”《世本》也记载：“昭明居砥石。”“昭明居砥石复迁商。”殷商先公八次迁都，如果以契从老家“蕃”迁至古黄河之东“商”（濮阳西南帝丘）为第一迁的话，则契的儿子昭明由契之都城“商”迁到古黄河之西的“砥石”，当是第二迁。昭明后来又由“砥石”迁回到契的都城“商”，当是第三迁。关于砥石的地望，说法有多种，其中丁山和王震中的说法较为可信，他们认为砥石在今河北省石家庄以南邢台以北即元氏县一带的古泜水、石济水流域。关于昭明在甲骨文中的对应名字问题，丁山先生认为是“囧”【注 48】（《甲骨文合集》8103），但韩江苏说“囧”是地名，不是人名，他认为丁山说错了。常玉芝则认为昭明是“𠙵”【注 49】。

【二】传说中的商族三世先公相土

昭明的儿子是相土。王国维【注 44】、常玉芝【注 49】认为，甲骨文中的土字字形为“Ω”，作人名用时，当指相土。相土既是中国古代的发明家，又是天文学家。《世本》记载：“相土作乘马。”说明马是由商族三世先祖相土驯服的。说相土是天文学家是因为相土师从天文学家阏伯并从卫地商丘迁到宋地商丘因袭了阏伯的“火正”官职。《左传・襄公九年》曰：“陶唐氏之火正阏伯居商丘，祀大火，而火纪时焉。相土因之，故商主大火。”相土这一迁是殷商先公的第四次迁都。王国维据《左传・定公四年》“取于相土之东都，以会王之东蒐”之记载，认为相土时殷商族有两处都城：一个叫东都，在泰山脚下；一个叫西都，就是阏伯住的宋地商丘。王国维为排定《史记・殷本纪》谓“自契至汤八迁”

或张衡《西京赋》谓"殷人之屡迁，前八而后五"的商族先公八迁之数，认为相土时有两迁。他说，相土本已居西都宋地商丘，后来迁到泰山脚下的东都，这算一迁，再后来又从东都迁回西都，又算一迁。王国维终于凑成了商族先公的八迁之数【注29】。笔者认为，王国维凑数之说不可信，相土只有因师从居宋地商丘的阏伯学习观测星空并因袭阏伯的火正官职，从卫地商丘迁居宋地商丘的一迁。

【三】传说中的商族四世先公昌若、五世先公曹圉

相土的儿子是昌若，昌若的儿子是曹圉。《史记·殷本纪》所记契、昭明、相土这三位先公，大多能得到先秦文献的印证，而第四、第五两代文献记载甚少，这说明自契至相土商族兴隆了三代，而从第四代昌若起就逐渐衰落了。殷商一族从第六代冥为水官以身殉职被封于殷、第七代王亥迁殷并改商为殷以后，才又慢慢恢复元气，直到第八代上甲借河伯之师讨伐有易，殷商一族才在殷地又兴隆起来，史家谓之"上甲复兴"。第四、第五两代，不仅文献记载甚少，而且《世本》中在第五代曹圉之后还多出"根国"一世。据陈梦家《殷墟卜辞综述》考证，这多出的"根国"一世，乃是由于注文误入正文之故。因为在《史记·殷本纪》"曹圉卒"下《索引》云："《世本》作糧圉也。"而《汉书·古今人表》和《国语·鲁语上》韦昭注则作"根圉"。陈梦家说："有此诸异文，可推测'根国'一名致伪之由来：曹圉—（糟圉）—糧圉—（粮圉）—根圉—根国。"关于昌若、曹圉在甲骨文中的对应名字问题，多数学者认为，这两位先公不见于卜辞，或者还未从甲骨文中释读出来。不过常玉芝认为，甲骨文中那个下部侧身跪着上部似特异人头的字（𡥆）就是昌若【注47】。前文已说过，这个字被罗振玉、董作宾、李旦丘、日本岛邦男等人释为"兕"，并认为这个"兕"就是"契"。同时常玉芝还认为，甲骨文中的"岳"就是昌若的儿子曹圉【注49】。

第三节 首任殷先公：冥（両族六世元公）

冥，姓子名冥，是夏代与大禹齐名的治水英雄，也是殷商先公中除成汤以外最重要也最出名的一位先公，在夏代即享受神才能享受的高规格祀种——"郊祭"——的待遇。冥公在甲骨文中被称为"高祖河"或"河"，在魏晋谱书《殷氏家传》中被称为"先祖河"，受到后世商王（殷帝）和民间的殷商后裔极为隆重的祭祀。王国维认为，《楚辞·天问》中的"季"即"冥"是有道理的，因为在《天问》中，季有儿子"该（亥）和恒"，而"亥"为冥之子，这已经得到多种文献和甲骨文的支持，当然，《天问》中的"季"和《史记·殷本纪》中的"冥"就必定是同一人了。整个殷商时期：**冥前称"商"，冥后称"殷"**。始祖契被封于商以后，只兴隆了三代，传到第四、第五两代时，国势衰弱。到六世冥任夏之水官，治理黄河殉职被夏帝追封于殷，冥子王亥奉夏帝之命迁到亡父的封地"殷"，易"商"曰"殷"以后，国势才又慢慢恢复元气。直到传至王亥之子第八世上甲时，殷商一族才又兴旺起来，史称"上甲复兴"。因此，后世殷商族人将"殷"看得和"商"一样重要，称族号为"殷商族"，称自己为"殷商后裔"。成汤放桀代夏后，是沿用老的诸侯国号"殷"作为国号，而不是"商"，正如港台史学权威、台湾大学、香港中文大学、台湾政治大学**李定一**教授在其权威著作《中华史纲》中所言："（成汤）代桀而称天子后，当天子前的封号商已不用。商成为供奉祖先的宗庙所在地，称'大邑商'，是地名；而国号为殷……《史记·殷本纪》更是国号是殷不是商的铁证……一般所谓盘庚迁殷，始国号殷，实误。事实上商是始封的小地方的名称，商汤成为天子后，'大邑商'只用之为宗庙所在地而已……习称的夏商周三代，应该改为夏殷周才符合史实"**【注1】**。

记载冥公业绩的文献如下。

① 今本《竹书纪年》："十一年（夏帝少康时），使商侯冥治河。"
② 《国语·鲁语》："冥勤其官。"
③ 郑氏《祭法》注："冥，契六世孙也。其官玄冥，水官也。"
④ 今本《竹书纪年》："十三年（夏帝杼时），商侯冥死于河。"
⑤ 《国语·鲁语》及《祭法》："冥勤其官而水死。"
⑥ 《国语·鲁语上·展禽论祭爰居非政之宜》："黄帝能成命百物，以明民共财，颛顼能修之。帝喾能序三辰以固民，尧能单均刑法以仪民，舜勤民事而野死，鲧障洪水而殛死，禹能以德修鲧之功，契为司徒而民辑，冥勤其官而水死，汤以宽治民而除其邪，稷勤百谷而山死，文王以文昭，武王去民之秽。故有虞氏禘黄帝而祖颛顼，郊尧而宗舜；夏后氏禘黄帝而祖颛顼，郊鲧而宗禹；商人禘舜而祖契，郊冥而宗汤；周人禘喾而郊稷，祖文王而宗武王；幕，能帅颛顼者也，有虞氏报焉；杼，能帅禹者也，夏后氏报焉；上甲微，能帅契者也，商人报焉；高圉、大王，能帅稷者也，周人报焉。凡禘、郊、宗、祖、报，此五者国之典祀也。"

殷代史

【卷二】殷商史事要览

⑦《国语·鲁语上·韦昭注》："冥,契后六世孙、根围之子也,为夏水官,勤于其职而死于水也。"【注50】

⑧《世本》宋衷注："冥为司空【注51】,勤其官事,死于水中,殷人郊之。"

冥因治水以身殉职,被夏帝追封于"殷",后来,其子王亥奉夏帝之命率领族人迁到亡父冥的封地"殷",袭亡父新爵位,即殷君位 (前已述,王亥迁殷是殷商先公第五次迁都) 。

冥公封地殷之地域在太行山以东,夏商时古黄河以西,南至豫北洹水流域,北至冀南漳水流域一带。其地理位置可用"山东河西,洹、漳二水流域间"11个字来概括。王亥迁的"殷地"是"山东河西,洹、漳二水流域间"的一大块区域,殷地之治所"殷",在"邺"南30里。一般认为邺在今河北临漳西南邺镇东,邺也在冥的封地殷的疆域内。

在商族的历史上,如果不是突然发生了"冥勤其官而水死"的悲壮事件,冥子王亥就不会率族众迁到今豫北安阳至冀南邺地一带的殷地去经营发展,当然也就更不会有后来的"王亥仆牛宾于有易被诛杀"和"上甲剿灭有易而复兴"及"成汤代夏而有天下"并命国号为"殷"等历史事件。历史就是历史,它不能假设。如果历史真的按上述假设发展,商族就将永远叫商族,它与"殷"字就不会有半点瓜葛,上古史中就不会有"上甲在殷地复兴"的事件,当然也就不会有后世成汤建立的殷商王朝,今天的中华大地上也就不会有殷氏和人口过亿的殷商后裔。因此,**笔者认为,如果德高望重的宋镇豪先生赞同本书考证的成汤所建殷商王朝的国号为殷非商之观点,笔者恳求宋镇豪先生将其主编的并由十多位专家参编的新建殷商王朝断代史——十一卷(本)《商代史》——在再版时易名为《殷代史》,只有这样,才更符合历史上真实存在近600年之久的殷商王朝的实际。**

冥之封地殷这地名在殷商族的兴衰史上至少起过四次关键的作用。第一次是先商时期奉夏帝之命,第七世商君王亥迁到其亡父冥的封地"殷",改诸侯国号"商"为"殷",即殷君位,尊其亡父冥为首任殷君,自己为第二世殷君。从此以后,本来互不相干的"殷""商"二字有了密切联系。第二次是王亥子,第八世商君,也是第三世殷君——上甲,在"殷"地的复兴。(今本《竹书纪年》:"中叶衰而上甲微复兴,故商人报焉。") 第三次是第十四世商君,也是第九世殷君,成汤放桀代夏而有天下后,定国号为殷。第四次是众所周知的"盘庚迁殷"后在"殷"地的中兴。即是说,在殷商族的历史上,就地域而言,冥之封地"殷",上甲复兴之地"殷",后世殷帝(商王)盘庚所迁之"殷",这三个"殷"地,都是指太行山以东,夏商时古黄河以西,南至豫北洹水流域,北至冀南漳水流域的一块地方。其地理位置可用"山东河西,洹、漳二水流域间"11个字来概括。

第四节　三世殷先公：亥、恒、吴（高阳七世先公）

亥、恒、吴是子冥公的三个儿子，亥居长，次恒、三吴。兄弟三人，在魏晋谱书《殷氏家传》中分别被称为殷王子亥、殷王子恒、殷王子吴。这兄弟三人，均得到甲骨文的印证。在甲骨文中，这兄弟三人分别被称为王亥、王亘、王吴。对王吴的认知，学界尚不一致，郭沫若认为王吴是冥的父亲曹圉，丁山认为王吴是契的儿子昭明。兄弟三人中，以王亥最为著名，其名字不仅出现在多种文献中，而且受到后世商王的隆重祭祀，在甲骨文中，被称为"高祖亥""高祖王亥""王鲞""王夋"。

王亥的"亥"字，在古代文献中有多种写法，如该、振、胲、核、冰等。下面是传世文献中关于王亥的记载。

①《史记·殷本纪》："冥卒，子振立。振卒，子微立。"
②《吕氏春秋·勿躬篇》："王冰作服牛。"
③《世本·帝系篇》："冥卒，子振立。"
④《世本·作篇》："胲作服牛。"
⑤《山海经·大荒东经》："有人曰王亥，两手操鸟，方食其头。王亥託于有易河伯仆牛，有易杀王亥，取仆牛。"
⑥《楚辞·天问》："该秉季德，厥父是臧；胡终弊于有扈，牧夫牛羊？"
⑦古本《竹书纪年》："殷王子亥宾于有易而淫焉，有易之君绵臣杀而放之，是故殷主甲微假师于河伯，以伐有易，灭之，遂杀其君绵臣也。"
⑧今本《竹书纪年·帝泄》："十二年，殷侯子亥宾于有易，有易杀而放之。"
⑨今本《竹书纪年》："殷侯子亥宾于有易而淫焉。有易之君绵臣杀而放之。故殷上甲微假师于河伯，以伐有易，灭之，遂杀其君绵臣。中叶衰而上甲微复兴，故商人报焉。"

以上这些传世文献证明，王亥是一个很有本事的人。他不但驯服了牛，发明了饲养牛的技术，而且会做生意，到有易、河伯这些北方小国去做牛的生意，后来因故不幸被有易人杀死。魏晋谱书《殷氏家传》中记载了一则《王亥仆牛》的故事，故事很有趣，说王亥力大无穷，能将牛头按倒在地，纵身骑在牛脖子上，两手抓住牛角……这种事，恐怕现在也很少有人能做到。王亥因为做生意出了名，在魏晋谱书《殷氏家传》中称殷王子亥为殷商族人中做生意的鼻祖。在汉语中，把做生意的这一行业称为商业，可能就与商族中出了个王亥有关。

魏晋谱书《殷氏家传》还记载，亥为殷冥公长子，奉夏帝之命，由河东之商丘，渡过古黄河，西迁至殷，袭受封亡父新爵位。这应是殷商先公的第五次迁都，是由相土的宋地商丘迁到夏殷时期古黄河之西的殷地去。那时宋地商丘常闹水灾，王亥、王恒、王吴三兄弟当然很高兴能迁到河西太行山脚下不受水灾的殷地去。

魏晋谱书《殷氏家传》还记载，殷王子亥不仅发明了驯牛的方法，还从商，与其弟殷王子恒在有易国做牛的生意。殷王子亥因故被有易人杀死，其弟恒宣布继承亡兄亥即殷公位，首创兄终弟及。王亥的儿子上甲听到这消息很不高兴，疑叔父恒与有易人勾结，边立幼叔吴即殷公位，边借河伯之师伐有易，杀死了有易国的国君绵臣。当上甲确定私自宣布即殷公位的叔父王恒出走下落不明或客死他乡后，遂班师回国，废幼叔吴，自己即殷公位。

甲骨文中的王亥受祭规格非常隆重，甚至非常残忍。常玉芝在宋镇豪主编的常玉芝著《商代史·卷八（商代宗教祭祀）》第198—203页中引用了大量甲骨卜辞片说明殷人祭祀王亥的规格之高。其中有一片记载：有一次将多达十个活人（十羌）砍头（"伐"祭）加上对剖十头牛（"卯"祭）来祭祀王亥。如果不用活人只用牲口祭祀，一次祭祀用30头牛、40头牛甚至50头牛是常有的事，如在《甲骨文合集》14733号卜辞片中，就有一次用30头牛来祭祀王亥的记载。甲骨文中王亥的亥字，从隹从鸟，是商族崇鸟的直接体现。

虽然《史记·殷本纪》中不见王恒，但《楚辞·天问》和魏晋谱书《殷氏家传》中都有亥、恒是兄弟的记载。《楚辞·天问》既云"该秉季德，厥父是臧"，又云"恒秉季德，焉得夫朴牛？"足以证明该（亥）、恒两人同是季（冥）的儿子。王恒是王亥被害后续任的殷先公已被甲骨文证明。在甲骨文中，王恒隶定作王亘。王恒为殷之先公且为受祭对象，这个史实是国学大师王国维从甲骨卜辞中考释出来的，这是以地下出土的考古材料印证订补传世文献的重大收获，在殷商史的研究中曾有里程碑式的重大意义，因为在传世文献中，并无王恒即殷公位的记载。

魏晋谱书《殷氏家传》中说，冥有三个儿子：长亥（王亥）、次恒（王恒）、三吴（王吴）。王亥是公认的殷公。王恒是王亥被有易人杀了以后私自宣布即位的殷公，开了兄终弟及先河，王恒虽也受后世祭祀，但其即殷公位没有受到举族公认。王吴年幼，是王亥儿子上甲为了与叔父王恒争殷公位短暂拥立的，更没有得到举族的公认。在上甲为报父仇征服有易班师回国，确认其叔父王恒出走并下落不明或客死他乡后，举族公推上甲继任殷公，王吴的公位就被废。目前学界只确认甲骨文中王亥、王亘（王恒）是冥公的儿子，并没有认识到王吴也是冥公的儿子。王吴，甲骨文字形为（■）。陈梦家释为王夭（陈梦家《殷墟卜辞综述》，第345页，中华书局，2004年4月版，其《附图》，科学出版社，1956年版），罗振玉释为王矢（罗振玉《殷墟书契考释》，第55页，中华书局影印，2006年1月版），只有郭沫若的释译与魏晋谱书《殷氏家传》记载的王吴名称一致（郭沫若《卜辞通纂》，第68页，日本东京文求堂书店石印本，1933年版）。所见卜辞中，出现王吴内容的有三条，皆为武丁时期卜辞，即《甲骨文合集》14709号、1025号、14708号。目前学界多数专家认为王吴必为殷商先公或远祖。丁山在《新殷本纪》（1940年版）中认为王吴是契的儿子昭明，郭沫若在《卜辞通纂》331片考释中认为王吴是冥公的父亲曹圉（支持此说的不多），并认为在《甲骨文合集》14709号片中有王吴受到商族殷人侑祭（屮祭）的记载。

第五节 三世殷先公：上甲（商族八世先公）

三世殷先公上甲名微，是王亥的儿子，商族第八世传人，上甲是殷商前十四世先公中除契、成汤和冥以外最有作为的君主。文献记载古人的祀典有"禘、郊、宗、祖、报"五种，上甲因实现殷商复兴之梦，故文献记载其受到后世商王（殷帝）的"报祭"。

今本《竹书纪年》："中叶衰而上甲微复兴，故商人报焉。"

《国语·鲁语上·展禽论祭爰居非政之宜》："上甲微，能帅契者也，商人报焉。"

殷人对上甲的祭祀，既频繁又隆重。在殷商晚期的周祭制度中，上甲总被排在每轮周祭的第一旬第一位。从甲骨卜辞中可看出，上甲在殷人心目中有着很高的地位。在甲骨文中，上甲被称为"高祖上甲"。除了文献记载的报祭以外，甲骨文证实，殷人对上甲的祭祀，还有燎祭、侑祭、御祭、酚祭、升祭、岁祭、祝祭、毛祭等。上甲在殷人心目中有着很高的地位可从以下多方面看出：

①称上甲为高祖；

②上甲与其他高祖合祭；

③周祭或合祭先公先王时，总是把上甲排在开始的第一位；

④会用多种祭法（包括用人牲）单独祭祀上甲，而对其他贡献不大的先公，比如对三报（报乙、报丙、报丁），则单独祭祀很少。

魏晋谱书《殷氏家传》和许多传世文献都记载，上甲借河伯之师，讨伐北方的有易族，以报父仇，灭之，杀死了其君绵臣。因打了胜仗，北方的领土有所扩张。为了更有效地控制北方新增加的领土，将国都由殷地之原治所殷稍向北迁，居于同属于殷地的邺。这是殷商先公的第六次迁都。严格来讲，上甲微由殷地之治所殷北迁到同在殷地域内的邺，这属于在殷地域内的内部迁都，但殷地之原治所殷与同属于殷地的邺毕竟是南北相距30里的两个地点，因此也可视为一迁。

魏晋谱书《殷氏家传》中说，上甲是王亥的儿子，可是，自从甲骨文发现王恒也是冥公的儿子并即过殷公位后，有一批学者就认为上甲不是王亥之子，而是王恒之子。直到胡厚宣1977年发现《甲骨文合集》24975号卜辞版上明确刻着上甲的父亲是王亥而不是王恒[注52]，才结束了这场争论。

魏晋谱书《殷氏家传》还记载，上甲有个哥哥名昏，曾与他一同去讨伐有易。班师回国后，上甲废了幼叔吴，并坚决要求其兄昏即位，但昏说自己没有军功，坚决不受，出走。后来，其兄昏杳无音信。无奈之下，上甲只好自己即殷公位。上甲微有兄名昏，在屈原《天问》中有记载："昏微遵迹，有狄不宁……"近来有人在甲骨文中找到一个据说是对应于上甲之兄昏的字"𦥑"，这还有待进一步确认。

上甲姓子名微，也称殷微。上甲是子微（殷微）的"**日名**"或"**庙号**"，**日名**中的"**甲**"字是他的"**日干**"，表示对上甲的祭祀必须在每旬的第一天进行（初一、十一、二十一），**日名**中的"**上**"字是区别字"**前缀**"，以便区别于**日干**也为甲字的其他人，比如，使上甲区别于太甲、小甲、沃甲、阳甲、祖甲等。因为殷人对上甲的祭祀，总在每旬的甲日进行，因此上甲就是他的**日名**或**庙号**的全称。这开启了后世殷先公报乙、报丙、报丁、示壬、示癸等为十天干命名之先河。司马贞《殷本纪·索隐》记曰："皇甫谧云：'微字上甲，其母以甲日生故也。'商家生子，以日为名，盖自微始。谯周以为死称庙主曰'甲'也。"关于对殷先公祭祀时的称名问题，实隐含着丰富的文化内涵。国学大师王国维根据甲骨卜辞将《史记·殷本纪》记载的"微→报丁→报乙→报丙→主壬→主癸"公位传承顺序错误订正为"微→报乙→报丙→报丁→主壬→主癸"，对正确认识"上甲六示"先公的这段历史，具有重大意义。魏晋谱书《殷氏家传》中说，殷人将命名庙号的十天干称为"**日干**"，由**日干**命名的祭祀"**庙号**"叫"**日名**"，日名由"**前缀＋日干**"两部分组成。比如，子昭帝的**日名**（庙号）为"**武丁**"，"**丁**"是他的**日干**，表示对武丁的祭祀必须在每旬的第四天举行；"**武**"是他的**日名**（庙号）的"**前缀**"，**前缀**的作用有二：一是后人对他一生功过是非的评价，二是区分日干相同的人。**武丁**的"武"字代表他逝后后人对他的一生的概括，武丁武功卓著，所以叫武丁，有了武字，前边帝字可省略，不叫"帝武丁"，而直称"武丁"。日名要加前缀，主要是为了区分重名，比如，太丁、沃丁、中丁、武丁、祖丁、庚丁、文丁的日名中都有"丁"，故在定**日名**（庙号）时，要加前缀以区分。

可是，这些**日名**或**庙号**是怎么来的？是只有商王（殷帝）有日名，还是所有殷人都有日名？日名是生前就有还是死后才有？上甲六示的日名为什么只有十天干之首的顺序排列（上甲、报乙、报丙、报丁）和十天干之尾的顺序排列（示壬、示癸），其中间为什么独缺戊己庚辛？对这些基本问题，学界至今仍然众说纷纭，搞不清楚。

以解释"在上甲六示的日名排列中为什么中间独缺戊己庚辛？"这问题为例，学界就众说不一。魏晋谱书《殷氏家传》中说，上甲六示中的报丁还有四个未即位的弟弟。这正好解释了这个问题。可是，有的专家为了论证殷人在先公时代就有兄终弟及的公位继承制度，硬是猜测说，在报丁与示壬之间一定还有四个即位为先公的报戊、报己、报庚、报辛，只是《史记·殷本纪》漏掉未记而已。他们认为《史记·殷本纪》漏掉的这四位，或者是报丁的弟弟，或者是示壬的哥哥，他们像王恒接王亥位一样，都是兄终弟及的。笔者认为，这些专家推测说殷人在先公时代的公位继承制度就以兄终弟及为主、就有兄终弟及的习惯是没有根据的。

自上甲六示始，殷商先公先王去世后的**日名**（庙号），都以"**前缀＋日干**"的模式命名。关于这些**日名**（庙号）是怎么来的，学界有生日说（西晋皇甫谧说）、死日说（王玉哲说）、卜选（庙号）祭日说（李学勤说）、排序说（陈梦家说老大为甲、老二为乙、老三为丙……）、去世后评价说等不同说法。其中，卜选祭日说是由清华历史学大师李学勤提出来的[注53]，得到不少学者的支持，其意思是说，殷先公先王去世后，为了确定其庙号和祭日，由占卜选定十天干中的某一日作庙号，且定为祭祀的祭日。卜选祭日说能合理地解释上甲六示中独缺戊己庚辛的问题。卜选祭日说认为上甲、报乙、报丙、报丁和示壬、示癸前后相连可能是卜选时的巧合，但不一定都能如此巧合，卜选祭日说认为占卜时占卜不到戊己庚辛是完全可能的。对卜选祭日说的正确性，笔者持保留态度，因为占卜时能卜选到甲乙丙丁相连的巧合，令人生疑。笔者现在提出一种"**新的日名说猜想**"如下述。

殷商族使用"甲乙丙丁戊己庚辛壬癸"十天十作"日名"（代表古时神话传说
天上有甲乙丙丁戊己庚辛壬癸十个太阳，每个轮流依流值日一天，十干为一旬，周而复始，与西方神话中的
一个星期七日一循环类似）。"日名制"自夏代就有始用，如大庚（太康）、中庚（仲康）、
少庚（少康）、胤甲、孔甲、履癸（桀），鼎盛于殷商，直至西周中期以后
才被"谥号制"取代。谥号只在死后才有，自己死前并不知。日名究竟是死
后用，还是生前就用呢？李学勤教授主张死后用，那不就与谥号的作用相同
了吗？比如上甲微，子姓殷氏名微，区别字"上"，日名"甲"，那么上甲
微生前知不知自己叫"上甲"呢？关于日名命名依据、命名方法、死后用还
是生前用、日名与谥号有何不同等方面，学界论文不多。殷商族不仅商王（殷
帝）有日名，一般人似乎也有，女的也有，如武丁的三个配偶就有妣辛、妣癸、
妣戊。妣辛就是大名鼎鼎的中华第一女帅妇好。记得在魏晋谱书《殷氏家传》
中，所有祖先，均有私名，如殷代二世太丁的私名"睿"，正史无考，唯有
魏晋谱书《殷氏家传》中明确记有太丁子姓殷氏名睿。笔者提出一种调和"生
日说"和"死后评价说"的猜想，即完整日名是由两部分组成的偏正结构——
即由"**后天前缀＋先天日名**"两部分组成。"先天日名"与生俱来，生在一
旬中的天干"某"日，先天日名便为"某"，孩子出生后，先天日名与生俱
来，生在甲日，先天日名便为甲，生在乙日，先天日名便为乙，与占卜贞问
无关，与是否即位也无关。孩子有了先天日名后，家人又要为其取后天私名，
如上甲名微，天乙名履，太丁名睿，外丙名胜，中壬名庸，等等。"后天前
缀"为死后由其近亲后人或朝廷大臣或继任先公先王根据该人一生的功过德
行或身份高低议定，供记史和祭祀作庙号之用，与死日无关。如大乙或天乙
的"大""天"、祖乙的"祖"、阳甲的"阳"、武丁的"武"、盘庚的"盘"
等。"后天前缀"的主要作用是为了区分"先天日名"相同的人。比如武丁，
子姓殷氏名昭。昭是真实私名。武丁是驾崩后的全称"日名"，这"全称日名"
由两部分组成。"丁"代表他生于一旬十天中的第四日，后世祭祀他也必须
在一旬的第四日进行，叫祭日。后天前缀"武"字代表他逝后后王即位时对
他的一生的概括，武丁武功卓著，所以叫武丁，有了武字，前边帝字可省略，
不叫"帝武丁"，而直称"武丁"，而失国的"帝辛"因没有人为他评议出"后
天前缀"，只有先天日名"辛"，故后世称呼他时加前缀"帝"，日名叫"帝
辛"。日名要加前缀，主要是为了克服重名，比如，太丁、沃丁、中丁、祖丁、
庚丁、文丁的先天日名都是"丁"，故在死后要加前缀加以区分。可是这"丁"
字究竟是怎么来的，有的说是生于丁日，有的说是死于丁日，有的说是占卜
的神定祭日出"丁"，有的说他们都是弟兄中排列第四，即老四。众说不一。
目前主流学界专家说是占卜出"丁"，故祭日为丁日。殷商特别信鬼神，他
们认为，商王是上帝身边的"神"下凡，代表上帝掌管人世间一切，去世后
回到上帝身边，成为上帝的"宾"，并认为"宾于帝所"的祖先是沟通上帝
与人世的重要桥梁，所以后人要在其"日名"之日（例如"丁"日）隆重祭祀他。
后世朝廷和史家或为祭祀或为记史之需要，将后天前缀和先人日名组合在一
起，就出现史书中或甲骨卜辞中的完整日名。笔者提出"完整日名"由"后
天前缀＋先天日名"两部分组成的猜想，与学界的"生日说""死日说""死
后占卜卜选祭日说""兄弟排行次序说"都不同。现发表于本书中，祈求学
界批评指正。

第六节　四至八世殷先公：三报两示（商族九世至十三世先公）

　　《史记·殷本纪》记载："微卒，子报丁立。报丁卒，子报乙立。报乙卒，子报丙立，报丙卒，子主壬立。主壬卒，子主癸立。主癸卒，子天乙立，是为成汤。"这里的"微"即上甲，殷人也将其称为"上甲微"。甲骨文周祭祀谱和魏晋谱书《殷氏家传》均证明，《史记·殷本纪》将上甲微后面的报丁、报乙、报丙的即位顺序记错了，应该订正为报乙、报丙、报丁。报乙、报丙、报丁在甲骨文中，统称为"三报"。《史记·殷本纪》中的"主壬、主癸"在甲骨文中叫"示壬、示癸"。因此，《史记·殷本纪》中的"报乙、报丙、报丁、主壬、主癸"在学界通称为"三报两示"。也有学者将"上甲、报乙、报丙、报丁、主壬、主癸"这六世先公通称为"上甲六示"。上甲六示均进入了周祭祀谱，最后两示（主壬、主癸）不仅本身进入了周祭祀谱，其配偶也进入了周祭祀谱。在甲骨文中，除周祭外，对三报的祭祀很少，但对两示的祭祀则多得多，特别是示壬很受殷人的爱戴，在甲骨卜辞中，示壬被尊为保佑农业丰收和战争胜利的神灵。示壬是开国大帝成汤的祖父，殷人对其重视是理所当然的。另外，魏晋谱书《殷氏家传》还记载，到报丁即位时，又回迁到大河之东的祖地商丘，这是殷商时期先公的第七次迁都。

　　从殷人对上甲六示祭祀的重视程度来看，殷人最重视的先公是上甲，其次是两示，而对三报，除了合祭和周祭外，对他们的单独祭祀很少。学界普遍认为，在殷商晚期的周祭制度中，出现上甲六示都受祭的现象具有十分重要的意义。上甲六示都被排在每轮周祭的第一旬，并将上甲排在第一位。这说明在殷人的典册中，自上甲以来的先世已经记载得很清楚；上甲以前的先公，未排入周祭祀谱，正说明殷人的世系典册对他们的记载不是很具体，也就是传说、神话的成分比较多。因此，学界普遍认为，殷商时期的信史时代从上甲起，这是有道理的。另外，在上甲六示中，只有最后两位先公的配偶进入了周祭祀谱，这也有一定的意义。上甲的配偶、三报的配偶没有进入周祭祀谱，不是说她们没有资格，而是她们的名讳在殷人的典册中没有被记载，也就是不可考了。这从甲骨文中可以看得很清楚。对主壬以后的各先公先王的配偶都有具体的名讳，而对三报（报乙、报丙、报丁）的配偶，卜辞中只笼统地称为"三报母"。古文字学家于省吾先生在《甲骨文字释林·释上甲六示的庙号以及我国成文历史的开始》一文中指出【注54】："甲骨文祀典中的庙号……自二示和二示以后的先王和先妣的庙号则尚为完备，这是由于有典可稽的缘故。……甲骨文周祭中的直系先妣，自示壬的配偶妣庚和示癸的配偶妣甲开始，但是，妣庚和妣甲的日干并不相次，很明显。他们的庙号是根据典册的记载，绝非后人所追拟。因此可知，示壬、示癸的庙号也有典可稽，是可以断定的。"

　　上甲六示的祀典，特别是示壬、示癸及其配偶见于典册的事实，证明殷商族的历史，从上甲六示开始已经进入了成文记录的时代。这不仅在殷商族发展史上，而且在中华文明史上都是具有十分重要意义的。

第五章　殷革夏命

　　"殷革夏命"这句话本出自未代殷商的故人周公姬旦之口，因此，"殷革夏命"的说法，在中国古代当然是广为认同的。据《尚书·周书·多士》记载，周公以成王名义曾说过："**惟尔知，惟殷先人有册有典，殷革夏命。**"然而，关于殷革夏命的过程，殷革夏命的伟大历史意义，文献中记载甚少。有些史家甚至认为殷革夏命只是普通的改朝换代，其书写价值甚至不及周武王发动的牧野之战，写这件史事时，只须一笔带过就行了，根本不值得用一章的篇幅来专门讨论。这种历史观是极其错误的。成汤不仅是中国上古史中杰出的思想家、政治家、战略家、军事家，而且是革命成功后的治国理政能手。作为成汤左膀右臂的重臣伊尹被东汉许慎在《说文解字》中称为"殷圣人阿衡也"。成汤在伊尹的辅佐下，以闪电式战略占领天下之中郑州后，不是火速挥师西进伐夏或南下克昆吾 (如果成汤当年盲目地继续西进伐夏，其下场可能连后世的李自成都不如)，而是花费整整五年时间 (夏桀二十四年—二十八年，即成汤十年—十四年) 营建郑州根据地，巩固豫东豫北大后方，与东夷各方国结成反夏统一战线。到决战时机成熟时，才在南下克昆吾后果断地挥师西进，与夏桀进行最后的三年决战。灭夏后还听从伊尹的意见，不杀夏桀，而是放逐他，让其自生自灭。(今本《竹书纪年》："夏桀三十一年 (成汤十七年)，获桀于焦门，放之于南巢。") 成汤对夏桀不赶尽杀绝的决策获得众诸侯的普遍赞扬，对迅速稳定局势、不需一兵一卒收复夏属部族方国具有战略意义。灭夏放桀后，成汤做的第一件大事，不是急急忙忙地登基当天子，而是从容地回到自己的亳都，召开海选天下共主——**天子**——的三千诸侯大会，共商国是，定郑州为首都，并复命以亳，且定下团结族人一致对外并要求后世商王必须恪守的"殷商并用"族规，为殷代近 600 年天下奠定牢固的基础。成汤为什么敢于这样做，当然是以他拥有稳定局势的强大军事力量为后盾的。细想起来，3600 年前的成汤殷革夏命的经验犹如历史的一面镜子永远值得后世借鉴。

　　正因为成汤在为期九年的商夏战争中，既有如此敏锐的战略眼光，又有统率百万雄师的卓越指挥艺术，所以值得在殷代史中以单独一章的篇幅进行记载并大书特书。

第一节　夏代末年的社会状况和成汤为伐夏所作的战略准备

　　成汤以武力夺取政权建立取代夏王朝的殷商王朝这件史事，在许多传世文献中都有记载，后世周公还以成王名义说了一句出自内心的话："惟殷先人有册有典，殷革夏命。"现代考古学的成果也大概率地证实了殷革夏命的真实性。除了殷墟甲骨文已经证实了殷商王朝存在的真实性以外，学界多数学者认为以河南偃师二里头遗存代表的二里头文化就证明殷商王朝之前的夏王朝也为真实存在，认为那里发现的巨大宫殿建筑群遗址或许就是"夏墟"。约当夏王朝中期，即公元前 18 世纪前后，分布在冀南豫北的商族日益崛起（考古学界称，约当夏王朝中期，在夏文化北偏东方向崛起的商族所代表的文化为"下七垣文化"）。至夏末，以九世殷公成汤（商族十四世）为国君的诸侯国——仅 70 里范围的小小殷国，其国力及声望已经发展到能与宗主国夏王朝一较高低的境界。经过与夏王朝长达 15 年的较量，最终在中原建立了取代夏王朝的强大殷商王朝，以郑州二里岗文化取代了偃师二里头文化，完成了后世周公认为的"殷革夏命"。成汤的以殷代夏不是一蹴而就的事，而是一个夏商力量此消彼长的渐进过程。本节重在梳理一下成汤伐夏前中华大地上的政治、军事形势和社会民生状况。

顺便说一下，传世文献均认为夏殷周三代以黄帝为共祖，不管是成汤伐夏，还是周武王伐殷，其王朝更替都是符合天命的黄帝系家族内部的事。然而，现代考古学的研究成果似乎与此说不合。考古学发现的夏文化、先商文化、先周文化虽有中华远祖文化的一脉相承之处，但各有明显的特点。即是说从现有的考古材料来看，夏殷周三代王室未必都是黄帝之后，在甲骨文中，尚未发现殷人祭祀黄帝的卜辞，便是个有力的证明。夏殷周三代王室均以黄帝为共祖之说，很可能是周人为了证明自己以周代殷政权的合法性（符合天命）对中国上古史中神话传说的一种重新"整合"。还有，在中华大地上，以上古时代部落混战时期推选"领导人"【注57】（"天下共主"）的公天下禅让制为特征的"部落联盟"被大禹的儿子启建立的以家天下世袭制为特征的夏王朝所取代，这虽是古今史家公认的事，但在夏王朝究竟算不算"国家"的问题上，学界似乎还没有形成统一的认识。

当代著名考古学家、北京大学李伯谦教授认为夏代是算"国家"的，他在《夏文化探索与中华文明起源与形成研究》一文中说："夏代社会是什么样的社会？用一句话说，它是一个有较高发展程度的王权国家，它已经进入了文明时代。以下从五个方面分析。"【注58】接着，李伯谦先生在该文中从经济发展、阶级分化、政治中心与王权的存在、常备军队的存在、从事艺术宗教文字等职业的脑力劳动者的存在五个方面论述了夏代是"有较高发展程度的王权国家……已经进入入了文明时代"的理由【注58】。

以"《简明中国历史读本》编写组"名义出版的《简明中国历史读本》【注59】作者之一王震中也认为启建立的夏王朝是算"国家"的。他在此书由他撰写的第二章第一节中说："夏朝呈现一种复合制国家结构……以夏王为'天下共主'的王朝，形成了众星拱月的格局。夏王既直接统治着王邦，也间接支配着若干属国和族邦。"也就是说，《简明中国历史读本》认为，夏王朝"是中国中原地区历史上第一个以'天下共主'为最高统治者的奴隶制王朝"，是不可小视的、具有一定权威的政治实体。

而蔡美彪在几乎与《简明中国历史读本》同时出版的《中华史纲》【注60】一书中则认为，夏朝不是"国家"，只是"部落混战"局面的继续，只有成汤建立的殷商王朝才是真正意义上的"国家"。他在此书中说："（少康重获胜利后）结盟的部落已所存无几。夏后氏传到孔甲时，原来黄帝联盟的各部落相继离去。孔甲三传到桀，部落联盟已完全瓦解了。"其言下之意是，成汤毫不费劲地便取代了夏王朝，建立了真正意义上的"国家"殷商王朝。他在此书的第8页中还说："（成汤建立新王朝后）没有重建部落联盟，而是在氏族部落制的废墟上建立了商朝。商汤也不再沿用联盟长'帝'的称号，而自称为'王'。"

学界以上两说的孰是孰非，笔者不敢妄加评说，只提出如下两条不成熟的意见供读者参考。

①笔者赞成李伯谦教授和《简明中国历史读本》中王震中的说法。即使夏朝是草创的国家，但总算是"国家"。"百足之虫，死而不僵"，处于夏末的成汤时期，夏王的威慑力仍然不可低估。

②蔡美彪《中华史纲》之说，不能解释下列几点：

(i) "部落联盟已完全瓦解"的天下共主夏桀为何还有足够大的号召力？竟然还有"三蘖"（夏之三大支柱：韦、顾、昆吾）、己姓诸国（昆吾、苏、顾、温、董等）及其他属国愿意为其守护？此时的夏桀为什么还敢并成功地召回当时已经很有威望的殷公成汤，而成汤竟然也乖乖地服从夏桀命令应召赴夏都？声望日下的夏桀为什么不惧众诸侯的反对竟然敢对声望日高的成汤下手，将殷公成汤囚禁于夏台？

(ii) 成汤讨伐摇摇欲坠夏朝的商夏战争为何不能像后世武王伐纣牧野之战那样一举成功，而用时达九年之久（夏桀二十三年—三十一年，即成汤九年—十七年）？

(iii) 既然蔡美彪谓，成汤建立新王朝后"也不再沿用联盟长'帝'的称号，而自称为'王'"，那么司马迁在《史记·殷本纪》中，为何对其新王朝的成汤至帝辛的"天下共主"全称"帝"而不称王？难道是司马迁错了？看来蔡美彪只看到甲骨卜辞中商王全自称"王"而不知这是后世商王恪守成汤所立"殷商并用，族号称商，国号称殷"之族规的缘故，所以不能正确说明甲骨卜辞中商王全自称"王"而《史记·殷本纪》中对商王全称"帝"的原因。

(iv) 古本《竹书纪年》记载，夏王朝共历471年。笔者认为，作为天下共主的夏王朝，如果没有成形的国家机器维持，能传国400多年是不可能的。

【一】夏代社会状况简述

《史记·夏本纪》说，帝禹生前曾举荐"益"继帝位，但因禹的儿子启贤，"诸侯均去益而朝启"，故"三年之丧毕，益让帝禹之子启……于是启遂即天子之位，是为夏后帝启"。按此说，启似乎是因为益看到启贤而自愿将帝位让给启，使其继承禹之帝位。然而，古本《竹书纪年》却另持一说："益干启位，启杀之。"古本《竹书纪年》说的是，益干预启继承其父之位，而被启杀死了。《战国策·燕策》甚至说，大禹临终时有明举荐益而暗传其子启之嫌（《战国策·燕策》记曰"禹明传天下于益，而令启自取之"）。司马迁在《史记·燕召公世家》中，以听到有人说的口气——"或曰"，讲述的故事也间接地默认了《战国策·燕策》中的记载属实。《史记·燕召公世家》记载的"禹明传天下于益而暗传其子启"之故事的大意是，有人对燕王哙说："禹举荐益，继而又用启的亲信担任要职。待到自己年老时，声言启不能胜任帝位，传位给益。不久，启伙同党羽攻打益，夺取了帝位。天下人说禹名义上传帝位给益，随后实际上又让儿子启夺走。

现今君王可以口头上说把国家托付给国相子之，而朝中担任要职的官吏几乎都是太子的亲信，这不过是名义上将国事托付给国相子之而实际上还是太子掌权罢了。"【注61】因此，目前，学界多认为《史记·夏本纪》记载启因贤而获得益的让位不真，而实际是启因贪帝位而令党羽攻杀益夺得帝位为真。启以不正当手段夺取帝位，遭有扈氏反对，有扈氏起兵伐启。启率众在甘地应战，启胜，新生政权得以巩固。

帝位的争夺是私有财产形成后权力争夺的集中表现。启的幼子武观因和兄长们争夺帝位，被启诛杀。启死后，子太康继位，居安邑（有说安邑在今山西夏县）。有穷氏后羿攻占太康的居地，太康逃往斟鄩，后羿追之，占领斟鄩，自立为代理夏王，这就是史称的"太康失国"或"后羿篡夏"。后来，后羿的养子兼家臣寒浞杀死后羿，夺取了后羿的家产。《史记·夏本纪》记载，太康失国后，弟仲康立。仲康死后，子相立。寒浞追杀夏后氏相，灭相。相的遗腹子少康长大后，又被寒浞追杀。少康在有虞氏的帮助下，终于将寒浞诛杀，使夏后氏的政权得以延续，这就是史称的"少康中兴"或"少康复国"。

按照《史记·夏本纪》的记载，从禹算起，夏王朝共传十四世、十七王。古本《竹书纪年》说，夏王朝共历471年，虽然不一定准确，但夏王朝共历400多年，大体符合史实。

从统治疆域上看，夏王朝的势力范围大体上西起豫西和晋南，东至豫、冀、鲁交界处，南抵鄂中，北达冀南，其中心地区在今豫西和晋南一带。

夏王朝脱胎于邦国联盟。以夏王为天下共主的夏王朝建立后，各地邦国大都臣服于夏，所以王震中认为夏王朝呈现一种复合制国家结构。在这个国家里，既可以看到作为夏王朝中心的夏后氏，也可以看到"三蘖"，即夏之三大支柱（维护夏朝统治的三个铁杆诸侯国——韦、顾、昆吾），还可看到有虞氏、商族的殷国、薛国之类的属国。在这些以臣服地位存在的邦、属之国中，既有与夏后氏同族的宗族，如有扈氏、有男氏、斟鄩氏、彤城氏、褒氏、费氏、杞氏、缯氏、辛氏、冥氏、斟戈氏，也有一些与夏后氏关系不稳定的部族，如方夷、畎夷、于夷、风夷、黄夷、白夷、赤夷、玄夷、阳夷等。治先秦史的著名专家王震中认为【注59】："这种由多层次政治实体和多部族共同体组成的夏代社会，构建了以夏王为'天下共主'的王朝，形成了众星拱月的格局。夏王既直接统治着王邦，也间接支配着若干属国和族邦。"

夏王朝的政治制度，大体上来说，夏王是王朝的最高统治者，朝中设有中央行政机构，主管行政、军事、司法和宗教。夏朝对地方除直接统治王邦外，主要通过神权与族权二者紧密结合的关系控制族邦与属国，实现对其的间接统治。

夏王朝的衰落，始自孔甲。《史记·夏本纪》记载，孔甲"好鬼神，事淫乱"，邦国首领相继叛夏。孔甲死后，子皋立。皋死后，子发立。发死后，子履癸立，是为桀。夏桀时，夏王朝已是危机四伏，夏桀又不思改革，骄奢自恣，据古本《竹书纪年》记载，夏桀"筑倾宫，饰瑶台，作琼室，立玉门"，还从各地搜寻美女，藏于后宫，日夜与妹喜及宫女饮酒作乐。据说酒池修得很大，可以航船，醉而溺死的事情时常发生，荒唐无稽之事，常使妹喜欢笑不已。民众的生活则十分困苦，他们每年的收成难得温饱，更无兼年之食，若遇天灾，则妻离子散。臣民们常指着太阳咒骂夏桀说："时日曷丧，予及汝偕亡。"意思是说，你儿时死亡，我情愿与你一起去死。同时，由于自孔甲以来诸侯多已背叛夏王朝，夏桀不知道用政治手腕去挽救颓势，却一味用武力去镇压诸侯百族，百族不能容忍，纷纷转向，与子姓商族殷氏的九世殷公（商族十四世）成汤交好。夏桀一看形势不对，就把诸侯中最有影响力的成汤召来，囚禁在夏台狱中，但过了不久，迫于诸侯百族的压力和贪图商族殷国伊尹等官员的进贡（贿赂），又将成汤放了。

在夏王朝走向衰亡的时候，居于其北偏东方向的商族却悄悄崛起，并沿太行山东麓南下，向豫东发展。从考古学上来看，是下七垣文化向南方和东南方发展的结果，随着在豫东地区发现殷商先公时期的文化遗存，商族南下拓展的足迹变得愈加清晰。

有学者推断下七垣文化属于上甲至成汤时代的先商文化，发祥于太行山东麓，其中心先是在冀南漳河流域，后来逐渐向东南方的豫东拓展。这种趋势反映出豫东的商族文化逐渐和东夷族的岳石文化建立了进一步的联系。从现在在豫东发现的源于下七垣文化的先商遗存来看，越来越有迹象表明，在夏桀时期，殷先公已经迁都至古黄河以东的豫东。豫东是夏王邦偃师二里头文化和东夷岳石文化的接界地带，发祥于太行山东麓至漳河流域一带的先商下七垣文化南下拓展到豫东平原的时候，正处黄河水退利于发展的时期。豫东，是东西南北交通的要冲，四方文化荟萃之地。殷先公迁到豫东平原，能获得更好的生存和发展条件，这里地势平坦，土壤疏松，且阳光充足，水资源丰富，宜于耕种，农作物可以一年两熟。商族迁到豫东，既便于发展壮大自己，又便于与东夷各邦国、各民族结成反夏联盟。而且这一地带对处于中原腹心之地的夏王邦而言，是边缘地区。殷先公迁到豫东，在地理上具备了利于与东夷结盟、是离夏王邦较远的夏王鞭长莫及之处及自然资源丰富的三大优势，当然会迅速发展起来。当成汤迁亳"从先王居"的时候，已经是准备好要对夏王朝发起攻势的时候了。

【二】殷革夏命前夕成汤所作的战略准备

殷革夏命是通过成汤、夏桀之间的长期战争形式进行的。立国400多年的夏王朝，至末年，尽管已逐步走向衰亡，但其军事实力仍然不可低估。其忠实的与国——韦、顾和力量特别雄厚的昆吾，被夏王安置在险要地点，形成较为牢固的封疆警卫体系，这就是《诗经·商颂·长发》说的"苞有三蘖"。成汤之殷作为一个只有70里疆域的诸侯小国，虽具有自然资源丰富、利于与东夷各方国结盟、是离夏王邦较远的夏王鞭长莫及之处三大地理优势，但要想推翻经营400多年的夏王朝，还是一件很困难的事。为了实现"顺乎天而应于人"的殷革夏命，成汤在知彼知己的基础上，作了充分的战略准备，确立了全面运用"伐谋""伐交""伐兵""用间"的正确方针，巧妙地将政治较量与军事较量相结合，得以不断壮大自己的力量，削弱对方的力量，使作为一个小国国君的成汤，最终能够"奉桀众以克有夏"。本小节主要讨论夏朝末年商夏战争全面爆发前，成汤为赢得商夏战争的全面胜利，所作的战略准备（主要是政治性的战略准备）。如实施布德施惠策略，以争取民心；网罗人才，任用贤良；调查研究，对夏用间；以"合法"名义出兵试探性灭葛、灭有洛、征荆，以观察夏桀的反应等。下面，通过具体事例说明之。

①行仁政，定礼制，作汤刑，实施布德施惠策略，以便赢得民心

《史记·殷本纪》中记载了成汤广行仁义的一个故事，其故事大意是这样的：有一天，成汤外出，看到野外有一个打猎的人正四面张着网，嘴里还祷告说："从天下四方来的禽兽啊，都到我的网里来吧！"成汤批评那猎人说："你太贪心了，你四面都张着网，那就一网打尽了，要给禽兽们留一条出路啊！"于是，成汤撤去了三面的网，只留一面。并祷告说："鸟儿啊，野兽啊！你们要向左的向左，要向右的向右，不听命的就到我网里来吧。"诸侯们听到这件事，都说："成汤的德行好得无以复加了，连禽兽都受到恩惠。"【注62】《史记·殷本纪》中记载的这个故事，在民间流传得很广。据说，一些比喻采取宽大态度，给人一条出路的成语和民间对成汤德行的一些赞语，都与《史记·殷本纪》中记载的这个故事有关。如"网开三面""网开三面，一面罗雀""三面落网，一面驱禽""夜不闭户，四方归仁"等。魏晋谱书《殷氏家传》和有些殷氏家谱还据《史记·殷本纪》中的这个故事编出对成汤推行仁政的赞美诗曰："连珠两起，金玉成双；穀为祥树，桑成邓林。三面落网，一面驱禽；德矣圣政，仁乎用心。"

《史记·殷本纪》记载的这则故事，多半不可信，但成汤推行仁政，实施惠民政策，维护社会公平正义，以赢得民心，却是符合史实的。成汤行仁政，夏桀行苛政，二者形成鲜明对比，所以百姓拥护成汤，许多诸侯不朝天下共主夏桀，反而去依附成汤。成汤行仁政，得民心，威胁了夏桀的统治，故夏桀于二十二年（成汤八年）下诏令成汤入朝，将其囚禁于夏台。夏桀囚禁了因行仁义小有名望的成汤，激起各路诸侯的公愤，同时夏桀又贪图商族殷国伊尹等官员的贿赂，就于次年释汤还亳。成汤还亳时，各路诸侯纷纷到亳邑去慰问成汤而不理夏桀。《帝王世纪》记曰："诸侯由是咸叛桀附汤，同日供职者五百国。"此时，成汤终于意识到，伐夏时机已到，就在夏桀释放他那一年（夏桀二十三年，成汤九年），正式起兵反夏。

②广开言路，不拘一格，招纳贤才

据文献记载，成汤深知"兼听则明，偏信则暗"的道理，他刚即诸侯位，便作《帝诰》，广开言路，不拘一格，招纳贤才。他不拘一格招纳的贤才有：庆辅、伊尹、湟里且、东门虚、南门蝡、西门疵、北门侧七大夫（见《鬻子》）等。其中，本为厨师的伊尹（阿衡）最为出类拔萃，不仅成为辅佐成汤革夏命、管理朝政的千古贤相，而且在成汤逝后，成为使"汤政"得以继续实施的关键人才。伊尹不仅被后世东汉许慎在《说文解字》里尊为"殷圣人"，而且在魏晋谱书《殷氏家传》中，也专门用了篇名为《阿衡立威》的一节，记载伊尹在成汤逝后让不遵汤法的太甲入桐思过的"训政"业绩，就是在甲骨卜辞中，伊尹也受到后世商王（殷帝）的高规格祭祀。我们现在完全可以这样认为，如果没有伊尹，殷革夏命未必能成功。与伊尹同辅成汤的贤臣还有女鸠、女房、仲虺、义伯、仲伯、咎单等。

③对夏用间和注意收集夏王都的情报

《史记·殷本纪》记曰："伊尹去汤适夏。既丑有夏，复归于亳，入自北门，遇女鸠、女房，作《女鸠女房》。"这段话的意思是说，成汤曾派伊尹到夏王都去当间谍，刺探夏王都的情报。伊尹亲眼看到了夏桀朝廷中的丑恶。当伊尹完成任务回到亳都时，从亳都的北门入城，遇到了成汤的大臣女鸠、女房。《尚书》中《女鸠女房》篇就是记载伊尹和女鸠、女房对话的记录。今本《竹书纪年》也记载："（夏桀）十七年（成汤三年）商使伊尹来朝。""（夏桀）二十年（成汤六年）伊尹归于商，及汝鸠、汝方会于北门。"《尚书序》也记曰："伊尹去亳适夏。既丑有夏，复归于亳。入自北门，乃遇汝鸠、汝方，作《汝鸠》《汝方》。"

据说，派伊尹间夏是伊尹献给成汤的一条计策。伊尹建议成汤派自己亲自去夏王都斟鄩考察一段时间，观察夏朝的情况。于是成汤准备了土特产和贡品，派伊尹为使臣到夏王都朝贡。伊尹带着随从、驾着马车、驮着土特产和贡品来到夏王都斟鄩，获得夏桀王妃妹喜的信任。三年后的一天，妹喜对伊尹说，夏桀做了一个梦，梦见天上两日并出，互相搏击，一日胜，一日不胜。伊尹认为，灭夏的时机到了，于是，他便迅速地回到成汤的都城亳，把伐夏时机已到的消息告诉成汤。

④试探性地征伐附近的诸侯国（夏的臣属国），借以观察夏桀的反应

因成汤行仁政，定礼制，作汤刑，实施布德施惠策略，既维护了社会公平正义，又赢得了民心，因此小有名望，夏桀不得不授予成汤专征大权。成汤在亳招兵买马，积蓄粮草，训练军队，要征伐谁可以不经夏桀的批准就出兵征伐谁，等等。例如，成汤灭葛、灭有洛、征荆并迫使荆伯投降等试探性地征伐附近的亲夏诸侯国，为将来正式反夏扫清障碍，这些都是打着夏桀所授"专征大权"的旗号以师出有名的"合法征讨"名义进行的。这种"合法征讨"一直维持到夏桀于二十二年（成汤八年）囚成汤于夏台止。既然成汤是师出有名的"合法征讨"，夏桀为什么还要将成汤囚禁起来呢？因为成汤征讨的对象（葛、有洛、荆）都是夏桀安排在成汤殷国周边、专门负责监视成汤动向的"耳目"，成汤征讨它们虽然"合法"，但夏桀还是不能容忍，所以就下诏令成汤来朝，将成汤囚禁于夏台。**【笔者注：**宋镇豪主编/韩江苏、姜林昌著《商代史·卷二（〈殷本纪〉订补与商史人物徵）》第102页谓："成汤不仅被释，而且被授予专征大权。"而魏晋谱书《殷氏家传》里记载得很清楚，成汤于夏桀二十一年克有洛，征荆，迫使荆伯投降等，都是打着夏桀所授"专征大权"这尚方宝剑的旗号才师出有名的。由此可知，成汤被夏桀授予专征大权一定在成汤被囚禁夏台之前，因此《商代史·卷二》的说法不真。**】**

第二节　商夏战争

　　学界研究商夏战争时，多将《诗经·商颂·长发》记载的成汤伐夏战果的诗句"韦顾既伐，昆吾夏桀"作为研究成汤伐夏进军路线的依据。其实，对商夏战争的这种理解比较狭隘：认为商师伐夏是成汤率领大军从其侯都"亳"出发，先灭了韦，又灭了顾，再灭了昆吾，最后就直逼夏王畿进行鸣条决战了。因此，有些学者认为，只要找到韦、顾、昆吾这三个诸侯国的故址，就能大体确定"汤始居之亳"的方位，然后就能据此确定成汤伐夏的进军路线和当年商夏战争的过程。其实商夏战争的过程并不是那么简单。成汤伐夏的战争是商夏间的长期战争，其全过程三阶段长达九年之久（夏桀二十三年—三十一年，即成汤九年—十七年）。《诗经·商颂·长发》对商夏战争的记载："韦顾既伐，昆吾夏桀"，虽也反映了夏桀二十三年（这一年是成汤九年，成汤从被囚夏台获释回亳，决定起兵反夏）成汤从"亳"起兵向战略要地郑州挺进的伐夏进军路线和初期战果——先后把阻止商师向郑州挺进的豫北亲夏的韦、顾、北昆吾诸国赶到郑州以南，但诗句"韦顾既伐，昆吾夏桀"反映的主要还是后来战略决战阶段的总体战果："**夏桀二十八年**（成汤十四年），**取韦**（灭韦残部），**征顾**（伐顾残部）；**夏桀二十九年**（成汤十五年），**取顾**（灭顾残部）；**夏桀三十年**（成汤十六年），**反征盘踞在许地的昆吾大本营，克昆吾；夏桀三十一年**（成汤十七年），**克夏，放桀于南巢。**"（笔者注：此处双引号内反映商夏战争战略决战阶段总体效果的 **52 个黑体字是魏晋谱书《殷氏家传》**原文，其中断句标点符号和圆括号内的注解，为笔者所加。引文内关于昆吾大本营所居的"许地"，传统上都认为是今许昌，但近代考古学界认为"许地"在许昌与郑州之间的新郑，笔者在《殷代史六辨》中亦曾认为是许昌，现在也倾向于认为"许地"在今新郑一带。）因此，笔者认为有些学者，在对商夏战争的全过程三阶段缺乏了解，对商夏战争中存在长达五年之久（夏桀二十四年—二十八年，即成汤十年—十四年）的战略相持阶段缺乏了解，对成汤不惜一切代价营建郑州根据地和与东夷各方国结成伐夏统一战线的战略思想缺乏了解的情况下，仅凭诗经的八字记载"韦顾既伐，昆吾夏桀"，就想确定成汤伐夏的进军路线，从而顺藤摸瓜寻找成汤即诸侯位时始居之"亳"的研究方法是不可取的。

　　为了实现灭夏的战略目标，成汤在被囚夏台之前，便决定利用夏桀授予其"专征大权"的身份，尝试着先进行"合法征讨"，翦除夏桀的羽翼，先打西边与他邻近的忠于夏的弱敌小方国葛，以便拉开商夏战争的序幕。

【一】拉开商夏战争的序幕——合法征讨阶段

　　成汤于夏桀十五年（成汤元年）"始居亳"即位时，就立志推翻"苛政猛于虎"的夏桀。夏桀十七年（成汤三年）便采纳伊尹的建议，以朝贡名义派伊尹滞留夏都斟𪊽间夏，探听夏王都的情报，以便寻找正式起兵反夏的时机。伊尹不负厚望，入夏不久，便与夏桀宠妃妹喜交好，为探听夏都的绝密情报创造了条件。伊尹滞留夏都三年，将夏都腐败堕落的情况摸得一清二楚。伊尹完成对夏用间任务后，于夏桀二十年（成汤六年）回到成汤的都城亳，将夏王都的腐败堕落情况和反夏时机已到的情报告诉成汤。时成汤因行仁政、定礼制、作汤刑，又施布他施惠政略，赢得了民心，获得了众多诸侯的拥护，小有名望，获得了夏桀授予的"专征大权"，即享有不经夏桀批准就可出兵讨伐不遵守"夏规"的诸侯的特权。于是成汤决定，披着"专征大权"这件外衣，找借口，先将夏桀安排在自己西边的耳目——近邻葛国灭掉，以合法征讨名义拉开商夏战争的序幕。成汤用兵自灭葛始，在许多文献中都有记载，其中《孟子·滕文公下》说得最为具体："汤始征，自葛载，十一征而无敌于天下。"魏晋谱书《殷氏家传》也说："汤用兵，自葛始，但不是孟子说的'十一征而无敌于天下'，而是几十征。"

　　成汤找借口灭葛在《孟子·滕文公下》等传世文献中有详细记载，但那些都是古文，一般读者不易看懂。现在我们用现代白话，讲述《孟子·滕文公下》等文献中记载的成汤灭葛经过。

　　位于成汤西边的近邻葛国的君主葛伯放纵无道，给成汤提供了师出有名的机会。葛伯不祭祀祖先和神灵，成汤说他不遵守夏王朝的规矩，便派人前去质问。葛伯回答说，没有牛羊做祭品。成汤就派人给葛人送去牛羊。可是，葛伯却让族人将牛羊宰杀吃了，仍然不祭祀祖先和神灵。成汤又派人前去质问。葛伯又回答说，他们没有粮食做祭品，老百姓都快饿死了，哪还有心情去祭祀祖先和神灵！成汤就派人去帮助葛人种地，并让老人和儿童赶着牛车去给帮助葛人种地的殷人送饭送菜。可是，葛伯却纵容葛人抢夺并吃了殷人的饭菜，又抢走了殷人的牛和车，还将负责送饭的老人和儿童杀死了。葛人这样做，激起了殷商族民愤。成汤忍无可忍，对自己的族人说："像这样野蛮的民族，最好的办法就是将它们消灭！"于是，成汤以此为借口，发动了他即诸侯位后第一次对外战争，率领大军进攻葛国，一举将葛国军队击败，灭了葛国，处死了葛伯，将不服从其统治的葛人充作奴隶，拉开了灭夏战争的序幕。

　　灭葛，仅仅是成汤以"合法征讨"名义，对夏用兵的开始。事毕，他便向夏桀报告灭葛的情况。夏桀哑巴吃黄连，也不好说什么。至于有读者问，成汤灭葛究竟发生在哪一年，由于传世先秦文献中未作说明，笔者只能据魏晋谱书《殷氏家传》的记载告诉读者，成汤灭葛发生在夏桀二十年辛亥（成汤六年，相当于公元前 1630 年），因为魏晋谱书《殷氏家传》中有明确记载："**成汤五年庚戌**（夏桀十九年，相当于公元前 1631 年），**王锡命汤为方伯，得专征伐。次年辛亥，葛伯不祀，汤始征之。**"（可见，清《御批历代通鉴辑览·卷二》中说的成汤在即诸侯位的第二年，即夏桀三十六年戊寅，"汤征葛"，不真。）

　　灭葛以后，成汤一鼓作气，继续利用夏桀授予其"专征大权"的身份，披着合法的外衣，对忠于夏桀的属国开刀。于夏桀二十一年（成汤七年），征有洛，灭之。同年征荆，迫使荆伯投降认错。成汤怕荆伯内心不归顺他，还向荆伯伸出橄榄枝："乃饰犠牛以事荆伯，乃委其诚心。"（《越绝书·三》）此时，夏桀终于坐不住了，认为成汤灭葛、灭有洛、招降荆伯触犯了夏王室的根本利益，于夏桀二十二年（成汤八年），公然下诏令成汤入朝，将成汤囚禁于夏台。夏桀囚禁了因行仁义小有名望的成汤，激起各路诸侯公愤，夏桀不得不于次年释汤还亳。各路诸侯不朝夏桀，反而到亳邑去慰问成汤。此时成汤终于知道伐夏时机已经成熟，决心公开起兵反夏。于夏桀二十三年（成汤九年），成汤正式

殷代史

【卷二】殷商史事要览

起兵反夏，商夏战争正式启动。

因此，笔者认为，要研究商夏战争的全过程，得从成汤被囚夏台之前的灭葛、灭有洛、征荆开始，而不能仅以《诗经·商颂·长发》记载的成汤伐夏战果的诗句"韦顾既伐，昆吾夏桀"作为研究的依据。

【二】商夏战争的过程

商夏战争分为三个阶段：第一阶段为出其不意的闪电袭击阶段，时长只有几个月；第二阶段为长达五年之久的战略相持阶段；第三阶段为最后三年的战略决战阶段。三阶段的总时长达九年之久。据魏晋谱书《殷氏家传》记载，出其不意的闪电袭击阶段只有几个月，其战略目标是占领成汤早就看中的中原战略要地郑州，并不以消灭韦、顾、（北）昆吾等豫北、豫东北亲夏诸国为目的。事实上也没有消灭它们中的任何一国，只是因为它们挡路，将它们赶到郑州以南而已。要弄清第一阶段的战争情况，得从伊尹间夏说起。当伊尹间夏完成任务回到亳以后，成汤就初步下定了伐夏的决心。以"行仁义、敬君爱民、敬鬼神"等名义，打着维护夏天子的旗号，通过教训周边那些不行仁义、不敬鬼神、不敬君爱民的亲夏小国，来试探夏桀的反应。先教训了近邻葛国的"葛伯"。接着，又于夏桀二十一年（成汤七年）灭了"有洛氏"，又迫使荆伯投降认错。此举惊动了夏桀，于夏桀二十二年（成汤八年）令成汤来朝，将成汤囚禁于夏台。夏桀囚禁了因行仁义小有名望的成汤，激起各路诸侯的公愤，夏桀不得不于次年释汤还亳。各路诸侯不朝夏桀，反而到亳邑去慰问成汤。此时成汤终于知道反夏时机已经成熟，决心反夏。于夏桀二十三年（成汤九年，也就是成汤获释回亳那一年），正式起兵反夏，商夏战争正式开始。成汤决定采用闪电突袭战略，第一阶段以迅速占领中原战略要地郑州为目的。先从夏统治力量薄弱的豫北、豫东北动手，对以己姓昆吾氏为首的豫北亲夏诸国，实施"借路通过、挡路击溃"战略。以昆吾君为首的己姓昆吾国、彭姓韦国、己姓顾国，出兵干预挡路，其余诸国皆畏汤，按兵不动。因此，商师向郑州挺进顺利。

昆吾者，己姓，本颛顼之后。传说，颛顼生老童，老童生重黎、吴回（一说重黎即祝融，也有说吴回为祝融，又一说祝融为炎帝后）。吴回生陆终，陆终娶鬼方氏女生六子，长樊，为陶业发明者。樊（一说樊为炎帝后祝融子、共工弟）封于昆吾，其地在古帝丘颛顼之虚（今河南濮阳西南），后分为两支，主支在郑州南许地一带，另一支仍在祖地濮阳守陵。（**笔者注：**关于昆吾主支所居的"许地"，传统上都认为是今许昌，但近代考古学界认为"许地"在许昌与郑州之间的新郑，笔者在《殷代史六辨》中亦曾认为是许昌，现在也倾向于认为"许地"在今新郑一带。）昆吾是夏的主要盟国，是守护夏朝东方门户的军事支柱。

顾国者，己姓，昆吾后裔。昆吾氏有子孙被封于顾，世称顾伯，其地在今河南省范县东南（一说在今原阳县原武镇），是夏的重要属国兼军事支柱之一。

韦国者，夏时彭姓豕韦。传说中，豕韦本是比黄帝还早的一个古老小国，其地在今豫北滑县一带。夏少康复国时，古豕韦国君没有支持，恼了少康，被废（一说被诛）。少康另封彭祖六代别孙元哲为豕韦国君。豕韦简称"韦"，成为依附己姓亲夏大国昆吾的小国。

盘踞于今河南省郑州与许昌之间的新郑一带（史称"许地"）的昆吾君听说成汤出师反夏，帝居于豫北古帝丘的寺陵宗文北昆吾氏山头联合韦、顾两国出兵干预。在汤师进军的道路上设兵阻挡。汤师首先与韦兵遭遇，韦兵受到重创，成为成汤出师祭旗的对象。接着汤师又与顾兵遭遇，顾兵同样受到重创。昆吾君听说，韦、顾未能阻挡汤师前进，复命北昆吾君亲自统率昆吾师及韦、顾戎部，务必要挡住汤师前进。北昆吾君随即统率三国联军猛追，成汤听说三国联军追来，决心教训它们一番，命令大军停止前进，以逸待劳，坐等追兵到来，设计将其伏击，三国联军几乎被歼灭，三国国君也险些丧命，慌忙间带领残兵败将，弃国投奔郑南许地，向昆吾氏大本营求救。后来这三国再也没有恢复元气，虽也在郑南复国，但始终未敢再回豫北。成汤在向郑州进军途中，本无意与北昆吾、韦、顾为敌，没有想到它们自己送上门来，遭受覆灭的命运。因此一战，北昆吾、韦、顾三君弃国南逃，等于帮了成汤一个大忙，使豫北、豫东北成为基本无亲夏力量的稳定后方。北昆吾、韦、顾三君弃国南逃以后，豫北各路诸侯再也没有人敢出头阻挡成汤大军向郑州挺进。成汤总共用了不到几个月的时间，就在他获释的那一年年底（夏桀二十三年，即成汤九年）顺利占领中原战略要地郑州，商夏战争第一阶段的战略任务胜利完成。当时大家都以为成汤会继续挥师南进征昆吾，或西进伐夏。谁也没有想到，成汤突然下令，停止前进，驻师郑州，果断改变闪电式的作战方略，转而执行营建郑州根据地的长期战略任务。这是成汤一生中最伟大的战略决策，也是他一生中最令各路诸侯惊叹之处。否则，成汤的命运恐怕连后世的李自成都不如，中华历史上也就不会有后来称霸东方达将近600年之久的殷帝国。成汤作出的这次伟大战略转变之决策，也是他后来得到各路诸侯拥护的根本原因。

　　成汤占领郑州后，一边集中力量营建并巩固郑州根据地，一边大搞外交活动，准备与东夷各方国结盟，建立伐夏统一战线，积蓄力量，准备寻找战机，与夏桀进行决战。夏桀二十八年（成汤十四年）成汤大合诸侯于景亳，成功与东夷各方国结成伐夏的统一战线。

　　此时，居于西方的夏桀和盘踞于南方（今新郑一带）的夏的主要支持者昆吾大本营，也不敢轻举妄动。商、夏双方进入了东西对垒（夏桀在郑州的西方）、南北对峙（昆吾大本营在郑州的南方）的休战状态，商、夏战争进入了至少长达五年之久（夏桀二十四年—二十八年，即成汤十年—十四年）的战略相持阶段，一时谁也吃不了谁。此阶段各自都在修筑工事，扩军备战，准备进行战略决战。成汤营建的战略根据地在今郑州一带，夏桀的军事重镇就设在郑州西北约22公里处的大师姑二里头文化城址处。因此，成汤赢得了营建郑州根据地和与东夷各方国结盟的时间。

　　据魏晋谱书《殷氏家传》记载，在战略相持阶段，为了打通与东夷结盟的通道和巩固豫东、豫北和豫东北的大后方，成汤还派出部分兵力，发起扫平"群己"的一战。当时，受许地昆吾氏大本营控制的亲夏己姓诸国，如昆吾、苏、顾、温、董等，是对成汤根据地郑州和后方豫北、豫东北、豫东的最大威胁。这几个己姓国，有的在汤师向郑州挺进时已经受过重创，由豫北逃到郑南建国，如顾国等。在这商、夏相持的五年间，为了巩固后方，打通与东夷结盟的通

殷代史【卷二】殷商史事要览

道，成汤决定在确保郑州不失的前提下，先扫平"群己"，首先从温国开刀。夏桀二十六年（成汤十二年），实力仅次于许地昆吾的己姓温国被灭，己姓苏国、董国也相继被灭。经过扫平群己一战，郑州以北、以东的亲夏势力，或被消灭，或被赶到郑州以南。这一战，不仅巩固了后方，而且打通了与东夷各方国结盟的通道。成汤抓住此有利时机，大力开展外交活动。

实力仅次于许地昆吾的己姓温国被灭，是商夏战争双方力量发生变化的重要转折点，此举令夏桀十分恐慌。夏桀觉得，如果再拖下去，形势会对他十分不利，便决定进行反攻，主动下达剿灭叛臣成汤的命令，命夏的主要支持者、盘踞在许地的昆吾氏，北下郑州讨伐叛臣成汤。夏桀二十八年（成汤十四年），许地的昆吾氏北下攻打郑州的汤师根据地，成汤给予迎头痛击，昆吾氏大败逃回。同年，成汤大合诸侯，于景亳会盟，终于与东夷各方国结成了伐夏统一战线。景亳会盟以后，浩浩荡荡的东夷诸侯联军，开赴郑州，这大大增强了汤师的实力。于是，成汤终于下定了与夏桀决一死战的决心，长达五年之久的战略相持阶段宣告结束。夏桀二十八年（成汤十四年）末，成汤下达了与夏桀决战的命令，战略决战阶段开始。成汤挥师彻底消灭了战争初期进军郑州时在豫北就受到重创逃到郑南重建的韦国残部。并向战争初期在豫北也曾受到重创逃到郑南重建的顾国残部发起进攻，于夏桀二十九年（成汤十五年）初，彻底消灭了顾国残部。

夏桀三十年（成汤十六年），汤师向盘踞在许地一带的夏桀死党和主要军事支柱之一的昆吾大本营发起进攻，并将其彻底消灭。此举令夏桀震惊，夏王畿完全陷入了孤立无援的状态。夏桀三十一年（成汤十七年），成汤率诸侯联军大举西进伐夏，一举攻克了西进灭夏征途中的主要障碍——夏桀设在郑州西北约22公里处的大师姑二里头文化城址处的军事重镇。同年，成汤率诸侯联军顺利攻入夏王都。夏桀则率师退守鸣条【注63】，准备与汤师在鸣条进行最后的决战。汤师追至鸣条，其时大雨倾盆，电闪雷鸣，双方冒着大雨决战于鸣条之野。夏师大败，夏桀出奔三朡。汤师征三朡，夏桀又奔郕，汤师征郕，夏桀逃至焦门，终被擒。成汤本欲诛桀，后听取了伊尹的意见，没有杀桀，而放之于南巢，让其自生自灭。史称"殷革夏命"或"成汤革命"的长达至少九年（今古两种版本《竹书纪年》均说经九征，《孟子》说经十一征，《帝王世纪》说经二十七征，魏晋谱书《殷氏家传》说经几十征）的商夏战争终于结束，夏亡。

【三】商夏战争的结局

商夏战争结束后，成汤回到自己的老国都亳。据魏晋谱书《殷氏家传》和今本《竹书纪年》记载，汤还亳时，诸侯来亳祝贺者计有1800国。亳都百姓，家家户户皆排香案迎接。伊尹曰："国不可一日无君，请我主入宫，以正大位，而安百姓。"成汤依言，即同众诸侯入议事大殿，令设筵宴，大会诸侯，犒赏三军，并诏告天下，择日召开三千诸侯大会，推选天子。过些日子，成汤主持召开了三千诸侯大会。据《逸周书·殷祝解》等古籍记载，汤在三千诸侯大会上有三让。汤对众诸侯说："此天子位，有道者可以处之。天子非一家之有也，有道者之有也，故天下者唯有道者理之，唯有道者纪之，唯有道者宜久处之。"说完，汤退而再拜，从主席台上回到会场中自己的诸侯之位。会场中的一千诸侯，没有一个敢争天子之位。众诸侯齐声言曰："汤丁仁义布于四海，恩德著于天下，今为民除其大害，宜立为帝，以正大位。"汤曰："不可。天下非一家之有也，唯有德者，可以居之。某德薄才疏，难承帝位。"诸侯皆曰："明公仁德昭著，功绩盖世，今辞不帝，谁敢帝之？"汤三让不受，众诸侯皆顿首大哭。汤见众诸侯诚心，才答应即天子位。成汤十八年，成汤在亳正式登基，即天子位，都亳，国号殷。（**笔者注：**笔者认为成汤即天子位之亳，不是他即诸侯位时的始居之亳。即诸侯位时的始居之亳在离夏都较远的地方，即天子位之亳就在他伐夏的战略根据地郑州，也就是 1955 年发现的郑州商城，为了纪念故都始居之亳，成汤将郑州商城复命为亳，并重新规划，投入大量财力，进行新都建设。）中国历史上长达近 600 年之久的殷商王朝，从此始。成汤二十年，夏桀死于亭山。成汤以名号"桀"赐之，寓"凶猛"之意。

　　夏亡后，夏桀作为夏王朝国家政权的标志不复存在了。此时，如何正确处理夏贵族、夏遗民和如何安定人心等，是成汤灭夏后必须着手解决的重要问题。因为夏贵族是成汤建国后影响国家安宁的一支重要力量，必须防止他们东山再起。为此，成汤采取严格管理与怀柔安抚的下列两手策略：

　　①建筑偃师商城作辅都，对夏贵族起监督和震慑作用（偃师辅都，在魏晋谱书《殷氏家传》中称为子都，因为魏晋谱书《殷氏家传》称成汤复命以亳并建有祖庙"大邑商"的郑州为祖都）；

　　②分封他们于杞（实际是让夏贵族迁徙）；

　　③对夏遗民，仍用夏法，顺民所喜，以求夏民对成汤的支持；

　　④不迁夏社，允许其存在，这是成汤笼络夏人所采取的一种方法；

　　⑤命大臣仲虺作《诰》、伊尹作《咸有一德》、咎单作《明居》，成汤自己也作了《汤诰》，君臣一体、团结合作，将成汤伐夏的正义性和必要性遍告天下，以安人心。其中的《仲虺之诰》和《汤诰》都是《尚书》中被后世千古传颂的名篇。《仲虺之诰》解决了成汤新建政权最重要的问题——殷革夏命、成汤放桀代夏的合法性问题。《汤诰》即成汤之训诰。成汤打败夏桀，各路诸侯纷纷归附于他，除命仲虺作《诰》、伊尹作《咸有一德》、咎单作《明居》外，自己也作诰昭告天下，史官录之，而为《汤诰》。

第三节　商夏战争中成汤营建郑州根据地的考古学证据

　　1955 年发现的郑州商城遗址是成汤灭夏后新建的都城，目前已经成为学界的定论，1983 年发现的偃师商城与郑州商城是成汤几乎同时或略有先后兴建，有学者认为偃师商城遗址是成汤灭夏后新建的陪都（辅都），目的是更好地管理和震慑夏亡后的夏贵族，此说也得到多数学者的认同。

　　现在的问题是考古界在郑州发现的先商遗存究竟代表什么？有学者认为在郑州发现的先商遗存就是汤即诸侯位时始居之亳在郑州的证据。笔者在前文中已经指出，这种认识是不对的。成汤占领郑州后与夏一东一西军事对垒的战略相持阶段长达五年之久，加上最后三年的战略决战阶段，成汤营建郑州战略根据地的时间共有八年之久。笔者认为，考古界在郑州发现的先商遗存，即李伯谦教授在郑州商城内确定的成汤灭夏前的三项遗存【注40】，实际上就是在灭夏前成汤占领郑州后长达五年之久的战略相持阶段和最后三年的战略决战阶段营建根据地、扩军备战的遗留物。即这些被李伯谦先生称为洛达庙型晚期先商文化遗存正是成汤占领郑州至灭夏前期间扩军备战的遗留物。李伯谦教授在郑州商城内确定的成汤灭夏前的先商遗存【注40】如下：

　　①位于郑州商城宫殿区黄委会青年公寓的编号为 W22 的夯土墙；

　　②以 C8T62 夯土和北大街夯土 7、9、12 等为代表的一批大型夯土建筑基址；

　　③以编号为 97C8 Ⅱ T166M6 铜器墓为代表的先商墓等。

　　此外，笔者还认为郑州商城出土的陶文证明东周时期郑州商城名亳不能证明郑州是成汤始居之亳，且正是成汤建立新王朝后定都郑州并复命以亳的铁证。

第四节　对殷革夏命的评价

　　殷革夏命主要是由商夏之间的长期战争完成的。商夏战争过程与周灭殷的战争过程完全不同，成汤灭夏是个长期的渐进过程，从开始筹划（从派伊尹间夏起算）到放桀于南巢历十五年之久，若从伐夏战争正式开始算起，到夏亡也长达九年之久，其间从汤师占领中原战略要地郑州起进入商、夏双方军事对垒的战略相持阶段就长达五年之久。因此，成汤灭夏的战争不是只靠鸣条决战，而周灭殷的战争主要是靠牧野之战。武王伐纣仅一天即决定胜负这一历史事件，既有必然性又有偶然性；而成汤灭夏从战争启动到最终取得胜利完全是必然的。成汤不仅是运筹帷幄的军事家，更是目光远大的政治家，是被后世传颂千古的统帅型人物。成汤稳扎稳打，花五年时间营建郑州革命根据地；广开言路，不拘一格，招纳人才；大合诸侯，结成反夏统一战线，积蓄力量，准备寻找与夏桀进行战略决战的战机；时机不成熟，绝对不盲目冒进地西进伐夏或南下克昆吾；时机一旦成熟，就果断地作出与夏桀进行决战的决策；革命成功后，不是急急忙忙地即天子位，而是通过召开海选天子的三千诸侯大会，达到团结众诸侯共建新王朝的目的；新王朝建立后为防止革命功臣和后世商王（殷帝）滋长居功骄傲的情绪，果断制定一系列确保革命功臣和后世商王（殷帝）谦虚谨慎、修德养民的政策（如为后世商王立下"殷商并用，族号称商，国号称殷"的族规和设置"主都、辅都"的双都制度，等等），都永远值得后世借鉴。

第六章　王位更替详考

　　本章据《史记·殷本纪》记载和甲骨卜辞周祭祀谱记载，结合魏晋谱书《殷氏家传》中对殷商王室的世系记载，对殷代的王位更替详加考证。学界公认《史记·殷本纪》中的世系记载局部有误，可用甲骨卜辞周祭祀谱中的世系记载对《史记·殷本纪》中的世系记载进行订补。甲骨卜辞周祭祀谱对殷代共传 **17 世 29 帝** 的记载减去实际未即位先逝的两位太子（成汤太子太丁和武丁太子孝己）以后，与魏晋谱书《殷氏家传》中对**殷代实际共传 17 世 27 帝**的记载完全一致，与《世本》、唐《元和姓纂》中殷氏王位共传"**二十四代、三十四王**"的记载中减去殷氏公认且实际即殷侯位的七代七位殷先公（王亥和上甲六示）以后，与魏晋谱书《殷氏家传》中对**殷代实际共传 17 世 27 帝**的记载也完全一致。

　　【笔者注：甲骨周祭祀谱排序自上甲始，上甲六示的六位先公，在周祭祀谱中的排序分别为 1、2、3、4、5、6。这六位殷先公的公位更替顺序在本卷第四章"殷商先公"中已经详考过，即（1）上甲或称为微；（2）报乙；（3）报丙；（4）报丁；（5）主壬或称为示壬；（6）主癸或称为示癸。本章从开国大帝**成汤**起考订殷代帝王王位的更替顺序。另外，因为殷人祭祀有个规矩，只要当了太子，即使未即位先逝，也和实际即位为帝的商王（殷帝）一样，可以享受后世商王（殷帝）的祭祀。因此，如果只从甲骨周祭祀谱上看，看不出成汤太子太丁和武丁太子孝己实际是否即过位，但从传世文献得知，这两位太子是未即位先逝的，故在计算殷代的实际帝王数时，应将周祭祀谱中的 29 位减去 2 位，成为 17 世 27 位，这正好与魏晋谱书《殷氏家传》中殷代共传 17 世 27 位天子的记载完全一致。若依《世本·氏姓篇》（秦嘉谟辑补本）的记载——"**殷氏，以国为氏，汤国号也。二十四代、三十四王**"，或依唐《元和姓纂·卷四·殷》的记载——"**殷，子姓，成汤国号也。二十四代、三十四王**"，来计算殷代的实际即位帝王数，则应从《世本》《元和姓纂》记载的"二十四代、三十四王"中减去殷氏即诸侯位的七代七位殷先公——王亥、上甲、报乙、报丙、报丁、主壬、主癸，其计算结果也与魏晋谱书《殷氏家传》中殷代共传 17 世 27 位天子的记载完全一致，因为商族六世冥是追认的殷公，故不能计算在内，商族七世王恒、王吴虽也即过殷侯位，但因是未获全族公认的自立或私立，也不能计算在内。】**

第一节　甲骨文周祭祀谱对殷代先王世次王次的订补
（在本节中，将甲骨文周祭祀谱简称为祀谱）

　　甲骨周祭祀谱排序自上甲始，上甲六示的六位先公，在周祭祀谱中的排序分别为 1、2、3、4、5、6。这六位殷先公的世次公次的更替顺序在本卷第四章《殷商先公》中已经详考过，现用**甲骨周祭祀谱对《史记·殷本纪》中记载的自开国大帝成汤以来的殷代先王世次王次作如下订补。**

商族 14 世殷氏　9 世**天乙、成汤**：祀谱中的**大乙、高祖乙**，-- 祀谱排序为　7
商族 15 世殷氏 10 世**太丁**：祀谱中的**大丁**，成汤太子，未立而卒 ----- 祀谱排序为　8
商族 15 世殷氏 10 世**外丙**：祀谱中的**卜丙**，成汤次子，代侄理政 ----- 祀谱排序为　10
商族 15 世殷氏 10 世**中壬**：**【订补 1】**未进入祀谱，成汤三子，未即位为帝，是《史记·殷本纪》误记。
商族 16 世殷氏 11 世**太甲**：祀谱中的**大甲**，太丁之子，成汤长孙 ------ 祀谱排序为　9

　　【订补 2】在祀谱中，**太甲**先于其叔外丙受祭，说明其先于外丙即位为帝，但不遵汤法，被伊尹放入桐宫思过，由其叔外丙代行天子职，后太甲复位，太甲三叔中壬实际未即王位。这足以证明，成汤制定的王位继承制度不是兄终弟及。

商族 17 世 殷氏 12 世 沃丁：【订补 3】未进入祀谱，太甲之子，未即位为帝，是《史记·殷本纪》误记。

商族 17 世 殷氏 12 世 太庚：即祀谱中的大庚，太甲之子，父死子继 -- 祀谱排序为 11

商族 18 世 殷氏 13 世 小甲：祀谱中也作小甲，太庚长子，父死子继 --- 祀谱排序为 12

商族 18 世 殷氏 13 世 太戊：即祀谱中的大戊，太庚次子，兄终弟及 --- 祀谱排序为 13

【订补 4】太戊在雍己之前即位，是《史记·殷本纪》误记其后于雍己即位，实际上太戊是雍己之兄。

商族 18 世 殷氏 13 世 雍己：祀谱中也作雍己，太庚三子，兄终弟及 -- 祀谱排序为 14

【订补 5】雍己在太戊之后即位，是《史记·殷本纪》误记其先于太戊即位，实际上雍己是太戊之弟。

商族 19 世 殷氏 14 世 中丁：祀谱中也作中丁，太戊长子，叔终侄继 --- 祀谱排序为 15

【订补 6】中丁为太戊长子，在《史记》中，中丁在其父逝后接位，经祀谱订正，中丁在其叔雍己逝后接位。

商族 19 世 殷氏 14 世 外壬：即祀谱中的卜壬，太戊次子，兄终弟及 --- 祀谱排序为 16

商族 19 世 殷氏 14 世 河亶甲：即祀谱中的戋甲，太戊三子，兄终弟及 - 祀谱排序为 17

商族 20 世 殷氏 15 世 祖乙：祀谱中也作祖乙，中丁之子，叔终侄继 --- 祀谱排序为 18

【订补 7】祖乙为中丁之子，《史记·殷本纪》误记为河亶甲之子，河亶甲逝后，侄祖乙接位。

商族 21 世 殷氏 16 世 祖辛：祀谱中也作祖辛，祖乙长子，父死子继 --- 祀谱排序为 19

商族 21 世 殷氏 16 世 沃甲：即祀谱中的羌甲，祖乙次子，兄终弟及 --- 祀谱排序为 20

商族 22 世 殷氏 17 世 祖丁：祀谱中也作祖丁，祖辛之子，叔终侄继 --- 祀谱排序为 21

商族 22 世 殷氏 17 世 南庚：祀谱中也作南庚，沃甲之子，堂兄终堂弟及 - 祀谱排序为 22

商族 23 世 殷氏 18 世 阳甲：祀谱中也作阳甲，祖丁长子，堂叔终堂侄继 - 祀谱排序为 23

商族 23 世 殷氏 18 世 盘庚：祀谱中也作盘庚，祖丁次子，兄终弟及 ---- 祀谱排序为 24

商族 23 世 殷氏 18 世 小辛：祀谱中也作小辛，祖丁三子，兄终弟及 --- 祀谱排序为 25

商族 23 世 殷氏 18 世 小乙：祀谱中也作小乙，祖丁四子，兄终弟及 --- 祀谱排序为 26

商族 24 世 殷氏 19 世 武丁：祀谱中也作武丁，小乙之子，父终子继 ---- 祀谱排序为 27

商族 25 世 殷氏 20 世 孝己：武丁太子，未立而卒 --------------- 祀谱排序为 28

【订补 8】孝己为武丁长子，性至孝。立为太子，未立而卒，故受到周祭。因太子孝己无子继承为王，与成汤的太子太丁未立而卒，但有子太甲继位不同，故孝己虽进入周祭祀谱，仍为《史记·殷本纪》忽略。孝己在卜辞中有小王、小王父己、兄己、祖己等多种称谓。读者注意，孝己在卜辞中虽也有"祖己"之称谓，但与《史记·殷本纪》中"训"其父武丁的"祖己"不是同一人。建议学界对甲骨卜辞中的"祖己"是否指代孝己详加研究。

商族 25 世 殷氏 20 世 祖庚：祀谱中也作祖庚，武丁次子，父终子继 ---- 祀谱排序为 29

商族 25 世 殷氏 20 世 祖甲：祀谱中也作祖甲，武丁三子，兄终弟及 ---- 祀谱排序为 30

商族 26 世 殷氏 21 世 廪辛：未进入周祭祀谱。

【订补 9】廪辛为祖甲之子，是否即位为帝有争议，暂作《殷本纪》误记。《史记·殷本纪》记载廪辛为祖甲长子，庚丁之兄，先于庚丁即位。然而，因为殷末时廪辛不受周祭，是否即位为帝，学界有争议。有学者疑《甲骨文合集》第 32658 号四期卜辞中受祭的"三祖辛"是廪辛，也有学者疑《屯南》2281 四期卜辞中与其他王合祭的"父辛"是廪辛，且疑廪辛是武乙之父（《史记》记载庚丁是武乙之父）。常玉芝认为，在殷代晚期的第五期卜辞的周祭祀谱中，廪辛被排除在外，不受周祭，连太子都未当上。因此认为廪辛不曾即位为帝，认为庚丁（康丁）是接父祖甲之位，不是接兄廪辛之位。常玉芝之说与《殷氏家传》的记载一致，能互相印证，可见，廪辛实际并未即位为帝。

商族 26 世 殷氏 21 世 庚丁：祀谱名康丁，祖甲子，一般认为庚丁是接父位 - 祀谱排序为 31

商族 27 世 殷氏 22 世 武乙：甲骨卜辞中也作武乙，庚丁之嫡子。

商族 28 世 殷氏 23 世 文丁：甲骨卜辞中作文武丁，《殷本纪》作太丁，《帝王世纪》作文丁，武乙嫡子。

商族 29 世 殷氏 24 世 帝乙：文丁之嫡子。

商族 30 世 殷氏 25 世 帝辛：帝乙之幼嫡子，微子之同母弟（微子是帝乙庶长子）。

第二节　《史记》和依甲骨卜辞揭示的殷代先王世系图的比较

（本节仍遵从学界的习惯，称殷商先公先帝为先公先王，称他们在位的顺序为世次公次或世次王次）

　　上节中用甲骨卜辞揭示的周祭祀谱对《史记·殷本纪》中殷代先王世次王次进行订补虽然详细，但不够直观。本节绘出《史记·殷本纪》中的殷代先王世系图和依甲骨卜辞揭示的殷代先王世系图，以便读者据两图进行比较，自己对《史记·殷本纪》中的局部世系记载错误进行订补。图中，每王均列有编号。编号格式为"XX-YY"，短横线前面的编号代表以开国大帝成汤（天乙、大乙）为第1世的世次，后面的编号代表以成汤为第1个王的王次，例如"05-08"表示自成汤数起的第5世第8位王。"10-20"表示自成汤数起的第10世第20位王。下面的图是《史记·殷本纪》中的殷代先王世次和王次世系图，图中共17世31王，除去未立先逝的成汤长子太丁未即位为帝以外，《史记》记载的整个殷代共传17世30位王。其中的中壬、沃丁、廪辛三王，实际并未即位，系《史记》误记。其间，就继位性质而言，父终子继13次，亲兄弟间兄终弟及12次，堂兄弟间兄终弟及1次，亲叔侄间叔终侄继2次，堂叔侄间叔终侄继1次。在30位王间，总共传位29次。

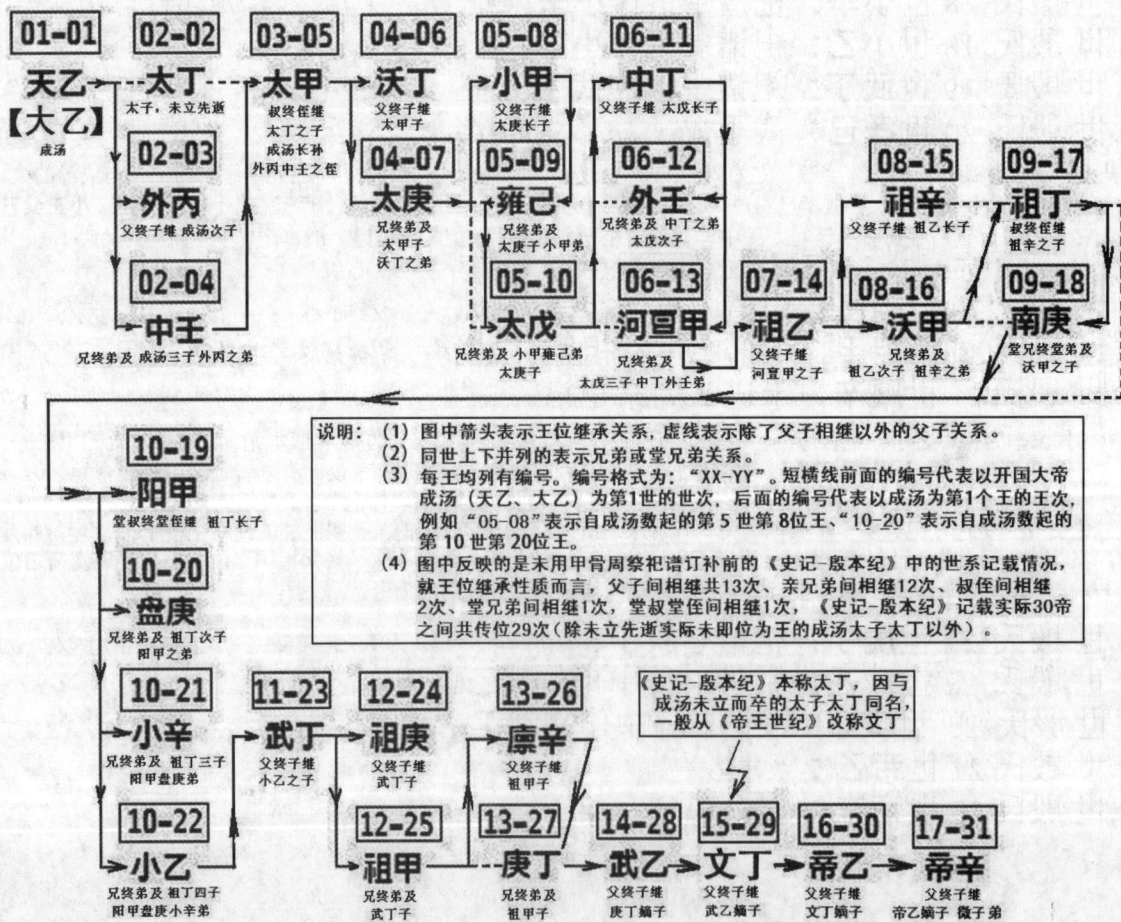

说明：（1）图中箭头表示王位继承关系，虚线表示除了父子相继以外的父子关系。
　　　（2）同线上下并列的表示兄弟或堂兄弟关系。
　　　（3）每王均列有编号。编号格式为："XX-YY"。短横线前面的编号代表以开国大帝成汤（天乙、大乙）为第1世的世次，后面的编号代表以成汤为第1个王的王次，例如"05-08"表示自成汤数起的第5世第8位王、"10-20"表示自成汤数起的第10世第20位王。
　　　（4）图中反映的是未用甲骨周祭祀谱订补前的《史记-殷本纪》中的世系记载情况，就王位继承性质而言，父子间相继共13次、亲兄弟间相继12次、叔侄间相继2次、堂兄弟间相继1次，堂叔堂侄间相继1次，《史记-殷本纪》记载实际30帝之间共传位29次（除未立先逝实际未即位为王的成汤太子太丁以外）。

《史记-殷本纪》本称太丁，因与成汤未立而卒的太子太丁同名，一般从《帝王世纪》改称文丁

《史记·殷本纪》中殷代先王的世次和王次世系图

【卷二】殷商史事要览

　　本节中甲骨卜辞揭示的殷代先王世系图据常玉芝专著中的第五期卜辞周祭次序表（以下简称"甲骨卜辞周祭次序表"）排定[注64]，在常玉芝甲骨卜辞周祭次序表中享受周祭待遇的先公先王共有 31 位（自先公上甲始到先王康丁止）、享受周祭待遇的先妣共有 20 位（自先公示壬的配偶妣庚始到先王康丁的配偶妣辛止），若减去上甲六示先公和主壬（示壬）的配偶妣庚、主癸（示癸）的配偶妣甲，再加上未排入常玉芝甲骨卜辞周祭次序表的殷末四位先王（武乙、文丁即文武丁、帝乙、帝辛）和殷末武乙的两位配偶（妣戊和妣癸），排入本节"甲骨卜辞揭示的殷代先王世次和王次世系图"中的先王共 29 位（自天乙即成汤始至帝辛止）、先妣共 20 位（自成汤的配偶妣丙始到武乙的两位配偶妣戊、妣癸止）。计入殷末四位先王和殷末武乙的两位配偶的**甲骨卜辞揭示的殷代先王世次和王次世系图**如下图所示。若除去未立先逝享受周祭待遇但实际并未即位为帝的成汤太子太丁和武丁太子孝己，整个殷代实际共传 17 世 27 王。（**笔者注：**魏晋谱书《殷氏家传》也记载整个殷代实际共传 17 世 27 王，这说明魏晋谱书《殷氏家传》中的世系记载比《史记·殷本纪》更可信，无须用甲骨卜辞周祭祀谱订补。）其间，就继位性质而言，祖终传太孙 1 次，由叔代侄理政 1 次，父终子继 10 次，亲兄弟间兄终弟及 9 次，堂兄弟间兄终弟及 1 次，亲叔侄间叔终侄继 3 次，堂叔侄间叔终侄继 1 次。在实际即位为帝的 27 王间，总共传位 26 次。

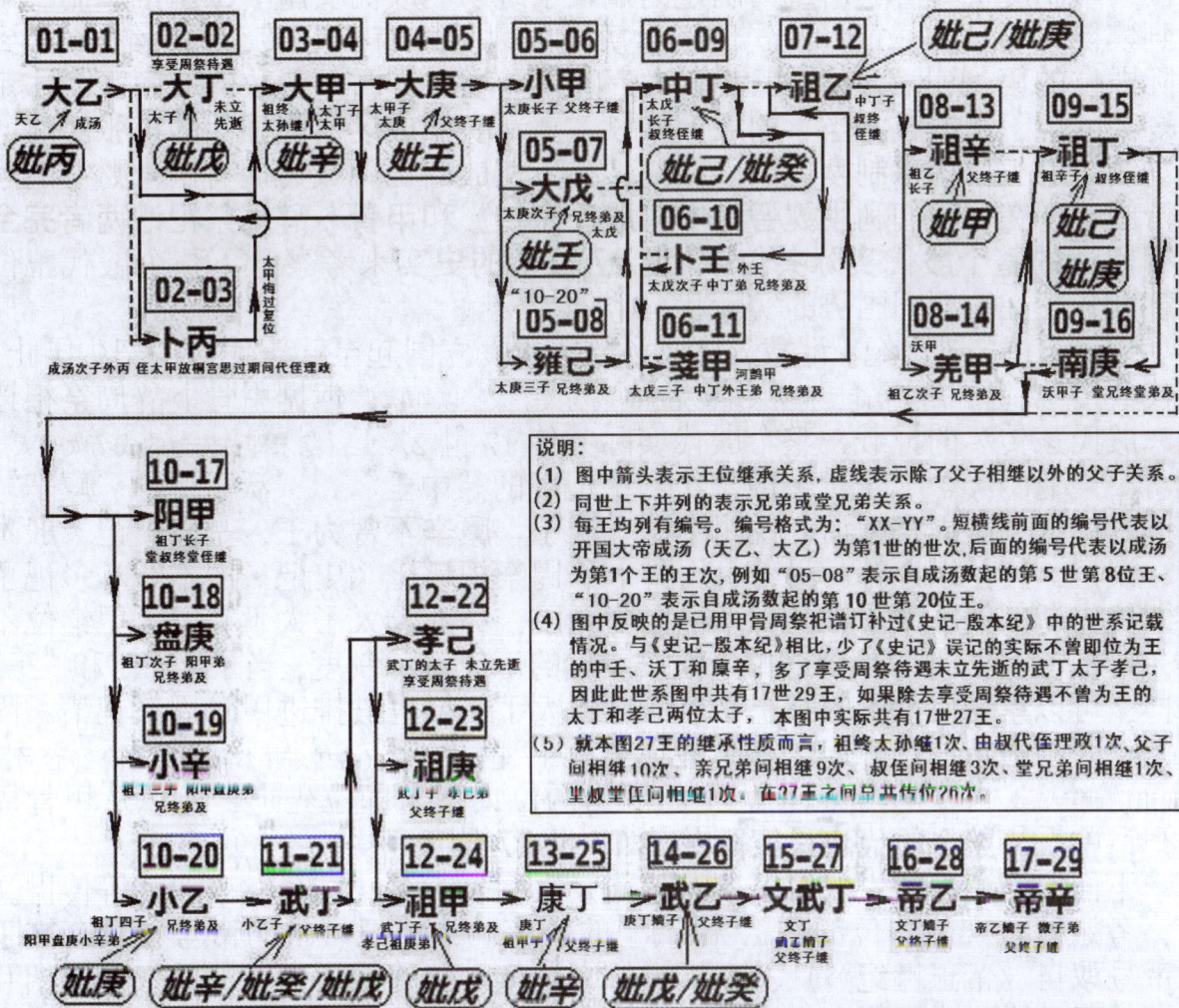

说明：
（1）图中箭头表示王位继承关系，虚线表示除了父子相继以外的父子关系。
（2）同世上下并列的表示兄弟或堂兄弟关系。
（3）每王均列有编号。编号格式为："XX-YY"。短横线前面的编号代表以开国大帝成汤（天乙、大乙）为第1世的世次，后面的编号代表以成汤为第1个王的王次，例如"05-08"表示自成汤数起的第 5 世第 8 位王、"10-20"表示自成汤数起的第 10 世第 20 位王。
（4）图中反映的是已用甲骨周祭祀谱订补过《史记-殷本纪》中的世系记载情况。与《史记-殷本纪》相比，少了《史记》误记的实际不曾即位为王的中、沃丁和廪辛，多了享受周祭待遇未立先逝的武丁太子孝己，因此此世系图中共有17世29王。如果除去享受周祭待遇不曾为王的太子和孝己两位太子，本图中实际共有 17世27王。
（5）就本图27王的继承性质而言，祖终太孙继1次、由叔代侄理政1次、父子间相继10次、亲兄弟间相继9次、叔侄间相继3次、堂兄弟间相继1次、堂叔堂侄间相继1次。在27王之间总共传位26次。

甲骨卜辞揭示的殷代先王世次和王次世系图（图中世次和王次编号与先王先妣）：

01-01 大乙（天乙、成汤）　妣丙
02-02 大丁（太子　未立先逝　享受周祭待遇）　妣戊
02-03 卜丙（成汤次子外丙　任太甲故桐宫思过期间代侄理政）
03-04 大甲（祖终　太孙继　大丁子　太甲）　妣辛
04-05 大庚（太丁子　太甲　父终子继）　妣壬
05-06 小甲（大庚长子　父子终继）
05-07 大戊（太庚次子　兄终弟及　太戊）　妣壬
05-08 雍己（太庚三子　兄终弟及）
06-09 中丁（太戊长子　叔终侄继）　妣己/妣癸
06-10 卜壬（太戊次子　中丁弟　兄终弟及　外壬）
06-11 戋甲（太戊三子　中丁外壬弟　兄终弟及　河亶甲）
07-12 祖乙（中丁子　叔终侄继）　妣己/妣庚
08-13 祖辛（祖乙长子　父终子继）　妣甲
08-14 羌甲（祖乙次子　兄终弟及　沃甲）
09-15 祖丁（祖辛子　叔终侄继）　妣己/妣庚
09-16 南庚（沃甲子　堂兄终堂弟及）
10-17 阳甲（祖丁长子　堂叔终堂侄继）
10-18 盘庚（祖丁次子　阳甲弟　兄终弟及）
10-19 小辛（祖丁三子　阳甲盘庚弟　兄终弟及）
10-20 小乙（祖丁四子　阳甲盘庚小辛弟　兄终弟及）　妣庚
11-21 武丁（小乙子　父终子继）　妣辛/妣癸/妣戊
12-22 孝己（武丁太子　未立先逝　享受周祭待遇）
12-23 祖庚（武丁子　兄终弟及　父终子继）
12-24 祖甲（武丁子　孝己祖庚弟　兄终弟及）　妣戊
13-25 康丁（庚丁　祖甲子　父终子继）　妣辛
14-26 武乙（康丁子　父终子继）　妣戊/妣癸
15-27 文武丁（文丁　武乙嫡子　父终子继）
16-28 帝乙（文丁嫡子　父终子继）
17-29 帝辛（帝乙嫡子　微子弟　父终子继）

第三节　从甲骨卜辞看殷代王位更替及各王在位期间国势的实际状况

　　在殷代前期的七八十年间，诸商王（殷帝）基本上能按成汤所立的"族规"和制定的"汤法"行事，王位基本上能按照成汤制定的嫡长子继承制传承。此阶段，因为老臣伊尹健在并掌舵，同时成汤的威望还在，周边部族、方国基本上还能臣服宗主国殷商王朝的统治，在殷商王朝内部王权基本上能平稳过渡，使殷代前期的总体发展势头看好。然而，到了实际即位的第 5 世第 5 位王小甲上位以后，殷商王朝的国势却出现成汤建国以来的第一次大衰落，其原因主要是客观环境造成的。那时，殷商王朝陷入四面受敌的复杂困境：因地球北方气候转型变为干冷，迫使北狄各民族南进威胁中原；曾经与成汤结盟灭夏的东夷各民族因势力增强，对中原殷商也虎视眈眈；南方长江流域南蛮各民族也不再对中原殷商臣服，迫使天下共主的宗主国中原殷商不得不放弃湖北武汉的重要据点盘龙城（使殷商王朝逐渐失去对长江流域丰富铜矿资源的掌控）；西边各游牧民族又强势崛起。面对如此复杂的局面，殷商王朝不得不实施**基于国情的战略收缩经略**，王位继承制度也不得不由成汤制定的嫡长子继承制改而实施"**王室推举制**"。直到实际即位的第 10 世第 17 位王盘庚迁殷以后才有所好转，又历约 30 年到实际即位的第 11 世第 20 位王武丁大帝闪亮登场时，四面受敌的殷商王朝才走出复杂困境，重振成汤当年的殷商雄风，重新实施**成汤富国强兵的扩张经略**，成汤制定的王位继承制度也得以回归，终于使殷商王朝成为拥有巨量财富的超级帝国。现在，我们利用**魏晋谱书《殷氏家传》和甲骨卜辞周祭祀谱两者完全互相印证的整个殷代实际共传 17 世 27 位帝的史实**来考察一下整个殷代王位更替及各王在位期间国势的实际状况。

　　据《史记·殷本纪》记载，自成汤放桀代夏立国起至武王伐纣帝辛失国止，殷代共传 17 世 30 位帝王（除未即位先逝的成汤太子太丁以外），但据甲骨卜辞周祭祀谱和《殷氏家传》的记载，整个殷代实际共传 17 世 27 王（除未即位先逝的成汤太子太丁和武丁太子孝己以外）。《史记·殷本纪》中记载的"中壬"、"沃丁"、"廪辛"未进入甲骨卜辞周祭祀谱，说明**中壬、沃丁、廪辛**不曾为王，是《史记·殷本纪》误记，应予以订补。另外，甲骨卜辞周祭祀谱比《史记·殷本纪》多记了未即位先逝的武丁太子孝己。孝己因为无子，和成汤太子太丁有子太甲继位不同，故为《史记·殷本纪》忽略。但按殷代的王位继承制度，当了太子，和"王"一样，可以享受后世王的祭祀，故孝己和太丁一样也被排进甲骨周祭祀谱。因此，从开国大帝成汤计起，整个殷代共有 17 世 29 王（含排进甲骨周祭祀谱的 25 位帝王和殷末的武乙、文丁、帝乙、帝辛 4 位帝王）。因为两位太子未即位先逝，所以从甲骨周祭祀谱中看，**整个殷代也是实际共传 17 世 27 位天子**。

　　下面以常玉芝提供的第五期卜辞周祭次序表为纲，结合《史记》等传世文献，考定殷代实际即位的这 27 位天子的**帝序**、《史记》中的**帝号**（只有**文丁**的帝号取自《帝王世纪》）、今本《竹书纪年》和魏晋谱书《殷氏家传》相互印证的子姓**谱名**、**帝都名**、甲骨文中的商王**王号**及他们在甲骨卜辞周祭祀谱中的**祀谱序号**，并在其后做简要介绍。其中，甲骨卜辞周祭祀谱的**祀谱序号**只据"常玉芝说"【注64】排定，与"董作宾说""陈梦家说""岛邦男说""许进雄说"不同。"常玉芝说"的第五期卜辞周祭次序表共分十个旬序，周而复始地祭祀31位先公先王、20位先妣。周祭先公先王的规律是只有即位为帝或被立为太子者才被排入祀谱进行周祭，周祭先妣的规律是只有直系先公先王的配偶才被排入祀谱进行周祭，旁系先公先王的配偶不被周祭【注65】。常玉芝周祭次序表中31位先公先王和20位先妣受周祭的十旬及旬内次序如下（其中有配偶受周祭的13位先王为直系先上，即成汤、太丁、太甲、太庚、太戊、中丁、祖乙、祖辛、祖丁、小乙、武丁、祖甲、康丁）。

第一旬： 上甲 ¹ →报乙 ² →报丙 ³ →报丁 ⁴ →示壬 ⁵ （直系先公）→示癸 ⁶ （直系先公）
　　　　　 微　　　　　　　　　　　　　　　　 主壬　　　　　　　 主癸

第二旬： 大乙 ⁷ （直系先王）　→→→→大丁 ⁸ （直系先王，太子未即位先逝）；
　　　　　 成汤　名履　　　　　　　　　 太丁　名睿　成汤嫡长子
　　　　　 逝后传位于嫡孙太甲　　　 实际未即位，祭祀时享受即位待遇
　　　　　 示壬奭妣庚 ₁

《史记》谓，外丙有弟中壬 （名庸）即位，但周祭祀谱不见

《史记》谓，太甲有子沃丁 （名绚）先于子太庚即位，但周祭祀谱不见

第三旬： 大甲 ⁹ （直系先王）→→卜丙 ¹⁰ →→→大甲 ⁹ （复位）→→大庚 ¹¹ （直系先王）；
　　　　　 太甲　名至　太丁之子　外丙　成汤次子　名胜　太甲名至　太丁之子　太庚　太甲之子　名辨，亦作辩
　　　　　 祖终孙继　　　　　　 太甲二叔　代侄理政　太甲向善复位　　　 父终子继

示癸奭妣甲 ₂ →大乙奭妣丙 ₃ →大丁奭妣戊 ₄ →大甲奭妣辛 ₅ →大庚奭妣壬 ₆

第四旬： 小甲 ¹² →→→→→→大戊 ¹³ （直系先王）→→→→→→雍己 ¹⁴ ；
　　　　　 太庚长子　名高　　　　 太戊　名密　太庚次子　　　　　 名伷　太庚三子　小甲/太戊之弟
　　　　　 父终子继　第一次大衰落　小甲之弟　兄终弟及　　　　 兄终弟及　第二次大衰落

大戊奭妣壬 ₇

第五旬： 中丁 ¹⁵ （直系先王）　→→→→→→→→→→卜壬 ¹⁶ ；
　　　　　 仲丁　名庄　太戊长子，雍己之侄　叔终侄继　　 外壬　名发　大戊次子，中丁之弟
　　　　　 《史记》谓比九世乱始　文献谓中丁自亳迁器（隞）　《史记》谓比九世乱第二王　兄终弟及

中丁奭妣己 ₈ →中丁奭妣癸 ₉

第六旬： 戋甲 ¹⁷ →→→→→ ，，→祖乙 ¹⁸ （直系先王）→→→→祖辛 ¹⁹ （直系先王）；
　　　　　 河亶甲　名整　《史记》谓比九世乱第三王　　 名滕　中丁之子/河亶甲之侄　　 祖乙之子，名旦　父终子继
　　　　　 太戊三子/中丁、外壬之弟　兄终弟及　　　　 《史记》谓比九世乱第四王　　 《史记》谓比九世乱第五王
　　　　　 文献谓河亶甲自器迁相　第三次大衰落　　 文献谓祖乙自相迁邢（耿）继迁庇
　　　　　　　　　　　　　　　　　　　　　　　　 叔终侄继

祖乙奭妣己 ₁₀ →祖乙奭妣庚 ₁₁

殷代史

【卷二】殷商史事要览

【下一行第七旬的"羌甲"注：羌甲因无配偶受周祭，且南庚以后诸王均非羌甲直系，故羌甲虽有子南庚为王，但被挤出直系先王系列。】

第七旬：羌甲 [20]（为旁系先王）→→→**祖丁** [21]（直系先王）→→→→**南庚** [22]；

开甲 沃甲 名踰　兄终弟及　　名新　叔终侄继　　　名更／沃甲之子／祖丁堂弟
祖乙之子／祖辛之弟　　　　祖辛之子／沃甲之侄　　堂兄终堂弟及 《史记》谓比九世乱第八王
《史记》谓比九世乱第六王　《史记》谓比九世乱第七王　文献谓南庚自庇迁奄（《史记》未记载）

祖辛奭**妣甲** [12] →祖丁奭**妣己** [13] →祖丁奭**妣庚** [14]

第八旬：阳甲 [23] →→ → →→→→→**盘庚** [24] →→ → →→→**小辛** [25]

名和　祖丁长子／南庚之侄　　名旬　祖丁次子／阳甲之弟　兄终弟及　　名颂　盘庚之弟
《史记》谓比九世乱第九王　　盘庚即位，《史记》谓比九世乱终结　　　兄终弟及
堂叔终堂侄继　第四次大衰落　文献谓自奄迁北蒙，曰殷　　　　　第五次大衰落

第九旬：小乙 [26]（直系先王）→**武丁** [27]（直系先王）→→**孝己** [28] →→→→**祖庚** [29]；

名敛　兄终弟及　　名昭　小乙之子　　武丁长子、太子、未立先逝　名曜　兄终弟及
祖丁四子／小辛之弟　父终子继　　享受周祭待遇，性至孝，名曰　武丁次子／孝己之弟

小乙奭**妣庚** [15] →武丁奭**妣辛**即**妇好** [16] →武丁奭**妣癸** [17]

第十旬：祖甲 [30]（直系先王）→→ →→→→ →→→→**康丁** [31]（直系先王）

名载　武丁三子／孝己、祖庚之弟，兄终弟及　　**庚丁** 名嚣　祖甲孪生子　父终子继

武丁奭**妣戊** [18] →祖甲奭**妣戊** [19] →康丁奭**妣辛** [20]

> 祖甲孪生二子嚣、良，册封嚣为太子，即位。
> 《史记》谓，祖甲另有一子廪辛（名先），
> 先于庚丁即位，但未入甲骨周祭祀谱，作误记。

以上列出的是"常玉芝说"甲骨卜辞第五期周祭次序表中周祭的 31 位先公先王和 20 位先妣的每一周期十旬的旬序和每一旬内的祭祀顺序【注64】，由此可推知自成汤（大乙）起到庚丁（康丁）止的 25 位先王的王位传承顺序，若加上殷末 4 位天子（谱名为瞿的**武乙**→谱名为托的**文丁**→谱名为羡的**帝乙**→谱名为受字受德的**帝辛**），则殷代共历 17 世 29 王（含实际未即位为帝的成汤的太子**太丁**和武丁的太子**孝己**）。若减去这两位实际未即位为帝的太子，则整个殷代实际即位的天子共历 17 世 27 王（帝）。这与本节开篇时的简略估算完全一致。下面依次列出实际即位的这 27 位殷天子的**帝序**（按减去实际未即位为帝的成汤的太子**太丁**和武丁的太子**孝己**排出实际即位为帝的**帝序**）、**帝号**、**谱名**、**帝都名**、甲骨商王**王号**、甲骨周祭**祀谱序号**及每一位殷天子的简要介绍。例如，"**20 帝武丁**／谱名**昭**／居**殷**／甲骨商王号也为**武丁**／祀谱序号 **27**／在位 59 年"等。供读者和殷商后裔各姓氏溯源时参考。

1 帝成汤／谱名**履**／居复命以**亳**的郑州）／甲骨商王号**大乙**／祀谱序号 **7**／在天子位 12 年

殷代 1 世，子姓商族 14 世，子姓殷氏 9 世，其父为夏诸侯国殷国 8 世殷公主癸，母为妣甲（名扶都），成汤配偶为妣丙。成汤和配偶都受周祭，成汤为直系先王。

→ 2 帝太甲／谱名**至**／居成汤复命以**亳**的郑州／甲骨商王号**大甲**／祀谱序号 **9**／在位第 3 年，因不遵汤法，被顾命大臣伊尹放入桐宫思过

殷代 3 世，子姓商族 16 世，子姓殷氏 11 世，因成汤太子**太丁**（谱名**睿**）未立而卒，顾命大臣伊尹遵照成汤遗嘱立太孙太甲为帝。太甲为太子太丁与妣戊之子，太甲的配偶为妣辛。太甲和配偶妣辛都受周祭，太甲为直系先王。

→ **3 帝外丙** / 谱名**胜** / 居成汤复命以亳的郑州 / 甲骨商王号**卜丙** / 祀谱序号 **10** / 在位 3 年（太甲入桐宫思过期间，代侄理政）

殷代 2 世，子姓商族 15 世，子姓殷氏 10 世，太甲不遵汤法，伊尹请外丙代侄理政。外丙的配偶为妣甲，配偶不受周祭，外丙受周祭，为旁系先王。【《史记》误记为：成汤逝后，因太子太丁未立先逝，立外丙为帝，二年逝，又立外丙弟中壬（谱名庸）为帝，四年也逝。后来，顾命大臣伊尹才立太孙太甲为帝，这与甲骨周祭祀谱明显不符。在周祭祀谱中，太甲先于外丙受祭，中壬不受祭。说明太甲先于外丙即位，中壬未即位，此足以证明魏晋谱书《殷氏家传》记载成汤制定的王位继承制应是嫡长子继承制而非兄终弟及为真，也证明《殷氏家传·阿衡立威》的卜列记载也基本为真（白话大意）："成汤有三子，长太丁、次外丙、三中壬，成汤立长子太丁为太子，但太子先亡。汤崩，成汤钦命的顾命大臣阿衡（伊尹）立太孙太甲为帝，太甲不争气，不遵汤法，阿衡愤而立威，放太甲于桐宫，令其思过自新。国不可一日无君，阿衡先请其二叔外丙代之，外丙勉强应之，代了三年不辞而别，不知所终，阿衡又请其三叔中壬代之，未代而卒，于是阿衡摄政当国。后见太甲向善，阿衡喜，亲往桐宫，迎回太甲，还政于他，自告老隐退。"】

→ **2 帝太甲向善复位** / 谱名**至** / 居成汤复命以亳的郑州 / 甲骨商王号**大甲** / 祀谱序号 **9** / 入桐宫思过前在位 3 年，复位后在位 30 年，先后在位 33 年

殷代 3 世，子姓商族 16 世，子姓殷氏 11 世，成汤的太子太丁之子。《史记》称太甲为太宗。

→ **4 帝太庚** / 谱名**辨**（通**辩**）/ 居成汤复命以亳的郑州 / 甲骨商王号**大庚** / 祀谱序号 **11** / 在位 25 年

殷代 4 世，子姓商族 17 世，子姓殷氏 12 世，太甲与妣辛之子。太庚的配偶为妣壬，太庚和配偶妣壬都受周祭，太庚为直系先王。继位性质属父终子继。《史记》谓，太甲逝，子沃丁（谱名绚）立，沃丁逝后才轮到弟太庚立。显然，《史记》认为，太甲与妣辛至少有两子：沃丁和太庚，且沃丁为长，但沃丁不被周祭，说明《史记》记载有误，沃丁不曾为帝。也说明，这时仍然是父终子继（父太甲终，子太庚继），不曾发生兄终弟及现象。《史记》记载的"沃丁崩，弟太庚立"，系误记。

→ **5 帝小甲** / 谱名**高** / 居亳 / 甲骨商王号**小甲** / 祀谱序号 **12** / 在位 36 年

殷代 5 世，子姓商族 18 世，子姓殷氏 13 世，太庚之子。一说小甲为太庚之弟，但魏晋谱书《殷氏家传》确认太庚与妣壬育三子：小甲、太戊、雍己，说明"小甲为太庚之弟"之说不真。继位性质属父终子继。小甲逝后，《史记》记载是其弟雍己先继位，然后才是其弟太戊继位，而周祭祀谱中，是太戊比雍己先受祭，说明《史记》记载有误，实际是太戊比雍己先即位。不管是太戊先即位还是雍己先即位，继位性质都为兄终弟及，说明这时，成汤制定的嫡长子继承制已经没有被执行。小甲受周祭为旁系先王，配偶不受周祭。小甲时期出现了殷代第一次大衰落。自小甲以后至后世武丁止，殷代中止执行成汤制定的"嫡长子继承制"的王位继承制度，因基于国情实施韬光养晦战略收缩经略的需要，转而执行类似古代传说中禅让制度的"王室推举制"。

→ **6 帝太戊** / 谱名**密** / 居亳 / 甲骨商王号**大戊** / 祀谱序号 **13** / 在位 75 年

殷代 5 世，子姓商族 18 世，子姓殷氏 13 世，太庚之子，兄终弟及。《史记》称太戊为中宗，但卜辞未见太戊为中宗的称谓。其配偶为妣壬，太戊和配偶妣壬都受周祭，太戊为直系先王。太戊是推行王室推举制王位继承制度的第一位胜出者，是由王室成员集体推举上位的第一位王，也是殷代以兄终弟及传位方式上位的第一位王。

→ 7 帝雍己 / 谱名佃 / 居亳 / 甲骨商王号雍己 / 祀谱序号 14 / 在位 12 年

　　殷代 5 世，子姓商族 18 世，子姓殷氏 13 世，太庚之子，太戊之弟，兄终弟及。配偶不受周祭，雍己受周祭，为旁系先王。雍己时期，出现了殷商王朝建国以来的第二次大衰落。雍己是推行王室推举制王位继承制度产生的第二位王。

→ 8 帝中丁 / 谱名庄 / 祭祀中心仍在主都亳（郑州），辅都迁嚣（隞）/ 甲骨商王号中丁 / 祀谱序号 15/ 在位 13 年

　　殷代 6 世，子姓商族 19 世，子姓殷氏 14 世，太戊长子，雍己之侄，叔终侄继。中丁的配偶为妣己和妣癸。中丁和两位配偶都受周祭，中丁为直系先王。中丁也作仲丁。中丁将辅都迁嚣（隞）被许多文献误认为是殷代的第一次迁都。殷初，成汤定天下之中郑州为都并复命以亳，并在郑州建有祖庙大邑商，族人称郑州之亳都为祖都（主都），称偃师西亳都为子都（辅都）。中丁为国家安全考虑，将位于偃师的辅都撤回，迁到嚣（隞），祖庙大邑商所在的主都仍在郑州，并没有迁。《史记》谓中丁迁隞，《书序》谓中丁迁嚻，《帝王世纪》又说，中丁迁嚣，目前多数学者认为中丁所迁的嚣都、隞都、嚻都，实际是同一个地方，只是对中丁嚣都（隞都、嚻都）的具体地望还没有形成统一的认识。《史记·殷本纪》认为自中丁起，一直到盘庚即位止，殷代陷入了中期的"比九世乱"时期。《史记·殷本纪》说的"比九世乱"的九位商王（殷帝）是指：中丁、外壬、河亶甲、祖乙、祖辛、沃甲、祖丁、南庚、阳甲。《史记·殷本纪》谓："自中丁以来，废适而更立诸弟、子，弟、子或争相代立，比九世乱，于是诸侯莫朝。"这段话里的"废适而更立诸弟、子"中的"适"通"嫡"、"更"作"改"讲，"比九世乱"中的"比"作"接连、挨着、一个接着一个"讲，与"比比皆是"中的"比"的意思相同。《史记》将殷代中期国势衰落、都城屡迁的原因归结为"弟、子或争相代立，比九世乱"的认识是不妥的。殷代中期国势衰落的真正原因是殷商王朝陷入四面受敌的复杂困境：因地球北方气候转型变为干冷，迫使北狄各民族南进威胁中原；曾经与成汤结盟灭夏的东夷各民族，因势力增强对中原殷商也虎视眈眈；南方长江流域南蛮各民族也不再对中原殷商臣服，迫使天下共主的宗主国中原殷商不得不放弃湖北武汉的重要据点盘龙城，这导致殷商王朝逐渐失去对长江流域丰富铜矿资源的掌控；西边各游牧民族又强势崛起。面对如此复杂的局面，殷商王朝不得不实施基于国情的战略收缩经略。自小甲时期出现了殷代第一次大衰落以后，殷代中止执行成汤制定的"嫡长子继承制"的王位继承制度，因基于国情实施韬光养晦战略收缩经略的需要转而执行"王室推举制"的王位继承制度（自太戊始至后世武丁止的 15 帝期间）。从表面上看，就像是因出现"弟、子或争相代立，比九世乱"导致都城屡迁、国势衰落的局面。中丁是推行王室推举制王位继承制度产生的第三位王。

→ 9 帝外壬 / 谱名发 / 祭祀中心仍在主都亳（郑州），辅都嚣（隞）/ 甲骨商王号卜壬 / 祀谱序号 16/ 在位 15 年

　　殷代 6 世，子姓商族 19 世，子姓殷氏 14 世，太戊次子，中丁弟，兄终弟及。配偶不受周祭，外壬受周祭，为旁系先王。外壬是推行王室推举制王位继承制度产生的第四位王。

→ **10 帝河亶甲** / 谱名**整** / 祭祀中心仍在主都亳（郑州），辅都相 / 甲骨商王号**戔甲** / 祀谱序号 **17** / 在位 9 年

殷代 6 世，子姓商族 19 世，子姓殷氏 14 世，太戊三子，外壬弟，兄终弟及。河亶甲将辅都自嚣（隞）迁相，被许多文献误认为是殷代的第二次迁都。河亶甲相都的具体地望，学界虽还没形成统一的意见，但多数学者认为，河亶甲的相都不是离安阳不远，就是在内黄一带。河亶甲所迁的相都是辅都，主都仍在郑州。配偶不受周祭，河亶甲受周祭，为旁系先王。河亶甲时期出现殷代建国以来的第三次大衰落。河亶甲是推行王室推举制王位继承制度产生的第五位王。

→ **11 帝祖乙** / 谱名**滕** / 祭祀中心仍在主都亳（郑州），辅都自相迁邢、耿、庇 / 甲骨商王号**祖乙** / 祀谱序号 **18** / 在位 19 年

殷代 7 世，子姓商族 20 世，子姓殷氏 15 世，中丁之子，河亶甲之侄，叔终侄继。祖乙的配偶为妣己和妣庚。祖乙和两位配偶都受周祭，祖乙为直系先王。在许多文献误认为的殷代的五次迁都中，祖乙将辅都自相迁邢、耿、庇，被认为属于第三次，且争议最大。目前，有些学者认为，祖乙的辅都邢、耿、庇实为一地，即为河北的邢台，也有些学者说，祖乙是先将辅都迁邢（耿），且认为邢、耿实为一地，即是河北的邢台，后又将辅都迁到山东的庇。总之，祖乙的邢都、耿都、庇都，其地望在哪里，目前学界尚没有形成统一的意见。祖乙所迁的邢、耿、庇是辅都，主都仍在郑州。祖乙是一个很有作为的君主，《史记·殷本纪》记载："帝祖乙立，殷复兴。"在甲骨卜辞中，祖乙被尊为"中宗祖乙"。祖乙是推行王室推举制王位继承制度产生的第六位王。

→ **12 帝祖辛** / 谱名**旦** / 祭祀中心仍在主都亳（郑州），辅都在其父祖乙迁移的**庇** / 甲骨商王号**祖辛** / 祀谱序号 **19**/ 在位 16 年

殷代 8 世，子姓商族 21 世，子姓殷氏 16 世，祖乙之子，父终子继。配偶为妣甲。祖辛和配偶妣甲都受周祭，祖辛为直系先王。祖辛是推行王室推举制王位继承制度产生的第七位王。

→ **13 帝沃甲** / 谱名**踰** / 祭祀中心仍在主都亳（郑州），辅都仍在其父祖乙迁移的**庇** / 甲骨商王号**羌甲** / 祀谱序号 **20** / 在位 25 年

殷代 8 世，子姓商族 21 世，子姓殷氏 16 世，祖乙之子，祖辛之弟，兄终弟及。沃甲的配偶为妣庚。配偶不受周祭，沃甲受周祭，为旁系先王。沃甲是推行王室推举制王位继承制度产生的第八位王。

→ **14 帝祖丁** / 谱名**新** / 祭祀中心仍在主都亳（郑州），辅都仍在其祖父祖乙迁移的**庇** / 甲骨商王号**祖丁** / 祀谱序号 **21**/ 在位 9 年

殷代 9 世，子姓商族 22 世，子姓殷氏 17 世，祖辛之子，沃甲之侄，叔终侄继。祖丁的配偶为妣庚和妣己。祖丁和两位配偶都受周祭，祖丁为直系先王。祖丁是推行王室推举制王位继承制度产生的第九位王。

殷代史

【卷二】殷商史事要览

殷代史

【卷二】殷商史事要览

→ **15 帝南庚** / 谱名**更** / 祭祀中心仍在主都**亳**（郑州），辅都自**庇**迁**奄** / 甲骨商王号**南庚** / 祀谱序号 **22** / 在位 8 年

　　殷代 9 世，子姓商族 22 世，子姓殷氏 17 世，沃甲之子，祖丁堂弟，堂兄终堂弟及。在许多文献误认为的殷代五次迁都中，南庚将辅都自庇迁奄被认为是第四次。一般认为，奄在今山东曲阜，但也有学者不认同。其理由是，前几次迁都在古黄河左近，而今山东曲阜离古黄河较远。南庚所迁的奄都是辅都，主都仍在郑州。配偶不受周祭，南庚受周祭，为旁系先王。南庚是推行王室推举制王位继承制度产生的第十位王。

→ **16 帝阳甲** / 谱名**和** / 祭祀中心仍在主都**亳**（郑州），辅都在其堂侄南庚迁移的**奄** / 甲骨商王号**阳甲** / 祀谱序号 **23** / 在位 7 年

　　殷代 10 世，子姓商族 23 世，子姓殷氏 18 世，祖丁长子，南庚之堂侄，堂叔终堂侄继。阳甲从其堂叔父南庚手里传得帝位，被《史记·殷本纪》认为是结束了殷代中期自中丁以来的"比九世乱"局面。阳甲受周祭为旁系先王，配偶不受周祭。阳甲时期出现殷代第四次大衰落。阳甲是推行王室推举制王位继承制度产生的第十一位王。

→ **17 帝盘庚** / 谱名**旬** / **盘庚**将位于**郑州**的主都和位于**奄邑**的辅都一起迁**殷** / 甲骨商王号**盘庚** / 祀谱序号 **24** / 在位 28 年，于在位的第 14 年迁殷

　　殷代 10 世，子姓商族 23 世，子姓殷氏 18 世，祖丁次子，阳甲之弟，兄终弟及。盘庚在位 28 年，成功地扭转了殷代中期的衰落局面，为后世武丁时期的国家强盛奠定了基础，被称为天下贤君。盘庚在位时做的最伟大的一件事，就是于其在位的第十四年"作《盘庚》三篇"【注66】，动员族人将建有主庙"大邑商"的郑州主都和位于山东奄地的辅都连同住在郑州及奄地的殷商贵族一起迁到祖地"殷"。这个祖地"殷"既是六世商先公兼夏帝追封首任殷先公冥的追封地，又是三世殷先公（商族八世）上甲的复兴之地。其地域是在太行山以东、夏殷时古黄河以西、南至豫北洹水流域、北至冀南漳水流域之间的一块地方，可用"山东河西，洹、漳二水流域间"11 个字来概括。盘庚所迁之殷的统治中心就是地理坐标为东经 114 度 18 分 50 秒、北纬 36 度 07 分 36 秒的横跨安阳洹河两岸的殷墟。即位于今河南省安阳市西北郊小屯村一带的晚殷都城遗址，它由殷商王陵遗址、殷商宫殿宗庙遗址、洹北商城遗址等共同组成。古本《竹书纪年》记载，自盘庚迁殷，至帝辛失国，273 年再没有迁过都（据本书推断，实际是 243 年）。实际上，在许多文献认为的殷代五次迁都中，只有"盘庚所迁之殷"才是严格意义上的迁都，因为前四次迁的只是作为实际军事中心的辅都，作为实际祭祀中心的主都一直仍在成汤复命以亳的郑州没有迁。盘庚的配偶不受周祭，盘庚受周祭，为旁系先王。盘庚是推行王室推举制王位继承制度产生的第十二位王。

→ **18 帝小辛** / 谱名**颂** / 居**殷** / 甲骨商王号**小辛** / 祀谱序号 **25** / 在位 3 年

　　殷代 10 世，子姓商族 23 世，子姓殷氏 18 世，祖丁三子，盘庚之弟，兄终弟及。小辛时期，出现了殷代自成汤建国以来的第五次大衰落。小辛配偶不受周祭，小辛受周祭，为旁系先王。小辛是推行王室推举制王位继承制度产生的第十三位王。

→ **19 帝小乙** / 谱名**敛** / 居盘庚迁移的**殷** / 甲骨商王号**小乙** / 祀谱序号 **26** / 在位 10 年

殷代 10 世，子姓商族 23 世，子姓殷氏 18 世，祖丁四子，小辛之弟，兄终弟及。小乙因重视对世子武丁的教育，为武丁时期殷商王朝的复兴奠定了基础，受后世称赞。小乙配偶为妣庚。小乙和配偶妣庚都受周祭，小乙为直系先王。小乙是推行王室推举制王位继承制度产生的第十四位王。

→ **20 帝武丁** / 谱名**昭** / 居**殷** / 甲骨商王号**武丁** / 祀谱序号 **27** / 在位 59 年

殷代 11 世，子姓商族 24 世，子姓殷氏 19 世，小乙之子，父终子继。武丁因功高盖世，而被尊为高宗。武丁，用人唯贤。《史记》记载，他任用出身贱微的傅说为相，"殷国大治"。武丁时期是殷代的鼎盛时期。他有妣辛、妣癸、妣戊三个配偶，武丁和三个配偶都受周祭，武丁为直系先王。武丁的配偶妣辛就是赫赫有名的中华第一女帅妇好。武丁的太子——嫡长子孝己，谱名暊，性至孝，未立先逝，享受周祭，祀谱序号为 28，其无配偶受周祭，因此，孝己与成汤的太子太丁不同，只能享受旁系先王的周祭待遇。武丁是推行王室推举制王位继承制度产生的第十五位王，也是小甲在位时开始推行王室推举制的王位继承制度的最后一位胜出者，武丁以后，殷代中期推行的王室推举制王位继承制度不再执行，成汤所定的父子相传制的王位继承制度得以回归。

→ **21 帝祖庚** / 谱名**曜** / 居**殷** / 甲骨商王号**祖庚** / 祀谱序号 **29** / 在位 7 年

殷代 12 世，子姓商族 25 世，子姓殷氏 20 世，武丁次子，孝己之弟，父终子继。配偶不受周祭，祖庚受周祭，为旁系先王。

→ **22 帝祖甲** / 谱名**载** / 居**殷** / 甲骨商王号**祖甲** / 祀谱序号 **30** / 在位 33 年

殷代 12 世，子姓商族 25 世，子姓殷氏 20 世，武丁三子，祖庚之弟，兄终弟及。传世文献对祖甲的评价，比帝辛好不了多少。《国语》上说[注67]，殷商先王辛辛苦苦建立的王朝体制传续了好多代，全被祖甲搞乱了，结果是七世而亡。说他是殷商亡国的肇始者。《史记》上司马迁只给了七个字评价："帝甲淫乱，殷复衰。"实际上，祖甲是很有作为的君主，中国第一部成文的法典，就是祖甲创建的；殷末极为正规且严格的周祭制度也是祖甲草创的。祖甲的配偶为妣戊。祖甲和配偶妣戊都受周祭，祖甲为直系先王。

→ **23 帝庚丁** / 谱名**嚣** / 居**殷** / 甲骨商王号**康丁** / 祀谱序号 **31**/ 在位 8 年

殷代 13 世，子姓商族 26 世，子姓殷氏 21 世，祖甲孪生二子嚣、良，册封嚣为太子，即位后称**庚丁**，继位性质为父终子继。庚丁的配偶为妣辛。庚丁和配偶妣辛都受周祭，庚丁为直系先王。需要向读者说明的是，殷代的帝王名号（日名）中，一般只有一个天干字，唯有"庚丁"这帝王名号连续叠用了两个天干字"庚"和"丁"，因此有学者认为"庚丁"这帝王名号，可能是"康丁"之误。另外，据《史记·殷本纪》记载：祖甲另有一子廪辛先于庚丁即位，但因未入甲骨周祭祀谱，因此，学界多数学者认为廪辛不曾为帝，系《史记·殷本纪》误记。考虑到魏晋谱书《殷氏家传》记载的整个殷代实际即位的 17 世 27 位帝王中，也没有廪辛的名字，因此，笔者也倾向于认为，廪辛不曾即位为帝，应是《史记·殷本纪》记载有误。

→ **24 帝武乙** / 谱名**瞿** / 居**殷** / 甲骨商王号**武乙** / 在位 35 年

殷代 14 世，子姓商族 27 世，子姓殷氏 22 世，庚丁（康丁）之子。

→ **25 帝文丁** / 谱名**托** / 居**殷** / 甲骨商王号**文武丁** / 在位 13 年

《史记》作太丁，因与成汤的太子"太丁"同名，故取《帝王世纪》帝名文丁作帝号。殷代 15 世，子姓商族 28 世，子姓殷氏 23 世。武乙之子，父终子继。

→ **26 帝帝乙** / 谱名**羡** / 居**殷** / 殷代青铜器铭文称**文武帝乙** (甲骨文中未见帝乙名号) / 在位 9 年

殷代 16 世，子姓商族 29 世，子姓殷氏 24 世。文丁之子，父终子继。甲骨卜辞中虽然不见"帝乙"这名号，但帝辛时的两件殷代青铜器"四祀邲其卣""版方鼎"铭文中，有"文武帝乙"的称谓，学界一般认为"四祀邲其卣""版方鼎"铭文中的"文武帝乙"应指称帝乙。

→ **27 帝帝辛** / 谱名**受**，字**受德** / 居**殷** / 在位 52 年 (因其在世即失国，故甲骨文中不见其被祭祀的名号)

殷代 17 世，子姓商族 30 世，子姓殷氏 25 世。帝乙幼嫡子，微子之弟，父终幼嫡子继。史称帝辛为"纣"或"纣王"。传统史学为什么称帝辛为"纣"或"纣王"呢？一般认为，**"纣"**是史家和后世人对帝辛的贬称，甚至有人说**"纣王"**是毁誉帝辛的谥号，就像成汤二十年夏代最后一帝**"履癸"**死于亭山时成汤赐以名号**"桀"**一样（"桀"寓凶猛之意），但没有哪一个人能说出后世追授帝辛为"纣王"的具体帝王的名号。其实，世称帝辛为纣王，并没有"贬称"的意思。因为帝辛既是"商族之王"（在魏晋谱书《殷氏家传》中，亦称"商族之王"为商族的"大宗长"），又是殷代之帝，合在一起，就相当于后世的"国王"，而帝辛的子姓殷氏谱名又为"受"（字为"受德"）。于是后人就称帝辛为"名字为受的国王"，叫习惯了，就成为"殷受王"或"商受王"。"殷受王"或"商受王"是怎么演变成"殷纣王"或"商纣王"的呢？读者只要查阅周武王在牧野之战开始时的动员词**《牧誓》**的**不同版本**和东汉许慎**《说文解字》**的清人**《段玉裁注》**便知。在**《牧誓》**的**《尚书》**版中，周武王称帝辛为"**商王受**"，在**《牧誓》**的**《史记·周本纪》**版中，周武王称帝辛为"**殷王纣**"；在东汉许慎**《说文解字》**的清人**《段玉裁注》**中，有"《尚书》纣字《古文尚书》作受"的权威注释。由此可知，在古代"**受、纣**"两个字是相通的。帝辛的谱名"**子受**"也可以写成"**子纣**"。这才应是"商族子姓殷氏名**受**字**受德**"的商王（殷帝）在传世文献中被称为"**殷纣王**""**商纣王**""**帝纣**""**商王受**""**殷王纣**"的缘由。

第七章　实施战略收缩经略的殷代中期

自司马迁《史记·殷本纪》问世以来，殷代中期的历史被描写得过于黑暗，由"比九世乱"的王位争夺导致政治地理版图大大缩水，出现都城屡迁、诸侯莫朝、国势衰落等现象，这似乎已经成为传统史学的定论。加之，进入20世纪以后，考古界一些学者，据郑州商城的三个青铜器窖藏坑和一些疑似都城的殷代遗址发现类似外族入侵的打斗现场等考古发现推断，殷代中期商王（殷帝）被外族入侵者赶得到处躲藏，逃跑前不得不把首都的"宝贝"藏匿地下，提出殷代中期已经丢失以郑州为中心的中原核心地区的"商文化白家庄期崩溃"的理论。"商文化白家庄期崩溃说"的提出，似乎更加深了传统史学对殷代中期"黑暗"历史的描述。比这更甚者，近来有些学者认为，殷代不仅中期很落后，而且成汤建国后的早期也很落后，频繁迁都是社会生产力低下的必然现象。他们认为，殷商时代，直到武丁以战争手段引进外来的文明和文字，才变得很强大。这在本书《卷一》中已向读者介绍过。例如，近来有些学者在某省级电视台叫做《隐秘的细节》的细讲历史的视频节目中公开向公众宣传说，成汤灭夏所建的国家早期、中期的真实社会面貌还是"处于新石器时代晚期的文明阶段"，认为成汤建国后"直到殷商中期，殷商都邑的势力范围往大了想也就是方圆十五公里，这种大邑小国在当时东亚大陆成百上千，谁也说不上有什么王气"，根本谈不上当什么"天下共主"。言下之意是，他们认为，包括司马迁《史记·殷本纪》在内的传统史学，明显是把成汤所建殷商王朝早期、中期的政治地理版图和"王气"夸大了。由此看来，要使学界对殷商王朝中期真实历史的认识形成共识，还有待时日。因此，本书才设本章据实讨论一下殷代中期的历史。

第一节　《殷氏家传》对殷代中期历史的记载简述

在殷氏先祖纂编的魏晋谱书《殷氏家传》中，对殷代中期历史的记载却与本章开篇提到的说法迥然不同。魏晋谱书《殷氏家传》中说，成汤建国之初，制定的王位继承制度本是嫡长子继承制，但在平稳地执行七八十年后，殷商王朝陷入四面受敌的复杂困境：因北方气候转型变为干冷，迫使北狄各民族南进威胁中原；曾经与成汤结盟灭夏的东夷各民族因势力增强，对中原殷商也虎视眈眈；南方长江流域南蛮各民族也不再对中原殷商臣服，迫使天下共主的宗主国中原殷商不得不放弃对长江流域丰富铜矿资源的掌控（笔者注：考古界发现的殷代中期不得不放弃对湖北武汉盘龙城重要军事据点兼青铜铸造中心的掌控，便是一例，失去对长江流域丰富铜矿资源的掌控，导致殷商王室经济总量大大缩水）；西边各游牧民族又强势崛起。面对如此复杂的局面，殷商王朝不得不实施基于国情的战略收缩经略。

在殷商王朝陷入四面受敌、王室经济总量下滑的复杂困境下，为了使王室共有的有限财产不被分割且得到最大限度的保护，殷商王室成员经集体议决后认为，成汤据夏室王位继承制度制定的父子相传制已不适合当时的国情，决定有限地仿照尧舜禹时期传说的禅让制度，改行**王室推举制**的王位继承制度。其程序为："**前王终了时，由王室成员集体共议表决，在王室众多兄弟子侄间产生新的优秀人选来当王位接班人，以便更有效地管理殷商王室的有限共有财产。**"也就是说，魏晋谱书《殷氏家传》记载的殷代中期殷商王室的子姓殷氏的先祖们认为，殷代中期，只有实行王室推举制的王位继承制度，才能推选出王室成员都"放心"的王位继承人。

魏晋谱书《殷氏家传》还认为，《史记》中基于王位争夺出现"比九世乱"导致"都城屡迁"的记载与殷商王朝中期的实际不符。笔者不仅赞同魏晋谱书《殷氏家传》的观点，而且认为现代一些考古学者提出的因外族入侵导致"商文化白家庄期崩溃"才出现殷代中期"都城屡迁"之说，是不经一驳的。本书在前文中已经说过，魏晋谱书《殷氏家传》记载，成汤立国时，商族殷氏人就有设置双都制的传统，当时商族殷氏人称成汤复命以亳的郑州为**祖都**（因成汤在郑州建有专供祭祀用的祖庙大邑商，故曰祖都），而将建在偃师震慑夏贵族遗民的陪都或辅都称为**子都**（时称西亳）。魏晋谱书《殷氏家传》还记载，后世中丁迁隞（嚣）、河亶甲迁相、祖乙迁邢（耿、庇）、南庚迁奄的四次迁都迁的只是**子都**，而位于郑州的建有祖庙大邑商的**祖都**并没有迁。（笔者特别注：《殷氏家传》记载殷代有奉行"祖都子都双都制"的传统，与现代学者郑州大学李民、张国硕师徒谓殷代有奉行"主都辅都双都制"的传统和北京大学博士、上海博物馆研究馆员韦心滢女士谓殷代有奉行"圣都行都双都制"的传统，是异曲同工、高度一致的。他们三者的互相印证，说明殷代有奉行"双都制"的传统是符合史实的。）也就是说，殷商王朝是一个十分强调并注重"国之大事在祀与戎"的王朝，为了将"祀"与"戎"这两个方面都建设好、兼顾好。殷人有将实际统治中心分为专管"祀"的祭祀中心王都和专管"戎"的军事中心王都的传统，表面上看，颇似殷代中期"都城屡迁"的现象，实际只是作为军事中心的王都（辅都）因国防需要的频繁迁徙，作为祭祀中心的王都（主都），一直仍在建有祖庙"大邑商"的郑州，并没有迁。读者可以设想一下，1900年，八国联军侵占清都北京时，清朝最高统治者慈禧太后和光绪皇帝美其名曰"两宫西狩"逃到西安，清都仍在北京没有迁，难道殷代中期的情况，比八国联军侵华战争更严重，就不得不屡迁王都了吗？

考虑到殷代中期的国势衰落、作为军事中心的辅都屡迁等现象与实际的王位继承制度并无直接关联，司马迁说的"王位争夺"并无真凭实据的实际情况，本章下一节将向读者介绍一下殷代中期因基于国情的实际需要不得不实施王室推举制的王位继承制度的详情。

第二节　王室推举制王位继承制度的闪亮登场和完满退出

　　上文已经说过，在成汤建国的七八十年后，殷商王朝在陷入四面受敌复杂困境的情况下，为了使王室共有的有限财产不被分割而且能得到最大限度的保护，殷商王室成员经集体议决后认为，成汤据夏室王位继承制度制定的嫡长子继承制已不适合当时的国情，决定有限地仿照尧舜禹时期传说的禅让制度，改行**王室推举制**的王位继承制度。也就是说，在前王仙逝后，不再以贤庸无法预测的其嫡长子为唯一王位继承人，改行经王室成员集体议决，从众多王室子弟中推举出能有效管理王室已经下滑的有限共有财产和有效掌控王室大权的最优秀者来当王位继承人。决定从**小甲**仙逝后开始试行这一制度。

　　第一位被王室众成员集体推举上位的是小甲的弟弟太戊。太戊被推举上位成为第一位兄终弟及的天子后，也不负众望。他立伊尹之子伊陟为相，注重修行天子之德，倾听不同意见。他在位的 75 年间，终于使自己成为在殷代历史上仅次于成汤和武丁的帝王，他重振了殷商雄风，很有名气。在《竹书纪年》和《史记》中记载有这样一个故事。说在太戊在位的第七年，有一天，王都宫廷的院子里，忽然长出一棵祥桑与谷子共生的植物，一夜之间就长成了一棵大树，很吓人。太戊就问卿士伊陟，他该怎么办？伊陟说，邪不压正，妖不胜德，他出的主意，就是让太戊修身立德。三年后，远方的部族、方国的领袖听到太戊的好名声，纷纷慕名而来。来了多少呢？包括西戎和东九夷在内的来宾，重译而至者竟达七十六国，一举扭转了先王时"殷道衰诸侯不至"的局面。什么叫"重译"呢？重译的意思就是，宾主之间要说句话，需要通过几种语言不断地转换翻译，才能听得懂对方要表达的意思。这场面之壮观，读者可想而知。慕名而来、重译而至的是些什么人呢？《竹书纪年》上未说是"诸侯来朝"，只说是"来宾"，因为这"七十六国"的客人，往往既不是商王（殷帝）册封的诸侯，也不是定期向殷商王室朝贡的属国。在没有通用文字、没有便捷的通道、方言阻隔严重，说一句话都要经过几道翻译的时代，在其他国家也在各自谋生的时代，世界上能有七十六国前来殷都做客，这个人类文明交流的宏大景观，就是在今天来看，也是不容易做到的，当时的那种外交情景，一定是非常震撼的。在前来做客的宾客中，太戊看到有来自西戎游牧部落的来宾，甚至有西王母的部下，商王太戊还特地任命了一位名叫王孟的官员，既担任殷商王朝派驻西戎的特使，又从西王母采药。五年之后，殷商王朝设立了专门负责研发制造车辆的机构，任命费侯中衍为车正。十年之后，殷商终于造出了自己的战车。殷商王室成员，看到第一位被试行推举上位的太戊，竟然如此有出息，他们尝到了王室推举制的甜头，于是这个"试行"75 年的由王室成员集体推举产生王位继承人的制度就成为殷商王朝中期的常态制度。这种制度执行了 200 余年，终于使四面受敌的殷商王朝走出困境，直到使殷商王朝成为当时邦畿千里的超级帝国"武丁盛世"时才退出历史舞台，重新实行成汤制定的父终子继的王位继承制度，并结束战略收缩经略，恢复当年成汤富国强兵的扩张战略。

　　武丁是王室推举制的最后一位胜出者，也是恢复成汤父子相传王位继承制度的第一人。在《竹书纪年》中，武丁这个名字第一次出现，是他的父亲商王小乙，命其居于河，学于甘盘。"居于河，学于甘盘"，就是搬到王宫外面河边的平民住宅区去住，说明这位名叫甘盘的老师，是一位平民隐士。武丁少年时"居于河"的出走，也很像是避免陷入王位推举上位的尴尬。按照武丁自己的说法，他年少时搬出了王宫，消失于荒野，先是住在郊野河边的贫民窟里，后来去了殷商最早的都城亳邑，以为自己一生不会再有显达的机会了，因为他考虑到自己只是阳甲、盘庚最小的弟弟小乙的儿子。同样是君王的后代，阳甲的儿子，盘庚的儿子，小辛的儿子，被王室推举上位的机会即使不比他大也起码跟他武丁是平等的。也是上天保佑，在父王小乙去世后，武丁竟然被王室成员推举上位，于是他回到了殷都，继承了王位。小乙去世后，武丁能够和平地被王室推举上位，他的能力及对殷商王室宗族命运的担当潜力，按照王室推举制的既定原则，显然是需要阳甲家族、盘庚家族和小辛家族的共同认可的。魏晋谱书《殷氏家传》记载，武丁"辛酉即位于殷，己未陟，在位五十九年"（相当于公元前1260—前1202年）。在这59年间，殷商王朝一直在恢复元气。因此，到他驾鹤西去的时候，殷商王朝已经成为一个拥有巨量财富的超级帝国了。考古界从殷墟中发现，武丁时代的出土文物数量巨大，其精湛绝美的程度让世人惊叹，武丁因此获得了高宗的庙号。显然，当时的殷商族人已经把武丁当成了带领殷商王朝完成第二次创业的领袖了（第一次创业的领袖当然是成汤）。我们今天能够看到的繁盛的殷商，基本上是在武丁时代爆发的，体现经济变化的殷商内外制度变化，也是在武丁时代集中出现的。

　　到武丁闪亮登场的时候，按照《竹书纪年》和魏晋谱书《殷氏家传》的记载，殷商王朝在盘庚迁殷以后、曾被分为专管"祀"的祭祀中心主都和专管"戎"的军事中心辅都已经合二为一于太行山脚下的"殷"地。也就是说，殷商王朝中期在逐步走出四面受敌困境的新的基础上已经发展建设了约28年（魏晋谱书《殷氏家传》记载，盘庚于庚辰即位，癸巳迁殷，丁未陟，在位28年。相当于公元前1301—前1274年在位，公元前1288年迁殷，武丁于公元前1260年即位，1288-1260=28），这时，王室宗族的财富规模超越了以往任何时代，利益关系出现变化也只是早晚的事。

　　武丁这位曾经涉足民间的世子，即位之后做的第一件事，就是把自己的平民老师甘盘任命为主持朝政的卿士，在这之后，他就进入了长达三年一语不发的漫长思考之中。如果我们把他后来执政期间的举措，看成是他漫长思考的结果，我们就会发现，他是在试图恢复甚至重构殷商宗主国与东亚大陆上其他部族、方国的结构关系，并且试图改变殷商王室宗族内部成员的利益分配方式。（**笔者特别注**：恢复对长江流域丰富铜矿资源的控制是他首先要考虑的问题，同时要考虑的还有扩张到渤海黄海沿岸掌控盐业、修复或缓和与北狄西戎的关系的问题，实行分封制和结束王室王位推举制以便加强以他为首的王室核心家庭对殷商王室巨量财富的控制，更是他一言不发、思考三年后最终敲定的王室宗族内部成员的利益分配方式。）

　　武丁面壁三年期间，思考的当然不仅是如何剥离处置王室宗亲的权力清单问题，要想变得更强大，**殷商王室还有两个短板：一是如何重新掌控长江流域丰富铜矿资源的问题，二是如何将掌控在各地各族巫师手中的神权夺回来集中到他牢牢控制的王权上，实现王权、神权合一**。他认为，解决这两个问题对殷商王室财富增长和老人地位的强化是至关重要的。因此，恢复甚至超越成汤对长江流域丰富铜矿资源的控制和将分散于各地各族巫师手中的神权集中到他牢牢控制的王权上，成为他毕生追求的两个最重要的目标，并强势完成了试图改变殷商王室宗族内部成员利益分配方式的设想，加强了王权，成功建立了王权、神权合一的国家政权体制。后来的实践证明，他在位的59年，以文治武功，实现了他毕生追求的这些宏大目标。就武功而言，据甲骨卜辞记录的不完全统计：武丁一朝，教训敢于侵犯者的战争、发动恢复成汤当年对长江流域丰富铜矿资源掌控的战争和将分散于各地各族巫师手中的神权夺回来、重新掌控祭祀神权的战争，超过80场，这是东亚大陆上此前从来没有过的战争密度，所以他才获称"武丁"这个日名。就文治而言，他不仅不拘一格地起用奴隶出身的傅说为相，而且推行"分封制"，根据甲骨文的记载，武丁分封了超过50位侯爵和将近40位伯爵。**总之，武丁通过实施分封制和重新确立王位继承秩序这两方面，完成了王朝治理结构制度设计的一系列关键举措，加速了殷商王朝财富向王室核心家庭集中的过程，实现了他毕生追求的治理殷商王朝的王权、神权合一体制。**（**笔者注：**尽管学界有人在某省级电视台的《隐秘的细节》的视频节目中，以在甲骨卜辞中找不到对应人为理由，否定**傅说**其人的真实存在，但笔者还是确信武丁重用傅说的传世文献记载不是空穴来风，因为不能在甲骨文中对号入座的历史**名人名地**又不是只此一件，就是他们将甘盘与甲骨文中的师般对号入座也是非常勉强的。）

殷代史

【卷二】殷商史事要览

殷代史

【卷二】殷商史事要览

第三节　　郑州新亳都是否废弃及殷代中期都城是否屡迁综述

　　1955年发现的郑州商城是成汤新王朝的王都，目前已是学界共识。从1955年起，经过半个世纪的钻探和研究，现已确知其乃由内城和外廓城构成。内城略呈长方形，周长约6960米，外廓城仅以发现于内城之南面、东南面和西南面计，已知长度约5000米，大体呈弧形，如果按其走向复原，郑州商城约有16平方公里的面积。内城东北部有东西长约800米，南北宽约500米，即在总面积约40万平方米的范围内，发现成片的大型夯土建筑基址，考定是宫殿区所在。在内城和外廓城之间，发现有成片的居住区、墓葬区和铸铜、制骨、烧陶等手工业作坊区，出土了大量制作精致的青铜器、陶器、玉器和骨器等。由此可见，郑州商城规模之大，内涵之丰富，为殷代早期时世界诸文明古国中所罕见，堪称当时世界大都会之最。

　　说到这里，读者不禁会问：夏末殷初，受生产力总体水平所限，又经历商夏至少九年战争的摧残，成汤建国之初，史载（参见《竹书纪年》）连年发生旱灾，为什么能建成如此宏大规模的王都郑州商城？郑州商城建成以后，使用了100多年，到了中丁至盘庚的殷代中期为什么又废弃不用而屡次迁都，最后定都安阳殷墟直至殷亡而不再迁都了呢？显然，这是个困扰学界2000多年而又仁者见仁智者见智的问题，笔者将在本节予以探讨。

【一】殷革夏命的成功使社会生产力获得巨大发展是郑州新亳都能建成的直接原因

　　《史记·殷本纪》虽然基本上为信史，但《史记·殷本纪》显然回答不了上面的问题。因为从《史记·殷本纪》中我们只能看到"君王有德，殷商就兴旺；君王无德，殷商就衰败"的道德史，是既看不到殷商时期的社会性质和国家形态，又看不到殷商时期与人民大众的生活密切相关的社会形态的。这是因为，《史记·殷本纪》是纯以君王更替为时间线而展开的，而要考察殷商时期的社会性质、国家形态，进而考察其社会状况，要以与《史记·殷本纪》不同的新的时间线才能展开。这条新的时间线是与社会物质文明有关的时间线，是体现生产力因素决定科技进步、经济发展、社会生活和制度演变的时间线，是经济基础决定上层建筑而上层建筑又反作用于经济基础的时间线。公元前1600年左右，只有70里范围的夏属小诸侯国殷君成汤能以武力推翻夏桀的残暴统治，肯定是得民心的，不然，史书不会以"成汤革命"或"殷革夏命"记之。俗语说，"百足之虫，死而不僵""民心齐，泰山移"。想来小小诸侯国成汤，如果不得民心，是绝对不会"殷革夏命"获得成功的；即使革命成功，也断然开不了三千诸侯参与的"共商国是"或"海选天子"的大会；即使能开成三千诸侯参与的"共商国是"或"海选天子"的大会，也断然兴建不了当时世所罕见的宏伟郑州商城作为新王都并"复命以亳"的。当然，实际与会的诸侯也许没有三千那么多，但当年的成汤上位，获得各路诸侯的拥护，那是肯定的。所以伴随着以殷代夏的改朝换代，社会生产力的大解放，也是必然的。现在出土的宏伟郑州商城和偃师商城也雄辩地证明了这一点，如果没有社会生产力的巨大发展，成汤革命成功后，是断然修建不起那么大的郑州王都并复命以亳的。

笔者在本书《卷一》中曾说过，郑州商城出土的青铜器虽多，但加起来还没有湖北武汉盘龙城出土的多。在武汉盘龙城殷代早期遗址被发现之前，关于商人南进的史实在传世文献中虽有"邦畿千里""殷土芒芒"的记载，但那时包括甲骨四堂之一的王国维在内的许多史学家都认为，殷商王朝的势力范围仅限于黄河中下游地区，近来在某省级电视台的细讲殷商史的视频节目《隐秘的细节》中，甚至还有学者认为中原殷商前期真实社会面貌还是"处于新石器时代晚期的文明阶段"，认为（殷代中期的都城屡迁）"迁徙的过程并没有伴随战争的记录，这说明直到殷商中期，殷商都邑的势力范围往大了想也就是方圆十五公里，这种大邑小国在当时东亚大陆成百上千，谁也说不上有什么王气"。

湖北武汉盘龙城殷代早期遗址的发现，特别是考古界关于盘龙城是殷商王朝早期在长江流域最早的青铜铸造中心和盘龙城是殷商青铜文化向南推进控制长江流域丰富铜矿资源的关键据点的认定，以及考古界对受殷商盘龙城遗址牢牢控制的湖北大冶铜绿山和江西瑞昌铜岭等长江流域殷代丰富铜矿资源的深入发掘研究，坐实了殷商王朝早期政权在长江流域势力扩张的存在，从此由成汤革命激发的社会生产力的巨大发展跃入现代史学界学者的眼帘，改写了人们对殷商王朝早期政治地理版图的既有认知，也给某省级电视台在视频节目中向社会公众宣传说殷代早期"依然是处于新石器时代晚期的文明阶段"的学者敲响了警钟。

【二】关于殷代中期都城屡迁原因的各种观点简介

然而，令人奇怪的是，好不容易建成的规模如此庞大的郑州新亳都，文献中说，只用了100多年，到成汤的六世嫡传中丁即位以后，竟然发生了殷代中期的频繁迁都现象，直到成汤的十世嫡传盘庚迁殷以后，殷代的王都才稳定于殷而不再迁徙。那么宏伟的郑州新亳都为什么说不用就不用而发生了殷都屡迁的现象呢？对此，历代史家给出了不同的解答。

【1】司马迁和现代主流史家的观点简介

司马迁在《史记·殷本纪》中说："自中丁以来，废適而更立诸弟、子，弟子或争相代立，比九世乱，于是诸侯莫朝。"也就是说，司马迁将成汤亳都被废、出现中丁以来频繁迁都的现象，归结为父子相传的继承制度遭到破坏，出现了王位争夺的"比九世乱"，于是，争得王位的新王为巩固争得的王位而不得不废弃旧都另迁新都（司马迁当然不会认识到郑州商城是成汤复命以亳的亳都，他只知道成汤在"亳"即天子位而已），近代主流史家在朱镇豪主编、十多位专家参编的11卷（本）《商代史》中也十分赞同司马迁的观点。由于殷商王朝中期（"比九世乱"时期）与考古界称为"商文化白家庄期"的年代大体相当，多年来主流学界围绕着"白家庄期"商文化是否崩溃，即郑州商城在"白家庄期"是否因内忧外患而废弃、作为殷代早期核心地带的郑洛地区在"白家庄期"是否已经失守、殷代后期（殷墟时期）政权是否能有效控制郑洛地区等问题，曾展开过激烈的争论。

【2】近来有学者提出殷都屡迁是尚处于新石器时代晚期的殷代前期和中期的必然现象

值得注意的是，近来某省级电视台在细讲殷商史的视频节目《隐秘的细节》中，六位专家在电视台上以互相对白的形式，对殷代前期和中期成汤亳都被废出现殷都屡迁伴王位兄终弟及的现象作出新的解释。他们认为殷代前期和中期的王都屡迁伴王位兄终弟及是必然会发生的社会现象。他们提出的新说与学界传统认识迥异的地方可归纳为下列四点。

①他们认为："部落频繁的迁徙，证明了直到殷商时代早期，东亚大陆上生活的人类祖先，依然是处于没有青铜器的新石器时代晚期的文明阶段。"（在本小节中，引号中的楷体字内容，均是他们在某省级电视台上说的原话，下同。）

②他们闭口不提考古发现的庞大郑州商城和武汉的盘龙城殷代早期遗址，因为在他们眼里，还处于连青铜工具都没有的新石器时代的殷代早期是不可能建成庞大郑州商城的，其势力范围也不可能达到位于长江流域的武汉盘龙城地区的，言下之意是考古界于1955年发现的庞大郑州商城一定不是成汤的王都，而是后世的建筑，武汉盘龙城遗址也不可能是殷代早期建成的。他们认为成汤灭夏后的殷都位于"今天的河南商丘北部、山东曹县附近的'亳'邑"，根本不会在郑州商城遗址。

他们说的原话是："第一代君王成汤，并没有占据夏朝的都城，而是在灭夏之后建都于亳邑，这个见于记载的殷商第一个都邑，现在一般认为是在今天的河南商丘北部、山东曹县附近。"

③他们认为殷代共有七次迁都：第一次是成汤迁到山东曹县附近的亳，第二次是仲丁从亳迁到今天河南荥阳附近的嚣，第三次是河亶甲从嚣迁到濮阳附近的相，第四次是祖乙从相迁到今天的河北邢台的邢，第五次是祖乙又从邢迁到黄河以南山东郓城的庇，第六次是南庚自郓城的庇向东迁到今天山东曲阜附近的奄，第七次（也是最后的一次）是盘庚从黄河南岸曲阜附近的奄迁到黄河北岸的北蒙安阳。也就是说，他们根本不承认1955年发现的郑州商城遗址是成汤灭夏后的王都。他们的原话如下：

"殷商王朝的都城曾经进行了七次迁徙。没有一次是因为战争，直到大约公元前1300年，殷商王朝出了一名著名的国王叫盘庚，带着殷商王室部落进行了第七次迁徙。

"按照夏商周断代工程研究的说法，夏朝存在的时间是公元前2070年到公元前1600年，商朝则分为两个阶段，前半段是盘庚迁殷之前，大约延续了三百年，第一代君王成汤，并没有占据夏朝的都城，而是在灭夏之后建都于亳邑，这个见于记载的殷商第一个都邑，现在一般认为是在今天的河南商丘北部、山东曹县附近。

"到了大戊时代之后，殷商王朝突然开启了不常厥邑的迁徙模式，先是商王仲丁把国都从曹县的亳迁到了今天河南荥阳附近的嚣，十九年之后，商王河亶甲又把国都从荥阳附近的嚣迁到了濮阳附近的相，刚过了九年，商朝祖乙又把国都从相迁到今天的河北邢台，一年之后，又从邢台迁到了黄河以南的山东邻城，邺城这座叫作庇的国都用了四十多年，到了商王南庚时代，这个部落再次迁都，而东迁到了今天山东曲阜附近的奄。

"奄庚就是在奄即位的，执政十四年之后，盘庚宣布了殷商王朝将是第七次迁都的决定，从黄河南岸的曲阜迁到黄河北岸的北豫安阳。"

④他们认为殷都屡迁的根本原因是由社会文明程度和自然环境决定的。他们的原话如下：

"中国中原的殷商王朝……还正好处于半农耕半采集的过渡时代。

"刚开始农耕的祖先还不会施肥，他们绝望地发现，一块土地种过几茬庄稼之后就没有地力了。这就意味着他们每年都要抛荒旧地，开垦新地，也意味着每个试图定居的农耕部落，大约每隔一定时间，依然要进行一次迁徙。

"悠闲的祖先们，把一个地方的果子和动物吃得差不多了，换了个地方接着吃。

"迁徙的过程并没有伴随战争的记录，这说明直到殷商中期，中原仍然是非常空旷的，到处都是无主之地，还不是城邦密布、阡陌相连的景象。

"殷商王朝的都城曾经进行了七次迁徙。没有一次是因为战争。

"殷商王朝的前五个都邑，无一不是在黄河可能淹没的范围之内。

"除了自然条件，人类永远定居还需要生产能力和综合的社会组织能力达到一定的水平，才能自然产生出永久性的定居要求。比如，如果你是半农牧半渔猎的部落，那周边树林里的果子和小动物吃完了，你就会搬家；土地种了几年地力减弱了，窝棚住了几年破烂了，你就会搬家；人类粪便、生活垃圾堆到一定程度，你还是会搬家。这是在新石器时代。就算你看清了河流变化的方向，掌握了适度采集和渔猎的规律，形成了管理粪便和垃圾的社会共识，但只要你手里还是只有石头的工具，翻地翻不了，砍树砍不动，守着又臭又烂的老窝儿，远不如换个地方放火烧荒，搭建新房子舒坦。所以，没有青铜的工具，人类是连定居的愿望都不会产生的。"

最后节目主持人就殷都屡迁的原因总结说："（住在东亚大陆中原核心区的中原殷商），在距离今天三千三百年的时候，这里的祖先正处于向永久定居的农耕文明跃升的关键时期，这之前的殷商早期，中原上千个独立存活部落中的大部分，仍处于新石器时代晚期，人类选择永久定居地，需要从生产能力到认知能力诸多条件的成熟，殷商在盘庚之前为什么要迁都，看看地图我们就知道，它真的必须迁都。"

显然，上面引用的近来某省级电视台在细讲殷商史的视频节目《隐秘的细节》中，六位专家在电视台上以对白的形式，说的原话中，认为殷代早期、中期还处于社会生产力低下的新石器时代晚期的立论前提是不能令人信服的，也是与殷商王朝早期、中期社会生产力发展水平的实际完全不符的。他们之所以将殷代前期和中期 300 多年的社会生产力说成是还处于新石器时代晚期的水平，而又将殷代后期武丁时期社会生产力发展水平之高说成是当时世界之最，只不过是为他们在某省级电视台公开宣传的"**殷商青铜文明西来说**"和"**殷商甲骨文字外来说**"的立论作铺垫而已。这些在本书《卷一》中已讨论过，这里不再赘述。

【三】殷都屡迁和商族殷人反对盘庚迁殷的真正原因

目前关于殷都屡迁的原因虽有多说，但若进行归类，无非是避灾、经济、政治、军事四种说法。避灾说查无实据，不可信；上面提到的某省级电视台在视频节目中推出的新说，即为典型的经济说，经济说将殷代早期、中期的社会看得过于原始，连青铜工具都没有，显然与实际不符；上面最先介绍的司马迁的观点"比九世乱"和现代主流学者的"王位争夺说"便属于政治说的一类，持政治内乱造成迁都原因的学者，以文献所载"比九世乱"和殷都屡迁的时期相契合为切入点，立意虽新，但迁都就能解决内乱的逻辑推理显然难以使人信服。同时从实际情况来看，司马迁称为"比九世乱"时期的每一次王位更替，史书上没有出现一次相互残杀的记录，这就直接否定了史家关于王位争夺的猜测。既然避灾说、经济说、政治说都不可信，那就只有"军事说"或"国防需要说"值得作进一步探讨了。最先提出军事说的是邹衡，他在《论汤都亳及其前后的迁徙》【注41】一文中主张，祖乙以后将王都设置在太行山东麓，是为了对付存在于山西与河北境内的敌对势力。从殷都屡迁的实际情况来看，如果定郑州商城为成汤复命以亳的作为祭祀中心的主都，实际屡迁的都是作为军事中心的辅都，在盘庚迁殷之前，位于郑州的祭祀中心主都，仍在郑州一直没有迁。从作为军事中心的辅都屡迁的方向来看，之所以迁向北方、东方和东南方，是因为这三个方向存在严重的边患。经考古发掘证明，那时北方气候急剧转向干冷，北方民族被迫南下、东迁，连带打破了中原地区原有势力的平衡，迫使河亶甲、祖乙不得不将都城北迁以迎战来自北方草原的强大威胁。这就是河亶甲、祖乙向北迁移辅都的缘由。后来，殷商王朝的边患除了来自北方、西北方的南下北方民族外，还有从东南、东方进行侵扰的东夷势力，如今本《竹书纪年》记载的"仲丁六年征蓝夷""外壬元年邳人、侁人叛""河亶甲四年征蓝夷"等。这说明，当北方来侵缓和，殷人便将目标转向不断侵扰的东夷、东南夷，首先就是将辅都迁往山东西南，以利坐镇指挥和吓阻来犯之敌，这就应是祖乙将辅都北迁邢以后又向东南迁庇、南庚再迁奄的缘由。在东夷、东南夷入侵的问题解决之后，盘庚为了一劳永逸地解决北方民族南侵的问题，便毅然地决定将位于郑州的祭祀中心主都和位于山东曲阜的军事中心辅都——奄邑，二心合一地迁到位于今安阳殷墟的祖地殷，这就应是盘庚不顾族人的强烈反对一定要迁都到祖地殷的缘由。

因此，可以这样理解殷都屡迁问题：商族殷人即使面对外族入侵，也始终固守豫中黄河流域一带，因为那里是殷代早期、中期殷商王朝的核心地区。其间，辅都屡迁，都是为了抵御和震慑外侮。至于中丁迁隞（嚣）、河亶甲自隞（嚣）向北迁相、祖乙自相再向北迁邢（耿）又自邢（耿）继向东南远迁到山东郓城的庇、南庚自郓城的庇迁到曲阜附近的奄，这前几次迁都为什么未遭到族人的坚决反对，而只有最后一次的盘庚迁殷遭到族人的坚决反对呢？对此问题，《尚书》的《盘庚》三篇虽未作解释，但魏晋谱书《殷氏家传》是解释得很清楚的。

魏晋谱书《殷氏家传》说，殷代有设置双都制的传统。当年成汤将郑州定为复命以"亳"的王都以后，立即在郑州修建祖庙，并命名为"大邑商"。因此商族殷氏人将位于郑州的"亳"都称为"祖都" (相当于郑州大学李民、张国硕说的"主都"和韦心滢女士说的"圣都"、合都），与此同时，为震慑臭贵族遗民，成汤在偃师也筑都，时称"西亳"，商族殷氏人将位于偃师的"西亳"称为"子都" (相当于郑州大学李民、张国硕说的"辅都"和韦心滢女士说的"行都"）。后来，中丁迁隞（嚣）、河亶甲迁相、祖乙迁邢（耿）又继迁庇、南庚迁奄，实际迁的仅是相当于偃师"西亳"的"子都"（"辅都"），位于郑州的"祖都"（"主都"）名义上并没有迁，祭祀中心祖庙"大邑商"仍在郑州没有迁，所以前几次迁都没有遭到族人坚决反对。而最后一次的盘庚迁殷，因为盘庚不仅要将子都（或称辅都）从奄迁到殷，而且他看中了安阳殷墟那块祖地殷，下决心要将名义上仍是祖都（或称主都）的郑州连同建在郑州的祖庙"大邑商"及住在郑州主都、奄地辅都的殷商贵族一起迁到位于今安阳的祖地殷，所以才遭到恋家族人的坚决反对。后来在盘庚的恩威并施高压态势下，族人虽然同意辅都、主都一起都迁殷，后来的实践也证明迁殷是迁对了，但这场风波却使高瞻远瞩的盘庚失去了后世王对他隆重祭祀的机会。专攻殷商祭祀的科学家常玉芝对出现殷商祭祀盘庚并不隆重的现象解释说："盘庚在殷人心目中的地位似乎要低于阳甲。按道理说，盘庚带领商人迁移到殷，应该是有功劳的，不应受此冷落，也许如《尚书·盘庚》篇所记，当初商人是不愿意迁都的，自此迁怒于他，再加上他是旁系先王，所以使他得不到后世商王的隆重祭祀。"【注42】

【四】殷都屡迁的韦心滢新说与《殷氏家传》的观点不谋而合

不久前，看到韦心滢博士论文《殷代商王国政治地理结构研究》【注43】，觉得她的观点与魏晋谱书《殷氏家传》的观点不谋而合：中丁、河亶甲、祖乙、南庚的前几次迁都，迁的都是为国家安全考虑的"行都"，而殷商之位于郑州的"圣都"，也就是祭祀中心祖庙所在地"大邑商"，一直在郑州商城的亳都没有迁 (前已说过，成汤放桀代夏后，定都郑州并复命以亳）。韦心滢女士提出的商族殷人奉行"圣都、行都"双都制这个新观点，与上述魏晋谱书《殷氏家传》中的商族殷人奉行"祖都、子都"双都制的观点不谋而合。一举解决了困扰学界几千年的两个大问题：一是殷代中期的前几次迁都为什么未遭到族人反对？二是盘庚迁殷虽然结果看来很正确，而当时为什么却遭到族人的极力反对？原来其中奥妙竟然真的如魏晋谱书《殷氏家传》说的那样：前几次迁的只是为了安全考虑的"辅都" (韦心滢谓之"行都"，魏晋谱书《殷氏家传》谓之"子都"，李民、张国硕师徒谓之"辅都"），而郑州的"主都" (韦心滢谓之"圣都"，魏晋谱书《殷氏家传》谓之"祖都"，李民、张国硕师徒谓之"主都"）一直没有迁，因而前几次迁都不会遭到族人反对；而盘庚迁殷是要将曲阜的辅都奄邑和建有大邑商祖庙的郑州主都 (新亳都）连同住在郑州主都、奄邑辅都的殷商贵族一起迁到殷，所以才遭到恋家族人的坚决反对。

第四节　对殷商王朝中期实施基于国情的战略收缩经略的科学观察

在前文中，我们记述了殷商王朝中期王位继承制度的变更。在陷入四面受敌复杂困境的情况下，殷商王朝被迫中断执行成汤制定的嫡长子继承的王位继承制度，在自实际即位的第 5 世第 6 王太戊起到第 11 世第 20 王武丁止的共历 15 王期间，改行王室推举制的王位继承制度，并实施基于国情的韬光养晦战略收缩经略。经过 200 余年时间，终于使四面受敌的殷商王朝走出复杂困境，最终成为东亚这片大陆上拥有巨量财富的超级帝国。

由于在这 200 余年期间既出现了《史记·殷本纪》记载的殷代中期王位更替的"比九世乱"或考古界认为的"商文化白家庄期收缩甚至崩溃"的实际控制疆域收缩、都城屡迁、国势衰落现象 (考古界惯称的"商文化白家庄期收缩甚至崩溃"的年代大体相当于《史记·殷本纪》声称的殷商王朝中期的"比九世乱"时期，即自实际即位的第 6 世第 8 王中丁起到第 10 世第 16 王阳甲止，其间共历中丁、外壬、河亶甲、祖乙、祖辛、沃甲、祖丁、南庚、阳甲九位先王)，又出现盘庚迁殷后武丁时期"殷道鼎盛"的大好局面。长期以来，由于学界对殷代中期呈现"都城屡迁"的现象、考古界发现"白家庄期商文化收缩"的现象、"盘庚迁殷遭族人反对"的原因、"武丁能将殷道推向鼎盛"的基础等问题的认识不同，出现过激烈的争论，直到现在似乎还难以形成共识。

诸如：有学者认为，殷代中期之所以出现"都城屡迁""诸侯莫朝""商文化白家庄期收缩甚至崩溃"等国势衰落现象，是因为成汤制定的嫡长子继承的王位继承制度遭到破坏，出现王位争夺导致九王之乱的政治原因。目前，这种认识似有要成为学界主流认识的倾向。例如，宋镇豪主编 / 韩江苏、江林昌著《商代史·卷二 (〈殷本纪〉订补与商史人物徵)》第 135 页就认为："中期商王自中丁始，至阳甲止，由于太戊之子中丁从其叔父雍己手中夺取了商王位 (引者按：这里说的'夺取了商王位'纯粹是作者的主观推测，无任何客观证据)，破坏了成汤建国初确立的 (嫡) 长子继承制，出现了'兄终弟及'和'父死子继'的王位继承现象，这种王位继承制，造成了商王朝国势的大削弱，以至 (致) 频繁迁都的结果。"【注 68】对这种认识的不妥之处，笔者在本章前面几节已作过专门讨论，本节不再赘述。

撰写魏晋谱书《殷氏家传》的先祖认为殷代中期出现兄终弟及、叔终侄继等王位继承现象与王位争夺毫无关系，认为导致殷代中期国势衰落的"王位争夺说"纯粹是从司马迁起的古今学者以小人之心度殷人之腹的主观臆想。在魏晋谱书《殷氏家传》的上述说法基础上，笔者作如下推理，"比九世乱"期间虽然屡屡出现王位不在父子之间相传的现象，但传世文献和甲骨文中没有出现一次因王位传承争斗或出现战争的记载，这足以证明殷代中期的王位传承是和平进行的，根本不存在王位争夺的现象。笔者在本章第二节《"王室推举制"王位继承制度的闪亮登场和完满退出》中的讨论，实际上就是对撰写魏晋谱书《殷氏家传》的先人所持观点的坚定支持。

有学者认为，盘庚迁殷后的武丁时期之所以出现"殷道鼎盛"的大好局面，纯粹是因为武丁大帝对外发动大规模的战争，掠夺别族别地的经济资源和文化资源而养肥殷商王朝的，认为后来的殷商亡国是武丁当年发动大规模的战争树敌过多的必然结果。这些学者还在某省级电视台细讲历史的《隐秘的细节》视频节目中面对社会大众大力宣传说，殷商后期高度发达的青铜冶铸技术是武丁发动至少为期三年的多场青铜之战从掌握西方欧洲青铜冶铸技术的南方部族掠夺来的，殷商后期高度发达的甲骨文也是武丁发动对南方祝融部族后裔的战争中从巫书《小书》中学来的，他们面对社会大众大力宣传其"殷商王朝早期和中期还处于无青铜器的落后的新石器时代晚期说""殷商青铜文明西来说"和"殷商甲骨文字外来说"。对他们的这些说法，本书在《卷一》中已经作过专门的讨论。在本书《卷一》中，笔者举出许多无可辩驳的史据或考古材料否定了"殷商早期和中期还处于无青铜器的落后的新石器时代晚期说""殷商青铜文明西来说"和"殷商甲骨文字外来说"，有兴趣的读者可以参阅，这里不再赘述。

本节着重讨论殷商王朝中期实施基于国情的韬光养晦战略收缩经略的必要性和殷商王朝中期是否真的发生丢失郑洛中原核心地区的"商文化白家庄期崩溃"的问题。

从本章上面几节的讨论中，我们可以得出如下的科学认识：在自实际即位的第5世第5王小甲逝世时第5世第6王太戊（小甲之弟）首次被王室推举接位起到第11世第20王武丁登基止的共历15王期间，成汤制定的嫡长子继承制没有被执行是客观形势变化的必然结果。那时因地球北方气候转型变为干冷，迫使北狄各民族南进威胁中原；曾经与成汤结盟灭夏的东夷各民族因势力增强，对中原虎视眈眈；南方长江流域南蛮各民族也不再对中原殷商臣服，迫使中原殷商不得不放弃对湖北武汉盘龙城的重要军事据点兼青铜冶铸中心的掌控；西边各游牧民族又强势崛起。这种四面受敌的形势，迫使中原殷商不得不改弦更张实施战略收缩经略——对外在确保主都郑州不失的前提下，果断地放弃南方武汉的重要据点盘龙城，并将辅都自偃师撤回，放到能巩固国防的合适位置，以利坐阵指挥，吓阻或震慑来犯劲敌之效。先是中丁将辅都从偃师因完成震慑夏贵族遗民的使命撤回到隞（嚣），接着河亶甲迁到北方的相、祖乙继迁到更北的邢（耿），以御北狄南犯；北方的问题解决之后，祖乙又迁到远在东南的庇，南庚又迁到奄，以便震慑反复无常、时臣服时不臣服的东夷各部族，达到商文化东进控牢渤海和黄海沿岸的制盐产业以后，盘庚又毅然地不惧族人反对，将山东奄地的辅都和建有主庙"大邑商"的郑州主都都迁到太行山脚下的安阳，以震慑北狄、西戎各部族，确保中原殷商的安全。中原殷商的这种做法，反映到史家和考古家的头脑中，便形成了殷代中期"都城屡迁""比九世乱"和"白家庄期商文化收缩甚至崩溃"的不当认识。

下面我们重点讨论一下，殷商王朝中期是否真的发生丢失郑洛中原核心地区的"商文化白家庄期崩溃"的问题。也就是说，殷代中期迫于周边强敌四起的形势，不得不实施基于国情的韬光养晦战略收缩经略，主动退出曾经控制的以武汉盘龙城为核心的长江流域铜矿带以后，我们要重点讨论一下，这时的中原殷商是否真的被敌族赶出了成汤经营多年的祖地郑洛地区，是否真的丢失了成汤复命以亳的郑州主都，是否真的被人家打得到处跑，以致最后不得不龟缩到安阳殷墟偏隅一方，发生"商文化白家庄期崩溃"的问题。

自从一些学者提出以"商文化白家庄期崩溃"为命题，企图以考古材料证实殷代中期国势衰落到连中原核心地区的郑州商城都保不住的学说以后，反对的声音不绝于耳，下面略举几例向读者介绍众多学者不赞成"商文化白家庄期崩溃说"的情况。

在这方面，郑州大学李民教授及其门生张国硕教授、张国硕教授及其门生张新耀，师徒三代进行过多年的研究（**笔者注**：张国硕是李民教授的 2000 届博士研究生，博士学位论文的题目为《夏商时代都城制度研究》；张新耀为张国硕教授的 2017 届硕士研究生，硕士学位论文的题目为《郑州商城白家庄期遗存分析》），他们最后得出结论说，郑州商城白家庄期的遗存证明"郑州商城白家庄期整个城市并未废弃，仍具备政治中心或都城性质"。张新耀在其硕士学位论文《郑州商城白家庄期遗存分析》【注69】中着重指出如下三点：

①郑州商城白家庄期遗存规格较高。除了宫殿建筑基址外，还有这一时期乃至商代前期规格最高的墓葬。如 C8M2、C8M3，更为重要的是存在规格高的祭祀遗存。三处窖藏坑出土铜器的使用者非商王莫属，这些在同一时期的其他地区及整个商代前期都是极为少见的现象。毋庸置疑，这些较高规格的遗存当为商王或贵族所使用。

②郑州商城白家庄期布局精心合理。这一时期内城的东北部仍为宫殿区，外城是墓葬区、平民居住区、祭祀区和手工业作坊区。其规划布局因地制宜，又不拘一格，从而达到"造城以卫君，造郭以卫民"的目的。

③郑州商城白家庄期整个城市并未废弃，仍具备政治中心或都城性质。判断一个遗存是否具有都城性质，其中最重要的一点就是是否有高规格的遗存。在白家庄期，郑州商城存在高规格的墓葬和青铜器窖藏坑，此外还在东北部的宫殿区一带发现有壕沟、夯土基址及绳纹板瓦，铸铜作坊，这些都证明这一时期存在诸多高规格遗存，证实了郑州商城白家庄期仍具有都城性质。

首都师范大学李维明博士在《论"白家庄期"商文化》【注70】一文中也指出："由从'白家庄期'商文化的分布及影响区域来看，这一时期商王朝势力控制和影响的范围仍然广袤数千里，这为盘庚迁殷后武丁时期的兴盛奠定了基础。"

中山大学谢肃教授在《论郑州商城的性质》【注71】一文也指出："小双桥遗址与郑州商城在白家庄期不是'一兴一废'的关系，而是一兴一衰的关系。……白家庄期，小双桥遗址替代郑州商城成为商文化的中心聚落，白家庄期以后，小双桥遗址衰落，郑州地区中心聚落的地位重归郑州商城。"

由上述诸多学者的论述，可知郑州商城在白家庄期仍是殷商王朝的主都，起码仍具有祭祀中心性质，所谓"商文化白家庄期崩溃"乃是伪命题，事实上，与商文化白家庄期年代大体相当的殷商王朝中期虽然基于国情实施韬光养晦战略收缩经略，出现辅都屡迁以震慑来犯之敌的现象，但主都郑州一直没有丢失，以郑州为中心的中原核心地区仍牢牢地掌握在殷商王朝手中。最后的结论或历史上的真实情况只能是商文化在白家庄期虽然有所收缩，但绝对没有崩溃。

第八章　盘庚迁殷

　　我们在前面已经先后讨论过成汤建国前殷商先公的八次迁都和成汤建国后殷商王朝多次迁移辅都的问题，并说过，殷代真正的一次迁都是发生于盘庚十四年癸巳 (公元前1288年) 的"盘庚迁殷"，此后直到帝辛失国止的殷代后期243年间，殷代的都城一直位于今安阳的"殷"，再没有搬迁过。那么为什么还要以一章的篇幅专门讨论"盘庚迁殷"的问题呢？这是因为盘庚迁殷是殷商王朝自成汤建国以来承前启后的最有影响的历史事件，而且是3000年来众说纷纭、谁都想说但谁也说不清的历史事件，更是殷商王朝主都、辅都唯一合迁于殷并且唯一被考古材料确认具体地望的一次迁都。盘庚迁至的"殷"，其地理位置就在东经114度18分50秒、北纬36度07分36秒的安阳殷墟。说得具体点，就是指位于安阳小屯村一带，横跨洹河两岸，由殷商王陵遗址、殷商宫殿宗庙遗址与洹北商城遗址等共同组成的地方。

第一节　盘庚迁殷与殷代的前几次迁都相比较有何特殊之处？

　　关于殷商王朝中期的都城屡迁现象和原因及盘庚迁殷与前几次迁都的不同之处，在本卷第七章中已经多次零星提到过，为了加深读者对这一重要问题的理解，本节再集中表述一下。殷商王朝是一个十分强调并注重"国之大事在祀与戎"的王朝。为了将"祀"与"戎"这两个方面都建设好、兼顾好，在建国之初成汤就制定了新王朝实行"双都制"的都城设置和建设制度。他在郑州建有祖庙大邑商，定天下之中郑州为专管"祀"的王都，并复命以"亳" (实际就相当于后世的主都)，也就是说，建国之初，成汤定郑州为殷商王朝的祭祀中心。为了震慑刚刚征服的夏王室贵族，他又在偃师建有专管"戎"的王都,时称"西亳" (实际就相当于后世的辅都或陪都)，也就是说，建国之初，成汤定西亳偃师为殷商王朝的军事中心。成汤这个将王都统治中心功能分为祭祀中心和军事中心的思想，也就是定有专管祀的王都和专管戎的王都的思想，一直流传于后世，成为殷商王朝的都城设置传统。殷商王朝这个主辅都制的都城设置制度在甲骨文里虽没有找到明确记录，但却为魏晋谱书《殷氏家传》所明确记载，也为现代学者郑州大学教授李民、教授张国硕师徒和北京大学韦心滢博士所发现。魏晋谱书《殷氏家传》称殷商王朝专管祀的王都为"祖都"，专管戎的王都为"子都"，叫"祖都子都双都制"。现代学者郑州大学李民、张国硕【注72】师徒谓之"主都辅都双都制"甚至"两都或数都并存"【注30】，北京大学韦心滢博士在其博士学位论文《殷代商王国政治地理结构研究》【注43】中称为"圣都行都双都制"。

在殷代中期，随着殷商先王的辅都屡迁，商族的宗庙所在地郑州亳都的"大邑商"是否随迁，在魏晋谱书《殷氏家传》中是有明确记载的：成汤建国后，随即将祖庙"大邑商"建在复命以"亳"的郑州，后世仲丁迁隞（嚣）、河亶甲迁相、祖乙先迁邢（耿）继迁庇、南庚迁奄，虽是都城屡迁，但迁的都是为安全考虑的"子都"，而"祖都"（成汤复命以"亳"的郑州新亳都）并没有迁，即是说祖庙"大邑商"一直仍在郑州没有迁。因此，前几次迁都没有遭到族人反对；而后来的盘庚迁殷是要将曲阜的子都奄邑和建有祖庙"大邑商"的郑州祖都连同住在郑州、奄地的殷商贵族一起迁到殷，所以才遭到恋家族人的坚决反对。现代学者韦心滢女士在其公开出版的博士学位论文《殷代商王国政治地理结构研究》（上海古籍出版社，2013 年 4 月第 1 版）中，将郑州称为殷商人的"圣都"，将仲丁隞（嚣）都、河亶甲相都、祖乙邢（耿）都和庇都、南庚奄都，统称为殷商人的"行都"，并认为从仲丁到南庚，屡迁的只是"行都"，祖庙"大邑商"所在地"圣都"在郑州并没有迁，因此没有遭到族人的反对；同时，她也认为，后来的盘庚迁殷是要将曲阜的奄都和郑州的"大邑商"祖庙一起迁到殷，所以才遭到恋家族人的坚决反对。窃以为，韦心滢博士的"圣都行都双都制"理论与魏晋谱书《殷氏家传》中的"祖都子都双都制"理论是异曲同工、高度一致的。为规范起见，本书以后，依郑州大学李民、张国硕等殷商史专家意见，将魏晋谱书《殷氏家传》谓"殷代实行祖都子都双都制"和韦心滢女士谓"殷代实行圣都行都双都制"，统称为"殷代实行主都辅都双都制"，或简称为"殷代实行主辅都制"，读者可参看郑州大学 2000 年张国硕博士学位论文《夏商时代都城制度研究》（指导导师：李民），也可参看张国硕的论文《论夏商时代的主辅都制》。

有了上述的殷代有实行双都制传统的认识之后，我们就可以对盘庚迁殷与殷代的前几次迁都相比较有何特殊之处的问题做进一步的讨论。前已说过，成汤建国后，实行双都制：先定郑州为王都，并复命以亳；稍后，成汤为了就近震慑夏之贵族遗民，又在偃师建有军事中心的辅都，谓之西亳。魏晋谱书《殷氏家传》将成汤在郑州建有祖庙大邑商的作为祭祀中心的新亳都称为祖都（相当于郑州大学治殷商史专家李民、张国硕师徒说的主都，韦心滢博士说的圣都），将成汤在偃师建立的作为军事中心的西亳都称为子都（相当于李民、张国硕师徒说的辅都，韦心滢博士说的行都）。到了 100 多年后的殷代中期，专管戎的王都——偃师辅都震慑夏之贵族遗民的实际军事中心的任务已经完成，而北方民族的南下和东夷部族的侵扰成为中原殷商面临的头等边患问题，于是便出现了殷代中期的都城屡迁现象。实际上，前四次迁都迁的只是威吓敌人的实际军事中心辅都，建有祖庙大邑商的祭祀中心主都——郑州新亳都，仍在郑州并没有随迁，所以族人没有意见。先是商王（殷帝）中丁把专管"戎"的王都，即殷商王朝的实际军事中心——偃师辅都，从偃师撤回到郑州附近的嚣（《史记》作隞），中丁的嚣（隞）都大概就在今天郑州的荥阳附近。后世史家不知殷代有专管祀的王都（殷商王朝的实际祭祀中心）和专管戎的王都（殷商王朝的实际军事中心）分开的主都、辅都之别，就将中丁把在偃师的专管戎的王都——辅都撤回到离郑州主都不远（便于统一指挥）的嚣（隞）记载成中丁迁都到嚣（隞）。中丁为什么不将从偃师辅都撤回来的实际军事中心放在建有祖庙大邑商的郑州主都，而放在荥阳附近的嚣（隞）地呢？这是由于荥阳的嚣（隞）地自古以来就是军事要地。荥阳地处黄河中下游分界处，西望洛阳，南眺中岳嵩山，北濒九曲黄河，东接郑州中心城区，自古就有"东都襟带、二京咽喉"之称，山就是说，荥阳自古以来就是逐鹿中原、定鼎天下的主战场。显然，中丁把从偃师撤回来的军事中心放在荥阳附近的嚣（隞）比放在郑州使两都合一（也就是实际军事中心与祭祀中心合一）更有利于开展军事行动。约28年之后【魏晋谱书《殷氏家传》记载：中丁元年己卯（相当于公元前 1422 年）迁西亳于嚣，河亶甲元年丁未（相当于公元前 1394 年）将子都自嚣迁相，1422-1394=28】，商王（殷帝）河亶甲又为什么把实际军事中心从荥阳附近的嚣（隞）地向北远迁到 200 多公里的安阳或濮阳附近的相呢？刚过了约 9 年【魏晋谱书《殷氏家传》记载：河亶甲元年丁未（相当于公元前 1394 年）将子都自嚣迁相，祖乙元年丙辰（相当于公元前 1385 年）将子都自相迁邢（耿），1394-1385=9】，商王（殷帝）祖乙为什么又把实际军事中心从相迁到更在北方一二百公里的邢（耿）（大约在今天的河北邢台附近）呢？这显然是用"比九世乱"的王位争夺说或避灾说解释不了的。实际上，这是因为北方强势民族南下威胁中原腹地，为了抵御他们的侵扰，河亶甲和祖乙不得不把实际军事中心的辅都迁向远离中原腹地的遥远北方。众所周知，位于内蒙古自治区伊克昭盟伊金霍洛旗纳林塔乡朱开沟村（鄂尔多斯高原东部）的朱开沟遗址是一处龙山时代晚期至夏殷时期的遗存，经考古发掘证明，那时北方气候急剧转向干冷，北方民族的自然环境发生巨变，北方民族被迫南下、东迁，连带打破了中原地区原有势力的平衡，迫使河亶甲、祖乙不得不把实际军事中心北迁以迎战或吓阻来自北方草原的强大威胁。这就是史载殷都屡迁中向北迁都的原因。一年之后【魏晋谱书《殷氏家传》记载：祖乙元年丙辰（相当于公元前 1385 年）将子都自相迁邢（耿），二年丁巳（相当于公元前 1384 年），又将子都自邢（耿）迁庇】，祖乙为什么又把实际军事中心的辅都从北方的邢台附近的邢（耿）向东南迁到 300 公里之远的山东菏泽郓城附近的庇地呢？又过了约 70 年【魏晋谱书《殷氏家传》记载：祖乙二年丁巳（相当于公元前 1384 年），将子都自邢（耿）迁庇，南庚三年丁卯（相当于公元前 1314 年），迁于奄，1384-1314=70】，到了南庚时代，南庚为什么又把实际军事中心的辅都从郓城的庇地再次迁移 100 多公里迁到远离中原腹地的今天山东曲阜附近的奄地呢？这更是无法用"比九世乱"的王位争夺说或避灾说解释的。前文已经说过，后来，殷商王朝的边患除了来自北方、西北方的南下北方民族外，还有从东南、东方进行侵扰的东夷势力，如今本《竹书纪年》记载的"仲丁六年征蓝夷""外壬元年邳人、侁人叛""河亶甲四年征蓝夷"等。这说明，当北方来侵缓和，殷人便将目标转向不断侵扰的东夷、东南夷，首先就是将军事中心的辅都迁往鲁西南，除了坐镇指挥便利的功能外，还有向敌人昭示抗争防御的决心，以达吓阻之效，这就应是祖乙北迁邢（耿）以后又向东南迁庇、南庚再迁奄的原因。在东夷、东南夷入侵的问题基本解决之后，盘庚为了一劳永逸地解决北方民族南侵的问题和为殷代争取到平安、顺利发展的空间，便高瞻远瞩地毅然决定不仅将自己的实际军事中心从山东曲阜的奄迁到位于安阳的祖地殷，而且决定把位于郑州的主都许同祖庙大邑商和居于主都郑州和辅都奄邑的殷商贵族一起迁到祖地殷【魏晋谱书《殷氏家传》记载：盘庚于庚辰即位，癸巳迁殷，丁未陟，在位二十八年。即盘庚于公元前 1301 年庚辰－公元前 1274 年丁未在位，于公元前 1288 年癸巳（盘庚十四年）迁殷】，所以遭到族人的坚决反对。因为前几次迁都迁的只是实际军事中心的辅都，而跟实际军事中心无关的居于中原腹地的殷商贵族原来住哪儿还在哪儿，表面看起来都城屡迁实际上并未触犯殷商贵族的核心利益，所以他们并不反对，甚至抱着"事不关己、高高挂起"的漠不关心的态度。而盘庚主张的"迁都到殷"就不一样了，他看中了安阳殷都那块宝地，决心要把实际军事中心的辅都奄都、郑州的主都连同祖庙大邑商和居于主都郑州和辅都奄邑的殷商贵族一起迁到祖地殷，此举触犯了殷商贵族的根本利益，所以遭到他们的坚决抵制。

　　虽然盘庚以《盘庚》三篇动员并说服他们必须随迁，但通观《盘庚》三篇，盘庚并未说清、当时也无法说清殷商贵族和代表族人精神世界的祖庙大邑商必须一起大举随迁的理由，所以殷商贵族并不买账。于是盘庚不得不施用国王的威严，训斥他们并强迫他们必须随迁。盘庚在《盘庚》三篇中，不说新都城哪儿好，也不说旧都城哪儿不好，面对殷商贵族的不同意见非常不耐烦，盘庚把殷商贵族全部都召集到广场上，对他们训斥说【注73】（翻译成白话的大意）：

　　"我告诉你们，我是劝也劝了，骂也骂了，趁早死了你们那点小心思，你们不但不去说服百姓，自己还先闹上了，你这不是自己找死吗？我告诉你们，老的、小的不算，把你们的人都招呼好了，你们只要按我的要求去做，责任我一人承担。从今往后，每个人都要尽职尽责，坚守岗位，做好你们的工作，管好你们的嘴巴，你们该想的只有服从。如果谁有牢骚满腹不走正道，自作主张，不服从领导，谁这么做，谁就是十恶不赦的罪魁祸首。我会割了他的鼻子，杀了他的全家。彻底断了他的香火，绝不会让一个有二心的人进入新的都城。"

　　至于搬迁的好处，盘庚只说了一条，那就是"迁了这次，以后再也不用迁了"。后来的实践证明，盘庚这最后一句话真的说对了，迁殷之后直到殷亡之间的 243 年，殷代晚期再也没有迁过都。（**笔者特别注：**自盘庚迁殷至殷亡，古本《竹书纪年》记为 273 年，魏晋谱书《殷氏家传》记为 243 年，后者为真。）

　　以上所说，就应该是盘庚迁殷与殷代的前几次迁都相比较的不同之处，也是盘庚迁殷遭到族人强烈反对甚至抵制的原因。

　　最后，再补充说明一点：殷商贵族恋家群起反对盘庚迁殷这件史事，还附带解决了殷代中期的社会生产力水平是否落后到还"处于没有青铜器的新石器时代晚期的文明阶段"的问题。读者一定还记得本书前面提到过的某省级电视台在细讲殷商史的视频节目《隐秘的细节》中说过的话：（殷代中期的殷商人）"连耕地都不是什么财产……没有青铜的工具，人类是连定居的愿望都不会产生的"。如果盘庚时居于郑州主都和奄邑辅都的殷商贵族，真的过着"连耕地都不是什么财产……定居的愿望都不会产生"的原始落后的生活，笔者相信他们是不会因恋家群起反对盘庚迁殷的。当时，王室的贵族和京畿的百姓明显不愿意搬迁，之所以反对的声音如此强烈，除了族人一致反对将主都郑州的主庙大邑商一起迁殷之外，也说明在主都郑州的亳都和辅都奄邑这些地方积累的耕地、房屋、青铜工具等固定资产，已经具备了一定的财富价值。关于这方面的问题，我们在下一节中再深入讨论。

第一节　盘庚的高瞻远瞩和族人的集体抵制意味着什么？

什军事中心的辅都——奄邑并没有被淹，郑州主都　　亳城也平安无事，商族人民安居乐业的情况下，盘庚发疯似的力主迁都到殷，一方面意味着盘庚未雨绸缪的高瞻远瞩和英明决策，说明安阳之殷对盘庚有着无与伦比的魅力和吸引力；另一方面族人的集体抵制也体现了盘庚时代社会生产力的巨大发展和社会生活的显著进步——商族已经是处于永久定居成为生活第一需要的农耕时代的民族。

集体抵制迁居的恋家举动正说明殷商族人早就脱离了半农耕半采集的迁徙时代，说明盘庚时代已经解决了大规模定居时代的诸多问题，比如从抛荒到轮耕概念的过时，对人畜粪便的管理意识的成熟，对耕地的深翻、管理能力的提升，对搭建房屋所用建筑材料和加工能力的提升，使耕地和住房有了固定资产的价值，等等。这显然不是新石器时代晚期或青铜器时代初期所能带来的，更不是君王的英明造就的，而是社会生产力的巨大发展才能带来的。这更加证明了某省级电视台，在细讲殷商史的名为《隐秘的细节》视频节目中，由六位专家轮流对白，为兜售他们的"殷商青铜文明西来说"和"殷商甲骨文字外来说"作铺垫，大讲特讲殷商时代早期、中期还处于落后的"新石器时代晚期的文明阶段"的理论判断是多么的荒谬。读者要查阅他们近来在某省级电视台上面对广大观众公开宣传的原话可参阅本卷第七章第三节中的相关引文内容。

将他们在某省级电视台上说的话，集中起来表达就是一句话，即"**在殷商时代早期、中期，商族殷人还是过着没有青铜器、只使用总共不到二十个字符的原始文字的不断迁徙的原始生活，后来武丁盛世的繁荣，都是向西方或是向外族以战争掠夺手段或以商业贸易手段得来的**"。他们如此公开地在某省级电视台的舆论阵地上向广大观众宣传他们的"殷商青铜文明西来说"和"殷商甲骨文字外来说"，在新中国建国以来还是第一次。他们这种理论不仅解释不了成汤建国后直至中丁迁隞（嚣）前的 100 多年，商族殷人为何过着不迁徙的生活，而且也与一系列的考古大发现不相容。本书在《卷一》中，曾以郑州杜岭方鼎和郑州及武汉盘龙城出土的其他大量殷代早期、中期青铜器否定了他们提出的"殷商青铜文明西来说"，又曾以在河南省舞阳县距今 7500—9000 年的新石器前期贾湖遗址中发现 17 例贾湖契刻文字否定了他们提出的"殷商甲骨文字外来说"，现在我们再举一例证明殷代中期不仅普遍使用青铜工具而且使用初期的铁器工具，这个例子将证明殷商时代中期不仅处于高度发达的青铜时代，而且已经进入铁器时代的初期，这说明他们提出的殷代早期、中期没有青铜器的理论是多么不合实际。这个例子就是河北省石家庄附近的藁城台西殷代中期遗址，在藁城台西殷代中期遗址中不仅发现铜器、陶器、骨器、玉器，而且发现我国最早也是人类最早制造和使用的铁器——铁刃铜钺，还发现铁矿石和经冶炼的铁矿渣，这证明在 3300—3400 年前的殷代中期（可能正处于中丁至盘庚时期的殷都屡迁时代）殷商先人已经掌握了冶铁技术，这显然更能证明用没有青铜器的生产力落后来解释中丁至盘庚时期的殷都屡迁的理论是不正确的。

那么，盘庚的高瞻远瞩和安阳之殷的魅力又体现在哪里呢？

实际上，盘庚时代，已处于殷商先人对自然环境认知、对定居和群居文化认知及生产工具进步等综合条件提升的成熟期。在盘庚之前的 100 年，殷商王朝的实际军事中心辅都已经至少搬迁了四次（暂将祖乙迁的邢、耿、庇看作一次），当盘庚宣布殷商将要进行成汤建国以来大规模迁都的时候，王朝的实际军事中心辅都在山东曲阜附近一个叫作奄的地方已经定居了约 26 年（南庚于公元前 1314 年丁卯迁子都于奄，盘庚于公元前 1288 年癸巳迁殷，1314-1288=26）。在以往的至少四次迁徙的历史记载中，没有发现任何反对的记录，但这一次，王室的贵族和京畿的百姓明显不愿意搬迁，之所以反对的声音如此强烈，除了族人一致反对将主都郑州的主庙大邑商一起迁殷之外，也说明在主都郑州的亳都和辅都奄邑这些地方积累的耕地、房屋、青铜工具等固定资产，已经具备了一定的财富价值。面对族人的坚决抵制，盘庚不得不拿起斧钺，动用他作为君王的权威力量来推动此事。

为什么盘庚一定要搬家呢？又为什么必须搬到安阳的殷地呢？这是由安阳得天独厚的地理位置、自然条件及当时的政治军事形势决定的。

实际上，如果你仔细考察一下自中丁把位于偃师的实际军事中心的辅都因完成任务撤回到郑州主都附近的嚣（隞）以后，后来的河亶甲的北迁相、祖乙的先北迁邢（耿）继迁远在鲁西南的庇、南庚又迁奄，你会看到殷商王朝军事中心辅都的几次迁徙，就像是在殷商时古黄河两岸跑来跑去，但那些废都并不是真的废了，而是变成守卫殷商王室以郑州主都为中心的边防军事要地，随着时代的推移，你会忽然发现这更像是沿着中原核心区的北边缘和东边缘，进行的漫长的跑马圈地。从郑州到邢台附近的邢（耿）300 多公里，从郑州到鲁西南郓城附近的庇也接近 300 公里，从郑州到鲁西南曲阜附近的奄也是 300 多公里，你会发现，殷商王朝中期不断迁徙的实际军事中心的辅都，对位于中原地区的殷商核心地带而言，实际上就像是围绕郑州的主都，在北方、东北方和东方画出了一个圆弧。这在军事上的反映就是北方、东北方和东方有了威胁殷商王朝中原核心区的劲敌。西面有天然屏障太行山的阻挡，暂时不会有太大的问题。南面在因长江流域部族、方国不愿臣服逼迫殷商王朝不得不主动放弃武汉盘龙城重要据点以后，一时也不会有太大的威胁。面对当时这样的政治军事形势，盘庚的大脑里，便自然产生将主都郑州的祖庙大邑商这一商族殷人心中的圣地——实际祭祀中心和边远之地的实际军事中心辅都奄邑，两都合一北迁到安阳之殷的愿望。

为什么非迁到安阳之殷不可呢？这不仅是因为安阳之殷既是肇殷之祖冥公（甲骨文中的"高祖河"或"河"）受封的祖地和高祖上甲的复兴之地，而且是因为盘庚看到安阳由得天独厚的地理位置、自然条件决定的优势。安阳是东亚大陆从第二级阶梯向第三级阶梯过渡的区域，背靠太行山脉，太行山既是阻挡西面来犯之敌的重要天然屏障，又是俯瞰中原的战略要地，站在太行山上向下看，从北到东到南，分布着殷商曾经的实际军事中心的辅都（河亶甲的辅都相，祖乙的辅都邢、耿、庇，南庚的辅都奄），形成了对核心安阳之殷的拱卫，将主都的实际祭祀中心和辅都的实际军事中心两心合一一起放到安阳之殷，比放在郑州更有利于防范和吓阻北方和东方的来犯之劲敌。如果从农业生产考虑，安阳之殷有太行山脉东麓宽广的冲积平原，河网富集，土地平整肥沃，足以养育较大规模的都邑人口。

更重要的是，黄河穿越重山进入中原，受到太行山支脉的阻挡，无论如何泛滥，一般都不会影响到安阳，这是殷商此前的都邑从来都没有过的。盘庚思前顾后，才终于下定决心，动用商王（殷帝）的威严，强制散居于主都郑州和辅都奄邑的殷商贵族随迁到安阳之殷去。

总之，盘庚的深谋远虑和坚定意志，还是值得后世钦佩的。毕竟，他践行了自己的诺言，殷商的都城迁殷以后再也没有搬迁过，而且让我们的祖先获得了创造东亚大陆历史上第一个繁荣昌盛商业文明的机会，迎来了殷商鼎盛的武丁时代。然而盘庚抢着青铜板斧在广场上大喊大叫强迫族人迁徙的样子在他逝后也是付出代价的。前文已经说过，后来在盘庚的恩威并施高压态势下，族人虽然同意主都、辅都一起都迁殷，后来的实践也证明迁殷迁对了，但这场风波却使高瞻远瞩的盘庚失去了后世王对他隆重祭祀的机会。专攻殷商祭祀的科学家常玉芝说："盘庚在殷人心目中的地位似乎要低于阳甲。按道理说，盘庚带领商人迁移到殷，应该是有功劳的，不应受此冷落，也许如《尚书·盘庚》篇所记，当初商人是不愿意迁都的，自此迁怒于他，再加上他是旁系先王，所以使他得不到后世商王的隆重祭祀。"【注42】

殷代史

【卷二】殷商史事要览

第九章　成汤体制得以回归的武丁盛世

学界公认，武丁时期 (武丁在位 59 年：公元前 1260 年辛酉—公元前 1202 年己未) 的殷商鼎盛离不开盘庚迁殷为武丁打好的基础，但却很少有人意识到，殷代中期推行的王室推举制的王位继承制度和武丁自己面壁思索三年拟订的"分封制制度设计方案"的实施，使殷代社会生产力得以大幅度提升，才是迎来武丁盛世的真正基础，因为如果没有王室推举制的王位继承制度的实施，殷代中期就很难走出四面受敌的战略收缩困局，也就不会出现后来的"盘庚迁殷"，也因为武丁的"王室治理结构的分封制制度设计"才是殷代后期的社会治理制度得以回归成汤体制的关键因素。传统史学会把殷商王室的王位继承问题和裂土封侯的分封问题看成风马牛不相及 (毫不相干) 的两类问题，甚至有人认为只有西周才始行分封制，认为殷商时代到处都是政治独立的主权城邦，它们与名义上的老大 (天下共主)——中原殷商时友时敌，不存在政治上和疆域上的隶属关系，因此不可能出现裂土封侯的分封现象。后者涉及对殷代国家真实形态的认识问题，本书在前面的有关章节中已经讨论过，现在笔者要告诉大家，殷商王朝的后期不仅实行分封制，而且分封的动静还相当大，根据甲骨文的记载，光武丁一朝就至少分封了超过 50 位侯爵和将近 40 位伯爵，这其中有许多人都是王室的王子，他们都有自己的封地，还有后世文丁、帝乙时期的比干被封于比邑 (今山西汾阳)、箕子被封于箕邑 (据说其封地在今山西太谷一带)、微子被封于微邑 (据说其封地在今山东梁山西北) 等。即是说，史实正好相反，不是西周才始行分封制，周初的分封制是向殷商学来的。本章不讨论殷帝 (商王) 对外姓功臣的分封问题，只讨论殷商王室的王位继承和对王室内部人员的分封问题，并讨论这二者之间的联系和这二者对武丁效法成汤实施富国强兵扩张战略的影响。

第一节　殷代王位传承出现一波三折的真正原因

成汤建立新王朝之初，因成汤的太子太丁未立先逝，《史记·殷本纪》讲，成汤逝时将王位传给其次子外丙，外丙逝时又将王位传给其弟中壬，中壬逝时才将王位传给太子太丁之子太甲，太甲不善，管理国家不遵汤法，被顾命大臣伊尹放入桐宫思过三年，由伊尹摄政当国，后太甲悔过向善，伊尹才迎回太甲，还政于他，太甲得以复位。即是说，依照《史记》的记载，成汤逝后的王位是在外丙和中壬兄弟间传承的。**然而由甲骨周祭祀谱和魏晋谱书《殷氏家传》相互印证后得知，成汤逝后的王位在兄弟间传承是《史记》误记，实际上成汤制定的王位继承制不是兄终弟及，而是父子相继的嫡长子继承制。**因成汤依法定为太子的长子太丁未立先逝，故成汤逝时不是将王位传给其次子外丙，也不是传给其三子中壬，而是传给未立先逝的太子——长子太丁——之子太甲 (即传位给太孙)，由于太甲即位后不善，不遵汤法，被伊尹放入桐宫思过三年，国不可一日无君，伊尹才请成汤之次子外丙代侄理政，后太甲悔过向善，伊尹才迎回太甲，让太甲复位。这个过程在魏晋谱书《殷氏家传》中有明确记载。读者如果想查阅魏晋谱书《殷氏家传》中记载的相关内容，请参阅本书《卷三》引用的魏晋谱书《殷氏家传》中记载的《阿衡立威》的故事(本书《卷三·成汤右相伊尹传记》)。

　　甲骨周祭祀谱又是怎么证明是太甲先于其二叔外丙即位的呢？因为甲骨周祭祀谱有个规律——"**先即位为帝先受祭，未即位为帝不受祭，但只要被立为太子，即使未即位为帝先逝也受祭**"。甲骨文研究人员发现，在殷人周祭祀谱中，是侄儿太甲先受祭，其二叔外丙后受祭，其三叔中壬根本不受祭。这足以证明，魏晋谱书《殷氏家传》说"成汤逝时太甲先即位，而后才是外丙代侄理政"为真，而《史记》谓成汤逝时先是其次子外丙、三子中壬依次即位，而后才是太子——太丁——之子太甲即位不真 (当然也证明，魏晋谱书《殷氏家传》说"外丙代侄理政三年后出走，伊尹又想请中壬又代之，未代而卒"，其中的外丙"出走"之说，可能也未必可信)。

　　可是，就殷代王位传承的实际而言，从由甲骨周祭祀谱和魏晋谱书《殷氏家传》相互印证确定的殷代实际共传 27 帝的传位顺序中 (在此传位顺序中，《史记·殷本纪》的记载不真部分已被纠讹订补，读者可以参看本卷《第六章·王位更替详考》和本卷《第七章·实施战略收缩经略的殷代中期》中专门讨论过的关于王位传承制度的王室推举制)，我们发现成汤制定的父子相传的嫡长子继承制并没有能够一直坚持执行下去。在上述的由甲骨周祭祀谱确定的殷代实际共传 27 帝的传位顺序记录中，从成汤到小甲的殷代开国之初前 5 帝时期，除了外丙代侄理政的插曲外，王位是按成汤制定的嫡长子继承制在父子间相传的，在从祖甲到帝辛的殷代末期 6 帝期间，王位也是按成汤制定的嫡长子继承制在父子间相传的，可是，在从太戊上位到武丁上位的15 帝传承过程中，实际执行的却是违反成汤所立嫡长子继承制的王室推举制。在小甲在位到祖甲上位的 18 帝期间，王位在兄弟之间、叔侄之间、堂兄弟之间相传的竟然高达 14 次，而父子相传的只有 3 次 (父祖乙传位给子祖辛、父小乙传位给子武丁、父武丁传位给子祖庚)。从太戊上位到祖甲上位的 17 帝传承过程中竟然有 14 次是非父子相传的这种王位继承安排，在后世传统史家看来，足以让先王的每个兄弟子侄都心怀期待，让所有的兄弟子侄都如履薄冰，这么多兄弟子侄都要争夺王位，肯定会造成混乱不堪的局面，但实际的情况却是，殷商兄终弟及、叔终侄继、堂兄终堂弟及的所有王位交接，史书上和甲骨卜辞中没有一次相互争斗、相互残杀的记录，就是司马迁的《史记》也只是留下抽象的四个字——"**比九世乱**"，而且期间还出现几位明君，如接其兄小甲帝位的明君太戊、接其叔河亶甲帝位的明君祖乙、接其兄阳甲帝位的明君盘庚、接其父小乙帝位的鼎盛明君武丁、接其兄祖庚帝位的改制明君祖甲等。本书在前文中已经说过，出现王位非父子相传伴辅都屡迁且史书上无一次兄弟子侄间争斗或相残记录的这种现象不能用政治上的兄弟子侄之间的王位争夺来解释，也说过殷代中期的都城屡迁纯粹是国防的需要而与王位的传承一点关系也没有，那么出现这种违反成汤既定秩序的王位传承现象究竟是什么原因呢？

　　王位传承，从经济基础决定上层建筑的角度讲，传的是殷商王朝"共有财产"的管理权，这个共有财产在不是充分富足强大时是不能分割的，但在共同财产充分富足强大到一定程度时，又是必须分割的。这就如一个兄弟众多的大家庭一样，当"家业"不大时，其父母是绝对不会让儿女们分家自立的；当家业非常大时，其家长为了发挥儿女子孙们的积极性，避免产生影响家庭发展的诸多内部矛盾，就必然会产生分割家庭共有财产的分家问题，分家后的原来的大家庭便扩大成为宗族，于是就产生了管理宗族的宗族长的传承继位问题和宗族分支管理人员（比如宗族分支的子宗族的子宗族长）能分得多少宗族共有财产的分割问题。在一个家族中如此，在一个神权、族权、政权三权合一的宗法制国家中也必然如此。距今3600年前的由成汤始建的殷商王朝的王室就面临着这样的问题。一个大宗族的宗族长传承继位问题反映到殷商王朝的国家层面上就是王位的继承问题；这个大宗族的各个子宗族的子宗族长应分得的家族共有财产的份额问题及其世袭传承问题反映到殷商王朝中王室成员各王子层面上就是裂土封侯的分封问题。**于是看似无关的殷商王朝的王位继承问题和王室成员的分封问题便成为密切相关的问题。**君王关心的就是天下的财富向最强大的王室集中、王室财富向君王的核心家庭集中；而王室各位王子关心的也是财富向自己的核心家庭集中。在后世实行郡县制的封建王朝中尚且存在这个问题，在成汤创建的殷商王朝中当然更是尖锐地存在着这个问题。这正如司马迁在《史记·货殖列传》中总结的那样——"故曰：'天下熙熙，皆为利来；天下攘攘，皆为利往。'夫千乘之王，万家之侯，百室之君，尚犹患贫，而况匹夫编户之民乎！"用现在的眼光来看司马迁说过的这些话，就是强者更强，有钱人总会希望赚到更多的钱。这无关古人的善恶，放眼今天的世界，依然如此。

在公元前1600年左右，成汤以武力推翻了当时的天下共主夏桀的统治，接管了夏王朝统治的中原核心区，收复了与殷商族为友的各路诸侯，建立了殷商王朝，成为新的天下共主。成汤从夏王朝主要是父子相传的历史经验中，认识到只有实行父子相传的嫡长子继承制，殷商王朝才能像夏王朝那样长治久安。于是，就立长子太丁为太子，并且当众宣布，殷代的王位继承制度为父子相传的嫡长子继承制。他根本没有想到，太子太丁先自己而逝。弥留之际，成汤毅然决定将王位传给太子之子太孙太甲，而不传给次子外丙或三子中壬，为怕众臣或子弟不服，特命老臣伊尹为顾命大臣，辅佐太孙太甲上位施政。根本没有想到后来会发生太甲不善被放桐宫思过和次子外丙代侄理政的事。

在成汤建国后的七八十年间，王位的确是按成汤的制度设计在父子间相传的，但由于王室成员的增多、王室规模的扩大、沿太行山东麓南下的北方民族对中原核心地带北方边境的侵扰、东夷部族对中原核心地带东方边境的侵扰和南方长江流域部族的不再臣服（前面已经说过，此时中原殷商不得不放弃对武汉盘龙城重要据点的控制，从而失去对长江流域铜矿资源的控制而严重影响王室的经济收入），殷商王室的共有财产的增长并不显著，甚至有下滑倾向。也就是说殷商王朝初期的有限经济体与王室规模的扩大之间的矛盾逐渐显露出来，王室成员觉得父子相传的成汤制度设计与殷商王朝的有限经济体并不适应，固化的父子相承并不能有效管理殷商王朝现有的有限公共财产，比如当前王逝去时，其子尚幼不懂人事或其子不善不能按汤法行事时，嫡长子继承不能选拔出管理殷商王室共同财产的商王（殷帝）的缺陷便充分地暴露出来。于是，王位继承的王室推举制便油然而生，并成功取代了成汤制定的嫡长子继承制，其程序是："前帝终了时，由王室成员集体共议表决，在王室众多兄弟子侄间产生新的优秀接位人选。"殷代第5帝小甲逝后，其弟太戊正好处于殷商王室王位传承制度由"嫡长子继承制"过渡到王室推举制的变化交接点上。于是，太戊就成为王室推举制的最先一位胜出者，首创兄终弟及，成为殷代实际即位的第6位帝。

因为品质很优秀的太戊是首位殷商王室成员集体性选上位的"民选"商王（殷帝），所以他即位后也特别用心，最终成为众多史书称赞的一代明君。在本卷第六章《实施战略收缩经略的殷代中期》中已经说过，今本《竹书纪年》和《史记·殷本纪》中都记载一个有关太戊的非常感人的故事。按《史记》太戊是殷代第9任君王，按甲骨周祭祀谱太戊是殷代第6位实际即位的君王。《史记》尊太戊为中宗，在甲骨文中，称中宗的是祖乙，太戊在甲骨文中不见称中宗之辞。太戊当了75年国王，在殷商王朝的历史上，太戊跟盘庚、武丁一样是很有名气的帝王。

由王室推举制首次推举上位的太戊，史书上说他曾吸引七十六国的外交使节来殷都做客，这个人类文明互相交流的宏大景观，在当时是非常震撼的事。由王室推举制首次推举上位的商王（殷帝）太戊带来如此宏大的外交成果，不仅成为时人的美谈，而且使王室推举制成为太戊以后取代成汤所立嫡长子继承制的正统王位传承制度，以后一直盛行到武丁大帝登场，使殷商王室的共有财产富得流油时，才完成其历史使命，成汤制定的父子相传制才在武丁大帝大力推行分封制的历史浪潮冲击下重新登上历史的舞台。与其说，太戊是因为正好处于殷商王室王位传承制度由"父子相传制"过渡到王室推举制的变化交接点上，太戊成为王室推举制的最先一位胜出者，首创兄终弟及，成为殷代的第6位帝；则可以说，武丁是因为正好处于殷商王室王位传承制度由王室推举制回归到"父子相传制"的变化交接点上，武丁成为王室推举制的最后一位胜出者，成为殷代实际即位的第20位帝。在太戊至武丁期间，之所以盛行兄终弟及或叔终侄继，是因为王室推举制推选新王的主要方式——兄终弟及或叔终侄继，意味着殷商王室不断下滑的财产的共同占有。这种不断下滑的王室共有财产，只有由王室成员集体推举出来的商王（殷帝）去统一管理，王室成员才会放心；而固化的父子相承，则意味着王室的共有财产在不同分支之间的分别延续。

为什么说武丁是王室推举制的最后一位胜出者呢？因为武丁少年时出走到民间，很像是避免陷入与其他王子竞选王位的尴尬，按照武丁自己的说法，他少年时搬出了王宫，消失于荒野，先是住在郊野河边的贫民窟里，后来又去了成汤始居之亳，他以为自己一生不会再有被王室推选上位的机会了，他认为他只是阳甲、盘庚最小的弟弟小乙的儿子，同样是君王的后代，阳甲的儿子、盘庚的儿子、小辛的儿子，继承王位的优先权和机会可能是比他武丁高得多的。后来武丁最终被王室成员集体推选上位，显然是阳甲的后人、盘庚的后人、小辛的后人也认为武丁是他们那一辈可接班上位的人选中最优秀的。

武丁被推举上位以后，也非常争气，不负众望，经过59年的努力，终于让中原殷商成为东亚大陆上名副其实的老大（天下共主），使坐落在今天河南安阳的殷都，成为东亚大陆上排名第一的都邑，使殷都成为殷商后期东亚大陆的经济中心（特别是高度发达的商贸中心）、政治中心、军事中心和文化中心。武丁时代财富向殷商王室核心家庭集中的过程重点体现在分封制度的大力推行、成汤制定的父子相传的王位继承制度的回归和社会治理制度得以回归到成汤富国强兵扩张体制诸方面。武丁时代形成的新的经济关系不仅创造了巨大的财富，

殷代史

【卷二】殷商史事要览

也必然会改变社会的形态和王朝的面貌。武丁找到了使财富不断被创造并快速向殷商王室核心家庭集中的方案，这个方案的制度设计就是王朝治理结构的分封制，分封制使王室各王子有了使财富滚滚而来的用武之地，但也使殷商王室的诸多王子永远失去了竞选商王（殷帝）的机会，因为按照武丁的制度设计，自武丁以后，能成为商王（殷帝）的只能是武丁的儿子或武丁儿子的后代，别人是注定没有机会的，这也是自祖甲以后，殷代的王位继承制又回归到成汤制定的嫡长子继承制的原因。

殷代史

【卷二】殷商史事要览

第二节　分封制设计是殷代后期社会治理制度
得以回归成汤体制的关键

　　殷商王朝王室人均经济体量的下滑，使成汤制定的王位父子相传制不得不在成汤建国初只短暂实行七八十年，即被新兴的王室推举制所取代，这是殷代中期经济基础决定上层建筑的历史必然。在人均经济体量下滑的年代，新兴的王室推举制近似于上古传说时代部落联盟因人均经济体量太低不得不奉行领导人更替的"禅让制"，它有助于从王室新一代众多子弟中挑选出最优秀的人员来接前帝的班，不仅能更有效地管理殷商王室的共有财产，而且能避免王室子弟贪图帝位的明争暗斗，所以在殷代中期受到殷商王室成员的普遍认同；200多年后，到了"邦畿千里，维民所止，肇域彼四海"的武丁时期，因为殷商王室人均经济体量的巨大提升，王室推举制又不得不退出历史舞台，使成汤制定的王位父子相传制得以回归，这也应是殷代后期经济基础决定上层建筑的历史必然。当代经济学的一个重要共识，是确认了人类天然具有趋利避害的行为动机和据此作出决策的理性能力。对利益的追逐，不但是人类今天发展的动力，而且在历史上也从来如此。作为人均经济体量达到世界之最的殷商王朝的天下共主武丁，他想到的当然会是用什么办法才能更迅速地扩大殷商王室的财富来源和经济体量，并将王室财富更迅速地向自己的核心家庭集中。他即位后，不言不语，面壁思索三年，想到的第一个办法，就是首先要使王室成员毫无怨言地、心甘情愿地将帝位传承永远锁定在自己的儿子和儿子的后代手中。怎样才能既使帝位永远在自己的子孙后代中传承，又能更迅速地扩大殷商王室的财富来源，并将王室财富更迅速地向自己的核心家庭集中，而又让其他王室成员不说三道四呢？他想到的唯一可行办法就是实行分封制，让那些对王朝帝位虎视眈眈的王室成员到自己的封地去各尽所能、经营发展，为王室也为他们自己掠取更多的财富并定期向自己的核心家庭纳贡或交税。请读者注意，笔者这里用"为他们自己掠取更多的财富"，而不是用"为他们自己创造更多的财富"，因为这些王室成员虽然是他们自己封地的名义上的主人，但他们自己并不能创造财富，真正为他们创造财富的是他们统治下的奴隶和其他劳苦大众，所以笔者用了"掠取"这个词。

　　殷代后期，特别是武丁时期之所以能顺利地推行分封制，是由当时的客观条件决定的：一是经几百年的和平发展，殷商王室虽然经历了一次又一次的分宗，但王室的总体规模（王室成员）仍然在不断扩大，导致王室中对王朝王位虎视眈眈的王室成员不断增多，也就是说，殷代后期殷商王室中出现大量的"待分封者"；二是当时虽然部族众多、方国林立，但因当时总体人口过少（据权威专家估计，殷商前期东亚大陆的总人口不过400万左右，殷商后期东亚大陆的总人口不超过800万），以中原腹地为中心，西到三晋高原、渭水平原，北面东面的整个华北平原，南到荆楚之地，虽然城邑间有道路相通，但其间还到处都是待开发的原始森林、无主之地。于是诸侯分封制成为殷代后期经济规模扩张的解决方案。得到分封的那些诸侯的所谓封国并不是现成的已有城邑，而是由商王（殷帝）指定一处适于兴建城邑的地点，一处河流冲击的平原，一处小盆地等。以武丁朝为例，武丁册封的近百位诸侯，主要是王室宗亲和战将功臣，如果每个爵位都对应一座兴建的城邑，那么武丁除了原有的城邑以外，就又增加了被分封者为武丁朝兴建的近百座新城邑。因此，殷代后期商王（殷帝）推行诸侯分封制的本质，是用城邑、耕地和人口与这些习惯了王位和财产共享的王室宗亲（特别是那些对王位虎视眈眈的王室子弟）进行一次交易，并且用物理空间的区隔在君王核心家庭与各支宗亲家庭之间，永久性地划定出一个全新的定位。这样，既满足了王室宗亲发财的欲望，又扩张了王朝的经济体量，更阻断了那些对王位虎视眈眈的王室子弟争夺帝位的路，起到了一箭三雕的作用。因此，笔者认为，**王室治理结构的分封制设计是殷代后期王位继承制度等社会治理制度得以回归成汤体制的关键。**

殷代史

【卷二】殷商史事要览

第三节　武丁盛世

据魏晋谱书《殷氏家传》的记载，结合现代碳-14测年的推断，盘庚迁殷是在公元前1288年癸巳（盘庚十四年），武丁即位是在公元前1260年辛酉。在盘庚迁殷至武丁即位的约28年期间，殷商王朝已经走出《史记·殷本纪》谓之的"比九世乱"时期，或已经走出本书谓之的殷代中期基于国情实施战略收缩经略的时期。前文已经说过，盘庚逝后，其弟小辛、小乙依次即位，虽然在小辛时期，殷商王朝出现了成汤建国以来的第五次大衰落（前四次大衰落依次为小甲时期、雍己时期、河亶甲时期、阳甲时期），但总体看来，王权尚能平稳过渡，特别是在小乙时期，小乙重视对世子武丁的教育和锻炼，为将殷商王朝推向武丁盛世奠定了帝位继承的人才基础，否则的话，在盛行王室推举制的情况下，武丁未必能被王室众成员推举上位，故小乙深受后世称赞。

武丁是小乙之子，谱名昭，日名武丁，于元年辛酉（相当于公元前1260年）即位于殷。武丁为子姓商族二十四世、子姓殷氏十九世、殷代王室十一世。多种文献称武丁在位59年陟（相当于公元前1202年己未陟），只有《史记·鲁周公世家》称武丁（殷高宗）"享国五十五年"，蔡邕《石经》《汉书·五行志》等谓武丁（殷高宗）"享国百年"（显然是恭维语，不可信）。在甲骨周祭祀谱中，武丁和三位配偶妣辛、妣戊、妣癸都受周祭，武丁为直系先王。妣辛就是赫赫有名的中华第一女帅妇好，也是武丁的正妻。武丁之父小乙非常重视对世子武丁的教育。今本《竹书纪年》："小乙六年，命世子武丁居于河，学于甘盘。"即是说，武丁为世子时，父亲小乙就命他拜甘盘为师，学习治国之策。其间，父亲小乙和老师甘盘让武丁"居荒野，宅于河，出入民间"，与平民一同劳作，体察民情，得以了解民众疾苦和劳动的艰辛。同时向甘盘学习尧舜之道，磨炼道德修养，掌握治国治民之策。武丁即位后励精图治，革新政治，任用贤良，强化军事，使殷代在政治、经济、军事、文化各个领域都得到空前发展，使殷商王朝进入鼎盛阶段。

关于武丁的治国之策，安阳师范学院郭胜强教授在王宇信为总主编 / 郭胜强为卷主编的《殷墟文化大典·商史卷（上）》（安徽人民出版社，2016年12月第1版）中作了如下六点阐述：

第一，任用贤才，虚心纳谏。一即位，便命老师甘盘为卿士。在守孝居丧、三年不语期间，在民间体察国风民情时，结识出身低微的贤才傅说，既想不拘一格地起用他，又怕遭到贵族旧臣强烈反对；于是以梦得圣人、受天之赐为幌子，命百官寻访，终得之；武丁六年，命傅说为相，总理文武百官。

第二，重视军事建设。具体表现在完善军事体制，建立军队"三师"制度，提拔优秀军事将领。大名鼎鼎的妇好女帅就是在这时培养出来的。其他如甲骨卜辞中的望乘和殷墟M54号墓主人亚长等，都是当时优秀的军事将领。

第三，对方国、部族实行怀柔政策。通过分封异族诸侯化敌为友，一方面使方国、部族的首领成为殷商王朝"外服"职官系统的官员；另一方面娶方国首领的女儿为妻，通过联姻维持与方国、部族之间的友好关系。

第四，谨慎行政，修养道德，尊老敬老。

第五，作邑筑城，加强殷都市政建设。

第六，大力发展生产。武丁时期，殷代的经济迅速发展，农业、畜牧业、手工业等都达到前所未有的新阶段。

在政权稳固、经济繁荣的基础上，武丁开始对外用兵，征服了鬼方、羌方和土方等少数民族，基本上解决了殷代中期存在的边患问题，同时也将殷代中期因实施基于国情的战略收缩经略失去的直接控制国土全部收复且有所扩展，使殷代能行使天子权的疆域达到鼎盛。

由于武丁功勋卓著，逝后，被尊为高宗。《史记·殷本纪》记曰："帝武丁崩，子帝祖庚立。祖己嘉武丁之以祥雉为德，立其庙为高宗，遂作《高宗肜日》及《训》。"

一分为二地看，武丁一生，也有过失。比如，听信后妻谗言，放至孝的太子孝己（其母早死）于荒野而死。今本《竹书纪年》："（武丁）二十五年，王子孝己卒于野。"还有喜幼子祖甲而不爱祖甲之兄祖庚，等等。这些问题都与殷代的王位继承制度有关，稍有不慎或失策，就会使殷商王朝重新陷入殷代中期的困局。幸好，与后世帝辛不同的是，武丁能从"高宗肜日"的偶然事件中，虚心纳谏，吸取教训，及时醒悟，以己错为戒，勤政补缺，修德养民，终于不仅未酿成大祸，而且最后形成君臣和睦、人民安居乐业、边境安宁、民族团结、政通人和的殷国大治局面。

武丁时期发生的"高宗肜日"（肜是古代的一种祭名，指正祭之后第二天又进行的祭祀，下同）事件，虽起源于对偶然事件的迷信，但很值得后世借鉴。我们读《尚书·高宗肜日》，主要要学习武丁虚心纳谏，吸取教训，及时醒悟，以己错为戒，勤政补缺，修德养民的精神，也要学习贤臣祖己善于借题发挥和讲究方式方法的行谏方式。

在这里有两点要提醒读者注意：

一是要搞清借"高宗肜日"事件行谏高宗武丁的祖己身份。

对此，目前学界有两种意见：一种意见认为，行谏高宗武丁的祖己就是武丁的太子孝己，因为在卜辞中，武丁的太子就叫祖己，即认为祖己和孝己是同一人。另一种意见认为，行谏高宗武丁的祖己和武丁的太子孝己是两个人，如果卜辞中的祖己确实指代武丁的太子孝己的话，那么卜辞中的祖己和行谏高宗武丁的祖己就是两个名字相同的人。笔者赞同第二种意见，文献中行谏高宗武丁的祖己和武丁的太子孝己必然是两个人。理由：且不谈祖己行谏高宗的口气非儿子劝言父亲的口气，就以时间而论，文献中行谏高宗武丁的祖己和武丁儿子孝己也必然是两个人。《史记·殷本纪》中说得很清楚，祖己行谏武丁虽然是在武丁在世祭祀成汤发生"高宗肜日"偶然事件的时候，但祖己"嘉武丁之以祥雉为德，立其庙为高宗"和作《高宗肜日》及《训》，都是武丁逝后发生的事。这说明武丁逝后，当年行谏武丁的祖己还健在，而这时武丁的太子孝己早就死于荒野了，因为依今本《竹书纪年》的记载，在武丁在位的第二十五年时，孝己就死于荒野了，即使今本《竹书纪年》记载不真，武丁二十五年时孝己没有死于荒野，但到武丁驾崩时，孝己也一定先于武丁死了，因为《史记·殷本纪》中说得很清楚，武丁驾崩后，是武丁的次子祖庚接位，而不是太子孝己接位。

　　二是要搞清祖己借"高宗肜日"事件行谏高宗武丁的时间和祖己作《高宗肜日》的时间。

　　对此，《史记·殷本纪》中说得也很清楚。祖己借"高宗肜日"事件行谏高宗武丁是在武丁生前健在的时候，行谏的目的是规劝武丁，希望武丁能勤政补缺和修德养民，即行谏的对象是武丁；而祖己作《高宗肜日》是在武丁逝后纪念武丁时候，祖己作《高宗肜日》的目的是规劝武丁的儿子祖庚和臣民要学习高宗武丁的品质，显然，这时祖己进谏的对象是武丁的儿子帝祖庚。

　　武丁逝后，葬在殷都大邑商——今安阳市殷墟侯家庄武官村北部的西北岗王陵。据杨锡璋先生推断，其中四墓道的 HPKM1001 号大墓【注74】即是武丁陵墓。如果杨锡璋先生的推断为真，则可推断位于今河南省西华县城东北 15 公里处的田口乡陵西村的殷高宗墓可能不是真墓，其两侧的傅说和甘盘墓可能也不一定为真。

　　武丁在卜辞中的称谓有四：祖庚、祖甲卜辞称其为"父丁"或"丁"，后来的卜辞称为"祖丁"，只有帝辛时的卜辞，才称为"武丁"。由卜辞可见，武丁在后世商王的心目中，是个很重要的祖先，祭祀时非常重视。

　　考古界从殷墟中发现的，武丁时代的出土文物数量巨大，其精湛绝美的程度让世界惊叹。我们今天通过考古途径看到的繁盛殷商，绝对多数的考古资料都源于武丁时代。体现经济变化的殷商内外制度变化，也是在武丁时代集中出现的。武丁因其一生的文治武功，获得了高宗的庙号，高宗是地位很高的祖宗，由此可见当时的商族殷人已把武丁当成了带领殷商王朝完成第二次创业的领袖（带领殷商王朝完成第一次创业的领袖当然是成汤）。

　　实践证明，武丁在位的 59 年，以文治武功，实现了他毕生追求的宏大目标。

　　就武功而言，据甲骨卜辞记录的不完全统计，武丁一朝，教训敢于侵犯者的战争、发动恢复成汤当年对长江流域丰富铜矿资源掌控的战争和将分散于各地各族巫师手中的神权夺回来、重新掌控祭祀神权的战争，超过 80 场，这是东亚大陆上此前从来没有过的战争密度，所以他才获称"武丁"这个日名。

　　就文治而言，他不仅不拘一格地起用奴隶出身的傅说为相，而且推行"分封制"，使王位继承等治国理政制度回归到成汤体制，根据甲骨文的记载，武丁分封了超过 50 位侯爵和将近 40 位伯爵。

　　总之，武丁完成的都是作为王朝治理结构制度设计的关键举措，因为殷商王朝财富向王室核心家庭集中的过程，重点就体现在分封制度的出现和王位继承秩序的重新确立这两方面。

　　在武丁一朝，教训敢于侵犯者的战争、发动恢复成汤当年对长江流域丰富铜矿资源掌控的战争和将分散于各地各族巫师手中的神权夺回来、重新掌控祭祀神权的战争，超过 80 场。在这 80 场战争中，最耐人寻味的是文献记载长达三年而甲骨文中却不见的征伐鬼方的战争。在甲骨文中，鬼方一直是与武丁朝为友的西方属国，它为商王打仗、祭祀、捕获羌人、贡纳人牲与官吏【注75】，这一点与文献所记的鬼方史实正好相反。《易·既济》或《易·下经》记载："高宗伐鬼方，三年克之。"《易·未济》记载："震用伐鬼方，三年有赏于大国。"《诗·大雅·荡》记载："内奰于中国，覃及鬼方。"今本《竹书纪年》记载：

殷代史

【卷二】殷商史事要览

"（武丁）三十二年，伐鬼方，次于荆。三十四年，王师克鬼方，氐、羌来宾。"《世本·帝系》记载："陆终取鬼方氏之妹谓之女嬇。"以上诸多文献记载中，除《世本》的记载为婚姻事外，余皆记战争之事。故笔者认为，文献中记载武丁用时三年终克之的鬼方，绝非甲骨卜辞中所见之鬼方。由于甲骨卜辞中没有一条是对鬼方作战的记录，连残辞都没有，因此，对武丁所征的鬼方，就有不同的解释。谓鬼方为西方方国的舌方有之，谓鬼方为北方之少数民族有之，谓鬼方为"西北游牧民族的通称"有之（如罗琨先生），谓鬼方为后来帝辛的三公之一的"九侯"有之【注75】。

值得注意的是，近来有学者据今本《竹书纪年》记载的"伐鬼方，次于荆"，并结合《诗经·商颂·殷武》【注76】对武丁的颂词中有"挞彼殷武，奋伐荆楚……维女荆楚，居国南乡"的诗句，推断武丁伐鬼方就是将讨伐大军开到南方的荆楚大地，征伐南方掌控祝融部落巫术和掌控长江流域丰富铜矿资源的祝融部落后裔诸方国，如上庸古国及其盟友彭、卢、濮等。因为长江流域的这些祝融部落后裔诸方国十分迷信鬼神，故被通称为鬼方。这些学者近来在某省级电视台的视频节目中公示了他们这一武丁伐鬼方的最新观点，他们称之为武丁发动了时长三年的青铜之战，并取得胜利，最终占有了长江流域丰富的铜矿资源和青铜冶铸基地。笔者虽然赞成他们这一崭新的"武丁伐鬼方"之说，但不赞成他们关于武丁"占有或掠夺"长江流域鬼方青铜资源之说，因为长江流域的青铜资源在成汤时就掌控在殷商王朝手中，考古发现的成汤建国之初就以武汉盘龙城为掌控长江流域丰富青铜资源的重要军事据点就是一个强有力的证明，武丁发动为期三年的征伐长江流域"鬼方"的青铜之战，不能被认为是去"占有或掠夺"长江流域鬼方各部族方国的青铜资源，而是收复殷代中期基于国情不得不实施战略收缩经略时期丢失的国土，也就是说武丁发动征伐鬼方的三年青铜之战不是侵略别人的战争，而是收复国土、重新掌控长江流域丰富铜矿资源的正义战争。

武丁发动的这场战争整整打了三年，完全是志在必得的打法，从战争的时间长度就可以确定，这不是一次以教训为目的的破坏性作战，而是一次以占有为目的的攻坚战。武丁想占有什么呢？因为他想重新掌控祖宗成汤曾经掌控过的长江流域丰富的铜矿资源和青铜冶铸基地。《竹书纪年》上为什么记有"伐鬼方，次于荆"呢？"次于荆"就是武丁的征伐大军住在荆这个地方。今天的湖南、湖北一带过去也叫荆楚大地，因为这一代的部族、方国起源于荆山丹阳。这一带在成汤建国之初，就是殷商王朝直接掌控的区域。荆是山名，丹是水名。丹水河现在叫丹江，丹阳就是丹江北岸的意思，丹江的下游有一片平原，平原的北部是河南的南阳，南部是湖北的襄阳，武丁把大军驻扎在襄阳一带，就是准备去攻灭占领那里的庸、彭、卢、濮等国，达到收复殷商王朝初期国土的目的。特别是在殷代中期失去对长江流域丰富铜矿资源的控制之后，不仅极大地影响了殷商王朝的商业利润，而且几乎是直接拿捏着殷商王朝经济发展的命门，这就是商王（殷帝）武丁一定要恢复殷代中期失去对长江流域丰富铜矿资源的占有并且要重新掌控的原因。

第十章　祖甲改制

　　根据传世文献记载，武丁的太子孝己未立先逝后，晚年的武丁准备立小儿子祖甲为继承人，然而祖甲认为兄长祖庚理当继位，但又不敢直接违背父命，于是，就逃到民间，躲藏起来。武丁驾崩后，祖庚顺利继承帝位。祖庚是一位守成的君王，在位 7 年 (魏晋谱书《殷氏家传》记载，祖庚元年庚申即位于殷，丙寅陟，在位 7 年，即于公元前 1201—前 1195 年在位)，去世后传位于弟弟祖甲 (魏晋谱书《殷氏家传》记载，祖甲元年丁卯即位于殷，己亥陟，在位 33 年，即于公元前 1194—前 1162 年在位)。祖甲是一位很有作为的君王，但后世史家却对他褒贬不一。

第一节　史家对祖甲的评价

　　由于祖甲不贪图王位，违背父命，把本可优先继承的帝位让给兄长祖庚，此举获得后世周公姬旦的称赞。《尚书·无逸》中记载了周公称赞祖甲的话："其在祖甲，不义惟王，旧为小人。作其即位，爰知小人之依，能保惠于庶民，不敢侮鳏寡。肆祖甲之享国三十有三年。"周公称赞祖甲这段古文的白话意思是："殷帝祖甲，认为父亲废黜兄长、命自己继承王位不义，所以躲藏到民间，长期过着平民生活。等到他当了天子以后，由于他深知普通老百姓生活的不易，所以能施惠于民，不敢轻慢孤寡无依之人。因此，祖甲享国 33 年。"而同是周代文献的《国语·周语》却记载：卫国大夫彪傒访问成周时，为了批判周敬王的卿士刘文公和大夫苌弘"逆天行事"，就引用夏、殷、西周三代兴衰的故事进行论证，其中有"帝甲（祖甲）乱之，七世而陨"的句子。在彪傒看来，正是因为祖甲之"乱"才导致了之后殷商王朝的七世而亡 (笔者注：七世是指祖甲、廪辛、康丁、武乙、文丁、帝乙、帝辛)。司马迁在《史记·殷本纪》中也给祖甲扣上"淫乱"的帽子。三国时的韦昭在为《国语》作注时，也认为祖甲扰乱了殷商王朝原有的法度。至于祖甲如何"淫乱"，如何"扰乱法度"，都无法从《国语》《史记》等传世文献中找到答案。近代以来，学者们通过对殷墟甲骨卜辞的整理与分析，发现在祖甲统治时期，殷商的制度发生了一系列变革，学界称之为"祖甲改制"。

第二节　周祭制度的初步建立

　　"祖甲改制"之一，是初步建立了用翌、祭、壹、劦、彡五种祀典周而复始地轮番祭祀先王、先妣的周祭制度。在祖甲时期的卜辞中，历代先王开始被区分成直系和旁系。凡是直系先王，其本人和配偶都能进入周祭祀谱，享受周祭的待遇；凡是旁系先王，其本人享受周祭，其配偶不被周祭。这种"重直系、轻旁系"的祭祀制度，通过层级更明晰的祖先祭祀，重新定义了神权崇拜的偶像，进一步规范了君王核心家庭与宗室贵族诸侯之间的权利关系，将王位的继承权，固定在了核心家庭直系血亲内部。其本质是在社会生产力获得巨大发展、王室共有财富获得大幅度提升、王朝治理结构的分封制大力推行的殷末，终止执行殷代中期王室推举的王位继承制度，回归成汤制定的父子相继的传位方式，并强调嫡长子的宗法地位，以便强化王权，确保政治稳定。当然，周祭制度直到殷末帝乙、帝辛（纣）时期才彻底完善，祖甲时期的周祭尚处于草创阶段，还有一些不甚严密之处。这一时期的卜辞中，作为旁系先王的羌甲，其配偶妣庚也受"周祭五祀典"之一的劦祭，这大概是考虑到妣庚所生之子南庚也曾为帝的缘故。殷墟卜辞反映的祭祀种类，在祖甲统治时期也发生了剧变。20世纪40年代，董作宾在其著作《殷历谱》中根据祭祀礼制的异同，把卜辞中的各类祭祀分为新旧两派，武丁、祖庚时期的祀典为旧派，名目繁多而混乱；祖甲即位后废除了大批旧派祀典，改用规范而精简的新派祀典。在《殷历谱》的基础上，学界对于祭祀名目的研究不断深入，李立新在《甲骨文中所见祭名研究》一文中，统计出了200多种见于卜辞的祭名，其中旧派祭名多达148种，新派祭名只有24种，旧派、新派共有的通用祭名35种。也就是说，新派祭名加上通用祭名，还不到旧派祭名数目的一半，这说明新派祀典的祭名较旧派祀典的祭名不仅大大减少而且更加规范了。随着大量祭祀名目的废弃，见于卜辞的"人牲"数量也大幅下降。根据胡厚宣在《中国奴隶社会的人殉和人祭》一文中的统计，武丁在位59年，卜辞中的祭用人牲至少有9021人，另有531条卜辞没有明确计数。而祖庚（在位7年）、祖甲（在位33年）兄弟二人共计在位40年，卜辞中的祭用人牲骤降至622人，另有57条卜辞没有明确计数。

　　祖甲之后的几位商王虽有与祖甲推行周祭制度强调"父死子继"的初衷不合的"复古"倾向（如康丁、武乙时期的"复古"风潮），但到了文丁时期"复古"倾向终告消退，周祭制度得以复兴。到了文丁之后的帝乙、帝辛（纣）时期，周祭制度终于得到彻底完善，祭祀名目也重新精减，贞人的数目也大为减少，回到祖甲改制的新派风格。

　　综上所述，祖甲对祭祀制度的一系列改革，其目的都是强化王权，确保政治稳定。建立周祭制度是强调"父死子继"的传位方式；简化祀典减少人牲数目，则可以降低不必要的财力人力损耗；裁减贞人数量，遇事亲卜，就从贞人集团手中夺回了沟通天人意志的占卜权，从而使王权进一步得到了神化与加强。

第二节　中国第一部成文法典的诞生

"祖甲改制"之二，是重新修订成汤的刑法法典。今本《竹书纪年》上记为"（祖甲）二十四年，重作汤刑"。"作"就是主持修订的意思，"重作汤刑"就是重新修订汤刑。祖甲的重作汤刑，准确地说，是打着回归"汤法"的旗号，制定正式的刑法典，这是东亚大陆上诞生的第一部成文法典。

祖甲的这一行为，对后来的中国影响深远。后世的王朝都一边实际在照着做，一边在嘴里不断地咒骂着它。后世王朝对祖甲这一行为的边学边骂的两面派做法贯穿从周到清的各个王朝始终。特别是道德史家将祖甲这一行为视为眼中钉，只有儒家的创始人孔子和法家创始人荀子称赞过祖甲的立法，为祖甲说了几句好话。比如《吕氏春秋》上说，祖甲法典中殷商"刑三百"规定的诸多量刑罪名中，最大的罪过是不孝，连儒家的《孝经》都认为这条刑律【注77】订得好，即是说，提倡孝道的儒家的创始人认为祖甲这条殷商的法律是他们提倡孝道的起源。再比如，祖甲法典中有一条关于维护公共卫生的规定，说如果谁在公共场所乱丢垃圾，就要剁掉谁的手，孔夫子赞扬说，祖甲这规矩定得好【注78】。因为你乱丢垃圾必然妨害他人，加重处罚人人害怕，不乱扔垃圾又不难，人自然会挑容易的事情去做，谁也不愿意挑倒霉的事去做，所以孔子认为这条法律是明白治理之道的人制定的。著名的法家创始人荀子也用"刑名从商"【注79】四个字描述了祖甲的立法，认为后世刑法中所有的罪名，都是从殷商祖甲的刑法中学来的。然而，后世道德史家对祖甲将法典条文公之于世的做法却极为反感。他们认为祖甲的这一行为，是用严刑峻法，来镇压宗亲贵族和城邦诸侯的不满，造成了殷商王朝的衰败。后世道德史家为什么会反对祖甲的立法，按照他们的说法，法律应该是存在于君王内心的标准，你不能写出来，更不能公布。他们强调这些法律只能存在于帝王的心中，这样君王就有了不受限制的最大裁量权，例如为《左传》作出著名注解的古代学者孔颖达，还为此专门发明了一句话【注80】，叫做"刑不可知，威不可测"。这才是后世道德史家最不看好祖甲的地方，他们有自己的逻辑，在先秦著名的史书《左传》上，记载了有关这一问题的讨论。道德史家的理由是，圣贤的君王断案，讲究的是我怎么宣判，你就怎么服从，不会把标准公布出来，让老百姓有了争议的抓手。如果你不公布，老百姓就会由你任意驱使，就不会闹事。你要是让老百姓有了争议的依据，那他就不再惧怕你了，就会拿着小本本，照着上面的法条针尖对麦芒地跟你争辩，证明自己的行为并没有犯罪。天下到处是这种诉讼，一定是贿赂公行。凡是法律多的，没有不亡国的。这便是古代著名学者孔颖达，为《左传》作出权威注解"刑不可知，威不可测"的缘由。

尽管后来周文王、周武王、周公旦等周人和对西周礼法的崇拜者，对殷商王朝进行了大量丑化的描述，以此编造出以周代殷执政的合法性理由，但西周几乎所有的王制礼序设计，都是来自武丁、祖甲之后殷商王朝的实践。客观地讲，西周礼法制度的设计者都是殷商王朝礼法制度设计者的最好、最忠实的学生。包括祖甲法典在内的殷商王朝这套制度文化对后来的中国，产生了深远的影响，所以，关注它的缘起，是了解中国何以成为今天中国的一把钥匙。

　　距离殷商王朝最近的西周，对殷商祖甲的法律制度也是学习得最到家的。西周王制的主要设计者是周公姬旦，对后来的中国影响深远的周公姬旦，被儒家称为元圣。实际上，周公姬旦是殷商祖甲的最忠实的学生，因为周公为西周立法做的第一件事，就是学习殷商祖甲的法典。他把弟弟康叔分封到了卫国，就是位于今天河南鹤壁市淇县一带著名的朝歌城。这里在西周初年，成了殷商旧部被监视居住的集中地。康叔当时还很年轻，周公对他的叮嘱被记录在叫作《尚书·周书·康诰》的文献中【注81】。《康诰》的主要内容，就是嘱咐康叔，要多向被监视居住的殷商遗民学习法律。周公说，他自己就很尊重殷商先哲具有王德的立法思想，他详细列举了许多殷商法律宽严相济的例子，说殷商的刑法是严谨而又讲究的。康叔按照周公的嘱咐去做，完成了自己的法学进修课程。然后奉调回到了西周的都邑镐京，担任了周王的司寇，成了西周王朝主管司法的官员。祖甲借成汤名义制定的法典，就是后来元圣周公派人去学习的法律。这才是后世儒家创始人孔子对殷商的法律称赞有加的真正原因。传说中的殷商祖甲刑律有 300 条，我们今天已经看不到它的全貌了，但我们可以从自周到清历代王朝的法律条文中看到它的史影。

　　可是这位修订殷商法典并将其公示于众的祖甲，在以《史记》为首的中国正史中，不但没有什么名气，而且还背着淫邪乱政的黑锅。

　　如果说武丁用分封制制度设计成功地进行了王室的财产分割，还是一次多赢的交易，那么在上一节中叙述过的祖甲对核心家庭享受祭祀权力的独占性安排就只剩下了一个赢家。祖甲编制的历代商王周祭世系表，核心的目的是突出先王的祭祀，弱化宗亲枝蔓祖先的祭祀，这在后世看来是理所当然的举动，对殷商王室宗亲来说，却是对王位性质的彻底颠覆。

　　在太戊至武丁期间，实行的王位传承制度是王室推举制。即是说，在太戊至武丁期间，殷商王朝的王位是由王室宗族推举的执政代表坐着的，宗族中每一个同辈兄弟和他们的儿子，理论上都有成为商王（殷帝）的资格，死后也都被尊重和祭祀。这是殷商王朝中期王室子弟形成合力的精神体现。武丁用财产分割切断了宗族其他成员成为君王的现实路径，而祖甲用祭祀谱系结束了宗族其他成员与君王之间精神平等的关系，只有成为君王才能享有祭祀的光环，而和他一起共同创业的兄弟将从此黯然失色。失去了祖先光环的宗亲当然会有极大的不满。面对普遍存在的抗拒情绪，祖甲开始重作汤刑，用严刑峻法镇压贵族的任何异动，这就是祖甲改制背后的利益链条和真正动机。这再次印证了马克思说过的那句名言【注82】，一切政治的、道德的、法律的表现，都是在表明和记录着特定时代的经济关系。只不过祖甲的改制，表现的更多是一种超越了当时经济关系的愿望，而经济关系则忠实地记录了它的结果。

【卷一·附件1】　　《史记》《甲骨文》和《殷氏家传》中
记载的殷商先世世系的比较

【1】据《史记·殷本纪》记载整理的殷商先公世系图

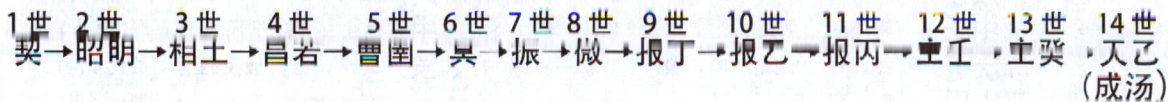

1世	2世	3世	4世	5世	6世	7世	8世	9世	10世	11世	12世	13世	14世
契→	昭明→	相土→	昌若→	曹圉→	冥→	振→	微→	报丁→	报乙→	报丙→	主壬→	主癸→	天乙（成汤）

【2】经甲骨文校正后的据《史记·殷本纪》记载整理的殷商先公世系图

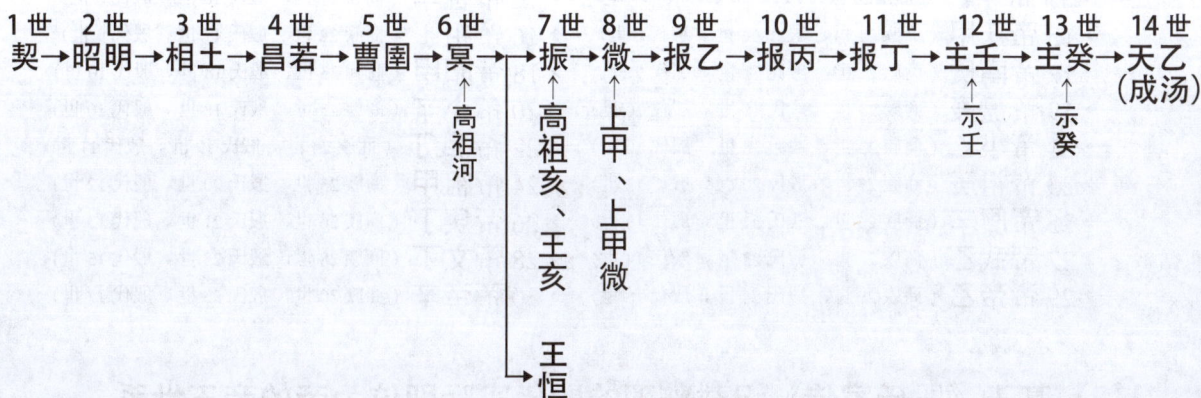

1世	2世	3世	4世	5世	6世	7世	8世	9世	10世	11世	12世	13世	14世
契→	昭明→	相土→	昌若→	曹圉→	冥→	振→	微→	报乙→	报丙→	报丁→	主壬→	主癸→	天乙（成汤）

冥：高祖河
振：高祖亥、王亥、王恒
微：上甲、上甲微
主壬：示壬
主癸：示癸

【3】魏晋谱书《殷氏家传》中的殷商先世世系图（含未即公位的殷商先世）

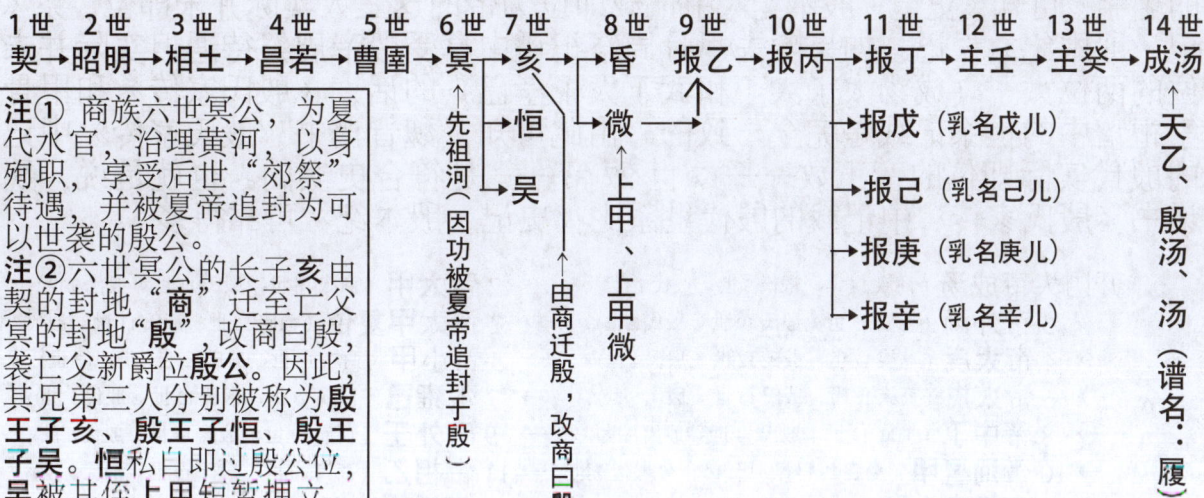

1世	2世	3世	4世	5世	6世	7世	8世	9世	10世	11世	12世	13世	14世
契→	昭明→	相土→	昌若→	曹圉→	冥	→亥→	昏	报乙→	报丙→	报丁→	主壬→	主癸→	成汤

6世冥：先祖河（因功被夏帝追封于殷）
7世：亥→恒→吴
8世：昏、微→上甲、上甲微（由商迁殷，改商曰殷）
9世：报乙↑
11世：报丁→报戊（乳名戊儿）→报己（乳名己儿）→报庚（乳名庚儿）→报辛（乳名辛儿）
14世成汤：天乙、殷汤、汤（谱名：履）

注① 商族六世冥公，为夏代水官，治理黄河，以身殉职，享受后世"郊祭"待遇，并被夏帝追封为可以世袭的殷公。

注② 六世冥公的长子亥由契的封地"商"迁至亡父冥的封地"殷"，改商曰殷，袭亡父新爵位殷公。因此，其兄弟三人分别被称为殷王子亥、殷王子恒、殷王子吴。恒私自即过殷公位，吴被其侄上甲短暂拥立，即过殷公位，后被废。

注③ 上甲微有一个尚未按公位的可可名舌。

注④ 殷人自上甲起，实行日名制，孩子生于一旬的某日，就以某日的日干为日名。全称日名由"后天前缀＋先天日名"两部分组成，后天前缀的作用有二：一是后人对他生功过是非的评价，二是区分日干相同的人，比如，太丁、沃丁、中丁、武丁、祖丁、庚丁、文丁的日名中都有日干"丁"，故逝后在定日名（庙号）时，要加前缀以区分。

注⑤ 商族十一世报丁（六世殷公）有四个未即位的弟弟，其日干名分别为报戊（乳名戊儿）、报己（乳名己儿）、报庚（乳名庚儿）、报辛（乳名辛儿），这就是报丁和主壬之间缺少戊己庚辛四个日干名的原因，报丁这四个弟弟都没有即过殷公位。

殷代史

【卷二】殷商史事要览

殷代史

**【卷二·附件2】　《史记·殷本纪》和《殷氏家传》中
记载的殷商帝王世系的比较**

【1】据《史记·殷本纪》记载整理的殷代即位为帝的帝王世系

开国大帝**成汤**（商族 14 世、殷氏 9 世、殷代 1 世）　→ 2 帝**外丙**（商族 15 世、殷氏 10 世、殷代 2 世）
→ 3 帝**中壬**（商族 15 世、殷氏 10 世、殷代 2 世）　→ 4 帝**太甲**（商族 16 世、殷氏 11 世、殷代 3 世）
→ 5 帝**沃丁**（商族 17 世、殷氏 12 世、殷代 4 世）　→ 6 帝**太庚**（商族 17 世、殷氏 12 世、殷代 4 世）
→ 7 帝**小甲**（商族 18 世、殷氏 13 世、殷代 5 世）　→ 8 帝**雍己**（商族 18 世、殷氏 13 世、殷代 5 世）
→ 9 帝**太戊**（商族 18 世、殷氏 13 世、殷代 5 世）　→ 10 帝**中丁**（商族 19 世、殷氏 14 世、殷代 6 世）
→ 11 帝**外壬**（商族 19 世、殷氏 14 世、殷代 6 世）　→ 12 帝**河亶甲**（商族 19 世、殷氏 14 世、殷代 6 世）
→ 13 帝**祖乙**（商族 20 世、殷氏 15 世、殷代 7 世）　→ 14 帝**祖辛**（商族 21 世、殷氏 16 世、殷代 8 世）
→ 15 帝**沃甲**（商族 21 世、殷氏 16 世、殷代 8 世）　→ 16 帝**祖丁**（商族 22 世、殷氏 17 世、殷代 9 世）
→ 17 帝**南庚**（商族 22 世、殷氏 17 世、殷代 9 世）　→ 18 帝**阳甲**（商族 23 世、殷氏 18 世、殷代 10 世）
→ 19 帝**盘庚**（商族 23 世、殷氏 18 世、殷代 10 世）　→ 20 帝**小辛**（商族 23 世、殷氏 18 世、殷代 10 世）
→ 21 帝**小乙**（商族 23 世、殷氏 18 世、殷代 10 世）　→ 22 帝 **武丁**（商族 24 世、殷氏 19 世、殷代 11 世）
→ 23 帝**祖庚**（商族 25 世、殷氏 20 世、殷代 12 世）　→ 24 帝**祖甲**（商族 25 世、殷氏 20 世、殷代 12 世）
→ 25 帝**廪辛**（商族 26 世、殷氏 21 世、殷代 13 世）　→ 26 帝**庚丁**（商族 26 世、殷氏 21 世、殷代 13 世）
→ 27 帝**武乙**（商族 27 世、殷氏 22 世、殷代 14 世）　→ 28 帝**文丁**（商族 28 世、殷氏 23 世、殷代 15 世）
→ 29 帝**帝乙**（商族 29 世、殷氏 24 世、殷代 16 世）　→ 30 帝**帝辛**（商族 30 世、殷氏 25 世、殷代 17 世）

【2】基于《殷氏家传》记载整理的殷代实际即位为帝的帝王世系

　　将基于《殷氏家传》记载整理的殷代实际即位为帝的帝王世系与甲骨周祭祀谱中享受周祭待遇的殷代帝王世系相比较，二者中都没有中壬、沃丁、廪辛的名字，可知《史记·殷本纪》中记载即位为帝的这三人实际并未即位，系《史记·殷本纪》误记。如果除去甲骨周祭祀谱中享受殷帝周祭待遇但实际并未即位的两位太子（成汤太子太丁和武丁太子孝己）的话，《殷氏家传》和甲骨周祭祀谱中的世系记载是完全一致的。由此可知，魏晋谱书《殷氏家传》中记载的殷代实际即位的帝王数——17 世 27 帝——是符合史实的。也就是说，魏晋谱书《殷氏家传》中记载的殷代世系比《史记·殷本纪》可靠得多。

开国大帝**成汤**（商族 14 世、殷氏 9 世、殷代 1 世）　→ 2 帝**太甲**（商族 16 世、殷氏 11 世、殷代 3 世）
→ 3 帝**外丙**（商族 15 世、殷氏 10 世、殷代 2 世）　→ 2 帝**太甲复位**（商族 16 世、殷氏 11 世、殷代 3 世）
→ 4 帝**太庚**（商族 17 世、殷氏 12 世、殷代 4 世）　→ 5 帝**小甲**（商族 18 世、殷氏 13 世、殷代 5 世）
→ 6 帝**太戊**（商族 18 世、殷氏 13 世、殷代 5 世）　→ 7 帝**雍己**（商族 18 世、殷氏 13 世、殷代 5 世）
→ 8 帝**中丁**（商族 19 世、殷氏 14 世、殷代 6 世）　→ 9 帝**外壬**（商族 19 世、殷氏 14 世、殷代 6 世）
→ 10 帝**河亶甲**（商族 19 世、殷氏 14 世、殷代 6 世）　→ 11 帝**祖乙**（商族 20 世、殷氏 15 世、殷代 7 世）
→ 12 帝**祖辛**（商族 21 世、殷氏 16 世、殷代 8 世）　→ 13 帝**沃甲**（商族 21 世、殷氏 16 世、殷代 8 世）
→ 14 帝**祖丁**（商族 22 世、殷氏 17 世、殷代 9 世）　→ 15 帝**南庚**（商族 22 世、殷氏 17 世、殷代 9 世）
→ 16 帝**阳甲**（商族 23 世、殷氏 18 世、殷代 10 世）　→ 17 帝**盘庚**（商族 23 世、殷氏 18 世、殷代 10 世）
→ 18 帝**小辛**（商族 23 世、殷氏 18 世、殷代 10 世）　→ 19 帝**小乙**（商族 23 世、殷氏 18 世、殷代 10 世）
→ 20 帝 **武丁**（商族 24 世、殷氏 19 世、殷代 11 世）　→ 21 帝**祖庚**（商族 25 世、殷氏 20 世、殷代 12 世）
→ 22 帝**祖甲**（商族 25 世、殷氏 20 世、殷代 12 世）　→ 23 帝**庚丁（康丁）**（商族 26 世、殷氏 21 世、殷代 13 世）
→ 24 帝**武乙**（商族 27 世、殷氏 22 世、殷代 14 世）　→ 25 帝**文丁**（商族 28 世、殷氏 23 世、殷代 15 世）
→ 26 帝**帝乙**（商族 29 世、殷氏 24 世、殷代 16 世）　→ 27 帝**帝辛**（商族 30 世、殷氏 25 世、殷代 17 世）

卷二 殷商史事要览

卷三

殷商时代人物传记

诗曰：天命玄鸟，降而生商，宅殷土芒芒

诗曰：邦畿千里，维民所止，肇域彼四海

殷代史

【卷三】殷商时代人物传记

卷三·绪论

　　历史人物是构成历史的首要因素，构成历史的要素有很多，如时间、地点、人物、事件等。在诸多历史要素中，人物是第一要素。人物的生产劳动、社会活动、政治斗争充满着人类社会活动的方方面面，人物的活动既贯穿于历史的始终，也在影响着历史的进程，甚至改变历史的走向。写任何史书，都是围绕历史人物的活动而展开的。本卷以殷代王位更替为时间线，为殷商王朝不同时期的 60 多位历史人物分别立传。这些历史人物，或为群众领袖，或为天下共主，或为王室精英，或为臣佐贤达，或为军事将领，或为女中豪杰，或为学术巨匠，或为政治对手，正是由他（她）们领导人民群众顺应历史发展的潮流和人民群众的意愿谱写了一部既可歌可泣又宏伟壮观的殷代历史。

　　殷代是一个十分注重"国之大事，在祀与戎"的王朝。依成汤所立"殷商并用"的族规，"商王"（"商族之王"的简称，通常省称为"王"）是族内一切祭祀活动的主宰，享有对众生的生杀大权，在商族内部，族人对其奉若神明。在全国，"商王"又是天下共主殷天子，司马迁称之为殷代的"帝"，集商王与殷帝于一身的殷天子既是殷代奴隶主阶级武装力量的最高统帅，又是全国土地的所有者，他有权向任何人封赏土地，也有权剥夺任何人的土地。商王（殷帝）通过其掌控的称为"戎殷"的强大武装力量，对内镇压奴隶和平民的反抗，对外抵御周边敌对方国部族的侵扰，维护殷商王朝领土的完整和社会的安定，保护属国不受侵犯，并按经济发展的需要进行领土扩张。因此，商王（殷帝）是殷代集政权、神权、军权、族权、财权于一身，维护殷商奴隶主贵族统治的总代表。商王（殷帝）为了有效地实现其统治，除了通过宗教信仰的神权掌控国人的精神以外，还通过从中央到地方层层严密的职官体系为其服务，牢牢控制国人的肉体。在整个殷商时代的众多历史人物中，不管其是何方神圣（臣属还是部族领导、方国诸侯），不管其从事何种职业，都可以视其对商王（殷帝）统治的态度，是维护还是反对，是赞成商王（殷帝）的决策还是与其政见不同，而分成不同的派别。到了殷代后期，随着西土周族的逐渐强大，人物因政治态度不同的分野愈加明显。被本卷立传的众多历史人物，就是在这样的社会大背景下各为其主地影响殷商时代的历史进程的。本卷以殷代王位更替为时间线，按这些历史人物先后出场的顺序，逐一为他们立传。在其他卷中已重点介绍过其生平和业绩的历史人物则从简，如在《卷二·第九章》中介绍过的大名鼎鼎的殷天子武丁大帝等。

　　本卷为这些历史人物作传的目的，是以史为鉴，古为今用，也为后世用。自下页起，不分章节，直接进入本卷的正文。

殷商时代人物传记正文

【一】开国大帝成汤与配偶妣丙传记

　　成汤，子姓商族 14 世，子姓商族殷氏 9 世，谱名履。父示癸，母妣甲。夏诸侯国殷国 9 世殷公，殷代开国大帝。成汤元年丙午（夏桀十五年，公元前 1635 年），即殷公位，始居亳。成汤十八年癸亥（公元前 1618 年），在 1955 年发现的郑州商城遗址即天子位，并复命郑州商城为亳。成汤二十九年甲戌（公元前 1607 年），陟，定庙号为乙，享国 12 年。配偶**妣丙**。成汤生三子，长太丁（谱名睿，配偶为妣戊）、次外丙（谱名胜，配偶为妣甲）、三中壬（谱名庸，魏晋谱书《殷氏家传》及传世文献中，未见其配偶名）。

　　成汤因建国功勋卓著，被尊为高祖，受到后世子孙无限敬仰，享受后世商王（殷帝）极其隆重的祭祀。成汤在卜辞中至少有五名：称"成"、称"大乙"、称"唐"、称"武唐"、称"高祖乙"。祭祀成汤有固定的日子，有"成日""大乙日"。成汤在文献中的名字更多，古本《竹书纪年》谓"汤有七名"，严一萍对成汤的七名作了说明，"一曰唐""二曰成""三曰大乙""四曰成唐""五曰履""六曰武王""七曰帝乙"【注83】。

　　成汤的"殷革夏命"业绩在本书《卷二》中已有专章记载，不再赘述。这里着重讲一下，成汤即天子位 12 年间政治清明和社会发展的情况。成汤是中国古代由"公天下"社会进入"家天下"社会以后最伟大的政治家、军事家。由于全面记载商夏战争的史料缺额，致中国信史上最伟大的军事家成汤关于营建郑州战略根据地和与东夷诸方国结成伐夏统一战线的光辉战略思想被埋没。让这样一个伟大的统帅型人物淹没于历史长河中，笔者觉得非常可惜。综观传世文献中称为"成汤革命"或"殷革夏命"的古代有限史书，还没有哪一部详细记载过商夏战争的全过程。比较起来，还是在 1959 年至 1962 年笔者仔细研究过的魏晋谱书《殷氏家传》中关于殷革夏命的商夏战争全过程的记载比较全面。

　　据魏晋谱书《殷氏家传》记载，成汤于成汤十八年登天子位，居亳，同时迁九鼎于亳（一说于成汤二十七年壬申才迁九鼎于亳）。成汤登天子位后，实行富国宽民政策，制定一系列的亲民、用人、礼仪等规章制度。因此，在遭受连续几年的特大旱灾时，仍然政治清明，人民安居乐业。特别是在人事制度方面，有较大的调整，如设左右相，任命伐夏有大功的贤才伊尹为右相、仲虺为左相。因此，得到各路诸侯的拥护，未用一兵一卒，就收复了夏属数千个诸侯国，并为周边四夷（东夷、西戎、南蛮、北狄）所敬重。成汤制定的"殷商并用"族规（"殷商并用，族号称商，国号称殷"）中关于后世商王（殷帝）"在族内行王权时称商称王，在全国行天子权时称殷称帝"的规矩、嫡长子继承的王位继承制度、都城设置的主辅都制、成汤初定后被后世祖甲修订公布于众的中国第一部成文法典等治国理政制度设计，对后世影响深远。

【二】成汤右相伊尹传记

伊尹，成汤朝的右相，成汤临终时任命的顾命大臣，功勋仅次于成汤的殷革夏命开国元勋，被东汉许慎在《说文解字》中尊为"殷圣人"。因伊尹功勋卓著，故后世商王（殷帝），皆视伊尹如己先祖，崇敬有加，受到后世商王的隆重祭祀。

在传世文献中，记有不少关于伊尹出身的神话传说（类似后世助周灭殷的姜太公）。传说伊尹，姓伊，名挚（清《御批历代通鉴辑览》记载："伊尹名挚"），有莘国人，传说他生于洛阳伊水（今河南省栾川县伊河）。伊尹是夏末殷初杰出的政治家、思想家、中华厨祖。传说，今江苏省连云港市灌云县境内伊芦山是伊尹晚年隐居采药的地方，此山因之得名伊莱山，后来演变成伊芦山。本书限于篇幅不一一转述与伊尹有关的神话传说。

关于伊尹归汤有两说：其一，与有莘氏联姻说。夏末，有莘氏居住在伊洛平原一带，对夏桀的统治十分不满。成汤听说有莘氏伊尹贤达，故意与有莘氏联姻。有莘氏以伊尹为陪嫁的奴隶送汤，伊尹不仅在政治、军事上有才，而且是特级厨师（伊尹被后世尊为厨师的鼻祖），伊尹与成汤一见如故，结为至交。其二，求伊尹于民间说。《论语·颜渊》："汤有天下，选于众，举伊尹，不仁者远矣。"《孟子·万章上》记载有伊尹出山的故事。现将《孟子》中记载的这则故事译成白话以飨读者【注84】。万章问孟子："相传，伊尹想接近成汤，就作了厨师，想通过烹饪之道游说成汤，最后得到成汤的重用，有这回事吗？"孟子答道："不，不是这样的。伊尹在有莘氏的郊野种地，而以尧舜之道为乐。如果不合乎道，不合乎义，纵然把天下给他作俸禄，他也不会回头看一下；纵然有四千只马系在那里，他也不会看一眼。如果不合乎道，不合乎义，便一点也不给别人，也一点不从别人那儿拿走。成汤曾让人拿礼物去聘请他，他却平静地说：'我要汤的聘礼干吗呀？我何不待在田野里，就这样以尧舜之道自娱呢？'他见汤多次派人去聘请他，觉得汤是能实践尧舜之道值得他辅佐的君主。于是他改变了态度说：'我与其待在田野里，就这样以尧舜之道自娱，又为何不让当今的君主做尧舜一样的君主呢？又为何不让现在的百姓做尧舜时代一样的百姓呢？我为何不让尧舜之世在我这个时代重现让我亲眼看到呢？上天生育人民，就是要让先知先觉者来使后知后觉者有所觉悟。我呢，是百姓中的先觉者，我就得拿尧舜之道让这些人民有所觉悟。不由我去唤醒他们，那又有谁呢？'伊尹当时是这样想的：在天下的百姓中，只要有一个男子或一个妇女，没有被尧舜之道的雨露所沾溉，就好像自己把他推到山沟里让他去死一样。伊尹就是这样把匡复天下的重担挑在自己肩上。所以就欣然应聘。他一到成汤那儿，便用讨伐夏桀、拯救百姓的道理来说服成汤。"司马迁写《史记·殷本纪》时，尊重客观事实，认为以上两说都有道理，于是两说并蓄兼收地写道（已译成白话）："伊尹，名叫阿衡。他想见成汤，苦于没有门路，就去当成汤所娶的有莘氏女子的陪嫁奴隶，背庖厨的用具，通过割烹调味的道理来劝说成汤，使他成为天下的圣王。也有人说，伊尹本是个隐士，成汤派人聘请他，请了五次，他才肯去跟成汤讲无为而治的素王之道及九种君主的优势。于是，成汤就委以重任，任用他来治理国家。"【注85】

成汤得伊尹，如游龙得水。伊尹不仅帮助成汤完成灭夏建殷大业，再重要的是成汤逝后，伊尹作为顾命大臣确保了殷商王朝政权在初期的平稳过渡，故伊尹逝后，享受后世商王之隆重祭祀。伊尹享受后世商王之隆重祭祀，已经得到甲骨文的印证。甲骨文中，有关伊尹的占卜，目前已经发现130多条【注86】。

伊尹作为顾命大臣确保了殷商王朝政权在初期平稳过渡的史实，在魏晋谱书《殷氏家传》中有详尽记载。魏晋谱书《殷氏家传》中说，成汤太子为长子太丁，未立而卒，汤逝世前，命伊尹为顾命大臣，嘱立太丁之子太甲为帝。成汤崩，伊尹拥太孙太甲为帝。太甲不争气，不遵汤法，被伊尹放于桐宫思过。国不可一日无君。伊尹请太甲二叔外丙代守帝位。外丙本不贪图侄儿帝位，只好勉强应之。代了三年，不辞而别。伊尹又请三叔中壬代之，中壬也不贪图侄儿帝位，未代而卒。伊尹只好自己摄政当国。后见太甲向善，伊尹喜，亲往桐宫，迎回太甲，还政于他，复其帝位，自己告老隐退。魏晋谱书《殷氏家传》记载的成汤逝后帝位传承的这段曲折过程，应是《史记·殷本纪》记载与甲骨文中发现的周祭顺序不一致的缘由。依《史记·殷本纪》，成汤逝后，其次子外丙继位三年而卒，后其三子中壬又继位四年而卒，而后伊尹才立太子太丁之子太甲继其三叔中壬之位，然后才发生太甲不遵汤法被伊尹放入桐宫思过修德之事。若《史记·殷本纪》的说法为真，则在甲骨周祭祀谱中，太甲应在其二叔外丙、三叔中壬之后受祭，而在甲骨周祭祀谱中，太甲在其二叔外丙之前受祭，而其三叔中壬根本不受祭。学界据此推测说：《史记·殷本纪》记载不真，实际情况应是太甲先于其二叔外丙即位，且其三叔中壬根本没有即过位。只是在太甲被放入桐宫思过，其二叔外丙才应伊尹之请代理过其侄太甲的天子之位。也就是说甲骨周祭祀谱证明，成汤逝后，其王位传承顺序不是"兄终弟及"而是嫡长子继承制【成汤终，因嫡长子太丁未立先终，由成汤之孙（太丁长子）太甲继位】。学界的上述推测，可由比较下列的四种说法得到进一步的证明。

①《殷本纪》记载的王位传承顺序如下。

成汤→外丙→中壬→太甲→（太甲入桐宫思过）伊尹摄政当国→太甲复位

②甲骨周祭祀谱记载的王位传承顺序如下。

成汤→太甲→（太甲入桐宫思过）外丙代理→伊尹摄政当国→太甲复位

③魏晋谱书《殷氏家传》记载的王位传承顺序如下。

成汤→太甲→（太甲入桐宫思过）伊尹请外丙代理国君三年，不辞而别（出走），伊尹又请中壬代理，未代而卒→伊尹摄政当国→太甲向善复位

④清《御批历代通鉴辑览》记载，成汤逝时，长子太子先逝，另两子外丙、中壬还是幼儿（才两岁、四岁），其孙（太子太丁之子）太甲倒是年岁较大，故成汤遗诏命立太孙太甲为帝，而外丙、中壬从未即过帝位。其王位传承顺序如下。

成汤→太甲→（太甲入桐宫思过）伊尹摄政当国→太甲复位→沃丁→太庚→……

比较上列关于成汤逝后王位继承的四种说法，可知魏晋谱书《殷氏家传》中的说法大体上与学界据甲骨周祭祀谱记载推测的王位传承顺序一致，可知

成汤制定的王位继承制度确实为嫡长子继承制而非《殷本纪》记载的兄终弟及。至于清《御批历代通鉴辑览》说外丙、中壬都未即位为帝，当然也不全真，因为甲骨周祭祀谱已经证明，外丙代侄理政即位确有其事，只是中壬从未即过帝位。成汤逝后之所以发生上述王位继承的曲折过程，完全是因为太子太丁未立先逝，太孙太甲继位后因不遵汤法被伊尹放入桐宫思过修德之故。

在魏晋谱书《殷氏家传》中，有一个《阿衡立威》的故事，大致记载了这一过程。其大意如下 (因笔者于2019年3月29日发生严重车祸失忆，记不得原文了)：

成汤有三子，长太丁、次外丙、三中壬，成汤立长子太丁为太子，但太子先亡。汤崩，成汤钦命的顾命大臣阿衡立太孙太甲为帝，太甲不争气，不遵汤法，阿衡愤而立威，放太甲于桐宫，令其思过自新。国不可一日无君，阿衡先请其二叔外丙代之，外丙勉强应之，代了三年不辞而别，不知所终，阿衡又请其三叔中壬代之，未代而卒，于是阿衡摄政当国。后见太甲向善，阿衡喜，亲往桐宫，迎回太甲，还政于他，自告老隐退。故大宗殷后裔，皆视阿衡如己先祖，崇敬有加。阿衡者，伊尹也。

这里有一个问题，要特别说明一下。魏晋谱书《殷氏家传》虽讲伊尹在外丙离职出走、中壬未代而逝、太甲尚未向善的情况下，自己摄政当国，但并未说伊尹篡位。而古本、今本《竹书纪年》均谓伊尹篡位，太甲潜出杀伊尹 [注87]，才得以复天子位。从甲骨卜辞记载后世商王对伊尹无限思念、高规格祭祀伊尹的事实来看，可证《竹书纪年》说伊尹篡位、太甲潜出杀伊尹不真。

【三】成汤左相仲虺传记

仲虺，《史记·殷本纪》作中𧝌，《尚书》作仲虺，《荀子·尧问》作仲蘬。传说：仲虺，任姓，薛氏，名莱朱，仲虺是字，号中垒，薛邑（今山东滕州市官桥镇薛国村）人，系发明舟、车的大发明家奚仲十二世孙，薛姓始祖，24岁时，任薛国君主，后投靠成汤，与伊尹一起成为成汤建国兴业的左膀右臂。仲虺是成汤左相、殷代开国元勋、殷代杰出的政治家。

《史记·殷本纪》记载，成汤在打败夏桀时，"归至于泰卷陶"，仲虺作《诰》。这篇仲虺之《诰》是《尚书·商书》中的名篇，在《尚书·商书》中的篇名为《仲虺之诰》。这篇《仲虺之诰》解决了成汤打败夏桀后最迫切的问题——以殷代夏新建政权的合法性问题。《仲虺之诰》论述了成汤代夏政权的合法性来源于合理的制度（继承大禹的事业），来源于上天的意旨（天命不可违），来源于人民的支持，而不是简单的以殷代夏。《仲虺之诰》的论述也是后世认定成汤殷革夏命"顺乎天而应于人"的合理性的主要依据。《仲虺之诰》相当有名，流传甚久，但已散佚。春秋、战国诸子和西汉初期学者，常引用《仲虺之诰》的论述来阐述自己观点的正确，这足以证明，《仲虺之诰》对成汤建国一定起了很大的舆论导向作用。

殷代史

【卷三】殷商时代人物传记

【四】成汤名臣谊伯、仲伯传记

　　谊伯、仲伯都是成汤的大臣，谊伯又作义伯。他们曾辅佐成汤灭夏，又帮助成汤消灭了夏的残余势力。鸣条决战，夏桀失败，携带着国宝出走，成汤乘胜追击，夏桀丢弃国宝落荒而逃。谊伯和仲伯获得国宝，两人共作《典宝》一篇。《典宝》已经佚失，不知其具体内容，由谊伯和仲伯负责收缴夏之国宝，可推知两人是成汤非常信任的大臣。

　　谊伯和仲伯收缴的夏之国宝到底是些什么东西？《史记·殷本纪》说是"宝玉"，但笔者推知，这一定不是现代意义的宝石玉器，而必定是代表王权天命的传国之宝。古代传说大禹铸了九个鼎，象征九州，成为夏殷周三代传国的宝物。谁得到"九鼎"，谁获得的政权就是符合天命的合法政权，所以夏桀、成汤、周武王都将"九鼎"看得比自己的生命还重要。成汤以武力夺得政权后，第一重要的事，当然就是获得夏朝的传国"九鼎"，传说，他将夏之"九鼎"迁至国都亳；周武王牧野之战，打败帝辛后，第一重要的事，也是从殷的国都里迁走"九鼎"，他将殷之"九鼎"迁到周都 (后被周公旦和成王永久置于陪都洛阳)，以便向各方诸侯炫耀自己已经获得传国重器，证明自己当天子是符合天命的。《史记·殷本纪》虽未明讲谊伯和仲伯收缴的夏之"宝玉"是否包含夏之"九鼎"，但笔者猜想，谊伯和仲伯收缴的夏之"宝玉"中一定包括象征天命的某种传国重器在内，否则二人不会合作《典宝》一篇。

【五】成汤贤臣女鸠、女房（女方）传记

　　女鸠、女房（女方），《书序》作汝鸠、汝方。两人原是夏桀的大臣，因夏桀亲近奸佞，疏远贤臣，经成汤贤臣伊尹的策反，两人觉得夏桀不可救药，夏朝将灭亡，于是就投奔了成汤。《路史·后纪十三下》记载："女鸠、女方，夏贤臣也……知夏命之将坠也，乃遂相商。"《史记集解》引孔安国曰："鸠、房二人，汤之贤臣也。"可见，女鸠、女房投奔成汤以后，成为很受成汤和伊尹重用的贤臣。笔者认为，因夏桀亲近佞人，疏远贤臣，女鸠、女房（女方）或被夏桀疏远，或被夏桀放逐，二人一同臣服于成汤，也在情理之中。

【六】中国历史上明文记载的第一位史官终古传记

终古是夏桀的史官，也是中国历史上第一位被史家明确记载的史官。《吕氏春秋·先识览第四》记载："夏太史令终古出其图法，执而泣之。夏桀迷惑，暴乱愈甚。太史令终古乃出奔如商。汤喜而告诸侯曰：'夏王无道，暴虐百姓，穷其父兄，耻其功臣，轻其贤良，弃义听谗，众庶咸怨，守法之臣，自归于商。'"这段话的意思是说，夏朝末年，夏桀执迷不悟，暴虐荒淫更加厉害。太史令终古，因此曾拿出夏朝的法典，抱着痛哭，后来终古出逃投奔成汤。成汤高兴地告诉诸侯说，夏王无道，残害百姓，逼迫父兄，侮辱功臣，轻慢贤人，抛弃礼义，听信谗言。众人都怨恨他，他的掌管法典的史官终古已经归顺我殷商了。

殷代史

【卷三】殷商时代人物传记

【七】成汤太子太丁与配偶妣戊传记

太丁，谱名睿，祭祀名大丁。成汤长子，立为太子，未即帝位先逝。太丁为子姓商族十五世、子姓商族殷氏十世、殷代王室二世。太丁和配偶妣戊，排在成汤和配偶妣丙后受周祭，因而在甲骨周祭祀谱中，看不出太丁未即帝位先逝的情况。然而，根据其子太甲和其弟外丙在祀谱中的受周祭顺序和文献的记载，可推知成汤与配偶妣丙生有三子：长子太丁，被成汤立为太子，未即帝位先逝，但长子太丁与配偶妣戊生有嫡子太甲（成汤长孙，谱名至，配偶为妣辛）；次子外丙，谱名胜（配偶为妣甲）；三子中壬，谱名庸（文献和甲骨文中，未见其配偶名）。按照成汤制定的王位继承制度，只要立为太子，不管即位与否，其地位与即位为帝的商王（殷帝）一样，故太丁与配偶妣戊（《甲骨文合集》36198）同入周祭祀谱，太丁为直系先王。

成汤逝世后，王位由谁来继承，《孟子·万章上》、古本《竹书纪年》和《史记·殷本纪》等传世文献都记为弟外丙、中壬相继继位，即兄终弟及。然而，甲骨周祭祀谱揭示，太子之子太孙太甲在其二叔外丙之前受周祭，且三叔中壬根本不受周祭。这说明，成汤逝世后，由于太子太丁先逝，实际的王位继承是"祖终太孙继"，即实际的王位传承顺序如下。

成汤→太甲→（太甲入桐宫思过）外丙代理→伊尹摄政当国→太甲修德复位

这足以证明，文献记载的成汤逝后"兄终弟及的王位传承模式"有误，而成汤制定的实际王位传承模式应为嫡长子继承制。虽然当代也有人（如严一萍的《殷商史记》[注88]）对周祭顺序中侄太甲先于其二叔外丙受祭另有解释，但毕竟不是学界的主流认识。我们认为，言成汤制定的实际王位传承模式为嫡长子继承制也是与成汤的身份相匹配的，因为成汤是中国古代时最伟大的思想家、政治家、军事家，又有贤臣伊尹、仲虺等辅佐，他们不可能对兄终弟及的危害和对夏代少康中兴后赖以使王位平稳过渡的父终子继制的历史经验没有认识。在太子太丁先逝的情况下，甲骨周祭祀谱揭示的成汤临终时不将王位传给次子外丙、三子中壬，而果断地决定将王位传给太子之子太甲，足以证明成汤制定的王位继承制度是嫡长子继承制，而不是兄终弟及，魏晋谱书《殷氏家传》中也是这么认为的。后世宋末元初马端临编纂的《文献通考·帝系考》、清傅恒等奉敕编修的《御批历代通鉴辑览》等以传统的干支纪年法记史的传世文献，甚至认为成汤崩时，因太子太丁未立先逝，遵成汤遗命由太孙太甲直接继位，并且认为太甲在位33年之后是太甲之子沃丁继位，而成汤次子外丙、三子中壬从未即过帝位。清《御批历代通鉴辑览·卷二》中就是这么认为的。这些文献说成汤崩后由太甲直接继位虽然符合史实，但是其认为外丙从未即过帝位，与甲骨周祭祀谱不符，也是不真的。

殷
代
史

【八】殷帝外丙与配偶妣甲传记

　　外丙（公元前 1603 年戊寅—前 1601 年庚辰，在位 3 年），成汤次子、太丁之弟、太甲之二叔，谱名胜，祭祀名卜丙，于元年戊寅即位于郑州商城（时名为成汤复命以亳的新"亳"都），配偶为**妣甲**。外丙为子姓商族十五世、子姓商族殷氏十世、殷代王室二世。外丙在其侄太甲后受周祭，配偶妣甲不受周祭，外丙为旁系先王。

　　依成汤制定的嫡长子继承制，外丙本无即位为帝的可能，因"太甲既立三年，不明，暴虐，不遵汤法，乱德，于是伊尹放之于桐宫三年"【注89】。于是，太子太丁之弟，太甲之叔外丙应伊尹之请，为侄儿代行天子职（魏晋谱书《殷氏家传》语）。《孟子·万章》记载外丙在位两年，《史记·殷本纪》和《世本》记载外丙在位三年卒，魏晋谱书《殷氏家传》记载外丙"代了三年不辞而别，不知所终"。魏晋谱书《殷氏家传》还说，外丙只是名义上代行天子职三年，实际是伊尹摄政当国。《甲骨文合集》22775 号卜辞中的"外丙母妣甲"指外丙的配偶妣甲，另外因祖辛之配与外丙之配都名妣甲，无法分辨一些卜辞中单独出现的妣甲身份。

【卷三】殷商时代人物传记

【九】成汤第三子中壬（仲壬）传记

　　中壬（仲壬），成汤第二子、外丙之弟、太甲之三叔，谱名庸，有人认为《甲骨文合集》24977号中的南壬即为中壬的祭祀名，这尚待进一步证实。中壬为了姓商旅十五世，子姓商旅殷氏十世，殷代王室二世。《孟子·万章上》、司马迁的《史记·殷本纪》和今本《竹书纪年》均记载中壬（仲壬）在位四年，魏晋谱书《殷氏家传》记载，外丙代了三年不辞而别不知所终后，"伊尹又请其三叔中壬代之，未代而卒"。在甲骨文中，不见对中壬的任何祭祀，由此可断定，中壬未曾即过帝位。在现有文献和甲骨文中，尚未见到中壬配偶的名号。

【十】殷帝太甲与配偶妣辛传记

太甲（公元前 1606 年乙亥—前 1604 年丁丑、公元前 1600 年辛巳—前 1571 年庚戌，先后共在位 33 年），太子太丁之子、成汤之嫡长孙、外丙和中壬之侄，谱名至，祭祀名大甲。元年乙亥即位于郑州商城（时名为成汤复命以亳之新"亳"都），太甲和其配偶**妣辛**都受周祭，为直系先王。太甲为子姓商族十六世、子姓商族殷氏十一世、殷代王室三世。

成汤逝世后，因长子太子太丁先逝，由成汤次子（太丁之弟）外丙继位，还是由成汤嫡长孙（太子太丁之子）太甲继位，这涉及成汤制定的殷代王位继承制度是嫡长子继承制还是兄终弟及制的本质。前已说明，甲骨周祭祀谱证实，成汤逝世后，实际接位的是太子太丁之子太甲，从而可以推知，成汤制定的王位继承制度是嫡长子继承制，不是兄终弟及。

据魏晋谱书《殷氏家传》记载，由于太甲在初即位三年期间，特别是在即位后的第三年，"……不明，暴虐，不遵汤法，乱德"【注89】，因而被伊尹放入桐宫思过三年。魏晋谱书《殷氏家传》还记载，国不可一日无君，应伊尹之请，太甲的二叔外丙为侄名义上代守帝位三年，实际是伊尹摄政当国。外丙本不愿占有其侄的帝位，代了三年，不辞而出走，不知所终，伊尹又请太甲的三叔中壬代之，中壬未代而卒，伊尹只好继续摄政当国，时太甲在桐宫中修德向善、被伊尹迎回复位。甲骨周祭祀谱的排序也是太甲先于其二叔外丙受周祭，其三叔中壬根本不受周祭，这足以证明魏晋谱书《殷氏家传》的记载为真。但是，由于《史记·殷本纪》有成汤逝后外丙、中壬、太甲依次上位之说，于是，古今学界就产生了成汤制定的王位继承制度究竟是嫡长子继承制还是兄终弟及制之争。《孟子》《史记·殷本纪》和古本《竹书纪年》及今本《竹书纪年》等古文献均认为太甲在中壬之后即位，即认为实际的王位继承制度是兄终弟及，也就是说，这些传世文献认为实际的王位传承顺序如下。

成汤→外丙→中壬→太甲→（太甲入桐思过）伊尹摄政当国→太甲修德复位

而《尚书·伊训·序》《三统历》《汉书·律历制》《伪古文尚书》《孔氏传》等文献则另持一说【注90】，认为成汤逝世后为太孙太甲继位，即认为实际的王位传承顺序如下。

成汤→太甲→（太甲入桐思过）外丙→中壬→伊尹摄政当国→太甲修德复位

古人的这一争议，在甲骨周祭祀谱揭示太甲先于其二叔外丙受周祭、三叔中壬不受周祭以后，本应告一段落，但由于古本、今本《竹书纪年》均记载伊尹篡位、被太甲潜出桐宫所杀【注87】一事，学界似乎又起争端（虽然尚未成为学界的主流认识）。本书前已述及，从甲骨卜辞记载后世商王（殷帝）对伊尹无限思念、高规格祭祀伊尹的事实来看，可证《竹书纪年》说伊尹篡位、太甲潜出杀伊尹不真。然而今人丁山、严一萍等则另作解释，特转述如下，供读者参考。

丁山《新殷本纪》【注91】认为："伊尹篡位，当以仲壬子位……伊尹之放太甲，正以其不当位。"其意思是说，丁山认为伊尹篡位，当篡仲壬之子的王位，仲壬无子，才以太甲为王，太甲本应无即位为帝的资格，故遭到伊尹的放逐。即丁山认为，伊尹放太甲于桐和伊尹遭太甲诛杀的原因是伊尹反对太甲继承仲壬的王位。严一萍在《殷商史记》[注92]中也认为："外丙、仲壬之为王，俱有且甲，放太甲一事，似亦出于虚。"言外之意是认为成汤崩殂之后，实际执行的且为伊尹维护的王位继承制度是兄终弟及制，不是嫡长子继承制。

显然，丁山、严一萍等人的观点经不住太了太丁逝后，尚健在的成汤为什么不改立次子外丙为太子的诘问。笔者通过将古今文献、甲骨周祭祀谱，民间魏晋谱书《殷氏家传》反复对比核实后认为，成汤逝后，真实的情况当为：太甲继成汤为帝，太甲不遵汤法，遭伊尹放入桐宫思过；国不可一日无君，伊尹立太甲之二叔外丙为帝；其间，伊尹一方面对太甲进行教诲，让太甲在桐宫思过自新，另一方面，为了殷商王朝的稳定，在外丙名义上代行天子职期间，实际上是伊尹摄政当国，以朝诸侯；后来，太甲思过自新向善，伊尹喜，亲往桐宫，迎回太甲复位。即成汤逝后，实际的王位传承顺序应该是这样的：

成汤→太甲→（太甲入桐思过）**外丙代理期间伊尹摄政当国→太甲向善复位**

太甲重掌政权后，伊尹又作《太甲》三篇以教育太甲。太甲修政，殷道中兴，国家安宁，政治稳定。因此，后人尊太甲为殷太宗，又称明王。太甲是殷代的明君，在位33年而陟。太甲有子太庚继位。

传说，今山东济南仲宫卧虎山水库东南的太甲山顶上有太甲的陵墓。《后汉书·郡国志》注《皇览》记载："太甲有冢在历山上。"唐《通典》亦谓："历山有太甲冢。"后来古历山消失，民间又有迁陵址传说，将太甲陵墓迁移到"历城南四十余里"的太甲山。到底太甲山上有没有太甲陵，村民们虽然对此传说深信不疑，但考古专家们却持另一种看法。济南市考古研究所有研究人员说，太甲山上有太甲陵之说，还有待考证。其后，据记者考察，在山顶上只有两个大洞，疑为有人盗墓所致。历代，也有史家认为太甲的陵墓不在济南的太甲山上，而在菏泽东北的历山上（清孙星衍：《太甲陵考》）。

至于太甲逝后，为什么会葬在古历山的山顶上，民间另有一则美妙的传说。据说，太甲的儿子在太甲生前非常不孝，从来不听太甲的话。太甲让他往东他偏往西，太甲让他打狗他偏撵鸡。直到太甲临死，其子才知道自己不孝。太甲临终前看中了历山下川流不息的南泉水边处有一块风水宝地，想去世后安葬在那里，但又怕儿子不听他话。考虑到儿子总是和他对着干，于是临终前便对儿子说，去世后一定要把自己的坟墓建在历山的山顶上，不要葬在历山下川流不息的南泉边，言外之意是期待着儿子将他葬在历山下的南泉边上。交代完毕，太甲放心地闭上了眼。可没想到，儿子在父亲太甲去世后幡然悔悟。觉得大半辈子愧对父亲，父亲活着的时候从来没有听过他一句话，死了就听他一次吧！于是，儿子就按照太甲临终的嘱托，将父亲的陵墓建在历山最高的山峰上。当然，这则故事多半不可信，只代表天下父母心都希望自己的儿子孝顺而已。

殷代史

【卷三】殷商时代人物传记

【十一】太甲之子沃丁传记

沃丁，太甲之子，谱名绚，甲骨文中似乎未见其有对应的祭祀名，《殷墟文化大典·商史卷(上)》第012页说沃丁又名羌丁，不知这羌丁是否是沃丁的对应祭祀名。沃丁为子姓商族十七世、子姓商族殷氏十二世、殷代王室四世。

《史记·殷本纪》等文献记载，太甲逝后，子沃丁即位，沃丁八年，伊尹卒，沃丁以天子之礼葬之。伊尹逝后，沃丁以咎单为卿士(宰相)，咎单遂训伊尹事，作《沃丁》，用以警醒沃丁，发扬祖制，以德治理天下。咎单也是成汤时的老臣，他辅佐沃丁，仍然采取伊尹节用宽民的政策，笃行汤法。

皇甫谧《帝王世纪》亦记载："沃丁八年，伊尹卒，年百有余岁，大雾三日。沃丁葬以天子之礼，祀以大牢，亲自临丧三年，以报大德焉。"可见，沃丁对这位辅政好几朝的老臣十分敬重。

今本《竹书纪年》记载，沃丁在位19年逝。

甲骨文中，沃丁不被周祭。魏晋谱书《殷氏家传》记载的殷代实际共传17世27帝中也无沃丁的名号。这说明《史记·殷本纪》等文献记载沃丁即位为帝不真，当为文献记载有误。有人讲沃丁、太庚同为太甲之子，且沃丁居长。若此说为真，则居长的沃丁为何未即位不被周祭，似无法自圆其说。

【十二】殷帝太庚与配偶妣壬传记

太庚（公元前1570年辛庚—前1546年乙亥，在位25年），太甲之子，据魏晋谱书《殷氏家传》记载，其谱名为辨（今本《竹书纪年》作小庚，也记名辨，但古本《竹书纪年》作小庚，却记名辨，应是古代辨、辨二字相通，可以代用），祭祀名太庚，于元年辛亥即位于郑州商城（时名为成汤复命以亳之新"亳"都），配偶为**妣壬**。太庚为子姓商族十七世、子姓商族殷氏十二世、殷代王室四世。太庚与其配偶妣壬都受周祭，太庚为直系先王。今本《竹书纪年》记载："太庚（小庚）在位五年，陟。"太庚逝后，其子小甲继位。一说小甲为太庚弟，但魏晋谱书《殷氏家传》已确认小甲为太庚之子。

《史记·殷本纪》谓太庚是沃丁之弟，但为何文献记载在位19年的沃丁却不受周祭，在位5年的太庚反而受周祭？一个可能原因是沃丁较其父太甲先逝，实际未即位。因为今本《竹书纪年》记载，沃丁在位19年，太庚在位5年，二者加起来，就有24年之多，这正好与《太平御览》卷八三引《史记》记载的"帝太庚在位二十五年，崩"相近（也就是说，今本《竹书纪年》可能将太庚一人的在位年数误记在沃丁、太庚弟兄两人头上了，实际可能是沃丁未即位、太庚在位二十四五年为真）。魏晋谱书《殷氏家传》记载，太庚在位二十五而陟。

甲骨文中，常见对太庚的祭祀，不见对其兄沃丁的祭祀。《甲骨文合集》23314号示太庚与其配偶妣壬同版受祭。

太庚有三子：小甲（谱名高）、太戊（谱名密）、雍己（谱名佃），且三子相继为王。甲骨周祭祀谱显示，太庚逝后，长子小甲继位；小甲逝后，弟太戊继位，首创兄终弟及；太戊逝后，其弟雍己继位；又是兄终弟及。这与《史记》记载不同，《史记》上说，小甲逝后，是雍己继位，雍己逝后，才是太戊继位。这直接涉及后王中丁的继位性质问题，因为中丁是太戊之子，若依《史记》记载的雍己先于太戊即位，则中丁的上位性质为父死（太戊死）子继，若依甲骨周祭祀谱记载的雍己后于太戊即位，则中丁的上位性质为叔死（雍己死）侄继。

魏晋谱书《殷氏家传》记载了小甲在位时至后世武丁上位期间，殷商王朝因基于国情的实际需要，实施战略收缩经略，成汤制定的父子相传的王位继承制度不得不中止执行，改而执行王室推举制的王位继承制度。其程序是："前王终了时，由王室成员集体共议表决，在王室众多兄弟子侄间产生新的优秀人选来当王位接班人，以便更有效地管理殷商王室的有限共有财产。"小甲逝世时，其二弟太戊是第一位被王室成员集体推举上位的王位接班人，太戊不负众望，在位75年，终于使自己成为仅次于成汤和后世武丁的一代明君……后世武丁大帝是最后一位被王室成员集体推举上位的王位接班人。到武丁在位的59年间，殷商王朝已经成为富得流油的东亚超级帝国，王室推举的王位继承制度已经完成了它的历史使命，成汤制定的父子相传的王位继承制度又得以回归。

【十三】殷帝小甲传记

　　小甲（公元前 1545 年丙子—前 1510 年辛亥，在位 36 年），太庚之子，谱名高，祭祀名小甲，于元年丙子即位于郑州商城（时名为成汤复命以亳之新"亳"都）。小甲为子姓商族十八世、子姓商族殷氏十三世、殷代王室五世。关于小甲的身份，史有两说。《史记·殷本纪》谓小甲为太庚子，《史记·三代世表》谓小甲是太庚弟【注93】。魏晋谱书《殷氏家传》断定小甲为太庚之子。小甲时期出现了殷商王朝建国以来的第一次大衰落。《史记·三代世表》记载："帝小甲……殷道衰，诸侯或不至。"正因为国情如此，当时殷商王室集体共议，殷代不得不基于国情转而实施"战略收缩经略"，并从小甲以后至后世武丁上位期间，转而执行王室推举制的王位继承制度。此后由中丁到阳甲的殷代国势衰落时期被司马迁称为"比九世乱"时期，也被现代一些考古学者称为"商文化白家庄期收缩甚至崩溃"时期。

　　甲骨文中，祭祀小甲的卜辞，已发现30多版，且有专门的祭日——小甲日。小甲受周祭，配偶不受周祭，小甲为旁系先王。

　　小甲逝后，《史记·殷本纪》记载由弟雍己即位，常玉芝据甲骨周祭祀谱考定由弟太戊即位，魏晋谱书《殷氏家传》也记载太庚有三个即位的儿子：长小甲、次太戊、三雍己。由此可推知，魏晋谱书《殷氏家传》也认为太戊应先于雍己即位。

　　关于小甲在位的年数，文献有多种说法。今本《竹书纪年》说是 17 年，《太平御览》卷八三《皇王部》引《史记》也说是 17 年，《皇极经世》说是 36 年，《通鉴外纪》也说是 36 年，但《通鉴外纪》又引《帝王世纪》说是 57 年，据魏晋谱书《殷氏家传》记载，小甲实际在位 36 年。

【十四】殷帝太戊与配偶妣壬传记

太戊 (公元前 1509 年壬午—前 1435 年丙申，在位 75 年)。据魏晋谱书《殷氏家传》记载，太戊为太庚之次子，小甲之弟，谱名密，祭祀名大戊，于元午壬子即位于郑州商城(时名为成汤复命以亳之新"亳"都)。太戊为子姓商族十八世、子姓商族殷氏十三世、殷代王室五世。太戊和配偶**妣壬**都受周祭，太戊为直系先王，在位七十五年而陟。太戊是明君，在位期间，侧身修行，改变了小甲时期殷道衰败的局面。太戊因文治武功，在《史记·殷本纪》中，被尊为中宗："殷复兴，诸侯归之，故称中宗。"在甲骨文中，不见太戊为中宗的称谓，反而称后世的祖乙为中宗。太戊是殷代由成汤制定的父子相传王位继承制度改行王室推举制的第一位胜出者，也是"兄终弟及制"的开启者。太戊也不负众望，在位 75 年间，使基于国情转而实施"战略收缩经略"的殷商王朝一度振兴，但接着来临的便是其弟雍己时期发生的殷代第二次大衰落。关于太戊一度振兴殷商王朝的业绩，读者可参阅本书《卷二·第七章·第二节 (王室推举制王位继承制度的闪亮登场和完满退出)》。

太戊逝后，据甲骨周祭祀谱，王位由其弟雍己继承。魏晋谱书《殷氏家传》也记载雍己为太戊之弟，由此可推知，魏晋谱书《殷氏家传》是持太戊先于雍己即位为帝之说的。

顺便说一下，《殷墟文化大典·商史卷 (上)》第 013 页将太戊和雍己的姓名，同记为"子姓名伷"是作者笔误，实际应为太戊子姓名密、雍己子姓名伷。

【十五】殷帝雍己传记

雍己 (公元前1434年丁卯—前1423年戊寅，在位12年)。据魏晋谱书《殷氏家传》记载，雍己为太庚之三子，太戊之弟，谱名伷，祭祀名雍己，于元年丁卯即位于郑州商城 (时名为成汤复命以亳之新"亳"都)。雍己为子姓商族十八世、子姓商族殷氏十三世、殷代王室五世。雍己受周祭，其配偶不受周祭，为旁系先王，在位十二年而陟 (《通鉴外纪》则说，在位13年)。

雍己时，殷商王朝出现了成汤建国以来的第二次大衰落 (前一次大衰落出现于其兄小甲时期)，《史记·殷本纪》记载：雍己时"殷道衰，诸侯或不至"。

雍己是殷代由成汤制定的父子相传王位继承制度改行王室推举制的第二位胜出者，也是以"兄终弟及"传位方式上位的第二王。雍己是一位守成的帝王，他接手的本是其二兄太戊苦心经营75年的有望振兴殷商王朝的家底，但他在位的十多年时间里，又使殷商王朝出现了成汤建国以来的第二次大衰落，撰写魏晋谱书《殷氏家传》的先祖对此甚觉遗憾。

【十六】文献记载的殷代前期老臣咎单传记

　　咎单，在成汤时期，即为贤臣。《史记·殷本纪》记载的"咎单作《明居》"，是论述殷革夏命合理合法的名篇。东汉经学家马融说咎单是成汤的司空，未必可信，因为成汤时，从文献记载来看，未见有设过司空之职。成汤逝后，太甲、外丙相继即位，文献中未见咎单任职记载，但到沃丁即位时，命咎单为卿士（总管沃丁王朝的政事，相当于宰相），伊尹逝时，咎单遂训伊尹事，作《沃丁》。然而，在甲骨周祭祀谱中，不见沃丁，推知沃丁不曾即位，故咎单为沃丁卿士、咎单训伊尹事作《沃丁》之史料，尚未得到考古资料的印证。

【十七】伊尹之子伊陟传记

　　伊陟，伊尹之子，袭其父之官位，为帝太戊之相。伊陟辅佐太戊，成效显著，受到太戊的褒奖。太戊时，因伊陟辅佐有方，君臣和睦，施政得当，殷国大治。伊陟因功勋卓著，受到后世商王的祭祀，如《甲骨文合集》39538号卜辞片即有祭祀伊陟的记录。

　　伊陟为相之时，太戊因得其辅佐，政能补阙，不损祖业，成为使殷商王朝一度振兴的明君。读者如想了解伊陟辅佐太戊的业绩，可参阅本书《卷二·第七章·第二节（王室推举制王位继承制度的闪亮登场和完满退出）》。

【十八】殷帝太戊时名臣巫咸传记

　　巫咸，太戊时名臣。巫咸与伊陟互相紧密配合，辅佐太戊，殷国大治。《史记·殷本纪》记载："伊陟赞言于巫咸，巫咸治王家有成，作《咸艾》，作《太戊》。"《史记集解》引马融曰："艾，治也。"《书序》曰："伊陟赞于巫咸。作《咸乂》四篇。"孔传："赞，告也。巫咸，臣名。"巫咸善于占卜，也是王室的贞人。《吕氏春秋·勿躬》记载："巫彭作医，巫咸作筮。"《楚辞》也记有"巫咸将夕降兮"。东汉著名文学家王逸注为"巫咸，古神巫也"。巫咸有子名巫贤，为后世祖乙时期的辅政大臣。

　　巫咸逝后，葬于苏州常熟县西海虞山上。今常熟虞山尚保留有巫咸、巫贤墓和宋代摩崖石刻巫相岗。

【十九】殷帝中丁与配偶妣己、妣癸传记

中丁（公元前 1422 年己卯—前 1410 年辛卯，在位 13 年），今本、古本《竹书纪年》均作仲丁，太戊长子，谱名庄，祭祀名中丁，于元年己卯即位。中丁为子姓商族十九世、子姓商族殷氏十四世、殷代王室六世。中丁在位十三年而陟。《太平御览》卷八三引《纪年》却说中丁在位 11 年，《通鉴外纪》也说中丁在位 11 年。中丁有配偶**妣己、妣癸**与中丁一起受周祭，中丁为直系先王。在甲骨文中，中丁有庙，叫中丁宗（《甲骨文合集》38223）。中丁在甲骨文中，还被称作三祖丁。

《史记·殷本纪》记载："中丁迁于隞。"今本《竹书纪年》记载："王（仲丁）即位，自亳迁于嚣，于河上。"据古今学者研究，嚣、隞是荥阳附近的同一个地方。《史记》和《竹书纪年》等文献的意思是说，中丁即位时，将国都从成汤即位的"亳"迁到荥阳附近的嚣（隞）。后世史家从司马迁起都将殷代中期中丁迁嚣（隞）、河亶甲迁相、祖乙迁邢（耿、庇）、南庚迁奄、盘庚迁殷，笼统说成是"都城屡迁"或"殷都五迁"，并将迁都原因归结到司马迁说的"比九世乱"上，其实这种认识是与殷代都城设置的实际不符的。本书在《卷二·第七章（实施战略收缩经略的殷代中期）》已经据实向读者介绍过与殷代都城设置问题有关的史实。据魏晋谱书《殷氏家传》的记载和郑州大学殷商史学权威李民、张国硕师徒和北京大学韦心滢博士的研究，殷代自成汤以来就有设置主辅都双都制的传统。成汤灭夏后，即将其统治中心分为祭祀中心（主都）和军事中心（辅都）两个都城。定建有祖庙"大邑商"的郑州（复命以亳）为祭祀中心主都，并在偃师建有震慑夏之贵族遗民的军事中心辅都。到了中丁时期，位于偃师的军事中心辅都震慑夏之贵族的任务已经完成，同时也考虑到殷代中期陷入四面受敌困局的实际，所以中丁就将偃师的军事中心辅都撤回到荥阳附近的嚣（隞），这在后世史家看来，就成为中丁将都城从"亳"迁到了荥阳附近的嚣（隞）。其实，中丁的主都——位于郑州且被成汤复命以亳的祭祀中心"亳"都——一直仍在郑州，并没有迁。后世的河亶甲迁相、祖乙迁邢（耿、庇）、南庚迁奄，也只是迁的军事中心辅都，位于郑州的主都也一直没有迁，直到盘庚迁殷时，才将郑州的祭祀中心主都和位于奄地的军事中心辅都一起迁到今安阳的"殷"。即是说，殷代中期军事中心辅都，从偃师撤回到嚣（隞）以后，迁相、迁邢（耿、庇）、迁奄，都只是因国防的需要，与司马迁说的"比九世乱"渺不相关。因为殷代中期实行的是王室推举制的王位继承制度，司马迁说的因王位争夺引起的"比九世乱"现象实际并不存在。魏晋谱书《殷氏家传》认为：长期以来，学界关于因王位争夺使殷代中期的政局不稳导致都城屡迁的说法，只是后世人以小人之心度殷商先人之腹罢了。从开启兄终弟及的太戊上位到后世的武丁上位期间的王位更替都是和平交接，传统的正史中和现代发现的甲骨文、金文中，没有发现一次因王位更替发生争夺、打斗甚至发生战争的记录，便是铁证。

中丁为太戊子，已从甲骨周祭祀谱中得到证实，《史记·殷本纪》中也是这样记载的。宋镇豪主编／江林昌、韩江苏著《商代史·卷二（〈殷本纪〉订补与商史人物徵）》（中国社会科学出版社，2010年12月第1版）第136页中说："中丁一即位便进行迁都，说明中丁的王位是从其叔雍己手中争夺来的……中丁之所以要离开（成汤的）亳都，是因为他不应该继承商王位，既夺得王位，故遭到商王朝其他统治势力的反对，中丁迁都到隞，离开商王朝的原统治区，以削弱其反对势力的影响，由此才保住了王位。这是商王朝建国以来的第一次迁都。"笔者认为，江林昌、韩江苏二位学者的这种说法，纯粹是自己的主观臆想而已，没有任何真凭实据的史料作佐证。他们在其专著《商代史·卷二》中引证的大量甲骨卜辞中，没有一条能证明是中丁从其叔雍己手中因"**争夺**"而获得了王位。顺便说一下，科学家常玉芝女士说的下述一段话也是主观臆想的成分多，所以也是值得商榷的："'据卜辞，太甲之子太庚崩后，由其长子小甲继位，小甲崩后，其弟太戊、雍己先后篡位，这是商王朝首次出现的一代两王不合法的即位（外丙的情况特殊不算在内）……太戊、雍己的不合法即位拉开了'九世之乱'的序幕。雍己去世后，太戊之长子中丁夺得了王位。中丁崩，按王位继承法，应由其长子祖乙继位，但中丁之弟外壬、河亶甲却效法其父太戊、叔父雍己先后篡位。'这就是说，大戊、中丁违反了商代的王位继承法，篡夺王位，他们后来虽然成了直系先王，但商人对他们的违法行为是不能原谅的，所以虽为直系先王，但祀典既贫乏又不隆重。"【注94】笔者认为常玉芝女士之所以得出上述值得商榷的认识，完全是她没有认识到殷代在自小甲崩时太戊上位至武丁上位期间实际执行的王位继承制度是适合当时国情的王室推举制，不是她头脑中固化的成汤所立嫡长子继承制，如果常玉芝女士能认识到殷代中期中止执行成汤所立嫡长子继承制转而改行王室推举制的实际，她一定会改变自己的认识（殷代中期在执行王室推举制的王位继承制度期间，太戊是首位胜出者，武丁是最后一位胜出者，在武丁在位时及以后因为殷商王朝经济体量的大幅度跃升，王室推举制已经完成其历史使命，成汤所立的父子相传的王位继承制度又得以回归）。

中丁是殷代由成汤制定的父子相传王位继承制度改行王室推举制以后，由王室成员推举上位的第三位王，继位性质为叔终侄继，是接其叔雍己的帝位。

今本《竹书纪年》记载，中丁六年，有征蓝夷之举。古本《竹书纪年》也记载："仲丁即位，征于蓝夷。"蓝夷是东夷部族的一支，但被列入东夷族九夷之外，应是东夷族的别种。蓝夷的居地，约在今山东淄川县东南一带，蓝夷侵犯殷商王朝的东部边境，被中丁击退。

【二十】殷帝外壬传记

　　外壬（公元前1409年壬辰—前1395年丙午，在位15年），太戊的第二子，中丁之弟，谱名发，祭祀名卜壬，于元年壬辰即位。外壬为子姓商族十九世、子姓商族殷氏十四世、殷代王室六世。据今本《竹书纪年》记载，外壬在位十年而陟，《太平御览》卷八三引《史记》却说，外壬在位15年，据魏晋谱书《殷氏家传》记载，外壬确实在位15年。外壬配偶不受周祭，外壬受周祭，为旁系先王。殷人对外壬的祭祀极不重视，除了在周祭中被祭祀外，其他的祭祀仅发现一条对外壬进行"戠祭"的卜辞（《甲骨文合集》22878），即以某牺牲的干肉祭祀外壬。

　　外壬是殷代由成汤制定的父子相传王位继承制度改行王室推举制以后，由王室成员推举上位的第四位王，继位性质为兄终弟及。是接其兄中丁的帝位。

　　外壬时，作为军事中心的辅都在嚣（隞），作为祭祀中心的主都仍在郑州商城遗址（当年被成汤复命以亳的新"亳"都）。

　　今本《竹书纪年》记载，外壬元年邳人、侁（姺）人叛。这件事，引起殷商族人的震惊。侁（姺）人是有莘氏的后代，成汤曾娶有莘氏之女为妃，伊尹就是作为媵臣陪嫁到殷商的。邳人是夏禹车正奚仲的后人，也就是说邳人是成汤左相仲虺的后代。因为，侁（姺）人和邳人的先人曾是成汤的左膀右臂，所以对他们的反叛，殷商族人很震惊。对于邳人、侁（姺）人的反叛，外壬束手无策，一直到十几年之后的河亶甲在位时，借助彭伯、韦伯的力量，才消灭了邳国，逼迫侁（姺）人重新与殷商王朝修好。

【二十一】殷帝河亶甲传记

河亶甲（公元前 1394 年丁未—前 1386 年乙卯，在位 9 年），太戊第三子，中丁、外壬之弟，谱名整，祭祀名戋甲，于元年丁未即位。河亶甲即位时，将作为军事中心的辅都自荥阳附近的嚣（隞）迁到北方的相，以阻止或威吓北狄部族的南侵，作为祭祀中心的主都仍在郑州商城遗址（当年被成汤复命以亳的新"亳"都）。河亶甲为子姓尚族十九世、子姓尚族殷氏十四世、殷代王室六世。河亶甲在位九年而陟，葬于今安阳（《路史》）。河亶甲配偶不受周祭，河亶甲受周祭，为旁系先王。

河亶甲将实际军事中心的辅都自嚣（隞）迁相，被学界说成是殷代的第二次迁都。河亶甲相都的具体地望，学界虽还没形成统一的意见，但多数学者认为，河亶甲的相都不是离安阳不远，就是在内黄一带。河亶甲时期，出现了殷代建国以来的第三次大衰落（前已述，前两次衰落分别为小甲和雍己时期）。

殷人对河亶甲的祭祀，除了周祭外，其他祭祀仅见于三条卜辞，可见也不重视。

河亶甲是殷代由成汤制定的父子相传王位继承制度改行王室推举制以后，由王室成员推举上位的第五位王，继位性质为兄终弟及，是接其兄外壬的帝位。

河亶甲在位时，解决了外壬时期没有解决的邳人、侁（姺）人反叛的问题，也解决了中丁没有解决好的东夷蓝夷侵犯边境的问题。今本《竹书纪年》记载，河亶甲"三年，彭伯克邳。四年征蓝夷。五年，侁（姺）人入于班方。彭伯、韦伯伐班方，侁（姺）人来宾"。《太平御览》卷八三引《纪年》也记载："河亶甲征蓝夷""河亶甲再征班方"（《太平御览》所引的《纪年》当指古本《竹书纪年》）。这说明，河亶甲在位时，虽然出现了殷代建国以来的第三次大衰落，但他对殷代中期的稳定是有贡献的，为其后祖乙在位时一度振兴奠定了基础。

【二十二】殷帝祖乙与配偶妣己、妣庚传记

祖乙 (公元前1385年丙辰—前1367年甲戌，在位19年)，中丁之子，河亶甲之侄，谱名滕 (古本《竹书纪年》记祖乙名胜，与外丙重名，实误。经魏晋谱书《殷氏家传》确认：祖乙，子姓商族殷氏，谱名滕)，祭祀名祖乙，于元年丙辰即位，将殷商王朝作为军事中心的辅都自相迁于耿 (《史记·殷本纪》说迁于邢，经后世学者研究，邢、耿实一地，祖乙后又迁庇)。祖乙为子姓商族二十世、子姓商族殷氏十五世、殷代王室七世。祖乙在位十九年陟。祖乙的配偶为妣己和妣庚。祖乙和两位配偶都受周祭，祖乙为直系先王。

祖乙是殷代由成汤制定的父子相传王位继承制度改行王室推举制以后，由王室成员推举上位的第六位王，继位性质为叔终侄继，是接其叔河亶甲的帝位。现代有学者 (如韩江苏、江林昌等) 说："父中丁逝时，祖乙未能继位，而由其叔外壬、河亶甲相继即位为帝，到其叔河亶甲逝时，祖乙才即位为帝，且即位后便有迁都之举。因此，可推知祖乙的帝位是争夺来的。"这种"祖乙的帝位是争夺来的"说法，纯粹是学者个人的主观臆测，依魏晋谱书《殷氏家传》的说法，这是以后世人的小人之心度殷商先人之腹的说法，毫无真凭实据。实际上，祖乙将作为军事中心的辅都自相先迁于邢 (耿)，后又继迁庇，纯粹是因为国防需要，与王位争夺渺不相关。

今本《竹书纪年》《尚书》等文献记载，祖乙即位时自其叔河亶甲的相都迁于耿，又说，祖乙在位的第二年，因耿都毁于河水，自耿迁于庇。(今本《竹书纪年》："二年，圮于耿。自耿迁于庇。"《尚书·祖乙·序》："祖乙圮于耿，作《祖乙》。")《史记·殷本纪》却记载："祖乙迁于邢。"可见，据文献记载，祖乙所迁之殷代实际军事中心辅都有耿、邢、庇三名，这三名是一地还是三地，史家历有不同见解。东汉张衡说殷代共迁都五次，显然是将祖乙迁辅都于耿、邢、庇，作为一次考虑的。(东汉张衡《西京赋》："殷人之屡迁，前八而后五，居相圮耿，不常厥土。")现代学界也倾向于东汉张衡之说，认为在殷代的五次迁都中，可将祖乙自相迁耿、邢、庇归为一次，属于殷代五次迁都的第三次，实际上，除盘庚迁殷以外，史书上说的殷代五次迁都中，前四次迁的只是辅都，主都仍在郑州，并没有迁。目前，对祖乙所迁的耿、邢、庇是否为一地，争议仍然很大。目前，多数学者认为，祖乙的都城耿、邢、庇可能实为一地，即为邢。王震中在宋镇豪主编/王震中著的《商代史·卷五 (商代都邑)》中认为，祖乙的"邢"都在河北邢台。也有学者认为祖乙所迁的"邢、耿"为一地，"庇"为另一地，陈梦家、丁山认为"庇"在今山东省鱼台县西南之费亭。笔者倾向于认为，祖乙所迁的邢、耿为一地，且如王震中所说，在河北邢台，至于祖乙所迁的庇可能在离河北邢台很远的东南方山东郓城附近。

总的来说，笔者认为魏晋谱书《殷氏家传》对殷代五次迁都的下述看法是可信的：殷商人即使面对外族入侵，也始终固守豫中黄河流域一带，因为那里是殷代早期、中期殷商王朝的核心地区。其间，都城屡迁，都是为了抵御和震慑外侮。至于中丁迁隞 (嚣)、河亶甲自隞 (嚣) 向北迁相、祖乙自

相亶向北迁邢（耿）又自邢（耿）继向东南远迁到山东郓城附近的庇、南庚自郓城的庇迁到曲阜附近的奄，以前四次迁都，实际迁的仅是相当于成汤当年所建军事中心偃师"西亳"的"辅都"，位于郑州的还有祖庙"大邑商"的祭祀中心"主都"，一直仍在郑州并没有迁，所以前四次迁都没有遭到族人坚决反对。而最后一次的盘庚迁殷，因为盘庚不仅要将辅都从奄迁到殷，而且他看中了安阳殷墟那块祖地"殷"，下决心要将名义上仍是主都的郑州连同建在郑州的祖庙"大邑商"及住在郑州主都、奄地辅都的殷商贵族一起迁到位于今安阳的祖地殷，所以才遭到恋家族人的坚决反对。后来在盘庚的恩威并施高压态势下，族人终于同意将辅都、主都一起迁殷，后来的实践也证明盘庚迁殷是迁对了，因为在以后直到殷亡的 243 年间（古本《竹书纪年》认为是 273 年），殷代后期的都城一直在今安阳的殷，再也没有搬迁过。

　　祖乙是一个很有作为的君主，《史记·殷本纪》记载："帝祖乙立，殷复兴。"自中丁以来殷商王朝因四面受敌国势日益衰弱。直到祖乙在位之时，除了祖乙自己努力的因素之外，又得贤相巫贤的辅佐，国势才得以再度复兴。巫贤为巫咸之子，巫咸是太戊时名臣，其子巫贤得到祖乙重用。因为王朝复兴，都城建设势在必行，故在祖乙八年有修筑庇城之举（今本《竹书纪年》："（祖乙）八年，城庇"）。孟子曾把祖乙列为殷代贤圣之君之一。《孟子·公孙丑上》说："由汤至于武丁，贤圣之君六、七作；天下归殷久矣。"孟子说的殷代贤圣之君指：成汤、太甲、太戊、祖乙、盘庚、武丁。

　　司马迁《史记·殷本纪》虽然将"殷中宗"的美称赋予太戊，但是未得到甲骨卜辞的认同；甲骨文反而称祖乙为"中宗祖乙"，其庙称祖乙宗（《甲骨文合集》32360、33006）。尊祖乙为"中宗祖乙"的卜辞有：《甲骨文合集》26933、26991、27239、27240、27242、27241 等。在甲骨文中，祖乙经常受到隆重的祭祀。如将祖乙与高祖王亥合祭（《甲骨文合集》32087 等）、将祖乙与先公上甲合祭（《甲骨文合集》27080、32385 等）、单独祭祀祖乙（用人牲祭祀祖乙，如《甲骨文合集》314、324 等；用牢、牛祭祀祖乙，如《甲骨文合集》19849、25、557 等；用羊、用豕祭祀祖乙的卜辞则更多）。

　　祖乙逝后，葬于狄泉（《殷墟文化大典·商史卷上》第 016 页），其子祖辛被殷商王室推举继位。

【二十三】殷帝祖乙的名臣巫贤传记

　　巫贤，是殷代中期的名臣。据文献记载，巫贤为太戊时名臣巫咸之子。祖乙三年，命巫贤为卿士（今本《竹书纪年》）。因为时处殷代四面受敌陷入困局实施战略收缩经略的殷代中期，又被司马迁称为"比九世乱"的时期，所以巫贤辅佐祖乙使殷商王朝复兴的业绩格外引人注目。然而，因年代久远，巫贤辅佐祖乙的具体经过，已不可考，但因为巫贤的得力辅佐，殷代得以一度复兴，祖乙成为受孟子、司马迁称赞的一代明君，却是史实。

　　巫贤逝后，与其父巫咸同葬于苏州常熟县西海虞山上。今常熟虞山尚保留有巫咸、巫贤墓和宋代摩崖石刻巫相岗。

【二十四】最早受到殷帝册封的周族首领高圉传记

　　高圉，周文王姬昌的五代祖（高圉→亚圉→公叔祖类亦称组绀→古公亶父，季历，文王），豳（今陕西旬邑）人。《世本》云："高圉侯侔。"高圉为殷帝赐号，侔，同孟、伯。今本《竹书纪年》记载，祖乙"十五年，命邠侯高圉"。自此，周人得到殷帝的正式册封，邠国成为殷商王朝的属国，"邠后"改称"邠侯"（邠国为高圉的五代祖庆节在邠地又作豳地始建，其首领称为"邠后"）。高圉是最早与殷商王朝建立从属关系的周族首领，他注重发展农业，受到周人的尊敬爱戴。周部族原住在我国西部，依《史记》和《世本》记载，周族始祖姬弃与殷商始祖子契是同父异母的亲兄弟（都是帝喾的儿子）。实际上，周族始祖姬弃与殷商始祖子契不可能为同时代人，也不可能同为帝喾的儿子，即他们不可能成为《史记》《世本》中说的同父异母的亲兄弟。因为将《史记》中记载的周族世系与商族世系作比较，周族始祖姬弃要比商族始祖子契晚出生 14 代。也就是说，若以每代 20 年至 30 年推算，按《史记·周本纪》和《史记·殷本纪》之世系记载，周族始祖姬弃要比商族始祖子契晚出生 280 年至 420 年。下面，笔者将以严密的推理，证明此结论。先列出证明此结论时大家公认的两个已知条件：①无论依正史记载，还是依甲骨文记载，还是依魏晋谱书《殷氏家传》记载，殷商末帝帝辛（纣）是以子契为始记祖的商族第 30 代人是大家公认的；②帝辛（纣）与周武王姬发是同时代人更是众所周知的。以此两个大家公认的已知条件为大前提，再做几点不影响证明结果只方便推算的假设：一是假定夏商周断代工程推断的以周代殷年代为公元前 1046 年是可信的，二是假定周灭殷时帝辛（纣）与周武王姬发年岁相同（比如，为计算方便，假定二者同为 54 岁），三是假定古人繁衍后代的平均速率为每代 30 年。

　　依上列的两个已知条件和只是作为方便推算（不影响证明结论）的三点假定，从公元前 1046 年上推，依《史记·殷本纪》和《史记·周本纪》及《世本》的世系记载，可得出如下结论：

　　①假定公元前 1046 年时，帝辛（纣）为 54 岁，则其生年当为公元前 1100 年。已知《史记》中的殷契到帝辛共历 30 代，假定每代以 30 年计，上推 30 代（900 年），则殷商始祖契的生年当为公元前 2000 年。

　　②同样，若公元前 1046 年时，周武王姬发与帝辛（纣）同为 54 岁，则其生年也应为公元前 1100 年。从《史记·周本纪》中的后稷姬弃起到周武王姬发共历 16 代。假定每代也以 30 年计，上推 16 代（480 年），则周族始祖姬契的生年当为公元前 1580 年。

　　依上述推算，殷商始祖契生于公元前约 2000 年，而周始祖弃生于公元前约 1580 年，周始祖弃比殷商始祖契晚出生约 420 年，他们二者当然不可能是同父（帝喾）异母（姜嫄、简狄）的亲兄弟。

　　从《史记·殷本纪》记载并经甲骨文校正的殷契起到帝辛止的殷商族传 30 代的世系如下（读者可以自行推算）。

殷代史 【卷三】殷商时代人物传记

1 殷契→ 2 昭明→ 3 相土→ 4 昌若→ 5 曹圉→ 6 冥→ 7 振（王亥）
→ 8 上甲→ 9 报乙→ 10 报丙→ 11 报丁→ 12 主壬→ 13 主癸→ 14 成汤
→ 15 太丁→ 16 太甲→ 17 太庚→ 18 太戊→ 19 中丁→ 20 祖乙→ 21 祖辛
→ 22 祖丁→ 23 小乙→ 24 武丁→ 25 祖甲→ 26 康丁→ 27 武乙→ 28 文丁
→ 29 帝乙→ 30 帝辛（纣）

从《史记·周本纪》等文献记载的后稷姬弃起到周武王姬发止的周族传16代的世系如下（读者也可以自行推算）。

1 姬弃（《史记·周本纪》记载其被帝尧"举为农师"，且记载帝舜"封弃于邰，号为后稷，别姓姬氏"。）→ 2 不窋（《史记·周本纪》记载，不窋先事夏，后因夏衰，失官"而犇戎狄之间"。）
→ 3 鞠→ 4 公刘（《周本纪》记载："公刘虽居戎狄之间，复修后稷之业，务耕种……周道之兴自此始。"）
→ 5 庆节（始建豳国，即邠国，首领称"邠后"）→ 6 皇仆→ 7 差弗→ 8 毁隃→ 9 公非
→ 10 高圉（今本《竹书纪年》记载，祖乙十五年"命邠侯高圉"，自此始受殷帝册封，改"邠后"为"邠侯"。）
→ 11 亚圉（距高圉获封约88年后，再次获殷帝册封，今本《竹书纪年》记载，盘庚十九年"命邠侯亚圉"。）
→ 12 公叔祖类（组绀）（距高圉首次获封约190年后，或距亚圉二次获封约100年后又重新接受殷帝祖甲册封，今本《竹书纪年》记载：祖甲十三年"命邠侯组绀"。）
→ 13 周太王古公亶父，始迁岐山脚下的周原，以弃为始祖的一族才真正获得族号"周"这个美名（《史记·周本纪》记载，"古公亶父复修后稷、公刘之业"，始迁岐山脚下的周原，改邠曰周。在距高圉首次获封约220年后，或距亚圉二次获封约130年后，或距公叔组类（组绀）三次获封约30年后，古公亶父始迁周原改邠曰周的事，才终于获得殷帝武乙的承认，"邠侯"被改封为"周公"，今本《竹书纪年》记载，武乙三年"命周公亶父赐以岐邑"。）
→ 14 周公季历（公季）（今、古《竹书纪年》都记载文丁四年封周公季历为"殷牧师"。今本《竹书纪年》还记载，文丁五年季历由周原迁"程邑"，文丁七年季历攻克了始呼之戎，文丁十一年季历伐翳徒之戎，获其三大夫，来朝献捷，文丁不动声色，一边嘉季历之功，赐以圭瓒、秬鬯，加封季历为可以世袭的"西伯"，此即其子姬昌袭其爵位"西伯"的缘由；一边将其扣留，季历最终被殷帝文丁困死于殷都。史称"文丁杀季历"。）
→ 15 周文王姬昌【古本《竹书纪年》记载，在文丁困死周公季历后的帝乙"二年周人伐商"，战争结果虽史无记载，但据史推测，为周、殷和解居多。《史记·周本纪》之所以说姬昌为殷之"西伯"，乃是因为在文丁困死姬昌之父季历前，文丁在季历于文丁十一年来朝献捷时为稳住季历册封其为可以世袭的"西伯"爵位的缘故。今本《竹书纪年》记载，帝辛元年，封西伯姬昌为"殷之三公"之一，帝辛二十三年，"囚西伯于羑里"。囚西伯七年后，"帝辛二十九年，释西伯，诸侯逆西伯，归于程"，帝辛三十一年"西伯治兵于毕，得吕尚以为师"，帝辛三十三年，帝辛"锡命西伯，得专征伐"。《史记·殷本纪》也记载："赐弓矢斧钺，使得征伐，为西伯。"帝辛三十四年，西伯姬昌"取耆及邘，遂伐崇，崇人降"，帝辛三十五年，"西伯自程迁于丰"；帝辛三十六年，西伯姬昌使儿子姬发建设镐京（后来成为西周的主都）；帝辛四十一年，西伯姬昌逝，葬于距丰西去三十里的毕。】
→ 16 周武王姬发（今本《竹书纪年》记载，帝辛四十二年，即周武王元年，西伯姬发受丹书于吕尚，帝辛五十二年，周始伐殷，殷亡。）

由上述推算的结论可知，即商、周两族虽同为中华先人的后代，他们的先人虽然同是中华多民族国家大家庭的民族之一，但殷商始祖**契**和周族始祖**弃**不可能都是黄帝家族的五世传人，当然更不可能是同为帝喾之子的亲兄弟。实际情况，可能正如治殷商史的科学家王震中先生所说：**"帝喾既非商人的始祖，也非周人的始祖。"**【注24】笔者推测，真实的情况可能如下所述。

在牧野之战后，周武王从殷纣王手里夺走了殷商先祖的记史典册以后，有人刻意为以周代殷符合天命编造理由而篡改中国上古史，故意将周祖弃、殷商契、帝尧（放勋）安排成亲兄弟，故意将夏祖禹、周祖弃、殷商祖契、

帝尧安排为同是黄帝五世传人的族兄弟。读者可以想一想，一个源于东方崇鸟的商族的始祖**契**怎么可能与源于西戎的周族的始祖**弃**成为亲兄弟呢？正因为有人刻意篡改了中国上古史，才使中国上古史中黄帝大一统家族世系的记载漏洞百出。现将最明显的三个漏洞列出如下，供读者参考。

①周族始祖**弃**要比殷商族始祖**契**晚出生280年到420年，却在《史记》和《世本》中成为同父（帝喾）异母（姜原和简狄）的亲兄弟。

②黄帝家族**5世尧**能将帝位传给**9世舜**，5世尧还冒"**乱伦**"之风险将自己的两位亲生女儿（6世）嫁给9世舜，**9世舜**又能将帝位传给**5世禹**。

③黄帝家族中已经老朽的5世传人弃、契、禹竟然还能分别担任9世帝舜的农师、司徒、治水大臣。

下面将据周人整合过的传世文献编纂的《黄帝家族大一统世系图》列出，供读者参考（其中有多少无法解释的矛盾，读者可自行推算）。

据周人整合过的传承于后世的文献编纂的
黄帝家族大一统世系图

【二十五】殷帝祖辛与配偶妣甲传记

　　祖辛（公元前1366年乙亥一前1351年庚寅，在位16年），祖乙之子，沃甲之兄（在《殷墟文化大典》的《商史卷（上）》第016页中，将祖辛误记为沃丁之兄），谱名旦，祭祀名祖辛，元年乙亥即位。祖辛为子姓商族二十一世、子姓商族殷氏十六世、殷代王室八世。今本《竹书纪年》记载："……居庇，十四年陟。"《通鉴外纪》与《太平御览》卷八三引《史记》却都记载："祖辛在位十六年。"祖辛的配偶为妣甲，祖辛和配偶都受周祭，祖辛为直系先王。祖辛，子承父业，是一位守成的帝王。

　　祖辛是殷代由成汤制定的父子相传王位继承制度改行王室推举制以后，由王室成员推举上位的第七位王，继位性质为父死子继，是接其父祖乙的帝位。今本《竹书纪年》记载，祖辛"居庇"，实际是指祖辛时的王朝军事中心（辅都）仍在其父祖乙二年所迁的庇，其祭祀中心（主都）仍在1955年发现的郑州商城遗址。

　　在甲骨卜辞中，有祭祀祖辛的记载。据常玉芝统计，殷人祭祀祖辛的卜辞至少有74版之多。如与高祖合祭的卜辞——《甲骨文合集》32314（具体是与哪一位高祖合祭，从卜辞中还难以判别），与上甲合祭的卜辞——《甲骨文合集》32385，单独祭祀祖辛的卜辞——《甲骨文合集》22567、32205、910、958、6475反、32221、905反、957、959、709正、1732、1780正、23000、2774正、1677正、22972，等等。从殷人对祭祀祖辛的重视程度来看，大致与太甲的地位相当，要高于太丁、太庚、太戊、中丁，但不及成汤、上甲、祖乙。

【二十六】殷帝沃甲（开甲）与配偶妣庚传记

沃甲（《世本》、今本 / 古本《竹书纪年》作开甲，公元前 1350 年辛卯—前 1326 年乙卯，在位 25 年），祖乙之子，祖辛之弟，谱名踰，祭祀名羌甲，元年辛卯即位。沃甲为子姓商族二十一世、子姓商族殷氏十八世、殷代王室八世。今本《竹书纪年》记载："……居庇，五年陟。"《通鉴外纪》却说沃甲在位 20 年，《太平御览》卷八三引《史记》又说开甲（沃甲）在位 25 年，魏晋谱书《殷氏家传》记载："沃甲在位二十五年。"沃甲受周祭。从祖庚、祖甲时期的卜辞来看，沃甲的配偶妣庚还受到岁祭和周祭中的督祭（《甲骨文合集》23326、23325），但到了黄组卜辞（帝乙、帝辛时期的卜辞），沃甲的配偶妣庚便不受周祭了，其原因可能与沃甲虽然有子南庚为王，但却不是直接父子相继有关。因此，沃甲沦为旁系先王，其配偶妣庚未进入周祭系统。这说明到了帝乙、帝辛时期，周祭制度更加严密了，没有足够资格的帝王之配偶是不能进入周祭祀谱的，但殷人的祭祀还是比较公平的，沃甲的配偶妣庚虽然未进入周祭系统，但因为沃甲有子南庚即位为帝，殷人对其配偶妣庚的祭祀还是比较多的。

沃甲是殷代由成汤制定的父子相传王位继承制度改行王室推举制以后，由王室成员推举上位的第八位王，继位性质为兄终弟及，是接其兄祖辛的帝位。今本《竹书纪年》记载，开甲（沃甲）"居庇"，实际是指沃甲时的王朝军事中心（辅都）仍在其父祖乙二年所迁的庇，其祭祀中心（主都）仍在 1955 年发现的郑州商城遗址。

沃甲逝后，葬于狄泉（《殷墟文化大典·商史卷（上）》第 016 页），由王室成员推举其侄祖丁（兄祖辛之子）继位，而不是其子南庚接位，直到沃甲长兄祖辛之子祖丁逝后，沃甲之子南庚才被王室成员推举上位。

【二十七】殷帝祖丁与配偶妣庚、妣己传记

祖丁（公元前 1325 年丙辰—前 1317 年甲子，在位 9 年），祖辛之子，沃甲之侄，谱名新，祭祀名祖丁，于元年丙辰即位。祖丁为子姓商族二十二世、子姓商族殷氏十七世、殷代王室九世。今本《竹书纪年》称祖丁在位九年陟，魏晋谱书《殷氏家传》也认为祖丁在位 9 年，《通鉴外纪》与《太平御览》卷八三引《史记》均说祖辛在位 32 年。祖丁及其两位配偶妣庚、妣己都受周祭，祖丁为直系先王。在周祭祀谱中，自上甲到祖丁，共有四位丁名王：报丁、大丁（太丁）、中丁、祖丁，为了区别他们，卜辞中又称祖丁为"四祖丁"。

祖丁是殷代由成汤制定的父子相传王位继承制度改行王室推举制以后，由王室成员推举上位的第九位王，继位性质为叔终侄继，是接其叔沃甲的帝位。今本《竹书纪年》记载，祖丁"居庇"，实际是指祖丁时的王朝军事中心（辅都）仍在其祖父祖乙二年所迁的庇，其祭祀中心（主都）仍在 1955 年发现的郑州商城遗址。祖丁逝后，王室推举其堂弟南庚（其叔沃甲之子）接位，而不是祖丁之子继位，直到其堂弟南庚逝后，祖丁的四个儿子——阳甲、盘庚、小辛、小乙，才依次被王室推举上位。

【二十八】殷帝南庚传记

　　南庚（公元前1316年乙丑　前1309年壬申，在位8年），沃甲之子，祖辛之侄，祖丁之堂弟，谥名更，祭祀名南庚，于元年乙丑即位。南庚为子姓商族二十二世，子姓商族殷氏十七世、殷代王室九世。南庚在位的第三年，为了震慑东夷部族方国对东部边境的侵扰，将王朝的军事中心（辅都）由庇迁于奄。在文献记载的殷代五次迁都中，南庚自庇迁奄属于第四次，一般认为，奄在今山东曲阜，但也有学者不认同。其理由是，前几次迁移的位置都在古黄河左近，而南庚迁至山东曲阜的奄邑离古黄河较远。实际上，从中丁迁嚣（隞）、河亶甲迁相、祖乙先迁邢（耿）继迁庇、南庚迁奄，这四次迁都，迁的只是为了震慑和抵御外敌侵扰的实际军事中心（辅都），实际祭祀中心（主都）仍在1955年发现的郑州商城遗址，没有迁。今本《竹书纪年》称南庚在位六年陟，《通鉴外纪》与《太平御览》卷八三引《史记》均说南庚在位29年，笔者认为，还是魏晋谱书《殷氏家传》记载的南庚在位8年为真。南庚受周祭，其配偶不受周祭，南庚为旁系先王。南庚是殷代诸帝王中唯一以方位名词命名日名的特例。对此，吴其昌有过推测，但吴其昌之说，也受到邹衡、曲英杰等人的质疑。因此，对于南庚之日名"南庚"中为何用区别字"南"，还有待进一步研究。

　　南庚是殷代由成汤制定的父子相传王位继承制度改行王室推举制以后，由王室成员推举上位的第十位王，继位性质为堂兄终堂弟及，是接其堂兄祖丁（祖辛之子）的帝位。南庚逝后，王室推举其堂兄祖丁的四个儿子——阳甲、盘庚、小辛、小乙依次上位。

殷代史

【卷三】殷商时代人物传记

【二十九】殷帝阳甲传记

阳甲 (公元前 1308 年癸酉—前 1302 年己卯，在位 7 年)，祖丁之长子，南庚之堂侄，谱名和，祭祀名阳甲，于元年癸酉即位。阳甲为子姓商族二十三世、子姓商族殷氏十八世、殷代王室十世。今本《竹书纪年》称阳甲在位四年陟，《通鉴外纪》则说阳甲在位 7 年，《太平御览》卷八三引《史记》又说阳甲在位 17 年，《帝王本纪》也说阳甲在位 17 年，笔者认为，还是魏晋谱书《殷氏家传》记载的阳甲在位 7 年为真。阳甲受周祭，其配偶不受周祭，阳甲为旁系先王。

阳甲是殷代由成汤制定的父子相传王位继承制度改行王室推举制以后，由王室成员推举上位的第十一位王，继位性质为堂叔终堂侄继，是接其堂叔南庚 (沃甲之子) 的帝位。阳甲也是司马迁称为"比九世乱"的第九位帝王，即是"比九世乱"的最后一位帝王。司马迁认为的"比九世乱"九位帝王分别是中丁、外壬、河亶甲、祖乙、祖辛、沃甲、祖丁、南庚、阳甲。实际上，这期间殷代因实施"战略收缩经略"的需要，改行王室推举制的王位继承制度，司马迁说的"比九世乱"并不存在，殷代中期的中丁迁嚣 (隞)、河亶甲迁相、祖乙迁邢 (耿、庇)、南庚迁奄，迁的只是因国防需要作为实际军事中心的辅都，位于 1955 年发现的郑州商城遗址的主都仍在郑州一直没有迁，传世文献记载的殷都屡迁由王位争夺引起的说法，既没有在传世文献中找到真凭实据，也没有在甲骨文中找到记录。因此，笔者认为还是魏晋谱书《殷氏家传》的下述说法可信度高："**历代学者关于殷代中期因王位争夺导致'比九世乱'，因'比九世乱'导致'都城屡迁'的说法是没有根据的，只是以后世小人之心度殷商先人之腹而已。殷代中期之所以出现'国势衰落，诸侯莫朝'的情况完全是由于陷入四面受敌的困局所引起，与司马迁说的'自中丁以来，废适而更立诸弟、子，弟、子或争相代立，比九世乱'渺不相关。**"

阳甲时期，出现了殷商王朝建国以来的第四次大衰落 (前三次大衰落依次为小甲时期、雍己时期、河亶甲时期)。衰落的结果，导致边境诸侯入侵。今本《竹书纪年》记载"阳甲三年，西征丹山戎"，得一丹山 (丹山在哪儿，史无记载)。

阳甲时期，虽然自己不仅没有扭转殷代中期国势衰落的能力，还出现了殷商王朝建国以来的第四次大衰落，但是阳甲上位客观上为强势的其弟盘庚上台执政——回迁到祖地殷、为殷代中期走出四面受敌的困局，创造了条件。

阳甲逝后，其三个弟弟——盘庚、小辛、小乙，依次被王室成员推举上位，虽然还是兄终弟及，虽然在盘庚后的小辛时期，殷商王朝出现了建国以来的第五次大衰落 (前四次大衰落依次为小甲时期、雍己时期、河亶甲时期、阳甲时期)，但总体看来，国势是在好转，特别是在小乙时期，重视对世子武丁的教育和锻炼，为将殷商王朝推向武丁盛世奠定了基础。

【三十】殷帝盘庚传记

盘庚（公元前 1301 年庚辰　前 1274 年丁未，在位 28 年），祖丁之次子，阳甲之弟，南庚之堂侄，谱名旬，祭祀名盘庚，于元年庚辰即位。盘庚为子姓商族二十三世、子处商族殷氏十八世，殷代王室十世。在甲骨周祭祀谱中，盘庚受周祭，配偶不受周祭，盘庚为旁系先王。今本《竹书纪年》《通鉴外纪》等多种文献均记载，盘庚在位 28 年。

盘庚有治国之才，即位后的最初几年，就使殷代中期因四面受敌造成的"诸侯不朝"的衰落局面有所扭转。古本《竹书纪年》记载："殷时已有应国。"今本《竹书纪年》记载："（盘庚）七年，应侯来朝。"这说明，盘庚在位时，殷代中期因国势衰落导致诸侯不朝的局面已经有所改善。

盘庚在位时，做的最有影响、最著名也最有成效的一件事，就是于其在位的第十四年（公元前 1288 年癸巳）的迁殷。后来的实践证明，盘庚迁殷成为殷代历史的一个转折点，它使殷商王朝的政治、经济、军事、文化等殷代社会面貌的各方面都步入了发展的轨道，扭转了殷商王朝中期的颓势，为后来的武丁盛世奠定了基础。盘庚迁殷这件史事，在许多传世文献中都有明确记载，更得到甲骨文准确无误的印证。古本《竹书纪年》记载："盘庚旬自奄迁于北蒙，曰殷。""自盘庚徙殷，至纣之灭，七（二）百七十三年，更不徙都。"今本《竹书纪年》也记载："（盘庚）十四年，自奄迁于北蒙，曰殷。十五年，营殷邑。"很多传世文献都将盘庚迁殷看成是殷代的第五次迁都，实际上，盘庚迁殷与前四次迁都有本质的不同。前几次迁都，不管是中丁迁嚣（隞）、河亶甲迁相，还是祖乙迁邢（耿、庇）、南庚迁奄，迁的都只是作为王朝军事中心的辅都，作为王朝祭祀中心的主都一直仍在 1955 年发现的郑州商城遗址没有迁，而盘庚迁殷则是盘庚看中了先祖冥公受封之地也是先祖上甲复兴之地殷，下决心一劳永逸地谋求殷商王朝的长治久安，将实际军事中心的辅都奄邑和建有祖庙"大邑商"的郑州主都连同住在主都、辅都的殷商贵族一起都迁到位于今安阳的殷地去。

不管迁的是主都还是辅都，殷代前几次所迁的嚣（隞）都、相都、邢（耿、庇）都、奄都，都还没有得到考古材料的准确印证，迄今为止，唯一被考古材料准确无误印证的就是盘庚所迁的殷都，它就是位于今安阳的"殷墟"。自 1928 年开始发掘起算，历 90 多年的殷墟科学发掘所取得的辉煌成果已经雄辩地向世人证明，《尚书·盘庚》三篇开篇就说的"盘庚迁于殷"的殷都，就在横跨洹河两岸、地理坐标为东经 114 度 18 分 50 秒、北纬 36 度 07 分 36 秒的安阳小屯村一带，由殷商王陵遗址、殷商宫殿宗庙遗址、洹北商城遗址等共同组成。且盘庚当年所居之殷的准确地望，今本、古本《竹书纪年》曰殷的北蒙，可能就是 1999 年秋发现的洹北商城。

关于盘庚迁殷的前因后果、具体过程、历史意义和为什么遭到族人坚决抵制等问题，历来是古今史家讨论的热门话题，本书在《卷二》的有关章节里已作过专门讨论，这里不再赘述。对此有兴趣的读者，可参阅本书《卷二》

的下列章节：《第二章·第四节（说"亳"）》中对"盘庚之亳"的解读、《第七章·第三节·【三】（殷都屡迁和商族殷人反对盘庚迁殷的真正原因）》中的相关内容、《第八章（盘庚迁殷）》全章。

卜辞中，祭祀盘庚的辞例不是很多，按道理说，盘庚带领族人迁移到殷，功勋卓著，在殷人心目中应该有很高的地位，起码在祭祀时不应受到冷落。其原因可能有三：一是如《尚书·盘庚》三篇所记，当初殷人是不愿意迁都的，因此后世商王迁怒于他；二是他是旁系先王，后世的商王都不是他的直系后代；三是殷墟卜辞在科学发掘之前，在历史长河中，被人为毁坏的，计有多少，无法统计，其中可能就有不少祭祀盘庚的卜辞。

盘庚是殷代由成汤制定的父子相传王位继承制度改行王室推举制以后，由王室成员推举上位的第十二位王，继位性质为兄终弟及，是接其兄阳甲的帝位。盘庚逝后，弟小辛被王室成员推举上位。

殷代史

【卷三】殷商时代人物传记

【三十一】殷帝小辛传记

　　小辛（公元前 1273 年戊申—前 1271 年庚戌，在位 3 年），祖丁之第二子，阳甲、盘庚之弟，南庚之堂侄，谱名颂，祭祀名小辛，于元年戊申即位于殷。小辛为子姓商族二十三世、子姓商族殷氏十八世、殷代王室十世。今本《竹书纪年》称小辛在位三年陟，《通鉴外纪》与《太平御览》卷八三引《史记》均说小辛在位 21 年，魏晋谱书《殷氏家传》认为，小辛在位 3 年。在甲骨周祭祀谱中，小辛受周祭，配偶不受周祭，小辛为旁系先王。《汉书·古今人表》说小辛为盘庚之子，吴其昌在《殷墟书契解诂》中利用《甲骨文合集》2131 号卜辞片确证了小辛为阳甲、盘庚之弟，魏晋谱书《殷氏家传》从记谱角度也确认小辛为祖丁之三子，阳甲、盘庚之弟。

　　小辛在武丁卜辞中称为"父辛"（《甲骨文合集》2131），在其他卜辞中，一般称为"小辛"（如《甲骨文合集》21538 乙，一期），也有称为"二祖辛"的（《甲骨文合集》27340，三期）。总的来看，卜辞中，祭祀小辛的辞例比较少，常玉芝在宋镇豪主编、常玉芝著《商代史·卷八（商代宗教祭祀）》中说，她只见到五条辞例。小辛时期出现了殷代建国以来的第五次大衰落（前四次大衰落依次为小甲时期、雍已时期、河亶甲时期、阳甲时期）。《史记·殷本纪》记曰："帝盘庚崩，弟小辛立，是为帝小辛。帝小辛立，殷复衰。百姓思盘庚，乃作《盘庚》三篇。"

　　小辛是殷代由成汤制定的父子相传王位继承制度改行王室推举制以后，由王室成员推举上位的第十三位王，继位性质为兄终弟及，是接其兄盘庚的帝位。小辛逝后，弟小乙被王室成员推举上位。

殷代史

【卷三】殷商时代人物传记

【三十二】殷帝小乙与配偶妣庚传记

小乙（公元前 1270 年辛亥—前 1261 年庚申，在位 10 年），祖丁之第四子，阳甲、盘庚、小辛之弟，南庚之堂侄，谱名敛，祭祀名小乙，于元年辛亥即位于殷。小乙为子姓商族二十三世、子姓商族殷氏十八世、殷代王室十世。今本《竹书纪年》称小乙在位十年陟，《通鉴外纪》称小乙在位 21 年，《太平御览》卷八三引《史记》说小乙在位 28 年，魏晋谱书《殷氏家传》认为，小乙在位 10 年。在甲骨周祭祀谱中，小乙和配偶妣庚都受周祭，小乙为直系先王。小乙非常重视对世子武丁的教育。今本《竹书纪年》："小乙六年，命世子武丁居于河，学于甘盘。"小乙因非常重视对世子武丁的教育，为武丁时期殷商王朝复兴，将殷代推向鼎盛阶段，奠定了基础，因此小乙受到后世称赞。

　　小乙是殷代由成汤制定的父子相传王位继承制度改行王室推举制以后，由王室成员推举上位的第十四位王，继位性质为兄终弟及，是接其兄小辛的帝位。小乙逝后，子武丁被王室成员推举上位（武丁是殷代中期执行王室推举制被推举上位的最后一位胜出者）。

　　甲骨文中，祭祀小乙的卜辞较多，受到频繁祭祀。显然，这与小乙是殷代复兴之主武丁之父有关。小乙在卜辞中的称呼较多，如"小乙"（如《甲骨文合集》383 一期、32160 四期、32087 四期等）、"父乙"（如《甲骨文合集》272 正、1657 正一期）、"小祖乙"（如《甲骨文合集》32599 四期、23171 二期）、"亚祖乙"（如《甲骨文合集》1663 一期）、"后祖乙"（如《甲骨文合集》22939 二期、22943 二期，《屯南》2366 四期）、"内乙"（如《甲骨文合集》22062 正一期、22063 一期、22065 一期）、"祖乙"（在卜辞中，祖乙有时指小乙，如《甲骨文合集》22911 二期；祖乙有时指中丁之子祖乙，如《甲骨文合集》1657 正一期。因此，对卜辞中的"祖乙"，是指中丁之子祖乙，还是指武丁之父小乙，要详加区分）等。

【三十三】殷帝武丁与配偶妣辛（妇好）、妣戊、妣癸传记

武丁（公元前 1260 年辛酉一前 1202 年己未，在位 59 年），小乙之子，谱名昭，祭祀名武丁，丁元年辛酉即位于殷。武丁为子姓商族二十四世，子姓商族殷氏十九世、殷代王室十一世。多种文献称武丁在位五十九年陟，只有《史记·鲁周公世家》称武丁（殷高宗）享国 55 年，蔡邕《石经》《汉书·五行志》等谓武丁（殷高宗）享国百年（显然是恭维语，不可信）。在甲骨周祭祀谱中，武丁和三位配偶妣辛、妣戊、妣癸都受周祭，武丁为直系先王。妣辛就是赫赫有名的中华第一女帅妇好，也是武丁的正妻。武丁之父小乙非常重视对世子武丁的教育。今本《竹书纪年》："小乙六年，命世子武丁居于河，学于甘盘。"即是说，武丁为世子时，父亲小乙就命他拜甘盘为师，学习治国之策。其间，父亲小乙和老师甘盘让武丁"居荒野，宅于河，出入民间"，与平民一同劳作，体察民情，得以了解民众疾苦和劳动的艰辛。同时向甘盘学习尧舜之道，磨炼道德修养，掌握治国治民之策。武丁即位后励精图治，革新政治，任用贤良，强化军事，使殷代在政治、经济、军事、文化各个领域都得到空前发展，使殷商王朝进入鼎盛阶段。

关于武丁的业绩，本书在《卷二·第九章（成汤体制得以回归的武丁盛世）》中已做专门介绍，读者可以参看。

武丁是殷代由成汤制定的父子相传王位继承制度，改行王室推举制以后，由王室成员推举上位的第十五位王，也是殷代中期执行王室推举制王位继承制度的最后一位胜出者。继位性质为父死子继。是接其父小乙的帝位。武丁在位的 59 年间，因为武丁的文治武功，殷代达到鼎盛阶段。特别是作为王朝治理结构制度设计的分封制的推行，使殷代的治国理政制度不仅回归到成汤体制，而且有所超越。自武丁以后，殷代中期因实施战略收缩经略不得不执行的王室推举制终于完成使命而退出历史舞台，成汤当年制定的父子相传的王位继承制度得以回归，武丁逝后，是其子祖庚、祖甲依次即位，而不再需要王室成员共议推举。

武丁逝后，葬在殷都大邑商——今安阳市殷墟侯家庄武官村北部的西北岗王陵。据杨锡璋先生推断，其中四墓道的 HPKM1001 号大墓【注 74】即是武丁陵墓（这在前面已经记述过）。由此，可推断位于今河南省西华县城东北 15 公里处的田口乡陵西村的殷高宗墓可能不是真墓，其两侧的傅说和甘盘墓可能也不一定为真。

【三十四】未立先逝的武丁太子孝己传记

孝己，谱名晅 (亦有文献谓武丁太子孝己姓子名弓，被魏晋谱书《殷氏家传》斥为妄说)，祭祀名祖己 (不是《史记·殷本纪》中作《高宗肜日》的祖己，孝己和《史记·殷本纪》中的祖己是两个同名的人，孝己在卜辞中共有"祖己""小王""兄己""小王父己"四个称谓)。孝己为武丁长子，立为太子，未即帝位先逝。孝己为子姓商族二十五世、子姓商族殷氏二十世、殷代王室十二世。孝己排在武丁之后受周祭，因而在甲骨周祭祀谱中，看不出孝己未即位先逝的情况。然而，由文献可知，被立为太子的武丁长子，因性至孝，故称孝己。孝己因其母早死，父武丁惑后妻之言，放于荒野，于武丁二十五年，未即位先逝。按殷代的周祭制度，只要立为太子，即使先逝，未能即位为帝，也和即位一样，可以享受周祭的待遇，因此，在周祭祀谱中，被排在武丁之后受周祭。但孝己和未立先逝的成汤之太子太丁不同，太丁虽未即位先逝，但有子太甲即位为帝，故太丁享受直系先王的待遇，而孝己无子即位，故只能享受旁系先王的待遇。

笔者在《殷代史六辨》第 173—174 页 (中国文史出版社，2015 年 3 月，第 1 版) 中曾撰有《武丁之太子"孝己"考》专文，现抄列于下，供读者参考。

武丁之太子"孝己"考
(摘自《殷代史六辨》，摘抄时作了个别文字改动)

首先要说明的是，武丁之长子孝己就是常玉芝女士著《商代周祭制度》一书第 134—135 页《周祭中的商先王先妣世次》(中国社会科学出版社，1987 年版) 中的"祖己"，但不是《史记·殷本纪》中记载的于武丁崩祖丁即位以后作《高宗肜日》及《训》以嘉武丁的"祖己"。

孝己为周祭祀谱中殷代自成汤记起的第 12 世第 22 王 (因立为太子，虽未立而卒，但和即位为帝一样享受周祭待遇，故也算一王)。孝己为武丁之太子，未立而卒。依殷代周祭制度，只要立为太子，便与即位为帝一样，故进入周祭祀谱，受到后世王的周祭。因孝己 (祖己) 未立而卒，故一般文献未将其列入殷帝之列。学界一般认为：今本《竹书纪年》记载，于武丁二十五年卒于野的"孝己"，就是常玉芝女士著《商代周祭制度》一书第 134—135 页《周祭中的商先王先妣世次》中的"祖己"，也即《史记·殷本纪》中记载的作《高宗肜日》及《训》的"祖己"。 (**笔者按**：下文将证明，学界这个认识是值得商榷的。)

孝己 (祖己) 因性至孝而得名。孝己虽被武丁立为太子，但因生母早亡，父王武丁惑后妻之言，放之于野，卒于武丁二十五年。关于孝己为高宗太子的身份及其至孝的事迹，在《史记·殷本纪》中虽未见记载，但在其他文献中多有述及。如《荀子·性恶》之杨倞注曰："孝己，殷高宗之太子。"又《大略》云："虞舜、孝己，孝而亲不爱。"《庄子·外物》也记之曰："人亲莫不欲其子之孝，而孝未必爱；故孝己忧而曾参悲。"《吕氏春秋·必己》也有同样的记载："亲莫不欲其子之孝，而孝未必爱；故孝己疑，曾子悲。"其高诱注曰："孝己，殷王高宗之子也。"《帝王世纪》则记述得更详尽："初，高宗有贤子孝己，其母早死，高宗惑后妻之言，放而死，天下哀之。"《战国策·秦策》《世说新语·言语》等文献中也有关于孝己身份和其至孝事迹的记载。

　　目前学界认为上述诸多文献中述及的"孝己"就是"祖己"的观点，主要缘于甲骨文，也缘于《史记·殷本纪》。即是说"孝己"即"祖己"的观点是《史记·殷本纪》中的"祖己"和甲骨卜辞中的"祖己"（帝乙、帝辛卜辞中的称谓，《甲骨文合集》35865）、"兄己"（祖庚、祖甲卜辞中的称谓，《甲骨文合集》23477）、"小王"（《甲骨文合集》20022）、"小王父己"（康丁卜辞中的称谓，《甲骨文合集》28278）等诸多称谓的结合，但应该指出，《史记·殷本纪》中的"祖己"与甲骨卜辞中的"祖己""兄己""小王""小王父己"等称谓，多半不是同一人。因为按今本《竹书纪年》的记载，武丁二十五年孝己已死，武丁二十九年才发生《史记·殷本纪》谓"有飞雉登鼎耳而呴，武丁惧"的特异事件。而后才有《史记·殷本纪》记载的祖己训王曰："王勿忧，先修政事。"《史记·殷本纪》又记曰："帝武丁崩，子帝祖庚立。祖己嘉武丁之以祥雉为德，立其庙为高宗，遂作《高宗肜日》及《训》（按：这里的《训》即今本《竹书纪年》误记为祖庚作的《高宗之训》）。"这件事在《尚书·商书·高宗肜日·序》中也有记载："高宗祭成汤，有飞雉升鼎耳而雊。祖己训诸王，作《高宗肜日》《高宗之训》。"显然，武丁二十九年利用"武丁祭成汤时有飞雉登鼎耳而鸣叫"这件事来规劝武丁修政行德的祖己不可能是武丁的儿子孝己。一是因为，孝己已于四年前死去，人死不能复生；二是因为，从《史记·殷本纪》和《尚书·商书·高宗肜日·序》中记载的祖己对武丁训诫的口气来看，这个祖己的身份只能是朝中有威望的重臣，绝非武丁之子孝己，不用说其时孝己早亡，即使在世，他也不敢在父王武丁面前讲训诫的话；三是因为，从《史记·殷本纪》的记载知，祖己是在武丁崩祖庚即位以后，才作《高宗肜日》及《高宗之训》，以嘉武丁之以祥雉为德并立其庙尊为高宗的，我们知道，祖庚之所以能即位为帝，是因为其兄太子孝己已于武丁在世时先亡，因此《史记·殷本纪》中记载的于武丁崩祖庚即位以后作《高宗肜日》及《高宗之训》以嘉武丁的祖己绝非武丁之子孝己。为了不至于将卜辞中的"祖己""兄己""小王""小王父己"等称谓与《史记·殷本纪》中的"祖己"相混淆（众所周知，卜辞中的"祖己""兄己""小王父己"等称谓显然是指文献中记载的未立而卒的武丁的太子孝己），笔者建议常玉芝女士将《商代周祭制度》一书第134—135页《周祭中的商先王先妣世次》中的祭祀名"祖己"修改为"孝己"为好。

【三十五】殷帝祖庚传记

　　祖庚(公元前1201年庚申—前1195年丙寅,在位7年),武丁次子,孝己之弟,祖甲之二兄,谱名曜,祭祀名祖庚,于元年庚申即位于殷。祖庚为子姓商族二十五世、子姓商族殷氏二十世、殷代王室十二世。今本《竹书纪年》称祖庚在位十一年陟,《通鉴外纪》与《太平御览》卷八三引《史记》均说:"祖庚在位七年。"在甲骨周祭祀谱中,祖庚受周祭,其配偶不受周祭,祖庚为旁系先王。

　　祖庚是直接继承其父的王位,而不再似其父武丁上位时那样需要王室成员集体共议推举,即是说从祖庚上位起,殷代中期执行的王室推举制的王位继承制度不再执行,成汤制定的父终子继的王位继承制度得以回归。

　　在卜辞中,祖庚还有"兄庚""父庚"的称谓。如在祖甲卜辞中,称祖庚为"兄庚"(《甲骨文合集》23477);在康丁卜辞中,称祖庚为"父庚"(《甲骨文合集》27425)。

　　祖庚逝后,葬于洹水北岸武官村、侯家庄西北之殷墟王陵区。经杨锡璋先生考定,王陵区 HPKM1550 号大墓即祖庚之墓【注74】。

　　祖庚逝后,由其弟祖甲接位。

【三十六】殷帝祖甲与配偶妣戊传记

祖甲（公元前 1194 年丁卯—前 1162 年己亥，在位 33 年），武丁三子，孝己、祖庚之弟，谱名载，祭祀名祖甲，于元年丁卯即位于殷。祖甲为子姓商族二十五世、子姓商族殷氏二十世、殷代王室十二世。今本《竹书纪年》称祖甲在位三十三年陟，《通鉴外纪》与《太平御览卷八三引《史记》均说："祖甲在位十六年。"在甲骨周祭祀谱中，祖甲与其配偶妣戊都受周祭，祖甲为直系先王。在甲骨文中，称祖甲之宗庙为"祖甲旧宗"（《甲骨文合集》30328）。

对祖甲政绩的评价，史有两种观点，褒贬不一。

一种观点，认为祖甲淫乱，且破坏了本已恢复的嫡长子继承制，为王位的平稳过渡埋下了隐患。比如《史记·殷本纪》就认为："帝祖庚崩，弟祖甲立，是为帝甲。帝甲淫乱，殷复衰。"可见，司马迁认为，祖甲淫乱，是没有什么政绩的。即是说，在司马迁眼里，殷商王朝后期，由武丁时期的鼎盛转衰是从祖甲的淫乱开始的。《国语·周语下》也说："玄王勤商，十有四世而兴，帝甲乱之，七世而损。"其意思是说，自殷商始祖玄王契开始，苦心经营商族大业，历十四世，终于殷革夏命，使商族大兴，后来，因祖甲淫乱，只历七世就亡国了。

而另一种观点则认为，祖甲是有作为的殷帝之一。学界将其有作为的政绩，称为"祖甲改制"，读者如果想了解"祖甲改制"的详细情况，请参阅本书《卷二·第十章（祖甲改制）》。认为祖甲有作为的立论根据有如下五点。

①祖甲在未即位为帝之前就有高尚的德行，即位后非常注意修德养民

武丁长子太子孝己逝后，次子祖庚被立为世子，但后来武丁偏爱幼子祖甲，欲改立幼子祖甲为世子。而祖甲认为，父亲欲废兄长祖庚而立自己不义，是违礼之举，如果强行废立，就可能因王位继承问题引起王朝政局不稳，但又不敢忤逆父意。于是他效法父亲武丁当年之举，离开王都，逃往民间，长期过着平民的生活，因而非常清楚民众的疾苦，在即位后的 33 年间，能修德养民，从不歧视孤寡无依的民众。因此，深受后世佐成王兴周的周公姬旦的称赞，周公将祖甲与殷中宗太戊、殷高宗武丁、周文王姬昌等殷周圣贤之君并列在一起来歌颂。这项史实有《尚书·周书·无逸》为证 **[注95]**。《尚书·周书·无逸》中，周公姬旦将祖甲与殷中宗太戊、殷高宗武丁、周文王姬昌等殷周圣贤之君并列在一起来歌颂的大意（白话译文）如下述。

周公对成王说："我听说，殷代除开国大帝成汤之外，有三位了不起的守成帝王。他们和我们的周文王姬昌一样，都是圣贤之君，非常值得我们学习：第一位是殷中宗太戊，他严肃谨慎，敬畏天命，治国养民，小心翼翼，能自我约束，不敢荒芜工业放纵行事。因此，他享国 75 年。第二位是殷高宗武丁。他即位前，长期在民间生活，跟老百姓一同劳动，即位后，守孝期间，沉默寡言，三年不随便讲话。正因为他不随便讲话，一讲起来，就很和谐。他一生不敢荒芜王业放纵行事，终于使国安邦定，将殷商王朝推向鼎盛阶段。其时，小民大臣都没有怨言。因此，他享国 59 年。第三位是殷高宗武丁的儿子祖甲。他原来就认为父王要废兄祖庚立他为世子不义，但又不敢忤逆父意，故逃往民间，跟底层民众一起劳动，做过很久的平民百姓。他即位后，就知道小民所依附的是什么，就能够保养和安抚小民，对于鳏寡无依的人也不敢轻慢。因此，他享国33年……"

周公最后总结性地对成王说："从殷中宗太戊，到殷高宗武丁，到殷帝祖甲，再到我们的周文王，这四位都是虚怀若谷、闻过则喜的殷周圣贤之君。如果有人向他们提意见说，老百姓在怨恨咒骂他们，他们就更加检束自己的行为；如果有人举出他们的过错，他们不但不怀怒，而且虚心地接受说：'我的过错确实是这样，以后一定改。'我们做君王的人，一定要好好地向他们这四位圣贤之君学习。"

②**祖甲在位期间，体察民情，加强法制**

为了限制贵族对民众的过分榨取，减轻老百姓的负担，缓和阶级矛盾，祖甲以重作汤刑名义，颁布了中国第一部成文法典。今本《竹书纪年》记载："（祖甲）二十四年，重作汤刑。"

③**祖甲在位期间，改革旧制，推行新政**

如改革历法，创新祭祀制度等。我们现在用以订补《史记·殷本纪》世系记载错误、得以窥视殷代王位更替全貌的周祭制度就是祖甲创造出来的。原来，商族祭祀对象和祭祀顺序都很零乱，没有一定的规律。祖甲即位后，创造出"周祭"之法，按照商王（殷帝）及其法定配偶世次、庙号的天干顺序，以固定的祭祀方法周而复始地轮流致祭，使殷人的祭祀系统更加严密规范。祖甲创立的周祭之法是祖先崇拜和宗教制度相结合的最好体现，是最具特色的祭祀系统。

④**祖甲之后，成汤制定的嫡长子继承制得以真正恢复**

为了进一步加强王权，使王位继承制度与其父开创的"武丁盛世"相适应，祖甲在推行"祖甲改制"新政的同时，决定全面恢复成汤制定的嫡长子继承制。殷末的几代能坚行成汤制定的嫡长子继承制与祖甲强势推行有很大关系。一些学者抓住祖甲弟继兄位破坏了本已恢复的嫡长子继承制不放，据此推断司马迁《史记·殷本纪》谓祖甲"淫乱"属实，直接导致殷亡的观点是很片面的。

⑤**祖甲在武丁的基础上，继续开拓边疆**

今本《竹书纪年》记载："（祖甲）十二年，征西戎。冬，王返自西戎。（祖甲）十三年，西戎来宾。命邠侯组绀。"邠侯组绀又名公叔祖类，是约190年前首次接受殷帝祖乙册封的周人邠侯高圉的孙子，祖甲敢对有"西戎一霸"之称的周人邠侯组绀【注96】发号施令，说明他当时在诸侯百族的心目中，有很高的威望。

祖甲逝后，葬于洹水北岸武官村、侯家庄西北之殷墟王陵区。经杨锡璋先生考定，王陵区HPKM1400号大墓即祖甲之墓【注74】。

祖甲逝后，《史记·殷本纪》记载，由子廪辛接位，但周祭祀谱中，不见廪辛，而排在祖甲后受周祭的为庚丁（康丁）。由此，可推知，廪辛不曾为王，是《史记·殷本纪》误记，实际接祖甲之位的是庚丁（康丁）。魏晋谱书《殷氏家传》中列出的殷代17世27王中也没有廪辛。据文献记载，祖甲配偶一胎产孪生子二，先产者居长，取名嚣，即接祖甲之位的庚丁（康丁）；次产者为次，取名良。

【三十七】见于文献不见于周祭祀谱的祖甲之子廪辛传记

廪辛（今本《竹书纪年》《汉书·古今人表》作冯辛），祖甲之子，谱名先。廪辛为子姓商族二十六世、子姓商族殷氏二十一世、殷代王室十三世。甲骨文中有"三祖辛"（《甲骨文合集》32658），郭沫若谓之为廪辛，但此"三祖辛"是否真的指代廪辛，还有待其他甲骨文材料的佐证。甲骨文中还有"父辛"（《屯南》2281四期），常玉芝谓之为廪辛。《史记·殷本纪》记廪辛为祖甲子、庚丁（康丁）兄，在祖甲逝后接位，今本《竹书纪年》亦有类似记载，但在卜辞周祭祀谱中，不见对廪辛的周祭。魏晋谱书《殷氏家传》中列出的整个殷代实际即位的17世27王中也没有廪辛的名号。因此，可推断廪辛不曾即位为帝，系《史记·殷本纪》和今本《竹书纪年》误记。

殷代史

【卷三】殷商时代人物传记

【三十八】殷帝庚丁（康丁）与配偶妣辛传记

庚丁（康丁） （公元前 1161 年庚子—前 1154 年丁未，在位 8 年），《史记·殷本纪》作庚丁，似不合理，因为其他商王（殷帝）的日名只用一个天干字，而"庚丁"叠用了两个天干字。加之甲骨文中，只有"康丁"，无"庚丁"。因此，目前学界多用"康丁"，而不用"庚丁"。"康""庚"二字形近，疑《史记·殷本纪》本来就有错，或《史记》在 2000 多年的传承过程中，因传抄或印刷转版过程中出错。为减少争议，本书两名同用，记作"庚丁（康丁）"。庚丁（康丁），祖甲之子，谱名器，祭祀名康丁，于元年庚子即位于殷。今本《竹书纪年》称庚丁在位八年陟，《通鉴外纪》说庚丁在位 6 年，《太平御览》卷八四引《史记》又说庚丁在位 31 年，《帝王本纪》则说庚丁在位 23 年，魏晋谱书《殷氏家传》认为庚丁在位 8 年。庚丁（康丁）为子姓商族二十六世、子姓商族殷氏二十一世、殷代王室十三世。庚丁（康丁）为其母一胎产二的孪生子。一名器，一名良。庚丁（康丁）之所以居长有两说：其一是魏晋谱书《殷氏家传》中的占卜贞问说，两子出生后，祖甲得知喜讯后，立即赶至产房，卜得器居长，立为太子；其二是某些文献中的说法，依产出时间先后定长次，先产出者居长，命名为器，立为太子，后产出者为一般王子，命名为良。

庚丁（康丁）及其配偶妣辛都受周祭，庚丁（康丁）为直系先王。庚丁（康丁）在卜辞中称为康丁或康祖丁。康丁庙在甲骨文中称"康祖丁宗"（《甲骨文合集》38229）或"康祖丁祊"（《甲骨文合集》35976 五期）或省称为"康祊"（《甲骨文合集》35981 五期）。

庚丁（康丁）逝，子武乙立。自庚丁（康丁）逝至殷末帝辛立，王位传承都是标准的嫡长子继承制，再也没有发生过兄终弟及等其他王位传承现象。

【三十九】殷帝武丁的恩师甘盘传记

甘盘，小乙时，甘盘即为大臣，且受小乙之聘，调教年幼的世子武丁。今本《竹书纪年》记载："（小乙）六年，命世子武丁居于河，学于甘盘。"又记载，武丁刚即位，便"命卿士甘盘"，即拜甘盘为相，总理百官。《史记·殷本纪》记载："帝武丁即位，思复兴殷，而未得其佐。三年不言，政事决定于冢宰，以观国风。"其时，武丁在边为其父守孝、边"思复兴殷"之策的三年期间，将一切政事交给总理百官的"冢宰"甘盘，可见武丁对贤相甘盘是多么信任，也可知甘盘在武丁朝中的地位之高。（参见：清雷学淇《竹书纪年义证》："《皇极经世》曰：武丁元年，命甘盘为相。然则《史记》所谓冢宰者，即甘盘已。"）甘盘告老或病逝后，由傅说总理百官。

甲骨文中有文武全才的师般，董作宾、陈梦家认为甘盘就是甲骨文宾组卜辞中的师般（董作宾：《甲骨文断代研究例》；陈梦家：《殷墟卜辞综述》）。甲骨卜辞中所见师般的记录有 70 余条，还有单称般字的卜辞 70 余条。内容大体分为三类：一是有关师般的活动，二是对师般下达命令，三是卜问师般是否有灾祸。总之，由卜辞看来，师般当为世袭武官。至于武丁朝的师般，一般认为，应既是武丁朝中期、后期的一员名将，又是武丁朝中期、后期的一名文职重臣。而甘盘主要活动于小乙时期和武丁初期，且多半是一名文臣。因此，武丁朝的师般当另有其人，董作宾、陈梦家等学者将文献中的甘盘与甲骨文中的师般对号入座可能不真。

卷三 殷商时代人物传记

殷代史

【四十】文献中的武丁名相傅说传记

傅说，武丁时期，接任甘盘，总理百官的名相。据文献记载，傅说是辅佐武丁治理国家，将殷商王朝推向鼎盛阶段的关键人才，但在甲骨文中，至今竟然无法让傅说对号入座。因此，我们对傅说业绩的记述，暂时只能从文献到文献，还不能在甲骨文中找到佐证。同时，从文献材料来看，傅说的出身也是个谜。

依《史记·殷本纪》的记载，傅说的出现，缘于武丁一梦，意为是上天将傅说这位圣人推荐给武丁，因为傅说在被"举以为相，殷国大治"之前，连姓名都没有，还是以发现地"傅险"之傅为姓，起名号为傅说的。从唯物主义观点来看，《史记》此说，当然不真。推测起来，实际情况应该是这样的：

在武丁即位之前，其父小乙为培养锻炼他，安排他到民间，和平民一起生活和劳动。武丁在民间不但了解到老百姓的疾苦，也有机会了解到藏在民间的人才。因而结识傅说，二者成为朋友。即位后，他想征召傅说，但又怕把持朝政的旧贵族反对，因为要起用流落在民间的出身低微的有识之士，必然会遭到当权旧贵族的强烈反对。于是便用"三年不语"的办法，以梦得圣人为幌子，假借受天之命，提升傅说为相，总理百官。这种"天命神授"出现或出生惊世人物的故事在《史记》中也多有述及：如黄帝生而神灵、弱而能言，帝喾刚生下来就能说出自己的名字，简狄吃玄鸟蛋因孕生殷祖契，姜原出野踩巨人的脚印因孕生周祖弃，秦之先女脩织布时也因吞玄鸟蛋致孕生下大业，刘邦母刘媪息大泽之陂梦与蛟龙交合因孕产下汉高祖刘邦……显然，这是受时代所限，我们不能用现代无神论思想去苛求司马迁。

傅说任相后不负众望，他从整饬朝政入手，推行新政。他向武丁提出《傅说三篇》，作为振商兴殷的治国方略。建议武丁政治上要不分贵贱，任人唯贤；军事上要扩大兵员，强军固边；祭祀时要勤俭节约，减轻人民负担。武丁采纳了傅说的建议，并付诸实践，终于使殷国大治，殷道复兴。

傅说长期生活在山西南部一带，了解民间风俗人情，熟悉地势地形和方国部族分布等情况，在军事上有其优势，适应了武丁在西北用兵的需要。殷墟宫殿宗庙建筑规模宏大、雄伟壮观，其中有不少是武丁时代的建筑。傅说在傅险从事版筑，是建筑业方面的专家，正好是武丁大搞宫殿宗庙建设、加强都城市政建设的急需人才，这也应是傅说能被破格提拔重用的重要原因之一。

傅说逝后葬在其故里今山西平陆县圣人涧马跑泉边，家乡人民曾为他建过三座"傅相祠"。

由于傅说不能在甲骨文中对号入座，一些知名学者在某省级电视台细说殷商史的视频节目《隐秘的细节》中不仅断然否定傅说的真实存在，而且面向广大观众对多种文献记载的武丁名相傅说作出下述过于诋毁的评价，笔者认为起码是不慎重的。在学界学术圈子里说说犹可，到电视台上去面对社会大众公开宣讲就不合适了。下面引用的是这些学者在某省级电视台该视频节目中面向社会大众不实事求是诋毁历史人物傅说的原话：

"隐秘的细节所透露出的真相是无情的。傅说这个人，除了被发现的故事和拍马屁的顺词以外，任何史书上从来没有记录过他做过的任何一件事儿，这一定不是因为史书漏记，因为在卜五万片甲骨卜辞中，黄力师士的傅说的名字，（竟然）一次都没有出现过（这就等于直接否定了傅说这个人物的存在）。傅说的故事，在任何时代都是违背用人的起码常识的。（**笔者注**：这些知名学者在省级电视台上竟然说出这样的话，除了批评武丁指鹿为马的用人不当之外，言外之意也是令人深思的。）如果它是真的，那么我们能够看见的，并不是武丁起用平民的善意，而是武丁指鹿为马时，面对宗族百官挑衅的表情。可怜的囚徒傅说只不过是个道具，武丁用这一极端的行为，对习惯了分享权力的王室宗亲，进行了一次智商测试，这人是我梦见的，我说他是圣人（就是圣人），你们说呢？……测试的结果是，王室宗亲接受了武丁开出的交易条件，比如，武丁的叔父曼就被封到了南阳附近的邓国，当然，这个条件也是足够优厚的，当这些宗亲习惯了享有自己独立的城邑，开始感到幸福快乐的时候，武丁听到了响彻朝野的颂歌，这是殷商王室新秩序的起点。"

联想到这些学者在同一视频节目中勉强将甘盘与甲骨文中的"师般"对号入座，并将与甲骨文中的"师般"对号入座的甘盘打扮成能文能武的能臣，显然与历史上的真实文臣名相甘盘也是不符的。下面引用的也是这些学者在某省级电视台同一视频节目中面向社会大众不实事求是褒扬历史人物甘盘的原话：

"武丁这位曾经涉足民间的世子，即位之后做的第一件事，就是任命自己的平民老师甘盘，担任了主持朝政的卿士（总理百官）。……考古学家们在甲骨卜辞中，多次找到了有关甘盘的记录，在甲骨文中，甘盘被称作师般，写有师般的卜辞中，最经常出现的是取这个字，比如呼师般取朋，呼就是商王武丁发出命令的意思，朋就是贝币，取这个字的意思……就是盘点货物、计算钱款的意思。为什么用取这个字，《荀子》注释中的解释就是收取贡赋。……殷商的祭司们，用大量龟甲兽骨对甘盘工作的结果进行了占卜，师般为庞国移民的事情会顺利吗？师般带人住北奠吉利吗？……甲骨文中到处都是高级打工仔甘盘忙碌的身影。他不但要去视察新建的城邑，还要负责向这些新城移民收取纳贡，当（军事）冲突发生的时候，他还要带兵打仗。"

从这些著名学者在某省级电视台上，对殷商王朝武丁盛世时先后相继为相的两位历史人物**甘盘**和**傅说**，作出一个褒得听起来让人肉麻、一个贬得狗屎不如的评价，笔者以为，他们作为新中国的一代知名学者，在作为新时代中国特色社会主义舆论阵地的某省级电视台上，竟然偏离学术研究轨道，面向社会大众公开如此不实事求是地宣讲，应只是哗众取宠而非历史唯物主义的态度。

殷代史

【卷三】殷商时代人物传记

【四十一】武丁和祖庚两朝重臣祖己传记

祖己，既见于文献，又见于甲骨文，甲骨学界有人将甲骨文中祖己与武丁之太子孝己对号入座，又认为甲骨文中"祖己"与《史记·殷本纪》中作《高宗肜日》的"祖己"为同一人，都是指武丁之太子孝己。笔者不同意此说，理由已在前文《未立先逝的武丁太子孝己传记》中专门讨论过，这里不再赘述。笔者在这里述及的"祖己"专指《史记·殷本纪》中作《高宗肜日》的"祖己"，而不是武丁之太子孝己。

祖己，是武丁和其子祖庚两朝德高望重的老资格重臣，这种老资格重臣的身份是武丁之太子孝己绝对不可能具备的 (祖己告诫武丁如同后世比干之谏帝辛，施谏者首先得有老资格的身份)。甲骨文中的"祖己"是指代《史记·殷本纪》中作《高宗肜日》的"祖己"还是指代武丁之太子"孝己"，笔者没有作过专门研究。王国维说殷商"无臣子称祖之理"和以日干为名"皆先王之名，非臣子袭用"，虽有一定道理，但若朝中"祖己"是比武丁辈分更高的殷商王室之人，用"祖己"作名甚至作日名，恐怕也不是不可以，因为迄今为止，还没有日名只为商王专用的确证。始于夏、盛行于殷的"日名制"，直到周孝王姬辟方以后才为"谥号制"所取代，是人所共知的事实。现在的问题是殷商时代除了帝王可用日名以外，一些有身份的大贵族甚至一些普通贵族乃至平民有没有资格也普遍使用日名的问题。对此，笔者虽然没有作过专门研究，但出土青铜器上铸有"父丁鼎""虎父丁爵""鱼父丙爵"、武丁的三位配偶也有"妣辛""妣癸""妣戊"等类似日名的称谓，似乎意味着殷商时代的日名也不是帝王专用的。既然后世有威望的臣民可以像帝王一样有谥号，那么在盛行日名制的殷商时代，像祖己这样有身份的贵族重臣有日名"祖己"恐怕也不是不可能，即是说"王国维说"——殷商"无臣子称祖之理"和以日干为名"皆先王之名，非臣子袭用"，也未必是圭臬。

对祖己作《高宗肜日》的前因后果，《史记·殷本纪》作如下记载：

帝武丁祭成汤，明日。有飞雉登鼎耳而呴，武丁惧。祖己曰："王勿忧，先修政事。"祖己乃训王曰："唯天监下，典厥义，降年有永有不永，非天天民，中绝其命。民有不若德，不听罪，天既附命正厥德，乃曰其奈何。呜呼！王嗣敬民，罔非天继，常祀毋礼于弃道。"武丁修政行德，天下咸驩（"欢"的异体字），殷道复兴。

帝武丁崩，子帝祖庚立。祖己嘉武丁之以祥雉为德，立其庙为高宗，遂作《高宗肜日》及《训》。

《史记·殷本纪》中这段话的意思如下：

帝武丁祭祀成汤的第二天，有野鸡飞来站在鼎（祭具）耳上鸣叫，武丁很害怕。祖己说："王不要忧愁，先搞好政事要紧。"祖己于是告诫王说："上天观察下民，主要看他们的行为是否合乎道理，上天赐给人的寿命有长有短（有的人寿命短是由于他们的行为不合道理），并不是上天要使人夭折，债人的性命中断。有的人不顺道理，又不服罪，等到上天已给按照他的表现给了他相应的命运，才后悔说怎么办呢，这就已经迟了。唉！王应该慎重对待民事，大家都是上天的子民，在按常规举行祭祀的时候，礼仪不要不合乎道理。"武丁虚心采纳，立即按照祖己的告诫去做。改善政治，布施恩惠，天下的人都很喜欢，殷代国势又重新兴盛起来。

　　帝武丁逝后，儿子帝祖庚继立。祖己赞美武丁能由于吉祥的野鸡鸣叫而修德行善，为他立了庙，尊称其为殷高宗，于是作了《高宗肜日》和《高宗之训》两篇文章，既用以歌颂武丁，又用以启迪后世（今本《竹书纪年》记载，祖庚即位时，作"高宗之训"，显然是将祖己作《训》误记为祖庚作《训》）。

　　在上述《史记·殷本纪》这段引文中，说得很清楚：祖己告诫武丁的事发生在武丁生前，而作《高宗肜日》以嘉武丁的事发生在武丁逝后。这说明，在武丁逝后，祖己还健在，所以才能作《高宗肜日》和《高宗之训》两篇文章。其时，太子孝己早死，因为继武丁王位的不是太子孝己，而是其弟祖庚。人死不能复生，已死的孝己又怎么能在父亲武丁逝后复活作歌颂父亲的《高宗肜日》和《高宗之训》两篇文章呢？因此，可断定：在武丁生前从"高宗肜日"这偶然事件借题发挥告诫武丁的祖己绝对不是武丁的长子孝己，即使孝己也有日名"祖己"，也只是同名而已。即使孝己未死，他也不敢以《史记·殷本纪》中记载的"老臣"的口气告诫自己的父亲。故《史记·殷本纪》中的"祖己"非武丁、祖庚两朝的重臣莫属。

【四十二】殷帝武丁的配偶妇好（妣辛）传记

妇好，进入甲骨周祭祀谱的武丁配偶之一，庙号为辛，祖庚、祖甲称其为母辛（《甲骨文合集》23116）、乙辛，出土铜器铭文中称其为后母辛，甲骨周祭祀谱中称其为妣辛（《甲骨文合集》36255）。进入甲骨周祭祀谱的武丁配偶有三位：妣辛、妣戊、妣癸。妣辛在妣戊、妣癸之前受祭，说明妇好是武丁的正妻（正后）。在本卷前文《殷帝武丁与配偶妣辛（妇好）、妣戊、妣癸传记》中，为殷帝武丁立传时，已经提到过妇好，为什么还要单独为妇好立传呢？这是因为妇好有独特的军事才能，号称"中华第一女帅"，故为之单独立传。

妇好是中国历史上第一位女性军事统帅，有人称她为"中华第一女帅"，也是名副其实的。妇好还是一名女政治家，是武丁朝统治集团的重要成员，同时也是一位贤妻良母，深受武丁的宠爱和祖庚、祖甲的爱戴。出土的大量甲骨卜辞表明，在武丁对周边方国、部族的一系列战争中，妇好多次受命代商王（殷帝）征集兵员，是屡任征战沙场的将军和统帅，为殷商王朝拓展疆土立下汗马功劳。曾统兵一万三千人攻打羌方，俘获大批羌人，成为武丁时一次征战统兵最多的将领，有《英国所藏甲骨集（上编）》150 正、《甲骨文合集》176 为证。参加并指挥过对羌方、土方、巴方、尸方等周边方国、部族的重大战争，著名将领沚馘、侯告等常在其麾下受其统率。在对巴作战中，率领沚馘布阵设伏，断巴方军退路，待武丁自东面击溃巴方军，将其诱入伏地，予以歼灭，成为中国战争史上最早的伏击战例，有《甲骨文合集》6480、6478、6479 等为证。在以"国之大事，在祀与戎"为国策的殷代，妇好还经常受命主持祭天、祭先祖、祭泉神等各类祭祀活动，同时兼任占卜之官，有甲骨文合集》2609、2607、2641、5532 反、2656 正、938 反、2658 正、8044 等为证。

殷代的武功以殷高宗武丁时代为鼎盛。武丁通过一系列战争，不仅收复了殷代中期丢失的所有国土，其版图甚至比开国大帝成汤时期还扩大了许多，而为武丁带兵东征西讨的大将就是妇好。值得注意的是，妇好虽是武丁的原配之一（武丁先后立过三个正后，还有六十多个嫔妃），但并不和武丁住在一起，而是经常待在自己的封地，她有自己的封地和财产，这种现象在后来的中国历史上再也没有出现过。不过在当时似乎是个普遍现象。武丁的妻妾兼女将军除了妇好以外还有好几个，有名字记载的还有一位妇妌，也曾率师远征。妇妌被封在井方，也就是今天的河北邢台。

然而可惜的是，妇好不幸在 30 多岁时就去世，妇好去世时武丁十分悲痛，为她建造了巨大的陵墓，并举行隆重的葬礼，陪葬物更是非常丰盛，这在殷代也是十分少见的。

安阳殷墟妇好墓发现于 1977 年。此后，曾引起学术界一阵热议。王宇信、张永山、杨升南、李学勤、严一萍、张政烺、曹定云、郑振香、丁山、唐兰、张亚初、裘锡圭等相继发表文章，对妇好墓的墓主人的身份和生平进行讨论。2010 年，韩江苏、江林昌在宋镇豪主编 / 韩江苏、江林昌著《商代史·卷二（〈殷本纪〉订补与商史人物徵）》（中国社会科学出版社，2010 年 12 月第 1 版）第 312—330 页，用了 18 页的篇幅，对妇好墓墓主人妇好的身份和生平进行了进一步考察。综合以往学者对妇好的研究，目前已经确认的如下述：

卜辞中多达百条上下的"妇某"，如妇好、妇妌、妇娘、妇喜等，是指一位具体的女性，而不是指一类人。即"妇某"是人名，由表示身份的"妇"和表示来源的"某"共同组成。也就是说"妇某"的"妇"是官名，表示身份，"妇某"的"某"是代表该女性来自母国或母部族所在的名称。具体到安阳殷墟妇好墓的墓主人"妇好"，就是甲骨文中武丁的正后妣辛，她是武丁朝统治集团的重要成员，而且是武丁朝屡战沙场的女将军，也是中国历史上第一位女性军事统帅。目前，学界多数学者倾向于认为妇好的"好"字应读为"子"音，"妇好"应该读为"妇子"。许多学者对读如"子"的"好"字进行过深入的研究。曹定云在《"妇好"乃"子方"之女》【注97】论文中认为读作"子"音的"好"字，是妇好所在母国的国号。他说，子方称子伯，子方是殷代的一个方国，子方将女子送至天下共主殷商王朝宫中并任"妇"职，故被送女子就叫"妇子"也就是妇好。曹定云在该文中还从妇好墓挖掘前后学界的"热议"中总结出三种意见：一是认为妇好之"好"指的是姓，丁山、唐兰、张亚初持这种观点；二是认为妇好之"好"是族氏，裘锡圭持此观点；三是认为妇好之"好"为名，李学勤持此观点。总之，综合以往学界的意见，可知"妇"是官名，"好"是指一位具体的女性，妇好就是武丁的正后妣辛。

本节关于甲骨文中"妇某"称谓和"妇好"生平的讨论，就是综合以往学者对妇好的研究，在对其身份确认的基础上进行的。因为妇好是文献中没有记载的纯甲骨文中的人物，在一般殷商史著作中，都不得不引用大众看不懂的大量甲骨卜辞，对其进行记述，而这又是与本书"面向大众"的著述目的不相容的。因此，本节尝试避开艰涩难懂的大量甲骨卜辞，改用通俗易懂的文字，向社会大众介绍纯甲骨文中人物妇好的生平和业绩。对笔者来讲，这也是乡下人吃海参（头一回）之事，广大读者可能满意，也可能不满意，请大家读后，多提宝贵意见，以利以后修正。

【四十三】武丁朝异族名将戜或沚戜传记

　　戜或**沚**戜是武丁朝名将，也是纯甲骨文中的人物，常在妇好麾下受妇好指挥出征。有了上节用通俗文字向社会大众介绍纯甲骨文中人物妇好的编辑经验，现在向社会大众介绍戜和沚戜的事，就容易多了。戜为地名或邦族名，也为人名，即戜邦族的首领名。卜辞中有一个"沚"字，意指沚邦族或沚地，它与戜或戜族相邻，屡屡受到土方等邦族的侵扰。卜辞中沚戜联用的"戜"字为人名，当为沚方的首领名。于省吾甚至疑沚戜就是傅说，因为其在甲骨文中屡见，他曾带兵从武丁及妇好征讨过土方、印方、子方等多个邦族。卜辞中出现沚戜联用的内容多达 200 余条，单独出现戜的内容也有 100 多条，可知其为武丁时期殷商王朝屡屡参与征讨活动之重臣、名将，是为殷商王朝护守西方和西北方边疆的一位重要异姓诸侯。

　　学界通过对卜辞的深入研究，终于搞清了武丁特别重用这位沚方异姓名将的原因。原来沚方位于军事要冲，其战略地位非常重要，它是殷商王朝西土战略防御体系中的重要组成部分，沚方臣服与否，直接关系到武丁时期的势力在西部地区的强弱，故武丁将沚人征服并加以重用。

【四十四】武丁朝异族名臣望乘传记

　　望乘，望是部族名或地名，乘是人名。望乘即是臣服武丁的望部族首领名。望部族曾与殷商王朝为敌，后被武丁征服，其首领望乘成为武丁的大臣。甲骨文中，不见望乘参与王室祭祀之事，仅见他致送羌人用于祭祀祖先，说明望乘是异姓诸侯。望乘南征北战，为殷商王朝边境的安全做出很大贡献。望乘自己虽然从不参与殷商王室的祭祀，但卜辞记载，望乘的妻子可以破格参与商族的祭祀活动，如参与向祖乙告祭（《甲骨文合集》32897）。按成汤"殷商并用，族号称商，国号称殷"的族规，外族诸侯和亲属是不能参与商族的祭祀活动的，望乘的妻子可以破格参与，说明望部族与殷商王室有婚姻关系。甲骨卜辞中有关望乘的记载多达200余条，说明，外族异姓贵族望乘不仅服务于殷商王室，更是为殷帝国征讨反叛、戍守边境的重要大臣。关于望地的地望，迄今，考古界似还没有发现可靠的资料。

【四十五】武丁朝同姓诸侯兼重臣雀、戉、禽传记

　　在本书"卷二第九章"，我们曾经介绍过，为了改变殷商王室宗族内部成员的利益分配方式，加速殷商王朝财富向王室核心家庭集中的过程，武丁面壁思索三年以后，完成了作为王朝治理结构制度设计的关键举措——推行分封制。根据甲骨文的记载，武丁分封了超过 50 位侯爵和将近 40 位伯爵。其中大部分是殷商王室中坐享其成的王子，这些王子有了自己的封地以后，逐渐成为各霸一方的殷商王室同姓诸侯，他们中的多数只要定期向武丁纳贡就行了，其中也有一些出类拔萃者，他们不仅成为同姓诸侯，而且成为重要的军事将领，甚至成为朝廷重臣，**雀、戉、禽**就是其中重要的三位。

　　雀，具有非凡的军事才能。武丁将其封到王都西部的灵石、霍州一带，就是因为那里地理位置重要而且方国众多，武丁想利用雀的军事才能，加强其统治。从卜辞来看，雀共有近 400 条卜辞记录。雀是武丁朝重要人物，他参与祭祀和战争，并受到武丁的特别关心。作为臣属，雀也要向武丁纳贡。从卜辞来看，雀拥有自己的军队，雀参与了武丁早期、中期的对外战争或平息同姓诸侯的叛乱，主要是为武丁经略西土边疆。雀作为军事将领参与的战争有：在殷商南土的征战，如《甲骨文合集》20576 正等；对西土羌方等部族方国的战争，如《甲骨文合集》20404、22317 等；对亘的战争，雀迫使亘人臣服于殷商，如《甲骨文合集》20393、20383、20384、20379 等；对谭方的战争，如《甲骨文合集》8632、6931 等；对基方的战争，如《甲骨文合集》6573、6571 正等；对缶的战争，如《甲骨文合集》6989、20526、6860、6834 正、1027 正等；对先方的战争，如《甲骨文合集》53、7016、7020 等；对祭、犬方、毋侯的战争，如《甲骨文合集》1051 正、6979、6971 等；对望戉、微伯、陟、目、桑、侯任的战争；等等。

　　戉，武丁时期殷商王室的同姓部族、同姓大臣，其地在商王都西部，胡厚宣认为其地在今山西平陆县东北。戉在武丁时期曾发动过背叛殷商王室的叛乱，被武丁派雀去征服了。戉被征服后，臣服殷商王室中央政府，为殷商王室奔波效力，参与了武丁对外的一系列战争，成为专事为殷商中央政府对外征伐的同姓部族。有关戉的卜辞共有 200 多条。戉作为军事将领参与的战争如：对异族沚毗未臣服前的战争，如《甲骨文合集》4284；对湔方的战争，如《甲骨文合集》6567、8616；对舌方、土方、羌的战争，如《甲骨文合集》6376、6452、22043 等。

　　禽，是武丁朝的一位重要人物，有关禽的卜辞共有 400 多条，他外专征伐，内管祭祀。禽曾发动过背叛殷商王室的叛乱，被平息后臣服。禽参与王室祭祀的卜辞如：《甲骨文合集》14370 丁、4055 正等。禽参与王事的卜辞如：《甲骨文合集》5480、4068 等。禽也参与了武丁对外的一系列战争：如对舌方的战争、对羌方的战争等。

【四十六】武丁朝重要军事将领亚启传记

　　亚启，文献中不见记载，殷墟妇好墓出土青铜器铭文中有"亚启"的记载。陈梦家说"亚"是一种武职官名，王宇信、杨升南谓"亚某"的"某"是人名。亚启是武丁时期的重要军事将领，享有较高的政治地位，参与武丁朝的政事，与妇好的关系密切。亚启将自己的礼器敬献给妇好，故妇好墓中出土有带"亚启"铭文的青铜器。曹定云认为亚启就是武丁的第四子子启，并认为其封地在离殷都较近的北面或东北面，但魏晋谱书《殷氏家传》排谱中未见武丁有名叫"启"的儿子的记载，故曹定云说不真，因为魏晋谱书《殷氏家传》主要记载上起殷商王室成汤下迄殷末王室直系后裔陈郡长平殷氏门中人魏章武太守、西晋荥阳令殷褒之间的世系（自殷亡至汉北地太守殷续之千余年间，魏晋谱书《殷氏家传》的世系记载因偏颇于被后世史家颂扬的微子，显然有不少失真之处，但对成汤至帝辛的殷商王室十七代世系的记载大多与《竹书纪年》的记载一致，还是可信的）。

【四十七】祖庚、祖甲两朝杰出军事将领亚长传记

　　亚长，祖庚、祖甲时期杰出的军事将领，是"长"部族的首领在殷商中央政府为官。文献中不见亚长的记载。长部族是中国境内一个古老的民族，其身材高大故曰长。武丁时期，长部族为武丁的重要部族属国，其故地在殷商王都的西部。到祖庚、祖甲时期，长部族首领来到殷商中央政府为官，担任军事将领，称亚长。亚长出生入死，身经百战，屡立战功，被委任为高级军事统帅，最后，以身殉职，战死疆场。殷帝对其阵亡极为悲痛，以臣佐的最高礼仪规格将其安葬。亚长阵亡时，年仅35岁。2000年12月，中国社会科学院考古研究所安阳工作队在殷墟宫殿宗庙区之内花园庄东发现的54号墓即为亚长墓。该墓位于花园庄东约100米处，东距洹河约100米，南距殷墟宫殿宗庙区防御沟约50米，东南50米处是1991年发掘的甲骨坑（H3），向北约390米是大型"凹"字型建筑（殷墟博物苑），西北约500米是妇好墓。该墓出土文物极为丰富，计有青铜器、玉器、陶器等大件随葬品577件(小件未计)，是继殷墟妇好墓、殷墟郭家庄M160号墓（亚止墓）之后，又一次发掘的未经盗掘完整的殷商贵族墓葬。墓内一椁一棺，内有青壮年殉人陪葬。该墓出土的青铜礼器上，有唯一标志着墓主人身份的"亚长"两字，说明该墓就应该是祖庚、祖甲时期战死疆场的亚长之墓。对亚长的"亚"字，学界有不同的解释。曹定云认为，"亚"是一种武职官名，担任这一职官的通常是诸侯，并且往往在其诸侯部族名或私名前加"亚"字或框以亚形，此类诸侯的政治地位高于一般诸侯。

　　祖庚、祖甲时期，继续对西方用兵，征伐的对象主要是邲方和土方，亚长担任西方战区的最高军事统帅。亚长不仅指挥有方，而且身先士卒，冲锋陷阵，以致身上留有多处伤迹，在一次战斗中，英勇牺牲。商王（殷帝）得知亚长阵亡的消息极为震惊和悲痛，下令将遗体由前线运回殷都，葬礼极其隆重。随葬品有精美的青铜器、玉器等，其中青铜礼器有40件，仅次于妇好墓。为了让亚长在地下有人陪伴和照顾。商王（殷帝）下令将亚长的嫔妾侍女和身边的随从杀殉陪葬，在15具殉人中，有男有女，多数为青壮年，平均年龄约为23岁，分别埋葬在填土内、椁室内、二层台内和二层台下，另还有殉狗15条。

【四十八】重新获得殷帝册封的周人先祖邠侯公叔祖类传记

公叔祖类，《史记·周本纪》作公叔祖类，今本《竹书纪年》作组绀。姬姓，豳（今陕西旬邑）人。依《史记·周本纪》的记载，公叔祖类为第十二世周先祖，乃十世周先祖高圉之孙，也是后世周武王姬发的高祖父（参见本书本卷《最早受到殷帝册封的周族首领高圉传记》中周族之世系）。

祖甲时，公叔祖类为周族邠国的首领邠侯（周族五世先祖庆节始建豳国，即邠国，首领称"邠后"，约在公叔祖类在位的190年前，殷帝祖乙首次册封周族十世先祖"邠后"高圉为"邠侯"。从此"邠后"改称"邠侯"，周人首次臣服于殷。在公叔祖类在位的100年前，周族十一世先祖"邠侯"亚圉又获殷帝盘庚二次册封），继续接受殷帝的册封。今本《竹书纪年》记载："（祖甲）十二年，征西戎。冬，王返自西戎。十三年，西戎来宾。命邠侯组绀。"祖甲征西戎回来的第二年，西戎即派史节朝殷，同时邠侯接受殷帝的第三次册封。"西戎来宾"和"周族首领公叔祖类受祖甲册封"，这二者之间必然存在联系。

有证据表明，祖甲的这次西征是一次长达千里的漫长奔袭，殷商王室的军队第一次进入遥远的西部，战争的目的并不是获取羌人作为人牲的围猎，而是要重新划定西疆安全区的边界。今本《竹书纪年》中说，一直到这一年的冬天，祖甲才返回中原。在祖甲西征时，邠侯这颗殷帝祖乙随意播下的种子，在约190年后终于发了芽，从此，位于渭水平原北部群山中的农耕部落豳国（邠国）再也没有人能够阻止它的成长。

今本《竹书纪年》记载，祖甲西征返回的第二年，发生了两件事。第一件，是西戎的首领再次来到了殷商的都城做客（本书在《卷二·第七章·第二节》曾提到过他们作为外交使节首次来殷商做客。上次做客是来殷商祝贺的，这次则是战败后来谈判重新划分各自势力范围的边界），这说明祖甲的战争达到了让西戎部落坐到谈判桌前的目的，双方都需要在新的形势下解决冲突问题的方案。事实上，双方在此后几十年内也的确再没有发生过战争。第二件事，就是殷商王朝再次给渭水平原北部群山中的邠侯送去了册封的信物。

这时的邠国已经传到了十二世周先祖公叔祖类手上。距上一次盘庚册封亚圉已经过去了约100年，距祖乙首次册封高圉也已经过去了约190年，这一旧事重提不可能是随意的。最可信的史实，就是在祖甲军队漫长的西征行军途中，周人的邠国为殷商王师提供了军粮的补给和作战的协助，"邠"或"豳"这个农耕小国，第一次在中原的舞台上担任了重要的角色。邠国支援了祖甲的西征，邠国（即后来"改邠曰周"的周人）的付出同样是有利可图的。到了公叔祖类的后代古公亶父时代，这个深山的农耕部落终于走出了大山，迁到了岐山脚下的周原，并且把自己部落的名称改成了周。到后世的武乙三年，古公亶父迁于岐山脚下的周原终于获得宗主国中原殷商的承认。今本《竹书纪年》记载："（武乙三年）命周公亶父赐以岐邑。"

岐山在渭水平原的西端的北侧，一个农耕部落能够在这里开荒种地，兴建城邑，说明祖甲与西羌谈判约定的安全区，包括了整个渭水盆地，西羌部落已经退到了陇山以西，为这里从事农耕的周部落的发展提供了空间。

　　这就证明祖甲从安阳殷都出发的西征，至少有一部分军队曾经抵达渭水平原的西端，在没有道路的茫茫草原上，单程徒步行军的距离超过了800公里，大军离开中原，到达最靠近黄河出山口的下属城邑之后，沿黄河进入太行山，至少有500公里的路程没有任何中间补给，想象一下我们今天的徒步吧，如果没有邠侯公叔祖类的粮草支援，祖甲的大军就算能走到战场，能进行作战，也根本走不回来，祖甲回到了殷商的都邑今安阳之殷，完成了与西戎首领的谈判，嘉奖了邠国，既为殷商带来了至少30年的和平发展时期，也为渭水盆地从事农耕的周部落的发展提供了空间。

殷代史

【卷三】殷商时代人物传记

【四十九】殷帝武乙与配偶妣戊、妣癸传记

　　武乙（公元前 1153 年戊申一前 1119 年壬午，在位 35 年），庚丁（康丁）之子，谱名瞿，祭祀名武乙，于元年戊申即位于殷。武乙为子姓商族二十七世、子姓商族殷氏二十二世、殷代王室十四世。今本《竹书纪年》记载："（武乙）三十五年，王畋于河、渭，暴雷震死。"武乙在位 35 年，也符合《夏商周断代工程报告》中《夏商周年表》的说法。然而，《通鉴外纪》却说，武乙在位 3 年。武乙是否进入甲骨周祭祀谱，学界是有争议的。专攻殷商祭祀研究的常玉芝女士对武乙是否进入周祭谱的认识，似乎也前后有差别。她在中国社会科学出版社 1987 年出版的《商代周祭制度》一书第 126—130 页中曾明确认为武乙没有进入周祭系统，但她在宋镇豪主编 / 常玉芝著《商代史·卷八（商代宗教祭祀）》一书第 339 页（中国社会科学出版社 2010 年 10 月版）又举出四条五期卜辞例（《甲骨文合集》36025、36026、36027、36028）证明了殷人用周祭的全部五种祀种（翌、祭、壹、肜、彡）祭祀武乙。武乙有两位分别受到周祭中肜祀和彡祀祭祀的配偶：妣戊、妣癸。用彡祀祭祀妣癸的五期卜辞例有《甲骨文合集》36311、36315、36317；用肜祀祭祀妣戊在殷代晚期铜器铭文上见到（如祭祀妣戊武乙奭的铜器铭文：《三代》6·65·2）。不过，常玉芝认为殷人对武乙的两位配偶妣戊、妣癸的肜祀、彡祀是不属于周祭系统的单独祭祀[注98]。笔者认为，武乙应该有资格被排入周祭祀谱，应算直系先王，因为武乙不仅有嫡子文丁继位，而且从现有材料来看似还不能认为其配偶妣戊、妣癸不是正后。

　　史有武乙迁都之说，但都未得到考古材料的印证。《史记·殷本纪》虽有帝武乙时"殷复去亳，徙河北"的记载，但因司马迁谓武乙迁"河北之亳"不能为后世确认，只能被存疑或否认。至于武乙有迁朝歌之说，也因为古本《竹书纪年》的记载——"自盘庚迁殷，至纣之灭，二百七十三年，更不徙都。纣时稍大其邑，南距朝歌，北据邯郸及沙丘，皆为离宫别馆"——和安阳殷墟考古材料的一脉相承（无中断迹象），而遭到学界质疑或否认，目前也没有多少学者再坚持了。实际情况可能是，殷末时（武乙、文丁、帝乙、帝辛四帝时），因洹河水荒或其他自然灾害（今本《竹书纪年》有帝文丁"三年洹水一日三绝"之记载），商王（殷帝）可能长期居于"离宫别馆"朝歌办公，导致朝歌成为殷末几帝的实际统治中心，而作为祭祀场所的王都还在安阳殷墟从未迁过。后世史家和民众，因不明真相，就将殷末四帝常居"离宫别馆"朝歌处理政事当成迁都了。总之，到殷末时，特别是帝辛时，殷商王朝的实际统治中心在朝歌是没有错的，那时的安阳殷墟只是举行祭祀仪式和国葬仪式的名义上王都和实际的王陵区罢了。后世周武王灭殷时进军攻取朝歌后，没有再继续进军攻灭安阳殷都（殷墟）就是朝歌是殷末几帝实际统治中心的铁证。读者要进一步了解朝歌是殷末乙、辛两帝实际统治中心的论述请参见拙著《殷代史六辨·第六辨（帝辛政治中心朝歌辨）》（中国文史出版社，2015 年 3 月第 1 版）。

　　武乙时期，对周边方国继续执行先帝的大棒加胡萝卜两手政策。西部的

旨方来犯，武乙多次调用重兵加以征伐【注99】，参战军队常达数千人，最后征服了旨方，武乙还先后征服了南方的归部族（今湖北秭归县境）和东方的夷人。对西边日益强大的周人则只执行怀柔政策，友好相待。周人自始祖后稷立族于邰之后便没落下去，直到四世公刘始迁戎狄之间的邠地才又恢复元气。公刘卒，子庆节立，正式建立邠国，居于豳，其首领称为邠后。周人传到十世高圉时，终于得到殷商王朝帝祖乙的认可，周人的邠国向祖乙称臣纳贡，正式成为殷商王朝的属国，邠后改称邠侯，并受命为殷商王朝戍守西疆。周人传到十三世古公亶父时，因迁到岐山脚下的周原之地，改邠曰周，才正式称为周族。此后，周国越来越兴旺，逐渐发展成为西方的霸主。时帝武乙顺势利导，乐见其成。于武乙三年正式承认古公亶父改邠曰周，在岐山脚下新建的周国，改称邠侯为周公，并"赐以岐邑"（详见今本《竹书纪年》）。武乙二十一年，古公亶父病死，其子季历继位，武乙继续对其执行怀柔政策。在武乙三十四年，周公季历来朝时，"赐地三十里，玉十瑴，马十匹"。然而，周人的崛起终究是武乙的一块心病。武乙三十五年，以田猎名义到周地去巡视。《史记·殷本纪》记载，武乙在周地田猎时，被雷打死。武乙之死，令殷人猜疑，后来武乙的儿子帝文丁于其在位的第十一年在周公季历来朝献捷时，不声不响地扣留季历，后来周公季历被困死于殷都，史称"文丁杀季历"（今、古《竹书纪年》）。因此殷、周交恶。古本《竹书纪年》记载："（帝乙）二年，周人伐商。"《竹书纪年》虽未明示"周人伐商"的结果，但从后来事态发展的情况推测，殷、周双方必以"心存猜忌式的暂时和解"而告终。

对武乙政绩的评价，司马迁持否定说。《史记·殷本纪》："帝武乙无道，为偶人，谓之天神。与之博，令人为行。天神不胜，乃僇辱之。为革囊，盛血，卬而射之，命曰'射天'。"这段话的意思是说："帝武乙无道，做了代表天神的假人，跟他玩一种叫作博戏的游戏，命令下人跟假人的天神做游戏，天神必然会输，于是便哈哈大笑地侮辱天神说，你这天神有什么用，还不如我这凡人呢！武乙还用皮革做成袋子，装满了动物的血，高高挂起，仰面用弓箭射，称为'射天'。"就我们今天的观点来看，司马迁批评武乙的这几句话，正是证明武乙是藐视上天的无神论者，哪有半点"无道"的意思。其实，在司马迁那个时代，谁敢侮辱上天，谁就是无道。不过，退一步说，我们也不能指责司马迁，因为司马迁说武乙无道也是有所"本"的。司马迁说武乙无道的"本"就源于《尚书·周书·无逸》中周公对成王说的一段话，在这段话中，周公将殷末的几位帝王批评得一塌糊涂，司马迁是崇拜周公旦的人，当然会说武乙无道。周公在《尚书·周书·无逸》中将殷末几帝说得一塌糊涂的大意是【注100】：周公说，自殷高宗武丁、祖甲父子以后，在位的殷末几帝都"生来就安闲逸乐，安闲逸乐之后还是安闲逸乐，不知耕种收获的艰难，不知老百姓的劳苦，只是追求过度的逸乐。从这以后，在位的殷王也没有能够长寿的。有的十年，有的七八年，有的五六年，有的三四年……从今以后的继位君王……不要像殷末殷纣王子受那样迷惑昏乱，把酗酒当作酒德啊"！

从现在的观点来看，武乙并不是无道的帝王，他还是很有作为的。他的政绩，概括地说，主要有下列几点：

第一，武乙打破神权，厉行祭祀改革，不再大量用活人祭祀做无谓的牺牲。

祭祀中，改变了过去重自然神、重远祖神的倾向，确立了祖先崇拜的主导地位。对祖先神崇拜也由原来的重远祖改变为重视近祖的祭祀。武乙在迷信鬼神很深的殷代，敢于蔑视天神，打破神权，加强王权，是非常可贵的。

第二，武乙重视农业生产的发展，卜辞中有新开垦的地名"厂""坒"，说明耕地面积有了扩大。

第三，武乙，重视手工业的发展，如青铜作坊面积的扩大、骨器和玉器制作的发展等。

第四，武乙时期，政治上的官制得到充实与完善，军事组织趋于严密，军队"三师"编制正式形成（《甲骨文合集》33006），军队戍边有了定期轮换驻防的制度。

帝武乙逝后，由其子文丁接位。武乙墓在洹水北岸武官村、侯家庄西北之殷墟王陵区。经杨锡璋先生考定，王陵区 HPKM1500 号大墓即武乙之墓【注74】。

【五十】殷帝文丁传记

文丁 (公元前 1118 年癸未—前 1106 年乙未，在位 13 年)，《史记·殷本纪》作太丁，因和成汤未立先逝的太子太丁同名，为了便于读者区分，本书取《帝王世纪》中的称谓"文丁"。文丁是帝武乙之子，谱名托，元年癸未即位于殷。文丁为子姓商族二十八世、子姓商族殷氏二十三世、殷代王室十五世。今本《竹书纪年》记载：文丁在位十三年陟。《夏商周断代工程报告·夏商周年表》推断文丁在位 11 年。《通鉴外纪》和《太平御览》卷八三引《史记》均说"在位三年"，本书采用魏晋谱书《殷氏家传》的文丁在位 13 年之说。文丁又称大丁。文丁在甲骨文中，称"文武丁" (《甲骨文合集》35355)，还称"文武帝" (《甲骨文合集》36168)，其庙号为"文武丁宗" (《甲骨文合集》36094)。

文丁时，在位的周公是古公亶父的儿子季历 (古公亶父死于武乙二十一年，子季历继位)，这时周的势力已经发展成西部的霸主。文丁一方面担心周的势力过于强大，威胁自己的安全，因为文丁一直将父亲武乙死于周地记在心里；另一方面文丁继续执行父亲的方略，对周人实行怀柔政策，鼓励周人征伐不服从自己控制的方国部族。在帝武乙时，周公季历就受武乙的鼓励到处扩张，文丁接位后，继续鼓励之。文丁四年，因周公季历伐余无之戎，打了胜仗，文丁任命周公季历为牧师。文丁七年周公季历伐始呼之戎、文丁十一年又伐翳徒之戎，均取得胜利，周人声势大振，文丁也更加担心。周公季历于文丁十一年伐翳徒之戎大胜并获其三大夫后，便来到殷都报捷献俘，邀功请赏。文丁不动声色，一方面赐以圭瓒、秬鬯，作为犒赏，加封周公季历为可以世袭的西伯，使季历毫无戒备之心，稳住他；另一方面做好扣留他的准备。当周公季历准备起程返周时，文丁突然下令囚禁季历。不久，季历被困死于殷都，子姬昌继位，周人说季历被文丁诛杀，周、殷因而结下世仇。尽管后来为缓和矛盾，到文丁的儿子帝乙接位后，又有"帝乙归妹"之说，但还不能解周人心中之恨，到文丁的孙子帝辛在位时，季历的孙子姬发 (武王) 终于灭了殷，为自己的爷爷报了仇。

文丁时期，不仅面临西边周族的威胁，自然灾害也连年不断。古本、今本《竹书纪年》均记载文丁三年"洹水一日三绝"。洹水，从殷墟北、东面流过。西面、南面有一条南北长约 1100 米、东西长为 650 米的大型灰沟，南面、西面的灰沟和北面、东面的洹水，起了城垣的作用。因此，不管是干旱引起洹水断流还是洪灾引起洹水决堤，殷人都十分害怕。文丁三年，洹水一日三绝，给殷人带来的心理恐慌比实际水荒造成的影响更大，满朝文武、黎民百姓，都人心惶惶，都在怀疑上天是否要灭殷了。

文丁逝后，由其子帝乙接位。文丁墓在洹水北岸武官村、侯家庄西北之殷墟王陵区。经杨锡璋先生考定，王陵区 HPKM1002 号大墓【注74】即文丁之墓。

关于文丁是否有资格进入甲骨周祭祀谱的问题，和其父武乙、其子帝乙一样，学界是有争议的。专攻殷商祭祀的常玉芝在其 1987 年出版的专著《商代周祭制度》第 126—130 页曾说过武乙、文丁、帝乙三位帝王是不属于周祭系统的，但王宇信为总主编/郭胜强为卷主编的《殷墟文化大典·商史卷(上)》(安徽人民出版社，2016年12月第1版)却认为"由于文丁之子继承王位，文丁本人及其配偶都列入祖谱受到周祭"，而常玉芝在小屯家1编/常玉芝著《商代史·卷八(商代宗教祭祀)》一书第358页却说"卜辞中未见有直系先王文丁的配偶"。笔者查遍了《甲骨文合集》虽也没有找到祭祀文丁配偶的卜辞，但笔者认为文丁是武乙的嫡子，文丁又有嫡子帝乙继位，文丁应该是有资格进入周祭系统的。

殷代史

【五十一】殷帝帝乙传记

　　帝乙（公元前 1105 年丙申—前 1097 年甲辰，在位 9 年），是帝文丁之子，谱名羡，元年丙申即位。帝乙为子姓商族二十九世、子姓商族殷氏二十四世、殷代王室十六世。今本《竹书纪年》记载：帝乙在位九年陟。《夏商周断代工程报告》的《夏商周年表》推断帝乙在位 26 年。《通鉴外纪》和《太平御览》卷八三引《帝王世纪》均说帝乙在位 37 年，本书采用魏晋谱书《殷氏家传》的帝乙在位 9 年之说。甲骨卜辞中不见帝乙名号。迄今有关帝乙的称谓只见于帝辛时的两件殷代青铜器"**四祀邶其卣**""**版方鼎**"铭文，称其为"**文武帝乙**"。

　　现藏于故宫博物院的殷代晚期青铜器"**四祀邶其卣**"为帝辛四年器（公元前 1093 年戊申年铸造），通高 34.5 厘米，其底部铸有 8 行铭文，共 42 字，是现存殷代青铜器铭文中字数最多的。铭文中有"尊文武帝乙"几个字，多数学者认为铭文中的"文武帝乙"是指帝辛之父帝乙。现藏于保利艺术博物馆的"**版方鼎**"为帝辛二十二年器（公元前 1075 年丙寅年铸造），鼎内壁铸有 6 行 37 字铭文，鼎内底还铸有一鱼形族徽。铭文中有"王宾文武帝乙"几个字，学界也认为铭文中的"文武帝乙"是指帝辛之父帝乙。"**版方鼎**"内壁 37 字铭文的大意是：在帝辛二十二年五月乙未这一天，帝辛祭祀其父帝乙。帝辛自"阑"地出发进行祭祀活动，祭毕，返回到"阑"地时，赏赐给"版"一些贝，"版"用获赏的这些贝以其父"丁"的名义制作了这件珍贵的青铜礼器。不过，学界对铭文中的"**阑**"地在今何处，却有争议。一些学者认为，"**版方鼎**"铭文中的"**阑**"地与西周"**利簋**"铭文中的"**阑师**"的驻地"**阑**"是同一个地方，就是今河南省的郑州。另一些学者不同意此说，他们认为，"**版方鼎**"铭文中的"**阑**"地就在今安阳殷墟左近。其理由是，帝辛为了祭祀其父，不可能自安阳殷都跑到离殷都很远的郑州去。此外，这些学者还对学界认可的西周"**利簋**"铭文中的"**阑师**"即今郑州提出质疑。他们认为西周"**利簋**"铭文中的"**阑师**"也不会在郑州，而应在今安阳殷墟左近。他们认为，在牧野之战发生日——甲子日，之后的第八天——辛未日，武王就在安阳殷墟左近的"**阑师**"对"**右史利**"进行了赏赐。看来西周"**利簋**"铭文中的"**阑师**"和"**版方鼎**"铭文中的"**阑**"地，究竟在何处，还需要进一步研究。

　　帝乙在位之时，殷商王朝国力衰退，诸侯交相侵扰。据古本《竹书纪年》记载，帝乙"二年，周人伐商"，严一萍认为"或为报季历被杀耳"【注101】。与此同时，或略有先后，东夷各方国部族也强盛起来，夷方（人方）等也不断侵扰殷商王朝的东土。帝乙为了不至于腹背受敌，采用和西击东战略，遂对西边的周部族采取怀柔政策，既有传说中的"帝乙归妹"之举，又默认姬昌袭其父季历的西伯爵位。姬昌也认为殷、周再继续交恶，对双方都没有好处，权衡再三，且考虑到自己的母亲任氏挚仲就是来自殷商的任姓挚国人，终于接受殷人的亲善政策，缓和了殷、周之间的矛盾。据传说，姬昌亲自前往渭水边迎娶来自殷商王室的新娘。《诗经·大雅·大明》描述了这场隆重且盛大的政治婚礼，用"天作之合"形容这次殷、周联姻的美好："天监之下，有命既集。文王初载，天作之合。在洽之阳，在渭之涘。文王嘉止，大邦有子。大邦有子，伣天之妹。文定厥祥，亲迎于渭。造舟为梁，不显其光。"《诗经·大雅·大明》是一首比较长的诗，这里摘引其中十四个四言短句的意思是："上帝在天明察人世间，大命集中体现在文王（姬昌）身上。就在文王初即位的时候（本书后又将证明，文王50岁时即位，"帝乙归妹"当在文王即位之后），皇天为他喜结良缘。文王迎亲到洽水北面，就在那渭水岸边。文王筹备婚礼喜洋洋，准备迎娶殷商美丽的姑娘。殷商这位美丽的姑娘，长得就像天仙般靓丽。占卜表明婚姻很吉祥，文王亲自迎亲到渭水旁。将许多舟船相接为桥迎新娘，婚礼隆重显得很荣光。"自殷、周和亲以后，帝乙和西伯姬昌在世时，殷、周之间未曾发生过战争。帝乙缓和了与西边周人的矛盾之后，就着手平定东夷的叛乱，西边的周人也得到迅速发展。

为了解除边患，帝乙和其子帝辛两朝与东夷进行了长期的战争。夷方是东夷的一支，又称尸方、人方。清代道光年间在山东省寿张县梁山出土、现收藏于美国旧金山亚洲艺术博物馆的4行27字"小臣艅犀尊铭文"可证明殷末乙、辛两帝时确有征夷方之事。上海博物馆于"文革"期间征集到的一片未经著录的殷末伐夷方甲骨卜辞，也能证明殷末乙、辛两帝时确有征夷方之事。

帝乙立王位继承人时，由于"不立庶长子微子名启而立幼嫡子名受字受德（帝辛纣）"，导致王族内部的分裂（因微子和帝辛在政见上有很大的分歧，必然导致分裂）。对微子与帝辛的关系，文献中有两种主要的说法（因他们都是殷末时人物，无法从甲骨卜辞中得到印证，因此后人无法知晓文献中的下列两种主要说法中，哪一种更符合实际情况）。

第一种说法：微子与帝辛是同父异母兄弟，微子是庶长子，帝辛是嫡幼子。这种说法出于《史记》。《史记·殷本纪》："帝乙长子曰微子启，启母贱，不得嗣。少子辛，辛母正后，辛为嗣。"《史记·宋微子世家》："微子开（司马迁称微子启为微子开，是为了避汉武帝的父亲汉景帝刘启的名讳）者，殷帝乙之首子而帝纣之庶兄也。"

第二种说法：微子与帝辛同母，而其母生微子启时尚为妾，到生帝辛时，才转为帝乙正式的妻子。这种说法出于《吕氏春秋》。《吕氏春秋·当务》："纣之同母三人，其长曰微子启，其次曰仲衍，其次曰受德，受德乃纣也，甚少矣。纣母之生微子启及仲衍也，尚为妾。已而为妻，而生纣。纣之父、纣之母，欲置微子启以为太子，太史据法而争之曰：'有妻之子，而不可置妾之子。'纣故为后。"魏晋谱书《殷氏家传》也持这种说法。这种同母而分嫡庶的说法，清人崔述、梁玉绳早就提出过怀疑。

综观以上两种说法，依殷代后期武丁盛世和祖甲改制后全面回归的成汤体制，成汤制定的嫡长子继承制势在必行，不管这两种说法中哪一种说法符合实际，但帝乙最终决定立嫡幼子帝辛的决策是不违背成汤制定的嫡长子继承制的。

帝乙逝，帝辛立。帝乙逝后，葬在洹水北岸武官村、侯家庄西北之殷墟王陵区。经杨锡璋先生考定，王陵区 HPKM1005 号大墓即帝乙之墓【注74】。

【五十二】殷代末帝帝辛传记

帝辛（公元前1096年乙巳—前1045年丙申，在位52年），帝乙之幼嫡子，谱名受，字受德，元年乙巳即位于殷。帝辛为子姓商族三十世、子姓商族殷氏二十五世、殷代王室十七世。今本《竹书纪年》记载：帝辛在位五十二年，周武王伐殷，殷亡。《夏商周断代工程报告·夏商周年表》推断帝辛在位30年。本书采用魏晋谱书《殷氏家传》的帝辛在位52年之说。常玉芝说【注98】："帝辛是殷代最后一帝，他和他的配偶当然不会见于殷墟甲骨卜辞中。"实际上，常玉芝说因为殷末时帝辛在世且是最后一帝，"当然不会见于殷墟甲骨卜辞中"的说法也不全对。因为殷末时帝辛在世，他当然不会被别人祭祀，但由他主持祭祀别人或由他主持贞问战争胜负、吉凶祸福的卜辞还是不少的（如几代专家热衷于讨论的帝辛十祀征夷方或人方卜辞）。只不过在这些卜辞中，不会以"帝辛"的名字出现，而是必须以"商王"或"王"或第一人称代词"余"的身份出现罢了，这是因为成汤当年所立"殷商并用，族号称商，国号称殷"族规要求后世商王"在族内行王权称商称王，在全国行天子权称殷称帝"的缘故。显然，在帝乙、帝辛时期的卜辞中，凡以"王"的身份出现的人，这个"王"不是帝乙，就是帝辛。迄今，据至少三代专家的研究，殷末第五期（黄组）卜辞中，伐淮河流域夷方（又称人方）的卜辞主要属于帝辛时代。争论当然也不少，但当代学者中多数人认为征夷方或人方的卜辞属于帝辛时代的卜辞。据此，可认为，那些征夷方卜辞中的"王"，绝大多数当指帝辛无疑。例如，常见下列反映十祀征夷方（人方）征程的卜辞：《甲骨文合集》36553、36567、36961、36825、36607、36901、36751；《英国所藏甲骨集·上编》2564、2562、2565；《殷虚书契前编》2.17.3+2.17.5；《甲骨文合集补编》11232；等等。在这些卜辞中，凡出现"王卜"的"王"字或第一人称代词"余"字，均指代帝辛无疑。

关于"帝辛"继承王位的合法性问题和帝乙"不立庶长子微子立幼嫡子帝辛"导致王族内部分裂的问题，在上一节《殷帝帝乙传记》中已作过详尽的讨论。这里要补充的是，魏晋谱书《殷氏家传》说，帝辛之所以能在一片反对声中上位，是与其叔比干的力主相关的。如果不是比干力主"废长立嫡"，帝乙是不会听取微官"太史"据法争之的意见，改变"立长"主意而拍板改立帝辛的。也正是比干自恃对帝辛有知遇之恩，他后来才敢犯颜直谏。

帝辛接其父帝乙帝位之后，鉴于西方周人的势力日益强大，光靠帝乙时期对周人的和亲政策已不顶用。帝辛首先想到的是怎么更妥善地处理与周人的关系。一方面尽量避免与西方的周人对抗（以便腾出手来集中精力对付东夷）继续执行帝乙时期的怀柔政策，另一方面加强防范，并找机会囚禁了周人的首领西伯姬昌于羑里，以示恩威并施。后来，帝辛还是从不宜树敌过多的大局考虑，释放了姬昌。姬昌也投桃报李，"献洛西之地，以请（帝辛）除炮格之刑（亦称炮烙之刑）。纣（帝辛）乃许之，赐弓矢斧钺，使得征伐，为西伯"（参见《史记·殷本纪》）。这段引文的意思是说，姬昌被释放以后，主动将周辖洛西之地献给帝辛，以谢他释放之情，并请求帝辛废除残酷的炮烙之刑。帝辛不仅同意废除炮烙之刑，而且还赏赐弓矢斧钺，恢复姬昌因袭其父季历"西伯"爵位和专征不法诸侯的特权。

任人唯贤还是任人唯亲，是古今一切有作为的政治家和领袖人物与庸碌无能的领导人的分水岭。微子、比干、箕子虽为后世孔子树为殷之"三仁"，但他们因循守旧，极力反对帝辛的革新措施，如反对帝辛提拔新人、"小人"，反对帝辛改革祭祀制度，反对废除或减少残酷的"人祭"，反对帝辛继承武丁以来打破套在妇女身上的"礼教"枷锁、解放和重用女性等举措。读者若问笔者说帝辛推行上述改革措施的证据在哪儿，目前虽然还没有过硬的考古材料作为证据，但读者若将周武王牧野之战开战前动员周师英勇作战的动员词《牧誓》"反"过来读（《牧誓》原文见《尚书·周书·牧誓》或《史记·周本纪》对《牧誓》的简要引用），则周武王的《牧誓》就是帝辛推行一系列改革措施的绝妙证词。周武王于伐纣之日（甲子日）黎明时分，在牧野战场举行盛大的誓师仪式，在誓师仪式上他对参战的西戎联军说道（已译为白话）【注102】：

哦！我们友邦的国君们、从西方来讨伐殷纣的大臣们，司徒、司马、司空，亚旅、师氏，千夫长、百夫长们，以及庸、蜀、羌、髳、微、卢、彭、濮等国的人们，举起你们的戈，排列好你们的盾，竖立起你们的长矛，听我发布的誓词吧！（"听我发布的誓词吧！"可反读为"听我摆摆殷纣王的改革举措吧！"）

周武王继续说道："……现在的殷纣王只听妇人的话（'只听妇人的话'可反读为：'帝辛继承武丁以来打破套在妇女身上的"礼教"枷锁、解放和重用女性'），对祖先的祭祀不闻不问（'对祖先的祭祀不闻不问'可反读为：'帝辛改革并简化祭祀制度、废除或减少残酷的"人祭"'），轻蔑废弃同祖兄弟而不任用（'轻蔑废弃同祖兄弟而不任用'可反读为：'帝辛任人唯贤从不任人唯亲'），却对从四方逃亡来的罪恶多端的人，推崇尊敬，又是信任任用，以他们为大夫……"（这后面的一句可反读为："帝辛提拔新人、加以重用……"）

帝辛在位时，不仅厉行改革，而且重视农桑，因此社会生产力得到较好的发展。与一度衰弱的文丁时期相比，国力有所增强，加上帝辛有"效法高宗武丁之志"，于是，武丁时期的拓疆扩土又被列为国策。帝辛在位期间，征夷方（人方）是重头戏（有大量卜辞为证）。帝辛通过征伐东夷和东南夷，将国土扩展到今山东、安徽、江苏、浙江沿海，即将国土扩展到淮河流域、长江中下游地区和东南沿海地区。对此，毛泽东曾予以高度评价："纣王是个很有本事、能文能武的人，他统一东南，把东夷和中原的统一巩固起来，在历史上是有功的。"【注103】

综观中华史学界，从西周到清末的三千年间，主流史学一直是妖魔化帝辛的，明代神话小说《封神榜》的出现，更是将帝辛妖魔化到登峰造极的地步。其间，如孔门弟子子贡等虽也为帝辛说了句把公道话，但那仅是凤毛麟角而已。近代著名史学家顾颉刚对帝辛的每条罪状发生的时间次序进行过排谱，写了学界众所周知的《纣恶七十事发生的次第》一文。文中指出，帝辛的七十条罪状是从周朝开始陆续加上去的。文中列举纣恶出于《尚书》的，只有六项，战国增二十项，西汉增二十一项，东晋增十三项。顾颉刚进而指出，现在传说的纣恶是层层累积发展的，时代愈近，纣罪愈多，也愈不可信。

在近代、现代，第一个为帝辛鸣冤并大加赞扬的是郭沫若。1945 年，重庆文治出版社首次印行郭沫若的史学论集《青铜时代》。该书中的《驳〈说儒〉》，是直接针对胡适先生《说儒》一文而写的。胡适先生通过研究上古史，断定"殷自武丁以后，国力渐衰，史书所载，已无有一个无所不胜的'武王'了"。郭沫若认为这种说法**"不尽合乎史实"**，强调"像殷纣王这个人对于我们民族发展上的功劳倒是不可淹没的。殷代末年有一个很宏大的历史事件，便是经营东南。这几乎完全为周以来的史家所抹杀了。这件事，在我看来，比较起周人的翦灭殷室，于我们民族的贡献更要伟大。这件事，由近年的殷墟卜辞的探讨，才渐渐地重见了天日"。1959 年 6 月 30 日，时任全国人大常委会副委员长、中国科学院院长的郭沫若视察安阳。他重点考察了王裕口、后岗、小屯一带的殷商遗址。每到一处，他都仔细查看，细细品味，详细询问每一件古物发掘的地点、土层和墓道状况，不时指出这些出土文物对研究我国古代历史的珍贵价值，并勉励安阳考古队的同志们要认真严谨地做好发掘和整理工作。郭沫若还即兴泼墨挥毫，书写了《访安阳殷墟》《观圆形殉葬坑》两首脍炙人口的诗篇。今天，郭沫若的《访安阳殷墟》诗句，已经家喻户晓。

访安阳殷墟　郭沫若

偶来洹水忆殷辛，统一神州始此人。
百克东夷身致殒，千秋公案与谁论。

《观圆形殉葬坑》全诗，共七言五十二句，《观圆形殉葬坑》的全文如下。

观圆形殉葬坑　郭沫若

洹水安阳名不虚，三千年前是帝都。
雨中踏寻王裕口，殉葬惊看有众奴。
殉者为男皆少壮，少者年仅十五余。
全躯十三髑髅四，纵横狼藉如羊猪。
宝贝三堆难计数，十贝为朋不模糊。
铜卣铜鼎铜戈兵，有丝成线粟已枯。
此当尚在殷辛前，观此胜于读古书。
勿谓殷辛太暴虐，奴隶解放实前驱。
东夷渐居淮岱土，殷辛克之祸始除。
百克无后非战罪，前徒倒戈乃众俘。
武王克纣实侥幸，万恶朝宗集纣躯。
中原文化殷创始，殷人鹊巢周鸠居。
但缘东夷已克服，殷人南下集江湖。
南方因之渐开化，国焉有宋荆与舒。
亘历西周四百载，南北并进殊其途。

　　然而文化本同源，同伦同轨复同书。
　　再历春秋迄战国，秦楚争霸力相如。
　　楚人顽化秦奋励，始成一统定版图。
　　秦始皇帝收其功，其功宏伟古无侔。
　　但如溯流探其源，实由殷辛开其初。
　　殷辛之功迈周武，殷辛之罪有莫须。
　　殷辛之名当恢复，殷辛之冤当解除。
　　固当厚今而薄古，亦莫反白而为污。
　　非徒好辩实有以，古为今用没虚无。
　　方今人民已作主，权衡公正无偏诬。
　　谁如有功于民族，推翻旧案莫踟蹰。

　　复旦大学著名教授钱文忠在央视《百家讲坛》的解读《三字经》节目中，也对蒙受千古"冤案"的帝辛鸣不平。他说：

　　两千多年来被冠以"暴君"的商纣王属于历史最悠久的"冤案"，实际上商纣王绝对文武双全、功勋卓著……帝辛对中国历史做出了四大贡献：第一，他开拓了山东、淮河下游和长江流域，促进了中原文明的传播；第二，推行一系列改革措施，反对神权；第三，打破奴隶主的世袭制，大胆提拔新人；第四，对于古代中国的统一提供了思想和物质上的基础，更是统一中国的一位先驱……民间的谬误都是在大众传媒的传播中被扩大的，有史学良心的学者应该站出来主导话语权。

　　2014 年成立的淇县朝歌中华殷商传承文化研究会原副会长兼秘书长、子姓商族殷氏当代才子、末代殷商王室直系传人殷书寿先生更是对帝辛作出了**"丰功伟业，旷世无双"**的如下评价：

　　　　　　帝辛受德，知性光芒。
　　　　　　立足中原，志在四方。
　　　　　　丰功伟业，旷世无双。
　　　　　　文治武功，千古帝王。

　　然而，不管后人怎么评说，帝辛最终还是失败了，还是沦为亡国之君了。厉行改革的帝辛为什么不仅改革没有成功，而且连国都亡了，这是什么原因呢？史家和后世的政治家、思想家见仁见智，历有不同说法。据不完全统计，计有以下六种说法：
　　①说帝辛是万恶不赦的暴君，必然失败，有之，当唾骂之。
　　②认为帝辛功勋卓著，是值得后世歌颂的大英雄，当歌颂之。
　　③说周武王是偷袭成功，侥幸取胜，当惋惜之。
　　④说帝辛推行改革过速，欲速则不达，有之，后人欲效法之改革，当谨慎之。

⑤说帝辛功勋卓著，过失也大，既是英雄，也是暴君，有之。

⑥说帝辛功勋卓著，过失也大，功过相抵，不是英雄，也不是暴君，有之。

笔者不是史学界人，只是一个专攻电子学的教书匠，本无权对帝辛的功过说长道短。就是强行说及，学界也不会信，但是，既然笔者下决心要写面向大众且雅俗共赏的《殷代史》这本书，对帝辛一生的评说，当然不能回避。

在笔者看来，上述六种说法中，除第一种说法应该完全否定外，其余五种说法都有一定道理，但也都不全面。但就学习历史的目的是以史为鉴、总结经验、吸取教训、使当代或后世社会发展得更好来看，笔者也发表如下五条意见，供学界参考：

第一，就对后世中国的影响来看，毛泽东主席和郭沫若先生的评价是有道理的。帝辛确实是个很有本事、能文能武的人，对整个中华民族而言，帝辛是有大功的。从他统一东南，把东夷和中原统一巩固起来，为今天的中华版图奠定基础，创建多民族国家，促进中华民族的团结和融合等方面来看，他确实是千古一帝，值得我们后世人景仰和歌颂。

第二，帝辛的各项改革措施，从当时的国情来看，虽很有必要，但过于急功近利，未能妥善或谨慎处理改革过程中的阵痛，因而改革失败，导致亡国。就以史为鉴来看，这一条最值得后世的社会改革家注意。不管怎么说，称帝辛是中国奴隶社会伟大的改革家这一条没有错，后世加在帝辛头上的许多罪名都是历朝历代层层加码加上去的，其中的许多罪名都是莫须有的。

第三，反对帝辛一系列改革措施的殷末三仁等人（微子、箕子、比干、祖伊等）虽然与帝辛政见不同，但也不是一无是处，就维护殷商王朝的统治来看，他们和帝辛在政治大方向上还是完全一致的，学界和网上有些人说微子、箕子里通外国，说比干愚忠、无理取闹，是史无实据的。帝辛如果能在推行改革举措的过程中，讲究方式方法，注重团结不同意见的人，注意听取并吸收他们的合理意见，如听取大臣祖伊提出的应加强对周人防范的意见等，帝辛的改革或许会成功，起码不会导致亡国。

第四，帝辛在国防建设上过于偏重打击东夷的侵扰和对东南疆域的开发、扩张，而忽视了对西部周人的防范。既然已经恩威并施将周族首领姬昌囚禁在羑里，就不应该贪图周人"美女奇物善马"的进贡，放虎归山，理应效法祖父文丁对待季历的"不杀不放、管吃管喝供玩、以礼相待"之策，继续将姬昌困在羑里。

第五，帝辛晚年，过于自信，居功自傲，脱离群众，听不见别人意见，独断专行，才是他沦为亡国之君的主要原因，也是后世人应从帝辛亡国的诸多历史教训中最值得汲取的以史为鉴之处。有史家将帝辛亡国归结为周武王的"乘虚偷袭"是值得商榷的。笔者认为还是"篱牢犬不入"为真，任何国君，如果到了"过于自信，居功自傲，脱离群众，听不见别人意见，独断专行"的地步，都是必然会垮台甚至亡国的，即使他不是帝辛，也必然会垮台。如果再犯上"骄奢淫逸"这一条，那就垮台得更快。幸好帝辛的"骄奢淫逸"这一条罪状是历朝历代加在他头上的大帽子，否则他会覆亡得更早。

关于帝辛在朝歌郊外牧野战场失败后的去向，史书有不同的记载，考古界也有不同的声音。现将三种不同的说法，忠实转述于下，供读者参考和学界专家继续研究。

第一种说法：帝辛自杀而死

《史记·殷本纪》和《史记·周本纪》都有记载（其引文均已翻译成白话，欲观原文，请阅《史记》）。《史记·周本纪》记载："二月甲子日凌晨（本书《卷六（殷代纪年）》经仔细推算后确认，周殷牧野之战的准确开战时刻为公元前1044年1月9日凌晨，即黄帝纪元1654年十二月初四凌晨，或干支纪元丙申年庚子月甲子日凌晨），武王一早就率师赶到殷纣别都朝歌郊外的牧野……纣王听说武王前来，也发兵……抵御武王。（纣师大败）……纣王逃入城中，登上鹿台，把他的宝玉衣都穿戴在身上，自焚而死……武王驱战车来到纣王的别都朝歌，进城，到了纣王自杀的地方，找到纣王的尸体。武王亲自用箭射击纣王的尸体，射击三次，才下战车，又用轻剑刺纣王的尸体，还用黄色的钺砍下纣王的头，挂在大白旗上（示众）。"《史记·殷本纪》也记载："……周武王率领诸侯去讨伐纣王，纣也发兵在别都沫邑（朝歌古称沫邑）郊外的牧野抗御周军。甲子那一天，纣军大败。纣王逃回沫邑，登上鹿台，穿上他的宝玉衣，赴火而死。周武王砍下纣王尸体的头，把纣王的头悬挂在大白旗上。"

第二种说法：帝辛因他杀而死

笔者在拙著《殷代史六辨·第四辨【帝辛（纣）之功过辨】》（中国文史出版社，2015年3月第1版）中列出了帝辛被周武王他杀的七条史据【注104】，现转录如下：

史据①《荀子·正论篇第十八》："昔者武王伐有商，诛纣，断其首，县之赤旆。"

史据②《尚书·洪范》，《洪范》开篇就讲大法九章的非凡来历："武王胜殷，杀受，立武庚，以箕子归，作洪范。"

史据③今本《竹书纪年》："十二年辛卯，王率西夷诸侯伐殷，败之于坶野。王亲禽受于南单之台，遂分天之明。立受子禄父，是为武庚。"

史据④《战国策·第二十篇赵策三》："昔者，文王之拘于牖里，而武王羁于玉门，卒断纣之头而县于太白者，是武王之功也。"

史据⑤《尸子·散见辑佚》："武王亲射恶来之口，亲斫殷纣之颈，手污于血，不温而食。当此之时，犹猛兽者也。"

史据⑥《韩非子·喻老第二十一》："武王擒纣于牧野。"

史据⑦《吕氏春秋卷八仲秋纪·简选》："武王虎贲三千人，简车三百乘，以要甲子之事于牧野，而纣为禽。"

以上列出的武王擒纣并断其首的七条史据除今本《竹书纪年》外，依当时司马迁的条件，应该是都能看到的，故笔者推测纣王本为周武王生擒所杀，司马迁为美化周武王，在《史记》的《殷本纪》和《周本纪》中可能是故意将纣王被他杀改为纣王自杀的。

司马迁在《史记》的《殷本纪》和《周本纪》中为什么将纣王定为"自杀"呢？根据是什么，司马迁说，他是根据《尚书》《诗经》等古文献定的案。其实这里可能另有隐情。帝辛死亡一案理应定为"他杀"，而且最大的嫌疑犯正是周武王。那么司马迁为什么不敢秉公断案秉笔直书呢？因为在司马迁那个时代，由于汉武帝采纳董仲舒"罢黜百家独尊儒术"的建议，周武王被汉儒们尊为圣人，圣人怎么能随便亲自诛杀当时的天下共主（帝辛）呢？其实，司马迁在研究了古代文献以后知道帝辛是死于他杀，只是不敢明写而已。因为他为李陵一案得罪了汉武帝已经吃了大亏，现在不能再因丑化圣人而再次得罪当今君主了！于是他就将帝辛死亡一案在《史记·殷本纪》《史记·周本纪》中明明白白地改为自杀，而在《史记·齐太公世家》《史记·鲁周公世家》中又笼统地说帝辛被斩杀（但未明说是被周武王斩杀）。例如《史记·齐太公世家》记载："纣反走，登鹿台，遂追斩纣。"《史记·鲁周公世家》也记载："破殷，入商宫，已杀纣……"这说明，司马迁毕竟是史学家，他不敢过分篡改史实，于是就将史书上记载的武王亲自割下活帝辛之头，改为武王亲自割下死帝辛之头。经这样改动，既可以美化圣人，求得自保；又可以防止同行或后世史家的质疑，因为不管是割下死人头还是割下活人头，我司马迁总是记下了周武王割下了殷纣王的头并悬之于大白之旗的史实。为怕后世史家不解其意，他在《史记·殷本纪》和《史记·周本纪》中定下帝辛为自杀之后，又特地在《史记·齐太公世家》和《史记·鲁周公世家》中补充说明，帝辛实际是被"追斩"的，只是未明说是被周武王"追斩"的罢了。

第三种说法：在周殷牧野之战时帝辛没有死，而是突围成功，逃到今广西西南部左右江地区建立骆越国

云南考古专家黄懿陆在其专著《骆越史》（云南人民出版社，2019年5月第1版）中据广西壮族自治区百色市平果县发现的类似甲骨文的骆越石刻文字记载，断定帝辛在牧野之战败于周武王后，突围成功，安全撤离殷都，撤离到今广西西南部左右江地区建立骆越国。并公开宣称，骆越国土属于殷商王朝，是中华殷商第二故乡。言之昭昭，振奋人心；气势磅礴，气壮山河。豪言壮语，高山景仰，彪炳千秋。不容人不信其为真，因为笔者早就怀疑，帝辛那样一贯刚强的人，又有郭沫若在《中国史稿》中说的主力部队在东夷战场作为依靠（**笔者注：**郭沫若此说可能不真，因为据甲骨卜辞，帝辛征伐东夷的战争主要发生在帝辛在位的中前期，帝辛末年好像不存在征伐东夷的战争），不设法突围以求东山再起，竟然会选择自杀或轻易地被他杀？只是笔者有一个疑问，尚难释心中之疑。黄懿陆先生说的周历二月甲子日（殷历正月甲子日）周武王发动牧野之战突然袭击殷都时，帝辛既然尚有郭沫若说的主力部队在东夷战场，既然能够突围成功，帝辛为什么不带领残兵败将就近逃向主力部队所在的东夷战场，而要花两个月工夫，奔向几千里之远的广西左右江流域去建骆越国？或者即使郭沫若说的其主力部队在东夷战场不真，帝辛为什么不就近逃到忠于殷商的奄国去避难（就如恶来之父飞廉退往东部的奄国避难那样）？如果考古专家黄懿陆先生能有据释笔者心中这个疑团，那么笔者就更加相信黄先生在其《骆越史》一书中所说为真了。不过，为了让读者了解黄先生之说，笔者还是据黄先生的《骆越史》一书，将黄先生之说，简略介绍于下：

黄懿陆先生在其《骆越史》一书中，据类似殷墟甲骨文的甘桑石刻文字的记载断定，牧野之战发生于殷历正月初二甲子日，即周历二月初二甲子日（前已说明，本书《卷六（殷代纪年）》经仔细推算后确认，周武王发动伐纣牧野之战的准确开战时刻为公元前1044年1月9日凌晨，即黄帝纪元1654年十二月初四凌晨或干支纪元丙申年庚子月甲子日凌晨），这一天正是呈现特殊天象"木星合下弦月"的一天。帝辛头戴王冠左手执钺与一位妇人在前，在飞鸟、大象集团保护下，冲出重围，突围成功，率领 767 人，安全撤离殷都。随行带着 40 头大象，在突出重围的第七天，也就是殷历正月初八（庚午日），周武王追兵赶到，纣王带着残兵败将，且战且退，一直到了正月十五元宵节（丁丑日）这天，周武王追兵才退去。帝辛一行也因此减员 12 人，以 755 人的队伍披荆斩棘，急行军两月整，于殷历三月初六进入今广西西南部左右江地区，于殷历三月初八（周历四月初八）正式建立骆越国，并公开宣称，骆越国土属于殷商王朝，骆越是中华殷商第二故乡。黄懿陆先生的 70 万字《骆越史》一书就是记载帝辛避难到今广西所建骆越国的历史。

值得注意的是，黄懿陆先生虽然推定牧野之战发生于殷历正月初二甲子日（周历二月初二甲子日），但牧野之战究竟发生于哪一年，他却有先后两种不同说法。在 2019 年 5 月出版的《骆越史》一书中，他说牧野之战发生于公元前 1122 年（己卯年）；最近他在《武王克商石刻文》新著中又修正说，因为据云南大学的研究报告，他所据的石刻文是牧野之战 50 年后刻写的记录，因此要将《骆越史》一书中推算的"牧野之战发生于公元前 1122 年周历二月甲子日（殷历正月甲子日）修改为公元前 1050 年（辛卯年）周历二月甲子日（殷历正月甲子日）"。不管黄先生的说法对不对，但他说帝辛突围成功没有死，倒是值得研究的新颖之说。

黄懿陆先生的上述判断如果为真，则不仅科学解释了牧野战后帝辛的去向问题，而且更重要的是解决了中国先秦古史中历史事件发生的准确参考时间坐标问题。就此而言，笔者认为，黄懿陆发现的下列三点事实值得继续探讨：

①黄先生在《骆越史》一书中说，甘桑石刻"兔子数字卦迁徙图"，将帝辛一行突出重围，迁徙骆越的行军路线，清楚明白地以图示形式表达出来。

②黄先生在《骆越史》一书中还说，在 400 多块甘桑骆越石刻文字载体中，有一片编号为 QC021 的内容最为重要。这片甘桑石刻的一面刻有"兔子数字卦迁徙图"，另一面还刻有由甲骨文构成的词组 178 个。这些甘桑骆越石刻以图文并茂的形式，详细记录了牧野之战的确切日期和帝辛撤退到中国南方建立骆越国这两件影响深远、意义重大而又具有世界性影响的历史事件。

众所周知，在中国古代史上，武王克殷之年的推算是一个十分重要的课题。对这个重要课题，黄先生书中说，国内外学术界一共推算出 44 个年代，最后是夏商周断代工程一锤定音，敲定为公元前 1046 年。如果夏商周断代工程一锤定音的年代被否定，那么夏商周断代工程一锤定音的公元前 1046 年只是在原来的 44 个年代之外增加一种误解而已（也就是上海交通大学江晓原教授说的沦落为"第45"的命运）。因此，笔者认为黄先生《骆越史》和《武王克商石刻文》两书的问世，可能非同小可，甚至意义重大。

众所周知，夏商周断代工程为什么将武王克殷之年定在公元前 1046 年呢？原来主要依据是 1976 年 3 月在陕西临潼县（今西安市临潼区）零口镇发掘出土的国之重器"西周利簋"上的铭文。该铭文被认为是迄今为止涉及武王克殷的唯一实物见证，对研究武王克商年的界定有着不可估量的价值，其价值远非一般青铜器所能攀比。这件"西周利簋"，现收藏于国家博物馆，被誉为九件镇国之宝之一。陕西临潼出土的西周利簋铭文记载，武王伐纣的时间是"**甲子朝**"。夏商周断代工程的专家们根据天象进行计算，认为公元前 1046 年 1

月 20 日，就是甲子日，和"西周利簋"铭文的记载一致。于是就将武王克商之年，定在公元前 1046 年。值得指出的是，"西周利簋"铭文，除了"甲子朝"三字以外，还有"辛未"两个字。那甲子朝三字，肯定指甲子日早晨无疑，但对那辛未两字，是系年还是指日，学界却争议不断，有人说辛未指甲子日后的第八天，有人说辛未是记载牧野之战发生于辛未年甲子日。究竟哪种说法对，虽然学界一时还难以确定，但是笔者倾向于认为上海交通大学江晓原教授据诸多天象推断的且为本书《卷六（殷代纪年）》的推断印证的周殷牧野之战发生于公元前 1044 年 1 月 9 日（甲子日）是准确的。

③黄先生在《骆越史》一书中，还发现骆越石刻将帝辛的名号记为"舟"。在广西壮族自治区平果县、隆安县博物馆和百色市文物市场，黄懿陆先生共看到 400 多块甘桑骆越石刻文字载体，其中尤以 QC021 内容最为重要。石质载体长 13.5 厘米、宽 10.3 厘米，钺形，重 260 克。其中一面有 5 个图像、3 个数字卦，另一面有甲骨文构成词组 178 个。任何人都不会想到，甘桑骆越石刻文字中竟然会出现以甲骨文"舟"字作为帝辛名号的记载。由此可推知，**甘桑石刻一定能向世人揭示帝辛之所以叫"纣王"或"帝纣"的原因。**过去的史家都说，"纣"是史家和后世人对帝辛的贬称，甚至有人说"纣王"是毁誉帝辛的谥号，就像成汤二十年夏代最后一帝"履癸"死于亭山时成汤赐以名号"桀"一样（"桀"寓凶猛之意），但没有哪一个人能说出后世追授帝辛为"纣王"的具体帝王的名号。其实，由在甘桑石刻文字中，有以甲骨文"舟"字作为帝辛名号的记载，可立刻推知帝辛之所以被后人称为"纣王"或"帝纣"的原因。原来后世称帝辛为纣王，并没有"贬称"的意思。因为帝辛既是"商族之王"（在魏晋谱书《殷氏家传》中，亦称"商族之王"为商族的"大宗长"），又是殷代之帝，合在一起，就相当于后世的"国王"，而帝辛的子姓殷氏谱名又为"受"（字为"受德"）。于是后人就称帝辛为"名字为受的国王"，叫习惯了，就成为"殷受王"或"商受王"。"殷受王"或"商受王"是怎么演变成"殷纣王"或"商纣王"的呢？读者只要查阅周武王《牧誓》的不同版本和东汉许慎《说文解字》的清人《段玉裁注》便知。在《牧誓》的《尚书》版中，周武王称帝辛为"商王受"，在《牧誓》的《史记·周本纪》版中，周武王称帝辛为"殷王纣"；在东汉许慎《说文解字》的清人《段玉裁注》中，有"《尚书》纣字《古文尚书》作受"的权威注释。由此可知，在古代"受、纣"两个字是相通的。如果再考虑到甘桑骆越石刻文字中竟然会出现以甲骨文"舟"字作为帝辛名号的记载，可推知，在古代"受、纣、舟"三个字都是相通的，帝辛的谱名"子受"也可以写成"子纣"或"子舟"。这才应是"商族子姓殷氏名受字受德"的商王（殷帝）在传世文献中被称为"殷纣王""商纣王""帝纣""商王受""殷王纣"的缘由，也应是在甘桑骆越石刻文字中帝辛的名字被称为"舟"的缘由。于是，真相大白：

原来在汉代景帝刘启时在孔子旧居中发现的《古文尚书》中，本来就称帝辛为"受王"，只是后来在不同版本的《尚书》中被写成"纣王"，再考虑到甘桑石刻中记载的称帝辛名号为"舟"。正是说明，在中国秦以前的古代，"受""纣""舟"三个字是相通的。帝辛姓名"子受"，也可以写成"子纣"或"子舟"，于是"受王"就在《尚书》中被写成"纣王"了，在甘桑石刻文字中就被写成帝辛名"舟"了。到了汉代武帝时，司马迁写《史记》，作为依据的《尚书》版本，可能正好是将"受王"写成"纣王"的版本，或者司马迁本就知道"受""纣"两字相通，于是在《史记》中，他就将帝辛称为"纣"，或"帝纣"，或以周武王的名义，在《史记·周本纪》中称帝辛为"殷王纣"，一直流传至今。请读者注意，司马迁写《史记》时，可能并不知道帝辛的族谱真名叫"受"（魁丁名受），他在《史记·殷本纪》中，声称帝辛的名字叫"辛"，如"帝乙崩，子辛立，是为帝辛，天下谓之纣"。还要请读者注意，司马迁并不称帝辛为"纣王"或"受王"，而是称帝辛为"纣""帝纣"或"殷王纣"，这可能是因为司马迁熟知成汤所立并要求后世商王必须恪守的"殷商并用，族号称商，国号称殷"的"族规"和并不知晓**帝辛谱名为受字受德**的缘故，或可能是他手头作为记史依据的《尚书》版本正好是将帝辛写作名"纣"（字纣德）而非名"受"（字受德）的版本。

最后说一下帝辛逝后的葬处。据杨锡璋先生考定【注74】，位于安阳殷墟西北岗王陵区西区，未建好没有埋人的编号为 HPKM1567 的假大墓应是准备为帝辛修建的墓。里面没有埋人，有两种可能：第一种可能是，位于今淇县朝歌城东 15 里河口村淇河西边河堤内的纣王墓，可能是真墓；第二种可能是，位于今淇县朝歌城东 15 里河口村淇河西边河堤内的纣王墓也是假墓，真正的帝辛可能正如黄懿陆先生专著《骆越史》所说，逃到今广西西南部去建骆越国了。

附1：能证明殷末乙、辛两帝时确有征夷方（人方）战事的信物"小臣艅犀尊"内底部的 4 行 27 字铭文（读者如果想查看现收藏于美国旧金山亚洲艺术博物馆的"小臣艅犀尊"实物，请参阅本书"前40"页的图片）

左图中 4 竖行 27 字铭文
可释读为下列 4 横行 27 字：

丁巳王省夔舍
王易小臣艅夔贝
隹王来征夷方隹
王十祀又五乡日

其意思是：
丁巳日这天，王来视察**夔**地的**舍**这个地方。王把**夔**地的贝币赏赐给征夷方（人方）立大功的小臣艅这个人。受赏赐的小臣艅感到很荣幸，就用王赏赐的这些钱铸造了这个"尊"作为纪念。铸造日期是王十五年的乡祭之日。

殷代史

附2：殷代末帝帝辛像　暨　殷商王朝完成历史使命 3060 周年纪念活动组委会扩大会议（江苏镇江会议）表决通过的决议 ——《关于将"商帝辛"更正为"殷帝辛"的意见》

说明： 本图片和相关的"决议"转引自中国文史出版社 2015 年 3 月出版的殷作斌著《殷代史六辨》

殷帝辛像（高水然敬摹）

关于将"商帝辛"更正为"殷帝辛"的意见

——殷商王朝完成历史使命 3060 周年纪念活动组委会扩大会议（江苏镇江会议）表决通过

（2013 年 12 月 29 日）

根据殷商王朝完成历史使命 3060 周年纪念活动组委会扩大会议讨论通过的《关于成汤国号为殷不为商的意见》精神，成汤放桀代夏而有天下的国号为"殷"不为"商"，中国历史上存在近六个世纪之久的殷商王朝的朝代名为"殷代"不为"商代"，又根据成汤立下的"**殷商并用，族号称商，国号称殷**"的族规要求，殷商王朝各代先王，在族内行使"族权"时应称商称王，在全国行使"天下共主权"（即"天子权"）时应称殷称帝。据此族规，末代商王受，作为天下共主时，当称为"**殷帝辛**"，而不应称为"商帝辛"。因此，殷商王朝完成历史使命 3060 周年纪念活动组委会扩大会议议决：海内外中华殷氏子孙，今后对末代商王**受**（即"**纣王**"），一律称为"**殷帝辛**"或"**大殷帝辛**"，而不称为"商帝辛"或"大商帝辛"。同理，与此有关的名称也作相应的变更，如将 2009 年殷商王朝完成历史使命 3055 周年纪念活动时议定的陵墓名"大商帝辛之陵"更正为"大殷帝辛之陵"，将习称的《祭文》名"大商帝辛祭文"更正为"大殷帝辛祭文"。

殷商王朝完成历史使命 3060 周年纪念活动组委会扩大会议
2013 年 12 月 29 日于镇江

【五十三】始迁周原改邠曰周的周族首领古公亶父传记

　　古公亶父，姬姓，名亶，幽（今陕西旬邑）人。小称大王亶父、太王亶父。依《史记·周本纪》，古公亶父为第十三世周先祖，公叔祖类（组绀）之子，周文王姬昌之祖父，周武王姬发之曾祖父。周武王姬发建立周朝时，追谥古公亶父为"周太王"。《诗经·绵》记有："古公亶父，来朝走马。率西水浒，至于岐下。"此处，古，从前之义；公，君主也；亶父，字也。亶父始迁居周原，改邠曰周，原邠侯改称周公，且得到殷商王朝中央政府的承认和重新册封。今本《竹书纪年》记载："（武乙）三年，命周公亶父，赐以岐邑""（武乙）二十一年，周公亶父薨。"

　　古公亶父是一位杰出的政治家、改革家、军事家，在周族发展史上是一个上承始祖后稷姬弃、四世公刘、五世庆节之伟业，下启文王姬昌、武王姬发、周公姬旦的关键人物，是周王朝的奠基人。（**笔者注**：依周人自己整合并公布于世的世系，其四世先祖公刘重新兴办后稷之农事，带领周人始居于邠，五世庆节在邠地定都于幽建立邠国。自此周人君主称邠后，到十世高圉时，邠国向祖乙称臣纳贡，正式成为殷商王朝的属国，"邠后"改称"邠侯"。）

　　《史记·周本纪》记载：公叔祖类死后，其子古公亶父即位。古公亶父重新恢复始祖后稷、四世公刘的旧业，积德行义，族人都拥戴他。薰育等戎狄部族攻打他，想得到财物，他就把财物给他们。过了一些时候，薰育等戎狄部族又来攻打，还想得到周族邠国的幽地和人民。周族人民都很愤怒，想迎战。古公亶父说："人民立君长，是求对他们有利。现在戎狄之所以来攻打我们，是为了得到土地和人民。人民在我的治下与在他们的治下，有什么不同？人民是为了拥护我的缘故才去打仗，但靠牺牲别人的父亲和孩子来统治，我不忍心这样做。"因而同他的亲近左右离开了原居地幽（周族邠国原都地），涉漆、沮二水，翻过梁山，定居在岐山脚下叫作周原的地方。而幽地的人民举国扶老携幼，也全部重新回到古公亶父身边来到岐山脚下。连周围国家听说古公亶父仁慈，也多来投奔他。从此，古公亶父才贬斥戎狄的陋习，建造城郭与房屋，分成邑落居住，改邠曰周，设立司徒、司马、司空、司士、司寇五种官职，管理自己的国家。原称的邠侯改称周公，使四世公刘、五世庆节在邠地幽都始兴的周道得以发扬光大，并且终于得到殷商王朝的承认和正式册封。今本《竹书纪年》和魏晋谱书《殷氏家传》均记载："（武乙）元年，邠迁于岐周。（武乙）三年……命周公亶父，赐以岐邑……（武乙）二十一年，周公亶父薨"。《史记正义》也记载："因太王所居周原，因号曰周。"

　　古公亶父的贡献有三方面：一是迁居"岐下"周原，改邠曰周，原邠侯改称周公，并得到殷商王朝中央政府的重新册封；二是复修始祖后稷弃始兴、四世公刘和五世庆节继兴的以农为主的周道，并使之发扬光大；三是推行全面改革。

　　岐山脚下的周原位于陕西关中平原的西部，古公亶父迁居这里，改邠曰周，不仅避开了戎、狄等游牧部落的侵扰，更找到了一块极宜自身发展的理想之地。

【五十四】获殷帝文丁册封为西伯的周族首领周公季历传记

周公季历，姓姬名历，季是排行，古公亶父之少子（《史记·周本纪》记载："古公有长子曰太伯，次曰虞仲。太姜生少子季历。"），周文王姬昌之父，周武王姬发之祖父。古公亶父想传公位给少子季历，又怕其兄老大、老二不服。其兄太伯、虞仲为成全季历即位，便出走到荆蛮之地去。古公亶父死后，季历得以即周公位。季历即位后，称公季，周武王灭殷后，尊为王季，也称周王季。

古公亶父死后，周公季历继承其父遗志，推行仁政，发展农业生产，又与殷商贵族联姻，娶殷商贵族挚仲氏女为妻，注意吸收殷商先进文化，不断对外扩张，使本来称为"小邦周"的西方诸侯"周公"，小有名气。因此，商王（殷帝）默许其征伐周边不向"大邑商"称臣纳贡的戎、狄部族，取得成效后，还给予重赏。今本《竹书纪年》记载："（武乙）二十四年，周师伐程，战于毕，克之。三十年，周师伐义渠，乃获其君以归。三十四年，周公季历来朝，王赐地三十里，玉十瑴，马十匹。三十五年，周公季历伐西落鬼戎。"

到武乙之子文丁时期，周人进一步强大，文丁对其施以边怀柔边鼓励边防范的政策。今本《竹书纪年》记载："（文丁）四年，周公季历伐余无之戎，克之，命为**牧师**。"（其意思是说："因周公季历征伐余无之戎，打了胜仗，文丁帝加封周公季历为殷牧师。"）今本《竹书纪年》还记载："（文丁）五年，周作程邑。七年，周公季历伐始呼之戎，克之。十一年，周公季历伐翳徒之戎，获其三大夫，来献捷。"

因连续打了几次大胜仗，周人声势大振，文丁帝也更加担心。当周公季历于文丁十一年伐翳徒之戎大胜并获其三大夫来到"大邑商"殷都报捷献俘邀功请赏时，文丁不动声色，一方面赐以圭瓒、秬鬯，作为犒赏，加封季历为可以世袭的**"西伯"**，使季历毫无戒备之心，稳住他；另一方面做好扣留他的准备。当周公季历准备起程返周时，文丁突然下令囚禁季历。不久，季历被困死于殷都，子姬昌继位，周人说季历被文丁诛杀，周、殷因而结下世仇。尽管后来为缓和矛盾，到文丁的儿子帝乙接位后，史载有"帝乙归妹"之举，将殷商的一位女儿嫁给姬昌，但还不能解周人心中之恨，到文丁的孙子帝辛在位时，季历的孙子姬发（武王）终于灭了殷，为自己的爷爷报了仇。

周公季历死后，葬"鄠县之南山"，即陕西省户县之王季陵。王季陵位于户县玉蝉乡（今西安市鄠邑区玉蝉街道）陂头村西南，东距渼陂湖约500米，现陵园总面积为7345平方米，陵封土呈覆斗形，陵基东西长41.40米，南北宽31.80米，高12.21米，封土前有清初陕西按察司佥事张宗孟撰文碑及乾隆年间陕西巡抚毕沅所立碑石各一通。乾隆碑隶书"周王季陵"四个大字，上款正书"赐进士及第兵部侍郎兼副都御史陕西巡抚毕沅敬书"。1957年5月31日，季历陵被陕西省人民委员会公布为第二批省级重点文物保护单位。

【五｜五】殷之西伯周文王姬昌传记

　　西伯姬昌，姓姬名昌，殷之西伯，周太王古公亶父之孙，被殷帝文丁囚死于殷都的殷牧师且拥有可世袭西伯爵位的周公季历之子，周武王姬发之父，周原（今陕西省岐山、扶风地区）人。武王灭殷后，尊其为周文王。

　　姬昌是殷商末年周部族的著名首领、西戎诸部族之霸。姬昌推行仁政，重视人才。《史记·周本纪》记载："西伯曰文王，尊后稷、公刘之业，则古公、公季之法，笃仁，敬老，慈少。礼下贤者，日中不暇食以待士，士以此多归之。伯夷、叔齐在孤竹，闻西伯善养老，盍往归之。太颠、闳夭、散宜生、鬻子、辛甲大夫之徒皆往归之。"

　　姬昌十分重视农业生产，借以巩固经济基础，得到后世孟子的好评。在《孟子·梁惠王·下》中，孟子称赞文王的仁政说（已译成白话）："从前周文王治理岐山的时候，对农民的税率是十中抽一，对做官的人给予世代承袭的俸禄，在关卡和市场上只稽查，不征税，任何人到湖泊捕鱼都不禁止，对犯罪者的处罚不牵连妻子儿女。众所周知：失去妻子的老年人叫作鳏夫，失去丈夫的老年人叫作寡妇，没有儿女的老年人叫作独老，失去父亲的儿童叫作孤儿。这四种人是天下最穷苦无靠之人。文王实行仁政，总是最先考虑到他们。《诗经》说：'有钱人是可以过得去了，还是可怜可怜那些无依无靠的孤寡之人吧。'"【注105】孟子这段话，说得多么好啊！我们研究历史的人，都不是为了逝去的古人而研究历史，而是为了今人或后世人"以史为鉴"，使当代社会和后世社会变得更加美好而研究历史。因此，历史上孟子称赞周文王仁政时说的这段话，永远值得后世借鉴。

　　姬昌即位之初，因其父季历被困死殷都，殷周关系曾一度紧张。古本《竹书纪年》记载："帝乙处殷。二年，周人伐商。"谁胜谁负，史书虽未明载，但后来，周人继续向商王（殷帝）纳贡称臣是史实。这时殷、周双方都认识到，如果继续为敌，对双方都没有好处。于是姬昌接受了帝乙的和亲政策，帝乙也默认姬昌继承其父季历的西伯爵位。这在本书本卷《殷帝帝乙传记》中已有详细记述，这里不再赘述。

　　商王（殷帝），传到帝辛即位时，任命西伯姬昌为三公之首。《史记·殷本纪》记载："（纣）以西伯昌、九侯、鄂侯为三公。"然而，殷、周短暂的蜜月过后，还是因"小邦周"的逐渐强大构成了对"大邑商"的威胁。为震慑岐周，帝辛曾率领军队到渭地巡察，并囚姬昌于羑里（其地在今河南省汤阴县以北羑河岸畔）。今本《竹书纪年》记载："（帝辛）二十二年冬，人蒐于渭。二十三年，囚西伯于羑里。"然而帝辛还是失策，低看了岐周的力量，不仅于其在位的第二十九年，释放并重赏姬昌，使其仍以"西伯"的头衔衣锦还乡，岐周得以继续扩大势力；而且不听比干之谏，弃而不用贤臣商容，快要大祸临头时，又将大臣祖伊之劝抛至脑后，陷于自我陶醉的天命观中，继续将主力部队滞留东夷前线（这里从郭沫若在《中国史稿》中说帝辛的主力部队还在东南战场，一时调不回来的观点，但"郭沫若说"可能不真），致使殷都空虚，给周武王以可乘之机，发动牧野之战，一举占领殷都，殷亡。《史记·殷本纪》记载，大臣祖伊直面帝辛精辟地分析了殷、周之际的天下大势并规劝帝辛说【注106】："上天已经终止了我们殷朝的国运，大卜龟也不再显示吉兆，并不是先王不帮助我们后人，是王荒淫暴虐，自绝于天。所以上天抛弃我们后人，使我们不能安稳生活。大家都不求知道天性，都不按照常法。现在我们的人民没有不希望我们殷朝灭亡的，他们说：'上天为什么不降下惩罚，天命为什么还不到来？'现在大王您准备怎么办呢？"

帝辛不仅不听祖伊对当前极度危险的天下大势的分析和善意的规劝，而且还盲目乐观地反诘祖伊："难道我生下来不是有命在天的吗？"【注106】

读者明鉴：殷、周对垒中，一方姬昌、姬发父子磨刀霍霍，时刻准备东征伐殷；一方帝辛盲目乐观地相信他的"天命"，且还不将（郭沫若在《中国史稿》中说的）在东夷战场的主力部队调回，导致殷都空虚。殷商王朝末年，遇上这样不识时务的统帅，如果不亡国，那才是怪事！

读者若问，姬昌、姬发父子是怎么磨刀霍霍，时刻准备东征伐殷的呢？有今本《竹书纪年》记载为证：

"（帝辛）三十一年，西伯治兵于毕，得吕尚以为师……三十二年，密人侵阮，西伯帅师伐密。三十三年，密人降于周师，遂迁于程。王（即帝辛）锡命西伯，得专征伐……三十四年，周师取耆及邘，遂伐崇，崇人降……三十五年，西伯自程迁于丰。三十六年春正月，诸侯朝于周，遂伐昆夷。西伯使世子（姬）发营镐……四十一年春三月，西伯昌薨。四十二年（即周武王元年），西伯发受丹书于吕尚……四十三年春，大阅……五十一年冬十一月戊子，周师（模拟伐殷）渡孟津而还。"

至此，以周师为首的西戎联军，已经做好"小邦周"征伐"大邑商"的一切准备，只待寻找伐殷的具体时机了。

【五十六】周武王姬发传记

周武王姬发，姓姬，名发，周代开国君主，周原（今陕西省岐山、扶风地区）人，古公亶父之曾孙，季历之孙，姬昌之子，周族始祖后稷姬弃的16世传人。据《世本》《史记·周本纪》记载，周族的世系为：1世后稷弃 → 2世不窟 → 3世鞠陶（鞠）→ 4世公刘（始迁邠地）→ 5世庆节（始在邠地定都建国，称"邠国"，居幽。自此周人君主称"邠后"）→ 6世皇仆 → 7世差弗 → 8世毁揄（毁隃）→ 9世公非 → 10世高圉（始受殷帝祖乙正式册封，邠国成为殷商王朝的属国，"邠后"改称"邠侯"）→ 11世亚圉（受殷帝盘庚重新册封）→ 12世公叔祖类（组绀）（受殷帝祖甲重新册封）→ 13世古公亶父（始迁居周原，改邠曰周，获殷帝武乙承认并获武乙重新册封，原来的邠侯改称周公，自此姬弃的后人有了正式部族名号："周族。"周灭殷后，周武王尊其为周太王）→ 14世季历（殷帝文丁先后封其为"牧师"和可以世袭的"西伯"，后被殷帝文丁扣留，困死于殷都，史称"文丁杀季历"。周灭殷后，周武王尊其为周王季）→ 15世姬昌（殷之西伯，殷帝辛册封其为三公之首。迁程，再迁丰，营镐。周灭殷后，周武王尊其为周文王）→ 16世周武王姬发。众所周知，周武王姬发和殷代末帝帝辛是同时代人，而帝辛是商族始祖子契的三十世传人，周武王姬发是周族始祖姬弃的十六世传人，即周族始祖姬弃要比商族始祖子契晚出生14代。若以每代20—30年计，则周族始祖姬弃要比商族始祖子契晚出生280—420年。因此，笔者认为，《世本》《史记·周本纪》谓，周族始祖姬弃与商族始祖子契都是帝喾的儿子，是同父异母的亲兄弟，绝对不真。笔者还认为，《世本》《史记·周本纪》谓，周族始祖母姜原（《史记》作姜原，《世本》作姜嫄）为帝喾元妃、上妃（《史记》作元妃，不同的《世本》辑本，有的作上妃，有的作元妃）商族始祖母简狄为帝喾次妃等，有被周人人为安排之嫌。笔者这样推测的理由如下：

在那极度相信天命的殷末周初，周武王以臣犯上，以武力夺取政权的合法性问题，即以周代殷是否符合天命的问题，是个迫切需要解决的政治问题。如果解决不好，当时中华大地上数以千计的各方诸侯就不会承认原来的殷臣周公为天下共主。怎么使人相信，以周代殷符合天命呢？最好的办法，就是重新编辑已经夺取的殷人秘密档案——记史典册（在《尚书·周书·多士》中，周公以成王名义曾说过："惟尔知，**惟殷先人有册有典**，殷革夏命。"这显然就是周人已经夺取殷先人记史册典的证词）并将其重新整合成以周代殷符合天命的文字，再公布于世，让它永久传承下去，使世人永远相信以周代殷是合理合法的。于是，将夏殷周三代之先人都安排为中华人文始祖黄帝的直系传人，且由黄帝后人轮流坐庄执政为框架的中华古史世系安排的说法，就由经周人重新编辑或整合的一批传世文献流传于后世，起到了以周代殷符合天命的作用。然而出现了令周人没有想到的如下两点：

①**重新编辑整合殷商先人记史档案者的编辑手段，再高明，总会露出不合情理的"马脚"来。**关于这方面的问题，本书在《卷一·第二章·第一节（帝喾真是殷人和周人的共祖吗？）》和《卷二·第三章·第一节（西周以前历史有被周人"改造"或"加工"之嫌）》中，已经作了专门的讨论，读者可以参看。

②**更令重新编辑整合殷商先人记史档案的周人无论如何也想不到的、**他们极力想掩盖于历史长河中的殷商先人记史档案的原文部分内容，在时隔

三千年后，竟然会以甲骨文和青铜器铭文的形式，重见天日。

这一点，不须解释，更不须举例，因为分散收藏于中国和世界各个国家的十几万片甲骨卜辞片和出土的大量青铜器铭文已能在订补经周人重新编辑整合过的传世文献的缺陷方面发挥重大作用，虽然还不能用其订补夏代和夏代以前五帝时期的历史，但用来订补周人想极力掩盖的殷商时期辉煌的历史已经成为可能。

上面说的周人为了让世人相信自己以武力夺取政权以周代殷符合天命的合法性，而重新编辑或整合殷商先人记史档案并让其传承于后世，成为传世文献的事，读者读了以后，也许会以为笔者在指责以周武王、周公姬旦为代表的周人篡改历史。其实，客观地讲，对刚刚夺得政权的周人来说，为了让世人相信自己代替殷人成为天下共主符合天命的合法性，这样做，也是迫不得已。即使不是周人灭了殷，而是其他什么部族灭了殷，在世人普遍相信天命的殷末周初时代，他们也会这样做的。周人之所以这样做，是为了让世人相信自己从前朝手中夺取政权符合天命的合法性，借以巩固初生的新政权。因此，客观地讲，就殷末周初历史大势而言，以战略眼光来看，周代开国元勋周武王姬发、周公姬旦、姜子牙吕尚等肯定是比殷帝辛还要高出一头的政治家、军事家、思想家。下面我们还是回到研究周武王历史功绩的正题上来。

姬发即周公位后，继承父亲姬昌遗志，拜太公望吕尚为军师，在同母弟周公姬旦、异母弟召公姬奭、异母弟毕公姬高等人辅佐下，进一步整顿内政、发展经济、增强军力。因此，国力日益强盛，伐殷时机逐步成熟。

据《史记·周本纪》记载，周武王九年，周武王以周文王"木主"率师名义（自己以太子身份）搞了一场八百诸侯会盟于孟津的东进伐殷的大规模军事演习，因其觉得，伐殷的时机还不成熟，故与八百诸侯在孟津会盟以后，即率师返回。过了两年，即于周武王十一年（《史记·周本纪》未言某月某日），周武王率战车300辆、虎贲3000人、穿戴甲胄的战士45000人，正式东进伐殷（据现代研究，周师正式出发的日期为公元前1045年12月4日戊子，即黄帝纪元1654年十月二十八日戊子，或干支纪元丙申年己亥月戊子日）。约一个月后，周师于戊午日渡孟津，与诸侯再次会盟（据上海交通大学江晓原等学者研究，周师渡孟津的实际日期是公元前1044年1月3日戊午，即黄帝纪元1654年十一月二十八日戊午，或干支纪元丙申年庚子月戊午日）。周武王发表正式东进伐殷的动员词《太誓》后，率西戎联军，急行军东进伐殷。终于在自戊午日起算的第七天甲子日凌晨，武王率领的由庸、蜀、羌、髳、微、泸、彭、濮等部族组成的西戎联军到达殷都商郊牧野（《史记·周本纪》只记为"二月甲子昧爽，武王朝至于商郊牧野"，未言具体的年份和日期。据云南考古专家黄懿陆推算，应是周历武王十一年二月初二甲子日，即殷历正月初二甲子日，这也与《史记·齐太公世家》记载的"十一年正月甲子"相合）。帝辛得知武王前来，亦匆匆组织由奴隶和俘虏拼凑而成的七十万大军应战（约师"七十万"是《史记·周本纪》的说法，今学者多认为七十万之说不实，或许为十七万之误），殷、周两军列阵于牧野之地。武王做了简短的名为《牧誓》的战前动员后，便挥师向殷军发动猛烈进攻。这就是中国历史上著名的"牧野之战"。《史记·周本纪》记载了这场战争的简要过程（已译为白话）："约师虽众，但士气低落皆无作战之心，只盼武王赶快攻入。约王的军队多数掉转武器反而攻击约师，为武王做内应。武王驰击约师，约师溃不成军，背叛约王。约王逃入城中，登上鹿台，把他的宝玉衣都穿在身上，自焚而死。"殷亡。武王追入城中，割下帝辛及其宠妾之头，挂于旗上示众。

　　关于周武王发动的牧野之战的记载，除了《史记·殷本纪》和《史记·周本纪》之外，许多传世文献都有记载，如《尚书》《诗经》《逸周书》《竹书纪年》《尚子》《淮南子》《吕氏春秋》等。1976 年 3 月在陕西临潼县（今西安市临潼区）零口镇发掘出上的国之重器——青铜礼器"利簋"，其上的铭文可证明牧野之战的开战日期和时间确实为"甲子朝"，即"甲子日拂晓"。"利簋"的铭文是夏商周断代工程将牧野之战发生的具体日期定为公元前 1046 年 1 月 20 日的主要依据之一。读者如果想查阅"利簋"图片和铭文的介绍，请查看本书正文前面的彩页。铭文中的"甲子朝"三个字虽可确定牧野之战开战时间为"甲子日"的凌晨，但铭文中的"辛未"两个字是系年还是指日，学界却有不同认识。大多数学者认为辛未指牧野之战于甲子日开战后的第八天——辛未日，也有学者认为"辛未"是指牧野之战发生于"辛未年"。值得注意的是，云南考古专家黄懿陆在其《骆越史》和《武王克商石刻文》两部专著中，据广西壮族自治区百色市平果县发现的类似甲骨文的"骆越石刻文字"的记载，最新推断得：牧野之战发生于公元前 1050 年 2 月 10 日，即殷历正月初二甲子日木星合下弦月的黎明时分（相当于周历二月初二甲子日）。显然，黄先生推断的结果与夏商周断代工程推断的结果不同，与本书《卷六（殷代纪年）》推断的结果也不同【本书《卷六（殷代纪年）》推断的牧野之战发生日为公元前 1044 年 1 月 9 日，即黄帝纪元 1654 年十二月初四，或干支纪元丙申年庚子月甲子日】。究竟哪一种推算结果更符合实际，有待学界详加研究。众所周知，"武王克商"之年是殷、周分界之年，是研究先秦古史的重要参考时间坐标。有了它，就可以依照中国古代文献的记载推算出盘庚迁殷、成汤殷革夏命、夏启改"公天下"为"家天下"等重大历史事件发生于公元前的具体年代。

　　牧野战后的第二天，周武王在周群臣的簇拥之下，进入殷都，面对殷的先帝，数落帝辛的罪行，举行简短的以周代殷登基仪式。周武王在登基仪式上对上天、对殷的先帝和对簇拥他的周群臣再拜稽首说："膺更大命，革殷，受天明命。"（引文见《史记·周本纪》）以周代殷登基仪式毕，然后出城。

　　周武王封纣王之子武庚禄父为殷侯，仍居原来的殷都，以祀殷先，并治理殷都的遗民，但又怕武庚禄父造反，周武王又委派他的弟弟管叔鲜、蔡叔度辅佐（实为监管）武庚禄父治理周之诸侯国殷国。然后又从殷都中搜出象征"王权天授"的传国重器"九鼎"，向众诸侯公开展示，以示以周代殷符合天命的合法性（后来被成王置于成周洛阳）。魏晋谱书《殷氏家传》记载，武王在殷都滞留七天后，携传国重器"九鼎"罢兵归去（这已为西周《利簋》铭文的记载所印证：武王于辛未日至驻有重兵的"阑"地，继续指挥周师征服不服从其统治的众多诸侯，学界认为"阑"地即今河南郑州）。

　　武王西归以后，定都镐京（今西安西南）。追封其父姬昌为文王、祖父季历为王季、曾祖父古公亶父为太王。为巩固其统治，实行分封制。《史记·周本纪》记载："追思先圣王，乃褒封神农之后于焦，黄帝之后于祝，帝尧之后于蓟，帝舜之后于陈，大禹之后于杞。于是封功臣谋士，而师尚父（姜太公）为首封。封尚父于营丘，曰齐。封弟周公旦于曲阜，曰鲁。封召公奭于燕。封弟叔鲜于管，弟叔度于蔡。余各以次受封"。据统计，周初一共封了 71 个诸侯王【注107】。

　　周武王有五子：长子姬诵（继位后，史称成王）、次子唐叔虞、三子邘叔、四子应侯、五子韩侯。

　　周武王的逝年和寿限，史书记载不一。《史记·周本纪》记载："武王已克殷，后二年，问箕子殷所以亡。箕子不忍言殷恶，以存亡国宜告。武王亦丑，故问以天道。"这说明，在武王灭殷后第二年，武王还在世。武王是在武王十一年灭殷的，应该是武王十三年还在世，否则他怎么能于灭殷后二年向箕子问"道"呢？《史记·周本纪》集解徐广曰："封禅书曰'武王克殷二年，天下未宁而崩'。"《史记·周本纪》集解皇甫谧曰："武王定位元年，岁在乙酉。六年庚寅崩。"今本《竹书纪年》记曰：武王"十七年，命王世子诵于东宫。冬十有二月，王陟，年九十四"。《逸周书·作雒解》记载："武王克殷既归，乃岁十二月崩镐。"《太平御览》八十四引《帝王世纪》曰："十年冬，王崩于镐，时年九十三岁。"《路史·发挥》四："案《竹书纪年》武王年五十四。"总之，灭殷后，未过几年，武王就逝世了。

　　周武王和其父周文王的陵墓相毗邻，都在今陕西省咸阳市咸阳城北6公里处渭城区周陵镇。陵墓保存完好，陵的前面有一通石碑，上书"周武王陵"四个隶体大字，是清朝乾隆年间陕西巡抚毕沅所立并手书。虽然历代学者中有很多人确信咸阳"周王陵"的墓主人是西周文、武二王等，但现代考古调查的结果却与此大相径庭，目前考古界多确认其为战国时的秦王陵。【注108】

附：《世本》《史记》中的先周首领世系图

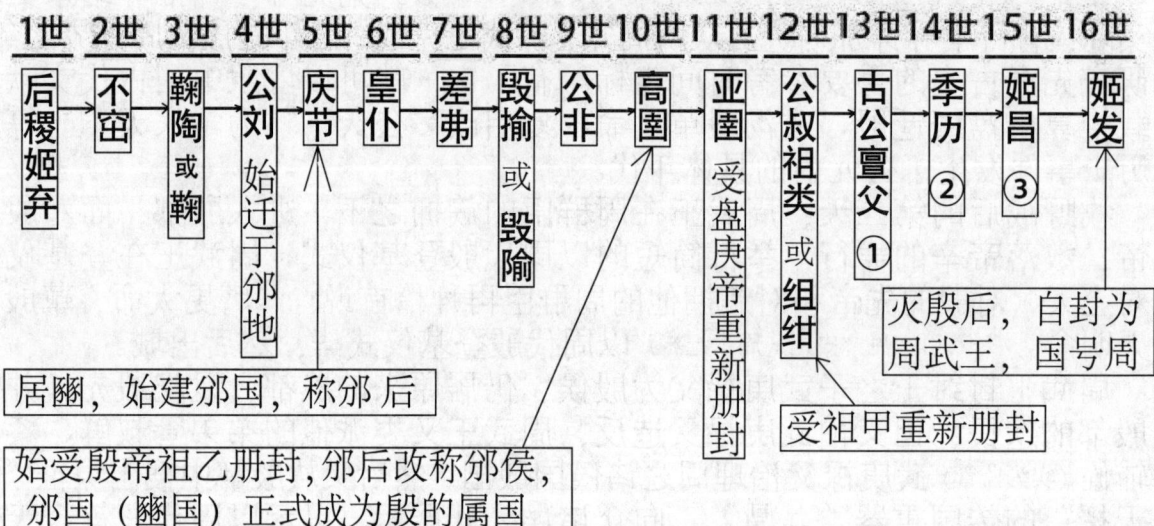

1世	2世	3世	4世	5世	6世	7世	8世	9世	10世	11世	12世	13世	14世	15世	16世
后稷姬弃	不窋	鞠陶 或 鞠	公刘 始迁迁于豳地	庆节	皇仆	差弗	毁揄 或 毁隃	公非	高圉	亚圉 受盘庚帝重新册封	公叔祖类 或 组绀	古公亶父①	季历②	姬昌③	姬发

居豳，始建豳国，称豳后

始受殷帝祖乙册封，豳后改称豳侯，豳国（豳国）正式成为殷的属国

受祖甲重新册封

灭殷后，自封为周武王，国号周

① **古公亶父：** 始迁居周原，改豳曰周，自此姬弃一族正式获得族号"周"并获得殷帝武乙的认可，自此原来的豳侯改称周公。周灭殷后，周武王追尊古公亶父为周太王。

② **季历：** 殷帝文丁先后封其为牧师、西伯，后被文丁帝扣留，困死殷都，史称"文丁杀季历"。周灭殷后，周武王追尊季历为周王季。

③ **姬昌：** 袭季历爵位西伯，殷帝帝辛又册封姬昌为三公之首。曾被帝辛囚禁于羑里七年。获释后，得姜太公为军师，迁程，再迁丰，营镐，为周族的发展做出重大贡献。周灭殷后，周武王追尊姬昌为周文王。

【五十七】周公姬旦传记

周公姬旦，姓姬名旦。周原（今陕西省岐山、扶风地区）人，是周文王姬昌第四子，周武王姬发的弟弟。《史记·管蔡世家》记载："武王同母兄弟十人。母曰太姒，文王正妃也。其长子曰伯邑考，次曰武王发，次曰管叔鲜，次曰周公旦，次曰蔡叔度，次曰曹叔振铎，次曰成叔武，次曰霍叔处，次曰康叔封，次曰冉季载。冉季载最少。同母兄弟十人，唯发、旦贤，左右辅文王，故文王舍伯邑考而以发为太子。及文王崩而发立，是为武王。伯邑考既已前卒矣。"姬旦的封地在少昊之虚奄地（今山东曲阜），诸侯国号鲁，本应称为鲁公，但因辅佐武王和年幼的成王，姬旦不就封，留佐武王和未成年的成王，而派其子伯禽代其受封到曲阜去当鲁公。因姬旦一生都留在宗周，逝后，成王将他和文王葬在一起，以示不敢称其为己臣。因此，宗周就是姬旦的采邑，他的爵位又为"上公"，故史称其为周公。司马迁《史记》中的《鲁周公世家》就是为周公和他的后人各代鲁公作传的。周公旦是殷末周初杰出的政治家、军事家、思想家、教育家。《尚书·大传》将周公的功绩概括为："一年救乱，二年克殷，三年践奄，四年建侯卫，五年营成周，六年制礼乐，七年致政成王。"

周武王姬发即位，周公为辅相，与国师姜太公成为武王最为得力的助手。武王逝后，成王尚未成人，周公怕天下诸侯闻武王死讯而背叛朝廷"乃摄行政当国"，代替成王管理国家，一直到成王长大，才还政于成王。因此，后世史家公认周公姬旦是人世间最无私心、最德高望重之人。关于为周公姬旦立传一事，太史公已在《鲁周公世家》中立之，笔者不敢斗胆再画蛇添足，现仍据《鲁周公世家》所述，摘其要者翻译成白话，以飨读者。

武王克殷后二年，天下未定，武王病重，群臣恐惧。相信天命的周公旦以自己的身体作抵押，筑起向三位近祖祷告的三个祭坛，周公旦面朝北站立，顶着璧，捧了圭，向太王、王季、文王三位近祖按写好的册书祝告曰："你们的长孙武王姬发，辛劳成疾，如果你们三位在天，因为要人服侍，那么我愿意代替姬发去死，死后服侍你们。你们的长孙姬发有重命在身，你们千万不能将他带走啊！现在我要用占卜法接受你们的命令，如果你们同意我的请求，就显示吉；如果你们不同意我的请求，就显示凶。"于是让卜人到三王神主前占卜。卜人说都得了吉兆，周公开启兆书一看，果然都大吉大利。周公将占卜结果和他愿意代替武王去死的祝告册书都收藏在全密封的金属柜子里，并严令保管人员不准乱说。然后他去向武王道贺说："从占卜结果来看，大王将不会有什么灾害，我刚刚接受了三位先王的命令，您可以安心治国，三王在天之灵，会保佑您安康。"第二天，武王的病果然好了。

后来武王驾崩，成王尚未成年。周公唯恐天下人作乱，于是登临天子之位，代替成王处理国政。管叔和他的弟弟散布谣言说："周公旦要夺成王的王位。"周公便向太公望、召公奭表白心意说："我之所以不回避而代成王摄行国政，是恐怕天下反叛周室，那就无法向先王交代了。武王早逝，成王尚未成年，为将来完成兴周大业，我才这样做。"于是始终辅佐成王，而让他的儿子伯禽代替他到鲁国就封。

负责监管帝辛之子武庚禄父的管叔鲜与蔡叔度乘机作乱，并支持武庚禄父率领东夷诸亲殷部族方国造反复国。周公于是以受命于成王的名义，举兵东征，写了《大诰》。终于诛杀了武庚禄父和管叔鲜，放逐了蔡叔度，灭了支持武庚复国的奄等国，并收集且分散殷遗民，以防他们再聚集造反。以成王名义封文王第九子康叔于殷的王畿区，国号卫，都朝歌，将殷民七族（陶氏、施氏、繁氏、锜氏、樊氏、饥氏、终葵氏）交给他管理（《左传·定公四年》）；封其长子伯禽于奄国旧地，国号鲁，命其将殷王畿区的殷民六族（条氏、徐氏、萧氏、索氏、长勺氏、尾勺氏）迫迁至其封地鲁监管（《左传·定公四年》）；封帝辛庶兄微子启于宋国旧地，重建宋国，代武庚祀成汤，国号仍宋，都商丘，命其带一部分殷王畿区遗民至宋地监管。周公东征，平定支持武庚复国的东夷，花费了三年时间才完成，至此，除了东夷大国"徐国"等殷属铁杆诸侯国以外的各路诸侯终于全部归服周室，承认周王为天下共主。

成王长大，能临朝听政了，于是周公就还政于成王，自己则恭敬地以臣下身份辅佐成王。

当初成王年少患病时，周公曾册文向河神祝告说："帝王年少不懂事，有什么不周到的就惩罚我。不要让年少的帝王生病。"事毕，将祝告册文藏于府中。后来成王当政，有人诬告周公，说周公曾向河神祷告说，希望河神让成王的病不要好。成王信以为真，非常生气。周公吓得逃往楚地避难。成王到周公府中抄家，见到周公当年向河神祝告的册文，便痛哭起来，马上请周公回朝，向周公赔礼道歉。

周公回朝后，怕成王年轻气盛，治国有所放荡，便写了《多士》《毋逸》（也作《无逸》）谏诫成王。周公写的这两个名篇，后来都被收集在《尚书》中。

成王居于丰京，天下太平，但周室的政府机构尚未完备有序，于是周公写了《周官》，分别官府各级的官名及职权。又写了《立政》，以利百姓，百姓都很高兴。

周公病危时说："我死了以后，一定要将我葬在成周，以表明我不敢离开成王。"周公死后，成王将其安葬在文王安葬的毕邑，以此表示成王不敢称周公为自己的臣佐。

《史记·鲁周公世家》还记载一件十分感人的史事。其大意是：

周公逝后，秋熟庄稼尚未收获，忽然起了暴风，电闪雷鸣，庄稼都倒伏了，大树也都连根拔起。相信天命的满朝文武大为恐慌。成王和大夫们穿起礼服，诚惶诚恐地打开珍藏先王占卜的金縢之书，以便查看以前是否有对上天不敬的地方，成王看到当年周公愿以身作人质代替武王去死的简书。太公、召公和成王便询问史官和管理金縢之书的人员："这是怎么回事？"他们答道："确实有过这件事，过去周公下过命令，不准我们说，所以我们不敢说。"于是，成王手持简书，哭着说道："从今以后，恐怕再也没有这样虔诚的占卜了。以前周公为王室辛勤劳苦，我这个幼年小子来不及知道，现在上天显示了威严，来表彰周公的德行，我要亲自去迎神，按我们国家的礼仪，也应该这样做。"成王于是出城举行郊天之礼。于是天公作美，自此风调雨顺，倒下的庄稼又都挺拔起来。于是这个灾年反而得到大丰收。从此，成王命鲁国国君可以以天子之礼郊祀上天和亢王。鲁国之所以享有用天子之礼郊的特权，是成王用来褒扬周公的恩德的。

　　需要向读者说明的是：《史记·鲁周公世家》记载的上述史事中成王"打开'金縢之匮'查阅旧典发现周公祈祷以自身代替武王去死的策书的时间是在周公姬旦去世之后"的说法，与其他文献中的记载有所不同。例如，本书《卷五·第三章·第二节（成王继位与周公摄行政当国）》中提到的《尚书·金縢》却说成王"打开'金縢之匮'查阅旧典"的时间是在周公姬旦在世时的"践奄"战役之前。笔者认为，当以《尚书·金縢》之说可信，因为魏晋谱书《殷氏家传》也说成王"打开'金縢之匮'查阅旧典"的时间是在周公姬旦在世时的"践奄"战役之前。

殷代史

【卷三】殷商时代人物传记

【五十八】姜太公（姜子牙、太公望）传记

　　姜太公（姜子牙、太公望），兴周元勋，姜姓，吕氏，名尚，一名望，字子牙，或单称牙，也称吕尚，别号飞熊。**姜太公**或**太公望**是民间家喻户晓的人物，因为他是明代小说《封神演义》、别称《封神榜》中的主角之一。在小说《封神演义》中，谓百神均是名人死后受姜太公封而成神的，所以百神都敬畏他。笔者小时候，在每年腊月二十三或二十四送灶节来临时，常应左邻右舍要求给灶王爷（旧时民间信仰的家宅六神之一，家宅六神指：土地神、户神、门神、井神、灶神、厕神）写对联：上联是"上天言好事"，下联是"下界保平安"，横批则应主家要求而定，少数写"普天同庆合家欢""天上人间诉真情"，多数主家要求写"太公在此，百无禁忌"。可见民间对姜太公信仰之深。在神话小说《封神榜》中，姜太公是昆仑山玉虚宫之主元始天尊门下的阐教弟子，后受师命下山辅佐周武王姬发反殷灭纣，代理封神，推翻殷纣王的统治后，奉法旨敕封三百六十五路正神，自己却无福成正果，只能得享人间富贵，最终老死，堕入轮回。按《封神演义》（亦名《封神榜》）的说法，姜太公代理"封神"，执掌打神鞭，有法宝杏黄旗护体，骑着神兽坐骑四不相，深得其师元始天尊器重，被封为大周丞相，斩将封神，为西周领军人物，他统领着千军万马的武王军队，麾下有众多玉虚门人护法卫战；和阐教叛徒申公豹亦敌亦友，最终为西周武王大军立下不朽之功，在封神台上成就封神大任。《封神演义》上所讲皆胡说八道，本节据《史记·齐太公世家》等史书为**姜太公（姜子牙、太公望）**立传，以飨读者。

　　历史上真实的姜太公是殷末周初杰出的军事家、政治家，是可与夏末殷初成汤、伊尹堪比的战略家。姜太公是殷末周初周文王姬昌、周武王姬发、周成王姬诵、周康王姬钊四代君王的首席谋士，又是齐国的缔造者、齐文化的创始人。姜太公被清代陈寿祺在《尚书大传》中列为"文王四友"之一。姜太公在军事理论方面，在政治、经济斗争和策略方面，为子孙后代留下了宝贵的遗产，被称为中国韬略权谋思想的始祖。据说《六韬》**【注109】**是其代表作，或是后人总结其军事思想的托名之作，总之《六韬》是集先秦军事思想之大成的著作。后世常将太公《六韬》（文韬、武韬、龙韬、虎韬、豹韬、犬韬）和西汉时黄石公《三略》（上略、中略、下略）并称为"六韬三略"。关于姜太公的历史遗迹，在全国各地几乎到处都有。例如，今山东省日照市建有姜太公文化园，园区分四大活动区域：姜太公纪念馆、太公文化广场、姜太公钓鱼中心和水上娱乐中心。再如，位于今河南省卫辉市西北12公里处的姜太公故里太公镇，至今还保留着姜太公墓、姜太公祠、姜太公庙、姜太公吕望表等许多历史遗迹。其他还有，今山东省淄博市临淄区有姜太公衣冠冢、姜太公祠；今福建省石狮市也建有姜太公纪念馆；位于今陕西省宝鸡市陈仓区磻溪河上的姜太公钓鱼台处还有北魏地理学家郦道元、唐代诗人李白、宋代诗人苏轼的题词记胜及其他关于姜太公的文化遗址，如太公庙、文王庙、望贤台、乞子崖、钓鱼台等。

据《史记·齐太公世家》记载，姜太公曾经很贫穷，年老了，利用钓鱼之计进见殷西伯姬昌。姬昌准备出去打猎，占了一卦，卦辞说："得到的不是龙不是螭，不是虎不是熊，得到的是成就霸业的辅佐贤才。"于是，姬昌出去打猎，果然在渭水北岸遇到姜太公，和他交谈，大为高兴地对姜太公说"听我的祖父说'一定会有圣人到我周国来，周国将因之而兴盛'。看来，祖父说的这位圣人就是您吧？我已故的祖父盼望您很久啦。"因为姬昌称其祖父为"太公"，姜子牙是姬昌的"太公"早就盼望之人，所以姬昌就尊姜子牙为**"太公望"**。于是，姬昌就和**"太公望"**一起坐车回朝，立太公望为国师。今本《竹书纪年》也记曰：帝辛"三十一年，西伯治兵于毕，得吕尚以为师。"《史记·齐太公世家》还说，被帝辛囚禁羑里的姬昌之所以能获释，也是出于姜太公之谋。

姬昌从羑里获释后，即从姜太公之谋，推行德政，征服周边诸戎，如崇国、密须、犬夷等，大规模建设丰邑，从战略角度做好灭殷的准备。《史记·齐太公世家》谓："天下三分，其二归周者，（姜）太公之谋计居多。"

文王崩，武王即位。武王九年，为继承父亲灭殷兴周之大业，想试一试自己的周国在众多诸侯中的号召力究竟有多大，于是，从姜太公之计，搞了一场东进伐殷的大规模军事演习。姜太公左手拿着黄金为饰的大斧，右手握着白牦牛尾为饰的军旗誓师，说："掌管舟楫的指挥官们（古代掌管舟楫的指挥官称为'苍兕'），你们快去统领你们的部队、集结船只吧，要是去迟了就斩首。"于是，到了黄河渡口孟津，事先没有约定，就有八百诸侯赶来孟津会盟并支持武王伐殷（《史记·周本纪》谓孟津会盟不约而至者有八百诸侯，多为虚数，因为后来真正参与牧野之战时，也就庸、蜀、羌、髳、微、泸、彭、濮八国而已）。于是，武王得知自己在诸侯中的影响力、号召力已经非常强，但从当时殷、周大势来看，伐殷的时机还未成熟。于是，在孟津与赶来的八百诸侯会盟以后，就带师返回。

过了两年，姜太公和周武王，觉得伐殷时机已经成熟。于是，周武王率战车 300 辆、虎贲 3000 人、穿戴甲胄的战士 45000 人，正式东进伐殷。于周武王十一年十二月戊午日率师渡孟津（周武王十一年十二月戊午日率师渡孟津是《史记·周本纪》的说法，据上海交通大学江晓原等学者研究，周师渡孟津的实际日期是公元前 1044 年 1 月 3 日戊午，即黄帝纪元 1654 年十一月二十八日戊午，或干支纪元丙申年庚子月戊午日），与诸侯再次会盟，周武王发表正式东进伐殷的动员词《太誓》后，率西戎联军，急行军东进伐殷。终于在自戊午日起算的第七天甲子日凌晨，武王率领的由庸、蜀、羌、髳、微、泸、彭、濮等部族组成的西戎联军到达殷都商郊牧野（《史记·周本纪》只记为"二月甲子昧爽，武王朝至于商郊牧野"，未言具体的年份和日期。据云南考古专家黄懿陆推算，应是周历武王十一年二月初二甲子日，即殷历正月初二甲子日，这也与《史记·齐太公世家》记载的"十一年正月甲子"相合。周殷牧野之战发生日的确切日期当以本书《卷六》推断的公元前 1044 年 1 月 9 日为准，即黄帝纪元 1654 年十二月初四，或干支纪元丙申年庚子月甲子日）。帝辛得知武王前来，亦匆忙组织由奴隶和俘虏拼凑而成的七十万大军应战（纣师"七十万"是《史记·周本纪》的说法，今学者多认为七十万之说不实，或许为十七万之误），殷、周两军列阵于牧野之地。武王做了简短的名为《牧誓》的战前动员后，便挥师向殷军发动猛烈进攻。《史记·周本纪》记载（已译为白话）："纣师虽众，但士气低落皆无作战之心，只盼武王赶快攻入。纣王的军队多数掉转武器反而攻击纣师，为武王作内应。武王驰击纣师，纣师溃不成军，背叛纣王。纣王逃入城中，登上鹿台，把他的宝玉衣都穿在身上，自焚而死。"武王追入城中，割下帝辛及其宠妾之头，挂于旗上示众。殷亡。

《史记·齐太公世家》认为，周武王伐殷、灭殷，当众宣告殷纣之罪，"散鹿台之财，发巨桥之粟。封比干墓，释箕子囚。迁九鼎，修周政，与天下更始"等，几乎都是出于国师姜太公的谋划（《史记·齐太公世家》的原文为"师尚父谋居多"）。

周武王平定天下后，封姜太公于齐地都营丘。姜太公率众赴封。一天傍晚，来到离齐地国都营丘不远处宿营。这时，当地有人提醒他说："我听说时机难以得到而容易丧失，你们这些人睡起觉来香甜安稳，哪像赴齐国就封的样子！"意思是警告姜太公，你若迟去几天，你的封地就被东夷莱侯侵占了。姜太公听到这话，睡意全无，就整顿人马，披星戴月，赶赴营丘。至黎明时到达淄河西岸。只见莱国军队正在涉水奔营丘而来，剑拔弩张，形势危急。原来，东夷莱国与营丘离得很近，是殷的属国，莱侯想乘姜太公立足未稳之际抢占营丘。两军在淄河西岸展开对垒，姜太公指挥镇定自若，士兵作战英勇顽强，莱军被杀得丢盔弃甲，悻悻而回。姜太公大胜。中国历史上齐鲁大地的齐国就这样建立起来。

姜太公建立齐国后，首先以法治国，借以安定民心。司寇营汤阳奉阴违，受贿害民，并妖言惑众，宣称先要以所谓的"仁义"治齐，姜太公便将营汤斩首，以正政令。一时间，齐国再也没有人敢违抗命令法规了，混乱局面迅速改变，齐地趋于安定。姜太公仅用五个月时间就将齐国治理得秩序井然，遂向镐京周公旦汇报其安邦定国的政绩。接着，姜太公推行尊贤尚功的政策，把用人提升到事关国家兴亡的高度，提出"六守""八征""六不用"的任人唯贤的人才理论。在文化上推行"因其俗，简其礼"的开明政策，务实地创造了既让齐民乐于接受又不太有违周礼的新制。因姜太公精心治理自己的封地齐国，成效显著，周边的人民都来投靠他。因姜太公在齐国治国有方，周室立刻发来嘉奖令受命齐国始建国君姜太公道："东边到海滨，西边到殷周时南北走向的古黄河，南边到穆陵，北面到无棣。五等诸侯，九州长官，你都有权征讨他们。"姜太公的齐国从此得到周天子特批的专征大权。因此齐国很快发展成今山东境内的大国，也为后来齐国称霸列国奠定了基础。

姜太公封齐建国后，大多数时间都是返回镐京的周室中央政府，继续担任周朝的国师、太师，挑起辅佐周成王姬诵、周康王姬钊的重担。他的大儿子齐丁公姜伋（又称吕伋）也没有常到临淄治理齐国，而是一直在周都镐京担任虎贲之职，统领周朝王宫卫戍部队。周成王逝前，姜太公父子又接受了成王托孤的遗命，担负起辅佐太子姬钊的重任，后又与众臣一起扶立太子姬钊登位，史称周康王。

周康王六年，姜太公逝于周都镐京，寿 139 岁（恐怕不真）。子丁公姜伋（又称吕伋）继续辅佐周康王成为仅次于首辅召公奭的次辅，并掌管周朝精锐部队三千虎贲，保卫周畿地丰镐。

【九十九】殷帝辛近臣费仲传记

费仲，《史记·周本纪》谓其是帝辛的"嬖臣"，即是说，费仲是受帝辛宠幸的近臣。"宠"在哪里，《史记·周本纪》也仅举出一例，就是周人通过费仲将美女、骏马与珍奇宝物进献给帝辛，以求帝辛释放姬昌。其中，并未见费仲有接受周人贿赂之嫌。在《史记·殷本纪》中，也只见司马迁说："纣任用费仲主持政务。费仲善于拍马，又很贪财，殷人都不喜欢他。"似未给出费仲"拍马""贪财"的佐证，可见太史公当年如此评价费仲，也只是人云亦云罢了。（《史记·殷本纪》原文为："而用费仲为政。费仲善谀，好利，殷人弗亲。"）今天，当我们重新评价帝辛之际，对其领导集团的重要成员费仲，当然也得重新评价。

在笔者看来，在帝辛的统治集团中，费仲还是有远见卓识的。在殷周激烈的政治斗争中，他政治嗅觉灵敏，早就看到周是殷的最大威胁，建议帝辛要尽早防范。《韩非子·外储说左下》曰："费仲说纣曰：'西伯昌贤，百姓悦之，诸侯附焉。不可不诛。不诛，必为殷祸。'纣曰：'子言，义主，何可诛？'费仲曰：'冠虽穿弊，必戴于头；履虽五采，必践之于地。今西伯昌，人臣也，修义而人向之，卒为天下患。其必昌乎！人人不以其贤为其主，非可不诛也。且主而诛臣，焉有过？'纣曰：'夫人义者，上所以劝下也。今昌好仁义，诛之不可。'三说而不用，故亡。"费仲与帝辛君臣间这段对话的意思如下。

费仲对帝辛建议说："姬昌显得很能干，百姓都喜欢他，诸侯也依附他，可能心怀不轨。不能不防啊！最好将他杀掉！如果不防，一定会成为殷商王朝的祸根。"帝辛说："你说的西伯姬昌是一个讲仁义的君主，哪能杀他呢？"费仲说："帽子虽然破旧，一定要戴在头上；鞋子虽然华丽，一定要踩在地上。如今西伯姬昌是个做臣子的人，修行仁义而人心归附，最终会成为我们殷商王朝的祸患。我想，西边的周人，在姬昌的带领下，总有一天会强大的吧？做臣子的姬昌不施展其才能为大王效力，反而在树自己的威望，总有一天会成为我们殷商王朝灾难的。因此，这个人是不可不杀的。再说，这是大王杀臣子，也不能算是大王的过错呀！您就是将姬昌杀了，哪能算是过错呢？"帝辛说："仁义是君主用来勉励臣下的。现在西伯姬昌爱好仁义，我没有理由杀掉他啊，不能杀他！"费仲再三劝说，帝辛不听。所以殷商王朝最终灭亡了。

费仲的建议被帝辛否决以后，帝辛和费仲两人都没有走极端。费仲没有因此或装疯卖傻或离国出走，帝辛也没有因此而将费仲抓起来。君臣间一席对话过去也就完了，时过境迁，谁也没有记恨谁。由此可见，帝辛并非完全听不进不同意见的人。由此还可推知：《史记》谓周灭殷前，比干因死谏而被纣剖腹观心，箕子谏纣不听因惧而佯狂被纣囚，商容因贤而被纣废，微子因数谏纣不听而出走，牧野之战灭殷后，武王"封比干之墓""释箕子之囚""表商容之间""散鹿台之财，发巨桥之粟，以振贫弱萌隶"等，估计都是因为司马迁迫于西汉"尊周武贬殷纣"的政治形势而拔高周武、贬低殷纣之语，当重新审视之。综观《史记》所记牧野战后，周武王之所作所为，唯有一件是绝对真实可信的，那就是武王从殷都缴获象征"王权天命"的九鼎，并公开向众诸侯展示以证明以周代殷符合天命。至于像散殷纣之财"以振贫弱萌隶"之语，皆美化周武、贬低殷纣之语无疑，因为在中国几千年改朝换代的"家天下"历史长河中，能真正做到不将前朝统治者所敛之财占为己有，而散发给劳苦大众的，极为稀少。因此，笔者认为当年，牧野战后，周武王一定不会将殷商王朝统治者所敛之财不占为己有，而如《史记》说的那样，散发给"贫弱萌隶"的（《史记》中"贫弱萌隶"系指：贫弱的贱民及奴隶，也就是"贫弱的老百姓"的意思）。

　　费仲是忠是奸，读者读了上述《韩非子·外储说左下》中记载的帝辛与费仲的君臣对话，一定判若分明。可知《史记》记载不实。牧野之战时，费仲既没有叛国投敌，更没有开门揖盗，而是与帝辛一道殊死抵抗，直到战败被俘而死。可见，帝辛虽不能称为千古贤君，但他朝中所信用之人也绝非全是奸诈小人。对这些人，本书选费仲为代表，特为"传"之，至于帝辛一朝中，帝辛所信用的其他人，如恶来、崇侯虎之辈，读者可自判。《墨子·明鬼》记载："武王以择车百辆，虎贲之卒四百人，先庶国节窥戎，与殷人战乎牧之野。王乎禽费仲、恶来。"由此可见，帝辛近臣费仲，定非苟且偷生、贪生怕死之辈。

【六十】中国传统文化中第一忠臣比干传记

　　比干，魏晋谱书《殷氏家传》谓，姓子，名干，沫邑（今河南淇县朝歌）人，帝文丁之子，帝乙之弟，帝辛之叔，因封地在比（今山西汾阳），故称比干。比干幼年聪慧，勤奋好学，年轻时就辅佐帝乙，后又受帝乙托孤辅佐帝辛，帝辛即位后，比干任少师（相当于后世的丞相）。据魏晋谱书《殷氏家传》记载，比干有二妃：正妃妫氏、次妃黄氏。比干被害时，二妃均怀有身孕。黄氏赴难，未能传后。妫氏被同情的士兵放走，在四名婢女陪同下星夜逃出朝歌，因隐居于长林石砌坚室中，诞一遗腹子，为隐姓埋名，取名林坚。后为林氏始祖。魏晋谱书《殷氏家传》此说，为后世唐林宝撰《元和姓纂》所承袭："林，殷太丁之子比干之后。比干为纣所灭，其子坚逃难长林之山，遂姓林氏。"然而，唐林宝撰《元和姓纂》确认林姓出于比干之说，又被宋郑樵撰《通志二十略》否认："林氏，姬姓。周平王庶子林开之后，因以为氏。而谱家谓王子比干为纣所戮。其子坚逃长林之山，遂为氏。按古人受氏之义，无此义也。"宋郑樵在《通志二十略》中又补充说："林氏在唐末为昌宗，而特详著，岂林宝作《元和姓纂》故尔？然林氏出比干之子坚之说，由（林）宝传之也。著书之家，不得有偏狥而私生好恶，所当平心直道，于我何厚，于人何薄者！"尽管南宋姓氏学大家郑樵严厉批评了唐代林宝谓林氏出于比干之子林坚之说，但笔者坚信今林氏主支必为比干之子林坚之后，因为最先记载此说的魏晋谱书《殷氏家传》成书要比唐林宝撰《元和姓纂》成书早得多。

　　关于比干之死有一段美妙的传说。至于这传说的来龙去脉就很难考证了。传说比干之所以被纣王处以剜心之刑，是因为纣王的宠妃狐狸精妲己为报比干火烧狐狸洞之仇。民间传说，北斗七星中的天权宫文曲星君共下凡五次，分别为殷末比干、北宋初范仲淹、南宋末文天祥、传说中的许仙和白素贞之子许仕林、元末明初刘基（刘伯温）。殷末，文曲星君下凡的比干天生有一颗七窍玲珑心，纣王的宠妃狐狸精妲己为报文曲星君以前火烧狐狸洞之仇，就让纣王将比干的七窍玲珑心摘下来看看。纣王起初不忍摘叔叔之心，和妲己整天在摘星楼上玩耍，三天三夜不理朝政。比干也在摘星楼大门口谏了三天三夜，纣王一气之下就命人摘下比干的心供妲己玩耍。因为比干受姜太公法术保护，在被挖了心后并没有马上死去，无心的比干见死谏帝辛无效就往回走，在回家的路上，正巧遇见一个卖空心菜的老妇人，比干就问她，空心菜无心不死，人如果无心还能活吗？如果老妇人回答时说，人无心不会死，则比干就不会死。谁知那老妇人立即回答说，人无心就会死去。老妇人话音未落，比干当场就死亡了。

　　这个比干在摘星楼大门口被摘心的神话故事当然不可信，但许多传世文献都讲比干被纣王所杀，也必定不是空穴来风。至于比干是否被剖腹观心，不同文献却有不同的记载。《史记》和《史记正义》是说比干被剖腹观心的。例如，《史记·殷本纪》记曰：比干"强谏纣。纣怒曰：'吾闻圣人心有七窍。'剖比干，观其心"。《史记·宋微子世家》也记曰："王子比干者，亦纣之亲戚也。见箕子谏不听而为奴，则曰：'君有过而不以死争，则百姓何幸？'乃直言谏纣。纣怒曰：'吾闻圣人之心有七窍，信有诸乎？'乃遂杀王子比干，剐视其心。"《史记正义》引《括地志》也记曰："（比干）进谏不去者三日，纣问：'何以自持？'比干曰：'修善行仁，以义自持。'纣怒曰：'吾闻圣人心有七窍，信诸？'遂杀比干，剐视其心也。"而其他文献虽也记载纣杀比干，但却没有剖腹观心之说。例如，《论语·微子》云："微子去之，箕子为之奴，比干谏而死。"《吕氏春秋·必己》说："龙逢诛，比干戮，箕子狂，恶来死，桀纣亡。"今本《竹书纪年》也记载："（帝辛）五十一年冬十一月戊子，周师渡孟津而还，王囚箕子，杀王子比干，微子奔出。"笔者比较了能见到的所有关于比干被杀的文献，还是 20 世纪 60 年代笔者熟记的魏晋谱书《殷氏家传》的记载较为客观公正且全面：比干确实是因死谏触怒帝辛而被杀的，但无剖腹观心之说，也非帝辛惑妲己之言而怒杀比干。即是说，比干之死，帝辛负有不可推卸的责任，但与妲己无关。妲己非狐狸精且确有其人，姓苏，己日生，日名为妲己。东汉许慎在其《说文解字》的"妲"字条下对妲己有专门的记载："女字。妲己，纣妃。"下面是笔者经过仔细回忆以后想起来的魏晋谱书《殷氏家传》中关于比干及其被诛的记载全文之大意。

比干，姓子，名干，沬邑人，帝太丁（当指文丁）之子，帝乙之弟，帝辛之叔，因封地在比（今山西汾阳），故称比干。比干生于四月初四，于（帝辛）五十一年乙未冬十一月戊子伏诛，终年六十三岁。【笔者特别插注："比干终年六十三岁"虽然是《殷氏家传》原文，但多半不真。因为海内大儒唐人颜师古在"比干终年六十三岁"这句家传原文后插有如下注释："比干终年六十三岁为八十三岁之误。"至于比干伏诛日，《殷氏家传》也认为历来有两种不同的说法，有的说比干于帝辛五十一年（乙未年）冬十一月戊子日伏诛，也有的说比干于帝辛五十一年冬十月二十六日伏诛。笔者认为，若比干于帝辛五十一年伏诛为真，则比干"终年六十三岁"必为假，也就是说，还是唐人颜师古注释说的比干"终年八十三岁"比较可信。理由是：如果帝辛在位的第 51 年为比干 63 岁为真，若以帝辛于 20 岁时登基为帝论，则比干 63 岁伏诛时，帝辛当为 71 岁。也就是说，比干是比帝辛还小 8 岁的小叔。若比干真是比帝辛还小 8 岁的小叔，则当帝乙临终选择继承人时，即使比干力劝其兄帝乙废长立嫡，临终的帝乙也不会听他的，更不会赐给比干"打王鞭"。因为据《殷氏家传》记载："帝辛之所以能上位是比干力主的。是帝乙临终时命比干为辅佐帝辛的'顾命大臣'并获得御赐'打王鞭'的。"显然，在殷末帝乙想立庶长子微子的态势下，即使比干力主废长立嫡，当比干还是个比帝辛还小的孩子时，比干废长立嫡的意见也不可能被其长兄帝乙采纳的。结论只能有二：或者是"帝辛在位的第 51 年为比干 63 岁不真，还是唐人颜师古注释说的比干终年 83 岁为真"，或者是"帝辛根本没有怒杀比干"。】比干有二妃：正妃妠氏、次妃黄氏。时，殷道衰。比干察之，助王兄帝乙理政。帝乙有三子：庶长子启（后为周之宋国开国之君）、庶次子衍（亦称仲衍，后为周之宋国第二任国君）、嫡少子受（字受德，因生于辛日，乳名曰辛儿）。启贤受聪，帝乙本欲立庶长子启。比干谏之，力主从太史言立嫡少子辛，帝乙遂立受为世子。帝乙临终，比干受命托孤，主辅帝辛，帝乙并赐之"打王鞭"。帝乙崩，子辛立，是为帝辛，天下谓之受，因纣、受二字相通，故世人也有谓帝辛为纣者。（笔者注：查东汉许慎《说文解字》的清人《段玉裁注》有"《尚书》纣字《古文尚书》作受"的权威注释。意即，在古代受、纣二字相通。古代"受、纣"二字相通的另一个证据是：记载周武王牧野之战开始时的动员词《牧誓》有《尚书》版和《史记》版两个版本，《尚书》中的《牧誓》将帝辛的名号记为"商王受"，《史记·周本纪》中的《牧誓》将帝辛的名号记为"殷王纣"。）帝辛命比干为少师（相当于后世的丞相）。初，帝辛器之，君臣和。时，东夷叛，有苏氏不朝。比干欲征，帝辛从。（帝辛）九年癸丑（公元前 1088 年癸丑），伐有苏，克之，有苏献妲己以归。自此，帝辛恃才傲物，君臣失和、日疏。司马迁记其恃才拒谏曰："知足以距谏，言足以饰非，矜人臣以能，高天下以声，以为皆出己之下。"后，为淫乐藏宝、显示殷威，受欲动用百万民夫、亿万钱财、耗时七年，营建一座广十里、高八云之高台。比干携打工鞭入宫，强谏曰："若此，将劳民伤财，大必罢之业，小虎万干，日殷伤亡。王应学先师之道，删为民之苦，重视农桑，散和辑国，请罢建台之举！"受听了默不作声，心中不快，恨打王鞭。最后，受不顾比干、箕子、微子反对，终于建成此台，取名鹿台，又名摘星楼（摘星台）。

鹿台建毕，受继建亭台楼阁，日夜在宫中饮酒作乐，有一次竟连续七天七夜不朝。而西边的周人，已经一统西戎，虎视眈眈；东边的夷人，又乘机作乱，值此将要国破家亡之际，比干觉得，自己身为王叔，又是王兄托孤重臣，比任何人都更有责任谏阻王侄。于是，手持打王鞭，集文武百官，怒而入宫，欲对王侄，施以颜色。受则紧闭宫门，拒不出见，比干则在宫门口，高举打王鞭，当群臣之面，犯颜直谏，痛骂王侄，不遵祖训。此时，帝辛，也气昏了头，命守卫大开宫门，将王叔拖出斩首，一代忠臣就这样陨落了。自此，后世史家和民间，皆视帝辛为无情无义、没心没肺、不尊长辈之人，故意将对其叔"剖腹观心"的罪名栽在其头上。直至《史记》成书，遂成为一传世之伪说。

比干是伟大的爱国者，为了挽救国家危亡，为了黎民百姓的安定，不顾个人生死，犯颜直谏，结果反而遭帝辛杀害。对此，笔者作为殷之后裔，虽然愿意信魏晋谱书《殷氏家传》之说，为帝辛洗刷对其叔"剖腹观心"的罪名，但对其以下犯上、诛杀亲叔、恃才傲物、忠奸不分的行为也是不能原谅的。比干因为爱国而死，他的死是比泰山还要重的。比干是我国最早敢于犯颜直谏的忠臣和政治家。他的事迹，一直被后世传颂。周武王为笼络人心为之封墓；孔子尊比干为"殷之三仁"之一（《史记·宋微子世家》："太史公曰：孔子称'微子去之，箕子为之奴，比干谏而死，殷有三仁焉'。"）并亲自莅临位于今河南省卫辉的比干墓为比干刻碑（笔者也曾到卫辉比干庙去祭拜过数次，目睹过孔子当年为比干勒石的刻碑）；屈原在悲愤的《离骚》中，留下比干的英名；太史公司马迁在《史记》中不惜引用民间传说反复记述比干的动人事迹，据魏晋谱书《殷氏家传》记载，司马迁本来是准备在《史记》中增写"比干世家"的，后来因比干之死传说成分居多和后世子孙藏于民间不明而作罢；魏孝文帝为比干修祠建庙；唐太宗在比干庙前举行祭礼；宋仁宗为比干后裔家谱题赞诗；元仁宗为比干庙塑像；明孝宗为比干重修庙宇；康熙、乾隆为祭比干挥毫写诗献文；诗人李白、孟郊、王十朋咏诗颂比干。总之，比干逝世三千多年来，民间广泛流传着他的事迹。比干是历朝历代谏臣的榜样，被称为中国传统文化中的第一忠臣。

比干后裔，明代吏部尚书林大鼎为比干画像题赞诗曰："气贯山河，皎如日月。天下将丧，难扶殷灭。剖心虽逝，浩然不绝。封墓称仁，唐旌忠烈。亿千万年，谕祭不彻。为谄谀惊，沦为臣洁。赐姓成林，绵绵世秩。绘像至今，仰瞻言切。"林大鼎先生的这首赞诗，不仅概括了比干英烈悲壮的一生，而且表达了我们一代代后世人对比干的无限景仰和思念之情。

当年比干为之倾注一生心血的殷商王朝早已成为历史，而比干墓经过三千多年的风雨，至今巍然屹立于河南卫辉。其墓三千多年来，香火不断。后人怀念比干，将河南朝歌比干殉难处称为摘星楼，又称摘星台。当年帝辛建造的或为摘星楼或为鹿台的雄伟建筑早就不见踪影，但比干殉难处——摘星楼（摘星台）至今依然存在，因为它不仅存在于河南朝歌，更永远存在于我们后人心中。

【六十一】不受周封远走朝鲜的箕子传记

　　箕子，在魏晋谱书《殷氏家传》中，只记载其为子姓殷氏门中人，并记载其封地在箕，故称箕子。因他远走朝鲜，魏晋谱书《殷氏家传》只记载他的谱名叫胥余，乳名叫"己儿"（己日生的意思），为文丁之子，帝乙、比干之弟，即帝辛之叔，并未为他立传。因为在魏晋谱书《殷氏家传》中没有箕子的传记，笔者手头关于箕子的史料也不多，查《甲骨文合集》和相关考古材料，也未发现有关箕子的记述。然而，因为孔子将箕子列为殷末三仁之一，周武王灭殷以后，又视箕子为理论家而向箕子询问"治国之道"，《尚书·周书·洪范》篇和《史记·宋微子世家》又专门记载了箕子的理论贡献，特别是箕子还为我们留下传颂三千多年的爱国主义诗篇《麦秀之诗》，因此，笔者认为，箕子一定是殷末周初的一位响当当的历史人物，起码是一位政治家、哲学家兼爱国诗人，现据王宇信为总主编/郭胜强为卷主编的《殷墟文化大典·商史卷（上）》（安徽人民出版社，2016年12月第1版）第066—067页的《箕子》一文和魏晋谱书《殷氏家传》记载的箕子简略身世为其立传。

　　箕子，子姓殷氏，沬邑（今河南省淇县朝歌）人，被孔子尊为殷末三仁之一。魏晋谱书《殷氏家传》记载，因其封地在箕（"箕"在哪里，魏晋谱书《殷氏家传》没有明示，但《左传》僖公三十三年杜预注云"太原阳邑县南有箕城"，其地大约在今山西太谷以东不远的地方，因为古阳邑县的县治在今山西太谷阳邑村），故称箕子。魏晋谱书《殷氏家传》还记载，武王灭殷后，得到武王默许，可以渡海到朝鲜建立不必朝周也不准反周的王朝，于是，箕子一行人从今胶州湾渡海，到与殷早有族缘关系的朝鲜，创立了箕子王国（《太平御览》卷七百八十引《尚书大传》也记有："箕子不忍商之亡，走之朝鲜"）。箕子远在异国他乡不忘中原故土，也不忘武王善待之恩，于是决定"回国朝周"。箕子朝周，过故殷墟，感伤之情，无以言表，作《麦秀之诗》，以歌咏之。其诗曰：

　　　麦秀渐渐兮，禾黍油油，彼狡童兮，不与我好兮。（引自《史记·宋微子世家》）

　　诗中所谓狡童者，帝辛也。箕子的《麦秀之诗》，是富于感情而为血和泪的文字，它抒发了作者对帝辛不听劝谏反而排斥加害忠良的痛苦、愤懑、怀乡之情。其时，麦子吐穗，禾黍茁壮成长，本是一番喜人的盼望丰收景象。然而，对于亡国的箕子而言，感念故国的覆灭，心头别有一种滋味。这种可贵的爱国情愫，曾引起后世历代无数仁人志士的深切共鸣。例如，晋代文学家向秀和以《思旧赋》曰"叹黍离之愍周兮，悲麦秀于殷墟"，宋代文学家王安石在《金陵怀古四首》其一谓："禾离麦秀从来事，且置兴亡近酒缸。"后人常以"麦秀""禾离"并举，寄托深切的亡国之痛。

　　关于箕子远走朝鲜建国事，《汉上易传·下经》中有一句关键的话，常为研究者忽略。《汉上易传·下经》云：箕子"不受封，去之朝鲜"。这句话的意思，显然是说，周灭殷后，箕子与武庚禄父、微子接受周封的态度不同，毅然不接受周封，而远走朝鲜。至于是武王默许箕子去朝鲜还是未默许、是箕子先赴朝鲜建国后周武王顺水推舟封之还是周武王先封之于朝鲜再让箕子去朝鲜建国，因还是三千年前之事，下文只能推测而无法确证。至于箕子受周武王封于朝鲜，何年回来朝周过殷故墟作《麦秀之诗》，似可考证一番。笔者在《殷代史六辨·第五辨（微子评价辨）》中，曾推测说："《麦秀之诗》当然就是箕子在武王克殷后的第二年写的。"现在看来，笔者在《殷代史六辨》中的这个推测是错误的，在此向读者致歉。箕子的《麦秀之诗》肯定不是在武王克殷后的第一年写的，而是在箕子到朝鲜建国后回国朝周路过殷故都时写的，那时应是周武王已逝周成王在位时。

　　值得注意的是，后世有些学者将《尚书·周书·洪范》记载的"惟十有三祀王访于箕子"和《汉书·地理志》记载的箕子"十三祀朝周"，这两句话理解成：**箕子在朝鲜建国后回国于武王"十三祀朝周"**；或将《尚书大传》说的"既受周之封，不得无臣礼，故于十二祀来朝"，这句话理解成：**箕子在朝鲜建国后回国于武王"十二祀朝周"**。其实，上述关于"**箕子自朝鲜回国于武王'十三祀朝周'**"或"**箕子自朝鲜回国于武王'十二祀朝周'**"的理解是错误的。

　　实际情况是武王在世时，至少访问过箕子两次，而且都是在箕子尚未去朝鲜建国之前。第一次是在牧野之战武王得胜后于朝歌"释箕子囚"之后，武王慕箕子之名访问过箕子。这第一次访问，只是武王初次向箕子"问道"。这第一次访问被司马迁记录在《史记·宋微子世家》中："武王既克殷，访问箕子。"通过第一次访问，武王觉得箕子很了不起，是个难得的人才，于是在牧野战后武王灭纣西归时，就将箕子从殷都朝歌带到西周的都城镐京。周武王携箕子西归这件事在《尚书·周书·洪范》中有明确记载："武王胜殷，杀受，立武庚，以箕子归，作《洪范》。"武王第二次访问箕子，甚至是第三次、第四次多次频繁访问箕子，应是箕子在周都镐京之时，《尚书·周书·洪范》记载的"**惟十有三祀，王访于箕子**"（周武王十三年，周武王访问箕子）就是记载周武王于其在位的第十三年再次或多次访问箕子的事。正是在箕子滞留周都镐京期间，周武王与箕子朝夕相处，向箕子多次"问道"之后（周武王向箕子"问道"的内容，后来被记录在《尚书·周书·洪范》和《史记·宋微子世家》中），周武王越来越觉得箕子是个难得的人才，与此同时发现箕子无心侍周，又不忍加害箕子，才允许箕子离开周都远去朝鲜建国并顺水推舟地封箕子于朝鲜且不必定期朝周。（《史记·宋微子世家》记曰："于是武王乃封箕子于朝鲜而不臣也。"）其实，武王将朝鲜赐封给箕子只是一张空头支票而已，就像今天有人慷慨地奖赏某人可以到南极洲去建一处避暑山庄一样，至于能否实现，奖赏方是不管的。

　　通过以上的分析，大家就会立即明白，《尚书·周书·洪范》记载的"**惟十有三祀，王访于箕子**"并不等于箕子于武王"**十三祀（回国）朝周**"。因为周武王在周都镐京向同在周都镐京的箕子"问道"是发生于周武王在位第十三年的事，这时箕子尚未去朝鲜建国，而箕子感谢周武王赐封朝鲜时回国朝周路过故殷墟有感而发吟唱《麦秀之诗》是在周武王死后多年、周成王在位时发生的事。因此，后世学者将"**周武王十三年向箕子'问道'**"理解成"**箕子在朝鲜建国后于周武王十二年回国朝周时，周武王向箕子'问道'**"是绝对错误的。其理解错误的原因有二：一是"周武王向箕子'问道'"是发生于周武王在位的第十三年，那时箕子尚在周都镐京，周武王尚未赐封箕子去朝鲜建国，箕子在得到周武王批准他可以去朝鲜建国且可以不向周朝称臣纳贡之后，才从胶州湾起程渡海去朝鲜建国；二是箕子到朝鲜建国多年之后，为了感谢周武王批准他远赴朝鲜建国的顺水人情，箕子思念故乡回国朝周并在路过故殷墟作《麦秀之诗》时，周武王早死，根本不可能再向箕子"问道"。实际上，箕子回国朝周是在周武王逝后周成王在位时。

也就是说，笔者认为箕子到过周都镐京至少有两次。

第一次是牧野战后周武王西归至周武王在位的第十三年期间（正是因为这时箕子已在周都镐京，《尚书·洪范》：才会有"惟十有三祀王访于箕子"的记载）。这一次箕子为什么会在周都镐京呢？是因为武王"命召公释箕子之囚"后，周武王于牧野战后在殷都那几天，拜访箕子时，得知箕子是一位难得的人才，返周时将箕子带去周都镐京的，这在《尚书·洪范·序》中有明确记载："武王胜殷，杀受，立武庚，以箕子归，作《洪范》。"也就是说在周武王十二年至十三年，箕子一直在周都镐京，因而常与周武王朝夕相处，在一起谈论"治国之道"。周灭殷后，箕子对武王"论道"的内容后来被收入《尚书·周书·洪范》和《史记·宋微子世家》中。也正是在箕子滞留周都镐京期间，周武王发现箕子无心侍周，又不忍加害箕子，才顺水推舟封箕子于朝鲜并允许箕子赴封地朝鲜建国后可以不向周朝称臣纳贡，这在《史记·宋微子世家》中有明确记载："于是武王乃封箕子于朝鲜而不臣也。"

第二次是箕子朝鲜王朝建成之后自朝鲜正式去镐京"朝周"之时，时间当在周武王逝去、周成王即位、周公旦平定武庚复国事件之后。其最可能的"朝周"时间有二：其一是在周成王四年春正月，其时，领头复国的武庚已于周成王三年被杀，周天下已定，周成王初朝于庙，各路诸侯纷赴周都镐京祝贺；其二是在周成王七年，其时，周公旦还政于成王，周成王或在镐京，或在东都洛阳，接受各路诸侯的祝贺。

因此，笔者认为，有些人将《尚书·周书·洪范》记载的"**惟十有三祀，王访于箕子**"或将《尚书大传》说的"**既受周之封，不得无臣礼，故于十二祀来朝**"这些话理解成"**箕子自朝鲜回国于武王'十三祀朝周'或'十二祀朝周'**"绝对是错误的。除了上述推理之外，更明白地说，可从下列三方面来理解：

①**箕子《麦秀之诗》不可能作于武王在世时，一定作于成王在位、武庚复国被诛和管叔鲜、蔡叔度作乱被平定之后。**理由是：据《史记·宋微子世家》记载，箕子《麦秀之诗》是在朝周途中"过故殷虚，感宫室毁坏，生禾黍"时因伤感而作的。如果其时武庚禄父尚未"复国"、管蔡两叔尚未作乱的话，箕子朝周路过殷故都时，一定不会看到"宫室毁坏，生禾黍"的凄凉景象。因为故殷都的真正被彻底毁坏主要是在成王在位的周公旦平叛之时，而武王伐纣时滞留殷都只七天，西戎联军滞留殷都七天对故殷都的毁坏虽然很严重，但不会像箕子描述得那么严重，因为牧野之战时虽有"血流漂杵"之记载，但周武王发动牧野之战时的主战场在城外，后来周师入城后，实际的屠城时间只有两三天。据魏晋谱书《殷氏家传》记载，在甲子日后的第三天丙寅日，在封地避难的微子听到周师在殷都屠城和帝辛被杀的消息后，就立即回到殷都，代表殷商王室最高层向武王行乞降大礼，乞求武王立即罢兵停止屠城以

保百姓（就如二战时美国在广岛、长崎投了两颗原子弹后，日本裕仁天皇代表国家于 1945 年 8 月 10 日凌晨 3 时作出"圣断"决定接受《中美英三国促令日本投降之波茨坦公告》同盟国乞求无条件投降那样），丁未，从第四天丁卯日起，武王即下令罢兵。因此，牧野之战的周师屠城时间最多二天，对殷故都的破坏程度不会像后来周公平叛时对殷都的破坏那么严重。

②周灭殷后，箕子一行人远去朝鲜建国，得有一段巩固新建政权的时间，他不可能刚去朝鲜便回国朝周。周灭殷于周武王十一年的甲子日，箕子不可能在周武王十三年（《汉书·地理志》《尚书大传》等文献有"十三祀来朝"之说）就建成朝鲜王朝而回国朝周。据《史记·周本纪》和《史记·宋微子世家》的记载，其时箕子还在周都镐京与周武王论"道"正欢，"箕子朝鲜王朝"尚未创建。

③周武王允诺"封箕子于朝鲜而不臣"的时间不会早于周武王在位的第十三年。《史记·宋微子世家》对周武王向箕子"问道"和周武王允诺"封箕子于朝鲜而不臣"的时间虽然说得不是很清楚，但《尚书·周书·洪范》却准确地说，周武王向箕子"问道"是在周武王在位的第十三年。武王允诺"封箕子于朝鲜而不臣"的时间，当然一定是在周武王向箕子"问道"之后，而一定不会在周武王向箕子"问道"之前。

关于箕子的身世，史有两说。其一认为箕子是帝乙之子、帝辛庶兄。《左传》僖公十五年杜预注："箕子，殷王帝乙之子，纣之庶兄。"西晋皇甫谧《帝王世纪》："帝乙二妃生四子。正妃生三子，长曰微子启、中曰微仲、少曰受德辛。庶妃生箕子。初，启母之生启及仲，尚为妾，及立为后，乃生纣。"其二认为，箕子为文丁之子，帝乙、比干之弟，即帝辛之叔。也有称箕子是帝辛"诸父"的，如《汉书·梅福传》颜师古注："箕子，纣之诸父。"《史记·宋微子世家》则笼统地说："箕子者，纣亲戚也。"魏晋谱书《殷氏家传》则记为：箕子谱名胥余，乳名"己儿"（当为己日生），为文丁之子，帝乙、比干之弟，即帝辛之叔，并将"箕子为帝辛庶兄"之说斥之为妄说。笔者认为魏晋谱书《殷氏家传》的说法是可信的，因为它是从记谱角度对每一个子姓殷氏王室人的谱名和世系排行都列条撰写的。

帝辛执政之时，箕子和比干、微子对帝辛恃才傲物、不听劝告、过于相信天命、对殷周此消彼长的危险形势认识不足，是很有意见的。但看到帝辛对他们的规谏不仅置之不理，而且杀害比干、逼走微子，箕子为保命才不得已装疯卖傻、佯狂为奴，故意引来帝辛为保全殷商贵族颜面将他自己囚禁起来。

牧野之战，殷亡。目睹国破家亡，箕子不愿苟且偷生当亡国奴，也不愿接受周封当周之诸侯君（《汉上易传·下经》云：箕子"不受封，去之朝鲜"），乃率领五千余殷商族人从今胶州湾东渡远走朝鲜。（《太平御览》卷七百八十引《尚书大传》记有："箕子不忍商之亡，走之朝鲜。武王闻之，因以朝鲜封之。"）一同前往的殷商贵族有景如松、梦应、南宫修、康侯、鲁启等。

朝鲜半岛当时尚处于落后的原始阶段，箕子入朝把中原的诗书礼乐、医药卜筮、农作技艺都带到朝鲜，教化臣民，移风易俗，发展生产，为开发朝鲜做出了贡献。《周易·民夷》："箕子之明夷，利贞。"《汉书·地理志》："殷道衰。箕子去之朝鲜，教其民以礼义，田蚕织作。"箕子在朝鲜建立的箕子王朝延续了近千年，成为朝鲜历史上光辉的一页。

殷代史

【卷三】殷商时代人物传记

　　箕子的理念集中体现在《尚书·洪范》中（《史记·宋微子世家》中关于箕子理念的记载，显然是司马迁抄自《尚书·周书·洪范》的）。《尚书·洪范·序》云："武王胜殷，杀受，立武庚，以箕子归，作《洪范》。"尽管今人或认为《洪范》系战国后期儒者所作，但其理念是箕子的主张是肯定的。《洪范》是中国古代以原始五行说解释自然和社会的重要文献，是殷周时期朴素唯物主义思想的萌芽。箕子向武王提出治理国家的九条根本大法，称作"洪范九畴"：一曰五行（水润下；火炎上；木曲直；金从革；土爰稼穑），二曰敬用五事（貌；言；视；听；思），三曰农用八政（食；货；祀；司空；司徒；司寇；宾；师），四曰协用五纪（岁；月；日；星辰；历数），五曰建用皇极（建立君权），六曰乂用三德（正直；刚克；柔克），七曰明用稽疑（考察疑惑），八曰念用庶徵（各种征兆），九曰飨用五福（劝导用五福：寿；富；康宁；攸好德；考终命）、威用六极（威用六种困厄：凶、短、折；疾；忧；贫；恶；弱）。认为龟筮可以决疑，政情可使天象变化，治民可用正直、刚克、柔克三种方法。箕子的这一套理论，后来成为汉代董仲舒等汉儒们提出"天人感应"学说的理论基础。

　　箕子曾在陵川棋子山隐居，利用棋子山上的天然棋石，以朴素的天象景观和原始的自然观，参悟星象运行、天地四时、阴阳五行、万物循变之理，为围棋的起源奠定了最初的基础，被后人尊为围棋始祖。

　　箕子故后，葬于殷故都亳，《史记集解》杜预谓："梁国蒙县有箕子冢。"汉代梁国蒙县在今河南省商丘市以北、今山东省曹县以南。今山东省曹县郑庄乡王胜普村有箕子墓，为县级重点文物保护单位。第二次世界大战以前，朝鲜有箕子衣冠冢，是宋朝曹州人柴成务奉命出使朝鲜，建议朝鲜国设立的，位于平壤市郊外，世称箕子陵。

殷代史

【卷三】殷商时代人物传记

【六十二】存商续殷的关键人物微子传记

　　微子，不管古今史家对其评价如何，微子是**存商续殷的关键人物**的观点已经成为超过 200 个姓氏总人口过亿的殷商后裔的共识。如果没有微子，不仅没有周代传承"殷礼特区"的宋国，也没有包括笔者在内总人口过亿的殷商后裔，这已经是众多殷商后裔人所共知的一般常识，也是学术界不承认也得承认的事实。我们是历史唯物主义者，历史唯物主义最关键的一点，就是一切从客观存在的事实说话。本文就是以客观存在事实为依据，从维护中华民族团结的愿望出发，为微子立传。

　　魏晋谱书《殷氏家传》记载："微子，子姓殷氏，谱名启，乳名甲儿，帝辛受同母庶兄也（其母生启时，尚未扶正为后），长帝辛七岁。因封地在微（其封地微原在山西潞城县东北，后又迁到山东梁山西北），故称微子。"魏晋谱书《殷氏家传》还说，《史记·宋微子世家》开篇即记"微子开者，殷帝乙首子而纣之庶兄"云云，系司马迁为避汉武帝之父汉景帝刘启之皇讳，故意将微子的名字"启"写成"开"的。自殷末至清末，微子一直被史家、名家认为是仁人、贤人、圣人。《论语·微子》："微子去之，箕子为之奴，比干谏而死。孔子曰：'殷有三仁焉。'"《孟子·公孙丑上》："……微子、微仲、王子比干、箕子……皆贤人也。"《墨子·公孟》："箕子、微子为天下之圣人。"自清末至现代，随着学界对帝辛历史评价之重新认定，对微子的评价也悄悄地走向前说之反面，什么"微子投周叛国说""微子内奸说""微子丧失民族气节软骨头说"等，应运而生。本书继拙著《殷代史六辨·第五辨（微子评价辨）》开重新评价微子之先河后，对与殷微子有关的史据和传说，重新梳理并审视之。

一、微子的身份和地位

　　微子的身份和地位、微子与帝辛的关系，古文献有三说。

　　其一，微子是帝乙之长子。《左传》哀公九年："微子启，帝乙之元子也。"《易传》："元者，善之长也。"

　　其二，微子是帝辛的异母庶兄。《史记·殷本纪》："帝乙长子曰微子启，启母贱，不得嗣。少子辛，辛母正后，辛为嗣。"《史记·宋微子世家》："微子开者，帝乙之首子，而帝纣之庶兄也。"

　　其三，微子是帝辛的同母庶兄。魏晋谱书《殷氏家传》中记载的子姓殷氏殷商王朝王室的世系谱也支持此说。《吕氏春秋·当务》："纣之同母三人，其长为微子启，其次为仲衍，其次曰受德，受德乃纣也，甚少矣。纣母之生微子启及仲衍也，尚为妾。已而为妻，而生纣。纣之父、纣之母欲置微子启以为太子，太史居法而争之曰：'有妻之子，而不可置妾之子。'纣故为后。"其实，《吕氏春秋》讲这个太史坚持不立帝乙庶长子微子启而立同母少嫡子帝辛受德的故事是批评殷人史拘泥于嫡长子继承法的，因为上则引文的接续一句即是："……纣故为后。用法若此，不如无法。"其意思是说："……

纣因此成为王位的继承人。用法要像这样，还不如无法。"后世为此批评殷太史建议帝乙不立庶长子微子启而立同母少嫡子帝辛受德的人也不少。清人崔述就是其中之一。崔述说【注110】："古者，本无以妾为妻之事，春秋时虽有之，然亦但以妾冒妻之称耳，未有正名而立妾以为妻者也。即令帝乙果有此事，彼既已妻妾不辨矣，复何辨于嫡庶而坚持立嫡之议如此哉？！夫妾既为后矣，则妾之父母即为后之父母也，妾之子女即后之子女也……且太史诚能据法而争，何不争之于立妾为妻之日，而争嫡庶为一人之子也？妾反可以为后，而妾之子反不可立太子乎？"其实后世质疑帝乙"不立长立嫡"之事并非批评帝乙而是为殷之突然被周翦灭可惜啊！

　　微子尽管没有继承商王（殷帝）之位，但他是帝乙长子，帝辛庶兄，在殷末朝中，是帝辛的重要辅佐者。其地位显赫，仅次于拥有先王帝乙御赐"打王鞭"的首辅比干。

二、驳彻底否定微子之说

　　鉴于现代学界对微子铺天盖地的批评甚至谴责，特别是当代殷商史权威著作宋镇豪主编 / 韩江苏、江林昌著《商代史·卷二（〈殷本纪〉订补与商史人物徵）》以揣摩心态将微子一棍子打死，谓微子"国难当头，弃国家主权不顾而投奔敌方——周人，与周人联合，推翻自己家族的统治"。笔者不是学界中人，只是一名编外史学爱好者，还能说些什么呢？笔者作为一名子姓殷商后裔，如果过于为自己的先祖辩护，有人就会像宋人郑樵批评撰《元和姓纂》的唐人林宝那样批评笔者"著书之家，不得有偏狥而私生好恶，所当平心直道，于我何厚，于人何薄者"！如果不为自己先祖辩护甚至加入声讨微子的行列，同为子姓殷氏后裔的族人又会视笔者为不肖子孙。因此，对怎么为微子作传的事，笔者尚有诸多顾虑。本来，在魏晋谱书《殷氏家传》中还有记载微子按殷之大礼代表殷商王室最高层行"乞降礼仪"面见武王请求罢兵以保存殷都和殷人安危的详细过程一节。魏晋谱书《殷氏家传》记载的微子跪行请求周武王罢兵的详细过程是：牧野战后的甲子日下午周师入城后，周武王及其西戎联军滞留殷都七天，在那七天期间，周师烧杀抢掠，屠城现象极其严重，在封地避难的微子听到周师在殷都屠城和帝辛被杀的消息后，就于战后的第三天（丙寅日）立即回到殷都，代表殷商王室最高层向武王行乞降大礼，乞求武王立即罢兵停止屠城以保百姓（就如二战时美国在广岛、长崎投了两颗原子弹后，日本裕仁天皇代表国家于 1945 年 8 月 10 日凌晨 3 时作出"圣断"决定接受《中美英三国促令日本投降之波茨坦公告》向盟国乞求无条件投降那样），直到第四天的丁卯日，武王才接受微子乞降要求，正式下令罢兵，停止屠城。对以上这些，笔者原先准备略去不写，因为笔者担心这样写了学界会说笔者过分美化先祖。后来笔者将自己的顾虑告知一位学界的好朋友，谁知他也认为："一场改朝换代的大战不死人当然是不可能的，但是杀人多少则受各方面条件的制约……牧野之战的持续时间不过一天，秩序就得以恢复，杀人的范围应该有所控制……至于箕子《麦秀之诗》所见，我更相信是在周公姬旦东征之后。"笔者的学界好友尚持如此的观点——**"武王牧野战后待在殷都只一天，客观上也没有时间在殷都屠城，**

殷都被毁多是他弟弟姬旦三年平叛所为"，难怪古之儒家、今亦有人为了树武王全仁全义形象，而将毁火殷都的罪过都加在后来三年半叛的姬旦身上（连孟子都达点看，什么"古（尚）书不如无书"云云，何况其他儒人）。因此，学者决定不由那微子代表殷商王室（代表国家）正式行殷之乞降大礼要求武王罢兵停止在殷都屠城杀戮之事。不过，笔者不想把微子代表殷商王室向武王乞降的细节放在他的传记中写，而放到本书《卷五·第二章·第四节（武王伐纣战争中微子的存商续殷之功）》中去写，因为这样处理更能彰显微子"存商续殷"之德。在这里，笔者只想向《商代史·卷二（〈殷本纪〉订补与商史人物徵)》[注127]的作者反问六个问题：

①贵书说微子"投奔敌方——周人"，证据呢？

②贵书说微子"与周人联合，推翻自己家族的统治"，证据呢？

③《史记》记载，微子数谏，帝辛不听，出走，是史实，但贵书说"微子西行于周，与周联合，共商灭纣之计"，证据呢？

④微子终，不传子朱或孙腯，而传弟仲衍，是事实，但贵书说，"微子与其子政治观点不同，故微子传位时，传位于弟而不传位于子朱或孙腯"，证据呢？

⑤贵书说，微子出走奔周，与周人订了倒纣的"里应外合"的共头山之盟。微子为了自保暂时出走是事实，但微子奔周没有任何史据为证。至于说微子与周人订了共头山之盟，只有《吕氏春秋·诚廉》类似《封神榜》传说故事的一例孤证。贵书还有其他过硬的定案证据吗？

⑥贵书说"胶鬲是微子与周人联系的联络人""胶鬲服务之殷主当不会是殷纣王，应当是与周人盟誓的微子"，证据呢？

上列六个反问的前四个，笔者相信《商代史·卷二（〈殷本纪〉订补与商史人物徵)》的作者是拿不出什么过硬的证据的。下面从定案的逻辑合理性深入讨论一下第⑤⑥两个问题。

【1】微子究竟有没与周人订了倒纣的"里应外合"的共头山之盟？这不仅是历史问题，而且是关乎一个人是否清白的政治问题。查传世文献，说微子与周人订了共头山之盟，只有《吕氏春秋·诚廉》一例荒诞不经的孤证，凭此一例荒诞不经的故事，莫说是过去，就是现在的人民法院也不能给一个人定叛国罪。《吕氏春秋·诚廉》的故事原文如下：

"孤竹人，伯夷、叔齐。二子西行如周，至于岐阳，则文王已殁矣。武王即位，观周德，则王使叔旦就胶鬲于次四内，而与之盟曰：'加富三等，就官一列。'为三书，同辞，血之以牲，埋一于四内，皆以一归。又使保召公就微子开于共头之下，而与之盟曰：'世为长侯，守殷常祀，相奉桑林，宜私孟诸。'为三书，同辞，血之以牲，埋一于共头之下，皆以一归。伯夷、叔齐闻之，相视而笑曰：'嘻！异乎哉！此非吾所谓道也……今天下暗，周德衰矣。与其并乎周以漫吾身也，不若避之以洁吾行。'二子北行，至首阳之下而饿焉。"

这个故事的白话意思如下：

"从前周朝将要兴起的时候，有两位住在孤竹国的贤士，名叫伯夷、叔齐。因仰慕文王之德，两人一起西行到周国去，走到岐山之南，文王却已经死了。

武王即位，宣扬周德，派叔旦到四内去找胶鬲，跟他盟誓说'让你俸禄增加三级，官居一等'。准备三份盟书，文辞相同，把牲血涂在盟书上，一份埋在四内，两人各持一份而归。武王又派保召公到共头山下去找微子，跟他盟誓说：'让你世世代代做诸侯之长，奉守殷的各种正常祭祀，允许你供奉桑林之乐，把孟诸作为你的私人封地。'准备三份盟书，文辞相同，把牲血涂在盟书上，一份埋在共头山下，两人各持一份而归。伯夷、叔齐闻知这些，互相望着笑道：'跟我们原来听说的不一样啊！这不是我们所说的道啊……如今天下黑暗，周德已经衰微了。与其依附周使我们的名节遭到玷污，不如避开它使我们的德行清白高洁。'于是两人向北走，走到首阳山下饿死在那里。"

这是一个武王伐纣前对殷用间的故事，听起来更像小说，是否虚构，我们先放在一边不说。现分析这种结盟的真实性。从故事情节看，伯夷、叔齐行到周时，文王已死，武王即位，即是说故事发生在武王伐纣之前。二人听说武王用间，先派叔旦在四内与胶鬲盟，又派保召公到共头山与微子盟。显然，这应是周室绝密的事情，伯夷、叔齐两位外来之客是绝对听不到、看不见的。这是疑之一也。用间有多种不同的设计，伯夷、叔齐二人听到的消息，或可能是周室故意放出的风，意在让这些消息传到殷都去，以离间殷的君臣关系。这是疑之二也。据《史记》记载，武王在牧野决战得手入城后，微子面见武王时是非常卑躬屈膝的，生怕武王拒降而杀他。如果他们真的有盟在先，微子可以理直气壮地要求武王兑现共头山之盟的盟约条款，还有必要那么卑躬屈膝乞降吗？这是疑之三也。武王伐商得手后，并没有践共头山之约，并没有封微子为奉守殷的各种正常祭祀，而是封纣子武庚禄父为殷侯。微子被封是在武庚复国失败被诛之后。这是疑之四也。由下文将要分析的《吕氏春秋·贵因》可知，武王率领西夷诸侯联军伐殷出师时，微子并不知情，还是等胶鬲至鲔水看到周师回来报告后，才知道周师的动向。按理说，如果武王与微子早订好了里应外合的计划，周人早就该将周师何时出发何时到达殷都全部告诉微子，绝对不会再要微子派胶鬲去探听。这是疑之五也。

由此可见，微子、胶鬲与周人密谋推翻纣王这件事绝对不是真实的。因此宋镇豪主编/韩江苏、江林昌著《商代史·卷二（〈殷本纪〉订补与商史人物徵）》第230—232页从陈奇猷说[注127]，认为微子在周灭殷的战争中，充当了内线或间谍的角色是根据不足的，要定此案，除《吕氏春秋·诚廉》以外，还得有过硬的旁证。

【2】胶鬲究竟是不是微子与周人联系的联络人，胶鬲的主人是不是与周人盟誓的微子？这更是关乎一个人清白的政治问题。查传世文献，确有"殷使胶鬲候周师"之说。一些断定微子"里通外国"的人，一口咬定说，胶鬲就是微子与周人联系的联络人。他们认为胶鬲于鲔水探知周师将于甲子日到达殷都的消息后，遂回殷都报告微子，以便做好里应外合的准备，终于使武王在牧野战场，兵不血刃，就伐殷得手。这个说法缘于《吕氏春秋·贵因》，原文如下：

武王至鲔水。殷使胶鬲候周师，武王见之。胶鬲曰："西伯将何之？无欺我也。"武王曰："不子欺，将之殷也。"胶鬲曰："曷至？"武王曰："将以甲子至殷郊，子以是报矣。"胶鬲行。天雨，日夜不休，武王疾行不辍。

军师皆谏曰："卒病，请休之。"武王曰："吾已令胶鬲以甲子之期报其主矣。今甲子不至，是令胶鬲不信也。胶鬲不信也，其主必杀之。吾疾行以救胶鬲之死也。"武王果以甲子期至殷郊。**殷已先陈矣**。王殷，因战，大克之。**此武王之义也**。人为人之所欲，已为人之所恶，先陈何益？适令武王不耕而获。

这则故事的白话文大意如下：

武王的军队到了鲔水。殷派胶鬲来侦察周师，武王会见了他。胶鬲说："西伯将到什么地方去？不要欺骗我。"武王说："我不欺骗你，我们将到殷都去。"胶鬲说："哪一天到达？"武王说："将在甲子日到达殷都郊外。你可以拿这话回去报告。"胶鬲走了。这时天下起雨来，日夜不停。武王命令快速行军，不能停止前进。军官们都劝谏说："士兵们都很疲惫了，让他们休息休息吧。"武王说："我已经让胶鬲把甲子日到达殷都郊外的事报告给他的君主了，如果甲子日不能到达，这就会使胶鬲失信。胶鬲失信，他的君主就一定会杀死他。我急行军是为了救胶鬲的命啊。"武王果然在甲子日到达殷都郊外，**殷军已经先摆好阵势了**。武王到达后，就立即开始战斗，结果大败殷军。**这就是武王的仁义**。武王做的是人们所希望的事情，而纣王做的却是人们所厌恶的事情，所以事先摆好阵势又有什么用？这正好让武王不战而胜。

明眼人一看便明白，这段话的主旨是"**此武王之义也**"六个字，其作者写这篇短文的目的是称赞周武王的"**义**"。其意思是说："周武王探知殷都空虚，本想去偷袭殷，没有想到殷却派使臣胶鬲来问他带着军队到哪里去。怎么回答呢？使周武王陷入两难之中：实告是去偷袭殷都吧，又怕泄露军事机密，偷鸡不成蚀把米；不实告吧，又怕失掉**义**（怕失去众多部族诸侯对他的信任，失去几代人好不容易争取来的周公西伯好名声）。权衡再三，周武王还是为了不失掉**义**，而据实告诉殷使胶鬲。"至于这篇短文记录的史事是作者为了赞扬周武王讲仁义、讲诚信的虚构，还是确有其事，我们先不去管它。我们只从逻辑上分析一下这篇短文中胶鬲的主人究竟是谁，是微子还是纣王？主张彻底否定微子的学者都一口咬定：**胶鬲不是纣王的使者，而是微子的使者，断定微子是胶鬲的主人**。其实他们咬定的这个"结论性意见"是不经一驳的。因为从文中可看出，胶鬲回来后，是向纣王报告的。正因为胶鬲的报告，纣王才预先知道周师将在甲子日到，所以他才预先拼凑出七十万奴隶兵（这是《史记·周本纪》中的说法，实际可能没有这么多），预先将这些奴隶兵开到牧野战场，摆好阵势，计划拒敌于国门之外。因此以京郊牧野为主战场是纣王预先选定的，不是周武王预先选定的。牧野决战前殷军预先选好战场、布好阵势的事实说明，胶鬲不是微子的使者，而是纣王的使者。也就是说，这篇短文已经用"**殷已先陈矣**"五个字透露出胶鬲的主人不是微子而是纣王，因为能调动"七十万"军队预先陈列于殷都郊外牧野的肯定是纣王而不可能是微子。也就是说，这篇短文本身就排除了胶鬲是微子派去联络周人进行里应外合的嫌疑，或者说这篇短文本身就是证明微子清白的证词。

再说，史已明载，当时微子已经出走，不在纣都，他已失去了在朝中里应外合的机会。如果按照彻底否定微子者的说法，微子已经早就出走奔周了，武王率师到达商郊牧野时，微子还远在周邦西岐，胶鬲回到殷都又怎么问他报告？如果是微子隐藏在武王军中，与武王一起率周师伐纣，又怎么"里应外合"？

　　总之，笔者认为，那些试图彻底否定微子的人，先说微子出走奔周与武王密谋合力倒纣，后又说微子在殷都派胶鬲去刺探周师动向，以便决定如何与周师配合行动云云，是前后自相矛盾，自己打自己嘴巴，破绽百出，不能自圆其说。因此，微子与武王合谋倒纣的说法，史无实据，不经一驳。另外，记载殷周牧野会战的史书多得很，也未见有任何一部史书上有关于在牧野会战期间微子与周师如何具体配合行动的任何记载，现代的某些学者怎么能一口咬定微子里通外国，与武王里应外合，甚至是配合武王发动军事政变呢？

　　由此可知，宋镇豪主编 / 韩江苏、江林昌著《商代史·卷二（〈殷本纪〉订补与商史人物徵）》第 230—231 页的分析和推测是值得商榷的。该书第 233 页对微子作了如下的结论性评价："种种疑点说明，即使文献记载不见微子投奔周人，从史实出发而得出结论：微子与周人在灭商之前联络过，得到周人允诺后，与周人一起，里应外合，推翻了商纣王的统治，故有周灭商后微子受到周王分封而国于宋的结果。"显然，对微子的如此评价，与上述分析的史实不符，因此，宋镇豪主编 / 韩江苏、江林昌著《商代史·卷二（〈殷本纪〉订补与商史人物徵）》第 233 页对微子的结论性评价不能成立，起码是不严肃的，因为该书中没有提供在牧野会战期间或之前微子与武王里应外合、配合行动的任何具有法律效力的定案证据。

三、对微子的客观评价

　　【1】 比干谏而死，箕子拒绝受周封（《汉上易传·下经》云：箕子"不受封，去之朝鲜"），这是微子和比干、箕子的最大区别。即是说，微子既没有谏臣比干那种视死如归的精神，又没有箕子那种不受周封的文人风骨，但是微子有一颗存商续殷、传承灿烂殷商文化的心。

　　【2】 微子与帝辛的治国理念虽然不同，但在维护殷商王朝统治这点上二者还是一致的。即是说，微子不是叛国者，而是一个爱国者。至今在传世文献中或在考古材料中找不到任何一件能证明微子出走到周，且与周人结盟，策划共同推翻殷商王朝统治的定案证据。

　　【3】 牧野战后，微子忍辱负重投降周人不仅为了自己，更是为了乞求武王停止杀戮，使剩下来的族人和殷都百姓免遭涂炭。微子是对存商续殷、传承殷商文化有特大贡献的人，所以孔子才将"三仁之首"的殊荣授予他。后来微子的身体力行及微子宋国在存商续殷和传承殷商文化方面的关键作用，证明孔子对微子的高度评价不是孔子自己是殷商后裔的偏狗而是符合客观事实的。

　　【4】 微子是厌恶战争、爱好和平的使者，不是挑起纷争、争权夺利的战争罪犯。

　　现就对微子的上述四点客观评价分析如下。

　　甲子日，牧野决战失败，帝辛带领残兵败将，退守王城，周兵奋力攻城，又经过一番厮杀。城破，周兵如潮水般地拥入城中，到处烧杀抢掠，无恶不作，繁华的王都，一时鬼哭狼嚎，血流成河。此时已近黄昏。帝辛一看，大势已去，正想登上鹿台，看望宠妃，不料武王赶到，生擒帝辛。遂用黄钺斩下纣头，悬之于大白之旗示众。武王登上鹿台，见得纣之宠妃，杀之，悬其头于小白之旗。此时，殷都城里城外，已是一片喊杀之声，大街小巷，如一片火海。外山村地避难以求自保、性情慈厚以仁德著称的微子，听到武王血洗殷都的消息后，知道殷商气数已尽，无力回天。情急之下，丁丙寅日从封地匆忙回到殷都（远在封地避难的微子，于甲子日牧野战后第二天听到消息后，丁丙寅日代表殷商王室正式向武王乞降是魏晋谱书《殷氏家传》的记载）。他认为，目前，只有他能代表殷商王室面见武王，乞求武王下令停止屠城杀戮，才能使剩下来的族人和殷都百姓免遭涂炭。于是，微子就带着宗庙里的殷商族祭器，行殷商乞降大礼，到武王的营门去，他裸露上身，把手捆在背后，让左边的随从牵着羊，让右边的随从拿着茅，跪着向前行走，忍辱负重地乞求武王赶紧停止杀戮，以保剩下来的族人和王都百姓平安。于是武王也就给个顺水人情，一面下令罢兵，一面安抚微子，保留微子的爵位。后世殷商后裔感激微子忍辱负重的存商续殷之德，三千年来祭祀微子的香火不断，一直将微子视为心中的圣人。微子存商续殷之德不仅见于历史文献，而且广泛存在于殷商后裔各姓氏的族谱家乘中（如殷姓、宋姓、孔姓、林姓、汤姓等）。微子素有治国之才，后来将他的封地宋国治理成胜过周室的中华礼仪之邦，成为周代保存殷礼、传承殷商文化的唯一殷礼特区，是周时供人学殷礼的一块样板地，经宋国传承的殷礼是后来更加成熟的周礼之源。由于宋地获得大治，殷商遗民纷纷奔之。微子临终前，君位不传子而传弟，一时传为佳话。有的学者将微子不传子而传弟归结为其子与微子政见不合或认为其子早亡，是不符合史实的。

　　微子虽然在无奈中，为存商续殷，为王都免遭杀戮，选择了投降周人的道路，但微子投降是代表殷商王室的投降，就如二战时日本裕仁天皇代表日本国家向中美英苏投降一样。后世儒家认为，微子一生的行为符合儒家的"仁人"标准，所以孔子将其列在"殷有三仁"之首（《史记·宋微子世家》），受到后世史家的尊敬。众所周知，孔子从来不以"仁"字轻易许人，但却将"仁"字许给投降周人的微子，为什么呢？有人将这归结为微子是孔子的祖先，是不对的（其实，微子并非孔子的直系祖先，微子之弟微仲衍才是孔子的直系祖先）。除微子以外，孔子还有一些也很有名气的直系祖先，他为什么不将"仁"字许给他们，这是持"祖先说者"怎么也不能自圆其说的。在传统史学界，帝辛被骂了三千年，微子被歌颂了三千年。现代随着说帝辛好话的人多起来以后，说微子坏话的人也随之多起来了，好像为帝辛正名就必须打倒微子似的。其实微子一生憨厚，有守礼治国之才，投降周人也是看到王都"血流漂杵"的形势，为救百姓于水火而作出的被迫选择，要不是微子当年的果断决择，我们的殷商族祖先可能早就被周人赶尽杀绝了，当然也就不会有后来如此众多的超过 200 个姓氏人口过亿的殷商后裔了。正因为此，微子的后世子孙都认为以微子为祖是非常光荣的。平民如此，殷商王室直系后裔中的达官显贵更是如此。如因功封于汝南的陈郡长平殷氏始记祖西汉北地太守殷续、东晋赫赫有名的殷浩将军、唐朝开国功臣殷开山、中唐卒赠司空的名史殷侑等，在皇帝面前都称自己为微子的后人，他们都不以为耻反以为荣。

　　在战争与和平的问题上，上述第四点评价说，"微子是厌恶战争、爱好和平的使者，不是挑起纷争、争权夺利的战争罪犯"。对微子的这一评价，可从分析周殷决战的牧野战况得出。

如前所述，若周师伐殷是微子和武王事先串通好的行动，则战况一定是"兵不血刃"，甚至可能如一些人所言，牧野之战本就子虚乌有，连"奴隶兵倒戈"都是后世史家瞎编的，实际只是一场微子与武王早就勾结好的、根本没有打什么仗的军事政变而已。实际上，要判定牧野之战是否真实存在，或虽存在但是否"兵不血刃"，即牧野之战是否残酷，其实很简单，只要看看牧野之战后，帝辛统治中心殷都被保护的程度就可以了。如果三千年前全球的明珠城市帝辛统治中心殷都能受到武王的保护，如同解放战争中，明清古都北平受到完整保护那样，那么微子就是罪该万死的里通外国分子。如果三千年前全球的明珠城市帝辛统治中心殷都受到严重的破坏，真的成为箕子笔下《麦秀之诗》中的一片废墟的话，那么微子投降周人就是忍辱负重，乞求武王罢兵，为保护殷都民众不受周师杀戮的英雄行为。孰是孰非，二者必居其一。

关于牧野之战残酷性及武王挥师入殷都城时对纣王都的破坏程度，历来有两个版本：一个是"血流漂杵"说，该说认为牧野之战及战后武王挥师入城的战争极其残酷，致使东方第一大城市殷都受到毁灭性破坏，以致在短期内即沦为废墟。一个是"兵不血刃"说，该说以《史记·周本纪》为代表作。《史记·周本纪》曰："纣师虽众，皆无战之心，心欲武王亟入。纣师皆倒兵以战，以开武王。武王驰之，纣兵皆崩畔纣。纣走，反入登于鹿台之上，蒙衣其殊玉，自燔于火而死。"显然，在司马迁的笔下，牧野之战是一场因纣师倒戈武王不费吹灰之力即取得胜利的战争，是一场"兵不血刃"的战争；《史记·周本纪》对牧野战后武王挥师入城的描述也是一派和平解放纣王都，受到纣王都民众列队欢迎的景象。《史记·周本纪》曰："武王至商国，商国百姓咸待于郊。"《史记·周本纪》中的说法类似1949年1月31日中国人民解放军入城和平解放北平（北京）那样，它使驰名世界的文化古都北京免于战火完整地保存下来，为新中国的定都北京奠定了基础。

上述两种说法哪一个可信呢？衡量的标准可以看也仅能看周师在牧野会战得手后，武王挥师入城时对殷都的保护意识和破坏程度。如果周师和西戎诸侯联军入城后，殷都完好无损，则是《史记·周本纪》的"兵不血刃"说或"殷都和平解放"说对；如果殷都受到极大的破坏，以致几年后就沦为箕子笔下的一片废墟，则是古文献的"血流漂杵"说对。

司马迁的"兵不血刃说"版本，看似合情合理，但却无法解释当时地球上最繁华的城市殷都在短短几年内就沦为箕子笔下一片废墟的历史难题。

"血流漂杵"说，缘于《尚书·周书·武成》。原文是："既戊午，师逾孟津。癸亥，陈于商郊，俟天休命。甲子昧爽，受率其旅若林，会于牧野。周有敌于我师，前徒倒戈，攻于后以北，血流漂杵。"尽管《尚书·周书·武成》有真版、伪版之分，战国时期的孟子有幸见过现已早就亡佚的真版《尚书·武成》。在真版《武成》中，虽然没有"**血流漂杵**"这四个字，但却有比之更甚的"**血之流杵**"的记载。真版《武成》中有"血之流杵"这四个字，出于《孟子·尽心下》引用真版《武成》的内容。总之，《尚书》这段话中是用"**血流漂杵**"或"**血之流杵**"描述这场战争的残酷性和悲惨景象。

　　从比《史记》更早的箕子的《麦秀之诗》可看出，箕子作《麦秀之诗》时，殷都已经沦为一片废墟，这是支持"血流漂杵"说的铁证。《麦秀之诗》是箕子在朝鲜建国回来朝周，还武王顺水人情途中路过殷故都或特意重返殷故都看看时写的。克殷后未过几年，武王就逝世了，成王即位，接着就是武庚复国、管蔡作乱和周公平叛，加在一起，也就几年时间。当时地球上第一大城市殷都就沦为箕子笔下的一片废墟，这能说是武王在牧野会战得手后和平入城吗？所以可以断定当年牧野会战及战后武王挥师入城的战争是非常残酷的，《史记·周本纪》说武王挥师入城时殷人出城列队欢迎根本不可信，真正的史实应该不是殷都和平解放，而是殷都当年受到极大的破坏。

　　如果在武王克殷后殷都仅几年就沦为一片废墟为真，则"血流漂杵"可分为两个阶段：第一个阶段是牧野会战期间的"血流漂杵"，第二个阶段是周师和西戎诸侯联军入城后的"血流漂杵"。

　　牧野会战期间的"血流漂杵"可解读为：帝辛听到探史胶鬲回报，甲子日武王将率诸侯联军到达殷都，一时之间慌了手脚。帝辛冷静下来，才想起来自己的主力部队还在东夷前线（这里从郭沫若在《中国史稿》中说帝辛的主力部队还在东南战场，一时调不回来的观点。若从现有甲骨卜辞判断，郭沫若此说可能不真），远水解不了近渴，匆忙之间帝辛想到了多年来的战俘和奴隶，他马上下令，将这些人编为军队，开赴殷都南郊牧野，以拒敌于国门之外。事先摆好阵势，以候周师。果如胶鬲所报，甲子日凌晨，武王联军到达商郊，总兵力不超过10万，帝辛亦率奴隶兵70万（这是《史记·周本纪》的说法，实际不可能有这么多。有人说是17万的误写）。两军对阵于牧野战场。两军各自作一番短暂的战前动员后，以周军为首的西戎诸侯联军精神抖擞，如虎入羊群般杀入殷军阵中。而用奴隶拼凑起来的殷军士兵本来心中就不情愿，到了生死关头，更不会去为帝辛卖命，纷纷倒转矛头，反戈一击，冲向殷军的大部队。一场混战开始了，很多人尚在犹豫之中，已作了周军刀下之鬼；更多人在大部队的冲击践踏之下丢了性命。结果殷军大败，尸横遍野，血流成河。虽然用"血流漂杵"来形容有些夸张，但当时的惨烈血腥景象由此可见一斑。

　　周师和西戎诸侯联军入城后的"血流漂杵"可解读为：帝辛一看形势不妙，率军退守王城，周兵奋力攻之。城破，周兵如潮水般地拥入城中，繁华王都，顿时血流成河。此时已近黄昏。帝辛一看，大势已去，正想登上鹿台，看望宠妃，不料武王赶到，生擒帝辛。遂用黄钺斩下纣头，悬之于大白之旗示众。武王登上鹿台，觅得纣之宠妃，杀之，悬其头于小白之旗。此时，殷都城里城外，已是一片喊杀之声，大街小巷，如一片火海。殷都陷入一片腥风血雨之中。

　　据《逸周书·世俘》记载，武王伐纣的总体战果是，共击毙殷军和殷的属国军队177779人，生俘300230人，攻灭纣之属国99个，臣服652个。

　　上面我们是从箕子《麦秀之诗》提供的证据来厘定牧野会战和武王挥师入城屠杀殷军和殷人的残酷性，否定了司马迁的牧野会战兵不血刃和武王挥师入城受到殷都民众列队欢迎的和平解放殷都的说法。实际上，以箕子《麦秀之诗》为证推测武王伐纣时对殷都的毁灭性破坏并非笔者的首创，最先作出这个判断的是山东省原副省长、山东省政协九届副主席、山东省慈善总会会长、山东省大舜文化研究会会长谢玉堂。他在2011年7月出版的《甲骨文

殷代史

【卷三】殷商时代人物传记

的由来与发展》一书中说："周武王十三年 (实际不可能是周武王十三年，应是在成王即位后)，纣王时的重臣箕子到周朝朝拜时特意去旧都看了一次，当他看到昔日的首都一片凄凉，不禁悲从中来，欲哭无泪，并为此作诗曰：'麦秀渐渐兮，禾黍油油……'"谢先生由此推测说："公元前 1046 年【周武王发动牧野之战克殷的确切日期实际是公元前 1044 年 1 月 9 日，详见本书《卷六 (殷代纪年)》】武王灭纣，这对安阳 (遭受到更为严重破坏的实际可能是帝辛的实际统治中心朝歌，当然也包括殷都安阳殷墟) 是一次毁灭性的打击和破坏。可想而知，其破坏性绝不亚于后来的项羽毁灭咸阳。"谢先生仅以公元前 206 年项羽毁灭秦都咸阳一例来比喻说明武王伐纣时，对殷都的毁灭性破坏程度，其实武王挥师入城时对殷都的毁灭性破坏程度还可从下列四例外族或中国少数民族入侵中国历代首都的事例来推测之。

公元 311 年即西晋永嘉五年，匈奴攻陷晋都洛阳，掳走晋怀帝，史称"永嘉之乱"。之后，迫使晋室南渡建康 (今南京)。但乱后，洛阳并没有成为废墟。这说明公元前 1000 多年周武王挥师入城对殷都的破坏程度应该强于公元 311 年匈奴攻陷晋都洛阳时对晋都洛阳的破坏程度。

1126 年和 1127 年，北宋皇帝宋钦宗靖康年间。金军两次攻破宋都东京 (今河南开封)，在城内搜刮数日，掳徽宗、钦宗二帝，后妃，皇子，宗室，贵卿等数千人后北撤，史称"靖康之耻"。事后，迫使宋高宗南渡杭州，但开封并没有沦为废墟。这说明公元前 1000 多年周武王挥师入城对殷都的破坏程度应该强于 1126 年和 1127 年金人两次攻陷宋都开封时对宋都开封的破坏程度。

1900 年 (旧历庚子年)，八国联军攻陷清都北京，迫使清廷逃往西安。史称"庚子之耻"。事后，北京并未沦为废墟。这说明公元前 1000 多年周武王挥师入城对殷都的破坏程度应该强于 1900 年八国联军攻陷清都北京时对清都北京的破坏程度。

1937 年 12 月 13 日，二战时侵华日军攻陷民国首都南京，在南京城区及郊区对中国平民和战俘进行了长达六个星期的大规模屠杀、抢掠、强奸等，史称"南京大屠杀"。事后，虽迫使蒋介石迁都重庆，但南京并没有沦为废墟。这说明公元前 1000 多年周武王挥师入城对殷都的破坏程度应该强于 1937 年日军攻陷民国首都南京时对民国首都南京的破坏程度。

综观有文字记载以来的上述六次中国时王王都或民国首都被攻陷事件，虽然其对时王王都或民国首都的破坏性都极其严重，但后五次都没有使时王王都或民国首都沦为废墟，使时王王都沦为一片废墟的唯一的一次就是公元前 1000 多年周武王率西戎诸侯联军入侵殷都的事件。而且周军破坏殷都事件是在牧野会战周军取得决定性胜利后武王挥师入城时发生的。可见当年周武王挥师入城后大规模烧杀抢掠手无寸"铜"的殷都平民的严重程度，一定远大于秦亡后项羽咸阳屠城、晋"永嘉之乱"、宋"靖康之耻"、清八国联军入京、民国日寇"南京大屠杀"等时王王都或民国首都受到的破坏程度。只是因为后来的历史是周人写的，周后的历史又是由奉"周礼"为圭臬的儒家写的，因而没有人记载，也没有人敢提这件事罢了。但三千年前箕子笔下的《麦秀之诗》和 20 世纪考古发现证明在河南省安阳横跨洹河两岸真有个废了的殷都存在 (今通称为"殷墟") 应该是两个铁证。更为重要的铁证，时东亚明珠城市、帝辛别都朝歌古城废墟可能还埋在地下，迟早也会出土说话的。

四、微子的归宿

周公平定武庚复国及"三监之乱"后，周公诛武庚，杀管叔，流放蔡叔，乃命微子代殷后，奉其先祀，作微子之命以申之，国于宋。于是，微子代武庚祀殷。微子忠厚仁贤，故殷之遗民甚爱戴并纷奔之。微子逝，不立子孙而立弟仲衍为宋公，一时传为佳话。宋国是周王朝唯一册封能传承殷礼的诸侯国。

微子的葬地有多说。清人孙星衍谓【注111】："《水经注》：'……京相璠曰：《公羊》谓之微。东半寿张县西北三十里，有故微乡，鲁邑也。杜预曰：有微子冢。'……《郡国志》：'薄，故属三阳，汤所都。'注：'杜预曰：蒙县西北有薄城，中有汤冢，其西又有微子冢。'《元和郡县志》：'沛县微山，上有微子冢，去县六十有五里。'蒙县西薄城汤冢当在今山东曹县南。沛，今江南县，古宋地。鲁宋相邻，皆在殷千里畿内，未知孰是。"

孙星衍说的微山之微子冢，笔者去拜祭过多次，位于今山东省微山县微山湖微山岛上。其处的微子墓保存完整。该墓为山东省重点文物保护单位。其处的微子后裔，以殷为姓，护墓而居。当地殷姓都奉微子为祖。微山的微子墓呈圆形，墓前有石碑四幢，中间主碑正文为汉丞相匡衡题字"殷微子墓"，南昌尉梅福篆写横额"仁参箕比"。另外，今河南省商丘市西南12公里处的青岗寺也有一座微子墓，墓冢前立一石碑，是明万历四十年（1612年）所立，上书"殷微子之墓"，碑文为万历进士、南京礼部郎中福建提学副使尚书郑三俊所书。

附1：淇县朝歌殷商传承文化研究会纪念殷微子文

淇县朝歌殷商传承文化研究会原副会长兼秘书长殷书寿和陕西殷氏著名书法家殷宝喜2009年敬书的纪念殷微子文："宽仁广播承上启下日月经天昭千古，厚德远扬光前裕后江河行地泽万代。"（殷书寿撰文、殷宝喜敬书）

殷代史

【卷三】殷商时代人物传记

附2：殷微子宋公像

【六十三】殷帝辛庶兄、微子之弟微仲衍传记

微仲衍，子姓殷氏，谱名衍，也叫微仲，乳名丁儿，帝乙之次子，微子之弟，帝辛受同母庶兄（其母生启、衍时，尚未扶正为后），长帝辛四岁。微子逝时，传宋君位于弟仲衍，一时传为佳话。微仲衍，史称宋微仲，后来仲衍虽被有些宋人尊为宋姓得姓始祖，但子姓宋氏在成汤时期就存在，仲衍肯定不是子姓宋氏的肇氏始祖。魏晋谱书《殷氏家传》从《世本》记载，认为商族子姓中存在"殷、时、来、宋、空同、黎、北髦（比髦）、目夷、萧"九大世族，并认为商族六世冥公是子姓殷氏肇氏始祖，至于子姓宋氏和子姓中其他七大氏族的肇氏始祖是谁，魏晋谱书《殷氏家传》没有记载。宋微仲逝后，其子稽继位。

微子和仲衍兄弟二人苦心经营的宋国（公元前？—前286年），是周公旦以周成王名义始封的一个诸侯国，国都商丘（今河南省商丘市）。宋君，周初被周天子封为公爵。宋国地位特殊，与周室为客，被周天子尊为三恪之一（魏晋谱书《殷氏家传》说：周分别封虞、夏、殷之后于陈、杞、宋），特准宋君可以使用殷商王朝礼乐祭祀殷商先祖。宋公室，自二任国君宋微仲起，也称自己这子姓殷氏一支为子姓宋氏，直至宋亡（可能是经这样一改，殷商九大家族之一的居于宋地的子姓宋氏就服从周公旦派过去的殷商王室的子姓殷氏成员微子、微仲兄弟领导了，后来，微子后裔仍为子姓殷氏分支，并未并入子姓宋氏分支，而仲衍后裔就永远并入子姓宋氏分支了，后来姓氏合一以后，仲衍后裔是姓宋还是姓殷还是姓了其他姓氏，因为魏晋谱书《殷氏家传》中没有记载，故无法确定。不过，孔子肯定是仲衍后裔）。现有考古材料可证，微子的宋国共传30多位君主，存在750多年。

春秋时期，齐国内乱时，宋襄公帮助齐公子复国，代齐作为盟主，成为春秋五霸之一。泓水之战后，宋国国力受创。宋景公时期，灭曹国，国力又渐盛。战国时期，宋康王偃（子姓戴氏，公元前328—前286年在位）"行王政"（在第十一年时，自立为王），实行改革。宋国回光返照，又强盛起来，东败齐、南败楚、西败魏，齐、楚、魏三国联手败宋，瓜分宋国的土地，史称三家分宋，宋亡。

宋国为房、心之分野之地（星宿分野是古人以星土辨九州之地，所封封域，皆有分星。星宿分野有不同的类型，但与星空的二十八宿并非一一对应），面积约有10万平方公里，皆膏腴之地，经济发达，特别是在商业文化、城市发展方面，为周王朝之最。宋国在继承与发展殷商文化方面有特殊贡献，系周王册封准予传承殷礼的特别区域。宋国是华夏圣贤文化的源头，是中国传统文化核心地位的儒家、墨家、道家、刑名家四大学说的发源地，被中外学者誉为"礼仪之邦"，孔子、墨子、庄子、惠子（惠氏，名施，刑名学派的鼻祖）四位圣人都出自宋国，因此，宋国国都，甚至宋地全境被誉为"中国圣人文化圈"。现在考古界已经探明，豫东的宋地也是殷商的祖地。殷商先祖文化源于冀南漳河流域的卜七垣文化，发祥于太行山东麓，后来逐渐向东南方的豫东拓展。豫东的商族文化逐渐在后来的宋地和东夷族的岳石文化建立了进一步的联系。这是成汤殷革夏命时得以和东夷各方国结盟的文化基础。

殷代史

【卷三】殷商时代人物传记

附：周代宋公室世系图

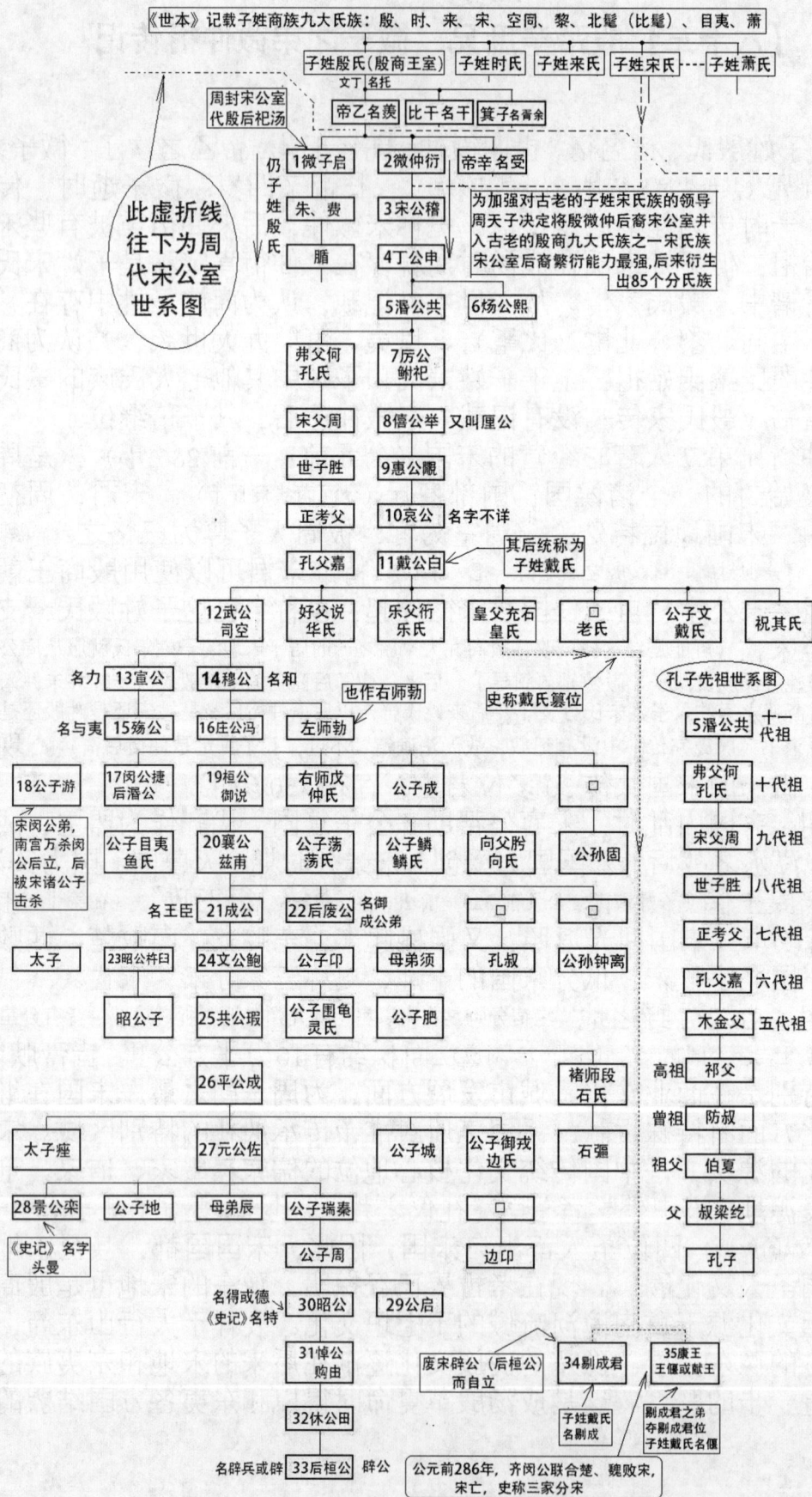

《世本》记载子姓商族九大氏族：殷、时、来、宋、空同、黎、北髦（比髦）、目夷、萧

子姓殷氏（殷商王室）　子姓时氏　子姓来氏　子姓宋氏 ---- 子姓萧氏

文丁 名托

周封宋公室代殷后祀汤

帝乙名羡　比干名干　箕子名胥余

仍子姓殷氏

1微子启　2微仲衍　帝辛名受

朱、费　3宋公稽

此虚折线往下为周代宋公室世系图

腯　4丁公申

5湣公共　6炀公熙

弗父何孔氏　7厉公鲋祀

宋父周　8僖公举　又叫厘公

世子胜　9惠公覵

正考父　10哀公　名字不详

孔父嘉　11戴公白　其后统称为子姓戴氏

12武公司空　好父说华氏　乐父衎乐氏　皇父充石皇氏　□老氏　公子文戴氏　祝其氏

为加强对古老的子姓宋氏族的领导周天子决定将殷微仲后裔宋公室并入古老的殷商九大氏族之一宋氏族宋公室后裔繁衍能力最强,后来衍生出85个分氏族

名力　13宣公　14穆公名和　也作右师勃　史称戴氏篡位

名与夷　15殇公　16庄公冯　左师勃

孔子先祖世系图

18公子游　17闵公捷后湣公　19桓公御说　右师戊仲氏　公子成　□

宋闵公弟,南宫万杀闵公后立,后被宋诸公子击杀

公子目夷鱼氏　20襄公兹甫　公子荡荡氏　公子鳞鳞氏　向父肹向氏　公孙固

名王臣　21成公　22后废公　名御成公弟　□　□

太子　23昭公杵臼　24文公鲍　公子卬　母弟须　孔叔　公孙钟离

昭公子　25共公瑕　公子围龟灵氏　公子肥

26平公成　褚师段石氏

太子痤　27元公佐　公子城　公子御戎边氏　石彄

28景公栾　公子地　母弟辰　公子瑞秦　□

《史记》名字头曼

公子周　边卬

名得或德《史记》名特　30昭公　29公启

31悼公购由

32休公田

名辟兵或辟　33后桓公　辟公

废宋辟公（后桓公）而自立　34剔成君　35康王王偃或献王

子姓戴氏名剔成　剔成君之弟夺剔成君位子姓戴氏名偃

公元前286年,齐闵公联合楚、魏败宋,宋亡,史称三家分宋

5湣公共　十一代祖
弗父何孔氏　十代祖
宋父周　九代祖
世子胜　八代祖
正考父　七代祖
孔父嘉　六代祖
木金父　五代祖
高祖　祁父
曾祖　防叔
祖父　伯夏
父　叔梁纥
孔子

【六十四】殷帝辛之子武庚禄父传记

　　魏晋谱书《殷氏家传》记载，**武庚禄父**，帝辛之子，子姓殷氏，谱名圣，禄父是字，乳名庚儿（应是庚日生，武庚应是后人据之日名全称。有学者推测说"'禄'是武庚自立的族氏，'禄父'是武庚一族的美称"是没有根据的。帝辛和武庚父子只称自己为子姓殷氏人，没有另立过氏称）。殷商王朝被周翦灭后，武王立武庚禄父于原殷畿，仍居殷都，以续殷祀，管理殷之遗民，并使其弟管叔鲜、蔡叔度相禄父治殷。武王初灭殷后，殷商王室及支持它的诸侯实力尚存，潜在的势力很大，武王封武庚禄父祀殷也是迫不得已之举。

　　武王对武庚并不放心，特设"三监"进行监管。关于"三监"，说法不一。魏晋谱书《殷氏家传》的记载与西晋皇甫谧《帝王世纪》的说法一致。名义上原来的整个殷畿地都归武庚管辖，但分原殷畿为三块进行监视：殷都以东为卫，管叔鲜（武王同母弟，太姒生，文王第三子，武王封其于管）监之；殷都以西为墉，蔡叔度（武王同母弟，太姒生，文王第五子，武王封其于蔡）监之；殷都以北为邶，霍叔处（武王同母弟，太姒生，文王第八子，武王封其于霍）监之。

　　据魏晋谱书《殷氏家传》记载：武王逝后，刚满 18 岁尚未成人（古人以满20 岁才算成人）的武王之子姬诵继位，是为成王，周公姬旦（武王同母弟，太姒生，文王第四子）摄政。管叔鲜、蔡叔度、霍叔处对周公姬旦把持朝政"代行天子职"不满，发动"清君侧"的三监叛乱（亦有史家说霍叔处是被裹挟的，实际没有主动参与）。后来管、蔡发现自己不是周公把持的屯驻于洛地的"洛师"对手，便怂恿武庚复国。于是，殷武庚联合"商奄""蒲姑"（又称"薄姑""勃姑""亳姑""尃古"等）等十七国诸侯和周之三监，起兵复国，史称三监之乱或武庚复国之乱。周公旦率师东征，历时三年，才平定叛乱。武庚被诛，周公旦以成王名义改封殷微子于宋，祀殷；管叔鲜被杀，管国亡；蔡叔度被流放，死于流放之地，其子姬胡亦受封于蔡，史称蔡仲；霍叔处被废为庶民，三年不得录用。为有效监管殷遗民，周公将殷遗民驱散于各地，分别进行监管，以防他们再度集结造反。

　　武庚复国失败以后，亡国的子姓殷氏人，被周人支解得七零八落。死硬的"殷顽民"（《尚书·周书》中称为"多士"）被迫迁于周室专为之营建的"洛邑"集中监管，据专家估算，当年周迁殷都朝歌的"殷顽民"于"洛邑"者，有十万之众。居于殷王畿内的殷民六族、殷民七族[注133]被周公分别交给鲁公伯禽和卫康叔监管。臣服于周的"殷献民"则命微子带去宋国。避乱迁居北方的北殷氏一族后来又为秦宁公（公元前 715—前 704 年在位）所灭。因此，自西周至秦末的近千年间，殷商王室遗民殷氏人口锐减，从殷商大族，沦为弱小族姓。随着周朝的衰弱，周室对殷人的控制力也减弱。殷氏的主支从被集中监管状态慢慢获得解放，先散居于今洛阳东郑州南颍川的殷水一带（今河南的禹州、许昌、商水、周口、淮阳一带）。秦末，集中移居到河内野王（今河南的沁阳、武陟一带）。入汉以后，殷姓受压的状态，从某种程度上说，获得解放，但人口的繁衍力和殷人受压的心理状态并没有太大的改变。以致到西汉成帝时（公元前 32—前 7 年在位），"诏求殷氏后裔"，竟无人敢应。后来，汉成帝派人四处寻找末代殷商王室直系传人，才发现了姓殷氏的末代殷商王室后裔已"分散为十余姓，推求其嫡，不可得"。实际情况是，屡受打击的殷氏人，如惊弓之鸟，不敢承认自己是末代殷商王室嫡裔。于是，汉成帝改封殷商后裔孔子的直系传人为专祀成汤的殷侯。汉成帝于绥和元年（公元前8年）下诏封孔子的十四世传人孔吉（一说是孔吉之子孔何齐）为殷绍嘉侯，不久又进封为殷绍嘉公。殷绍嘉公的封地位于汝南郡新郪县（汉初置新郪县，在今安徽省太和县赵庙镇），封地方圆百里，食邑一千六百七十户，建平二年（公元前5年），增封九百三十二户。

【卷三·附件】　殷代末帝帝辛陵考

殷代末帝帝辛的葬处。据杨锡璋先生考定[注74]，位于安阳殷墟西北岗王陵区西区，未建好没有埋人的编号为HPKM1567的假大墓应是准备为帝辛修建的墓。里面没有埋人，有两种可能：第一种可能是，位于今淇县朝歌城东15里河口村淇河西边河堤内的纣王墓，可能是真墓；第二种可能是，位于今河南省淇县朝歌城东15里河口村淇河西边河堤内的纣王墓也是假墓，真正的帝辛可能正如黄懿陆先生专著《骆越史》所说，逃到今广西西南部去建骆越国了。现假定淇县朝歌城东15里河口村淇河西边河堤内的纣王墓是真墓，并将其具体位置和外观的考察情况记录如下：

殷帝辛陵（纣王墓）位于河南省鹤壁市淇县县城（朝歌）东7.5公里的西港镇河口村（俗名纣王窝）淇河西岸。其陵为椭圆形，南北长75米，东西宽30米，高出河堤地面5米。从前，陵前曾有"纣王之墓"大碑一通，后被毁。陵东北160米处有姜皇后墓，为椭圆形，东西长15米，南北宽13米，高3米。姜皇后墓北15米处有苏妲己墓，亦呈椭圆形，东西长20米，南北宽14米，高3米。整个陵区东临淇河。明嘉靖二十四年《淇县志》谓之"纣窝滩声"，为淇园八景之一。清顺治《淇县志》记载："纣王窝在县东十五里，四流口社（意指现在的河口村）淇河内……殷纣墓于此，故名。"1990年有关部门对帝辛陵进行修复保护，周围石砌高1.2米。陵前重立石碑一通：碑阳镌刻"纣王之墓"四字，为全国人大原副委员长周谷城1987年所题；碑阴刻《商纣传》，由中国社会科学院历史研究所教授孟世凯撰文，杨向奎润色，安阳师专教授任治国书丹。2008年，帝辛陵（纣王墓）被公布为省重点文物保护单位。

2009年3月，在淇县人民政府的大力支持下，中、韩两国殷商后裔云集陵前，为蒙冤三千多年的先祖帝辛祭奠正名，重新建碑勒石，将史称"纣王之墓"易名为"大商帝辛之陵"，立碑六通。并依当地世代守陵宗亲的意见，定每年旧历二月初五为帝辛祭日，自2009年起，每年一小祭，每五年一大祭。自此，在中国共产党和淇县地方政府的领导下，中华殷商后裔弘扬殷商文化、参与建设帝辛陵文化园和参与建设中华民族现代文明事业步入良性发展轨道。

卷四
殷末风云

诗曰：天命玄鸟，降而生商，宅殷土芒芒

诗曰：邦畿千里，维民所止，肇域彼四海

卷四·绪论

前面的《卷一》《卷二》主要是向读者介绍强势扩张的殷代早期，实施战略收缩经略的殷代中期及经历中期阵痛以后在盘庚迁殷的基础上终于实现殷人鼎盛之梦的武丁盛世的历史，《卷二》最后一章《祖甲改制》虽然也说到殷代后期的改革，但真正的改革是在帝乙、帝辛时代进行的，祖甲的改革只是开启了殷代后期真正改革的序幕而已。

殷代后期，从盘庚迁殷到帝辛（纣）失国的 243 年间，殷人在礼制上有四次大的波动，或者视为保守派和革新派的斗争，或者说是前期的旧派和后期的新派之间的激烈斗争。新旧两派之争，大致可分为四个阶段。

第一阶段是旧派当权，主张一切回归成汤时代，也就是主张遵循传统，自盘庚起至武丁止的几代殷帝均属之。其中，以武丁最著名，主张一切要恪守先王的成规，虽然也实现了"殷国大治""殷道复兴"，但也伴随着奴隶社会走向鼎盛的血腥。据胡厚宣、胡振宇著《殷商史》（上海人民出版社，2003 年 4 月第 1 版）一书第 166—167 页的统计，从盘庚迁殷到帝辛亡国的奴隶社会昌盛期间，共用人祭 13052 人，另外还有 1145 条卜辞未计人祭人数，即便都以每条卜辞杀 1 人计算，这一时期的全部杀人祭祀，至少也有 14197 人。在这杀人祭祀的 14197 人中，笔者就人牲的来源也粗略统计一下，标明是羌人的约为 7426 人，超过一半。据胡厚宣先生统计，光武丁一朝，记录人祭的甲骨 673 片上就有 1006 条卜辞记载祭祀时杀活人 9021 人，还有 531 条卜辞上未记载具体人祭数。这些人祭卜辞都集中于武丁朝鼎盛的 42 年间。也就是说，在武丁朝人祭鼎盛的这 42 年间，平均每月杀近 20 人用于祭祀，在殷代后期从卜辞中统计而得被杀的 13052 个人牲中，光武丁一朝就占 70%，这些人牲的身份，绝大多数是奴隶，其中有许多是抓来或部族属国进贡来的奴隶羌人。在残暴无比的奴隶制度下，奴隶们总是不断进行反抗，从武丁时期大量的甲骨卜辞看来，一方面是奴隶们的不断逃亡与反抗，另一方面是奴隶主的随时追捕和残酷镇压，这也是后来祖甲决定重修法典加强殷商刑律的原因之一，也是殷末时 70 万奴隶兵（从《史记》记载）不愿为殷商奴隶主效力而反戈一击助周灭殷的直接原因。残酷的阶级斗争导致殷商奴隶主统治逐步衰落下去，最后在奴隶的反抗中灭亡。残酷的阶级压迫是殷亡的重要原因，而且是研究殷所以亡原因的许多学者没有注意到的。在殷末的牧野之战时，要不是帝辛 70 万（《史记》记载的数字，实际可能没有这么多，因为那时东亚这片大陆上总人口不足 1000 万）奴隶兵的"倒兵以战，以开武王"，或是不愿为帝辛效力的正规军的"前徒倒戈"，帝辛是绝对不会成为亡国之君的。近来有学者认为，"盛极而衰"是一条亘古不变的历史规律，武丁将奴隶制度推向鼎盛，导致奴隶们阶级仇恨的长期积累，是牧野之战殷商70万人军顷刻败于周武王不到5万兵力（跳不到10万）的主要原因。

第二阶段是武丁去世后，传至祖甲的新派，政治嗅觉灵敏的祖甲看到武丁盛世掩盖下因残酷阶级斗争给殷商奴隶主统治带来的危机，毅然实施改革，如祀典的重新制定、人祭的减少、法典的修订、历法的改革、文字的规范、占卜事项的整顿等，但遭到祖甲朝一批守旧大臣的反对，认为祖甲是乱了祖宗的传统章法，表示非议，最终被司马迁以"帝甲淫乱，殷复衰"七个字评价记录在《史记》中。

祖甲在位33年，他去世后，传至武乙时，又恢复古制，是为第三阶段。

到了殷代最后两帝的帝乙、帝辛时代再恢复新制，是为第四阶段。

奴隶主统治集团之间如此反复的政治斗争，加上奴隶们阶级仇恨的长期积累，导致以征伐东夷和力主改革为重头戏的看似坚不可摧的殷末大厦，在牧野之战奴隶们的一片"倒戈"声中，终于被摧枯拉朽，轰然倒塌，殷亡。

历史进入殷代末年的标志，是从殷帝武乙巡狩于周地河、渭间，被暴雷震死的非正常死亡开启的，本卷就从这儿讲起。

本卷的内容，主要是以殷末几帝在位先后为线索，记载《卷二·第十章（祖甲改制）》以后在东亚大陆这块土地上发生的一系列错综复杂而又仁者见仁、智者见智的历史事件。

殷代史

【卷四】殷末风云

第一章　武乙非正常死亡拉开商周两族紧张关系的序幕

第一节　武乙即位前西疆边患简介

祖甲去世后，其子廪辛、康丁先后继位（前已述，帝乙、帝辛时期的周祭祀谱中是不见廪辛的，但从文献记载和卜辞的分析来看，祖甲去世后，廪辛先于康丁的短期接位也是有可能的，只是被殷末严密的周祭系统排除了，魏晋谱书《殷氏家传》中列出殷代实际即位的 19 世 27 帝中，也不见廪辛的踪影）。与相对和平的祖甲时期不同，涉及战争的卜辞内容在廪辛、康丁卜辞中重新变得频繁起来。从卜辞中可看出，"羌方"是廪、康时期对西土用兵的重点对象。在具体讲述这些战争之前，我们先来谈谈殷商时代的"羌"。甲骨文中的"羌"有狭义和广义之分。狭义的"羌"专指"羌方"这一方国，广义的"羌"则是对西方众多部族、方国的泛称。李学勤在《殷代地理简论》一书中指出，西部的"羌"与东部的"夷"相对。卜辞中的"夷"也有狭义和广义之分，既可单指位于徐淮地区的"夷方"（亦称人方），也可用作东部地区众多部族的泛称。甲骨文的"羌"字，其基本字形是人顶着羊角，这与西部族群从事畜牧有关。后世文献也说明了这一点，比如许慎的《说文解字》称："羌，西戎牧羊人也。"羌人是殷商统治者祭祀时用作人牲的主要来源。除了用作人牲以外，殷商统治者还有其他使用"羌人"的方式，比如命令羌人垦田、于田猎时追捕野兽等。在《甲骨文合集》525 号卜辞中，有商王卜问阉割羌人是否致死的记录，这是为了用阉割后的羌人充当"内侍"。商王（殷帝）还把一部分羌人投入战争中，卜辞中有调遣"多马羌"抵御敌军的记录（"多马羌"指经训练后，由羌人和马组成的骑兵队伍）。《甲骨文合集》5717、5718 号卜辞显示，商王的臣属"沚"对"小多马羌臣"下达命令。这个"小多马羌臣"，一般被认为是"多马羌"的首领或管理者。正如上文所提到的，除了泛指西部族群的"羌"，甲骨文中还有一个被称为"羌方"的方国。早在武丁时期，卜辞中就已经有征伐羌方的记录，但这一阶段的羌方还不是殷商王朝用兵的主要对象。武丁之后，经历其子祖庚、祖甲统治时期，到祖甲之子廪辛或康丁即位时，日益壮大的羌方已严重威胁殷商王朝的西土。三期早端（相当于有些文献记载的廪辛时期）的卜辞中，有"于父甲求戋（剪）羌方"的内容，这是廪辛在祈求先父祖甲保佑自己战胜羌方。不过，三期卜辞大部分与羌方交战的内容，都属于廪辛之弟康丁统治时期。《甲骨文合集》27972 号卜辞显示：康丁在得知羌方即将入侵后，进行了一系列卜问。其内容包括，羌方是否会大肆出动？在何处迎击比较有利？如何在消灭羌方军队的前提下保全戍军？是否要调回戍军，另外派将出征？是否要令戍军暂避羌方锋芒，之后再寻找机会予以消灭？卜辞反映康丁时期的军队已有较为固定的编制。"戍"指驻守地方的戍军。调遣戍军则以"行"为单位。"行"是百人组成的军队行列。作战中往往会有三个行分左、中、右组合编队，三行的三百人团在卜辞中合称为"大行"，为了防御和反击羌方，康丁从多个据点抽调"行"派往西土。比如，"齿行""廪行""义行""辈行""沁行"等。除此之外，卜辞中还有康丁发动附属部族及方国军队征伐羌方的记录。在考古方面，晚商时期关中西部的刘家文化，笔者认为可以视为卜辞中的"羌方"。刘家文化兴起于殷墟二期，这一阶段人致相当于武丁晚期到祖庚、祖甲在位时期，此时关中西部的"京当型"商文化衰退，与"先周文化"相关的郑家坡文化、孙家类型及碾子坡类型则有所发展。至于这三者中哪一个才是后来岐、丰地区"晚期先周文化"的主源（主要前身），目前学界尚无定论。孙家类型和碾子坡类型遗存在殷墟二期时向南传播，与郑家坡文化有所交流。至于郑家坡文化本身，也在周原地区的部分遗址中挤占了"京当型"商文化的地位。以扶风壹家堡遗址为例，之前殷墟一期时，该遗址的主要文化因素是以"折裆鬲"为典型代表的"京当型"商文化，而到了殷墟二期"折裆鬲"所占比重大幅减少，郑家坡文化的"弧裆鬲"则取而代之，占主导地位。当然，无论是郑家坡文化、孙家类型还是碾子坡类型，它们的发展其实并非导致"京当型"商文化全面衰退的主因。有学者指出，这一阶段，刘家文化族群才是与殷商王朝角逐关中地区的主导力量。直到殷墟三期以后，"先周文化"的地位才日渐显现。实际上，随着刘家文化的强势东进，不仅商文化退出了关中西部，刚有发展势头的郑家坡文化也受到了"冲击"。在殷墟三期早段（相当于廪辛、康丁在位时期），壹家堡遗址中的郑家坡文化类型典型器物——"弧裆鬲"的数量锐减，以"尖裆鬲"为代表的刘家文化因素占据了主导地位。有学者认为，刘家文化族群一度强大，应该就是廪辛、康丁征伐羌方和其他羌人方国的历史背景。上文举例中康丁在与羌方作战前的卜问内容，从中不难看出康丁对作战方略有着细密的考虑。另外，这些卜辞也反映了羌方侵袭的严重性，以致康丁要谨慎行事，并多次征调戍军、臣属部族和方国增援西土。

除了羌方以外，康丁还要应对来自"方"（也作"方方"）的侵扰。早在武丁时期，"方"就频繁侵扰殷商王朝西土。部分学者认为"方"与考古意义上的朱开沟文化或李家崖文化有所关联。在河套、陕北气候持续干冷化的影响下，这些族群的社会经济模式由农耕向半农半牧转化。为了争夺生存空间和资源，他们开始频繁地与殷商王朝发生军事冲突，武丁对"方"进行了防御与反击的战争，一度将其征服。武丁之子祖庚、祖甲在位时期，殷商王朝外部环境相对和平，然而"方"却故态复萌，这一时期的卜辞中，涉及战争的内容虽然很少，但几乎都和"方"的侵扰相关。到了祖甲之子廪辛、康丁在位时期，"方"的侵扰频次加剧，卜辞中还有"方"直接挑战"戍师"的记录。考古表明，殷墟二、三期之交，晚期朱开沟文化与李家崖文化因素向南传播。在受到商文化、刘家文化和郑家坡文化的影响后，形成了淳化地区的"枣树沟脑类型"和"黑豆嘴类型"遗存，这或许与廪辛、康丁卜辞中再度强大的"方"有所关联。也有学者主张把"枣树沟脑类型"和"黑豆嘴类型"与传世文献中逼迫古公亶父（周太王）从豳地南迁岐周的"薰鬻戎狄"（《史记》作薰育戎狄）对应起来。从康丁时期的卜辞可以看出，面对"方"的侵扰，殷商王朝的手段以防御为主。在是否要反攻或追击"方"的问题上，往往会反复占卜。这可能与当时的首要打击目标并非"方"而是羌方有关。康丁重点打击羌方也确实取得了一定的成果。《甲骨文合集》28903号卜辞有用羌方首领的头颅献祭的记录，《甲骨文合集》26925号卜辞则有商军生擒两名羌方首领的记录，还记有康丁卜问是否要宰杀他们、可否用他们祭祀父亲祖甲和祖父武丁的记录。当然，羌方并没有被彻底消灭，康丁之子武乙在位时期，卜辞中依然有征伐羌方的记录。

这一时期，西部的盧方、辔方、绊方、兹方也改变了自武丁征伐后的"友好态度"，转而与殷商王朝为敌，康丁未能将它们重新征服。康丁去世后，其子武乙继位，和父亲一样致力于改变西土的严峻局势。

第二节　姬周族兴起与殷帝武乙在周地的非正常死亡

在上一节中，介绍了商工（殷帝）康丁在位时期，羌方对殷商王朝四土的侵扰。为了解除羌方的威胁，康丁多次征调戍军、甲属部族及方国进行征讨，取得了较为丰厚的战果。西部的方方（简称"方"）、虘方、䝵方、绊方、兹方等方国也在这一时期与殷商王朝为敌，康丁卜辞中有多条抵御或征伐它们的记录。康丁去世后，其子武乙继位。在上述列举的西部方国中，䝵方放弃敌对，转而臣服殷商中央政府，虘方和兹方不见于武乙时期的卜辞，具体情况不明。羌方和绊方在武乙卜辞中各有一条被商军征讨的记录，其中绊方在此后表示臣服，商王（殷帝）还派人到绊方去垦田。至于方方，在武乙时期依然频繁侵扰殷商王朝西土。卜辞显示，先前廪辛、康丁在位时期，殷商王朝在西部的主要用兵对象是羌方，对付方方则以防御为主，在擒获"羌方伯"后，殷商王朝对羌方的战争已取得阶段性胜利，所以到康丁之子武乙统治时期，殷商王朝又能抽出兵力对方方进行反击。在武乙及其子文丁的卜辞中，涉及对"方"作战的内容常见表示追及的"追方"和"及方"，以及表示翦灭的"戋"，可见这一阶段殷商王朝对"方"的征伐已经取得一定的战果。

武乙在位时期一个比较重要的事件，是姬周族群的迁徙。据传世文献记载，周人的先公——古公亶父与武乙所处年代大致相当。古公亶父这一称呼，最早见于周人追述先祖事迹的史诗《大雅·绵》。清代学者崔述指出，诗句"古公亶父"中的"古"是"昔"的含义，并不是人称的一部分，正如其他几位周族先公——公刘、公非、公祖叔类一样，"公亶父"才是正确的称呼方式，"公"表示尊称，"亶"是名，"父"是缀于名、字之后的美称。魏晋谱书《殷氏家传》的记载，证实了清人崔述的说法是正确的。孙作云在《诗经与周代社会研究》^{【注112】}一书中也指出：《大雅·绵》在"公亶父"前加一"古"字，也是为了补足四字短句。司马迁不察，撰写《史记》时，误将"古公"作为公亶父的称号写进了《史记·周本纪》，导致后世以讹传讹。

根据《大雅·绵》《吕氏春秋》以及《史记·周本纪》等文献记载，古公亶父受到"薰鬻戎狄"（薰育戎狄）逼迫，率领部族从豳地（邠地，今陕西彬州、旬邑）向南迁徙到岐山脚下的周原。抵达周原后，古公亶父迎娶姜姓之女（太姜），和她一起视察当地的情况。带领民众革除戎俗、开垦荒地、建造城郭，又设置"五官有司"，完善政治制度。周人从此逐渐强大。因此，古公亶父被后世周武王灭殷后追尊为"周太王"。考古表明，殷墟二、三期之交，分布于泾河中上游的碾子坡类型和孙家类型遗存向南传播，与漆水河流域的郑家坡文化交融。有学者指出，从地理位置上看，碾子坡类型和孙家类型，与南迁之前位于豳地的姬周族群较为吻合，而从考古学文化的连续性来看，郑家坡文化则更可能是后来周文化的主原（主要前身）。毕竟西周早期丰、镐地区墓葬中的典型器物——弧裆鬲、折肩罐、圆肩罐等，都能在郑家坡文化遗址中找到相似的器形。一些学者试图调和上述矛盾，认为先周文化的"主源"未必完全等同于姬周族群的"来源"。笔者认为，传世文献记载古公亶父从豳地 (也作邠地) 南迁岐山脚下的周原以后，就带领民众"贬戎狄之俗"，可能就是在移风易俗的过程中，姬周族群吸收了周原当地的郑家坡文化，并以此为主干顺势发展。在殷墟三期以后，郑家坡文化一方面迅速扩张，另一方面又融入了众多刘家文化因素并趋同发展。最终在殷墟四期时，形成了岐、丰地区的殷末先周文化。《史记·周本纪》记载古公亶父有三个儿子，长子太伯、次子仲雍、少子季历。《列女传》则认为太伯、仲雍、季历三兄弟的生母都是太姜。季历娶太任为妻，生子昌，也就是后来的周文王。按照《史记》的记载，古公亶父认为自己这个年幼的孙子"有圣德"，并且预测说："我世当有兴者，其在昌乎？"因此古公亶父打算立季历为储君，以便最终能传位给昌。太伯和仲雍看穿了父亲的心思，于是主动逃奔南方蛮夷之地，和当地人一样断发文身，以示永远放弃继承权，蛮夷仰慕他们的节义，纷纷归附，尊太伯为君，太伯以"句吴"为号，建立吴国，太伯没有儿子，死后由仲雍继承君位 (参见《史记·吴太伯世家》)。与《史记》不同，《左传》记载，太伯与仲雍到达蛮夷之地后，并没有立刻断发文身，而是试图在当地推行周人的风俗，后来太伯去世，仲雍继位，就干脆遵循当地的风俗，断发文身，裸露肢体。杨宽在《西周史》【注113】一书中指出，太伯、仲雍并不是单纯的"避位出逃"，而是出于其父古公亶父的战略谋划。诗经中《鲁颂·閟宫》一诗云："后稷这孙，实维大 (太) 王。导岐之阳，实始翦商。"可见，早在古公亶父时期，周人就开始筹划翦灭殷商了。

尽管在周人的史诗中，古公亶父时期的周国就已经有了翦灭殷商的意图，但在表面上，周人还是臣服于殷商的。古公亶父去世后，其子季历继位。季历也是一位能力出众的君主，后世周人追称他为"周王季"。据古本《竹书纪年》记载："(武乙) 三十四年，周王季历来朝，武乙赐地三十里、玉十瑴、马八疋 (匹)。"又记载："武乙三十五年，周王季伐西落鬼戎，俘二十翟王。"周国在季历的统治下不断扩展势力，是否引起了武乙的警觉？传世文献并没有明确记载。迄今发现的武乙、文丁时期卜辞，也没有殷商、姬周两族爆发军事冲突的直接记录，其中有关周人的内容，大多是商王臣属向周人传达命令，还有一则卜辞显示周地有旱，商王 (殷帝) 为此举行了焚人求雨的"烄祭"。部分学者指出，虽然武乙卜辞中没有商周冲突的直接记录，但仍然能找到一些商周冲突的"间接证据"。一般认为武乙曾经征伐过一个被称作"召方"的方国与姬周同宗，武乙对召方用兵，可能是针对周人的外围削翦手段。

据《史记·殷本纪》记载，武乙制作一个木偶人，称它为"天神"，武乙跟这个"天神"玩博戏，让旁人替"天神"下子，如果"天神"输了，武乙就辱骂它，武乙又用皮囊装满血，悬挂起来用弓箭射击，称之为"射天"。后来武乙到河、渭之间去打猎，遭遇雷击而身亡。关于武乙"射天"和在周地河、渭之间非正常死亡的历史事件，学界已有各种不同解读，笔者也提出下列粗浅看法，供读者参考，更希望学界专家赐教。

武乙羞辱天神、以箭"射天"是为了降低神权，毕竟其父康丁在位时期恢复了众多"祖甲改制"后废除的祭祀名目，导致祭祀贞人团体的势力重新膨胀。武乙一系列看似荒诞的行为，实际上都是为了打压祭祀集团、巩固王权，而他遭雷击死亡的故事，也很可能是当他"猎于周地河、渭之间"遭遇不测后，祭祀团体为了发泄不满对他的诬蔑，毕竟在中华传统文化中，历来认为遭雷击的绝非好人。当然，武乙不将周人信仰的"天神"放在眼里，也有可能是武乙想用巫术厌胜的方式来压制周人信仰的天神——"昊天"，以阻止周人的发展。武乙"猎于周地河、渭之间"，实际上是亲自前往西土向周人炫耀武力。毕竟殷周时期的大子出巡田猎并不是单纯意义上的田猎，同时还具有军事演习的作用。而在这个过程中，武乙突然死亡，或许真如《史记》所说的那样意外被雷劈死，但也有可能是被周人的属国谋害致死。许进雄在《武乙征伐召方日程》【注114】一文中也持类似的观点，他指出武乙征伐召方的卜辞比较怪异，虽然有众多战前筹划、派遣先头部队作战及武乙本人率军起程的记录，但就是没有关于战争结果与献俘祭祀的内容。是出于某种原因中止了征伐？还是遭遇重大失利而讳言此事？许进雄提出了一种可能，召方与姬周同宗，武乙本想通过征伐召方来"敲打"周人，不料战事不利而遭遇死亡的命运。殷商人讳言此事，因此用"暴雷震死"加以掩饰。武乙去世后，其子文丁继位。

　　关于姬周一族的先周世系，请读者参阅本书《卷三·周武王姬发传记》所附的""《世本》《史记》中的先周首领世系图"。

　　今本《竹书纪年》记载，武乙元年"邠迁于岐周"，武乙三年"命周公亶父赐以岐邑"，武乙二十一年"周公亶父薨"，武乙二十四年"周师伐程，战于毕，克之"，武乙三十年"周师伐义渠，乃获其君以归"，武乙三十四年"周公季历来朝，王赐地三十里，玉十毂，马十匹"，武乙三十五年"周公季历伐西落鬼戎，王（武乙）畋于河、渭，暴雷震死"。《史记·殷本纪》也记载："武乙猎于河、渭之间，暴雷，武乙震死。"从这些史书记载中可以看出，商王（殷帝）武乙在位时，走出大山、南迁岐周、改邠曰周并获得武乙册封成为殷商属国的周人在古公亶父、周公季历两代领导人的经营下，力量越来越强大，武乙既想利用周人的力量稳定西疆，又担心周人强大会影响宗主国殷商在众多诸侯中的老大地位，于是决定以田猎名义亲临岐周势力范围的"河、渭之间"去巡视，以彰显武力，没有想到竟然因此而非正常死亡。武乙死后，其子文丁即位。明面上虽然还是继续执行其父武乙对周人又鼓励又防范的怀柔政策，和其父一样致力于改变西土的严峻局势，但内心却始终怀疑其父在周地的非正常死亡与周人有关，于是才发生了后来的"文丁困死季历"的历史事件。因此，笔者认为，正是武乙在周地的非正常死亡才拉开了商周两族紧张关系的序幕，历史进入了殷末时代。

殷代史

【卷四】殷末风云

第二章　文丁困死周公季历

第一节　武乙、文丁逐渐把经略重点转向东方

上一章介绍了商王（殷帝）武乙统治时期，周族的强势兴起和发生在西部的一系列战事。这一阶段殷商王朝除了应对西部敌对方国的侵扰外，还征伐过徐、淮地区的"夷方"。在小屯南地出土的甲骨卜辞中，有多条属于武乙时期的卜辞和征夷方相关。这些军事行动在规模上虽然不及后来的"帝辛十祀征夷方"那么宏大，但可以视作殷商王朝重新将战略重心转向东方的前兆。除了徐、淮地区，殷商王朝该阶段在东部用兵的重点区域还有鲁北地区。

考古表明，相当于武乙、文丁统治时期的殷墟三期晚段，鲁北地区的珍珠门文化分布范围有所退缩，商文化则向东扩展到了弥（弥）河流域，以青州苏埠屯墓葬为典型代表。其出土青铜礼器、兵器的形制纹饰，以及陶器的器类组合几乎与殷墟完全一致。最引人注意的是，苏埠屯 M1 号墓是迄今发现的殷商墓葬中，除殷墟王陵外唯一一座带有四条墓道的"亚"字形大墓，学界普遍认为其墓主人应该是诸侯伯长级别的人物，甚至有学者直接认为是蒲姑国君之墓。"蒲姑"又作"薄姑"，在传世文献中与"商奄"齐名，是殷商东土两个强大的方国。殷商覆灭后，商奄与蒲姑继续对抗周朝，最终在周公东征时被消灭。商奄之地被周成王封给周公的长子鲁公伯禽，蒲姑之地则归太公的齐国所有。当然，目前并没有发现苏埠屯商墓与文献记录的"蒲姑国"有关的确凿证据。就铭文方面而言，苏埠屯 M1、M7、M8 号墓均随葬有"亚醜"铭文的青铜器。因此有些学者认为，无论苏埠屯墓对应的方国是否即周人所说的"蒲姑"，但至少其自称应该是"亚醜"或"醜"，因为有证据表明，"亚醜（族/国）"参与了商末帝辛（纣）征伐夷方（人方）的战争，《甲骨文合集》36824 号卜辞，在占卜敌方是否大肆出动侵袭的同时，又卜问是否令"醜"乘传车迅速赶到攸地组织反击，是否暂避其锋芒静观其变，其占辞部分则表明帝辛（纣）亲自查看了龟兆，并且认为"大吉"（《甲骨文合集》36824 卜辞有"其大出，吉"语句）。一般认为，殷墟三期后段，相当于武乙、文丁统治时期，随着殷商王朝多次征伐东夷，殷人也大规模东迁。鲁西北、鲁北地区的人口骤然增多，呈现出空前繁荣的景象。在包含鲁北和沧州东北地区的渤海沿岸，横跨 250 公里长的范围内还发现了十多个盐业聚落群，每个聚落群由十几处甚至几十处制盐作坊组成，规模宏大，庞小霞、高江涛在《晚商时期商文化东进通道初探》[注115] 一文中，也认为该阶段的商王（殷帝）经略东部地区、开辟水陆通道，很可能是为了控制鲁北的海盐和保障长江下游铜、锡原料的北运。由此可见，殷墟三期以后的殷商王朝逐渐把经略重点转向东方，应该是出于对经济效益的考量。

第二节　文丁将周公季历困死于殷都

随着殷商王朝逐渐把经略重点转向东方，其在西土的影响力则有所削弱，自从关中西部的"京当型"商文化消亡后，商文化的"西界"就稳定在今天的西安附近。尽管卜辞显示康丁、武乙这两代商王（殷帝）在抗击西部敌对方国的战争中取得了一定成果，但在考古层面上，并未发现有商文化据点随着这些"军事胜利"而重新出现在西安以西。关中地区各遗址中的商文化因素，也在殷墟三期以后逐渐消退，石楼类型的影响力则重新增强。正是在这一时期，姬周开始扩展势力范围。考古表明，先周文化因素在殷墟三期之后出现在晋陕高原的众多遗址中，甚至传播到了晋中盆地。韩炳华在《再论晋陕高原青铜器与商代方国的关系》一文【注116】中认为：晋中地区的部分墓葬遗址，出土了类似郑家坡先周文化的联裆鬲，先周文化因素之所以在晋陕高原乃至晋中地区出现，可能与季历征伐戎狄相关。前面提到过，据古本《竹书纪年》记载，"（武乙）三十四年，周王季历来朝，武乙赐地三十里、玉十瑴、马八疋（匹）"，第二年，也就是武乙三十五年，"周王季伐西落鬼戎，俘二十翟王"。从表面上来看，商王（殷帝）武乙通过封赏的方式，驱使季历效忠殷商，替殷商征伐戎狄，但实际情况可能更加复杂。前面已经分析过，早在古公亶父时期，周人就有翦灭殷商的想法。季历向商王（殷帝）示好，主动替殷商征伐西土戎狄，实际上是在不引起商王（殷帝）警觉的前提下，扩大自身势力，以便实现翦灭殷商这个最终目的。在上一章中，我们讲过"武乙猎于河、渭之间，被暴雷震死"的非正常死亡一事，学界有不少人疑及武乙之死与周人相关。尽管学界对此时有争论，但是周国在古公、季历父子的经营下逐渐强大也是不争的事实，《尚书序》有"王季宅程"的记载，程地位于陕西咸阳东北，本是毕程氏之地，后来被季历占据。季历在渭河沿线的用兵情况，传世文献中只有攻灭毕程氏这一项记载，季历其他见于记载的征伐行动，基本上都是针对晋陕高原的戎狄部族。部分学者认为，周人附近存在着一个阻挡季历向东扩张的较为强大的亲殷商方国——崇国，以致季历在消灭毕程氏之后无法直接向东扩张，只得转向东北，通过晋陕高原进入晋中盆地。这个崇国可能与考古发现的位于西安市灞桥区的老牛坡遗址相关。老牛坡遗址是一处大型商文化据点遗址，其年代下限直至商末。崇国亲附殷商，直到周文王姬昌在位的末年才被周军征服。文王姬昌之父季历当初未能进一步东拓，可能正是由于崇国的阻碍。

商王（殷帝）武乙去世后，其子文丁继位。据古本《竹书纪年》记载，文丁在位的第二年，"周人伐燕京之戎，周师大败"。这个"燕京之戎"的活动地区位于山西静乐县以北的管涔山区。虽然这场远征以"周师大败"而告终，但季历并没有放弃征伐山西地区的戎狄。两年后，季历又征伐"余无之戎"，获得胜利。《竹书纪年》记载的"余无之戎"即《左传》中的"徐吾氏"，汉代在其故地设置余吾县，位于今山西省长治市屯留区的西北。今古两种版本的《竹书纪年》都记载，季历于文丁四年征伐"余无之戎"获胜后，被商王（殷帝）文丁命为"殷牧师"。殷代的"牧师"一职虽然本质上是主管畜牧，但因为自身拥有武装力量，因此，有殷牧师头衔的季历，逐渐成为西方若干方国之长，成为西方一霸。季历被命为殷牧师之后，继续率军征伐戎狄。文丁七年周公季历伐始呼之戎、文丁十一年又伐翳徒之戎，均取得胜利，周人声势大振，文丁也更加担心。周公季历于文丁十一年伐翳徒之戎大胜并获其三大夫后，便来到殷都报捷献俘，邀功请赏。文丁不动声色，一方面赐以圭瓒、秬鬯，作为犒赏，加封季历为可以世袭的"西伯"，使季历毫无戒备之心，稳住他；另一方面做好扣留他的准备。当周公季历准备起程返周时，文丁突然下令囚禁季历。不久，季历死于殷都，子姬昌继位，周人说季历被文丁诛杀，周、殷因而结下世仇。尽管后来为缓和矛盾，到文丁的儿子帝乙接位后，又有"帝乙归妹"之说，但还不能解周人心中之恨，到文丁的孙子帝辛在位时，季历的孙子姬发（武王）终于灭了殷，为自己的爷爷报了仇。文丁困死季历之事，在许多文献中都有记载。古本、今本《竹书纪年》均记载："文丁杀季历。"《吕氏春秋》则说："季历困而死，文王苦之。"杨宽在《西周史》中认为，季历反复在山西地区用兵，让殷商王朝感到了威胁，所以最终被商王文丁囚禁起来害死。季历之所以被杀，除了不断扩张势力让商王（殷帝）文丁感到威胁外，还有更深层次的原因——称王。传统观点一般认为"周王季"是后世周人对季历的追称，王恩田在《宾组、历组卜骨缀合与"文丁杀季历"》一文【注117】中，则根据岐山的周公庙遗址出土甲骨的"王季"卜辞指出，"周王季"就是生称，季历生前已经称王，王恩田认为，"天无二日，土无二王"，虽然出自周代文献，但季历称王突破了"殷礼"的底线。关于这一点，其他学者的研究也能提供一定的佐证，比如林沄在综合研究分析了殷墟甲骨卜辞后指出，与商王结盟的其他方国首领都只称"伯""侯""任"而不称"王"。结合这一点，如果季历称"王"，那么显然是在挑战商王（殷帝）的权威，文丁自然不能容忍。季历死后，其子姬昌继位，也就是后来周武王追尊的周文王。

第三章　帝乙归妹

第一节　"帝乙归妹"历史事件发生的时代背景

　　周公季历到底是怎么死的，关系到我们怎么认识姬周和殷商之间的关系。后来双方和解的历史证明，文丁管吃管住管玩，将季历困死于殷都，并没有下令杀季历。杀掉最具实力的殷牧师西伯侯，对殷商来说就是对周部族宣战，如果没有战争准备，杀一个风烛残年的 70 岁老人，招来西部半壁河山的反叛，根本不值得。退一步说，文丁困季历于殷都，也是给足面子的。隆重嘉奖，授予比殷牧师更威武的西伯侯爵位，好吃好喝招待着。文丁似乎对季历说，您这么大岁数了，也就别急着回去了，就留在都城多住几天，问题不就解决了吗。反而是季历自己性格刚强，其表现与他的儿子姬昌后来被帝辛困于羑里六七年期间还悠闲自得地推演八卦大不相同，最后抑郁而终，恐怕连自寻短见都没有发生过。然而，季历死于殷都是事实。季历这样死去，对殷商王室而言是最合理的安排，也符合文丁册封季历为西伯侯的逻辑。后世史家囿于周终灭殷的史实，给文丁戴上"痛杀季历"的帽子，是有违文丁困留季历于殷都的本意的。按照《竹书纪年》的说法，季历在殷商都城住了一段时间，这种被监视的居住当然让他非常压抑，他跟其儿子周文王姬昌一样，都被殷商留下长期居住过，居住期间还辞以作歌。他们的区别只是文王熬到了回家那一天，季历没熬过去而已。他们写的忧郁之歌能够其传久矣，能够传出并且到处流行，这说明殷商王室，并没有切断他们与外界的联系。诗歌中忧伤的负面情绪也没有明显的反叛敌意。所以季历之死，是无奈地因抑郁而客死他乡。殷商王室并没有给周部落留下任何把柄。而周部落则明确收到了殷商王室发出的信息，过招的双方都是心态沉稳而又心照不宣。

　　季历死后，殷商送还了他的遗体，周部落将他安葬在今之西安户县。他的陵寝到现在仍是后人纪念之地（王季陵是第二批陕西省重点文物保护单位，户县人民政府1981 年 10 月 1 日立）。文王姬昌平稳地继承了西伯侯的爵位。季历的死亡当然是一个敏感事件，但因为后继者文王姬昌和殷帝帝乙的克制，终没有发生过大的风波。虽然古本《竹书纪年》记有于帝乙二年发生过"周人伐商"的事件，但因为没有下文，估计也是因为周人自知力不敌殷而主动放弃。

　　正是因为双方没有因季历之死而决裂，才有了后来的中国历史。周公季历的继任者，是古公亶父早就看好的姬昌，也就是后来历史上非常著名的周文王。姬昌继位后的第二年，商王（殷帝）文丁也去世了。殷、周两大阵营都换成新的领导人。历史又翻开新的一页，姬周部落这边文王姬昌明显是采取了收缩的策略，不再触碰渭水平原以东的区域，而殷商王室接任的君王帝乙也释放出足够的善意，"帝乙归妹"这一著名的政治联姻性的历史事件因此发生。

回顾上一段历史，周国在季历的统治下逐渐崛起，多次征伐晋陕高原的戎狄部族。商王（殷帝）文丁起初通过先后赐予"殷牧师""西伯"或称号或爵位的方式嘉奖季历，但后来认为周人势力发展过快而决定强行遏制，抑或是怀疑季历有不臣之心，才决定扣留其于殷都，但没有想到的是，季历竟然因此而死。季历死后其子姬昌继位，过了两年商王（殷帝）文丁也逝去了，其子帝乙继位。古本《竹书纪年》记载："帝乙处殷，二年，周人伐商。"杨宽在其《西周史》一书中认为：这是季历被杀后商、周矛盾激化的表现，至于周人此次伐商的结果，传世史籍没有明确记载。罗琨在《商代战争与军制》【注118】一书中认为，这是周人的力量还无法与殷商王朝抗衡，伐商不可能取得成功，所以受挫后的周文王重新调整了内外政策，转而与殷商和好，并致力于扭转力量对比。至于帝乙为何接受和解而不是乘势消灭姬周以绝后患，笔者认为这跟殷商重新将战略重心转向东方有关。在上一章中，我们也提及过，殷墟三、四期时商文化在东北部地区的延伸，以及渤海南岸盐业聚落群的出现。燕生东在《晚商文化在东方地区的分布态势与周初东封》一文【注119】中指出，鲁北、鲁西北地区的晚商文化、经济突然繁荣和人口数量急剧增加，是外来人员在短时间内由周围地区集中迁入的结果。此时渤海南岸地区成为殷商王朝直接控制的、唯一的产盐之地。基于沿海平原上盐业资源的开发，相邻的内陆聚落人口也空前增多，与开拓东方所带来的巨大经济效益相比，在西土反复用兵显得并不划算，所以当周国"服软"后，帝乙顺势接受和解采用和亲政策也在情理之中。

多数学者认为，反映殷、周和亲政策的《周易》爻辞中的"帝乙归妹"就是上述时代背景下发生的历史事件。顺带说一下，关于"归妹"的"妹"字，不管是古代还是现代，学界的《周易》注释家们彼此见解不同。这留待下一节再议。

第二节　帝乙归妹的历史真实性探微

上一节说，关于"帝乙归妹"的"妹"字，不管是古代还是现代，学界的《周易》注释家们彼此见解不同。按照虞翻的《周易注》，归妹卦"兑下震上"，震为兄，兑为妹；归，嫁也；归妹即嫁妹。而王弼的《周易注》则认为："妹者，少女之称也。"顾颉刚在分析了《周易》的相关爻辞后认为，"帝乙归妹"反映了殷周联姻、帝乙将自己的女儿嫁给周文王姬昌的史实【注120】。也就是说，《周易》注释家三国时吴国学者虞翻认为，帝乙是嫁出自己的一个妹妹；现代历史学家顾颉刚认为，帝乙是嫁出自己的一个女儿；三国时曹魏经学家、哲学家、《周易》注释家王弼则认为帝乙嫁的仅是殷商贵族的一位少女，并非自己的亲人。

不管帝乙嫁出的少女是谁，不管学界存在多少争议，反映殷、周和亲政策的《周易》爻辞中的"帝乙归妹"是季历被困死殷都后发生的一次真实历史事件是肯定的，因为这一历史事件在诗经的《大明》一诗中也有印证。《大明》是一首歌颂周王季（季历）、周文王、周武王三代君王的史诗。其第四节和第五节的原文和译文如下（括号中是译文）：

天监在下，	（天帝明察世间，）
有命既集。	（天命在文王身上集中展现。）
文王初载，	（就在文王即位的初年，）
天作之合。	（上天安排了一段姻缘。）
在洽之阳，	（文王迎亲于洽水北面，）
在渭之涘。	（又到渭水岸边。）
文王嘉止，	（文王筹备婚礼喜气洋洋，）
大邦有子。	（大邦有位未嫁的女子。）
大邦有子，	（说起这位女子，）
俔天之妹。	（就像天上的少女一样。）
文定厥祥，	（占卜婚姻吉祥，）
亲迎于渭。	（文王迎亲于渭水岸边。）
造舟为梁，	（造船相连搭起浮桥，）
不显其光。	（婚礼隆重显现荣光。）

这两节诗句描述了周文王即周公位和袭西伯爵位后，迎娶大邦女子的盛事。诗中称这位大邦女子为"俔天之妹"，仿佛天上的少女一般，文王为了迎娶她，亲自到渭水边等待。并且将许多船只连接起来架起一座浮桥，让迎亲仪式显得隆重无比。顾颉刚指出【注120】："周之称殷商则屡曰'大邦'，如'天既遐终大邦殷之命''皇天改大邦殷之命'；自称则曰'小邦'，如'兴我小邦周'。恐怕此诗所谓'大邦也是指的殷商'，至于'俔天之妹'，更与'帝乙归妹'一语意义相符。"在顾颉刚的推论基础上，其他学者又进一步分析了"帝乙归妹"的历史背景，比如何益鑫在《周易所见"帝乙归妹"的历史叙事》【注121】一文中指出：周文王在帝乙二年伐商失败后，政治环境极端孤立，

国力亦极度困顿。为了重建殷、周关系，获得生存空间，文王主动向殷商求婚，于是便有了"帝乙归妹"之事。

关于殷、周联姻的后续，顾颉刚引用了《大明》的第六节诗句，指出联姻未有成果。其诗云：

> 有命之天，　命此文王。
> 于周于京，　缵女为莘。
> 长子维行，　笃生武王。
> 保右命尔，　燮伐大商。

从字面理解，诗句中"缵"有"继""续""继承""继续"的含义，顾颉刚把这一节中的"缵女为莘"解释成文王又续娶了一个莘国女子，而这个莘国女子，就是周武王的生母太姒。顾颉刚认为，文王迎娶殷商王女的仪式虽然隆重，但婚后却有不如意之处。归妹卦爻辞中的"其之袂不如其娣之袂良"，可能是暗指文王对迎娶的"帝乙归妹"并不满意，高亨在《周易古经今注》一书【注122】中，具体分析了这则爻辞，该爻辞全辞如下：

六五：帝乙归妹，其君之袂不如其娣之袂良；月几望，吉。
象曰：帝乙归妹，不如其娣之袂良也。其位在中，以贵行也。

高亨认为，这是在说帝乙嫁给文王的这一女子，其仪态容貌尚不及随嫁的媵娣，出嫁在月望之后，此事才吉利。（高亨认为"月几望"当是"月既望"，几、既二字古本通用。）对上述"六五"爻辞，笔者也有自己的看法，现斗胆发表于此，与学界磋商。《周易》六十四卦之一的第五十四卦叫"归妹卦"。其"六五"爻辞的译文如下：

六五：帝乙下嫁殷商某王女"归妹"，"归妹"穿的衣着反而比不上陪嫁女的衣着好。月亮快到月圆的日子，大吉。
象曰：帝乙下嫁殷商某王女"归妹"，"归妹"穿的衣着反而比不上陪嫁女的衣着好。六五在上卦中位，是以尊贵的身份出嫁，别人是比不上的。

"归妹卦"上面的"六五"爻辞中的"君"指待嫁的少女"归妹"；"袂"是衣袖，这里指衣着；"月几圆"中的"几"是接近的意思，也就是指月亮快圆的那天，六五位尊贵盛，故吉祥。其象辞说："帝乙归妹，不如其娣之袂良也。"意为帝乙下嫁的这一少女，穿的衣服还没有随嫁的侄娣好。其实，如《公羊传》所说，这不是坏事。侄娣大多是同姓之国的女孩子，随女君出嫁，穿的衣服比下嫁的女君还好，说明帝乙对随嫁相当重视，陪嫁丰富，并不是要把女君比下去。其象辞中的"其位在中，以贵行也"，是说六五在上卦中位，以尊贵的身份出嫁，别人是比不上的。高亨将"月几望"当作"月既望"，也是对的，因为有些版本的《易经》确实写成"月既望"，但是高亨说"几""既"相通就不对了，"几"是接近的意思，"既"是已经的意思。"月几望，吉"指月亮快圆的那天大吉，"月既望，吉"指月亮圆了以后的那天（旧历的十六）才大吉。在本条爻辞中，应该是"月几望"。

从以上的分析可知，顾颉刚、高亨等学者将爻辞中本指女子的"帨"理解成女子容貌的丑俊，从而得出姬昌对婚姻不满意又另选莘国女子太姒才生下周武王十兄弟（长伯邑考，次武十发，三管叔鲜，四周公旦，五蔡叔度，六曹叔振铎，七成叔武，八霍叔处，九康叔封，十冉季载）的猜想是完全不正确的。其错就错在他们没有推算姬昌迎娶"帝乙归妹"时的年龄。其实姬昌继季历公位很晚，他即位后迎娶"帝乙归妹"时已经是五六十岁的老人了，这时，他与其正妻太姒已经生了好些儿子了。下面我们来具体推算一下。

从文献记载来看，武乙即位和古公亶父迁徙周原应该是同一年，因为今本《竹书纪年》记载："（武乙元年）王即位，居殷。邠迁于岐周。"从古公亶父看中季历的儿子姬昌能接班兴族的话——"我世当有兴者，其在昌乎"，看来，姬昌当时至少 5 岁（下面作姬昌 5 岁推算）。史书上并未标明季历准确的出生年月，但从季历能出使中原，带回青铜技术和贵族妻子，如此成熟的一连串操作来看，加上已经有了至少 5 岁的孩子姬昌，因知，当古公亶父迁徙周原时，季历的年龄也得是 24—25 岁。接下来的账就好算了。20 年后，季历接班（今本《竹书纪年》记载：武乙二十一年，古公亶父死了，季历继位），这时季历 45 岁左右，姬昌 25 岁左右。然后季历陪了武乙 14 年（武乙在位 35 年非正常死亡），这时季历大约 59 岁，而姬昌大约 39 岁。后来季历又陪了文丁 11 年被困死殷都（今本、古本《竹书纪年》都记载：文丁十一年杀季历）。这时季历应该已经是 70 岁老人了，周文王姬昌当为 50 岁。也就是说，周文王 50 岁时才即周公位和袭西伯爵位。又两年文丁去世（今本《竹书纪年》记载，文丁在位十三年逝），其子帝乙继位。也就是说，在帝乙即位的时候，周文王姬昌应该已经是年过半百的 52 岁老人了，这时他与有莘国之女太姒（周武王之母）结婚恐怕至少有 30 年了，周武王等十个孩子恐怕早就长大成人了。顾颉刚说，文王迎娶殷商王女"帝乙归妹"后，才又迎娶周武王的母亲莘国太姒怎么能成立呢？已经 52 岁的姬昌还能迎娶到莘国美丽的新娘太姒吗？下面，我们再来推算一下，姬昌迎娶"帝乙归妹"时实际年龄有多大。按照前面的推算，帝乙即位时，姬昌已经 52 岁。古本《竹书纪年》记载："（帝乙）二年，周人伐商。"说明在帝乙二年，也即姬昌 54 岁时，帝乙还没有"归妹"。也就是说，**"帝乙归妹"事件如果真实存在，那一定是在帝乙即位三年之后，也就是说，姬昌只有在 55 岁之后，才能如《诗经·大明》说的那样，到渭水岸边去迎娶殷商送来的"帝乙归妹"，男方已经是五六十岁的老人，去迎娶殷商漂亮的小姑娘，只能是一场政治婚姻无疑，至于那个殷商小姑娘婚后能否得到幸福、能否生孩子，那只有天晓得！**（笔者注：这里笔者以今本《竹书纪年》为据，推算姬昌的年龄，如从"帝乙即位时姬昌 52 岁"继续推算下去，帝乙在位 9 年逝，帝辛继位时，姬昌当为 61 岁，帝辛四十一年十二月，姬昌死时，当为 102 岁。姬昌能活到 102 岁，笔者自己也不大相信。这个是笔者的推算有误，一定是因今本《竹书纪年》记载有误造成的，因为笔者是严格按照今本《竹书纪年》记载的各次历史事件发生的"年月"来推算的。**虽然今本《竹书纪年》的记载可靠性，备受学界质疑，但姬昌迎娶"帝乙归妹"时的年龄一定年过半百，且一定是在迎娶周武王之母太姒之后才又因"政治原因"迎娶"帝乙归妹"是肯定的。由此可知，顾颉刚先生关于"文王迎娶殷商王女'帝乙归妹'以后才又迎娶周武王的母亲莘国太姒"的说法，绝对与史实不符。**）

至于有些学者（如赵爱萍等）嫌顾颉刚、高亨对于"文王续娶"考据得并不深入，又尝试在归妹卦的其他爻辞中寻找答案，更是不可信。比如他们将归妹卦的上述爻辞与下面的"上六"爻辞联系起来，更是滑稽可笑。其辞云：

> 上六：女承筐无实，士刲羊无血，无攸利。
> 象曰：上六无实，承虚筐也。

其译文为：

> 上六：女子捧着空筐，士人被割羊没有血，无所刺。
> 象曰：上六无实，是捧空筐。

有人将上六爻辞想当然地解释说：上六爻辞的意思是"女子捧着筐，筐里却没有东西；男子用刀刺羊，羊却不见血；没什么好处"。赵爱萍指出："女承筐无实"象征着女子未能怀孕。因为帝乙嫁给文王的那个"妹"没有生下子嗣，这桩政治婚姻也就无法达成相应的利益，所以说"无攸利"。桑东辉则认为归妹卦还有进一步探讨的余地，归妹卦上六爻辞的"女承筐无实"需要和后面的"士刲羊无血"联系起来。桑东辉指出，羊在上古时代曾作为女性的象征，父己簋铭文的"美"字，上部以羊角代"羊"，下部的"人"腹部浑圆，宛如女子怀孕之状。这表示如同怀胎之羊的孕妇为"美"。"刲"字有刺的含义，男子用刀刺羊却不见血，应该是暗喻所娶女子并非处女。帝乙嫁女于周，女方的贞操却出了问题，这自然加剧了商周交恶。

总之，按照上述学者的解读，殷商王女"归妹"没有子嗣。文王续娶的莘国之女太姒倒是生了十个儿子，即上述的太姒十子。

试问这些学者，已经五六十岁的姬昌娶了殷商的小姑娘，还嫌她不能生孩子，甚至指责殷商小姑娘并非处女，这是学术研究的态度吗？

更有甚者，高亨还从"归妹卦"的"六三"爻辞作出不合常理的推论。"归妹卦"的"六三"爻辞如下：

> 六三：归妹以须，反归以娣。
> 象曰：归妹以须，未当也。

其译文为：

> 六三：以妾随嫁"归妹"，反而以侄娣随嫁。
> 象曰：以妾随嫁"归妹"，未能适当。

高亨从上述"六三"爻辞推得：已经五六十岁的姬昌，亲自到渭水岸边迎娶了帝乙赐给的殷商小姑娘，反而不高兴，一怒之下，将这个已经是他小妾的"帝乙归妹"休了（因为有生了十个儿子的正妻太姒在，"帝乙归妹"虽血统高贵，但等于是姬昌的小妾无疑），竟然不顾殷、周关系的恶化将她赶回了殷商。笔者很难理解这些浮想联翩的学者是怎么治学的，但笔者认为已经五六十岁且以仁义著称的姬昌，即使不爱殷商的这位小姑娘，将她作为通房丫头看待，也不会违反双方政治婚姻的起码道德，冒着殷、周关系恶化的风险，将自己亲赴渭水岸边迎娶回来的殷商小姑娘又无情地退回殷商的。

第四章　帝辛征伐东夷

第一节　帝辛征伐东夷综述兼驳"纣克东夷而陨其身"

　　我们的《殷代史》已经写到殷代的末期。这个被考古发现证实为真实存在的将近 600 年历史的王朝，已经剩下最后的几十年。老大殷商和老二姬周之间，经过了文丁和季历的一番心照不宣的较量，并且在下一代帝乙和文王姬昌时代，经历了"周人伐商"没有成果和"帝乙归妹"等历史事件，重新确定了各自的位置。商王（殷帝）帝乙将经略的重点转向东方，西伯姬昌则是回缩到渭水平原中西部韬光养晦。殷、周之间紧张的状态得到了缓解，两边各自发展，平静地度过了一段时期。

　　在商王（殷帝）帝乙执政的末期，王位继承的法定顺序，出现了经验范围之外的问题，三个同父同母的亲兄弟（尽管《史记·殷本纪》倾向于认为微子启、微仲衍、帝辛受德三兄弟不同母，但魏晋谱书《殷氏家传》确认三兄弟同母），老大微子启和老二微仲衍出生的时候，他们的母亲还是一个姬妾，到了老三受德（后来的帝辛）出生的时候，这位母亲已经上位成了帝乙的正宫王后，这时候的殷末仅仅实行了康丁到帝乙之间三次嫡长子继承的王位传承，还没有处理这种复杂的生育顺序的经验，分不清帝乙的这三个儿子，到底谁该是嫡，谁该是长，最后是太史官引用祖甲修订的中国第一部成文法典，在比干的力主下（魏晋谱书《殷氏家传》记载，是比干支持太史意见并力主立老三受德为帝的），帝乙才确定了立为王后以后生的儿子才算是嫡出，于是老三受德成了王位继承的唯一合格人选，历史跨进了帝辛时代。

　　魏晋谱书《殷氏家传》对帝辛执政时期发生的重点事件的记载，与一般史书的记载迥异，但却得到了不少考古资料的印证。关于殷代的战争，魏晋谱书《殷氏家传》只重点记载了四次意义重大的战争。

　　第一次意义重大的战争是成汤灭夏的商夏战争，战争的目的是夺取政权。此后，在东亚这片大陆上由于基于夏代的基础和成汤的早殷扩张经略，作为繁荣华夏经济命脉的东西水陆两路"金道锡行"通道是非常通畅的，后来到了殷代中期由于荆楚大地和东夷部族方国的强势崛起，位于中原的殷商宗主国又因四面受敌不得不实施战略收缩经略，东西水陆两路"金道锡行"通道几乎都被阻断了。第二次意义重大的战争是武丁发动的为期三年的荆楚之战（魏晋谱书《殷氏家传》称之为"武丁征伐传说是祝融后裔的鬼方"），战争的目的是重新打通成汤曾经打通的陆路"金道锡行"通道，这个通道是连接盛产青铜的长江流域到中原殷商核心地带的经济命脉，这对发展殷商的经济极为重要。也就是说，武丁想恢复殷商对长江流域丰富铜矿资源的控制，并将长江流域丰富的铜锡矿料（如湖北大冶铜绿山的铜矿矿料）或冶炼半成品经由古代著名的随枣走廊运向中原殷商的核心地带。（**笔者注：**这里指从荆楚大地的随州到枣阳、襄阳，河南的南阳，通过桐柏山与大别山之间直达中原郑州的"金道锡行"陆路通道。至于虽然绕路但却更为方便的沿长江东下再由东夷北上的"金道锡行"水路通道要到帝辛时才被重新打通。）第三次意义重大的战争是为了逐渐把经略重点转向东方，自武乙、文丁统治时期开启，最终由帝乙完成的征伐山东特别是渤海南岸东夷各方国部族的战争，战争的目的是控制鲁北的海盐产业和保障长江中下游铜、锡原料的北运，但直到帝乙去世时，他只解决了殷商牢牢控制山东半岛并掌控鲁北的海盐产业问题，并未能解决保障长江中下游铜、锡原料经东部水路北运中原的问题。解决保障长江中下游铜、锡原料沿长江水路东运再经东夷控制的淮河流域北运中原的问题历史地落在帝辛的肩上，这就是殷商先祖早就认识到并在魏晋谱书《殷氏家传》中明明白白写着的、而现代学者争论几十年的帝辛征伐淮夷的问题。帝辛征伐淮夷的战争是魏晋谱书《殷氏家传》着重记载的殷商王朝建国以来殷帝发动的第四次意义重大的战争。魏晋谱书《殷氏家传》记载："**帝辛征伐的东夷是淮夷**（时称东夷或东南夷）。"也就是征伐位于今天苏北、皖北淮河流域与殷商为敌的部族或方国。由于山东的潍河的别名也有淮河、淮水之称，于是就发生了学界争论几十年的帝辛征伐的东夷究竟是位于山东的东夷还是位于苏皖的东夷的问题。其实，征服山东的东夷问题在文丁和帝乙时期早已解决，庞小霞、高江涛在《晚商时期商文化东进通道初探》[注115]一文中列举的考古材料也能充分地证明这一点。

关于帝辛征伐的东夷究竟是山东的东夷还是苏北、皖北的东夷，帝辛征伐的东夷究竟是"夷方"还是"人方""尸方"之争源于甲骨文和金文。在考古层面上，宰桃角铭文（宰桃角青铜器藏于日本住友泉屋博古馆）记有的"唯王廿祀翌又五"证明帝辛在位至少25年。目前尚未发现在周武王灭殷的牧野之战时存在"帝辛主力部队远在东夷战场难以回援"的考古学证据。因此，笔者认为，有不少学者将殷亡的原因归结为"周人利用帝辛主力部队还在平定东夷的战场、殷商王畿防御力量薄弱的时机"偷袭而侥幸成功的说法不能成立。也就是说，虽然征伐东夷以便解决保障长江中下游铜、锡原料北运中原的问题是帝辛统治时期的重头戏，但现有考古资料只能证明在帝辛统治前、中期有过大肆征伐东夷的军事行动（例如"帝辛十祀征夷方"和"帝辛十五祀再征夷方"的战争，这里的"十祀""十五祀"就是帝辛在位的"第十年"和"第十五年"的意思，因为学界认为，在殷商时代，人们是将"一年"称为"一祀"的），尚未见到帝辛在位的末期，有过征伐东夷的甲骨文或金文记录。从"帝辛十祀征夷方"和"帝辛十五祀再征夷方"的甲骨文或金文记录来看，"夷方"的"夷"，甲骨文写作"尸"，上古"尸"字可假借为"夷"，在西周青铜器小臣簋铭文中，"东夷"写作"东尸"，师寰簋铭文的"淮夷"也写作"淮尸"。在甲骨文中，"尸"字主要有两种用法：一与祭祀相关，例如"宾（傧）尸"，即用活人充当已故祖先，引导并加以祭祀；二是表示地名、国名或部族名称，可释作"夷"字。在黄组卜辞中，"尸（夷）"字的字形已经不像宾组、历组卜辞那样呈屈膝之形，而是趋近于"人"字的字形，所以黄组卜辞中的"夷方"（尸方），以前也被释作"人方"。这就是许多文献中将帝辛征伐东夷的"夷方"写作帝辛征伐东夷的"人方"的由来。

当然，关于"帝辛十祀征夷方"的具体路线，不同学者进行的"还原"也各不相同。"还原"帝辛十祀征夷方的具体路线的困难性在于，当时河北南部近古黄河一带、山东西部湖泊一带、淮河下游、江苏东部，或为海涂，或为沼泽沮洳之地，加之黄河后来迁徙，原来许多地方都被泛滥的黄水一扫而空，所以帝辛之时的一些地名，究竟为后世何地很难考证。实际上，在"十祀征夷方"的卜辞中，就连"淮"这种看似能够分辨方位的地名都有争议。有些学者认为这里的"淮"其实是"潍"，夷方并不在徐淮地区，而是在山东半岛的潍河流域。之所以会有苏皖、山东这两类相去甚远的意见，也是源于"夷方徐淮说"和"夷方山东半岛说"的彼此冲突。持"夷方山东半岛说"的学者认为，卜辞中受到夷方入侵的"东国"，应该是以青州苏埠屯遗址为代表的东部封国，而且卜辞中有令"醜"赶赴东夷前线攸国御敌的内容，这些学者说，这里的"醜"可能就是苏埠屯墓出土青铜器铭文中记载的"亚醜"。如果"醜"在山东青州一带，那么把商王（殷帝）作为征伐夷方前沿基地的攸国的位置定为皖北地区，就显得不太合适了。毕竟帝辛完全可以调遣邻近诸侯去攸国驻防，何必要让远在青州的"醜"千里驰援呢？持"夷方徐淮说"的学者则认为，夷方在山东地区的可能性不大，毕竟到了殷墟四期，鲁中南、鲁北地区已经高度"殷商化"，当地遗址出土的青铜器在风格上与殷墟基本相同。从殷墟三期以后商文化在山东地区"稳步东进"的态势来看，无论是被压缩到潍坊以东的"珍珠门文化"还是鲁东南地区的类似土著文化，其对应的族群都相对弱势，似乎难以对商文化据点高度密集的鲁中南、鲁北地区造成威胁。反观徐淮地区，自盘庚迁殷后，商文化对当地的影响逐渐消退。罗琨在《商代战争与军制》一书第 317 页指出【注118】："殷商王朝对这一地区的控制显然不及山东地区，随着地域文化的发展壮大，淮夷沿着商人自豫东南下拓展的路线北上，也是很自然的。而顺着这条路线大肆出动，遭到侵扰的首先是殷商王朝的东土。商王（殷帝）也必然会动员东土的方国参与伐夷方的战争。所以帝辛十祀征夷方战场在淮水流域说，可能更符合当时的历史大势。"

　　除了"十祀征夷方"以外，帝辛还发动了"十五祀征夷方"，佐证来自商末小臣艅犀尊的铭文（参见书前的彩页和《卷三·殷代末帝帝辛传记·附1》的说明）：

　　　　丁巳王省夒𠂤
　　　　王易小臣艅夒贝
　　　　佳王来征夷方佳
　　　　王十祀又五彡日

　　其意思是：丁巳日这天，帝辛（王）来视察夒地的𠂤这个地方。王把夒地的贝币赏赐给征夷方（人方）立大功的小臣艅这个人。受赏赐的小臣艅感到很荣幸，就用王赏赐的这些钱铸造了这个"尊"作为纪念。铸造日期是王十五年的彡祭之日。

　　另有几则年月不明的商末卜辞及金文材料，也和"征夷方相关"，比如作册般甗铭文："王俎夷方无敄，咸，王赏作册般贝，用作父己尊，来册。"这则铭文记录了商王宰杀夷方首领无敄用于祭祀，并把贝赏赐给担任作册的"般"。值得注意的是：在"十祀征夷方"的相关卜辞中，夷方首领名叫"𢦔"；在小子𥬻卣铭文中，夷方的首领名叫"𦇚"；而在作册般甗铭文中，夷方的首领名叫"无敄"，如果他们不是继承的关系，那么帝辛所征的夷方之"夷"很可能是广义之称，即所谓夷方可能并不是指徐淮地区的一个部族方国，而是中原殷商人对淮河流域与殷商为敌的多个部族方国的统称。随着殷商王朝战略重心转向东方，殷商王朝在殷墟三期以后对西土的控制力不断下降，庞小霞、高江涛在《晚商时期商文化东进通道初探》**【注115】**一文中指出，商文化在该阶段大力经略东方，很可能是为了控制鲁北沿海地区的盐业资源，同时控制东部水、陆通道，以保障长江中下游的铜锡原料能顺利北运。殷商王朝的东进政策，自然会导致商、夷冲突再度激烈化，在这种背景下，殷商王朝就更加无心顾及西土局势的改变了。从这一层面上来看，"纣克东夷"或许和殷商覆亡有一定关联。不过，笔者认为，倘若把证据并不充分的"周军突袭、殷商王师主力难以回援"归结成帝辛败亡的原因，那就过于片面了。毕竟在牧野之战两年前，就有周武王"观兵盟津"之事，那时周人已经控制了从太行山西麓到伊、洛流域的广大地区，而殷商王朝内部则出现了贵族叛逃或私下勾结周人的现象。对周人通过牧野之战前两年的"观兵盟津"将势力范围扩张到殷商王朝的"大门口"之事，作为殷商王朝的最高统治者——帝辛不会不知道，因此笔者认为，一些学者提出的牧野之战是"周军突袭、殷商王师主力难以回援""'纣克东夷'与殷商覆亡存在必然关联"及古人谓之"纣克东夷而陨其身"诸说难以成立。

自对殷墟甲骨文深入研究以来，许多学者认为，"帝辛十年征夷方和十五年征夷方"是帝辛经营东南、规模宏大、对后世中华版图的奠定有深远意义的军事行动。在这种认识的基础上，一些学者便浮想联翩地认为在帝辛统治期间自始至终(直到牧野之战时)都存在经营东南、平定东夷的扩张领土的战争，于是便形成一种流传较为广泛的说法——认为武王伐纣，是利用了殷军主力还在平定东夷、殷商王畿防御力量薄弱的时机，偷袭而侥幸成功。例如郭沫若主编的《中国史稿》，就有如下段落：

"纣继位后，继续对东夷用兵，费了很大的力量，打退了东夷的扩张，俘虏了'亿兆夷人'作自己的军队……但当他回到王都，庆贺胜利的时候，却遭到周人袭击，商朝的主力军还远在东南战场，一时征调不回来，纣王只好把大批奴隶和从东夷抓来的战争俘虏匆忙武装起来，开向牧野，驱上战场，结果奴隶们又群起倒戈，纣王最终落得身死国亡的下场。"

以上这类说法，其根源来自《左传·昭公十一年》的一处记载，晋国大夫叔向(羊舌肸)在跟元帅韩起(韩宣子)论述"楚王(楚灵王)必不长久"时，以夏桀、殷纣作为例证，其中有"纣克东夷而陨其身"的句子。当然，叔向只是用夏桀、殷纣败亡的事迹引出后文："天之假助不善，非祚之也，厚其凶恶而降之罚也。"意思是说上天有时会帮助"不善之人"取得成功，但这并不是在保佑他们，而是让他们积累更多的恶行以便最终降下惩罚。按照叔向的思路，导致殷纣"陨其身"是不断积累的凶恶行径(厚其凶恶)，而并非"克东夷"。所以说，把"纣克东夷而陨其身"这句话掺杂猜想后解读成"殷商王师主力被派去平定东夷以致牧野之战未能回援"就略显牵强了。

第二节　帝辛十祀征夷方

　　帝辛征伐夷方的军事行动，以"十祀征夷方"最为著名，故设专节记载之。学者们根据相关卜辞之间的相互联系，排列出了具体的征伐日程。这次征伐行动始于帝辛十祀的九月，所以被称为"十祀征夷方"。然而在帝辛十祀之前，就已经有了一些"前兆"，比如《甲骨文合集》37852号甲骨卜辞记有："夷方不大出？王占曰：吉。在二月，遘祖乙彡（肜），隹九祀。"这则卜辞表明，帝辛九祀二月彡（肜）祭先王祖乙时，就有卜问："夷方不会大举出动吧？"李学勤列举过一条考定为帝辛九祀三四月间的卜辞，通过相类卜辞补全，可得其辞云："夷方伐东国，▨东侯，▨夷方，余其比多侯屯戋夷方？"【注132】也就是说，夷方入侵了殷商王朝的东土，帝辛以册命昭示东部诸侯，宣告夷方罪责。卜问是否要带领"多侯"（诸侯）一同翦伐夷方。经过一年多的筹划准备，到了帝辛十祀九月，征伐正式开始。《甲骨文合集》36482号记载的十祀九月甲午日的卜辞云："甲午王卜……余步比侯喜征夷方……告于大邑商……"这则卜辞显示，帝辛准备与"侯喜"一同征伐夷方，出征前在王畿"大邑商"祖庙举行了告祭仪式。"侯喜"即亲殷商的攸国"攸侯喜"，他是帝辛时期的攸国君主。关于攸国的具体位置，学界众说纷纭。或认为在皖北地区，或认为在徐州附近，或认为在山东滕州，或认为在山东邹平。在《甲骨文合集》36824号甲骨卜辞中，帝辛卜问："夷方是否会大肆出动？是否要令'醜'赶到攸地驻防？"可见攸国靠近夷方，具有"前沿阵地"的作用。除此之外，甲骨卜辞中还有商王报祭已故攸侯的内容，部分学者认为攸国君主或许与商王有着血缘关系。（**笔者注：**陈梦家在《殷墟卜辞综述》一书中指出，攸可能就是《左传》记载的"条氏"。西周初年，周公东征后，包括条氏在内的"殷民六族"被周成王分给周公的长子伯禽管辖。令这些殷商遗民"法则周公，用即命于周"。）帝辛十祀九月从"大邑商"（商王畿的祖庙）出发后，至十一月已抵达危地（《甲骨文合集》36961），也就是"危方"的所在地。危方在廪辛、康丁统治时期发动过叛乱，遭到镇压臣服于殷商。十二月初，帝辛又率军向攸国进发，《甲骨文合集》36825号卜辞云："己巳王卜，在危，贞今日步于攸亡（无）灾，在十月又二。"与攸侯喜会师后，帝辛从十二月癸酉日开始和夷方交战（《甲骨文合集》41753）。从癸酉到癸未，这十天内的卜辞多次出现"征夷方"字样（《甲骨文合集补编》11232，《甲骨文合集》36484、36490）。夷方似乎被一时击退，之后帝辛率军抵达淮河沿岸。《甲骨文合集》36968号卜辞云："丙戌卜，在淮，贞王步于瀙。"四天后的庚寅日，帝辛又卜问进攻林方是否"亡（无灾）"【《甲骨文合集》36968、《英国所藏甲骨集（上编）2563》】，陈梦家认为林方在淮河以南，属于"淮夷之邦"。晚商玉戈有"在林田馀亚"的字样，表明这是林地田官"馀亚"的玉戈。同一时期的林亚鬲，其铭文云："林亚作父辛宝尊彝，亚馀。"有些学者认为：帝辛征服林方后，向当地派驻了田官。结束了对林方的战事后，帝辛率军返回攸国，于十一祀的正月癸卯日抵达攸国嵒永，《甲骨文合集》36484号卜辞云："癸卯卜，黄贞：王旬亡（无）祸，在正月。王来征夷方，在攸侯喜嵒永。"三天后的丙午日，帝辛率大军再度与夷方交战（《甲骨文合集》36492、36969+《甲骨文合集补编》11309新缀），帝辛卜问是否能抓到夷方首领"羰"，辛亥日又卜问"大左族"是否有所擒获（《甲骨文合集》36492+36969+《甲骨文合集补编》11309新缀）。取得胜利后，帝辛率军于十一祀的二月离开攸国，踏上归途，于五月回到今沁阳的田猎区——"害"（《甲骨文合集》36495），此次征伐正式结束。

帝辛十祀征夷方，始于帝辛十年九月甲午，终于帝辛十一年五月癸卯，历时250天。若单从乙辛时期的卜辞来看，因为"王卜"中的"王"不能确指，无法据卜辞本身确定这个"王"究竟是"帝乙"还是"帝辛"，故长期以来，学界存在"帝辛十祀征夷方"和"帝乙十祀征夷方"两种看法。在这方面，笔者有一定的发言权，因为笔者曾经仔细研究过先祖编纂的魏晋谱书《殷氏家传》，魏晋谱书《殷氏家传》中重点记载了整个殷代有重大意义的四次战争。其中的第三次意义重大的战争是征伐山东特别是渤海南岸东夷各方国部族的战争。殷商先祖为了逐渐把经略重点转向东方决策的需要，自武乙、文丁统治时期开启，最终由帝乙完成这次战争的目的是控制鲁北的海盐产业和保障长江中下游铜、锡原料的北运，但直到帝乙去世时，他只解决了殷商牢牢控制山东半岛并掌控鲁北的海盐产业问题，并未能解决保障长江中下游铜、锡原料北运的问题。解决保障长江中下游铜、锡原料北运的问题历史地落在帝辛的肩上。显然，魏晋谱书《殷氏家传》不仅确认殷末征伐东夷的主战场是在苏皖的淮河流域而不是在山东的潍河流域，而且确认当年平定东夷的是帝辛不是帝乙，因此可以断定"十祀征夷方"和"十五祀征夷方"卜辞中"王卜"的"王"不是指帝乙而是指帝辛。另外，在本书稿发于网上向读者征求意见时，有读者问，帝辛"十祀征夷方"和"十五祀征夷方"究竟发生于公元前什么时候。这个问题在卜辞中似难确认，但据魏晋谱书《殷氏家传》记载，尚可推算一番。魏晋谱书《殷氏家传》记载，帝辛元年为乙巳年（相当于公元前1096年）则可推算得帝辛十年（十祀）为甲寅年（相当于公元前1087年）、帝辛十五年（十五祀）为己未年（相当于公元前1082年）。

罗琨在《商代战争与军制》[注118]一书第320页至324页排出了帝辛十祀征伐夷方日程表，现转录如下，供读者参考（详见下表），并代表读者向罗琨先生致谢。

【第四章·附件】转引自罗琨《商代战争与军制》一书排定的帝辛十祀征伐夷方日程表[注134]

旬序	年月	日	命辞摘要	引文序号及出处
1 甲午旬	十祀九月	甲午	甲午王卜，余步比侯喜征夷方	《合集》36482
2 甲辰旬		己酉	己酉卜，在吉贞	《合集》36553
		辛亥	辛亥卜贞，在吉	《合集》36553
3 甲寅旬	九月	癸亥	癸亥卜黄贞，征夷方在雍彝。在九月	《合集》36487
			癸亥王卜，王征夷方在雍	《合集》36485
4 甲子旬	十月	癸酉	癸酉王卜，在十月征夷方，在勆	《合集》36504
5 甲戌旬		癸未	癸未卜，征夷方	《合集》36490
6 甲申旬		乙酉	乙酉卜，在香贞	《合集》36553
		丁亥	丁亥卜，在疆贞	《合集》36553
		己丑	己丑卜，在乐贞	《合集》36553
		辛卯	辛卯卜，在䍙贞	《合集》36553
		癸巳	癸巳卜，在䍙贞	《合集》36553
	十月		癸巳，在十月，王征夷方	《合集》41753

续表

旬序	午月	日	命 辞 摘 要	引文序号及出处
7 甲午旬	十祀十月	甲午	甲午卜，在鼻庢，从东，在十月，于征夷方隹十祀	《合集》37856
		乙未	乙未卜，在鼻，[庢] 于今夕亡畎	《合集》36553
		丁酉	囗囗卜，在囗，贞王 [今夕] 亡畎	《合集》36553
		己亥	囗囗卜，在囗，贞王 [今夕亡] 畎	《合集》36553
		辛丑	囗囗卜，在商。[贞王] 今夕亡畎	《合集》36553
	一 月	癸卯	癸卯王卜，在十月又一，王征夷方，住商	《合集》41753
8 甲辰旬		壬子	囗囗王卜，在商，贞今日囗于亳	《合集》36567 新
	十一月	癸丑	癸丑王卜，在十月又一，王征夷方，在亳	《合集》41753
9 甲寅旬		甲寅	甲寅王卜，在亳，贞今日囗 [于] 鳴	《合集》36567 新
		乙卯	乙卯王卜，在鳴，贞今日……于鼺	《合集》36567 新
		丁巳	丁巳王卜，在鼺，贞今日步于嬠	《合集》36567 新
		己未	己未王卜，在嬠，贞其逃，从……西	《合集》36567 新
		庚申	庚申王卜，在嬠，贞其盘	《合集》36567 新
		辛酉	辛酉王卜，在嬠，贞今日步于 [雈]	《合集》36961
		癸亥	癸亥卜永贞，在雈，王征夷方	《合集》36490
			癸亥王卜，在十月又一，王征夷方，在雈	《合集》41753
			囗亥王卜，在雈，贞步于广	《合集》36961
10 甲子旬	十二月	甲子	甲子在广，在十月又二	《合集》36825
	十二月	己巳	己巳王卜，在广贞。今日步于攸，在十月又二	《合集》36825
	十二月	癸酉	癸酉王卜，[在] 十月又二，王征夷方	《合集》41753
11 甲戌旬		己卯	己卯卜，在囗贞，王其画	《英藏》2564
		辛巳	辛巳卜在舊贞	《合集》36607
			辛巳卜	《英藏》2564
	十二月	癸未	癸未王卜，在十月又二，王征夷方，在舊	《合补》11232
	十二月		癸未卜黄贞，在十月又二，隹征夷方	《合集》36484
			癸未卜，征夷方	《合集》36490
			癸未卜，在舊，贞王步于波	《英藏》2564
12 甲申旬	十二月	乙酉	乙酉卜，在波立，贞王步于淮	《英藏》2564
		丙戌	丙戌卜，在淮，贞王……于囗	《合集》36968
			丙囗戌卜，在淮，贞……步 [于囗]	《英藏》2563
		丁亥	囗囗卜，在囗，贞王步于囗	《英藏》2564
		庚寅	庚寅卜，在濣餗，贞舌林方	《合集》36968
			庚寅王卜，在濣餗，贞舌林方	《英藏》2563
		壬辰	壬辰卜，在濣，贞工其至于鼺蕾	《合集》36968
			壬辰王卜，在濣，贞王其至于鼺蕾且甲餗	《英藏》2563
	十一月	癸巳	癸巳王卜，在十月又二，隹征夷方，在濣	《合补》11232
	十二月		癸巳卜黄贞，在十月又二，隹征夷方，在濣	《合集》36484
			癸巳卜在濣餗	《合集》36494
13 甲午旬		甲午	甲午卜，在濣餗，贞今日王步于辉。	《合集》36968
	十二月		甲午王卜，在濣餗，贞今日王步于辉，在十月二，隹十祀	《英藏》2563

补充

右侧竖排：殷代史　【卷四】殷末风云

旬序	年月	日	命 辞 摘 要	引文序号及出处
	十一祀 正月	丁酉	丁□王卜，在□餗，在正月	《英藏》2563
		己亥	己亥王卜，在苜餗，贞今日步于涉	《英藏》2563
		庚子	庚子王卜，在涉餗，今日步于溳	《前》2.17.3+2.17.5
		辛丑	辛丑王卜，在溳餗，今日步于桼	《前》2.17.3+2.17.5
		壬寅	壬寅王卜，在桼餗，贞今日步于永	《英藏》2562
	正月	癸卯	癸卯王卜，在正月，王来征夷方，在攸侯喜餗	《合补》11232
			癸卯卜黄贞，在正月，王来征夷方，在攸侯喜鄙永	《合集》36484
			□□卜，在……鄙餗，王来征夷方。	《合集》36490
			癸卯王卜，在永餗，贞今日步于	《英藏》2562
14 甲辰旬		乙巳	乙巳王卜，在濇餗，贞今日步于攸	《英藏》2562
		丙午	丙午卜，在攸，贞执胄夷方㦰，在正月，隹来征……	《合集》36492 等新缀
		辛亥	辛亥卜，才攸，贞大左族𐭤擒	《合集》36492 等新缀
		癸丑	癸丑卜黄贞，在正月，王来夷方，在攸	《合集》36484
			癸□卜，在攸，王来征夷方	《合集》36494
			癸丑王卜，在正月，王来征夷方	《合補》11232
15 甲寅旬		己未	己未王卜，在□贞田元	《英藏》2562
	二月	癸亥	癸亥王卜，在二月，王来征夷方，在攸	《合补》11232
16 甲子旬			癸酉卜，在攸，永贞，王来征夷方	《合集》36494
	二月		癸酉王卜，在二月，王来征夷方	《合补》11232
17 甲戌旬		丁丑	丁丑王卜，在攸，贞今日迏，从攸东	《英藏》2562
			丁丑王卜，贞今日步于𢧌	《英藏》2562
		庚辰	庚辰王卜，在广，贞今日步于叉	《英藏》2562
			庚辰卜，在广，贞王步于叉	《合集》36901
		辛巳	辛巳王卜，在叉，贞今日步于沚	《英藏》2562
			辛巳卜，才叉，贞王步于□	《合集》36901
		壬午	壬午卜，在□贞王步于相	《合集》36901
	二月	癸未	癸未王卜，在二月，王来征夷方，在孂	《合补》11232
18 甲申旬		丙戌	丙戌卜，□卜 [在] 亘，贞今日王步于□	《合集》36751
		庚寅	庚寅卜，在娇，贞王步于杞	《合集》36751
		壬辰	壬辰卜，在杞，贞今日王步于意	《合集》36751
		癸巳	癸巳卜，在意，贞王迖雷，于自北	《合集》36751
			癸巳卜，在意雷孝商邑，永贞，隹来征夷方	《英藏》2525
	二月		癸巳王卜，在二月，王来征夷方，在意雷商孝	《合补》11232
19 甲午旬		甲午	甲午卜，在意，贞王步于剌	《合集》36751
	三月	癸卯	□□王卜，在三月，来征夷，在□	《合补》11232
20 甲辰旬		乙巳	乙巳卜，王田□，王来征夷方	《合集》36501
		丙午	丙午卜，在商，贞今日步于乐	《合集》36501
		己酉	己酉卜，在乐，贞今日 步于噩	《合集》36501

续表

句序	年 月	口	命辞摘要	引文序号及出处
	十一祀三月		己酉王卜，在乐，贞今日步于罷	《英藏》2565
		庚戌	庚戌卜，在罷，贞今日步于香	《合集》36501
			庚戌王卜，在罷，贞今日步于香	《英藏》2565
		辛亥	辛亥王卜，在吉，贞今日步于蒿	《英藏》2565
		壬子	口口王卜，在蒿，贞今日步于口	《英藏》2565
		癸丑	癸丑卜在罷，永贞	《英藏》2525
21 甲寅旬				
22 甲子旬		癸酉	癸酉卜，在云莫芳邑，永贞佳来征夷方	《英藏》2525
23 甲戌旬				
24 甲申旬		癸巳	癸巳卜，永贞	《英藏》2525
25 甲午旬	五月	癸卯	癸卯卜，在五月，在曹𩰤，佳王来征夷方	《合集》36495
26 甲辰旬	五月	癸丑	癸丑卜，在五月，在曹𩰤	《合集》36495

附：利用上列"日程表"不能精准确定帝辛十年对应公元前哪一年的说明

前已说明，根据魏晋谱书《殷氏家传》的记载推算，帝辛十年（十祀）为公元前 1087 年（甲寅年），可是有些学者不同意此说，他们认为利用上列"帝辛十祀征夷方日程表"能精准确定帝辛十年为公元前 1145 年。他们说，只要利用许剑伟"寿星天文历"逐一解读"**帝辛十祀征伐夷方日程表**"中给出的 73 个有意义的日干支，就能确定帝辛十年为公元前 1145 年。他们列出的 73 个日干支如下：

公元前 1145 年 9 月 26 日 = 中国历**八月**二十二日**甲午** 与 日程表中"帝辛十年**九月甲午**日"不符合
公元前 1145 年 10 月 11 日 = 中国历**九月**初七 **己酉** 与 日程表中"帝辛十年**九月己酉**日"完全符合
公元前 1145 年 10 月 13 日 = 中国历**九月**初九 **辛亥** 与 日程表中"帝辛十年**九月辛亥**日"完全符合
公元前 1145 年 10 月 25 日 = 中国历**九月**二十一癸亥 与 日程表中"帝辛十年**九月癸亥**日"完全符合
公元前 1145 年 11 月 4 日 = 中国历**十月**初二 **癸酉** 与 日程表中"帝辛十年**十月癸酉**日"完全符合
…………
公元前 1144 年 1 月 20 日 = 中国历**十二月**十九庚寅 与 日程表中"帝辛十年**十二月庚寅**日"完全符合
…………

他们发现帝辛十祀征伐夷方**日程表**中 73 个日干支的**所在月份**与上面列出的对应**中国旧历月份**绝大多数完全相同，只有个别不符合，于是就认为他假定的帝辛十年为公元前 1145 年、帝辛十一年为公元前 1144 年是正确的。这种研究方法的错误在于，卜辞中只给出某某干支日所在的中国旧历月份，并未给出这些月份的月干支。众所周知，古代殷、周计月历法不同，与现在计月历法也有差异，而闰月排定也不同。因此不能用查许剑伟"寿星天文历"得到的月份与"**日程表**"中给出月份的符合程度来"精准"确定帝辛十年对应的公元纪元年份。

第五章　殷亡前夕发生的诸多历史事件

　　本章涉及的时间段特指帝辛平定东夷以后至周武王发动牧野之战之前的一段时期，这段时期时间虽短，但值得记载的历史事件却特别多，而且古今史家对这些事件发生的原因、经过、评说及对后世历史发展的影响也见仁见智。为了叙述的方便，本章不分节，只以发生的历史事件为序逐一梳理之。

　　自周公季历被帝文丁困死于殷都后，古公亶父早就看好的姬昌继位，也就是后来历史上非常著名的周文王，按今本《竹书纪年》推算，此时姬昌年已半百。姬昌继位后的第二年，商王（殷帝）文丁也过世了，帝乙即位。殷、周两大阵营都换成新的领导人，历史又翻开新的一页。帝乙二年，姬昌曾过高估计自己的力量而伐商，后来因未获战果或受挫，他即重新检讨了周国的内外政策，转而与殷商示好，并致力于扭转殷、周力量对比的内部建设。帝乙也因将战略重心转向东方而乐意接受姬昌"服软"释放的善意，于是演绎出一桩戏剧性的政治联姻——"帝乙归妹"。不管殷商嫁出的是帝乙的妹妹、女儿还是王室的宗女，总之，年过半百的姬昌从此成为殷商王室的姑爷，殷、周双方进入了一段短暂的蜜月期。在这段时期，殷周双方各忙各的事。殷商忙于对付东夷，解决掌控渤海南岸的海盐产业和重新打通长江流域丰富铜矿资源经东南水路北运的问题。然而帝乙终其一生也只解决了山东之夷的问题，接班的帝辛经过至少 15—20 年的努力（其中卜辞记录的大规模的征伐淮夷的战争就至少有十祀征伐淮夷和十五祀征伐淮夷两次）才基本上完成了重新打通长江流域丰富铜矿资源经东南水路北运中原通道的任务。与此同时，姬昌这边也明显地采取了收缩的策略，韬光养晦，不再触碰渭水平原以东的区域，一方面专心于自己内部的发展，另一方面注重树立自己在众多诸侯间的至贤至仁的盛君形象。加之，帝辛即位之初，即册命姬昌因袭其父季历的西伯爵位，并加封姬昌为殷之三公之一（另两公为九侯和鄂侯），西伯者，西方诸侯之长也。因为姬昌有了西方诸侯之长的头衔，加上他自己内强素质、外树形象的不懈努力，到了帝辛基本平定东夷的时候，西伯昌在殷属众多诸侯间的圣贤仁义形象实际上已经名满天下。这让帝辛想起了近臣费仲关于防范姬昌坐大的建议："西伯昌贤，百姓悦之，诸侯附焉。不可不诛。不诛，必为殷祸。"（详见本书《卷三·殷帝辛近臣费仲传记》中引用的《韩非子·外储说左下》记载的费仲与帝辛君臣间的一段对话。）于是，在东南的战事和缓以后，帝辛重新将目光投向西方。

【一】人质伯邑考之死

　　伯邑考，姬昌与太姒之长子，周武王姬发之长兄。先秦早期文献并没有多少关于他的记录，但因为"商纣杀伯邑考"的故事流传甚广，事关帝辛的清白，因此，本章不得不把伯邑考的故事作为殷亡前夕重要历史事件来记载。

　　《逸周书·世俘》记载，周武王克殷后，祭告自太王(古公亶父)以下的先辈，其中就包括兄长伯邑考。《史记·管蔡世家》也记载："（周武王）同母昆弟十人，唯发、旦贤，左右辅文王，故文王舍伯邑考而以发为太子。及文王崩而发立，是为武王。伯邑考既以前卒。"也就是说，依《史记》的记载，失太子位的伯邑考，先于文王去世了，司马迁并未说他遭到杀害。山上丁西汉中山怀王刘修墓葬中的《六韬》竹简，有如下残句："……厥子丁殷，文王使伯邑巧（考）……死，有诏必王食其肉……免其血，文王食其肉……。"简文虽然残缺，但能看出大致内容，在殷商做人质的伯邑考死后，商纣诏令文王食伯邑考之肉，文王被迫从命。到了西晋时期，"商纣杀伯邑考"的故事彻底成形。皇甫谧的《帝王世纪》记载，伯邑考在殷商做人质，替商纣驾车，商纣烹杀了伯邑考，做成肉羹后赐给文王，文王吃掉了肉羹，商纣因此对左右说道："谁说西伯圣者？食其子羹，尚不知也。"（谁说西伯是圣人？吃了用自己儿子做的肉羹，尚且不知道。）当然，如今学界普遍认为这个层累形成的故事并非史实。

　　说来也巧，魏晋谱书《殷氏家传》中恰好也有几句关于伯邑考在殷商做人质的记载。原来殷商并没有要将伯邑考做人质，而是姬昌成为殷商的姑爷后自作多情主动送到殷都的。因为文王是"人精"，看准的接班人不是伯邑考而是姬发，为减少殷商对周室的猜忌，便谎称老大伯邑考是将来的周室太子，以让他到殷都学习殷礼王事为名，将他送到帝辛身边学习锻炼。帝辛也看透了姬昌的心思，便收留了伯邑考，让他给自己驾车，以示信任。后来伯邑考因病在殷都自然死亡。这件事在层累形成的故事中，便成为"恶纣"的罪状之一。魏晋谱书《殷氏家传》认为殷商先祖在编纂《家传》时这样推测的理由是，周武王在(征伐殷商别都朝歌牧野之战的)《牧誓》中，当众公开数落帝辛的罪状时，并未提及"商纣烹杀伯邑考"之事，可见先祖在魏晋谱书《殷氏家传》中的记载属实。

【二】九侯、鄂侯之死

　　《史记·殷本纪》记载(已译成白话，欲阅原文者，可查阅《史记》)："帝辛任命周君西伯昌、九侯和鄂侯为三公之后，九侯有个漂亮的女儿，为讨好帝辛，他就将女儿献给了帝辛。由于九侯的女儿不喜欢在床上淫乱，帝辛大为恼怒，就将九侯的女儿杀了。九侯找帝辛理论，帝辛把九侯剁成肉酱（"剁成肉酱"古称"醢"）。鄂侯为这件事跟帝辛争辩得很激烈，帝辛将鄂侯也处死了，还把他的肉做成了肉干（"做成肉干"古称"脯"）。西伯姬昌听到后，心中不服私下叹息，被周之近邻崇国国君崇侯虎知道，崇侯虎就向帝辛告了密，说了姬昌不少坏话，于是帝辛就将姬昌囚禁在羑里（今安阳市汤阴县北）。"这个帝辛一怒之下残忍地杀害三人并将姬昌抓去坐牢的故事不见于周武王的《牧誓》，可见它也是层累形成的故事而非史实。

　　担任帝辛"三公"之一的九侯，一作"鬼侯"。《括地志》云："相州滏阳县西南五十里有'九侯城'，亦名'鬼侯城'，盖殷时九侯城也。"相州滏阳县即今之邯郸市磁县。有些学者说，殷商西北的鬼方被武丁征服后，一部分族人内迁到今冀南磁县一带，这里在殷末时期属于土畿地区。三公之一的九侯，就是内迁鬼方族群的君长。至于鄂侯，其封国"鄂"在甲骨文中作"噩"。殷墟卜辞显示，噩地位于王畿周边，和盂地相邻，商王（殷帝）经常在那里举行田猎活动。学界一般认为，殷末时期的鄂（噩）位于河南沁阳，到了西周时期才南迁湖北地区。关于"殷末三公"，《史记》记载了上述突显帝辛残暴的故事。《史记》之前的文献，还有其他说法，比如《吕氏春秋·行论》记载："昔者纣为无道，杀梅伯而醢（剁成肉酱）之，杀鬼侯而脯（做成肉干）之，以礼诸侯于庙。文王流涕而咨之，纣恐其畔，欲杀文王而灭周。"按照这一版故事，被剁成肉酱的是"梅伯"，被做成肉干的是鬼侯（九侯），并不关鄂侯什么事。《吕氏春秋·过理》则有更添油加醋的内容："杀梅伯而遗文王其醢，不适也。文王貌受，以告诸侯。"这是说帝辛把梅伯的肉酱赐给了周文王。屈原的《天问》也有相关诗句："受赐兹醢，西伯上告。何亲就上帝罚，殷之命以不救？"意思是："收到商纣赏赐的肉酱，西伯就向上天控告了这一暴行。"关于这则类似小说的故事，还有其他不同的版本：例如《吕氏春秋·行论》记有"昔者纣为无道，杀梅伯而醢之（而非九侯）"、《淮南子·说林训》记有"纣醢梅伯，文王与诸侯构之"、《淮南子·俶真训》记有"（纣）醢鬼侯之女，菹梅伯之骸"、《春秋繁露·王道》记有"（纣）杀梅伯以为醢"等。在记载同一历史事件的种种不同版本的史书中，被帝辛醢（剁成肉酱）之和脯（做成肉干）之的对象不一致，可见所记历史事件皆是捕风捉影的传说，而非史实。既然九侯、鄂侯及九侯之女被杀不真，《史记·殷本纪》记载的姬昌因对此事不满而被囚羑里的原因当然也不真，姬昌被囚羑里当另有原因。由此还可推知，《史记·殷本纪》记载的姬昌臣下闳夭等人，搜求美女、珍奇的东西和好马献给帝辛，帝辛"见色起意""见钱眼开"就释放了姬昌当然也不真，帝辛在囚禁姬昌六七年后最终释放了姬昌当另有原因。

【三】帝辛囚姬昌于羑里

"帝辛囚姬昌于羑里"这件事，在除了《史记》以外的许多先秦史书中都有记载，在魏晋谱书《殷氏家传》中也记载甚详，说明这是史实。然而，就姬昌被囚的原因、被囚期间姬昌失去自由的程度、姬昌在被囚期间的待遇、姬昌被囚禁的时机及被囚禁时间的长短而论，不同的史书、不同的史家直到今天的学界，其记载，其说法，也见仁见智。

就姬昌被囚时间的长短来看，《史记·殷本纪》和《史记·周本纪》只说被囚和被释，并未说姬昌什么时候被囚，也未说被囚禁了多长时间。今本《竹书纪年》说帝辛"二十三年，囚西伯于羑里"、帝辛"二十九年，释西伯，诸侯逆西伯，归于程"。也就是说，今本《竹书纪年》认为，帝辛囚姬昌达六七年之久。魏晋谱书《殷氏家传》也说帝辛"客留西伯昌于羑里专建行宫六七年"。

就姬昌被囚和被释的时机或原因来看，目前有两种典型的说法。

第一种说法认为帝辛囚禁姬昌于征伐东夷即将开始之时而释放姬昌于基本平定东夷之后。持这种说法者以某省级电视台的细讲殷商史的视频节目《隐秘的细节》中六位专家的对白最为典型，他们在该电视节目中面对广大观众公开说（均为原话）：

"在战争爆发的前一年，他在渭水平原上再次进行了大规模军演，这次在周文王的领地上举行的军事演习，透露了纣王对这个天下第二大强大的部落的担心，演习结束之后，他把文王姬昌带回了殷商的都邑，安排他在羑里住下，这就是著名的囚文王于羑里事件。

"帝辛纣王的心思是缜密的，尽管文王已经非常小心翼翼，但是西部居高临下面向中原的第二大经济体这个事实，注定会让即将投入东南之战的纣王不得不防。没有任何史料证据表明，这次囚禁是因为私人恩怨，或者双方的利益冲突。文王被囚，只是纣王为确保大军出征后，中原安全的防范举措，是留在空虚都城中的人质。

"实际上，帝辛纣王扣留文王的六年，就是他安心东征的六年。东征告一段落，作为确保此次战事期间西部安全的重要人质，文王获得解脱自然是情理之中的事情。"

某省级电视台的专家们在电视台上的上述说法虽然头头是道，但却与甲骨文、金文的记载不符。因为按照甲骨文和金文的记载，帝辛平定东夷，主要是靠帝辛十年（帝辛十祀征夷方）和十五年（帝辛十五祀征夷方）两次大规模的征伐淮夷的战争完成的，而按照今本《竹书纪年》的记载，帝辛囚禁姬昌的期间却是"帝辛二十三年至二十九年"。就现有的考古资料而言，还没有任何证据表明，在"帝辛二十三年至二十九年"期间，有过帝辛大规模地征伐东夷的战争，可见"认为帝辛囚禁姬昌于征伐东夷即将开始之时而释放姬昌于基本平定东夷之后"的说法不真。

第二种说法是在东南的战事基本和缓以后，帝辛重新将目光投向西方。他看到自己初即位时，给姬昌戴上"西方诸侯之长"的头衔"西伯"以后，经过姬昌内强素质、外树形象的不懈努力，西方的周国不仅已经逐渐成长为威胁殷商的"第二大经济体"，而且姬昌在殷属众多诸侯间的圣贤仁义形象实际上已经名满天下。这让帝辛想起了近臣费仲以前早就提出的关于防范姬昌坐大的建议："西伯昌贤，百姓悦之，诸侯附焉。不可不诛。不诛，必为殷祸。"于是，就像魏晋谱书《殷氏家传》中说的那样，他于帝辛二十二年冬，邀请姬昌一起在渭地田猎时，向已经83岁的姬昌（按今本《竹书纪年》推算，帝辛二十三年囚姬昌于羑里时，姬昌当为84岁；于帝辛二十九释放姬昌时，姬昌正好90岁）提出暂将国事交给其子姬发料理请姬昌来殷商羑里专用行宫安度晚年的建议。姬昌是个"人精"，听到帝辛请他来殷商安度晚年的建议以后，立马就猜想到帝辛猜忌周国坐大而想效法文丁扣留季历那样扣留自己于殷商的动机。为了姬周一族的长远利益，姬昌就顺水推舟地很爽快地接受帝辛的建议。姬昌回到周室以后，就向太子姬发交代了代理国事的任务，自己不仅拖家带口而且带了大批随从搬家到殷商羑里专用行宫中来安度晚年。这就是史书记载的"**帝辛囚姬昌于羑里**"的著名历史事件。实际上，在此后的六七年间，姬昌除了不能回姬周亲自料理周国国事以外，在殷商的羑里叫做任何事，根本没有失去自由，实际上就如后世的国家领导人到度假胜地去度假一样自由，他自己虽然不能亲自回到姬周料理国事，但他完全可以自由地通过随从向自己的儿子姬发传达命令。读者可以想想，姬昌正是在被"囚"羑里专用行宫这段时间内完成了从八卦到六十四卦的推演，最后完成了《周易》这部学术巨著，如果在囚期间没有自由、没有大批随从的帮助，光凭他自己在囚的只身能完成如此艰巨的任务吗？

　　另外，关于帝辛把文王"囚禁"在羑里的原因，除了魏晋谱书《殷氏家传》中说的帝辛想起了近臣费仲关于遏制姬周坐大的建议以外，与周之近邻崇国国君崇侯虎的提醒也是密切相关的。崇侯虎的提醒被收录在《史记·周本纪》中，文王"积善累德"，使诸侯归心，这引起了崇侯虎的警觉，崇侯虎向帝辛举报，指出周国将对帝辛不利，帝辛于是"拘禁"了文王。文王笼络人心的手段，很大程度上是利用了帝辛一系列政策所引发的矛盾。帝辛为了迅速实现先代商王（殷帝）未能完成的"王权集中"，采取了非常激进的措施，他无视"与旧人共政"的惯例，打压宗亲旧族，重用亲信小臣。周文王则反其道而行之，招诱那些被帝辛疏远的贵族，对愿意投奔者极力尊崇。帝辛接纳"四方之多罪逋逃"，与大族、方国争夺人口，文王就反其道而行之，明确提出了"有亡荒阅"政策。即搜捕逃亡人口，送还原主，借此笼络殷商王朝大族与附属方国。崇侯虎之所以向帝辛举报，除了崇国是殷商王朝忠实臣属之外，还另有出于其自身安危的考虑。西安市灞桥区的老牛坡遗址，是一处大型商文化据点遗址，其年代下限与帝辛所处的殷末相当。李学勤、王震中等学者认为，老牛坡遗址与崇国相关。崇国挡在周国东进的交通要道上，二者之间的矛盾难以调和，崇侯虎为了维护本国利益，在帝辛面前点出周人的威胁也在情理之中。据《淮南子·道应训》记载，崇侯虎对帝辛说："'周伯昌'行仁义而善谋，太子发勇敢而不疑，中子旦恭俭而知时；假设与之从，那么不堪其殃。纵而赦之，身必危亡。冠虽弊，必加于头，及未成，请图之。"（其白话译文为："'周伯昌'行仁义而善谋，太子发勇敢而不疑，中子旦恭俭而知时，如果放纵他们继续发展势力，我们必将遭殃灭亡。帽子虽破，也得戴在头上，趁他们大势未成，请尽快加以阻止。"）按照这一记载，帝辛囚禁文王，的确具有扣押人质的意味，其目的在于警告周国不要继续扩张势力。

　　那么，帝辛扣押姬昌于羑里六七年以后，为什么又释放他回姬周呢？《史记》等传世文献中都说，周国大臣闳夭、散宜生等人为了营救文王，收买了帝辛的宠臣费仲，通过他向帝辛进献美女、名马和珍宝，帝辛大悦，于是释放了文王。其实文献中认为是因为帝辛"见色起意""见钱眼开"才释放文王的说法根本不经一驳。既然帝辛如此贪色爱财，周国为什么不早点进献让姬昌早点回国而要等到姬昌被囚六七年以后才进献呢？还是魏晋谱书《殷氏家传》说得好，帝辛根本不是贪色爱财之徒，他囚禁姬昌以礼相待，释放姬昌也是以礼相待的。帝辛释放姬昌西归的原因非常简单，说白了，就是怕姬昌和季历一样又被困死在殷商而影响殷、周之间的关系。魏晋谱书《殷氏家传》记载，在释放姬昌西归时，帝辛这样对姬昌说（白话大意）："老人家，我请您举家搬来殷商羑里行宫养老已经六七年了，你84岁来我殷商，不知不觉已经是90岁老人了。俗语说，叶老归根。您这么大岁数，要是在我殷商，有什么三长两短，我怎么向姬发交代呢？！"姬昌听了帝辛的话，心知肚明，知道帝辛要放他回国了。于是就在帝辛二十九年这一年年底，姬昌在众多诸侯的恭迎下，举家搬离羑里打道回府了。

　　以上记载才是符合史实的帝辛"囚禁"文王姬昌于羑里六七年的故事。

　　姬昌是个极富心机的人，回国以后，他深知帝辛还在通过"眼线"密切地注视着他的一举一动。于是他就暗地扩张势力，明里大搞"骄奢淫逸"的享乐活动，借以麻痹帝辛。据《淮南子》记载，文王回国后，开始修筑玉门、灵台，并挑选少女，鸣钟击鼓，以此奏乐寻欢。帝辛得知了这些事，对左右说：

"周伯昌改道易行，吾无忧矣。"于是便放松了警惕，果然上当受骗。《史记》又说，周文王回国后，向帝辛进献了"洛西之地"，按照《史记正义》的注解，"洛西之地"指关中北洛水（今陕西北洛河）的西岸地区。今本《竹书纪年》还记载，在被释放回国的第二年（帝辛二十年）春二月，已经 91 岁高龄的姬昌还率众诸侯到殷商王朝向帝辛朝贡（古史书说，姬昌到殷商王朝向帝辛朝贡时所率的众诸侯大多是以前反叛过殷商者），向帝辛表示感谢往在发里六七年的拘押之情。帝辛看到身为"内方诸侯之长"的姬昌率领那么多反叛自己的诸侯重新向殷商称臣纳贡时，激动得难以言表，甚至眉开眼笑，认为姬昌确实是个他没有放错的能人。姬昌在讨好帝辛，重新取得信任后，帝辛也投桃报李，"赐之弓矢斧钺"，赋予西伯姬昌"专征权"，意即不经商王（殷帝）同意就可率师征伐那些不向殷商中央政府称臣纳贡的部族方国。此时的帝辛几乎完全放松了对周人心机应有的警惕，这就为后来的周灭殷提供了机会。

后来的历史进程表明，姬昌正是通过借太姒一梦和为决断"虞芮争讼"争得的舆论优势。一方面，继续发动宗亲与国和友邦，大搞"文王受命"和"文王是圣贤"的个人迷信，达到欺骗帝辛和众多诸侯的目的；另一方面，打着帝辛赋予的"专征"旗号，拜姜太公为军师，大搞强军扩张，进行"合法征讨"，进而克耆灭崇，最终成为西土真正霸主，达到为周武王灭殷奠定基础的目的。也就是说，姬昌回国后这一连串的合法宣传、合法征讨举动都是因为帝辛对西归后姬昌的动机误判而给予鼓励促成的。

【四】周文王拜吕尚（姜太公）为太师

按照一些传世文献的记载，文王离开殷商返回周国时，遇到了吕尚并加以重用。吕尚出自姜姓吕国。殷代的吕国位于山西霍州附近，西周时期被改封到河南南阳。山西的吕国故地后来被晋国占据，成为晋国大夫吕甥的采邑（以封地立氏，故称"吕甥"）。关于殷代的吕国，殷墟卜辞显示，商王曾经田猎于吕，还卜问吕地收成如何，可见吕国是殷商的臣属方国。然而到了商末，吕国背弃殷商、投靠周人，众多吕国贵族在武王伐纣时替周人效力。例如《逸周书·世俘》记载的"吕他（音'佗'）"、清华大学藏战国竹简《封许之命》记载的"吕丁"等（《封许之命》系周成王册封吕丁于许的公文）。按照《史记·齐太公世家》的说法，吕尚也是吕国贵族的"枝庶子孙"，"枝庶子孙"比较落魄，飘零四方，吕尚本人早年居住在东海之滨。《战国策》和汉代刘向编纂的《说苑》则说他曾被前妻悍妇马夫人赶出家门，为了谋生，吕尚在殷商的朝歌当过屠夫，也在棘津的旅店当过用人。吕尚虽然生活穷困，但博学多才，曾经在殷商事奉过帝辛一段时间，因未受重用而去投奔周文王姬昌。《孙子兵法·用间》说："周之兴也，吕牙在殷，故惟明君贤将，能以上智为间者，必成大功。"其意思是说，周朝的兴起，是因为吕牙（字子牙）在殷商仕职过。所以，明智的国君、贤能的将帅，如果能以极有智谋的人做间谍，一定可以成就大功。关于吕尚遇到周文王的事情经过，历来有四种不同说法。第一种说法出自《史记》的记载，吕尚在渭水之滨垂钓，被周文王遇见。文王与吕尚交谈之后十分高兴地对吕尚说（已译成白话）："我国的先君太公曾经说过，今后一定会有圣人到我们周国来，周国会因此而兴旺。恐怕说的就是您吧？我国先君太公盼望您的到来已经很久了。"因此周文王尊称吕尚为"太公望"，任命他为太师。第二种说法出自《孟子·离娄上》，吕尚游说各国，未得知遇之君，最后听说周文王贤明，于是主动投奔文王。第三种说法是，周文王被帝辛囚禁在羑里时，他的大臣散宜生、闳夭招揽了吕尚。三人共同访求珍宝美女，献给帝辛，从而赎回了文王。为了褒奖吕尚的功劳，文王回国之后就重用了吕尚。第四种说法出自屈原《离骚》《天问》的诗句。《离骚》记有："吕望之鼓刀兮，遭文王而得举。"《天问》记有："师望在肆昌何识？鼓刀扬声后何喜？"这些诗句是说，吕尚在朝歌集市上当屠夫时，操刀吆喝引起了周文王的注意。根据《离骚》的王逸注，正在肉铺中操刀的吕尚对周文王说："下屠屠牛，上屠屠国。"文王听了之后，十分高兴，于是把吕尚请上马车，一同离开殷商，返回周国。据史书记载，周武王姬发的妻子即为吕尚的女儿邑姜。

吕尚（姜太公）是灭殷兴周的关键人物，读者欲知其业绩，请参阅本书《卷三·姜太公（姜子牙、太公望）传记》。

【五】文王受命

自 20 世纪 70 年代以来，在姬周故地周原地区陆续发现了西周及先周时期的卜骨刻辞。其中出土于陕西省岐山县凤雏村的部分甲骨，年代可追溯到周文王时期。学界将周原地区出土的甲骨卜辞称为"周原甲骨"，以区别于"殷墟甲骨"。其中以编号为 H11:1、H11:3、H11:82 和 H11:84 的四片凤雏村甲骨最为著名。这四片甲骨卜辞的内容反映，周文王曾在姬周居地设立商王（殷帝）宗庙（"文武帝乙宗"）并隆重祭祀殷商先祖的史实，还有记载商王（殷帝）"册封周方伯"的内容——"曶周方白（伯）"。这些卜辞证实了《吕氏春秋》记载的周文王"处岐事纣"，为讨好帝辛，朝夕必时地隆重祭祀殷商先祖属实。《吕氏春秋·顺民》记曰："文王处岐事纣，冤侮雅逊，朝夕必时，上贡必适，祭祀必敬。纣喜，命文王称西伯，赐之千里之地……故曰文王智矣。"周原甲骨卜辞印证了屡受史家质疑的传世文献记载周文王为讨好帝辛在姬周居地设立商王（殷帝）宗庙隆重祭祀殷商先祖的史实。这件史事非同小可，这再一次证实姬昌是极有心机、非常会做表面工作、以便骗取帝辛信任、内心却是早就做"以周代殷"之梦的西方诸侯。因为按照殷商的族规，只有殷商宗室或与殷商宗室结有婚姻关系的部族方国才准许参与殷商的祭祀活动。此前，在外姓部族方国居地，设立殷商先祖宗庙，并"朝夕必时"地隆重祭祀殷商先祖的事，还从未发生过。姬昌只是一个在年已半百时才迎娶"帝乙归妹"与殷商联姻且没有留下子嗣的外姓诸侯，按常理是不必在其居地设立殷商宗庙，并"朝夕必时"地隆重祭祀殷商先祖的。姬昌借助刚刚缔结的殷、周政治联姻关系破天荒地这样做，显然是另有所图。

当然，对 1977 年出土于陕西省岐山县凤雏村一座西周建筑遗址的窖穴内出土的一万几千片甲骨中有二三百片带字甲骨的来源，学界尚有争议。一些学者（如杨宽等人）认为，这批"周原甲骨"是周文王时的祭祀遗存；另一些学者则认为，这批"周原甲骨"本是"殷墟甲骨"，是被人（可能是叛逃至姬周居地的殷商贞人）带到周原地区的遗存。另外，学界对编号为 H11:82 和 H11:84 的两片周原凤雏村甲骨卜辞中的"囧周方伯"四字中的"囧"字的释读也各不相同。例如，有人认为"囧周方伯"就是"杀周方伯献祭"的意思；有人认为将"囧周方伯"解读成"祭杀周方伯"不妥，应该解读成"征伐周方伯"才对；还有人提出截然不同的看法，认为"囧"字在甲骨文中，除了有"杀牲祭祀"和"征伐"的含义以外，还有"册封""册命"的含义，这些人认为"囧周方伯"应该跟"帝辛册命文王为'西伯'或'三公之一'有关"；杨宽不仅认为"囧周方伯"的"囧"字是"册命"的意思，而且极力反对把这批周原甲骨定性成"殷墟刻辞被人带到姬周"之说，确认这批甲骨应是周文王在姬周居地祭祀殷商先祖的遗存。笔者将殷墟甲骨卜辞和周原甲骨卜辞的照片进行了反复对比，觉得二者在制作风格、刻字手法和词汇应用方面迥然不同，周原甲骨上的字如粟米，笔画如发，凿多方孔，有独特风格；其记时方法和人名、官名等词汇的应用都具有周人特色。因此，笔者十分赞同杨宽（《西周史》一书的作者）的观点，"周原甲骨卜辞"毫无疑问是周人的刻辞。

　　上面从先秦文献记载被周原甲骨卜辞印证方面说明了周文王姬昌是一位极有心机、非常会做表面工作以便骗取帝辛信任、内心却是早就做"以周代殷"之梦的西方诸侯的理由，下面再从他一手导演的一出"文王受命"大戏来深刻地揭示这个问题。后来的历史进程表明，姬昌正是通过宣扬"文王受命"和"至贤至仁"的个人崇拜的舆论手段，打着帝辛赐予的"专征"旗号，进行合法征讨，达到克耆灭崇，最终成为西土真正霸主，为周武王灭殷奠定基础的目的的。

　　据《史记·周本纪》记载，虞、芮两国发生争端，相持不下，于是找周文王裁决。虞、芮之君抵达周国后，见民风崇尚礼让，便惭愧而归，不再相争。这件事很快传播开来，诸侯皆曰："西伯盖受命之君！"虞国的建立，和周文王的两位伯父——太伯、仲雍（《左传》称仲雍为"虞仲"）率领部分周族出走有关。至于芮国，应该也是姬周的同宗或姻亲（晚商的芮国是姬姓还是姜姓，学界尚有争议）。一些学者认为，文王决断"虞芮争讼"，是一种发动宗亲与国，宣扬"文王受命"的舆论宣传手段。关于"文王受命"，《逸周书·程寤》记载了一个故事。这个故事的大意为，周文王的夫人太姒梦见殷商庭院里长满了荆棘，而太子发把周国庭院里的梓树移栽到殷商庭院，结果这些树变成了松柏棫柞之类的良木，太姒惊醒后，把梦境告诉了文王。文王说，这是预示周朝将要替代殷商王朝的吉梦，我们应举办仪式正式接受"皇天上帝"正式下达给我们周人的这个命令。于是，文王举行了禳灾祈福、接受天命的仪式，然后跟太子发一同"拜受吉梦"，表示从"皇天上帝"那里接收到了周人替代殷商的天命。这就是著名的"文王受命"的故事。至于周文王夫人太姒是否真的做过这个梦，周文王姬昌在接受"天命"的仪式上是否真正跪接到"皇天上帝"或"昊天上帝"下达的这个命令，那只有姬昌自己知道。然而，姬昌在"受命"仪式结束后，即秘告与他友好的众多部族方国，却是不争的事实。实质上，所谓"文王受命"，是周人为了争取其他方国和部族的拥戴而发动的一场政治造势运动，目的是争取更多方国部族的支持。然而，"文王受命"的"造反"设计与后世儒家认为文王是至贤至仁盛君的观点相矛盾，认为至贤至仁的周文王，不可能公开反叛时为天下共主的帝辛，故后世儒家大多回避或否定"文王受命"的说法，以致"文王受命"成为殷末的一桩悬案。现代学界围绕文王是否"受命称王"和文王具体于何年"受命"的问题曾展开过热烈的讨论，王晖认为"文王受命"为真人真事，他利用传世文献和出土的文字材料推算出"文王受命"的具体时间在公元前 1058 年。

《逸周书》相传是孔子编纂《尚书》时没有被收进去的一些文献，先秦时期的一些学者将其收集编辑而成，等同于《尚书》，或可称为《尚书》的《补编》。《程寤》是《逸周书》中的名篇，原文在宋朝以后就已失传。直到 20 世纪以后，随着考古学在中国的发展，学者们将出土青铜器上的铭文和《逸周书》中的许多篇章对读，才证明《程寤》篇的重要性。后来发现清华大学收藏的战国竹简中的《程寤》非常完整，学者们才据"清华简"整理出失传的《逸周书·程寤》篇的原文，其中肇始于周文王姬昌夫人太姒一梦的"文王受命"故事的原文如下：

惟王元祀，正月既生魄（"魄"西周金文作"霸"），大姒梦，见商廷惟棘，迺小子发取周廷梓，树于厥间，化为松柏棫柞。寤惊，告王。王弗敢占，诏太子发，俾灵名凶祓。祝祈祓王，巫率祓大姒，宗丁祓太子发，币告宗祊社稷，祈于六末山川，攻于商神，望、烝，占于明堂。王及太子发并拜吉梦，受商命于皇上帝。

于是，周文王姬昌夫人太姒做吉梦这一年，就被周人视为文王"受命之年"。周文王姬昌究竟是何年"受命"，《史记·周本纪》未明载，只借诸侯之口说："诸侯闻之，曰：'西伯盖受命之君。'"倒是今本《竹书纪年》（王国维：《今本竹书纪年疏证》）的"约案"条下记载得很具体："帝辛三十三年，王锡命西伯，得专征伐。约案：文王受命九年，大统未集，盖得专征伐，受命自此年始。"对今本《竹书纪年》"约案"条下这一记载，可有如下两种不同的理解。

①帝辛三十三年相当于文王姬昌受命的第九年

依此理解，可依今本《竹书纪年》的记载，推算出文王受命之年为文王在位的第三十六年或帝辛在位的第二十五年，相当于本书据魏晋谱书《殷氏家传》推断的公元前 1072 年己巳。其推算过程如下：

文王元年 = 文丁 12 年 = 文王 51 岁（因为文丁 11 年困死季历时文王 50 岁）；

文王 2 年 = 文丁 13 年 = 文王 52 岁（文丁陟）；

文王 3 年 = 帝乙元年 = 文王 53 岁（相当于公元前 1105 年丙申）；

文王 11 年 = 帝乙 9 年 = 文王 61 岁（帝乙陟，公元前 1097 年甲辰）；

文王 12 年 = 帝辛元年 = 文王 62 岁（公元前 1096 年乙巳）；

文王 36 年 = 帝辛 25 年 = 文王 86 岁 = 文王受命之年（公元前 1072 年己巳）；

文王 44 年 = 帝辛 33 年 = 文王 94 岁 = 文王得专征伐之年（公元前 1064 年丁丑）。

也就是说，若将今本《竹书纪年》"约案"条的记载理解为"帝辛三十三年为文王姬昌受命的第九年"的话，则文王姬昌受命之年，当为他在位的第三十六年，也是帝辛在位的第二十五年，相当于本书据魏晋谱书《殷氏家传》推算的公元前 1072 年（己巳年），此时文王已经 86 岁。仍从今本《竹书纪年》记载，我们知道，帝辛在位的第二十五年文王姬昌正被帝辛困于羑里养老中（文王姬昌于帝辛二十三年至二十九年被帝辛困于羑里），此时他即使能获得其妻太姒做吉梦的信息，也绝对没有机会与其子姬发一起举办接受"皇天上帝"或"昊天上帝"下达灭殷命令的仪式，因此，可断定，将今本《竹书纪年》"约案"条的记载理解为"帝辛三十三年为文王姬昌受命的第九年"是绝对错误的。下面，我们再来看看第二种理解对不对。

②帝辛三十三年为文王姬昌受命之年，也为帝辛锡命姬昌得专征伐之年

　　从对上述第①种理解的推算结果中，我们已经知道，帝辛三十三年相当于文王在位的第四十四年，也相当于本书据魏晋谱书推算的公元前 1064 年（丁丑年），义上时年 94 岁。如果以这一年作为文王姬昌受命之年和帝辛锡命文王姬昌得专征伐之年的话，笔者认为，还是比较合理的，因为此时姬昌已经从被困的羑里衣锦还乡四年了，他是完全有机会也有资本搞一场争取其他方国和部族拥戴的政治造势运动的仪式——文王受命的，其机会就是他已经骗得天下共主帝辛的绝对信任了，其资本就是他已经于这一年获得帝辛锡命以得专征伐的尚方宝剑了。

　　依《史记·周本纪》等史书的记载，文王在受命这一年断"虞芮争讼"并获得帝辛锡命的得专征伐的合法身份之后，就开始强势扩张，第二年率军讨伐犬戎，第三年率军讨伐密须，密须是姞姓国，位于甘肃灵台以西。周文王以密须之君"不够恭顺，侵略邻近的阮、共二国"为由，率军一举将其攻灭吞并。（《诗经·大雅·皇矣》："密人不恭。敢距大邦，侵阮徂共。王赫斯怒，爰整其旅，以按徂旅。以笃于周祜，以对于天下。"）密须故地后来归属周族宗室，姬姓密国由此建立。在消灭密须的次年，文王又挥师向东，讨伐耆国，"耆国"即黎国，在山西长治附近。关于这次征伐，司马迁认为就是《尚书》中提到的"西伯戡黎"之事。然而很多后世学者都认为《西伯戡黎》中的"西伯"是武王而非文王，清华大学于 2008 年收藏的战国楚简中，有《耆夜》这么一篇简文。其开篇云："武王八年，征伐耆（黎），大戡之。"所以如今学界一般认为最终讨平耆（黎）国的是周武王，时间在伐纣(武王十一年)的三年前。不过，根据上博楚简《容成氏》的简文，"耆（黎）国"确实是文王降伏的"九邦"之一。可见文王、武王父子都征伐过耆（黎）国【今本《竹书纪年》："（帝辛）四十四年，西伯发伐黎"】。耆（黎）国可能在归降文王后不久，又背叛周人，最终在武王伐纣的前夕被彻底讨平。文王在伐耆之后又伐邘。"邘"也作"盂"，位于河南西北，是殷墟卜辞中常见的商王田猎区。罗琨在《商代战争与军制》[注118] 第 345 页指出，姬昌戡黎、伐邘的胜利在战略上控制了南起怀州（沁阳）、北达潞州的（太行山地区）羊肠坂道，阻断了殷商王朝腹心地区与晋南及西土方国联系的一条重要通道，使殷商王畿西部的天然屏障失去了作用。然后姬昌将矛头指向殷商王朝统治的一个重要支柱，即以崇侯虎为代表的崇国。此时殷商旧贵族和帝辛之间的矛盾日趋激化。忙于压服国内旧贵族的帝辛，或许一时无法对周人的行动做出反应，或许受了姬昌的蒙蔽，以为姬昌真的为殷商征讨不听话的诸侯和部族。其实，在姬昌开始挥师东进，越过黄河对耆国（耆国距商殷商王都仅二二百公里）用兵时，也就是当姬昌戡黎时，帝辛的大臣祖伊就感到形势不妙，奔告于帝辛，只是帝辛未听而已。【笔者注：长期以来，学界对《尚书·西伯戡黎》中的"西伯"是指文王还是指武王见解不一。虽然从《史记·周本纪》记载的字面上来看，《尚书·西伯戡黎》中的"西伯"是指文王（《史记·周本纪》记载："明年，伐密须。明年，败耆国。殷之祖伊闻之，惧，以告帝纣。"），但如果从祖伊看到耆国（黎国）被戡的恐惧态势来看，当然应该是指后来的"武王戡黎"。因为祖伊看到被帝辛"黎之蒐"拉回来的"耆国（黎国）"，又被武王夺回去，他才会那么恐惧地"以告帝纣"，并犯颜直谏。读者欲知学界对"西伯戡黎"的讨论及祖伊谏纣的详情，请参看本书《卷五·第一章·第二节》中的进一步分析。】

这时，山西地区的众多殷商属国，如之前提到过的吕国，大多倒向了周人。

周文王的下一个目标,是扫除崇国这个绊脚石,以便打通前往东方的"主通道"。《诗经·大雅·皇矣》有诗句云:

> 帝谓文王,询尔仇方,同尔弟兄。
> 以尔钩援,与尔临冲,以伐崇墉。
> 临冲闲闲,崇墉言言。执讯连连,攸馘安安。
> 是类是祃,是致是附,四方以无侮。

诗文的意思是,天帝对文王说:"要跟盟国咨询商量,联合同姓兄弟之邦,用你那些爬墙钩援和你那些攻城车辆,讨伐攻破崇国城墙。攻城车辆出动,崇国城墙高耸,抓获俘虏成群结队,割取敌耳安然从容,祭祀天神求得胜利,招降安抚崇国民众,四方不敢前来冒犯。"

按照这首史诗的描述,文王伐崇,集结了盟国的兵力,还进行了一场激烈的攻城战。当然,文王也有招降安抚崇国民众的举动。到了春秋时期,由于文王的形象不断被"圣人化",许多贵族在追述"文王伐崇"的历史故事时,都淡化了"攻城馘俘"的一面,而强调"修德招抚"的一面。比如宋国司马子鱼说(已经译为白话):"文王听闻崇国德行昏乱而去讨伐,打了30天,崇国还不投降,退兵修明教化后,再去讨伐,刚进驻先前设置的营垒,崇国就投降了。"西安市灞桥区的老牛坡遗址,被部分学者认为属于崇国。根据碳-14测年结果,该遗址大约在殷末遭到毁弃。遗址中的中型木椁墓被严重破坏,无一幸免,墓主遗骸遭到扬弃,随葬品几乎无存。这或许是周人对崇侯虎及其宗族的一种报复行为。上博楚简《容成氏》记载,文王降伏的邦国还有丰、镐、郍(舟)、齨、主、鹿。丰、镐分别位于渭水支流沣水的西、东两岸,是后来文王、武王的建都之地;"郍(舟)"位于河南新郑一带;"鹿"位于嵩县东北;"齨"的地理位置,尚难以考证。伊、洛及豫西地区,在这一时期大致都被周文王纳入周国的势力范围。这应该就是牧野之战之前,周武王姬发率领的西戎联军自周地出发后,未受任何阻挡直捣殷商别都朝歌的原因。一系列征伐行动结束后,周文王迁都丰邑,并于第二年去世。对获得帝辛赋予"专征"大权和接受所谓"文王受命"后,姬昌开始进行的一系列征伐行动,在《史记·周本纪》和今本《竹书纪年》等史书中都有记载。

《史记·周本纪》记曰:

> 西伯阴行善,诸侯皆来决平……诸侯闻之,曰"西伯盖受命之君"。
> 明年,伐犬戎。明年,伐密须。明年,败耆国。殷之祖伊闻之,惧,以告帝纣。纣曰:"不有天命乎?是何能为!"明年,伐邘。明年,伐崇侯虎。而作丰邑,自岐下而迁都丰。明年,西伯崩,太子发立,是为武王。

今本《竹书纪年》也以帝辛在位先后的年次记曰:

> 二十二年冬,(帝辛)大蒐于渭。
> 二十三年,(帝辛)囚西伯于羑里。(据武乙即位与古公亶父迁周原同年推算,时姬昌84岁)
> 二十九年,(帝辛)释西伯,诸侯逆西伯,归于程。(时姬昌90岁)
> 三十年春三月,西伯率诸侯入贡。(时姬昌91岁)

三十一年，西伯治兵于毕，得吕尚以为师。（时姬昌92岁）

三十二年，密人侵阮，西伯帅师伐密。（时姬昌93岁）

三十三年，密人降于周师，遂迁于程。（时姬昌94岁）　王锡命，得专征伐。
　　　　约案：文王受命九年，大统未集，盖得专征伐，受命自此年始。

三十四年，周师取耆及邘，遂伐崇，崇人降。（时姬昌95岁）

三十五年，西伯自程迁于丰。（时姬昌96岁）

三十六年春正月，诸侯朝于周，遂伐昆夷。西伯使世子发营镐。（时姬昌97岁）

四十一年春三月，西伯薨。（时姬昌102岁，去世）

　　就史书的以上记载来看，"受天命"和获得帝辛赋予"专征大权"的姬昌，尽管已是耄耋之年的老人（上述依今本《竹书纪年》记载推算的姬昌年岁，因今本《竹书纪年》本身备受质疑，未必准确，但自被囚羑里返周后的姬昌已经年高是确定无疑的），但他生前已将周国的势力范围扩大到可与宗主国殷商王朝一较高低的程度，应该是肯定的。可见，在周武王发动直取殷商别都朝歌的牧野之战前夕，周国的势力范围及其军事实力已经非常强大，这才是周师一路东来没有受到任何阻挡的原因，也是周武王不先攻打殷商王朝的"别处"，竟然敢直捣殷商王朝别都兼实际军事中心朝歌的真正原因。有史家说，牧野之战前夕，"三分天下，周已占其二"，虽然有点夸张，但"二分天下，周已占其一"，估计是差不多的。

　　在周殷势力实际已经平分秋色的这种形势下，《尚书·西伯戡黎》《史记·殷本纪》和《史记·周本纪》都记载了当大臣祖伊问帝辛打算怎么办时帝辛回答的一句话——"呜呼！我生不有命在天？！（出于《尚书·西伯戡黎》）"或"我生不有命在天乎！（出于《殷本纪》）"或"不有天命乎？是何能为！（出于《周本纪》）"。

　　过去史家多将帝辛回答大臣祖伊的这句话理解成帝辛过于自信的反诘句——**"不是有天命助我吗，周国能奈我何？！"**古代学者一般认为是帝辛执迷不悟、狂妄自大的表现，把帝辛这句话理解成帝辛对祖伊的反问句。现在就牧野之战开战前夕实际的殷周大势来看，过去的多数史家对帝辛回答大臣祖伊之语的理解可能未必符合帝辛的本意。实际上帝辛回答祖伊之问的本意可能符合下列两种情况之一。

　　①如清代张英在《书经衷论》中所言，此时周人势大，帝辛说的"我生不有命在天"只不过是无可奈何之言罢了。帝辛不愿意在祖伊面前承认错误，于是把自己的窘境归咎于天意。即其本意是**"天意已经如此，我又能有什么办法呢？"**

　　②祖伊认为，殷要亡是天意，帝辛说的"我生不有命在天"的本意，或许是想否定祖伊大命观的否定句，即其本意为**"我命不在天！"**

　　总之，就周武王发动牧野之战时的殷、周大势来看，古今有不少史家认为，周武王发动牧野之战是孤军深入、是乘殷都空虚的偷袭、是侥幸取胜，笔者认为这种观点是不正确的。实际上，周武王不打殷商王朝的"别处"，敢于选择直取殷商别都朝歌的打法，就其经济实力、军事实力和获得众多诸侯的支持来看，是底气十足的，是有必胜把握的。应该说，在牧野之战之前，周武王在有必胜信心的同时也一定有了最坏的打算，倘若牧野之战失败，他也是进可攻退可守的，因为当时殷墟以西、殷墟以南的"半边天"实际上已在他的掌控之中。

【六】帝辛的改革和失策

由于帝辛是亡国之君，传统文献几乎清一色地认为，帝辛的一系列施政举措都是违反祖制的"乱政"，根本不承认其为改革，但是帝辛这个"中国奴隶社会改革家"的光辉形象就像天空中耀眼的金星一样，在历史长河中，他总会发光的。帝辛的一系列违反祖制的"乱政"举措，虽然受到传统史家众口一词地谴责，但他的子孙在1700年前编纂的秘不示人的魏晋谱书《殷氏家传》中，还是承认他的改革并给予客观评价的。魏晋谱书《殷氏家传》这样评价他（大意）："不管帝辛做了多少坏事，但他废除人殉这一条是永远值得后世子孙赞扬的。例如续公（指因功受西汉皇帝封于汝南的长平殷氏始祖、西汉北地太守殷续）虽在西汉皇帝面前称自己的先祖为微子，但在私下还在要求子孙不要忘记我殷家末帝帝辛的功德，承认自己是帝辛之后的！"由此可见陈郡长平殷氏始祖西汉北地太守殷续在私下是承认帝辛的改革并怀念帝辛的。进入20世纪，由于甲骨文的横空出世和殷墟大量墓葬地挖掘，人们才知道要废除奴隶社会"殉葬惊看有众奴……纵横狼藉如羊猪"的人殉需要何等的勇气！可见郭沫若先生对帝辛的赞扬是多么恰当："勿谓殷辛太暴虐，奴隶解放实前驱……中原文化殷创始，殷人鹊巢周鸠居。"当然，由于帝辛采取的措施过于激进，决策也出现失误，反而加速了殷商王朝的衰败与灭亡，也是事实。

本书在《卷二》最后一章已经说过，殷商晚期，祖甲初创了用五种祀典周而复始轮番祭祀先王、先妣的"周祭制度"，在这种祭祀制度下，历代先王被区分成直系和旁系。凡是直系先王，其本人和配偶都能进入周祭；旁系先王本人进入周祭，但其配偶不能进入周祭。这种"重直系、轻旁系"的祭祀制度，本质是强调"父死子继"的传位方式及嫡子的宗法地位。由于祖甲之子康丁的"复古"，周祭制度一度衰落，但到了文丁即位以后，周祭制度又得以复兴，并在帝乙、帝辛时期变得更加完善与严密。考察帝辛时期的甲骨卜辞与青铜器铭文，有大量关于祭祀先王的内容。然而，在周武王的《牧誓》中，却把"疏于祭祀"归结成帝辛的"罪状"之一，指责他"昏弃厥肆祀弗答"，这和帝乙、帝辛重视祖先祭祀、淡化天神祭祀的趋势有关。常玉芝在《商代宗教祭祀》【注123】一书第26—27页中指出，居于天上的神，在甲骨卜辞中被称为"上帝"，或简称为"帝"，而绝不称作"天"，卜辞和金文中"天"字都不是神称，而是表示大的意思，如"大邑商"又称"天邑商"，"大乙"又称"天乙"等，在卜辞中称至上神为帝或上帝而不称为天，如《甲骨文合集》10166、30388、24979等。从卜辞的相对数量可以看出，在晚殷时期，对上帝的崇拜以武丁时期最盛，以祖甲和殷末帝乙、帝辛时期最弱。所以周人指责帝辛"疏于祭祀"，应该主要是针对"祭祀上帝"这一方面。比如《逸周书·克殷解》称："殷末孙受德，迷先成汤之明，侮灭神祇不祀，昏暴商邑百姓，其章显闻于昊天上帝。"另外，帝辛严格奉行祭祀先王、先妣的周祭制度，也有深层次的意义。毕竟周祭制度具有"重直系、轻旁系"的特点，众多旁系贵族的祖先在国家祭祀中处于边缘地位甚至被直接剔除，最明显的是，连祖甲的长子廪辛（名先）也被剔除了。积极维护这一制度，实际是对旁系宗亲的一种打压。帝辛为了集中王权，还把打压旁系宗亲从祭祀层面延伸到了政治层面。因此，在周武王的《牧誓》中，紧跟"昏弃厥肆祀弗答"这条罪状的是"昏弃厥遗王父母弟不迪"，这里的"王父母弟"泛指父祖辈和兄弟辈的宗室近亲，这是指责帝辛"轻蔑废弃宗亲而不加任用"。帝辛为了实现先代商王（殷帝）未能完成的"王权集中"采取了十分激进的措施，不仅打压宗室近亲，还把矛头对准国内旧族。殷商时期，自王室以下的各级贵族乃至平民，基本都是以"族"为单位的形式组合在一起，其中较为强大的"族"，拥有相对独立的经济、武装和领地。为了防止这些大族过于膨胀，帝辛采取了激进的制衡措施，"重用小臣"就是激进的制衡措施之一，这在"临事任官"类卜辞中有所反映。所谓"临事任官"，是指帝辛临时根据事情需要而进行的任命。有一群被称为"小臣"的人，经常出现在"临事任官"类卜辞中，少数"小臣"具有专门的职位，比如主管马匹的"马小臣"，而大部分"小臣"并没有固定官职，他们只是临时受帝辛指派，去管理各类事务。"小臣"的人员构成也较为复杂，一些小臣是王室宗亲，一些小臣来自王朝内部的大族或来自称臣纳贡的部族方国，还有一些只是帝辛身边的奴隶。其实这个小臣群体在武丁时期就存在，只是到了帝乙、帝辛时期才逐渐发展成为一个依附于商王（殷帝）、具有复杂职能和人员构成的亲信集团。商王（殷帝）通过指派这些亲信处理各类事务，来制衡世官贵族。从卜辞记录可以看出，到了殷商末年，帝辛为了进一步集中王权，又加大重用小臣的力度并疏远旧贵族。黄组卜辞中小臣任事的内容多于旧贵族职官的佐证，见于《甲骨文合集》36416、36417、36418、36419、36824、36420、36421、36422 等。帝辛的举动，引发了宗亲与旧贵族不满的事，在传世文献中也有记载。比如《尚书·微子》记载了帝辛庶兄微子启的愤懑之言："卿士师师非度，凡有辜罪，乃罔恒获。小民方兴，相对敌仇。今殷其沦丧，若涉大水，其无津涯。殷遂丧，越至于今！"微子这番埋怨的话的白话意思是："帝辛任用的卿士，不遵法度、皆有罪恶。殷商的大小官员，无不喜欢草野窃盗、寇贼奸宄，他们罪不容诛，却又逍遥法外，竟然没有秉持常法之人。奸邪小人各起一方，他们彼此为敌，互相仇杀。如今殷商快要沦丧了，就像徒行渡水，却又大水迷漫，茫无涯际。殷商行将灭亡的态势，居然到了这个地步！"微子诉苦的对象——父师（太师）与少师也批判帝辛"咈其耇长旧有位人"，即"轻视甚至不用那些年事已高的元老旧臣"。帝辛之前的商王（殷帝）虽然也会通过任用小臣来制衡世官旧族，但在一定程度上对这些世官旧族还是比较尊重，毕竟他们是王朝的重要支柱。例如，据《尚书·盘庚》记载，商王盘庚强调过殷商王朝的惯例："古我先王，亦惟图任旧人共政。"即便盘庚采取了一些较为强硬的手段迫使旧族妥协、同意迁都，但"与旧人共政"这点也未曾改变。到了帝辛时期，政坛上长期以来的平衡被打破，利用小臣集团排挤旧贵族的情况非常严重。微子启说帝辛任用的卿士皆有"辜罪"，这一点也是《牧誓》中周武王列举的帝辛"罪状"之一："乃为四方之多罪逋逃，是崇是长，是信是使，是以为大夫、卿士，俾暴虐于百姓，以奸宄于商邑。"其意思是说，帝辛对四方逃亡来的罪人推崇尊敬，并加以任用，让他们去当大夫、卿士，结果这些人施暴于百姓，作乱于商邑。微子、武王指责帝辛"任用罪人逃犯"，虽然是基于"重用小臣团体"这一事实的夸大之词，但毕竟也事出有因。许多小臣也确实出身低微，被帝辛提拔重用之后，大多缺乏政治经验，没有独立的政治主张，习惯于唯帝辛马首是瞻，导致殷商王朝应有的制度运转不畅，破坏了政治体系的稳定性。另外，关于《牧誓》中谓帝辛任用"四方之多罪逋逃"，也应是事实。帝辛确有接纳四方逃亡者的行为，其目的在于扩大自身直接控制的人口，同时削弱其他大族、方国的势力。据《左传》记载，春秋时期楚国大夫申无宇在劝谏楚灵王时，就以帝辛窝藏天下逃亡者为例子。他对楚灵王说："昔武王数纣之罪，以告诸侯曰：'纣为天下逋逃主，萃渊薮。'"其意思是说，殷纣是窝藏天下逃亡者的祸首，他所在之处也是逃亡者聚焦的渊薮。帝辛接纳四方逃亡人口，必然会加剧与各部族、各方国的矛盾。周文王却反其道而行之，明确地提出并实施"有亡荒阅"的政策，即搜捕逃亡人口，送还原主，借此笼络殷商王朝各部族与附属方国。在帝辛一系列激进的政策下，无论是内服贵族还是外服方国，都逐渐站到了帝辛的对立面，成为制衡帝辛实施新政的反对派。而帝辛又是那种"矜人臣以能，高天下以声，以为皆出己之下"的刚愎自用、恃才傲物之人，当然不会容忍，于是便采取镇压手段。最终的结果是王子比干被杀，箕子被囚，大师疵、少师彊、辛甲、内史向挚等人直接投奔周国。至于微子启，在听了太师、少师的劝告之后，也选择出走，离开殷商别都朝歌到他的封地"微"去暂避。而那些背叛殷商的诸侯、方国，也大多被周人纳入势力范围。武王伐纣，直到在朝歌附近的牧野遇上"**殷商之旅**"（出自《诗经·大雅·大明》）之前，一路上都没遭到任何抵抗。很大程度上也跟当时殷商内外贵族、方国纷纷离心有关。

世人常谓"殷鉴不远"，我们虽肯定帝辛的改革，但应指出其失策的误国。

【七】所谓"帝辛宠妲己误国"

传统史书皆谓"帝辛宠妲己误国"，一千七百多年前殷商先祖编纂的魏晋谱书《殷氏家传》则说（白话大意）：**"帝辛宠妲己属实，但并未误国。"**即是说，妲己实有其人，但也仅仅是帝辛宠爱的一个嫔妃而已，并未到"言听计从"的程度。周武王在牧野之战的《牧誓》中虽然指责帝辛"惟妇言是用"，但《牧誓》并未点明帝辛听信之"妇"的名称，可见在殷末时，妲己仅是一位深受帝辛宠爱的普通嫔妃，周武王甚至可能都不知道妲己的存在。

查东汉许慎编撰的中国第一部字典《说文解字》，尽管其版本和收字多少有所差异，但有一点是各种版本的《说文解字》都基本相同的。那就是许慎对历史人物的评价呈中性，并不像其他史书上那样罗列一大堆纣王和妲己的罪恶。在许慎的笔下，圣君也好，暴君也好，在文字面前，都一律平等。只就字论字，既不提他们的功德，也不提他们的暴行。在喾、尧、舜、禹、汤、桀、纣这些字的条目下，只有相关的字义，没有任何与这些人有关的说明。例如"嚳（喾）"字条下释有"急，告之甚也"；"堯（尧）"字条下释有"高也，高远也"；"舜"字条下释有"草也"；"禹"字条下释有"虫也"；"湯（汤）"字条下释有"热水也"；"纣"字条下释有"马缰也"；在有些版本的"妲"字条下释有"女字。妲己，纣妃"，而对妲己的所谓祸国罪恶，只字未提。笔者翻阅了上海古籍出版社 1988 年 2 月第 2 版的 [汉] 许慎撰、[清] 段玉裁注的《〈说文解字〉注》许多页，只在第 367 页发现一例破格地颂扬之处，在成汤右相伊尹的"伊"字条下赫然释有"殷圣人阿衡也"六个字，连位于该词书第 584 页的孔子的"孔"字条下也只释有"通也"两个字，而无赞美孔圣人之只言片语，这可能是代表许慎无声无息地抗议汉儒们崇周贬殷的呼声。

妲己的第一次出名是在她死了人约 500 年之后编纂的《国语》中。而《国语》中讲述妲己罪恶的晋国太史史苏也是妲己死后三百多年才出场的人物。也就是说有关妲己的生平或事迹到了春秋时期的《国语·晋语》中才有了较为具体的记载："殷辛伐有苏，有苏氏以妲己女焉，妲己有宠，于是乎与胶鬲比而亡殷。"按照《国语》的这个说法，妲己是有苏氏之女，被作为求和的代价献给帝辛。在受到帝辛宠爱后，妲己又和胶鬲勾结，最终导致殷商覆亡。《国语》记载的这个故事的名字叫"有男戎必有女戎"。在这个故事中，晋国太史史苏将夏殷周三代的亡国都归结到女人身上。

这个故事说，晋献公五年（公元前 672 年），晋献公想兴兵攻伐骊戎部落，请太史史苏占卜，结果是"胜而不吉"，史苏劝晋献公最好不要出征。而晋献公听说能胜，便将吉利不吉利放在脑后。他不听史苏劝阻，仍然兴兵攻伐骊戎部落，结果晋国大获全胜。骊戎将其两个女儿献给晋献公。这二女，长为骊姬，次为少姬。那骊姬美若天仙，除了生得妩媚之外，骊姬还特别会撒娇，仅凭她一个娇滴滴的话语和动作就能把晋献公迷得神魂颠倒。晋献公看到楚楚动人的骊姬和少姬，越发得意忘形。史苏的朋友里克后来不解向史苏询问：

"晋献公攻打骊戎大获全胜，您的占卜的结果，为何是胜而不吉呢？"

史苏解释说：

"胜败不在一时。这个戎狄，有男戎必有女戎。现在，咱们晋国是用男人打败了人家的男人，人家呢，一定会用女人把咱们打败。他日，骊戎的女子就会将晋国玩弄于股掌之中。"

里克听后大惊，不禁向史苏问道：

"你说这话是什么道理呢？"

史苏就意味深长地举例对里克说：

"说给你听听，夏桀战胜有施，有施弄来个妹喜，夏朝完了吧；纣王击败有苏，有苏弄来个妲己，殷商也完了吧；周幽王伐褒国，褒国弄来个褒姒，西周还不是又亡了。现在来了个骊姬，这就离亡国不远了。所以我说晋献公打败骊戎部落，弄来个漂亮的美女骊姬是'胜而不吉'。"

史苏的话一语中的。后来，晋国虽然未亡，但在枕边人骊姬的挑拨之下，晋国正后被废，内乱频发，公子重耳不得不在外流浪 19 年，才于公元前 636 年，在秦穆公的支持下继承了晋国的王位，就是后来成为春秋五霸的晋文公。也正因为在妲己死后三百多年的晋国出了一个祸乱晋国的骊姬，又经骊姬死后约二百年编纂的《国语》的记载，才使本来名不见经传的妲己第一次在史书上正式出了名。

到了距离殷商覆灭九百年之后的司马迁笔下，这个故事就已经变了味，纣王爱妲己爱到言听计从、天天酒池肉林、男女裸体相互追逐彻夜狂欢的场景，到了距离殷商覆灭近一千年之后刘向的《烈女传》中，纣干对妲己的言听计从已经到了她喜欢的就给，她讨厌的就杀，到了以炮烙之刑取乐，残害忠良，祸害朝纲的地步。

实际上，帝辛纣王的历史污迹，和妲己一样，也同样是按照这样的节奏在漫长的历史长河中逐步添加上去的。近代著名历史学家顾颉刚对帝辛的每条罪状发生的时间次序进行过排谱，写了学界众所周知的《纣恶七十事发生的次第》一文。文中指出：

"殷末时的《牧誓》中纣王的罪责一共只有三五条，还尽是没有什么道理的。出于《尚书》的，只有六条，战国增二十条，西汉增二十一条，东晋增十三条。即是说，到了人死了一千二百多年之后的晋朝的《帝王世纪》中，竟然发展到了七十多条罪状。"

顾颉刚进而指出：

"现在传说的'纣恶'是层层累积发展的，时代愈近，纣罪愈多，也愈不可信。"

官方史书中，为帝辛编织的罪名到晋朝的《帝王世纪》打住，民间的热情却依然在暴涨，最终是在距殷末两千六七百年之后的明代，在《封神演义》中完成了这对千古邪恶男女的形象塑造。

时代在发展，历史在回真，现在该是为纣王和妲己这对男女还原其本来面目的时候了。复旦大学著名的钱文忠教授在央视《百姓讲坛》的解读《三字经》节目中说：

"2000多年来被冠以'暴君'的商纣王属于历史最悠久的'冤案'……民间的谬误都是在大众传媒的传播中被扩大的，有史学良心的学者应该站出来主导话语权。"

【八】殷人重酒，周人重食

在早期文献中，"酗酒"也被视作帝辛亡国的原因之一，比如《尚书·酒诰》说："在今后嗣王（指帝辛）酣。"《尚书·无逸》也说："无若殷王受之迷乱，酗于酒德哉！"到了后来，有关帝辛酗酒的描述变得更加具体和夸张。比如《吕氏春秋》说："糟丘酒池，肉圃为格。"《韩非子》也说："纣为长夜之饮。"到了司马迁笔下，则综合先秦诸说，在《史记》中扩展成："以酒为池，县（悬）肉为林，使男女倮（裸）相逐其间，为长夜之饮。"

魏晋谱书《殷氏家传》谓"殷人重酒，周人重食"应该是符合史实的，因为从殷代出土的青铜器来看，都是以酒器为重的，特别是殷代晚期，更是如此。殷代晚期出土的青铜酒器，造型精美、品种之多，令人惊叹，这应该是殷商王朝朝野有嗜酒风俗的反映，但说殷商因"酗酒"亡国，未免过于夸大。排除晚出的贬低帝辛的夸张说法，单从早期记载来看，帝辛或许确有酗酒行为，对其政治决策造成一定的负面影响，也许是事实。

传世文献说，殷人"重酒"，周人加以贬斥。还说：周灭殷后，周人有目的、有计划地改变了殷人礼器"重酒"的风俗，从而建立起"重食"的礼器体制。其实，这种从政治层面上讲的周人防患于未然、主动采取的限酒措施未必全面，更多的恐怕还是殷末周初时双方生产力发展水平的巨大差异之理所必然。众所周知，酿酒业能形成产业是建立在粮食除人、畜食用外还有富余的基础上的，"大邦殷"因为农业的巨大发展，有了足够多的"余粮"，才养成朝野嗜酒的风俗，而殷末的"小邦周"和刚刚从"小邦周"转变成天下统治者的西周初年的生产力发展水平来看，显然不会有足够多的"余粮"用于酿酒，当然不可能养成嗜酒的风俗。因周人珍惜粮食，酿酒业不能形成产业，周人在殷末周初当然就不会注重制造青铜礼器，这才应是出土的殷末周初周人青铜酒器很少和周人养成"重食"礼俗的原因。笔者的这个判断，已经被考古资料证实，殷墟出土的青铜礼器非常丰富，觚、爵等酒器组合更是随葬品组合中的核心，这反映了殷代朝野"重酒"的风俗；与之相对，周人克商之前的"先周文化"遗存，出土酒器无论是绝对数量，还是在每组铜器群内的比例，都低于以鼎、簋、甗为代表的食器组合，反映出先周人明显的"重食"倾向，这正是在古公亶父、季历、姬昌初创基业的年代，先周社会生产力发展水平较低的反映，当时的先周人，难以像同时代的殷商人那样，生产出富余的粮食用于酿酒。周人珍惜粮食，视农官后稷为祖先，因此才养成了"重食"的礼俗。到了灭殷之后的西周初年，周人贵族墓葬中的青铜酒器比例才有所提升，但还远远没有殷墟墓葬中出土的酒器多。在西周初年出土墓葬的随葬品中酒器比例的提升，正是周人贵族吸收殷商"重酒"礼俗的印证。即便如此，周王和宗室重臣也依然坚持"重食"的传统观念。例如周公姬旦在《无逸》这篇训令中，就要求西周统治者，切不可安逸享乐。对于殷商及其遗民"重酒风俗"，周公则时常进行批判。周公还作《酒诰》训诫康叔，希望他统辖殷商王畿故地时，不要受殷人嗜酒风俗的影响，要求康叔尝试改造殷商遗民的"重酒"风俗。周朝统治者的"限酒"训令影响深远。考古表明：到了西周中期周穆王时，周人将殷礼改造成周礼的体系基本成形，贵族墓葬中的酒器比例日渐式微，食器组合则趋于完备。到了西周晚期，墓葬中陪葬品的酒器组合几乎出现了"断层"，直到东周时期，其贵族墓葬中陪葬品的酒器组合才又有所回升。

殷代史

【卷四】殷末风云

【卷四·附件】夏殷周时期碳-14测定的考古年代框架示意图（仅供参考）

说明： 本图转引自《夏商周断代工程报告》第 508 页（科学出版社，2022 年 6 月第一版），谨致谢忱

夏商周年表（BC）	考古遗址分期年代（BC）			BC	考古遗址分期年代（BC）		BC
	王城岗遗址	2段	河南龙山文化	2100			2070
2070 夏禹		3段					
·		4段		2000			
·							夏
·				1900			
·	1850						
·	新砦遗址			1800			
·	1750						
·	一期 二里头遗址			1700			
·	1680						
·	二期						1600
夏 履癸	1610			1600			
1600 商汤	三期 1560				1510		1600
·	1520 四期	偃师商城 一期		1500	二下一	郑州商城（二里冈）	商前期
前 ·		二期 1400			二下二 1400		
期 ·				1400	1400水井圆木 二上一		
·		三期			二上二		1300
盘庚	1320			1300			
1300	一期 殷墟遗址						1300
1300 盘庚	1250						
1250 武丁	二期			1200			商后期
1192 祖庚	1200						
后 ·	三期						
期 ·				1100	丰镐 遗址		期
帝乙	1090				—1050 H18		
1075 帝辛	四期				—1020 T1④		1046
1046	1040	1040		1000	张家坡 遗址		1046
1046 武王	天马 一期				—940±10 M121		
西 ·	曲村 960			960	—921±12 M4		西周
周 ·	二期			900			
列 ·	琉璃河 850				晋侯 墓地		周
王 ·	三期 遗址			800	—808±8 M8		
西周 幽王 770	770			770	—770 M93		770

卷五
周灭殷商

诗曰：天命玄鸟，降而生商，宅殷土芒芒

诗曰：邦畿千里，维民所止，肇域彼四海

卷五·绪论

　　过去的史书，写周灭殷商这段历史时，一般认为周武王只靠牧野一战，将帝辛纣王赶下台，就算把殷商灭了。然而，1700 年前的殷氏先祖，在魏晋谱书《殷氏家传》中却不是这么说的。魏晋谱书《殷氏家传》认为，周灭殷商是一个漫长的过程，如果从"文王称王受命"或从文王从帝辛那里获得"专征"权算起，周灭殷商可分为五个阶段。

　　第一阶段是自"文王受命称王"或从帝辛那里获得"专征"权起至"周师取耆灭崇"止的初露锋芒阶段。在这一阶段中，文王为后来的武王灭纣奠定了基础。

　　第二阶段是自"武王即位"起至武王"盟津东观兵"以后置"洛师布防"止的扩展势力阶段。在这一阶段中，武王的势力范围已达殷墟以西、以南的广大地区，等于有了"半壁河山"，使后来牧野之战的周师孤军深入有了强大的后方支持，即使牧野之战失利，周人仍然是"进可攻，退可守"的。这一阶段，实际上是周武王翦灭殷商计划中的战略准备阶段。

　　第三阶段是牧野之战和牧野战后周人成功占领殷都的战略决战阶段。

　　第四阶段是周人成功占领殷都以后，消灭殷人残余势力的扩大战果阶段。

　　第五阶段是周武王去世后，周公三年平叛的彻底消灭殷商阶段。

　　其中，第一阶段的历史在《卷四·第五章》中已经介绍过，本卷主要是向读者介绍武王即位后至周公平叛期间，周人最终翦灭殷商的历史。

第一章　周灭殷商的战略准备阶段

第一节　关于锡命文王专征和武王即位后是否改元问题的介绍

周文王去世后，太子发继位。《史记·周本纪》记载："武王即位，太公望为师，周公旦为辅，召公、毕公之徒左右王，师修文王绪业。九年武王上祭于毕，东观兵，至于盟津。"王国维在《周开国年表》中，引用《尚书大传》的说法："文王受命一年，断虞芮之质（《史记》则说：'断虞芮之讼'），二年伐邘，三年伐密须，四年伐犬夷，五年伐耆，六年伐崇，七年而崩。"认为文王"受命"后七年而崩，又认为武王沿用受命纪年，未曾改元。认为《史记·周本纪》中"东观兵至于盟津"的"九年"，是从文王"受命之年"算起，实际上是武王在位的第二年。牧野之战的十一年，则是武王在位的第四年。"武王未改元之说"古已有之，汉代的刘歆、唐代的孔颖达等学者皆持此说。刘歆、孔颖达认为"文王受命九年而崩"，王国维据上述《尚书大传》之说改为"文王受命七年而崩"。见下图。

王国维《周开国年表》	
文王受命元祀	文王受命。《书·酒诰》："乃穆考文王肇国在西土……惟天降命，肇我民，惟元祀。"
二祀	
三祀	
四祀	
五祀	
六祀	
七祀	文王崩。《尚书大传》："七年而崩。"
八祀	（武王即位元年）（未改元）
九祀	（武王二年）。观兵于盟津。《史记·周本纪》："东观兵，至于盟津。"
十祀	（武王三年）
十一祀	（武王四年）。克商。《史记·周本纪》："十一年……二月甲子昧爽，武王朝至于商郊牧野。"

现代学者中，也有不少支持"武王未改元说"者。例如有学者认为，文王去世时"大统未及"，没有完成"天命"，武王想"师修文王绪业"，自然就不能改元。因此，武王模拟伐殷"东观兵"于"盟津"时，"自称太子发，言奉文王以伐，不敢自专"。《史记》记载周武王携文王木主模拟伐殷观兵盟津，孤竹国君旅周二子伯夷、叔齐"叩马而谏"当面指责曰："父死不葬，爰及干戈，可谓孝乎？"如果武王即位改元，观兵盟津在武王九年，岂不是文王死后九年不得安葬？这绝无可能。从伯夷、叔齐指责武王"父死不葬，爰及干戈"推测，应该是文王去世不久，武王即东观兵模拟伐殷，因为伯夷、叔齐是仰慕文王的仁义才去周国投奔的，而到周国时，发现文王已死，正想离开时发现周武王调动军队准备去伐殷，才拦住武王的车马斥责的。可见，武王观兵盟津的"九年"，不是文王死后武王即位的第九年，而应是"文王受命"的第九年，也即在文王去世那年以后的第二年，或武王在位的第二年。

若按武王未改元推算，当然就可确认发生牧野之战的年份不是武王在位的第十一年，而是文王"受命"的第十一年或武王在位的第四年。【笔者注：本书在"卷三·周武王姬发传记"中曾指出：牧野之战发生时间，若按"夏商周断代工程"的推算为公元前1046年1月20日；若按云南考古专家黄懿陆根据骆越石刻文字记载的最新推算当为公元前1050年2月10日，即周历二月初二甲子日或殷历正月初二甲子日的黎明时分，其时的天象特征是"木星合下弦月"；若根据本书《卷六（殷代纪年）》的推算，牧野之战发生的确切时间是公元前1044年1月9日。】

也有不少学者反对"武王未改元之说"。他们认为武王并不沿用文王的"受命纪年"，这在先秦文献中也能找到证据。比如《逸周书》中《柔武》《大开武》《小开武》《酆谋》等篇中都有武王改元独立纪年的记载。

《逸周书·柔武》："维王元祀一月，既生魄，王召周公旦曰……"

《逸周书·大开武》："维王一祀二月，王在酆，密命……"

《逸周书·小开武》："维王二祀一月，既生魄，王召周公旦曰……"

《逸周书·酆谋》："维王三祀，王在酆，谋言告闻……"

对于持"武王未改元说"的"自称太子发以文王木主名义东观兵"等论据也可依"武王改元说"重新解释。"自称太子发以文王木主名义东观兵"可解释成武王自谦，与是否改元渺不相关。因为文王是受昊天上帝之命的"受命之君"。以木主名义尊奉文王，更能强调继承人身份，有助于提高对各方诸侯的号召力。

至于伯夷、叔齐指责的"父死不葬"，可解释为，因为文王未能完成天命，死不瞑目，在受"上天灭殷之命"未完成之前只能暂厝灵柩。

武王即位后，不是第二年，而是第九年，才搞伐殷演习的"东观兵"，也得到传世文献的支持。按照《淮南子·要略》的记载，从武王即位到搞伐殷演习的"东观兵"有九年之久，在此期间，武王从战略考虑，放缓了文王后期急于完成"受命"的扩张势头。（《淮南子·要略》云："……武王继文王之业……天下未定，海内未辑，武王欲昭文王之令德，使夷狄各以其贿来贡，辽远未能至，故治三年之丧，殡文王于两楹之间，以俟远方。"）据《逸周书·大开武》记载，武王即位的第一年，对其弟弟周公旦说，他日日夜夜都想着伐殷，如果秘而不宣，又有谁能响应呢？如同秋季庄稼成熟，如果不及时收割，而让颗粒白白落地，多么可惜啊，还是早点伐殷为好。他弟弟周公旦否定了武王这种急于求成的想法，劝说武王应该明修德行、敬重天命、团结宗亲、维系盟国，武王予以采纳。【注124】于是，武王不再急于求成，调整了政策，放缓了扩张的势头，转而巩固现有的势力范围。魏晋谱书《殷氏家传》也持"武王改元说"。

周武王在丰邑以东营（建筑）镐京，继续经营文王末年征服的丰镐地区，以便从这里调动大军，为一举克商灭殷做准备。

从上面的文献记载和依据史实的推理来看，笔者认为还是"武王改元之说"符合史实。魏晋谱书《殷氏家传》也持武王改元之说，认为文王元年是文丁十二年（因为文丁十一年困死文王之父周公季历），时文王 51 岁。并认为文王受命与从帝辛那儿获得专征权是同一年，也就是说，帝辛三十三年（文王四十四年）为文王受命之年，时文王 94 岁；文王死于帝辛四十一年（受命的第九年），武王元年为帝辛四十二年；牧野之战发生于帝辛五十二年（周武王十一年）。依此推算，魏晋谱书《殷氏家传》认为，武王是于其在位的第九年（帝辛五十年）东观兵模拟伐殷，于其在位的第十一年（帝辛五十二年）正式伐殷并灭了殷。即是说，魏晋谱书《殷氏家传》关于周武王模拟伐殷和正式伐殷的记载与《史记·周本纪》的记载完全一致。

说到这里，也许有些读者会问，**魏晋谱书《殷氏家传》说"文王元年是文丁十二年，时文王五十一岁"有什么根据呢？并认为文王受命之年为"帝辛三十三年即文王四十四年，时文王 94 岁"有什么根据呢？**其实，上面这两个问题，我们以前都已作过详尽的讨论。第一个问题，即关于文王何时接其父季历周公位的问题，在本书《卷四·第三章·第二节（帝乙归妹的历史真实性探微）》中已经讨论过，并确认文丁于其在位的第十一年困死季历时，文王整 50 岁，读者可以参看。第二个问题，即文王何时受命的问题，我们在本书《卷四·第五章（殷亡前夕发生的诸多历史事件）·文王受命》中也已经作过详尽的讨论，读者可以参看。下面，我们再简单地重温一下。

在本书《卷四》中，我们已经知道，"文王受命"肇始于文王的夫人太姒一梦，但太姒是哪一年做的梦，史无记载。因此，我们得另想推算上述问题的办法。

今本《竹书纪年》记载，古公亶父迁徙岐周与殷帝武乙即位是同一年，这是一个很好的时间参考点。如果纪年体史书今本《竹书纪年》的后续纪年是可靠的话，则**可以以"古公亶父迁徙岐周与殷帝武乙即位是同一年"为时间基点来推算上述问题。**

因古公亶父看好孙子姬昌为接位人选，则当古公亶父迁徙岐周时，姬昌至少 5 岁。若以姬昌 5 岁计，则当时其父亲季历至少 24 岁（假定季历 20 岁生子）。武乙二十一年，古公亶父去世，季历接班。时季历 45 岁、姬昌 25 岁。武乙三十五年被雷震死，时季历 59 岁，姬昌 39 岁。文丁元年，季历 60 岁，姬昌 40 岁。文丁十一年困死季历，季历终年 70 岁，时姬昌 50 岁接班。这就回答了**"文王姬昌元年为什么会是文丁十二年、时姬昌 51 岁"**的问题。下面我们以今本《竹书纪年》的记载为据、以**"文王元年 = 文丁十二年 = 姬昌 51 岁"**为时间参考点继续重温一下文王何时受命和受命以后的所作所为问题。

文丁十三年去世，相当于西伯姬昌在位 2 年，时姬昌 52 岁。

帝乙元年，相当于西伯姬昌在位 3 年，时姬昌 53 岁。

古本《竹书纪年》记载："帝乙二年，周人伐商"，相当于西伯姬昌在位 4 年，时姬昌 54 岁（如果"帝乙归妹"属实，当发生于姬昌 54 岁时或之后）。

帝乙九年去世时，相当于西伯姬昌在位 11 年，时姬昌 61 岁。

帝辛元年，相当于西伯姬昌在位 12 年，时姬昌 62 岁。

帝辛二十三年，囚西伯于羑里，相当于西伯姬昌在位 34 年，时姬昌 84 岁。

帝辛二十九年，释西伯，相当于西伯姬昌在位 40 年，时姬昌 90 岁。

帝辛三十年，西伯率诸侯入贡，相当于西伯姬昌在位 41 年，时姬昌 91 岁。

帝辛三十三年，密人降于周，周迁于程。帝辛授予姬昌专征权。相当于西伯姬昌在位 44 年，时姬昌 94 岁。在本书的《卷四·第五章（殷亡前夕发生的诸多历史事件）·文王受命》中，我们曾经说过，将帝辛赋予专征权的这一年定为文王受命之年比较符合史实。这时，下列一系列关系式都成立。

受命元年 = 文王四十四年 = 帝辛三十三年 = 文王获专征权之年（时文王 94 岁）

受命二年 = 文王四十五年 = 帝辛三十四年 = 周灭耆与邘，伐崇，崇人降（时文王 95 岁）

受命四年 = 文王四十七年 = 帝辛三十六年 = 周伐昆夷（犬夷）之年 =（时文王 97 岁）

受命九年 = 文王五十二年 = 帝辛四十一年（春三月）= 文王去世之年 =（时文王 102 岁，终）

武王元年（受丹书于吕尚）= 帝辛四十二年

武王三年 = 帝辛四十四年 = 武王戡黎之年【文王于受命二年时征服过的耆国（黎国），后因"商纣为黎之蒐"，迫使黎人又倒向殷，故武王有再次伐黎之举，"商纣为黎之蒐"在《左传·昭公四年》中有明确记载】

武王九年（冬十一月戊子）= 帝辛五十年 = 武王东观兵盟津模拟伐殷之年

武王十一年（周历二月甲子，殷历正月甲子，武王发动牧野之战，殷亡）= 帝辛五十二年（丙申年）

由上面据今本《竹书纪年》推算的姬昌在位年数和寿限偏高，结合其他文献修正后，可推得如下比较可信的四点结论（"今本《竹书纪年》"在这里暂简作"今竹"）。

① "今竹"记载的帝辛五十二年发生牧野之战与《史记·周本纪》记载的武王十一年发生牧野之战一致，可信。至于牧野之战发生的月份，《史记·周本纪》记载的"二月甲子"和《史记·齐太公世家》记载的"正月甲子"不一致，一般认为，《史记·周本纪》记载的"二月甲子"系周历，而《史记·齐太公世家》记载的"正月甲子"系殷历，二者正好差一个月。

② "今竹"记载帝辛五十一年武王观兵盟津，应更正为帝辛五十年（武王九年）武王观兵盟津，这样才与《史记·周本纪》、魏晋谱书《殷氏家传》的记载一致。

③ "今竹"记载帝辛四十四年（武王三年）"西伯发伐黎"，清华简《耆夜》则说："武王八年征伐耆（黎），大戡之。"说明文王征服黎（耆）后，武王再次伐黎确有其事，《尚书·西伯戡黎》当指后来的武王再次戡黎。（这与《左传·昭公四年》记载的"商纣为黎之蒐"可以相互印证。《左传》的这一记载虽不能确定年月，但一般认为是文王戡黎后，黎倒向周，帝辛"黎之蒐"后，黎又倒向殷，故武王再次征之。）

④ "今竹"记载帝辛四十一年春三月"西伯昌薨"，即姬昌 102 岁终，在位 52 年，姬发即位，即帝辛四十二年当为武王元年。而《礼记·文王世子》载："文王九十七乃终，武王九十三而终。"《帝王世纪》也说："文王九十七而崩""武王崩年九十三"。可知《礼记·文王世子》记载的文王寿 97 比据"今竹"推算的文王寿 102 可信，可见依"今竹"记载推算的文王在位共 52 年也偏高。不可信。

第二节　武王东观兵模拟伐殷和在洛地屯驻重兵

文王自取崇伐耆（黎）得手后，其势力范围已经逼近殷商王畿，此时的帝辛虽然忙于解决国内宗亲旧族离心的问题，也不得不腾出手来对周人的持续东进采取反制措施了。《左传·昭公四年》提到的"黎之蒐"（《左传·昭公四年》："商纣为黎之蒐，东夷叛之。"），当是帝辛为了应对周邦攻势而采取的军事部署。当时的黎国，在传世文献中也被称作"耆国"。其地在山西长治附近，位于上党台地，对殷墟王畿呈居高临下之势，极具战略意义。根据上博楚简《容成氏》的简文，耆（黎）国本是周文王降伏的"九邦"之一。耆（黎）倒向周邦，帝辛感受到威胁，决定进行反制。这就是《左传·昭公四年》记载的"商纣为黎之蒐"。"蒐"是田猎的一种，先秦时期的国君们，时常会通过"蒐"来检阅军队、组织演习，即《穀梁传》所说的"因蒐狩以习用武事"。帝辛把军队开到倒向周人的黎国，举行阅兵，借此彰显武力，又重新把黎国拉回到"殷商属国"的位置上。因此，武王即位后，才又有"戡黎"之举。长期以来，学界对《尚书·西伯戡黎》中的"西伯"是指文王还是指武王见解不一。虽然从《史记·周本纪》记载的字面上来看（《史记·周本纪》：文王"明年，伐犬戎。明年，伐密须。明年，败耆国。殷之祖伊闻之，惧，以告帝纣"。），《尚书·西伯戡黎》中的"西伯"是指文王，但如果从祖伊看到黎国被戡的恐惧态势来看，当然应该是指后来的"武王戡黎"。因为祖伊看到被帝辛"黎之蒐"拉回来的"黎国"，又被武王夺回去，他才会那么恐惧地"以告帝辛"，并犯颜直谏。武王即位后，又有伐黎之举，在今本《竹书纪年》和《清华简·耆夜》中都有记载。今本《竹书纪年》："（帝辛）四十四年，西伯发伐黎。"《清华简·耆夜》："武王八年征伐耆（黎），大戡之。"若以《清华简·耆夜》的记载为准，则是说，在牧野之战的三年前，周人再度讨平耆（黎）国。发生这件事，殷臣祖伊，当然会感到非常恐惧。

值得注意的是，《左传·昭公四年》除了有"黎之蒐"的记载外，紧接着还有"东夷叛之"的记载。因为"黎之蒐"是发生在帝辛统治的末期，所以"东夷叛之"也应该发生在帝辛统治的末期。如果在帝辛统治的末期确实有被帝辛于"十祀征夷方"和"十五祀征夷方"打服了的东夷部族又重新"叛之"的史实，则就会为本书《卷四》中提到过的"帝辛主力部队在东夷前线，武王乘殷都空虚发动牧野之战侥幸偷袭成功"之说添加筹码。不过在迄今发现的甲骨卜辞和金文材料中，记载帝辛针对夷方的战争，集中在他统治的前中期，比如本书《卷四》中详细介绍过的"十祀征夷方"和"十五祀征夷方"。至于帝辛统治的末期，尚未有征伐夷方的确切考古证据。不过，尚有几则不带纪年的"征夷方"金文材料，比如"小子𤔲簋"铭文："在上𡈼……伐……网𣄰。"铭文中的地名"上𡈼"，常见于帝辛二十祀到二十一祀的甲骨卜辞。因此，不排除帝辛与东夷方国部族的战争持续到帝辛二十一祀乃至更晚的可能性。当然这些还有待更加确凿的考古证据来证实。总之，如果在帝辛统治的末期确有东夷重新反叛的事实，那么发生在"黎之蒐"不久的"东夷叛之"很可能扰乱了帝辛的计划，导致他无法进一步化解周人势力对王畿的威胁。

帝辛通过"黎之蒐"，夺回了对战略要地"黎国"的控制权，所以，武王在完成内部整合、充分准备后，再度征伐黎国，一举将它讨平。也就是清华简《耆夜》记载的"武王八年，征伐耆（黎），大戡之"。《尚书·西伯戡黎》记录了帝辛与大臣祖伊的一次对话。祖伊得知西伯讨平黎国后，非常惊恐，连忙向帝辛报告，并声称殷商恐怕气数已尽，龟卜都得不出吉兆。接着，祖伊毫不客气地指出，这并非先人的神灵不加保祐，而是君王恣意妄为，自绝于天。既不考虑上天的意志，也不遵循祖宗的常法，因此国内民众无不希望君王早日覆亡。在这番激烈言辞的最后，祖伊询问帝辛做何打算。结果帝辛只回了一句："呜呼！我生不有命在天？"（《史记·殷本纪》："我生不有命在天乎！"《史记·周本纪》："不有天命乎？是何能为！"）关于这句"我生不有命在天"，古代学者一般认为是帝辛执迷不悟、狂妄自大的表现，认为帝辛在国家濒临覆亡的情况下，仍然坚信自己"有命在天"，把它当作帝辛对祖伊的反问句。当然，也有个别学者持不同的观点。例如，清代的张英在《书经衷论》中说："我生不有命在天"不过是无可奈何之言罢了。此时武王势大，陈兵于殷畿以西、以南而殷不能制。帝辛不愿在祖伊面前承认错误，于是便把自己的窘境归咎于天意。

现代又有学者结合考古材料提出新的见解。他们认为"天"是周人的信仰。周原甲骨中就有周人信仰"天"的卜辞。而在殷墟卜辞中，至上神从不叫"天"，而被称作"帝"或"上帝"。在殷墟卜辞中，"天"字很少出现，且不具备神明的含义。周人一方面把殷商信仰的"帝"接纳过来，与"天"混用；另一方面积极对外输出"天命"的概念。可以说，殷周之间的较量并不局限于政治、军事层面，还包括信仰层面。到了殷末，"文王受天有大命"等观念，不仅扎根于周人及其盟友的思想中，还逐渐对殷商民众乃至贵族产生了"渗透"。祖伊可能正是接纳了周人的宣传，才在帝辛面前反复提及"天"和"天命"。而帝辛答复的那句"我生不有命在天"或可能并不是反问句，而是否定句，意思是："我命不在天！"

武王九年，即在讨平黎国的一年后（按《清华简·耆夜》的说法），武王将文王的木主牌位装于中军车上，搞了一次模拟伐殷的观兵盟津活动。据《史记·伯夷列传》记载，武王率军起程时，被来自孤竹国的两位义士伯夷、叔齐阻拦。孤竹国是殷商时期的北方古国，它的存在，已为考古材料证实。辽宁喀左北洞村出土的青铜罍，其铭文有"孤竹"的字样。《史记·伯夷列传》记载，伯夷、叔齐分别是孤竹国君的长子和三子。孤竹国君宠爱叔齐，有意立他为继承人，国君去世后，叔齐将君位让给伯夷。伯夷以父命不可改婉拒而出走，叔齐也跟着出走。因他们两人都不愿继承君位，孤竹国人只好拥立先君的次子继位。伯夷、叔齐二人听说周文王至贤至仁，因此前往投奔。等他们到达周地的时候，文王已经去世了。后来看到武王率军向东准备讨伐帝辛，伯夷、叔齐二人上前拉住武王车马的缰绳，说："父死不葬，爰及干戈，可谓孝乎？以臣弑君，可谓仁乎？"武王的侍从想杀掉他们，被姜太公阻止。姜太公说："此义人也！"让人扶走了伯夷和叔齐。后来，武王灭殷，杀了帝辛。伯夷、叔齐觉得，周人是"以臣弑君"的可耻之徒，于是"不食周粟"，采薇充饥，最终饿死在首阳山。

据《史记·周本纪》记载，武王观兵于盟津，"不期而会盟津者八百诸侯"，其实"八百诸侯"只是夸张，"不期而会"也并非史实。一般说来，会盟定约有日期，哪有"事先不通知"，就有"八百诸侯"来会的道理？以当时周国的威望而言，要搞"八百诸侯"的会盟，也不可能做到，因为按《牧誓》的记载，后来正式参与牧野之战的，也只有"庸、蜀、羌、髳、微、卢、彭、濮"八个部族万国而已。屈原的《楚辞·天问》也述及此事，既说"会晁（朝）争盟"，又说"何践吾期"，可知屈原也认为这是一次有约期的大会盟。

《史记》说，参加观兵会盟的八百诸侯纷纷要求立刻伐纣翦灭殷商，武王却对他们说："时机未到，现在还不是伐纣火殷的时候。"（《史记·周本纪》原文为："女（汝）未知天命，未可也。"）于是率军返回。罗琨在《商代战争与军制》【注118】一书中说，武王这次"观兵盟津"，带有演习性质，熟悉了路程和地形。

通过这次的观兵演习，武王既得知自己在众诸侯间的影响力和号召力有多大，又看到了自己在军事部署方面的不足。观兵演习以后，武王立即在洛地屯驻重兵，称为"洛师"。其目的是确保伊、洛地区的稳定，以便将来能以这里作为"前进基地"，顺利渡河北上突袭殷商别都朝歌，即使孤军深入突袭殷商别都朝歌失利，也能有稳定的后方，仍然进可攻、退可守，立于不败之地。武王在洛地部署重兵洛师，在《尚书》中有所反映。《尚书·洛诰》中有"朝至于洛师"的记载。

武王观兵盟津后不久，殷商统治集团内部出现了严重的撕裂。帝辛为了压制反对自己的宗亲旧族，采取了非常极端的手段，最终的结果是王子比干被杀、箕子被囚、微子出走【笔者特别注】，太师疵、少师彊等人直接投奔周国。武王认为伐商灭殷时机已经成熟，于是通告同盟诸侯："殷有重罪，不可以不毕伐！"于是正式东进伐纣直取殷商别都朝歌的事被提上议事日程。

【笔者特别注】：微子出走的去向，一直是现代学界关注的话题。持"微子里通外国与周人联合倒纣"之说的学者认为，微子一定是出走到周国，但从牧野之战后，微子向武王乞求罢兵时卑躬屈膝的言行看来，"微子里通外国与周人联合倒纣"之说不能成立，这足以证明，微子虽然出走，但未去周国。魏晋谱书《殷氏家传》记载，微子看到比干被杀、箕子被囚后，为了自保，出走到自己的封地"微"。周殷于甲子日发生牧野之战时，微子当天并不知晓。直到第三天丙寅日，微子才知道帝辛被杀、周师攻入王都屠城的消息。当时微子犹如五雷轰顶，觉得殷商大势已去，无力回天。当时他认为，在帝辛已不在的情况下，他自己就能代表殷商王室最高层与武王谈判，请求武王罢兵，停止屠城，使剩下的族人和殷都百姓免遭涂炭。于是在丙寅日那天（从牧野之战数起的第三天）立即回到殷都，代表殷商王室最高层向武王请降，乞求武王下令罢兵，以保百姓，就如二战时美国在广岛、长崎投了两颗原子弹后，日本裕仁天皇代表国家于1945年8月10日凌晨3时做出"圣断"决定接受《中美英三国促令日本投降之波茨坦公告》向盟国乞求无条件投降那样。当天，微子带着殷商宗庙祭器，代表国家最高层向武王行殷商乞降大礼。到武王的营门去，他裸露上身，把手捆在背后，让左边的随从牵着羊，让右边的随从掌着茅，跪着前行于，从卑微重地乞求武王赶紧停止杀戮，以保剩下来的族人和王都百姓平安。于是武王也就给个顺水人情，一面于丁卯日下令罢兵，一面安抚微子，保留微子的爵位。后世孔子觉得微子是代表国家而不是代表自己向武王乞降，乞降的目的不是为了自己而是为了百姓，所以才将"三仁之首"的称号许给微子。由此可见，现在学界一些人说孔子是因微子是自己的先祖才将微子列为殷末三仁之首是多么不当！

殷代史

【卷五】周灭殷商

第二章　武王伐纣克殷

第一节　牧野之战

据《史记·齐太公世家》记载，武王在出兵突袭直取殷商别都朝歌之前占卜吉凶，龟兆显示不吉。而且，突然之间，风雨大作，周国重臣多有畏惧，唯独姜太公（吕尚）不为所动，力劝武王果断出兵。东汉王充《论衡·卜筮篇》则说太公见到"大凶"的占卜结果后，立刻推开蓍草、践踏龟甲，骂道："枯骨死草，何知吉凶！"【注125】武王十一年一月戊子日【注55】，姜太公率周师先期出发，武王于五天后的癸巳日（公元前 1045 年 12 月 9 日）自周地来到军中会合，东进伐纣。《孟子·尽心下》记载武王的兵力是"革车三百两（辆），虎贲三千人"，《史记·周本纪》则记载："戎车三百乘，虎贲三千人，甲士四万五千人，以东伐纣。"魏晋谱书《殷氏家传》记载，周师于 30 天后的戊午日从盟津渡过黄河（据本书《卷六》引用的上海交通大学江晓原教授据诸多天象推算，周师于公元前 1045 年 12 月 4 日戊子出发，于公元前 1044 年 1 月 3 日戊午到达孟津，刚好与魏晋谱书《殷氏家传》记载的"周师于三十天后的戊午日从盟津渡过黄河"相合），同盟方国的军队也应约前来与周军会合，武王作《太誓》（亦作《泰誓》）以告诸侯、众士。先秦时期的《太誓》早已亡佚，如今所见《太誓》三篇，是魏晋时人伪托之作。不过，我们仍然能从其他先秦文献引用的内容里，找到一些真《太誓》的残句。比如《墨子》的《非命上》引《太誓》云："纣夷处，不肯祀上帝鬼神，祸厥先神禔不祀。乃曰：'吾民有命。'无廖排漏，天亦纵弃之而弗葆。"其意思是说："纣的夷灭之法非常酷虐，不肯侍奉上帝鬼神，毁坏他的先人的神位、地祇而不祭祀。并说：'我有天命！'不努力防备，天帝也就抛弃了他而不予保佑。"《墨子》的《非命下》引《太誓》云："恶乎君子！天有显德，其行甚章。为鉴不远，在彼殷王。谓人有命，谓敬不可行，谓祭无益，谓暴无伤。上帝不常，九有以亡；上帝不顺，祝降其丧。惟我有周，受之大帝（商）。"其意思是说："哎呀君子！天有大德，它的所为非常明显。可以借鉴的不太远，殷王就是。说人有命，说不必恭敬，说祭祀没有好处，说凶暴没有害处。上帝不保佑，九州都亡灭了；上帝不顺心，给他降下灭亡的灾难。只有我大周，接受了殷商的天下。"由此可见，武王在《太誓》中指责帝辛不肯祭祀上帝，并且声称伐商是奉上帝之命。《左传·襄公三十一年》引《太誓》云："民之所欲，天必从之。"武王声称上天顺从民意，这是为了说明伐商灭殷不仅是天意，更是得民心。《孟子·滕文公下》引《太誓》云："我武惟扬，侵于之疆，则取于残，杀伐用张，于汤有光！"可见武王认为杀伐是用来诛灭残暴，自己将取得比殷商开国大帝成汤更辉煌的功业。《荀子·议兵》引《泰誓》云："独夫纣。"武王用这个称呼来蔑视众叛亲离的帝辛。《左传·昭公二十四年》引《太誓》云："纣有亿兆夷人，亦有离德；余有乱臣十人，同心同德。"其意思是："纣有亿兆人，离心离德；我有治世之臣十个人，同心同德。"《西周史》的作者杨宽指出，这句话中的"乱（亂）"是"嗣"字之误，"嗣"有"治"的含义，武王以帝辛势力的"离心离德"与己方阵营的"同心同德"做对比，是为了说明虽然殷商人多势众，但也不足为惧。

周武王率领的四戎联军在戊午日渡过黄河后，十二月癸亥日（周历二月初一，公元前1044年1月8日）夜间抵达殷商别都朝歌郊外的牧野。据《国语·周语》记载，癸亥日的夜间下了一场雨，周军冒雨列阵。庸、蜀、羌、髳、微、卢、彭、濮，这八个部族方国的军队加入武王麾下。他们和周军将士一样，都被武王称作"西土之人"。第二天甲子日的拂晓，武王在阵前作《牧誓》，宣告帝辛罪状。关于《牧誓》的具体内容，本书在《卷三》和《卷四》中多有述及，读者如想查阅《牧誓》的原文，可参阅本书"注文"部分的【注102】，这里不再赘述。

《史记·周本纪》记载："帝纣闻武王来，亦发兵七十万人距武王。"另据《吕氏春秋·贵因》记载，武王至鲔水，殷使胶鬲探得周师将于甲子日至殷郊。帝辛得到胶鬲探知的信息，便于甲子日凌晨预先将军队开到别都朝歌牧野近郊排好阵势等候武王的到来。（《吕氏春秋·贵因》："武王至鲔水。殷使胶鬲候周师，武王见之。胶鬲曰：'西伯将何之？无欺我也。'武王曰：'不子欺，将之殷也。'胶鬲曰：'曷至？'武王曰：'将以甲子至殷郊，子以是报矣。'胶鬲行……武王果以甲子期至殷郊。殷已先陈矣。"）由此可知，殷、周会战于朝歌近郊牧野这主战场的地点是帝辛为了保护殷都不因战争而毁、拒周师于国门之外的选择，也就是说殷、周两军会战于牧野这战场不是周武王选定而是帝辛选定的。至于帝辛"距武王"的殷军是否真有70万人，如今学者大多认为这是夸张之词。不过，殷军的人数，应该还是比较多的，这在《诗经·大明》一诗的第七节有所体现。其诗云："殷商之旅，其会（旝）如林。矢（誓）于牧野，维予侯兴，上帝临女（汝），无贰尔心！"意思是说，"殷商的军队，旗帜有如林木之盛。武王在牧野誓师，宣称：'唯有我军能够兴起灭商，上帝正看着你们众将士，不要怀有二心！'"按照《逸周书·克殷》和《史记·周本纪》的记载，武王派遣"师尚父（姜太公）与百夫（亦作伯夫）致师"挑战，先在气势上压倒殷军。之后再命虎贲、战车发起冲击，一举击溃帝辛"先陈"的军队。《大明》的第八节诗句也描写了牧野之战的场面："牧野洋洋，檀车煌煌，驷騵彭彭。维师尚父，时维鹰扬，凉彼武王，肆伐大商，会朝清明。"意思是，"牧野地势平坦广阔，檀木战车光彩鲜明，拉车战马雄壮有力。太师尚父的身姿，就如同展翅的雄鹰。他辅佐周武王，疾速讨伐大商，一朝之间，就天下太平"。

关于牧野之战，还有两个著名的说法。

第一个是《史记·周本纪》记载的纣师"**前徒倒戈**"的说法。《史记·周本纪》记载："纣师虽众，皆无战之心，心欲武王亟入。纣师皆倒兵以战，以开武王。武王驰之，纣兵皆崩畔纣。"其意思是说，"商纣的军队人数虽多，却都没有打仗的心思，心里盼着武王赶快攻入殷商国都。商纣的军队都掉转兵器方向，引导武王进攻。武王驾驭战车疾驰，商纣的士兵阵形崩解，都背叛了商纣"。"**前徒倒戈**"这四个字，出于东晋时期豫章内史梅赜所献《伪

古文尚书》中的《武成》，然而这是魏晋时人伪托之作，并非司马迁之前就已亡佚、司马迁也不能看到的真《武成》原文，同时，《伪古文尚书》中的《武成》也自相矛盾，既说牧野战况"**前徒倒戈**"，又说牧野战况"**血流漂杵**"（《伪古文尚书·武成》的相关原文为："甲子昧爽，受率其旅若林，会于牧野。罔有敌于我师，**前途倒戈**，攻于后以北，**血流漂杵**。"）。帝辛军队前徒倒戈之说并没有被《大雅·大明》和《逸周书·克殷》提及。因此，在牧野之战中，纣师是否存在前徒倒戈，学界时有争议。目前，能够追溯的、最早有关纣师前徒倒戈的文献记录，来自《荀子·儒效篇》的记载："鼓之而纣卒易乡（向），遂乘殷人而诛纣，盖杀者非周人，因殷人也。故无首虏之获，无蹈难之赏。"其意思是说，"周军刚刚击鼓进攻，不要周人亲自动手，纣师士卒就掉转方向杀掉了支持帝辛的人。因此，周军在牧野之战中一个头都没砍、一个俘虏都没抓，自然也不存在什么因功受赏的事"。就两军交战的事实来看，纣师前徒倒戈即使存在，但说"**周军在牧野之战中一个头都没砍、一个俘虏都没抓**"就有些太离谱了。后来司马迁编纂《史记·周本纪》时，之所以写进纣师前徒倒戈的内容，大概也取材于《荀子·儒效篇》的记载，但是司马迁并没有完全照搬《荀子·儒效篇》的内容，而是删掉了其中离谱的部分，最终写出了本文引用的上述《史记·周本纪》原文。

　　第二个也是出于东晋时期梅赜献上的伪古文尚书《武成》中"**血流漂杵**"的说法。伪古文尚书《武成》的相关原文为："既戊午，师逾孟津。癸亥，陈于商郊，俟天休命。甲子昧爽，受率其旅若林，会于牧野。罔有敌于我师，前徒倒戈，攻于后以北，血流漂杵。"

　　战国时期的孟子有幸见过真版的《尚书·武成》。在真版《尚书·武成》中，虽然没有"**血流漂杵**"这四个字，但却有与之相近的"**血之流杵**"的记载。真版《武成》中有**血之流杵**这四个字，出于《孟子·尽心下》引用真版《武成》的内容。《孟子·尽心下》中相关的内容为："孟子曰：'尽信书，则不如无书。吾于《武成》，取二三策而已矣。仁人无敌于天下，以至仁伐至不仁，而何其血之流杵也？'"其意思是说，"关于牧野之战的残酷性，真版《尚书·武成》中虽然有'血之流杵'的记载，但我孟轲是不怎么相信的。全信《尚书》，还不如没有《尚书》。我对于真版《尚书》中的《武成》，只取信其中两三片竹简而已，因为仁义之人无敌于天下。牧野之战是至仁至义的周武王奉上天之命去讨伐不仁不义的殷纣王的战争，至仁至义的周武王怎么能在战争中随便杀人呢！因此，我孟轲是不怎么相信真版《尚书·武成》中说牧野之战中'血之流杵'的记载的"。

　　伪版《尚书·武成》中记载的**血流漂杵**也好，真版《尚书·武成》中记载的**血之流杵**也罢，二者的本义是差不多的，二者都是描述牧野之战的残酷性。比较起来，**真版《尚书·武成》记载的"血之流杵"之杀人场景比伪版《尚书·武成》记载的"血流漂杵"之杀人场景更残酷**，因为"杵"是过去春米或洗衣服时用来捶衣服的一头粗一头细的圆木棒，只有牧野之战杀人很多，血流成河，使木"杵"能先漂于血河中，然后才能流动。当然，用"血流漂杵"或"血之流杵"来描述战争的残酷性毕竟有些夸张，但笔者认为用来描述牧野之战的残酷性还是比较恰当的，用来反驳司马迁的《史记》"**兵不血刃**"之说，或反驳孟子的"**以至仁伐至不仁，而何其血之流杵也**"之说也是比较恰当的。司马迁在《史记·周本纪》中还说："纣师皆倒兵以战，以开武王。武王驰之，纣兵皆崩畔纣。纣走，反入登于鹿台之上，蒙衣其殊玉，自燔于火而死。武王至商国（指朝歌），而国百姓咸待于郊（指朝歌城门口迎候咸待）邓热烈欢迎周师牧野之战胜利后入城的场景）。"显然，在司马迁的笔下，牧野之战是一场因纣师倒戈，武王不费吹灰之力即取得胜利的战争，是一场"兵不血刃"的战争；《史记·周本纪》对牧野战后武王挥师入城的描述也是一派和平解放纣王都、受到纣王都民众列队热烈欢迎的景象。司马迁描写牧野战场的 **"兵不血刃"** 之说和牧野战后周师入城和平解放纣王别都朝歌受到朝歌民众热烈欢迎的景象，几乎和孟子的 **"以至仁伐至不仁，而何其血之流杵也"** 之说如出一辙。

司马迁和孟子为什么不承认牧野之战 **血流漂杵** 的残酷性呢？因为他们都是儒家的忠实信徒，在他们眼里，帝辛是万恶不赦的大坏蛋，周武王是至仁至贤的仁义之君，他率领的周师是只讨伐帝辛一人、不杀一般群众的仁义之师，他们在牧野之战得手后挥师入城时，理所当然地会受到殷商别都朝歌人民的热烈欢迎，理所当然地会像保护他们自己眼睛那样保护繁华殷都的一砖一瓦、一草一木，就像 1949 年 1 月 31 日中国人民解放军和平解放北平（后改名为北京）入城时受到北京人民热烈欢迎和保护北平古城的完整那样。可这仅仅是司马迁和孟子头脑中的想象而已，实际情况却是，周师入城以后，却使当时东亚最繁华的朝歌城和安阳殷都，几年以后就变成箕子笔下的一片废墟。本书《卷三·不受周封远走朝鲜的箕子传记》提到远在异国他乡朝鲜的箕子，不忘中原故土，"回国朝周"时，特地到他离开几年后的老家"殷都"去看了一下。不看不知道，一看吓一跳。几年前的繁华殷都已经面目全非，已是残垣断壁的一片废墟，甚至是长满麦子的一片农田。箕子感伤之情，无以言表，遂作《麦秀之诗》，以歌咏之。其诗曰：

> 麦秀渐渐兮，禾黍油油，彼狡童兮，不与我好兮。

箕子的《麦秀之诗》，是富于感情而为血和泪的文字。它既抒发了作者对帝辛不听劝谏导致国破家亡的痛苦、愤懑、怀乡之情，又抒发了几年前东亚最繁华的王都经周师破坏以后就变成一片废墟甚至长满麦子的一片农田的复杂心情和爱国情愫。

因为牧野战后的殷都是保存完好的繁华昌盛还是变成箕子笔下的一片废墟，既关系到周师入城后是否屠城的清白，也关系到微子是否和周人里应外合卖国倒纣的清白，故留待本章的第四节中做专节介绍。

关于牧野之战后帝辛失败后的下场，《史记》本身就有两种说法。

其一，是说帝辛逃回朝歌后登上鹿台"自焚身亡"，这种说法见于《史记·殷本纪》和《史记·周本纪》。查先秦文献，《史记》中关于帝辛"自焚身亡"的说法，源于《逸周书》的《克殷》和《世俘》。《逸周书·克殷》记载："商纣奔内，登于鹿台（也作'廪台'或'廪台'）之上，屏遮而自燔于火。"《逸周书·世俘》则说："时甲子夕，商王纣取天智玉琰五，环身，厚以自焚。"

其二，是说帝辛被斩杀，例如《史记·齐太公世家》记载："纣反走，登鹿台，遂追斩纣。"《史记·鲁周公世家》也记载："破殷，入商宫，已杀纣……"

不过，即使在"自焚说"中，帝辛的尸体也没有被彻底烧毁。据《逸周书·克殷》记载：武王乘马车进入朝歌城内，先向帝辛的尸体射了三箭，下车后，再以"轻吕"（剑名）击斩、以黄钺断头，悬挂于"大白之旗"上。另外帝辛失败后，还有突围逃走的最新说法，请读者参阅本书《卷三·殷代末帝帝辛传记》。

殷代史

【卷五】周灭殷商

第二节 武王在殷商王畿立威

据《逸周书·克殷》记载，武王将帝辛"斩首悬旗"后，又前往帝辛两位配偶的居所，发现她们已经自缢身亡了。于是也朝着尸体射了三箭，再以"轻吕"击斩、以玄钺断头，悬挂于"小白之旗"上。一方面昭示伐纣战争取得初步胜利，另一方面准备将帝辛及其两位妻子的首级带回镐京，以便在"献俘仪式"上祭祀上天和祖先。对武王注重立威的"戮尸"行为，其弟周公姬旦并不赞许。屈原在《天问》一诗中提及此事："列击纣躬，叔旦不嘉。"意思是，"武王击斩帝纣的尸体，周公姬旦并不赞许"。可见周公对兄长"戮尸"的行为持反对态度。笔者认为，周公不赞同"戮尸"，并非说明他比武王"仁慈"，而是他考虑到殷商王畿尚未彻底平定，对于那些仍未放弃抵抗的帝辛臣属，应该尽量招抚，而不是激化仇恨。武王则可能更加注重立威，打算以强硬手段对付那些"顽抗者"。据《逸周书》记载，武王在甲子日傍晚进入朝歌后，就派遣姜太公率军抵御帝辛的臣子"方来"，三天后的丁卯日，太公得胜归来，向武王报告杀敌情况和俘虏人数。有学者认为，"方来"即"恶来"。据《史记·秦本纪》记载，恶来具有勇力，其父飞廉（"飞廉"，在《史记·秦本纪》中记作"蜚廉"）善于奔走，父子二人皆受到帝辛的宠信。武王克商时，飞廉正出使北方，不在殷商王畿。按照《墨子》等书的说法，恶来在牧野之战时就已被武王擒获并杀死。因此，笔者认为，太公讨伐的那个在帝辛自焚后仍然对抗周军的"方来"，不是恶来，应该是帝辛的另一位臣属。恶来的父亲飞廉，在殷商覆亡后，退往东部的奄国避难，奄国是殷商残余势力的聚焦地，号称"铁杆殷奄"。后来周公率军东征，攻破奄国，飞廉继续向东逃窜，周军追到海边，才将他杀死。（《孟子·滕文公下》："驱飞廉于海隅而戮之。"）其族人被迁往西部的朱圉山。虽然飞廉、恶来父子都被杀，但恶来之子"女防"尚存，其后人衍生出秦国宗室（见《史记·秦本纪》），恶来之弟"季胜"则是晋国卿族赵氏及后来赵国的远祖（见《史记·赵世家》）。于省吾等认为"恶"通"亚"，汉代周亚夫之印，印文写作"周恶夫"。因此"恶来"可能就是"亚来"，"亚"在殷墟卜辞和晚商金文中，常作为官名。这可能和文献中帝辛重用恶来相关。据《逸周书》记载，太公击败"方来"后，基本扑灭了殷商王畿的残余势力。《逸周书·世俘》还说，太公抓来一个外号叫"甲小子"的披甲贵族武士，后来在镐京的"献俘仪式"上，被太公亲自主持斩杀。《说苑·贵德》篇收录了一个故事，武王克殷后，询问姜太公应该如何处理殷商的百官众士。（原文："武王克殷，召太公而问曰：'将奈其士众何？'"）太公认为这些人都是敌人，得全部杀掉。他说："臣闻爱其人者，兼屋上之乌；憎其人者，恶其余胥。咸刘厥敌，使靡有余！"其意思是说："臣听说，如果喜爱一个人，就会连带喜爱他屋上的乌鸦；如果憎恨一个人，也会对他家的墙壁感到厌恶。杀尽那些敌人，一个也别剩下！"召公奭则说："有罪者杀之，无罪者活之。"周公姬旦则主张"无变旧新，唯仁是亲"。（原文："周公曰：'使各居其宅，田其田，无变旧新，唯仁是亲，百姓有过，在予一人！'"）当然，无论是《天问》记载的"列击纣躬，叔旦不嘉"；还是《说苑》

记载的"无变旧新，唯仁是亲"，都只反映了周公在"初次克殷"时的态度。后来，武王去世，管蔡作乱，武庚复国，周公姬旦率军东征，在"二次克殷"时，他对殷人就不如此仁慈了。后来的周公对殷商遗民就不再一味怀柔，而是无情地摧毁殷邑以示惩罚。

牧野战后，在殷商王畿，除了"方来"等残余抵抗势力，殷商的宗亲旧族，基本都无心与周军对抗。据《左传》记载，帝辛的庶兄微子启主动向武王请降，乞求武王罢兵，不要在殷商王畿，伤及无辜。他双手反绑，口衔玉璧，并让下属大夫身穿丧服，还让众士抬着棺材，跟随其后。《史记·宋微子世家》还说微子启袒露上身，左边让人牵着羊，右边让人拿着茅草，自己膝行而前，搞了一场请求武王罢兵、不再杀戮、以便存商续殷的请降仪式。武王见微子如此诚心，也就给个顺水人情，亲自为微子松绑，收下他衔着的玉璧，并为微子举行除灾仪式，烧掉棺材，答应不再在殷商王畿杀戮，保留微子的爵位，并命微子返回其封邑微地，管理好殷商遗民，不要让他们反周。微子一一答应 (注：魏晋谱书《殷氏家传》认为微子是存商续殷的关键人物，其封地"微"原在山西潞城县东北，后又迁到山东梁山西北，《路史》称"微"地在山东寿张微乡，可能与魏晋谱书《殷氏家传》说的是同一个地方。关于魏晋谱书《殷氏家传》记载的微子代表国家不是代表他个人向武王乞降以保百姓的说法，请读者参阅本卷《第一章·第二节》末的"【笔者特别注】"）。微子启搞的这套"请降礼仪"，被后世作为"请降模式"反复使用。例如春秋时期，许僖公向楚成王请降，就依此旧例。楚成王见了这套"请降礼仪"不识，不知是何典故，连忙询问其大夫。大夫说道："昔武王克殷，微子启如是。"

武王安抚了于丙寅日求见他的微子，答应其"罢兵"要求之后，果然兑现承诺，于丁卯日下令，不准入城周军，再在朝歌城内和殷商王畿胡作非为。

据《逸周书·克殷》记载：武王在殷商王畿举行社祭，之后把帝辛之子武庚封在殷邑，以续殷祀。并命三弟管叔鲜"辅佐"，实为监视殷武庚的一举一动。即是说，武王并没有"让微子守殷常祀"，可见一些学者认为，"微子与周人里应外合密谋倒纣"不真。当然，这只是克纣之初的临时安排，不久之后又改设"三监"。接着，武王安排召公去释放被帝辛囚禁的箕子，并亲自去会见箕子。从箕子的谈吐中，武王发现，箕子是一个难得的人才 (后来，武王西归返周时，又将箕子请到周都镐京，以便向箕子学习治国的道理）。接着，武王又安排毕公、康叔去释放被帝辛囚禁的"百姓"。殷商时代的"百姓"，在甲骨文和金文中写作"百生"或"多生"，泛指各宗族的族人。这些被囚禁的"百姓"，可能与帝辛重用小臣、打压宗亲旧族有关。此外，武王还命闳夭封比干之墓、命南宫忽 (《逸周书》作南宫忽，《史记》作南宫括) 散发鹿台之财和巨桥之粟，借此笼络人心。后来，武王又将殷商王畿的大、小贵族首领召集起来开会。武王对他们发表训诫，其内容被收集在《逸周书·商誓》中。在《逸周书·商誓》的开头，强调讨伐帝辛是顺应天命，执行上帝降下的"威命明罚"，武王在《商誓》中把周人信仰的"天"和殷人信仰的"上帝"结合起来，形成一整套的"天命"理论。在殷墟甲骨卜辞中，至上神被称作"帝"或"上帝"，与"天"字渺不相关。也就是说，在殷人的文化中，"天"本不具备神明的含义。而周人却把"天"当作至上神，在周原甲骨中就有"小告十大，四无咎"的卜辞。也就是说，周人信仰的"天"等同于殷人信仰的"上帝"或简作"帝"。武王把殷人信仰的"帝"接纳过来，与"天"混合后，再反向输出，使殷商遗民相信"以周代殷"的政权更替合理性。武王在《逸周书·商誓》中，声称正是因为帝辛"弗显上帝，昏虐百姓"，上帝才命先父文王"奉天之命""殪商之多罪纣"。"我"姬发作为文王的继承者，不敢违背天命，所以率军前来，对商纣执行"天之大罚"。武王在这里把"天命"解释成上帝的意志，试图把这概念灌输给殷商贵族。接着，武王又把帝辛和其他殷商贵族区别开来，说："昔在西土，我其有言：'胥告商之百姓无罪，其维一夫。'"这是在说，你们殷商贵族是无罪的，有罪的只是"独夫纣"一人而已。武王又说："其比冢邦君，我无攸爱；上帝曰：'必伐之！'"他将那些仍然忠于帝辛、不肯归顺周人的诸侯、方国称作"比冢邦君"。武王明确表态，绝不会对"比冢邦君"心慈手软，因为上帝也下达了"必伐之"的命令。在《逸周书·商誓》中，武王反复告诫殷商贵族，要遵从天命，听命于周，帮助西土增加神佑。如果谁能做到这些，谁就可以继续安居；倘若哪个胆敢叛乱，就会被"肆刘灭之"，就会被杀得一个不剩。在《逸周书·商誓》的末尾，武王再度强调伐纣克殷是出于天命，让殷商遗民不要对此有所怀疑。一旦发现有人胆敢不遵从他的以上告诫，即便他返回了西土，也会再来东方对不听告诫者用刑。

对殷商贵族进行训诫后，武王便留下部分军队，交给三弟管叔鲜管理，以便维持殷商王畿的稳定，防止他们造反。据说，其中有一支1000人的队伍，奉命专门负责寻找帝辛遗留下来的玉石。从《逸周书·世俘》的记载来看，周军在寻宝行动中收获颇丰，除了自焚现场那五枚"天智玉琰"外，周军另缴获"旧宝玉万四千、佩玉亿有八万"。先秦时期，多以十万为"亿"、百万为"兆"，也就是说，周军找到帝辛遗留下来的14000块宝玉和18万块佩玉。尽管有些学者认为，《逸周书·世俘》记载的这些寻宝数字有夸大之嫌，但作为当时东亚第一大都市殷都藏有如此多的宝贝，也并非不可能。

据西周青铜器"利簋"铭文**【笔者特别注】**记载，武王看到殷商王畿已经没有人再敢造反之后，只在殷都滞留七天，于第八天的"辛未"日就离开了殷商王畿，但他并没有返回镐京，而是到驻有重兵的天下之中郑州（**阑自**）去调动军队坐镇指挥整个伐纣克殷战争的更大规模的行动——剿灭那些仍然忠于帝辛的诸侯、方国。

【笔者特别注】：在《夏商周断代工程报告》（科学出版社，2022年6月第1版）一书第161—162页中，将"利簋"的4行33字铭文释读为："**武王征商，惟甲子朝，岁鼎，克闻，夙有商。辛未，王在阑自，锡右吏（史）利金，用作檀公宝障彝。**"由于这件青铜簋是右史"利"所铸的，因此，人们就称它为"利簋"。学界对"利簋"铭文意思的一般理解是："武王克商之战发生于甲子日晨，时岁星（木星）正当中天（系于省吾、张政烺等对'岁鼎'的解释），只用一昼夜的时间武王便占有了纣之别都'商'（这是多数专家对'夙有商'三字的理解）。担任右史的官员'利'，见到这一喜庆的特殊天象迅即报告武王（'克闻'中的'闻'是向上级报告的意思）。武王听了很高兴，因此，当武王于甲子日后的第七天——辛未日，自商都返回阑自犒赏三军时，赏赐给右史'利'许多铜锡等当时的贵重金属。右史'利'用武王赏赐的这些'金'铸造了这件祭器，用以纪念先祖檀公（也有人理解为用以纪念周武王的曾祖父古公亶父）。"对铭文中武王在"**阑自**"犒赏三军这地名"**阑自**"在今何处，多数专家认为是郑州，但也有人将"利簋"铭文中的"**阑自**"与"版方鼎"铭文中的"**阑**"地联系起来，不同意"**阑自**"即今郑州的说法。

第三节　武王征伐仍然忠于帝辛的部族方国

武王离开殷商土畿，到了驻有重兵的天下之中郑州 (如果"利簋"铭文中的地名"阑白"真是今郑州的话)，坐镇指挥，调动军队，准备征讨那些仍然忠于帝辛的部族方国。

1976 年，在陕西临潼出土的西周青铜器"利簋" (详见本书"前 28"—"前 33"页的中文、英文双语图解和上一节末的"【笔者特别注】")，其铭文共 1 行 33 字，其第一个字为"武王"两字的"合义"——珷，若将这个合文"珷"字看成一个字的话，则其铭文为 4 行，每行 8 字，共 32 字。这件西周利簋，又名武王征商簋，1976 年 3 月出土于陕西省临潼县零口镇 (今西安市临潼区零口街道)，据说是迄今所知最早的西周青铜器，现收藏于中国国家博物馆。利簋高 28 厘米，口径 22 厘米，重 7.95 千克。器内底部铸有铭文。利簋铭文记载了"甲子日清晨武王伐纣"这一重大历史事件，铭文内容与中国古代文献记载完全一致，具有非常重要的史料价值。现已经被《国家人文历史》评为九大镇国之宝，2002 年 1 月 18 日被列为首批禁止出国 (境) 展览的文物。其 4 行 33 字铭文，学界专家虽然有不同的断句、释读和释义，但将"利簋"铭文中"甲子朝"三字诠释为周殷牧野之战开战于某年某月的"甲子日晨"是学界绝大多数专家公认的 (只有极少数人认为"利簋"铭文与周殷牧野之战渺不相关。他们认为"利簋"本非周初之物，可能是春秋早期秦国青铜器，其铭文第一字也非合文"武王"，而是古文"戡"字。参见安国欣[注56]《利簋铭文释读新解》)。现将上一页"【笔者特别注】"中夏商周断代工程专家组编著的《夏商周断代工程报告》(科学出版社，2022 年 6 月第 1 版) 一书中的断句和释读重新抄录如下：

武王征商，惟甲子朝，岁鼎，克闻，夙有商。辛未，王在阑自，锡右吏 (史) 利金，用作檀公宝障彝。

从铭文中可以得知，武王在辛未日，也就是甲子日克商后的第七天，已经离开了殷商王畿，抵达"阑自"，把当时最贵重的"金" (能铸造青铜器的铜锡料) 赏赐给右史"利"，多数学者认为"阑自"位于今郑州市的管城区。因为"阑"地有重兵屯驻，故称"阑自" (自即师，简作师)，后来这里成为武王三弟管叔鲜的封地。武王坐镇阑自，调动军队，指挥其"伐纣灭殷"的最后一战。据《逸周书·世俘》记载，武王命令吕他 (佗) 征伐越戏方 (越戏方在今河南巩义东南)；命令侯来征伐盘踞在陈地的帝辛臣属靡集 (陈在今河南周口市淮阳区，后来被武王封给陈胡公)；命令百弇征伐韦 (注：原文作"卫"，与"韦"通，其地在今河南滑县东南)；命令陈本征伐历 (历在今河南禹州)；命令百韦征伐宣方 (宣方在今河南长葛东北)；命令新荒伐蜀 (非四川之蜀，此蜀位于河南新郑、禹州之间，春秋战国时期因其地有水泽，改称"濁泽")。以上六路军队，全部取得胜利，向武王告捷。其中陈本和新荒不仅顺利攻取历、蜀两地，还俘虏了前来侵犯的霍侯、艾侯、俟侯及小臣 46 人，缴获马车 803 辆。白韦也在擒获宣方君主、缴获 30 辆马车后，继续向东进军，攻打厉国 (今河南鹿邑)，再度取得胜利。《逸周书·世俘》中有一段周人夸耀战功的文字：说是武王征伐四方，前后共征伐 99 国，得馘 177779 人 ("馘"本指斩首，后来与"聝"混用，含义变为割耳)，生俘 300230 人，降伏 652 国。参见下页的图片——《逸周书·世俘》对战果的统计。

殷代史

【卷五】周灭殷商

《逸周书·世俘》对战果的统计：

> 　　武王遂征四方，凡憝国九十有九国，馘磿（原误作"魔"，从卢文弨校改）亿有七万（"七"原作"十"，从章炳麟《菿汉昌言》校改）七千七百七十有九，俘人三亿万有二百三十。凡服国六百五十有二。

　　完成上述征伐任务以后，武王率军返回镐京，在四月庚戌日举行献俘仪式。武王先让史佚向上天献辞，再命人将"共恶臣百人"集体处决（"共恶臣"原作"矢恶臣"，据校对本改）。笔者认为，所谓**"与帝辛共恶之臣"**，当是指卜辞中帝辛予以重用的"小臣"。接着由太师吕尚主持，将俘获的一个外号叫"甲小子"的披甲贵族武士斩首【参见本卷《第二章·第二节（武王在殷商王畿立威）》】。其他统率军队的"师"（陈本、百韦、新荒等人），则把俘获的40个冢君（霍侯、艾侯、佚侯等人）斩首。用于献祭的战俘，都松弛佩衣，先于馘首（这里的"馘首"，含义是割耳）被带进宗庙。武王亲自主持祭祀，太师吕尚扛着悬挂帝辛及其二妻首级的旗帜，进入宗庙。其他馘首也被依次带入，燎祭于天。第二天，武王在周庙大庭祭祀上天，"献上"缴获的殷王鼎，接着又进入祖庙，陈列太王、太伯、王季、虞公（仲雍）、文王、伯邑考等先辈牌位，告以殷之罪状。接下来的几天，武王又举行了一系列祭祀与庆祝活动。

　　至此，武王的"伐纣克殷战争"基本完成，只剩下东夷一些继续支持殷商的铁杆部族方国没有解决，如强大的奄国、更加强大的徐国等。帝辛的儿子武庚也在依靠东夷的这些部族方国，想伺机复国。也就是说，武王虽然完成了文王没有完成的取代殷商成为天下共主的大业，但还有不少部族方国不向周人称臣纳贡，不认可周武王这个新的"天下共主"，这要等到武王逝后成王继位时期的周公三年平叛时才能解决。

第四节　武王伐纣战争中微子的存商续殷之功

　　牧野之战后，武王率领的西戎联军入城，在殷商王畿核心区烧杀抢掠，无恶不作。出走在其封地"微"避难的微子于牧野战后的内贲日（第三天）才知道帝辛被杀和周师屠城的消息，觉得殷商大势已去，已经无力回天。情急之下，为存商续殷，保护殷商族人免遭杀戮，才决定卑躬屈膝，面见武王，代表国家殷商王室最高层而不是代表他个人向武王乞降，请求下令罢兵。这是超过二百个姓氏、总人口过亿的殷商后裔人所共知的事实。这也正是从西周至清末的几千年间微子被众多史家和殷商后裔崇敬并歌颂了几千年且被孔子尊为"殷末三仁"之首的重要原因。历代的殷商后裔，上到达官显贵，下至平民百姓，都视微子为心中的圣人。然而，这种情况随着帝辛被重新评价而有了变化。因为微子与帝辛的治国理念不同，想重新评价帝辛的专家学者，第一想到的必然是也要重新评价微子。因为不少专家总是将评价微子与武王伐纣的牧野之战联系起来，他们认为，正是由于"微子里通外国与周人联合倒纣"，才使周人在牧野之战中"兵不血刃"地成功伐纣克殷，笔者在本章中设本节的目的就是想专门讨论一下，这些学者的见解是否符合史实。

　　子姓家族建立的国家被周灭了以后，末世商王帝辛庶兄微子被周封于宋，以代殷后，又传国七百多年。子姓家族，在先秦历史上，从舜帝时契兴起，直到战国中期微子的宋国灭亡止，前后共传国一千七百多年。在这一千七百多年中，子姓殷商族，历夏殷周三代，繁衍成一个庞大的家族系统，族内大小氏族如林。殷商子姓家族中的这许多大小氏族，在后来姓氏合一的潮流中，都脱离了子姓，演变成独立的姓氏。据不完全统计，源于殷商的姓氏就超过二百个。殷亡后，殷商族不仅没有被灭种，反而繁衍成如此庞大的姓氏群，而且还熏陶出一代圣人孔子，其功当首推微子。没有微子代表国家殷商王室最高层而不是代表他个人在牧野战后卑躬屈膝地请求武王停止杀戮下令罢兵的请降之举（就如二战时美国在广岛、长崎投了两颗原子弹后，日本裕仁天皇代表国家于1945年8月10日凌晨3时做出"圣断"决定接受《中美英三国促令日本投降之波茨坦公告》向盟国乞求无条件投降那样），没有微子宋国700多年的存商续殷和文化传承，今日殷商后裔的队伍就不可能如此壮大。这就是微子虽然跪行求见武王、忍辱负重降周，但却被孔子尊为"殷末三仁"之首和被众多殷商后裔视为心中圣人的根本原因。这一点，是非殷商后裔的专家学者难以理解也难以接受的。然而，大部分殷商后裔的家族情怀确实如此，笔者恳请老一辈专家学者能从著史目的和民族团结的大局出发，充分理解我们殷商后裔崇祖敬宗的这种特殊感情，如若在为帝辛正名的同时，挥起大棒打倒为殷商后裔崇敬了三千年之久的微子，可能会伤及过亿殷商后裔的感情，有碍民族团结，也与"记史作后世鉴"的著史目的相悖。即是说，微子以存商续殷、宋国获得大治、使宋国成为周代传承殷礼的特区，以及传弟不传子孙这些事向世人证明，他当年忍辱负重跪行求见武王主要是为了乞求武王下令罢兵，停止在殷商王都屠城以保护百姓。

　　继承君主之位的，是弟弟还是儿孙，这一点非常重要。对于商族微子来说，这一点更是非比寻常。按照子姓商族的祭祖规矩，如果是微子的儿子或孙子继承大位，则微子这一系是直系，后人祭祀他的时候会格外厚重，他的配偶也会受到后人的祭祀，如果是微子的弟弟继承大位，则微子一系就要沦为旁系，会被后王轻视。后来宋国的三十多位国君全是微仲衍后代，没有一个是微子的后代，就证明了这一点。这种规矩之利害，微子肯定清楚。微子有子有孙，且不止一个，可他为什么还是决定把大位传给弟弟仲衍呢？这个问题古今都有人研究，仁者见仁，智者见智。有人说微子的儿子"循"（一说是孙子"腯"，山东微山殷氏六修谱记载微子有子名"费"，早卒，费生"腯"）与微子政见不合，特别是对微子委曲求全的做法不满，微子封宋后多次到周去朝觐，但他的儿子"循"（或孙子"腯"）一次也没有去过，而弟弟微仲则是微子的坚定支持者，故传之。此说貌似有理，但不经一驳，因为微子的儿、孙不止一个，见于文献和家谱的，就至少有两个儿子"费""朱"，一个孙子"腯"。一个因政见不合不可立，还可以立另一个。笔者思前想后，终于悟出可能的原因，现记于此，供读者参考。帝乙临终时，他与两个弟弟比干和箕子商量王位继承人的事，箕子建议立贤能善良的大儿子微子，比干则主张让小儿子帝辛继承王位。比干说，微子虽是长子，但是庶出；帝辛虽小，却是嫡子。最终帝乙采纳了比干的意见，让帝辛继承了王位。对此安排，微子肯定是有意见的，加上后来帝辛失德专横，不听劝谏，微子当然更是心寒。可是，他万万没有想到武王只用一天的工夫就活捉帝辛，并被斩首示众。微子看到殷商气数已尽，无力回天，为保护殷民免遭杀戮，才忍辱负重跪行求见武王，乞求武王下令罢兵，以保百姓。这件事对微子触动很大，震动也很大。微子当时的感觉可能如五雷轰顶，他根本没想到因为自己避难在外，关键时刻没有帮弟弟帝辛一把，以致导致弟弟帝辛被杀和整个大殷的灭亡。此时微子十分内疚，自觉愧对先祖，所以决定让自己这一支系隐于民间，不当显族，故才有传弟不传子孙之举。宋国后来的三十几位国君，没有一个是微子之后正是微子自觉愧对先祖的自责心理的佐证。

【一】微子评价与真实的牧野战况密切相关

孔子曰："殷有三仁焉。"微子、箕子、比干，微子位列"三仁"之首，在帝辛被打入十八层地狱的传统史学界，一直是这么认为的。近代、现代，由于郭沫若的努力，毛泽东的推进，众多史家对晚殷史料的挖掘和客观、公正的评价，一个真实的帝辛，有功有过的末代殷天子正悄悄地走进寻常百姓家。与此同时，殷之"三仁"，特别是位列"三仁"之首的微子的处境则日趋尴尬。因为在一些学者的眼中，微子、箕子、比干是帝辛的政治反对派，在帝辛遭万人唾骂的时代，"三仁"被历代史家称赞是理所当然的。后来，随着帝辛历史地位的变化，"三仁"的历史地位也在悄悄地走向传统认识的反面。好像帝辛、"三仁"，特别是帝辛、微子总是水火不容似的，要么还帝辛的真实历史地位，打倒微子；要么还原到传统，仍然踩倒帝辛，称赞微子。现在我们提倡客观、公正地评价帝辛，当然也就应该客观、公正地评价"三仁"，特别是要客观、公正地评价微子。诚然，帝辛和"三仁"是一对矛盾，他们政治观点不同，治国理念不同，但这对矛盾也有同一性，即是他们在维护殷商族的统治地位这一点上，还是一致的。本书试图在客观、公正地评价帝辛的同时，也客观公正地评价微子。

现代贬低微子的学者，主要有下列四个论据，其实这四个论据都是经不起推敲的。

否定微子的论据之一，微子是软骨头，卑躬屈膝地投降周人。

否定微子的论据之二，微子是帝辛的政治反对派。

否定微子的论据之三，微子出走奔周，与周人订了倒纣的"里应外合"的共头山之盟。

否定微子的论据之四，微子派胶鬲充当殷使候周师。胶鬲于鲔水探知周师将于甲子日到殷都的消息，遂回报微子，做好里应外合的准备，终于使武王在牧野战场，兵不血刃，就伐殷得手。

综观否定微子的这四个论据，其成立的支柱，就是牧野之战是微子和武王事先串通好的行动，所以武王才兵不血刃，就伐纣克殷得手。因此，凡是主张微子为里通外国分子的人，必然会否认牧野之战的残酷性。牧野之战果真是"兵不血刃"武王就伐纣克殷得手的吗？请读者继续阅读下面的分析。

【二】从殷商王都是否受到保护来厘定牧野战况

对微子的研究，周殷决战的牧野战况是不能回避的。

如前所述，若周师伐殷是微子和武王事先串通好的行动，则战况一定是"兵不血刃"，甚至可能如有些学者所言，牧野之战本就子虚乌有，连"前徒倒戈"都是后世史家瞎编的，实际只是一场微子与武王早就勾结好的、根本没有打什么仗的军事政变而已。实际上，要判定牧野之战是否真实存在，或虽存在但是否"兵不血刃"，即牧野之战是否残酷，其实很简单，只要看看牧野之战后，殷商王都被保护的程度就可以了。如果三千年前全球的明珠城市殷商王都能受到武王的保护，如同解放战争中，明清古都北平受到完整保护那样，那么微子就是罪该万死的里通外国分子。如果三千年前全球的明珠城市殷商王都受到严重的破坏，真的成为箕子笔下一片废墟的话，那么微子投降周人就是忍辱负重，乞求武王罢兵，为保护朝歌民众不受周师杀戮的英雄行为。

有学者辩解说，殷都受到毁灭性破坏、成为现在安阳殷墟的样子，只是后来的周公平叛所为，不关武王什么事，这种说法是不全面的。当然，"何簋"铭文提及的周公"陳殷"，在传世文献中也有"墟殷国"的记载（"毁殷都为废墟"），但这只是殷都遭受到二次毁坏罢了。考古表明，安阳殷墟小屯发掘所见的柱烬及基址红烧土，说明殷都在废弃时经历了火焚，殷墟王陵及王陵区之外的绝大多数贵族墓葬也曾遭到破坏性挖掘，所有这些，肯定与号称至仁至贤的周武王于牧野战后留滞殷商王畿的七天有关（从克商甲子日到《利簋》铭文的辛未日），至少脱不了干系。

关于牧野之战残酷性及武王挥师入城时对殷商王都的破坏程度，历来有两个版本：一个是"血流漂杵"说，该说认为牧野之战及战后武王挥师入城的战争极其残酷，致使东方第一大城市纣王都受到毁灭性破坏，以致在短期内即沦为废墟。一个是"兵不血刃"说，该说以《史记·周本纪》为代表作。《史记·周本纪》记曰：

> "纣师虽众，皆无战之心，心欲武王亟入。纣师皆倒兵以战，以开武王。武王驰之，纣兵皆崩畔纣。纣走，反入登于鹿台之上，蒙衣其殊玉，自燔于火而死。"

显然，在司马迁的笔下，牧野之战是一场因纣师倒戈武王不费吹灰之力即取得胜利的战争，是一场"兵不血刃"的战争；《史记·周本纪》对牧野战后武王挥师入城的描述也是一派和平解放纣王都，受到纣王都民众列队欢迎的景象。《史记·周本纪》记曰：

> "武王至商国，商国百姓咸待于郊。"

《史记·周本纪》中的说法类似1949年1月31日中国人民解放军入城和平解放北平（北京）那样，它使驰名世界的文化古都北京免于战火完整地保存下来，为新中国定都北京奠定了基础。

上述两种说法哪一个可信呢？衡量的标准可以看也仅能看周师在牧野会战得手后，武王挥师入城时对殷都的保护意识和破坏程度。如果周师和西戎诸侯联军入城后，殷都完好无损，则是《史记·周本纪》的"兵不血刃"说或"殷都和平解放"说对；如果殷都受到极大的破坏，以致几年后就沦为箕子笔下的一片废墟，则是古文献的"血流漂杵"说对。

本书在《卷三·存商续殷的关键人物微子传记》中，已经从史实分析，否定了司马迁的牧野之战兵不血刃和武王挥师入城受到殷都民众列队欢迎的和平解放殷都的说法，证明无论是牧野战场还是牧野战后的周师入城，其战况都是极其残酷的，虽然伪版《尚书·武成》用"血流漂杵"或在传承过程中佚失的真版《尚书·武成》用"血之流杵"来形容其惨不忍睹的残酷程度有点夸张，但当时东亚最繁华的殷都在时隔几年之后即沦为箕子笔下的一片废墟和20世纪考古发现证明在河南省安阳横跨洹河两岸真有个废了的殷都存在（今通称为"殷墟"），应该是两个铁证。只是因为后来的历史是周人写的，周后的历史又是由奉"周礼"为圭臬的儒家写的，因而没有人记载，也没有人敢提这件事罢了。

实际上，以箕子《麦秀之诗》为证推测武王伐纣时对殷都的毁灭性破坏并非笔者的首创，最先做出这个判断的是山东省原副省长、山东省政协九届副主席、山东省慈善总会会长、山东省大舜文化研究会会长谢玉堂。他在2011年7月出版的《甲骨文的由来与发展》一书中说【注126】："（牧野战后几年），纣王时的重臣箕子到周朝朝拜时特意去旧都看了一次，当他看到昔日的首都一片凄凉，不禁悲从中来，欲哭无泪，并为此作诗曰：'麦秀渐渐兮，禾黍油油……'"

谢先生由此推测说："公元前1046年武王灭纣，这对安阳殷都是一次毁灭性的打击和破坏。可想而知，其破坏性绝不亚于后来的项羽毁灭咸阳。"（笔者注：谢先生说的"安阳"应含别都朝歌在内。谢先生说的公元前1046年武王灭纣实际应是公元前1044年1月9日武王灭纣。）

谢先生仅以公元前 206 年项羽毁灭秦都咸阳一例来比喻说明武王伐纣时，对殷都的毁灭性破坏程度，其实武王挥师入城时烧杀抢掠、屠杀殷都百姓的残酷程度还可从本书《卷三·存商续殷的关键人物微子传记》中列举过的下列四例少数民族或外族入侵中国历代首都的事例来推测之。第一次为公元 311 年匈奴攻陷晋都洛阳的"永嘉之乱"事件，第二次是 1126 年和 1127 年金军两次攻破宋都东京（今河南开封）"靖康之耻"事件，第三次是 1900 年（旧历庚子年）八国联军攻陷清都北京的"庚子之耻"事件，第四次是 1937 年 12 月 13 日二战时侵华日军攻陷民国首都南京的"南京大屠杀"事件。

综观有文字记载以来的上述六次中国时王王都或民国首都被攻陷事件，虽然其对时王王都或民国首都的破坏都极其严重，但后五次都没有使时王王都或民国首都沦为废墟，使时王王都沦为一片废墟的唯一一次就是三千多年前周武王率西戎诸侯联军入侵殷都的事件。而且周军破坏殷都事件是在牧野会战周军取得决定性胜利后武王挥师入城时发生的。可见当年周武王挥师入城后大规模烧杀抢掠手无寸"铜"的殷都平民的严重程度，一定远大于秦亡后项羽咸阳屠城、晋"永嘉之乱"、宋"靖康之耻"、清八国联军入京、民国日寇"南京大屠杀"对时王王都或民国首都的破坏程度。

【三】驳否定微子的论据之一

前已述及，现代学者否定微子的论据之一是，微子是软骨头，卑躬屈膝地投降周人。其实微子是代表国家殷商王室最高层而不是代表他个人忍辱负重投降周人，其目的是乞求武王停止杀戮，使剩下来的族人和殷都百姓免遭涂炭。就与二战时美国在广岛、长崎投了两颗原子弹后，日本裕仁天皇代表国家于 1945 年 8 月 10 日凌晨 3 时做出"圣断"决定向盟国乞求无条件投降类似。

【四】驳否定微子的论据之二

现代学者否定微子的论据之二是，微子是不支持帝辛改革的政治反对派。

微子、箕子、比干这"三仁"确实与帝辛政见不合，治国理念不同，但他们有一个共同点，都是为了殷代的长治久安，何况"三仁"据理力谏的都是针对帝辛身上的缺点。否定微子的人列出的这个论据是一点道理也没有的。纵观中国历史，不管哪个朝代的中央政府中，都有政治反对派。中国如此，外国也同样。因为在中央政府中，有政治反对派，才显得"民主"；没有政治反对派，那只能叫"独裁"。在帝辛的中央政府中，尚允许以微子为首的"三仁"这样的政治反对派有限地存在，正说明帝辛的"专制独裁"也是有节制的。一代伟人毛泽东说过："党外无党，帝王思想，党内无派，千奇百怪。"因此，微子是帝辛的政治反对派这一条不能作为否定微子的论据。

殷代史

【卷五】周灭殷商

【五】驳否定微子的论据之三

现代学者否定微子的论据之三是，微子出走奔周，与周人订了倒纣的"里应外合"的共头山之盟。

微子为了自保暂时出走到自己的封地"微"去避难是事实，但微子奔周没有任何史据为证。至于说微子与周人订了共头山之盟，只有《吕氏春秋·诚廉》一例孤证。对现代学者反复引用的这一例孤证，本书在《卷三·存商续殷的关键人物微子传记》的有关叙述中已做了详尽批驳，读者可参阅本书《卷三·存商续殷的关键人物微子传记》中的"**【1】微子究竟有没与周人订了倒纣的'里应外合'的共头山之盟？**"。本书在《卷三·存商续殷的关键人物微子传记》中对学界有些学者否定微子的说法进行批驳后进而指出，"宋镇豪主编／韩江苏、江林昌著《商代史·卷二（〈殷本纪〉订补与商史人物徵）》第230—232页从陈奇猷说[注127]，认为微子在周灭殷的战争中，充当了内线或间谍的角色是根据不足的，要定此案，除《吕氏春秋·诚廉》以外，还要有过硬的旁证"。

【六】驳否定微子的论据之四

现代学者否定微子的论据之四是，微子派胶鬲充当殷使候周师。胶鬲于鲔水探知周师将于甲子日到殷都的消息，遂回京报告微子，以便做好里应外合的准备，终于使武王在牧野战场，兵不血刃，就伐殷得手。

这个论据缘于《吕氏春秋·贵因》。对现代学者反复引用的这一例孤证，本书在《卷三·存商续殷的关键人物微子传记》的有关叙述中也已做了详尽批驳，读者可参阅本书《卷三·存商续殷的关键人物微子传记》中的"**【2】胶鬲究竟是不是微子与周人联系的联络人，胶鬲的主人是不是与周人盟誓的微子？**"

另外，记载殷周牧野之战的史书多得很，也未见任何一部史书上有关于在牧野之战期间微子与周师如何具体配合行动的任何记载，现代的某些学者怎么能一口咬定微子里通外国，与武王里应外合，甚至是配合武王发动军事政变呢？由此可知，宋镇豪主编／韩江苏、江林昌著《商代史·卷二（〈殷本纪〉订补与商史人物徵）》第230—231页对微子与周人里应外合倒纣的结论性分析和推测[注127]不能成立。该书对微子作出如下的结论性评价[注127]：

"种种疑点说明，即使文献记载不见微子投奔周人，从史实出发而得出结论：微子与周人在灭商之前联络过，得到周人允诺后，与周人一起，里应外合，推翻了商纣王的统治，故有周灭商后微子受到周王分封而国于宋的结果。

"这就涉及对微子之贤的评价，微子有治国之才，既仁且贤。但国难当头，弃国家主权不顾而投奔敌方——周人，与周人联合，推翻自己家族的统治……"

显然，对微子的如此评价，与上述分析的史实不符，因此，宋镇豪主编／韩江苏、江林昌著《商代史·卷二（〈殷本纪〉订补与商史人物徵）》第233页对微子的结论性评价不能成立，起码是不严肃的，因为该书中没有提供任何在牧野会战期间微子与武王里应外合、配合行动的证据。

【七】撰写魏晋谱书《殷氏家传》的殷氏先祖对微子存商续殷之德的评价

　　笔者在本书初版的"自序"中曾有言在先：因为魏晋谱书《殷氏家传》已经毁于"文革"，本书在论证笔者据祖传魏晋谱书《殷氏家传》提出的每一个新观点时，所引用的论据和辅助史料的出处，均以学界公认的文献或考古发现为准，基本上没有仅以魏晋谱书《殷氏家传》为据的。然而，在叙述微子的存商续殷之德时我不得不引用晋代先祖或晋代之前先祖在魏晋谱书《殷氏家传》中的有关记载作为佐证。在本书《卷三·存商续殷的关键人物微子传记》中笔者曾说过，本来，在魏晋谱书《殷氏家传》中还有记载微子按殷之大礼代表殷商王室行"乞降礼仪"面见武王请求罢兵以保存殷都和殷人安危的一节（就像二战时于 1945 年 8 月 10 日凌晨 3 时日本裕仁天皇代表国家做出"圣断"决定接受《中美英三国促令日本投降之波茨坦公告》无条件投降那样），笔者原先准备略去不写，因为笔者担心这样写了怕学界说笔者过分美化先祖。后来笔者将自己的顾虑告知一位学界好友，谁知他也持**"武王牧野战后待在殷都只一天，客观上也没有时间在殷都屠城，殷都被毁多是他弟弟姬旦三年平叛所为"**的观点，难怪古之儒家、今亦有人为了树武王至仁至义形象，而将毁灭殷都的罪过都加在后来三年平叛的姬旦身上（连孟子都这么看，什么"有（尚）书不如无书"云云，何况其他儒人）。因此，笔者决定不再回避微子代表殷商王室（代表国家）正式行殷之乞降大礼要求武王罢兵停止在殷都屠城杀戮之事。

　　撰写魏晋谱书《殷氏家传》的先祖在魏晋谱书《殷氏家传》中向汉代大儒董仲舒反问道（白话大意）："武王滞留殷都六七天（**笔者注：**魏晋谱书《殷氏家传》说武王滞留殷都六七天，已经得到西周青铜器'利簋'的铭文证明，从牧野之战的甲子日至'利簋'记载的辛未日期间，正好七天），他会干些什么？死人还要射三箭，砍头戮尸，如此立威，他弟弟都看不下去（屈原在《天问》一诗中提及此事：'列击纣躬，叔旦不嘉。'意思是：'武王击斩帝纣的尸体，周公旦并不赞许。'），劝他不要那样做，可见周公姬旦比武王仁慈一些，后世史家都将毁灭殷都罪过加在姬旦三年平叛上，这显然是后世儒家为了树武王至仁至义形象所致（孟子都这么看，什么有尚书不如无书云云，何况其他儒人？）。"

魏晋谱书《殷氏家传》还记载（白话大意）："甲子日当天，微子还在其封地，并不知牧野战事，到了第三天的丙寅日，微子才赶紧回到朝歌，一看，城已不城，邑已不邑，满眼看到的都是周师屠城杀戮的景象。当时他想，如今弟弟帝辛不在，叔叔比干又死，能代表殷商王室拯救殷都和殷人免于杀戮的，也只有自己了。于是'持其祭器''肉袒面缚，左牵羊，右把茅'，自己膝行而前，后面让随从抬着棺材，行殷之乞降大礼，至军门，求见武王罢兵。"各位读者想想，如果武王仁慈，微子在战后的第二天，还有必要这么做吗？如果微子与周人串通勾结倒纣有约在先，他可以理直气壮地要求武王兑现'共头山之约让他祀殷'的允诺，他会允许武王封武庚祀殷吗？看来，国家正史，从司马迁的《史记》到现代的《商代史·卷二（〈殷本纪〉订补与商史人物徵）》（中国社会科学出版社，2010 年 12 月第 1 版）对历史、对周武王、对周公旦、对帝辛、对微子都不公平！对这些历史人物的功过是非，都得以历史的眼光对其重新评判！

殷代史

【卷五】周灭殷商

第三章　周人彻底剿灭殷商

第一节　武王以分封名义拆分殷商王畿

　　武王在十一年二月甲子日伐纣克殷，又派军讨平了中原地区不肯归顺的部族方国，对东夷强国徐、奄等并未敢动。于四月返回镐京，举行献俘仪式（详见《逸周书·世俘》）。今文《尚书·金滕》记载："既克商二年，王有疾，弗豫。"《史记·封禅书》则记为："武王克殷二年，天下未宁而崩。"《淮南子·要略》则认为，不是克商后二年而崩，而是"誓师牧野……立三年而崩"。清华大学收藏的战国竹简《金滕》则说武王患病在"既克商三年"，比传世本《金滕》的记载要晚一年。

　　总之，武王伐纣克殷后的统治时间不长，至多三年。在这两三年期间，武王对"先代之后"及宗亲、功臣进行了分封。在受封的"先代之后"中，又有所谓的"三恪"。《左传》杜预注说："周得天下，封夏、殷二王后，又封舜后，谓之'恪'，并二王后为三国。其礼转降，示敬而已，故曰'三恪'。"这是说周武王分封夏、殷两代王族后裔，加上舜帝后裔，共三国，合称"三恪"。"恪"有恭敬的含义，也作"客"，引申为"以礼相待"，或"周以恪为客"，与一般诸侯不同。周武王的这类分封，与后来周成王的"裂土封侯"有本质的不同，武王的分封主要是为了建立军事据点、防止殷商遗民造反，其目的在于控制战略要地，并非成王时代的"授民、授疆土"式的分封，本书《卷三·姜太公（姜子牙、太公望）传记》中提及的"太公被封于山东营丘建立齐国"就是典型的一例。实际情况是，周武王并未控制齐地的重镇营丘，分封太公于"齐地都营丘"只是开个空头支票，让太公去跟东夷莱侯打仗，抢占战略要地营丘而已。

　　"三恪"中的舜后是陈国；"夏后"是杞国；至于"殷后"，武王最初封的殷后，是指受封殷邑的帝辛之子武庚。后来武庚复国作乱，在周公东征三年平叛中被讨灭诛杀，周公才以成王名义命已受武王之封的微子"代殷后"。按照《吕氏春秋》和《礼记》及其注文的相关记载，在武王克商后不久，武王就认可微子原来的封地和爵位。等到周公讨灭武庚，微子才受到"代殷后，奉其先祀"的再次册封，宋国从此成为"三恪"之一。这在《史记·宋微子世家》中有详细记载：

　　"周武王伐纣克殷，微子乃持其祭器造于军门，肉袒面缚……武王乃释微子，复其位如故。"（**笔者注：**依此记载，武王认可的微子封地应还在其原封地"微"，而不是后来的"国于宋"，魏晋谱书《殷氏家传》也持这种说法。）"武王崩，成王少，周公旦代行政当国。管、蔡疑之，乃与武庚作乱……周公既承成王命诛武庚，杀管叔、放蔡叔，乃命微子开（启）代殷后，奉其先祀，作《微子之命》以申之，国于宋。微子故能仁贤，乃代武庚，故殷之余民甚戴爱之。"

　　陈国位列"三恪"，早期文献见于《左传》。由《左传》的记载可知，陈国成为"三恪"之一，仍沿于周王室的恩惠。杞国也是如此，《国语·周语》中有"陈国之福源自太姬、杞国之福源自太姒"的说法（**笔者注：** 太姬是周武王长女，嫁于陈胡婚相陈胡公妫满为妻，传说妫满是舜帝之后商均的33世孙）。太姒是周武王之母，出自姒姓莘国，与杞国同姓。至于为何位列三恪的是杞国而不是莘国，因为殷代的杞国是夏后宗室的"主支后裔"，最能代表夏后遗民。三恪待遇不同，周人对殷商后裔十分忌惮，采取了镇压与怀柔相结合的手段，周王室对宋国待以客礼、尊崇备至，其目的在于笼络人心。简言之，殷商后裔人口众多、反抗能力最强，所以宋国在"三恪"之中最受重视。反观陈、杞两国，虽然号称虞（舜）、夏之后，但毕竟年代久远、宗族衰微，他们之所以能够跻身三恪，更多的是凭借与周王室的婚姻关系，以及"兴灭国、继绝世"的舆论宣传。

　　周武王在分封诸侯时，为了压制原殷商王畿地区的殷商旧族，武庚虽然受封殷邑，但权力有限。据《逸周书》记载，周武王在克商之初，就把三弟管叔鲜留在殷商王畿，令他"辅佐"武庚。后来武王又增派了另外两位胞弟——蔡叔度和霍叔处，设置"三监"，对武庚进行监督，对殷民进行监视。武王还对殷商王畿实施拆分，把最南端分给司寇苏忿生，建立温国。这个苏忿生，出自己姓（金文作"妃"）的有苏氏（就是《国语》中说的妲己的母国），苏忿生在武王克商时归附周人，被任命为司寇。和苏忿生一同受封的还有檀伯达，他的封国位于温国以西。温、檀两国扼控着从盟津渡口前往殷商王畿的交通要道。在他们的北面，武王又分封了两位庶弟，建立原、雍两国，扼控太行山南麓的隘口。殷商王畿剩下的部分，又被分为三块。分别是：

　　北部的"邶"、南部的"鄘"及中间的"卫"。《汉书·地理志》云："邶，以封纣子武庚；鄘，管叔尹之；卫，蔡叔尹之。"包含殷邑的"邶"是武庚的封国；"鄘"和"卫"分别由管叔、蔡叔治理。

　　当然，这两地只是他们监管殷民时的驻地，并非封国。管叔的封国在"管"，即今郑州市的管城区。蔡叔的封国在"蔡"，传统说法认为是河南上蔡，实际应是郑州北部的"祭"，与管叔的封国相邻。"祭""蔡"二字，古音相通。后来周公平定管、蔡之乱，流放蔡叔，祭地成为周公少子的封国，蔡叔之子蔡仲胡则被改封到上蔡。至于监督武庚的霍叔，一些文献说，他是蔡叔的副手，也有文献说他留在武庚身边，"监之于内，以定其腹心"。霍叔的封国原本位于霍阳，即河南汝州。周公东征后，霍国又被改封到山西霍州。（注：霍叔可能未参与管、蔡及武庚的叛乱。《左传》《史记》皆无霍叔作乱之事。）

　　关于上述的"三监"和武王拆分殷商王畿的"三分"，说法不一。魏晋谱书《殷氏家传》的记载与西晋皇甫谧《帝王世纪》的说法差不多。魏晋谱书《殷氏家传》中说，名义上原来的整个殷畿地都归武庚管辖，但分原殷畿为三块进行监视：

　　"殷都以东为卫，管叔鲜（武王同母弟，太姒生，文王第三子，武王封其于管）监之；殷都以西为墉，蔡叔度（武王同母弟，太姒生，文王第五子，武王封其于蔡）监之；殷都以北为邶，霍叔处（武王同母弟，太姒生，文王第八子，武王封其于霍）监之。"

　　将魏晋谱书《殷氏家传》中的说法与上文中周人的说法进行比较，有同有不同。笔者受学识所限，也说不清，现将上述两种说法的同与不同，开列于下，请读者中的智者，自我鉴别哪种说法更符合实际：

①魏晋谱书《殷氏家传》说："殷都以北为邶，霍叔处监之。"周人说：封给武庚"邶"在原殷畿的北部。这二者看来是相同的，但"邶"是否由"霍叔处"监之，周人似乎未明说。

②魏晋谱书《殷氏家传》说："殷都以东为卫，管叔鲜监之。"周人却说："卫"在原殷畿的中间。这是二者不同的。魏晋谱书《殷氏家传》说"卫"由"管叔鲜监之"，而周人似乎在说"卫"由"蔡叔尹之"，这也是二者不同的。

③魏晋谱书《殷氏家传》说："殷都以西为墉，蔡叔度监之。"周人却说，"鄘"在原殷畿的南部，且由"管叔尹之"。二者比较起来，不仅方位不同（"墉"在原殷畿的西部，而"鄘"在原殷畿的南部），而且地名不同（一为"墉"，一为"鄘"）、监督人不同（西部的"墉"由"蔡叔度"监督，南部的"鄘"由"管叔"监督）。

④更大的不同点则在于：魏晋谱书《殷氏家传》说，名义上原来的整个殷畿地都归武庚管辖，而周人似乎是说，武庚只能管辖原殷畿北部的"邶"。

武王除了对原殷商王畿进行拆分、监管以外，周武王还把几位胞弟、庶弟（曹叔振铎、郜叔、郕叔武）分封在曹、郜、郕等地，以及上文提到过的封姜太公于都营丘的齐，建立齐国。为了稳定在中原地区的统治，周武王又计划建都于洛，以实现他"**居天下之中以治万民**"的政治思想。（**笔者特别插注：**周武王立有"**居天下之中以治万民**"的雄心壮志，可由首批禁止出国（境）的国家一级文物、现收藏于陕西宝鸡青铜器博物院的 1963 出土的西周青铜酒器"**何尊**"的铭文"**宅兹中国**"四个字为证。读者欲知**何尊**的特殊价值，请参阅本书 126 页的"**笔者特别插注**"）因为他预感自己大限将至，叮嘱周公、成王来完成营建"洛邑"的任务，并把原来的首都镐京称为"宗周"，把嘱托周公、成王将要营建的"洛邑"称为"成周"。宗周者，周朝的兴族之地也，是周人的老家所在地、祖坟所在地，喻周人永远不忘本的意思；成周者，周成也，即周道始成而王所都也，喻周朝自此稳定了统治，可见"成周"与姬诵之所以称为"成王"是一个道理。

第二节　成王继位与周公摄行政当国

　　上一节，介绍了周武王拆分殷商王畿、以"分封"名义委派宗亲监管殷商遗民的史实。为了进一步巩固在中原地区的统治，周武王又计划建都于洛。据《逸周书·度邑》记载：武王一心想实现"**居天下之中以治万民**"的政治思想（周武王立有"**居天下之中以治万民**"的政治思想，就是周初青铜器"何尊"铸有"**宅兹中国**"铭文的缘由），心怀忧虑，彻夜不眠。周公姬旦连忙去探望。武王说（白话大意，非《逸周书·度邑》原文，下同）："四弟呀，上天不佐于殷，从我还未出生的时候就开始了。正是因为上天不佑殷商，我们才有了如今的成果。即使上天不再眷顾殷商，也还没有使其彻底灭亡。如今周人还未定下足以承受天命的都邑，我又怎能睡得安稳？"武王把营建新都的任务交给周公，称赞他勤于政务、智慧过人。又说自己大限将至，想传位于周公。周公泣涕拱手，以示不敢接受。最后，武王对周公说："哎呀，小弟！我谋划过讨平殷商，正是依从天意。现在上天又命令我们营建新都。我的意思是，不要去别处寻找建都的位置。建都选址，以天下之中的伊、洛之间为最好。从洛水汇于黄河之处（洛汭）到伊水汇入洛水之处（伊汭），地势平坦而无险阻，那里是'有夏之居'。我向南眺望，越过三涂山；向北眺望，越过山岳脚下的边鄙，环顾视野远眺黄河，近及于伊、洛。建都之处，不要远离天室。**要定天保、依天室**。"关于"天室"的具体含义，学界说法不一。除了《逸周书·度邑》的上述记载以外，周初青铜器"天亡簋"也有"王祀于天室"的铭文。《殷氏家传》认为，武王说的"天室"即"太室"，也就是嵩山的东峰——太室山。因为周武王克商后，曾经登过太室山，"天亡簋"铭文中的"王祀于天室"，正是指这件事。在《逸周书·度邑》中，武王向周公描述的山川景象，也应该是登上太室山时眺望所得。武王认为太室山具有"上通于天"的神圣性质，所以才"定天保、依天室"，决定在傍太室山的河洛地区营造新都，而河洛地区本身，也具有早期"中土王权中心"的特殊意义。《史记·封禅书》说："昔三代之居，皆在河、洛之间，故嵩山为中岳。"河洛地区位居"中土"，与神圣的中岳嵩山一体。二里头遗址、偃师商城、郑州商城这些早期王权中心，都位于此，武王计划在此建都，有"继承前朝王权"的意味。1963年陕西宝鸡出土的西周青铜器"何尊"，其铭文为："惟武王既克大邑商，则廷告于天，曰：'余其**宅兹中国**，自之辥民。'"铭文中的"中国"即中土，实为"中国"的本初含义。"宅兹中国，自之辥民"的铭义，与传世文献相互印证，反映了周武王"居天下之中以治万民"的政治思想。后来周公营建成周洛邑，正是为了实现周武王病重将要离世时的这一构想。据今义《尚书·金縢》记载：武王病重时，周公设祭祈告先王，祈求以自身代替武王去死。又把祷告策书存放在"金縢之匮"中，嘱咐主管官员不要声张（注："金縢之匮"是收藏书契的匣子，以金带封存）。传世文献的这段内容，已为清华简《金縢》印证。差别只是传世本《金縢》在《周公藏策书于金縢之匮》的段落末尾，有"王翼日乃瘳"这一句，意思是"武王第二天就痊愈了"。而清华简《金縢》则没有这一句，下文直接就是武王去世的内容。

关于成王究竟是多大年纪继位和周公摄政代行天子职的事。《史记·周本纪》记载："成王少，周初定天下，周公恐诸侯畔周，公乃摄行政当国。"关于成王继位时年龄，有"在襁褓之中""少""幼弱""六岁""十岁""十三岁""十八岁"多说，近代学者研究了早期文献和金文，多认为成王即位不会太小，因为在周公摄政的第三年，成王已能亲自参与伐奄的战争并颁行赏赐，这一点在"禽簋""㸚劫尊"等青铜器铭文中皆有体现，基本可以排除"襁褓""六岁""十岁"的说法，唐兰认为"十三岁"可信，15岁左右跟随周公伐奄，撰《西周史》的杨宽则认为伐奄时成王已经是20岁的成年人了，倒推两年，即位时间为十七八岁。《礼记·曲礼》云："人生十年曰'幼'，学；二十曰'弱'，冠。"其注疏说："幼者，自始生至十九时。二十成人，初加冠，体犹未壮，故曰弱也。"即是说，古人认为，即使十七八岁，接近20岁初成年的人，也可皆称为"幼弱"。在《尚书》《大诰》《召诰》《洛诰》等篇中，周公、召公屡用"孺子""冲子"称呼成王，也容易被后人误解为成王即位时很小。尽管成王即位时实际不小，但周公依然摄政七年。其原因是，当时克殷未久，殷遗势力还很强大，东部不少方国不受控制。武王去世，成王难以掌控局面。由政治经验丰富的周公摄政，十分必要。另外从《逸周书·度邑》的记载来看，周公摄政也是受武王临终所托，所以周公摄政实际是秉承武王遗志。《尚书》中的《大诰》《康诰》《酒诰》等篇，是周公发布的诰命，都以"王若曰"开头，发布命令皆称"王命"，可见周公"代行天子职"属实。

成王都这么大了，周公还占着天子的位置摄政，引发了一些姬姓宗亲的不满，其中以武王三弟管叔鲜、武王五弟蔡叔度为最。据魏晋谱书《殷氏家传》记载，武王逝后，刚满18岁尚未成人（古人以满20岁才算成人）的武王之子姬诵继位，是为成王，周公姬旦（武王同母弟，太姒生，文王第四子）摄政，代行天子职。管叔鲜、蔡叔度、霍叔处对周公姬旦把持朝政"代行天子职"不满，发动"清君侧"的三监叛乱（亦有史家说霍叔处是被裹挟的，实际没有主动参与）。后来管、蔡发现自己不是周公把持的屯驻于洛地的"洛师"对手，便怂恿武庚复国。于是，殷武庚联合"商奄""蒲姑"（又称"薄姑""勃姑""亳姑""尃古"等）等十七国诸侯和周之三监，起兵复国，史称三监之乱或武庚复国之乱。周公旦率师东征，历时三年，才平定叛乱。武庚被诛，周公旦以成王名义改封殷微子于宋，祀殷；管叔被杀，管国亡；蔡叔度被流放，死于流放之地，其子姬胡亦受封于蔡，史称蔡仲；霍叔处被废为庶民，三年不得录用。为有效监管殷遗民，周公将殷遗民驱散于各地，进行监管，以防他们再度集结造反。

成王觉得，自己都18岁了，叔叔姬旦还不让自己亲政，也怀疑周公有不臣篡位之心，所以对周公平叛的东征也并不上心。周公东征先后用了三年时间。《尚书大传》说，周公东征是"一年救乱，二年克殷，三年践奄"。按照《尚书·金縢》的说法，周公东征在外时，为了消除侄儿的疑虑，特地写了一首《鸱鸮》诗，派人送给成王。"鸱鸮"即猫头鹰，在诗中以"恶鸟"的形象出现，周公在诗中将一只母鸟拟人化成自己，诉说自己生的小鸟被闯入鸟巢的鸱鸮抓走了。母鸟非常伤心。为了防止鸱鸮再来，母鸟拼尽全力修补破损、加固鸟巢，既饱含了哀伤悲痛之情，也彰显出捍卫家室的决心。周公以母鸟自喻，表达了自己守护周室的一番苦心。然而成王读了这首诗后，仍然没有消除对周公的疑心。那年秋熟之时，周都镐京发生风灾，大树都被连根拔起，相信迷信的成王和群臣十分恐慌。为了找到灾变缘由，打开"金滕之匮"查阅旧典，却发现了周公祈祷以自身代替武王去死的策书，成王询问主管"金滕之匮"的官员，官员回应道："确有此事，周公令我们不要声张。"成王大义感动，于是不再怀疑周公。杨宽在《西周史》一书中指出，成王对周公的误会消除后，到东征的第三年，就亲自参与了"践奄"的重大战役。

　　需要向读者说明的是，本书在前面的《卷三·周公姬旦传记》中说过，按照《史记·鲁周公世家》的记载，成王"打开'金滕之匮'查阅旧典发现周公祈祷以自身代替武王去死的祷告策书"的时间是在周公去世之后，这显然与这里介绍的《尚书·金滕》的说法不同。《尚书·金滕》说成王"打开'金滕之匮'查阅旧典"的时间，是在周公姬旦在世时的"践奄"战役之前，而《史记·鲁周公世家》却说成王"打开'金滕之匮'查阅旧典"的时间，是在周公姬旦去世之后（参见本书《卷三·周公姬旦传记》）。这两种说法，哪一种可信呢？笔者认为，当以《尚书·金滕》之说可信，因为《尚书·金滕》的说法与魏晋谱书《殷氏家传》的记载互为印证。

殷 代 史

【卷五】周灭殷商

第三节　武庚复国被诛与周公东征获胜

关于管、蔡作乱和武庚复国，传统史书，都认为他们是串通好一起对付周公的，其实不然。魏晋谱书《殷氏家传》认为管、蔡起初只是单纯反对周公，并未勾结或裹挟武庚。管、蔡的目标只是想将周公赶下台，让成王亲政，并不想推翻武王创立的周族统治，只是到后来在西进攻击周公掌控的洛师时严重受阻，才想到利用武庚的力量赶周公下台，并不想让武庚复国。当时武庚看到周人内讧，也想抓住机会一举摆脱周人监管，伺机复国。此外，武庚还得到东方一些亲殷方国的支持。据《尚书大传》记载，奄国和蒲姑的君主派人通告武庚："武王既死矣，今王（成王）尚幼矣，周公见疑矣，此百世之时也，请举事。"与此同时，武庚还征求伯父微子的意见。政治经验丰富的微子说，复国希望渺茫，宜坐山观虎斗，看看再说。但年轻气盛的武庚在管、蔡的怂恿和东夷一些亲殷方国的支持下，最终还是决定起兵复国，由于管、蔡与武庚的作战目的不同，二者无法统一指挥，甚至难以协调，其失败也是必然的。

周公东征先后用了三年时间。《尚书大传》云："一年救乱，二年克殷，三年践奄。"东征的第一年，主要是遏制管蔡攻势，周公坐镇洛地，其子伯禽则率军插入管叔封国的后方。武王当年分封防止殷商东山再起的其他邦君诸侯也积极配合行动。温、檀两国扼控着从殷商王畿南下伊、洛的交通要道，原、雍两国扼控着太行山南麓的隘口，姬姓黎国则镇守着太行山西侧的上党台地，在它们的"封锁"之下，武庚率领的殷商王畿复国叛军也一筹莫展。在济水沿线，先前周军东拓的产物——齐、郕、曹、郜等国，更是牵制了以奄国、蒲姑为代表的亲殷方国，使它们无法有效支援殷商王畿。

在东征的第二年，周公彻底击败管、蔡叛军，《逸周书·作雒》称管叔被杀、蔡叔被囚。《左传》则说管叔被处死、蔡叔被流放。另有《商君书·赏刑》记载霍叔也遭到流放。周公继而攻克殷邑，武庚向北逃窜。

上一节已经介绍过，周成王发现周公确无篡位不臣之心之后，大受感动。于是不再怀疑周公，并积极支持周公东征。一面决定亲自参与周公"践奄"的重大战役，一面派遣太保召公姬奭率军讨伐北逃的武庚，助周公一力。此事见于周初青铜器"大保簋"（亦称"大保敦"，著名的山东寿张县出土的梁山七件殷周青铜器之一，现藏于美国弗利尔美术馆，其上铭文记有成王伐武庚的史实）的铭文。尽管武庚被召公追上杀死，但仍然有一部分残党继续北逃，召公率军追击，直抵燕地，经营据点，"小臣豈鼎"铭文有"召公垦匽（燕）"的内容。后来召公班师，成王就封召公之长子"克"为匽（燕）侯，建立匽（燕）国，此事见于北京琉璃河出土的"克罍"铭文。

周初青铜器"何簋"铭文提及的周公"陕殷"，即记载周公东征时"毁殷都为废墟"之事，这件事在传世文献中被称作"墟殷国"。根据安阳小屯发掘所见的柱烬及基址红烧土，可以得知殷都在废弃时经历了火焚。有学者指出，殷墟王陵及王陵区之外的绝大多数贵族墓葬也遭到了破坏性盗掘。这只有两种可能，不是在周公平叛时发生，就是在牧野之战后武王留滞殷王畿七天时发生，二者必居其一，或二者均有之。

周公东征的第二年，成王亲自参与了征伐奄国的战役。奄国在传世文献中又被称作"商奄""商盖"，"奄""盖"二字同义相通。"禽簋"铭文记载："王伐盖侯，周公谋，禽祝。"这是说成王征伐奄（盖）侯，周公谋划，伯禽祭社祝祷。奄国被攻破后，原本避难于此的帝辛之臣飞廉向东逃窜，周军追到海边，将他杀死。成王又把包括飞廉族人在内的奄国部分遗民西迁到朱圉山，令他们抵御"奴虏之戎"。还有一支奄国遗民迁至山西太谷县的奄谷，还有一支逃到常州奄城，后被吴国兼并。消灭奄国以后，周公又在太公的齐国配合之下率军征伐了丰国和蒲姑国，其事见于"禺方鼎"铭文。这两国后来都被成王赠封给太公的齐国。几个主要的亲殷东夷方国覆亡后，东部地区的纪、薛等国也倒向了周人。据《逸周书》记载，周公还征服了东夷的"熊盈族十有七国"，不过东夷大国徐国似乎未受到重创。后来，周公之子伯禽迁封东方，依然要和徐国作斗争。至此，周公东征三年平叛胜利完成。

下面，周公要做的事是兴建成周和分迁殷遗民以防殷人再度集结造反的事。由于兴建成周不属本书的讨论范围，下一节只向读者介绍一下周公分迁殷代遗民的事。

第四节　殷商遗民的去向

　　周公东征平叛以后，殷商遗民被周人"支解"得七零八落。除被微子带去宋国或仰慕微子之名自己主动投奔宋国和极少数因有一技之长为周人所用的匠人以外，殷商王室的子姓殷氏后裔大多没有好的下场，其中以被周人迫迁到洛邑"改造"的至少十万之众的"殷顽民"的下场最惨（"至少十万之众"是魏晋谱书《殷氏家传》的原话）。

　　由于周人实施吓唬殷人的政策，作为殷商九大氏族之首的子姓殷氏人，在后来姓氏合一的潮流中，也多数改为别的姓，而不敢说自己本来姓殷。敢说自己姓殷的也多违心地说自己是微子的后人，而不敢公开说出殷末时自己先祖的真实名讳。最典型的是西汉初年因功受封汝南的北地太守、陈郡长平殷氏始记祖殷续在皇帝面前都只说自己是微子后人，只有在私下才对嫡裔说帝辛的好话，认为自己是帝辛的后代。后来东晋名将殷浩、唐朝开国功臣殷开山、中唐卒赠司空的名吏殷侑等也如是说。

　　按理说，殷人受压恐惧的心理入汉以后应该有所改变，但人口的繁衍力和殷姓人受压的心理状态的惯性并没有太大的改变。以致到西汉成帝时（公元前33—前7年在位），"诏求殷商末代王室殷氏后裔"，竟无人敢应。汉成帝，因婚久无嗣，求子心切。微官梅福乘机上疏，请求加封殷商后裔，以续成汤香火。其大意为："武王击败殷纣，还没下战车就分封五帝夏殷，封武庚祀殷，封杞延夏，后来成王又封微子于宋，代殷后祀成汤，以示自己不独自占有天下。保存别人就能保存自己，阻塞别人就会阻塞自己。善恶有报，富贵在天。从前秦灭了东周，扫平六国，不提拔隐士，又断绝三代香火，灭道逆天，因此秦始皇不仅自身陷入危难，而且儿子扶苏、二世胡亥也相继被害，孙子也不能继位，这就是阻塞别人就会阻塞自己、善恶有报的例子。现在五帝夏周都受到祭祀，唯殷人失去后嗣，成汤断了香火，陛下恐怕是因为这个而一直没有子嗣吧。"梅福的上疏虽被斥责为"边部小吏，妄议朝政"，但汉成帝却悄悄记在心里，派人四处寻找末代殷商王室直系传人，"诏求殷之后裔"。此时才发现，殷氏的后裔已"分散为十余姓，推求其嫡，不可得"（实际是，屡受打击的殷姓人，如惊弓之鸟，不敢承认自己是末代殷商王室嫡裔）。于是，汉成帝只好采纳梅福的建议，因孔子也是殷人之后，改封孔子的直系传人为专祀成汤的殷侯。汉成帝于绥和元年（公元前8年）下诏封孔子的十四世传人孔吉（一说是孔吉之子孔何齐）为殷绍嘉侯，不久又进封为殷绍嘉公。殷绍嘉公的封地位于汝南郡新郪县（汉初置新郪县，在今安徽省太和县赵庙镇），封地方圆百里，食邑1670户，建平二年（公元前5年），增封932户。

　　下面，我们来介绍一下，周公东征诛杀武庚以后殷商遗民的去向。

　　据《逸周书·作雒》记载，东征胜利后，周公把一批参与或拥戴武庚叛乱的殷商旧贵族迁往九毕，集中处置。九毕，一作"九里"，位于河南偃师东南、嵩山西北。这一部分人的下场，魏晋谱书《殷氏家传》中无记载，其中可能有不少人被周人集体处决。

　　对未直接参与武庚叛乱的大量殷商遗民则采取分而治之的办法。之所以这样做，主要是因为周公考虑到殷商遗民人口众多，一昧采取杀戮手段并不可行。还是能利用的利用、能教育的教育、不听话的集中管理为上策。据魏晋谱书《殷氏家传》记载，周公将未直接参与武庚叛乱的"殷遗"依对周人的态度分成两类："顽民""献民"（小有学者称为"顺民"）；依从事的职业分为三类："士""匠人""平民"；依族源分成："王畿族""殷民六族""殷民七族""微子族""箕子族"。

　　总之，据魏晋谱书《殷氏家传》记载，周公平叛后，周公将数量众多的"殷遗"分而治之，迁移到下列六处，其中以分给微子宋国、康叔卫国和周公自己直接集中监管的洛邑三处最多。

　　【1】直接参与或积极拥戴武庚叛乱的殷商贵族被迁往九毕，集中处置。

　　【2】凡拥戴微子的不分亲疏远近，只要是微子认可的，统称为"微子族"，一律由微子带去宋国管理。其中愿意为周王室服务的，经微子同意后，可以到周朝中央政府去任职。据说，当年被微子带去宋国的殷商遗民达40%以上。这部分人是周公最"放心"的人，是"献民"中的献民。其管理教育权全部下放给微子，周王室概不干预。其中有一部分有管理能力的人，被微子直接送到西土周王室去任职。魏晋谱书《殷氏家传》的这一说法，已经为出土的青铜器铭文所证实。1976年在陕西扶风庄北村出土了一批窖藏青铜器，其中"墙盘"铭文曰："青幽高祖，在微霝处。武王既戈殷，微使烈祖遇来见武王，武王则令周公舍寓于周，俾处甬。""墙盘"的作器者"墙"显然是殷商贵族后裔，在周朝担任史官。从铭文看来，"墙"所在的这一家族，显然就是微子选拔送去周王室世代为官的一族。有学者推测说，这个"墙"是微子的直系，这种说法是不对的。据《殷氏家传》记载，微子为了"避嫌"，不仅没有派自己的儿孙到周王室去做过官，也没有传宋公位于儿孙（而是传位给弟仲衍）。微子临终时，曾明确要求自己的儿孙永远做"子姓殷氏"人，不要加入"子姓宋氏"。微子带去宋国这四成人，在周人眼里，都是放心的"献民"。

　　【3】凡既未参与武庚叛乱，又不拥戴微子的原殷商王畿的殷商遗民被周人统称为"顽民"，其中有不少是"士"或"多士"（一人身兼多职，习惯上称为"多士"）级的殷商贵族。他们虽没有直接参与武庚叛乱，但同情武庚，希望武庚复国能够成功。魏晋谱书《殷氏家传》说，这批人至少有10万之众。被周公分期分批地送到有重兵屯驻的洛地集中监管，边接受教育，边劳动改造。因为在建的洛邑房舍紧张，所以周公只能分期分批地遣送。其中表现好的到洛邑后可分到良田务农，多数被迫成为周公营建洛邑的劳工。

　　被迁到洛邑集中监管的这10万人，是周公亲自予以教育的主要对象。他们中的大多数，没有被杀。周公的目的是，把这些没有直接参与叛乱，但同情武庚的"殷遗"迁移到有重兵屯驻的洛地附近，以便在新都洛邑建成后就近管控、进行"改造"，因为他们不满周人的统治，所以被称作"顽民"。武王克商时，曾作《商誓》告诫过这些殷商贵族，宣称伐纣是出于天命。现在周公再度搬出这一套天命理论，对这些"顽民"进行教育。据《尚书·多方》记载，周公说君王是"万民之主"，简称"民主"【笔者特别注】。并说"民主"是由上天选定的。而上天选定"民主"（君王）后，还在观看其行为如何。

殷代史
【卷五】周灭殷商

为了说明其天命理论，周公用前代举例说："昔日有夏的君王'放纵逸豫，无忧民之言，过度昏聩'。（原文："诞厥逸，不肯戚言于民，乃大淫昏"。）上天就降命给你们的贤明成汤，让他'代夏作民主'。后来商纣'逸豫无度，谋划政事不清明向善'，（原文："逸厥逸，图厥政不蠲烝，"）上天给他悔改的时间，又给众多商属方国降下警示，却都没有得到回应。唯有我们周之文、武二王'善于顺应民众，能用德政，主持神天之祀'（原文："灵承于旅，克堪用德，惟典神天"），所以就把殷商之命改授给我们周人，使周王统率四方。"在强调天命之后，周公又对殷商"顽民"发出警告："你们屡次不肯安定、内心不顺、罔顾天命，又自作不法，谋划叛乱。我因此教导你们、讨伐你们、软禁你们。至于再、至于三，如今的宽宥已是最后一次，倘若还不听命，就立刻诛灭。这并非我周不兴德政，而是你们自己招致的结果！"除了警告以外，《尚书·多方》还包含了周公对殷"顽民"的承诺："尔乃自时洛邑，尚永力畋尔田，天惟畀矜尔，我有周惟其大介赉尔，迪简在王庭，尚尔事，有服在大僚。"其意思是说："你们如果在洛邑努力经营田地，上天会怜爱你们，我们周国也会大大地奖赏你们，把你们选拔到朝廷中来；努力做好事务，还可以担任重要的官职。"1952年在洛阳东郊发现一批西周早期的殷民墓葬，可与传世文献相互印证。为了重申《多方》的训诫，周公又作《尚书·多士》训诫殷"顽民"。《多士》的内容与《多方》相似。《尚书·多士》开篇就强调天命更替："非我小国敢弋天命，惟天不畀允罔固乱；弼我，我其敢求位。"其意思是说："并非我们小小的周国敢取代殷商之命，而是上天不愿把大命授予听信虚妄、为乱不改的人。因为上天辅弼我们，我们才敢谋求大位。"在《多士》的后续段落中，周公称："惟殷先人有册有典，殷革夏命。"（译文："殷人祖先有简册典籍，记载了殷革夏命。"）周公还称：如今我们周人也遵循你们先人的旧例，"非予罪，时惟天命"。（译文："不是我们的罪过，这是天命。"）最后，周公还重申了安抚政策，有德之人会被选入王廷供职，其他迁居洛邑的殷民，也能分到自己的田地。只要安心劳作、恭敬行事，就会被上天嘉奖。希望你们在洛邑安居乐业、年年丰收。

【4】至于原殷商王畿，仍有众多未迁的"殷遗"。这类"殷遗"大多原先地位不高，是无缘政治或不关心政治事务者，对周人无威胁，周公就借重新分封胞弟康叔为"卫"的机会去就地管辖他们。康叔在史书中被称为"卫康叔"。他的卫国直接管辖原来殷商王畿的区域。周公还把各有一技之长的"殷民七族"也交给卫康叔管理。例如擅长制陶的"陶氏"、擅长制作旌旗的"施氏"、擅长于制作马缨的"繁氏"、擅长制作釜类食器或从事锉刀工的"锜氏"、擅长制作篱笆的"樊氏"、从事锥工的"终葵氏"等。这在《左传·定公四年》中有明确记载："分康叔以大路，少帛（白），綪茷，旃旌，大吕，殷民七族：陶氏、施氏、繁氏、锜氏、樊氏、饥氏、终葵氏。"

【5】拥戴箕子的"殷遗"，则命箕子带去朝鲜。魏晋谱书《殷氏家传》记载说（大意，非原文）："因为朝鲜人只愿接受箕子原来带去的5000余人（如景如松、琴应、南宫修、康侯、鲁启等），不愿再接受箕子又要带去那么多殷商族人。箕子没办法，但又不想丢掉那么多拥戴他的族人，于是就跟北方的孤竹国君商量，

将这批拥戴他的族人安排到孤竹国西侧去建立一个由孤竹国君代管的小箕国。后来小箕国人逐渐东移，与武庚复国的余党北殷氏逐渐融为一体。北殷氏的小部分后来为齐丁公（公元前715—前704年在位）所灭，大部分与小箕国人最终东移融入箕子朝鲜中。"魏晋谱书《殷氏家传》记载的箕子除建立箕子朝鲜外（于武庚复国失败后）又为了接收拥戴他的殷商遗民，在孤竹国君帮助下，在北方建立小箕国后来逐渐东移融入箕子朝鲜的事，似乎已经得到亚盉、圉方鼎铭文和辽西青铜文化遗址出土的西周初年殷商式样的器物所证实。从亚盉、圉方鼎铭文中匽（燕）侯赏赐亖侯族人的内容来看，这时，北京地区已有亖国，这个亖国可能就是拥戴箕子的"殷遗"在孤竹国君帮助下北迁建立的"小箕国"。实际史实是否真的如此，还有待于新的考古材料证实。

【6】最后还有"殷民六族"，周公将其分给自己的儿子鲁公伯禽，命伯禽将其与仍留在商奄未迁的"商奄遗民"一起管理。这在《左传·定公四年》中也有明确记载："分鲁公以大路，大旂，夏后氏之璜，封父之繁弱，殷民六族：条氏、徐氏、萧氏、索氏、长勺氏、尾勺氏……因商奄之民，命以《伯禽》。"

魏晋谱书《殷氏家传》还记载，因周公三年平叛后对"殷遗"分而治之的"支解"，自西周至秦末的千年间，源于殷商末代王室后裔的子姓殷氏人口大减，从殷商大族，沦为弱小族姓。

【笔者特别注】：在西方，"民主"一词最早见于古希腊希罗多德《历史》一书，由古希腊语"demos"（人民）和"kratia"（权力、统治）二词构成，意指"人民的权力""人民的统治"，也即"由人民当家作主"的意思。在中国，"民主"一词，最早见于《尚书·多方》，文云："天惟时求**民主**，乃大降显休命于成汤。"其意为"民之主宰"。《尚书·五子之歌》中还提出："民惟邦本，本固邦宁。"古人的这些说法，奠定了中国"民本"思想的基础，即孟子提出的儒家仁政思想的核心——"民贵君轻""以民为本"的思想。

殷代史

【卷五】周灭殷商

第五节　殷商覆亡的原因

历史的车轮，滚滚向前，成汤殷革夏命，周武以周代殷，都是历史按其自身规律在发展。笔者常见许多殷商后裔在为帝辛亡国可惜，其实没有什么可惜的。殷末是中国奴隶社会的鼎盛时期，我们那些看似英明神武的先祖，其实都是奴隶主，他们杀起奴隶，只当杀猪！他们垮台了，有什么可惜的**?!**就拿武丁大帝来说，是殷代仅次于成汤的伟人，可他杀起奴隶来，是眼都不眨的。据胡厚宣先生统计，光武丁一朝，记录人祭的甲骨 673 片上就有 1006 条卜辞记载祭祀时杀活人 9021 人，还有 531 条卜辞上未记载具体人祭数。这些人祭卜辞都集中于武丁朝鼎盛的 42 年间。也就是说，在武丁朝人祭鼎盛的这 42 年间，平均每月杀近 20 人用于祭祀，在殷代后期从卜辞中统计而得被杀的 13052 个人牲中，光武丁一朝就占七成。帝辛是亡国之君，他虽然大力推行改革，但他毕竟是殷末最大的奴隶主，祭祀时虽然不怎么杀人了，但他杀的人也必然不会少，连对他忠心耿耿的亲叔叔比干都能杀 (据文献记载，帝辛曾怒杀比干，实际是否真有其事，无法考证)，何况别人。我们今天为他鸣不平，一是因为历史对他不公平，他被史家骂了几千年。二是因为就客观而论，他对中国历史做出了四大贡献：第一，他开拓了山东、淮河下游和长江流域，促进了中原文明的传播；第二，推行一系列改革措施，反对神权；第三，打破奴隶主的世袭制，大胆提拔新人；第四，对于古代中国的统一提供了思想和物质上的基础，更是统一中国的一位先驱，他为今日中华版图的奠定、中华多民族国家的形成和中华多民族大家庭的融合等方面，与殷代开国大帝成汤一样，都做出了不可磨灭的贡献。然而，他虽然对中国历史做出了四大贡献，也不能改变他的奴隶主本性。在牧野之战中，他的几十万人的军队打不过只有几万人的周师，不管他的部队是奴隶兵还是正规军，都证明他非常残酷，实际上已经众叛亲离，不亡国才是怪事！反过来，再看姬周的文、武二帝，才真正是当时励精图治的新兴力量的代表，否则无法解释当时为什么会有那么多部族方国拥护他们。不管怎么说，后来周朝社会底层的绝大多数人的基本人权状况总比殷代末社会底层绝大多数人的基本人权状况好得多。**在任何社会，历史总是朝着当时绝大多数人希望的方向发展，这才是历史唯物主义。**我们在书中，有时也指责周人，那是因为他们为了维护自己的统治，在下列三个方面做得过了头：第一，他们为证明以周代殷的合理性而篡改历史，将"有册有典"的殷人对历史的贡献抹得光光，直到甲骨文问世，人们才知道殷人也有璀璨的文明；第二，他们在牧野之战得手后挥师入城时，还将当时东亚最繁华的殷商王都摧毁成箕子笔下的一片废墟，直到 20 世纪，人们才真的看到这个废墟就在安阳小屯的地下，这是人类文明史上非常罕见的事；第三，周公平叛后，对待殷商遗民的手段太不人道。不过，即便如此，笔者还是认为以周代殷不是历史在倒退，而是历史在前进。

那么，我们到底应该怎么看殷商覆亡这件史事呢？殷商为什么会覆亡呢？对这个问题，从汉至清的所有正史书上，都有一致的答案，那就是帝辛太残暴，而周之文、武二王至贤至仁。《史记》上说，牧野战后，周师入城时，受到殷商王畿人民的夹道欢迎，就是这个意思。到了甲骨文问世以后，人们才知道，史书上残暴的帝辛也有可歌可泣的一面，至贤至仁的周之文、武二王也有残暴的一面。于是在探讨殷商为什么会覆亡这个问题时，也就变得见仁见智起来。不过，笔者认为，殷商覆亡的原因很简单，概括说来，只有下列三条。

一是长期积累的奴隶社会底层人民的阶级仇恨使看似强不可摧的奴隶社会大厦轰然倒塌（这是殷商覆亡的社会内因），**不管牧野之战时超过对手十倍以上的殷商部队是奴隶兵还是正规军，敌不过不超过十万的姬周部队，即是帝辛已经众叛亲离的铁的证明。** 如果如郭沫若所说，帝辛部队主力还在东夷前线，武王起兵是乘虚而入，是偷袭，帝辛临时拼凑起来的是不会为帝辛卖力的70万奴隶兵，那就说明殷末时社会的阶级对立已经十分严重。因为据专家研究，那时东亚大陆总人口约800万人，殷商王都总人口约100万人，从这100万人中，帝辛竟然能临时拼凑出《史记》说的70万奴隶兵，读者可以想想，这样的殷商王都还像王都吗？从总人口100万人中，减去70万奴隶兵，还有30万自由人。还不知这30万自由人中，有多少人心中是向着帝辛的。然而，出土的甲骨卜辞，并不支持郭沫若之说。现有的卜辞证明，帝辛征伐东夷的战争只是帝辛在位时前期、中期的事，帝辛末年并不存在征伐东夷的战争。也就是说，郭沫若说的帝辛的主力部队还在东夷战场并不是事实，那就说明武王伐纣并不是乘殷商王都空虚的偷袭，也说明帝辛的70万不是奴隶兵而是正规军。《吕氏春秋·贵因》说，帝辛通过胶鬲的侦探，已预先知道武王要来，战场在牧野也是帝辛为拒敌于国门之外的预先选择。实际情况是甲子日凌晨，周师未到，帝辛已将《史记》记载的70万大军开到牧野战场"先陈矣"，专候武王几万人马的到来。笔者深信，在甲子日凌晨，帝辛的心里还是有必胜把握的，因为他会想到："我有70万正规军，'先陈'于牧野，以逸待劳，打败姬发几万初来乍到的军队，那还不是小菜一碟！"可实际情况却是，帝辛的70万正规军经不住几万周师的冲击。这更加说明殷末阶级矛盾的尖锐对立，连正规军都不愿为帝辛打仗。

二是帝辛本人的人格缺陷（恃才傲物、过于自信、听不进别人的劝谏、不能团结大多数）**和他的一系列改革措施过于激进**（这是殷商覆亡的领导者内因）。

三是殷商的政治对手——周人领导者的政治、军事智慧强于帝辛（这是殷商覆亡的外因）。

【卷五·附件】夏末殷初与殷末四帝时期大事略表（仅供参考）

【说明】：自夏桀帝癸于公元前 1649 年壬辰即位到殷末帝辛在前 1045 年丙申失国，共历 605 个春秋，期间发生了殷革夏命的长达九年之久的商夏战争和周殷牧野决战等诸多重大历史事件。这里给出的是自夏桀壬辰即位至成汤十八年癸亥登基的夏末殷初期间和殷末四帝期间发生的历史大事。

时期		年序	年干支	公元前	黄帝历	主　要　史　事
夏末殷初时期		夏桀元年	壬辰	1649	1050	夏代最后一帝桀，一名帝癸或履癸，即位，居斟鄩
		夏桀15年	丙午	1635	1064	成汤元年，在亳即殷侯位
		夏桀19年	庚戌	1631	1068	成汤五年，夏桀锡命成汤为方伯，成汤得专征伐
		夏桀20年	辛亥	1630	1069	成汤六年，葛伯不祀，汤始征之，殷灭葛
		夏桀21年	壬子	1629	1070	成汤七年，殷征有洛，灭之。征荆，荆伯降
		夏桀22年	癸丑	1628	1071	成汤八年，夏桀囚成汤于夏台。夏桀囚禁了因行仁义小有名望的成汤，激起各路诸侯公愤
		夏桀23年	甲寅	1627	1072	成汤九年，夏桀释汤还亳，各路诸侯不朝夏桀，反而到亳邑去慰问成汤。约于夏秋间，成汤公开出师反夏，时达九年的商夏战争正式启动。战争的第一阶段，以占领中原战略要地郑州为目的，只用几个月的时间，即将设兵干预成汤西进的北昆吾、韦、顾三国击溃弃国南逃，向盘踞在许地的南昆吾大本营求救，迫使韦、顾在郑南流亡复国。年底，成汤占领并驻师天下之中郑州，开始营建郑州根据地，商夏双方进入长达五年的战略相持阶段
		夏桀28年	己未	1622	1077	成汤十四年，夏桀命盘踞在许地的南昆吾氏北下讨伐成汤，被成汤击败逃回。同年，成汤大合诸侯于景亳，与东夷各方国结成伐夏统一战线。年底，成汤下达与夏桀决战的命令，商夏战争长达三年战略决战阶段开始，先征韦灭之，接着征顾
		夏桀29年	庚申	1621	1078	成汤十五年，取顾
		夏桀30年	辛酉	1620	1079	成汤十六年，成汤挥师南下灭昆吾
		夏桀31年	壬戌	1619	1080	成汤十七年，成汤挥师西进伐夏，一举攻入夏都。夏桀退守鸣条，汤师追至鸣条，双方决战于鸣条之野，夏师大败，夏桀出奔三朡。汤师征三朡，夏桀又奔郕，汤师征郕，夏桀逃到焦门，终被擒。成汤没有杀桀，而是放之于南巢，夏亡。成汤回亳，召开推选天子共商国是的三千诸侯大会
		成汤18年	癸亥	1618	1081	成汤十八年，在复命以亳的郑州即天子位，国号"殷"，国姓"子"，国氏"子姓殷氏"，并立下"殷商并用，族号称商，国号称殷"的族规。定下后世商王（殷帝）必须恪守的规矩："在族内行王权称商称王，在全国行天子权称殷称帝"
殷末四帝在位时期	武乙	元年	戊申	1153	1546	武乙即位，古公亶父迁周原。时季历 23—24 岁，姬昌约 5 岁
		3年	庚戌	1151	1548	武乙册封古公亶父为周公，邠后改称周公，周成为殷的属国
		35年	壬午	1119	1580	武乙猎于河、渭间，暴雷震死。时季历约 59 岁，姬昌约 39 岁
	文丁	4年	丙戌	1115	1584	周公季历伐余无之戎，克之，被文丁命为牧师
		11年	癸巳	1108	1591	季历伐翳徒之戎获其三大夫，来献捷，文丁册封其为西伯，季历被困死殷都。姬昌接班。时季历享年 70 岁，姬昌约 50 岁
	帝乙	2年	丁酉	1104	1595	周人伐商，时文王姬昌约 54 岁，如果帝乙归妹为真，当在此后
	帝辛	元年	乙巳	1096	1603	帝辛即位，命西伯姬昌、九侯、鄂侯为三公
		10-15年	甲寅 - 己未	1087-1082	1612-1617	帝辛于在位的第十年和十五年先后两次大举征伐夷方
		23-29年	丁卯 - 癸酉	1074-1068	1625-1631	帝辛二十三年囚西伯于羑里，时姬昌约 84 岁。二十九年释西伯
		51年	乙未	1046	1653	冬十一月戊子，周师模拟伐殷，渡孟津而还
		52年	丙申	1045	1654	公元前 1044 年 1 月 9 日（丙申年甲子日）爆发牧野之战，殷亡

卷六

殷代纪年

诗曰：天命玄鸟，降而生商、宅殷土芒芒

诗曰：邦畿千里，维民所止，肇域彼四海

卷六·绪论

　　自古至今的史书，记载甚至重点研究夏殷周三代纪年的史书很多，其中涉及殷代的纪年，有的可信，有的不真。比较起来，还是魏晋谱书《殷氏家传》对殷代实际即位为帝的27位商王（殷帝）的纪年比较可信。但由于该书还是笔者于20世纪60年代熟记的，其中涉及"纪年"的资料，几乎忘了。因此，撰写本书时，原来并没有编写本卷的计划。然而，近来请一些老专家审阅书稿时，他们毫不客气地指出，书稿的最大缺陷是涉及殷代纪年的文字太少。于是，方才决定增写本卷《卷六（殷代纪年）》。为了编写本卷，笔者翻箱倒柜，终于从20世纪60年代上大学时的一些破烂的听课笔记的空白处找到当年研读《殷氏家传》时随手记录的关于殷代纪年的零星笔录，现结合考古材料和传世文献将其整理出来编在本卷中。还要特别向读者说明的是，本卷虽是基于《殷氏家传》整理的殷代纪年，但在推算殷代的积年时，只是上限年主要依据《殷氏家传》和今古两种版本《竹书纪年》的记载推算，下限年即帝辛末年却是由《殷氏家传》的记载和上海交通大学江晓原教授据诸多天象推断的研究成果互相印证以后才确认的。也就是说，本卷将帝辛失国的具体日期定为公元前1044年1月9日，即黄帝纪元1654年十二月初四，或干支纪元丙申年庚子月甲子日，主要是基于江晓原教授的最新研究成果，在此表示感谢。

　　另外告诉大家一个好消息，"文革"期间被毁的魏晋间殷氏先人编纂的《殷氏家传》及与这本《殷氏家传》有密切关联的南朝宋目录学家殷淳（403—434年）编纂的十卷本《殷氏家传》有再现于世的可能性。（编者注：南朝宋目录学家殷淳编纂的十卷本《殷氏家传》不同于《旧唐书·卷四十六·第二十六》收入的唐代殷敬等编纂的三卷本《殷氏家传》。唐代殷敬等编纂的三卷本《殷氏家传》原名为《殷氏世传》，收入《旧唐书》时改名为《殷氏家传》。南朝宋殷淳编纂的十卷本《殷氏家传》据说抄有魏晋谱书《殷氏家传》中的殷商王室世系信息和殷商史事，而唐代殷敬等编纂的三卷本《殷氏家传》纯是家谱）。近来，江西小浆殷国锋在古籍网（bookinlife.net）上偶然找到记载有殷淳编的十卷本《殷氏家传》书目，如右图所示。如果能找到与魏晋谱书《殷氏家传》有密切关联的殷淳编纂的十卷本《殷氏家传》的下落，则殷家祖传的魏晋谱书《殷氏家传》的信息也就能大体上得到印证了。希望有意的读者和笔者一道努力查找之（笔者曾请古籍网主代为查找殷淳编纂的这十卷《殷氏家传》的下落，古籍网主说爱莫能助）。本卷与前面的《卷三》一样，不分章节，直接进入正文。

（右侧书目表，竖排，自右至左）

後魏方司格一卷　冀州譜七卷　袁州譜七卷 宗撰　姓氏譜二卷 許教　衣冠譜七十卷 路撰　褚氏家傳一卷 褚結淘注　桂氏世傳七卷 崔撰　楊氏譜傳三卷 皇甫謐撰　韋氏家傳三卷 盐撰　江氏家傳七卷 江統撰

十八州譜七百二十二卷 工僧撰　洪州譜九卷　大唐氏族志一百卷 高士廉撰　大唐姓族系譜二百卷 柳冲　著姓略說十卷 路淳撰　姓氏譜二卷　**殷氏家傳十卷 殷淳撰**　邵氏家傳一卷　蘇氏譜一卷　王氏家傳二十二卷　盤氏家傳一卷

殷代纪年正文

【一】 关于殷代的世次、王数与积年的结论

　　魏晋谱书《殷氏家传》和今本《竹书纪年》都记载，成汤十即殷侯位的第十八年**癸亥**即天子位，结合（以现代碳-14测年和考古分期的整合给出的殷代始年和终年范围为基础的）《夏商周断代工程报告》关于"商代始年：公元前1600年左右"的结论（《夏夏商周断代工程报告》第322页，科学出版社，2022年6月第一版）可推断成汤十八年癸亥为公元前1618年癸亥，即黄帝纪元1081年癸亥（其他的癸亥年，如公元前1738年、公元前1678年、公元前1558年、公元前1498年等似乎都不在现代碳-14测年数据与考古分期成果的整合给出的殷代始年范围内）。此外，魏晋谱书《殷氏家传》讳言殷亡，还有帝辛失国于"**丙申年甲子日**"的六字记载，这正好与上海交通大学江晓原教授据诸多天象推断的武王克商日为公元前1044年1月9日相合，因为公元前1044年1月9日恰好是**丙申年甲子日**。由此可见，在今本《竹书纪年》等文献关于殷代"**始癸亥，终庚寅或终戊寅**"的说法中，只有"**始癸亥**"的说法是正确的，"**终庚寅或终戊寅**"的说法是不正确的。根据《殷氏家传》关于帝辛失国于"**丙申年甲子日**"的六字记载，结合《夏商周断代工程报告》第158页**【注131】**基于现代碳-14测年给出的"公元前1050年至公元前1020年之间"的殷代终年范围，可推断殷代末帝帝辛失国的丙申年为公元前1045年丙申，即黄帝纪元1654年丙申（其他的丙申年如公元前1165年、公元前1105年、公元前985年、公元前925年等都不在现代碳-14测年给出的殷代终年范围内）。由此可推断**殷代的积年为574年**（1618-1045+1=574，或1654-1081+1=574）。

　　关于殷代中后期，魏晋谱书《殷氏家传》还有对殷代中后期有重大影响的盘庚在位及其迁殷的纪年："盘庚于庚辰即位，癸巳迁殷，丁未陟，在位二十八年。"经笔者推算，**盘庚在位期间应为公元前1301年庚辰—公元前1274年丁未，盘庚迁殷年应为公元前1288年癸巳，即盘庚于其在位的第十四年癸巳迁殷。**

　　其实，如果事先不知道上海交通大学江晓原教授推定的武王克商日为公元前1044年1月9日的研究成果，也可由魏晋谱书《殷氏家传》关于帝辛失国日的六字记载——丙申年甲子日，以及《利簋》铭文或传世文献的天象记载，直接推算出帝辛于公元前1044年1月9日失国的结论，而且比江晓原教授的推算方法简单得多。

　　下面向读者介绍一下基于魏晋谱书《殷氏家传》关于帝辛失国的六字记载——**丙申年甲子日**，推算帝辛究竟是公元纪年或黄帝纪年何年何月何日失国的方法。这个方法叫"**三步筛选法**"。

　　第一步，据现代碳-14测年给出的"公元前1050年至公元前1020年之间"的殷代终年范围，推定只有公元前1045年才是帝辛失国的丙申年，其他的丙申年都不在公元前1050年至公元前1020年之间，如公元前1165年、公元前1105年、公元前985年、公元前925年等。

　　第二步，在与公元前1045年相应的丙申年内找出所有的甲子日（实际只

有 6 个）。大家都知道与公元前 1045 年对应的丙申年实际是公元前 1045 年立春时刻（公元前 1045 年 2 月 13 日 23 时 59 分 17 秒）到公元前 1044 年立春时刻（公元前 1044 年 2 月 13 日 5 时 44 分 52 秒）之间的一年时间，由许剑伟《寿星天文历》很容易查得，在帝辛末年的这个丙申年中，只有 6 个甲子日可选，分别是公元前 1045 年的 3 月 15 日、5 月 14 日、7 月 13 日、9 月 11 日、11 月 10 日和公元前 1044 年的 1 月 9 日（参见本卷中的《基于魏晋谱书〈殷氏家传〉的殷代积年和帝辛失国日的推算》），这样就可将帝辛失国的甲子日筛选范围从丙申年的一年时间缩小到六天的范围内。

　　第三步，再由古文献记载的发生牧野之战日的特殊天象，或"西周利簋铭文"记载的牧野之战发生日木星当头的特殊天象，就可立即从帝辛失国的六个可选甲子日中进一步筛选出这个丙申年的最后一个甲子日——公元前 1044 年 1 月 9 日，也即黄帝纪元 1654 年十二月初四（丙申年庚子月甲子日）才是爆发周殷牧野之战导致帝辛失国的确切日期。

　　基于魏晋谱书《殷氏家传》六字记载"丙申年甲子日"推断的爆发周殷牧野之战导致帝辛失国的确切日期——公元前 1044 年 1 月 9 日，与上海交通大学江晓原教授据诸多天象推断的结论完全一致，这就是本书特别推崇关于牧野之战发生日之"**江晓原说**"的原因。

　　至于殷代的世次、王数，由前几卷的讨论，可知**殷代实际即位的商王（殷帝）为 17 世 27 王**。本书基于魏晋谱书《殷氏家传》的这一结论，已经得到甲骨周祭祀谱的印证，这就等于是说，魏晋谱书《殷氏家传》实际上是纠正了《史记·殷本纪》的王数记载错误。查阅《史记》以外的其他传世文献，发现也有文献是支持魏晋谱书《殷氏家传》的"**17 世 27 王说**"的。例如，古本《竹书纪年》记载："**殷自成汤灭夏以至于受，二十九王。**"这二十九王之数与甲骨卜辞周祭祀谱中的王数正相合（含两位未即位先亡的太子——成汤太子太丁和武丁太子孝己）。依《世本·氏姓篇》（秦嘉谟辑补本）记载："殷氏，以国为氏，汤国号也。二十四代、三十四王、六百二十九年，为周所灭，子孙以国为氏。"唐林宝《元和姓纂·卷四·殷》也有同样记载："殷，子姓，成汤国号也。二十四代、三十四王、六百二十九年。"一般认为，《世本》《元和姓纂》中的 **24 代 34 王**，包括自王亥迁殷改诸侯国号"商"为"殷"起的 7 代先公在内（王亥、上甲、报乙、报丙、报丁、主壬、主癸），如果减去称"殷"的这 7 代先公之数，殷代的先王世数为 **17 世**，正好与一般史书的记载相合。至于王数，将《世本》《元和姓纂》中的 34 王减去称"殷"的 7 位先公，实为 **27 王**，这与甲骨卜辞周祭祀谱中记载的 **29 王**减去两位未立先逝的太子也正好相合，与魏晋谱书《殷氏家传》记载的实际即位的 **27 王**也正好相合。因此，学界过去认为先秦史官修撰的《世本》和唐林宝编修的《元和姓纂》对殷代世数 24 世（含王亥迁殷后改商曰殷的 7 代先公）、王数 34 王（含王亥迁殷后改商曰殷的 7 位先公）、积年 629 年的记载均不真的观点，实误。实际上，《世本》和唐林宝编修的《元和姓纂》对殷代世数 24 代（含王亥迁殷后改商曰殷的 7 代先公）、王数 34 王（含王亥迁殷后改商曰殷的 7 位先公）的记载是准确的，《世本》《元和姓纂》的记载，不准确的只是积年。

　　今"夏商周断代工程"，使用文献、甲骨文、考古材料、碳 -14 测年、日月食测年等多种手段对夏殷周的年代进行断代，其中对武王克殷之年，确定为公元前 1046 年，盘庚迁殷之年确定为公元前 1300 年；以此为基点前推，以郑州商城和偃师商城的始建年代为夏殷更替之年，测得其上限在公元前 1610 年至公元前 1580 年之间。如果定成汤建国始年为公元前 1600 年，帝辛失国年为公元前 1046 年，则殷代的总积年为 554 年。然而学界有不少学者对"夏商周断代工程"的"取整断代"和"回避中华传统的干支纪年"持有异议，出于魏晋间的《殷氏家传》的记载也不同于夏商周断代工程推断的"年表"之说。

为了便于读者了解殷代的纪年，本书以魏晋谱书《殷氏家传》的干支纪年为据，参考今古两种版本的《竹书纪年》及其他以传统的干支纪年法记史的传世文献，结合考古材料，推算得出如下结论性意见：

①长达九年的商夏战争结束于成汤即殷侯位的第十七年 (公元前 1619 年壬戌，成汤放桀于南巢，夏亡)；

②成汤于即殷侯位的第十八年 (公元前 1618 年癸亥) 在复命以亳的郑州正式即天子位，国号殷，确认成汤即天子位后，仍沿用其夏诸侯国殷侯的纪年，没有改元；

③成汤崩于即天子位的第十二年 (公元前 1607 年甲戌，即成汤即殷侯位的第二十九年)；

④成汤逝后是由其嫡长孙太甲 (未立先逝的太子太丁之子) 直接继位 (在太甲不遵汤法被伊尹放入桐宫思过期间有过成汤次子外丙侄行天子职的三年的插曲，成汤第三子中壬不曾即位为帝)；

⑤对殷代中后期有重大影响的盘庚在位期间为公元前 1301 年庚辰至公元前 1274 年丁未，盘庚迁殷年为公元前 1288 年癸巳，即盘庚于其在位的第十四年癸巳迁殷；

⑥确认爆发周殷牧野之战导致殷亡的确切日期为公元前 1044 年 1 月 9 日 (时为中国黄帝纪元 1654 年十二月初四或中国干支纪元的丙申年庚子月甲子日)；

⑦整个殷代实际共传 17 世 27 王、积年为 574 年 (确认《史记·殷本纪》记载的中壬、沃丁、廪辛不曾即位为帝，甲骨周祭祀谱中的成汤太子太丁和武丁太子孝己未立先逝)。

由此可见，传世文献《世本》和唐《姓纂》关于"殷，成汤国号也"的记载和传国"二十四代、三十四王、六百二十九年"的记载，基本属实，只是其中关于殷氏传国"六百二十九年"的时长偏短些。理由如下：

第一，《世本》《姓纂》记载的"殷"是成汤的国号准确无误，因为第 7 代商先公王亥奉夏帝之命由祖地"商"迁至其亡父商族六世冥公的追封地"殷"时就"改商曰殷"了，即成汤当诸侯的国号、当天子的国号都为殷而非商。

第二，《世本》和《姓纂》中记载的殷氏传国 24 代也是准确的，因为这殷氏传国 24 代，包括自王亥迁殷改诸侯国号"商"为"殷"起的 7 代先公在内 (王亥、上甲、报乙、报丙、报丁、主壬、主癸)，如果减去称"殷"的这 7 代先公之数，殷代的先王代数正好为成汤至帝辛的 17 代，与一般史书的记载和现代考古发现相合。

第三，《世本》和《姓纂》中记载的殷氏共传 34 王也是准确的，因为这殷氏共传 34 王，包括自王亥迁殷改诸侯国号"商"为"殷"起的 7 位殷先公在内。【笔者注：《世本》和《姓纂》记载的 34 王，包括即殷侯位并得到全族公认的 7 位殷先公 (王亥、上甲、报乙、报丙、报丁、主壬、主癸) 在内，未得到全族公认的自立殷先公王恒和也未得到全族公认的上甲私自拥立的殷先公王吴被《世本》和《姓纂》忽略未计。】如果减去这 7 位殷先公之数，殷代实际即位为帝的先王数正好为成汤至帝辛的 27 王，这与甲骨卜辞周祭祀谱记载的 29 王减去实际未立先逝的两位太子 (太丁和孝己) 的实际即位的 27 王之数正好相合，也与魏晋谱书《殷氏家传》记载的实际即位的 27 王之数正好相合，《史记·殷本纪》记载的中壬、沃丁、廪辛二人曾即位为帝，系《史记》误记，应予订正。

第四，《世本》和《姓纂》中记载的殷氏传国 629 年不真，因为已证殷帝国积年为 574 年，这给之前的八代殷诸侯 (王亥至成汤) 只留下 55 年的时段，明显偏短。

殷代史

【卷六】殷代纪年

【二】中国传统干支纪年与公元纪年换算的知识简介

　　传说中国古代有六种历法——黄帝历、颛顼历、夏历、殷历、周历、鲁历。这些历法虽然都沿用传统的干支纪年，但是各种历法的一年开始日与传统的干支纪年开始日 (立春日) 并不相同。干支纪年规定，相邻两个"立春时刻"之间的时间间隔为一年。例如，2022 年名义上叫壬寅年，但实际上，2022 年的壬寅年是指 2022 年立春时刻 (2022 年 2 月 4 日 4 时 50 分 36 秒) 到 2023 年立春时刻 (2023 年 2 月 4 日 10 时 42 分 21 秒) 之间的时长。通俗地讲，2022 年虽然叫虎年，但只有 2022 年 2 月 4 日立春以后生的孩子才属虎，在 2022 年 2 月 4 日立春时刻之前生的孩子 (依干支纪年的规定) 不属虎仍属牛。清亡以来中国社会上流传的历法实际上是四种——法定的**公历** (以公历元旦 1 月 1 日为一年的开始)、指导农业生产的**农历** (以春节或旧历元旦为一年的开始)、辛亥革命时期一度盛行的**黄帝历** (也以春节或旧历元旦为一年的开始) 和以 10 天干 12 地支相配以 60 为周期的**干支纪元历** (以立春时刻为一年的开始)。然而，有据可查的也是中国历史上官方正式确认的第一个甲子年却是公元 124 年的汉安帝刘祜延光三年。**汉安帝延光三年** (公元 124 年) **立春那天才是中国第一个法定甲子年的第一天。**因为此前的汉章帝刘炟于元和二年 (公元 85 年) 二月，颁布新历，用后汉《四分历》代替刘歆的前汉《三统历》，公开提出"**太初元年，岁在丁丑**""**汉兴元年，岁在乙未**"的概念。也就是说，东汉汉章帝于公元 85 年宣称，汉高祖刘邦兴汉的公元前 206 年是他新历法追溯的乙未年、汉武帝刘彻的太初元年 (公元前 104 年) 是他新历法追溯的丁丑年。从此，在中国历史上确立了使用甲子为首的干支纪年方式的正统地位【汉章帝刘炟公开宣布中止执行西汉绥和二年 (公元前 7 年) 开始实施的刘歆《三统历》，正式废除秦汉以前一直使用的"岁星纪年"方式】。虽然汉章帝刘炟于公元 85 年 (乙酉年) 推行干支纪年的新历法，但他在位时并未等到甲子年来临那一天，直到 39 年后汉安帝刘祜延光三年 (公元 124 年) 立春那一天，东汉王朝才迎来汉章帝刘炟宣布实行干支纪年方式 (后汉《四分历》) 的第一个甲子年，所以人们就将汉安帝延光三年 (公元 124 年) 立春时刻起到汉安帝延光四年 (公元 125 年) 立春时刻止的那一个干支年称为中国正统干支纪年"法定"的第一个甲子年。

　　到了清朝末年，革命党人不满清朝的统治，提出"驱除鞑虏，恢复中华"的概念，旨在推翻当时中国由满族所建立的封建王朝——清朝，恢复中国各民族本身的民族文化传统，建立汉族掌权的新政府。于是，以黄帝为血缘纽带的中华民族以汉族为主的血缘政治的概念得到加强，黄帝纪元大行其道，并由孙中山先生在《改历改元通电》中通告全国。他们认为公元前 2697 年是中国干支纪年的甲子年，并将公元前 2697 年 (甲子年) 的前一年——公元前 2698 年 (癸亥年)，定为中国黄帝纪元的始年。他们还认为自公元前 2698 年起，中国黄帝纪年就逐年不乱地一直沿用到 1911 年的辛亥革命前后。

　　以上就是中国黄帝纪元在辛亥革命前后大行其道的由来 (参见本书的《附录二》)。

这就产生一个世界通用的公元纪年和中国传统的干支纪年怎么互相转换的问题。我们知道，公元纪年是中间只有"公元1年"和"公元前1年"两个反向递增方式的起始年份，不存在公元0年。要想掌握将公元纪年转换为干支纪年的方法，得要掌握干支纪年方式60年周而复始的规律。即若已知公元纪年"a年"的干支，则有下列规律：

公元前 a 年的"年干支"与公元前 (a±60n) 的"年干支"相同（其中 a 为已知常自然数，n 为确保 a±60n>0 的任意自然数）；公元（后）a 年的"年干支"与公元（后）(a±60n) 的"年干支"相同（其中 a 为已知常自然数，n 为确保 a±60n>0 的任意自然数）。

例如：

①已知 2022 年为壬寅年，则 2322 年也是壬寅年（2022+60×5=2322>0）；

②已知公元前 1635 年为丙午年，则公元前 1035 年也是丙午年（1635-60×10=1035>0）；

读者只要掌握下述两个由"公元纪年尾数"和"公元纪年数÷12 的余数"定干支规律，即可将任何公元纪年数转换成相应的"标称干支纪年数"。

①公元前的公元纪年数转成"标称干支纪年数"的规律

天干字可由公元前纪年数的尾数决定，其对应规律如下：

天干字	甲	乙	丙	丁	戊	己	庚	辛	壬	癸
对应公元前纪年数的尾数	7	6	5	4	3	2	1	0	9	8

地支字可由公元前纪年数÷12 的余数决定，其对应规律如下：

地支字	子	丑	寅	卯	辰	巳	午	未	申	酉	戌	亥
对应公元前纪年数÷12 的余数	9	8	7	6	5	4	3	2	1	0	11	10

例如：公元前 1 年的尾数为 1，对应的天干字为"庚"，1÷12，商 0 余 1，对应的地支字为"申"，则公元前 1 年为"标称庚申年"。

再如：公元前 1050 年的尾数为 0，对应的天干字为"辛"，1050÷12，商 87 余 6，对应的地支字为"卯"，则公元前 1050 年为"标称辛卯年"。

② 公元后的公元纪年数转成"标称干支纪年数"的规律

天干字可由公元后纪年数的尾数决定，其对应规律如下：

天干字	甲	乙	丙	丁	戊	己	庚	辛	壬	癸
对应公元后纪年数的尾数	4	5	6	7	8	9	0	1	2	3

地支字可由公元后纪年数÷12 的余数决定，其对应规律如下：

地支字	子	丑	寅	卯	辰	巳	午	未	申	酉	戌	亥
对应公元后纪年数÷12 的余数	4	5	6	7	8	9	10	11	0	1	2	3

例如：公元 1 年的尾数为 1，对应的天干字为"辛"，1÷12，商 0 余 1，

对应的地支字为"酉"，则公元 1 年为"标称辛酉年"。公元 1894 年的尾数是 4，对应的天干字为"甲"，1894÷12，商 157 余 10，对应的地支字为"午"，则公元 1894 年为"标称甲午年"，也就是爆发中日甲午战争的那一年。公元 1644 年的尾数是 4，对应的天干字为"甲"，1644÷12，商 137 余 0，对应的地支字为"申"，则公元 1644 年为"标称甲申年"，也就是李自成攻取北京明亡清兴的那一年 (明崇祯十七年或清顺治元年或李自成大顺永昌元年)。

值得读者注意的是，上述公元纪年转换为中国传统干支纪年的方法只适用于同一年中两种纪年模式的绝大多数月份，不能用来求解年头年尾具体年月日的属年（属相）问题。例如，上海交通大学江晓原教授据诸多特殊天象推断的周殷牧野之战 (帝辛失国) 发生日为公元前 1044 年 1 月 9 日，其中的"公元前 1044 年"，若用上述方法转换，会得到"公元前 1044 年是丁酉年"的结论，公元前 1044 年的绝大多数月份确实属于丁酉年，例如"**公元前 1044 年6 月 9 日**"为"**丁酉年乙巳月乙未日星期一，即丁酉年四月初八日**"，但是位于公元纪年年初的"**公元前 1044 年 1 月 9 日**"却不属于**丁酉年**，查许剑伟"寿星天文历"得知"**公元前 1044 年 1 月 9 日**"的干支纪年确切日期为"**丙申年庚子月甲子日星期四，即丙申年十二月初四**"。为什么标准转换方法不适用于"年头年尾"的转换呢？这是由于公元纪年和干支纪年两种纪年模式，一年的开始日不是同一天，公元纪年的每一年都始于 1 月 1 日，而干支纪年的每一年却都始于每一年的立春，即是说干支纪年每一年的开端要比公元纪年每一年的开端晚好多天，我们可以将这种情况称为公元纪年和干支纪年两种纪年模式互相转换的"**年头年尾效应**"。由于存在"**年头年尾效应**"，导致上面说的将公元纪年转换为干支纪年的标准方法不适用于求解公元纪年年初日期的属年（属相）问题**【笔者特别注】**。为了避免出现这种情况，我们可以将用标准方法转换的干支年定义为公元纪年某某年的"**标称干支年**"。例如公元前 1046 年的"**标称干支年**"为"**乙未年**"，公元前 1044 年的"**标称干支年**"为"**丁酉年**"，公元前 1050 年的"**标称干支年**"为"**辛卯年**"，2022 年的"**标称干支年**"为"**壬寅年**"，等等。具体转换时，大家只要知道公元纪年某年的"**标称干支年**"只适用于该年年初的立春节以后到下一个立春节之间的时段，不能用来求解公元纪年年初的立春节以前具体日期的属年（属相）问题即可，例如，1941 年的"**标称干支年**"为辛巳年（蛇年），但 1941 年 1 月 22 日出生的人却不属蛇而属龙，因为 1941 年 1 月 22 日还属于庚辰年，还没有进入干支纪年的下一年——辛巳年。读者如果想将殷代的公元前纪年的具体日期转换成干支纪年的具体日期，可查许剑伟先生的《寿星天文历》。

【笔者特别注】："十二生肖"是中华传统文化中的特有概念。在中华传统文化中，十二生肖中某生肖属年（属相）的起始和终止日问题有新旧两说。旧说以《易经》中的"生辰八字"说为代表，新说以国家标准 GB/T 33661-2017《农历的编算与颁行》为代表。以 1984 年的标称干支年——甲子年（鼠年）为例，旧说认为自 1984 年 2 月 4 日 23 时 18 分 44 秒立春时刻到 1985 年 2 月 4 日 5 时 11 分 47 秒立春时刻之间的时间间隔为甲子年（鼠年），新说认为"对应于北京时间公历 1984 年 2 月 2 日（春节）0 时起到 1985 年 2 月 19 日（除夕）24 时截止的农历年为甲子年（鼠年）"。本书依据的是传统的旧说。

【三】传世文献所见实际即位的商王（殷帝）在位年数简介

（说明：已被甲骨周祭祀谱证实实际未即位为帝的中壬、沃丁、廪辛和未立先逝的成汤太子太丁和武丁太子孝己，传世文献虽也有认为他们中有人即过帝位的记载，但本书中未予收录，本书只收录经甲骨卜辞周祭祀谱和魏晋谱书《殷氏家传》双重印证实际即位为帝的 27 位殷天子的纪年。这里抄录了宋镇豪主编 / 韩江苏、江林昌著《商代史·卷二（〈殷本纪〉订补与商史人物徵）·第九章》【注 128】的部分文字，也参考了高俊信著《夏商周纪年表》一书【注 129】关于殷代纪年的记载，在此表示感谢。本节以即位先后为序。）

【1】成汤（大乙、天乙）

① 13 年说：见于《史记·殷本纪集解》《汉书·律历志》《帝王世纪》《艺文类聚》《太平御览》《册府元龟》《通鉴外纪》《通志》《资治通鉴前编·举要》。

② 12 年说：见于今本《竹书纪年》、魏晋谱书《殷氏家传》。

【2】太甲

①　6 年说：见于《史记·殷本纪》《太平御览》。

② 12 年说：见于今本《竹书纪年》。

③ 14 年说：见于《册府元龟》。

④ 33 年说：见于《史记·鲁周公世家》《通鉴外纪》《通志》《资治通鉴前编·举要》、魏晋谱书《殷氏家传》。

【3】外丙

① 2 年说：见于《孟子·万章上》、今本《竹书纪年》《通志》。

② 3 年说：见于《史记·殷本纪》《太平御览》《册府元龟》、魏晋谱书《殷氏家传》。

【4】太庚

① 5 年说：见于今本《竹书纪年》。

② 25 年说：见于《册府元龟》《太平御览》《通鉴外纪》《通志》《资治通鉴前编·举要》、魏晋谱书《殷氏家传》。

【5】小甲

① 17 年说：见于今本《竹书纪年》《册府元龟》《资治通鉴前编·举要》。

② 36 年说：见于《通鉴外纪》《通志》、魏晋谱书《殷氏家传》。

【6】太戊

75 年说：见于《尚书·无逸》《史记·鲁周公世家》、今本《竹书纪年》、《册府元龟》《太平御览》《通鉴外纪》《通志》《资治通鉴前编·举要》、魏晋谱书《殷氏家传》。

殷代史

【卷六】殷代纪年

【7】雍己

① 12 年说：见于今本《竹书纪年》《太平御览》《册府元龟》《资治通鉴前编·举要》、魏晋谱书《殷氏家传》。

② 13 年说：见于《通鉴外纪》《通志》。

【8】中丁（亦作**仲丁**）

① 9 年说：见于今本《竹书纪年》。

② 11 年说：见于《太平御览》《册府元龟》《通鉴外纪》《通志》。

③ 13 年说：见于《资治通鉴前编·举要》、魏晋谱书《殷氏家传》。

【9】外壬

① 5 年说：见于《太平御览》。

② 10 年说：见于今本《竹书纪年》。

③ 15 年说：见于《册府元龟》《通鉴外纪》《通志》《资治通鉴前编·举要》、魏晋谱书《殷氏家传》。

【10】河亶甲

9 年说：见于今本《竹书纪年》《太平御览》《册府元龟》《通鉴外纪》《通志》《资治通鉴前编·举要》、魏晋谱书《殷氏家传》。

【11】祖乙

19 年说：见于今本《竹书纪年》《太平御览》《册府元龟》《通鉴外纪》《通志》《资治通鉴前编·举要》、魏晋谱书《殷氏家传》。

【12】祖辛

① 14 年说：见于今本《竹书纪年》。

② 16 年说：见于《太平御览》《册府元龟》《通鉴外纪》《通志》《资治通鉴前编·举要》、魏晋谱书《殷氏家传》。

【13】沃甲（亦作**开甲**）

① 5 年说：见于今本《竹书纪年》。

② 25 年说：见于《太平御览》《册府元龟》《通鉴外纪》《通志》《资治通鉴前编·举要》、魏晋谱书《殷氏家传》。

【14】祖丁

① 9 年说：见于今本《竹书纪年》、魏晋谱书《殷氏家传》。

② 32 年说：见于《太平御览》《册府元龟》《通鉴外纪》《通志》《资治通鉴前编·举要》。

【15】南庚

① 6 年说：见于今本《竹书纪年》。

② 8 年说：魏晋谱书《殷氏家传》。

③ 25 年说：见于《资治通鉴前编·举要》。

④ 29 年说：见于《太平御览》《册府元龟》《通鉴外纪》《通志》。

【16】阳甲

① 4 年说：见于今本《竹书纪年》。

② 7 年说：见于《册府元龟》《通鉴外纪》《通志》《资治通鉴前编·举要》、魏晋谱书《殷氏家传》。

③ 17 年说：见于《太平御览》《帝王世纪》。

【17】盘庚

① 18 年说：见于《太平御览》。

② 28 年说：见于今本《竹书纪年》《册府元龟》《通鉴外纪》《通志》、魏晋谱书《殷氏家传》。

【18】小辛

① 3 年说：见于今本《竹书纪年》、魏晋谱书《殷氏家传》。

② 21 年说：见于《太平御览》《册府元龟》《通鉴外纪》《通志》《资治通鉴前编·举要》。

【19】小乙

① 10 年说：见于今本《竹书纪年》、魏晋谱书《殷氏家传》。

② 20 年说：见于《太平御览》《册府元龟》《通志》。

③ 21 年说：见于《通鉴外纪》。

④ 28 年说：见于《资治通鉴前编·举要》。

【20】武丁

① 55 年说：见于《史记·鲁周公世家》引《无逸》。

② 59 年说：见于《尚书·无逸》、今本《竹书纪年》《太平御览》《册府元龟》《通鉴外纪》《资治通鉴前编·举要》、魏晋谱书《殷氏家传》。

【21】祖庚

① 7 年说：见于《太平御览》《册府元龟》《通鉴外纪》《通志》《资治通鉴前编·举要》、魏晋谱书《殷氏家传》。

② 11 年说：见于今本《竹书纪年》。

【22】祖甲

① 16 年说：见于《太平御览》《通志》。

② 33 年说：见于今本《竹书纪年》《尚书·无逸》《史记·鲁周公世家》《帝王世纪》《资治通鉴前编·举要》、魏晋谱书《殷氏家传》。

【23】庚丁（康丁）

① 6 年说：见于《通鉴外纪》《通志》。

② 8 年说：见于今本《竹书纪年》、魏晋谱书《殷氏家传》。

③ 21 年说：见于《册府元龟》《资治通鉴前编·举要》。

④ 23 年说：见于《帝王世纪》。

⑤ 31 年说：见于《太平御览》。

【24】武乙

① 4 年说：见于《册府元龟·帝王部》《通鉴外纪》《帝王世纪》《资治通鉴前编·举要》。

② 35 年说：见于古本《竹书纪年》、今本《竹书纪年》《册府元龟·外臣部》、魏晋谱书《殷氏家传》。

【25】文丁（太丁）

① 3 年说：见于《太平御览》《册府元龟》《通鉴外纪》《资治通鉴前编·举要》。

② 11 年说：见于古本《竹书纪年》。

③ 13 年说：见于今本《竹书纪年》、魏晋谱书《殷氏家传》。

【26】帝乙

① 2 年说：见于古本《竹书纪年》。

② 9 年说：见于今本《竹书纪年》、魏晋谱书《殷氏家传》。

③ 37 年说：见于《通鉴外纪》《册府元龟》《帝王世纪》《资治通鉴前编·举要》。

【27】帝辛

① 32 年说：见于《册府元龟》《资治通鉴前编·举要》。

② 33 年说：见于《通鉴外纪》《太平御览》《帝王世纪》。

③ 52 年说：见于今本《竹书纪年》、魏晋谱书《殷氏家传》。

【四】关于周殷牧野之战甲子日的定年问题

众所周知，周武王伐纣克殷的牧野之战发生于甲子日，因得到传世文献和 1976 年 3 月出土于陕西省临潼县零口镇（今西安市临潼区零口街道）的"**西周利簋**"（又名武王征商簋）铭文的互相印证，虽已成学界定论，但这个甲子日究竟是哪一年的甲子日，却是一个千古难题。另外，"**西周利簋**"铭文中有"甲子""辛未"两个"干支"，第一个干支"甲子"虽被学界定论为系日，但对铭文中的第二个干支"辛未"究竟是指牧野之战发生日——甲子日，之后的第七天"辛未日"，还是指牧野之战发生日——甲子日，所在的"辛未年"，学界还难以达成共识。古今中外研究中华文化源流或中国古代史的学者为什么会热衷于研究这个问题呢？因为这直接关系到三千多年前真实存在于中华大地上的殷商王朝的积年问题。

我们中国虽然号称有五千年的文明史，以前的纪年虽然可以追溯到传说中的"**黄帝元载甲子年**"（自黄帝纪元始年公元前 2698 年起算时遇到的第一个甲子年）——公元前 2697 年的甲子年，但实际上确切纪年的时间却是从公元前 841 年开始。读者利用本卷前文中介绍的将公元纪年转换成标称干支纪年的方法，很容易确认公元前 2697 年是标称甲子年，因为 2697 的尾数是 7，与尾数 7 对应的天干字为"甲"，2697÷12，商 224 余 9，与余数 9 对应的地支字是"子"，因知，公元前 2697 年是标称甲子年。读者也可用本书《附录二》中介绍的方法，**先将公元前 2697 年转换为相应的黄帝纪元 2 年，再更加快速地将黄帝纪元 2 年转换成与之相应的标称干支纪元的甲子年**。因为按照《附录二》中介绍的方法，（黄帝纪元 2 年 -1）÷60，商 0 余 1，得"**60 甲子顺序表**"中的干支"**顺序 1**"，查《附录二》中"**60 甲子顺序表**"，知与"**顺序 1**"对应的干支为**甲子**，则可定黄帝纪元 2 年是甲子年，即公元前 2697 年的标称干支年是甲子年。如果认为公元前 2697 年是中华文明的开端，加上现在的公元 2024 年，总共有 4721 年之多，几乎接近五千年了。也就是说，依传统的干支纪年，从公元前 2697 年开始，以甲子到癸亥的 60 年为周期，每一年都对应有一个独特的干支年号。然而，查遍中国通史，只有自公元前 841 年以后，人们才能具体说出每一年实际发生的历史事件，如果有人问及，存在于公元前 2697 年的甲子年——**黄帝元载甲子年**，究竟与哪些具体的历史事件相对应，则谁也说不清楚。甲骨文发现以后，人们虽能说出一些发生于三千多年前殷代某些年份实际发生的历史事件，但要说出夏代某年某月发生了哪些具体的历史事件，还是没有人能够说清楚。也就是说，在公元前 841 年到公元前 2697 年之间的 1856 个干支年，绝大多数还是有待于历史学者用确凿的历史事件去"填充"的"**待充实**"纪年。至于公元前 2697 年之前的中华文明纪年的每一年，会与哪些具体的历史事件相对应，还更是探索中的研究课题。

自古至今在武王伐纣克殷甲子日究竟是哪一年的研究成果方面，以 1996 年启动至 2000 年 9 月结题的"夏商周断代工程"专家组编辑出版的《夏商周断代工程 1996—000 年阶段成果报告（简本）》为界，可分为两段。据专家统计，之前的有 44 种之多；之后，除了"夏商周断代工程"专家组一锤定音的公元前 1046 年 1 月 20 日以外，又陆续出现了多种，如上海交通大学江晓原大力倡导的**"公元前 1044 年 1 月 9 日说"**、云南考古专家黄懿陆大力倡导的**"公元前 1050 年 2 月 10 日说"**、吕昭进提出的**"公元前 1070 年（辛未年）甲子日说"**等。其中的江晓原**"公元前 1044 年 1 月 9 日说"**，早在"夏商周断代工程"实施期间就提出让"断代工程"专家组讨论过，但未被专家组采纳。

【笔者注：详见江晓原、钮卫星著《回天——武王伐纣与天文历史年代学》，上海交通大学出版社，2014 年 10 月新版。以江晓原教授为首的天文学研究团队曾应国家"九五"重大科研项目"夏商周断代工程"首席科学家之一的席泽宗院士的安排，接受"工程"中《武王伐纣时的天象研究》和《三代大火星象》两个专题的研究任务，均获得重大成果，尤以天象研究得出周殷牧野之战发生于公元前 1044 年 1 月 9 日（甲子日）的重大成果最引人注目。江晓原教授得出的公元前 1044 年 1 月 9 日（甲子日）为周殷牧野之战发生日之说，虽未成为"夏商周断代工程"的倾向性选择，但"夏商周断代工程"确认他有特大贡献，即他的"武王克商年的推定研究"于 2001 年获"'九五'国家重点科技攻关计划科技成果奖"。"夏商周断代工程"结题前夕时（2000 年）由上海人民出版社出版的初版《回天——武王伐纣与天文历史年代学》获上海市第六届社会科学成果奖二等奖。**】**

据"夏商周断代工程"专家组学术秘书江林昌在《夏商周文明新探》（浙江人民出版社，2001 年 12 月版）一书中透露：

根据金文历谱及《武成》历日、《国语》"岁在鹑火"等天象，"工程"得武王克商年为公元前 1046 年。根据武丁时期五次月食推算及古本《竹书纪年》所记西周积年 257 年，"工程"得武王克商年为公元前 1027 年。根据《武成》文献及利簋"岁鼎"为岁在当头解，"工程"得武王克商年为公元前 1044 年。以上三数也均在考古测年范围内，都有一定的合理性。在综合考虑的前提下，"工程"对公元前 1046 年方案做出了倾向性选择。

江林昌在上述文字中提到的**"公元前 1044 年"**方案就应该与江晓原当年据天象研究提出的**"公元前 1044 年 1 月 9 日甲子说"**相关，但江林昌在该书中没有给出**"工程"**对公元前 1044 年方案未做出倾向性选择的原因。笔者认为在现有的诸说中，江晓原据天文现象推出的**"公元前 1044 年 1 月 9 日说"**有一定合理性，其合理性表现在其推出的**"武王伐纣日程表"**（见本篇目的"附件 1"）满足学界众所周知的该课题正确结论必须满足的下列七项必要条件**（笔者按：**众所周知，科学结论必须满足其充分条件，只满足必要条件虽然不一定能得出科学结论，但不满足必要条件中的任一条就必定不是科学结论，因此满足必要条件是得出科学结论的前提。江晓原推出的"武王伐纣日程表"满足了学界众所周知的该课题正确结论的七项必要条件，可见其合理性之高）：

①满足利簋铭文关于武王克商之日的日干支为甲子的要求。

②满足利簋铭文关于武王克商之日的清晨应有岁星（木星）当头天象的要求。

③满足《淮南子·兵略训》记载的关于周师出发时应能在当地东方见到明亮岁星（木星）的要求。

④符合《国语》中伶州鸠对周景王所述武王率领周师伐纣出发前后呈现特殊天象的记载及《三统历·世经》中对当时天象的有关描述——在周师出发前后应有"月在天驷"和"日在析木之津"的天象。

⑤符合《武成》与《世俘》所记历日及《三统历·世经》中的有关周师

行日的记载，符合《尚书》《史记》关于周师渡盟津 (孟津) 之日的日干支"戊午"的记载。也就是说，周师从出发到克商 (朝歌) 之间应有 30 天左右的古代步行行军合乎常理的时间间隔，因此，周师渡孟津之日的日干支必须是戊午。

⑥满足《武成》与《世俘》所记历日出现两次"朔"的天象要求。也就是说，在周师出发后到甲子日克商 (朝歌) 前，应有两次"朔"发生，第一次"朔"发生的日干支必须为辛卯或壬辰，第二次"朔"发生的日干支必须为克商前五日的庚申或辛酉 (考虑到周初对"朔"的确定有误差)。

⑦满足《国语》伶州鸠对周景王所述伐纣过程中还呈现"星在天鼋"天象的要求。也就是说，在武王伐纣的过程中，应能见到"星在天鼋"的天象 (这里的"星在天鼋"之"星"，韦昭注云"辰星也"，即水星。读者可能读不懂这些天象，但本文不研究这些，只向大家介绍这些天象，读者只要知道专家说这些话的意思即可)。

"江晓原说"具备的这诸多合理性即是本卷直接采用其说将殷代覆亡日定为公元前 1044 年 1 月 9 日 (黄帝纪元 1654 年十二月初四或丙申年庚子月甲子日) 的缘由。

笔者认为，江晓原工作团队永远值得后世景仰的追求真理的精神，就是他们明确提出了"**如何避免沦为'第 45'的命运问题**"。根据学界的统计，截至 1997 年 5 月 1 日学界专家共提出了至少 44 种不同的也都是不正确的周殷牧野之战发生之年 (详见本篇目的"附件 4")，江晓原工作团队的奋战目标，就是"**使自己的工作免于沦为'第 45'的命运**"。他在 2014 年新版的《回天——武王伐纣与天文历史年代学》一书的第 033 页中写道：

> 在我们开始本课题研究之始，有一个非常严峻的问题摆在我们面前：如何才能使自己的工作免于"第 45"的命运，或者说，得出超越前贤众多工作的全新成果？经过我们对前贤工作的反复考察和思考，我们终于确信，免于"第 45"的命运是可能的。

现在回过头来看，自 1997 年 5 月 1 日以后，提出的武王伐纣克殷年虽然在原有的 44 种的基础上又添加了好几种，但最先提出的只有两种。第一种是将牧野之战发生日定为公元前 1046 年 1 月 20 日 (甲午年丁丑月甲子日，即黄帝纪元 1652 年十一月二十二日) 的"**夏商周断代工程说**"。第二种是将牧野之战发生日定为公元前 1044 年 1 月 9 日 (丙申年庚子月甲子日，即黄帝纪元 1654 年十二月初四) 的"**江晓原说**"。笔者认为，这两种说法中必定至少会有一种会沦为"第 45"的命运。从目前的学术形势来看，"**江晓原说**"似乎有免于沦为"第 45"命运的可能，笔者祝愿江晓原工作团队能最终实现免于沦为"第 45"命运的原定目标。

最后说一下，"**江晓原说**"的公元前 1044 年 1 月 9 日对应于中国传统干支纪年的何年何月何日的问题。根据标准换算方法，公元前 1044 年的绝大多数月份当然对应于标称的干支纪年丁酉年，但考虑到"年头年尾效应"，公元前 1044 年 1 月 9 日应该还没有跨入丁酉年，应该还属于丁酉年的前一年——丙申年。这就是许剑伟《寿星天文历》将"公元前 1044 年 1 月 9 日"换算为"丙申年庚子月甲子日，即黄帝纪元 1654 年十二月初四"的缘故。另外，按照许剑伟《寿星天文历》的换算方法，"夏商周断代工程"推断的牧野之战发生日——公元前 1046 年 1 月 20 日，也不在公元前 1046 年的标称干支年乙未年内，而

殷代史

【卷六】殷代纪年

是在其前一年的标称干支年甲午年内，因为公元前 1046 年 1 月 20 日的干支纪年日期应为甲午年丁丑月甲子日，即黄帝纪元 1652 年十一月二十二日。

　　至于云南考古专家黄懿陆最新推断的牧野之战发生日——公元前 1050 年 2 月 10 日。如果按标准换算方法推算，公元前 1050 年的标称干支年应为辛卯年，但由于转换时存在"年头年尾效应"，公元前 1050 年 2 月 10 日并不在公元前 1050 年的标称干支年辛卯年内，而仍在其前一年（公元前 1051 年）的标称干支年庚寅年内，要过了公元前 1050 年 2 月 13 日 19 时 07 分 49 秒的立春时刻，公元前 1050 年的标称干支年辛卯年才会到来。实际上，云南考古专家黄懿陆最新推断的发生牧野之战的公元前 1050 年 2 月 10 日的干支纪年日期应为庚寅年己丑月甲子日，即黄帝纪元 1648 年十二月三十日（除夕）。不过，黄先生开始只说牧野之战发生日是"殷历正月初二甲子日木星合下弦月的黎明时分"（相当于周历二月初二甲子日），后来才说是公元前 1050 年 2 月 10 日（甲子日）。

【附件1】江晓原学术成果之一：武王伐纣天象与历史事件一览表

武王伐纣天象与历史事件一览表

（录自江晓原、钮卫星著《回天——武王伐纣与大文历史年代学》，上海交通大学出版社 2014 年 10 月第 1 版）

公历日期 （公元前）	日 干支	殷作斌据 《寿星天文历》 核对江晓原的 日干支印证报告	天　象	天象记载 之出处	事件	事件记载之出处
1047			岁在鹑火（持续了约半年）	《国语》	孟津之会， 伐纣之始	《史记·周本纪》
1045 年 12 月 3 日	丁亥	丙申年十月二十七 丁亥日　正确	月在天驷，日在析木之津	《国语》		
1045 年 12 月 4 日	戊子	丙申年十月二十八 戊子日　正确	东面而迎岁（此后多日都如此）	《淮南子》	周师出发	《三统历·世经》
1045 年 12 月 7 日	辛卯	丙申年十一月初一 辛卯日　正确	朔	《武成》		
1045 年 12 月 9 日	癸巳	丙申年十一月初三 癸巳日　正确			武王乃朝步自周	《武成》
1045 年 12 月 21 日	乙巳	丙申年十一月十五 日乙巳日　正确	星在天鼋（此后可见 5 日）	《国语》		
1045 年 12 月 22 日	丙午	丙申年十一月十六 丙午日　正确	望（旁生魄）	《世俘》		
1044 年 1 月 3 日	戊午	丙申年十一月 二十八日 戊午日　正确			师渡孟津	《史记·周本纪》
1044 年 1 月 5 日	庚申	丙申年十一月三十 庚申日　正确	既死霸	《武成》		
1044 年 1 月 6 日	辛酉	丙申年十二月初一 辛酉日　正确	朔			
1044 年 1 月 9 日	甲子	丙申年十二月初四 甲子日　正确	岁鼎	利簋铭文	牧野之战克商	利簋铭文、《武成》《世俘》
1044 年 2 月 4 日	庚寅	丙申年正月初一 庚寅日　正确	朔，星在天鼋（此后可见20日）	《国语》		
1044 年 2 月 19 日	乙巳	丁酉年正月十六 乙巳日　正确	望（既旁生霸）	《武成》		
1044 年 2 月 24 日	庚戌	丁酉年正月二十一 庚戌日　正确			武王燎于周庙	《武成》
1044 年 3 月 1 日	乙卯	丁酉年正月二十六 乙卯日　正确			乃以庶国祀 馘于周庙	《武成》

殷代史

【卷六】殷代纪年

【附件2】江晓原学术成果之一：牧野之战清晨天象图

牧野之战清晨天象图（BC 1044.1.9，4:55）

（录自江晓原、钮卫星著《回天——武王伐纣与天文历史年代学》，上海交通大学出版社 2014 年 10 月第 1 版）

图 1：BC 1044.1.9. 牧野当地时间 4∶55 向正南方所见实际天象

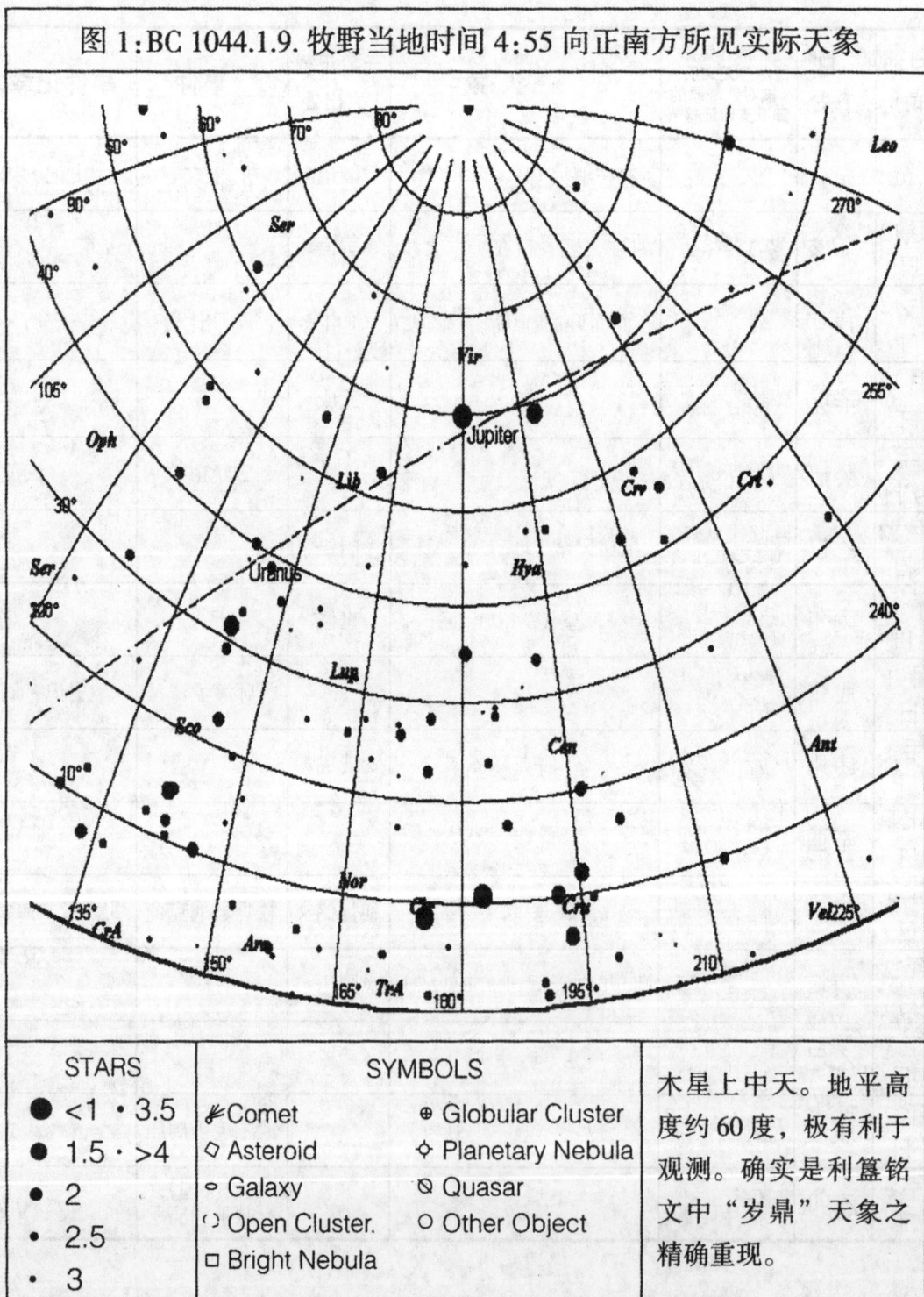

STARS		SYMBOLS		木星上中天。地平高
● <1 · 3.5	☄ Comet	⊕ Globular Cluster		度约 60 度，极有利于
● 1.5 · >4	◇ Asteroid	◇ Planetary Nebula		观测。确实是利簋铭
● 2	⌒ Galaxy	⊠ Quasar		文中"岁鼎"天象之
· 2.5	⌒ Open Cluster.	○ Other Object		精确重现。
· 3	□ Bright Nebula			

《牧野之战清晨天象图》

【附件 3】江晓原学术成果之一：武王出师前日天象图

武王出师前日天象图 (BC 1045.12.3, 5:30)

(录自江晓原、钮卫星著《回天——武王伐纣与天文历史年代学》，上海交通大学出版社 2014 年 10 月第 1 版)

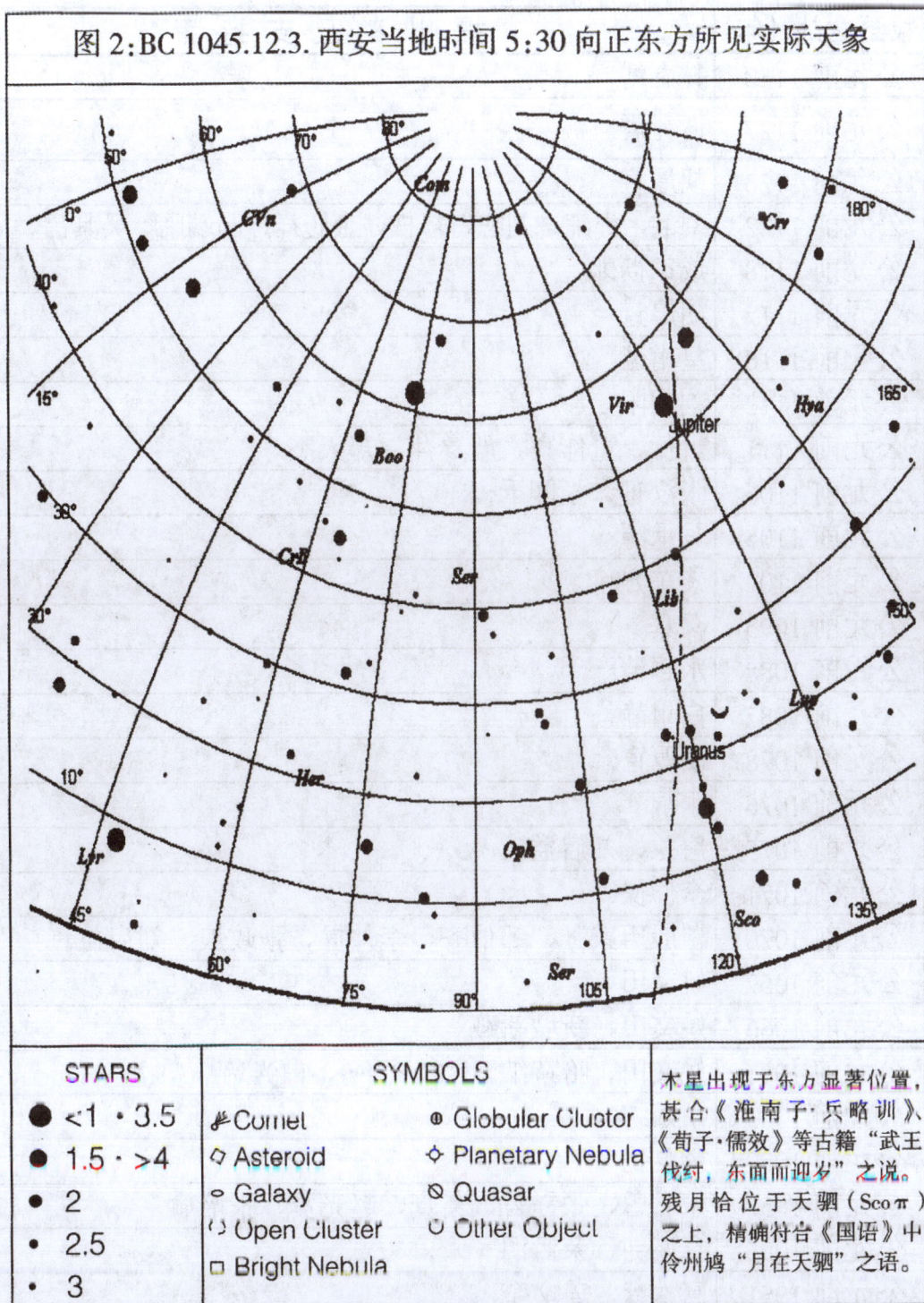

图 2：BC 1045.12.3. 西安当地时间 5:30 向正东方所见实际天象

STARS		SYMBOLS		
● <1 ・3.5	☄ Comet	⊕ Globular Cluster	
● 1.5 ・>4	⬠ Asteroid	◇ Planetary Nebula	
● 2	○ Galaxy	⊗ Quasar	
・ 2.5	⬡ Open Cluster	○ Other Object	
・ 3	□ Bright Nebula		

木星出现于东方显著位置，其合《淮南子·兵略训》、《荀子·儒效》等古籍"武王伐纣，东面而迎岁"之说。残月恰位于天驷（Sco π）之上，精确符合《国语》中伶州鸠"月在天驷"之语。

《武王出师前日天象图》

【附件4】 前贤推断的 44 种武王伐纣克殷之年一览表

前贤推断的 44 种武王伐纣克殷之年一览表 (截至 1997 年 5 月 1 日)

(录自江晓原、钮卫星著《回天——武王伐纣与天文历史年代学》，上海交通大学出版社 2014 年 10 月第 1 版)

序号	牧野之战（年）	提 出 者 及 支 持 者
1	公元前 1130	林春溥
2	公元前 1127	谢元震
3	公元前 1123	胡厚宣
4	公元前 1122	刘歆、邵雍、刘恕、郑樵、金履祥、马端临、吴其昌、岛邦男
5	公元前 1118	成家彻郎
6	公元前 1117	胡厚宣
7	公元前 1116	皇甫谧
8	公元前 1112	刘朝阳
9	公元前 1111	一行、董作宾、严一萍、郑天杰
10	公元前 1106	张汝舟、张闻玉
11	公元前 1105	马承源
12	公元前 1102	黎东方
13	公元前 1093	葛真
14	公元前 1088	水野清一
15	公元前 1087	白川静
16	公元前 1078	胡厚宣
17	公元前 1076	丁骕
18	公元前 1075	唐兰、刘启益
19	公元前 1071	李仲操
20	公元前 1070	"殷历家"、邹伯齐、李仲操、张政烺、刘启益
21	公元前 1067	姚文田
22	公元前 1066	姚文田、新城新藏
23	公元前 1065	姚文田、哈特纳（W.Hartner）、白光琦
24	公元前 1063	山田统
25	公元前 1059	彭瓞钧
26	公元前 1057	朱右曾、张钰哲、葛真、赵光贤、张培瑜
27	公元前 1055	章鸿钊、荣孟源
28	公元前 1051	高木森、姜文奎
29	公元前 1050	李兆洛、叶慈（W.P.Yetts）

续表

序号	牧野之战（年）	提 出 者 及 支 持 者
30	公元前 1049	土保德
31	公元前 1047	木春溥
32	公元前 1046	班大为（D.W.Pankenier）
33	公元前 1045	倪德卫（D.S.Nivison）、夏含夷、周法高、赵光贤
34	公元前 1044	李亚农
35	公元前 1041	吉德炜（Keightley）
36	公元前 1040	倪德卫、周文康
37	公元前 1039	何幼琦
38	公元前 1035	萧子显
39	公元前 1030	丁山、文善柱、周流溪
40	公元前 1029	黄宝权
41	公元前 1027	梁启超、雷海宗、莫非斯、陈梦家、高本汉、屈万里、何炳棣
42	公元前 1025	劳幹
43	公元前 1024	平势隆郎
44	公元前 1018	周法高

殷代史

【卷六】殷代纪年

【五】基于魏晋谱书《殷氏家传》的成汤建国日和帝辛失国日的推断

　　笔者认为只据《殷氏家传》的记载和"夏商周断代工程"碳 -14 测年与考古分期成果的整合给出的年代范围，再结合《西周利簋铭文》或传世文献的"天象"记载，即可得出如下三点结论（在本篇目中，"公元前"一般简作"前"）。

　　第一，只据《殷氏家传》的记载和"夏商周断代工程"碳 -14 测年与考古分期成果的整合给出的年代范围，**即可断定殷代积年为 574 年**。

　　第二，《殷氏家传》明确记载，成汤于"十八年癸亥元日即天子位"。据此记载和基于现代碳 -14 测年与考古分期成果的整合给出的殷代始年范围（公元前 1610 年—公元前 1580 年）及《夏商周断代工程报告》一书的结论——"商代始年：公元前 1600 年左右"，再运用许剑伟《寿星天文历》给出的推算方法，可定成汤建国日为**前 1618 年 2 月 20 日**，相当于**中国黄帝纪元 1081 年正月初一**或**干支纪元癸亥年甲寅月壬辰日**（参见本书"前 36"页《殷代开国之日和覆亡之日图解》）。

　　第三，只据现代碳 -14 测年与考古分期成果的整合给出的殷代终年范围（公元前 1050—公元前 1020 年）和《殷氏家传》关于帝辛失国日为"**丙申年甲子日**"的六字记载，不须依靠其他任何资料，**即可推出下列六个可选的帝辛于甲子日失国的具体日期，且确认这六个可选日期中必有一个也只有一个是帝辛失国的确切日期**：

　　①前 1045 年 3 月 15 日甲子日，即黄帝纪元 1654 年正月二十九甲子日；
　　②前 1045 年 5 月 14 日甲子日，即黄帝纪元 1654 年四月初一甲子日；
　　③前 1045 年 7 月 13 日甲子日，即黄帝纪元 1654 年六月初二甲子日；
　　④前 1045 年 9 月 11 日甲子日，即黄帝纪元 1654 年八月初三甲子日；
　　⑤前 1045 年 11 月 10 日甲子日，即黄帝纪元 1654 年十月初四甲子日；
　　⑥前 1044 年 1 月 9 日甲子日，即黄帝纪元 1654 年十二月初四甲子日。

　　在上述六个可选甲子日的基础上，如果使用《西周利簋铭文》或传世文献的"天象"资料作为进一步筛选的佐证，则可立即断定，只有第六个选项是正确的。也就是说，如果利用"天象"资料作为佐证，则可断定，**帝辛失国的具体日期必定是前 1044 年 1 月 9 日甲子日**，相当于**中国黄帝纪元 1654 年十二月初四甲子日**，或**干支纪元丙申年庚子月甲子日**（参见本书"前 36"页《殷代开国之日和覆亡之日图解》）。这个结论和前面介绍过的上海交通大学江晓原教授利用诸多天象推断的帝辛失国的具体日期为公元前 1044 年 1 月 9 日完全一致。

　　下面给出成汤建国日和帝辛失国日的具体推断过程：

【1】殷代起始年公元前 1618 年癸亥的推断

　　定殷代起始年为前 1618 年癸亥的时间坐标依据基于下列三点。

　　①魏晋谱书《殷氏家传》明确记载："成汤十八年癸亥，即天子位于亳，改天下之号曰殷。"依此记载，可选的殷代起始年代为前 1498 年、前 1558 年、前 1618 年、前 1678 年等，考虑到"夏商周断代工程"碳 -14 测年与考古分期成果的整合给出的前 1610 年—前 1580 年之间的年代范围和《夏商周断代工程报告》一书关于"**商代始年：公元前 1600 年左右**"的结论，笔者觉得将魏晋谱书《殷氏家传》记载的成汤即天子位年——癸亥年定为公元前 1618 年是唯一选择。

②魏晋谱书《殷氏家传》的"年干支"记载是符合干支纪年规律的，是绝对无错的。例如，《殷氏家传》记载，汤桀鸣条决战的夏亡年为夏桀三十一年壬戌（成汤十七年壬戌，笔者推算为公元前 1619 年）、成汤即殷侯位元年丙午为夏桀十五年丙午（笔者推算为公元前 1635 年）、夏桀元年壬辰为公元前 1649 年等。

③魏晋谱书《殷氏家传》关于夏末殷初的"年干支"记载得到传世文献今本《竹书纪年》的完全印证。这说明《殷氏家传》的"年干支"记载不仅符合干支纪年规律，而且是可信的。今本《竹书纪年》记载："帝癸，一名桀。元年壬辰（笔者推算为前 1649 年），帝即位，居斟鄩……十五年（笔者推算为前 1635 年丙午），商侯履迁于亳……三十一年（成汤十七年壬戌，笔者推算为前 1619 年）商自陑征夏邑。克昆吾，大雷雨，战于鸣条……获桀于焦门，放之于南巢……。殷商成汤名履……十八年癸亥（笔者推算为前 1618 年），王即位，居亳……（改天下之号曰殷）……，二十七年（笔者推算为前 1609 年壬申），迁九鼎于商邑……二十九年（笔者推算为前 1607 年甲戌），陟。"

【2】成汤建国日公元前 1618 年 2 月 20 日的推断

《殷氏家传》记载，成汤于"十八年癸亥元日即天子位"，前已推算得成汤十八年癸亥为公元前 1618 年，那么这个癸亥年元日（大年初一）究竟是公元前 1618 年的哪一天呢？查许剑伟《寿星天文历》得知癸亥年大年初一为公元前 1618 年 2 月 20 日（参见本书"前 36"页《殷代开国之日和覆亡之日图解》）。因此，可定**成汤建国日为公元前 1618 年 2 月 20 日**，即中国黄帝纪元 1081 年正月初一日，或干支纪元癸亥年甲寅月壬辰日。

【3】殷代末年公元前 1045 年（丙申年）的推断

魏晋谱书《殷氏家传》记载帝辛于乙巳年即位（依干支纪年规律推算为公元前 1096 年乙巳），**在位 52 年**，于"**丙申年甲子日**"失国，避称其为周武王诛灭。将帝辛即位年前 1096 减 52 加即位起算的 1 年，可推算得帝辛末年为前 1045 年（1096-52+1=1045），并用本卷前面介绍的公元纪年转换为干支纪年的基本方法，可算得"**前 1045 年的标称干支年恰好为魏晋谱书《殷氏家传》记载的帝辛失国的丙申年**"。查许剑伟《寿星天文历》知前 1045 年的标称干支年**丙申年**的起止日期如下表所示。

公元前 1045 年的标称干支年丙申年的起止日期一览表

类别	丙申年始日	丙申年终日
公元纪元	前 1045 年 2 月 13 日（立春）	前 1044 年 2 月 12 日（立春前一日）
黄帝纪元	1653 年十二月二十七日（立春）	1655 年正月初九（立春前一日）
干支纪元	丙申年 庚寅月 癸巳日（立春）	丙申年 辛丑月 戊戌日（立春前一日）

由上表可知：帝辛末年的丙申年是指前 1045 年 2 月 13 日（立春日）至前 1044 年 2 月 12 日（立春前一日）的时间段，也可以说是指黄帝纪元 1653 年十二月二十七日（立春日）至黄帝纪元 1655 年正月初九（立春前一日）的时间段。也就是说，帝辛末年（前 1045 年）的标称干支年丙申年，是指前

1045 年 2 月 13 日立春时刻到前 1044 年 2 月 13 日立春时刻之间的**时间段**，也可以说是指黄帝纪元 1653 年十二月二十七日立春时刻到黄帝纪元 1655 年正月初十日立春时刻之间的**时间段**。

【4】帝辛（纣）失国日公元前 1044 年 1 月 9 日的推断

《殷氏家传》有帝辛于"**丙申年甲子日**"因牧野之战失国的六字记载，前已推算得，帝辛末年的丙申年，是指公元前 1045 年 2 月 13 日（立春日）—公元前 1044 年 2 月 12 日（立春前一日）的时间段，那么在这丙申年的一年内，哪一天才是帝辛失国的甲子日呢？查许剑伟《寿星天文历》得知，在帝辛末年前 1045 年的标称干支年丙申年内，共有六个可选的甲子日，如下表所示：

公元前 1045 年的标称干支年——丙申年内含的六个甲子日一览表

第 1 个甲子日	公元纪元前 1045 年 3 月 15 日（惊蛰） 黄帝纪元 1654 年正月二十九　（丙申年 辛卯月 **甲子日**）
第 2 个甲子日	公元纪元前 1045 年 5 月 14 日 黄帝纪元 1654 年四月初一　（丙申年 壬辰月 **甲子日**）
第 3 个甲子日	公元纪元前 1045 年 7 月 13 日 黄帝纪元 1654 年六月初二　（丙申年 甲午月 **甲子日**）
第 4 个甲子日	公元纪元前 1045 年 9 月 11 日 黄帝纪元 1654 年八月初三　（丙申年 丙申月 **甲子日**）
第 5 个甲子日	公元纪元前 1045 年 11 月 10 日 黄帝纪元 1654 年十月初四　（丙申年 戊戌月 **甲子日**）
第 6 个甲子日	公元纪元前 1044 年 1 月 9 日 黄帝纪元 1654 年十二月初四　（丙申年 庚子月 **甲子日**）

上表中所列因发生牧野之战导致帝辛失国的六个可选甲子日，是由《殷氏家传》记载的帝辛失国日为"**丙申年甲子日**"的六字记载直接推出的，推算时只须考虑干支纪年规律，不需要另外任何其他的资料，可见《殷氏家传》的记载之真。

从上表中所列的前 1045 年的标称干支年丙申年内含有的六个甲子日中可看出，由《殷氏家传》记载的帝辛于"**丙申年甲子日**"失国的六字记载，即可推出表中六个可选的牧野之战发生日的具体日期，并且断定这六个可选日期中必有一个也只有一个是牧野之战发生日的确切日期。不过，光凭《殷氏家传》的六字记载，还不能确定上述 6 个甲子日到底哪个才是真正的牧野之战发生的甲子日，这时就必须用传世文献记载的"**天象**"资料来帮忙。由上文提到的牧野之战发生日的"**天象**"资料立即可得知，在由《殷氏家传》记载的帝辛于"**丙申年甲子日**"失国直接推出的上述牧野之战发生日的六个可选甲子日中，只有公元前 1044 年 1 月 9 日甲子日（即黄帝纪元 1654 年十二月初四的甲子日，或干支纪元的丙申年庚子月的甲子日），才是帝辛失国或周殷牧野之战发生日的确切日期。（笔者注：文献记载的天象资料、《利簋铭文》中木星当头的天象资料或上海交通大学江晓原教授《回天——武王伐纣与天文历史年代学》一书中列出的天象资料等都可以作为筛选牧野之战发生日的天象资料。）公元前1044年1月9日这个日期虽然属于公元前1044年，但它还在前1045年的标称干支年丙申年之内，只有到前1044年2月13日5时44分52秒的立春时刻以后才属于公元前1044年的标称干支年丁酉年。这就是我们前面将殷代末年定为前1045年丙申而没有定为公元前1044年丁酉的原因。也就是说，因为帝辛失国的公元前1044年1月9日还在前1045年的标称干支年丙申年内（公元前1044年1月9日仍在 前1045年2月13日立春时刻至公元前1044年2月13日立春时刻之间的**丙申年时间段内**），所以我们可以说殷代亡于公元前1044年1月9日（甲子日），也可以说殷代亡于丙申年甲子日，或者说殷代末年为丙申年。

也由于光凭《殷氏家传》"**丙申年甲子日**"失国的六字记载，只能在帝辛末年的丙申年内推出六个可选的发生牧野之战的甲子日，还不能推出这六个甲子日中到底哪一个才是发生牧野之战的甲子日，只有靠牧野之战发生日呈现特殊天象的文献记载，才能从六个可选的甲子中筛选出公元前1044年1月9日才是真正的武王伐纣日，这就是本书特别看重上海交通大学江晓原教授据天象资料将公元前1044年1月9日定为武王伐纣克殷日这项重大科技成果的原因。

【5】殷代积年为574年的推断

由上述的殷代始年为前1618年癸亥、殷代末年为前1045年丙申，即可推算出整个殷代的积年为574年（1618-1045+1=574）。

【六】　基于魏晋谱书《殷氏家传》记载的殷代 17 世 27 帝纪年表

【说明】表中《家传》为魏晋谱书《殷氏家传》的简称，"谱名"为《殷氏家传》中记载的商王（殷帝）的私名，"公元前"一般简作"前"。表中干支纪年据《殷氏家传》和今本《竹书纪年》的记载推算得。表中公元纪年由以《殷氏家传》和今本《竹书纪年》互相印证而得的干支纪年的推算数据为基础，结合【以现代碳 -14 测年和考古分期的整合给出的殷代始年范围（前 1610—前 1580 年）和终年范围（前 1050—前 1020 年）为基础的】《夏商周断代工程报告》关于"商代始年：公元前 1600 年左右"和武王"克商年的范围为公元前 1050—前 1020 之间"的结论（《夏商周断代工程报告》第 322 页和 158 页，科学出版社，2022 年 6 月第一版）推算而得，在推算过程中，参考了上海交通大学**江晓原教授**据诸多天象推断的（且为据魏晋谱书《殷氏家传》的推断印证的）周殷牧野之战发生于公元前 1044 年 1 月 9 日（甲子日）的结论（参见江晓原、钮卫星著《**回天——武王伐纣与天文历史年代学**》，上海交通大学出版社，2014 年 10 月第 1 版）。也就是说，表中**殷代肇始于公元前 1618 年 2 月 20 日**主要是由现代碳 -14 测年数据与考古分期成果的整合给出的夏殷分界之年代范围和文献给出的殷代肇始于癸亥年元日互相结合推算得；表中**殷代覆亡于公元前 1044 年 1 月 9 日**是由现代碳 -14 测年数据与考古分期成果的整合给出的**公元前 1050 年至公元前 1020 年之间的殷代终年范围和上海交通大学江晓原教授的周殷牧野之战发生日的研究成果**以及《殷氏家传》给出的**殷代末帝帝辛失国日为丙申年甲子日**三者互相结合推算得。

魏晋谱书《殷氏家传》中的干支纪年，从夏桀元年**壬辰**（相当于公元前 1649 年）记起，中历夏桀三十一年**壬戌夏亡**（相当于公元前 1619 年）、殷代开国大帝成汤即天子位始年**癸亥**（相当于公元前 1618 年），到殷代第 27 帝（末帝）帝辛五十二年（殷代末年）**丙申殷亡**（相当于公元前 1045 年）止，共 605 个干支年，逐年不乱，减去夏代末帝在位的 31 年，**殷代积年为 574 年**。《殷氏家传》中记载的"夏桀元年**壬辰**""成汤元年**丙午**"（成汤即殷侯位始年）、"成汤十八年**癸亥**即天子位"三个干支纪年的时间坐标与今本《竹书纪年》的干支纪年完全一致，笔者认为这绝对不是巧合。《殷氏家传》明确指出一般史书记载即位为帝的中壬、沃丁、廪辛三人不曾为帝，殷代实际即位为帝的共有 27 位天子，这与甲骨周祭祀谱中不出现中壬、沃丁、廪辛三人的名字和甲骨文中殷代共传 29 王减去未立先逝的两位太子（成汤太子太丁、武丁太子孝己）的实际即位共 27 王的记载完全一致，笔者认为这也绝对不是巧合。《殷氏家传》记载殷代末帝帝辛在位共 52 年，这虽与"夏商周断代工程"推断的帝辛在位共 30 年不合，但却与今本《竹书纪年》记载的帝辛在位共 52 年一致。《殷氏家传》的"**帝辛在位 52 年说**"能合理地解释今本《竹书纪年》记载的帝辛在位时发生的下述诸多历史事件："（帝辛）二十三年囚西伯于羑里……二十九年释西伯……三十三年王锡命西伯得专征伐……三十四年周师取耆及邘，遂伐崇，崇人降……四十一年春三月西伯昌薨……五十一年冬十一月戊子周师渡孟津而还……五十二年……周始伐殷。"《殷氏家传》记载的帝辛末年为**丙申年**也与江晓原据诸多天象推断的周殷牧野之战发生于公元前 1044 年 1 月 9 日完全一致，笔者认为这更不是巧合。因为按照公元纪年转干支纪年的标准方法推算，《殷氏家传》记载的帝辛末年**丙申年**的绝大多数月份虽然属于公元前1045年，但**丙申年的年尾**应该已经进入了公元纪年的下一年——公元前1044年，所以笔者认为江晓原据诸多天象推断的周殷牧野之战发生于公元前1044年1月9日转换成干支纪年的年月日应该不属于公元前1044年对应的标称干支年丁酉年，而仍属于公元前1044年对应的标称干支年丁酉年的前一年丙申年，这就是公元纪年与干支纪年转换时必须考虑的"**年头年尾效应**"。经查许剑伟先生的《**寿星大文历**》（V5.05plus版或V5.04版）得知江晓原据诸多天象推断的发生周殷牧野之战的**公元前1044年1月9日**对应于干支纪年的**丙申年十二月初四**（丙申年庚子月甲子日），而不属于公元前**1044年所对应的标称干支年丁酉年**，这就是公元纪年与干支纪年互相转换时要考虑"**年头年尾效应**"的原因。同理，夏商周断代工程推断的武王克纣日公元前1046年1月20日转换成干支纪年时也存在"**年头年尾效应**"的问题，公元前1046年1月20日不属于1046年的标称干支年乙未年，而对应于乙未年之前的甲午年十一月二十二日（甲午年丁丑月甲子日）。

　　下页，列出《**基于〈殷氏家传〉记载的殷代17世27帝纪年表**》，作为本卷《殷代纪年》的数据库，供读者查阅。

基于魏晋谱书《殷氏家传》记载的殷代17世27帝纪年表

殷代史

【卷六】殷代纪年

帝　　　王				起始年		末　年		在位年数	累计	备　　注
世次	王次	帝号	谱名	干支	公元前	干支	公元前			
1	1	殷侯成汤	子履	丙午	1635 成汤元年	壬戌	1619 成汤十七年	17	0	《家传》记载：夏桀元年为壬辰年（前1649），成汤于夏桀十五年丙午（前1635）即殷侯位于亳，是为成汤元年，夏桀三十一年壬戌（前1619）夏亡，时为成汤十七年。成汤十八年癸亥（前1618）在复命以亳的郑州即天子位，未曾改元，成汤二十九年崩（前1607）。因太子太丁先逝，孙太甲继位。《殷氏家传》记载夏桀元年为壬辰年与今本《竹书纪年》的记载一致。《皇极经世》谓夏桀元年干支癸卯、成汤即诸侯位年干支丁丑、成汤放夏桀于南巢亡年干支乙未、成汤即天子位年干支丙申、成汤崩年干支丁未，干支均不真
		殷天子成汤 沿用侯位纪年未改元		癸亥	1618 成汤十八年即帝位	甲戌	1607 成汤二十九年	12	12	
3	2	太甲	子至	乙亥	1606	丁丑	1604	3	15	太甲在位的第三年，因不遵汤法，被成汤托孤顾命大臣伊尹放入桐宫修德思过，伊尹请其二叔外丙代侄守帝位三年后出走，不知所终，伊尹本想请其三叔中壬继续代之，但此时恰好太甲向善，中壬也逝，故伊尹亲赴桐宫，迎回太甲复位。可见《皇极经世》谓"丁未成汤崩，元子太甲践位，不明，伊尹放之桐宫"的干支不真
2	3	外丙	子胜	戊寅	1603	庚辰	1601	3	18	《家传》记载：伊尹请外丙名义上代侄守帝位三年后出走。外丙本不愿占有侄太甲帝位，故出走。外丙名义上代侄守帝位三年期间，实际上是伊尹摄政当国三年
3	2	太甲复位	子至	辛巳	1600	庚戌	1571	30	48	《家传》记载：太甲向善复位。《皇极经世》谓"庚戌太甲返政……庚辰太甲崩"，干支均不真
4	4	太庚	子辨	辛亥	1570	乙亥	1546	25	73	《册府元龟》《太平御览》《通鉴外纪》《通志》《资治通鉴前编·举要》等文献都支持《家传》的25年说。《皇极经世》谓"庚辰太甲崩，子沃丁践位……己酉太庚立……甲戌太庚崩"，干支均不真
5	5	小甲	子高	丙子	1545	辛亥	1510	36	109	《通鉴外纪》《通志》等文献支持《家传》的36年说。《皇极经世》谓"甲戌小甲践位……辛卯小甲崩"，干支均不真
5	6	太戊	子密	壬子	1509	丙寅	1435	75	184	《尚书·无逸》《史记·鲁周公世家》、今本《竹书纪年》《册府元龟》《太平御览》《通鉴外纪》《通志》《资治通鉴前编·举要》等文献都支持《家传》的75年说。甲骨周祭祀谱证明太戊在雍己之前即位。《皇极经世》谓"癸卯太戊立……戊午太戊崩"，干支均不真
5	7	雍己	子伷	丁卯	1434	戊寅	1423	12	196	今本《竹书纪年》《太平御览》《册府元龟》《资治通鉴前编·举要》等文献支持《家传》的12年说。甲骨周祭祀谱证明雍己在太戊之后即位。《皇极经世》谓"辛卯雍己立……癸卯雍己崩"，干支均不真
6	8	中丁 也作仲丁	子庄	己卯	1422	辛卯	1410	13	209	《资治通鉴前编·举要》支持《家传》的13年说。《皇极经世》谓"戊午仲丁践位……辛未仲丁崩"，干支均不真
6	9	外壬	子发	壬辰	1409	丙午	1395	15	224	《册府元龟》《通鉴外纪》《资治通鉴前编·举要》《通志》等文献支持《家传》的15年说。《皇极经世》谓"辛未外壬立……"丙戌外壬崩"，干支均不真
6	10	河亶甲	子整	丁未	1394	乙卯	1386	9	233	今本《竹书纪年》、《太平御览》《册府元龟》《通鉴外纪》《通志》《资治通鉴前编·举要》等文献都支持《家传》的9年说。《皇极经世》谓"丙戌河亶甲立……乙未河亶甲崩"，干支均不真
7	11	祖乙	子滕	丙辰	1385	甲戌	1367	19	252	传世文献几乎都支持《家传》的19年说。《皇极经世》谓"乙未祖乙践位……甲寅祖乙崩"，干支均不真

续表

帝 王				起始年		末年		存位年数	累计	备注
世次	王次	帝号	谱名	干支	公元前	干支	公元前			
8	12	祖辛	子旦	乙亥	1366	庚寅	1351	16	268	《太平御览》《册府元龟》《通鉴外纪》《通志》《资治通鉴前编·举要》等文献都支持《家传》的16年说。《皇极经世》谓"甲寅祖辛践位……""庚午祖辛崩",干支均不真
8	13	沃甲 也作开甲	于逾	辛卯	1350	乙卯	1326	25	293	《太平御览》《册府元龟》《通鉴外纪》《通志》《资治通鉴前编·举要》等文献都支持《家传》的25年说。《皇极经世》谓"庚午沃甲立……乙未沃甲崩",干支均不真
9	14	祖丁	子新	丙辰	1325	甲子	1317	9	302	今本《竹书纪年》支持《家传》的9年说。《皇极经世》谓"乙未祖丁立……丁卯祖丁崩",干支均不真
9	15	南庚	子更	乙丑	1316	壬申	1309	8	310	支持《家传》8年说的传世文献尚未发现。《皇极经世》谓"丁卯南庚立……壬辰南庚崩",干支均不真
10	16	阳甲	子和	癸酉	1308	己卯	1302	7	317	《册府元龟》《通鉴外纪》《资治通鉴前编·举要》《通志》等文献支持《家传》的7年说。《皇极经世》谓"壬辰祖丁之子阳甲立……己亥阳甲崩",干支均不真
10	17	盘庚	子旬	庚辰	1301	丁未	1274	28	345	今本《竹书纪年》《册府元龟》《通鉴外纪》《通志》等文献支持《家传》的28年说。《皇极经世》谓"己亥盘庚立……丁卯盘庚崩",干支均不真。《殷氏家传》记载盘庚于十四年癸巳迁殷,即前1288年迁殷
10	18	小辛	子颂	戊申	1273	庚戌	1271	3	348	今本《竹书纪年》支持《家传》的3年说。《皇极经世》谓"丁卯小辛立……戊子小辛崩",干支均不真
10	19	小乙	子敛	辛亥	1270	庚申	1261	10	358	今本《竹书纪年》支持《家传》的10年说。《皇极经世》谓"戊子小乙立……丙辰小乙崩",干支均不真
11	20	武丁	子昭	辛酉	1260	己未	1202	59	417	《尚书·无逸》、今本《竹书纪年》、《太平御览》、《册府元龟》《通鉴外纪》《资治通鉴前编·举要》等文献都支持《家传》的59年说。《皇极经世》谓"丙辰武丁践位……乙卯高宗武丁崩",干支均不真
12	21	祖庚	子曜	庚申	1201	丙寅	1195	7	424	《太平御览》《册府元龟》《通鉴外纪》《通志》《资治通鉴前编·举要》等支持《家传》的7年说。《皇极经世》谓"乙卯祖庚立……壬戌祖庚崩",干支均不真
12	22	祖甲	子载	丁卯	1194	己亥	1162	33	457	今本《竹书纪年》《尚书·无逸》《史记·鲁周公世家》《帝王世纪》《资治通鉴前编·举要》等文献支持《家传》的33年说。《皇极经世》谓"壬戌祖甲立……乙未祖甲崩,子廪辛践位",干支均不真。廪辛不曾即位为帝,是《史记·殷本纪》误记
13	23	庚丁 也作康丁	子嚣	庚子	1161	丁未	1154	8	465	今本《竹书纪年》支持《家传》的8年说。《皇极经世》谓"辛丑庚丁立……壬戌庚丁崩",干支均不真
14	24	武乙	子瞿	戊申	1153	壬午	1119	35	500	古本《竹书纪年》、今本《竹书纪年》《册府元龟·外臣部》等文献支持《家传》的35年说。《皇极经世》谓"壬戌武乙践位……丙寅武乙震死",干支均不真
15	25	文丁 也作太丁	子托	癸未	1118	乙未	1106	13	513	今本《竹书纪年》支持《家传》的13年说。《皇极经世》谓"丙寅武乙震死,子太丁立……己巳太丁崩,子帝乙践位",干支均不真
16	26	帝乙	子羡	丙申	1105	甲辰	1097	9	522	今本《竹书纪年》支持《家传》的9年说。《皇极经世》谓"己巳太丁崩,子帝乙践位……丙午帝乙崩,次子受辛立,是谓为纣",干支均不真
17	27	帝辛(纣) 字受德	子受	乙巳	1096	丙申	1045	52	574	今本《竹书纪年》支持《家传》的52年说。《皇极经世》谓"纣丙午即位,己卯失国",干支不真。《皇极经世》记载的上述"年十支",也均不真。"己卯片尚相武王伐商,师逾盟津,大陈兵于商郊,败之于牧野。杀受。立其子武庚为后。述归,仕丰践天子位。南面朝诸侯,大诰天下。以子月为岁始,曰年。与民更始"

殷代史

【卷六】 殷代纪年

转录《夏商周断代工程报告》一书的夏殷周年表（仅供参考）

说明：本表录自《夏商周断代工程报告》第 517—518 页（科学出版社，2022 年 6 月第 第一版），谨致谢忱

【笔者特别注】：从夏殷周三代积年的总体上看，该年表确有合理性，但表中的殷代时王在位的年数与年代范围，当以本书《卷六》的推断为准，本表列出的数据并不真。本书转录此表，仅供读者参考。

朝代	帝王	年代（公元前）范围	年数
夏	始帝**禹**—末帝履癸（桀）	2070—1600	
殷商前期	始帝**汤**—**盘庚**（迁殷前）	1600—1300	
殷商后期	**盘庚**（迁殷后） 小辛 小乙	1300—1251	50
	武丁	1250—1192	59
	祖庚 祖甲 廪辛 康丁	1191—1148	44
	武乙	1147—1113	35
	文丁	1112—1102	11
	帝乙	1101—1076	26
	帝辛（纣）	1075—1046	30
西周	武王	1046—1043	4
	成王	1042—1021	22
	康王	1020—996	25
	昭王	995—977	19
	穆王	976—922	55（共王当年改元）
	共王	922—900	23
	懿王	899—892	8
	孝王	891—886	6
	夷王	885—878	8
	厉王	877—841	37（共和当年改元）
	共和	841—828	14
	宣王	827—782	46
	幽王	781—771	11

殷代史

【卷六】殷代纪年

殷代史

注文

注 文

诗曰：天命玄鸟，降而生商，宅殷土芒芒

诗曰：邦畿千里，维民所止，肇域彼四海

注文·绪论

　　本书《卷一》之前的内容为"导读部分"，《卷一》至《卷六》为"正文部分"，"正文部分"之后为集中编排的"注文部分"。本书的特色之一是将"注文部分"集中编排于"正文部分"之后。之所以这样编排，是为了使本书的"正文部分"力求做到"通俗化"，以便"面向社会大众"。然而，写《殷代史》离不开甲骨卜辞和考古材料及一般读者难懂也难理解的古代传世文献，否则就不能做到"雅俗共赏"。为了使本书既成为社会大众都有时间读且乐意读的通俗化历史书，又成为专家学者也爱读的严谨的学术著作，本书每卷每章都插入许多"注解"，凡是必须引用甲骨卜辞、地下考古发现和其他难懂史料才能准确阐明学术问题的文字，绝大多数放在集中编排的《注文》中，有些章节的"注文"比"正文"还多。因此，本书的"注文部分"也是本书的有机组成部分。建议读者这样理解：本书"正文"后面集中编排的《注文》是专为搞殷商史研究的读者服务的；对于一般读者来说，可以只读本书的"正文部分"和正文之前的"导读部分"，"注文部分"仅供做进一步研究时的参考。笔者提出此建议的目的，是让不同阅读兴趣和不同学术水平的读者各取所需。

注文正文

【注 1】① 《世本》记有："殷氏，以国为氏，汤国号也。"见于［清］秦嘉谟等辑《世本八种》，中华书局，2008 年 8 月第 1 版。

② 李定一：《中华史纲》，台北，传记文学出版社，1986 年版，第 19 页。或同书，大陆横排新版，中国长安出版社，2012 年 4 月第 1 版，第 20 页。

【注 2】殷商九大氏族见于［清］秦嘉谟等辑《世本八种》（［汉］宋衷作注），中华书局，2008 年 8 月第 1 版。殷商作为一个朝代，于 3000 多年前就已灭亡，作为一个种族，一直延续到现在，成为一个人口过亿的庞大姓氏族群。据历代姓氏学家的研究，由殷商子姓衍生出来的姓氏超过 200 个，其中见于《世本八种·氏姓篇》(秦嘉谟辑补本) 的源于子姓的殷商后裔"殷、时、来、宋、空同、黎、北髦 (比髦)、目夷、萧"九大氏族的分氏族就有 117 个 (子姓的三级衍生氏族, 或曰"氏、宗")，这些分氏族 (氏、宗)，到秦汉姓氏合一以后，都转化成独立的姓了。

【注 3】董作宾：《中国古代文化的认识》，原发表于《大陆杂志》第 3 卷第 12 期。本书转引自李定一著《中华史纲》，台北，传记文学出版社，1986 年版，第 22 页；或同书，大陆横排新版，中国长安出版社，2012 年 4 月第 1 版，第 22 页。

【注 4】朱彦民：《近代学术史上的一大公案——关于甲骨文发现研究诸说的概括与评议》，《邯郸学院学报》第 18 卷第 2 期，2008 年 6 月版。

【注 5】任光宇：《"王刘联合发现说"和甲骨文发现研究新论》，《广西师范大学学报 (哲学社会科学版)》第 54 卷第 6 期，2018 年 11 月版。

【注 6】李济：《安阳——殷商古都发现、发掘、复原记》（译自 1977 英文版，中国社会科学出版社，1990 年版。

【注 7】此处引文，见明义士 1917 年出版的《殷墟卜辞》中他自己写的《序》。

【注 8】彰德府，中国古代行政区划，是今河北南部与河南北部一带地区特定时期的府级设置，治所在安阳。

【注 9】王汉章：《古董录》，《河北第一博物院画报》，第 50、51 期，1933 年 10 月 10 日、25 日。

【注 10】王汉章：《殷墟甲骨纪略》，天津美术馆：《美术丛刊》创刊号，1931 年 10 月。

【注 11】吕伟达：《王懿荣传》，黄海数字出版社，2009 年 6 月第 1 版，第 248—270 页。

【注 12】邓华：《王懿荣发现甲骨文的一桩疑案》，载《收藏》杂志 1999 年 12 期；参见邓华发表的另一文：《甲骨文发现史上的另一桩公案》，载《寻根》杂志 2002 年 05 期。

【注 13】全龟腹甲的上半，是当时仅见的完整龟板，所以引人注目。孟广慧 (字定生) 去京师王懿荣家，获见此半龟，得释四十八字。据陈梦家说孟定生释得五十二字。事记于陈梦家：《殷墟卜辞综述》。

【注 14】温洁：《甲骨文研究的先驱——记天津市文史研究馆首任馆长王襄》，《翰林风采》2009 年第 2 期。

【注 15】李学勤：《走出疑古时代》，辽宁大学出版社，1994 年版。

【注 16】唐兰：《中国文字学》，上海古籍出版社，1979 年版。

【注 17】见董作宾：《卜辞中所见之殷历》，《安阳发掘报告》第 3 期，1931 年。

【注 18】胡厚宣：《殷代年岁称谓考》一文，刊华西、齐鲁、金陵三大学《中国文化研究汇刊》第 2 卷，1942 年；又收入《甲骨学商史论丛》初集第二册，1944 年。

【注 19】史苏苑：《商朝国号浅议》，《历史教学》1981 年 07 期。

【注 20】于省吾：《甲骨文字释林》，321—323 页，《释殷》，中华书局，1979 年 6 月第 1 版。于省吾（1896—1984），中国著名古文字学家。于氏在《释殷》中首次提出殷字本义是以按摩器治病的新说，否定许慎《说文》之"作乐之盛称殷"的旧说。

【注 21】成汤放桀代夏建立新王朝后立下后世商王（殷帝）必须恪守的"殷商并用族规"："殷商并用，族号称商，国号称殷。"在魏晋谱书《殷氏家传》中有明确记载。详见拙著《殷代史六辨·第三辨（成汤国号辨）》，中国文史出版社，2015 年 3 月第 1 版。后世学者对传世文献和甲骨文中时常出现的"商"字究竟代表商族的族号，还是代表成汤放桀代夏建立新王朝的国号，还是代表地名争论不休。魏晋谱书《殷氏家传》则明确指出：

　　"商"既是商族的族号，又是成汤立国之初时商族的宗庙所在地，叫"大邑商"。

以下是笔者对本注所涉内容的特别说明：

随着殷商先公先王的都城屡迁，商族的宗庙所在地"大邑商"是否随迁，在魏晋谱书《殷氏家传》正文和后世添加的注文中都有明确的记载。成汤建国后，随即将祖庙"大邑商"建在复命以"亳"的郑州，后世仲丁迁隞（嚣）、河亶甲迁相、祖乙先迁邢（耿）继迁庇、南庚迁奄，虽是都城屡迁，但迁的都是为安全考虑的专管"戎"的军事中心王都——"子都"，而专管"祀"的祭祀中心王都——"祖都"（成汤复命以"亳"的郑州新亳都）并没有迁，即是说祖庙"大邑商"一直仍在郑州并没有迁。因此，前几次迁都没有遭到族人反对；而后来的盘庚迁殷是要将曲阜的奄都和郑州的"大邑商"祖庙一起迁到殷，所以才遭到族人的坚决反对。现代学者韦心滢女士在其公开出版的博士学位论文《殷代商王国政治地理结构研究》（上海古籍出版社，2013 年 4 月第 1 版）中，将郑州称为商人的"圣都"，将仲丁隞（嚣）都、河亶甲相都、祖乙邢（耿）都和庇都、南庚奄都，统称为商人的"行都"，并认为从仲丁到南庚屡迁的只是"行都"，祖庙"大邑商"所在地"圣都"在郑州并没有迁，因此没有遭到族人的反对；同时，她也认为，后来的盘庚迁殷是要将曲阜的奄都和郑州的"大邑商"祖庙一起迁到殷，所以才遭到族人的坚决反对。窃以为，韦心滢博士的"圣都、行都"理论与魏晋谱书《殷氏家传》中的"祖都、子都"理论是异曲同工、高度一致的。为规范起见，本书以后，依郑州大学李民、张国硕等殷商史专家意见，将魏晋谱书《殷氏家传》谓"殷代实行祖都子都双都制"和韦心滢女士谓"殷代实行圣都行都双都制"，统称为"殷代实行主都辅都双都制"，或简称为"殷代实行主辅都制"，读者可参看郑州大学2000年张国硕博士学位论文《夏商时代都城制度研究》（指导导师：李民），也可参看张国硕后来发表的论文：《论夏商时代的主辅都制》。

　　魏晋谱书《殷氏家传》还进一步指出（白话大意，非原文）。

　　成汤放桀代夏建立新王朝的国号不是"商"而是"殷"。"殷"本是六世商先公冥的封地。古代时，作为地域名的"殷"地，疆域基本稳定，其地域在太行山以东，夏商时古黄河以西，南至豫北洹水流域，北至冀南漳水流域一带。其地理位置可用"山东河西，洹、漳二水流域间"十一字来概括，八世商先公上甲微由"殷"迁都至北去三十里的"邺"，亦在"殷"的地域内。冥子王亥奉夏帝之命由"商"西渡古黄河迁至亡父封地"殷"以后，便奉夏帝之命改诸侯国"商国"为诸侯国"殷国"，并尊其亡父"六世商君冥"为诸侯国"殷国"的"首任殷君"。因为成汤是子姓殷氏族人（先公冥的九世嫡传），其诸侯国号本是"殷"，故在成汤放桀代夏建立新王朝时便依老的诸侯国号"殷"将其新王朝的国号定为"殷"（就如后世周武王灭殷以后沿用老的诸侯国号"周"为其新王朝的国号一样），并为后世商王（殷帝）立下必须恪守的"殷商并用族规"——"殷商并用，族号称商，国号称殷。"在商族立族之初，据《世本》记载，商族始祖"契（古作禼）居蕃（亦作番）"，《史记·殷本纪》又记载契"封于商，赐姓子氏""汤始居亳，从先王居"。于是就有了后世史家争论不休的殷商四大望地"蕃、商、亳、殷"。其中殷商始祖契所居的"蕃"与被封的诸侯国"商"实为相距不远的两地，"蕃"为契的原居地，封地"商"为殷商一族的发祥地。即使契原居地"蕃"与被封的诸侯国"商"相距很远，商族的发祥地也只能是"商"，而不是"蕃"，商族的族号为"商"不为"蕃"，便是商族的发祥地为"商"不为"蕃"的铁证。汤即诸侯位时所居的"亳"，即是汤即位时诸侯国"殷国"的侯都，"亳"本是传说中的契父帝喾的都城，"亳"距商丘不远。

　　顺便指出，成汤立下的"殷商并用"族规——"殷商并用，族号称商，国号称殷"，很容易在甲骨卜辞中得到印证，因为甲骨卜辞都是商族族事活动的记录，根据成汤立下的族规，在甲骨卜辞中当然会大量出现族号"商"字，而国号"殷"字却十分罕见。殷天子（帝）自称商"王"不称殷"帝"的例子，在甲骨卜辞中比比皆是。因此，甲骨卜辞中，在商王（殷帝）向祖宗和神灵贞问吉凶或祈求降福消灾的记录中皆称"商"、称"王"，是一点也不奇怪的。只有当商王以天下共主身份处理"国事"，行使"天子权"时，才称"殷"称"帝"，如在外交、向天下发布诏告、与诸侯盟会、率领诸侯征讨反叛者等场合才用国号"殷"，才称天子"帝"。司马迁对成汤思想的理解已经到了炉火纯青的境界，他在《史记·殷本纪》中称成汤的国号全用"殷"，对殷天子全称"帝"，而在《史记·周本纪》中，则视不同场合，有时称"商"，有时称"殷"，一个字也没有乱用，完全符合成汤所立"殷商并用，族号称商，国号称殷"的族规。成汤的这一思想也被准确地记录在比《史记》成书更早的经周人整理过的《诗经》中："天命玄鸟，降而生商，宅殷土芒芒。"在这首诗中，若剔除殷人或周人加进去的"天命"和殷人崇尚玄鸟的思想，则是成汤"殷商并用，族号称商，国号称殷"族规的绝妙表达。诚然，目前我们还没有找到殷代时商族人自己称"殷"的考古学证据，但河南固始侯古堆一号春秋墓出土的铜器铭文："有殷天乙唐（汤）孙宋公欒乍（作）其妹勾敔夫人季子媵匜（簠）"（详见《文物》1981 年 01 期：固始侯古堆一号墓发掘组《河南固始侯古堆一号墓发掘简报》），应能间接证明司马迁《史记》称《殷本纪》而不称《商本纪》是有所"本"的；应至少能证明在周代时殷商王室的直系传人宋公室人是称"殷"不称"商"的；也应至少能证明周代时人对前朝是称"殷"不称"商"的；更能证明有些学者认为，殷亡后周人称前朝为殷而不称商，是周人对前朝的贬称，是毫无根据的，因为河南固始侯古堆一号春秋墓的主人正是子姓宋国第 28 位君主宋景公头曼的亲妹妹，如果称"殷"带有贬义，那么周代子姓宋公室人是绝对不会称"殷"的，子姓宋公室人绝对不会自打嘴巴，自己蔑视自己的祖宗的。殷亡后周人称前朝为殷而不称商的另一个考古学证据是"湖北随州文峰塔 M1 号春秋墓出土的 A 组 M1:1 编钟铭文"。该铭文能证明周代时人对成汤建立的前朝是称"殷"不称"商"的。该编钟于公元前 560—前 433 年间铸造。钟体正、背面钲部，正面左右鼓，前面左右鼓铸有铭文，共 169 字。其中正面左右鼓有铭文 30 字。铭文意指南宫適（适）辅周灭殷后，因功被封为曾侯，到南方筑城建立曾国（史书中的随国）。详见湖北省文物考古研究所、随州市博物馆：《随州文峰塔 M1（曾侯與墓）、M2 发掘简报》，《江汉考古》2014.4/ 总第 133 期。

【注 22】 详见下列史料。

今本《竹书纪年·帝少康》："十一年，使商侯冥治河。"

今本《竹书纪年·帝杼》："十三年，商侯冥死于河。"

今本《竹书纪年·帝芒》："三十三年，商侯迁于殷。"

古本《竹书纪年》："殷王子亥宾于有易而淫焉，有易之君绵臣杀而放之，是故殷主甲微假师于河伯，以伐有易，灭之，遂杀其君绵臣也。"

今本《竹书纪年·帝泄》："十二年，殷侯子亥宾于有易，有易杀而放之。"

今本《竹书纪年·帝泄》："十六年，殷侯微以河伯之师伐有易，杀其君绵臣。"

今本《竹书纪年》："殷侯子亥宾于有易而淫焉。有易之君绵臣杀而放之。故殷上甲微假师于河伯，以伐有易，灭之，遂杀其君绵臣。中叶衰而上甲微复兴，故商人报焉。"

《世本》宋衷注："冥为司空，勤其官事，死于水中，殷人郊之。"

【注 23】 子冥被其后裔尊为"高祖河"或祖先神"河"，每年受到殷商后裔高规格民间祭祀，在魏晋谱书《殷氏家传》中有明确记载。殷商后裔民间祭祀的高祖祖先神，共有四位，除"河"以外，还有"契""上甲""汤"。在甲骨文中，被后世商王（殷帝）尊为"高祖"的，也有"河"。不过，甲骨文中的"高祖河"是不是六世商先公"冥"，学界却争论不休。有的学者认为河（还有岳）是商王祭祀的自然神，但持此说者至今拿不出可信的证据。有的学者认为河（还有岳）是商王的先祖，如郭沫若（郭沫若在释《通》295 片卜辞，即《合集》33273，时说："此言'求年于丁河'与'求年于粮'为对贞，知河亦必殷之先世"）等。也有学者认为商王除祭祀本族的高祖神外，对与商族关系密切的异族神也会尊为高祖来祭祀。他们认为，因有易族人杀死王亥，王亥之子上甲借河伯族之师而伐有易，灭其族，杀其君绵臣，因而商王感河伯族之恩，将河伯族之祖"河"这个异族祖先神也当作高祖来祭祀，并且刻意将上甲与河或者是王亥、上甲与河安排在一起祭祀。伊藤道治和王震中师徒即持此观点。【详见：宋镇豪主编 / 王震中著：《商代史·卷三（商族起源与先商社会变迁）》第 34—35 页，中国社会科学出版社，2010 年 11 月第 1 版。】但常玉芝另持一说，她从商王祭祀的规律考得，河为王亥之父，即《史记·殷本纪》中的第六位先公冥；岳为河之父，即《史记·殷本纪》中的第五位先公曹圉。她还说，也可能正好与此相反，岳为王亥之父冥，河为岳之父曹圉。【详见：宋镇豪主编 / 常玉芝著：《商代史·卷八（商代宗教祭祀）》第 209 页，中国社会科学出版社，2010 年 10 月第 1 版】"自然神说"、伊藤道治和王震中师徒的"报恩说"，笔者虽不赞同，但却使笔者坚信殷商后裔家祭的祖先神"河"一定与殷商时代的大河有关。后来见到许多传世文献上也这样讲，所以笔者坚信自己的看法是既得甲骨卜辞印证又得到传世文献支持的。例如，今本《竹书纪年》记载："（夏帝少康）十一年，使商侯冥治河""（夏帝杼）十三年，商侯冥死于河"；《世本》宋衷注记载："冥为司空，勤其官事，死于水中，殷人郊之。"《国语·鲁语上》甚至将冥与黄帝、颛顼、帝喾、尧、舜、禹、殷祖契、汤、周祖后稷、文王、武王等古代贤君并列在一起来歌颂，足见冥治（大）河功劳之大。《国语·鲁语上》记曰：

　　黄帝能成命百物，以明民共财，颛顼能修之。帝喾能序三辰以固民，尧能单均刑法以仪民，舜勤民事而野死，鲧障洪水而殛死，禹能以德修鲧之功，契为司徒而民辑，冥勤其官而水死，汤以宽治民而除其邪，稷勤百谷而山死，文王以文昭，武王去民之秽。故有虞氏禘黄帝而祖颛顼，郊尧而宗舜；夏后氏禘黄帝而祖颛顼，郊鲧而宗禹；商人禘舜而祖契，郊冥而宗汤；周人禘喾而郊稷，祖文王而宗武王。幕，能帅颛顼者也，有虞氏报焉；杼，能帅禹者也，夏后氏报焉；上甲微，能帅契者也，商人报焉；高圉、大王，能帅稷者也，周人报焉。凡禘、郊、宗、祖、报，此五者国之典祀也。

　　【注 24】宋镇豪主编 / 王震中著：《商代史·卷三（商族起源与先商社会变迁）》，中国社会科学出版社，2010 年 11 月第 1 版，第 24 页。

　　【注 25】殷作斌：《殷代史六辨·李伯谦〈序〉》，中国文史出版社，2015 年 3 月第 1 版。

　　【注 26】王玉哲：《中华远古史·自序》第 6—7 页，上海人民出版社，2004 年 9 月第 1 版。

　　【注 27】关于商族的起源地和发祥地，学界的看法各种各样，一时还难以统一，笔者在本文中提出的意见也只能算是一家之言，甚至是管见。现将史学界或考古界大家对此的介绍和看法依成书先后介绍于后，供想进一步研究的读者参考：

①胡厚宣、胡振宇父子在 2003 年 4 月出版的《殷商史》（上海人民出版社）中，从商族以玄鸟为图腾（考古发现，古代鸟生传说的部落，多分布在东方沿海一带）提出商族起源于东方的渤海沿岸（山东半岛、辽东半岛）及河南河北的意见。并介绍说，学界有"陕西商县说""河北说""东北说""晋南说""环渤海沿岸说""豫东鲁西说"等。

②王玉哲在 2004 年 9 月出版的《中华远古史·商族的来源》（上海人民出版社）中，首先提出一个学界基本没有分歧的意见："从考古学上看，清楚地表明商族在灭夏后最初阶段的活动地域，主要是在今河南的洛阳、郑州和安阳一带。"进而列举了商族，在成汤灭夏前从何处来到河南的四种不同说法。

(i) 西方（陕西）说。《史记·殷本纪》记载殷商始祖契被封于"商"，这个"商"在哪里呢？《书·汤誓》郑玄注："契始封商，遂以商为天下之号。商国在太华之阳。"《史记·殷本纪》正义引《括地志》："商州东八十里商洛县，本商邑，古之商国，商詧之子离所封也。"总之，司马迁、许慎、郑玄、皇甫谧、徐广等古代学者无一不说商族的起源地"商"或兴旺地"亳"都在西方，其中，司马迁的观点似有前后不一之嫌，司马迁在《史记·六国年表序》中的叙述似乎认为成汤始居之亳在西方，而在《史记·宋微子世家》和《史记·货殖列传》中的记述似乎又认为成汤始居之亳在东方的宋地。

(ii) 东方说。王国维说"商"在河南的商丘，而"亳"在山东的曹县。（详见王国维：《说自契至于成汤八迁》《说商》《说亳》，《观语堂林》卷十二。）丁山反对王国维的说法，认为"商""当在漳水流域，绝非两周时代宋人所居之商丘"。（详见丁山：《商周史料考证》，龙门联合书局，1960 年版，第 14—21 页。）徐中舒坚决反对"西方说"，而认为商族是"古代环渤海而居之民族"。（详见徐中舒：《殷人服象及象之南迁》，《历史语言研究所集刊》，第 2 卷第 1 期。）王、丁、徐三人的看法虽各不相同，但均认为商族起源于东方。

(iii) 北方说。金景芳认为商族起源于北方。（详见金景芳：《商文化起源于我国北方说》，《中华历史论丛》，1978 年第 7 辑。）

(iv) 冀州说。邹衡说："商文化是来自黄河西边的冀州之城，是沿着太行山东麓逐步南下的。"（详见邹衡：《关于探讨夏文化的几个问题》，《文物》，1979 年第 3 期。）

在以上四种说法中，王玉哲觉得"东方说"最为合理，并从商人崇鸟、商人远祖近海、商国与河北省易水流域的有易国为邻国、"商"和"亳"的地望四个方面提出商族起源于东方的证据。

③王震中在 2010 年 11 月出版的宋镇豪主编 / 王震中著《商代史·卷三（商族起源与先商社会变迁）》（中国社会科学出版社）一书中，对商族起源地与殷商先公八迁地的范围及成汤灭夏前所居之亳的地望做了系统的研究。在这本书中，王震中首先列举了学界关于商族起源的七种说法：(i) 西方说（商洛或关中）；(ii) 东方说（宋地商丘或山东）；(iii) 晋南说（永济、垣曲一带）；(iv) 河北说（漳水、易水或永定河与滹水之间）；(v) 河北东北及环渤海湾一带说；(vi) 北京说；(vii) 东北说（辽西或幽燕）。他自己则认为，《世本》记载的契居"蕃"与《史记》记载的契被封于"商"，实际"蕃"与"商"是一地二名，并认为这蕃地或商地在冀南漳水流域至磁县一带，认为殷商先公的八迁范围不出冀南与豫北地区。王震中这本书中有三个最显著的亮点。

第一个亮点是，把《甲骨文合集·36567》五期卜辞（帝乙、帝辛时期卜辞）中出现一个从"商"出发只有军旅步行一天路程的"亳"地（清华李学勤曾将这个"亳"字释为"郊"，如果释为"郊"为真，则甲骨文中就没有作为地名的"亳"字）与传世文献《吕氏春秋》中说成汤之本国叫"鄣薄（高秀汁'薄或作亳'）"结合起来，提出"内黄鄣亳说"，并认为前人提出的内黄县的"黄亳说"和濮阳的"濮亳说"都符合这一条件，认为"黄亳说"和"濮亳说"实际上可能是一回事。王震中认定帝乙、帝辛叫的"商"就在王都安阳，要征讨的人方应是东方的东夷，而内黄或濮阳一带的"鄣亳"正好在安阳的东方，且距安阳只有几十华里的路程，这正好与《合集》36567卜辞"在商，贞今日步于亳，亡灾？"的说法高度一致。王震中说的"鄣亳"应该距濮阳西南的卫地"帝丘"不远（"帝丘"即颛顼之虚，本书将之称为"卫地商丘"，以便与东南方的"宋地商丘"相区别），王震中的"鄣亳"大约就在"卫地商丘"北方不超过百里的地方。这正好与魏晋谱书《殷氏家传》说"成汤始居之亳距商丘不远"差不多。（魏晋谱书《殷氏家传》只说成汤始居之亳距"商丘"不远，并未说"商丘"在什么地方。）"内黄鄣亳说"的提出，虽有助于说明《诗经·商颂·长发》"韦顾既伐，昆吾夏桀"的成汤灭夏进军路线，但它的一个致命弱点是不能解释《孟子·滕文公下》说的"汤始居亳，与葛为邻"，似乎也与《史记·宋微子世家》和《史记·货殖列传》记载的宋国有"亳"相悖。《史记·宋微子世家》中说，南宫万误杀宋湣公后，宋国大乱，"诸公子奔萧，公子御说奔亳，万弟南宫牛将兵围亳"。若"亳"在距宋地遥远的卫地，南宫万的弟弟怎么能派军队去将"亳"邑包围起来呢？

第二个亮点是，王震中认为"内黄鄣亳说"论述的是灭夏之前成汤所居之"亳"的问题，灭夏之后成汤所居的都城一定不是内黄的"鄣亳"，而可能是考古发现的郑州商城或偃师商城，这就为考古发现的郑州商城或偃师商城的性质留下了解释空间。

第三个亮点是，从王震中书中字里行间还透露出他有一个对经周人传承下来的殷人史事必须重新审视的十分可贵的观点——周人为了证明自己取代殷人坐天下符合"天命"的合法性，"把殷代的上帝转换成周人的昊天，并加以人格化……人为地给帝喾配的四妃中，只有周人的姜原为元妃"。（此处的引文见王书的第16页。）其意思是说在成汤灭夏及其之前的先公时期，殷人就有了记载历史的传统，在其国家档案和商族子姓的各个氏族档案中，保存有相应的典籍和族谱。（《尚书·周书·多士》中，记载有周公以成王名义说的原话："惟尔知，惟殷先人有册有典，殷革夏命。"）且这些典籍和族谱，已为武王和周公等人占有，或被销毁，或被改造成适合周人需要的东西。王震中在其书中将周人做的这一工作，称为对中国古史或古史传说、神话传说的一种"转换"。正是因为周人对殷人文献的这种重新整合式的"转换"，使我们对殷商先人的史事及其创造的灿烂文化几乎不知，要不是殷墟大量甲骨卜辞的出土，殷人的业绩将永远埋藏在地下。这正是孔子无奈地发出殷礼"不足征"的原因，也是太史公的千年殷商史《史记·殷本纪》只有区区2800多个字（且所记内容大都聚焦在成汤和帝辛两帝身上，涉及其他殷商史事的文字多寡可想而知）的根本原因，更是我们今天重建殷代信史的难点所在。晚殷甲骨卜辞的大量出土，虽然弥补了周人毁坏或改造殷商典籍造成的殷代史料缺额，成为重建殷代信史的珍贵资料，但其形成过程的本身就决定了它在反映殷代历史文化方面的局限性和片面性。正如台湾著名历史学家、港台史学泰斗李定一教授所言："甲骨文又称为'卜辞'，占卜的人多数是当时的史官奉王命而行之，天子有时也亲自占卜。占卜之事是天子所独享，其他人等均不得行之。因此卜辞只代表国王对于宗教信仰的记载。占卜的事项，写刻卜辞的多少，也全由王的兴致而定。……国王所关心的事，自然不能代表全部殷代历史，而我们今日所能看到的甲骨文，又只是余劫的一少许。"（此段引文出处，详见李定一著《中华史纲》，第 22 页，传记文学出版社，1986 年版；或同书，第 22 页，大陆横排新版，中国长安出版社，2012 年 4 月第 1 版。）甲骨学大师董作宾更是为此发出了无奈的感慨："这号称十万片的卜辞，我们现在能见能用的又不到五分之一，就这样'从宽'估计，那么甲骨文所能代表的殷代文化，也不过百分之一。用这百分之一的材料，却希望能写出百分之一百殷代文化史，那岂不是做梦？"（此段引文出处，详见前面的【注 3】。）总的来说，在重建殷代史时，我们要重视卜辞，但又不能完全依赖它，更不能片面地理解它。比如，对卜辞中频频出现的"商""大邑商""天邑商"等究竟是指什么，我们就要结合传世文献详加研究。正是由于国内一些史家对卜辞中频频出现的"商""大邑商""天邑商"的片面理解，才又将司马迁已经铁定了的"殷商王朝冠名"旧案翻了过来，将成汤国号研究引入歧途。

【注 28】关于"契"与"阏伯"是两个人的观点，2011 年 7 月出版的《商丘师范学院学报》第 27 卷第 7 期发表的王小块论文**《契与阏伯关系考》**中有令人信服的考证。

【注 29】王国维：《说自契至于成汤八迁》，《观堂集林》卷十二。

【注 30】李民：《洹北商城性质的再认识》，收入王宇信等主编《纪念王懿荣发现甲骨文 110 周年国际学术研讨会论文集（2009 中国福山）》，社会科学文献出版社。

【注 31】a. 彭金章、晓田：《殷墟为武丁以来殷之旧都说》，《中国考古学会第五次年会论文集》，文物出版社，1988 年版。b. 郑光：《试论偃师商城即盘庚之亳殷》，台北《故宫学术季刊》第 8 卷第 4 期，1991 年。

【注 32】曲英杰：《先秦都城复原研究》，黑龙江出版社，1991 年版，第 69、80—90 页。

【注 33】a. 谭其骧：《西汉以前的黄河下游河道》，《历史地理》创刊号，上海人民出版社，1981 年版。b. 刘起釪：《卜辞的河与〈禹贡〉大伾》，《殷墟博物苑苑刊》创刊号，1989 年。

【注 34】宋镇豪主编 / 韩江苏、江林昌著：《商代史·卷二（〈殷本纪〉订补与商史人物徵）》，第 100 页，中国社会科学出版社，2010 年 12 月第 1 版。

【注 35】邹衡：《郑州商城即汤都亳说》，《文物》1978 年第 2 期；邹衡：《夏商周考古学论文集·汤都郑亳及其前后的迁徙》，文物出版社，1980 年版。

【注 36】陈旭：《郑州商文化发现与研究》，《中原文物》1983 年第 3 期；《关于郑州商城汤都亳的争议》，《中原文物》1993 年第 3 期。

【注 37】郑杰祥：《商汤都亳考》，《中国历史研究》1980 年第 4 期；《夏史初探》第四章《商汤都亳的考证》，中州古籍出版社，1988 年版。

【注 38】王立新：《早商文化研究》，高等教育出版社，1988 年版。

【注 39】夏商周断代工程专家组：《夏商周断代工程 1996—2000 年阶段成果报告（简本）》第 72 页，世界图书出版公司，2000 年版。

【注 40】李伯谦：《文明探源与三代考古论集》，文物出版社，2011 年 7 月第 1 版。详见该书第 128—133 页的《对郑州商城的再认识》一文。

【注 41】邹衡：《论汤都亳及其前后的迁徙》，《夏商周考古论文集》，文物出版社，1980 年版。

【注 42】宋镇豪主编 / 常玉芝著：《商代史·卷八（商代宗教祭祀）》，中国社会科学出版社，2010 年 10 月第 1 版，详见该书的第 313 页。

【注 43】韦心滢：《殷代商王国政治地理结构研究》，上海古籍出版社，2013 年 4 月第 1 版。

【注 44】王国维：《殷卜辞中所见先公先王考》，《观堂集林》卷九，中华书局，1984 年版。

【注 45】饶宗颐：《殷代贞人物通考》，香港大学出版社，1959 年版，第 272—273 页。

【注 46】宋镇豪主编 / 常玉芝著：《商代史·卷八（商代宗教祭祀）》，中国社会科学出版社，2010 年 10 月第 1 版，第 196 页。

【注 47】宋镇豪主编 / 常玉芝著：《商代史·卷八（商代宗教祭祀）》，中国社会科学出版社，2010 年 10 月第 1 版，第 206 页。

【注 48】丁山：《古代神话与民族·卜辞所见先帝高祖六宗考》，江苏文艺出版社，2011 年 1 月版。

【注 49】宋镇豪主编、常玉芝著：《商代史·卷八（商代宗教祭祀）》，中国社会科学出版社，2010 年 10 月第 1 版，第 209 页。

【注 50】此条是韦昭注，不是《国语·鲁语上》原文，更不是《国语·周语上》原文。宋镇豪主编 / 王宇信、徐义华著《商代史·卷四（商代国家与社会）》（中国社会科学出版社，2011 年 7 月第 1 版）第 48 页也引用了这条韦氏注文，但写错了出处，误为《国语·周语上》原文。韦氏的这条注释，除了点明冥的身份及业绩外，还附带解决了《史记》和《世本》两种古文献记载之矛盾。笔者特注于此，以便读者查考：《史记·殷本纪》谓昌若生曹圉，曹圉生冥，而《世本》则说"昌若生曹圉，曹圉生根国，根国生冥"。显然《世本》多出了根国一世，历来有人疑《世本》多出的根国一世为传抄之误，认为《史记·殷本纪》为真。韦昭注将《世本》之曹圉、根国合为一世，取名"根圉"，可见韦氏亦不相信曹圉、根国是两世。

【注 51】宋衷谓"冥为司空"，按后世唐之官阶，"司空"为正一品。不管夏代有无"司空"之官名，足见，冥殉职后，夏帝对冥追封规格之高。

【注 52】《甲骨文合集》24975 号卜辞："□□卜：王 | 贞 |：其燎 [于] 上甲父 [王] 亥。"

【注 53】李学勤：《论殷代的亲族制度》，《文史哲》1957 年第 11 期。

【注 54】于省吾：《释上甲六示的庙号以及我国成文历史的开始》，《甲骨文字释林》，中华书局，1979 年版，第 193—198 页。

【注 55】周武王正式东进伐殷的"戊子日"和与诸侯再次会盟的"戊午日"的确切日期，详见本书"卷三·周武王姬发传记"中（本书第 322 页）括号中的说明。也就是说，据上海交通大学江晓原等学者研究，周师正式出发的具体日期为公元前 1045 年 12 月 4 日戊子，即黄帝纪元 1654 年十月二十八日戊子或干支纪元丙申年己亥月戊子日；约一个月后，周师于戊午日渡孟津与诸侯再次会盟，周师渡孟津与诸侯再次会盟的具体日期是公元前 1044 年 1 月 3 日戊午，即黄帝纪元 1654 年十一月二十八日戊午或干支纪元丙申年庚子月戊午日。

【注 56】安国欣：《利簋铭文释读新解》，见于互联网上的"个人图书馆"，网址为：http://www.360doc.com/content/15/1015/15/7255173_505825388.shtml，或 http://www.360doc.com/content/14/1101/22/19123907_421795126.shtml。

其来源详见下列图片。

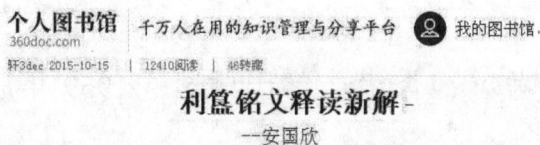

【注 57】以蔡美彪《中华史纲》为代表的学者多认为，夏殷周三代之前的部落联盟领导人是当之无愧的"帝"（如黄帝、炎帝、帝颛顼、帝喾、帝尧、帝舜、帝禹），夏启以非法手段夺取的帝位不为"帝"（蔡美彪说，夏启只能称为"夏后启"，不能称为"帝启"）。笔者认为，史前的宗族组织在古代是否叫"部落"？一些"部落"通过混战建立的"联盟"在古代是否叫"部落联盟"？由"部落联盟"中各"部落"推选出来的领导人在古代是否叫"帝"？这些问题，在未得到考古发现证实之前，都还是未知数，故以今人的通称"**领导人**"称之。

【注 58】李伯谦：《文明探源与三代考古论集》，文物出版社，2011 年 7 月第 1 版，第 27—28 页。

【注 59】中国社会科学院历史研究所《简明中国历史读本》编写组编写：《简明中国历史读本》，中国社会科学出版社，2012 年 7 月第 1 版。此书第一章和第二章第一节"夏朝"为编写组作者之一王震中编写。

【注 60】蔡美彪：《中华史纲》，社会科学文献出版社，2012 年 6 月第 1 版。

【注 61】在《史记·燕召公世家》中，司马迁以听到有人说的口气"或曰"讲述的故事原文为："或曰：'禹荐益，已而以启人为吏。及老，而以启人为不足任乎天下，传之于益。已而启与交党攻益，夺之。天下谓禹名传天下于益，已而实令启自取之。今王言属国于子之，而吏无非太子人者，是名属子之而实太子用事也。'"

【注 62】《史记·殷本纪》中这则故事的原文为："汤出，见野张网四面，祝曰：'自天下四方皆入吾网。'汤曰：'嘻，尽之矣！'乃去其三面，祝曰：'欲左，左。欲右，右。不用命，乃入吾网。'诸侯闻之，曰：'汤德至矣，及禽兽。'"

【注 63】关于商夏战争的决战地鸣条的地望，古今史家历有争论。有鸣条在晋南、豫中、豫东诸说，有待考古材料认定。

【注 64】董作宾原定的第五期卜辞只为殷末帝乙、帝辛两帝时期的卜辞，后来多数学者认为第五期卜辞应为殷末文丁、帝乙、帝辛三帝时期的卜辞。

常玉芝排定的第五期卜辞周祭次序表详见宋镇豪主编、常玉芝著《商代史·卷八（商代宗教祭祀）》（中国社会科学出版社，2010 年 10 月第 1 版）第 436 页。另外，常玉芝排定的第五期卜辞周祭次序表与其他学者排列的第五期卜辞周祭次序表不完全相同。"常玉芝表"分 10 个旬序，共周祭 31 位先公先王、20 位先妣；"董作宾表"分 12 个旬序，共周祭 33 位先公先王、21 位先妣；"陈梦家表"分 12 个旬序，共周祭 34 位先公先王、22 位先妣；日本学者"岛邦男表"分 11 个旬序，共周祭 33 位先公先王、25 位先妣；"许进雄表"分 11 个旬序，共周祭 33 位先公先王、22 位先妣。笔者依据的是常玉芝说。

【注 65】 对何为直系先王，何为旁系先王，从卜辞中可直观地看出其规律：有配偶被周祭者是直系先公先王，无配偶被周祭者是旁系先公先王。许进雄提出，先妣是否被周祭，全看其是否有子即位，但"许说"解释不了中丁两个配偶（妣己、妣癸）都受祭，却只有一个儿子祖乙即位的情况。因此，常玉芝认为："由此看来，直系先王的配偶能否被祭祀，不是取决于其子是否为王，而是取决于是否被立为正后。而王之子能否继位为王，则由其母的地位决定，母贵则得嗣，母贱则不得嗣。"

【注 66】 《史记·殷本纪》中提到的《盘庚》三篇是《尚书》中史料价值极高的作品。三篇的内容都是有关盘庚迁都的事情，记叙了迁都前后盘庚对贵族近臣、庶民百姓所发布的谈话和命令。一般认为，《盘庚》三篇是记录盘庚当时的演讲词，但也有学者认为《盘庚》三篇是为了纪念盘庚迁都的作品。

【注 67】 《国语·周语下》评价祖甲的原文为："昔孔甲乱夏，四世而陨；玄王勤商，十有四世而兴；帝甲乱之，七世而陨；后稷勤周，十有五世而兴。"

【注 68】 宋镇豪主编 / 韩江苏、江林昌著：《商代史·卷二（〈殷本纪〉订补与商史人物徵）》，中国社会科学出版社，2010 年 12 月第 1 版，第 135 页。

【注 69】 张新耀，郑州大学硕士学位论文：《郑州商城白家庄期遗存分析》，2017 年 5 月。

【注 70】 李维明：《论"白家庄期"商文化》，《中原文物》，2001 年第 1 期。

【注 71】 谢肃：《论郑州商城的性质》，《中原文化研究》，2015 年第 2 期。

【注 72】 读者可参看郑州大学 2000 年张国硕博士学位论文《夏商时代都城制度研究》（指导导师：李民），也可参看张国硕发表的论文《论夏商时代的主辅都制》。

【注 73】 《尚书·盘庚》中相应原文为如下：**《盘庚上》有曰：**"予告汝于难，若射之有志。汝无侮老成人，无弱孤有幼。各长于厥居。勉出乃力，听予一人之作猷。无有远迩，用罪伐厥死，用德彰厥善。邦之臧，惟汝众；邦之不臧，惟予一人有佚罚。凡尔众，其惟致告：自今至于后日，各恭尔事，齐乃位，度乃口。罚及尔身，弗可悔。"**《盘庚中》也曰：**"呜呼！今予告汝：不易！永敬大恤，无胥绝远！汝分猷念以相从，各设中于乃心。乃有不吉不迪，颠越不恭，暂遇奸宄，我乃劓殄灭之，无遗育，无俾易种于兹新邑。往哉！生生！今予将试以汝迁，永建乃家。"

【注 74】 杨锡璋：《殷代墓地制度》，《考古》，1983 年第 10 期。

【注 75】 宋镇豪主编 / 孙亚冰、林欢著：《商代史·卷十（商代地理与方国）》，中国社会科学出版社，2010 年 10 月第 1 版，第 258 页、第 293—296 页。

【注76】《诗经·商颂·殷武》对武丁的颂词前两段13小句为："挞彼殷武，奋伐荆楚。深入其阻，裒荆之旅。有截其所，汤孙之绪。维女荆楚，居国南乡。昔有成汤，自彼氐羌，莫敢不来享，莫敢不来王。曰商是常。"

【注77】《吕氏春秋·孝行览》："《商书》曰：'刑三百，罪莫重于不孝。'"

【注78】《韩非子·内储说上》："殷之法刑弃灰于街者。子贡以为重，问之仲尼。仲尼曰：知治之道也。夫弃灰于街必掩人……虽刑之可也。且夫重罚者，人之所恶也；而无弃灰，人之所易也。使人行之所易，而无离所恶，此治之道也。"

【注79】《荀子》："后世之成名：刑名从商，爵名从周，文名从《礼》，散名之加于万物者，则从诸夏之成俗曲期，远方异俗之乡，则因之而为通。"

【注80】《左传·孔颖达疏语》："刑不可知，则威不可测。"

【注81】《尚书·周书·康诰》："往敷求于殷先哲王用保乂民，汝不远惟商耇成人宅心知训。别求闻由古先哲王用康保民……外事，汝陈时臬司师，兹殷罚有伦……我时其惟殷先哲王德，用康乂民作求。"

【注82】《马克思恩格斯全集》："君主们在任何时候都不得不服从经济条件，并从来不能向经济条件发号施令。无论是政治的立法或市民的立法，都只是表明和记载经济关系的要求而已。"

【注83】严一萍：《殷商史记》，台北艺文印书馆，1991年版，第49页。

【注84】《孟子·万章上》中此段的原文如下。

万章问曰："人有言伊尹以割烹要汤，有诸？"

孟子曰："否，不然。伊尹耕于有莘之野，而乐尧舜之道焉。非其义也，非其道也，禄之以天下，弗顾也；系马千驷，弗视也。非其义也，非其道也，一介不以与人，一介不以取诸人，汤使人以币聘之，嚣嚣言曰：'我何以汤之聘币为哉？我岂若处畎亩之中，由是以乐尧舜之道哉？'汤三使往聘之，既而幡然改曰：'与我处畎亩之中，由是以乐尧舜之道，吾岂若使是君为尧舜之君哉？吾岂若于吾身亲见之哉？天之生此民也，使先知觉后知，使先觉觉后觉也。予，天民之先觉者也，我将以斯道觉斯民也。非予觉之，而谁也？'思天下之民匹夫匹妇有不被尧舜之泽者，若己推而内之沟中。其自任以天下之重如此，故就汤而说之以伐夏救民。"

【注85】《史记·殷本纪》的此段的原文如下。

伊尹名阿衡。阿衡欲奸汤而无由。乃为有莘氏媵臣，负鼎俎，以滋味说汤，致于王道。或曰，伊尹处士，汤使人聘迎之，五反然后肯往从汤，言素王及九主之事。汤举任以国政。

【注86】宋镇豪主编/韩江苏、江林昌著：《商代史·卷二(〈殷本纪〉订补与商史人物徵)》中国社会科学出版社，2010年12月第1版，第188页。

【注87】古本《竹书纪年》记曰："仲壬崩，伊尹放大甲(太甲)于桐，乃自立也。伊尹即位，放大甲(太甲)七年，大甲(太甲)潜出自桐，杀伊尹。"今本《竹书纪年》也记曰："伊尹放太甲于桐，乃自立。""七年，王潜出自桐，杀伊尹。"

【注88】严一萍：《殷商史记》，台北艺文印书馆，1989年版。该书第82页谓："卜辞关于外丙大甲祭祀顺序的不同，是殷商晚期新旧派对于'兄

终弟及'及'立长立嫡'的宗法制度冲突的反映。依照立长立嫡的宗法制度，太丁为汤之太子，虽未继位为君而先卒，但继太丁为太子的，也应当是嫡长孙大甲。据兄终弟及的成规，则汤崩之后，自然由外丙而中壬，柏继为君。"

【注 89】 此段引义引自《史记·殷本纪》。

【注 90】 例如，《尚书·伊训·序》："成汤既没，太甲元年。"（《伪古文尚书·伊训》）

【注 91】 丁山：《新殷本纪》，《史董》（半年刊），第一册，民国教育部第五服务团研究部，1940 年版。

【注 92】 参见【注 88】：严一萍：《殷商史记》，台北艺文印书馆，1989 年版或 1991 年版。

【注 93】 关于小甲身份的《史记·殷本纪》原文为："帝太庚崩，子帝小甲立"；《史记·三代世表》："帝小甲，太庚弟。"清嘉庆十九年进士在《竹书纪年义正》指出："《三代世表》谓小甲是太庚弟，误也。"魏晋谱书《殷氏家传》也确认小甲为太庚之子。

【注 94】 宋镇豪主编 / 常玉芝著：《商代史·卷八（商代宗教祭祀）》中国社会科学出版社，2010 年 10 月第 1 版，第 261—262 页。

【注 95】《尚书·周书·无逸》中，周公姬旦将祖甲与殷中宗太戊、殷高宗武丁、周文王姬昌等殷周圣贤之君并列在一起来歌颂的原文如下：

周公曰："呜呼！我闻曰：昔在殷王中宗，严恭寅畏，天命自度，治民祇惧，不敢荒宁。肆中宗之享国七十有五年。其在高宗，时旧劳于外，爰暨小人。作其即位，乃或亮阴，三年不言。其惟不言，言乃雍。不敢荒宁，嘉靖殷邦。至于小大，无时或怨。肆高宗之享五十有九年。其在祖甲，不义惟王，旧为小人。作其即位，爰知小人之依，能保惠于庶民，不敢侮鳏寡。肆祖甲之享国三十有三年……"

周公曰："呜呼！自殷王中宗，及高宗，及祖甲，及我周文王，兹四人迪哲。厥或告之曰：'小人怨汝詈汝。'则皇自敬德。厥愆，曰：'朕之愆。'允若时，不啻不敢含怒。"

【注 96】 由多种辑本《世本·周世系》（例如《世本八种》，中华书局，2008 年 8 月第 1 版）和《史记·周本纪》的记载，可知祖甲征西戎后，发号施令的对象邠侯**组绀**为周人 12 世先祖。读者如果想查阅周族世系详情，请参阅本书《卷三》中的《最早受到殷帝册封的周族首领高圉传记》。

【注 97】 曹定云："'妇好'乃'子方'之女"，《庆祝苏秉琦考古五十五年论文集》，文物出版社，1989 年版。

【注 98】 宋镇豪主编 / 常玉芝著：《商代史·卷八（商代宗教祭祀）》中国社会科学出版社，2010 年 10 月第 1 版，第 358 页。

【注 99】 王宇信为总主编 / 郭胜强为卷主编的《殷墟文化大典·商史卷（上）》，安徽人民出版社，2016 年 12 月第 1 版，第 021—022 页。

【注 100】 在《尚书·周书·无逸》中，周公旦贬低殷末几位殷主的原文为："……自时厥后立王，生则逸，生则逸，弗知稼穑之艰难，弗闻小人之劳，惟耽乐之从。自时厥后，亦罔或克寿。或十年，或七八年，或五六年，或四三年……继之今嗣王……无若殷王受之迷乱，酗于酒德哉！"

【注 101】严一萍：《殷商史记》，台北艺文印书馆，1991 年版，第 203 页。

【注 102】这里引用的《尚书·周书·牧誓》原文为（《牧誓》有《尚书》版和《史记》版之分，这里摘抄的是《尚书》版）：

时甲子昧爽，王朝至于商郊牧野，乃誓……王曰："嗟！我友邦冢君，御事：司徒、司马、司空，亚旅、师氏，千夫长、百夫长，及庸、蜀、羌、髳、微、卢、彭、濮人。称尔戈，比尔干，立尔矛，予其誓。"

王曰："……今**商王受**（《牧誓》的《史记》版作"**殷王纣**"），惟妇言是用，昏弃厥肆祀，弗答；昏弃厥遗王父母弟不迪，乃惟四方之多罪逋逃，是崇是长，是信是使，是以为大夫卿士……"

【注 103】陈晋主编：《毛泽东读书笔记解析》广东人民出版社，1996 年 7 月版，第 1158 页。

【注 104】这里的七条史据引文参考了王革勋著：《淇洹集·历史篇·谈纣王之死》，中国文史出版社，2009 年 10 月第 1 版。在这里表示感谢。但笔者引用的史据，并非转引自王文，而是逐条对照古籍原文，重新进行了考证。

【注 105】《孟子·梁惠王·下》中称赞周文王推行仁政这段话的原文为："昔者文王之治岐也，耕者九一，仕者世禄，关市讥而不征，泽梁无禁，罪人不孥。老而无妻曰鳏，老而无夫曰寡，老而无子曰独，幼而无父曰孤。此四者，天下之穷民而无告者。文王发政施仁，必先斯四者。诗云：'哿矣富人，哀此茕独。'"

【注 106】《史记·殷本纪》中祖伊直面帝辛分析殷、周大势和规劝的原文为：

西伯归，乃阴修德行善，诸侯多叛纣而往归西伯。西伯兹大，纣由是稍失权重。王子比干谏，弗听。商容贤者，百姓爱之，纣废之。及西伯伐饥国，灭之，纣之臣祖伊闻之而咎周，恐，奔告纣曰："天既讫我殷命，假人、元龟，无敢知吉。非先王不相我后人，维王淫虐用自绝，故天弃我，不有安食，不虞知天性，不迪率典。今我民罔不欲丧，曰：'天曷不降威，大命胡不至？'今王其奈何？"纣曰："我生不有命在天乎！"

【注 107】王宇信为总主编 / 郭胜强为卷主编的的《殷墟文化大典·商史卷（上）》，安徽人民出版社，2016 年 12 月第 1 版。（详见该书第 053 页。）

【注 108】2007 年 3 月至 6 月，陕西省考古研究院根据国家文物局《关于〈西汉帝陵考古工作方案〉的批复》（文物保函〔2006〕1087 号）的文件精神，联合咸阳市文物考古研究所对"周王陵"进行了全面调查和勘探。调查和勘探结束后，参与的三个单位（"陕西省考古研究院""咸阳市文物考古研究所""周陵文物管理所"）联合工作队领队焦南峰等在《考古与文物》2011 年第 1 期上发表了两篇调查和勘探报告——《咸阳"周王陵"考古调查、勘探简报》《咸阳"周王陵"为战国秦陵补证》。这两篇调查和勘探报告认为，位于陕西省咸阳市渭城区周陵镇北侧（距咸阳市中心约 8 公里、地处咸阳塬南部）的"周王陵"实际不是西周时的文、武二王等周王陵，而是战国晚期的"秦王陵"，有可能是秦悼武王及其夫人的陵墓。

【注 109】《六韬》又称《太公六韬》或《太公兵法》，是中国古代先秦时期著名的黄老道家典籍《太公》的兵法部分。其内容博大精深，思想精邃富赡，逻辑缜密严谨，是中国古代军事思想精华的集中体现。最早明确收录此书的是《隋书·经籍志》，题标作者为"周文王师姜望撰"。但自宋代以来，就不断有人对此提出质疑。从此书的内容、文风及近来出土文物资料等分析，可大致断定《六韬》是战国时期黄老道家典籍。

【注 110】崔述（1740 年 9 月 19 日—1816 年 3 月 4 日），字武承，号东壁。乾隆时举人，清朝著名的辨伪学者。顾颉刚编定：《崔东壁遗书》，上海古籍出版社，1983 年版，第 153 页。

【注 111】孙星衍：《尚书今古文注疏》，中华书局，1986 年版，第 253 页。

【注 112】孙作云：《〈诗经〉与周代社会研究》，中华书局，1979 年第 2 版。

【注 113】杨宽：《西周史》，上海人民出版社，2003 年 4 月。

【注 114】许进雄：《古文字论集》，中华书局，2010 年 2 月。

【注 115】庞小霞、高江涛：《晚商时期商文化东进通道初探》，《中原文物》，2009 年第 5 期。

【注 116】韩炳华：《再论晋陕高原青铜器与商代方国的关系》，北方民族考古（第 3 辑），2016 年。

【注 117】王恩田：《宾组、历组卜骨缀合与"文丁杀季历"》，《殷都学刊》。2018 年第 1 期。

【注 118】宋镇豪主编 / 罗琨著：《商代史·卷九（商代战争与军制）》，中国社会科学出版社，2010 年 11 月第 1 版。

【注 119】燕生东：《晚商文化在东方地区的分布态势与周初东封》，《考古与文物》，2016 年第 5 期。

【注 120】顾颉刚：《周易卦爻辞中的故事》，中国人民大学出版社，2014 年 1 月 17 日版。

【注 121】何益鑫：《周易所见"帝乙归妹"的历史叙事》，邓辉《东方哲学》第十四辑，广西师范大学出版社，2021 年 7 月版。

【注 122】高亨：《周易古经今注》，清华大学出版社，2010 年 8 月 1 日版。

【注 123】宋镇豪主编 / 常玉芝著：《商代史·卷八（商代宗教祭祀·第二章）》，中国社会科学出版社，2010 年 10 月第 1 版。

【注 124】此处引用《逸周书·大开武》的原文为："维王一祀二月，王在酆，密命。访于周公旦，曰：'乌呼！余夙夜维商，密不显，谁知？告岁之有秋。今余不获其落，若何？'周公曰：'兹在德，敬在周，其维天命，王其敬命。远咸无十，和无再失，维明德无佚。佚不可还，维文考恪勤，战战何敬，何好何恶，时不敬，殆哉！'"

【注 125】此处相应的东汉王充《论衡·卜筮篇》原文为："周武王伐纣，卜筮之，逆，占曰：'大凶。'太公推蓍蹈龟而曰：'枯骨死草，何知而凶？'夫卜筮兆数，非吉凶误也，占之不审吉凶，吉凶变乱。变乱，故太公黜之。"其中的"枯骨死草，何知而凶？"之句，有不同版本，有的版本作"枯骨死草，何而知凶？"（意思是："枯骨死草，怎么能知道就不吉利呢？"）有的版本作"枯骨死草，何知吉凶？"（意思是："枯骨死草，怎么能预知吉凶呢？"）

【注126】谢玉堂：《甲骨文的由来与发展》山东人民出版社，2011年7月第1版，第106—107页。

【注127】宋镇豪主编/韩江苏、江林昌著：《商代史·卷二（〈殷本纪〉订补与商史人物徵）》中国社会科学出版社，2010年12月第1版，第203—233页。

【注128】宋镇豪主编/韩江苏、江林昌著：《商代史·卷二（〈殷本纪〉订补与商史人物徵）》中国社会科学出版社，2010年12月第1版，第614—617页。

【注129】高俊信：《夏商周纪年表》，天津古籍出版社，2019年1月第1版。

【注130】胡厚宣：《八十五年来甲骨文材料之再统计》，《史学月刊》1984年第5期。

【注131】夏商周断代工程专家组编著：《夏商周断代工程报告》，科学出版社，2022年6月第1版。（详见该书第158页。）

【注132】这里引文中的"䧊东侯"，见于宋镇豪主编/罗琨著《商代史·卷九（商代战争与军制）》（中国社会科学出版社，2010年11月第1版）一书的第300页中，而在其他的文献中，也有写作"䧊东侯"的。

【注133】居于殷王畿内的殷民六族、殷民七族被周公分别交给鲁公伯禽和卫康叔监管的史实，在《左传·定公四年》中有明确记载：

分鲁公以大路，大旂，夏后氏之璜，封父之繁弱，殷民六族，条氏、徐氏、萧氏、索氏、长勺氏、尾勺氏。使帅其宗氏，辑其分族，将其类丑，以法则周公，用即命于周。是使之职事于鲁，以昭周公之明德。分之土田陪敦，祝、宗、卜、史，备物、典策，官司、彝器。因商奄之民，命以《伯禽》，而封于少皞之虚。分康叔以大路、少帛、綪茷、旃旌、大吕，殷民七族，陶氏、施氏、繁氏、锜氏、樊氏、饥氏、终葵氏。封畛土略，自武父以南，及圃田之北竟，取于有阎之土，以共王职。取于相土之东都，以会王之东蒐。聃季授土，陶叔授民，命以《康诰》，而封于殷虚。皆启以商政，疆以周索。

【注134】罗琨排定的《帝辛十祀征伐夷方日程表》中"引文序号及出处"一列中引用甲骨文著录书目简称的对应全称如下：

《合集》——《甲骨文合集》（十三册），郭沫若主编，胡厚宣总编辑，中华书局影印本，1979—1982年。

《合补》——《甲骨文合集补编》（全七册），彭邦炯、谢济、马季凡，语文出版社，1999年版。

《英藏》——《英中所藏甲骨集》（上编），李学勤、齐文心、[美]艾兰（Sarah Allan）编辑，中华书局影印本，1985年。

《前》——《殷虚书契》，罗振玉，影印本。

附录一

殷商后裔姓氏录

诗曰：天命玄鸟，降而生商，宅殷土芒芒

诗曰：邦畿千里，维民所止，肇域彼四海

殷商后裔姓氏录正文

　　子姓殷商后裔人口过亿，是当代的庞大姓氏群。据不完全统计，源于殷商子姓的姓氏有 200 多个，本《姓氏录》收录 164 个，还有几十个姓氏因只有部分殷商后裔族谱和民俗书记载，而无权威姓氏书支持，故本姓氏录没有收录。传说，子姓的得姓始祖是司徒公契。据《世本》记载，子姓殷商族中有"殷、时、来、宋、空同、黎、北髦（比髦）、目夷、萧"九个大氏族，有的大氏族，繁衍力特别强。据《世本》记载，殷商子姓宋氏族一个氏族就繁衍出"微氏、衍氏、宋氏、南宫氏、孔氏、正氏、邹氏……朱氏"共 84 个分氏族，子姓殷氏族也繁衍出"殷氏、衣氏、汤氏、乙氏、甲氏、沃氏、稚氏、梅氏、祖氏、武氏、邓氏……空相氏"共 23 个分氏族。有的分氏族还繁衍出许多更小的氏族。殷商子姓家族中的这许多大小氏族，在后来姓氏合一的潮流中，都脱离了子姓，升氏这姓，演变成独立的姓氏。据不完全统计，光宋氏族一个氏族就繁衍出 100 多个独立的姓。殷亡后，殷商族不仅没有被灭种，反而繁衍成如此庞大的姓氏群，而且还熏陶出一代圣人孔子，其功当首推微子。没有微子及其宋国 700 多年的存商续殷和文化传承，今日殷商后裔的队伍就不可能如此壮大。这就是微子虽"跪着生"卑躬屈膝降周，但却被孔子尊为"三仁"之首和众多殷商后裔视微子为心中圣人的根本原因。这一点，是非殷商后裔的专家学者难以理解也难以接受的，然而，大部分殷商后裔的家族情怀确实如此。

　　【001】子 [zǐ]：殷商族的母姓。子姓既是夏前和夏属诸侯国**商国**及奉夏帝之命——"改商曰殷"——以后的夏属诸侯国**殷国**的国姓，也是殷代的国姓和周属诸侯国——子姓宋国——的国姓。传说，**子姓**的得姓始祖是黄帝玄孙、尧兄舜臣司徒公**契**。殷商族始祖**契**，即《史记·殷本纪》开篇就记载的"**殷契**"。

　　【002】殷 [yīn]："殷"本来是《世本》记载的殷商子姓九大氏族——"**殷、时、来、宋、空同、黎、北髦（比髦）、目夷、萧**"——之首的子姓殷氏族的氏族号，后来成为成汤所建殷商王朝的国号、国氏。子姓殷氏的肇氏始祖是商族的第六世先公**冥**。冥是夏代与大禹齐名的治水英雄，勤其官而水死，殉职后被封于殷。冥公在甲骨文中被称为**高祖"河"**。在魏晋谱书《殷氏家传》中被称为**先祖"河"**。在整个殷商时期，冥前称"商"，冥后称"殷"，或合称为"殷商"。帝辛失国后，子姓殷氏族中殷商王室的部分后裔，为不忘故国，以殷代的国号、国氏为姓，称殷姓。据袁义达等《中国姓氏·三百大姓》统计，现代殷姓依人口计位列第一百一十一，约占全国人口的 0.14%，总人口有 170 余万。本是殷王朝国氏的现代殷姓为什么会由殷商大族沦为弱小族姓呢？导致中华殷氏发生人口锐减的事件主要有两次：一次是自西周初至秦末，中华殷氏屡遭诛灭；另一次是北宋初避赵宋宣祖赵弘殷（宋太祖赵匡胤之父）名讳的改姓（北宋初，全国约 12 万殷姓人 99% 以上奉旨改姓汤，极少数改姓商，后来虽也有一部分回姓殷，但大部分没有回姓。例如，至今在约有 200 万人的汤姓人口中，绝大部分都是北宋初改为汤姓原殷姓人的后裔）。

【003】宋 [sòng]： 子姓宋氏是《世本》记载的殷商子姓九大氏族中位列第四的氏族，也是殷商子姓九大氏族中繁衍能力雄踞第一的氏族。宋也是微子受周封祀殷的宋公爵国的国号。微子的宋国共传 26 世、30 多位君主、历 700 多年。子姓宋氏是现代宋姓的母族。据袁义达等《中国姓氏·三百大姓》统计，宋姓依人口计位列第二十二，约占全国人口的 0.72%，总人口 900 余万。

【004】李 [lǐ]： 现代大姓李姓中有一支是殷商后裔，称为"箕子李"，是殷王子箕子后裔中的一个分支。现代李姓中有箕子后裔，已经为汉《隶释·广汉属国侯李翊碑文》所确证。即是说汉李翊就是殷王子箕子之后。由相关资料得知，东汉李翊墓在渠州，即今四川省渠县、大竹、邻水、广安一带。

【005】王 [wáng]： 现代大姓王姓中有一支是殷商后裔，称为"比干王"，是殷王子比干后裔中的一支。因为比干原是殷代王子，其子孙遂以王为姓。子姓王氏是王氏中发迹最早的一支，其历史约有 3100 年。历先秦至汉唐，子姓王氏一直居于河南豫北的淇县、卫辉一带，形成著名的汲郡王姓望族，后裔播迁到甘肃、山东、河北和山西一带。

【006】徐 [xú]： 周封鲁君伯禽的殷民六族中有徐氏。周灭殷后，封武庚于殷都祀成汤。武王死，武庚起兵复国，奄等国君带头响应，徐国暗中支持。周公平叛后，杀了武庚，也灭了支持武庚复国的奄等国。在周公三年平叛过程中，徐国受影响不大。周公以成王名义封卫康叔于殷的王畿区，国号卫，都朝歌，命其监管殷民七族（陶氏、施氏、繁氏、锜氏、樊氏、饥氏、终葵氏）；封其长子伯禽于奄国旧地，国号鲁，命其将殷民六族（条氏、徐氏、萧氏、索氏、长勺氏、尾勺氏）迫迁至其封地鲁监管；封帝辛（纣）庶兄微子启于宋国旧地，代武庚祀成汤，国号仍宋，命其带去一大部分殷王畿区殷遗民至宋地，重建宋国，管理古宋国的子姓氏族和他族百姓。封给鲁君伯禽监管的殷民六族之一"徐氏"是殷商族子姓中的徐氏族。后世姓、氏合一以后，本姓子的徐氏族人便以氏族名为姓，姓了徐姓。这就是现代徐姓中子姓之徐的来源。此外，现代徐姓中还有一大支，源于嬴姓，称为嬴姓之徐。据袁义达等《中国姓氏·三百大姓》统计："徐姓是中国第十一大姓，尤其在苏、浙、皖地区人丁兴旺。当今徐姓人群大约占了全国人口的 1.51%，总人口大约在 1900 万。"

【007】孙 [sūn]： 现代孙姓中有一支是殷商后裔，称为"比干孙"，是殷王子比干后裔中的一支。比干后裔中有孙姓已为东汉孙根碑和 1973 年发现的东汉孙仲隐墓志所确证。

【008】朱 [zhū]： 现代朱姓中有一支是殷商宋公族之后，称为子姓殷商族之朱，出于宋。传说微子之子，姓子名朱，叫了朱（一说，子朱是微子的裔孙，非其子）。子朱后世，以祖名"朱"为氏，称为子姓中的朱氏。后姓氏合一演变为朱姓。子姓殷商族之朱，另有一说，春秋时，宋国的一支公室后裔，因避难改姓，先以国为氏，称宋氏，后又易宋为朱。此说出于东汉刘珍等撰《东观汉记》·"朱晖……其先宋微子之后也，以国为氏。周衰，诸侯灭宋，奔砀，易姓为朱。"后世学者南宋王应麟《姓氏急就篇注》和清人张澍《姓氏寻源》，都认同此说。上述子姓殷商族之朱两说，哪个为真，或本来就有两支，已经难以考证，但微子宋国公族的后代有朱氏，则为古今姓氏学家所认同。《东观汉记》所述子姓殷商族之朱，发源于商丘宋地，后迁于安徽砀山，然后再

殷代史

【附录一】殷商后裔姓氏录

迁于河南南阳宛县（一说自宋地先迁至沛之相县，继迁于南阳宛县）。到两汉时期，宛县子姓殷商族之朱曾显赫当朝，产生了尚书令朱晖、尚书朱穆祖孙两代名人。《后汉书》有《朱晖传》，记载了朱晖、子朱颉、孙朱穆朱家三代的业绩。此后经久不衰，直到唐、宋时，南阳一直是子姓之朱的著名郡望。

【009】林 [lín]：林姓主支为殷王子比干之后。据《中国姓氏・三百大姓》（袁义达等）统计，林姓按人口计是第十七位姓氏，当今林姓人群约占全国人口的 1.07%，总人口 1300 多万。林姓是闽台地区的主要姓氏。林氏的来源虽有多说，但得姓源头的主流是子姓殷商族之林，来源于殷王文丁之子，帝乙之弟比干。

【010】郑 [zhèng]：现代郑姓主要有三大来源：子姓殷商族之郑、姜姓之郑和姬姓之郑。子姓殷商族之郑源于殷王武丁的儿子被封为"奠"侯，以设定祭奠用酒而得名，为殷之同姓诸侯国。上古，"奠"即郑，奠国就是郑国。子姓郑国初在商都近域的北郑，地望在今河南濮阳西南之古帝丘，后来为防西部的周、羌之敌，西迁到殷代西疆的南郑，在今陕西华县东，后为周人所灭，子孙以国为氏，姓郑姓。周灭子姓郑国后，迁子姓郑国遗民于渭水上游，地望在今宝鸡附近。这支子姓郑氏的历史距今已有 3200 多年。另外，据《世本・氏姓篇》（秦嘉谟辑补本）"宋"字条记载："郑氏：宋公族。"可见子姓宋公族中也有郑氏。子姓宋公族之郑参考世系有：微仲衍→宋公稽→丁公申→前潜公（闵公）共→弗父何→宋父周→世父胜→正考父→孔父嘉→木金父→睪夷父→防叔→相夏（伯夏）→叔梁纥→郑翩、郑衍→子宋郑氏。

【011】邓 [dèng]：子姓殷商族之邓是现代邓姓的主流。据袁义达等《中国姓氏・三百大姓》统计，今邓姓依人口计位列第二十九，占全国总人口的 0.58%，总人口有 730 多万，是四川、湘、粤地区的常见姓氏。邓氏主要有曼姓之邓、姒姓之邓和子姓殷商族之邓三大来源。其中子姓殷商族之邓应是现代邓姓人口的主流。

【012】萧 [xiāo]：据《世本》记载，萧氏为子姓殷商族的九大氏族之一。据袁义达等《中国姓氏・三百大姓》统计：萧姓按人口计位列第三十，总人口近 730 万，约占全国人口的 0.58%。萧姓是长江中上游地区的主要姓氏。汉族萧姓主要有子姓殷商族萧氏和嬴姓萧氏两大支，其中子姓殷商族萧氏是主流。此外源于外族的萧氏也不少，大家熟知的常与杨家将对垒战场的辽国第一大姓萧氏，即是由辽国的多个少数民族集体改姓而来。

【013】于 [yú]：据袁义达等《中国姓氏・三百大姓》统计，于姓依人口计位列第三十八，人口约 600 万，占全国人口的 0.49%。于姓是现代中国北方的典型姓氏。于氏主要来源有二：一是非常古老的殷商族子姓于氏，一是姬姓于氏。此外，也有些于姓来源于外族的改姓。据郑樵《通志・氏族略》记载："《后魏・官氏志》有万纽氏，改为于氏……又淳于氏，唐元和初，避宪宗嫌名，改为于氏（唐宪宗李纯，本名李淳，故淳于氏避宪宗名讳改姓于姓）。"此外，还有汉朝匈奴人的于氏，北魏西域于阗国人的于氏，清朝满洲八旗姓尼玛哈氏改姓的于氏等。

【014】蒋 [jiǎng]：据袁义达等《中国姓氏·三百大姓》统计，蒋姓依人口计位列第四十五，占全国人口的 0.43%，总人口近 540 万。蒋姓在川、湘、苏、浙地区最有影响。蒋氏主要有子姓殷商族之蒋和姬姓之蒋两大支。清之前，外族改姓蒋的不多见。清代，满洲八旗蒋佳氏全族改为蒋姓，因为他们本来就是满化的汉人，后来基本上都回了汉。子姓殷商族之蒋很古老，源于殷王所封的同姓国——蒋国，其地在今河南获嘉县张巨乡蒋村。蒋国势弱国小，不见经传。西周初，被周公所灭，子孙以国为氏。子姓蒋人被迫北迁山西的蒋谷，在今晋中市东南。子姓蒋氏的历史至少有 4000 年。

【015】钟／钟离 [zhōng/zhōng lí]：子姓殷商族钟氏是现代钟姓的主流。据袁义达等《中国姓氏·三百大姓》统计，钟姓按人口计位列第五十四，总人口 440 余万，约占全国人口的 0.35%。钟姓是两广、江西、四川等地区的常见姓氏。汉姓钟姓的主流是子姓殷商族之钟，一小部分是嬴姓之钟。也有一些是由历代少数民族融入形成。钟之繁体，本作"鍾"，非"鐘"。"鍾"亦可简写为"锺"。目前，"鐘""鍾"的规范简体字，均作"钟"，"锺"一般不再简作"锺"。《世本》只记有"钟离"氏，未见有"钟"氏。正说明现代的"钟"氏，究其根源，实为"钟离"氏之省言。袁义达等《中国姓氏·三百大姓》，只收入"钟"姓，未收"钟离"姓，盖因"钟离"氏大部分已简言为"钟"氏，而未简言为"钟"的"钟离"氏，因人口稀少，未达袁氏中国前三百大姓的收录标准，故袁氏书中未收入"钟离"氏。

【016】戴 [dài]：戴姓主要有子姓殷商族之戴和姬姓之戴两大支，子姓殷商族之戴是现代戴姓之主流。据袁义达等《中国姓氏·三百大姓》统计，戴姓依人口计位列第五十七，占全国人口的 0.34%，总人口大约 430 万。

【017】邹 [zōu]：邹姓主要有子姓殷商族之邹、姚姓之邹和曹姓之邹三大支。其中，子姓殷商族之邹是现代邹姓的主流。据袁义达等人所著《中国姓氏·三百大姓》统计，邹姓依人口计位列第七十，占全国人口的 0.29%，总人口 360 多万。

【018】石 [shí]：汉族石姓主要有子姓殷商族石氏和姬姓石氏两大支。此外源于外族的石氏比较多，由外族改姓的石氏是现代石氏的重要组成部分。据袁义达等《中国姓氏·三百大姓》统计：石姓按人口计位列第七十一，总人口 360 多万，约占全国人口的 0.29%。子姓殷商族之石源于微子的宋国，宋国传到宋共公时，宋共公之子公子段，也称褚师段，字子石，其后以其字为氏，是为源于商族子姓的石氏。子姓石氏的历史有 2500 多年。子宋公族石氏参考世系：微仲衍→宋公稽→丁公申→前湣公（闵公）共→厉公鲋祀→釐公举→惠公覵→哀公（名不详）→戴公白→武公司空→穆公和→庄公冯→桓公御说→襄公兹甫→成公王臣→文公鲍革→共公瑕→褚师段（字子石）→石彄→子宋石氏。

【019】孔 [kǒng]：子姓殷商族之孔是现代孔姓的主流，此外还有姜姓之孔、姞姓之孔、姬姓之孔和妫姓之孔。据袁义达等《中国姓氏·三百大姓》统计，孔姓依人口计位列第八十三，占全国人口的 0.22%，总人口 270 多万。孔姓在山东地区尤为昌盛。

【020】武 [wǔ]：现代武姓主要有子姓殷商族武氏、偃姓武氏和姬姓武氏三大支，其中子姓殷商族之武是现代武姓的主流。据袁义达等编著的《中国姓氏·三百大姓》统计，武姓按人口计位列第九十一，总人口 220 多万，约占全国人口的 0.18%。武姓在晋、冀、豫地区最有影响。子姓殷商族之武有两支。其一支出于微子的宋国，是春秋时的宋武公之后。宋戴公之子宋武公死后谥号为"武"，其后，以其谥号为氏，称武氏。子宋公族武氏参考世系为：微仲衍→宋公稽→丁公申→前潜公（闵公）共→厉公鲋祀→釐公举→惠公覵→哀公（名不详）→戴公白→武公司空→子宋武氏。另有一支子姓武氏起源更早，是殷王朝武丁后裔。武丁后裔有武氏，由东汉《武斑碑文》可证。

【021】施 [shī]：施姓主要有三大支：姬姓之施、僖姓之施、子姓殷商族之施。历史上，外族融入施姓的事件特别多，外族的施姓是现代施姓的重要组成部分。据袁义达等《中国姓氏·三百大姓》统计，施姓依人口计位列第九十七，占全国人口的 0.17%，总人口 210 多万。施姓在苏、浙、闽地区尤有影响。子姓殷商族之施一支源于子姓施国。僖姓的施国被灭后，殷王封亲族子姓于古施国旧地，建立了子姓施国，其后，以国为氏，称施氏。另，殷亡后，周封给卫康叔监管的殷民七族之中有施氏。此支施氏出于子姓殷商族中的堂阳氏。《世本·氏姓篇》（秦嘉谟辑补本）记载殷商九大氏族之首的殷氏族中有一个分氏族叫"堂阳氏"，并详细地记录了其来源："堂阳氏，太丁（即文丁）封（同）母弟于堂阳为堂阳氏，在堂水之阳。"堂阳故地在今河北新河。堂阳氏之后分衍有比氏、黎氏、辇氏、莱氏、荡氏、巢氏、梅氏、条氏、徐氏、萧氏、索氏、长勺氏、尾勺氏、陶氏、施氏、繁氏、锜氏、樊氏、饥氏、终葵氏、枚伯氏等，周封卫康叔的殷民七族、封鲁君伯禽的殷民六族均源自堂阳氏。

【022】牛 [niú]：子姓殷商族牛氏是现代牛姓的主体。牛氏本是殷商族子姓中宋氏族中的一个分氏族，后来才衍变成单独的姓氏。牛姓中融入外族基因比较晚，血统比较单纯。直到明清时期，才有蒙古人、满洲人基因的混入。据袁义达等《中国姓氏·三百大姓》统计，牛姓依人口计位列第九十八，占全国人口的 0.16%，总人口 200 余万。牛姓在豫、冀、晋地区尤有影响。

【023】汤 [tāng]：现代汤姓的主流是北宋初殷姓避赵宋宣祖赵弘殷（宋太祖赵匡胤之父）名讳改姓为汤的殷氏后裔。汤氏本是子姓殷商族九大氏族之一的殷氏族中的一个分氏族，这由《世本》可证，即汤氏是成汤之后从殷王室分出来的一个殷氏族分支。还有一支汤氏出于宋。宋桓公子荡后人去草为汤氏。但成汤之后和宋桓公子荡之后的汤氏，均非现代汤姓之主流。现代汤姓之主流是北宋时因避赵宋宣祖赵弘殷名讳，由殷姓改为汤姓而来。汤姓虽然很古老，但在唐之前，人口非常稀少，直到北宋初因避讳，大量殷姓改汤姓，才成为著姓。唐林宝《元和姓纂》中未收录汤姓。最古老的谱牒学著作《世本》的七种辑本(王谟、孙冯翼、陈奇荣、张澍、雷学淇、茆泮林、王梓材) 根本未提到汤姓。只是在《世本》的第八种辑本《秦嘉谟辑补本》中，将汤氏列在殷氏条之下，注有"汤氏，殷汤之后，以谥为氏"十个字，意为汤氏仅是殷氏之一宗，或是在殷商时期，汤氏仅是子姓殷商族中第一大氏族"殷氏族"中的一个分氏族。有汉代百家姓之称的

汉史游著《急就篇》中也未收录汤姓。据袁义达等《中国姓氏·二百大姓》统计，汤姓按人口计位列当代第一百零一，占全国人口的 0.16%，总人口大约有 200 万。汤姓主要分布于今两湖苏闽四省。

【024】陶 [táo]：　现代陶姓主要有帝尧陶唐氏之后的伊祁氏之陶、虞舜之后的妫姓之陶、子姓殷商族之陶三个来源。陶姓也有外族基因流入。早在晋朝时，鄱阳湖一带以渔为业的土著溪族就融入了陶姓望族之一的浔阳陶姓。到明、清时，云南的土著、东北的蒙古人和满州人等也有部分改姓汉姓陶。子姓殷商族之陶源于精于冶陶业的子姓氏族，以行业的名称命氏，称为子姓陶氏，是周公以成王名义封给卫康叔监管的殷民七族之一，此事在《左传·定公四年》中有明确的记载。此支陶氏出于子姓殷商族中的堂阳氏。《世本·氏姓篇》（秦嘉谟辑补本）记载殷商九大氏族之首的殷氏族中有一个分氏族叫"堂阳氏"，并详细地记录了其来源："堂阳氏，太丁（即文丁）封（同）母弟于堂阳为堂阳氏，在堂水之阳。" 堂阳故地在今河北新河。堂阳氏之后分衍有比氏、黎氏、辇氏、莱氏、荡氏、巢氏、梅氏、条氏、徐氏、萧氏、索氏、长勺氏、尾勺氏、陶氏、施氏、繁氏、锜氏、樊氏、饥氏、终葵氏、枚伯氏等，周封卫康叔的殷民七族、封鲁君伯禽的殷民六族均源自堂阳氏。据袁义达等《中国姓氏·三百大姓》统计，陶姓按人口计位列当代第一百零二，占全国人口的 0.16%，总人口大约有 200 万。陶姓在今安徽、江苏、湖北有一定影响。

【025】黎 [lí]：　黎氏本是子姓殷商族的九大氏族之一，但子姓殷商族的黎氏族的繁衍不旺，不似子姓中殷氏族、宋氏族分支那么多，子姓的黎氏族直到殷末，还是孤单单一个氏族，后为周武王所灭。现代黎姓主要有祝融氏之黎和子姓殷商族之黎两大来源。据袁义达等《中国姓氏·三百大姓》统计，黎姓按人口计位列当代第一百零三，占全国人口的 0.16%，总人口接近 200 万。黎姓在今粤、桂两省尤有影响。

【026】樊 [fán]：　现代樊姓主要有子姓、姬姓和嬴姓三大来源。此外，入汉以后，也有一些少数民族姓了汉姓樊姓。子姓殷商族之樊源于殷民七族中的樊氏族。武庚复国失败后，周公以成王名义将樊氏等殷民七族封给了卫康叔管理，分给卫康叔的其余六族是：陶氏、施氏、繁氏、锜氏、饥氏、终葵氏。殷民七族的大部分人都定居于卫国，少部分跟微子到了宋国。后来姓氏合一以后，殷民七族中的樊氏族就不再姓子而姓樊。此支樊氏出于子姓殷商族中的堂阳氏。据袁义达等《中国姓氏·三百大姓》统计，樊姓按人口计位列当代第一百零七，占全国人口的 0.14%，总人口有 170 多万。樊姓是西北地区的主要姓氏。

【027】庄 [zhuāng]：　现代庄姓主要有子姓、姬姓和芈姓三大来源。外族基因流入庄姓的事件非常少。子姓殷商族之庄出自成汤之后，与宋同祖。春秋时宋戴公，名冯，其后裔以其谥为氏，子姓庄氏的历史有 2600 多年。据袁义达等《中国姓氏·三百大姓》统计，庄姓按人口计位列当代第一百一十三，占全国人口的 0.13%，总人口有 160 多万。庄姓在广东、闽台、江苏地区特别昌盛。

殷代史

【附录二】殷商后裔姓氏录

【028】向 [xiàng]：现代向姓主要有子姓、姜姓和祁姓三大来源。其中，子姓向氏是向姓的主流。向姓外族基因的流入较早。子姓殷商族之向是春秋时宋桓公之子公子肸之后。公子肸，字向父，其孙宋国左师向戌之族为向氏，是以字为氏。此支向氏是现代向姓的主要组成部分。一说，宋桓公支孙向魋之后也为向氏（也称司马氏）。据袁义达等《中国姓氏·三百大姓》统计，向姓按人口计位列当代第一百二十四，占全国人口的 0.11%，总人口大约有140 万。向姓在湘、渝、川地区最有影响。

【029】耿 [gěng]：现代耿姓主要有子姓、姬姓和嬴姓三大来源。子姓殷商族之耿在耿姓中有较大影响。殷帝（商王）祖乙迁辅都于邢，亦称耿。《史记索隐》曰："邢音耿，近代本亦作耿。"耿，为殷商旧族所居之地，后来殷帝（商王）迁离耿后，留居耿者，以邑为氏，为子姓耿氏。有耿氏家谱说，耿姓的得姓始祖非祖乙，而是其弟祖丙，祖乙只是将殷商辅都迁到了"耿"，次年，由于河患，又重新迁都，迁离耿，而将弟弟祖丙封于耿地，建立子姓耿国，后来子姓耿国为周所灭，子孙以国为氏或以都邑耿为氏，并尊祖丙为耿氏之祖，为纪念耿氏的得氏始祖祖丙，于每年祖丙诞辰日腊月初五还进行祭祀。据袁义达等《中国姓氏·三百大姓》统计，耿姓按人口计位列当代第一百三十九，占全国人口的 0.079%，总人口大约有 99 万。耿姓在冀、豫地区较有影响。

【030】左 [zuǒ]：现代左姓组成比较复杂。主要有五个来源：古左国、芈姓、姜姓、子姓和姬姓。子姓殷商族之左是春秋时宋国公族之后，是左师氏简言而来。据袁义达等《中国姓氏·三百大姓》统计，左姓按人口计位列当代第一百四十一，占全国人口的 0.078%，总人口有 97 万余。左姓在冀、鲁、苏地区比较昌盛。

【031】梅 [méi]：现代梅姓的来源主要有两大支：子姓之梅和姒姓之梅。其中子姓梅氏是现代梅姓的主流。子姓殷商族之梅出于殷。殷王太丁（文丁）封其弟于梅，伯爵，故地在今河南新郑西北。纣时的梅伯为殷末忠臣，与比干一样，因死谏而闻名。周武王灭殷后，封梅伯玄孙于黄梅，即今湖北黄梅，号忠侯。春秋时，梅国东迁梅城，故地在今安徽亳州南。吴越交战时，梅人又南迁梅里，故地在今江苏无锡，国灭，成为吴国一邑，子孙以国为氏。据袁义达等《中国姓氏·三百大姓》统计，梅姓按人口计位列当代第一百五十七，占全国人口的 0.066%，总人口大约有 83 万。梅姓主要分布于江浙、鄂豫、云南和安徽一带。

【032】华 [huà]：现代华姓的来源单一，一直是一脉相传，只源于子姓殷商族。具体分为两支：其一为殷代同姓诸侯华国之后，国灭，以华为氏。其二为宋戴公之后。唐林宝《元和姓纂》记载："宋戴公子考父说，食采于华，因氏焉。华督、华元、华宣（华定之讹）、华亥，并为宋卿。"据袁义达等《中国姓氏·三百大姓》统计，华姓按人口计位列当代第一百八十，占全国人口的 0.053%，总人口大约有 67 万。华姓在江苏、吉林两省比较集中。

【033】时 [shí]：《世本》载时氏是子姓殷商族"殷、时、来、宋、空同、黎、北髦（比髦）、目夷、萧"九大氏族之一。时氏族，虽是子姓殷商族九大氏

族之一，但不似殷氏族、宋氏族那样繁衍旺盛，一直到商末，它还是一个单一的氏族，没有分支。现代时姓的来源主要有二，子姓殷商族之时、嬴姓之时、芈姓之时。其中子姓时氏是现代时姓的主流。据袁义达等《中国姓氏·三百大姓》统计，时姓按人口计位列当代第一百八十九，占全国人口的 0.044%，总人口大约有 54 万。时姓在河南、山东、江苏等省相对较多。

【034】穆 [mù]：现代穆姓的来源主要有两大支：子姓殷商族之穆、姬姓之穆。其中子姓穆氏是现代穆姓的主流。穆姓与其他民族交流，互有基因流动比较早，交流的历史跨度也比较长。汉、晋时期西域穆氏，出自昭胡九国之穆国。南北朝北魏时，孝文帝改丘穆陵氏为穆氏，这支穆氏为显族，后来形成河南望族，是组成现代穆姓的重要一支。唐、宋时，犹太人后裔有穆姓。明、清时，蒙古人木斯臣氏、篾儿乞德氏、奥牟毛都氏，改汉姓时均选有穆姓。清满洲八旗乌雅氏、穆尔察氏、穆佳氏、穆延氏、穆察氏、乌肃氏、库雅拉氏、穆鲁氏等，后来均改为穆姓，这些穆姓后裔多分布于东北地区。《世本》载穆氏是子姓殷商族中宋公族的一个分支。微子的宋国传至第 11 世（第 13 君）宋宣公子力。子力未将公位传给儿子与夷，而是传位于弟弟子和，子和再三推让不成，只好答应，是为宋穆公。宋穆公在位时，将宋国治理得礼仪胜过周室，百姓安居乐业，天下慕之。九年后，宋穆公得了重病。临死前，将大司马孔父叫到跟前说："先君宣公没有立他的儿子与夷而传位于我，此事我不敢忘，我死后一定要立与夷。"孔父说："大臣们都愿意立您的儿子公子冯。"宋穆公说："不能立冯，我不能对不起宣公。"为了怕大臣们拥立公子冯，他下令将公子冯出居于郑。宋穆公去世后，其侄与夷即位，是为宋殇公（后太宰华督贪大司马孔父嘉妻美，宋殇公十年，华督设计杀孔父，占其妻。殇公怒，亦被杀。华督从郑国迎回宋穆公子冯而立之，是为庄公，华督相之）。宋穆公因不立子而还位于兄子与夷，受到列国诸侯和天下百姓称赞，去世后，得到"穆"的谥号。宋穆公的支庶子孙亦以此为荣，便以宋穆公的谥号"穆"为氏。这支子姓穆氏的历史有 2700 多年。子宋公族穆氏参考世系：微仲衍→宋公稽→丁公申→前湣公（闵公）共→厉公鲋祀→釐公举→惠公覵→哀公（名不详）→戴公白→武公司空→穆公和→子宋穆氏。据袁义达等《中国姓氏·三百大姓》统计，穆姓按人口计位列当代第二百零六，占全国人口的 0.036%，总人口大约有 45 万。穆姓主要分布在黑龙江、河北、贵州地区。

【035】谈 [tán]：现代谈姓的来源主要有三大支：子姓殷商族之谈、姒姓之谈和己姓之谈。其中子姓谈氏是现代谈姓的主流。谈姓与外族的基因交流很少。子姓殷商族之谈出于宋，为微子的宋公国之后，传国三十六代至谈君，为楚灭，子孙以国为氏。据袁义达等《中国姓氏·三百大姓》统计，谈姓按人口计位列当代第二百一十二，占全国人口的 0.033%，总人口大约有 41 万。谈姓主要分布在广西、苏沪一带。

【036】艾[ài]：现代艾姓的来源有四支；子姓殷商族之艾、风姓之艾、姜姓之艾和芈姓之艾。其中子姓艾氏影响较大。艾姓与外族的基因交流很少。子姓殷商族之艾源于殷代之艾国。殷代武丁之后有艾国，侯爵，故地似在今河南安阳附近的汤阴。周灭殷时，艾侯被俘，国灭，子孙以国为氏。子姓艾

氏的历史有 3100 多年。据袁义达等《中国姓氏·三百大姓》统计，艾姓按人口计位列当代第二百一十五，占全国人口的 0.032%，总人口大约有 40 万。艾姓主要分布在湘、赣一带。

【037】沙 [shā]：现代沙姓的来源有三支：子姓殷商族之沙、姜姓之沙和古沙国之沙。其中子姓沙氏影响较大。沙姓与外族的基因交流较早，从南北朝时就已经开始，主要发生在北方和东北地区。南北朝时期朝鲜半岛百济国中的沙氏进入中原，北宋时金国的女真人中也有沙姓。元朝时，蒙古人进入中原，有的以沙为姓。清初，东北的满洲八旗富察氏、沙拉氏，均集体改姓汉姓沙。北方的这些外族沙姓后来都被同化为汉族。西南地区的沙姓氏族为当地土人归顺清朝而改姓沙，其中一部分来自汉族。子姓殷商族之沙源于西周的子姓沙随国，故地在今河南宁陵北石桥乡，春秋初，灭于宋，成为宋邑。微子启之后裔食采于沙邑，以邑为氏。子姓沙氏的历史大约有 3000年。据袁义达等《中国姓氏·三百大姓》统计，沙姓按人口计位列当代第二百一十六，占全国人口的 0.032%，总人口大约有 40 万。沙姓在山东和东北地区比较集中。

【038】褚 [zhǔ]：褚姓，出自子姓殷商宋公族。与宋同祖。宋共公子段，字子石，食采于褚，官"褚师"，生公孙肥，子孙以官为氏，称褚氏。褚氏在历史上血统比较单一，一直没有发生其他民族改姓褚姓之事，直到近代在蒙古族、满族、回族、傈僳族中才出现褚姓。子宋公族褚氏参考世系：微仲衍→宋公稽→丁公申→前湣公（闵公）共→厉公鲋祀→釐公举→惠公覵→哀公（名不详）→戴公白→武公司空→穆公和→庄公冯→桓公御说→襄公兹甫→成公王臣→文公鲍革→共公瑕→褚师段（字子石）→子宋褚氏。据袁义达等《中国姓氏·三百大姓》统计，褚姓按人口计位列当代第二百二十五，占全国人口的 0.029%，总人口大约有 36 万。褚姓在江浙、渤海湾地区比较集中。

【039】边 [biān]：边姓，出自子姓殷商族。子姓边氏有两支。第一支子姓边氏，是以国为氏。殷代有子姓侯国"边"，故地在今河南洛阳。周灭殷后，改侍周。鲁庄公十九年，周大夫边伯叛周，国灭，边伯家族后裔以国为氏，称边氏。第二支子姓边氏，是以王父字为氏。出自子姓殷商族之宋公族，与宋同祖。宋平公之子御戎，字子边，为华氏所杀，其孙边邛为宋司徒，其后以王父字为氏，称边氏。一说，宋平公之子城，字子边，为宋元公之弟，其后以祖字为氏。宋平公之子"御戎"和"城"，都字"子边"，系同一人，还是两人，史无证。子宋公族边氏参考世系：微仲衍→宋公稽→丁公申→前湣公（闵公）共→厉公鲋祀→釐公举→惠公覵→哀公（名不详）→戴公白→武公司空→穆公和→庄公冯→桓公御说→襄公兹甫→成公王臣→文公鲍革→共公瑕→平公成→御戎（字子边）→边邛（一说边昂）→子宋边氏。（一说平公成之子"城"，亦字子边，其后以祖父字为氏，称边氏。）据袁义达等《中国姓氏·三百大姓》统计，边姓按人口计位列当代第二百三十四，占全国人口的 0.027%，总人口大约有 34 万。边姓在安徽、河北较有影响。

【040】商 [shāng]：商是子姓的族号，子姓商氏是商姓的主流。现代商姓有两大来源：子姓殷商族之商和姬姓之商。商姓的血统比较单纯，很少有其他民族的基因流入。北宋初，因避赵宋宣祖赵弘殷名讳，有一部分殷姓改为商姓，这属于殷商族内部的基因流动，与外族的混入无关。子姓殷商族之商源于子姓。商本殷商族始祖契的封地，其地望在何处，历有予论。全十四世成汤，始迁于亳 (亳在哪里，也历所有争论)，放夏桀而有天下，国号殷，然商之族号仍存。为团结商族内各个氏族，成汤立下规矩："有殷一代，殷、商并用，族号称商，国号称殷。"又及三十世至帝辛（纣），周武王灭之，子孙以族号为姓。一说，殷末帝辛（纣）名臣，子姓贵族商容之后，称商氏。商容，有贤德，深受百姓爱戴。因忠直被帝辛废黜，隐于太行山。周武王灭商后，屡请不出，曾派人旌其门闾。据袁义达等《中国姓氏·三百大姓》统计，商姓按人口计位列当代第二百四十，占全国人口的 0.025%，总人口大约有 32 万。商姓在冀鲁豫、黑龙江地区较有影响。

【041】臧 [zāng]：臧姓有两大来源：子姓殷商族之臧和姬姓之臧，其中姬姓之臧是臧姓的主流。清前，臧姓的血统一直很单纯，无其他民族的基因流入。清初，满洲八旗的臧佳氏、锡伯部的札斯胡里氏，均集体改姓汉姓臧，他们中的一部分后来成为东北地区的汉人。子姓殷商族之臧源于春秋时子姓宋国的华氏之党臧士平，其后以臧为氏。据袁义达等《中国姓氏·三百大姓》统计，臧姓按人口计位列当代第二百四十一，占全国人口的 0.025%，总人口大约有 31 万。臧姓在冀、鲁、苏地区人数较多。

【042】栗 [lì]：栗姓有两大来源：子姓殷商族之栗和风姓之栗。3000多年来，汉族栗姓一脉相承，外族基因流入的事件几乎没有发生过。近代在满族中才出现少许栗姓。子姓殷商族之栗源于殷代的子姓栗国，故地在今河南夏邑城关镇，周灭殷时，栗国也被灭，子孙以国为氏。据袁义达等《中国姓氏·三百大姓》统计，栗姓按人口计位列当代第二百四十九，占全国人口的 0.024%，总人口大约有 30 万。栗姓在河南地区特别集中。

【043】仇 [qiú]：汉族仇姓只有子姓殷商族一个来源，与宋同祖，是子宋公族的一宗。春秋时宋湣公十一年秋，宋湣公和南宫万去打猎，作博戏斗嘴，用棋盘击杀湣公于蒙泽。大夫仇牧听到这事，带着兵器到南宫万家门前，与南宫万搏击，仇牧牙齿撞着门扇被摔死。仇牧的后代以其名为氏，是为仇氏。仇姓中流入外族基因比较早，在战国时就开始了，主要发生在北方地区。据袁义达等《中国姓氏·三百大姓》统计，仇姓按人口计位列当代第二百五十似姓氏，占全国人口的 0.023%，总人口大约有 29 万。仇姓在苏、鲁地区占优势。

【044】巫 [wū]：汉族巫姓只有子姓殷商族一个来源。《风俗通》："以职为氏。凡氏于事，巫、卜、匠、陶也。"古代以巫作为职业的，有神巫与医巫之分，有时合一。殷代重巫，巫的贤人能左右朝政。在奴隶社会中，长兄为君，次兄为相，小弟为师。师即巫。巫之先，与殷商同祖，子姓。进入周朝后，巫的地位降低了。殷帝太戊时名臣巫咸，封于夔之巫，故地在今四川巫山东。子孙以国为氏，是为巫氏。巫姓的组成比较单纯，一直是一脉相传。直到近代才在壮族、台湾土著中出现巫姓。据袁义达等《中国姓氏·三百大姓》

统计，巫姓按人口计位列当代第二百六十，占全国人口的 0.02%，总人口大约有 25 万。巫姓在粤、桂、赣地区比较集中。

【045】敖 [áo]：现代汉族敖姓的来源有三支：子姓殷商族之敖、高阳氏之敖和芈姓之敖。几千年来，敖姓一直是比较单纯的族群，很少有他族基因的流入。子姓殷商族之敖源于殷、周时子姓侯国。敖，也作嚣，故城在今河南荥阳与郑州交界一带，伯爵。原为殷帝仲丁之辅都，至河亶甲时辅都由敖迁相，未迁商族人建立小国敖。春秋时，成为郑国的附庸国，子孙以国为氏。据袁义达等《中国姓氏·三百大姓》统计，敖姓按人口计位列当代第二百六十一，占全国人口的 0.02%，总人口大约有 25 万。敖姓在贵州、重庆一带比较集中。

【046】仲 [zhòng]：现代汉族仲姓的来源有四支：子姓殷商族之仲、任姓之仲、姬姓之仲和上古名人之仲，其中，子姓殷商族之仲是现代仲姓的主流。仲姓虽有多源，但一直没有发生外族基因规模流入的事件，直到现在，才见到一些少数民族（如满族、苗族、纳西族、回族、傈僳族等）中出现仲姓。子姓殷商族之仲出于子宋公族。春秋时宋庄公之子仲，世为宋右师，其后有以右师为氏，也有以仲为氏的。一说，宋庄公之子城，字仲子，生公孙师，师生江，为宋司马，遂以王父字为氏，仲几、仲佗为其子孙。子宋公族仲氏一支参考世系：微仲衍→宋公稽→丁公申→前湣公（闵公）共→厉公鲋祀→釐公举→惠公覵→哀公（名不详）→戴公白→武公司空→穆公和→庄公冯→成（一作城，字仲子）→师→仲江→仲几→子宋仲氏。据袁义达等《中国姓氏·三百大姓》统计，仲姓按人口计位列当代第二百六十五，占全国人口的 0.019%，总人口大约有 23 万。仲姓在苏沪、鲁辽一带比较集中。

【047】宗 [zōng]：现代汉族宗姓的来源有四支：子姓殷商族之宗、偃姓之宗、妫姓之宗和上古四岳之宗。宗姓虽有多源，但一直没有发生外族基因大规模流入的事件。清广西镇安府土司为宗姓，始于明朝。清初，世居沈阳、大凌河等地的满洲人中已有宗姓。满洲八旗宗佳氏，后来集体改为宗姓。现在，彝族、土家族、畲族、蒙古族、朝鲜族等少数民族中也发现有宗姓。子姓殷商族之宗出于宋公族。宋桓公生六个儿子，庶长子"子目夷"、嫡长子"子兹甫"、少子"子遨"。宋桓公卒，嫡长子"子兹甫"继位，是为宋襄公，宋襄公是无军事实力只凭仁义著称的春秋五霸之一。《史记》记载的宋襄公与敌楚两军对垒时，仍满嘴仁义道德，成为千古佳话，也是千古笑话。宋襄公想继续称霸诸侯，但与楚泓水一战已经大伤元气。为联晋报仇，派其弟公子"遨"出居晋国。"遨"在晋国生一子名"扈"，因外交需要由姓子改为姓伯，叫"伯扈"。伯扈之子，曰"伯宗"（宋桓公曾孙）仕晋，为晋国大夫，因忠直谏惹祸被害。这在《史记·晋世家》中有明确记载，晋厉公"五年，三郤谗伯宗，杀之。伯宗以好直谏得此祸，国人以是不附厉公"。伯宗被害后，一子"伯州犁"由晋奔楚，被楚共王任为太宰，食邑"钟离"（今安徽凤阳东北）。其子孙以邑为氏，分为两姓，一支为复姓钟离，一支为单姓钟。伯宗另一子（少子）连逃至南阳落户，遂以先祖名号为氏，称宗氏（一说，南阳宗氏，为周大夫宗伯之后）。子宋公族宗氏参考世系：微仲衍→宋公稽→丁公申→前湣公（闵公）共→厉

公鲋祀 →釐公举→惠公覵→哀公（名不详）→戴公白→武公司空→穆公和→庄公冯→桓公御说→放（一作遫）→伯扈→伯宗→宗连（伯宗少子，伯州犁之弟）→子宋宗氏。据袁义达等《中国姓氏·三百大姓》统计，宗姓按人口计位列当代第二百六十八，占全国人口的 0.018%，总人口大约有 22 万。宗姓在河北、皖苏浙赣地区比较集中。

【048】干 [gān]：现代汉族干姓的来源有三支：子姓殷商族之干、姬姓之干和古十国之十，其中子姓殷商族之干是主流。干姓虽有多源，但在几千年中，外族基因规模流入的事件仅发生一次，即北魏孝文帝时，改鲜卑族纥干氏为干氏。子姓殷商族之干出于宋公族。春秋时宋大夫干犨之后。一说，干犨为宋吕封人华豹的御士（姜太公吕望的封国齐国，后世微弱，为宋所并，故宋有吕封人华豹）。据袁义达等《中国姓氏·三百大姓》统计，干姓按人口计位列当代第二百七十，占全国人口的 0.018%，总人口大约有 22 万。干姓在安徽地区比较集中。

【049】苑 [yuān]：现代汉族苑姓的来源有两支：子姓殷商族之苑和姜姓之苑，其中子姓殷商族之苑是现代苑姓之主流。苑姓血统一直比较纯，除了三国时期吴国地域的山越族中出现过苑姓外，从没有发生过外族基因流入的事件。子姓殷商族之苑是殷王武丁之后。武丁之子文，封苑侯。苑或作宛，殷代子姓苑国，故地在今河南新郑东北。周武王灭殷后。苑国也被灭，国人四散，其后以国为氏。据袁义达等《中国姓氏·三百大姓》统计，苑姓按人口计位列当代第二百七十一，占全国人口的 0.018%，总人口大约有 22 万。苑姓在河北、河南、山东地区比较集中。

【050】南 [nán]：现代汉族南姓的来源有四支：子姓殷商族之南、姒姓之南、姬姓之南和芈姓之南。南姓的来源虽相对复杂，但在随后的 2000 年中，南姓血统一直比较纯，几乎没有外族基因的流入。直到清初，才有外族血脉的流入，满洲八旗那木都鲁氏、纳喇氏的一部改姓南。子姓殷商族之南源于殷王盘庚妃姜氏生子名南赤龙，裔孙南仲为周宣王时大夫，其后以南为氏，是为子姓南氏。据袁义达等《中国姓氏·三百大姓》统计，南姓按人口计位列当代第二百七十四，占全国人口的 0.016%，总人口大约有 20 万。南姓在河南、甘肃、山西地区比较集中。

【051】屠 [tú]：现代汉族屠姓的来源有两支：子姓殷商族之屠和祁姓之屠，其中子姓殷商族之屠是主流。屠姓中融入其他民族血脉的事件最早发生在晋朝，武都大族屠氏，出自氐人。清初，满洲正黄旗中有屠氏。又，太平天国东王杨秀清遇难后，其子丙照出逃杭州，改姓屠。子姓殷商族之屠有两说。一说，源于殷代开国大帝成汤。成汤支庶封于屠，故地在今陕西合阳，其后以邑为氏。一说，商王（殷帝）了瞿（武乙的谱名）父之后，为屠氏。以上两说，都为子姓屠氏。据袁义达等《中国姓氏·三百大姓》统计，屠姓按人口计位列当代第二百七十五，占全国人口的 0.016%，总人口大约有 20 万。屠姓在湖南、浙江、安徽等地区比较有影响。

【052】乐 [yuè]：现代汉族乐姓的来源有两支：子姓殷商族之乐和官名之乐。乐姓虽多源，但随后的发展中一直比较单一，很少有外族基因的流入。迄今，

在蒙古族、彝族中才发现有乐姓。子姓殷商族之乐出于宋。宋戴公子公子衎，字乐父，子孙以王父字为氏。一说，宋戴公四世孙乐莒（一作吕），为大司寇，子孙以为氏。子宋公族乐氏参考世系：微仲衍→宋公稽→丁公申→前湣公（闵公）共→厉公鲋祀→釐公举→惠公覵→哀公（名不详）→戴公白→乐父衎→绎→倾→克→曹→乐喜→乐祁→乐溷→乐茷→子宋乐氏。据袁义达等《中国姓氏·三百大姓》统计，乐姓按人口计位列当代第二百七十九，占全国人口的 0.015%，总人口大约有 19 万。乐姓在浙、赣、鄂等地区相对比较集中。

【053】花 [huā]：现代汉族花姓源于殷商子姓，出于宋。春秋时，宋戴公之子考父说（《世本》记为好父说）食采于华（今河南商丘南），考父说之子督，字华父，为宋太宰，杀其君殇公及大夫孔父嘉，自立华为氏。华氏后分出花氏，最早见于南朝宋何承天的《姓苑》。读者注意：袁义达在《中国姓氏·三百大姓（群体遗传和人口分布）·华姓》中的说法是不准确的。袁氏在其书中说："春秋时宋戴公之子正考父食采于华……考父之子督，字华父，为宋太宰，杀其君殇公及其大夫孔父嘉，自立为华氏……"显然，袁先生是将孔子七世祖、宋戴公重臣"正考父"与宋戴公之子"考父说"（或"好父说"）弄混了，实际应是宋戴公之子"考父说食采于华"，杀其君宋殇公及大夫孔父嘉并自立华为氏的"华督"是"考父说"之子，不是孔子七世祖、宋戴公重臣"正考父"之子。汉族花姓自南北朝时期从华姓分出后，历隋、唐、北宋，到金时，有了外族血脉的流入。金时女真人孛术鲁氏，集体改姓汉姓花，又金时有范姓改姓花。清初，满洲八旗博都哩氏，集体改姓花。辽宁满洲人穆舒氏，蒙古人额岳特氏、伯颜氏，均集体改姓汉姓花。今满族、蒙古族、锡伯族、回族、傈僳族、壮族、布依族等少数民族中均有了花姓。据袁义达等《中国姓氏·三百大姓》统计，花姓按人口计位列当代第二百八十五，占全国人口的 0.014%，总人口大约有 18 万。花姓在辽宁地区比较集中。

【054】木 [mù]：现代汉族木姓的来源有两支：子姓殷商族之木和姬姓之木。外族基因流入的事件主要始于唐朝。时辽东半岛上百济国大臣有木氏，西南的古藏族中有木氏族，先后进入中原。明清时期，西南地区的土司中有木姓。现在的纳西族、回族、独龙族、傈僳族、景颇族、白族、蒙古族、东乡族等少数民族中均有了木姓。子姓殷商族之木出于宋，春秋时宋大夫孔金父，字子木，其后以字为氏。孔金父，即孔木金父，为孔子五代祖。一说，春秋时宋国公子食采于木门，为木门大夫，其后有木氏。此谓子姓木氏。据袁义达等《中国姓氏·三百大姓》统计，木姓按人口计位列当代第二百八十八，占全国人口的 0.013%，总人口大约有 17 万。木姓在山东、贵州地区较有影响。

【055】衣 [yī]：现代汉族衣姓源于殷商子姓中的殷氏。春秋时，在齐国人的方言中，"殷"发音如"衣"，现在山东（齐鲁大地）的衣氏实际上就是殷氏之后。南朝宋何承天《姓苑》是记载衣姓的最早姓氏书，但是没有提到衣姓的起源和名人。战国时代的《中庸》宋版注释本中，首次提到衣姓来源于殷姓。直到明朝的《大明一统志》中才提到第一位衣姓名人和郡望。还有一支衣氏是，北宋时因避赵宋宣祖赵弘殷名讳，有一部分殷姓改为衣姓。自南北朝时，衣姓出现以后，血脉一直很单纯，直到现在，在满族、蒙古族、回族等少数

民族中才发现有衣姓。【编者按：但就传说而言，衣姓是个很古老的姓。是《国语·晋语》中说的黄帝一十二户，得姓而十四，脱去同姓者，实际得到十二个姓。《国语·晋语》中说的黄帝之后十二姓为："姬、酉、祁、己、滕、箴、任、荀、僖、姞、儇、依"。依王引之说，《国语·晋语》中"依"是"衣"的误写。汉许慎的《说文》也认为"衣，依也"。即是说许慎认为，"衣""依"是一个字的不同写法。】据袁义达等《中国姓氏·三百大姓》统计，衣姓按人口计位列当代第二百九十一，占全国人口的 0.013%，总人口大约有 16 万。衣姓集聚于山东地区。

【056】冀 [jì]：现代汉族冀姓的来源有三支：子姓殷商族之冀、祁姓之冀和姬姓之冀。外族基因流入的事件主要始于晋朝，晋朝时的羯族、北朝北魏的高句丽中均有冀氏。现代满族、蒙古族、回族等少数民族中也出现了冀姓。子姓殷商族之冀出于宋，宋公族之后有冀姓。据袁义达等《中国姓氏·三百大姓》统计，冀姓按人口计位列当代第二百九十四，占全国人口的 0.013%，总人口大约有 16 万。冀姓在山西、河北地区比较集中。

【057】白马 [bái mǎ]：出于宋，是殷商子姓宋公族中的一宗。《世本·氏姓篇》（秦嘉谟辑补本）"宋"字条下记有："白马氏：微子乘白马朝周，因氏。"子宋公族白马氏参考世系：微子启→微伯→腯→子宋白马氏。

【058】邶 [bèi]：源于殷代的子姓邶国，为大夫北伯的封地。其地在商都朝歌以北，因称邶国。周武王伐殷，分其地为三监，析朝歌而东的漕、邶之地建立新邶国，以封帝辛子武庚祀殷，以霍叔监之，邶人聚此。及三监叛，周公伐之，并其地为卫，邶国亡，子孙以国为氏。宋郑樵《通志·氏族略》记云："邶氏：亦作鄁，亦作背，即商都也。武王伐纣，分其地为三监。自纣城而东谓之邶。漕、邶地也。封纣子武庚于此，以霍叔尹之。及三监叛，周公伐之，而并其地为卫，邶国往往自此亡矣。子孙以国为氏。"

【059】北 [bèi]：邶，亦作北，北氏，即邶氏，参见【058】邶。

【060】背 [bèi]：唐林宝《姓纂》云："背，古鄁国，在今卫州，或作'背'，以国为姓。"依宋郑樵《通志·氏族略》，背、鄁，皆邶也。

【061】北旄 [bèi máo]：北旄氏，源于殷商子姓。《世本·氏姓篇》（秦嘉谟辑补本）"北旄"条下记有："北旄氏，子姓也。"《世本·氏姓篇》（茆泮林辑本）"子姓"条下也记有："北旄，子姓。"

【062】比 [bǐ]：比氏是一个古老的多源姓氏群体，在今国内的姓氏排行榜上列在千位之后，在台湾地区名列第一千零三十八位。比氏以西河、南安为郡望。殷商子姓比氏有两支，一支源自帝辛时忠臣比干，比干是殷帝（商王）文丁（太丁）之子，其后有殷氏、林氏、比氏、王氏、孙氏等；另一支源自堂阳氏，殷帝（商王）文丁（太丁），封（同）母弟于堂阳（今河北新河），其后为堂阳氏。堂阳氏之后分衍有比氏、黎氏、犛氏、莱氏、荡氏、巢氏、梅氏、条氏、徐氏、萧氏、索氏、长勺氏、尾勺氏、陶氏、施氏、繁氏、锜氏、樊氏、饥氏、终葵氏、枚伯氏等，周封卫康叔的殷民七族、封鲁君伯禽的殷民六族均源于此。

【063】北殷 [běi yīn]：《世本·氏姓篇》（茆泮林辑本）"子姓"条下记有："北殷，子姓。"《史记·殷本纪》亦然。宋郑樵《通志·氏族略》也记有："成汤之后，有北殷氏。"

【064】勃 [bó]：《世本·氏姓篇》（秦嘉谟辑补本）"宋"字条下记有："勃氏，宋右师之后。"可见，勃氏，出于宋，为殷商子宋公族之一宗。子宋公族勃氏参考世系：微仲衍→宋公稽→丁公申→前湣公（闵公）共→厉公鲋祀→釐公举→惠公覸→哀公（名不详）→戴公白→武公司空→穆公和→勃→子宋勃氏。（穆公和有二子：长子庄公冯、次子勃。）

【065】薄 [bó]：《世本·氏姓篇》（秦嘉谟辑补本）"宋"字条下记有："薄氏，宋大夫食邑为氏。"可见，薄氏，出于宋，为殷商子宋公族之一宗。

【066】不夷 [bù yí]：《世本·氏姓篇》（秦嘉谟辑补本）"宋"字条下记有："不夷氏，宋不夷甫须之后。"《姓纂》也云："《世本》，宋不夷甫须之后。"（岑仲勉校：《世本》云，宋襄公子墨夷须。"甫"者，尊称之辞也。《姓纂》之"不夷甫须"当为"墨夷须"之讹，"不夷"之姓氏当为"墨夷"之讹。《路史》有"不夷"，当是沿《姓纂》之讹文。）可见，不夷氏，即墨夷氏，出于宋，为殷商子宋公族之一宗。

【067】长勺 [cháng sháo]：宋郑樵《通志·氏族略》"长勺氏：《左传》，商人六族有长勺氏"。长勺氏源自堂阳氏，商王文丁（太丁），封（同）母弟于堂阳（今河北新河），其后为堂阳氏。堂阳氏之后分衍有比氏、黎氏、釐氏、莱氏、荡氏、巢氏、梅氏、条氏、徐氏、萧氏、索氏、长勺氏、尾勺氏、陶氏、施氏、繁氏、锜氏、樊氏、饥氏、终葵氏、枚伯氏等，周封卫康叔的殷民七族、封鲁君伯禽的殷民六族均源自此堂阳氏。

【068】朝 [cháo]：出于宋，为殷商子宋公族之一宗。《世本·氏姓篇》（秦嘉谟辑补本）"宋"字条下记有："朝氏，宋公族。"《左传·文公》十六年、十八年均记载，宋有公子朝，为宋司寇。朝氏即为宋公子朝之后。

【069】成 [chéng]：出于宋，为殷商子宋公族之一宗。《世本·氏姓篇》（秦嘉谟辑补本）"宋"字条下记有："成氏，宋公族。"

【070】鸱夷 [chī yí]：出于宋，为殷商子宋公族之一宗。《世本·氏姓篇》（秦嘉谟辑补本）"宋"字条下记有："鸱夷氏，子姓，宋微子之后。"宋郑樵《通志·氏族略》："鸱夷氏：《潜夫论》，子姓，宋微子之后。《说苑》'鸱夷子皮'，齐人。《风俗通》云，本范蠡也。""鸱夷"，《潜夫论》误作"鸠夷"，郑樵《通志·氏族略》引用《潜夫论》时，改正作"鸱夷"。

【071】崇 [chóng]：崇氏源于殷商崇国，为周所灭，国亡后，子孙以国为氏。崇氏是中国古老而稀少的姓氏之一。传说，成汤灭夏时，也灭了夏之属国姒姓崇国（宋郑樵认为，夏时姒姓崇国，称为鄗国），重建子姓崇国。此说认为，从成汤代夏立国起，直到帝辛（纣）失国止，崇国一直都是商的同姓侯国。至帝辛（纣）执政，崇氏兄弟二人皆封爵位，成为纣王政权的核心人物。兄崇侯虎继父之位成为北伯侯，掌控北疆地区，阻挡北方犬戎族的入侵。弟崇黑虎封爵为冀州侯。传说当时殷帝（商王）朝辖下有八百诸侯，而崇氏兄

弟二人就统领了其中的四百诸侯，可见其宠势之大。滕泊玉编的十二卷本《中国名人志》（中国档案出版社，2001 年 12 月图文第 1 版）的"崇侯虎"条就采用了此说。《中国名人志》曰："崇侯虎，商朝时人。方国有崇氏国君。为商西部同姓诸侯。相传曾于商纣王处谮周文王，商纣王遂因周文王于羑里。周文王获释后数年，攻灭崇国。"

【072】褚师 [chǔ shī]：出于宋，为殷商子宋公族之一宗。《世本·氏姓篇》（秦嘉谟辑补本）"宋"字条下记有："褚师氏，宋恭公子石，食采褚师，因而命氏。"

【073】鄐 [chù]：出于宋，为殷商子宋公族之一宗。《世本·氏姓篇》（秦嘉谟辑补本）"宋"字条下记有："鄐氏，晋邑。楚雍子奔晋，晋人与之鄐，为氏。"关于奔晋的楚雍子出于殷商子宋公族，亦可由《世本》得证。《世本·氏姓篇》（秦嘉谟辑补本）"宋"字条下还记有："雍氏，本子姓也。郑有雍纠；齐有雍廪；楚有雍子。"可见，奔晋的楚雍子，本是子姓宋公族人。

【074】荡 [dàng]：荡氏，即子荡氏，出于宋，为殷商子宋公族之一宗。《世本·氏姓篇》（秦嘉谟辑补本）"宋"字条下记有："荡氏：宋威公生子荡，因氏焉。"唐林宝《姓纂》亦云："《世本》，宋威公生子荡，因氏焉。"但宋郑樵《通志·氏族略》却记为："子荡氏：亦作荡氏。子姓，宋桓公之子公子'荡'之后也。"查宋公族世系谱，方知，有些史书上记载的宋威公，实即宋桓公。子宋公族荡氏参考世系：微仲衍→宋公稽→丁公申→前湣公（闵公）共→厉公鲋祀→釐公举→惠公覵→哀公（名不详）→戴公白→武公司空→穆公和→庄公冯→桓公御说→荡→寿→荡意诸→子宋荡氏。

【075】东乡 [dōng xiāng]：出于宋，为殷商子宋公族之一宗。《世本·氏姓篇》（秦嘉谟辑补本）"宋"字条下记有："东乡氏，宋大夫'东乡为人'之后。"《世本·氏姓篇》（茆泮林辑本）、《世本·氏姓篇》（张澍稡集补注本）也有同样的记载。宋郑樵《通志·氏族略》："东乡氏：宋大夫'东乡为人'之后，见《世本》。汉有并州护军东乡子琴，高密人，见《英贤传》。"

【076】鬭者 [dòu zhě]：唐林宝《姓纂》："《世本》云，子姓也。"岑仲勉校："鬭者为鬭者之误，又鬭者复冒北旄，应删鄐。因宋郑樵《通志·氏族略》早就指出"鬭者氏：芈姓。《英贤传》云，'鬭伯比'之孙鬭耆，仕晋，因氏焉"。故《姓纂》此谓的"鬭者氏"，实即前述殷商子姓的"北旄氏"。

【077】督 [dū]：出于宋，为殷商子宋公族之一宗。《世本·氏姓篇》（秦嘉谟辑补本）"宋"字条下记有："督氏：宋大夫华父督之后。晋有督戎。"《世本》此说，为唐林宝《姓纂》所引用："督：宋大夫（华父督）之后，以王父字为氏。汉督瓒，见《风俗通》。"宋郑樵在《通志·氏族略》中进一步补齐说："督氏：子姓。宋大夫华父督之后，晋有督戎，栾盈之臣。汉有督瓒，见《风俗通》。又九原太守督琼。隋有督君谟，善射。又《后汉书》，巴郡蛮酋有督氏，与罗、朴、鄂、度、夕、龚为七姓。望出巴郡。"子宋公族督氏参考世系：微仲衍→宋公稽→丁公申→前湣公（闵公）共→厉公鲋祀→釐公举→惠公覵→哀公（名不详）→戴公白→好父说（考父说）→华父督→子宋督氏。

【078】兑 [duì]：现代兑姓的来源有二：姬姓之兑和殷商子姓之兑。姬姓之兑源于演八卦为职者。兑在八卦代数中排列第二："乾一、兑二、离三、震四、巽五、坎六、艮七、坤八。"传说，八卦之变为周文王西伯侯姬昌被纣王囚禁在羑里不得回周时演成，后演变成一门能预测吉凶的学问。姬姓人中，以演八卦为职者，有兑氏，此为姬姓之兑。殷商子姓之兑，其得氏与八卦一点关系也没有。"兑"就是古代兵器"戈"。相传"兑"的发明人是微子启，以前的长兵器无戈，后微子启创戈亦缚，成为当时非常先进的长距离攻击型兵器。制造"兑"的能工巧匠，称作"兑工"，制"兑"之技为部分殷商族匠人所垄断。此即典籍《尚书》中所记载的："兑之戈、和之弓、垂之竹矢，在东房。"周灭殷后，周武王从殷商族引进批量"兑工"，并予以重用，制造了大批兵器，迅速提高周军的战斗力。后来"兑工"，形成了殷商族匠人的一种职业，其子孙以技为氏，称兑氏。

【079】酊 [ér]：出于宋，为殷商子宋公族之一宗。《世本·氏姓篇》（秦嘉谟辑补本）"宋"字条下记有："酊氏，宋有大夫酊班，食采酊门，故以为氏。"

【080】甫爽 [fǔ shuǎng]：出于宋，为殷商子宋公族之一宗。《世本·氏姓篇》（秦嘉谟辑补本）"宋"字条下记有："甫爽氏：宋（有）大夫甫爽文叔（之后）。"

【081】幹献 [gàn xiàn]：出于宋，为殷商子宋公族之一宗。《世本·氏姓篇》（秦嘉谟辑补本）"宋"字条下记有："幹献氏：宋司徒华定后为幹献氏。"宋郑樵《通志·氏族略》也记有："幹献氏：《世本》，宋司徒华定为幹献氏。"子宋公族幹献氏参考世系：微仲衍→宋公稽→丁公申→前湣公（闵公）共→厉公鲋祀→釐公举→惠公覵→哀公（名不详）→戴公白→好父说（考父说）→华父督→华家→御事→华元→华阅→华定→华启→子宋幹献氏。

【082】公朱 [gōng zhū]：出于宋，为殷商子宋公族之一宗。《世本·氏姓篇》（秦嘉谟辑补本）"宋"字条下记有："公朱氏：楚大夫公朱高，出宋公子朱（之后）。"

【083】郝[hǎo]：出于殷，为殷商九大氏族之首的殷氏族之一宗。《世本·氏姓篇》（秦嘉谟辑补本）"殷"字条下记有："郝氏：殷帝乙时，有子期封太原郝乡，后因氏焉。"唐林宝《姓纂》也记有："郝：出于郝省氏（按：据《通志》'郝省氏'为'赫胥氏'之讹），太昊氏之佐也。帝乙时，子期封太原郝乡，因氏焉。汉上谷太守郝瓥。后汉郝兰。"宋郑樵《通志·氏族略》也记有："郝氏：出于赫胥氏，太昊氏之佐也。殷帝乙时，有子期，封太原郝乡，因氏焉。汉上谷太守郝贤。后汉有郝兰。宋朝郝太冲，雍西二年及第。郝居中，景德元年登第。"

【084】合 [hé]：出于宋，为殷商子宋公族之一宗。《世本·氏姓篇》（秦嘉谟辑补本）"宋"字条下记有："合氏：宋大夫合左师之后。"唐林宝《姓纂》记载："合：《左传》，宋大夫合左师之后，向戌也。"宋郑樵《通志·氏族略》记载"合氏：子姓。宋向戌食采于合，为宋左师，故谓之合左师，望出冯翊"。子宋公族合氏参考世系：微仲衍→宋公稽→丁公申→前湣公（闵公）共→厉公鲋祀→釐公举→惠公覵→哀公（名不详）→戴公白→武公司空→穆公和→庄公冯→桓公御说→胖（一作眂，字向父）→訾守→向戌→子宋合氏。

【085】桓 [huán]：姓源有二：一是出自姜姓，系齐桓公之后。春秋时齐襄公胞弟公子小白曾出奔莒国。齐公被杀后，小白回到齐国继承君位，任用管仲进行改革，成为春秋五霸之首。他死后，谥号为桓，史称齐桓公。他的庶子称桓氏。二是出于子姓之宋公族，为殷商子宋公族之一宗。宋桓公有个儿子叫公子肸（肸古同肹），字向父，向父的后人称向氏，是宋国执政公卿之一。向氏子孙众多，又分出一些姓氏，向戌有曾孙名字叫向魋，宋桓公时任司马。向魋以宋桓公的谥为氏，称为桓氏，号桓司马。又，宋桓公的孙子鳞矔是宋国的司徒，号桓子，其后人因此以桓为氏。子宋公族桓氏参考世系之一：微仲衍→宋公稽→丁公申→前潜公（闵公）共→厉公鲋祀→釐公举→惠公覸→哀公（名不详）→戴公白→武公司空→穆公和→庄公冯→桓公御说→鳞→鳞矔（号桓子）子宋桓氏。子宋公族桓氏参考世系之二：微仲衍→宋公稽→丁公申→前潜公（闵公）共→厉公鲋祀→釐公举→惠公覸→哀公（名不详）→戴公白→武公司空→穆公和→庄公冯→桓公御说→肸（一作盼，字向父）→訾守→向戌→……→向魋→子宋桓氏（以宋桓公的谥号为氏）。

【086】皇甫 [huángfǔ]：出于宋，为殷商子宋公族之一宗。《世本·氏姓篇》（秦嘉谟辑补本）"宋"字条下记有："皇甫氏：宋戴公子充石字皇甫，子孙以王父字为氏。"唐林宝《姓纂》记载："皇甫：子姓，宋戴公之子充石字皇父。子孙以王父字为氏。汉兴，改'父'为'甫'。后汉安定都卫皇甫攜生稜，始居安定。稜子彪，有八子，号'八祖皇甫氏'，为著姓。"宋郑樵《通志·氏族略》记载："皇甫氏：子姓，宋戴公之子'充石'，字皇父，其后以王父字为氏。汉兴，改'父'为'甫'。后汉安定都卫皇甫攜，生稜，始居安定。稜子彪，有八子，号'八祖'。皇甫氏为著姓。"子宋公族皇甫氏参考世系：微仲衍→宋公稽→丁公申→前潜公（闵公）共→厉公鲋祀→釐公举→惠公覸→哀公（名不详）→戴公白→充石→来→南雍陲→……→皇麇、皇缓→子宋皇甫氏。

【087】虺 [huǐ]：出于宋，为殷商子宋公族之一宗。《世本·氏姓篇》（秦嘉谟辑补本）"宋"字条下记有："虺氏：宋公族。"《左传·文公》有"华耦卒，而使荡虺为司马"之记载，虺氏，即宋公族荡虺之后也。子宋公族虺氏参考世系：微仲衍→宋公稽→丁公申→前潜公（闵公）共→厉公鲋祀→釐公举→惠公覸→哀公（名不详）→戴公白→武公司空→穆公和→庄公冯→桓公御说→荡→寿→荡虺→荡泽→子宋虺氏。

【088】获 [huò]：出于宋，为殷商子宋公族之一宗。《世本·氏姓篇》（秦嘉谟辑补本）"宋"字条下记有："獲氏：宋大夫猛獲之后。"唐林宝《姓纂》记载："《风俗通》云，宋大夫猛获之后，子孙以王父字为氏。"（笔者按："猛獲"，《广韵》及《姓解》作"尹获"。由此可知，"獲"简作"获"，或是同一字的两种写法，古已有之。）

【089】饥 [jī]：出于殷十族，源自堂阳氏，殷帝文丁（太丁）封（同）弟于堂阳（今河北新河），其后为堂阳氏。堂阳氏之后分衍有比氏、黎氏、辝氏、莱氏、荡氏、巢氏、梅氏、条氏、徐氏、萧氏、索氏、长勺氏、尾勺氏、陶氏、施氏、繁氏、锜氏、樊氏、饥氏、终葵氏、枚伯氏等。周公平定三监之乱后，饥氏成为封卫康叔的殷民七族之一。唐林宝《姓纂》记载："饥：《左传》，殷人七族有饥氏。"宋郑樵《通志·氏族略》也记载："饥氏：商人之七族也。"

【090】箕 [jī]：出于殷王族，箕子之后。箕子封有箕国。周武王封箕子入朝鲜后，其地后来归晋，箕国等于灭亡，子孙以国为氏。《世本·氏姓篇》（秦嘉谟辑补本）"殷"字条下记有："箕氏：殷有箕子。箕，国名，后为氏。"唐林宝《姓纂》记载（温补）："箕：箕子，殷畿内同姓诸侯也。《左传》，晋大夫箕郑、箕遗。汉有西华令箕堪。"宋郑樵《通志·氏族略》记载："箕氏：子姓。箕子之国，商畿内诸侯。杜预云，太原阳邑县南有箕阳邑。隋改为太谷，今隶太原。武王克商，改封箕子于朝鲜，其地后为晋邑。汉有西华令箕堪，藏荼相箕肆（藏荼相原作'荼'，据元本、大德本、殿本改。）"

【091】几 [jǐ]：出于宋，为殷商子宋公族之一宗。《世本·氏姓篇》（秦嘉谟辑补本）"宋"字条下记有："几氏：宋大夫仲几之后，以王父字为氏。"唐林宝《姓纂》记载："几：《风俗通》，宋大夫'仲几'之后，以王父字为氏。"宋郑樵《通志·氏族略》记载："几氏：《风俗通》，宋大夫仲几之后，以王父字为氏。"（郑樵按：几氏子姓，仲几字子然，此以名为氏者。）子宋公族几氏参考世系：微仲衍→宋公稽→丁公申→前湣公（闵公）共→厉公鲋祀→釐公举→惠公覵→哀公（名不详）→戴公白→武公司空→穆公和→庄公冯→成→师→仲江→仲几（字子然）→子宋几氏。

【092】既 [jì]：出于宋，为殷商子宋公族之一宗。《世本·氏姓篇》（秦嘉谟辑补本）"宋"字条下记有："既氏：宋公族。"（**笔者按：**《潜夫论》云："春秋时宋国始封君微子启之后有既氏。"）

【093】季老 [jì lǎo]：出于宋，为殷商子宋公族之一宗。《世本·氏姓篇》（秦嘉谟辑补本）"宋"字条下记有："季老氏：宋华氏有华季老。子孙氏焉。"宋郑樵《通志·氏族略》记载："季老氏：子姓，宋'华氏'有'华季老'，子孙氏焉，见《世本》。"子宋公族季老氏参考世系：微仲衍→宋公稽→丁公申→前湣公（闵公）共→厉公鲋祀→釐公举→惠公覵→哀公（名不详）→戴公白→好父说（考父说）→华父督→华家→华季老→郑→华喜→子宋季老氏。

【094】甲 [jiǎ]：出于殷，为殷商九大氏族之首的殷氏族之一宗。《世本·氏姓篇》（秦嘉谟辑补本）"殷"字条下记有："甲氏：太甲子沃丁之后。"唐林宝《姓纂》记载："甲：《风俗通》，太甲之后。一云，郑大夫石甲父之后，以王父字为氏。"（岑仲勉校："'太甲之后'《辩证》四〇引作：'出自商王太甲之后。'"）宋郑樵《通志·氏族略》记载："甲氏：子姓。《风俗通》，太甲之后。一云，郑大夫石甲父之后。"

【095】贾 [jiǎ] 古读 [gǔ]：汉族贾姓有两个来源，一是源自姬姓，二是源自殷商子姓，其中姬姓之贾是主流。周初，周康王封唐叔虞少子公明于贾。公元前678年，晋武公灭贾国。子孙以国为氏，是为姬姓之贾。殷商子姓贾氏，有两支。一支出于宋，为殷商子宋公族之一宗。《世本·氏姓篇》（秦嘉谟辑补本）"宋"字条下记有："贾氏：宋公族。"一支源于殷末的古贾国，殷商时代，今山西省贾乡一带有子姓贾国，为周所灭。后人以国为姓。据袁义达等《中国姓氏·三百大姓》统计，贾姓按人口计位列当代第六十九，占全国人口的0.29%，总人口大约有370万。

【096】经 [jīng]：经氏是一个多源流的姓氏。殷商子姓经氏出于宋，为殷商子姓氏族之一京。《世本·氏姓篇》（秦嘉谟辑补本）"宋"字条下记有："经氏：宋公族。"

【097】京相 [jīng xiāng]／空相 [kōng xiāng]：唐林宝《姓纂》引《史记》记载殷商后裔有姓"京相"者，头误。殷商后裔实际只有姓"空相"的，无姓"京相"者。这一点在宋郑樵《通志·氏族略》中已经得到纠正。《通志·氏族略》既列有"京相氏"，又列有"空相氏"，只有"空相氏"才是《史记》记载的殷后姓氏之一。

【098】空同／空桐 [kōngtóng]："空同氏"在《史记·殷本纪》中作"空桐氏"。实由"崆峒山"之山名"崆峒"去山简化而来。空同是各种版本《世本》记载的殷商九大氏族"殷、时、来、宋、空同、黎、北髦（比髦）、目夷、萧"之一，得氏应不晚于殷代中期，甚至可能更早。空同氏的得氏与殷商子姓后人被封于崆峒山有关。"崆峒"既是封国名，又是山名，既是以国号为氏，又是以山名为氏。《世本·氏姓篇》（秦嘉谟辑补本）"空同"字条下记有："空同氏：子姓。盖因空同山也。分封以国为氏。"这在《史记·殷本纪》中有明确记载："契为子姓，其后分封。以国为姓。有殷氏、来氏、宋氏、空桐氏、稚氏、北殷氏、目夷氏。"宋郑樵《通志·氏族略》："空同氏：《世本》云，子姓。盖因空同山也。"但空同氏自得氏以来，繁衍不旺，直到殷末，仍是一个氏族，未见有分支。值得指出的是，目前以"空"起头的复姓氏，有简言成单姓"空"的趋势，如空相氏、空同氏、空桑氏等。如此简化以后，单姓"空"将会变成一个有复杂来源的姓氏。

【099】孔父 [kǒngfù]：孔父氏：出于宋，亦为孔氏。武庚复国失败后，周公封微子于宋，让微子启代替武庚传续殷商香火，沿用古国号宋。微子卒，由其弟仲衍继位。仲衍卒，子宋公稽继位。宋公稽卒，子丁公申继位。丁公申卒，子湣公共（湣公亦作愍公、闵公）继位。湣公共卒，弟炀公熙继位。湣公共的小儿子鲋祀弑炀公而自立，是为厉公。湣公共的大儿子弗父何有贤德，未与弟厉公鲋祀争公爵位。弗父何生宋父周。宋父周生世父胜。世父胜生正考父。正考父历任戴公、武公、宣公三朝大臣。正考父生孔父嘉（名嘉，字孔父），在宋国任大司马。太宰华督看到孔父妻貌美，设计杀孔父，夺其妻，殇公怒，亦被杀。华督迎穆公子冯于郑而立之，是为庄公。当时，孔父的儿子木金父年纪尚小，由家人抱着逃到鲁国。木金父长大以后（或是其后世）以孔父嘉的字"孔父"为氏，称为孔父氏，又为孔氏。定居鲁国。木金父生睪夷父。睪夷父生防叔，仕鲁，为大夫。防叔生相夏（《史记·孔子世家》作伯夏），相夏生叔梁纥。叔梁纥与颜氏女合，而生孔子，名丘，字仲尼。唐林宝《姓纂》亦记载："孔父：微子之后。宋大司马孔父嘉，亦为孔氏。"

【100】来 [lái]：来氏是各种版本《世本》辑本记载的殷商九大氏族"殷、时、来、宋、空同、黎、北髦（比髦）、目夷、萧"之一，得氏应不晚于殷代中期，甚至可能更早。《世本·氏姓篇》（秦嘉谟辑补本）"来"字条下记有："来氏：分封以国为氏。其先殷之别族，食采于'郲'。子孙去'邑'为来氏。"这在《史记·殷本纪》中有明确记载："契为子姓，其后分封。以国为姓。有殷氏、来氏、宋氏、空桐氏、稚氏、北殷氏、目夷氏。"但来氏自得氏以来，繁衍不旺，直到殷末，仍是一个氏族，未见有分支。

殷代史

【附录一】殷商后裔姓氏录

【101】 老 [lǎo]：出于宋，为殷商子宋公族之一宗。《世本·氏姓篇》（秦嘉谟辑补本）"宋"字条下记有："老氏：宋戴公五世孙有老佐。"另，唐林宝《姓纂》记有："老：《风俗通》云，颛顼子老童之后。《左传》，宋有老佐。《论语》老彭，即彭祖也。或云，老氏，老冉、老莱子之后。"子宋公族老氏参考世系：微仲衍→宋公稽→丁公申→前湣公（闵公）共→厉公鲋祀→釐公举→惠公覸→哀公（名不详）→戴公白→老→老成方→……→老佐→子宋老氏。

【102】 老成 [lǎo chéng]：出于宋，为殷商子宋公族之一宗。《世本·氏姓篇》（秦嘉谟辑补本）"宋"字条下记有："老成氏：宋有大夫老成方。"唐林宝《姓纂》记载："老成氏：老成子，贤人。裔孙老成方，仕宋为大夫，著书十篇，言黄老之道。"

【103】 鳞 [lín]：出于宋，为殷商子宋公族之一宗。《世本·氏姓篇》（秦嘉谟辑补本）"宋"字条下记有："鳞氏：宋桓公子鳞之后。"子宋公族鳞氏参考世系：微仲衍→宋公稽→丁公申→前湣公（闵公）共→厉公鲋祀→釐公举→惠公覸→哀公（名不详）→戴公白→武公司空→穆公和→庄公冯→桓公御说→鳞→矔→文→奏→鳞朱→子宋鳞氏。

【104】 灵 [líng]：出于宋，为殷商子宋公族之一宗。《世本·氏姓篇》（秦嘉谟辑补本）"宋"字条下记有："灵氏：宋文公子子灵围龟之后。"宋郑樵《通志·氏族略》记载："灵氏：子姓，宋大夫'子灵'之后也。文公之子公子'围龟'，字'子灵'，以字为氏。或曰齐灵公之后，以字为氏者。《左传》有灵辄。"子宋公族灵氏参考世系：微仲衍→宋公稽→丁公申→前湣公（闵公）共→厉公鲋祀→釐公举→惠公覸→哀公（名不详）→戴公白→武公司空→穆公和→庄公冯→桓公御说→襄公兹甫→成公王臣→文公鲍革→围龟→子宋灵氏。

【105】 禄 [lù]：出于殷，为《世本》记载的殷商九大氏族之首的殷氏族之一宗。《世本·氏姓篇》（秦嘉谟辑补本）"殷"字条下记有："禄氏：殷纣子武庚禄父后，以王父字为氏。"唐林宝《姓纂》记载："禄……《风俗通》云，殷纣子武庚字禄父后，以王父字为氏。今泾阳有此姓。又吐番酋长有禄东赞。"宋郑樵《通志·氏族略》记载："禄氏：子姓。《风俗通》云，纣子武庚字禄父，其后以字为氏。'泾阳'有此禄姓，亦出'扶风'。又吐蕃酋长有禄东赞。"

【106】 髦 [máo]：出于殷商子姓，为《世本》记载的殷商九大氏族之一"北髦"（亦作北旄、比髦）族的一个分支。《世本·氏姓篇》（秦嘉谟辑补本）"北旄"条下记有："髦氏：分封以国为氏。"

【107】 墨 [mò]：殷商子姓孤竹国国君之后，本墨台氏，后省言为墨氏。子姓孤竹族得氏"墨台"于成汤放桀之前的夏代。孤竹人原为子姓商先族旁支墨台氏（一说"墨胎氏"）氏族，商部落迁回南下中原时，逐渐与商部落联盟分离，开始独立生存。后辗转于燕山腹地游牧，发展到农牧并举阶段，后定居于今辽宁省朝阳地区，成汤代夏后，于四月丙寅日封孤竹君为殷之诸侯国，时为癸亥年丁巳月丙寅日（查许剑伟《寿星天文历》，时为黄帝纪元 1081 年四月初六，或公元前 1618 年 5 月 25 日）。因此孤竹国虽是殷代北方的一个小国，但却很古老。殷亡，孤竹国成为周之诸侯国。公元前 664 年（周惠王十三年）千年古国孤竹

国为齐桓公所灭。现代的考古发现，也证实了孤竹国为历史上的真实存在。孤竹国亡，子孙以其氏族号"墨台"为民，后省言为墨氏。又，据宋郑樵《通志·氏族略》记载："墨台氏：子姓，宋成公子墨台之后。"即是说，子姓墨氏中，除了孤竹国君之后外，也有了宋公族宋成公子墨台之后裔。唐林宝《姓纂》记载："墨：孤竹君之后，本墨台氏，后改为墨氏。望出梁郡。战国时宋人墨翟著书，号《墨子》。"宋郑樵《通志·氏族略》记载；"墨氏：《姓纂》云，孤竹君之后，本墨台氏，后改为墨氏。望出梁郡。战国时宋人墨翟，著书号《墨子》。"

【108】墨台 [mò tái]：同前条"墨氏"，殷商子姓孤竹国国君之后，"墨台氏"为孤竹国子姓殷商族氏族号的本名，"墨氏"为其省称。又，墨台氏，子姓，宋成公子墨台之后。宋成公子墨台，山东《微山殷氏族谱》中，作"墨眙"。此支后人也有省称为"墨氏"的。宋郑樵《通志·氏族略》记载："墨台氏：子姓，宋成公子墨台之后。《汉书》有'墨台悟'。"

【109】墨眙 [mò yí]：山东《微山殷氏族谱》中的"墨眙"氏，即宋郑樵《通志·氏族略》中记载的"墨台氏"，子姓，宋成公子墨台之后。参见上一条所列的"墨台 [Mòtái]"姓。

【110】墨夷 [mò yí]：出于殷商子姓，为《世本》记载的殷商九大氏族之一"目夷"族的一个分支。《世本·氏姓篇》（秦嘉谟辑补本）"目夷"条下记有："墨夷氏：宋襄公子墨夷须为大司马。后有湛夷皋。"一说，墨夷氏，即目夷氏。子宋公族墨夷氏参考世系之一：微仲衍→宋公稽→丁公申→前潜公（闵公）共→厉公鲋祀→釐公举→惠公覸→哀公（名不详）→戴公白→武公司空→穆公和→庄公冯→桓公御说→目夷子鱼→友→子宋墨夷氏。子宋公族墨夷氏参考世系之二：微仲衍→宋公稽→丁公申→前潜公（闵公）共→厉公鲋祀→釐公举→惠公覸→哀公（名不详）→戴公白→武公司空→穆公和→庄公冯→桓公御说→襄公兹甫→墨夷须→……→湛夷皋→子宋墨夷氏。

【111】目夷 [mù yí]：出于子宋公族，宋公子目夷字子鱼之后。是《世本》记载的殷商九大氏族之一"目夷"族的一个分支。《世本·氏姓篇》（秦嘉谟辑补本）"目夷"条下记有："目夷氏：分封以国为氏。"宋郑樵《通志·氏族略》记载："目夷氏：子姓，宋公子目夷之后也。目夷字'子鱼'，又有鱼氏、鱼孙氏，皆所以别族。"子宋公族目夷氏参考世系：微仲衍→宋公稽→丁公申→前潜公（闵公）共→厉公鲋祀→釐公举→惠公覸→哀公（名不详）→戴公白→武公司空→穆公和→庄公冯→桓公御说→目夷子鱼→友→子宋目夷氏。

【112】目 [mù]：目氏即目夷氏之省称，据山东微山殷氏族谱记载，宋公子目夷字子鱼之后，姓"目夷"，也有省称为单姓"目"的。参看前条"目夷"。

【113】木门 [mùmén]：出于宋公族，为殷商子宋公族之一宗。《世本·氏姓篇》（秦嘉谟辑补本）"宋"字条下记有："木门氏：宋诸公子食采于木门者，后遂为氏。"宋郑樵《通志·氏族略》记载："木门氏：宋公子食采木门，因氏焉。《说苑》，卫大夫有木门子高。"

513

【114】南宫 [nán gōng]：出于宋公族，为殷商子宋公族之一宗。《世本·氏姓篇》（秦嘉谟辑补本）"宋"字条下记有："南宫氏：宋有南宫长万，其子南宫牛（**笔者按**：这里的"有子南宫牛"与《史记·宋微子世家》的记载不同，在《史记·宋微子世家》中，南宫牛是南宫长万之弟）。"唐林宝《姓纂》记载："南宫：文王四友南宫适（适）之后。周有南宫极、南宫嚚。宋有南宫牛、南宫长万。鲁孟献子生阅，号南宫敬叔。叔生路。路生会，会生虔，为南宫氏，见《世本》。仲尼弟子，南宫绍。字子容，鲁国人。"《世本·氏姓篇》（茆泮林辑本）记载："南宫氏：孟僖子孙阅，号南宫敬叔。叔生路，路生会，会生虔。为南宫氏。"

【115】泥 [ní]：出于宋公族，为殷商子宋公族之一宗。《世本·氏姓篇》（秦嘉谟辑补本）宋"字条下记有："泥氏：宋大夫卑泥之后。"宋郑樵《通志·氏族略》也记载："泥氏：《世本》云，宋大夫卑泥之后。"

【116】耦 [ǒu]：出于宋公族，为殷商子宋公族之一宗。《世本·氏姓篇》（秦嘉谟辑补本）"宋"字条下记有："耦氏：宋卿华耦之后。"唐林宝《姓纂》记载："耦：《风俗通》，宋卿华耦之后。汉有侍中耦嘉。【广平】《姓苑》云，广平有耦氏。"宋郑樵《通志·氏族略》记载："耦氏：子姓。《风俗通》云，宋卿华耦之后。汉有侍中耦嘉。又《姓苑》云，今广平有耦氏。"子宋公族耦氏参考世系：微仲衍→宋公稽→丁公申→前湣公（闵公）共→厉公鲋祀→釐公举→惠公覵→哀公（名不详）→戴公白→好父说（考父说）→华父督→华家→御事→华耦→华弱→子宋耦氏。

【117】繁 [pó]：出于殷王族，源自堂阳氏，商王文丁（太丁），封（同）母弟于堂阳（今河北新河），其后为堂阳氏。堂阳氏之后分衍有比氏、黎氏、辇氏、莱氏、荡氏、巢氏、梅氏、条氏、徐氏、萧氏、索氏、长勺氏、尾勺氏、陶氏、施氏、繁氏、锜氏、樊氏、饥氏、终葵氏、枚伯氏等。周公平定三监之乱后，封卫康叔的殷民七族、封鲁君伯禽的殷民六族均源自堂阳氏。繁氏即是封卫康叔的殷民七族之一。宋郑樵《通志·氏族略》记载："繁氏：音婆。《左传》，商人七族有繁氏。汉有御史大夫繁延寿。望出颍川、上党。"

【118】锜 [qí]：出于殷王族，源自堂阳氏，商王文丁（太丁），封（同）母弟于堂阳（今河北新河），其后为堂阳氏。堂阳氏之后分衍有比氏、黎氏、辇氏、莱氏、荡氏、巢氏、梅氏、条氏、徐氏、萧氏、索氏、长勺氏、尾勺氏、陶氏、施氏、繁氏、锜氏、樊氏、饥氏、终葵氏、枚伯氏等。周公平定三监之乱后，封卫康叔的殷民七族、封鲁君伯禽的殷民六族均源自堂阳氏。锜氏即是封卫康叔的殷民七族之一。宋郑樵《通志·氏族略》记载："锜氏：商人之七族。《汉书》洛阳锜华，后有荆州刺史锜嵩。"

【119】权 [quán]：出于殷，为《世本》记载的殷商九大氏族之首的殷氏族之一宗。《世本·氏姓篇》（秦嘉谟辑补本）"殷"字条下记有："权氏：出自殷帝武丁。武丁之子，降封于权。周衰入楚为权氏。"据韩愈《权德舆墓碑序》，唐宰相权德舆（759—818），字载之，就出于子姓权氏的这一支："权系江汉间封国，楚灭，权德舆先祖徙秦而居天水略阳。"

【120】戎 [róng]：出于宋公族，为殷商子宋公族之一宗。《世本·氏姓篇》（秦嘉谟辑补本）"宋"字条下记有："戎氏：宋公族。"宋郑樵《通志·氏族略》记载："戎氏：隐公会戎于潜之戎也。杜预云，陈留济阳县东南有

戎城。汉功臣有柳邱侯戎赐。宣帝捷好戎氏，生中山哀王。望出江陵、扶风。"从郑樵以国为氏的篇目来看，他是将"戎氏"放在"夷狄之国"的目录中的，因此郑樵《通志·氏族略》中的"夷狄戎氏"，与《《世本·氏姓篇》（秦嘉谟辑补本）记载的"子姓戎氏"应是两个不同的来源。

【121】三伉 [sān kàng]：出于宋公族，为殷商子宋公族之一宗。《世本·氏姓篇》（秦嘉谟辑补本）"宋"字条下记有："三伉氏：宋微子之后。宋大夫三伉之肯。"唐林宝《姓纂》记载："二伉：宋，子姓，微子之后（参见《潜夫论》）。又《风俗通》云，卫邑也。晋公子重耳封'舅犯'于三伉，支孙氏焉。汉有少府三伉充宗。代郡有阳县有三伉氏。"

【122】事父 [shì fù]：出于宋公族，为殷商子宋公族之一宗。《世本·氏姓篇》（秦嘉谟辑补本）"宋"字条下记有："事父氏：宋有事父氏，子姓也。"唐林宝《姓纂》记载："事父：宋事父氏，子姓也。"宋郑樵《通志·氏族略》也记载："事父氏：子姓，宋人。"

【123】司城 [sī chéng]：出于宋公族。宋戴公白卒，子司空继公位，是为武公。因武公名"司空"与官职名"司空"同，因此，为避武公名讳，宋国后世的官职名"司空"一律改为"司城"。宋公族，乐喜（子罕）任宋司城，其后以官职为氏，称"司城氏"。唐林宝《姓纂》记载："司城：《世本》云，宋戴公生东乡克，裔孙乐喜为司城氏。"宋郑樵《通志·氏族略》记载："司城氏。宋以武公名司空，故改为司城，公子荡为司城。其后曰荡氏，世为司城，因氏焉。又陈亦有司城氏，哀公之子公子胜为之也。"子宋公族司城氏参考世系：微仲衍→宋公稽→丁公申→前湣公（闵公）共→厉公鲋祀→釐公举→惠公覵→哀公（名不详）→戴公白→乐父衎→绎→倾→克→曹→乐喜→子宋司城氏。

【124】司马 [sī mǎ]：据唐林宝《姓纂》记载："司马，重黎之后。唐、虞、夏、商代掌天地。周宣王时，裔孙程伯休父为司马，克平徐方，锡以官族。在赵者曰凯，以传剑知名；剻聩，其后也。在秦者司马错，（错）孙靳。（靳）孙昌。（昌）生无怿。无怿生喜。喜生谈，太史公；（谈）生迁，汉中书令。"宋郑樵《通志·氏族略》也有相似记载。此为司马氏主支。还有一支殷商子姓司马氏，出于宋公族，为殷商子宋公族之一宗。《世本·氏姓篇》（秦嘉谟辑补本）"宋"字条下记有："司马氏：司马牛是向魋之弟。以魋为宋司马，故牛遂以司马为氏。"子宋公族司马氏参考世系：微仲衍→宋公稽→丁公申→前湣公（闵公）共→厉公鲋祀→釐公举→惠公覵→哀公（名不详）→戴公白→武公司空→穆公和→庄公冯→桓公御说→肸（一作肹，字向父）→訾守→向戍→……→司马牛（向魋之弟）→子宋司马氏。

【125】司徒 [sī tú]：殷商子姓司徒氏出于宋公族。宋边邛之后，有司徒氏。唐林宝《姓纂》记载："《帝王世纪》曰，舜为尧司徒，支孙氏焉。卫文公生公子其许，之后为司徒氏。宋边邛为其司徒，支孙氏焉。陈成公子亦司徒氏。汉有安平相司徒肃，中谒者司徒发。"宋郑樵《通志·氏族略》记载："《帝王世纪》口，舜为尧司徒，支孙氏焉。卫有司徒瞒成，宋有司徒边卬，陈有司徒公子招，其后皆为司徒氏。汉有安平相司徒肃，中谒者司徒发。宋元祐登科有司徒公绰，恩州人。"子宋公族司徒氏参考世系：微仲衍→宋公稽→丁公申→前湣公（闵公）共→厉公鲋祀→釐公举→惠公覵→哀公（名不详）

殷代史

【附录一】殷商后裔姓氏录

→戴公白→武公司空→穆公和→庄公冯→桓公御说→襄公兹甫→成公王臣→文公鲍革→共公瑕→平公成→御戎→……边邛（边卬，为司徒）→子宋司徒氏。

【126】巳氏 [sì shì]：　"巳氏"为复姓，出于宋公族，为殷商子宋公族之一宗。《世本·氏姓篇》（秦嘉谟辑补本）"宋"字条下记有："巳氏：宋公族。"唐林宝《姓纂》记载："巳氏：宋大夫司马'巳氏'之后。"

【127】所 [suǒ]：　出于宋公族，为殷商子宋公族之一宗。《世本·氏姓篇》（秦嘉谟辑补本）"宋"字条下记有："所氏：宋大夫华所事之后。"唐林宝《姓纂》记载："所：《风俗通》，宋大夫'华所事'之后。汉有谏议大夫所忠，武帝时人。"宋郑樵《通志·氏族略》记载："所氏：所者伐木声，本虞衡主伐木之官，闻声以为氏。《风俗通》，宋大夫，所华之后也。汉有谏议大夫所忠，武帝时人。望出平原。后汉有平原所辅。"

【128】索 [Suǒ]：　唐林宝《姓纂》记载："索：殷人七族索氏之后。"宋郑樵《通志·氏族略》记载："索氏：桑国切。商人七族索氏之后。唐索元礼。宋索湘、索周臣、索述，并登科目。望出燉煌汝南。"索氏源自堂阳氏，商王文丁（太丁），封（同）母弟于堂阳（今河北新河），其后为堂阳氏。堂阳氏之后分衍有比氏、黎氏、釐氏、莱氏、荡氏、巢氏、梅氏、条氏、徐氏、萧氏、索氏、长勺氏、尾勺氏、陶氏、施氏、繁氏、锜氏、樊氏、饥氏、终葵氏、枚伯氏等，周封卫康叔的殷民七族、封鲁君伯禽的殷民六族均源自堂阳氏。

【129】台 [tái] / [yí]：　台氏的"台"字有两种不同的读音，代表两种不同的来源。一读作[tái]，繁体作"臺"。唐林宝《姓纂》（温补）记载："臺：臺骀之后。"臺骀，传说为金天氏裔孙。一读作 [yí]，写作"台"，亦可写作怡，无对应繁体字。这支台氏为殷商后裔，本墨台氏（默夷氏），殷商子姓同姓国孤竹国国君之后。宋郑樵《通志·氏族略》记载："台氏：亦作'怡'。本墨台氏，避事改焉。后魏辽西郡守'宽'，玄孙'峰'，后周乐陵公。'峰'子'昂'，长少公。'昂'弟'光'，安平侯。"宋邓名世《古今姓氏书辨证》卷四十记载："墨台，亦作'默夷'。孤竹君之后也。"

【130】堂阳 [táng yáng]：　殷后，商王文丁（太丁），封（同）母弟于堂阳（今河北新河），其后为堂阳氏。堂阳氏之后分衍有比氏、黎氏、釐氏、莱氏、荡氏、巢氏、梅氏、条氏、徐氏、萧氏、索氏、长勺氏、尾勺氏、陶氏、施氏、繁氏、锜氏、樊氏、饥氏、终葵氏、枚伯氏等，周封卫康叔的殷民七族、封鲁君伯禽的殷民六族均源自堂阳氏。《世本·氏姓篇》（秦嘉谟辑补本）"殷"字条下记有："堂阳氏：太丁封（同）母弟堂阳为堂阳氏。在堂水之阳。"

【131】条 [tiáo]：　宋郑樵《通志·氏族略》记载："条氏：《左传》商人七族有条氏。'冉闵'司空条攸。《姓苑》云，安定人。《姓纂》云今'冤句'有此姓。冤句，曹州也。"条氏源自堂阳氏，商王文丁（太丁），封（同）母弟于堂阳（今河北新河），其后为堂阳氏。堂阳氏之后分衍有比氏、黎氏、釐氏、莱氏、荡氏、巢氏、梅氏、条氏、徐氏、萧氏、索氏、长勺氏、尾勺氏、陶氏、施氏、繁氏、锜氏、樊氏、饥氏、终葵氏、枚伯氏等，周封卫康叔的殷民七族、封鲁君伯禽的殷民六族均源自堂阳氏。

【132】桐门 [tóng mén]：　出于宋公族，为殷商子宋公族之一宗。《世本·氏姓篇》（秦嘉谟辑补本）"宋"字条下记有："桐门氏：宋乐大心为右师，居桐门，后为氏。"唐林宝《姓纂》记载："桐门：宋人氏。"宋郑樵《通志·氏族略》记载："桐门氏：子姓，《左传》，宋乐大心为右师，食采桐门，因氏焉。"

【133】王夫 [wáng fū]：　出于宋公族，为殷商子宋公族之一宗。《世本·氏姓篇》（秦嘉谟辑补本）"宋"字条下记有："王夫氏：宋公族。"

【134】罔 [wǎng]：　出于宋公族，为殷商子宋公族之一宗。《世本·氏姓篇》（秦嘉谟辑补本）"宋"字条下记有："罔氏：宋公族。"

【135】微 [wēi]：　出于宋公族，为殷商子宋公族之一宗。《世本·氏姓篇》（秦嘉谟辑补本）"宋"字条下记有："微氏：殷有微子、微仲。微，国名为氏。鲁有微虎。"宋郑樵《通志·氏族略》记载："微氏：子姓，宋微仲之后。《左传》，鲁大夫微彪。"

【136】围龟 [wéiguī]：　出于宋公族，为殷商子宋公族之一宗。《世本·氏姓篇》（秦嘉谟辑补本）"宋"字条下记有："围龟氏：宋公子围龟之后。"

【137】尾 [wěi]：　出于宋公族，为殷商子宋公族之一宗。《世本·氏姓篇》（秦嘉谟辑补本）"宋"字条下记有："尾氏：宋公族。"唐林宝《姓纂》记载："曾'尾生'，或云，即'微生高'也。"（按：由《通志·氏族略》知"曾'尾生'"为鲁'尾生'之误"。《论语》微生高，《战国策》作尾生高。）宋郑樵《通志·氏族略》记载："鲁有尾生，或云即'微生高'。"

【138】尾勺 [wěisháo]：　宋郑樵《通志·氏族略》记载："尾勺氏：《左传》殷民六族有尾勺氏。"尾勺氏源自堂阳氏，商王文丁（太丁），封（同）母弟于堂阳（今河北新河），其后为堂阳氏。堂阳氏之后分衍有比氏、黎氏、辈氏、莱氏、荡氏、巢氏、梅氏、条氏、徐氏、萧氏、索氏、长勺氏、尾勺氏、陶氏、施氏、繁氏、锜氏、樊氏、饥氏、终葵氏、枚伯氏等，周封卫康叔的殷民七族、封鲁君伯禽的殷民六族均源自堂阳氏。

【139】沃 [wò]：　出于殷，为《世本》记载的殷商九大氏族之首的殷氏族之一宗。《世本·氏姓篇》（秦嘉谟辑补本）"殷"字条下记有："沃氏：太甲子沃丁之后。"唐林宝《姓纂》记载："沃：《风俗通》：殷太甲子沃丁之后。【吴郡】《神仙传》，沃焦，吴人。"宋郑樵《通志·氏族略》记载："沃氏：子姓。《风俗通》，商王沃丁之后。《神仙传》，沃焦，吴人。"

【140】西乡 [xī xiāng]：　出于宋，为殷商子宋公族之一宗。《世本·氏姓篇》（秦嘉谟辑补本）"宋"字条下记有："西乡氏，宋大夫'西乡错'之后。"《世本·氏姓篇》（茆泮林辑本）、《世本·氏姓篇》（张澍稡集补注本）也有同样的记载。宋郑樵《通志·氏族略》记载："西乡氏：《风俗通》，宋大夫西乡错之后，见《世本》。《尸子》有隐者西乡曹。"

【141】西鉏 [xī chú]：　出于宋，为殷商子宋公族之一宗。《世本·氏姓篇》（秦嘉谟辑补本）"宋"字条下记有："西鉏氏：宋大夫西鉏吾。"唐林宝《姓纂》记载："西鉏：《左传》，宋大夫西鉏吾。汉有御史西鉏虚，见《英贤传》。"宋郑樵《通志·氏族略》记载："西鉏氏：《左传》，宋大夫西鉏吾。汉有御史西鉏虚，见《英贤传》。"

【142】**鲜于** [xiān yú]：　出于殷，为《世本》记载的殷商九大氏族之首的殷氏族之一宗。《世本·氏姓篇》（秦嘉谟辑补本）"殷"字条下记有："鲜于氏：武王封箕子于朝鲜，其子食采於于，因合鲜为氏焉。"宋郑樵《通志·氏族略》记载："鲜于氏：子姓，鲜音仙。商后。周武王封箕子于朝鲜，支子'仲'食采於于，子孙以鲜于为氏。宋庆历登科，有鲜于绰，郑州人。政和有鲜于陶，宣和有鲜于先知，并阆州人。"

【143】**鲜** [xiān]：　出于殷，为《世本》记载的殷商九大氏族之首的殷氏族之一宗。《世本·氏姓篇》（秦嘉谟辑补本）"殷"字条下记有："鲜氏：鲜于氏之后，或单称鲜。"参见前条"鲜于"氏。宋郑樵《通志·氏族略》记载："鲜氏：音仙，鲜于氏之后，亦为鲜氏。蜀李寿司空鲜思明。望出南安。宋朝登科有鲜洪范，开封人。熙宁有鲜符，戎州人。"

【144】**蛸** [xiāo]：　宋郑樵《通志·氏族略》记载："蛸氏：子姓，即萧氏也。齐武帝以巴东王'子响'反叛，改为蛸氏也。"

【145】**宣** [xuān]：　出于宋，为殷商子宋公族之一宗。《世本·氏姓篇》（秦嘉谟辑补本）"宋"字条下记有："宣氏：宋宣公之后，以谥为氏。"宋郑樵《通志·氏族略》记载："宣氏：姬姓，鲁大夫叔孙侨如之后也。侨如谥宣伯，以谥为氏。又《风俗通》云，宋宣公之后也，子姓。后汉有司空宣酆。又《汉·年表》有南安侯宣虎。今望出汝南。"子宋公族宣氏参考世系：微仲衍→宋公稽→丁公申→前潜公（闵公）共→厉公鲋祀→釐公举→惠公覵→哀公（名不详）→戴公白→武公司空→宣公力→子宋宣氏。

【146】**衍** [yǎn]：　出于宋，为殷商子宋公族之一宗。《世本·氏姓篇》（秦嘉谟辑补本）"宋"字条下记有："衍氏：宋微仲衍之后。"唐林宝《姓纂》记载："衍（岑仲勉补）：微子仲衍之后。"宋郑樵《通志·氏族略》记载："衍氏：子姓，宋微仲衍之后，见《风俗通》。"

【147】**乙** [yǐ]：　出于殷，为《世本》记载的殷商九大氏族之首的殷氏族之一宗。《世本·氏姓篇》（秦嘉谟辑补本）"殷"字条下记有："乙氏：汤殷字乙。支孙以王父字为氏。"唐林宝《姓纂》记载："乙：殷汤字天乙，支孙以王父字为氏。"（岑仲勉校："殷汤字天乙"系据《库本》《类稿》校，原文为"殷王帝乙"，误。）宋郑樵《通志·氏族略》记载："乙氏：子姓。汤字天乙，支孙因以王父字为氏。前燕有护军乙逸。今襄阳有乙氏。又燕有鸿胪乙归，扬威将军乙爱，皆北狄种类。又《河南官氏志》，乙弗氏改为乙氏。或云，望出平原。"

【148】**鄘／庸** [yōng]：　鄘氏，周武王灭商后，周武王封帝辛子武庚于殷都朝歌，又怕武庚叛周，分商都畿内地为邶、鄘、卫三国，监视武庚，史称"三监"。邶、鄘、卫三国的确切地理分界，史家说法不一。一般的说法是："殷都以北谓邶，霍都监之；殷都以东谓卫，管督监之；殷都以西南谓鄘，蔡叔监之。"（今新乡即在鄘国地域）周武王殁，武庚复国，"三监"作乱。周公平定叛乱后，将邶、鄘、卫三分之地合一归卫，封给卫康叔。子姓鄘国灭亡，子孙以国为氏，称鄘氏，也有去"邑"，称"庸氏"的。一说庸氏，另有一源：庸，殷时侯国，周武王时，叛殷，助周伐纣，后灭于楚，子孙以国为氏。

关于"鄘氏"及源于鄘氏的"庸氏"，宋郑樵《通志·氏族略》记载："鄘氏：即商都之地。武王伐纣，分其地为三监。自纣城而南谓之鄘。殷也，鄘地也，管叔尹之。及三监叛，周公伐之，而并其地为卫，鄘国往往自此亡矣。子孙以国为氏。"关于非源于鄘氏的"庸氏"，宋郑樵《通志·氏族略》也有记载："庸氏，殷时侯国。周武王时，来助伐纣。今房州西二百五十里故'上庸城'是。文十六年，楚灭之。子孙以国为氏。汉有庸光，又有膠东庸生。"

【149】雍 [yōng]：出于宋，为殷商子宋公族之一宗。《世本·氏姓篇》（秦嘉谟辑补本）"宋"字条下记有："雍氏：本子姓也。郑有雍纠。齐有雍廪。楚有雍子。"唐林宝《姓纂》记载："本於龙反，今俗呼去声。文王十二子雍伯，受封于雍，在河内山阳，子孙以国为姓。又宋有雍氏，本子姓也。郑有雍纠。齐有雍廪。楚有雍子。汉有雍齿，沛人，封什邡侯。"不过唐颜师古在汉史游《急就篇》"雍"姓注中却另持一说："雍，国名也，在河内山阳，文王之子所封，其后以为姓。又，宋有雍氏，本姞姓也。郑有雍纠，齐有雍廪，楚有雍子，后入于晋。其裔皆雍氏。汉有雍齿。"宋郑樵《通志·氏族略》则支持颜说："雍氏：去声。旧云，河内山阳县。按山阳在怀州修武。范晔云，山阳有雍城。文王第十三子雍伯受封之国，其后裔为雍氏。又宋有雍氏，姞姓也。郑有雍纠。齐有雍廪、雍巫。楚有雍子。望出京兆、平原。宋政和登科，雍舟卿、雍源，并阆州人。大观，雍观复，利州人。政和，雍垣，郑州人。绍兴，雍朝瑛，普州人。"

【150】右归 [yòuguī]：唐林宝《姓纂》记载："右归：《潜夫论》，宋右归氏，子姓也。"

【151】右师 [yòushī]：出于宋，为殷商子宋公族之一宗。《世本·氏姓篇》（秦嘉谟辑补本）"宋"字条下记有："右师氏：宋庄公生公子仲，世为右师氏。又，宋乐大心为右师，其后因官为氏。"唐林宝《姓纂》记载："右师：《世本》，宋武公生公子中，代为右师，因氏焉。汉有中郎将右师谭。"宋郑樵《通志·氏族略》记载："右师氏：《世本》，宋庄公生公子申，世为右师氏。汉有中郎将右师谭。后汉有博士右师细君。"子宋公族右师氏支参考世系：微仲衍→宋公稽→丁公申→前湣公（闵公）共→厉公鮒祀→釐公举→惠公覵→哀公（名不详）→戴公白→武公司空→中→子宋右师氏。

【152】鱼 [yú]：出于宋，为殷商子宋公族之一宗。《世本·氏姓篇》（秦嘉谟辑补本）"宋"字条下记有："鱼氏：宋公子鱼，贤而有谋，以字为氏。"唐林宝《姓纂》记载："鱼：《风俗通》，宋桓公子目夷。字子鱼，子孙以王父字为氏。汉有长安人鱼翁俶也。"（笔者按："鱼翁俶"为"鱼翁叔"之误，见《汉书·张汤传》。《通志·氏族略》已纠正此误，作"鱼翁叔"。）宋郑樵《通志·氏族略》记载："鱼氏：子姓，《风俗通》云，宋桓公子公子目夷，字子鱼，子孙以王父字为氏。汉有长安人鱼翁叔。唐鱼朝恩。宋朝有御史中丞鱼周询，开封人。"子宋公族鱼氏参考世系：微仲衍→宋公稽→丁公申→前湣公（闵公）共→厉公鮒祀→釐公举→惠公覵→哀公（名不详）→戴公白→武公司空→穆公和→庄公冯→桓公御说→目夷子鱼→友→……→鱼石、鱼府→子宋鱼氏。

【153】鱼孙 [yú sūn]: 出于宋，为殷商子宋公族之一宗。《世本·氏姓篇》（秦嘉谟辑补本）"宋"字条下记有："鱼孙氏：宋大夫鱼石奔楚。其孙在国者，因以鱼孙为氏。" 唐林宝《姓纂》记载："鱼孙：《风俗通》宋大夫鱼石奔楚，在国者因氏焉。"宋郑樵则另有一说，其《通志·氏族略》记载："鱼孙氏：子姓。宋公子目夷，字子鱼，其后以鱼孙为氏。"显然，在郑樵看来，"鱼"和"鱼孙"实为同源，都是宋桓公御说庶长子、宋襄公兹甫庶长兄公子目夷（字子鱼）之后。其实，郑樵《通志·氏族略》与《姓纂》《风俗通》等姓氏书的记载并不矛盾，因为依宋公族谱研究，鱼孙氏的得氏始祖、《风俗通》记载奔楚的宋大夫鱼石，也是宋襄公兹甫庶长兄公子目夷（字子鱼）之裔孙。子宋公族鱼孙氏参考世系：微仲衍→宋公稽→丁公申→前潜公（闵公）共→厉公鲋祀→釐公举→惠公覸→哀公（名不详）→戴公白→武公司空→穆公和→庄公冯→桓公御说→目夷子鱼→友→……→鱼石→子宋鱼孙氏。

【154】徵 [zhēng]: 出于宋，为殷商子宋公族之一宗。《世本·氏姓篇》（秦嘉谟辑补本）"宋"字条下记有："徵氏：宋公族。"

【155】正 [zhèng]: 出于宋，为殷商子宋公族之一宗。《世本·氏姓篇》（秦嘉谟辑补本）"宋"字条下记有："正氏：宋正卿正考父之后。" 宋郑樵《通志·氏族略》记载："正氏：亦作政，子姓，宋正考父之后。《魏志》，永昌太守正帛。宋祥符登科，正尹。"

【156】稚 [zhì]: 出于殷，为《世本》记载的殷商九大氏族之首的殷氏族之一宗。《世本·氏姓篇》（秦嘉谟辑补本）"殷"字条下记有："稚氏：殷之后，以国为氏。"稚氏出于殷，在《史记·殷本纪》中有明确记载："契为子姓，其后分封。以国为姓。有殷氏、来氏、宋氏、空桐氏、稚氏、北殷氏、目夷氏。"唐林宝《姓纂》记载："稚：商后，见《史记》。"宋郑樵《通志·氏族略》记载："稚氏：子姓。《姓纂》云，商后，见《史记》。"

【157】终葵 [zhōng kuí]: 宋郑樵《通志·氏族略》记载："终葵氏：《左传》殷民七族有终葵氏。" 终葵氏源自堂阳氏，商王文丁（太丁），封（同）母弟于堂阳（今河北新河），其后为堂阳氏。堂阳氏之后分衍有比氏、黎氏、辈氏、莱氏、荡氏、巢氏、梅氏、条氏、徐氏、萧氏、索氏、长勺氏、尾勺氏、陶氏、施氏、繁氏、锜氏、樊氏、饥氏、终葵氏、枚伯氏等，周封卫康叔的殷民七族、封鲁君伯禽的殷民六族均源自堂阳氏。

【158】中野 [zhōng yě]: 出于宋，为殷商子宋公族之一宗。《世本·氏姓篇》（秦嘉谟辑补本）"宋"字条下记有："中野氏：宋微子之后，楚文王御史中野彪。"唐林宝《姓纂》记载："中野：《潜夫论》，微子之后。楚文王御史中野彪。"宋郑樵《通志·氏族略》记载："中野氏：子姓。《潜夫论》，微子之后。楚文王御史中野彪。"

【159】祝其 [zhù qí]: 出于宋，为殷商子宋公族之一宗。《世本·氏姓篇》（秦嘉谟辑补本）"宋"字条下记有："祝其氏：宋戴公子祝其为司寇。"唐林宝《姓纂》记载："《风俗通》，'宋戴公'子'祝其'为司寇，因氏焉。见《世本》。汉有清河郡尉祝其承先。"宋郑樵《通志·氏族略》："祝其氏：子姓。《风俗通》，宋戴公之子公子祝其为大司寇，因氏焉。汉有清河郡尉

祝其承先。"子宋公族祝其氏参考世系：微仲衍→宋公稽→丁公申→前湣公（闵公）共→厉公鲋祀→釐公举→惠公覵→哀公（名不详）→戴公白→祝其→子宋祝其氏。

【160】 专 [zhuan]：出于宋，为殷商子宋公族之一宗。《世本·氏姓篇》（秦嘉谟辑补本）"宋"字条下记有："专氏：宋公族。"

【161】 子荡 [zǐ dàng]：子荡氏即荡氏。出于宋，为殷商子宋公族之一宗。《世本·氏姓篇》（秦嘉谟辑补本）"宋"字条下记有："荡氏：宋威公生子荡，因氏焉。"唐林宝《姓纂》亦云："《世本》，宋威公生子荡，因氏焉。"但宋郑樵《通志·氏族略》却记为："子荡氏：亦作荡氏。子姓，宋桓公之子公子'荡'之后也。"查宋公族世系谱，方知，有些史书上记载的宋威公，实即宋桓公也。子宋公族子荡氏参考世系：微仲衍→宋公稽→丁公申→前湣公（闵公）共→厉公鲋祀→釐公举→惠公覵→哀公（名不详）→戴公白→武公司空→穆公和→庄公冯→桓公御说→荡→寿→荡意诸→子宋子荡氏。

【162】 子革 [zǐ gé]：出于宋，为殷商子宋公族之一宗。《世本·氏姓篇》（秦嘉谟辑补本）"宋"字条下记有："子革氏：宋司城子革之后。"唐林宝《姓纂》记载："子革：《世本》，宋司城子革之后。又曰，季平子支孙为子革氏。"宋郑樵《通志·氏族略》记载："子革氏：《世本》，宋司城子革之后。又曰，季平子支孙亦为子革氏。"

【163】 祖 [zǔ]：出于殷，为《世本》记载的殷商九大氏族之首的殷氏族之一宗。《世本·氏姓篇》（秦嘉谟辑补本）"殷"字条下记有："祖氏：殷王祖甲、祖乙、祖丁。支庶因氏焉。"唐林宝《姓纂》记载："祖：子姓，殷后。殷王祖甲、祖乙、祖丁，支庶因氏焉。殷有祖己、祖伊。汉有祖所，治家涿郡。（**笔者按**：'汉有祖所，治家涿郡'为'汉有祖沂，始家涿郡'之误。）"宋郑樵《通志·氏族略》记载："祖氏：子姓。商王祖甲、祖乙、祖丁，支庶因氏焉。商有祖伊。汉有祖沂，始家涿郡。今建州有此姓。祖秀实，屡作监司。祖日新，宋宣和登科。（郑樵按：祖者，子孙所称其先也，支庶以是为氏，不独祖乙也，祖辛、祖丁、祖庚、祖甲之子孙，往往皆称祖氏。）"

【164】 左师 [zuǒ shī]：出于宋，为殷商子宋公族之一宗。《世本·氏姓篇》（秦嘉谟辑补本）"宋"字条下记有："左师氏：宋公子目夷为左师。其后为氏。"

殷代史

【附录一】殷商后裔姓氏录

【附录一·附件】魏晋谱书《殷氏家传》收录的
记载殷商九大氏族的《世本》原文

【说明】《世本》是先秦最重要的史籍之一，原书早佚。现存的中华书局 2008 年 8 月第 1 版《世本八种》是 1957 年商务印书馆将清人王谟、孙冯翼、陈其荣、秦嘉谟、张澍、雷学淇、茆泮林、王梓材等辑录的八种《世本》加以汇集、校勘、整理后出版的版本。《世本》的《氏姓篇》是中华第一本姓氏书，弥足珍贵。笔者 1959—1962 年曾奉父兄之命熟读并能背诵的祖传魏晋谱书《殷氏家传》中，魏晋间殷氏先人也在谱书中节录有《世本·氏姓篇》中与殷商子姓九大氏族繁衍情况有关的《世本》原文。后来，笔者发现祖传《殷氏家传》中节录的《世本》原文与中华书局出版的《世本八种》中的《秦嘉谟辑补本》的文字比较接近。现参考《世本八种·秦嘉谟辑补本》，凭记忆与当年的学习笔记将祖传魏晋谱书《殷氏家传》中节录的《世本·氏姓篇》部分原文抄出，以飨读者。为方便读者阅读，文中为殷商九大氏族及其分氏族加了数字编号，如果读者想将其当作已佚的《世本》原文引用，只须删去笔者添加的数字编号即可。在后来秦汉氏姓合一的历史潮流中，殷商子姓的九大氏族及其众多的分氏族（主要是殷氏族和宋氏族的分氏族众多）都脱离母姓子姓成为独立的姓氏了，这些脱离子姓的独立姓氏便是本书"附录一：殷商后裔姓氏录"收录的 164 个殷商后裔姓氏的主要来源。

殷作斌　2023 年 7 月 30 日

　　殷、时、来、宋、空同、黎、北髦（《茆泮林辑本》作"比髦"）、目夷、萧，契裔也。殷冥，子契六世孙（契、昭明、相土、昌若、曹圉、冥），殷之始也。其官玄冥，勤其官事，死于水中，殷人郊之。

　　【一】殷氏，以国为氏，汤国号也。二十四代、三十四王、六百二十九年，为周所灭。子孙以国为氏，曰子姓殷氏[1]。衣氏[2]，殷之胄。汤氏[3]，殷汤之后，以谥为氏。乙氏[4]，殷汤字乙，支孙以王父字为氏。甲氏[5]，太甲之后。沃氏[6]，太甲子沃丁之后。稚氏[7]，殷之后，以国为氏。梅氏[8]，本自子姓，殷有梅伯。祖氏[9]，殷王祖甲、祖乙、祖丁，支庶因氏焉。武氏[10]，殷王武丁伐鬼方，元功章炳，勋茂王室，官族分析，因以为氏，武氏其后也。邓氏[11]，殷王武丁封叔父于河北，是为邓侯，后因氏焉。权氏[12]，出自殷帝武丁。武丁之子，降封于权，周衰入楚，为权氏。堂阳氏[13]，太丁（文丁）封同母弟（于）堂阳，为堂阳氏，在堂水之阳。郝氏[14]，殷帝乙时，有子期封太原郝乡，后因氏焉。王氏[15]，殷王子比干为纣所害，子孙以王者之后，号曰王氏。孙氏[16]，其先出自有殷比干，裔孙分析，避地匿轨，姓曰孙氏。林氏[17]，殷太丁（文丁）之子比干之后。比干为纣所害，其子坚逃难长林之山，遂姓林氏。箕氏[18]，殷有箕子，箕为国名，后为氏。李氏[19]，其先出箕子之苗。鲜于氏[20]，武王封箕子于朝鲜，其支子仲食采於于，因合鲜为氏焉。鲜氏[21]，鲜于氏之后，省称鲜。禄氏[22]，殷纣子武庚字禄父，后以王父字为氏。□□氏[23]，殷后。

【二】**时氏**，子姓。时有贤人时子著书。

【三】**来氏**，子姓。分封以国为氏，其先食采于郲，子孙去邑为来氏。

【四】**宋氏**，子姓。殷王帝乙长子微子启，周成王封于宋，原先的子姓宋人遂以国为氏，曰子姓**宋氏**【1】。**微氏**【2】，微子传位于弟仲衍，其后有微氏，鲁有微虎。**衍氏**【3】，微仲衍之后。**南宫氏**【4】，宋有南宫长万，有子南宫牛（笔者按：这里的"有子南宫牛"与《史记·宋微子世家》的记载不同，在《史记·宋微子世家》中，南宫牛是南宫长万之弟）。**孔氏**【5】，宋愍公生弗父何，何生宋父周，周生世子胜，胜生正考父，正考父生孔父嘉，宋大夫孔父嘉，名喜，字孔父，以字为谥，子孙以王父字为氏。**正氏**【6】，宋上卿正考父之后。**邹氏**【7】，宋上卿正考父之后，食采于邹，生叔梁纥（叔梁纥生孔子），叔梁纥支庶有邹氏。**白马氏**【8】，微子乘白马朝周，支庶因氏。**经氏**【9】，宋公族。**祝其氏**【10】，宋戴公子祝其为司寇，因氏焉。**华氏**【11】，宋戴公子考父说（也作好父说），食采于华，因氏焉。**督氏**【12】，宋大夫华父督之后，晋有督戎。**幹献氏**【13】，宋司徒后为幹献氏。**耦氏**【14】，宋卿华耦之后。**所氏**【15】，宋大夫华所事之后。**季老氏**【16】，宋华氏有华季老，子孙氏焉。**事父氏**【17】，宋公族。**皇甫氏**【18】，宋戴公子充石字皇甫，子孙以王父字为氏。**戴氏**【19】，宋戴公子文，以谥为氏。宋有大夫戴恶。**乐氏**【20】，宋戴公生子衎，字乐父，子孙以王父字为氏。**司城氏**【21】，宋戴公孙（生）东乡克，裔孙乐喜为司城氏。**右司氏**【22】，宋乐大心为右司，其后因官为氏。**桐门氏**【23】，宋乐大心为右师（司），居桐门，后为氏。**老氏**【24】，宋戴公五世孙有老佐。**老成氏**【25】，宋有大夫老成方。**鱼氏**【26】，宋公子鱼，贤而有谋，以字为氏。**左师氏**【27】，宋公子目夷为左师，其后为氏。**鱼孙氏**【28】，宋大夫鱼石奔楚，其孙在国者，因以鱼孙为氏。**肜氏**【29】，宋有大夫肜班，食采肜门，故以为氏。**艾氏**【30】，宋公族。**雍氏**【31】，出于宋，郑有雍纠，齐有雍廪，楚有雍子。**鄑氏**【32】，晋邑。楚雍子奔晋，晋人与之鄑，为氏。**鸥夷氏**【33】，宋微子之后。**中野氏**【34】，宋微子之后。楚文王御史中野彪。**不夷氏**【35】，宋不夷甫须之后。**冀氏**【36】，宋公族。**牛氏**【37】，宋微子之胄，司寇牛父败狄长丘死，子孙以王父字为氏。**仇氏**【38】，宋大夫仇牧之后。**武氏**【39】，宋武公之后，氏于谥。**宣氏**【40】，宋宣公之后，以谥为氏。**穆氏**【41】，宋穆公之后，支孙氏焉。**冏氏**【42】，宋公族。**庄氏**【43】，氏于谥。宋有庄朝、庄堇。**仲氏**【44】，宋庄公子仲之后，称仲氏。**右师氏**【45】，宋庄公生公子仲，世为右师氏。**勃氏**【46】，宋右师之后。**几氏**【47】，宋大夫仲几之后，以王父名为氏。**三伉氏**【48】，宋微子之后，宋大夫三伉之胄。**王夫氏**【49】，宋公族。**微氏**【50】，宋公族。**郑氏**【51】，宋公族。**鳞氏**【52】，宋桓公子鳞之后。**桓氏**【53】，宋桓公孙鳞矔为宋司徒，号曰桓子，因为氏。**臧氏**【54】，宋公族，有臧士平。**荡氏**【55】，宋威公生子荡，因氏焉。**虺氏**【56】，宋公族。**泥氏**【57】，宋大夫卑泥之后。**向氏**【58】，宋桓公支子向父盼，盼孙戌以王父字为氏。**合氏**【59】，宋大夫合左师之后。**灵氏**【60】，宋文公子子灵围龟之后。**围龟氏**【61】，宋公子围龟之后。**既氏**【62】，宋公族。**獥氏**【63】，宋人大猛獥之后。**专氏**【64】，宋公族。**戎氏**【65】，宋公族。**贾氏**【66】，宋公族。**尾氏**【67】，宋公族。**巴氏**【68】，宋公族。**成氏**【69】，宋公族。**边氏**【70】，祖于宋平公。平公子御戎字子边，其后以王父字为氏。**桓氏**【71】，宋桓公之后。向魋亦为桓氏。**司马氏**【72】，司马牛是桓魋之弟，以魋为宋司马，故牛遂以司马为氏。**公朱氏**【73】，楚大夫公朱高，出宋公子朱。**东乡氏**【74】，宋大夫东乡为人之后。**西乡氏**【75】，宋大夫西乡错之后。**西鉏氏**【76】，宋大夫西鉏吾。**子革氏**【77】，宋司城子革之后。**甫爽氏**【78】，宋有大夫甫爽文叔。**褚氏**【79】，宋共公子段字子石，食采于褚，其德可师，号为褚师，生公子肥，子孙因为褚氏。**石氏**【80】，宋共公子段字子石之后，段生石彄。**褚师氏**【81】，宋恭公子石，食采褚师，因而命氏。**薄氏**【82】，宋大夫食邑为氏。**木门氏**【83】，宋诸公子食采于木门者，后遂为氏。**朱氏**【84】，其先宋微子之后，以国氏，周衰，诸侯灭宋，奔砀易氏为朱。

【五】**空同氏**，子姓。盖因空同山也。分封以国为氏。

【六】**黎氏**，子姓。黎侯国之后。

【七】**北髦氏**，子姓也。髦氏，分封以国为氏。（【注】北髦，《世本（茆泮林辑本）》作"比髦"。）

【八】**目夷氏**，子姓**目夷**【1】。分封以国为氏。**墨夷氏**【2】，宋襄公子墨夷须为大司马，后有湛夷皋。

【九】**萧氏**，子姓。宋乐叔以讨南宫万，周封为附庸之国，亦以国为氏。

附录二

黄帝纪元的考证

诗曰：天命玄鸟，降而生商，宅殷土芒芒

诗曰：邦畿千里，维民所止，肇域彼四海

黄帝纪元的考证正文

【一】将黄帝纪元始年定为公元前 2698 年为妥

　　黄帝纪元，又称**轩辕纪元**。现代有不少人误以为黄帝纪元是中国几千年前就有的，这实际是一种误解。就纪年而言，在中国古代同时使用的只有**干支纪年法**和当时在位帝王的**年号纪年法**两种。这两种纪年法的一年开始日是不同的。干支纪年法以相邻两个立春时刻之间的时间间隔为一年，时王的年号纪年法则以每一年的春节（旧历元旦或元日）为一年的开始。实际上，以 10 天干 12 地支组合纪年以 60 年为周期的干支纪年法的第一个法定甲子年是东汉汉安帝延光三年，也就是公元 124 年（详见本书《卷六·【二】中国传统干支纪年与公元纪年换算的知识简介》的介绍）。公元 124 年之前的干支纪年虽然一直有，但或者不是官方法定的，或者是由公元 124 年的第一个法定甲子年推算出来的。例如清末孙中山、宋教仁等革命党人据此推算得**黄帝纪元始年是公元前 2698 年（癸亥年）**，他们是据孙中山先生等人确认的下列两个事实推算得黄帝纪元始年是公元前 2698 年（癸亥年）的：

　　事实 1：辛亥革命日 =1911 年 10 月 10 日 = 黄帝纪元 **4609** 年 8 月 19 日；
　　事实 2：民国元年元旦 =1912 年 1 月 1 日 = 黄帝纪元 **4609** 年 11 月 13 日。
　　考虑到公元纪年、中国干支纪年、中国黄帝纪年的一年开始日各不相同(互相转换时存在**年头年尾效应**)，笔者认为若以黄帝纪元 4609 年的绝大多数月份都属于公元 1911 年而论，则将公元 1911 年定为黄帝纪元 4609 年是合理的，依此上推，黄帝纪元始年当然应该相当于公元前 2698 年的癸亥年。不过也有不少学者，认为还是将黄帝纪元始年定为公元前 2697 年（甲子年）为妥。

　　清朝末年，以孙中山先生为首的革命党人不满清朝的统治，提出"驱除鞑虏，恢复中华"的概念，旨在推翻当时中国由满族所建立的封建王朝——清朝，恢复中国各民族本身的民族文化传统，建立汉族掌权的新政府。于是，以黄帝为血缘纽带的中华民族以汉族为主的血缘政治的概念得到加强，黄帝纪元便大行其道，并由孙中山先生在《改历改元通电》中通告全国。由于孙中山先生在《改历改元通电》中说，中华民国元年元旦（公元 1912 年 1 月 1日）是黄帝纪元 4609 年 11 月 13 日。于是一些学者就错误地以为，孙中山先生认为公元 1912 年对应于黄帝纪元 4609 年。其实孙中山先生的本意是认为公元 1912 年对应于黄帝纪元 4610 年，因为他确认发生辛亥革命的公元 1911 年为黄帝纪元 4609 年。

　　当然，一些学者将黄帝纪元始年推定为公元前 2697 年也并非全无道理，因为他们的说法也是事出有因的。清华大学法学院凯元中心（全称为清华大学法学院凯原中国法治与义理研究中心）认为，孙中山等人将辛亥革命的公元 1911 年定为黄帝纪元 4609 年，将中华民国元年的公元 1912 年定为黄帝纪元 4610 年也不尽合理，因为这样一来，黄帝纪元元年就是公元前 2698 年的癸亥年，这与一般认为的黄帝纪元元年应该是甲子年不合，于是清华大学法学院凯元中心建议，还是将黄帝纪元始年定为公元前 2697 年较为合理。本文下面将要详细说明的，学者金西来发表在《学术月刊》1986 年第 7 期上的论文《轩辕甲子·黄帝纪元考》中也持与清华大学法学院凯元中心相同的观点，他们都认为黄帝纪元始年是公元前 2697 年甲子，而非公元前 2698 年癸亥，二者差了一年。如果要将黄帝纪元始年定为公元前 2697 年，则必须将孙中山先生确认的上列两个事实修改如下：

事实 1： 辛亥革命日 =1911 年 10 月 10 日 = 黄帝纪元 **4608** 年 8 月 19 日；
事实 2： 民国元年元旦 =1912 年 1 月 1 日 = 黄帝纪元 **4608** 年 11 月 13 日。

　　不过笔者认为，孙中山先生等清末革命党人确认的"辛亥革命发生日（公元 1911 年 10 月 10 日）相当于黄帝纪元 4609 年 8 月 19 日、中华民国元年元旦（公元 1912 年 1 月 1 日）相当于黄帝纪元 4609 年 11 月 13 日"已经记载在辛亥革命和中华民国的历史文献中，即使有错，也应错照错来，还是不改为好。也就是说，**还是将黄帝纪元始年定为公元前 2698 年为妥**。

【二】黄帝纪元兴隆的由来、黄帝纪年和公元纪年的换算

　　纪年在中国历史上具有巨大的政治功能，历代统治者都把掌握纪年看成政权的象征。在清朝末年，较早倡议新纪年的是康有为。早在 1885 年，康有为在《实理公法全书》中就已经论述了纪年和改元问题的重要性，但康有为倡导的不是黄帝纪年，而是**孔子纪年**。1896 年初，康有为在《强学报》创刊号上发表《孔子纪年说》，公开提出孔子纪年的概念。康氏称清光绪二十一年乙未（1895 年）为"孔子纪年 2373 年"。由于康有为离经叛道，因此导致《强学报》被迫停刊。

　　康有为的孔子纪年说与孔教主张是相互配合的。康氏欲将中国改良成君主立宪制政体，从而把中国引入民主平等的政治轨道。他认为与西方的基督教和教主耶稣对社会能起到统摄作用类似，中国孔子的影响力与西方的耶稣相当，于是他就想将孔子改造成类似耶稣的形象。以康有为为代表的变法改良派认为，西元的耶稣纪年（现在国际通用的公元），具有连贯性强、使用方便、散发文化凝聚力等特点。故康有为欲效之：称孔教为"中国之国魂"，孔子纪年堪与耶稣纪年相提并论。

　　中日甲午战争清政府失败后，革命党人民族意识觉醒。一些留日学生和革命党人参照日本神武纪年，欲将中国的时王年号纪年法改造成与日本神武纪年类似的黄帝纪年。严复写于 1898 年的《有如三保》中有中华"开国自黄帝至今四千三百八十六年"字样，朦胧地流露出以黄帝纪年的趋向。梁启超在 1902 年完成的《新史学》中有"或以黄帝鼻祖之故，欲以黄帝纪"之言，说明清末的一些进步人士已有改用黄帝纪年的设想。

　　黄帝纪元的开始兴隆，最早于清光绪二十九年（1903 年），由刘师培在《国民日日报》发表《黄帝纪年论》，正式提出"黄帝纪元说"。他反对时王年

号制，也反对康有为等变法派主张的孔子纪年。因此，史学界公认，在中华民族五千年文明史的长河中，黄帝纪元虽然早有人提及，但 20 世纪初的激进民族主义者刘师培是最先大力倡导黄帝纪元的第一人。刘师培认为缔造中华文明之第一人是轩辕黄帝。刘师培认为，光绪二十九年（1903 年）是黄帝纪元 4614 年，即是说刘师培认为黄帝纪元始年为公元前 2711 年。1903 年，刘师培以笔名"无畏"在《黄帝魂》上发表《黄帝纪年说》。他在该文中说："夫用黄帝纪年，其善有三：黄帝以前，历史之事实少，孔子以前，历史之事实多。故以黄帝纪年，则纪事一归于简便，而无由后溯前之难。其善一。日本立国，以神武天皇纪年，所以溯立国之始也。中国帝王虽屡易姓，与日本万世不易之君统不同。然由古迄今，凡汉族之主中国者，孰非黄帝之苗裔乎？故中国之有黄帝，犹日本之有神武天皇也。取法日本，择善而从。其善二。中国政体达于专制极点，皆由于以天下为君主私有也。今纪年用黄帝，则君主年号徒属空文，当王者贵之说，将不击而自破矣。其善三。"刘师培的该文末附有《黄帝降生后大事略表》。刘师培的这篇文章引发了黄帝纪年的潮流。

　　刘师培倡导的黄帝纪元被以孙中山为首的同盟会及其他革命党人采用。例如，《江苏》杂志 1903 年第 3 期首先使用了黄帝纪年，将"光绪二十九年（公元 1903 年）"变为"黄帝纪元 4394 年"，卷首刊载了黄帝像，附上了激发民族大义的赞辞："帝作五兵，挥斥百族，时维我祖，我膺是服，亿兆孙子，皇祖式兹，我疆我里，誓死复之。"不久，《黄帝魂》《汉帜》《浙江潮》《国粹学报》《民报》《二十世纪之支那》等报纸杂志和当时出版的书籍如《猛回头》《警世钟》等纷纷刊登或转载黄帝像，相率使用黄帝纪年。留日学生组织的"军国民教育会"，会员徽章正面镌刻黄帝轩辕氏像，入会者皆使用黄帝纪年。

　　同盟会的革命领袖宋教仁主张以黄帝即位之年为黄帝纪元之始。陈旭麓编写的《宋教仁集》(中华书局，1981 年版) 记有："为汉族开国之一大纪念也。计（自）汉族开国元年癸亥（至）今年(公元 1905 年) 乙巳，都凡四千六百零三年。"即是说，宋教仁于公元 1905 年认为，公元 1905 年相当于黄帝纪元 4603 年，也就是说，宋教仁主张把黄帝即位的公元前 2698 年（癸亥年）作为中国黄帝纪元元年。后来，同盟会的机关报《民报》也采用宋教仁的说法，于是黄帝纪元成为清末时革命党人普遍使用的主流纪元。

　　由于黄帝是传说人物，生年和登基之年都比较模糊，当时各报纸杂志使用的黄帝纪年始年也不一致。因此，宋教仁在公元 1905 年做了一番考证。他说，根据《皇极经世》《通鉴前编》《通鉴辑览》等典籍可推定，公元 1905 年为黄帝即位 4603 年。后来，同盟会机关报《民报》创刊时即依宋教仁的说法署年。于是，**宋教仁的黄帝纪元始年为公元前 2698 年的说法被革命派和一些革命团体继承。**也就是说，当时以孙中山先生为首的革命党人公认，辛亥革命的 1911 年为黄帝纪元 4609 年。并以此为据，将中华民国元年的公元 1912 年（壬子年）定为黄帝纪元 4610 年，将黄帝纪元的始年定为公元前 2698 年（癸亥年）。若规定：黄帝纪年和公元纪年类似，从黄帝纪元 1 年、黄帝纪元前 1 年计起，反向递增，中间不设黄帝纪元 0 年，则可以利用下面给出的三个公式将任意的公元纪年 n 转换为黄帝纪年 x：

① 黄帝纪元 x 年 = 公元（后）n 年 +2698 年（n 为大于 0 的任意自然数）
② 黄帝纪元 x 年 =2698 年 - 公元前 n 年 +1 年（n 为 1 至 2698 的自然数）
③ 黄帝纪元前 x 年 = 公元前 n 年 -2698 年（n 为大于 2698 的自然数）

例如，依上述三个公式可算得：

黄帝纪元 4609 年 = 公元 1911 年 +2698 年（公元 1911 年 = 黄帝 4609 年辛亥 = 辛亥革命年）

黄帝纪元 4610 年 = 公元 1912 年 +2698 年（公元 1912 年 = 黄帝 4610 年壬子 = 中华民国元年）

黄帝纪元 4720 年 = 公元 2022 年 +2698 年（公元 2022 年 = 黄帝 4720 年壬寅）

黄帝纪元 2699 年 = 公元 1 年 +2698 年（公元 1 年 = 公元纪元元年 = 黄帝 2699 年辛酉）

黄帝纪元 2698 年 =2698 年 - 公元前 1 年 +1 年（公元前 1 年 = 黄帝 2698 年庚申）

黄帝纪元 1081 年 =2698 年 - 公元前 1618 年 +1 年（公元前 1618 年 = 黄帝 1081 年癸亥）

黄帝纪元 1858 年 =2698 年 - 公元前 841 年 +1 年（公元前 841 年 = 黄帝 1858 年庚申）

黄帝纪元元年 =2698 年 - 公元前 2698 年 +1 年（公元前 2698 年 = 黄帝元年癸亥）

黄帝纪元 2 年 =2698 年 - 公元前 2697 年 +1 年（公元前 2697 年 = 黄帝 2 年甲子）

黄帝纪元前 1 年 = 公元前 2699 年 -2698 年（公元前 2699 年 = 黄帝纪元前 1 年壬戌）

黄帝纪元前 2 年 = 公元前 2700 年 -2698 年（公元前 2700 年 = 黄帝纪元前 2 年辛酉）

黄帝纪元前 100 年 = 公元前 2798 年 -2698 年（公元前 2798 年 = 黄帝纪元前 100 年癸未）

黄帝纪元在清末至民国初年兴隆了一阵，现在虽然已经很少有人知道，但在目前的一些国学学术机构中，仍然在使用黄帝纪元，因为黄帝纪元诞生于中国，与被称为"公元"的"西元"相对，目前的一些国学机构，常将黄帝纪元称为"中元"。

【三】辛亥革命时期黄帝纪元的不同版本

辛亥革命时期，革命党人虽然决定启用黄帝纪元，但在革命党人内部，对黄帝纪元究竟始于公元前哪一年，却有不同的说法。据金西来 1986 年发表的论文《轩辕甲子·黄帝纪元考》（详见《学术月刊》1986 年第 7 期）考证，孙中山的同盟会机关报《民报》虽然认定黄帝纪元始年为公元前 2698 年癸亥（因为《民报》认定辛亥革命的公元 1911 年为黄帝纪元 4609 年），但《黄帝魂》所使用的黄帝纪元始年却为公元前 2711 年庚戌（因为《黄帝魂》认定辛亥革命的公元 1911 年为黄帝纪元 4622 年），《江苏》等杂志所使用的黄帝纪元始年却为公元前 2491 年庚寅（因为《江苏》等杂志认定辛亥革命的公元 1911 年为黄帝纪元 4402 年）。

事实上，清末革命党人关于黄帝纪元始年的说法，至少有五种。除了金西来考证的"《民报》使用的公元前 2698 年癸亥说""《黄帝魂》使用的公元前 2711 年庚戌说""《江苏》等杂志使用的公元前 2491 年庚寅说"以外，也有些革命党人是主张采用"唐代张守节倡导的公元前 2510 年辛未说"的，该说认定辛亥革命的公元 1911 年为黄帝纪元 4421 年。甚至在孙中山先生的"同盟会"内部也有不同的声音，例如在同盟会祭黄帝陵文中则说，公元 1908 年是黄帝纪元 4605 年，此说即"公元前 2697 年甲子说"，与金西来等学者主张的黄帝纪元始年为公元前 2697 年相同。

【四】黄帝纪元的兴隆和衰落

1911 年武昌起义后，湖北军政府的文告即采用黄帝纪元，各省响应的文告也都跟着使用黄帝纪元，甚至各省发行的银两票、军用票证也大都使用黄帝纪元。另外，民间以中国同盟会机关报《民报》为首，一些革命派报纸杂志也相继采用黄帝纪元。使黄帝纪元逐渐兴隆起来，有一段时期甚至大行其道。

然而，采用黄帝纪元，毕竟与革命党人反对帝制、主张共和的理念不同，于是，孙中山先生在就任中华民国临时大总统时，发布《改历改元通电》。公开宣布："中华民国改用阳历（笔者注：实际是西洋历，即今天谓之的公元），以黄帝纪元四千六百九年（即辛亥年）十一月十三日（笔者注：实际是公元 1912 年 1 月 1 日）为中华民国元年元旦。"于是从黄帝纪元 4609 年十一月十三日起（即从公元 1912 年 1 月 1 日起），中华民国在理论上采用公元纪年，黄帝纪元不再使用。但值得注意的是，孙中山当年强调的是："黄帝纪元四千六百九年（即辛亥年）十一月十三日"为中华民国元旦，这实际上是默认黄帝纪元还可继续使用。直到 1949 年，中华人民共和国成立以后，黄帝纪元才真正退出历史舞台。中华人民共和国为什么不沿用黄帝纪元呢？主要原因是黄帝纪年没有科学依据。也就是说，传说中认为黄帝是中华人文始祖的说法还缺乏实物证明，当然以黄帝登基之年为始年的纪年法也就缺乏科学根据了。

另外，即使以孙中山先生为首的清末革命党人力挺的"**黄帝纪元始于公元前 2698 年说**"也未得到学界的普遍认同，本文上面提到的学者金西来发表在《学术月刊》1986 年第 7 期上的论文《轩辕甲子·黄帝纪元考》就是学界反对"**黄帝纪元始于公元前 2698 年说**"的代表作。因此，不被学界普遍认同，也应是黄帝纪元在清末至民国初期兴隆了一阵以后，逐步走向衰落的原因之一。金西来在论文《轩辕甲子·黄帝纪元考》中引用他祖父手抄《四言史鉴》书后附《历代帝王纪年歌》曰："……轩辕甲子迄有明，总揽历数几多春？四千三百四十一，神器一统归大清。"歌后注明：既是崇祯十七年又是清顺治元年的公元 1644 年，为黄帝纪年 4341 年。依清人的公元 1644 年为黄帝纪元 4341 年推算，辛亥革命的公元 1911 年应为黄帝纪元 4608 年、黄帝纪元始年应为公元前 2697 年，此说与孙中山等革命党人主张的辛亥革命的公元 1911 年为黄帝纪元 4609 年、黄帝纪元始年为公元前 2698 年，明显不合。二者为什么相差 1 年呢？金西来作出如下猜想：由于明清交替为同一年（明崇祯十七年与清顺治元年同为公元 1644 年甲申），因而《民报》在推算公元 1911 年辛亥的黄帝纪年时多加了 1 年，使公元 1911 年对应于黄帝纪年 4609 年，从而得出公元前 2698 年为黄帝纪元元年的结论。

金西来为验证自己的这个猜想，首先翻阅了《史记》和《通志》。《史记·五帝本纪》正文及《索引》《集解》等附注说明，炎帝与黄帝之祖同为少典国君之子（《索隐》云："少典者，诸侯国号，非人名也。"），炎帝神农氏君临天下，其弟世嗣少典国君，居诸侯之位，传至黄帝。黄帝取代炎帝八世孙帝榆罔之后，方为天子，始以干支纪年。（《史记·五帝本纪》曰："轩辕之时，神农氏世衰。"《索隐》对"神农氏世衰"作注云："世衰，谓神农氏后代子孙道统衰薄，非指炎帝之身，即班固所谓'参卢'，皇甫谧所谓'帝榆罔'是也。"）又据南宋郑樵所著《通志》上说，是天皇氏始作干支，但未提用于纪年，黄帝时大挠氏始作天干与地支相配，并用于纪年。可见轩辕甲子即为黄帝元年，至明崇祯十七年（公元 1644 年），为黄帝纪元 4341 年。依此上推黄帝纪元、轩辕甲子应为公元前 2697 年；依此下推公元 1911 年辛亥武昌起义，则应为黄帝纪年 4608 年，与《民报》使用的黄帝纪年 4609 年相差了 1 年。黄帝纪元始年的公元前 2697 年甲子与公元前 2698 年癸亥两说，究竟哪一种更符合史书上相沿的说法呢？金西来认为明末黄宗羲的《历代甲子考》，证实了他家祖父手抄《四言史鉴》上的说法为真，明崇祯十七年（公元 1644 年），为黄帝纪元 4341 年。

也就是说，金西来通过上述考证后认为，黄帝纪元始年应为公元前 2697 年的甲子年，而不是孙中山先生等人认为的黄帝纪元始年为公元前 2698 年的癸亥年。不过，笔者认为，因为孙中山先生等清末革命党人的说法，已经记载在辛亥革命和中华民国的历史文献中，即使孙中山先生等人的说法有错，也只能错照错来。由于黄帝纪元主要是辛亥革命时期兴隆的一种纪元法，我们当然还应尊重历史，维持主导辛亥革命的革命党人的说法不变，也就是本文开篇时说的"**还是将黄帝纪元始年定为公元前 2698 年为妥**"。

【五】将公元纪年数转换成其"标称干支纪年"的又一法

本书《卷六·【二】中国传统干支纪年与公元纪年换算的知识简介》介绍了利用"'公元纪年尾数定天干'和'公元纪年数 ÷12 的余数定地支'"的规律，可直接将任何公元纪年数转换成其"标称干支纪年"的方法，例如公元前 1122 年的标称干支年是己卯年、公元 1911 年的标称干支年是辛亥年等。其实利用本附录介绍的方法将**任何公元纪年数**转换成与之对应的**标称黄帝纪年数**以后，即可以用**任何公元纪年数**的"**标称黄帝纪年数**"经简单变换后，先求得**其年干支的编号**，再依**其年干支的编号**在下面的"**60 甲子顺序表**"中即可快速查得其对应的年干支。此法虽然简单快速，但先决条件是要熟悉下面的"**60 甲子顺序表**"和"**60 甲子逆序表**"。

60 甲子顺序表"和"60 甲子逆序表

年干支	甲子	乙丑	丙寅	丁卯	戊辰	己巳	庚午	辛未	壬申	癸酉	甲戌	乙亥	丙子	丁丑	戊寅	己卯	庚辰	辛巳	壬午	癸未	甲申	乙酉	丙戌	丁亥	戊子	己丑	庚寅	辛卯	壬辰	癸巳
顺序	1	2	3	4	5	6	7	8	9	10	11	12	13	14	15	16	17	18	19	20	21	22	23	24	26	26	27	28	29	30
逆序	60	59	58	57	56	55	54	53	52	51	50	49	48	47	46	45	44	43	42	41	40	39	38	37	36	35	34	33	32	31

年干支	甲午	乙未	丙申	丁酉	戊戌	己亥	庚子	辛丑	壬寅	癸卯	甲辰	乙巳	丙午	丁未	戊申	己酉	庚戌	辛亥	壬子	癸丑	甲寅	乙卯	丙辰	丁巳	戊午	己未	庚申	辛酉	壬戌	癸亥
顺序	31	32	33	34	35	36	37	38	39	40	41	42	43	44	45	46	47	48	49	50	51	52	53	54	55	56	57	58	59	60
逆序	30	29	28	27	26	25	24	23	22	21	20	19	18	17	16	15	14	13	12	11	10	9	8	7	6	5	4	3	2	1

下面介绍一下**以公元前 2698 年为黄帝纪元元年方案的年干支确定方法**。

【1】 用"**（黄帝纪年数 −1）÷60 的余数**"和"**60 甲子顺序表**"中的"**顺序编号**"确定年干支的方法。请读者注意：使用本方法时，当（黄帝纪年

数 −1）÷60 能整除，即余数为 0 时，应作余数为 60 处理。举例如下。

①公元前 841 年为黄帝纪元 1858 年，（1858−1）÷60，商 30 余 57，得"**顺序为 57**"，查"**60 甲子顺序表**"知与"**顺序 57**"对应的干支为庚申，则可定黄帝纪元 1858 年是庚申年，即公元前 841 年的标称干支年是庚申年。

②公元前 1618 年为黄帝纪元 1081 年，（1081−1）÷60，商 18 余 0，作商 17 余数为 60 处理，得"**顺序 60**"，查"**60 甲子顺序表**"知与"**顺序 60**"对应的干支为癸亥，则可定黄帝纪元 1081 年是癸亥年，即公元前 1618 年的标称干支年是癸亥年。

③公元前 2698 年为黄帝纪元元年（黄帝纪元 1 年），（1−1）÷60，商 0 余 0，整除无余数时作余数为 60 处理，得"**顺序 60**"，查"**60 甲子顺序表**"知与"**顺序 60**"对应的干支为癸亥，则可定黄帝纪元元年是癸亥年，即公元前 2698 年的标称干支年是癸亥年。

④公元前 2697 年为黄帝纪元 2 年，（2−1）÷60，商 0 余 1，得"**顺序 1**"，查"**60 甲子顺序表**"知与"**顺序 1**"对应的干支为甲子，则可定黄帝纪元 2 年是甲子年，即公元前 2697 年的标称干支年是甲子年。

【2】用"（黄帝纪元前年数 +1）÷60 的余数"和"**60 甲子逆序表**"中的"**逆序编号**"确定年干支的方法。当余数为 0 时，也应作余数为 60 处理。举例如下。

①公元前 2798 年为黄帝纪元前 100 年，（100+1）÷60，商 1 余 41，得"**逆序为 41**"，查"**60 甲子逆序表**"知与"**逆序 41**"对应的干支为癸未，则可定黄帝纪元前 100 年是癸未年，即公元前 2798 年的标称干支年是癸未年。

②公元前 2699 年为黄帝纪元前 1 年，（1+1）÷60，商 0 余 2，得"**逆序 2**"，查"**60 甲子逆序表**"知与"**逆序 2**"对应的干支为壬戌，则可定黄帝纪元前 1 年是壬戌年，即公元前 2699 年的标称干支年是壬戌年。

③公元前 2817 年为黄帝纪元前 119 年，（119+1）÷60，商 2 余 0，作商 1 余数为 60 处理，得"**逆序 60**"，查"**60 甲子逆序表**"知与"**逆序 60**"对应的干支为甲子，则可定黄帝纪元前 119 年是甲子年，即公元前 2817 年的标称干支年是甲子年。

④公元前 2708 年为黄帝纪元前 10 年，（10+1）÷60，商 0 余 11，得"**逆序 11**"，查"**60 甲子逆序表**"知与"**逆序 11**"对应的干支为癸丑，则可定黄帝纪元前 10 年是癸丑年，即公元前 2708 年的标称干支年是癸丑年。

读者如果想了解**以公元前 2697 年为黄帝纪元元年方案的年干支确定方法**，则更简单，只须在上述推算方法中的"减 1"和"加 1"去掉就行了。例如，若定黄帝纪元始年为公元前 2697 年的话，则公元前 1618 年为黄帝纪元 1080 年，1080÷60，商 18 余 0，余 0 作余 60 处理，得"**顺序 60**"，查"**60 甲子顺序表**"知与"**顺序 60**"对应的干支为癸亥，则可定黄帝纪元 1080 年是癸亥年，即公元前 1618 年的标称干支年是癸亥年。再如，若定黄帝纪元始年为公元前 2697 年的话，则公元前 2708 年为黄帝纪元前 11 年，11÷60，商 0 余 11，得"**逆序 11**"，查"**60 甲子逆序表**"知与"**逆序 11**"对应的干支为癸丑，则可定黄帝纪元前 11 年是癸丑年，即公元前 2708 年的标称干支年是癸丑年。

（淮阴工学院 殷作斌于 2022 年 8 月 20 日定稿）

附录三

本书初版
出版经费赞助名录

诗口：天命玄鸟，降而生商，宅殷土芒芒

诗曰：邦畿千里，维民所止，肇域彼四海

本书初版出版经费赞助名录正文

（以赞助先后为序，地区为现住地）

序号	地区或单位	赞助者或赞助单位	金额（元）	需求数（册）	序号	地区或单位	赞助者或赞助单位	金额（元）	需求数（册）
001	重庆市黔江区	殷中明	300	1	002	湖北省红安县	殷三元	200	1
003	苏州工业园区	殷锐	300	1	004	镇江市润州区	殷益林	2000	1
005	贵州省桐梓县	殷跃均	200	1	006	北京市海淀区	殷剑珺	1000	2
007	无锡市惠山区	殷开兵	260	2	008	云南省昆明市	殷国平	1200	1
009	四川省会东县	殷帮树	500	1	010	重庆市北碚区	殷清国	200	1
011	贵州六盘水市	殷仁远	300	2	012	江苏省盐城市	殷作峰	1720	3
013	内蒙古赤峰市	殷凤明	100	1	014	山东省梁山县	殷庆峰	200	1
015	湖南省长沙市	殷谦	208	1	016	山西省广灵县	殷万年	220	2
017	山东省滕州市	殷允楼	310	2	018	四川省雷波县	殷先壁	200	1
019	云南省保山市	殷剑	200	1	020	西安市碑林区	殷林祥 盐城人	300	1
021	无锡市新吴区	殷里	750	6	022	江苏省建湖县	殷育峰	200	2
023	江苏涟水县城	殷素花	200	1	024	江苏涟水南禄	殷开华	200	1
025	安徽省六安市	殷兆全	300	1	026	云南省镇雄县	殷洪云	100	1
027	江苏响水张集	殷作顺	200	1	028	江苏涟水南禄	殷开荣	200	1
029	青岛市城阳区	殷宝群	2148	22	030	贵州省大方县	殷锦亮	500	1
031	广东湛江市区	殷翊展	100	1	032	江苏滨海县城	殷作佩	100	1
033	广东省遂溪县	殷明光	100	1	034	广州市白云区	殷维明	300	1
035	四川自贡市区	殷德桂	100	1	036	广东湛江市区	殷田生	100	1
037	北京市海淀区	殷辉奇（大校）	300	1	038	江苏扬州市区	殷开宝	1000	3
039	安徽省太湖县	殷醒华（绪全、书宝）	310	3	040	湖南岳阳市区	殷怀远	200	1
041	新疆乌鲁木齐	殷浩	100	1	042	四川省普格县	殷邦源	1000	6
043	中华家谱馆	魏怀习 住郑州	300	1	044	陕西省靖边县	殷双利	200	1
045	四川成都市区	殷宇轩	200	1	046	山东梁山县城	殷广超	1000	3
047	广东深圳市区	殷玉鑫	200	1	048	安徽合肥市区	殷勇	100	1
049	江苏响水大东	殷开元	100	1	050	山西太原市区	殷义金	100	1
051	四川宜宾市区	殷小钢	200	1	052	广东深圳市区	殷光萍	100	1
053	浙江省青田县	殷贵农	200	1	054	江苏响水县城	殷作苏	500	1
055	淮安市钦工镇	汪国玺	400	1	056	重庆市长寿区	殷永明	200	1
057	河南鹤壁市区	刘振生	200	1	058	江苏大丰县城	殷华	1000	1
059	陕西西安市区	殷驰名 榆林人	1000	1	060	淮安市朱桥镇	吉欣哉	400	1
061	江苏涟水殷圩	殷睿 住杭州	200	1	062	江西省樟树市	殷三洪 殷早红	100	1

续表

序号	地区或单位	赞助者或赞助单位	金额（元）	需求数（册）	序号	地区或单位	赞助者或赞助单位	金额（元）	需求数（册）
063	江苏涟水南禄	殷作忠 住苏州	500	1	064	重庆忠县县城	殷建雄	100	1
065	江西赣州市区	殷上善	200	1	066	江苏涟水南禄	殷开朋	200	1
067	四川德昌中学	殷从江	200	1	068	江苏涟水南禄	殷开昶 住昆山	1000	1
069	山东枣庄市区	殷谷寅	100	1	070	江苏涟水南禄	殷胜利 住元锡	1000	1
071	山东微山县城	殷宪润	200	1	072	江苏省启东市	殷建岗	100	1
073	贵州遵义市区	殷明国	100	1	074	江苏省金湖县	殷之云 住南京	100	1
075	淮阴工学院	戴彦昶	200	1	076	南京栖霞区	姚立人	400	1
077	广东湛江市区	殷兴碧	100	1	078	连云港市区	张军	100	1
079	吉林延吉市区	殷光宇	200	1	080	贵州遵义桐梓	殷明智	200	1
081	江苏沭阳县城	王建中	100	1	082	徐州市泉山区	赵立	1000	1
083	淮安市淮安区	朱金山	100	1	084	江苏盱眙县城	马玉春	100	1
085	江苏淮安市区	卞恒亮	200	1	086	徐州沛县沛城	闫洪歧	200	1
087	江苏淮安市区	田宇峰	200	1	088	涟水县教育局	殷作模	200	1
089	盐城盐都区委	宋厚实	200	1	090	云南曲靖市区	殷太红	200	1
091	江苏徐州市区	冯必武	200	1	092	江苏徐州市区	李海侠	200	1
093	山东临清烟店	殷明远	100	1	094	广东中山横栏	殷松林	200	1
095	徐州市铜山区	赵荣田	100	1	096	沭阳县沭城镇	仲崇柏	300	1
097	金湖县卫健委	陈中林	200	1	098	上海黄浦区	殷庆武	100	1
099	宿迁宋晓丽代	李书刚 居美国	1000	1	100	江苏淮安市区	李明华	200	1
101	连云港灌南县	李先蓉	700	1	102	四川会东县城	殷永全	200	1
103	江西九江市区	殷俊文	500	1	104	海南海口市区	殷雨	200	1
105	湖南武冈市区	殷当生	100	1	106	连云港灌南县	殷伟伟	200	1
107	山东泰安宁阳	殷立坤	100	1	108	江苏响水县城	殷作惠	200	1
109	广西北流市区	殷贵宪	100	1	110	南京秦淮区	殷春莲	100	1
111	上海市松江区	殷长久	200	1	112	湖北省利川市	殷俊	200	1
113	湖南长沙市区	殷为	200	1	114	陕西省山阳县	殷大忍	200	1
115	重庆市南川区	殷立强	200	1	116	江苏无锡宜兴	殷国勤	320	2
117	贵州殷赐酒业	殷天强 + 殷春林	400	2	118	杭州市萧山区	殷关荣	500	1
119	湖北咸宁嘉鱼	殷德敏	100	1	120	江苏徐州市区	苗远征	1000	1
121	淮阴工学院	张海江	500	1	122	浙江苍南兰山村	殷兴杭 + 殷彬邦	4840	60
123	浙江慈溪逍林	岑佰锋	102	1	124	贵州贵阳市区	殷明生	300	1
125	广东中山港口	殷光驹	1000	1	126	四川九寨沟	殷冬清 住南坪镇	200	1
127	江苏射阳中专	殷德旺	300	3	128	山东济南市区	殷应龙	100	1
129	辽宁沈阳市区	殷福宝	3000	1	130	湖北黄梅县城	殷志旭	100	1
131	山西太原市区	殷卫东	100	1	132	江苏句容茅山	殷文宏	100	1
133	西安市长安区	殷书寿	500	2	134	河南方城县城	殷长山	300	1
135	南京市鼓楼区	许崇麟	100	1	136	广东深圳市区	殷军牛	5000	1
137	北京市西城区	殷开爽	200	1	138	香港	殷雄 东莞殷水康	260.60	2
139	湖北省大冶市	殷显均	100	1	140	杭州市余杭区	殷雪美	1000	1
141	江苏张家港	殷禹	200	1	142	江苏淮安市区	皮圣杰	2000	20
143	湖南永州宁远	乐启旺	310	2	144	盐城市亭湖区	殷如庆	1220	3
145	江西抚州乐安	殷亮云	500	1	146	广西桂平木乐	殷彩新	150	1

序号	地区或单位	赞助者或赞助单位	金额（元）	需求数（册）	序号	地区或单位	赞助者或赞助单位	金额（元）	需求数（册）
147	陕西安康平利	殷延昌	200	1	148	青海海东市	殷显全	2660	7
149	湖北黄冈市区	殷尚华	110	1	150	云南昭通永善	殷文群	110	1
151	江苏金湖黎城	殷大新	110	1	152	四川遂宁大英	殷明	400	1
153	合肥市蜀山区	殷先璜	110	1	154	陕西商洛商南	殷海斌	1050	5
155	镇江大港新区	殷雪刚	特赠	1	156	江苏丹阳	殷显春（记者）	特赠	1
157	广西容县电视台	殷武新（台长）	110	1	158	新疆乌鲁木齐	殷建	220	2
159	江苏泰州黄桥	殷金玉	220	2	160	南京雨花台区	殷武	110	1
161	江西赣州赣县	殷京苓	110	1	162	广东省东莞市	殷杰	110	1
163	滨海县正红镇	殷庆福（庆武弟）	100	1	164	河南新乡市区	殷宝庆	100	1
165	太原尖草坪区	殷文祯	600	6	166	连云港海州区	任美德	110	1
167	重庆市江津区	殷达义	110	1	168	陕西榆林靖边	殷治业	100	1
169	吉林长春市区	宛福成	110	1	170	江西赣州南康	殷文强	120	1
171	深圳市龙岗区	殷卫东	220	2	172	陕西西安市区	殷立新	110	1
173	湖南邵阳新宁	殷汝能	330	3	174	江苏涟水南禄	张继乔	200	1
175	040 殷怀远 代	殷惠远（怀远弟）	300	1	176	广东东莞中堂	殷举维	200	1
177	浙江温州市区	殷建华（湖北人）	200	1	178	安徽蚌埠五河	殷传成（女如敬）	110	1
179	常州市新北区	殷振江	110	1	180	广东佛山顺德	殷银华	410	1
181	湖北黄冈黄州	殷银兵	110	1	182	常州市新北区	殷建兴	110	1
183	江苏涟水县城	殷开灌	110	1	184	四川成都市区	殷一琼	288.88	1
185	云南昭通彝良	殷宽礼	500	1	186	安徽太湖汤泉	殷文闯	110	1
187	吉林长春市区	殷有（殷楷淋之父）	110	1	188	江西赣州赣县	殷明飞	110	1
189	安徽宿州砀山	殷宪其	100	1	190	河南淇县河口	殷中心	118	1
191	浙江省青田县	殷宝连	110	1	192	郑州管城区	殷东明	300	1
193	江苏省灌南县	殷海良	100	1	194	陕西商洛市区	殷学锋	110	1
195	山东临沂费县	殷梦琳	220	2	196	广东汕头市区	郭大宁	110	1
197	广东湛江遂溪	殷光武	100	1	198	安徽六安叶集	殷传兵	200	1
199	林氏豪溪明德堂	理事会 林永锐代转	特赠	1	200	广东汕尾陆丰	林永锐	330	2
201	四川宁南宁远	殷邦发	100	1	202	湖北省红安县	殷超	168	1
203	常州市公安局	殷小峰	110	1	204	常州市武进区	殷亮侨 殷小峰代	110	1
205	美国加州大学	殷亚东 殷小峰代	特赠	1	206	南昌虎山村	殷余庆	110	1
207	四川泸州江阳	殷昭才	110	1	208	上海徐汇	殷宝辉 殷先璜代	110	1
209	上海浦东	殷宝茹 殷先璜代	110	1	210	河南省卫辉市	殷利福	110	1
211	山东新泰市区	殷培喜	200	1	212	广东化州笪桥	殷王龙	228	2
213	新疆乌鲁木齐	殷榕辰	110	1	214	贵州遵义汇川	殷文华	200	1
215	江苏盐城市区	殷从新	300	2	216	安徽合肥肥西	殷逸飞	110	1
217	新疆乌鲁木齐	殷智才	220	2	218	安徽安庆太湖	殷诗威 殷醒华代	110	1
219	江苏滨海八巨	殷爽爽（住南京）	666	2	220	重庆市渝中区	殷中成	200	1
221	安徽淮南凤台	殷林	110	1					

殷代史

后 记

  《殷代史》初版 9000 册（含美国中文版 3000 册、中国中文版 6000 册）捐赠向国内各省市地市级以上藏书单位（图书馆、博物馆、档案馆）、各历史研究单位、各重点大学图书馆和赠送给日本、美国、西欧的史学界友人以后，产生的巨大社会反响是笔者原先没有想到的，许多受赠藏书单位都发来收藏证书或捐赠证书，有的还寄来热情洋溢的感谢信（如**南京浦口区图书馆**等）。特别令笔者感动的是，许多著名的历史学家、考古学家和当代著名的历史研究者都特别关注笔者编纂的初版《殷代史》。例如郑州大学九十多岁的著名殷商史学家**李民**教授在接受笔者的赠书后，还将他的许多门生的联系方式告诉了笔者，希望笔者多与他的众多博士、硕士门生切磋研究。陕西省榆林学院**赵迪奉**教授评价说："**我认为这是我目前所看到的资料最全面、考据最严密、观点最新颖的著作。**"四川大学**彭华**教授除了对拙著初版《殷代史》作较高评价外，还将他的名著《燕国八百年》回赠给笔者。还有不少学者除了作高度评价外，还提出不少修改建议，期待笔者早日推出更加完善的第二版。

  《殷代史》初版捐赠向社会各界后产生的巨大反响，虽然是促使笔者下定了在《殷代史》初版的基础上搞一个第二版（也是终定版）决心的关键因素，但搞《殷代史》第二版的美梦最终能变成现实，主要还是靠**当代考古学界泰斗北京大学李伯谦教授**在学术上对笔者的精心指导加鞭策鼓励和**江苏鑫昇新能源投资建设有限公司（常州益鑫新能源科技有限公司）董事长殷国庆**在经济上对笔者的无私资助。也就是说，如果没有他们两位的指导和帮助，即使笔者做出版比《殷代史》初版更加完善、更加精彩、更加求真的《殷代史》第二版的美梦，也是注定不会成为现实的。

  在学术上对笔者帮助最大、指导最多并不断鞭策鼓励的李伯谦教授，赋予笔者在深入研究三千多年前殷商王朝真史过程中克服一切学术困难的勇气和底气。他老人家从 2014 年起就对笔者的研究给予极高评价，他在为笔者的专著《殷代史六辨》写的《序》中说："当下，在学术界浮躁之风日盛一日的情况下，殷作斌先生和他的团队竟然还能如此认真、如此执着地去考证几千年前历史上的问题，真是难能可贵……**他关于冥因治水而死，被夏帝杼赐地于殷并追封殷侯是称商、称殷的一个界限，以前称商、之后称殷的说法，确是一个能够自圆其说、颇具新意的解释。在目前有关为什么会有殷、商之别的诸种说法中，这恐怕是最有说服力的说法之一**……第三辨'成汤国号辨'，是第一辨的逻辑发展，其中心仍然是讨论'殷''商'的含义和什么时间、什么场合称'殷'，什么时间、什么场合称'商'。第一辨可以看作是'殷''商'之别问题的提出，第三辨则是对这一核心问题进行全面而系统的讨论和论证，只有看了第三辨，人们才会发现作斌先生及其团队在该一问题上论证之深刻、逻辑之严密。你如果不认同他们的论断，你就必须针对第一辨和第三辨各节所涉问题一一做出论辩，看能否将之一一驳倒，并拿出自己的令人信服的立论。"众所周知，李伯谦教授，1937 年 2 月 10 日生，郑州荥阳人，是当代著名的考古学家，并且是"九五"国家科技攻关重大项目"夏商周断代工程"首席科学家（专家组副组长）、"十五"国家科技攻关重大项目

"中华文明探源工程预研究"主持人之一。正是他基于武汉盘龙城出土的殷代早期青铜器比郑州商城出土的还多和武汉盘龙城的建筑风格类似于郑州商城、偃师商城的商王（殷帝）宫殿的考古发现，源源不断地向笔者提供有关殷商王朝早期以盘龙城为重要据点和殷商王朝在长江流域丰富铜矿带存在势力扩张的最新考古资料，（**笔者注**：李先生的此项重大考古发现，改写此前传统正史对殷商王朝早期政治地理版图的既有认知，曾令举世震惊。）才使笔者从魏晋谱书《殷氏家传》的记载与他的重大考古发现高度一致方面获得了编纂《殷代史》的底气。今年3月份，因年高在郑州老家休养的他老人家，还带病听取了笔者关于完善《殷代史》编纂计划的汇报，并十分高兴地接受了笔者的赠书，分别时还依依不舍地拉着笔者的手，邀笔者与他合影留念。【**笔者注**：读者若想查阅2024年3月14日下午笔者到郑州李伯谦教授老家向他赠书时与他老人家合影的照片，请参阅本书"前74"页（"实录-4"页）的图片。】总之，可以这样说，如果没有李伯谦教授的帮助、鼓励和鞭策，笔者的《殷代史》根本写不出来，更不要说出版第二版了。

在经济上对笔者帮助最大、起雪中送炭作用的是一位以前只知其名、重未谋面的江苏著名企业家**殷国庆**，他是江苏鑫昇新能源投资建设有限公司（常州益鑫新能源科技有限公司）的董事长。这次，当他看到笔者的《殷代史》第二版书稿时，竟然在共创中华民族伟大复兴、共建中华民族现代文明和为共同的殷商老祖宗正名方面与笔者产生共鸣。在李伯谦等老科学家的帮助下，笔者虽然将《殷代史》第二版书稿搞出来了，但又面临无力筹集巨额出版经费的困难。因为笔者多次带着诸多国际友人到全国各地殷商遗址考察时花费可观（如带着一批又一批的国际友人到郑州商城、偃师商城、安阳殷墟、淇县朝歌、武汉盘龙城、新州阳逻香炉山、黄州下窑洞嘴、随州庙台子、大冶铜绿山、江西瑞昌铜岭等殷商故地考察参观）和2015年起先后出版《殷代史六辨》《朐阳殷氏宗谱》《殷代史》三部书的出版经费也颇多，加上总共向社会各界免费赠送13000多本书也花了不少钱，上述三项花费加起来总计已经花掉了笔者一生200多万元的所有积蓄（含总共发出数千件赠书邮件或快递件的运费），再没有什么资金可支付高昂的《殷代史》第二版的出版费和印刷费了。虽然国外有些出版社，向笔者伸出了橄榄枝，说只要笔者同意让他们自主销售，可以免费为笔者出版《殷代史》第二版书稿，但考虑到笔者的《殷代史》还是在国内出版才能发挥它应有的巨大社会效果。因此，笔者最终决定还是在国内出版《殷代史》第二版，为了联系既便宜又有名气的受理出版社，笔者几乎绞尽了脑汁。正当笔者为筹集《殷代史》第二版出版和印刷经费一筹莫展的时候，"及时雨"殷国庆董事长出现了，2024年8月24日他汇来**一万二千元向笔者预订100册**《殷代史》第二版时，见到笔者正在为筹集出版经费而苦恼。于是，他对笔者说了如下安慰的话："**您不必为筹集出版经费担心，我一人可以为您补足出版经费的全部缺口。**"当时，笔者以为他只是说的一句"玩笑"话，没有想到他竟然真的向笔者索要银行账号以便落实大笔赞助的汇款计划，8月26日他果真让其公司财务给笔者汇来**十万六千元**，兑现了他总共赞助**十一万八千元**的允诺，完美地圆了笔者出版《殷代史》第二版的美梦！

回想起初，当笔者想搞《殷代史》第二版的时候，曾有不少读者询问："**《殷代史》第二版与初版有何不同？**"为此，笔者曾苦思了两个多月。现在终于可以明确地告诉读者了。因为从9000本初版书发向社会后产生的巨大反响来看，大家几乎一致认为，这个第二版应是既用无可辩驳的史料真实地记载周人为巩固以周代殷新生政权的政治需要，过于贬殷，甚至将殷商先人对中华民族的重大贡献抹得光光、重新整合中华上古史的史实，又剔除殷氏先人在《殷氏家传》中为报复周人翦殷而加在周人头上的诸多不实之词的版本，应是既符合甲骨文记载又克服甲骨文仅是殷商王室祭祀产物的局限性的版本。因此，可以这样认为：《殷代史》第二版是比初版更加完善、更加精彩、更加求真的版本。或者说，《殷代史》第二版是更加符合著名甲骨学大师、甲骨四堂之一董作宾和港台史学权威李定一教授关于著史必须"**求真、客观、公正**"六字要求的版本。【**笔者注**：著史必须"求真、客观、公正"六字要求的出处，参见本书 24 页（即本书《卷首》的"0-24"页）的"笔者后加注"。】

在《殷代史》初版成功发行和第二版书稿搞成之后发在网上向读者征求修改意见的过程中，要特别感谢的还有：

第一，要特别感谢《企业家日报》主任记者**兰文种**、浙江湖州的**殷锋文**、四川凉山的**殷从江**、南京的**殷春莲**、广东湛江的**殷明光**、江苏海安的**殷网根**、安徽合肥的**殷道法**（又名**王祖斌**，随母姓）、广西容县的**殷彩新**和经报（北京）艺术设计发展有限公司的**贾宝磊**、江苏镇江的英语专家**赵文合**老师和热心帮忙的镇江殷氏宗亲**殷正义**等诸多朋友，他们为了使《殷代史》第二版书稿完善更完善，都主动地承担起《殷代史》第二版书稿的校对、审阅和修改等工作。其中，最令笔者难忘的是江苏镇江的英语专家**赵文合**老师，他在百忙中担承了《殷代史》第二版正文之前计 56 页的全部中英文对照图解书稿的审阅和校对任务。

第二，要特别感谢本后记"附件 1"——《殷代史》第二版出版经费赞助名录——中的诸多朋友。为了感谢他们的无私赞助，笔者决定在《殷代史》第二版正式出版之后视其预订时要求的册数免费赠送成书，以作永久纪念。

第三，要特别感谢殷、宋、孔、林、汤、商、王姓中的比干王姓分支、李姓中的箕子李姓分支和大韩民国的殷氏后裔等各姓氏、各支派众多殷商后裔宗亲邀请笔者参与其整修族谱的抬爱。随着为中华殷商先祖正名的中、美两种版本的本书初版九千本在全球的公开发行和中华殷商各姓氏代表于今年三月云集祖地河南省朝歌和安阳殷墟进行第四次大型祭祖活动的成功举办，催生出各姓氏各支派众多殷商后裔宗亲的兴修族谱热潮。这虽然是件大好事，但笔者提醒大家注意以下两点。一是大家纷纷来电来信，希望笔者在《殷代史》成功出版的基础上，再接再厉搞出一部能指导各姓氏各支派编修族谱的《中华殷商总谱》，对此，笔者的回答是，不仅笔者做不到，任何人也做不到。二是有许多正在修谱的各姓氏各支派宗亲希望笔者能为之撰写谱序，对此，笔者的回答是，因为笔者已经八十有五，行将入土，不可能应全球中华殷商各姓氏各支派修谱要求，逐一为之撰写《谱序》，但可以为全球殷商后裔各姓氏各支派宗亲撰写"通用谱序"一篇，命序名为"**中华殷商各姓氏各支派族谱通用谱序**"，用以弥补因历史的原因导致本来"有册有典"的中华殷商却不可能编成《中华殷商总谱》的缺额（《尚书·周书·多士》中，记载有周公以成王名义说的原话："惟尔知，惟殷先人**有册有典**，殷革夏命。"），供全球殷商后裔各姓氏各支派宗亲修谱时选用。读者若想知晓《中华殷商总谱》为何不可能成功编纂的原因和笔者为全球中华殷商后裔各姓氏各支派族谱撰写的通用谱序——《中华殷商各姓氏各支派族谱通用谱序》——的详情，请参阅本后记的"附件 2"。

谢谢各位读者。

殷作斌　2024 年 12 月 10 日　最后定稿于江苏淮安寓所

【**附件 1**】：《殷代史》第二版出版经费赞助名录
【**附近 2**】：关于中华殷商各姓氏各支派族谱选用笔者编撰的通用谱序的倡议

【附件 1】：《殷代史》第二版出版经费赞助名录

【说明】本次赞助活动于2024年8月23日由武汉殷商后裔**汤艳波**宗亲率先带头启动，迄今已经几个月了。现在虽然仍在继续进行中，但因为本书已经于2024年12月25日最后定稿，故凡是在2024年12月25日之后的赞助者将无法列入本表中，希望未能列入本表中的赞助者谅解之。另外，本表中除了把本次赞助活动的肇始人武汉殷商后裔**汤艳波**宗亲的"001"号排在第一位、把赞助最多的常州金坛**殷国庆**宗亲的"058"号排在第二位以外，余皆以赞助先后为序。

殷作斌　殷昌盛　2024 年 12 月 25 日

序号	地区或单位	赞助者	金额（元）	获赠数（册）	序号	地区或单位	赞助者	金额（元）	获赠数（册）
001	武汉	汤艳波	600	5	058	常州金坛	殷国庆	118000	100
002	江苏南通	殷晓明	120	1	003	重庆长寿区	殷永明	120	1
004	成都龙泉驿	殷一琼	600	1	005	南京秦淮区	殷春莲	240	2
006	陕西省榆林	殷治业	120	1	007	安徽省合肥	殷逸飞	360	3
008	贵州省遵义	殷文华	200	1	009	江苏涟水南禄	殷睿	120	1
010	南京秦淮区	殷爽爽	600	5	011	陕西省榆林	殷双利	120	1
012	内蒙古赤峰	殷凤明	120	1	013	贵州省遵义	殷天强	600	5
014	涟水南禄	殷作贵	200	1	015	江苏省无锡	殷开兵	120	1
016	广西容县	殷武新	240	2	017	广东省东莞	殷剑钊	1200	10
018	四川普格县	殷邦源	360	3	019	江苏大丰	殷华	3240	27
020	湖北省大冶	殷显均	600	4	021	四川省泸州	殷昭才	120	1
022	广州越秀区	殷林权	120	1	023	江苏宜兴	殷敏	500	1
024	安徽马鞍山	殷宏斌	600	5	025	贵州六盘水	殷仁远	120	1
026	湖北省荆州	殷惠远	800	6	027	涟水炎黄大学	孙俊菊	1200	10
028	江苏省金湖	殷大新	400	2	029	河南省郑州	殷东明	240	2
030	江西省赣州	殷文强	120	1	031	海南省海口	殷雨	240	2
032	云南省昆明	殷国平	600	1	033	安徽省合肥	殷勇	120	1
034	江苏省句容	殷文宏	120	1	035	江苏涟水南禄	殷作忠	1000	3
036	江苏省徐州	殷伟光	120	1	037	青海省	殷文成	360	3
038	四川西昌市	殷崇福	600	5	039	贵州省遵义市	殷孝全	120	1
040	安徽五河县	殷传成	200	1	041	江苏涟水南禄	王清	200	1
042	云南昆明市	殷茂	120	1	043	江苏省响水县	殷作惠	120	1
044	淮阴工学院	王光明	2000	1	045	四川省成都市	殷凯	120	1
046	江苏响水县	殷作峰	600	5	047	湖北省黄梅县	殷鹏程	120	1
048	江苏省射阳	殷德旺	120	1	049	江苏省响水县	殷作苏	240	2
050	淮阴工学院	戴彦昶	200	1	051	江苏省滨海县	殷海军	600	5
052	湖南省湘潭	殷军义	120	1	053	福建省安溪县	殷国生	120	1
054	常州市溧阳	殷百瞻	200	1	055	四川省巴中市	殷茂德	240	2
056	四川西昌市	殷显洪	120	1	057	四川省西昌市	殷洪兴	120	1
059	淮阴工学院	张海江	120	1	060	江苏涟水南禄	张继乔	200	1
061	四川大学	彭华教授	120	1	062	湖北省黄石市	殷正发	240	2
063	河南省固始	殷淞海	480	4	064	安徽省岳西县	殷义良	200	1
065	江西省赣州	殷育生	120	1	066	淮阴工学院	庄海昭	120	1
067	涟水县南禄	殷开昶	1000	2	068	山东临沂费县	殷梦琳	240	2
069	安徽凤台县	殷林	120	1	070	湖南邵阳新宁	殷汝能	500	4

序号	地区或单位	赞助者	金额（元）	获赠数（册）	序号	地区或单位	赞助者	金额（元）	获赠数（册）
071	淮安市涟水	殷建云	200	1	072	山西省晋中市	殷卯福	120	1
073	江苏启东市	殷建岗	120	1	074	四川省泸州市	殷义彬	120	1
075	广东茂名市	殷玉龙	123	1	076	河北省三河市	殷雪琳	120	1
077	四川西昌市	殷丛顺	200	1	078	江苏省涟水	殷沐友	360	3
079	河南家谱馆	魏怀习	360	3	080	吉林省延吉市	殷光宇	120	1
081	陕西山阳县	殷书伟	120	1	082	苏州工业园区	殷锐	600	5
083	内蒙古通辽	殷永利	120	1	084	河南省固始县	柴照荣	120	1
085	四川德昌县	殷少刚	120	1	086	湖北省利川市	殷俊	200	1
087	四川西昌市	殷显凤	120	1	088	广州市从化区	殷建平	120	1
089	江苏海安市	殷网根	120	1	090	浙江省丽水市	殷子	500	4
091	贵州遵义市	殷春林	300	2	092	江苏涟水南禄	殷开华	120	1
093	深圳4S店	殷军生	3000	2	094	安徽省太湖县	殷建国	600	5
095	四川成都市	汤军荣	128	1	096	徐州市泉山区	苗远征	240	2
097	广东茂名市	殷载超	120	1	098	贵州省遵义市	殷明华	300	2
099	涟水县南禄	李士梅	120	1	100	安徽省宣城市	殷春进	600	5
101	四川成都市	庄仕福	240	2	102	新疆乌鲁木齐	殷浩	120	1
103	湖北鄂州市	殷永艺	240	2	104	四川省冕宁县	殷猛朝	160	1
105	山东枣庄市	殷延化	240	2	106	陕西省商南县	殷海斌	360	3
107	贵州桐梓县	殷跃均	200	1	108	重庆市永川区	殷青木	120	1
109	淮阴工学院	赵锦玉	240	2	110	上海市松江区	殷长久	120	1
111	湖南宁远县	乐启旺	120	1	112	贵州省遵义市	殷明国	150	1
113	四川广元市	殷崟程	150	1	114	河南平顶山市	殷朝辉	120	1
115	山东烟台市	宋彦	120	1	116	江西省赣州市	殷京芩	120	1
117	江苏昆山市	殷建林	240	2	118	山西省太原市	殷卫东	240	2
119	海南省海口	殷诗灏	240	2	120	安徽省岳西县	殷书奇	120	1
121	江西余江县	殷江华	120	1	122	湖北省黄冈市	殷尚华	120	1
123	山东微山县	殷允娜	120	1	124	四川德昌二中	殷从江	120	1
125	河南新乡市	殷文嘉	240	2	126	郑州市管城区	殷文甲	120	1
127	陕西西安市	殷驰名	600	5	128	厦门市同安区	汤雪征	240	2
129	安徽歙县	殷观仕	120	1	130	江西省赣州市	殷明飞	120	1
131	西安雁塔区	殷海发	121	1	132	湖南省株洲市	殷石岩	120	1
133	安徽省泾县	殷永宏	240	2	134	湖北省嘉鱼县	殷德利	120	1
135	江西九江市	汤善武	120	1	136	广东省中山市	殷光驹	300	2
137	涟水县南禄	殷昌海	120	1	138	南京雨花台区	殷武	120	1
139	山东梁山县	殷广超	600	5	140	江苏省常熟市	殷作亮	120	1
141	盐城盐都区	宋厚实	120	1	142	江苏盐城阜宁	陆守超	240	2
143	扬州邗江区	王庆云	120	1	144	江苏淮安市区	卞恒亮	120	1
145	江西赣州市	殷建平	120	1	146	云南省昆明市	殷廷睿	120	1
147	盱眙县马坝	郑立	120	1	148	湖北省孝感市	殷硕华	120	1
149	江苏阜宁县	殷绍国	120	1	150	江苏响水双港	殷绍国	1000	3
151	湖南桑植县	殷松林	120	1	152	武汉东西湖区	殷启明	240	2
153	常州武进区	殷宏伟	120	1	154	四川九寨沟县	殷冬清	120	1
155	湖北红安县	殷超	120	1	156	云南省昆明市	殷光剑	120	1

续表

序号	地区或单位	赞助者	金额（元）	获赠数（册）	序号	地区或单位	赞助者	金额（元）	获赠数（册）
157	山东滕州市	殷允楼	120	1	158	河北省涿州市	殷永	120	1
159	湖北恩施州	殷德伦	120	1	160	云南省曲靖市	殷太红	240	2
161	贵州毕节市	殷天智	360	3	162	贵州省毕节市	殷八昌	120	1
163	贵州毕节市	殷华昌	120	1	164	贵州省毕节市	殷天华	120	1
165	贵州毕节市	殷天才	120	1	166	贵州省毕节市	殷天培	120	1
167	贵州毕节市	殷天勤	120	1	168	贵州省毕节市	殷天信	120	1
169	贵州毕节市	殷天云	120	1	170	贵州省毕节市	殷天令	120	1
171	贵州毕节市	殷宪能	120	1	172	贵州省毕节市	殷开江	120	1
173	广东韶关市	殷伟	120	1	174	北京市丰台区	殷玉新	120	1
175	江苏泰州市	殷俊	120	1	176	重庆市江津区	殷达义	120	1
177	贵州毕节市	殷锦刚	280	2	178	上海市闵行区	殷峰	120	1
179	内蒙鄂尔多斯	时均刚	120	1	180	江苏涟水南禄	殷作伍	120	1
181	广州白云区	殷维明	240	2	182	云南省永善县	殷文群	120	1
183	云南昆明市	殷元祥	120	1	184	安徽省太湖县	殷诗巍	120	1
185	湖北利川市	殷建华	200	1	186	江苏省江阴市	殷晓东	120	1
187	江苏泗阳县	殷向前	120	1	188	山东省临清市	殷广峰	120	1
189	河南省息县	殷广东	240	2	190	浙江省温州市	殷夏生	500	4
191	安徽肥东县	殷平信	120	1	192	江苏阜宁县城	殷永庆	240	2
193	山东省莒县	殷德富	120	1	194	江苏省句容市	殷世旺	120	1
195	河南淮滨县	殷海容	120	1	196	四川省西昌市	殷德平	120	1
197	吉林敦化市	殷福祥	120	1	198	浙江绍兴诸暨	殷爱香	120	1
199	云南彝良县	殷宽礼	120	1	200	山东省邹城市	殷宪杰	120	1
201	陕西商南县	殷书寿	120	1	202	山东省梁山县	殷庆国	120	1
203	四川西昌市	殷冬	360	2	204	河南省淮滨县	殷法民	140	1
205	苏州昆山市	景学义	133	1	206	山东省微山县	殷宪润	120	1
207	安徽合肥市	殷先璜	120	1	208	安徽省合肥市	殷先俊	254	2
209	重庆九龙坡	殷玉昌	134	1	210	江苏省响水县	殷昌荣	186	1
211	安徽太湖县	殷照平	120	1	212	江苏宿迁宿豫	殷濛	120	1
213	四川冕宁县	殷祥	130	1	214	湖南省株洲市	殷辉	240	2
215	山西朔州市	殷西	500	4	216	深圳市福田区	殷广全	120	1
217	江苏响水县	殷丙鸿	120	1	218	西安市雁塔区	殷寒松	260	2
219	四川自贡市	殷道相	140	1	220	贵州省桐梓县	殷明智	240	2
221	湖北黄梅县	殷志凯	170	1	222	重庆市长寿区	殷举良	600	5
223	江苏省涟水	殷开祥	120	1	224	福建莆田仙游	殷仕毅	1200	10
225	山东省聊城	殷荣生	120	1	226	陕西商洛洛南	殷本宇	120	1
227	安徽省安庆	殷本阳	120	1	228	江西省吉安市	殷细正	120	1
229	山东省滕州市	殷昭仁	500	2	230	四川省西昌市	殷显升	120	1
231	吉林省辽源市	徐启航	100	1	232	重庆市江津区退休干部	殷朝刚	120	1

【后记·附件 2】：关于中华殷商各姓氏各支派族谱选用笔者编撰的通用谱序的倡议

殷作斌　公元 2024 年 12 月 10 日

全球海内外中华殷商各姓氏各支派主持修谱的主修或主编：

　　大家好！特别感谢殷、宋、孔、林、汤、商、王姓中的比干王姓分支、李姓中的箕子李姓分支和大韩民国的殷氏后裔等各姓氏、各支派众多殷商后裔宗亲邀请笔者参与殷商后裔各姓氏各支派整修族谱的抬爱。随着为中华殷商先祖正名的中、美两种版本的《殷代史》初版九千本在全球的公开发行和中华殷商各姓氏代表于今年三月云集祖地河南省朝歌和安阳殷墟进行第四次大型祭祖活动的成功举办，催生出各姓氏各支派众多殷商后裔宗亲的兴修族谱热潮。这虽然是件大好事，但笔者要告诉大家，你们在纷纷来电来信中提出的两点希望，都是不可能实现的。一是大家希望笔者在《殷代史》成功出版的基础上，再接再厉搞出一部能指导各姓氏各支派编修族谱的**《中华殷商总谱》**，笔者认为，中华殷商与别的姓氏不同，由于历史的原因，这一希望只是空想，是任何人都不可能做到的。二是有许多正在修谱的各姓氏各支派宗亲希望笔者能为之撰写谱序，对这一条，笔者认为，也无法做到，因为笔者已经八十有五，行将入土，不可能应全球中华殷商各姓氏各支派修谱要求，逐一为之撰写《谱序》，但可以为全球殷商后裔各姓氏各支派宗亲撰写"通用谱序"一篇，命序名为**"中华殷商各姓氏各支派族谱通用谱序"**，用以弥补因历史的原因导致本来"有册有典"的中华殷商却不可能编成《中华殷商总谱》的缺额（《尚书·周书·多士》中，记载有周公以成王名义说的原话："惟尔知，惟殷先人**有册有典**，殷革夏命。"），供全球殷商后裔各姓氏各支派宗亲修谱时选用。不过，笔者的这一设想也只是倡议而已，至于各姓氏各支派修谱时，是否愿意采用此"通用谱序"，由各位自定，笔者并不强求。现将笔者今天编撰的《中华殷商各姓氏各支派族谱通用谱序》抄录如下，供各位宗亲编纂族谱时参考。谢谢各位宗亲！

中国河南省淇县朝歌中华殷商传承文化研究会前名誉会长，殷商传承文化研究网站长，中华殷氏网首任站长，朐阳殷氏第五次续修宗谱编纂委员会副主任兼主编，《殷代史六辨》和中、美两种版本的《殷代史》(初版) 作者，《朐阳殷氏宗谱》(黄河水利山版社 2020 年 7 月版，在 2020 年郑州全国家谱展评大会上荣获最佳创新特等奖) 主编，中共江苏省省级优秀共产党员 (终生享受江苏省省级劳模待遇)，中国江苏省淮安市劳动模范，中国淮阴工学院著名电子学专家 (双师型创新人才)
　　殷作斌　公元 2024 年 12 月 10 日　于江苏淮安寓所
(联系方式：可加微信的手机号 (0086) 18036503718、微信号 hy_yzb)

【附】：《中华殷商各姓氏各支派族谱通用谱序》 (转下页)

中华殷商各姓氏各支派族谱通用谱序

　　盖闻，家之有谱，犹国之有史也。史以记正统，别善恶，为后世鉴；谱以明世系，序昭穆，为后嗣鉴。一而已矣。故史号国乘，谱号家乘。缙绅先生雅尚之。昔之谱，多藏于密室，唯少数人知，今之谱，为共创中华民族伟大复兴、共建中华民族现代文明服务，知者多多益善。故为面向大众计，本序下文以白话为主，向族人简要地介绍一下中华殷商各姓氏各支派之源和最初之流。

　　目前，随着为中华殷商先祖正名的中、美两种版本的《殷代史》初版九千本在全球的公开发行和中华殷商各姓氏代表于今年三月云集祖地河南省朝歌和安阳殷墟进行第四次大型祭祖活动的成功举办，全球中华殷商各姓氏各支派的修谱热潮四起，各姓氏各支派的族谱主修人纷纷来电来信，要求老朽为之撰写《谱序》。因为老朽已经八十有五，行将入土，不可能应全球中华殷商各姓氏各支派修谱要求，逐一为之撰写《谱序》。因此，老朽决定为海内外中华殷商各姓氏各支派撰写"**通用谱序**"一篇，命**序名为"中华殷商各姓氏各支派族谱通用谱序"**，供有需求的海内外中华殷商各姓氏各支派编修族谱时自主选用，用与不用，皆可。

　　中华殷商源于子姓商族始祖**契**。契，即《史记·殷本纪》开篇就记载的"**殷契**"。契生**昭明**，昭明生**相土**，相土生**昌若**，昌若生**曹圉**，曹圉生**冥**。冥，即著名的商族六世先公兼夏帝追封的商族子姓殷氏首任殷君**冥公**也。商族六世冥公为治理黄河以身殉职的夏代水官，是夏代与大禹齐名的治水英雄。因此，在甲骨文中被殷商先祖尊为"高祖**河**"，在魏晋谱书《殷氏家传》中被殷商后裔尊为"先祖**河**"。在《世本》中，商族六世先公"**冥**"被尊为"殷商九大氏族"之首商族子姓殷氏族的肇氏始祖。《世本》记载的殷商子姓九大氏族是"殷、时、来、宋、空同、黎、北髦（比髦）、目夷、萧"。《国语》记曰："冥，契后六世孙，……为夏水官，勤于其职而死于水也。"《世本》亦记曰："冥为司空，勤其官事，死于水中，殷人郊之。"冥因治水以身殉职，有大功于夏。因此，被夏帝追封于今安阳之"**殷**"地。其子商族七世**亥**（即甲骨文中的**王亥**）率领族人由夏殷时古黄河东的祖地"**商**"迁到古黄河西位于太行山脚下的其亡父**冥**的封地"**殷**"，奉夏帝之命，"**改商曰殷**"，袭亡父新爵位，尊其亡父商族六世冥公为首任殷君，称自己为二世殷君。此即中华商族子姓殷氏族之始也。后来，夏桀无道，冥公的九氏嫡传成汤（亦称商汤，商族十四世），殷革夏命，放桀代夏而有天下，建立新王朝，并将其所建新王朝的国号定为"**殷**"。成汤代夏后将其所建新王朝的国号定为**殷**的原因很简单，因为他代夏前的诸侯国号本来就是**殷**，成汤放桀代夏成为新的天下共主后，就沿用了老的诸侯国号**殷**作为他所建新王朝的国号，就如同后世周武王代殷前诸侯国号是"**周**"，代殷成为天下共主后，仍沿用老的诸侯国号**周**为其代殷后所建新王朝的国号一样。

　　魏晋谱书《殷氏家传》记载：**殷代**，始建国干干支纪元**癸亥年甲寅月壬辰日**，相当于中国**黄帝纪元 1081 年正月初一**，即公元前 1618 年 2 月 20 日；**历十七世二十七帝**，**传国五百七十四年**，覆亡于干支纪元**丙申年庚子月甲子日**，相当于中国**黄帝纪元 1654 年十二月初四**，即公元前 1044 年 1 月 9 日。殷亡后的"**殷末子姓殷氏王室**"后裔和"**殷商子姓九大氏族**"及其众多"**分氏族**"中的其他后裔，不忘故国。在秦汉姓氏合一的潮流中，便纷纷脱离母姓子姓，升氏为姓，衍生出现在的殷、林、宋、孔、汤、商、现代大姓王姓中的比干王姓分支、现代大姓李姓中的箕子李姓分支和大韩民国的殷姓分支等 200 多个姓的中华殷商各姓氏。这便是中华殷商各姓氏从母姓子姓中的氏族或分氏族升为独立姓氏的由来。（笔者特别注：魏晋谱书《殷氏家传》把殷亡后的"**殷末子姓殷氏王室**"后裔称为殷商子姓中的"**大宗殷**"后裔，并把由"**殷商子姓九大氏族**"衍生出来的众多"**分氏族**"称之为"**宗**"，又云《世本》把由"**殷商子姓九大氏族**"衍生出来的众多宗支称为"**分氏族**"，但笔者翻阅中华书局 2008 年出版的《世本八种》，似未见"**分氏族**"这个词。）

　　目前，先祖**成汤**（商汤）所建**殷商王朝的国号为殷不为商，殷和商以**与大禹齐名的夏代治水英雄、因治理黄河以身殉职的夏代水官、商族六世先公兼夏帝追封为**首任殷公"冥"为界**，分为两个阶段——"**冥前称商，冥后称殷，二者合称殷商**"——**的史实已经深入人心**。一度在各姓氏各支派族谱中广为流行的西晋皇甫谧逆司马迁《史记·殷本纪》称殷不称商的史实，首创并杜撰的"**盘庚迁殷前称商，盘庚迁殷后称殷，二者合称殷商**"的有违史实的谬说，已经陆续被殷商后裔各姓氏各支派修谱负责人从各姓氏各支派老谱中清除出去。因为后世盘庚迁殷不是迁到新的殷地去，而是回迁到夏帝追封的首任殷君（商族六世先公）**冥的**追封地"**祖地殷**"。

　　近来，海内外中华殷商各姓氏各支派宗亲纷纷来电来信，希望笔者在《殷代史》成功出版的基础上，再接再厉搞出一部能指导各姓氏各支派编修族谱的《中华殷商总谱》。对各姓氏各支派宗亲对笔者的如此抬爱，笔者只能说"爱莫能助"。为什么呢？据魏晋谱书《殷氏家传》记载，生于殷亡后约 500 年左右的孔子就曾梦想编写一部厘清子姓孔氏之源、最初之流的《殷商孔氏总谱》，但因为他无奈地发出殷礼"不足征"的慨叹而作罢（《论语·八佾篇》记有："子曰：'夏礼，吾能言之，杞不足徵也；**殷礼，吾能言之，宋不足徵也**；文献不足故也。足，吾能徵之矣。'"）。大家可想而知，连大名鼎鼎的孔子都无法编成《殷商孔氏总谱》，我们今天要编成《中华殷商总谱》怎么可能呢?!概括成一句话，就是因为发生以周代殷的重大历史事件，导致《尚书·周书·多士》记载的"**殷先人有册有典**"的中华上古记史典册被周人因政治需要重新整合掉而未能传存也！也许会有宗亲辩曰："孔子当年因为看不到横空出世的甲骨文、金文等殷商史料，编不成《殷商孔氏总谱》，可以理解。今天已有 15 万多片带字（卜辞）甲骨为据，您老人家为什么还说不可能编成《中华殷商总谱》呢？"笔者的回答是："宗亲们，你们只知其一，不知其二。"甲骨文固然能弥补编纂《中华殷商总谱》资料的缺额，但也只能解决厘清"殷商之源"的问题，这在拙著《殷代史》一书中，已经做到。但现代横空出世的 15 万多片带字（卜辞）甲骨和其他考古资料并不能解决殷亡后至汉初近千年期间的殷商人一直遭受打压导致"**最初之流**"不明的问题。实际情况是：

殷亡后，特别是周公东征平叛以后，殷商遗民被周人"支解"得七零八落。除被微子带去宋国或仰慕微子之名自己主动投奔宋国和极少数因有一技之长为周人所用的匠人以外，殷商王室的子姓殷氏后裔大多没有好的下场，其中以被周人迫迁到洛邑"改造"的至少十万之众的"殷顽民"的下场最惨（"至少十万之众"是魏晋谱书《殷氏家传》的原话）。由于周人实施吓唬殷人的政策，殷商末代王室后裔，在后来姓氏合一的潮流中，也多数改为别的姓，而不敢说自己与殷商王室有任何关联，尤其不敢说自己姓殷，即使姓殷也只能偷着姓。就是敢说自己姓殷的也多违心地说自己是微子的后人，而不敢公开说出殷末时自己先祖的真实名讳。最典型的是西汉初年因功受封汝南的北地太守、陈郡长平殷氏始记祖殷续，他在西汉皇帝面前都只说自己是微子后人，只有在私下才对嫡裔说帝辛的好话，认为自己是帝辛的后代。后来东晋名将殷浩、唐朝开国功臣殷开山、中唐卒赠司空的名吏殷侑等也如是说。按理说，殷商后裔受压恐惧的心理，入汉以后应该有所改变。但入汉以后，人口的繁衍力和殷商后裔受压的心理状态的惯性并没有太大的改变。以致到西汉成帝时（公元前 33—前 7 年在位），"诏求殷商末代王室子姓殷氏后裔"，竟无人敢应。汉成帝，因婚久无嗣，求子心切。微官梅福乘机上疏，请求加封殷商后裔，以续殷商成汤香火。其大意为："武王击败殷纣，还没下战车就分封五帝夏殷，封武庚祀殷，封杞延夏，后来成王又封微子于宋，代殷后祀成汤，以示自己不独自占有天下。保存别人就能保存自己，阻塞别人就会阻塞自己。善恶有报，富贵在天。从前秦灭了东周，扫平六国，不提拔隐士，又断绝三代香火，灭道逆天，因此秦始皇不仅自身陷入危难，而且儿子扶苏、二世胡亥也相继被害，孙子也不能继位，这就是阻塞别人就会阻塞自己、善恶有报的例子。现在五帝夏周都受到祭祀，唯殷人失去后嗣，成汤断了香火，陛下恐怕是因为这个原因而一直没有子嗣吧！"梅福的上疏虽被斥责为"边部小吏，妄议朝政"，但汉成帝却悄悄记在心里，派人四处寻找末代殷商王室直系传人，"诏求殷之后裔"。此时才发现，殷末王室的子姓殷氏后裔已"分散为十余姓，推求其嫡，不可得"（实际是，屡受打击的殷末王室的子姓殷氏后裔，如惊弓之鸟，不敢承认自己是末代殷商王室嫡裔）。于是，汉成帝只好采纳梅福的建议，因孔子也是殷人之后，改封孔子的直系传人为专祀成汤的殷侯。汉成帝于绥和元年（公元前 8 年）下诏封孔子的十四世传人孔吉（一说是孔吉之子孔何齐）为殷绍嘉侯，不久又进封为殷绍嘉公。殷绍嘉公的封地位于汝南郡新郪县（汉初置新郪县，在今安徽省太和县赵庙镇），封地方圆百里，食邑 1670 户，建平二年（公元前 5 年），增封 932 户。

从殷末至汉初的这段近千年历史说明，即使有 15 万多片带字（卜辞）甲骨的印证，我们也只能确认整个殷代实际共传 17 世 27 帝，至于殷亡后至汉初这千年间，至少 30 万的殷商族人下落如何，他们中谁是谁的子女，谁是谁的父母，任何人都不可能知晓。因为这一千多年间，殷商族人除了宋公室族人以外，谁也不敢撰写家谱传世。各位宗亲想一想，由于自武庚复国被诛至西汉北地太守、长平殷氏始记祖殷续这千年间，殷商一族缺乏可靠的世系传承资料，大家期望我"在《殷代史》成功出版的基础上，再接再厉搞出一部能指导各姓氏各支派编修族谱的《中华殷商总谱》"，怎么可能呢？老朽认为，就目前能见到的传世文献与考古发现来看，要想编纂一部能指导各姓氏各支派编修族谱的《**中华殷商总谱**》，是绝对不可能的。

下面还想跟各姓氏各支派殷商后裔宗亲讲一讲怎么正确看待"**殷商覆亡**"这件史事问题。我在 20 世纪六七十年代也曾反复思考过这个问题，因为上世纪六七十年代的我与现在的殷商后裔各姓氏宗亲一样，都在为**殷商覆亡**可惜，甚至与撰写魏晋谱书《殷氏家传》的殷氏先祖产生共鸣，内心深处不由自主地产生对翦殷周人犯上作乱、以臣弑君的不满情绪，而对殷商奴隶社会大厦中底层人民的反抗和殷末时奴隶主残酷镇压奴隶反抗的血腥缺乏认知。例如，当年当我发现魏晋谱书《殷氏家传》中甚至还记有殷氏先祖为报复周人翦殷过于贬周的内容时，我曾于 1959 年（上高中二年级时），通过香港友人向曾师从王国维的台湾董作宾大师请教过。董大师说，历史学者要客观公正，周人出于以周代殷的政治需要贬殷固然不对，殷氏后人在秘密传承的《殷氏家传》中过于贬周也不对，周人和殷人对中华民族的形成与发展壮大都是有很大贡献的。现在有了甲骨文，对我们重新认识殷人的历史贡献虽有很大帮助，但只凭殷人祭祀的产物甲骨文也写不出真正的殷代文化史。当时，他还想借《殷氏家传》一阅，但限于当时大陆与台湾的敌对关系被我长兄拒绝了。后来，当我在清华读大三、大四时，再想联系董大师，发现他老人家已经于 1963 年 11 月 23 日离世了。后来，就《殷氏家传》中记载有殷氏先人过于贬周的内容，我又托香港友人向港台史学权威李定一教授汇报过。李定一教授也托香港友人带口信给我说了与董作宾先生类似的话："**写历史书贵在'求真、客观、公正'六个字，千万不能出于政治需要而意气行事，有意无意地添加进纯是主观臆测的内容，更不能'偏狗而私生好恶'，搞'我否定你、你否定我'那一套。周人出于巩固以周代殷新生政权的政治需要，全盘否定殷人的历史功绩、整合甚至删改西周以前的中华上古史固然不对，但殷人反过来否定周人的历史功绩也不对，周人对中华民族也是有历史贡献的，起码，历史上以周代殷不是历史的倒退。我们应该多向董作宾前辈学习。董作宾前辈在论述如何应用'甲骨文史料'重建'殷代文化史'时，总是强调贵在'求真、客观、公正'这六个字的。**"

遵从甲骨学大师董作宾和港台史学权威李定一教授的上述教导，窃以为，无论是成汤殷革夏命，还是周武以周代殷，都是历史按其自身规律在发展。笔者常见许多殷商后裔在为帝辛亡国可惜，其实没有什么可惜的。殷末是中国奴隶社会的鼎盛时期，我们那些看似英明神武的先祖，其实都是奴隶主，他们杀起奴隶，只当杀猪！他们垮台了，有什么可惜的？就拿武丁大帝来说，是殷代仅次于成汤的伟人，可他杀起奴隶来，是眼都不眨的。据胡厚宣先生统计，光武丁一朝，记录人祭的甲骨 673 片上就有 1006 条卜辞记载祭祀时杀活人 9021 人，还有 531 条卜辞上未记载具体人祭数。这些人祭卜辞都集中于武丁朝鼎盛的 42 年间。也就是说，武丁在位 59 年期间的武丁朝盛世的 42 年，也是人祭鼎盛的 42 年，因为在这 42 年间，平均每月竟然杀近 20 人用于祭祀，在殷代后期从卜辞中统计而得被杀的 13052 个人牲中，光武丁盛世的一朝就占七成。帝辛是亡国之君，他虽然大力推行改革，但他毕竟是殷末最大的奴隶主，祭祀时虽然不怎么杀人了，但他杀的人也必然不会少，连对他忠心耿耿的亲叔叔比干都能杀 (据文献记载，帝辛曾怒杀比干，实际是否真有其事，无法考证)，何况别人。我们今天为他鸣不平，一是因为历史对他不公平，他被史家骂了几千年。二是因为就客观而论，他对中国历史做出了四大贡献：第一，他开拓了山东、淮河下游和长江流域，促进了中原文明的传播；第二，推行一系列改革措施，反对神权；第三，打破奴隶主的世袭制，大胆提拔新人；第四，对于古代中国的统一提供了思想和物质上的基础，更是统一中国的一位先驱，他为今日中华版图的奠定、中华多民族国家的形成和中华多民族大家庭的融合等方面，与殷代开国大帝成汤一样，都做出了不可磨灭的贡献。然而，他虽然对中国历史做出了四大贡献，也不能改变他的奴隶主本性。在牧野之战中，他的几十万人的军队打不过只有几万人的周师，不管他的部队是奴隶兵还是正规军，都证明他非常残酷，实际上已经众叛亲离，不亡国才是怪事！反过来，再看姬周的文、武二帝，才真正是当时励精图治的新兴力量的代表，否则无法解释当时为什么会有那么多部族方国拥护他们。不管怎么说，后来周朝初年社会底层的绝大多数人的基本人权状况总比殷代末年社会底层绝大多数人的基本人权状况好得多。**在任何社会，历史总是朝着当时绝大多数人希望的方向发展，这才是历史唯物主义。**我们在《殷代史》中，有时也指责周人，那是因为他们为了维护自己的统治，在下列三个方面做得过了头：第一，他们为证明以周代殷的合理性而篡改历史，将"有册有典"的殷人对历史的贡献抹得光光，直到甲骨文问世，人们才知道殷人也有璀璨的文明；第二，他们在牧野之战得手后挥师入城时，还将当时东亚最繁华的殷商王都摧毁成箕子笔下的一片废墟，直到 20 世纪，人们才真的看到这个废墟就在安阳小屯的地下，这是人类文明史上非常罕见的事；第三，周公平叛后，对待殷商遗民的手段太不人道。不过，即便如此，笔者还是认为以周代殷不是历史在倒退，而是历史在前进。

关于殷商一族之源、最初之流和如何历史唯物主义地看待因周人戮殷导致看似鼎盛的殷商奴隶社会大厦在奴隶们的一片反抗声中轰然倒塌的问题，我想跟殷商后裔各姓氏各支派宗亲讲的就这么多。是以为序。

预祝源于子姓九大氏族的中华殷商各姓氏各支派，特别是源于殷末王室的中华殷商各姓氏各支派，续修或兴修族谱成功！谢谢大家！

殷作斌 2024 年 12 月 10 日 于中国江苏淮安寓所